下森 定 著作集 II

下森 定 著作集 Ⅱ

履行障害法再構築の研究

信山社

はしがき

一　履行（給付）障害法再構築研究の発端――種類売買の法的保護――

1　著者の履行障害法再構築研究のきっかけは、ケメラーの小論文「異種物給付論（Falschlieferung）」との出会いに始まる。他の機会に書いたように（「私の民法学の歩み［法政大学最終講義］」（二〇一〇年、信山社）『法学教育とともに』二四頁以下）、私の出身大学は広島大学の政経学部であり、三・四年次のゼミの指導教授は商法・労働法担当の中川正教授（京大出身。元台北帝大教授）であった。学部卒業論文で、ジンツハイマーの『労働法原理』を原書で読み、従属的労働概念について論文をまとめて提出したところ、学部卒業時に、先生からお声がかかり、教授会で君を助手として残す話が出ているが、新設間もない政経学部では十分な研究ができないので、東京に行け、法政大学法学部長の中村哲教授が台北帝大時代の元同僚なので紹介してやる。法政には、労働法・民法の有泉亨教授（当時は専任教授から非常勤講師に移られていた）や民法の薬師寺志光教授等の大家がおられるから、その指導を仰いでから広島に帰ってこいといわれ、一九五四年四月、法政大学大学院の私法学専攻修士課程に入学した。修士課程二年目の春、修士論文のテーマについて迷っていたところ、広島から所用で上京された中川先生から、最近入手したドイツの近刊、マルチンボルフ教授の還暦記念論文集を貸してやるから、これを種本として論文を書いたらどうかとのアドバイスをいただいた。早速その本をざっと読んだところ、ケメラー教授の前述小論文が大変面白く、これを種本として種類売買の法的保護を修士論文のテーマに選んだのである。

修士論文では、ケメラーの主張する主観的瑕疵概念の拡張問題とこの前提問題である種類売買における瑕疵担保責任の適用問題の二点を中心に、瑕疵担保責任のローマ法以来の沿革、ドイツ普通法及び現行法の下での学説・判例の史的発展過程をたどり、さらに日本法のそれをまとめ上げた。当初私は労働法の研究を目指していたが、有泉先生から、労働法を学ぶためにはまず民法を学べ、学者を目指すのなら博士課程は東大に行けとのアドバイスを受けていたので、この修士論文を東大に提出したところ、ドイツの文献の研究が不十分として不合格となった。当時の法政の図書館には日本の文献は比較的揃っていたが、外国文献は貧弱であり、とくにドイツ普通法時代の文献はほとんどなく、さらに当時の日本の大学図書館は外部の学生に図書を利用させる状況になく、不合格は当然の結果であったといえよう。ところが、審査にあたられたドイツ法の山田晟先生が、私の論文に見どころがあると判断されたのか、有泉先生のお口添えもあり、一年間自分の研究室の利用を許すので、東大の本を使って論文の補充をせよと言ってくださり、そのおかげで翌年東大の大学院博士課程に入学することができた。修士課程を卒業した時点で、私は、法政法学部の助手に採用されていたが、翌年東大に合格したところ、法学部長の中村先生が、助手の給料をそのままやるから東大で勉強してこいといわれ、院生と助手を三年間兼務した次第である。

2　修士論文において、私は、判例や学説の解釈学的研究の上で、形式論理を中心とする概念法学的研究に飽き足らず、瑕疵担保責任制度やそれをめぐる判例・学説の研究上、その制度が対象としていた当時の商品取引の実態、さらにはその歴史的変動過程との関連で、判例や学説の変化を歴史的に跡付け、分析し、そのうえで紛争当事者間の紛争を公平に解決する具体的妥当な解釈論・法的保護論を展開することの必要性・有用性を主張した。

この問題意識は、一年間の旧制山口高校文科乙類（ドイツ語が第一外語のクラス。私は旧制高校最後の入学者であり、一年後に学制改革で旧制高校が廃止され、新制高校に変わった）及び新制広島大学教養部・政経学部時代に学んだ教養教育・社会科学専門教育がその背景にある。とくに、教養部時代、後に京大に移られた清水純一先生を囲むヘーゲルの「小論理学」の原典講読会に参加して弁証法を学び、その後、政経学部専門課程でマルクスの史的唯物論、マックスウエーバー、エールリッヒさらにはヒックスの近代経済学などの社会科学を曲りなりにも学んでいたことに由来する。これが後に、博士課程において川島武宜先生を指導教授と仰ぎ、「科学としての法律学」の展開を目指す土台ともなったのである。

3　修士論文において到達した私の解釈論上の結論は、要するに従来の通説の擁護論であった。すなわち、特定物売買における売主の本来的給付義務は、原則として当該特定物の所有権や占有を買主に移転することにつきると解するのが現行民法典の客観的な論理解釈として正当である。瑕疵なき物の給付義務は、明文の規定あるいは特約のない限り存在せず、瑕疵ある物の引渡しを受けた買主の法的保護は瑕疵担保責任によるべきで、拡大損害・瑕疵結果損害の問題は別として、本来的給付義務に関する不完全履行の問題は生じない。他方、種類売買といった新しい商品取引における欠陥商品の給付をめぐる法的救済は、不完全履行論の新たな展開（信義則による期間制限など）によって対処すれば十分であり、沿革的に見て古い商品取引形態である不代替的特定物売買を主たる対象として構築されている現行民法五七〇条の競合あるいは選択的適用を認める必要はなく、かえって混乱を生ずるのみであり、このような法的構成によればドイツのように瑕疵概念を拡張する必要もないのであり、種類売買に瑕疵担保責任を拡張したドイツ民法四八〇条の立法がむしろ問題であって、勝本説にはじまる日本の不完全履行論の方が、むしろ優れた法技術といえる、というものであった。

この修士論文は、執筆後諸般の事情により公表の機会を逸し、気にかかりつつも五〇年近く篋底深く留めおかれ、二〇〇七年ようやく公表の機会をもった（成蹊法学六四号七四頁以下・本書第一章1に収録）。

二　瑕疵担保責任・不完全履行論研究のその後の進展

1　一九五七年四月、東大博士課程入学後、引き続き不完全履行論の研究をすすめる予定であったが、二年次に、川島先生に命じられたパウルスの責任説の紹介を契機に、私の研究関心は一気に詐害行為取消権制度に集中した。この経緯は、著作集第一巻の「はしがき」で述べたところである。この研究成果により、一九六〇年四月、法政大学法学部専任講師に採用され、大学教員としての勤務を始めたが、前述「はしがき」で述べたとおりの研究・教育環境の下で、研究の進展が遅れたが、この間、一九五八年の私法学会における末川・柚木報告、一九五九年発表の五十嵐論文（「瑕疵担保と比較法」）、一九六二年の比較法学会における星野・北川報告等に接した私は、新説である契約責任説や北川善太郎教授による雄大な契約責任研究に多くの教示を受けつつも、修士論文でまとめた私見の見地から、ドイツ法の混迷を必ずしも意識していないこれらの論争にある種のもどかしさを覚えつつ、少しずつ研究をすすめていた。

そして、一九六六年にある程度の構想がまとまったので、その年の一一月に、その成果を東大民事法懇談会において「種類売買と瑕疵担保責任 ― 大正一四年判決の再検討と昭和三六年判決への架橋 ―」と題して報告した（この報告原稿は今回はじめて本書第一章2に収録して公表）。この報告後、論文にまとめて発表する準備を進めていたところ、翌年、全学連の再建をめぐる学生間の衝突・紛争が起こり、法政大学は機動隊の学内導入を始めとする大学紛争時代に突入し、研究は中断した。右の紛争が一段落ついた時点で、さらに研究を進展させて公表したのが三年後の一九六九年に法学志林誌上で公表した「不特定物売買と瑕疵担保責任 ― 大正一四年判決の再検討と昭和三六年判決への架橋 ―（一）」（第一章判例法の史的分析　一～三　第二期の判例まで）である（本書第一章3に収録）。この論稿（一）に続き、続稿の執筆をつづけ、第一章四～六の途中まで（昭和三六年判決の判旨の紹介まで）の草稿を書き終えていた。ところが、日大闘争や東大闘争に象徴される世界的あるいは全国的大学紛争の一環として、大学改革・解体を求める法政の学生闘争も高まり、再び研究や論文執筆の中断を余儀なくされた。しかも、研究室占拠によって多くの図書や資料を失ってしまった。そのため、続稿の完成に至らず、書き終えていた右の草稿も見失ってしまい、この志林論稿（一）は結局今日に至るまで未完成のままで終わった次第である。ところが、今回、著作集の編集にあたり、定年退職後研究室から自宅に持ち帰っていた段ボール箱を整理していたところ、思いもかけず、先の東大民懇報告原稿と志林論稿（二）の草稿を発見した。志林論稿（一）は公表後、幸いにも多くの方に引用していただいているが、この草稿をあらためて読み直してみたところ、一九六九年当時における本稿のテーマに関する総合判例研究として、学説史的見地からは、今日なお公表の価値ありとの感を深くした。そこで、この草稿に若干の手直しをし、さらに未完成部分の完成をも考えたが、当初この論文で予定していた、「第二章　判例法の類型的分析」と「第三章　解釈学的考察と『法的構成』に関する解釈試論の提起」については、今日の時点で当時考えていた内容を思い起こして執筆するには、時間差があまりにも大であり、記憶もうすれていること、また解釈学的試論については、その後公表した別の論稿でさらに研究をすすめた論稿を公表し、本著作集に収録を予定しているので、執筆を断念し、「第一章　判例法の史的分析 ── 大正一四年判決の再検討と昭和三六年判決への架橋 ──」の完成に止めることとした。かくて、前記志林論稿（一）で公表していた第二期までの判例分析に引き続き、発見した草稿の第三期、第四期、第五期（一部未完成）の判例分析の補正と史的分析の総括を今回公表し（本書第一章4に収録）、さらに、この前駆的研究である前述した「東大民事法懇談会報告原稿」を本書に収録した次第である。なお、草稿の手直しと補完にあたっては、この論稿後に展開した私見は本書に収録した後続の研究論文に委ね、草稿執筆時点における私見を公表することに意を尽くした。

右の三論稿で、私は、川島先生の『科学としての法律学』の影響の下に、「経験科学的」判例研究方法論に基づく判例分析を試み、種類売買の法的保護について、それまでの判例を事実と結論との対応関係に即して、総合的、史的、類型的（但しここでの類型分析は一部にとどまる）に分析し、さらにまた一歩進めて、成文法主義に立つ国での判例法の研究は、不文法主義の場合と異なり、判決の法的構成にも一定の解釈先例的意義を認めるべきだとの問題提起をし、ついで、商事判例の中に重要判例が含まれていることを発見して、これらの判例に言及していなかった既存の判例研究に一石を投じた。

2 これ以降のこのテーマに関する研究の進展については、公表年代順に収録した本書・第一章5～13論稿及び判例研究・事例研究であきらかにされるが、その内容については、本書・第三章1に収録した論稿「履行（給付）障害法再構築の課題と展望」の第四章において、先の未公表修士論文の意義とその後の展開を要約して述べているので、まずはこれを参照していただきたい。ここではその要点のみを箇条書きしておくにとどめる。

① 本書第一章5論稿「種類売買と瑕疵担保」では、それまでの私見を要約してまとめ、この見地から契約責任説の批判を展開し、さらに、損害賠償の範囲についていわゆる「損害二分説」を主張した。この論稿は学生向きの解説論稿であるが、私見の全容を初めて明らかにした点で私にとっては重要論稿である。

② 6論稿「マンション売買と瑕疵担保責任」、7論稿「建売住宅・マンションの売買における売主の瑕疵修補義務について」（この論稿の内容とその意義については後述する）、8論稿のドイツ語論稿、9論稿「建物（マンション）の欠陥〈瑕疵〉と修繕」の四つの論稿は、高度経済成長期における都市化社会の進展がもたらした構造的被害ともいうべき欠陥マンションをめぐる消費者保護の要請に、民法の古典的瑕疵担保責任制度が対応できない社会状況を踏まえて、その打開のために展開した実践的解釈論稿である。この事例における買主の法的保護のうえで一番の中心問題である瑕疵修補請求権の解釈学的基礎づけを検討し、業者による分譲マンションや建売住宅においては、不代替的特定物売買であっても、売主に明示・黙示の特約あるいは商慣習ないし信義則に基づく瑕疵修補義務を認めるべきだと主張し、修正法定責任説を展開した。この主張は、後に神戸地裁判決（昭和六一年〔一九八六年〕九月三日）によって採用され、さらに、四年後の二〇〇〇年から施行された「住宅の品質確保の促進等に関する法律」によって、新築住宅の売買契約につき売主の瑕疵修補義務が明文化された。この立法は、契約責任説の影響をうけたものとの評価も可能であり、正確には、両者の影響があったものといえようが、いずれにせよ、この法律の制定は、私の年来の主張が認

められた嬉しい成果である。しかし他方で、後述するように私見の修正法定責任説は、その後多くの批判を受けた。

③　10論稿「瑕疵担保責任と不完全履行 ── 売買・請負・賃貸借における瑕疵修補請求権を中心に ──」では、瑕疵修補請求権を中心として、売買・請負・賃貸借の瑕疵担保責任と不完全履行責任とを比較検討した。本稿の狙いは二つある。第一は、瑕疵修補請求権の法的性質及び根拠の検討を通じて、瑕疵担保責任と不完全履行の関係を分析することであり、第二は、売買・請負・賃貸借における瑕疵担保責任ないしは不完全履行の内容を比較検討し、各々の特質を分析することである。この論稿の結論は、こうである。不代替物の特定物売買を対象とする瑕疵担保責任（原始的給付障害の保護制度）は、現代でもその対象領域においては、今日なお合理性・妥当性を保っているので、その限りで存続を認め、他方種類売買や業者による分譲住宅やマンションなどの新しい商品売買においては不完全履行制度の新たな展開で対処すればよい。そして、後発的給付障害に属する請負の瑕疵担保責任制度は、不完全履行責任そのものであるから、民法の文言にこだわらず、瑕疵担保責任ではなく、不完全履行責任の請負における特則と解釈するのが妥当である。また賃貸借の瑕疵修補請求権は、継続的契約関係たる賃貸借契約の特質から見て、本来的給付義務（目的物の賃貸義務）あるいは本来的給付義務に付随する給付義務（賃貸物の修繕義務がその一例）上の履行請求権としての性格を持つものと把握するのが妥当であり、また賃貸借契約では、後発的給付障害のみならず原始的給付障害（瑕疵ある物の賃貸例）もありうるので、瑕疵担保責任が問題となる場合もありうるとの指摘をした。以上の問題点は、それまでの学説上必ずしも踏み込んだ議論がなされていなかった問題点である。

④　11論稿「不完全履行と瑕疵担保責任 ── 不代替的特定物売買における瑕疵修補請求権を中心に ──」、12論稿「瑕疵担保責任に関する一つの覚書 ── いわゆる『特定物ドグマ』と民法起草者の見解」、13論稿「瑕疵担保責任の新たな展開とその検討」は、私見の「修正法定責任説」に加えられた諸批判に対する反批判の三連作である。すなわち、11論稿は、前掲神戸地裁判決を素材として、この判決と私見（修正法定責任説）との関係を論じ、さらに私見に加え

られた批判に応接した論稿である。12論稿は、これを受け、いわゆる「特定物ドグマ」に関する星野批判により詳しく応接し、梅博士には、明確に「特定物ドグマ」的発想があったこと、瑕疵担保責任と債務不履行責任の法的性質の異同につき精密な理論的認識はなかったけれども、少なくとも両者を区別して考える発想（後の法定責任説）の下地はあったことを、不特定物の遺贈義務者の担保責任（九九八条）と消費貸借における貸主の担保責任（五九〇条）に関する起草者の見解とを併せ考えて論証した。それまでの学説（少なくとも星野説）ではここまで踏み込んだ検討はなされていなかった。さらに、13論稿では、後述する本書第二章第一節3論稿「不完全履行の新たな展開」と、前述の11・12論稿をあわせた三論文を踏まえて、五十嵐・星野・北川世代以下の若手世代によって展開された瑕疵担保責任の新たな展開についての批判的研究を試みた。

ここでは、(イ) 加藤(雅)説（危険負担的代金減額請求権説）、(ロ) 森田(宏)説（時間的区分説）、(ハ) 北居説（修正時的区分説）、(ニ) 藤田寿夫説、(ホ) 辻伸行説等を取り上げて紹介し、批判的考察を行った。さらにこのほか、この論稿では、この間のドイツ留学の成果をもとに、ドイツ債権法改正問題の研究に取り組み、その研究の一部を取り込んで、フーバー鑑定意見と私見とを対比しつつ、ドイツ債務法改正委員会草案について、若干の感想を述べておいた。

⑤ ついで、本書に、瑕疵担保責任と不完全履行に関する八件の判例研究と四件の事例研究とを収録したが、四件の事例研究は、辰巳法律研究所の司法試験答案練習会で出題し、後にロースクールのゼミ教材として利用した論稿である。いずれも具体的事例（近時の最新判例も含む）を示して売買や請負契約における給付障害救済の法的構成を検討させる問題であって、判例・学説が対立し、債権法改正においても検討さるべき重要論点を取り上げている。研究者にとっても参考となる事例研究なので、本書に収録した。

三　契約責任の拡張と再構成の研究

1　瑕疵担保責任と不完全履行の関係をめぐるそれまでの研究の進展の過程で、私の問題意識は契約責任の拡張現象、さらには二回目のドイツ在外研究で遭遇したドイツ債務法改正動向を踏まえて、契約責任の再構成の研究へと次第に進展した。ここから、私の履行障害法研究の第二段階が始まる。一九七二年四月から一年間、私は第一回目のドイツ留学をしたが、その際ジュリスト五〇二号（一九七二年四月一日号一四頁）に登載したエッセー『「初めての」海外留学』において、海外研究の目的について、「制度論」の研究に関心を持っている旨述べ、ヴィレンス・ドグマによる近代的法律構成の行きづまりを打開する原理として「身分から契約へ、契約から制度へ」の研究の重要性に関心があることを指摘している（この後の研究の展開とその意義については、後述する本書第三章に収録した「履行（給付）障害法再構築の課題と展望」で詳しく述べているが、参考までに、重複を恐れず以下簡潔に紹介しておく）。

2　周知のように、一九七五年（昭和五〇年）五月二五日に殉職自衛官遺族の国に対する損害賠償請求事件において、最高裁が不法行為規範から生ずる保護義務とは別の、契約規範に基礎を置く、「安全配慮義務」を認めて以来（本判決の研究として拙稿法セミ二四一号一二頁以下〔一九七五年〕。本書に収録がある）、安全配慮義務法理は大きな展開を遂げてきた。この問題の発生原因は、古典的民事責任体系が狭義の契約責任と不法行為責任との二類型しか持ち合わせていないという、体系的狭隘性に由来するものであり、債権法上の諸義務に関する法規範の進化の結果生じた、近時の契約責任拡張現象の一環である。

近時のこの法現象の社会的背景としては、近代資本主義社会における生産技術の飛躍的発展に伴う工業化社会の出現が、交換対象たる商品の質的変化（工場大量生産による種類物・代替物商品の出現、近時はさらに金融資本主義の進展に伴う各種の金融派生商品の出現がそうである）をもたらし、さらに、分業化社会の進展、組織化社会、情報化社会の出現が、多様な契約類型を生みだし、とくに「為す債務」の社会的重要性が高まり、これらが契約の法的保護・履行障害法のあり方に大きな影響をあたえることになったことがあげられよう。瑕疵担保責任の債務不履行責任化・契約締結上の過失理論・積極的債権侵害論・不完全履行論の新たな展開がその象徴である。また、資本制社会における人間関係が、圧倒的に契約債権関係となり、その上に全ての経済的社会的関係が構築されるようになった結果、契約債権関係のもつ社会的重要度が飛躍的に高まり、これを法的にも確実化し、保護しようとする傾向が生じ、かくて、個人の合意に基礎を置く本来の給付債務（厳密な意味での契約債務）と並んで、契約関係に付随する給付義務・注意義務が法定債務（責任）として明文の規定によって当事者に課され、さらには信義則を媒介として解釈上認められるようになった。今日の契約責任における付随義務、保護義務論の輩出とその拡大化現象の意味するものは、契約債権関係における社会関係の要素の再認識とその実現化のあらわれともいえよう。かくして契約的関係から生ずる義務が、既存の法定責任（受領遅滞・瑕疵担保責任・危険負担など）の他に、意思解釈、慣習さらには信義則等を媒介として、①時間的（契約締結上の過失、説明あるいは情報提供義務、契約終了後の予後効等）、②対内的・質的（積極的債権侵害、不完全履行責任、安全配慮義務、付随的注意義務、保護義務等）、③対外的・人的（第三者の為の保護効他）に拡張されてきたのである。

3　本書第二章第一節に収録した三論稿は、このような問題意識をもとに、執筆したものである。

一　まず、一九八〇年に公表した「1　契約責任の再構成をめぐる覚書」は、学生向けの解説論稿であり、雑誌「ロースクール」（立花書房刊）二七号の特集記事「契約責任の再構成」の総論として執筆したものである。この特集は、契約責任としての安全配慮義務を初めて認めた前掲最高裁昭和五〇年判決を中心にしつつ、いわゆる補充的契約責任の体系的位置、要件論、効果論の検討を踏まえ、契約責任再構成の試みへのワンステップとして、個別領域の問題状況の整理を試みたものである。この当時、この問題群につき、個別領域的にはかなり深められた研究が行われていたが、相互の体系的関連性、契約責任の全体構造に対する反射効への問題意識を持った研究は、二、三の意欲的労作（例えば北川教授の優れた諸業績の他、中松「契約法の再構成についての覚書」判タ三四一号三七頁以下）を除きいまだ少なく、とくに、学生向きの体系的教科書で、体系的に説明されることは少なかった。そこで、この特集記事で総論を担当した私は、一応の体系的理論展望を試み、学生諸君の参考に供しようとしたのである。なお、先にこの論稿の「むすび」で述べておいたことであるが、このはしがき論稿執筆にあたり、当時法政大学大学院博士課程で私が学部時代から指導教授となっていた宮本健蔵現法政大学教授が執筆した未公表論文「契約責任の再構成をめぐる最近のドイツ民法学の一動向」（志林七九巻一号〔一九八一年九月〕、同二号〔一九八二年一月〕公表、その後『安全配慮義務と契約責任の拡張』〔一九九三年二月、信山社〕に収録）、がたいへん参考となったことをここでも指摘しておく。

二　つぎに、一九八三年に公表した「2　契約責任（債務不履行責任）の再構成」は、右の第一論稿を受けて、これを土台としつつ、その後の研究を加えて執筆したやや本格的な論稿である。この間の一九八一年九月から半年間、私は学生部長退職の慰労として二度目のドイツ留学の機会を大学から与えられた。この機会に私は、第一回法政大学院生海外研究生に選ばれた宮本健蔵君をフライブルグ大学に伴い、六ヶ月間寝食を共にする留学生活をおくった（この間の経緯については、拙著・前掲『法学教育とともに』三〇頁以下参照）。この留学中に私は、バウムゲルテル教授に求められていた日本法の瑕疵担保責任に関するドイツ語論文を書き上げた（本書第一章8論稿の原文、その後このドイツ語論稿は、モニカおよびハンス・ペーター・マルチュケのお二人によって補正された。この補正論稿が本書第一章に収録した8論稿である）。

さらにこの留学中に、シュレヒトリーム教授から、ドイツ民法改正の動きが始まり、債権法改正の鑑定意見書が公刊されることとなったという情報を教えられ、その資料の提供を受けた。そこで早速当時フライブルグに留学していた能見善久東大教授、飯島紀昭成蹊大教授と宮本・下森の四人で研究会をもち、その概要をジュリスト紙上で発表した（「西ドイツにおける債権法改正の動向（上）（下）」ジュリ七七一号、七二七号〔一九八二年〕）。さらに、帰国後、当時法政大学の教授であった岡孝教授（現学習院大学教授）の精力的な協力を得て、法政大学現代法研究所のプロジェクトチームとしてドイツ民法研究会を組織し、好美清光一橋大学教授らと共にその研究成果を世に問うた（法政大学現代法研究所叢書9『西ドイツ債務法改正鑑定意見の研究』一九八八年、日本評論社）。後述するように、ドイツ民法研究会はこの問題についてその後もその成果を世に問い、現在に至っている。

三　この留学中の成果としては、さらに、ドイツ法の下で、売主の製造にかかる家屋や車、機械類の特定物売買において瑕疵ある物が給付された場合、これを請負契約とみて瑕疵修補請求を認める当時の通説を批判し、かかる契約を売買契約と見たうえで、瑕疵修補請求権を解釈論上認めようとするペータースの少数意見を知った。また、この海外研究の成果として、同伴した院生の現宮本教授がフーバーの債権法改正鑑定意見を紹介し、これを一九八三年三月に公表した（「債務不履行法体系の新たな構築――ウルリッヒ・フーバーの鑑定意見」志林八〇巻3・四合併号、その後前掲『安全配慮義務と契約責任の拡張』に収録）。この二つの成果をもとに、前掲本書第一章6論稿（ジュリスト論文）をドイツ法の批判的・比較的検討の上さらに深めたのが7論稿（日本住宅総合センター）であり、また、一九九三年に公表し、本書第二章第一節に収録した第三論稿「不完全履行論の新たな展開」である。

この論稿は、司法研修所の講演記録に手を入れた論文である。この論文は、前述の「西ドイツ債務法改正鑑定意見書」公表後に、一九八四年に連邦司法省によって設置された債務法改正委員会でまとめられた「債務法改正委員会草案」（一九九二年公表。その内容については、法政大学現代法研究所叢書15下森・岡編『ドイツ債務法改正委員会草案の研究』一九九六年法政大学出版局刊参照。なお、この後に出版された法政大学現代法研究所叢書21岡孝編『契約法における現代化の課題』（二〇〇二年、法政大学出版局）をも参照。この本は私の古稀記念として贈呈を受けた）の内容（とくに一般給付障害法に関するフーバー意見と改正案との差異、売買・請負における瑕疵担保責任、時効に関する改正案の内容）を紹介し、これとの対比においてわが国における不完全履行論の新たな展開についての私見を述べたものである。この論稿では特に為す債務の不完全履行論の展開についての考察を深め、請負契約、委任契約の不完全履行の総論的研究に続き、各論的研究として、建築家、弁護士、医師の契約責任について考察し、後の専門家責任の研究へつないだ。

四　本書第二章第二節各論の六つのテーマ、すなわち、①積極的債権侵害と不完全履行、②受領遅滞・受領不能、③契約締結上の過失理論の新展開、④保証・物上保証契約の締結と銀行の情報提供義務、⑤安全配慮義務、⑥専門家の契約責任に収録した諸論稿は、論文、解説的論稿、判例研究、事例研究など種類がいろいろであり、発表年次も新旧いろいろであるが、補充的契約責任を中心とする契約責任拡張現象に属する重要事例を取り上げて論述した論稿を収録したものである。このうち特に力を入れて論述したものは、銀行の情報提供義務、安全配慮義務、専門家の契約責任に関する各論的研究論稿である。

四　履行（給付）障害法の再構築と債権法改正

1　本書第三章に収録した二つの論稿は、私の晩年に属する論文である。二〇〇七年に成蹊法学六四号で公表した第一論稿は、修士論文「種類売買の法的保護に関する一考察」に始まり今日に至るまでの半世紀にわたる私の履行障害法研究の集大成を試みた論文である。本論文の構成は、やや異例の構成をとっている。二〇〇四年以降、私は、三つの国内外のシンポジウムで報告及び発言の機会をもち、その記録を残した。また、前述したように、本書編集にあたり、未公表修士論文と東大民懇報告原稿とを発見した。そこで、これらの記録をもとに、この集大成論稿をまとめ上げたのである。

すなわち、まず第一章に、二〇〇四年一二月、北京の清華大学法学院主催の下に行われた中日韓契約法国際シンポジウムの記録をまとめた論文集、韓世遠・下森定編の『履行障碍法研究』（二〇〇六年、中国出版社）の序文「履行障害法の課題」を、第二章に、右のシンポジウムにおける報告原稿「履行障害法体系における瑕疵担保責任制度の地位と立法論上の課題」を、第三章に、二〇〇六年度比較法学会「瑕疵担保責任」シンポジウムにおけるコメント発言原稿を収録し、そして、第四章では、本論稿の末尾に添付資料として公表することとした前述修士論文公表にあたって、この論文が執筆当時に有していた意義と、さらにその後の研究の展開内容について論じた。その上で、最後の「むすび」において、二〇〇六年度日本私法学会「契約責任論の再構築」シンポジウムについて、私の問題意識からみた若干の感想を述べ、さらに、履行障害法再構築に関する私見の基本構想を述べた。そして、「以上要するに、①債務構造論の検討、②債務不履行体系の再検討（とくに不完全履行論の新たな展開）、③給付障害法の再構築、④不法行為制度と契約責任制度との関連性の再検討、以上の四点が、債権ないし契約債権関係の法的保護に関する、現代債権法学の重要課題といえよう、そしてこの課題は、二一世紀における民法ないし債権法改正作業の中心課題の一つと位置づけることが可能である」と述べて本稿を締めくくった。本書のこの「はしがき」に続いて、この論稿を読んでいただければ、本書の内容全体を手短に俯瞰できよう。

2　二〇〇八年に公表した第二の論稿「履行（給付）障害法の立法構想に関する基本的提言」は、法律時報臨時増刊号『民法改正を考える』に、寄稿した論稿であり、右の第一論稿の「履行障害法再構築に関する私見の基本構想」覚書を要約し、若干の加筆をしたものである。この論稿公表後、周知のように、民法（債権法）改正作業は、めざましく展開し、「要綱仮案」が公表され、引き続き「改正要綱案」の取りまとめ作業が進行していると聞く。ドイツ民法研究会では、この間の作業の進展について逐次研究報告がなされ、私も関心を持って見守ってはいるが、個人的には、この間詐害行為取消権の改正問題の研究や著作集の刊行に追われ、残念ながら履行障害法の改正については、目下のところ、自信をもって公表する研究をしていない。将来の課題とし（実現は怪しいが）、本書では、右論稿の収録にとどめるほかない。もっとも、前述した履行障害法改正の基本構想は現在でも正当と考えており、この方向性と「要綱仮案」との比較的検討と、基本構想のより具体的展開が今後の課題と考えていることだけ一言しておく。

むすび

著作集第一巻のはしがきでは、詐害行為取消権研究の歩みと基本方針のほかに、著作集第一巻の編集方針についても稿を改めて記述したが、本第二巻では、本書編集の基本方針については第一巻の編集方針と基本的にはかわらず、また研究の進展に応じて公表順に論文を収録してゆくことで、この制度の全体構造と再構築の方向性を明らかにする目的がほぼ達成できたので、この点は省略し、以下、半世紀にわたる履行障害法の研究過程において、大変お世話になった方々に、心からの感謝の言葉を述べておきたい。なお、研究者としての私の歩み一般については第一巻の場合と同様なので省略する。

はじめに、履行障害法研究のきっかけを作っていただいた広島大学の恩師中川正先生をあげる。ついで、東大博士課程への進学、修士論文の補正に快く研究室、東大法学部資料室の利用を許していただいた有泉亨先生と山田晟先生に御礼を申し上げたい。

ついで、種類売買の法的保護・不完全履行の研究から契約責任の再構成・履行障害法の再構築への研究の進展にあたっては、第二回ドイツ留学時におけるシュレヒトリーム教授を始めとするアレンス、フォン・クラウスハール、ギレス等の多くのドイツの学者との交流が大変有益であった。とくにシュレヒトリーム教授からは前述したようにドイツ民法改正の動き、債権法改正の鑑定意見書の公刊の情報とその資料の提供を受けたほか、その後もたびたび日本にお招きして、ドイツ債権法改正の進展状況と問題点につきご教示をいただき、さらには、前掲書『契約法における現代化の課題』が法政大学を定年退職した私の古稀記念論集として贈られた際、序文を寄せていただいたのはうれしい出来事であった。私より年若きアレンス、シュレヒトリームの両教授が先年他界されたのは痛恨の極みであり、ここに心よりお二人のご冥福をお祈りする。

さらに、ドイツや日本の債権法改正問題の研究に関しては、岡孝教授や好美清光教授を中心とするドイツ民法研究会に集った多くの若手研究者との交流が有益であり、ここに一人一人のお名前を挙げるにはあまりにも多すぎる、忘れがたい思い出である。それにしてもこれら諸教授の民法学界における今日の大活躍に接するにつけ、時の流れを感じさせられるこの頃ではある。この間の経緯については、『『ドイツ債務法現代化法』をめぐる若干の所感」と題した簡単なエッセーを発表している（私法判例リマークス二六号　日本評論社、二〇〇三年）。

他方、詐害行為取消権の研究で多大の協力を受けた二人のゼミＯＢ生（高須順一法政大学法科大学院教授・弁護士、神尾明彦弁護士）同様、履行障害法研究においても二人のゼミＯＢ生（宮本健蔵法政大学教授、花立文子白鷗大学教授）の多大な協力に恵まれた。宮本教授には安全配慮義務を中心とする保護義務論、フーバー鑑定意見の紹介等で、花立教授には建築請負契約の瑕疵担保責任や専門家責任の研究の他、私の業績目録や資料の整理等で大変お世話になったことをここに記して感謝の意を表する。

最後に、本書に収録した諸論稿の公刊に際してお世話になった多くの出版社、その編集者、編者の諸先生、著作集第一巻に引き続き、快く本書の刊行を認めていただいた信山社の袖山貴社長、その編集に多大な労力を費やしていただいた稲葉文子氏に今一度御礼を申し上げる次第である。

二〇一五年一〇月

下　森　　定

目次

第三章　履行障害法の再構築と債権法改正……843

履行障害法再構築の研究

第一章　瑕疵担保責任・不完全履行の諸問題

1　種類売買の法的保護に関する一考察
―瑕疵ある物の給付を受けた買主の法的保護をめぐって―

（一九五六年修士論文
二〇〇七年公表）

はしがき―本稿の目的―

種類売買において、瑕疵ある物の給付をうけた買主の法的保護いかんの問題、換言すれば瑕疵担保責任はこれを種類売買の場合にも問いうるか否かの問題は、争いのあるところである。これは債務不履行理論との関係において特に問題となる。

わが国の通説は、種類売買においては売主が瑕疵ある物を給付しても債務の本旨に従った履行とはならず、したがって、たとえ買主が一応これを受領するも、債権はいまだ履行によって消滅するに至らないから、買主はさらに新たに完全な履行を請求しうるし、またその結果によっては債務不履行の規定に従って、解除ないし損害賠償請求の手段が認められるとなす。

これに対して判例ならびに一部の有力な学者は、一応履行行為と認められる程度のものがあり、かつ買主がこれを受領しそれを履行として認容した場合には、買主のうける法的保護は、瑕疵担保の規定によって規律さるべきであるとする。

かかる争いの直接的原因は、わが民法が瑕疵担保責任に関して原則的規定を設けているのみで、種類売買に関しては何ら触るるところがないからである。この点、ドイツ民法は第四八〇条をもってほぼこの問題を解決している。しかしこの規定は、周知のごとく、ドイツ普通法における著名な論争の結果もたらされたものである。

ところで、民法第五七〇条の適用範囲に関するこれまでのわが国の諸論文においては、問題を立法的に解決したドイツ民法第四八〇条の立場が常に引用され、あるいは解釈の支柱とされているが、それが未解決であり、争われていた普通法の場合を究明したものは、ほとんど見当らない。しかし規定の不備なるわが民法の解釈にとって、最も参考となるのは、すでに解決された結果としての規定より、むしろ、問題が発生し、争われ、それが解決されるに至るまでの過程の究明ではなかろうか。すなわち、ドイツ民法第四八〇条の歴史的背景、その成立過程の研究が重要であると解する。

そこで、本稿においては、わが民法五七〇条の適用範囲に関する解釈論への一資料として、ドイツ普通法における論争の跡をたどり、その問題点と意義を究明し、さらに第四八〇条の立法過程を明らかにすることを第一の目的とする。

第二の目的は、同じくわが民法五七〇条の適用範囲の解釈にとって、重要な問題を提起するところの、近時のドイツ瑕疵担保責任論の一論題たる異種物給付（注文品と異なりたる物の給付特に種類売買において問題となる —— Falschlieferung）の問題を考察することである。すなわち実際取引において、瑕疵ある物の給付（Schlechtlieferung）と種類の異なりたる物の給付（Falschlieferung）との区別が全く困難であり、しかもそのいずれとするかで、ドイツ法上買主のうける法的保護が異なったものとなり、不当な結果が生ずるので、近時のドイツの学説・判例は、瑕疵概念を拡張することによって、問題を解決せんとしているのである。換言すれば、本来ならば、債務の不履行として問題とされるべき異種物の給付に、瑕疵担保責任に関する規定を適用し、よって買主の法的保護を図ろうとしているのである。異種物給付は主として種類売買において問題となるがゆえに（例えば一等米を給付する契約ある場合に一等米より少し劣る米が給付された場合、それは瑕疵ある給付か、それとも、それは二等米の給付であって異種なる物の給付かというごとく）わが民法五七〇条の適用範囲を考察するにおいても、ドイツのかかる最近の傾向を考慮する必要があろう。

以上二つの課題を果たした後に、転じてわが民法五七〇条の適用範囲をめぐる、既存の論争を整理し、これとドイツ法の場合とを比較して、その意義を究明するのが、本稿の第三の目的である。

したがって、本稿は、当該問題に対して積極的に自己の解釈論を展開することをその目的とするものではない。要するに本稿の目的は、種類売買において瑕疵ある物の給付を受けた買主に対し、ドイツならびにわが国の判例・学説ならびに立法が、どのような法的保護を与えてきたか、かつ現に与えているかを歴史的に跡づけ、その問題点と意義を明らかにせんとするものである。

☆　☆　☆　☆

以上が本稿の計画である。本来ならばフランス法をも考察すべきであるが語学力不足のため、他日に譲らざるをえなかった。なお、文中、参考文献の引用にあたっては敬称を略させていただいたことをお詫びしておく。

第一章　ドイツの理論

第一　序　説

一　問題の提起

物の売買における売主瑕疵担保責任制度は、既にローマ法、特にその按察官法に起源を発し、近代法に特有なる現象ではない。ローマ法を継受するドイツ普通法も、その売主瑕疵担保責任制度をうけいれている。しかるにローマ法は未だ種類売買なるものを知らず、法源中、種類売買に瑕疵担保責任を認めた事例なきため(1)、ドイツ普通法上、種類売買における売主瑕疵担保責任の有効性が、激しく争われることとなったのである。

ここで、かかる論争を生みだした社会的背景を考察しておこう。ローマ法が種類売買なるものを知らなかったということはすでに述べた。引渡しや売買に関してローマの法律家の知らなかった代替物や種類（Gattung）の概念を確定したのはツアシウス（Zasius, 1461〜1535. 純粋なローマ法の歴史的、体系的研究を主たる目的とせる人文学派に属すると同時にドイツ普通法学者でもあった）であるといわれている(2)。しかし、種類売買という新たな取引形態ないし法概念が、ドイツにおいていつ頃、いかにして発生し、法規制の対象となったのかはあまり明らかでない。この点に関し、エールリッヒは「ドイツ中世の時代においても、少なくとも民法の領域においては、かかる種類売買の行われた具体的事例は見出せない。商事売買において初めて種類売買が出現したのはいつ頃であるかを確定するのは困難であるが、ただ中世の商取引の性質上、少なくともドイツにおいては、それがローマ法継受前に出現したものとはほとんど考えられない(3)」と述べている。

しかし、種類売買が、商事売買の支配的形態となるに至ったのは産業革命の結果であることは間違いないようである。[(4)] すなわち産業革命の結果、大企業が発生し、商品の標準化、大量生産が可能となり、他方、交通（なかんづく鉄道の敷設、汽船による海上運送の拡大）、通信機関の発達により、取引市場が拡大され、ここに既存の現物売買に代わって、種類売買（Gattungskauf）、見本売買（Probegeschäft）、送付売買（Lieferungskauf）等が、商品交換社会において重要なる機能を営み始めたのである。

かかる近代的商品交換の諸形態が、ローマ法を継受して近代法の形成途上にあったドイツパンデクテン学者に種々の難問を提供したであろうことは推測に難くないが、種類売買における瑕疵担保責任の有効性に関する論争も、この一つの現われといえよう。

そこで、本章においては、まずかかる種類売買という新たな社会現象が、直ちに法的な面に反映されたドイツ普通法時代の判例を概観して、そこでは、瑕疵ある物の給付をうけた買主の法的保護に関し、具体的にいかなる問題が生じ、裁判官はこれに対していかなる法的処置をとったか、その実際的意義いかんを探り、ついでそれを法理論的に関係づけようとした学説を概観しつつ、種類売買という社会現象がつくりあげていった生ける法規範の一分野の構造と、それがいかにして現行ドイツ民法へ包蔵されていったかの立法過程を考察し、最後に、近時のドイツの判例・学説上、当該問題領域に生じた新しい問題の展開の意義を考察する。

この考察の予備的段階として、従来売買の目的物の瑕疵に基づいて、買主はいかなる法的保護をうけていたかを知るために、ローマ法ならびにゲルマン固有法における売主瑕疵担保責任制度について、概略の考察をしておかなければならない。なぜなら、両法の瑕疵担保責任制度が、普通法時代から、今日に至るまでのドイツ法上種類売買の法的保護に関し、重要なる役割を果たしているからである。

（1）制限的種類売買の場合を除いて、法源中種類売買が行われた事例を見出せないことは、ドイツ普通法学者の等しく認めるところである。例えば Windscheid, Lehrbuch des Pandektenrechts, 2 Bd. 1906, §394, Nr.5 Anm. 20（S.693）; Goldschmidt, Zeitschrift für Handelsrecht, 19 Bd., 1874, S.105 ; Dernburg, Pandekten, 2 Bd., 1903, §101, Nr. 3 Anm. 24（S. 282）; Thöl, Handelsrecht, 1 Bd., 1879, § 275 Nr.17 ; Girard, Geschichte und System des römischen Rechtes, 2 Bd., 1905, S.592 等参照。

（2）Ehrlich, Grundlegung des Soziologie des Rechts, 1913, S.255.

（3）Ehrlich, a.a.O., S.319.

（4）Ehrlich, a.a.O., S.319.

（5）資料不足の為種類売買における瑕疵担保責任の有効性が最初に問題となったのはどの判例であるか明らかでないが、例えば、Goldschmidt, a.a.O., S.104〜5 に挙げられている普通法時代のこの問題に関する判例目録中、最も古いものは一八三〇年のリューベック高等控訴院（Oberappellationsgericht zu Lübeck, Thöl, Entscheidungsgründe Nr.62, S.17）の判決である。

二　ローマ法における売主瑕疵担保責任（1）

㈠　ローマ古典市民法においては、売買が握取行為（mancipatio）によって行われた場合には、土地面積訴権（actio de modo agri）― 土地面積が売主の言明（nuncupatio）した広さより少ない場合に不足分の二倍の賠償を課す ― と、担保訴権（actio auctoritatis）― 握取行為において明言したところと異なる場合に代金の二倍額を賠償させる ― との二個の刑罰訴権が認められていた。買主はかかる握取行為自体によっては、売主に売買物の瑕疵に対する責任を問うことができなかったので、これと相並んで問答契約（stipulatio）によって担保することも行われたが、この場合の売主の責任は、もちろんこの契約内容のいかんによって異なるものである。以上の外には一般的に売買物の瑕疵自体に基づく買主訴権なるものはなく、売主が善意無方式で物の性質を言明した場合には、たとえ物に瑕疵があった所で売主は何ら責任を問われなかったのである。

ところが、後期古典市民法時代に入ると、売主が瑕疵を知りながら故意にこれを買主に黙否したり、不実の言明によって故意に買主を欺いた場合に、売主に買主訴権（actio empti）を課すようになった。この場合の売主の責任は、

「欺かれないことにつき買主の有する利益」の賠償（今日のいわゆる信頼利益（Vertrauensinteresse）の賠償であった。すなわち、売主は、もし欺かれなかったならばより安価に買入れたであろうことより、代金減額を主張し、あるいはまたもし欺かれなかったならば全然売買をしなかったであろうことより、売買の解消を請求することができたのである。このように、悪意（dolus）を理由とする瑕疵担保責任が、ローマ古典市民法における唯一の一般的な瑕疵担保責任であったこと、ならびにその責任内容が信頼利益の賠償にあったことは銘記されるべきである。

㈡　以上のようなローマ古典市民法に相対して、ローマにおける奴隷及び家畜の市場売買の管理を担当していた按察官（aediles curules）は、狡滑な外国商人よりローマ市民を保護し、取引の安全を図るために、瑕疵担保責任に関する注目すべき告示（edictum）を発した。それはいわゆる按察官告示と呼ばれるものであり、優れた刑罰訴権であると共に、他面売買の効力に干渉することによって違反者を処罰するものであるゆえ、市民法にも影響を及ぼしたところの特殊な私法的性格を帯びるものであった。

按察官告示の前期のものは、売主は売買物について一番よく認識しているべきものなることから、売主に奴隷及び家畜の一定の欠点（vitia）―― 病気・逃亡性・浮浪性・加害訴権責任等 ―― を宣言すべき義務を課し、これらの瑕疵について問答契約をなすことを強制した。これに違反した売主に対しては、買主は二ヶ月以内に解除訴権（actio redhibitoria）六ヶ月以内に代金減額の請求（actio quanti minoris）及びその他の特殊な賠償請求権が認められた。ところが後期になると、告示はさらに進んで、問答契約の有無に拘らず、売主の責任を法定責任とし、六ヶ月以内に解除訴権（actio redhibitoria）、一ヶ年以内に減額訴権（actio quanti minoris）を買主に与えた。物の瑕疵自体に基く担保責任がここに一応の完成をみることとなったわけであるが、しかしそれはあくまで奴隷・家畜の市場売買に関するものであり、結局その市場売買以外の売買には適用されず、買主は市民法上の保護をうけるのみであった。

㈢　ところがビザンチン時代に入ると、いわゆるインテルポラチオ（interpolatio）の手法により、問題は新たな展開を遂げるに至った。まず第一の変化は、悪意の売主の責任を、欺かれないことに対する信頼利益の賠償から、「瑕疵がなかったならば買主が有したであろう利益」すなわちいわゆる履行利益（Erfüllungsinteresse）の賠償へと変わったことである。このことと関連して第二に、善意無方式の売主の無瑕疵なることの言明に対しても、悪意に基づく履行利益の賠償義務が課されることとなった。ここに瑕疵の悪意の黙否と売買物の性質の保証とに基づいて、売買に履行利益の責任を課す現代法の淵源を見出しうる。第三の重要な変化は、按察官訴権の市民法化である。即ち奴隷及び家畜の市場売買に限られていた買主の保護が、全ての売買に拡張され、他方市民法に按察官訴権の支持者たる機能を与えることによって、買主は市民法上も善意の売主に対して按察官法上の保護を実行しうることとなったのである。

かくて今や、買主は、売主の言明した属性の欠除及び売主が故意に沈黙しあるいはその不存在を明示に担保した瑕疵に基づいて、選択的に、買主訴権によって履行利益の損害賠償を、解除ないし減額訴権（按察官訴権）によって売買の解消ないし代金の減額を請求することができ、その他の瑕疵（単なる瑕疵＝blose Fehler）に基づいては、按察官訴権にもとづく解除または減額のみを請求しうることとなったのである。現代法における売主の法定無過失責任の構想は、このようにしてビザンチンにおいて完成したのであり、かかる瑕疵担保責任制度がやがてドイツに継受せられ、普通法時代の学者の手によってより一尽精緻な体系にまとめあげられていったのである。

（1）　ローマ法に於ける売主瑕疵担保責任についてはすでに柚木教授によって詳細な一連の研究が発表されている。すなわち「按察官訴権論」（中島玉吉先生還暦記念法学論叢三二巻二号）「ローマ市民法における dolus に基く売主瑕疵担保責任の発展」（神戸経済大学創立五十周年記念論文集）、「ローマ市民法における dictum promissum に基く売主瑕疵担保責任の発展」（神戸法学雑誌二巻四号）、「按察官訴権と買主訴権との交渉」（末川先生還暦記念『民事法の諸問題』所収）等である。本項は本稿の直接の問題領域でもなく、かつ私自身のローマ法に関する知識の乏しさのために柚木教授の右の諸論稿を主として引用させていただき、これに Hanausek, Die Haftung des Verkäufers für die Beschaffenheit der Ware nach römischem und gemeinem Recht mit besonderer Berücksichtigung des Handelsrechts, 1883 及び Girard, Geschichte und System des römischen Rechtes, übersetzt von Rovert des Manuel élementaire de droit romain, 2 Bd., 1908 を参照して本項をまとめたことをおことわりしておく。

（2）古典市民法における悪意売主の責任が信頼利益の賠償をその内容としたが、さらに履行利益の賠償をも含めていたかにつきかつてドイツで争われたが、現在ではインテルポラチオの研究により、瑕疵担保責任における履行利益賠償の思想は、儒帝編纂者の修正拡張によるものであって、古典市民法における悪意売主の責任は信頼利益の賠償に限られていたことが明らかとなった。この間の事情ならびにその実証的研究は、柚木・前稿「ローマ市民法における dolus に基く売主瑕疵担保責任の発展」に詳細に展開されている。

（3）Girard, a.a.O., S.613.

（4）柚木・前稿「ローマ市民法における dictum promissum に基く売主瑕疵担保責任の発展」はインテルポラチオ研究によってこの間の推移の事情を詳しく実証的に研究されている、その結論の一部をここに引用しておこう（六七二頁）。「然るにビザンチン立法者は、市民法上の責任の基礎を悪意より契約締結上の過失に迄拡張すると同時に、善意の言明の中に契約締結上の過失を擬制することによって、善意無方式の言明に対して売主に売買上の責任を課し、しかも特定物売買における言明の意義と種類売買におけるそれとの混淆によって、この買主訴権の内容を履行利益の賠償に向けしめたのである」。

（5）この間の事情は柚木教授前掲「按察官訴権と買主訴権との交渉」に詳しい。なお Hanausek, a.a.O., Girard,a.a.O., S.615 参照。

三　ゲルマン固有法における売主瑕疵担保責任(1)

㈠　ローマ古典市民法において、単純な物の瑕疵に基づく売主の責任なるものが一般には存しなかったように、ゲルマン固有法においても、売買物の瑕疵自体に基づいて売主が責任を負うという思想は見出せない。しかし前述のように、ローマ古典市民法においては、按察官告示（edictum aedilium curulium）がこの領域において重要な機能を営み、奴隷と家畜の市場売買に関する限り、その瑕疵自体に基づいて、いわゆる解除訴権と減額訴権とを売主に与え、これが現代法の基礎となったのであるが、ゲルマン法では、かかる例外的措置はとられるにいたらず、「買主注意せよ」（"Caveat emptor"）という古代法の原則が貫徹せられた点に、その特色がみられる。すなわちゲルマン法においても、約定または前提とされた属性を備えた物の給付を請求する権利は、買主に与えられていたゆえ、買主はかかる属性を欠く物の受領を拒絶することはできたのであるが、買主がひとたび物を実見した上で、そのゲヴェーレ（Gewere）を取得したときは、もはやその後に現われた瑕疵について売主の責任を問うことができないものとされたのである。(2) この間の事情は、例えば「眼を開け、売買は売買である。」（"Augen auf, Kauf ist Kauf"）、「眼を開かざる者は財布を開く」（"Wer die Augen nicht auftut, tue den Beutel auf"）等の法諺からもうかがえよう。

(二)　しかし多くの古代法が悪意（dolus）に対しては、それ自体の理由によって責めを課したと同様に、ゲルマン法もまた、悪意をもって先の原則の例外とした。すなわちゲルマン法においても、少なくとも売主が瑕疵を知ってこれを悪意で買主に黙否した場合においては、買主は事後において一定の短期間内に売買を解除（Wandeln）――売買物を返還して代金の返還を請求する――することができたのであった。(3) このことは、ローマ古典市民法が売主の悪意に対して――すなわち売主が瑕疵を知ってこれを黙否し、または不実の言明をなした場合に限り――買主に買主訴権（actio empti）を与えたのと、共通の観念を有するといえよう。(4) ただしゲルマン法においては、この場合売主が瑕疵の不知を宣誓したときは、その担保責任を免れるとせられたことはゲルマン法特有の現象であった。(5)

先の原則に対しては、この他にゲルマン法上第二の重要な例外があった。すなわち瑕疵が各種の物品について定型的に定められた特に重要な瑕疵であった場合であって、このような場合には、買主は実見した物品の受領後なお短時日の間は、瑕疵について異議を述べることができるとされた。この対象となる物品は主として家畜であり、その重要な瑕疵＝「主たる瑕疵」（Hauptmängel）は、各々の国法により定められていた。(6)

売主の悪意の黙否と売買物の主たる瑕疵とをもってこのように二個の例外となすことは、ドイツ私法論の学者の間で必ずしも一致していない。例えばヒューブナーはこの結論を是認するが、(7) ギールケ、シュヴェーリン、プラニッツ及びシュロイヤー等は、いずれもこの二個の要件が合致して一つの例外を構成するものとして把握し、注意して実見するもなお発見しえないような主たる瑕疵が後に現われ、しかも売主がこれを知って黙否した場合においてのみ、例外を認めようとする(8)。

㈢　最後に物品が契約締結に際して現存せず、したがってその後に至って初めて実見することができたという場合には、売主は事実上物品を受け取った後に初めて瑕疵の有無を確認することができるのであり、したがって実見は、契約締結時より、時としてはるかに後になって初めて可能である。しかしてこの場合には、当事者が実見に際して双方共居合わせているわけではなくして、買主によって一方的に実見が行われたという事実のために、買主が事実を発見すれば、適時にこれを売主に通知しなければならないとされた。もし、買主が沈黙していれば、彼がその物品に満足しているものととられざるを得なかったからである。この通知があるまで売主は不確定な状態にあるわけであるが、これに対しては除斥期間が設けられることによってその時間が短縮された(9)。

㈣　このような売主に厚く買主に厳なるゲルマン固有法における売主瑕疵担保責任制度は、やがてローマ法の継受と共にその影を薄めるに至ったが、それにも拘らず、右のごときゲルマン固有法の思想は、その後のドイツ法中全くかえりみられざるものとなったわけではなく、一方では家畜売買の中にその名残をとどめ、他方ではやがてドイツ普通商法典にとりあげられ、さらに現行ドイツ商法典に受け継がれ、これを通じてわが商法にもこの思想が導入されるに至ったのである。以下後者の過程を簡単に考察して本項を結ぼう。

先述せるごとく、ユスチニアーヌス帝によって融合されたところのローマ法上の買主訴権と按察官訴権とは、継受後一体としてドイツの普通法となり、そのため近代諸法典にも採用されることとなったが、ゲルマン固有法の思想はなおその命脈を保ち、殊に買主が無留保の受領によってその解除権を失うという原則は、幾分弱められた形ではあるが、プロシア普通国法に（I.5.§330）採用され、買主は物の受領に際して認識すべかりし瑕疵を直ちに責問すべきものとした。主として商慣習の中に次第に根をおろしていったこのゲルマン固有法の思想は、さらに一八六一年のドイツ普通商法典（§347）にとりあげられ、隔地売買において、買主は送付された売買物を受取後直ちに正常の方法で検査し、これによって認識しまたは認識しうべかりし瑕疵を遅滞なく売主に通知すべく、またその後になって明らかとなった瑕疵は、その発見後直ちに通知すべきことを要求したのであった。しかるにドイツ民法典（§464）においては、買主が物の瑕疵に基づくその権利を無留保の受領によって喪失するというゲルマン法の観念は、これに対立するローマ法の原理に圧倒せられて、ただ買主が受領に際して知ったことの明らかなる瑕疵についてのみ、請求権の特別の留保を必要とすることとした。ところが、ドイツ現行商法典（§377）はゲルマン固有法の思想を受け入れた普通商法典を踏襲し、商人間の全ての――現実売買をも含めて――売買について検査及び瑕疵通知義務を買主に課している。わが商法第五二六条は、このドイツ商法典の思想を導入したものである。

なぜに、ドイツ普通法及び現行ドイツ民法典が、ゲルマン固有法における瑕疵担保責任制度を捨て去ってローマ法のそれを受け入れたのか、さらに何ゆえに、普通商法典及び現行ドイツ商法典が、ゲルマン固有法の当該思想を再び採用したのかについての実証的研究は、ローマ法継受の一般的原因の実証的研究と相まって、一つの興味ある課題であるが[10]、現在の私はこれを研究する時間的余裕をもたない。ただ結果論的にみて、次のごとくいってもさしつかえないのではなかろうか。

個人財産の保護ないし取引の静的安全が第一義的に重んぜられたパンデクテン法学ないしその後の民法領域においては、「買主注意せよ」の原則につらぬかれる、売主に厚く、買主に厳なるゲルマン固有法の瑕疵担保責任制度は、これを容認し得ざるものであり、比較的売買両当事者に公平なローマ法における瑕疵担保責任制度が採用されるに至ったのであるが、商事売買においては、その特殊的性格のゆえに取引敏活決済が重んじられ、かかる実際的要求に適応するゲルマン固有法の瑕疵担保責任制度が再認識されるに至り、商法典に採用されるに至ったものであると。

（1）この問題についても、柚木教授の労作が発表されている。すなわち「ゲルマン固有法における売主瑕疵担保責任」（石田文次郎先生還暦記念『私法学の諸問題㈠』三三五頁以下）がそれである。この論文はドイツ私法論（deutsches Privatrecht）の諸著作とコンツェ（Friedlich Conze）の「ハンザ法源による売買」（“Kauf nach hanseatischen Quellen”1889）及びアミラ（Karl v. Amira）の「北ゲルマンの債務法」（“Nordgermanisches Obligationenrecht” I（1882），II（1895））の二著を中心として、ローマ法継受前のゲルマン固有法における売主瑕疵担保責任を実証的に分析検討されたものである。現在の私の能力ではこれ以上の成果をあげることは到底不可能であるし、かつまた本項もまた後の考察のための予備的考察であるから主として柚木教授のこの論文を引用させていただき、この他にGierke, “Deutsches Privatrecht” 3 Bd., 1917 及び Planitz, Grundzüge des deutschen Privatrechts nebst Anhang Quellenbuch, 1925を参照して本項をまとめたことをお断りしておく。

（2）v. Gierke, a.a.O., §194 I 1（S.467）.

なおパンダ都市においては、物が取引の対象となる以前においてすべての売買品の属性を官庁その他の公の機関によって検査する制度が発達しており、これによってゲルマン法に貫徹せられた買主注意せよの原則に伴う買主の負担も著しく緩和せられ、狡猾なる商人が諸方より雲集して買主を欺瞞せんとしたローマ市場の売買について、ローマ按察官告示が善良な買主を防衛せんとした態度と対照的ながらも実質的な均衡を保っていた（Conze, a.a.O., S.87）。柚木・前掲三四五頁以下参照。

（3）買主がこの解除訴権の外に代金減額訴権を有したか否かについては、現代のドイツ私法論の著者はこぞってこれを否定しているが、独りコンツエのみは頗る遠慮がちながら減額請求権の痕跡を推断せんとしているという。柚木・前掲三六一頁参照、；v. Gierke a.a.O., S.467, Anm.5；Planitz, a.a.O., S.96.

（4）この両者の差異に関して柚木教授（前掲三四〇頁）は『ローマ古典市民法に於ける右買主訴権の内容が信頼利益（Vertrauensinteresse）――「欺かれないことに対して有する利害関係」（quod interest non decipi）、――の賠償に存したのに対してゲルマン固有法における売買解除が単純に売買物と代金との交換に終始して、信頼利益というが如き精微極まる理論を発展せしめるに至らなかった。』という点に注目すべきであるとされる。

（5）柚木・前掲三五三頁註㈡参照（Hach, Codex III. art. 99）。

（6）家畜の「主たる瑕疵」は、ブラウンシュワイヒ法では“Stetigkeit”と“Starblindheit”，ゲルリッツ法では“houbetisch”又は“hertslegic”，ドルトムント法では“mensch”又は“hovetzech”リューベック法では“hovetzeec”と“amborst”とであったと伝えられる。柚木・前掲（Conze, a.a.O., S.101）。

（7）柚木・前掲。Hübner, Grundzüge des deutschen Privatrechts, 5te. Aufl., 1930, S.579.
（8）v. Gierke, a.a.O., S.467 ; Planitz, a.a.O., S.96. 柚木・前掲。v. Schwerin, Grundzüge des deutschen Privatrechts, 2te. Aufl., 1928, S.206, Schreuer, Deutsches Privatrecht, 1921, S.300.
（9）柚木・前掲三五七頁以下参照。
（10）この点につき柚木教授は「このような売主に緩く買主に厳なるゲルマン固有法に於ける売主瑕疵担保責任制度はやがてローマ法の継受と共に原則的にはその形態を逆にせざるを得ざるに至ったであろうことは何人にも推察せられるところである……」（前掲三六八頁）といわれるのみで、その理由は必ずしも明らかでない。

第二　普通法時代

一　判　例（1）

㈠　判例上、種類売買において瑕疵ある物の給付を受けた買主の法的保護いかんの問題が取り扱われるようになったのは、前述せるごとくほぼ一八三〇年代に入ってからである。対象が既存の法体系に未知なりしゆえに、当初判例の立場も一貫したものでなく、特定物売買における瑕疵担保責任の理論によるものと、種類売買における瑕疵ある物の給付は、いまだ債務を履行したものとはいえず債務不履行なりとするものとのおよそ二つの傾向がそこに認められる（2）（しかし、数からみると前者によるものが多数であった）。

その後一八六一年に普通商法典が制定されたが、それによると隔地売買において買主は送付された売買物を受取後直ちに正常の方法で検査し、これによって認識しまたは認識しうべかりし瑕疵を遅滞なく売主に通知すべく、またその後になって認識しうべきものとなった瑕疵は、その発見後直ちに通知すべきことを要求し（§367）、しかしまた、かかる瑕疵に基づく売主に対する訴権は、物の引渡後六ヶ月をもって消滅時効にかかる旨（§369 abs.2）を規定した。

しかし具体的に買主がいかなる法的保護を受けるかについては、何ら規定せず、先の問題を解決するには至らなかった。

しかし一八七〇年代に至って漸く判例の立場が確立されるに至った。すなわちこの間の事情を説明すると、まず一八七一年一一月二九日、ライヒ高等商事裁判所（Reichsoberhandlumgsgericht）第二小法廷が、水道敷設用鉄管の瑕疵に基づく損害賠償請求事件において、(3)種類売買には原則として按察官法の適用なき旨を判示したのに対し、翌一八七二年三月八日、同裁判所第一小法廷は、前記の判例が未出版でありしためこれを知らず、(4)按察官法は種類売買にも当然適用されるとの前提にたった判決を下した。(5)そこで二つの小法廷が全く相異なる判決を下したことが問題となったのであるが、同年四月一六日、同裁判所大法廷は、シロップの契約所定の性質欠除に基づく、代金減額請求事件において、(6)学者の意見を求めた上、前記第一小法廷の判決を支持し、按察官法は特定物売買のみならず種類売買にも原則的に適用される旨を確定的に容認した。かくしてこの事件以後、判例は一貫してこの大法廷の立場を受け継ぐに至ったのである。

㈡　以上が普通法時代の判例の一般的傾向であるが、次に瑕疵担保責任の有無が問題となったのは、具体的にいかなる事件においてであったかを考察しよう。この考察においては、いかなる事実関係のもとにおいて、いかなる法的保護が求められたのか、裁判所はこれに対していかなる処置を下したか、その実際的及び法的意義いかんを中心とする。このためにここで、普通法上瑕疵担保責任によるのと債務不履行によるのとでは、買主のうける法的保護には、どのような差異があったかについて述べておくのが、後の考察のために便宜であろう。

普通法上、債務不履行としては、履行遅滞及び履行不能の二つのカテゴリーのみが認められていた。(7)したがって種類売買における瑕疵ある物の給付は債務の不履行であるとの立場に立つときは、買主は主として履行遅滞に基づく法的保護を受けうるのであるが、その具体的内容は、履行の請求と併せて遅滞に基く損害賠償の請求権が認められることであった。さらに双務契約においては、遅滞の結果給付が債務者にとって何らの利益ももたらさない場合には、債権者は契約の解除（Rücktritt）をなしうることが、判例学説上認められていた[8]。なおこの場合の買主の権利は、契約の不履行に基づくものなるゆえ、債権が消滅時効にかかるまですなわち三〇年間存するのである。

これに対し、瑕疵担保責任による場合、買主のうける法的保護は次のごとくである。まず売主が物の無瑕疵なることを保証した場合、及び売主が瑕疵を知ってこれを告げなかった場合（売主が悪意の場合）買主は履行利益の損害賠償を請求しうるし、また前者の場合にはその他に買主の選択によって解除または減額を請求することが出来る。ついで隠れたる瑕疵にして、物の通常の使用性に耐えうる程度の重大ならざる瑕疵の場合は、買主は減額のみを請求しうる。なお減額請求権は一年、解除権は六ヶ月の消滅時効にかかり、損害賠償請求権は通常の消滅時効（三〇年）に従う[9]。

このように債務不履行によるのと瑕疵担保責任によるのとでは、買主のうける法的保護にかなりの差異が生ずるわけであるが、以下判例を通じて前述の課題に入ろう。法的保護の具体的形態を中心にして、判例を一応減額訴権に関するもの、解除訴権に関するもの、損害賠償請求に関するもの、完全物給付請求に関するものの四つに分けて考察することにする。

(A)　減額訴権に関するもの

減額訴権をめぐって瑕疵担保責任の有無が問題となった判例は多数ある[10]。前述の判例理論確定の契機となった一八七二年四月一六日のライヒ高等商事裁判所の判例もその一である。この事件を簡単に説明すると、一八六九年春、被上告人Yは上告人X（砂糖工場）から、42° Beaumé のシロップ 150 cty.を七月中旬までに工場渡しの契約で購入した。七月にシロップがZに送付されたが、Zが精密な検査をしたところ、このシロップは 39° Beaumé なることが明らかとなったので直ちにXにその旨通知し、その受領を拒絶した。その後Zはこの瑕疵あるシロップを受領するに至ったが、送状（Factur）に記載された金額から相応な減額をなして代金を支払った。そこでXはYを相手に、この減額の無効なることを訴求したが、原審はこの減額の一部を妥当なものとして認容した。Xは上告理由の一として「普通法の下では、種類売買において物が契約所定の性質を欠くことを理由とする減額請求権は認められないにも拘らず、原審がこれを認めたのは法の適用を誤まれるものである。」と主張した。

これに対してROHGは、上告人主張のごとき理論は、二、三の著名な学者の主張するものではあるが、これまでの判例ではこれに従うもの極めて少数であり、かつまた多数の有力な学者によっても反駁を加えられているものなるゆえ、これを認めることが出来ないとし、さらに積極的理由として「種類売買もまた売主の事実上の給付によって目的物は特定するのである。この特定せる物を契約の履行として受領した買主がなぜに特定物売買におけるより、より劣った保護をうくべきかの理由を解し難い」（傍点筆者）としてXの主張を斥けたのである。

種類売買にもし瑕疵担保責任（ここでは減額訴権）が認められないとすると、買主は「より劣った保護」しかうけえないこととなるというこの判旨は注目さるべきものであろう。けだし、前述せるごとく瑕疵ある物の給付を債務不履行であるとする立場にたつときは、買主はまず瑕疵ある物の給付にかえて瑕疵なき物の給付を請求しうるしかつまたその義務を負うものであるが、(11)本件におけるごとく隔地者間の売買においては、新たなる給付がなされるまでにはなお相当の日数を要するであろうし、その結果買主がもはや新たな給付に何らの利益も有しなくなることもありうる（この点については本件判例では明らかでないが）。にも拘らず新たな給付をうける義務ありとせば、買主の不利益は明らかである。もちろん買主は判例、学説の認めるところに従って、買主訴権により不履行に基く解除を請求しうるのであるが、この場合買主は、按察官訴権による場合と異なり、瑕疵の存在ならびに新たな給付がもはや自己にとって何らの利益なきことにつき立証責任を負わせられるのであって、(12)actio redhibitoria による解除に比し不利益なること明白であろう。これに対し減額訴権（actio quanti minoris）が認められるとすれば、買主は一方においてこの訴権を行使し、他方において瑕疵ある物を引きとってその瑕疵の程度において安く転売すれば、直ちに資本の回収が可能となり、かくして買主のうける法的保護は前者に比しより優れたるものといいうることとなる。この点に一般に減額訴権を認めることの実際的意義があったといえよう。なおこの判例が減額訴権を認めるために、「種類売買もまた売主の事実上の給付によって目的物が特定する……」としたことの論理構成上の問題点については、後述学説の項で考察する。

(B)　解除訴権に関するもの

解除訴権をめぐって瑕疵担保責任の有無が争われた事件では、瑕疵ある物の給付を受けた買主が解除訴権（actio redhibitoria）により売買の即時の解除をなそうとするのに対し、売主がこれを否定し、買主は瑕疵なき物の給付をうける義務ありと主張する事案のものが多い(13)。一例として一八九一年九月三日のブラウンシュヴァイツ高等地方裁判所（Oberlandesgericht zum Braunschweiz）の判決をあげよう。事件を簡単に説明すると、XはYに六ヶ月の保証期間付きHillscher 式ガスモーターを注文し、一八九〇年四月にその給付をうけたので早速使用してみたところ調子よく回転しなかった。そこでY及び製造工場の技師に修理させたが結局回転しなかった。この間Yはそのモーターの瑕疵を認めず修理にいたずらに時間をかけ、一年後になって漸くその瑕疵を認めて他の無瑕疵のモーターを提供した。しかしXはこの代替給付の受領を拒絶し、解除訴権を行使して代金の返還を求めたが、Yは、Xはこの代替給付を受領すべき義務ありと主張。そこで同一種類に属する瑕疵なき物の代替給付によりXの解除訴権は排斥されるか否か、換言すればXのこの代替給付に対する受領義務いかんが問題となった。これに対し、OLG は種類売買にも按察官法の適用ありとの判例理論にたってXの請求を認容した。

前述せるごとく、按察官法上の解除訴権は、瑕疵に基づいて即時に契約の解除ができうるに比し、瑕疵ある物の給付を債務の不履行とするときは、買主は瑕疵なき物の受領義務があること、かつ買主訴権により解除をなしうるのは、新たな給付がもはや何等の利益をもたらせないことが立証しうる場合のみであることを考えれば、本件においても先の事件の場合と同様に、かかる解除訴権の認容が買主の法的保護にいかに役立ったかは、自ら明らかであろう。

(C)　損害賠償請求に関するもの

損害賠償の請求に関しては、瑕疵担保責任によるのと債務不履行によるのとの差異は、解除ないし減額訴権における場合程重要でないためか、これに関して瑕疵担保責任の有無が争われた判例は私の知る限りでは見当らなかった。ただ、損害賠償の請求と短期消滅時効との関係が問題となり、この点に関して瑕疵担保責任に関する規定の適用の有無が問題となった重要な判例がある。すなわち前述せる種類売買に按察官法の適用なしと判示した、一八七一年一一月二九日のライヒ高等商事裁判所の判決がこれである。事件を簡単に説明すると、Xは訴外A（die Stadt Herbstein）との契約を履行するため、一八六七年七月一〇日、Yに一定性質を有する水道敷設用鑄鉄性鉄管二八〇〇フィートを注文し、この鉄管は同年九月二〇日Yより送付されたが契約所定の性質を欠くものであった。この瑕疵をXは受領後直ちになした検査では気づかず、訴外Aにその契約の履行として引き渡した時、Aの技師が検査のため鋸でこの鉄管の一部を切断して初めて明らかとなった。そこでXは直ちにこの旨をYに通知し、翌一八六九年一二月にその保管せる鉄管をYに返還したが、さらにその翌年すなわち一八七〇年一〇月になって漸くXはYに対し、Aとの契約の不履行によって生じた損害の賠償を求めて訴えを提起した。原審は、Xの損害賠償請求の訴えは物の瑕疵に基づくものなるがゆえに、瑕疵担保責任に関する規定の適用をうけるものであり、したがって普通商法第三四九条第二項によってXの請求権は消滅せりと判示した。

これに対し、ROHGはまずXのこの損害賠償請求の訴えの法的性質に言及し、これは一八六七年七月一〇日の契約の不履行に基づくものであるとし、原審のごとくこの訴えが物の瑕疵に基づくものであるからといって直ちに按察官法上の訴えが提起されたものと断定すべきではないとする。その理由は「この契約が特定物売買でなくして、種類売買であるというまさにそのことからして」明らかであると述べ、種類売買には原則として按察官法の適用なき旨判示したのである。

ついで本件において、ROHGはさらに普通商法第三四九条第二項の短期消滅時効に関する規定は、かかる債務不履行に基づく損害賠償請求の訴えにも適用があるか否かを問題とした。すなわちROHGは「短期消滅時効の根処（ratio）は給付された物の質的瑕疵（Qualitätsmangel）の発見とその確定（Feststellung）は、長期にわたる時の経過によってまったく不可能となり、したがってこれに対して正しい判定を下すことを不可能とするものなるゆえ、かかる不分明な事態の発生を防止せんがために短期間内に争いを解決に導びかねばならぬとするにある。かくて種々の立法が（なかんずくローマ法もまた）特定物売買において質的瑕疵の主張を短期間内に制限するに至っているのであるから、上述せるごとく原則的には按察官法上の訴えと無関係なる種類売買においても、少なくとも同程度にその必要が存するといわねばならない」として、種類売買にもまた普通商法第三四九条第二項の適用があると判示した。

この事件においては普通商法の規定の類推適用により損害賠償請求権の短期消滅時効を認めたのであるが、同法立法前の判例にもこの思想は見出せる。すなわち種類売買に按察官法の適用なしとする数少ない判例の一たる、一八五九年八月五日のドレスデン高等控訴院（Appellationsgericht in Dresden）の判決(15)がそれである。本件の事実関係は明らかでないが、判旨は、送付売買（Lieferungskaufe）においては「買主は彼が入手しうるであろう物をいまだ知らないのであるから、特別の保証なき場合といえども、すでに当該契約の性質上、将来給付さるべき物が、その種類の物が一般にその目的に有用であるために有すべき性質を備えていることにつき正当なる権利をもつものであるしかつまたそのことを要求しうるのである」とし、したがって瑕疵ある物が給付されてもそれは契約の履行とはなりえず、買主はその受領を拒絶しうるし、あるいはまた瑕疵が直ちに発見されなかった場合には、按察官法におけるがごとく、契約の解除ないし減額を買主訴権によって請求しうるとした。しかしながらその判決はさらに、一度完成せる法律行為を行われなかったものとする（Das zurückgehen von einem vollendeten Rechtsgeschäft）ことは、あまり奨励すべきではない法規制の例外的なものなること、しかし、通常の時効期間（三〇年）の経過まで、隠れたる瑕疵に基づいて売主がかかる責任を負うとするのはあまりに酷であるとの理由により、按察官法上の短期消滅時効の規定は、かかる按察官法的保護手段すなわち解除ないし減額請求権にも類推適用すべしと判示した。

以上の二つの判例から伺えるごとく、種類売買に瑕疵担保責任を否定する判例においても、物の瑕疵に基づく買主の権利の主張を、短期間内に限定しようとしていることに注目されねばならない。判例のあげる実際的理由は、瑕疵の発見と確定が時の経過につれて困難となり、紛争解決上好ましくないこと、あるいは、たとえ瑕疵ある物の給付は本来の履行でないとしても、実際に積極的に履行行為がなされている以上、長期間にわたって売主に物の瑕疵に基づく責めを負わし、不安定な地位におくのは酷であること等であるが、かかる思想の発生をその社会的背景より考察すれば、種類売買は前述のごとく産業革命後の近代的商品交換社会の発展に応じて発生してきた新しい商品取引形態であり、なかんずく商事売買において重要なる機能を果していたこと、しかして、かかる近代的商品交換社会において、次第に取引敏活決済という近代法原理が尊重され、確立されてきたことの裁判への反映を物語るものといえるのではなかろうか。

もちろん、かかる思想は、「眼を開け、売買は売買である」というゲルマン固有法の思想が、ローマ法継受後の普通法時代においても、なお根強く残っていたことを示すものであるという見方もなりたちえようが、その影響はもちろんこれを否定しえぬとしても、かかる思想は、第一義的には、近代商品交換社会において、取引の静的安全の尊重から、次第にその動的安全ないし取引の敏活決済が尊重されてくるに至る、歴史的発展法則の実現途上に現われた一現象形態であるとして把握する方がより妥当ではあるまいか。

(D)　完全物給付請求に関するもの

一八七二年四月一六日のライヒ高等商事裁判所の判決により、種類売買にも瑕疵担保責任を認めるとの判例理論が確立され、以後一貫して判例上この立場が踏襲されることとなったことについては前述したところであるが、この立場に立つときは、買主は瑕疵ある物を一度受領するや、もはや瑕疵なき物の請求が論理必然的にできないことになり、実際上不当な問題が起るであろうことは容易に推測されえよう。このような事件が実際に起った場合、裁判所はこれをいかに処置したであろうか。

一八八一年六月一日のドイツ大審院の判決[16]において、このことが問題とされている。例によって事件を簡略に説明すると、XはYより、一八八〇年三月、オーストリア・フランス国家鉄道株式会社（Die österreichisch＝französischen Staatseisenbahn＝Gesellschaft）の株式二五株を現金即時払いにて購入した。Xがこの株を同年六月売却しようとしたところ、そのうち四株が株券のフチが破れていた為に、フランクフルト株式取引所の慣例により、譲渡性なきことが明らかとなった。そこでXはYに対し、この瑕疵ある四株にかえて瑕疵なき株券四株の給付を請求すると共に、新なる給付がなされるまでの遅滞に基づく損害賠償を請求したのであるが、一審二審共に敗訴した。

RGはこれに対し、Xの請求を認容した。判旨を要約して説明すると、まずこの株式の売買は種類売買なること、しかしてこの種類物（gattung）は、第一に上述の会社の株式たる性質を有することによって特定するのであり、第二に取引所規則上譲渡性ある証券が売買されたのであるから、譲渡が可能であることによって特定するのである。したがって本件における売買の目的物は、まず前記会社の株式なること、ついで商品として譲渡性を有すること特に取引市場としての株式取引所において、譲渡性ある商品として売却しうるという性質を有するものであったのである。ゆえに売主は、かかる性質を有する株券の給付によってのみ、彼の債務を履行しうるのであって、この性質のいずれかを欠く株券の給付によっては履行をなしたことにならない。すなわち「売主は、瑕疵（defekt）あるかつこの瑕疵のゆえに株式取引所の慣例上譲渡性なきものとされる株券を給付したことによって、彼が給付すべきであった物を瑕疵ある状態において（inmangelhafter Beschaffenheit）給付したのでなく、給付すべき物とは異なった物を給付したのである」（傍点筆者）と。RGはこのような理由により、結局Yは瑕疵なき株券をXに給付すべきであると判示したのである。

けだし、本件のごとく買主の法的保護として減額訴権が無意味であり、かつまた瑕疵ある物の返還に対して代金返還を求める解除訴権もまた買主の充分な保護手段たりえない場合（株式相場は時々刻々変化するものであり、殊に売買契約締結当時より値段が上っている場合にはこのことはあきらかであろう）には、瑕疵ある物にかえて瑕疵なき物の給付を求める権利を買主にあたえることの実際的意義は、甚だ大であるといわねばなるまい。この点本件においてRGが瑕疵ある給付を異種物の給付とする論理構成によって買主の保護を図ったことは、きわめて妥当であったといえよう。しかしながら、もしこの訴えが売買後一〇年位たってなされた場合、果たしてRGはかかる論理構成をとったであろうか。おそらくこの給付を瑕疵ある物の給付とし、したがって買主の権利は消滅時効にかかったものとして処置したことであろう。とすれば、瑕疵ある物と異種物との区別は、裁判官の恣意に委ねられることになり、したがって買主のうける法的保護は裁判官の恣意によって異なるものとなるであろう。この問題は後に判例、学説上の論争を惹起することとなるのであるが、この点については後述する。

他方また、RGがかかる論理構成をとったのは、本件株券の瑕疵が、取引所慣例上譲渡性なきものとされる程の、重大なる瑕疵であったことによるものであろうが、しかりとすれば、重大ならざる瑕疵の場合には、買主は一度物を受領するやもはや瑕疵なき物の給付はこれを請求しえざるものとなること明白であろう。かくして本件判決におけるがごときRGの努力にも拘らず、種類売買にも特定物売買におけると同じく売主の瑕疵担保責任を認めんとする判例理論の下においては、瑕疵なき物の給付を求める買主の法的保護は、結局不完全なものとならざるをえず、立法手段による解決をまつしかなかったのである。

（1）資料不足のため普通法時代のこの問題に関する文献に引用されている判例全部を調べることは残念ながら出来なかった。本稿で引用せる判例は次にあげるものから収録したもので、したがってそれ以外の引用は文献からの孫引きであることをお断りしておく。
① Entscheidungen des Reichsoberhandelsgericht. ② Seuffert's Archiv für Entscheidungen der obersten Gericht in den deutschen Staaten. ③ Hanburgische Handelsgerichts-Zeitung（1872）. ④ Entscheidungen des Reichsgericht in Zivilsachen. ⑤ Goldschmidt, Zeitschrift für das gesamte Handelsrecht.

（2）Goldschmidt, Zeitschrift für das gesamte Handelsgericht, Bd.19（1876）"Über die Statthaftigkeit der ädilitischen Rechtsmittel beim Gattungskauf" S.98 ff. Anm. 1, 2. に掲げられている判例目録を参照されたし。

（3）Entscheidungen des Reichs=Oberhandelsgericht（以下 ROHG として引用する）, Bd.4.Nr.36. S.179.ff. 特に S.181, 183. 内容については後述三二頁以下参照。

（4）Goldschmidt, a.a.O., S.98.

（5）ROHG, Bd.5. In.55. S.249 ff. 特に S.251, 252. 本件は契約所定の性質を欠く亜麻の種の給付をうけた買主が瑕疵ある物の返還に対して代金の返還を請求し、それと共に、第三者とこの物の転売の契約が瑕疵の為に不履行となったことによって生じた損害の賠償を請求した事件であるが、瑕疵担保責任の有無が直接争われたものではない。

（6）ROHG, Bd.5, Nr.91 S.394 ff. 内容については後述二九頁以下参照。

（7）Windscheid, a.a.O., §280（S.145 ff.）参照。

（8）Windscheid, a.a.O., §280 Nr.1（S.145）, §394 Anm.24（S.695）及び Motive zu dem Entwurf eines Bürgerlichen Gesetzbuches für das Deutsche Reich, Bd.II. §369（S.290 ff.）参照。

（9）Windscheid, a.a.O., S.684 ff. 参照。

（10）売主の減額請求（按察官訴権による）が認められたものとしては次のごとき判例がある。OAG zu Lübeck 1836（Seuffert's Archiv Bd.8 Nr.128（1867 neuer unveränderten Abdruck — 以下 1867 Ab.と略して引用する — Bd.2 S.426））OAGzu Oldenburg 1865（Seuffert's Archiv Bd.19 Nr.131（869 Ab. Bd 4 S.762））, Obergericht zu Wolfenbüttel 1868（Seuffert's Archiv Bd.14 Nr.126 1868 Ab.

Bd.3 Nr.660), Zeits.f.H.R. Bd.17, S.273 ff.), Handelsgericht zu Hamburg（Hamburgische Handelsgerichts-zeitung 1872 Nr.27〔169〕）買主訴権により減額請求を認めたものとしては、例えば Appellationsgericht zu Frankfurt a.m.1869（Zeits f. H.R Bd.17 Nr.73 S.278).物を受領して減額を請求する買主の権利を否定した判例（瑕疵担保責任が特定物売買に限られるか否かは明らかでないが）としては次のごときものがある。Oberhandelsgericht zu Stuttgart 1867（Zeits.f.HR. Bd.17 Nr.70 S.275), Handelsappellationsgericht zu Nürnberg（Busch's Archiv Bd.l. S.538 ff. Centralorgan für das deutsches Handels=und WechselrechtsBd.1 S.49, Kommerz=collogium zu Danzig（Centralorgan a.F. Bd.3 S.58).

（11）Windscheid, a.a.O., §944 Nr.5（S.695）参照。

（12）Motive II §398（S.241, 242）参照。

（13）例えば Entscheidung des RG. 1882 Bd.6 Nr.53, S.189 ff.（瑕疵ある Alpenbutter の給付をうけた買主が契約の解除ならびに運賃の賠償を求めた事件）や、同じく RG.1884 Bd.12, Nr.19 S.84 ff.（瑕疵ある Loands=Gummi の給付をうけた買主が契約を解除して対価として提出した引受手形の返還を求めた事件）等がこれに属する。

（14）OLG zum Braunschweiz 1891（Seuffert's Archiv Bd.48, Nr.84 S.134).

（15）OAG in Dresden 1859（Zeits. f. HR. Bd.4, Nr.38, S.443 ff.).

（16）RG 1881（I Civilsenat）Bd.4, Nr.56, S.195 ff.

二　学　説

㈠　概　説

ローマの法律家の知らなかった代替物や種類の概念を初めて確定したのは、ツァシウスであった事は先に述べたところであるが、特定物売買と種類売買とを区別し、後者には瑕疵担保責任の認められないことを学説上初めて主張したのは、トェール（Thöl）であるといわれる。[1] 判例の動揺とあいまって、この問題はパンデクテン学者の好個の論題として著名な論争をまきおこしたわけであるが、これに関する諸種の説は、おおよそ二つのグループに分けられる。すなわち⑴按察官法の適用を特定物売買にのみ限定し、種類売買には適用なしとするもの（以下否定説と呼ぶ）、⑵種類売買にもその適用を認めるもの（以下肯定説と呼ぶ）の二つである。初期においては否定説が有力であったが、次第に肯定説を唱える学者が多数となり、殊に判例理論の確定とあいまって、通説とされるようになった。一八七二年四月一六日のライヒ高等商事裁判所大法廷は、その判例理論確定にあたり学者の意見を求め、その結果肯定説を主張するゴールドシュミットの意見を採用したことが決定的な影響を与えたのである。Zeits.f.H.R.Bd.19（1874）掲載の彼の論文は、この鑑定意見を公表したものである。以後、彼の主張が肯定説の代表的説となり後期の通説となったのである。

以下両説の根拠及び内容について考察を進めるが、その前にこの考察の観点について一言しておこう。前項の判例の考察においては、種類売買という未知なる法現象の発生により、瑕疵ある物の給付をめぐって、具体的にどのような法律問題が起こり、それに対して裁判所はいかなる処置をとったか、その実際的及び法的意義いかんが考察の中心であったが、ここではこのような新たな法現象をパンデクテン学者はいかなる論理構成 —— 法的技術 —— を用いることによって、既存の概念・体系と結びつけたかが、考察の第一の中心である。

一般に、法秩序全体の無欠缺を認め、形式論理によって具体的事件の解決を法秩序全体から導き出し、あるいは具体的事実を概念・体系にあてはめ、形式論理を操作してただちに結論をだすのがパンデクテン法学の特色といわれるが[2]、必ずしも実際目的ないし具体的妥当性が無視されていたわけではなく[3]、この問題に対する学説もまた、各々の論理構成によって、この未知なる法現象を一旦既存の概念・体系にあてはめながら、そこから論理必然的にでてくる法律効果をそのまま主張することなく、何らかの実際目的を考慮した妥当な法的保護を与えようと努めている。したがって、この二つの法的保護の内容のズレを検討することによって、その学説の実際的及び法的意義も自ら明らかとなるであろう。これが考察の第二の中心である。

以下かかる意図のもとに、否定、肯定両説の根拠（論理構成の問題）及び内容（法的保護の内容の問題）について考察する。

（1） Goldschmidt, a.a.O., S.99.

（2） Wieacker, Privatrechtsgeschichte, der Neuzeit 1952, S.255.

（3） 山田晟「ドイツ普通法理論」（法哲学講座第三巻所収）一七二頁以下参照。

種類売買において、給付された物に契約違反の性質あるいは瑕疵あるときは、いまだ本来の債務が履行されたとはいえず、債務の不履行であって、特定物売買における物の瑕疵に基づく按察官法的保護手段の適用はありえないとする説である。

㈡ 否定説

A 論拠

否定説の主張する論拠はおよそ次の三つの理由にまとめられる。

⑴ ローマ法はいまだ種類売買なるものをしらず、したがって按察官訴権ならびにその適用範囲は、常に特定物売買に限られていた。ゆえに普通法においても按察官法の適用範囲は特定物売買に限るべきであるとする沿革理由[1]。

⑵ 按察官訴権は、目的物が売買契約締結の時に買主に提供され、あるいは提供されうることを前提とし、この時に瑕疵あれば按察官法的保護手段が認められるのであるから、売買契約の締結時にいまだ目的物の特定していない種類売買には適用されえないとする[2]、主として按察官訴権の法的性質にもとづく理由。

⑶ 種類売買においては、瑕疵なき物を給付することが、黙示に保証されているとみなすべきであるから、契約所定の性質を欠く物あるいは瑕疵ある物を給付してもそれは本来の債務の履行ではなく債務の不履行である。また種類売買においては、契約違反の物(die vertragswidrige Ware)は、欲され、同意され、買われた目的物(das gewollte. konsentierte, gekaufte Object）より異なった物であるから、契約に適合せる物の再給付を請求しうべきである等々の[4]、主として種類売買の法的性質に基づく理由。

この最後の理由は次のような実際的理由と関連性を有する。すなわち、種類売買においては、特定物売買におけるがごとく契約締結時に売買の目的物が特定していることなく、通常は契約締結後に売主の一方的な意思により給付の目的物が決定されるのであるから[5]、買主が瑕疵ある物を知らずに受領することによって、もはや売主の本来の履行責任を問いえないとすることは妥当でないこと、他方また種類売買においてはその性質上、その種類に属する物全てに瑕疵がない限り、他の瑕疵なき物の再給付が（特定物売買の場合と異なって）可能であること。「瑕疵なき物を給付するという黙示の意思表示」とか「契約違反の物は、欲され、同意され、買われた物とは異なった物である」等の表現はこの間の事情を示すものといえよう。

B　内　容

否定説に属する学者は、種類売買に按察官法の適用を認めず、給付された物が契約違反の物なるときあるいは瑕疵ある物なるときは、買主は、買主訴権（actio empti=Kontraktsklage）によってのみ保護されるとするのであるが、具体的に買主がいかなる法的保護をうけるかについては、学者により異なる。

⑴　まず買主はすでになされた給付を拒絶して瑕疵なき物の給付を請求すると共に、新たな給付がなされるまでの遅滞にもとづいて損害賠償の請求をなしうる[6]。ヴィンドシャイドはさらに、瑕疵が売主の有責にもとづくものであり、その瑕疵ある物によって買主の所有物に損害を蒙ったような場合にはこの賠償をも請求しうるとする[7]。

⑵　買主が再給付をうけても、もはや何らの利益をも有しないときは、按察官法的保護手段の場合を考慮して、契約の解除（Rückmachung, od, Rücktritt）すなわち給付された物を返還して、売買代金の支払いを拒絶しうるし、もしすでに支払っている場合にはその返還を請求しうる[8]。ただし買主は再給付が自己にとって利益なきことにつき立証責任

を負う。(9) いわゆる定期行為の場合は解除の決定的理由とされる。(10) 解除と共に買主は履行利益の賠償を請求しうるかについては、トエール、ゾイフェルトはこれを肯定し、(11) ヴィンドシャイドは否定する。(12)

(3) 買主は瑕疵ある物を留保して、売買代金の減額を請求しうるかについては争われている。(13)

〔イ〕トエール、ゾイフェルト、ブリンツ等は瑕疵ある物を受領して減額を請求する権利を常に認める。その理由は、減額請求を条件として瑕疵ある物を受領することは、買主の利益になるから①②の場合と選択的に認めて差し支えないとする。(14)

〔ロ〕ヴィンドシャイドは、物の受領が売主の利益にもなることを立証しうる場合にのみ、減額の請求を認める。(15)

〔ハ〕ガレイスは、売主が瑕疵ある物の代わりに瑕疵なき物を給付し、あるいは瑕疵ある物をひきとって損害賠償をなそうと欲しているかもしれないのに、買主に一方的な減額請求を認めるのは妥当でないとの理由により、減額請求を認めない。(16)

(4) 瑕疵ある物を受領することによって、買主は隠れたる瑕疵に対する彼の権利を当然に失うものではない。瑕疵を知りあるいは知りうべきであった場合にのみ、彼はその権利を失うのである。(17) かつまた、商事売買の場合と異なり物を検査せずに受領したこと、あるいは発見した瑕疵を即時に通知しなかったことによって買主はその権利を失うものでもない。(18)

(5) 上述の諸権利は、全て買主訴権に基づくものであるため、按察官訴権と異なり、一般原則により、三〇年の消滅時効にのみかかることとなる。(19)

C　まとめ ―― 否定説の実際的並びに法的意義 ――

否定説の論拠（①②は暫くさしおき）、すなわち種類売買における瑕疵ある物の給付は、債務の本旨に沿った履行とはいえず、債務の不履行であるとの理由は、後述する肯定説の論理構成に比し、種類売買の特質を明らかにして売主の本来の履行責任を追及した点において、はなはだすっきりしたものであったといえよう[20]。しかしながら、普通法上債務不履行には、履行遅滞と履行不能の二つのカテゴリーしかなく、積極的に債務の履行がともかくもなされ、しかもその履行に瑕疵があるという債務不履行の積極的態様を把握するがごときカテゴリーが存しなかったこと、及び債務不履行の法的保護としては、現実履行の強制と損害賠償請求の二手段のみで契約解除という手段が一般に認められていなかった[21]ことから、その具体的な法的保護の面において、否定論者の間に、苦心と混乱の跡がみられる。すなわち、按察官訴権の場合を考慮して買主に解除あるいは減額請求権を与えんとしたり（B⑵⑶）、いわゆる積極的債権侵害論の萌芽ともいうべき損害賠償を認めたり（B⑴）、あるいは前述判例の項で述べたごとく、否定説に属する判例が、按察官訴権における短期消滅時効や、普通商法第三四九条二項を類推して、瑕疵に基づく買主の権利の主張を短期間内に限定しようとしたこと等から、このことは窺いえよう。

　要するに否定説は、売主の本来の履行責任を追及することによって、受領後も瑕疵なき物の給付を請求する権利を認めた点においてその意義を有するものであったが、その他の面なかんずく契約解除、減額請求、短期消滅時効の三点において、当時の取引社会の要望に沿いえず、肯定説の台頭を許すこととなったといって差し支えなかろう。

（1）Thöl, Das Handelsrecht, I Bd., 6 Aufl, 1879 §83.
（2）Brinz, Lehrbuch des Pandekten II Bd., 1879, S.731, 732. Thöl, a.a.O., §275 Nr.17.
（3）Windscheid, a.a.O., §394 Nr.5 S.693.
（4）Thöl, a.a.O., §275 Nr.17.
（5）Thöl, a.a.O., §275 Nr.17.
（6）Windscheid, a.a.O., §394 Nr.5 (S.694,695)；Thöl, a.a.O., Nr.17 (1), Seuffert, Praktische Pandektenrecht §266 S.87.
（7）Windscheid, a.a.O., §394 Nr.5 Anm.23 (a) S.695.
（8）Windscheid, a.a.O., §394 Nr.5 Anm.24 S.695；Thöl, a.a.O., §275 Nr.17 (2), Seuffert a.a.O., §266 S.89.

（9）Windscheid, a.a.O., §394 Nr.5 Anm.24.

（10）Thöl, a.a.O., §275 Nr.17.

（11）Thöl, a.a.O., §275 Nr.17, Seuffert, a.a.O., §266 S.89. ゾイフェルトは保証された性質の欠除、あるいは売主悪意の場合に履行利益の賠償を認める。トエールはこの点につき明らかでない。

（12）Windscheid, a.a.O., §280 S.146.

（13）もちろんこの減額請求は按察官法上の actio quanti minoris とは異なり、actio empti によってこれを認めようとするものである。その差異については Windscheid, a.a.O., S.687 Anm.9 及び S.695 Anm.23 参照。

（14）Thöl, a.a.O., §275 Nr.17 (3)；Seuffert, a.a.O., §266 Anm.19 S.88 Brinz. a.a.O., S.732.

（15）Windscheid, a.a.O., §394 S.96 Anm.27 ここで示されているごとく、物の受領（Behalten）が売主の利益にもなる場合としてヴィンドシャイドは（a）買主が物を受領しなかったならば売主が損害を蒙るであろう場合（例えば腐敗し易い物の場合）、（b）買主が物を受領しなかったならば売主が彼に賠償しなければならないような損害を買主自身がうけるおそれある場合、の二つの場合をあげている。

（16）Gareis, “Das Stellen zur Disposition nach modernem deuschem Handelsrecht” 1870 S.153.

（17）たとえ瑕疵ある物を受領したとしても（瑕疵あることを知らなかった場合）、本来履行でないところのものが履行となることはできない（(15) Windscheid, a.a.O., §394 Nr.5 Anm. 27）。また「同意（Billigung）は（もちろん瑕疵あることを知らずにそれが与えられたことを前提とする）給付が瑕疵なきこと、したがって契約の本質にそったものであるという判断（Urteil）を与えることにほかならない。この判断は、挙証責任に影響するのみであって履行でないものを履行とするがごとき効力をもつものではない」(Windscheid, a.a.O., §394 Nr.5 Anm.28)。

（18）Windscheid, a.a.O., §394 Nr. 5 S.696 und Anm. 30, 31.

（19）瑕疵なき物の給付を請求する権利は、本来の債権の履行を請求するものなるゆえ問題はない。また損害賠償の点についても、三〇年たることは問題とならない。なぜなら瑕疵担保責任における損害賠償請求も買主訴権によって主張せられたものなるゆえ、否定、肯定両説いずれの場合においても三〇年とせられた（もちろん、商事売買は除く）。問題は解除及び減額請求権である。按察官訴権においては、短期消滅時効が定められているが、買主訴権によって、かかる権利を認めんとする否定説の立場では、論理必然的には、三〇年間の消滅時効にかかるのみとせざるをえない（判例では按察官法における短期消滅時効の精神を類推してこれを限定せんとしたことはすでに述べた）。ゴールドシュミットもこの点をついている（Goldschmidt, a.a.O., S.100）。

(20) 現行ドイツ民法が第四八〇条の明文規定をもって瑕疵なき物の給付の請求権をその他の権利と選択的に認めるに至ったことからも明らかであろう（Motive, II § 398 S.242 参照）。

(21) 古典時代には金銭判決（Condemnatio, pecuniari）の原則が一貫されたため、債権者は、債務者の債務不履行に対しては、単に損害賠償をもって甘んずるより外なかった。ユ帝が初めて「与える債務」には執達吏の手による物自体の強制履行を認めたという（原田慶吉『ローマ法』上巻一六二頁参照）。双務契約における債務不履行（なかんずく履行遅滞）の効果として契約の解除（Rücktritt）が認められだしたのは、普通法時代においてであった。Motive II §396（S.209）がこの一例として、ヴィントシャイトを引用している（a.a.O., §280 Nr. 1 §394 Nr. 24）が§394 Nr.24 はすでに明らかなごとく、ここで取り扱っている問題である。

㈢　肯　定　説

元来特定物売買を対象とした按察官法を種類売買にも拡張適用しようというのがこの説のねらいである。肯定説に属する学者の最も苦心したのは、特定物の瑕疵のために思わぬ損害を蒙る買主保護のための瑕疵担保責任制度を売買契約締結時には、いまだ目的が特定していない種類売買にいかなる論理をもって結びつけるかにあった。

A　論　拠

肯定説の論者は、初期の通説たる否定説の批判から出発する。したがってその論拠も、否定説の論拠の批判を通じて自己の論理を展開する。

(1) まずローマ法源中いわゆる制限種類売買の場合を除いて、種類売買に按察官法の適用された事例を見出せないことは、全ての肯定説論者の率直に認めるところである。しかしながら、このことはローマの法律家にいまだ種類売買なるものが知られなかったからにすぎず、「普通法上種類売買が認められるようになった現在、按察官法の種類売買への適用性いかんが重要なのである」とデルンブルヒは反駁する[(1)(2)]。

(2) 按察官法が適用されるためには（売買の目的物に瑕疵があることを要し、したがって目的物に瑕疵があるというためには）売買締結の時に、物が特定しあるいは特定しうべきものなることを要するという否定説の論拠に対しては、ゴールドシュミット(3)は「かかる前提要件は単に事実的（factische）なものであって、決して法的（juristische）なものではない。」、種類売買においては種類物の中から給付される特定の物が買主に提供される時が問題なのであるから、この時を標準とすれば特定物売買の場合と同様に按察官法の適用が認められうるとする。すなわち否定説論者のいう前提要件は、按察官法適用の障害となるものではなく、それは単なる法的なBegrenzung（定義付け）にすぎないと主張するのである。

⑶　否定説の第三の論拠に対する肯定説論者の批判は次のごとくである。すなわちヴィンドシャイドの主張するがごとき黙示の保証義務なるものは特別の合意ある場合を除いては一般に認められないとし、また給付すべき物の性質・種類等が保証されているにも拘らずそれに反する物が給付された場合には、それは異なった物の給付であって債務の不履行であるが、一応契約に応じた種類及び性質に属する物が引き渡されて受領された以上、単なる瑕疵があったとしても債務は履行されているのであり、ただ瑕疵ある履行にすぎないとする(4)（例えばゴールドシュミットは、砲火に慣れた褐色の三才駒を給付すべき義務を負う者は、この性質・種類に属する馬を給付すれば、彼の債務を履行したことになるのであって、たとえこの馬が御し難き荒馬であろうと脱疽に罹れるものであろうと、それは契約の履行義務としては問題となることなく瑕疵担保責任の問題に過ぎないとする(5)）。

他方また、種類売買においては買主によって買われ、売主によって給付されるのは種類物そのものではなく、種類物の中からの特定の物であること(6)、すなわち「種類物の中から売主によって提供され、買主によって受領された特定の物は、買われた物（die gekaufte（Ware））である。換言すれば、全ての種類売買は、妥当なる（gehörige）、あるいは買主によって妥当なものとしてうけ入れられた給付によって、必然的に特定物売買に溶解（auflösen）するのである(7)」ゆえ、当然に種類売買も、按察官法的保護手段の対象となりうると主張する。

B　内　容

肯定説論者は前述のごとき論拠に基づき、種類売買に原則的に按察官法的保護手段を認めようとするのであるが、その適用の標準時期は、当然特定物売買と異なり「買主が種類売買の履行として給付された特定の物を検査しうる状態になった時」[8]とする。したがって売主側の一方的な選択のみをもってはたりず、その引渡しまたは送付、それに対する買主側の受領の時が標準となる。

この時、物が保証された性質を欠き、あるいは瑕疵ある場合には、按察官法的保護が認められるわけであるが、その具体的内容は次のごとくである。[9]

(1)　保証された性質を欠く場合

まず給付された物の受領に際して、その物が保証された性質を欠除していることが明らかとなった場合、買主はもちろんこれを受領する必要なく、売主の債務不履行を主張しうる。すなわちその物を拒絶して瑕疵なき物の給付を請求すると共に、履行遅滞にもとづく損害の賠償を請求しうる。

これに対して買主が異議をとどめずその物を受領した場合には、二つの場合に分けて考えることを要する。すなわち①買主がその瑕疵を知りまたは知りうべきであったにも拘らず受領した場合には、買主はその給付に満足したものとみなされ、一切の法的保護が排除される。②買主が善意でその瑕疵ある物を受領し、後にその瑕疵を発見した場合には、売主の瑕疵担保責任を主張しうる。すなわち解除訴権、減額訴権（按察官法上の訴権）が認められるし、あるいはまたそれらと選択的に履行利益を求める損害賠償の請求権が認められる。[10]これに対し、瑕疵なき物の給付を求める請求権が認められるかについては、ゴールドシュミットはこれを否定し、ハナウゼクは肯定する。[11]

(2)　単なる瑕疵ある物の場合

単なる瑕疵（blosse Fehlar）とは契約上特に予定されたすなわち保証された性質・種類以外の、按察官告示にいう瑕疵である。すなわち物自体の瑕疵といってもよかろう。かかる瑕疵が受領に際して明らかとなった場合には、買主は瑕疵なき特定の物（eine fehlerfreie species）の給付をうける権利があるゆえ、これを受領する必要はなく、解除訴権（actio redhibitoria）により請求しうると同一の権利が与えられている。すなわち消極的利益の請求特に代金返還の請求を認められる。これに対し瑕疵なき物の給付請求権や、その他の利益（履行利益）の賠償請求は認められないとする。けだし肯定説論者は、種類売買における売主は、契約所定の性質、種類に属する物を給付すればそれによって、特定物売買におけると同様に、契約の履行をなしたことになると論じたからであろう。

次に買主が異議をとどめず瑕疵を受領した場合には、もし瑕疵を知りあるいは知りうべきであったにも拘らずそれを受領したのなら、瑕疵に基づく一切の権利を買主は排除される。これに反し、瑕疵が隠れたるものであって、買主がこれを知らずに受領したのなら、按察官法的保護手段すなわち解除ないし減額訴権が認められる。この場合売主悪意なら選択的に損害賠償の請求もなしうる。

(3)　以上全ての場合を通じて、解除訴権は六ヶ月、減額訴権は一ヶ年の消滅時効にかかる。これに対し、損害賠償の請求権（保証された性質の欠除あるいは売主の悪意にもとづく）は、本来按察官訴権に基づくものでなく、買主訴権に基づくものなるゆえ、通常の消滅時効すなわち三〇年の消滅時効にのみかかる。

C　まとめ——肯定説の実際的ならびに法的意義——

肯定説を唱える学者は、種類売買においても結局買われ、給付されるものは、種類物その物ではなくして、種類物の中の特定の物であり、それは履行すなわち売主によって提供され買主によって受領されることを通じて、必然的に特定物売買に溶解するものであるという論理を用うることによって、種類売買も当然按察官法的保護手段の対象となることを主張する。かくして買主は解除ならびに減額という保護手段を与えられることになり、より厚い保護をうけうることとなったのではあるが、他方それが、売主の提供・買主の受領によって特定物売買に溶解するという論理構成によったがために買主は物を一旦受領するや、論理上（特定物売買と異り、実際上可能でありかつ妥当であるにも拘らず）もはや瑕疵なき物の給付につき売主の責めを問う余地がないという結果をもたらすに至ったのである（この点判例は重大なる瑕疵は物を異種の物とするとの論理構成により、瑕疵なき物の給付請求を認める努力をしたことはすでに述べた）。かつまた、解除及び減額訴権は短期消滅時効にかかるものであるが、損害賠償請求権はその沿革上（買主訴権に基づくものなるゆえ）、三〇年の一般的消滅時効にかかるのみであって、この点において取引敏活決済の要請に対して、中途半端なものに終わっている点も指摘しておかなければならない。

これらの難問はやがて、現行ドイツ民法の成立により、立法的に解決されるに至る。

（1）Dernburg, Pandekten, 7 Aufl.（1903）II Bd. §107 Nr.3 Anm.24.

（2）この点に関しゴールドシュミット（Goldschmidt, a.a.O., S.106）は、他の売買当初から不完全なる売買 ― 例えば限定種類売買の場合とか代金額が売買物の量を計って初めて決まる場合とかさらに停止条件が契約に付されている場合等 ― に対して、法源上按察官法が適用された事例を見ないからといってその適用性を疑う者があろうが、むしろ告示があらゆる〝完全〟なる売買（"perfecta" kaufe）に適用されるものとするならば、なぜに履行によって、〝完全〟となる種類売買にも適用されないかの理由に苦しむとし、結局すべての種類売買は履行を通じて必然的に、売買の目的物たる特定物が生ずるのであり、これによって種類売買は「完全なる売買」（empti perfecta）となるのであるから、この完全なる売買には危険負担の原則が適用されると全く同様に按察官法の適用がなされるべきであるとする。

（3）Goldschmidt, a.a.O., S.113.

（4）Dernburg, a.a.O., S.282 ; Goldschmidt, a.a.O., S.107.

（5）Goldschmidt, a.a.O., S.108.

（6）Hanausek, a.a.O., S.115.

（7）Goldschmidt, a.a.O., S.112. なおゴールドシュミットはここで、これまでの肯定説論者が「種類売買が特定物売買に転化する（verwandeln）」という誤った表現を使ったために、反対論に有力な批判の武器を与えることとなったと述べ、"verwandeln" するのでなく"auflösen"するのであるとする。
（8）Goldschmidt, a.a.O., S.114.
（9）Goldschmidt, a.a.O., S.115 ff.; Hanausek, a.a.O., S.115 ff.; Dernburg, a.a.O., S.282（ただし按察官訴権の適用があるとするのみで具体的内容には詳しく触れていない）参照。
（10）Goldschmidt, a.a.O., S.116は、「給付され受領された物が買われた特定の物（die gekaufte species）であるという同意はたとえそれが錯誤によってなされたものであろうとも、通常の特定物売買におけると同様な効力を有するものである」。すなわち買主は、その物を異議をとどめず受領した以上、その物が売買の目的物であることに同意を与えたことになり、したがって種類売買は特定物売買に溶解したのであるから、買主はもはや売主の履行責任を問いえず、瑕疵担保責任を主張しうるのみであるとする。
（11）Hanausek, a.a.O.では、ゴールドシュミットの前述の主張を批判し次のごとく述べている。「……買主は、外観上、契約に適合せると思える物を受領したとしても、そのことによって、この物を売買の目的物とみなすという意思を表明したものでなく、むしろ単に、さしあたって、自己に提供された特定の物を売買の目的物とみなさないという理由をもちあわしていないことを表明するにすぎない。……買主は、先に締結した種類売買契約の履行として特定の物が提供されれば、そのものが受領しがたきものなることを（註――保証された性質を欠除せることを）知りえざる限りそれを受領しなければならない（müssen）のである。」とし、物が保証された性質を欠く場合には、たとえ一旦受領した場合でも契約に応じた物の給付の請求を認めるべきであるとする。

第三　現行ドイツ民法の立場

一　民法第四八〇条の立法理由

ドイツ現行民法は、特定物売買におけると同じく、種類売買にも瑕疵担保責任を認めている（§§459 u 480）。しかして種類売買においては、瑕疵なき物の給付に対する履行請求権と選択的に瑕疵担保責任を認めた。したがって、普通法時代の肯定説の立場と異なり、種類売買における履行責任を認めつつ、かつ選択的に瑕疵担保責任をも容認することによって、普通法における論争問題の立法手段による解決をもたらしたのである。

この間の事情を草案理由書によって考察しよう。[1]立法者がかかる立場をとるに至ったのは、まず普通法における著名な権威や、有力な判例それ自体によったばかりでなく、諸種の近代法典編纂及びフランス法、プロイセン法の有力な見解に従ったものであるとされている。

ついで普通法時代の否定説をとらなかった理由としては、これまでの判例でこれに従うものがきわめて少数であったこと、さらには近代法典編纂中に全くかかる見解がとられていないこと、これらを度外視するとしても、否定説は実際取引の合目的性にそぐいえないものであることを強調する。すなわち否定説によれば、買主は新たなる給付が彼にとってもはや何らの利益もないことを立証しうる場合にのみ解除権を有し、さらにまた、瑕疵ある物の受領を拒否した場合に買主の蒙る損害が、それを受領した場合よりより大であることを立証しうる場合にのみ（すなわち物の受領が売主にとっても利益である場合にのみ）、減額請求権を認められるとするが、かかる事情の証明は非常に困難であって、その結果買主の利益は甚だしく脅かされることとなる。したがって買主のかかる不利益を救うためには、特定物売買におけると同じく、解除（Wandelung）及び減額（Minderung）の権利を認めるのが妥当であるとする。

次に肯定説と異なり、瑕疵なき物の履行請求権を認めたことの理由としては、もしこの権利を認めないとすれば、買主の契約に基づく権利、換言すれば売主の本来の履行責任を否定することとなるし、他方実際問題としても、大きな障害を惹起するおそれがあるとする。すなわち、買主が契約自体に基づいて当然有する権利を制限すべき何らの理由もなく、他方売主はその契約違反の所為の結果につき、全面的に責めを負わねばならないものであるから、一方で買主に瑕疵担保責任とこの権利とを選択的に与えるとともに、他方において売主側からの瑕疵なき物の受領の請求権（したがって買主の再給付受領義務）を否定することによって、買主の全面的な保護が図られたのである。

なおドイツ民法は、種類売買に瑕疵担保責任を容認するにあたり、危険移転の時（動産＝引渡し、不動産＝登記§446）を標準とし、それと共に特定物売買においてもこの時が（普通法と異なり）、標準とされた。[2]草案理由書のこの点に関する見解をみると、[3] 種類売買の場合も特定物売買の場合も同様に、その売買の目的物の危険が買主に移転した時に存在する瑕疵について担保責任を負うとしたのは、危険移転の時に関する規定の結果としてではなく、それは法の簡易化及び錯綜せる手続の解決に役立てるためであるとされる。これはまた当事者の意図する原理（Regel）に一致すると共に、他方ドイツ古法において、家畜の瑕疵につきその引渡しの時に売主の責任が決定づけられたという取引観念にも合致したからであると解されている。最後に注目すべき点は、短期消滅時効（kurze Verjährung）の問題である。すなわち普通法においては、売主の善意悪意を問わず、解除訴権は六ヶ月、減額訴権は一ヶ年の短期消滅時効にかかり、保証された性質の欠如あるいは売主の悪意に基づく損害賠償請求権は、（買主訴権によるものなるゆえに）通常の三〇年の消滅時効にのみかかるとされたのであるが、現行ドイツ民法（§477）においては、解除または減額の請求権ならびに保証された性質の欠如に基づく損害賠償の請求権は、売主が瑕疵を悪意に黙否せざりし限り、動産においては引渡しの時より一年をもって消滅時効にかかるとされた。[4] この点に関する草案理由書の見解をみると、[5] 短期消滅時効の実際的目的（質的瑕疵〔Qualitätsmängel〕の発見と確定は、長期間がすぎるうちにほとんど不可能となるし、かつまたそのような瑕疵に基づき売主の責任を追及する権利を長期間にわたって許容することは、実際取引上多大の重荷となりかつ障害となるがゆえに買主の権利行使を短期間に限定せんとする）[6] は、もしそれが同時に損害賠償請求権にも拡張されない限り、不完全なものに終わらざるをえないであろうことを理由としている。他方また、瑕疵の悪意の黙否なかんづく隠れたる瑕疵あるいは保証したる性質の故除を悪意に黙否した場合は、売主の不誠実なあるいは詐欺的な態度によるものであるがゆえに、短期消滅時効の例外となすべきであるとなす。

二　法的保護の具体的内容

現行ドイツ民法第四八〇条の立法理由は、大体以上のごとくであるが、さらに現行法における通説的見解[7]に従って、買主が具体的にいかなる法的保護をうけるかにつき考察しておこう。

種類売買において、買主に給付された物が危険移転の時にその価値または通常の使用もしくは契約上予定された使用に対する適性を消滅または減少せしめるような欠点がある場合、あるいは保証された特性の欠如があった場合には、買主はまず次の二つの場合のいずれかを選択しうるとされる。

まず、瑕疵ある給付は債権の内容と一致せずしたがって種類債権はその特定の物に集中されずなお債務不履行であるとの立場にたって、瑕疵なき物の給付に対する請求権を行使しうる。本来、集中は中等の種類及び本質につきならびに保証された特性につき生ずるものであって、瑕疵ある物の給付は履行とはなりえないがゆえに、この請求権は本来の売買契約に基づくものと解されている。(8) ただしこの請求権は、売主が瑕疵を悪意に黙否しない限り、解除及び減額並びに損害賠償請求権と同時に短期消滅時効にかかる（§480による§477の準用）。なお買主はこの履行請求権と共に、新たな給付がなされるまでの遅滞に基づく損害の賠償を請求しうる。

つぎにまた、買主は引き渡された物を債権の目的物として取り扱うこともできる。この場合種類債権はその引き渡された特定物に集中されて、それが爾後有効な売買の目的物として把握され、特定物売買におけると同じく、瑕疵担保責任を問いうる権利が買主に与えられる。したがって買主は、危険移転の時に存する物の瑕疵あるいは保証された特性が欠如せる場合には、解除または減額を請求することができる。この解除及び減額請求権は前述のごとく売主悪意の場合を除いて動産においては交付の時より六ヶ月、不動産においては一ヶ年をもって消滅時効にかかる。

以上の他に買主は、瑕疵が悪意に黙否された場合あるいは保証された特性が欠如せる場合には、解除、減額または瑕疵なき物の給付に代えて、不履行に基づく損害賠償を請求しうる。なお、保証された特性の欠如に基づく損害賠償の請求権が短期消滅時効にかかることはすでに述べたごとくである。

（1）Motive II §398, S.241.
Oertmann, Kommentar zum B.G.B (Recht der Schuldverhältnisse) 2 Abs., 1910, S.241 参照。かくして現行ドイツ民法においては、普通法と異なり、売主は、売買締結の時と危険移転時との間に発生した瑕疵についても、それが買主の責めに帰すべき事情に基づくものでない限り、瑕疵担保の責めを負うこととなった。これに反して売買締結当時存在した瑕疵が危険移転の時にはなくなった場合には、買主の責任は消滅する ― Enneccerus, Lehrbuch des Bürgerlichen Rechts, (Recht der Schuldverhältnisse) II Bd., 954 S.422.

（3）Motive II §381 S.225-6.

（4）Oertmann, a.a.O., S.458-9；Enneccerus, a.a.O., S.436 ff. 参照

（5）Motive II §397（S.240）.

（6）Motive II §397（S.238）.

（7）Enneccerus, a.a.O., S.445 ff.

（8）Schollmeyer（Erfüllungspflicht und Gewährleistungspflicht für Fehler beim Kauf Iherings jahrb. 49 Bd. S.99 ff.）はこの点につき通説に反してドイツ民法第二四三条（日民四〇一条）に基づき、売主は中等の品質を有する物の給付によりその履行義務を免るべきものなるがゆえに、約定の種類に属しかつ中等の品質を有する物の給付をなしたときは、たとえその物に瑕疵があったとしてもそれは債務の本旨に反する履行ではないとして担保責任と履行責任との両立を排する。これは両者の概念の区別を図らんとしているものであるが、結果的には普通法における肯定説と同様担保責任を認める場合には、履行責任を排除することとなり現行法の解釈としては明らかに誤謬を犯すものなるゆえ、通説の支持を得られなかった。この点については、Oertmann, a.a.O., S.465 参照。

第四　立法後の問題

種類売買において瑕疵ある物の給付をうけた買主は、前述のごとく、（ドイツ）民法第四八〇条の規定によって一律に保護をうけうることとなったのであるが、これで全てが解決されたわけではなかった。立法後、この問題に関連する二つの新しい理論が判例、学説により認められた。すなわちその一は、積極的債権侵害論であり、その二は、最

近のドイツの判例、有力な学者によって認められるに至った具体的瑕疵概念の採用である。後者は、実際取引において、瑕疵ある物の給付と異種なる物の給付の区別の困難なこと、かつその恣意的な区別によって法的保護に大きな差異が生ずることから、瑕疵概念を拡張するすなわち契約違反の物の給付は全て瑕疵あるものとすることによって、不当な結果を回避せんとするものである。瑕疵と異種との区別は種類売買においてもっとも問題となるものゆえ、種類売買の法的保護の考察にあたっては是非検討しておかなくてはならない。なお、積極的債権侵害論の認められた結果、瑕疵ある物の給付を受けた買主は、第四八〇条による法的保護の他に、新しい損害賠償の請求権が与えられることになったのであるから、この点についても立法後の問題の一としてとり扱うこととしたのである。

以下、この二つの問題について考察しよう。まず、積極的債権侵害論について述べ、ついで、"Falschlieferung"の問題を考察する。

一　積極的債権侵害論との関係

周知のごとく、一九〇二年、Staubが、第二六回ドイツ法曹大会記念論文集(1)において債務不履行中、給付の遅滞にもまた給付の不能にもあらざる場合があることをあげ、この場合をいわゆる積極的契約侵害(Positive Vertragsverletzungen)と名づけて以来、この学説は直ちに判例上採用され、また多くの学者によって支持されるに至った。もちろん、解釈論的論理構成上これをどの条文から演繹すべきかについては争いがあるが、ともかく結果論的には、かかる債務不履行のカテゴリーを認めることについて一致している。

このStaubの学説ならびにその後のドイツにおけるこれに対する批判については、わが国においてもすでに古くから紹介され、検討されているので(2)、いまさらことあたらしくつけ加うべきものはない、ここでは、かかる債務不履行の第三の新しいカテゴリーたる積極的債権侵害（不完全履行）が認められたことにより、種類売買において瑕疵ある物の給付をうけた買主の法的保護に関し、いかなる新しい分野が開けたかについて言及するにとどめる。

積極的債権侵害なるカテゴリーによる法的保護の対象は、不完全なる給付によって生じた損害である。ところで売買においてはすでに瑕疵担保責任の規定があり、これらの担保責任によれば、あえて積極的債権侵害のカテゴリーによる法的保護の必要はないようであり、かつこのことを主張した学者もあったという(3)。しかしながら、たとえば病牛の給付のために買主の元から所有せる牛に伝染せるごとき場合、病牛の給付それ自体の損害でなく、それによって生じた損害すなわち元から所有せし牛が病気になったという損害は、瑕疵担保責任の規定によっては充分に保護されえないこと明らかである。もちろんこの場合は不法行為の規定により救済をうけうるであろうが、全ての場合に必ずしも不法行為の規定の適用ありとはいえない（例えば、不完全な物品の受領より生じた運送及び保管の費用のごとき場合には適用されえないという）。

かくて、種類売買においても、瑕疵ある物の給付をうけた買主は、第四八〇条によって保護される他にこれと並んで積極的債権侵害による保護をも受けうるとするは、通説の認めるところとなった(4)。

（1）Staub, Festschrift zum 26. Deutschen Juristentag, 1902, 31-56. なお彼は一九〇四年に“Die positiven Vertragsverletzungen”と題する小冊子を書いている。

（2）不完全履行ないし積極的債権侵害に関する文献としてはStaubの学説を比較的詳しく紹介し検討したものとして、岡松参太郎「所謂「積極的債権侵害」ヲ論ス」（法学新報一六巻（明治三九年）一号五七頁以下、二号一二頁以下、三号一五頁以下、四号三五頁以下）、石坂音四郎『日本民法債権総論』上巻五九〇頁以下、などがあり、さらにStaubの学説とその後のドイツにおけるこれに対する批判とを詳細に紹介し批判したものとして、松坂佐一「積極的債権侵害の本質について」（京城帝国大学法学会論集一五冊（昭和一九年）一号一頁以下）がある。特に不完全履行の歴史的意義を明らかにしたものとして、川島武宜『債権法講義（1）』八六頁以下参照、なお日本におけるこの問題に関する文献は、舟橋淳一「不完全履行について」（末川先生還暦記念『民事法の諸問題』六九―七〇頁の註（1））を参照されたし。

（3）Dernburg, Juristen Zeitung, 1903. 4；Kipp, a.a.O., S. 255, Schollen, Grichots Beitrage 46 Bd. S.26 ff. 岡松・前掲一号七五頁以下参照。
（4）Oertmann, a.a.O., §480. 2 (c)（S.465）；Enneccerus, a.a.O., §112. 3（S. 440 ff.）参照。

二　異種物給付（Falschlieferung）に関する学説・判例理論の変遷との関係

瑕疵担保責任に関する最近のドイツの学説で注目すべきものの一は、いわゆる“Falschlieferung”に関する問題である(1)。以下問題の所在を示し、ついでドイツにおけるこの問題に関する学説・判例理論の変遷の概略を紹介し、あわせてこの問題の展開によって、種類売買において瑕疵ある物の給付をうけた買主の法的保護に関し、どのような新たな変化が生じたかにつき考察する。

㈠　まず、“Falschlieferung”とは“Schlechtlieferung”すなわち質的瑕疵（Qualitätsmangel）ある物の給付に対応し、種類的瑕疵（Artmängel）ある物すなわち異なった種類の物の給付をいう。以下一応異種物給付と訳しておく。

ところで概念的には、一応上述のごとく両者の区別は容易であるが、実際問題としては瑕疵ある給付か、異種物の給付かの区別は甚だ困難であり、その区別の規準を那辺におくべきかとまどうことが多いであろう（例えば前述、普通法時代のふちの破れた株券に関する判例の場合を参照されたし）。

この区別は、商品交換社会未発達の時代においてはそれ程問題とはならない。なぜならそこでは商品の種類少なく、取引はほとんど現物売買（現存・特定の物の売買）中心であった為に、瑕疵ある物と売買の目的とは異なった物との区別は簡単明瞭であったであろう。しかしながら、商品交換社会の発展に伴い、取引の対象たる商品はその品質、数量共に多種多様となり、他方また取引様式が、将来・不特定物の売買中心となるに及んで、両者の区別が極めて困難となるに至ることは明らかであろう。例えばワイシャツ一つを取り上げてみても、それには布地・型・製造会社等々によりいろいろな種類品質のものがある。かくて、もし八〇番のブロード地のワイシャツを注文したのに、六〇番のそれが給付された場合、後者は前者より質的に劣るものなるゆえ瑕疵ある給付なのか、それとも異なった種類の物の給付なのか、あるいはまたA会社製のものを注文したのに、B会社製のものが給付された場合、一般にA会社製のものはB会社製のものに劣るとすると、それは質的に瑕疵ある物の給付なのか、それとも会社が異なるのであるから異種なる物の給付となるのか等々の区別は甚だ困難であるといわねばならない。

しかし単なる区別の問題にのみとどまるのなら、それ程この区別にこだわる必要はないのであるが、それが一旦法的保護の対象とされるや、ドイツ法上、そのいずれとするかで、法的保護の内容に重大な差異が生じ（最も問題となるのは短期消滅時効の問題、ついで解除及び減額についても問題となる）、実際上不都合な結果をもたらすことがあるといえよう。

(二) Schlechtlieferung と Falsclieferung の区別に関しては、すでに古く普通法時代、種類売買への按察官法の適用の有無をめぐる論争に関連して論じられていたことは前述せるごとくであるが、今日の有力な学説・判例は、瑕疵概念の拡張即ち契約の本旨にそわざる物の給付を全て瑕疵ある物とみなすことによって、この問題の解決を図っている。以下この問題に関するドイツの学説・判例の変遷の概略を四つの段階——(1)普通法時代、(2)現行ドイツ商法、(3) RG (86. 90) による問題の新たな展開、(4)最近の有力な学説・判例の立場——にわけて考察する。

(1) 普通法時代

前述せる普通法時代の否定説は、種類売買における瑕疵ある物の給付は全て債務の不履行であるとしたゆえに、異種物給付との区別の必要はなく、したがって両者はその法的保護の面において、同一の取扱いをうけたわけである。この同一の保護を与えるという形式的な面においては、最近の有力な学説・判例の立場と一致するわけであるが、前者は債務不履行、後者は瑕疵担保責任による保護を与える点において重大なる差異がある。

ついで肯定説は、種類売買における瑕疵ある物の給付は異種物給付とは異なることを積極的な論拠として、種類売買に按察官法の適用を認めたことはすでに述べたが、これに対し最近の有力な学説・判例が、両者の区別の困難さを論拠として、異種物給付に、瑕疵担保責任の規定の適用を認めた点甚だ興味深い。かかる一見矛盾せるごとき論理構成——法的技術——の変遷の中に、法規制の対象たる商品交換の性格の変化が如実に窺われる（後述九一頁〔本書七二頁〕以下参照）。

(2)　現行ドイツ商法第三七八条の立場

瑕疵ある物の給付と異種物給付との区別の困難さは、現行ドイツ商法の立法にあたり初めて問題とされ[3]、その第三七八条は、約定せる商品と異なる商品の引渡しある場合にも、第三七七条の瑕疵通知義務に関する規定の適用あることを明文をもって定めた。ただし、その差異が、売主において買主の承認をうること能はざるものと認むべき程度に著しく明らかなる場合はこの例外とされた。この例外規定のゆえに不完全であったとはいえ、とにかく商事売買における瑕疵通知義務に関しては、ある程度両者の区別の困難さが緩和され、ここに後の発展への基礎ができ上がったわけである。

(3)　RG（86, 90）による問題の新たな展開

一九一四年一二月一八日の大審院判例は、この問題領域の新たな展開をなしとげた注目すべき判決であった。事案を簡単に説明すると、商人Yは、商人Xと日本の川俣絹一五〇梱の売買契約を締結し、一九一一年四月一九日に売主Xによってその履行がなされたが、送付された商品は注文品と異なる仙台絹一五〇梱であった。そこでYは同年四月二九日及び五月一日付の書信により、この給付を受領しがたき旨通知したところ、Xは五月二日付の書信により先に送付した仙台絹にかえて川俣絹の給付をなす旨通知し、翌三日に実際にこれを送付した。しかしYはこの再給付の受領を拒否し、その理由としてその代替給付を受領することにもはや何らの利益も有しないことかつまた、仙台絹は川

保絹より質的に劣れるものであってそれは瑕疵ある物の給付なるゆえ、代替給付の受領義務なき旨主張した。これに対してXは、日本の異なった土地で生産される仙台絹は川俣絹とは異なった種類の物であるゆえYは代替給付の受領義務ありと主張、一方また仙台絹は川俣絹より上質の商品であること、さらにすでに四月十九日に仙台絹の給付をうけたYが四月二十九日になって瑕疵の通知をなしたのは、商法第三七七条にいう即時の瑕疵通知義務に反するものであるとして、代金支払いの請求を訴えによりなした。

原審は、仙台絹は川俣絹とは異った種類に属するものであり、したがって注文品と異なりたる物が給付されたのであると認定し、ゆえに瑕疵担保責任に関する民法の規定の適用はなく、むしろXは初めの異なった物の給付によってはいまだ債務の履行をなしていないのであるから、履行遅滞についての一般規定の適用があるのみであるとした。そこでYが後に給付された川俣絹の受領を拒絶しうるのは、民法第三二六条の要件をみたす場合のみであることとなるが、本件においてはかかる相当な期間を付した催告がなされた事実は認められないし、一方また代替給付につきYがもはや何らの利益をも有しないとの疎明も不充分であるとして、結局は代替給付の受領を拒絶したことにより受領遅滞にあるのであって、売買代金は支払われなければならないとした。

これに対して大審院は、原審の立場を否定して、商法第三七八条の拡張解釈により、種類的瑕疵と質的瑕疵とを瑕疵通知義務に関してのみならず、その法的保護の面においても同一に取り扱うべきであるとした。すなわちここで述べられた大審院判決の理由は、まず実際取引においては、瑕疵ある物の給付と異なった種類の物の給付の区別が甚だ困難であり、その区別の確たる根拠がないこと、この点商法第三七八条は、両者を瑕疵通知義務に関してはこれを同一に取り扱うこととしているのであるが、一旦瑕疵通知が発せられるや否や、再びその法的保護の面において両者を区別する必要が生じること、したがって結局両者の同一的取扱いを瑕疵通知義務に限るとすれば、事実上商法第三七八条の立法趣旨は実施されえないことになるという点にあった。

この注目すべき大審院判決に対しては、直ちに学説上多数の重要な賛成意見が表明されたが、反対意見もまたなかなかに強力であった[4]。かかる賛否両説に表われた、この判例の積極的意義と消極的意義とについて考察してみよう。

この判例の積極的意義は、もはや述べるまでもなく、瑕疵ある物と異種物との恣意的な区別によって生じた不合理な結果を克服するために、瑕疵通知義務に関してのみならず、法的保護の面においても、両者を同一に取り扱うこととした点にある。しかしながら、この判例の論理構成が、商法第三七八条の拡張解釈によったことからして、種々の問題点を後に残すこととなった。

まず第一は、それが商法第三七八条の拡張解釈によるものであるゆえ、その適用範囲は当然商事売買にのみ限定されることとなり、したがって民商法において異種物給付の取扱いが異なったものになるという欠点である。

その第二は、商法第三七八条の後文（Halbsatz 2）の例外規定すなわち「売主に於て買主の承認を得ること能はざるものと認むべき程度において注文と著しく相違すること明らかなる場合はこの限りでない」との規定の解釈いかんの問題である。すなわちこの例外規定の解釈いかんによっては、再び問題をむしかえすことになるわけである。例えば、取引所における英国貨幣一〇〇〇ポンドの売買に際して、偽造一〇〇〇ポンド紙幣をうけとった買主が適時に瑕疵通知をなさなかったにも拘らず、偽造紙幣は完全なる異種物（aliud）であることを理由として、商法第三七八条の例外規定によって救済が与えられた事件がある[5]。この場合大審院は、瑕疵が重大なものであって、買主の損害が大なる場合には、即時の瑕疵通知義務を問題とせず、これを異種なる物とすることによって商法第三七八条の例外規定を適用し、その保護を図ろうとしたものであろう。しかしながら商法が特に瑕疵検査及び通知義務を買主に課した目的の一が、あらゆる証拠が残っている間に事態を迅速に明らかにし、売主に直ちに本来の給付をなさしめる点にあることよりみるとき、この大審院の態度は必ずしも妥当なりとはいえない。

かくしてこの例外規定の解釈は、その後の判例上次第に厳格に解釈されるようになった。すなわち明白な錯誤の結果、注文品より全く別個のものが給付された場合（例えば買主のレースのつや出し用に必要なAluminiumchloratの代わりにChlorataluminiumが給付され、造園業者が錯誤によって注文された鉢植えの花（Topfblümen）の代わりに、植木鉢（Blümen Töpfe）を給付したごとき場合が第三七八条の例外規定に該当するものであって、買主は瑕疵の検査も通知もする必要がないと解された。(6)

第三の問題点は、解除（Wandelung）の問題である。すなわち給付された物が注文品と明らかに相異なっているがゆえに、全く瑕疵の通知をする必要のない買主が代替給付の受領義務を負わされるのに対し、瑕疵通知をしなければならない買主が、即時の解除権（Wandelung）を行使しうるのは不公平ではないかの問題である。(7) 代替給付を為すことを欲し、かつ買主によってその受領が拒絶され、契約の解除を通告された売主は、彼の最初の給付は本来の履行とは全く異なった物の履行だと主張するであろうがゆえに、ここでもまた、瑕疵ある物と異種物との区別の問題が生ずることになるわけである。

このように、RG（86, 90）は甚だ重要なかつ注目すべき判決であったにも拘らず、それが商法第三七八条の拡張解釈という手段によったが為に、学説上批判の的となった種々の問題を残し、なかんずく三七八条後文（§378. Halbsatz 2）の解釈をめぐって疑義を生じたのであったが、これらの問題はその後の学説・判例の努力によって解決に導かれることとなった。

⑷　最近の学説・判例の立場

最近の有力な学説及び判例は、瑕疵概念を拡張することによって、この区別の困難さの克服をなしとげるに至っている。すなわち、物が、通常の使用について正常に期待すべき性質（有用性）を欠く場合に瑕疵があるとする既存の抽象的な瑕疵概念に対して、単に物が個々の契約目的に合致するか否かを問題とし、もし合致しない場合には全て瑕疵あるものとみなすという具体的な瑕疵概念を確立したのである。このように、物が契約上要求された性質を欠く全ての場合に瑕疵があるとする（したがって瑕疵と契約違反とは同義となる）概念規定によるときは、給付された物が質的に瑕疵あるものであれ、種類的に異なったものであれ、いずれも瑕疵ある物とされることとなり、かの区別の困難さはここに全く解決されることになったわけである。

かかる瑕疵概念の拡張ないし具体的瑕疵概念に関する学説の立場は、スカンジナビア売買法の下における学説理論に示唆をうけたものという。(8) ドイツにおいて当初かかる具体的瑕疵概念の確立に努力したのは、Flume, Raape, Adler, Ritter Heck, Leonhard 等であった。(9) その後、次第にこの説は有力となり、判例もまた、この具体的瑕疵概念を採用するに至った。すなわち RG（161, 335）は、「もし、売買の目的物が通常の使用性、あるいは契約上それと異なった使途が予定されているときには、その使用性に有用なるべく、その物が有すべき性質を欠く場合には、瑕疵があるといえる。すなわち契約目的に合致しないことが瑕疵なのであり、契約上予定された使途ある場合は、この使途が、買主によって要求さるべき物の性質を規定するのである。ゆえに、物はもし契約締結に際し、当事者がその存在を予定しているところの性質や特質を欠くときは、全て瑕疵あることになる」として具体的瑕疵概念を明確に認めるに至った。(10)

かくて、RG（86, 90）によって初めて展開された瑕疵（peius）と異種なる物（aliud）の区別の克服は、ここに判例上全く完成されることとなった。すなわち、かかる具体的瑕疵概念によるときは、第一に両者の困難な区別の必要は全くなくなり、異種物給付（Falschlieferung）は瑕疵ある物の給付（Schlechtlieferung）と全く同様に、民法第四五九条以下（なかんずく第四八〇条）の瑕疵担保責任に関する規定、ならびに商法第三七七条の即時の検査ならびに通知義務に関する規定の適用を直接うけることとなるのである。かくして、異種物給付は、民商法一貫して同一の取扱いをうけることとなり、かつまた商法第三七八条後文の例外規定の解釈の困難さも解決されるに至ったのである。

かかる異種物給付の問題は、種類売買において最も問題となるものであるが、ケメラー（Caemmerer）によれば、(11) 非常に稀にではあるが、特定物売買においてもまた、起こりうることであるとする。彼がそのような例としてあげるのは、例えば売買の両当事者が桜の木と思って市場で売買されたものが、実は白樺の木であった場合とか、十年間貯蔵されていたというチェリーブランデー一瓶を買ったところ、実際には昨年貯蔵されたものにすぎなかったような場合である。かかる場合は、売買の目的物自体に錯誤があった場合であるが（この意味では"Falschlieferung"を異種物給付と訳すより錯誤給付と訳した方が分かり易い）、これを瑕疵担保責任の問題として把握したのは、実際取引の実状にそくすと考えたからではあるまいか。[12] ただし、特定物売買における売主が、売買の目的物とは異なった物（aliud）を給付した場合には、問題は別であるとする、例えば、ある指物師が材木業者の店で自分の気にいった板を選び、配達を依頼した所、実際に配達された板は彼の選んだ特定の板と全く異なったものであったような場合、[13] もちろん彼は商法第三七八条によってその旨通知すべき義務を負うものであるが、彼のうけうる法的保護は特定物売買の瑕疵担保責任の規定によるものではなく、本来の履行請求権を有するものであると。

最後に、ケメラーの述べるところによれば、[14] 一九五一年一一月、ハーグにおいて審理された国際商品取引統一規制法草案（Entwurf eines einheitlichen gesetzes über den internationalen Warenkauf）においても、瑕疵通知義務に関してのみならず、買主の法的保護の面においても、Falschlieferung と Schlechtlief erung の同一的取扱いをなすことが意図され、その手段によらないとすれば、債務不履行と瑕疵担保責任とを同一的（parallel）に規制して、少なくとも契約違反のあらゆる場合の根本的、単一的な取扱いが意図されているという。後述するわが民法における不完全履行論と比較し、甚だ興味ある傾向を示していると思われる。

（1）E v. Caemmerer, "Falschlieferung", Festschrift für Martin Wolf. 1952, S.3 ff. に詳しくドイツの学説・判例の変遷とその意義が検討されている。本項は主としてこの文献を参考にしてまとめたものである。なお Enneccerus, a.a.O., S.422 もこの点につきふれている。

（2）Oertmann, a.a.O., §480.4.（S.467）; Enneccerus, a.a.O., S.422.

（3）Die Denkschrift zum Entwurf eines HGB, 1896, S.255 f.

（4）賛否両論につき、ここで詳細に紹介し、検討することはさける。Caemmerer 前掲論文の紹介ならびにそこであげられている文献参照。

（5）RGJW 1923. 176 m 6；なお Caemmerer a.a.O., Anm. 23（S.10）を参照。

（6）RGZ 98.159. 99. 39.

（7）この点によって反対意見を述べるものとしては Oertmann, Ehrenbergs Handbuch des Handelsrecht IV Bd.2, S.523；Düringen-Haschenburg-Hoeniger Kommentar zum HGB §378. Anm. 6.

（8）Caemmerer, .a.a.O., S.15 なおそこで引用されている Almen-Neubecker, Das skandinawische Kaufrecht II Bd.（1922）S.1 ff. 参照。

（9）Flume, Eignschaftsirrtum und Kauf（1948）S.114；Raape Archiv für die civilistische Praxis 150, S.491 ff.；Adler Leipziger, Zeitschrift（1915）, S.1504 ff.；Heck, Schuldrecht, II Bd. §88 m 8-10；Leonhard Schuldrecht. II Bd. S.82. なおこの注は Caemmerer 前掲書より引用したものである。

（10）Beckische Kurz=Kommentare zum HGB（1953）§378 B（S.669）参照。

（11）Caemmerer, a.a.O., S.18.

（12）この点については錯誤と瑕疵担保責任との関係を調べてみなければ断定は下しえない。目下時間的余裕をもたないため、他日に譲る。

（13）Entscheidungen der Oberlandesgericht in Hanburg 24, 193.

（14）Caemmerer, a.a.O., S.4-5, S.15.

第二章　わが民法の理論

第一　序　説

種類売買において瑕疵ある物の給付をうけた買主の法的保護いかんについて、わが民法解釈上も大いに争われていることは周知のところである。すなわちわが民法は瑕疵担保責任に関して第五七〇条の原則的規定を設けているのみであって、ドイツ民法のごとく種類売買にも適用せらるべき特別規定を置いていないために、種類売買にも同条を適用すべきや否やについて、学説・判例上、あたかもドイツ普通法時代におけるがごとく、大いに争われ今日なお、判例と学説上の通説の立場は異なっている。

以下、その大体の傾向について述べ、同時に前章で述べきたったドイツの場合と比較しつつ、両者の類似点及びわが国の場合の特殊性を明らかにしてみたい。

第二　判　例

(一)　わが判例は、当初特定物売買についてのみ瑕疵担保責任が認められるとの立場を示したが、(1)その後の判例で種類売買にもこれを認めるに至った。すなわち大正一四年六月一三日の大審院第二民事部の判決(2)がその最初のものである。この事件は、瑕疵あるタービンポンプの給付をうけた買主が瑕疵なき物の給付を請求したところ、売主が修繕員を派遣してこの修理にあたらせたのであるが、結局その効果がなく、ために買主が契約をなした目的を達すること能わざることを理由として契約解除をなし、代金の返還を求めたものである。売主は瑕疵を認めずかつ瑕疵ありとしても本件のごとき不特定物売買には瑕疵担保に関する民法の規定を適用しえないものなるゆえ、買主の請求は失当なりと主張した。原審は、買主の主張事実を認めた上、瑕疵担保に関する民法の規定は不特定物の売買にも適用ありとして買主の請求を是認。大審院もまた原審の立場を支持したものである。

(二)　ついで昭和二年四月一五日の大審院第二民事部の判決(3)においては、商法の瑕疵通知義務の規定が不特定物売買にも適用あるかが問題となった。すなわちこの事件は、給付の目的物の性質につき特約条項を附した不特定物の商事売買契約において、契約所定の性質を欠如せるブリキ板の給付をうけた買主が、債務不履行にもとづいて契約の解除をなし、代金返還及び損害賠償の請求をなしたものである。原審は右事実はこれを確認したが、商人間の売買においてはその目的物の引渡しありたる以上は、特定物たると不特定物たるとを問わず、商法二八八条（現行商法五二六条）に則り、即時の瑕疵検査及び通知義務を負い、それを怠るときは瑕疵を原因として契約を解除することを得ざるものと為し、本件買主はかかる検査及び瑕疵通知を行った事実なきゆえ、その請求は失当なりと判示した。そこで買主は、不特定物売買において契約所定の性質を欠く物の給付は、瑕疵ある物の給付でなく、契約品にあらざる物すなわち異なりたる物の給付であって、瑕疵に関する商法二八八条の適用なきことを一の理由として上告したが、大審院は、「種類売買ニ於テ売主ノ契約ノ目的物ト全然種類ノ異ナリタル物ヲ給付シタル場合ハ格別、前記ノ如ク同種類ノ物ノ給付ヲ為シ買主ニ於テ之ヲ受領シタル場合ニアリテハ仮令給付ノ物体が契約所定ノ條件ニ欠クル所アルモ不完全ナカラモ尚契約ノ履行アリタルモノト解スルヲ正当トシ只瑕疵アル物ノ履行セラレタル場合ニ該当スル」にすぎないとして、原審の立場を支持した。

(三)　初めて瑕疵担保責任と債務不履行責任とを種類売買に選択的に認めたことによりしばしば文献に引用される判例は、昭和三年一二月一二日の大審院第四民事部判決(4)である。この事件は、見本売買において、見本より劣れるもの多量あるモミ板の給付をうけた買主（商人）が、直ちにこの旨を売主（商人）に通知はしたが、数年後になって初めて売主側からの売掛代金請求事件の判決において確定した債務と、自己の損害賠償債権とを相殺する旨意思表示したものである。買主の主張する損害賠償債権とは、見本より劣れる当該物件を給付したことにより売主が賠償義務を負うところの買値段と実価との差額のことである。原審は買主主張のごとき事実はこれを認めたが当該請求権は民法第五七〇条の適用上昭和二年当時（すなわち相殺の意思表示を為した当時）においてはすでに存在せずとした。これに対して買主は、いわゆる見本売買において見本品と相異する瑕疵ある目的物を給付した売主は、その保証せるものに違反したのであるから、一般の債務不履行に基づく損害賠償の責めを負うものであって、瑕疵担保に関する規定の適用をうけるものでなく、したがって損害賠償請求権につき一ヶ年の除斥期間の制限あるものではないことを主たる理由として上告した。これに対して大審院はこれを認めず、原審の立場を支持したのであるがその論理構成は次のごとくである。

まず、原理的には不特定物売買に瑕疵担保責任を認める余地はないのであるが、しかし「此ノ場合買主ニ於テ瑕疵アル物ノ引渡モ亦之ヲ履行トシテ認容スルト共ニ一面売主ニ問フニ瑕疵担保ノ責任ヲ以テスルコト猶夫ノ特定物売買ノ場合ト同一轍ニ出テムトスル以上強テ之ヲ排除ス可キ何等ノ道理無」しとして、種類売買に対し完全物給付請求権と瑕疵担保請求権とを選択的に認め、しかし一旦後者を選んだ以上はもはや瑕疵あることを捉えて債務不履行と唱えもってその損害賠償の請求をなすことは認められないとする。

ついで「瑕疵トハ畢竟或標準ニ達セサルノ謂ニシテ而シテ見本売買ナルモノハ見本ト云フ一ノ特別ノ標準ヲ設ケ之ニ依リテ以テ目的物ノ品等ヲ律セムトスル趣旨ニ外ナラサルカ故ニ見本ヨリ劣レルコト是レ亦此ノ場合ニ於ケル一ノ瑕疵ト称スルヲ防ケ」ないとする。

この二つの前提を確定した後に大審院は、本件買主は見本と劣れる物が給付されたことを売主に通知した後数年間もそのままでいたのであるから完全物給付請求権をとらず瑕疵担保に基づく権利を主張するものであるとみなし（その一証拠として、大審院は買主の損害賠償請求の内容なるものが、履行遅滞の結果得べかりし利益を得ず、被るべからざりし損失を被ったことを主張するものでもなくまた履行に代わる損害賠償を請求するものでもなく売買代価と劣等品の実価との差額請求にあることからも瑕疵担保による損害賠償の請求なることが伺えるとする）、したがって原審が判示したごとく、買主（上告人）の請求権は五七〇条の適用をうけすでに存在せずとした。

㈣　以上、種類売買にも瑕疵担保責任に関する規定の適用を認めたわが判例の主要なもの三件につき、各々事件の問題点、裁判所のなした処置及びその論理構成を考察したわけであるが、最後にこれらの判例の実際的意義を考察する。

まず始めにこれら各事件において裁判所のなした処置は（その論理構成はさておき）各々具体的妥当性に富むものであったことは認めてよいであろう。

第一の事件は要するに、種類売買において瑕疵ある物が給付されたこと、この瑕疵のためかつまたその後の事情の推移とも相俟って契約の目的を達すること能わなくなったこと、これに対し裁判所が買主の契約解除を認めたことの三点が骨子である。しかして裁判所はこの具体的処置を理由づけるために民法第五七〇条の適用を認めたのである。もしこの場合五七〇条の適用なしとすれば、当時の債務不履行理論の下では契約解除を認めるためには、履行遅滞を理由とする外なく、とすれば相当な期間を定めて履行を催告したことを要するのであるが（五四一条）、かかる事実の認められないこの事件においては、結局解除を認めえないこととなって、実際上不合理な結果がもたらされることになったであろう。この意味において、種類売買に五七〇条の適用を認めたこの判例の態度は是認しうる。ただし、現在の学説理論においては、この事件のごとき場合はいわゆる不完全履行における追完不能の場合に該当するものとして、催告を要せず契約の解除を認めうる論理構成をとることもできる。(5)

第二、第三の判例の実際的意義を考察するにあたっては、その両者とも商人間の売買が対象であったこと、したがってそこでは何よりもまず、取引の敏活簡明なる決済の原則が尊重されたであろうことを念頭におかねばならない。ところで第二の判例においては、商人間の不特定物売買にも商法五二六条（判例のでた当時は旧商法二八八条）の即時の目的物検査及び瑕疵通知義務に関する規定の適用あることが認められたのであるが、このことの妥当なること論ずる余地なく、種類売買に民法五七〇条の適用なしとする学説も、もちろんこれを争わない。(6)

最後に、第三の事件は要するに商人間の見本売買において買主が見本より劣れる商品の給付をうけたこと、買主は直ちに瑕疵を通知したが数年後になって初めて瑕疵を理由として損害賠償を請求したこと、裁判所はこの請求を認めなかったことの三点が骨子である。商事売買においては、取引の敏活簡明なる決済が重んじられる立前よりすれば、単に即時の目的物検査及び瑕疵通知義務を課すのみではたらず、その法的保護の面すなわち瑕疵に基づく買主の権利の主張をもまた短期間内に限定することが望ましいことはいうまでもなく、この意味において、この事件における裁判所の処置もまた妥当であったとはいえるが、その論理構成はやや疑問である。この点の考察は、次の学説における肯定説の実際的意義の項に譲り、ここではただ、次の問題を提起するにとどめよう。すなわちドイツ普通法時代の判例中、瑕疵ある物を一旦受領した後、数ヶ月たって瑕疵なき物の給付を買主が請求した事件が起こり、裁判所はこれに対し、重大なる瑕疵は物を異種の物とするとの論理構成によって、買主の請求を認めた判例があったが（前述三六頁〔本書二二頁〕以下参照）、本件において、もし、買主が損害賠償の請求でなく、見本に等しい新たな物の給付を請求したのなら、裁判所はいかなる論理構成をとったであろうかの問題である。

（1）大判大正一三年六月二三日（第二民事部）民集三巻三三九頁、「抑も特定物の売買に於いて、売主をして民法第五七〇条、第五六六条による担保責任を負わしめる為には、契約の締結の時より其の目的物に隠れたる瑕疵の存することを必要とする」。ただしこの事件は、元来特定物売買が問題となったのであるから、このことによって種類売買に適用なしとしたものとは断定出来ない。横浜地判大正一二年四月二六日（法律評論、商法二六四頁）はこの点「売主に瑕疵担保責任を生ずる場合は、特定物又は特定の範囲内に属する物に付き、売買の成立したると迄に限定せらるべきものとす」としてはっきりと特定物売買に限定さるべき旨を明らかにしている。
（2）大判大正一四年三月一三日（第二民事部）民集四巻二一七頁以下。
（3）大判昭和二年四月一五日（第二民事部）民集六巻二四九頁以下。
（4）大判昭和三年一二月一二日（第四民事部）民集七巻一〇七一頁以下。
（5）我妻栄『債権各論上巻』一七四頁以下、石田文次郎『債権各論』四八頁参照。
（6）末弘厳太郎「種類売買に於ける瑕疵担保について」（民法雑考所収）二六三頁以下。ただし反対説もある。例えば勝本正晃「不完全履行序論」（民法研究（1）所収）二二九頁以下及びそこに引用せられた（二一五頁（註））、小栗種氏「商人間の売買における買主の通知義務」法学論叢二巻三号一〇〇頁以下等。しかし現在では、これを認めるものはなく全て商法五二六条は種類売買にも適用ありとする。末弘博士（前掲二六四頁、註八）は勝本博士の所論に対し「同条は積極的に瑕疵に対する救済手段を規定するものにあらずして、買主が所定の検査義務を懈怠するときは、別に民法の規定する救済を求めえざることを消極的に規定しているに過ぎない。従って同条の適用を特定物売買にのみ限るべしとする理由は少しも存在しないのである」と反論される。

第三　学　説

㈠　概　説

種類売買における民法第五七〇条の適用性をめぐる従来の学説は、大別して適用ありとする説（以下肯定説と呼ぶ）と、適用なしとする説（以下否定説と呼ぶ）の二説に分けうる。

肯定説はさらに初期の学説と比較的最近の学説とでその法的保護の内容を異にしている。すなわち初期のものは[1]、完全物給付請求権を認めずほぼドイツ普通法における肯定説の立場に等しい。これに対し比較的最近の肯定説はこの請求権を肯定し、現行ドイツ民法の立場をとりいれている。現在わが国の判例理論ならびに一部の有力な学者がこれを主張する[2]。

否定説もまた初期のものと現在のものとでその内容を異にする。すなわち前者は瑕疵ある種類物の給付はいまだ債務の本旨に従いたる履行と認めえざるがゆえに、全然履行なき場合と同一に取り扱うべしとするもので[3]、ドイツ普通法における否定説に類似している。これに対し現在わが国の通説として認められている否定説は、瑕疵ある種類物の給付もなおある程度の履行であって全然履行なき場合と同一に取り扱うべきではない、「取引の通念」に照らし「信義衡平」の原則によって売主の責任を軽減するべきであるとする[4]。すなわち債務不履行の積極的態様たる不完全履行という論理構成をとるものであってわが国独自のものである。

以下、肯定説及び否定説の各々につき、その論拠及び法的保護の具体的内容を考察し、さらにドイツ法と比較しつつ、その理論的及び実際的意義について研究しよう（ただし、肯定説及び否定説の初期のものの主張する法的保護に関しては、今日ではほとんど省みられていないので省略する）。

（1）横田秀雄『債権各論』三四四頁以下参照。横田博士の説は博士が瑕疵担保責任を財産移転義務より生ずるものとされていることとの関連において考察されねばならない。

（2）末川博「売主の瑕疵担保責任」（民法上の諸問題所収論文）二二六頁以下参照。小町谷操三・判例民事法昭和二年度二一二頁以下。

（3）末弘厳太郎『債権各論』（旧版）四一六頁以下。鳩山秀夫『債権各論』三四〇頁以下（末弘・前掲書二四九頁、註三にこの旨記されている）。

（4）末弘・前掲書二四六頁以下。勝本・前掲書二一三頁以下。
なお近時のものとしては、我妻栄『債権総論』九〇頁以下、川島武宜『債権法総則講義第一』二一六頁以下、石田文次郎『債権総論』一八六頁以下、柚木馨「売主瑕疵担保責任（一）」（民商法雑誌第三二巻五号三一頁以下）等がある。
その他肯定説、否定説に関する古い文献については勝本・前掲書二一五頁註を参照。

☆　☆　☆

㈡　肯　定　説

A　論　拠

肯定説の論拠を要約するとほぼ次のごとくなるであろう。

⑴　法文上特定物売買にのみ制限すべき文字なきこと。

⑵　不特定物の売買契約締結後、売主及び買主が契約により給付すべき物を特定させた場合は、この時以後買主に瑕疵担保による権利が当然認められる。

(3)　債務不履行に基づく責任と瑕疵担保責任とは別個のものなるゆえ、売主は目的物を特定させず、債務の本旨にそった完全履行あるいは追完履行を請求しうることは当然であるが、このことは売主に瑕疵担保責任を認めることの妨げとはならない。

(4)　不特定物の売買契約において、瑕疵担保の問題を生じないとすれば、買主はもちろん債務不履行に基づく請求権を有するが、これらの権利には除斥期間の定めがないから当事者は債権に関する消滅時効または所有権の取得に関する時効が成立するまで不安な状態におかれる場合も生ずる。かかる事態は民法が瑕疵担保による権利に関し、極めて短かき除斥期間を定めた精神に反する。(1)

B　法的保護の具体的内容

肯定説は右のような論拠より、種類売買にも民法第五七〇条の適用を認めんとするのであるが、物に瑕疵があるというためには、当然にその物が特定していることを前提するものなるゆえその特定の時期いかんが問題となる。そこで学説は、元来種類売買における瑕疵ある物の提供は債務の本旨に従ったものでなく、買主には当然の受領義務はないから、売主の一方的な行為によって特定を生ずることはなく、したがって第四〇一条二項の規定をそのまま適用することは出来ないとし、結局その時期は債権者たる買主が協力した時すなわち売主の提供した物を履行として受領した時 ―― 多くの場合に物が引き渡された時 ―― を標準とすべきであるとする。これはドイツ普通法における肯定説のとった標準時期と同一内容のものである（前述四八頁〔本書三三頁〕参照）。

かくて肯定説は、かかる時期を標準として、給付された物に瑕疵ある場合はこの受領を拒絶して完全物の給付を請求する権利を認めると共に、それを債務の本旨に従ったものとして一応受領した場合には、その瑕疵についての担保責任を問うことも出来るとする。この点判例の立場は少し異なり、まず買主は完全物給付請求権と瑕疵担保責任に基づく権利とのいずれかを選択的に行使できるがいずれか一方を選んだ以上もはや当然他方の主張は許されないとする。(2)

瑕疵担保に基づく買主の権利すなわち契約解除権及び損害賠償請求権は買主が事実を知りたる時より、一年をもって除斥期間にかかる。

なお末川博士は実務的な見地から取引上の慣習を考慮し、代替的特定物売買については完全物給付請求権を認めるも可なりとされ、(3)後述する末弘博士とこの点においては一致する。

C　肯定説の実際的意義

肯定説の実際的意義は、種類売買にも民法五七〇条を適用することにより、物の瑕疵に基づく買主の権利の主張を短期間に限定することによって、取引の敏活決済を図るにあることはもはや述べるまでもあるまい。ドイツ普通法における肯定説では、この他に解除及び減額訴権を認めることによって買主の保護を厚くしようという第一義的な意図があったのであるが、この点はわが民法のもとでは問題とならない。したがってわが民法の下においては、種類売買に瑕疵担保責任を認めることの意義は、買主の保護を厚くするという積極的意義ではなくして、瑕疵に基づく買主の権利の請求を短期間に限定するすなわち売主の責任を軽減するという消極的意義あるのみである。逆に言えば、民法第五七〇条の規定する一年の除斥期間の適用をなしたいために、種類売買にも瑕疵担保責任が認められるということを主張するものである。

ところで肯定説は、この目的実現に熱中するあまり、反面、ドイツ普通法における肯定説がおちいったと同様に、種類売買における買主の本来の履行請求権を結果的にみて否定するがごとき事態におちいったのである。しかしドイツにおいては、普通法に於ける肯定説のもたらした不合理な結果は（ただし普通法における肯定説の場合には、前述したように買主の保護を厚くするという積極的意義があったことに注意）、現行ドイツ民法第四八〇条により是正され、買主の法的保護と「取引の敏速簡明なる決済」との二つの矛盾せる目的は一応妥当な形に統一されたのであるが、わが民法における肯定説は、判例・学説の努力にも拘らずこの不当な結果を回避することをえないようである。以下この点を追及してみよう。

まず、肯定説に属する学説・判例はかかる結果の不当を回避せんがために（瑕疵ある物の受領に際しては当然のことであるが）、受領後でも、瑕疵なき物の給付の請求権と瑕疵担保による権利との選択を一応認めるがごとき態度を示している。しかしながら、こと種類売買に関する限りでは、瑕疵ある物の給付をうけた買主は、瑕疵担保による権利を請求することによって、債務不履行に基づく権利を請求する場合より、より厚き保護をうけるわけでなく、反対に自己の権利の請求を短期間内に制限されるという不利益を蒙るのみであるから、自ら進んで瑕疵担保による権利を選択するものはあるまい。ここで、前記昭和元年の大審院判例、すなわち買主が訴えにおいて債務不履行に基づく損害賠償を請求したにも拘らず、これを瑕疵担保に基づく損害賠償だとみなし、民法五七〇条の適用によって事件を解決した判例の論理構成を検討してみよう。一般にこれまでの諸論文においては、この判例は完全物給付請求権と瑕疵担保請求権との選択を認めたものとしてその意義を認められている。(4)しかしながらこの点は、少なくともこの事件の解決のためには第二義的意義しか有しないものであり、問題はむしろその次の「……己ニ一旦後者ノ方法ヲ採リタル以上翻ツテ又其ノ瑕疵アルコトヲ捉ヘテ之ヲ債務ノ不履行ト唱ヘ以テ其ノ損害賠償ノ請求ヲ為ス」ことを許さないという点にあったのである。すなわち大審院はこの前提を確定した後に（なお見本売買において見本より劣れる物もまた瑕疵ある物とするという前提要件も確定したことは先に述べたごとくである）、本件買主がその瑕疵を通知はしたが数年間何らの請求もなさず、売主側からの代金請求の訴えにあって初めて損害賠償を請求するに至ったこと及びその損害賠償請求の内容が買値段と実価との差額であって、履行に代わる損害賠償を請求するのでもなければまた履行遅滞による損害を請求するものでもないという二つの事実より、買主は瑕疵担保に基づく請求をなしているものとみなしたのである。しかし、この事件においてはたまたま買主が損害賠償を請求したために、債務不履行に基づく損害賠償という買主の主張にも拘らず、それを瑕疵担保に基づくものとすることができたのであるが、もし買主が瑕疵なき物の給付を請求したとしたらどうであったであろうか。かかる本来の債権に基づく履行請求権にも、民法五七〇条の一年の除斥期間の適用ありと解釈することはいかにも苦しい(5)。

この点ドイツ民法では、解除・減額請求権のみならず、完全物給付請求権、損害賠償請求権もまた、売主悪意の場合を除き一律に短期消滅時効に罹る（§§477, 480）が故に問題が生じない。しかし法規の技術的構成を異にする我が民法の下においては、肯定説がその目的を貫徹せんとすれば、その好むと好まざるとに拘らず、原則的には買主が物を一旦受領した以上、種類債務はその物に集中し、以後買主は瑕疵担保請求権のみを有すると解する外はないであろう。しかしてその結果生ずる不合理性は信義則による例外を認めることによって回避せざるを得ない。

次にわが民法の下で、肯定説がその取引の迅速簡明なる決済という目的を実現するためには今一つの制約があることを指摘しなければならない。すなわち五七〇条の規定する一年の除斥期間の進行開始時点が、ドイツ民法と異なり、瑕疵の知の時であるということである。ドイツ民法では、時効の進行開始は、動産においては交付、不動産においては引渡しであり、単に瑕疵の知の抽象的可能性のみをもって足るとされている（§477）。

この点商事売買においては、商法第五二六条の規定の結果、買主は目的物の引渡しをうけた後直ちにこれを検査しかつ瑕疵あればその通知をなす義務を負うがゆえに、瑕疵の知の確定は容易であるが、民法領域においては、買主はかかる義務を負わぬから、瑕疵の知の確定は訴訟において大きな問題となるであろう。極端にいえば、物の受領後九年一〇ヶ月目に買主が瑕疵を発見しかつこれを立証しうるとすれば、一年の除斥期間の終了前に債権が消滅時効にかかるという場合も起こりうるのである。

最後に、肯定説にたつときは、ドイツの場合と同じく、異種物給付の問題が生ずるであろう。判例は、商人間の不特定物売買において給付された物が約旨に適せざるときでもそれは商法二八八条（現行商法五二六条）の瑕疵ある場合に該当するとし（前掲大判昭和二年四月判決の事例）、さらに見本売買において見本より劣れる物もまた瑕疵ある物とする（前掲大判昭和三年一二月判決の事例）と、異種物（Aliud）給付との区別が問題となるであろう。わが商法は異なる物が給付された場合には買主に保管義務・供託義務を課すのみである（商法五二八条）。この点に関し小町谷教授は異なりたる物の給付がありし場合にも、五二六条を適用すべしと主張されているが、[6] 既にドイツ法の場合で明らかなるごとく、一旦瑕疵通知が発せられるや、再びその法的保護の面において、両者の区別の問題が生ずるのである。かくて肯定説によるときは、我が民法の解釈としても瑕疵概念を拡張する必要に迫られるであろう。

以上、主としてドイツ民法四八〇条の立場を参考とするわが肯定説の立場につき、ドイツ法と比較しつつその問題点を明らかにしてきたわけであるが、ドイツ民法と規定の技術的構成を異にするわが民法の解釈としては、ドイツ法の場合をそのままにうけいれることは困難であり、肯定説は実際上・論理構成上種々の疑問を残すものといえよう。

（1）　末川・前掲書二三三―四頁。
（2）　前掲昭和三年一二月の大審院判例。
（3）　末川・前掲書二三五―六頁。
（4）　例えば末川・前掲書二二九―三〇頁、柚木・前掲書三三二頁等。
（5）　判例民事法（昭和八年）（大判昭和八年一月一四日（第四民事部）民集一二巻七一頁）の評釈（有泉亨）中にもこの点が指摘されている。
（6）　小町谷・前掲書二六頁以下参照。

㈢　否　定　説

A　論　拠

否定説の論拠を要約するとほぼ次のごとくなるであろう。

⑴　売買の目的物は、履行もしくは給付の目的物とは異なること。したがって売買の目的物に瑕疵ありというため

には売買契約の当時にその目的物が特定していることを要する。(1)

(2)　瑕疵担保責任は目的物に原始的な瑕疵がある場合に関する制度である。種類物の売買にあっては瑕疵ある物の給付は債務の本旨に従ったものとはいえぬのであってただ債務不履行を生ずるにとどまり、瑕疵担保の問題を生ずべき理由がない。(2)

(3)　独民法第四八〇条のごとく、種類売買に瑕疵担保を適用すべきことを規定し、したがって瑕疵の有無（あるいはまた買主の善意）を決定すべき標準時期について「危険移転の時」なる特別の時期を規定している法律の場合と異なり、わが民法のごとく単に「売買ノ目的物ニ隠レタル瑕疵アルトキハ云々」と規定しているにすぎないような法律の解釈としては、売買契約の成立の時を標準とする他ないのであるから、不特定物の売買においては、そのときにその目的物が特定していないゆえ、瑕疵担保責任を生ずる余地がありえない。(3)

(4)　一方瑕疵担保責任の理論的根拠よりこれをみるとき、有償契約当事者相互間の公平を期する上からみて、瑕疵ある物をうけとった買主に多少の救済を与えるのが公正だと考えられるところに瑕疵担保の法的根拠があるのであり、したがって、それは債務不履行とは全然異なるものにして、その内容もまた債務不履行のそれに比して当然軽いものである。したがって種類物の売主は、その指定された種類に相当する物を給付することによってのみ、その債務を履行しうべきものであって、種類に相当せざる瑕疵ある物を給付しても特別の事情なき限り、売主の責任を減じうべき理由は存在しない。

B　法的保護の具体的内容

否定説は右のごとき論拠より、種類売買に瑕疵担保責任に関する規定の適用なきことを主張するのであるが、この説によると、種類売買において瑕疵ある物の給付をうけた買主は次のような保護手段を与えられる。

まず瑕疵ある物の給付は不完全な履行であって、買主にはその物の受領義務はない。したがって買主は、追完可能な場合すなわち売主が改めて瑕疵なき物の給付をなすことによって、契約の目的を達しうる場合には、瑕疵なき物の給付を請求すると共に、瑕疵ある給付によって生じた損害の賠償を請求しうる。なおまた買主が相当な期間を定めて瑕疵なき物の給付を請求せるにも拘らず、売主がこれに応ぜざりし場合には契約の解除をなしうる。これと共に損害賠償の請求もまた認められる。

次に追完不能の場合には、本来の給付を請求することは無意味であるがら、買主は催告を要せずして契約の解除をなしうるし、また履行に代わる損害賠償をも請求しうる。

ただしこの理論を貫くときは、買主は債権が時効によって消滅するまではかかる不完全な給付に基づく請求権を失わないことになり、信義に反して不公平な結果になることがある。この点否定説の初期のものはかかる不完全な履行を全く債務の不履行であるとしたために、実際上不当な結論に達したのであるが、今日の否定説はかかる不当な結果を回避するために、信義則によって問題を解決せんとする。

すなわち、買主は瑕疵を発見したときは、信義則上相当と認められる期間内にこれを売主に通知する等適当の処置を講じなければ、瑕疵なき物の給付を請求し得ないとしたり、さらに瑕疵ある目的物を使用した後において瑕疵なき新しき物を請求することが信義に反するごとき場合には、瑕疵の修補を請求するか、または損害賠償を請求しうるのみであるとする。(5)

なお種類売買に民法五七〇条の適用を認めない否定説の学者の大多数も(6)商法五二六条（旧商法二八八条）の適用はこれを認め、目的物の瑕疵検査及び通知を怠った買主は、契約解除、代金減額及び損害賠償請求の権利のみならず、完全物給付ないし追完の請求権をも制限されるとする。

また、末弘博士は(7)、民法五七〇条の適用範囲は不代替的特定物売買にのみ限るべきであるとされる。すなわち純然たる種類売買においてはもとより、売買契約締結の際その目的物が直に特定せられた場合においても、それが本来代替物なる場合には、別段の意思表示のない限り、売主は完全なる種類物を給付すべきものと解すべきであるがゆえに、瑕疵担保責任を負担するものと解すべきではないと。この主張の実際的意義はかかる場合に買主に完全物給付ないし追完請求権を認めようとするものに他ならない。

C　否定説の論理的及び実際的意義

種類売買においては、瑕疵ある物の給付は債務の本旨に従った履行とはいえず、債務の不履行であるという否定説の立場は、甚だ論理明快であり、肯定説にたつ判例もまた、原理的には充分これを認めたのであった。

ところで同じ立場にたつドイツ普通法における否定説は、その論理的明快さにも拘らずその法的保護の面において妥当性を欠いたがために判例、学説の支持を失った。しかして現行ドイツ民法においては、普通法における否定説の主張する、売主の本来の履行責任が取り上げられるに至ったのであるが、それは第四八〇条の瑕疵担保責任に関する規定の中に包含されたのである。この点、わが国の否定説が、不完全履行という債務不履行の新しい一カテゴリーの中にこの問題をとりいれ、その解決を試みているのと著しい対照を示す。ドイツ民法がかかる構成をとるに至ったのは、第一にドイツ法上債務不履行の規定の技術的構成が、履行遅滞と履行不能という二つのカテゴリーに明確にわけられており、債務不履行の積極的態様を把握する余地のなかったこと、[8]第二はドイツ法上、瑕疵担保請求権を買主に与える方が、買主のより厚い保護となったこと、第三に取引敏速決済の原則よりみても瑕疵担保責任制度による方が優れていたこと等の理由によるものであろう。

しかし法規の技術的構成を異にするわが民法の下においては、第一に、第四一五条の債務不履行に関する一般的規定の解釈により、「積極的に履行行為がともかくもなされ、しかしそれが不完全である」という債務不履行の積極的態様を把握することが可能であり、かくて不完全履行という新しい債務不履行の一カテゴリーとして独立的な存在が認めれらうること、[9]第二に、わが民法上は、瑕疵担保請求権を種類売買における買主に与えたとしても、何ら積極的な法的保護を与えることとならず、むしろ買主の権利に制約を与えるものであることの二つの点が、否定説の支持者をまし、今日の通説となった原因と思われる。

しかしながら、取引の敏速簡明なる決済という目的よりみるとき、否定説は難点を有し、かくて通説は、その結果の不当を信義則により回避せんとしたことはすでに述べた。

しかし、民法の領域に関する限りでは、その回避のある程度の成功は認めうるとしても、とりわけ取引の敏速簡明なる決済が尊重される商事売買においては、その効果は疑わしい。この欠点は、種類売買にも商法第五二六条の、目的物の即時の検査及び瑕疵通知義務に関する規定を適用することによってある程度避けうるとしても、それは、いわば権利行使の前提要件ともいうべきものであって、一旦瑕疵通知が発せられた以上は、その法的保護は民法の規定によるものであるがゆえに[10]、通説のごとく単に信義則による完全物給付ないし追完請求権を制限するのみならば、その目的を充分に達しえないのではなかろうか。すなわち、瑕疵を理由とする全ての請求権の行使が画一的に短期間内に限定されることによってのみ、取引の敏速簡明なる決済という目的が貫徹されるものであろう。しかし、このことは現行民法の規定の下では望みえないことであろう。したがって、商事売買の場合にも、信義則によって妥当な結論を導くよう努力する他あるまい。

最後に、否定説によるときは、異種物給付の問題は起こりえない。すなわち、異なった物の履行も、それが当該債務の不履行としてなされた限りは、債務の本旨に従った履行とはいえず、不完全履行であるがゆえに[11]。

（1）鳩山・前掲書三二七頁。
（2）末弘・前掲書二五四頁、我妻・前掲書九二頁、柚木・前掲書三一—二頁等。
（3）末弘・前掲書二五二—三頁。なお、勝本・前掲書二二一頁以下参照。
（4）末弘・前掲書二五五頁。

（5）　勝本博士（前掲書二二七頁、二三一頁以下）は、売主に「特定の抗弁」を認めることによって合理的かつ完全にこの目的を達しうるとされる。この特定の抗弁権の性質は、通常の抗弁権の性質と同一であり、その基礎は債権法を一貫する信義衡平の原則に基づき、相手の権利乱用に対し、自己を防禦する法的手段たるものとされる。しかしてこの抗弁権は、その本質において相手方の悪意を理由とするいわゆる一般的悪意の抗弁 Exceptio doli generalis に属する。

（6）　ただし、勝本博士の反対があることはすでに述べたごとくであり（第二　判例の註（6））、勝本博士は、売主に特定の抗弁権（前註参照）を認められるがゆえに、この規定の適用を必要なしとされるのである。

（7）　末弘・前掲書二五七頁参照。

（8）　この点に関し川島教授（前掲書八六頁以下）は、日独仏の債務不履行規定の技術的構成の差異を究明され、不完全履行なるカテゴリー出現の歴史的意義を論じられている。

（9）　もちろん、ドイツ法においても前述したごとく、いわゆる、積極的債権侵害（不完全履行）は認められているが、その条文上の根拠をどこに求めるかにつき争いがある。しかも給付の目的物に瑕疵がある場合は、ドイツ法では、第四八〇条の規定があるために、不完全履行とはされない。この点において、わが民法の不完全履行論と異なる。

（10）　末弘・前掲書二六四頁註八参照。

（11）　我妻教授（債権総論八九頁）はこの点に関し「債務の目的と全然別種の給付をした時（米を給付すべきに炭を給付せる如き）には全然給付なきものであって、不完全履行ともいうべからずと為す説がある（……）。然し、当該債務の履行として為されたものである以上、同じく本旨に適せざるものとしてこれを同一に取扱って支障なしと考へる」と述べておられる。

第三章　結　論

第一　総　括

㈠　以上、種類売買において、瑕疵ある物の給付をうけた買主の法的保護いかんについて、ドイツ普通法及びドイツ現行民法ならびにわが民法の場合を各々考察してきたわけであるが、ここでもう一度その流れをふりかえってみよう。

(1)　まず、種類売買なる法現象は、近代商品交換社会の曙光と共に生じて来たものであり、したがって近代法特有の現象であったこと、逆に言えば、ローマ法に未知なる法現象であったことを我々は知った。

(2)　そこで、かかる種類売買において瑕疵ある物の給付をうけた買主をいかに保護すべきかが、一九世紀のドイツパンデクテン学者・裁判所の一つの難解なる問題となった。この問題解決のために二つの説が起こり、一は債務不履行論により、他は瑕疵担保責任論により、各々自説の正当性を主張した。まず初期においては、種類売買においては売主は瑕疵なき物を給付することを黙示に保証しているとみなすべきであるから、瑕疵ある物の給付は債務の不履行であるとする説が有力であった。しかし、この説によるときは、買主は瑕疵なき物の給付の請求か、損害賠償の請求をなしうるのみで、解除権の行使は許されず（ただし後に学説上は、按察官訴権の場合を考慮して買主訴権による解除が認められた）かつまたその権利は一般の債権の消滅時効にのみ服するものであったために、取引の実状にそいえず、判例もこれを認めず、やがて少数説となった。

(3)　代わって登場したのは、一八七二年四月一六日のライヒ高等裁判所の判決を決定的契機として有力となった、瑕疵担保責任による説であった。すなわちこの説は、種類売買は、履行すなわち種類物の中からある特定の物が売主によって提供され、買主によって受領されることを通じて、必然的に特定物売買に溶解するものなるがゆえに、この時を標準時期として按察官法的保護手段が当然適用されると主張した。かくて買主は、売主の悪意または保証された性質の欠除に基づく損害賠償請求権（買主訴権）の他に、物自体の瑕疵に基づく解除ならびに減額訴権（按察官訴権）を与えられることになり、より厚く保護されることとなり、他方またこれらの訴権は短期消滅時効にかかるものなるゆえ、取引の敏速簡明なる決済を尊重する実際界の要望にもそいえたのであった。しかしながら、この説は、種類売買が履行を通じて必然的に特定物売買に溶解するという論理構成をとったがために、売主の本来の履行責任を否定し、物を一旦受領した以上、買主はもはや瑕疵なき物の給付を請求しえないという不合理な結果をもたらしたのであった。

(4)　かくて、現行ドイツ民法の立法者は、普通法におけるかかる論争の成果を吸収し、一方において瑕疵なき物の給付を請求する権利を買主に与え、かつ選択的に瑕疵担保に基づく請求権をも認めて買主の保護を図ると共に、他方において、これら請求権の全てを、売主悪意の場合を除き、短期の消滅時効によって制約し、もって取引の敏速簡明なる決済という目的を果したのであった。

(5)　ところで、これまで、買主が瑕疵ある物の履行に基づいて、損害賠償を請求しうるのは、売主悪意の場合、保証された特性が欠如せる場合、瑕疵なき物の給付がなされるまでの遅滞に基く場合等のみであったのであるが、現行ドイツ民法立法後、一九〇二年、Staub によっていわゆる積極的契約侵害論が唱えられ、これが直ちに判例、学説によって認められた結果、現在では、以上の他に、不完全な履行によって自己の蒙った損害の賠償請求をもなしうることとなったのである。

(6)　最後に、近時の判例ならびに有力な学説の努力の結果、種類売買における買主は、自己に給付された物が、瑕疵ある物であろうと、異種なるものであろうとそのいずれに拘らず、民法第四八〇条による法的保護をうけうることとなった。しかしてその反面、これらの請求権は短期消滅時効にかかるものであるし、また商事売買においては、即時の瑕疵検査及び通知義務を負うこととなった。

(二)　以上が大体ドイツにおける立法・学説・判例の変遷であった。ついでわが国の場合をふりかえってみよう。

(1)　まず、判例ならびに一部の有力な学者は、ドイツ民法第四八〇条の立場にならって、種類売買にも民法第五七〇条の適用を主張する。

ところで、ドイツにおいては、種類売買に瑕疵担保責任を認める第一義的理由は、買主の法的保護をより厚くするという点にあったのであるが、規定の技術的構成を異にするわが国の場合においては、第五七〇条を適用することの意義は、逆に売主の責任を軽減することにあることを明らかにした。すなわち取引の敏速簡明なる決済が第一義的に重んじられたのであるが、規定の不備なるわが国の場合には、結局ドイツ普通法における肯定説と同様に、買主の本来の履行請求権を否定することなくしては、この目的すら達しえない結果におちいり、さらには、除斥期間の進行開始時点が、ドイツ法と異なり、瑕疵の知の時であるがために、民法の領域においては、それ程所期の目的を達成しうるにも至らないと思えるのである。かくて、法規の技術的構成を異にするわが民法の解釈に、ドイツの理論をそのまま借りることのいかに無意味であるかを明らかにしたつもりである。

(2)　現在のわが国の通説は、種類売買において瑕疵ある物の給付はいまだ債務の本旨に従った履行とはいえず、債務の不履行であって、特定物の原始的瑕疵に関する瑕疵担保の規定を適用しえないものとする。これはドイツ普通法における初期の通説と類似しているが、後者が瑕疵ある物の給付を全くの債務の不履行（履行遅滞）としたのに対し、わが通説は、瑕疵ある種類物の給付もある程度の履行であり、全然履行なき場合と同一に取り扱うべきでないとし、不完全履行という債務不履行の新しいカテゴリーによってこれを把握する点で大いに異なる。かくて、買主は、完全物給付の請求権はもちろん、事情によって契約の解除や損害の賠償も請求しうるのであるが、取引の通念に照らし、信義誠実の原則によってかかる買主の権利は制約せられることがあると説く。しかし、その制約は、完全物給付ないし追完請求権のみであるがごとく、従って特に取引の敏速簡明なる決済が尊重される商事売買においては、画一的な除斥期間乃至短期消滅時効の定められている瑕疵担保の規定（特にドイツの場合）の適用に比し、やや劣る。他方この説によるときは、ドイツのごとく、瑕疵概念の拡張をなす必要がない。

以上が、第一章及び第二章で述べ来った種類売買における瑕疵ある物の給付をうけた買主の法的保護に関する学説・判例・立法の歴史的変遷過程の総括である。これで本稿の一応の目的は果たしたのであるが最後に、かかる法現象の一般的性格と、それに対する法的保護手段の変遷がどのような内的関連性を有するものか、すなわち種類売買という近代的商品交換形態の性格からみて、上述のごとき瑕疵ある物の給付をめぐる法的保護の諸態様はいかなる意義を有するものかについて若干の考察をなして、本稿を結びたい。ただし、この考察のためには、なお多くの準備を有するのであるが、一応本稿のまとまりをつける意味でごく概略の考察をし、将来の課題の一端を示すにとどめる。

第二　当該法的技術変遷の実際的意義

――種類売買なる近代的商品交換形態と法的保護の諸形態との内的関連性について――

㈠　種類売買という近代的商品交換形態の性格を知るためには、商品交換一般の発展史との関連性において分析・検討されねばならぬこともちろんであるがそれはこの小稿のよくなしうるところではない。結論的にいって、近代的商品交換とそれ以前の商品交換との差異は次のようにいってよいのではなかろうか。第一に前近代的商品交換社会においては、その生産力の未発達のゆえに、商品交換の対象たる商品の種類、数量は極めて限定的であり、取引市場で行われた取引の形態は、「現存・特定の物」の売買すなわち個性的色彩濃き物の売買＝特定物売買（現物売買）にもっぱら限られていたこと。これに対し、資本制的生産様式によって代表される近代商品交換社会においては、商品の種類、品質、量において多種多様であり、かくてその取引形態も、「将来・不特定の物」の売買あるいは種類的色彩濃き物の売買＝主として種類売買（特定物売買もそれが物の個性に着眼されたものでない限りここに包含される）が中心となるに至ったこと。これは売買取引の様式の変化といえよう。

第二の変化は、売買取引の目的の変化である。すなわち前近代的商品交換は一般に、「商品―貨幣―商品」の図式で示されるごとく、主として買うために売る＝等価的な商品交換であったのに対し、近代的商品交換は、「貨幣―商品―貨幣」の図式で示されるごとく、主として貨幣の利潤をもとめての商品の交換であること。

第三の変化は、第二の変化と必然的連関性を有する。すなわち、前近代的商品交換においては、財貨はその有する使用価値（主観的価値）に専ら着眼して取引されたのに対し、近代的商品交換においては、財貨はその有する交換価値（客観的価値）に着眼されて取引されることである。

㈡　以上、近代的商品交換の一般的特質について、結論的に、二、三の特質を考えたわけであるが、ついでかかる諸特質を有する近代的商品交換の一具体的形態である種類売買において、瑕疵ある物が給付された場合、そこではどのような法的保護が要請されるであろうか。換言すれば、第一章、第二章で考察してきた法的保護の諸形態ないしその変遷は、これを種類売買の一般的特質（経済的な意味での）からみるときいかなる意義を有するのであろうか。次に二、三の問題点を指摘してみたい。

⑴　種類売買における瑕疵ある物の給付は債務不履行か否かの問題をまず考察してみよう。前述せるごとく、前近代的商品交換の支配的取引様式であった特定物売買は、現存・特定の物の売買であり、したがってその債権、債務の内容が具体的であるのに対し、種類売買は将来・不特定の物の売買であるがゆえに、その債権、債務の内容は抽象的である。この点において両者は重要なる差異を有する。すなわち特定物売買においては、買主は一般にその特定の物の有する使用価値ないし（その物に対する）主観的価値を誘因として売買契約を締結したのであるから、その特定の物が給付されることに利益を有するに対し、種類売買における買主は、その種類の物が一般的に有している交換価値ないし使用価値を誘因として契約を締結するものなるがゆえに、そのような交換価値ないしその種類の物の有する一般的な使用価値を化体せる物の給付をうけることに利益を有するものである。したがって、特定物売買においては、その特定の物が給付されれば、たとえその物に瑕疵があろうとも、買主は一応所期の目的は達しえたわけであり、売主の履行義務はもはや問題となることなく、瑕疵担保の問題を生ずるにとどまる。しかし、種類売買において瑕疵ある物が給付された場合には、その給付は、その種類の物一般の有する使用価値ないし交換価値を化体する目的物の給

付をうけることに利益を有する買主の意図を満足させるものでなく、売主は債務の本旨にしたがった履行をなしたこととはならない。このことは、ドイツ及びわが国の学説・判例の等しく認めたところである。

もちろん、種類売買においても具体的に債務が履行される段階になれば、必然的にある特定の物が選びだされ（一般的には売主が選択する）、これが給付されるわけであるが、このことは単に必然的にそうなるというだけであって、単なる事実にすぎない。換言すれば、それは種類売買を履行するためには、事実上給付の目的物が確定されねばならないという事実問題であって、法律上給付の目的物の範囲が特定物に限定されねばならないという法律問題ではないのである。したがって、種類売買の履行としてある特定の目的物が給付され、それが買主によって受領されても、それは種類売買が特定物売買に溶解（auflösen）したのではなく、種類売買そのものが履行されたのである。

(2)　債務不履行理論醇化の意義

(1)の考察から明らかなるごとく、現代においては、本稿問題領域に関する限り、「特定物売買」と「種類売買」という対立概念の設定は必ずしも妥当でない。すなわち、商品交換の歴史的性格からも明らかなるごとく、両者の区別は（民法第五七〇条の適用範囲決定のための）、買主がその特定物の使用価値あるいは主観的価値を誘因として契約を締結したのか、あるいは種類物（代替物）の交換価値ないしその種類の物一般の有する使用価値を誘因としたのかによって区別した方が妥当であろう。このことは前述したごとくすでに末弘・末川両博士によって主張されている。この主張の実際的意義は、買主に完全物給付請求権を認める点にある。例えば新書を販売する書店において、六法全書を買う者が多数の同種品中より一冊を選びだしてその交付をうけたところ、落丁ありしごとき場合、買主はかかる六法全書なる種類物の一般的に有する使用価値を誘因として、その物を購入したのであるから、この買主の意思は尊重され保護さるべきものであろう。したがって売主はそれは特定物売買であったことを理由として完全物の給付を拒絶することは許されないことになる。他方前例で逆に、特定物たる六法全書を買主が購入し、売主がそれと同種、同質の他の六法全書を交付した場合、その交付によって買主の意図は充分満足されうるのであるから、買主は形式的特定にこだわって、その給付された物の受領を拒絶することは許されないであろう。

(3)　ドイツ普通法における否定説において、買主に瑕疵ある物を留保して減額請求をなす権利を認めるべきか否かが争われ（肯定説においてはこの事はもちろん問題とならない）、他方またわが国の否定説が初期には瑕疵ある物の給付を全然債務の履行なきものとしたのに対して、現在の否定説が、瑕疵ある種類物の給付もなおある程度の履行であって全然履行なき場合と同一に取り扱うべきではないと主張するのは、種類売買もその一たる近代商品交換の一般的特質といかなる関連性を有し、かつその意義は那辺にあるのであろうか。この問題解決の一つの鍵は、前述第三の特質すなわち売買契約締結の誘因が財貨の主観的価値にあった時代から、財貨の客観的価値（主として交換価値）に変化したことによって、債務の履行価値に差異が生じるに至ったことにある。すなわち商品の種類・数量が少なく、取引市場狭隘なる前近代的商品交換においては、現存・特定の財貨に対する主観的価値（あるいは使用価値）が契約締結の誘因であったがゆえに、その物に当事者の予期しない瑕疵があった場合には、その物の履行価値はほとんどゼロとなるか、あるいは大幅に減少されるものであろう（按察官法的保護手段はかかる事態の法的保護として重要なる意義を有した）。しかるに近代的商品交換においては、その取引市場の無限の拡大と共に、専ら商品の客観的価値・交換価値が契約締結の誘因なるがゆえに、瑕疵ある物の給付も全く履行としての価値を有していないものではなく、瑕疵の限度においていくらか劣れるとしても、なおかつ履行価値は存するであろう。たとえば、一定種類の大量のワイシャツの取引において、その種類・品質に属しはするが、シミのあるものが給付された場合、この瑕疵ある給付は、もはや何らの履行価値をも有しないであろうか、否、取引未発達の商品交換社会ならいざしらず、現代ではむしろ特売用と称して、デパート等がわざわざ瑕疵ある商品を注文するがごとき時代なのである。他方また、商品交換が「貨幣―商品―貨幣」の形態すなわち利潤というプラスを求める貨幣の無限に反覆する商品転形運動であることから、商品流通過程においては、全ての商品はその有する交換価値の化体物としてのみ意義を有することとなる。このことは換言すれば、あらゆる財貨の主観的価値が客観化され、あるいは客観化されつつあることを意味するに他ならない。

かくして現代においては、瑕疵ある給付もそれが現実に履行価値を有している以上、もはやその給付を全く無価値なりとして、したがって債務の履行全然なきものとして、取り扱うことは許されないとされるようになる。わが通説が瑕疵ある物の給付を履行遅滞とせず、不完全履行なるカテゴリーでとらえ、信義則によって、瑕疵に基づく買主の権利を制約しようとしたことの意義はこの点に求められうるのではなかろうか。

さらにまた、瑕疵ある物の履行が全然無価値でないからこそ、ドイツ普通法における否定説が、買主に物を留保して減額請求をなす権利を与えんとしたのではなかろうか。すなわち、この場合減額訴権が認められたならば、買主は一方において減額訴権により売主に代金の減額を請求し、他方において、瑕疵ある物を直ちに転売することによって、投下資本の速やかなる回収を図ることが可能となるからである。

(4)　ドイツ及び日本において、種類売買に瑕疵担保の規定を適用する実際的根拠の一が、瑕疵担保の規定における短期消滅時効の制度を活用せんとするにあったことの意義は、もはや述べるまでもない。要するに、商品交換が「商品—貨幣」の形態にうつりし資本制法秩序の下においては、貨幣の利鞘を求めての無限に反覆し連続して継起する一系列の商品転形運動のゆえに、全連続中の一環をなす「貨幣—商品」または「商品—貨幣」が法的に効果を阻害されることにより、右の全体的な無限運動の進行がおくらされたり、破壊されたりすることを嫌悪する傾向が生まれるのは当然であろう。ここに個人の静的安全を犠牲とする取引安全ないし取引敏活決済の原則が尊重されるに至るのである。この傾向が特に商法の領域において強いことはいうまでもなく、本稿問題領域においてもすでにしばしば指摘しているごとくである。

(5)　最後に、近時のドイツにおいて、瑕疵（peius）と異種（aliud）との区別の困難さが問題とされ、瑕疵概念を拡張することによって、瑕疵ある物の給付と異種物給付との法的保護を同一に取り扱うに至ったことの実際的意義は、すでに明らかなるごとく、近代的商品交換社会における商品が、その種類・品質において実に多種多様となったことに由来するものである。すなわち商品の種類少なく、取引が主として特定物売買（特に現物売買）でなされた時代には、物の瑕疵と異種の区別の困難さはほとんど問題となるまい。かかる事情を背景として、ドイツ普通法における肯定説が異種の給付ならいざ知らず、瑕疵ある物の給付なら按察官法の適用が認められると主張したのである。しかし現代においては、多種多様の商品が生産され、種類と品質の区別はほとんどつきにくく、種類＝品質、品質＝種類ともいえ、かかる事情の下においては、両者の法的保護もまたこれを同一にすべしというはけだし当然の主張であろう。かくて種類売買における瑕疵ある物の給付が、異種物給付と区別されることにより、瑕疵担保の現定の適用を受けえたこと、しかして現在、異種物が瑕疵ある物と区別され得ないことを理由として瑕疵担保の規定の適用をうくることとなったのは、近代商品交換が、たくまずしてもたらした一つの皮肉な現象といえよう。

2　種類売買と瑕疵担保責任
――大正一四年判決の再検討と昭和三六年判決への架橋――

（一九六六年報告）

はじめに

種類売買と瑕疵担保責任の関係いかんの問題は、栗栖先生をしてこの問題がなぜこれほど多くの人によって問題とされたのかいささか「奇妙である」と言わせしめたほど著名な問題であり、今更私などが発言する柄ではなく、栗栖先生からお叱りを受けそうですが、実は何年か前、ケメラーの異種物給付に関する論文を読んで、ドイツの瑕疵概念拡張化傾向をわが国にも導入する必要があるかどうかの問題意識の下に、種類売買と瑕疵担保責任との関係について修士論文をまとめ、それ以来この問題について少なからぬ関心をもっていたことと、また二年くらい前でしたか、有斐閣から総合判例研究叢書の一冊として「瑕疵担保責任」に関する判例研究を書けと依頼され、これを引き受けました関係上、どうしてもこの問題に取り組む必要が生じ、非才をかえりみずこの難問に取り組んだ次第です。

しかし、問題がなかなか難しいうえ、私学に勤務していて、講義その他の負担が多く、とくにこの間教職員組合の中央委員などを引き受けさせられたりして、研究が遅々として進まなかったのでありますが、暇を見つけて少しずつ考えをまとめてきました結果、最近ようやく判例の総合的把握の仕方につきまして私なりの考え方をまとめることができましたので、本日の機会を作っていただき、研究会の皆様にご報告してご教示をいただき、さらに手を加えて公表したいと考えている次第でございます。どうぞよろしくお願いいたします。

一　問題の提起

1　本日の報告で、とくに私がポイントを置いて報告したい点をはじめに指摘しておきますと、二点あります。第一に、種類売買と瑕疵担保責任に関する判例法の総合的把握の方法論です。従来のこの問題に関する総合判例研究の分析視角は、種類売買に瑕疵担保責任の規定の適用があるかどうかという、いわば法的構成の側面にポイントを置く分析であったように思われます。

これまでの本問題に関する判例・学説の発展史をごく簡略化してまとめますと、つぎのような発展史が通説であったように思われます。すなわち、岡松・横田説等の初期のわが国の学説は、瑕疵担保責任規定の適用に関し、特定物・不特定物を問わず適用があると考えていたところ、大正時代になって、ドイツ法学の影響を受けた末弘・鳩山説の特定物売買に限るという学説が現れたこと、そして当時の判例つまり大正九年の特定物たるチリ硝石の売買事件及び大正一三年の税関倉庫内鉄材売買事件の二件の判例を末弘・鳩山説に近いものと評価し、さらに、大正一四年の有名なタービンポンプ事件で、判例は態度を変え、不特定物売買にも瑕疵担保責任規定の適用ありとして（ただしその先例的価値には疑問がありますが）、爾後この法理が踏襲されてきたこと。とくに昭和三年の樅板売買事件において、大審院は、買主は瑕疵担保と不完全履行の両責任を選択できるが、一旦履行として受領し、瑕疵担保責任を売主に対して問う以上、瑕疵担保責任のみの問題となり、除斥期間の適用があるとの立場を確立し、この後の判例に大きな影響を与えたこと。しかし、その後も学説上の通説はこの判例法理に反対したこと。ところが、昭和三二年秋の私法学会で両者に歩み寄りの機運が生じ、さらに五十嵐、北川、星野説等の新説が出現の結果、判例理論が学説によっても支持される傾向が出たこと。ところが一方において、昭和三六年の放送機械の売買事件において最高裁は、買主の目的物受領後に（一年以内ですが）、債務不履行を理由とする契約解除を認め若干通説の立場に歩み寄る気配を見せたこと。以上であります。

しかし、ここでちょっと問題になるのは、次の点です。例えば、大正一四年判決の先例的意義をめぐって従来学説上二つの評価が対立しています。その一は、本件は不特定物売買に瑕疵担保の規定の適用を認めた重要な判例であるという評価（柚木説ほか多数）。その二は、本件をその具体的事案に即してみると、本件買主が機械受領後に為した代物請求や修補請求に民法第五四一条にいう催告を認めることが可能であり、債務不履行を理由とする解除という法的構成によっても買主を救えなくはなかった事例であるから、不特定物売買に瑕疵担保の規定の適用を認めるかどうかという問題の先例としてはあまり重要ではないという評価であります。しかし、考えてみますと、判民型の判例研究の方法論の下では、ある判決の先例的意義を決定する上で重要なことは、当該事件の事実関係とそれに対して与えられた判決の結論であるはずです。したがって、本判決が「不特定物売買に瑕疵担保責任の規定の適用があるかどうか」という問題の先例として重要かどうかという問題設定はおかしいはずであります。ここではなによりもまず、認定された事実関係の下で、買主の契約解除、代金の返還請求を認めた本判決は、このような事案に関する従来の先例とどのような関係にあるのかが問題とされるべきであったのであり、この契約解除を瑕疵担保構成で理由づけるべきか、債務不履行構成で理由づけるべきかといった問題（既存の法体系への、ある法的構成の体系的適合性・整合性いかんの問題）は、論理構成の問題でしかないはずです。この問題に関する従来の総合判例研究は、この「論理構成」の問題にとらわれ、あるいはそれに引きずられて、肝心の種類売買において瑕疵ある物が給付された事案につき、判例が実際に与えた法的保護を総合的・体系的に明らかにする努力を欠いていた面があるように思われます。

結論的に言いますと、種類売買において瑕疵ある物が給付された場合の買主の法的保護いかんについて、これまでの判例のとった態度を、事案と結論との対応関係に即して類型的に分析してみますと、大局的に見て、判例は、当初から今日に至るまで、ほぼ一貫した処理をし続けてきたように思われます。ただ、その処理を為すうえで使った道具、つまり法的構成は、この問題に関する解釈学の進歩・発展に応じて変化を見せ、そのことが実際の処理に若干のひずみを与えているように思われます。そこで、今後はこのような分析視角からの判例研究も大いに有用かと考える次第です。

以上要するに、この問題をめぐる判例法の分析にあたっては、判旨の論理構成に惑わされず、判決の事案と結論との対応関係に即して判例法の総合的・類型的分析を試みるとともに、他方において、判例が問題処理の判断基準あるいは結論導出の説明手段として用いた、または用いないまでも、それを意識していた法的構成の発展に注意し、その視角からも判例法を史的に分析し、この両者を併用することで初めて判例法の全体像を浮き彫りにすることが可能だと考えます。本日はこのような問題意識に基づいてなした判例分析の結果を報告して、皆様のご意見を伺うこと、これが第一点です。

2　次に第二点として、時間が許せば、第一点と密接に関連する問題ですが、裁判予測の上で法的構成がもつ意義とその限界、特に判例法ではなく成文法国におけるそれについて、大正一四年判決の法的構成がその後の判例法の展開に与えた影響との関係を下敷きとして、一般的理論の提唱、すなわち、判決の「解釈先例的意義」という道具概念を提唱し、その有用性と限界を検討してみたいと思います。

二　判例法の史的分析

(1)　序　説

判例法の史的分析にあたっては、分析の視角をどこにおくかが大いに問題ですが、私は、本日の報告では、裁判所がこの問題処理に使った、あるいは使える法的構成の発展史に即して、時代区分し、おのおの時代の中で、事実と結論との対応関係に即した類型的分析を試みるといったアプローチで、判例法を分析してみたいと思います。

種類売買と瑕疵担保責任をめぐる法的構成の発展史については、いろいろな区分が可能ですが、私は、五つの時期に分けてみたいと思います。第一期は、大正七年に末弘・鳩山説が現れるまでの前史、第二期は、末弘・鳩山説出現後大正一四年判決まで、第三期は、大正一四年判決後、昭和初年に勝本教授の「不完全履行序論」がでるまで、第四期は、その後昭和三二年秋の私法学会ないしは瑕疵担保責任を債務不履行責任とみる新説の出現まで、第五期は、新説出現後本日までの五期であります。

以下、この時代区分の持つ意義と各区分の中における判例法の分析の結論を簡単に報告します。

(2)　第　一　期

この時代は種類売買に瑕疵担保責任の規定の適用があるかどうかという問題がそもそも問題として意識されていなかった時代であり、ほとんどの学者が当然に適用があるものと考えて処理していた点が特色です。ただ、伴法学士の論文が初めてドイツ普通法学に依拠してこの問題に触れ、適用否定説を述べていますが、あまり影響力を持たず、また嘩道博士がやはりこの問題を取り上げていますが、適用肯定説を主張しています。その程度であります。判例上もこの点がとくに争われたものは見いだせません。そこで、事実認定にあたり、とくに種類売買であるかどうかを認定したものもありませんが、事案からみて種類売買と思われるいくつかの事件で、買主が瑕疵担保構成で保護を求め、その規定によって処理された判例があります。ただこの時期において注意すべきことは、種類売買において瑕疵あるものが給付されたときの法的保護が瑕疵担保責任の規定によってのみなされていたかというと、そうではなく、買主が債務不履行構成で請求し、それで処理された判例も二つばかりあります。そこで、この時期は、両構成の関係についてはとくに問題とならず、当事者の主張・請求のいかんという、いわば偶然の事情によって無意識的に事件の処理がなされていたといってよいでしょう。

この時期で今一つ注意しておくべきことは、この時代の不完全履行構成は Nichterfüllung であって Schlechterfüllung ではない、つまりいわゆる不完全履行には履行面と不履行面の両面がありますが、この時代の不履行構成は、瑕疵ある物の給付は債務の本旨にしたがった履行ではなく、履行がまだないという考え方、換言すると不完全履行の履行面を考慮に入れない不完全履行論であったという事実であります。この点がその後勝本教授によって提唱された不完全履行論との大きな差異であります。

⑶　第　二　期

第二期は、種類売買には瑕疵担保の規定の適用なし、債務不履行構成のみによるべしとする末弘教授の債権各論初版が出た大正七年六月に始まります。この末弘説は、翌大正八年五月にその初版が出た鳩山教授の債権各論において支持され、ここにこの問題が一躍脚光を浴びることになります。しかし、ここでも留意すべきは、この段階での末弘説の債務不履行構成は Nichterfüllung のそれであったという事実です。そしてすでに早くも、大正八年二月一五日の大阪区裁判決に末弘説の影響があらわれ、大正一二年にも同旨の判決が出ております。しかし、この時期の下級審判決の大勢は第一期と同様であり、大審院判決もまたしかりです。

ここで、第一期、第二期の大審院判例を簡単にご紹介しますと、私の調べた限りでは、種類売買と思われる事件が七件ありますが、その内容はほぼ次の通りです。まず、買主から給付された目的物が不完全であることを理由として契約を解除し、もしくは解除せずに直ちに代金返還または損害賠償の請求をしたという類型（以下請求型と呼びます）の事件が三件あり、いずれも買主の請求が認められましたが、うち二件は債務不履行構成、一件が瑕疵担保構成です。これに対し、売主からの代金支払請求に対し、買主の側から、引き渡された目的物が債務の本旨にしたがった物でないとして、代金支払いの拒絶あるいは契約解除の抗弁をしたり、損害賠償債権と代金債務とを相殺するといった抗弁をした類型（以下抗弁型と呼びます）が四件あり、いずれも買主の敗訴に終わっています。このうち瑕疵担保構成によっているものが三件（①重大な瑕疵とはいえない、②除斥期間の経過、③商事事件で、通知の懈怠）、債務不履行構成によるもの一件（不完全な給付ではなかった）です。

(4)　第　三　期

第三期は、有名な大正一四年判決をもって始まります。この事件は不特定物であるタービンポンプの売買に関する瑕疵担保構成による請求型事件であり、エンジンの瑕疵を理由とする契約解除・代金返還請求事件で買主の請求が認められたものです。その限りでそれは、大正一〇年のカタン糸の種類売買で、買主の瑕疵担保構成による契約解除・代金返還請求を認めた判決と同一系列に属するものであって、事案と結論との対応関係から判例法を分析する立場でこの判決を評価すると、それは従来の先例に新しい一事例を付け加えたという程度のさほど重要な意義を持たない判決であったと言えましょう。しかし、この判決が重要判例として大きく取り上げられたのは、その結論導出の法的構成にあたり、意識的に種類売買に瑕疵担保の規定の適用があることを明示した点にあります。

この判決がなぜこのような態度をとったのか、その原因について、ここでいくつかの推測を述べてみたいと思います。第一に、本件をその事実関係に即してみますと、買主が当然保護されてしかるべき事案であり、原審で敗訴した売主の上告理由（①不特定物売買には瑕疵担保の規定の適用なし、②不特定物売買における瑕疵ある物の給付は不完全給付であって、それを理由とする契約解除は民法五四一条によるべきである）は、理論的にはともかく、実質的には単なる言いがかりにすぎない感が強く、上告を棄却するに何ら問題ない事例であったことを指摘できます。しかし、この理由のみでは、判旨がなぜあのような大議論を展開したのかを説明しえません。そのためには、この判決に至るまでのこの問題に関する問題状況を思い起こし、それとの関係で本件判旨を理解することが大切と思われます。

そこで、前史をここでもう一度簡単に振り返ってみましょう。第一期、第二期の判例法においては、種類売買において瑕疵ある物の給付がなされた場合の買主の法的保護あるいは非保護に対する説得のための法的構成は、あるときは不履行構成により、またあるときは瑕疵担保構成によっていました。これは当時の法律実務界が、種類売買に対する瑕疵担保規定の適用いかんという問題意識を持たず、種類売買には瑕疵担保の規定の適用なしとの法的構成を知らなかったことに由来しますが、それはともかく、無意識的にではあれ、種類売買にも瑕疵担保構成を使って問題を処理してきたという実績ないし慣例があります。ところがこのような状況の中で、大正七年に末弘説が現れ、やがて学説や下級審判決に支持者や同調判決が現れ、本件において原審判決が瑕疵担保構成で買主の法的保護をはかったのに対し、売主側が右の有力な新説を武器として上告してきたこと。これが本件大審院判決が当面した問題状況です。そして、このような形で、真っ向から問題への対決が挑まれた以上、法令の解釈・適用の統一をその重要な使命の一つとして課されている大審院としては、この問題を避けて通ることができなかったものと思われます。とくに、もし上告を容れるとすると、先例の変更を迫られるわけであり、また事案によっては法的保護の面でも大きな差異が生ずる（とくに除斥期間の点で）問題だからであります。

さらに、大審院が当時の有力新説である末弘・鳩山説をこの時点で容れなかった理由について今一歩踏み込んで考えてみたいと思います。まず、これまで事実上瑕疵担保構成を使っていたという理由を挙げることができますが、それに加えて、私は次の点が重要だと考えます。すなわち、末弘説によるとなると、紛争の処理は不履行構成のみでされることになりますが、当時の末弘説の展開していた不完全履行論は前述しましたように、不完全履行の不履行面しか把握していない、換言すると、履行面を評価していない理論でした。このことが優れて実務的な裁判官の法感覚にそぐわなかったのではあるまいかの推測です。大正一四年判決が、除斥期間の点を問題としている点にそのことが伺えます。ちなみに、履行面を評価できる不完全履行論を持たなかったドイツ普通法時代の判例にもこのような問題意識がありますが、この点は興味深い事実です。

この推測が当たっているかどうかはともかくとして、このような問題状況の中において大審院は、この判決によって瑕疵担保の規定は種類売買にも適用がある旨の判断基準を定立したわけですが、このような判例法理を我々はどのように評価すべきでしょうか。私は、この点は判例研究の方法論を考えるうえで一つの重要な問題点を提起するものと考えます。つまり、本判決は、レイシオ・デシデンダイの先例価値からいえばそれほど重要ではないでしょう。しかし、本件において大審院は、ここで打ち立てた判断基準が先例として機能すべきものとしてこれを示し、現にその後この判断基準は先例として判例法上機能しています。つまり、判民型の判例研究方法論においては、本来説得のための理由付けにすぎないが故に、先例価値を持つべきでない論理構成・法的構成が現に先例として機能し、裁判の決定基準の一として機能している以上、成文法国における判例研究においては、裁判の予測の上でこれは無視できないものです。単なる説得のための論理構成というよりは、大審院が法令解釈・適用の統一という、法により課された使命に基づいて将来の判決の判断基準を示す法的構成を打ち出した場合、我々はこの判例の先例的意義をレイシオ・デシデンダイとの関係においてどのように評価すべきか、この点が本日の報告の第二の重要論点でありますが、ここでは詳論を避け、報告の最後に私見を述べさせていただきます。

大正一四年判決後、判例法上二、三の興味ある判例（たとえば、「履行として認容し、受領」云々の判断基準を示した昭和三年一二月一二日樅板売買事件判決）が出ていますが、時間の関係上、これらの判決の紹介は省略します。

⑸　第　四　期

史的発展の第四期を画するものは、勝本教授の「不完全履行序論」です。不完全履行を「不履行」の一種としかみなしていなかった従来の学説に対し、教授は我が国ではじめて不完全履行の積極的な「履行面」に着目し、これにも一定の効果を与える法技術を提唱されました。すなわち信義則に基礎を置き「特定の抗弁権」ないし「履行認容の抗弁権」を売主に与えられたことであります。昭和六年の山田還暦記念論文集に搭載された有名な末弘教授の論文「種類売買に於ける瑕疵担保について」(後に「民法雑考」に収録)は、この勝本説に示唆を受けて従来の考え方を修正されたものであり、この修正説つまり不完全履行の履行面に着目して一定の法律効果を与えた「不完全履行論」がその後の学説上の通説を形成した次第です。かくてこの段階ではじめて裁判官の実務感覚を満足させる不完全履行論が学説上現れたわけですが、すぐには判例に取り入れられておりません。昭和八年一月一四日の三益式籾摺り機売買事件以降第二次大戦後の昭和三六年一二月一五日の放送機械売買事件に至るまで、この問題を扱う最上級審判決がなく、判例法の空白状態が続いたこともあって、この説の真価が判例法上問われることがなかったのであります。

そして、この間に、第五期を画する五十嵐・北川・星野新説が現れたのであります。

(6)　第　五　期

最高裁昭和三六年一二月一五日判決は、不特定物たる放送機械(スピーカー)の売買契約において引き渡されたものに瑕疵があり、数回売主が修補したけれど完全には修復できず、さらなる修補を催告したところ、売主が応じないので、買主が不完全履行を理由として契約を解除し、代金の支払いを拒んだという不履行構成の抗弁型事件で、買主のこの主張が認められたものであります。最高裁はその理由として、「不特定物を給付の目的物とする債権において給付せられたものに隠れた瑕疵があつた場合には、債権者が一旦これを受領したからといつて、それ以後債権者が右の瑕疵を発見し、既になされた給付が債務の本旨に従わぬ不完全なものであると主張して改めて債務の本旨に従う完全な給付を請求することができなくなるわけのものではない。債権者が瑕疵の存在を認識した上でこれを履行として認容し債権者に対しいわゆる瑕疵担保責任を問うなどの事情が存すれば格別、然らざる限り、債権者は受領後もなお、取替ないし追完の方法による完全な給付の請求をなす権利を有し、従ってまた、その不完全な給付が債務者の責に帰すべき事由に基づくときは、債務不履行の一場合として、損害賠償請求権および契約の解除権をも有するものと解すべきである。」と述べています。

この判決の評価としては、周知のように、この判決は受領後の債務不履行を理由とする解除を認めたのだから通説の立場に一歩近寄ったものだとする評価と、いや、本件は履行として認容して受領した事例ではないのであるから、従来の考え方を変えてはいないという評価の二つが対立しています。なお、栗栖先生は、この最高裁判例も、なお、一定の時点を境として、その前は債務不履行責任、その後は瑕疵担保責任としているように思われ、不特定物売買における目的物の隠れた瑕疵に対する売主の責任は瑕疵担保責任か債務不履行責任かの二者択一であるとの従来の議論の仕方にまだとらわれているというべきであろう、とされています。

しかし、その評価はともかくとして、受領後に債務の本旨に従ったものでないことを理由として損害賠償請求をし、それが認められた判例は、すでに、種類売買に事実上瑕疵担保責任の規定を適用していた時代である明治時代にあり(大判明治三六年一二月九日民録九輯一三六三頁腕木売買事件)、昭和三六年判決は、結論的にはこの判例と同一です。そして、この両判決の中間において、債務不履行構成で請求していって、瑕疵担保構成でなければ駄目だとした判例はありません。つまり、これまでの判例法の流れを大局的に見ますと、判例は意識していないにせよ、結局のところ、瑕疵担保と債務不履行の両構成を適宜に使って事件の処理をしており、二者択一的な厳格な態度を事実上とっていません。訴訟物理論や弁論主義との関係もありますが、請求型事件では、買主が瑕疵担保構成で来れば、その線上で問題の処理をし、債務不履行構成で来ればまたその線上で、請求の当否を判断しており、不履行構成できたときに、瑕疵担保構成でなければ駄目だといった事例は見いだせません。ただ、抗弁型の事例において、売主の代金支払請求に対して、買主が契約の解除をせずに、債務の不履行抗弁を提起して代金全額の支払いを拒絶したのに対して、瑕疵担保責任の問題だから契約の解除をしなければ駄目だとか(大判昭和六年四月二日新聞三二六五号九頁)、瑕疵担保責任の除斥期間を徒過しているから駄目だとしているもの（大判昭和六年五月一三日法律新聞三三七六号九頁）がありますが、これは昭和六年の判決でありまして、その後に現れた勝本説や末弘説が裁判所に浸透していない時代のものです。今日の不完全履行論の下ではこの抗弁は当然退けることができた内容の事件のようです。換言しますと、このような事例では、当時の不完全履行論（Nichterfüllung）では売主の救済をはかれないので、この欠陥を補うために、判決は瑕疵担保責任の規定を使うことで買主の抗弁を退け、妥当な結論を導出したものといえましょう。つまり、目的物の引渡後には債務不履行構成が一切排除されるとまでは考えていなかったとみるべきです。

以上要するに、判例は、明治の昔から昭和の今日に至るまで、論理構成の上ではともかく実務の処理としては、厳格な二者択一構成を取らず、二つの法的構成を適宜に使い分け、種類売買において瑕疵あるものが給付された紛争事例の公平かつ妥当な解決を図ってきたものといえましょう。そうだと致しますと、判例研究者としましては、判例の論理構成・法的構成にとらわれることなく、判例が実際に打ち出した法的保護を類型的に整理し、分析して、その背後にある実際の判断基準を探り出し、それをうまく説明できる法理論・論理構成を裁判所に提供する仕事を今日すべきであると考える次第です。そして、この場合に、不完全履行の履行面を積極的に評価しうる今日の不完全履行論の下では、かつては瑕疵担保責任構成を使ってその欠陥を補充せざるを得なかった時代の不履行構成の下での状況とは、問題状況が異なるわけですから、種類売買の法的保護は、不完全履行構成のみで妥当な保護をはかることが可能と思われますが、我が民法の不完全履行に関する規定内容が不備であること、さらには弁論主義など訴訟法上の問題との関係もありますので、当面はなお二本立て構成が妥当かもしれません。この点の検討は今後の課題としておきます。しかし、立法論としては、特定物売買と不特定物売買とでは、やはり、法的保護の仕方がいくつかの点で異なりますから、両者は別個に規制すべきであり、特定物売買は瑕疵担保責任、不特定物売買は不完全履行構成により、それを精緻化するのが、理論的にはすっきりした体系になるのではないかと、現在のところ考えています。

本日の報告で予定していました第二点の成文法国における裁判予測の上で法的構成がもつ意義とその限界についての一般的理論の提唱、すなわち、判決の「解釈先例的意義」という道具概念の提唱につきましては、残念ながら与えられた時間がまいりましたので省略し、後日改めて研究論文刊行の際、発表させていただきます。長時間のご清聴どうもありがとうございました。忌憚のないご批判、ご教示を頂ければ幸甚です。

3　不特定物売買と瑕疵担保責任（一）
――大正一四年判決の再検討と昭和三六年判決への架橋――

（一九六九年）

はしがき

不特定物売買と瑕疵担保責任の関係いかんの問題は、来栖教授をして、この問題がなぜこれほど多くの学者によって問題とされたのか「いささか奇妙である」といわせしめたほどの著名な問題であり、今更新たにとりあげて論ずる余地はないのではないかと思われる。にも拘らず、あえて私がこのテーマで本稿を発表することの理由についてはじめに若干の弁明をしておきたい。第一に、このテーマは、私の法律学に関する処女論文（修士論文）のテーマであったのであり、一〇数年前、この論文を、私は、マルチン・ヴォルフの記念論文集に掲載されたケメラーの「異種物給付」（"Falshlieferung"）と題する小論文にヒントをえて、ドイツの瑕疵概念の拡張化傾向をわが国でも導入する必要があるかどうかの問題意識の下に、ドイツ普通法時代の学説の論争、判例の変遷の検討、その後の瑕疵担保責任制度の発達過程の研究、日本の解釈論の再検討などを経てものしたのであった。この未熟な論文に手をいれていつか発表したいと思っている中に、同じテーマを扱う、五十嵐教授や北川助教授などのすぐれた論文があいついで発表されたため、ついに発表の機会を失したが、それ以来、この問題について私は少なからぬ関心をもって日本での論争をみまもっていた。ところが、何年か前、有斐閣から、総合判例研究叢書の一冊として「瑕疵担保」に関する総合判例研究を書けとの交渉をうけたのをきっかけに、私なりのいくつかの問題意識を発展させてみようと、再びこのテーマにとりくんだ次第である。そして、二年前、一応、私なりの考え方の大要をまとめ、東大の民事法懇談会で中間報告をするまでにこぎつけた（本書第一章1）。そしてこれを論文の形にまとめるべく執筆の段階になって、大学内の激職が割りあてられたため、仕事は中断された。今、ようやく激職から解放されて、ふたたびこのテーマにとりくむ気分になったが、この間の判例・学説を詳しく収拾している余裕がないままに、本稿の完成を迫られている。今は、若干の補足を加えるにとどめ、後日を期したい。

論文のねらいは、大きくいって、二点ある。第一は、総合判例研究の方法論に関する若干の問題の提起であり、ここでは、史的分析と類型的分析の手法、解釈先例的意義という道具概念の提唱など、いくつかの実験を試みる。第二は、こういった方法論にもとづいて、本稿のテーマに関する判例を実際に分析してみて、従来の本テーマに関する判例研究に対し、新たな視角を提供すること、そして、その上にたって、解釈試論あるいは仮説を提示してみること、である。後者について、私は後に詳しく述べるように、五十嵐、北川、星野教授に代表される最近の有力な新説に親近感をもつものではあるが、なお、わが民法の適用上は、従来の学説上の通説が提示している方向を押し進めるのがより効果的なのではないかと考えるものである。そして、それは決して国際的な動向と矛盾するものではなく、むしろその発展線上にあるものと考えている。

序　章 ── 本稿のための方法論的覚書 ──

一　大正一四年判決の再検討の必要性とその分析視角

(一)　不特定物売買に瑕疵担保責任の規定の適用があるかどうかという問題に関する、判例学説の発展史として、次のような理解の仕方が、最近、有力に主張されている。

すなわち、(イ)岡松・横田説等に代表される初期のわが国の学説は、瑕疵担保の適用に関し特定物・不特定物売買を区別することなく、適用があると考えていたこと、(ロ)大正に入って、ドイツ法学の影響をうけた鳩山・末弘教授によって瑕疵担保の規定の適用は特定物売買に限るという説があらわれたこと、そして、当時の判例、つまり、大正九年の特定物たるチリ硝石の売買事件（大判大正九・一二・六民録二六輯二〇一二頁）、および大正一三年の税関倉庫内鉄材売買事件（大判大正一三・六・二三民集三巻三三九頁）の二件をもって、この鳩山・末弘説に近いものと評価し、(ハ)さらに大正一四年の有名なタービン・ポンプ売買事件（大判大正一四・三・一三民集四巻二一七頁）で、判例は態度を変え、不特定物売買にも瑕疵担保の規定の適用ありとして（その先例的価値に若干の疑問は留保しつつも）、爾後、この法理が先例として機能し確立していったこと、(ニ)とくに、昭和三年のモミ板売買事件（大判昭和三・一二・一二民集七巻一〇七一頁）において、大審院は、買主としては売主の瑕疵担保責任と不完全履行責任の両責任を選択的に追及できるが、一旦、履行として受領し、瑕疵担保責任を売主に対して問う以上、瑕疵担保のみの問題となり、除斥期間に関する規定の適用がある旨述べ、その後の判例に大きい影響を与えたこと。(ホ)この判例法理に賛成する学説もあらわれたが（たとえば末川・小町谷説など）、学説上の通説は強力にこの判例法理に反対したこと。(ヘ)ところが、昭和三二年秋の私法学会において両説の歩みより傾向がでてきたこと、他方、瑕疵担保責任そのものを一種の契約責任とみるドイツの最近の傾向をうけいれた五十嵐、北川、星野諸教授などの新説が出現するにおよんで、学説の力関係に変動状態が生じ、判例理論を支持する学説が有力になってき、かつての通説の立場が揺れ動いてきたこと、(ト)他方、昭和八年以来、この問題について沈黙が続いていた判例法に、昭和三六年に最高裁判例が現われ、放送機械売買事件（最高判昭和三六・一二・一五民集一五巻一一号二八五二頁）において最高裁が若干通説の立場に歩み寄りの気配をみせたこと（目的物の受領後、債務不履行を理由とする解除を認めた）から、将来の判例の展開に注目する必要がある。

(ニ)　以上が、学説・判例の発展史の最近の一般的理解の仕方の大筋であるが（この点を要領よくまとめたものとして、五十嵐「不完全履行と瑕疵担保」ジュリスト三〇〇号 学説展望 一五六頁参照）、この把握の仕方について、私は後に詳しくみるように若干の異論をもつ。従来の理解の仕方のなかでとくに私が問題だと思うのは、そして問題分析の出発点としたいのは、大正一四年判決の評価の問題である。

大正一四年事件とは、タービン・ポンプ一台の種類売買において、エンジンの瑕疵を理由に買主が完全物の給付を請求したのに対し、売主たる製造会社が二度も修繕をしたがなお駄目なので、買主がこれを返却し、瑕疵を理由に契約を解除して代金の返還を求めたものである。原審買主勝訴、不特定物売買には瑕疵担保の規定の適用なく、したがってそれに基づく契約解除は無効であるとの上告理由に対し、大審院は、買主が瑕疵ある物を受領した場合には、不完全ながら契約の履行ありたるものと解すべきである。そのようなときには、「物ニ関スル危険ノ移転スル時期ヲ標準トシテ」瑕疵担保に基づく権利を行いうるとして上告を棄却した。

この判決の先例的意義をめぐって、これまでに二つの評価の対立がある。第一は、本件は不特定物売買に瑕疵担保責任の規定の適用を認めるにいたった重要な判例であるという評価（たとえば柚木『売主瑕疵担保責任の研究』二二八頁以下、その他。大多数の学者の評価がそうである）であり、その二は、本件をその具体的事案に即してみると、本件買主のなした代物請求や修補の請求のうちに、民法五四一条にいう「催告」を認めることは必ずしも不可能ではなく、したがって債務不履行を理由とする解除という法的構成によっても買主が救えなくはなかった事例であるから、不特定物売買に瑕疵担保の規定の適用を認めるかどうかという問題の先例としては「実質的にあまり重要な先例とは言えない」という評価である（星野「瑕疵担保の研究（日本）」比較法研究二三号一七頁。なお、舟橋・判民本件評釈参照）。

この二つの評価のいずれが正しいかはしばらくおき、この問題を考える場合、その前提として、まず、ある判例が先例として重要であるとか、重要でないといった議論をすることの意味を考えてみる必要があるように私には思われる。この場合問題となるのは、従来の判例研究者は重要であるかないかの判断基準を一体どこに求めていたのかという点である。前述のように、本件は不履行構成も可能な場合であったから判旨のような大議論を展開しなくとも買主を救えた事例であった。だから、不履行構成が不可能な場合たとえば買主が瑕疵を理由に即時つまり催告なしに、またそれに代わる事情もなしに契約を解除したという事案の下で解除の効力が争われ、この解除を有効とする結論導出過程の説明のために瑕疵担保構成が打ち出されたような場合と異なり、そこで展開された「理論」の先例的意義はその価値において後者の場合に劣るという考え方は分からないではない。しかし、問題は必ずしもそう簡単ではない。ある判例が先例として重要かどうかの基準あるいはそのような問題提起そのもののもつ意味が、判例研究をどのような立場によって行うかによって変ってくるからである。

㈢　そこで、この問題について、本稿の綜合判例研究のための方法論的覚書を兼ねて、ここで少し突っ込んで考えてみることとしたい。

⑴　まず、実践的法解釈者あるいは先になされた裁判を参照する裁判官の立場からこの判例をとらえてみよう。本件買主のなした解除の有効性が一応瑕疵担保構成によって理由づけられている以上、「不特定物売買にも瑕疵担保の規定の適用がある」旨の法的構成は全くの傍論とはいえまい。ところで、本件は債務不履行構成が可能な場合であったらしいとはいえ、原審において買主はそのような主張・立証をしていないし、原判決は瑕疵担保による解除だと認定しているのである。そして大審院もまた不履行構成の可能性についてなんらふれていない。それゆえ、「本件は不履行構成でも買主が救える事例だから上告理由はいいがかりにすぎないと判断し、軽くこれに応えて瑕疵担保構成ではねたもの。だから先例として重要でない。」とも評価できようが、逆に、「仮に不履行構成の余地があったとしてもその必要はない。当然瑕疵担保の問題として処理できる。」と考えたものとみて、「だから先例として重要」と評価することも論理的にはできないわけではあるまい。この点に判旨が言及していない以上右のいずれの評価が「真」か「偽」かは問題にする余地がない。したがって、実践的法解釈者ないし裁判官は、いずれをとるも自由だということになろう。かくてこの立場では、本件判旨を先例として重要とみるかどうかは解釈者の個人的価値判断基準からする実践的決断の問題となり、重要度を判断する客観的基準を欠くのである。

もっとも、法解釈者がこのような議論すなわちこの判例の先例的意義をいかに評価すべきかという議論（解釈学的判例研究）をすることは決して無益ではなく、有用ですらある。というのは、このような点を論ずることにより裁判への働きかけ、すなわち、後の裁判の裁判官が行うところの先例的裁判の評価を一定の型にはめるという作用を行うことができ、そして、そのことを通じて将来の裁判が裁判の先例によって影響される程度や態様を予見することが容易となるであろうからである（川島『科学としての法律学』新版二三五頁参照）。

ちなみに、厳格な先例拘束性の法理が制度的に確立しているイギリスにおいて展開された、グット・ハートの判決理由と傍論の区別の基準に関する論文に、後の裁判官による法創造の余地を広く残しておくための（つまり、先例に厳格に拘束される領域を少なくしておくための）、すぐれて実践的な解釈技術を提供したものであったが（田中英夫「外国判例の読み方」ジュリスト三一二号一〇二頁参照）、この技術は、他面において、右のような実践的機能（つまり、後の裁判の裁判官が行なうところの先例的裁判の評価を一定の型にはめるという作用）を果たすものであったともいえよう。

(2) つぎに、裁判の予見を当面の実用的課題とする弁護士や一般市民の立場では、問題は右と異なった様相を帯びる。彼らにとっては、ある判例で言語的に表示された規範命題は将来の裁判の基準を考える手がかりを示すものという点で意義をもつものであるから、その命題の重要度は、その規範命題が将来の裁判において先例として機能する蓋然性の強さによって決まる。そして、その強さは、わが国の裁判所において一般にそのような規範命題がどのような条件がある場合に先例として機能するか、そのメカニズム、その結果等の研究によって客観的に測定されることなのである。だからその研究の結果、本件のような事案において打ち出された規範命題でも、先例として、つまり後の裁判の判断基準として機能する蓋然性が強いということが立証されれば、債務不履行構成もできた事案であるという事実は無視してもよいことになる。なお、右のような意味において、この立場ではある判例で打ち出された規範命題の先例としての重要度は、その先例機能度を基準として一応客観的に判断しうることにはなる。しかし、この先例機能度の研究は、その重要さにも拘らず今日までほとんどまだ手をつけられていない。だから、このような状況の下では、この立場でも軽々には先例として重要であるとか、ないとか、という客観的な判断はできかねるはずである（目下のところは、経験や勘でこれを判断するほかない）。なお、裁判の予測という当面の実用的課題をもつこの立場では、判決傍論すら、ある場合には重要ということになろう。

(3) 最後に、裁判の予見とそれに基づく裁判への働きかけを理論的課題として（というのは、現段階で直ちに科学的な予見が可能ということを意味しないこと、また弁護士の立場などと異なり、即時の予見の必要性にも迫られていないことを意味する)、判例を研究する者の立場(経験科学としての判例研究の立場)から、この点をみよう。まず、もっとも鮮明には、川島理論に代表されるこの立場を筆者の理解したかぎりで要約してみると、この立場は、「先例たる裁判が裁判官や法律解釈者にとってどのようなものとして現われるのか(すなわち先例的裁判規範)という問題」よりも、むしろ、「裁判の先例にもとづいて裁判所は過去においてどのように裁判してきたか、将来の裁判はどのようになされるか(すなわち先例仮説)という問題」と取り組むことをその目的とする(川島・前掲二三六頁以下参照)。だから、この立場では、その研究目標たる判例の内容は、「将来の裁判を予見するための判断枠組としての仮説」たる性質を有するがゆえに、ある裁判で先例規範ないし仮説が打ち出された場合、まずこれを既存の先例規範ないし仮説のシステムの中に位置づけて、それらの論理的関係を明確にするという作業を行なうことになる。

というのは、「このことによってはじめて、その新たな規範仮説そのものの意味が明確となるのみでなく、既存の規範仮説のシステムにとっての意味も明確となり、その結果、新たな規範仮説と既存の規範仮説との論理的関係からの推論によって、いまだ具体的には明らかにされていない問題についての裁判を予見することも、一応可能となるからである」。そして、このような作業にあたっては、既存の法的構成にとらわれず、また、既存の規範＝仮説のシステムとの体系的＝論理的整合性を構成することにとらわれるものでもない。そのような法現象の「背後において存在しまた変化している法秩序の現実の構造と機能とを発見する」ことを目的とするものである。かくて、㈠「個別的具体的事件の解決を当面の任務としている法律実務家に、法秩序の全体の現実の姿(「解釈」上あるべき姿ではなくて)を見せ、㈡「予見という目的を明確に自覚して追求することによって、予見可能性の限界を明らかにしつつ、その限界を押しひろげる努力をして市民社会の裁判への要求にこたえ」、㈢「裁判がどのような『正当化』の技術を用いているか、それぞれの技術はどのような意味論的あるいは論理的構造をもちどのように機能するか、を明らかにすることによって、法律実務家に法的技術を提供する」のである。

そうだとすると、客観的な事実認識が重んじられるこの立場では、ある判例が先例として重要がどうかというような問題設定は第一義的な意味をもたない。なかんずく、「本判決は、不特定物売買に瑕疵担保責任の規定の適用があるかどうかという問題の先例として重要かどうか」というような解釈論的見地からの問題設定あるいは判例の評価は、この立場においては、問題設定の仕方そのものに疑問があることになる。いうまでもないことであるが、判決の先例的要素を決定する上で重要なことは、当該事件の事実関係とそれに対して与えられた判決の結論である。裁判官が当該の裁判の結論を正当化するために表明した法理論的説明そのものは本来判例としての意味をもたないはずである。だから、この判決が「不特定物売買に瑕疵担保責任の規定の適用があるかどうか」という問題の先例として価値があるかどうか、といった問題設定は、判例というものを右のようなものととらえる立場では、本末を顚倒した問題設定だということになろう。ここでは、認定されたような事実関係の下で買主の契約解除、代金返還の請求を認めた本判決は、このような事案にかかわる従来の裁判例とどのような関係をもつものかが、まず第一に明らかにさるべきであった。そして、その契約解除を瑕疵担保構成で理由づけるが是か、債務不履行構成で理由づけるが是かといった、既存の法体系へのある法的構成の体系的整合性いかんの問題は、少なくとも本件では論理構成の問題でしかなかったのではあるまいか。

㈣　かくて、右のような「経験科学的な」判例研究の方法論からみるときは、従来の学者のこの問題に関する判例研究は、法的構成の問題にとらわれ、あるいはそれにひきずられて、かんじんの不特定物売買において瑕疵ある物が給付された事案につき判例が実際に与えた法的保護の結論を争いの種類・態様との関係で総合的・体系的に分析する努力の点で十分でなかったように思われる。いわゆる「判民型」の判例研究が「経験科学としての判例研究」といわれるものと厳密に同一のものとみてよいかどうかは、若干私には疑問があるが、普通にいわれる、事実と結論との対応関係に第一義的に重点をおいて判例をとらえる判民型の方法論をもってしても、前述の点は同様であるといえそうである。

そして、結論的にいうと、不特定物売買において瑕疵ある物が給付された場合の買主の法的保護の仕方について、従来の判例の態度を事案と結論との対応関係に即して、総合的、類型的に分析してみた結果、大局的にみて、判例は、当初から今日までほぼ一貫した処理の仕方をしているように思われる（この点の論証は次章以下とくに第二章の類型的分析を参照）。もっとも、判例が、その処理をなす上で使用した道具つまり法的構成は、この問題に関する民法解釈学の発展に応じて変化をみせ、そのことが実際の法的処理にも若干のひずみを与えている。このことは、判例の発展を学説の史的展開とからませて分析してみたとき明らかとなる（第一章、史的分析参照）。

以上要するに、この問題をめぐる判例法の分析にあたって、私が留意した点は、判旨の法的構成にとらわれず、判決の事案と結論との対応関係に即して判例法の総合的、類型的分析を試みること、他方、判例が問題処理のための判断基準として用いた、あるいは、結論の説得のための道具として用いた、または、用いないまでもそれを意識していた法的構成＝「理論」の発展に注目し、この視角からも判例法を分析することによって、判例法の全体像を浮き彫りにすることであった。もっとも、経験科学としての判例研究の立場、観念的には理解できているつもりであるが、その方法論自体がいまだ未完成と思われるし、また、いざ実際にその方法論を使って判例の分析をはじめてみると、疑問百出で、本稿の分析も十分に自信あるものとは残念ながらいいえない。多くの点で誤りをおかしていることであろう。大方の叱正を得てさらに努力を続けたいものと考えている。

因みに、私自身は、判例研究には、それぞれの必要に応じたいろいろな立場からの判例研究がありうるのであり、唯一の正しい判例研究の仕方というものがあるとは思わない。法社会学の立場からの判例研究はもちろん、当面の実用的課題の下になされる法解釈学の立場からの実践的判例研究も十分有意義であろう。かくて、いわゆる経験科学としての判例研究のみが唯一、絶対の判例研究とはいえないが、ただ、ここで獲得された成果が他の判例研究にとって基礎的なものとなることは確かであろう。なおまた、判例研究を志す者は、自分は現在どの立場にたって判例と取り組んでいるのか、あるいは取り組もうとしているのかを常に自覚し、意識しておくことが必要である。方法的自覚を欠く判例研究は、ともすれば願望と事実の混同を生じ、無用な混乱をおこしがちであるからである。

二　「解釈先例的意義」という道具概念の提唱

(一)　本稿の判例分析の視角は前節で述べたとおりであるが、本論に入る前に今一つ、序説的問題提起をしておきたい。

前述した大正一四年判決は、不特定物売買において、給付された目的物を買主が受領した後、その物に瑕疵のあること（あるいはその目的物が債務の本旨にしたがったものでないこと）を発見し、このことを理由としてなした契約解除の有効性が争われた事案に関するもので（結論導出の前提となった「定型的事実」（川島・前掲四三頁参照）をどう把握すべきかあるいは瑕疵の態様は一つの問題であるが、この点は一まずおいて考える）、裁判所がその解除を有効と認めたものであるが、実は、かかる事案に関する先例は、後に詳しく述べるように、この事件前にすでに二件あったのである。その一は、大正八年の白紙委任状附株式売買事件（大判大正八・五・六民録二五輯七四七頁）であり、その二は、大正一〇年のカタン糸逓次供給契約事件（大判大正一〇・二・一〇民録二七輯二五五頁）である。前者は、瑕疵の修補（瑕瑾なき白紙委任状の交付）を催告した上での（債務不履行を理由とする）契約の解除が有効とされた事例であり、後者は、給付されたカタン糸の瑕疵（かびがはえていたもの）を理由とする解除（無催告かどうか不明、少なくとも完全物の給付を請求したという事実はないようである）が有効とされたものであった。大正一四年判決は、かかる系列の判例群に属するものであり、これら既存の先例を踏襲し、一つの新しい具体例をつけ加えたものであった。つまり、大正一四年判決のごとき事実関係の下で、目的物の瑕疵を理由とする買主の解除権の行使が認められるであろうことは――それが瑕疵担保構成によるか、債務不履行構成によるかはともかくとして――、先の二判例の立場から一応予測できたことである。だから、事実と結論との対応関係において判例の流れをとらえてゆく判例研究の方法論の立場では大正一四年判決は特別の意義をもった判例ではなかったことになるはずなのである。にも拘らず、周知のようにこの判例は、学説上画期的意義をもつ判例として扱われ（あるいは注目され）、またその後の裁判において「先例として」機能している。これらの学説、あるいは判例の態度は、「判例」というものの意味を十分に理解していなかったことから生じた誤った、あるいは妥当性を欠く結果であるといえるのであろうか。それとも、それは、特殊＝日本（さらには、成文法イデオロギーの支配する国）における「判例」のもつ意義について再検討を迫る何物かを示唆しているのではなかろうか。私には、どうも後者の要素が若干あるように思えて仕方がない。そこで、この点をもう少しほり下げて考え問題の提起をしてみたい。

(二)　川島教授によって鋭く指摘されているように、一般に、裁判官がある裁判において、その結論を導き出すために「適用」されたものとして表明した規範命題は、通常は、その裁判の正当性の説得のための法理論的説明（rational-ization）にすぎない。したがって、判決中の「判決理由」――当該判決の結論にとって論理的に不可欠の前提として裁判官によって、述べられている理由――を、せまい意味での「判決理由」(ratio decidendei) と呼んで、そのまま先例規範として承認すること（あるいは承認すべきだということ）は、不適当である（川島教授は前者を「主観的判決理由」、後者を「客観的判決理由」と呼んで、これを区別しておられる。前掲二一六頁）。

しかし、個別具体的事件の具体的妥当な解決という任務とならんで、法令解釈の統一をその重要な任務とするわが国の上告審裁判官は、その裁判で用いた法的構成（あるいは法的規範命題）が将来の裁判において法文解釈上の先例となること（ひいては、裁判の判断基準となること）を意識して判決文をまとめることが多いこと、かつまた、現にわが国の裁判慣行においては、そのような規範命題が後の裁判の先例つまり判断基準として機能する現象がしばしばみられる（この他に「正当化」のための論理として引用されることもあることは川島教授の指摘されたとおりである。前掲二一三頁）という現実を踏まえて考えるとき、将来の裁判の予見を目的とする判例研究にとっては、そこで展開された規範命題が厳密な意味で先例価値的規範命題といえないにせよ、将来の裁判の判断基準を提供する可能性をもつものとして無視できないものといえよう。

さらにいえば、「主観的判決理由」がもつ意義は、不文法イデオロギーに支配される法体系の下と、成文法イデオロギーに支配される法体系の下では若干異なった重みをもつのではあるまいか。末弘教授によって提唱された新しい判例研究の方法論に基づく判例研究の下でも、「判民」担当者の判例研究において、判例の「主観的判決理由」の研究にかなりの比重がおかれていたのは（論理構成の問題であるがとして断った上で述べる者、断わらずに述べる者、いろいろあるが、その両者を含めて、このことはいえる）、右のような見方の妥当性を裏づけるものではあるまいか。

ちなみに、イギリスより先例拘束の法理がゆるやかであり、比較的容易に先例の変更が認められているアメリカで、最近、先例拘束性の原理ということを、判決が当該事件に与えた結論のみに結びつけて考え、判決の基礎になっているより広い法原則に結びつけて考えることをしないと、かえって（厳格な先例拘束性の理論の存在理由である）法の予見可能性を害することがあるという批判がなされていること（この点は、田中英夫教授によって指摘されたところである。前掲一〇三頁）は、前述の問題を考える上で示唆的である。もっとも、ここでいう「判決の基礎になっているより広い法原則」とは具体的に何を指すのか、つまり、川島教授のいわれる「主観的判決理由」、「客観的判決理由」のいずれなのか、必ずしも明確ではないので、この批判の評価およびここで問題としていることの裏付け証拠たりうるかどうかは、軽々に判断できかねるが、一言この事実に言及しておく。

それはさておき、成文法イデオロギーの支配する法体系をもち、先例拘束性の法理が制度的に確立しているとは必ずしもいえず、「主観的判決理由」の先例機能現象がしばしばみられるわが国の裁判慣行の下での判例研究においては、「主観的判決理由」にかっこづきではあるが、ある種の先例価値を認める余地があるのではあるまいか。

たしかに、「裁判は先例に従うべきである」という要請は、抽象的に言えば、法秩序の動揺をふせぎ権利関係を安定させることを目標とするものであり、したがってそこでの実質的問題は、裁判官がどう考えたか、またどういう考えを述べたかにあるのではなくて、当該の裁判をとおして、どのような事実についてどのような権利がどのように保護されたか、されなかったかという客観的な事実であるはずである。つまり、その事実こそが、社会生活の現実の秩序の中で生活している人々にとって決定的に重要なできごとなのであるから、同一類型の事件は常に同一の結論がでるよう処理してほしいという要請つまり法的安定の理念に奉仕することを目標とする先例拘束法理上は、当該の判決における先例的要素は、当該の事件の事実関係とそれに対して与えられた判決の結論という客観的事実からのみ導き出されるべきであることになろう。

「判決の言語的表明の中では、一定の理由だけが当該の結論の論理的前提 ― すなわち、法的価値判断の規準 ― として述べられており、したがって、それが当該の裁判の結論を決定した具体的裁判規範であった、という言語上の外観を呈している。しかし、はたして真実にそうであったかどうかということは、判決の言語的表明からは到底うかがい知れぬところであり、また個々の裁判官が当該裁判の正当化のために表明したところのものがそのまま常に将来の裁判の判断基準とされてよい ― されるべきだ ― という実質的理由は、そう簡単には認められないのである」（川島・前掲二〇四頁）。

だから、性質を異にする二つのもの、つまり、正当化の論理と判断基準とを軽々に同一視することは許されない。この点は、たしかに川島教授の鋭く指摘されたとおりである。しかし、それにも拘らず、私は、判決の理由として述べられている言語的表明＝「主観的判決理由」に先例価値を認めている「いわゆる判決理由 ratio decidendei についての古典理論 ― わが学界での支配的見解」（川島・前掲二〇五頁）を全面的に否定しえない。というのは、わが国の裁判慣行は成文法イデオロギーの支配下にあり、とくに上告審たる最高裁判所には、先にも述べたとおり、法令解釈の統一という任務が制度的に課されていること（裁判所法一〇条）、そして、量的に観察した場合、日常的にはその当否はしばらくおき、「主観的判決理由」と呼ばれるものの先例機能現象が、「客観的判決理由」と呼ばれるものの先例機能現象より普通にみられると思われること（ただし、この点は、もっとほり下げた検討を必要とするが、ここでは省略）、法令解釈の統一という操作により、法的安定を維持せんとすることは、それのみではもちろん不十分であるとしても、一定の枠内では、その目的（とくに裁判の短期的予測あるいは普通の事件の予測）にとってかなりの効用があること等の理由からである。

さらに、「客観的判決理由」の探求は専門的研究者にとっても実際にはなかなか難しく、とくに判例の集積されていない分野では困難を極めるのに対し、「言語上に表明されたものは、社会の人々にとって経験的に認識しやすく、それを手がかりとして裁判に対する社会統制 Social Control をおこなうということは実行しやすい、という長所をもっている」。だから、それをそしてそれだけをそのまま真の判断基準としてうけとるのでなく、一つの「仮説」としてうけとり、その限度で、なかんずく、客観的判決理由が明らかとなるまでの間、あるいはそれを明らかにする一つの手だてとして裁判の予測やコントロールの手がかりとして用いることは大いに有用であろう。

かくて、私は、右のような意味において、かつ右のような限度において、「主観的判決理由」にも一定の限度で先例価値を認めてよいと考える。そして、以後私は、この探求を判決の「解釈先例的意義」の検討という概念で把握したいと思う。また、これとの混合をさけるために従来「先例的意義」という概念で呼ばれていたものを「本来先例的意義」（「客観的判決理由」にあたるもの）という概念で呼ぶことにする。そして、大正一四年判決は、「本来先例的意義」からみた時はさほど重要さをもった判決ではなかったが「解釈先例的意義」の点で重要な意味をもった先例であったと考えるものである。

ちなみに、「主観的判決理由」にも先例価値を認めるべきかどうかは、政策論の問題であって、そのこと自体はそれほど重要ではない。今後のわれわれにとって、もっとも重要なことは、「主観的判決理由」が先例として機能する諸条件、そのメカニズム、その結果等を明らかにすることである（川島・前掲(二)一五頁参照）。

最後に、検討をしておく必要のある問題は判決の「解釈先例的意義」と「本来先例的意義」との関係である。まず、「本来先例的意義」の探求の仕方についてみると、この点は、川島教授の提唱される方法に全面的にならいたい。その方法とはこうである。

「裁判は本来は個別的具体的な事件に対する個別的な決定なのであるから、それがその後の裁判の『先例』としてもつ意味は、裁判の個別的具体的内容そのものには存在しない。『先例』ということのもつ前述したような意味にもとづいて次のような作業を行なうのでなければ、裁判の先例的意味はわからない。すなわち、裁判対象たる個別的具体的な事実――それは一回的なできごとでしかない――から『抽象』という操作によって定型的な事実を構成し、(2)また当該の裁判の個別的具体的な結論――これまた『金何円を何某に支払え』というような一回的な内容をもつものである――からも『抽象』という操作によって定型的な決定内容を構成し、(3)その上で、定型的決定内容という結論にとって意味のある（relevant, material）前提としての定型的事実を選び出して一つの命題に構成する、という一種の作業が必要となる。ところで、右の作業の到達点たる右の命題は、当該の裁判の結論をみちびく『論理的前提』として認められる――評価される――ことに焦点をおいて、判決理由と呼ぶことができるが（私は裁判官が判決理由として述べているもの――「主観的判決理由」――からこれを区別するため、これを「客観的判決理由」とよぼうと思う）、その後の裁判にとっての規準となるという意味を言いあらわすために、これを当為命題 Sollsatz として構成することができる。その場合には、右の前提事実は法律要件となり、右の結論にあたるものは法律効果となる。そうして、規範命題の抽象度の高い制定法のごときものに対する意味で、われわれはこのような命題を具体的裁判規範とよぶことができる。しかし、判例の内容は、必ずしも規範命題として構成されねばならないものではなく、将来の裁判の法則性 regularities を言いあらわすために、これを仮説 Hypothesis として、言語的に構成することもできる」（川島・前掲二一六頁、なおこの点の詳細は同書二一九頁以下参照）。

右のような将来の裁判を予見するための仮説の内容は、既存の先例によって先例内容が具体的に示されている程度が高いほど、具体的となる。したがって、経験科学としての判例研究は何よりも過去の判例を整理し、それぞれの事件の裁判を通して漸次抽象され分化されてゆく過程を追及して、仮説の要素たる定型的事実を構成することにつとめなければならない。そして、その上で、新たな判決によって与えられた規範＝仮説について、それが既存の裁判規範ないし先例仮説のシステムとどのような関係をもつか、そして将来の裁判にどのような影響をおよぼすものかを客観的に観察することとなる。これが、おおよそ、ある判決の「本来先例的意義」探求の作業といえよう。なお、後の裁判の裁判官が先例的裁判をいかに評価すべきかという問題は、経験科学としての判例研究の仕事ではない。定型的事実の抽出、そしてそれと定型的結論との相関的結合という作業は、裁判の予見のための抽象化の程度の検討、仮説の設定にポイントがあるのである。

　では、このような作業と、私のいう「解釈先例的意義」探求の作業とは、どのような関連をもつのか。私は後者を中間項的なものと考える。つまり、まだ十分な先例の集積のない分野においては、「客観的判決理由」、「本来先例的意義」の探求は未知数が多くて困難を極める。だから、この段階では、そこで言語的に表明された「主観的判決理由」をひとまずその裁判の判断基準としてうけとめ、事実と結論との対応関係に照してその具体的裁判規範性を検討したうえで補足的仮説としてうけいれることにしたらと考える。この場合、経験科学的法律学の発達の結果「主観的判決理由」が先例として機能する諸条件、そのメカニズム、機能度などが、一般的に明らかになれば、その仮説の信頼度の測定の上で非常に都合がよいが、「主観的判決理由」が、裁判の短期的予測の素材としてある程度の実効性をもつことは、先にも述べたように経験的事実であろう。もっとも、このような作業は、先例の十分にない領域における「客観的判決理由」探求の初期的段階の作業であるといってしまえば、それまでであるが、両者には若干の違いがあるように私には思われる。ただ、この点について現在の私には、確信のある解答がつかめないので、一応両者を区別しておくことにする。そして、前述したようにこれを「解釈先例的意義」（この表現が妥当かどうか若干問題があるが）という道具概念をつかって把握し、先のような吟味をへた「主観的判決理由」に、ある種の先例価値を認めることとしたい。

しかし、「解釈先例的意義」の検討はあくまで「本来先例的意義」探求の補足的なものにすぎず、やがては、後者に道を譲るべきものであることは、あらためて述べるまでもないことである。なお、解釈学的判例研究にとっては、ある判例の「解釈先例的意義」の探求は、かなり重要な作業といえよう。

第一章　判例法の史的分析

一　問題の提起

㈠　前章でみたように、不特定物売買と瑕疵担保責任の関係に関する従来の判例研究は、その視角を「瑕疵担保責任に関する民法の規定は、不特定物売買にも適用があるか」という点においていたために、この解釈問題とはじめて正面からとりくんだ大正一四年判決を中心的にとりあげて論じた上でその後のこの問題に関する判例の分析に力をそそぐのが普通であった。そして、それ以前の判例については、この問題との関連において、簡単な考察をするにとどまった。しかも、分析の対象とした判例の範囲も、確固とした目的意識をもって集められていたかどうか、疑わしい。

しかし、経験科学としての判例研究の立場にたつときは、分析視角として重要なことは、「不特定物の売買において瑕疵ある物あるいは契約の本旨にそわない物が給付され、それをめぐって紛争が生じた場合に、従来の判例上買主はどのような法的保護をうけあるいはうけなかったか」という点である。その結論導出のために、裁判所がどのような法的構成を用いたかの問題は第二義的な意味しかもたない。かくて、この立場にたつ時は、分析の対象とする判例の範囲も、右のような目的意識の下に広く集めてくる必要があることになる。

㈡　そして、このようにして集められた判例を紛争の型や法的保護の仕方に応じて類型的に分析し、定型的事実と定型的結論とを抽出した上で、その相関的結合を試み、一定の命題・体系に構成する（あるいは仮説として提示する）。そして、この作業を通して、具体的判例にあらわれた法現象の背後において存在しまた変化している法秩序の現実の構造と機能とを発見することに努めるわけであるが、かかる類型分析をはじめる前に、本稿では、不特定物売買において瑕疵ある物が給付された場合の紛争解決基準あるいは手段として、裁判官に提供されていた法技術ないし理論の発展史に着目し、これとの関係で判例の流れを分析しておきたい。

かつて、末弘教授によって明確に指摘されたように、裁判官の裁判行動においては、事実認定と法律解釈と結論の導出とは、「相互に決定し合いつつ一切一時に行われる」ものであって、その一切一時の決定を行わしめる規定要因が、窮極的には、裁判官の人格であることに間違いはないが、高度の職業的訓練を経ている裁判官にとってその思考様式がその訓練過程で与えられた法律解釈あるいは裁判過程で参照した法律解釈によってかなりの程度制約されることも事実であろう。そうだとすると、ある判決がなされた時代に、裁判官に、当該問題を処理するためにどのような法的技術が与えられていたかを客観的に明らかにし、それとの関係で判例の流れを分析してみることは、判例法の全体構造を明らかにするうえで有用であろう。この研究は、判決の「主観的理由」や「傍論」の先例機能度、その条件やメカニズムの研究、さらには、学説の裁判所に与える影響の研究に連なるものがある。また、この研究は、「客観的判決理由」探求のための一つの前提作業としても必要であろう。これが、本章の「史的分析」の問題意識である。

本章の問題意識が右のようなものである以上、史的分析の基準・時代区分は、この問題に関する法技術の発展史を軸に行うことになる。だから、判例法それ自体の発展史あるいはそれを軸にした時代区分を行うことはしない。もちろん、その視角からする判例分析も必要であるが、その点は、第二章の類型的分析の中で行うこととしたい。

㈢　本章であつかう史的分析の時代区分は、具体的には次のように行なう。前述したように、この時代区分の基準は、本稿であつかう問題に関する法解釈学の発展史が軸となるが、私はこれを五つの時期に分けてとらえうると考える。すなわち、第一期は、民法典制定から大正六年まで、この時期は不特定物売買に瑕疵担保責任の規定の適用があるかどうかという解釈論上の問題意識があまり明確でなかった時期である。第二期は、不特定物売買に瑕疵担保の規定の適用なしと主張された末弘教授の債権各論が出版された大正七年から、大正一四年判決まで。第三期は、不特定物売買にも瑕疵担保の規定の適用ありとの解釈を示した大正一四年判決から、昭和三年頃まで。第四期は、わが国ではじめて、不完全履行の積極的履行面にも注意をはらい、その点を考慮にいれた不完全履行論を展開された勝本教授の「不完全履行序論」のでた昭和四年から、昭和三二年まで。第五期は、シムポジウムでこの問題をとりあげた昭和三二年の私法学会から、五十嵐、北川、星野教授によって代表される新説の出現、抽木教授の反批判などがなされた現在まで。

　この区分の意義については、各期毎の判例分析の前に、序説として当時の学説・法技術の状況を観察するなかで具体的に論ずることとする。

二　第一期の判例

Ⅰ　序　説

はじめに、旧民法の立場、現行民法典起草者の見解ならびに当時の学説の概況をみておこう（その詳細については次の諸文献参照。五十嵐「瑕疵担保と比較法(1)」民商法四一巻三号四八頁註二、星野・前掲八頁以下、柚木・前掲一五八頁以下、北川「学説継受㈢」判タ・一九六号八頁以下）。

旧民法は、財産取得編九四条―一〇三条の一〇条にわたり、「隠レタル瑕疵ニ因ル売買廃却訴権」を規定する。ここで特徴的なことは、追奪担保と瑕疵担保とはその法的性質において異なるものとみ、物の瑕疵に対する責任は、担保責任である追奪担保から区別されて、むしろ、一般の債務不履行責任の一種とみられていたふしがあることである（星野・前掲一〇頁、北川・前掲九頁）。もっとも、かかる理解の仕方に対しては、瑕疵担保は追奪担保と異なり、「担保」でないという理解があったかも知れないが（北川・前掲八頁）、それが特別の法定責任か債務不履行責任かという問題意識はまだここにはなく、またまさに債務不履行責任そのものである不特定物売買の場合を特定物売買の場合と区別せずに考えていたために、瑕疵担保を責務不履行責任の一種とみるような表現が使われていたものという見方もなりたとう。

現行日本民法典は、物の瑕疵に対する責任については一条をあてているにすぎず、旧民法と異なり権利の瑕疵責任との一体的規制がなされた。旧民法の一〇条に比べて大幅な改正であるが、この改正の基底には、「権利と物の瑕疵担保は、その問題性において両者ことなって扱われるほどの差異はないという利益衡量が働いていたことが、梅委員の説からうかがわれる」と北川教授は指摘されている（前掲九頁）。しかし、かかる両者の一体化現象は認められるとしても、現行日本民法典が、物の瑕疵担保責任を特別の法定責任とみているのか、債務不履行責任とみているのかは、条文の上からは明白でない。

ただ、民法典の起草委員の見解は、素朴ながら瑕疵担保責任を売主の履行義務の一環としてとらえる傾向にあった。たとえば、梅委員の解釈論でその点が明白であることはすでに多くの学者によって指摘されているとおりである（梅謙次郎『民法要義巻之三債権篇』五二五頁、同四八六頁の叙述を参照。なお北川・前掲一〇頁以下参照）。

その他の学説もほぼ同旨であった。たとえば、岡松博士は、「民法理由」の五七〇条の説明のところで、「本法ニ於テハ二種ノ担保〔追奪担保と瑕疵担保〕ハ共ニ契約ニ基ツキ其効果ハ義務履行ノ効果タルヘキモノトスルヲ以テ瑕疵担保ニ関シ特別ノ規定ヲ設クルノ必要ナク追奪担保ニ関スル規定中適当ナルモノヲ択ヒテ之ヲ準用スルヲ簡且便ナリトスル」（同書次一三五頁）とし、また、瑕疵の有無を判断する時期につき、特定物売買においては契約の当時とし、ついで「不特定物ノ売買ニ於テハ売主カ引渡ニ必要ナル行為ヲ完了シ又ハ買主ノ同意ヲ以テ給付スヘキ物ヲ指定シタル当時ニ存在スルコトヲ要ス」）（次一三七—一八頁）とする（同旨横田『債権各論』三三七頁以下）。

注目すべきことは、北川教授によって適確に指摘されたように、岡松博士や横田判事に、ドイツ民法的な瑕疵担保の法的構成に対する批判、それと対比するものとしての民法典の構成という視角がみられることである。たとえば、先にあげた担保義務が売買より直接に生ずる義務であるという説明も、それはドイツ的な法定責任説に対するものであった。すなわち、岡松博士は、瑕疵担保をもって、「公益ノ為メニ法律カ認メタル特種ノ義務」とすることは沿革からみればあたっているが、「売主ハ単ニ権利ヲ移転スルノミテ其義務ヲ尽シタルモノニアラス必スヤ適当ノ性質ヲ具備スル物件ヲ給付セサルヘカラス既ニ売主ニ此義務アリトセハ瑕疵担保ノ義務ハ追奪担保ト同シク売買ノ効力ヨリ生スル売主ノ義務ノ一面タルニ過キサルナリ」（前掲次五二一—二頁）といい、横田判事も同様に、「瑕疵担保ノ因テ生スル法律上ノ原因ニ付テハ議論二派に分レ或者ハ瑕疵担保ノ責任ハ売主ノ財産権移転ノ義務ヨリ生スル結果ナリトシ他ノ者ハ瑕疵担保ノ責任ハ財産権移転ノ義務ヨリ生スルモノニアラスシテ取引上ノ必要ト公平ノ観念トヲ基礎トスル別種ノ責任ナリトセリ独逸民法ハ第二ノ主義ヲ認メ我民法ハ第一ノ主義ヲ採用シ」ているとみる（横田・前掲三四〇頁）。ともあれ、これらの学説が、「ドイツ理論——その理解は必ずしも、当時のドイツ学説のそれとして全面的には正当とはいえないが——との対比対決を通して、不履行責任説がとかれていたことは興味がある」（北川・前掲一一頁）といえよう。

瑕疵担保責任の法的性質をこのようにとらえたこれらの学説は、すんなりと、瑕疵担保は、特定物のみならず不特定物売買にも適用あるものとみ、これを、「此点ニ関シテ学説ノ岐ル、所ハ瑕疵担保ノ義務ヲ以テ特種ノ義務トシ之ニ羅馬法ノ特別ノ効果ヲ与フルカ故ニシテ〔……〕本法ノ如ク此義務ヲ以テ義務不履行ニ基ツクモノトシ義務不履行ノ通常ノ効果ヲ与フル以上ハ物ノ特定セルト否トニ因リテ差異ヲ設クヘキ理由ナキヲ以テナリ」（岡松・前掲五九頁）と説明している。しかし、北川教授の指摘されたように、瑕疵担保が特別の法定責任であるという、特徴的な法的構成は、わが民法典形成当時にはまだ十分にその概念体系形成にいたっていなかったし、ドイツでも少数説であったのである（北川・前掲一一—二頁）。さらにいえば、ドイツ普通法時代の、種類売買への瑕疵担保の適用の有無をめぐる有名な論争は、瑕疵担保責任の法的性質論を中心にして争われたものではない。そこで、一番争われた点は、種類売買において瑕疵ある物が給付されたときは、それは全くの不履行（Nichterfüllung）であって、その給付からはなんらの履行効果（Erfüllungs

-wirkung）をも生じない、したがって、履行を前提とする瑕疵担保の適用はない、とみるべきかどうかにあったのである（この点は、私の未発表の修士論文で詳しく展開したところである。従来のわが国の研究では、この普通法時代の論争の意義が十分に分析されつくしていないように思われる。そこで近い将来前記修士論文のこの部分を若干の加筆の上発表したいと考えている〔本書第一章1〕）。すなわち、種類売買に瑕疵担保の適用を認めることは、結果として（除斥期間の適用などから明白なごとく）、瑕疵ある物の給付にも、場合によって、一定の履行効果を事実上認めることになるが、その結果が妥当かどうかが問題とされたのであり（それのみではないが）、この発想は、これを裏返せば、後の、北川教授のいわゆる「特定物のドグマ」の問題（さらには瑕疵担保＝法定責任説）につらなるものがあったのである。この点、当時のわが国の学説は、この問題との十分な対決のうえにその理論を構築したものではなかったのではないかと思われる。

もっとも、当時の学者の間で、種類売買に瑕疵担保の適用があるかどうかの問題につき、疑問をはさむものが全くなかったのかというとそうではなく、たとえば、すでに明治三八年に伴法学士がこの問題に論及し、ドイツの学説を参照しつつ、わが民法の解釈論として、不特定物売買には瑕疵担保の適用がないと主張している（内外論叢四巻一号一〇一頁）。また、明治四三年に、曄道博士が同じくこの問題を論じ、ドイツ普通法時代の諸学説を簡単に紹介したうえで、わが民法の解釈論としては肯定論をとるべきものと論じている（京法五巻五―六号）。このような問題提起はあったけれども、この当時においては、伴論文の主張はほとんど影響力をもたず、学説の圧倒的多数は、前述した岡松博士のような考え方にたって、瑕疵担保の適用あるは当然とみていたのである。

ところが、その後、ショルマイヤー（Schollmeyer）の論文（Erfüllungspflicht und Gewährleistung für Fehler beim Kauf. JJ. Bd. 49（1905）S.93 ff.）の影響により、ドイツで瑕疵担保＝法定責任説が有力となり、特定物の売主は、あるがままの特定物を給付すれば、その履行義務を完全に果したことになるという「特定物のドグマ」が強力に主張され、これが日本に導入されるや、この考え方は日本の学者にそれほどの抵抗なしにうけいれられた。たとえば、「民法理由」で日本民法がドイツ法系とは異なる主義をとっていることを明確に指摘しつつ、契約責任説をとっていた岡松博士は、大正五年の「無過失損害賠償責任論」においては、「売主ハ事理上其特定物ヲ売買締結ノ時ノ状態ニ於テ引渡スノ義務ヲ負フノミ、勿論其物カ前述セルカ如キ其物カ通常有スヘキ又ハ契約上予定セラルル価値又ハ性質ヲ欠クトキハ之ニ対シ責任ヲ生スヘキモ此場合の責任ハ義務ノ不履行ニ基クモノニアラス、何者売主ハ其特定物ノ給付ニ依リ瑕疵アルニモセヨ其義務ノ履行ヲ完フシタルモノニシテ買主ハ最早給付ニ対スル請求権ヲ有スルコトナケレハナリ」と述べておられる（昭二八、有斐閣学術選書五八七―八頁）。そして、そこでは、自己の旧説と対決がなされておらず、ドイツの諸学者の説を引用してこの考え方がのべられているのである。北川教授はこの点をとらえて、「学説継受期」における「ドイツ理論への転向がいかにはげしかったかを象徴」するものであるとされる（前掲一二頁）。たしかに、そのように見ることもできようが、私の考えるところでは、もともと岡松説では、瑕疵担保の法的性質論と、瑕疵担保の種類売買への適用論とが、十分な理論的吟味の上に結びつけられておらず、とくに瑕疵担保＝債務不履行責任説の理論構築上「特定物ドグマ」に関する問題意識がなかったことが、安易にその理論の定立を許していた（種類物と特定物とを同時に念頭において担保責任をとらえ、それが瑕疵担保＝債務不履行責任説となり、逆に、瑕疵担保の種類売買への適用説を生むという相互補完の関係にあった）のではないかと考える。そこに、論理的にある意味で明確な「特定物ドグマ」がもちだされたので、法的性質論のところでのみあっさりこれをいれたのであり、それは「転向」というほどの理論的苦痛の上になされた転回といえるものではなかったのではあるまいか。とくに、このような瑕疵担保＝法定責任説への転換後も、岡松博士は、瑕疵ある種類物の給付を債務不履行であるとしつつ、瑕疵担保の適用を従前同様認めておられるあたり（前掲五八七頁）、この段階でも、瑕疵担保の法的性質論と瑕疵担保の種類売買への適用有無論との関係が、十分理論的に吟味されていたのかどうか、私には疑わしく感ぜられるのである。

それはともかく、以上が第一期の学説の全体状況であり、当時の裁判官は、彼等に提供されたこのような法的知識の基礎のうえに、瑕疵ある種類物の給付をめぐる紛争の処理にあたったのである。

Ⅱ　判例の分析

起草委員や学説の態度が前述のごとくであったので、当時の判例にも、とくに種類売買に瑕疵担保の規定の適用があるかどうかを問題として意識した判例は見出せない。当時の裁判所は、瑕疵ある種類物の給付をめぐって生じた紛争を瑕疵担保の規定を適用して処理し、あるいはその適用あることを当然の前提として処理しており、他方紛争の当事者側（とくに弁護士）でも、そのことは当然の前提とされ、疑われていた形跡は見出せない。

もっとも、注目すべきことは、瑕疵ある種類物の給付をめぐる紛争の全てが、瑕疵担保の規定のみで処理されていたかというと、そうではなく、債務不履行の規定で処理された判例もかなりあるということである。これまでの判例研究上この点はほとんど指摘されていなかったが、私はこの事実は非常に重要だと考える（その意味は後に詳述する）。以下この二つの判例群の各々につき、大審院判決と下級審判決の状況を分析してみる。

㈠　瑕疵担保の規定で処理した判例群

(1)　大審院判例

〔1〕　酒粕売買事件　焼酎製造用酒粕の商事売買で売主からの代金支払請求訴訟において、買主が、給付された酒粕の瑕疵（酸味が強すぎる）を理由に契約を解除したから支払義務なしと抗弁した。原審が、本件瑕疵は契約をなした目的を達しえないほどの瑕疵ではないからとして解除を認めなかったので、買主側より上告して、目的物の受領後遅滞なく検査し瑕疵を通知している以上、商法二八八条（現行商法五二六条）により、その瑕疵が買い受けた目的を達すること能わざるかどうかを問わず契約を解除しうると主張した。

〔判旨〕　上告棄却。商法二八八条は単に瑕疵の検査、通知義務を負わしたものにすぎないとし、「民法第五百七十条第五百六十六条ニ依レハ売買ノ目的物ニ隠レタル瑕疵アリタルトキハ之カ為ニ契約ヲ為シタル目的ヲ達スルコト能ハサル場合ニ限リ買主ハ契約ノ解除ヲ為スコトヲ得其他ノ場合ニ於テハ損害賠償ノ請求ノミヲ為スコトヲ得ヘキモノナレハ商人間ノ売買ニ於テモ其目的物ノ瑕疵ニ基キ契約ノ解除ヲ為スニハ前掲商法ノ規定ニ依リ売主ニ対シテ瑕疵アルコトノ通知ヲ発シタル外之カ為メニ契約ヲ為シタル目的ヲ達スルコト能ハサルコトヲ要ス可ケレハナリ然レハ原院カ本件係争ノ酒粕ニハ未タ買受ケタル目的ヲ達スルコト能ハサル程度ニ至ラサル瑕疵アルニ過キサルコトヲ認メ上告人ニ於テ損害賠償ヲ求ムルハ格別契約ノ解除ヲ為スコト得サル旨ヲ判示シタルハ適当ニシテ本論旨ハ採用スルコトヲ得ス」（大判明治四四・九・二五民録一七輯四九五頁）

〔2〕玩具売買事件　玩具船の商事売買で製造不完全の事実を理由とする買主の契約解除、代金支払拒絶の抗弁を有効と認めた原判決を、その解除が売主に対する瑕疵の通知後一年以上経過した後になされたことを理由に、民法五七〇条、五六六条を適用して破棄差し戻した事件（大判大正三・三・五民録二〇輯一四〇頁）。

〔3〕製氷用機械売買事件　製氷用機械一式の商事売買で売主が代金の支払いを求めた事件、給付された機械の附属品の一部が欠けていたことを理由とする買主の抗弁に対し、原判決は、数個の機械が一団となってはじめて作用する場合には、その物品中一部の引渡しがなかったことは、目的物の瑕疵といえるとし、商法二八八条を適用して、買主は遅滞なく検査・通知していないから代金減額の主張は認められないとした。買主より上告したが、大審院は原判決を支持し、上告棄却（大判大正五・五・二九民録二二輯一〇四九頁）。なお、本件の上告理由中で、本件契約の目的は数個の物体であって、その一部の物体が引渡未了なのであるから本件は債務の不履行なのであって瑕疵担保の問題は生じないとの主張がなされたが、大審院が、これを商法二八八条にいう瑕疵とみてよいとしてはねているのは興味深い。

以上三つの大審院判決のいずれにおいても、当該売買が不特定物売買と認定されているわけではないが（すでにみたように、当時の考え方では、とくにその認定を必要としなかったからであろう）、商事売買であることや売買の目的物の性質、内容からみて、まず、不特定物売買であったとみてよい事例である。そうだとすると、これら三件は、不特定物売買をめぐる紛争が瑕疵担保の規定を適用して処理された事例ということになる。もっとも、三件とも、売主側からの代金支払請求に対して買主が目的物の瑕疵を理由とする抗弁をだしたという事案であり、むしろ逆手をとられ、瑕疵担保の規定が買主の抗弁を排斥する根拠に使われたものである。それゆえその規定が買主保護のために適用された、つまり積極的に買主側で売主の瑕疵担保責任を追及してそれが認められた判決でないこと、またそもそも不特定物売買に瑕疵担保の適用があるかどうかが問題として意識されていない判決であることからみて、これらの判決をもって、不特定物売買にも瑕疵担保の適用ありという問題意識をもった判決だと評価することは厳密にいうと許されないかもしれない。しかし、不特定物売買をめぐる紛争が瑕疵担保責任の規定で事実上処理されているということは否定できない事実であるし、また、この時期には、不特定物売買に瑕疵担保責任の規定の適用なしとする判例はみあたらないことからみれば、消極的にではあれ、当時の裁判所が当面の問題を肯定的に解していた、つまり瑕疵ある種類物の給付をめぐる紛争解決を瑕疵担保の規定を使って処理しうると考えていたことを推測させる資料としての意義はあるものといえよう（これらの判決の本来先例的意義についての考察は、類型的分析の章でおこなう）。

(2)　下級審判例

この時期の下級審の判例をみてみると、ここでもまだ不特定物売買と瑕疵担保責任との関係をはっきり意識した判例は見当らず、したがってまた、不特定物に瑕疵担保責任の適用なしとした判例はない。逆に瑕疵担保責任の規定を適用して問題を処理した判例はかなりある。たとえば、一年の除斥期間経過を理由に買主の瑕疵担保を理由とする抗弁をはねたものとして、**〔4〕保命酒の商事売買事件**（大阪地判大正元・一一・二〇新聞八二五号二三頁）、**〔5〕綿ネルの商事売買事件**（大阪区判大正二・一一・二五新聞八四三号二二頁）がある。また、瑕疵を理由とする契約解除の抗弁を認めたものとして、**〔6〕玩具船の商事売買事件**（東控判大正二・六・三〇新聞八九三号二二頁、これは〔2〕事件の原審判決である。前述したように〔2〕事件では、一年の除斥期間経過後の解除を理由として破棄差戻された）があり、瑕疵を理由とする損害賠償の請求を認めたと思われるものに〔7〕**製氷機械の商事売買事件**（東京控判大正二・一〇・三〇評論二巻商法三六六頁）がある。

(二)　債務不履行の規定で処理した判例群

(1)　大審院判例

注目すべきことは、この時期に、瑕疵ある種類物の給付がなされた場合に、債務不履行責任は全然問題とならず、その全てが瑕疵担保の問題として処理されていたのかというと必ずしもそうではないことである。従来ほとんど知られていなかった判例であるが、明治三六年につぎのような判例がある（鳩山博士、日本債権法（総論）大5は不完全履行のところで（一四六頁）この判例を引用している。但し、その後の増訂改版でおとされた）。

〔8〕**腕木売買事件**　不特定物たる腕木の売買において給付されたものの一部が不完全物であったので買主がこれを売主の下に送り返し完全物の給付を求めたところ、売主が履行しないので損害賠償の訴えを提起したもの。原審は、契約を解除しない限り目的物の受領を拒絶して損害賠償を請求しえないとしたので、買主より上告。

〔判旨〕破棄差戻。「既ニ給付ヲ受ケタル契約ノ目的物ヲ返却シ代金ノ返還ヲ求ムルカ如キハ契約ヲ為サヽル以前ノ原状ニ復セシムルモノナルカ故ニ契約ノ解除ヲ為サスシテ損害賠償ニ因ル代金ノ返還及ヒ目的物返却ノ為ニ要シタル費用ノ請求ヲ為スヲ得サルコトハ原判旨ノ如シト雖モ本件ハ然ラス上告人ノ請求原因ニ拠レハ契約締結ノ後被上告人ヨリ送付シタル腕木ノ中七百三十本ハ契約ノ目的物トシテ不適当ナリシヨリ一面ニ於テハ更ニ契約ニ適スル物ノ発送ヲ請求シ他ノ一面ニ於テハ不適当ナル物ヲ返却シ本件ノ請求中ニハ其返却費用（二十九円八十七銭）ヲモ包含スルモノニシテ事実果シテ此ノ如クナランニハ此費用ノ如キハ損害賠償トシテ請求シ得ヘキハ勿論若シ其不足分七百三十本ヲ更ニ発送セサルトキハ契約ヲ解除セス不完全履行トシテ右不足分ノ代金減額即チ其返還請求ヲモ為スコトヲ得可キナリ然ルニ本件ニ於テハ争ニ係ル腕木七百三十本ハ約旨ニ従ヒテ引渡済ト為リタルモノナルヤ否ヤハ一審以来争ト為リ第一審判決ハ専ラ此点ニ付キ判断ヲ為シタルモノナルニ原院ハ当事者カ此点ニ付テハ恰カモ争ハサルモノヽ如ク上告人カ返還セントセル腕木ハ既ニ約旨ニ従ヒテ引渡ヲ受ケタルモノト看做シ直ニ其事実ニ対シ原判旨ノ如キ法則ヲ適用シタルコトニ至テハ争アル事実ヲ確定セスシテ法則ヲ適用シタル違法アルモノニシテ原判決ハ此点ニ於テ破毀ス可キモノトス」（大判明三六・一二・九民録九輯一三六三頁）。

また、売主の代金支払いの請求に対し買主が一部の不完全給付を理由としてこれを拒絶したというつぎのような事例もある。

〔9〕　材木売買事件　材木の売買で売主Xから代金支払いを訴求。買主Yは「材質粗悪」故「本件材木ヲ受領シタルコトハ之ヲ認メタルコトナクXヨリ本件材木ヲ送付シ来リ勝手ニ之ヲ置キ去リシモノ」と抗弁したが、材木の品質は「中等」であると認定されてX勝訴。Yより上告し、材質粗悪故中等のものとはいえず、この部分についてはXは「契約上ノ義務ヲ尽サル〔サ〕ルモノナルカ故ニ少クトモ此部分ニ付テノXノ代金ノ請求ハ之ヲ却下セサルヘカラス」と主張した。大審院は、品質の認定の部分については原審の職権による事実認定を攻撃するものとして軽く斥け、さらにつぎのようにいって上告を棄却した。

〔判旨〕「売買契約ニ於テ売主カ買主ニ交付スヘキ目的物中ノ一部ニ契約ノ趣旨ニ適合セサルモノアルトキハ其交付タルヤ不完全給付ニシテ即チ債務ノ本旨ニ従ヒタル履行ト云フコトヲ得サルカ故ニ買主ハ其不完全給付ノ受領ヲ拒絶シ且ツ之ヲ原因トシテ契約ヲ解除シ代金支払ノ義務ヲ免カルルコトヲ得ヘシト雖モ既ニ之ヲ受領シ且ツ契約ノ解除ヲ為ササル以上ハ買主ハ其不完全給付ノ為メニ目的物ノ価格ノ上ニ減損ヲ来シタル程度ニ於テ代金減額ノ請求ヲ為スコトヲ得ルモ一部ノ不完全給付ヲ原因トシテ直ニ売買代金全部ノ支払ヲ拒絶スルコト能ハサルヤ明カナリ原判決ノ認ムル所ニ依レハ買主タルYハ既ニ本件売買ノ目的物タル材木全部ノ引渡ヲ受ケタルモノニシテ唯Yノ主張スル所ハ其内九点ノ材木ハ短尺節物等ニテ材質粗悪契約ノ趣旨ニ適合セサルニヨリ本件売買代金ノ支払ヲ為スコト能ハスト謂フニ止マリ之ヲ原因トシテ契約解除ノ意思ヲ表示シタルモノニ非ス又其短尺節物等

ノ為メニ価格ノ減損シタル数額ヲ挙ケテ本訴代金ノ減額ヲ求ムルモノニモ非ス唯慢然一部ノ不完全給付ヲ理由トシテ代金全部ノ支払ヲ拒絶セントスルモノナルニ過キス然レトモ斯ノ如キハ叙上買主ノ義務ニ関スル法則ニ違背スルモノニシテ原判決カ其抗弁ヲ斥ケタルハ固ヨリ相当ナリ」（大判大正五・一〇・七民録二二輯一八五三頁）。

右二つの大審院判例の先例的意義をどうみるかはしばらくおき、すくなくともこの二判例は、われわれがこの二判例を手がかりとしてつぎのような事実認識をすることを許すものといえよう。すなわち、この時期の大審院は不特定物売買において瑕疵ある物の給付をめぐって生じた紛争の全てが瑕疵担保責任の規定で処理されるとは考えておらず、債務不履行（＝不完全履行）の問題の生ずることも意識していたということ、その事実をこの二判例は明確に示しているということである。ところで、右の二判例の中で「不完全履行」ないし「不完全給付」ということばが用いられているがそれはこの当時どういう意味内容のものとして使われていたのであろうか。このことを知るためにつぎに当時の不完全履行論の概略をみよう（後述するように当時の不完全履行論は今日のそれとは重要な点で差異があり、当時の判例の先例的意義を考える上でこの点の考察は欠くべからざることと思う）。

スタウブの提唱した積極的債権侵害論は、比較的早くわが国にも紹介され（たとえば岡松「所謂積極的債権侵害ヲ論ス」新報一六巻二号（明三九）一九頁以下）、積極的債権侵害論中もっとも重要な地位を占めるものとされた不完全履行については、わが民法第四一五条の解釈論としてわが国の場合には問題なく認めることができるものとされていた（例えば石坂『日本民法（債権総論）』明四四―大五、五八九頁以下、川名『債権法要論』大七（初版は大四）一六四頁以下、鳩山『日本債権法（総論）』大五、一四四頁など。なお詳しくは北川「契約責任の研究」三一〇頁以下、同「学説継受(二)」判タ一九五号二頁以下参照）。そして不完全履行に対する法的保護の内容をみると（要件論は省略し、ここでは効果論のみをとりあげる）、まず、給付の不完全なることに基づく損害の賠償を債権者が請求できるという点では疑いがもたれていなかった。しかし、不完全な給付それ自体をどう評価し、それにどのような法的効果を与えるかについては民法に明文の規定を欠くこともあって、見解が分れていた。もっとも、不完全給付は債務の本旨に従った履行ではないので、その受領を拒絶し、本来の履行を請求しうるという点では、学説に差異はないようであるが、不完全給付それ自体の評価と本来の履行請求以外の効果について、説が分れていたのである。たとえば、前述した明治三六年の件論文は、瑕疵ある物の給付は債務の本旨に従った履行とはいえず、それは債務の目的物にあらざる物の給付であるという論法の下に次のような主張をしている。「債務ノ目的物ニ非サル物ノ給付ハ代物弁済ニ依ルニ非サレハ履行タルノ効力ヲ有セス故ニ瑕疵アル物ノ給付ハ縦ヒ買主カ之ヲ弁済トシテ受領スルモ債務ノ消滅ヲ来スコトナシ唯外見的履行アルノミ買主ハ更ニ正当ナル履行ヲ請求スルコトヲ得ルノミナラス売主ノ瑕疵履行ニ因リテ生シタル損害及ヒ遅滞ニ因ル損害ノ賠償ヲ求ムルコトヲ得ルモノトス」、「買主ハ瑕疵アル物ヲ瑕疵アリト知ラスシテ受領スルモ尚不履行ノ抗弁ヲ失ハス従テ売主ノ代金請求ノ訴ニ応セサルコトヲ得ルモノトス」（なお、他の箇所では「不完全履行ノ抗弁権」という表現も使っている）とし、唯買主が瑕疵あることを知りつつこれを債務の本旨に従った履行として受領したときは、その履行は代物弁済としてのみ有効なる弁済となるという。

また、「債務ノ本旨ニ従ワサル履行ハ凡テ履行ニ非ス従ツテ不完全履行ハ不履行ニ外ナラス」と説く者もある（石坂・前掲日本民法（債権総論）二〇六〇頁、村上『債権各論上』一一四頁）。

第一期の終わり頃である大正五年にその初版のでた鳩山博士の日本債権法（総論）ではこの点は次のように説かれている。まず、不完全履行は不履行の一種ではあるが、「全ク異リタル物ヲ給付シタル場合ト同ジク未ダ履行ナシト主張スルヲ得ザルベカラズ」との認識の下に、「余ハ給付ノ著シク不完全ナルガ為メニ債権成立ノ目的ヲ達スルコト能ハザル場合ニ於テハ、新ニ債務ノ本旨ニ従ヒタル履行ヲ為スベキコトヲ請求シ其不能又ハ遅滞ノ場合ニ於テ契約ノ解除等ヲナシ得ルモノト解セントス。但シ売買ニ付テハ其特別規定ニ従フコト勿論ナリ（五六三条乃至五七〇条）。」と（同書一四六頁）。後述するように、わが国の不完全履行論は、不完全履行それ自体の評価の上で当初の不完全履行の不履行性の強調から、やがてある程度の履行効果を認める立場へ変わってゆくのであるが、右の鳩山説はその推移の萌芽を示すものといえる。なお、ここで留意すべきことは、右引用文の最後の一文「但シ売買ニ付テハ其特別規定ニ従フコト勿論ナリ」という文章である。周知のように、鳩山博士は大正八年初版の債権法各論（三五〇頁）でその前年にでた末弘説を支持し、不特定物売買には瑕疵担保の適用なしとの立場をうちだされるのであるが、大正五年の債権総論の段階では、前記引用文の示すところでは、当時の通説同様、瑕疵担保の適用ありと考えられていたものと思われる（ちなみに、この文は、『債権総論』の大正一四年の増訂改版では各論に歩調をあわし、削除されている。なお、この版で、解除の要件の点に付き、追完可能の場合と不可能の場合とに分け、後者の場合には、催告を要せずして解除しうると改説された。同書一七〇頁）。

以上が当時の不完全履行論の概況であるが、先にも述べたように、不完全履行と瑕疵担保責任の関係についてはこの時期にはあまり掘り下げて考えられていなかったものと推測される。すなわち、債務者が不完全な履行をしたときは、債権者は場合によりその履行を拒絶して更に完全な履行を求めることができるし（その遅滞又は不能のときには契約解除が問題となろう）、あるいはその履行を受領すると同時に履行の不完全より生ずる損害の賠償を求めることもできる。また売主の瑕疵担保責任を問うこともできるといった極めて漠然とした考え方が支配的であったのではあるまいか（たとえば横田・総論明41、三一六頁、嶋山・総論―大5一四六頁参照）。さらに正確にいえば、瑕疵担保責任を契約責任の一種と考えていた態度と関連して、瑕疵ある種類物の給付をめぐる紛争につき瑕疵担保で処理できないという論点の問題意識はそこになく、当事者が瑕疵担保でくれば、その要件を検討してその規定で処理し、不履行構成でくれば、それにもまた応ずるといった態度であり、二者択一の問題意識はこの段階では見出せないといえよう。

先にあげた大審院の〔8〕〔9〕二判例に示された論理構成は当時のかかる態度をその背景にもつものといえよう。なお、〔9〕事件において、判旨は、傍論ではあるが（瑕疵なきものの給付と認定された事例だから）、不完全給付を受領した以上給付の不完全を理由として契約を解除しないかぎり、給付の一部の不完全さを理由に代金全額の支払いを拒絶できない旨述べている。これは、一見、不完全給付を不履行（Nichterfüllung）とみる考え方にそぐわず、当時の判例は学説と異なり、不完全給付にある程度の履行効果を認めていたのではないかと思われる。もっとも、給付物の全てであるいは大部分が不完全である場合と異なり、この事件は数量的一部に不完全なものが混入していた事例であるから、これは、それが全体の不履行をもたらすかどうかの問題（一部遅滞や不能が全部遅滞や不能となるかどうかの問題と同じ問題）であり、問題の性質をすこし異にする。ただ、このような場合に、全体的な不完全給付、給付の不履行とはみないという考え方を示している点に意義を認めることはできよう（なお一一四頁、本書一二五頁参照）。そして、その点で、この問題は不完全履行の完全な不履行（Schlechterfüllung ではなくて Nichterfüllung）構成あるいは不履行的処理には問題があることを示す一例であるといえよう（このことの意味については後述する）。

(2)　下級審判例

瑕疵ある種類物の給付をめぐる紛争を債務不履行の規定を使って処理した下級審判例をみると次のごとくである。

(A)　完全物給付請求型

買主から完全物の給付を訴求したものとして、二つの判例がある。

〔10〕　**染料オレンジ売買事件**　染料オレンジ三千ポンドの商事売買で給付されたものが見本に比し著しく品質劣等であったので買主Xより完全物の給付を訴求。ところが、Xは売主Yとの契約成立後訴外Aとの間に転売契約を締結し、Yから給付されたものの一部をAに給付したという事実があったので、Yはこの点をつきこの事実はXが給付された染料を満足して受理したことを物語るものであると抗弁した。これに対し判旨は「商人カ契約品ヲ其受領前ニ当リ之ヲ転売スルカ如キハ今日ノ商取引ニ於テ通常吾人ノ目睹スル所ニシテ仮令受領セル一部ヲ他ニ引渡シタレハトテ直ニ之レヲ目シテ完全ナル履行ノ承認ト解スヘカラ〔ス〕」として見本同様の染料の給付を命じた（東京地判大六・九・二一新聞一三六〇号二二頁）。

〔11〕　**落花生売買事件**　落花生一二〇〇袋の商事売買で、買主が給付された物が約定品質のものでないとして受領を拒絶し完全物の給付を訴求、これに対し売主から、反訴を提起して、約旨にそったものを給付したものとして代金の支払いを求めた事件。裁判所は、目的物保管中の倉庫に赴いての抜取検査の結果、五分の一については買主の主張を認めたが、残り五分の四については約旨にそった品質のものとして代金の支払を命じた（大阪控判大六・一二・七新聞一

三四九号一九頁）。

(B)　解除抗弁型

〔12〕 フレーム売買事件　フレームの不特定物売買で売主から買主に対し約束手形金の支払いを求めたもの。これに対し買主は、給付された物に瑕疵があったのでこの旨直ちに売主に通知して修繕を求めたところ売主が応じなかったので契約を解除した。したがって、代金返還請求権をもつがこれと約束手形金債務とを相殺すると抗弁した。判旨は買主のこの抗弁をいれ売主敗訴（東京地判大五・一〇・三〇新聞一一八八号二六頁）。

〔13〕 生地天売買事件　生地天の商事見本売買で売主より代金の支払いを訴求したもの。買主は、給付された品物が見本に比し品質が劣っていたので契約不履行を理由に解除したから支払義務なしと抗弁した。判旨は、品質において多少の瑕疵あることは認められるが契約の目的を達しえないほどの瑕疵ではないとし、さらに横浜貿易市場ではかかる場合には「買主ハ相当ノ値引ヲ求メ得ルモ着荷ハ之ヲ引取ル可キ商慣習アリ」ゆえに契約の解除は認められないとして買主の抗弁を排斥した（東京控判大六・一一・二八新聞一三六二号二〇頁）。

(C)　不履行抗弁型

〔14〕 中古ガス発動機売買事件　中古ガス発動機一台の商事不特定物売買で、送付された機械は試運転の当時は結果が良好であったがまもなく故障して運転不能となったので、その旨通知し修繕を求めたが売主はこれに応ぜず、代金支払を訴求。そこで買主が修繕が完全になされない間は代金支払いの義務なしと抗弁した。判旨は、商人間の売買において買主が目的物を受領した以上は、瑕疵を原因として代金の減額を求めるか契約を解除しなければ代金支払いを拒みえないとして買主の抗弁を排斥した（大阪地判大正六・二・二新聞一二二七号二二頁）。

これらの下級審判例にも先に提起した問題がはっきり示されている。とくに買主が完全物の給付を訴求しこれが認められた判決があることは注目すべきであろう。さらに、買主の受領の有無を問題とし、受領した以上は不履行（nichterfüllung）の主張を許さず、契約解除をしないかぎりは代金支払義務を免れないとする〔14〕判例あたりには、後の大審院の考え方の萌芽がみられる点興味深い。推測するに、裁判所にとって一番問題なのは瑕疵の程度（あるいは不完全給付の程度）であり、その程度がひどい場合には、受領している場合でも不履行の主張、さらには完全物給付の主張を認めるが（〔10〕事件）、瑕疵がそれほどでなく、かつとくにその争いが抗弁型の場合には（被告の代金支払遅延の言いわけ的要素がこの型のときは強いのであろうか）、法的構成としては、商慣習をもちだしたり、契約目的の達成度を問題としたり（〔6〕、〔13〕事件）、あるいは「受領があった」ことを理由として（〔9〕、〔14〕事件）、結論においては、代金支払拒絶の抗弁を排斥し、あるいは契約解除の抗弁をうけつけないといった傾向が一般的に認められる。そして、もしこの推測が正しいとすると、この時期においてすでに、裁判所は、売主の不完全給付にある種の履行効果を認めていたのであり（理論的にとくに意識していたとは思われないが）、後のドイツ法の学説継受により末弘教授などによって展開された不完全履行の不履行構成が、裁判官の実務感覚にとってなじみにくいものであることを示唆しているものとして興味深い。換言すれば、不完全履行の不履行構成つまり「種類売買における瑕疵ある物の給付は債務の本旨にしたがった履行ではなく、全くの不履行である。したがって履行があったことを前提とする瑕疵担保の規定の適用はこの場合にはなく、債務不履行の問題として法的処理をすべきであるという考え方」が、判例によってとりいれられなかったことの下地は、すでに、この段階においてできつつあったものといえよう。

Ⅲ　総　括

史的発展の第一期は、ドイツ法の学説継受前の時代であり、ここでは、いまだ、種類売買に瑕疵担保の規定の適用があるかどうかの問題につき、先鋭な理論的問題意識は一般に存在せず、瑕疵担保責任を債務不履行責任の一種とみる基本的発想の影響の下に、瑕疵担保は当然種類売買にも適用ありとの前提にたって、瑕疵ある種類物の給付をめぐる紛争の法的処理がなされていた。かくて、紛争当事者が、瑕疵担保を理由に争えば瑕疵担保の問題として、また、不完全給付を理由に争えば債務不履行の問題として、その要件充足性の検討を経て法的処理がなされていたのであり、二者択一の形で法的処理がなさるべきだという問題意識はこの時期にはなかったのである。理論的にルーズなところはあるが、現実的な処理の仕方としては、今日の新説の立場とほぼ同様な処理がなされていたものといえよう。

また、すでにこの段階で、不完全給付を全くの不履行として処理せず、ある種の履行効果を認めるという処理の仕方あるいは考え方の萌芽が示されていたことも留意しておくべき点である。

三　第二期の判例

Ⅰ　序　説

史的発展の第二期を私は、末弘教授の債権各論初版のでた大正七年（六月）からとみる。周知のように、末弘博士はこの本のなかで、瑕疵担保責任の規定は不特定物売買に適用なき旨主張されたのであるが、その根拠としては次の三点をあげられている。すなわち、⑴不特定物売買においてその履行として給付された物が瑕疵あるもそれは単に履行の目的物に瑕疵ありしたがって履行が不完全であるにすぎずして売買の目的物に瑕疵があるわけではない、⑵民法五七〇条は買主の善意を要求しているが、その善意かどうかは売買成立の時を標準としてこれを決せざるをえない。⑶ドイツ民法と異なり、わが民法の下では危険移転の時を標準時とする根拠規定なし、「吾民法上不特定物売買ニ於テ其特定以前ニ瑕疵ヲ生ジタルトキハ其瑕疵アル物ノ給付ハ全然履行トナラザルモノニシテ買主ハ改メテ瑕疵ナキ物ヲ給付スベキコトヲ請求スルコトヲ得ルニ過ギズ。」

末弘教授のこの立場は、翌大正八年五月にその初版がでた鳩山博士の『債権各論』において支持された（『日本債権法各論中』三五〇頁。従来鳩山説がこの説の創設者として重視されているが、末弘説が先である。『民法雑考』二五二頁参照）。東大教授の学説が当時の実務界に与えた影響の強さは推測にかたくない。しかも二人の気鋭の民法学者の主張であるだけに、この説は伴学説のたどった運命とは逆に一躍脚光を浴びることとなるのである。すなわち不特定物売買に瑕疵担保責任の規定の適用なしという構成は、学説上ここに始めて市民権を得たといえ、後述するように爾後の判例・学説は讃否いずれの立場をとるにせよ、もはやこの説を無視することはできず、新しい問題意識がここにうえつけられたのである。なお、これとならんで瑕疵担保責任をもって契約責任ではなく、特別の法定責任とみる見方が鳩山博士によって強力に主張され、これが種類売買に瑕疵担保の適用なしという主張の一つの支えとなったことも見落せない。

末弘説の出現をもって史的発展の第二期を画すものとみたのは、まさにかかる理由によってである。

Ⅱ　判例の分析

(1)　下級審判例

今日でも昔でも、新学説の影響がいちはやくあらわれるのは下級審判決であることに変わりがない。末弘・鳩山新学説の影響は、すでにはやく、大正八年二月一五日の大阪区裁の判決にあらわれている。その判決の内容は次のとおりである。

〔15〕　**菊花売買事件**　菊花三四貫の商事不特定物売買で契約成立時に内金二〇円が支払われ、残金は目的物が汽船便で送付されたときに支払われることになっていたところ、送付された菊花がすっかり水にひたり、かつ船中で蒸されたためか水分が乾燥するとともに黒色に変じて売買の目的を達しえないものとなった。そこで、買主が隠れた瑕疵を理由として契約を解除し内金の返還等を訴求したものである。

〔判旨〕　棄却。「凡ソ民法第五百六十一条以下ノ売主ノ担保責任ニ関スル規定ハ不特定物売買ニ関係ナキモノニシテ特定物ノ売買ニ付キ生シタル債務不履行ノ結果ニ関スル特則タルニ過キス従テ同法第五百七十条ノ瑕疵担保ノ責任モ亦売買ノ目的物カ売買ノ当時ニ於テ既ニ特定セル場合ニアラサレハ其適用ナキモノト解スルヲ妥当トス故ニ不特定物ヲ売買ノ目的トシタル場合ニ瑕疵アルモノヲ給付シタル売主ハ更ニ瑕疵ナキ完全ノモノヲ給付スルニアラサレハ其債務ノ本旨ニ従ヒタル履行ヲ為シタルモノト謂フヘカラサルヲ以テ此場合ニ於テハ通常ノ債務不履行ニ関スル原則ノ適用ヲ受ケ買主ハ売主ニ対シ相当ノ期間ヲ定メテ其履行ヲ催告シ茲ニ其ノ期間内ニ履行ナキ時ハ契約ノ解除ヲ為シ得ヘキモ何等履行ノ催告ヲ為サスシテ直ニ契約ヲ解除スルコトヲ得サルモノトス而シテ右ハ商人間ノ売買タルト否トヲ問ハサルコト勿論ナリ」とし、原告は相当の期間を定めて履行の催告をしているわけでもなく、本件がいわゆる定期行為にあたるとの主張もないから、原告のなした契約解除は無効であるという（大阪区判大八・一二・一五 新聞一五二九号二〇頁）。さらに、大正一二年にはつぎのような下級審判決がでた。

〔16〕 **油用新鑵売買事件**　油用新鑵の売買で売主側から代金の支払を求めた事件において買主が給付された物に瑕疵あることを主張し、商法二八八条（現行商法五二六条）により損害賠償請求権を有するから、これと残代金とを相殺する旨抗弁した。

〔判旨〕 棄却。「凡ソ売買ノ目的物ニ瑕疵アルニヨリ売主ニ担保責任ヲ生スル場合ハ特定物又ハ特定ノ範囲ニ属スル物ニ付キ売買ノ成立シタルトキニ限定セラルヘキモノニシテ本件ノ如ク売買ノ目的物カ不特定ナリシコト当事者間ニ争ナキ場合ニ於テハ売主ノ担保責任ノ問題ヲ生スルノ余地存セス而シテ商法第二百八十八条亦担保責任ノ規定ニ外ナラサルヲ以テ本件ニ於テ縦令現実被告ノ交付ヲ受ケタル油用新鑵ニ隠レタル瑕疵アリシトスルモ不完全履行ニ由ル損害賠償ノ問題ヲ生スルコトアルヘキハ格別商法第二百八十八条ニ基ク損害賠償請求権ヲ発生スヘキニ非サルナリ」（横浜地判大一二・四・二六 評論一二巻商二六三頁）。

この二つの判決、請求型と抗弁型の違いはあるが、いずれも買主が売主の瑕疵担保責任を主張したのに対し、不特定物売買には担保責任の余地なしとの論理構成でその主張を排斥したものである。だから、当該論理構成が積極的に買主の保護に使われているわけではないが、事件解決あるいは買主を保護しないことの決め手とされている点では、下級審判決とはいえ注目すべき判決である（もっとも、たまたま、買主の主張をはねるに都合がよかったので学説上の新説を採用したという事情があるのかもしれないがこの点は推測の域を出ない）。

このように、末弘・鳩山説に影響された判例はあらわれたが、当時の下級審判例の大勢がそうであったわけではなく、従前のように瑕疵担保の規定で問題を処理した判例もかなりある。たとえば、**〔17〕コーヒー豆一万斤の商事見本売買**（裁判年月日不詳関東庁高等法院大八(控)二四二五新聞一六二三号一七頁）、**〔18〕支那明礬五万斤の商事見本売買**（大阪控判大八・六・一八新聞一五九二号一五頁）とか、**〔19〕双眼鏡用プリズムの商事不特定物売買**（東京控判大一三・一一・八新聞二三三七号一五頁）**の事件**がその例で、瑕疵を理由とする契約解除には相当期間を定めた催告の必要なしとしていずれも買主の解除を有効とし損害賠償の請求を認めている。なお、三者とも不特定物売買に瑕疵担保の適用があるかどうかは論点となっておらず、また債務不履行を理由とする解除ができないといっているわけでもない。そもそも、買主のなした契約解除が債務不履行を理由とするのか瑕疵担保を理由とするのか不明のものもある。あるいはまた前記プリズムの売買の事件のように、買主が目的物の品質不良を理由に受領を拒絶し四カ月以内に完全物を給付すべしと催告しその上で解除したという事例でありながら瑕疵を理由とする解除には催告を要しないという法的構成で解除を有効としたものもある。

なお、商慣習を理由として問題を処理した下級審判例もこの時期にある（横浜地判大九・三・一二新聞一六八七号一四頁、東京控判大一一・一二・三新聞二〇九四号一八頁）。

かくて、これまでみてきたように、末弘・鳩山説の出現は早速当時の下級審判例に影響を与えはしたが、その影響はいまだ一部にとどまり、下級審判例の大勢は従前と同様であったとみてよかろう。では、大審院判決の動向はどうであったであろうか。

(2)　大審院判例

結論から先にのべると、下級審判例と異なり、この時期の大審院判決にはいまだ鳩山・末弘説の影響は明確にはあらわれず、大勢は、依然として第一期と同じような状態であったと思われる。この時期に、われわれの問題に関係のある判例としてはつぎの二判例がある。

〔20〕　**白紙委任状附株式売買事件**　白紙委任状附株式の売買において委任状に捺印せる印鑑が会社に届出のあった印鑑と異なるため名義書換えができず買主から新たな白紙委任状を交付するかもしくは同一種類の他の株式を給付するよう催告。売主が応じなかったので買主契約解除、代金返還と損害賠償を訴求。原審買主勝訴。売主上告し、白紙委任状に瑕疵なきことを主張するとともに、仮に瑕疵ありとすると、白紙委任状は株式と一体をなして本件売買の目的となっているのだから、本件は瑕疵担保による契約解除が許される事件である。しかるに原審が債務不履行を理由とする本件解除を有効としたのは違法であると主張。

〔判旨〕　棄却。「白紙委任状附ノ株式売買ハ畢竟記名株式ノ譲渡ヲ目的トスルモノニ外ナラスシテ之ニ白紙委任状ヲ添附スルハ随時其白紙委任状ヲ利用シテ名義書換ヲ為スコトヲ得ルノ便宜ニ供センカ為メニ過キサレハ其白紙委任状ハ株式売買ノ目的物中ニ包含スルモノニアラス故ニ本件売買ノ株式ニ添附セラレタル白紙委任状ニ瑕瑾アレハトテ之カ為メニ其売買ノ目的物ニ瑕疵アルモノト謂フコトヲ得〔ス〕。……売買ノ株券ニ添附セル委任状ノ株式名義人名下ノ印影カ其名義人ヨリ予テ当該株式会社ニ届出タル印鑑ト相異スルカ為メニ其名義書換ノ請求ヲ会社ニ於テ拒絶スルハ斯ル取引関係ノ実状ニ照シ当然ノ事ナレハ其印影相違ノ為メニ名義書換ノ請求ヲ拒絶セラレタル場合ニ於テハ如上普通ニ行ハレル白紙委任状附株式売買ノ事例ト異リタル特別ノ事由ナキ限リハ売主ハ未タ完全ナル権利移転ノ義務ヲ尽ササルモノナルヲ以テ買主ニ対シ更ニ株式名義ヲ故障ナク書換フルコトヲ得ヘキ白紙委任状ヲ交付スルカ又ハ他ノ方法ヲ以テ其権利移転ヲ完全ニスルノ義務アルモノト謂ハサル可カラス」（大判大正八・五・六民録二五輯七四七頁）。

この判決は要するに瑕疵担保による解除をなすべきだという上告理由を排斥し、不履行を理由とする買主の契約解除を有効と認めたものであり、不履行構成で問題を処理した点で前掲〔8〕判例と同一系列の判例といえよう。

つぎに、カタン糸の逓次供給契約において、それにかびが生じたことを理由に、買主が引渡しずみの分について損害賠償、未引渡しの分について契約解除を訴求した事件について、瑕疵担保責任の規定を適用してこの請求を認容した、〔21〕**カタン糸逓次供給契約事件**（大判大正一〇・一二・一〇民録二七輯二二五五頁判民一七、中川）がある。原審ははっきり認定していないがまず不特定物売買とみてよい事例だと思われるので、この判決は、不特定物売買に瑕疵担保責任の規定を適用して買主を保護したはじめての大審院判例といえる（瑕疵担保の規定を適用した第一期の判例は、いずれも買主の請求を除斥期間経過を理由に排斥したものであった）。もちろん、この事件においてもまだ解釈論上の問題点は意識されていないから、問題を肯定的に処理した解釈先例としての意義をもつものとは評価できないわけではあるが。

第二期の大審院判例は右の二例であるので下級審判例と異なり、第一期の傾向とかかわりないとみてよい。ただ、従来の学説の中には、傍論ではあるが不特定物売買に瑕疵担保責任の規定の適用なしという趣旨を示したものとして、つぎの二判例を引用するものがある（例えば、勝本「不完全履行論序論」民法研究(1)三一頁、広中「売主の担保責任」法学セミナー三四号二二頁、五十嵐「不完全履行と瑕疵担保」ジュリスト三〇〇号一五六頁。もっとも、三者とも引用のニュアンスを異にする。すなわち、勝本博士は消極説の判例として、広中教授は「否定していたとみられる」判例として、五十嵐教授は末弘・鳩山説が「影響を与えたように思われる」判例として引用されている。）。

その一は、第三者の倉庫に保管中のチリ硝石の売買（特定物と認定された）で、買主が品質粗悪を理由に取替えを求め、売主がそれを遅滞したのを理由として契約を解除し保証金の返還を求めた〔22〕**チリ硝石売買事件**であり、判旨は、本件は特定物の売買であるから、売主の担保責任を問うて契約を解除しない限り買主は目的物の受領を拒絶することはできない、として買主の主張を排斥した（大判大正九・一二・六民録二六輯二〇一二頁）。判旨中に、瑕疵担保責任の根拠を不特定物売買の場合との対比において説明している部分があり、そこで「不特定物ノ売買ニ在リテハ売主カ瑕疵アルモノヲ給付シタルトキハ契約ノ本旨ニ従ヒタル履行ニアラサルヲ以テ買主ハ其受領ヲ拒絶シ既ニ受領シタル後ハ之ヲ返還シ更ニ契約ノ本旨ニ適スル瑕疵ナキ物ノ給付ヲ請求スルコトヲ得ヘシト雖モ特定物ノ売買ニ在リテハ……」との表現があり、この点を前記の諸学説は問題としたものと思われる。しかし、(1)本件は特定物売買の事例であること、(2)不定特物売買に瑕疵担保責任の規定の適用なしとはいっていないこと、(3)不特定物売買において瑕疵ある物が給付された場合は債務の本旨に従った履行といえないことは、瑕疵担保の規定で不特定物売買の場合の争を事実上処理していたと思われる第一期の判例法の下でもすでに承認されていたこと（〔8〕事件参照）からみると、この判旨を前記諸学説のように評価することには疑問をいだかざるをえない。すなわち、この時期までの判例の傾向からみると、債務不履行か瑕疵担保かという問題の設定よりはむしろ、債務不履行（不完全履行）一本でゆくのか、それともこれまで事実上やってきたようにさらに瑕疵担保の規定をも競合的に適用して処理するのかという問題設定の方がこの段階ではすなおな問題設定の仕方だと思われる。そうだとすると判旨が先に引用したような表現を使っているからといってこのことから直ちに判旨は消極説の立場をとったものという評価はでてこないのではあるまいか。仮に論理的にはそのような評価が可能であるとしても、これまでの判例法の発展史の中に位置づけて、この判例の意義を把握するときはその評価は正しくないと思われる。

学説の引用する第二の判例は、税関に収容中の一四インチ丸鉄（特定物と認定された）の売買において売主が買主の代金不払いを理由として契約を解除し損害賠償を訴求した〔23〕**一四インチ丸鉄売買事件**であるが、買主より、その丸鉄は売買契約締結の時からねじれておりかつ約定の長さが不足していたことが契約締結後に買主に知れたことを理由に契約を解除した旨抗弁し、この解除が有効と認められて買主が勝訴したものである。判旨中にはとくに瑕疵担保の規定は特定物売買にのみ適用があることを明言した箇所はみあたらない。もっとも本件売買が特定物売買であるとした上「特定物ノ売買ニ於テ売主ヲシテ民法第五百七十条第五百六十条ニ依ル担保責任ヲ負ハシムル為ニハ契約締結ノ当時ヨリ其目的物ニ隠レタル瑕疵ノ存スルコトヲ必要トス」云々という箇所がある。このことは前述の判例の場合にもいえることであるが、従来は瑕疵担保の規定を適用する場合、とくに特定物売買かどうかの区別は意識されていなかった（その必要がなかったから）ことからみると、この判決がとくに特定物売買ということを強調している点をとらえて、末弘・鳩山説の影響があったと推測できないわけではない。しかしそれ以上憶測をたくましくして、瑕疵担保の規定は特定物売買にのみ適用されるという趣旨をこの判決から読みとろうとするのは行き過ぎであろう。

Ⅲ　総　括

大正七年にはじまる史的発展の第二期は、不特定物売買に瑕疵担保責任の規定の適用なしという有力な学説が出現し、従来この問題をとくに意識することのなかった学説・判例に新たな問題の提起がなされ、早速一部の下級審判決にはその影響があらわれたが、裁判所の大勢に影響を与えるまでにはいたらず、大審院にまでその影響が及ぶにはさらに六、七年の歳月を要したのである。

4　不特定物売買と瑕疵担保責任（二）
――大正一四年判決の再検討と昭和三六年判決への架橋――

（一九七〇年執筆、補正公表二〇一四年）

四　第三期の判例

Ⅰ　序　説

史的発展の第三期を、私は、大審院ではじめて不特定物売買に瑕疵担保責任の規定の適用があるかどうかの問題が意識的に審理の対象となった大判大正一四年三月一三日判決の出現をもって始める。後述のように、大審院はこの問題を肯定したが、その法的構成は当初必ずしも明確でなく、学説の批判を浴びながらその後次第にその立場を明らかにしてきた。大審院が当時の民法学の最高峰を行く二人の気鋭の学者の説を真っ向から否定し、この問題を肯定的に解したことは、それ自体非常に興味深い現象であるが、その原因の究明は後述するところにより、ここでは早速判例の分析に取りかかろう。なお、後述するように、この判例は、不特定物売買において瑕疵ある物が給付された場合の買主の法的保護の内容を具体的事実と結論との対応関係においてみるとき、それは従来の先例法理の延長線上のものでしかなかったことをここで指摘しておきたい。

Ⅱ　大判大正一四年判決の分析とその先例的意義

(一)　〔24〕　大判大正一四年三月一三日（民集四・二一七）

〔事案〕　Xは、製造会社Yからタービンポンプ一台を買いうけ代金を支払ったが、引き渡されたポンプのエンジンに故障があったので、代替物の引渡しを請求したところ、Yが二度もやってきて修繕したにもかかわらず修復できなかった。そこで、Xは、契約目的の不達成を理由として契約を解除し、代金の返還を求めた。原審は本件契約を不特定物売買と認定した上、瑕疵担保の規定は不特定物売買にも適用があるとしてXの解除を有効と認めた。Yより上告し、①不特定物売買には瑕疵担保の規定の適用がない、②不特定物売買における瑕疵ある物の給付は不完全給付であって、それを理由として契約を解除するには民法第五四一条によるべきである、と主張した。

〔判旨〕　上告棄却

「不特定物ノ売買契約ニ於ケル売主カ瑕疵アル物ヲ買主ニ給付スルモ未タ完全ニ其ノ義務ヲ履行シタルモノト謂フヲ得サルカ故ニ縦令売主ニ於テ斯ル物ヲ提供スルモ買主ニ於テ其ノ受領ヲ拒絶シ得ルハ洵ニ所論ノ如シ然レトモ之ヲ契約ノ目的物ト全然種類ヲ異ニセル物ノ給付ト同一視シ全ク契約ノ履行ト為リ得サルモノト速断スルハ失当ニシテ寧ロ買主ニ於テ之ヲ受領シタル場合ニ於テハ不完全ナカラモ契約ノ履行アリタルモノト解スルヲ正当トス而テ買主カ売主ノ提供シタル物ニ瑕疵ノ存スルコトヲ知リツツ之ヲ受領シタルトキハ特別ノ事情ナキ限リ買主ハ其ノ給付ニテ満足シ瑕疵ヲ原因トスル権利ヲ主張セサル意思ニテ之ヲ受領セシモノト解シ得ルカ故ニ其ノ後ニ至リ瑕疵担保ニ因ル権利ヲ行フコトヲ得サルモ若シ買主ニシテ其ノ当時善意ナリシトセハ物ニ関スル危険ノ移転スル時期ヲ標準トシテ斯ル権利ヲ行ヒ得ルモノト謂ハサルヘカラス

〔一〕　蓋民法第五百七十条ニハ其ノ適用ヲ特定物ノ売買契約ニノミ制限セルモノト解スヘキ文字ナキノミナラス

〔二〕　不特定物ノ売買契約締結後売主及買主カ契約ニ因リ給付スヘキ物ヲ定ムルハ有効ノミナラス此ノ契約ハ其ノ物ニ瑕疵ノ存スルノ故ヲ以テ当然無効ニ帰スヘキモノニ非サレハ此ノ時ヨリ以後ハ特定物ノ売買契約アリタル場合ト類似シ買主ニ瑕疵担保ニ因ル権利ヲ与フヘキヤ否ヤノ問題ニ関シ彼ト是トヲ区別スヘキ理由ナク

〔三〕　又給付スヘキ物ノ選定ニ関シ斯ル契約ナカリシ場合ト雖モ苟モ買主カ売主ノ提供セシ物ヲ受領セル限リ契約ハ不完全ナカラモ履行セラレタルモノト謂フヘク従テ此ノ場合ニ於テハ給付スヘキ物ハ売主カ買主ノ同意ヲ得テ之ヲ

指定シ又ハ其ノ給付ヲ為スニ必要ナル行為ヲ完了シタルトキ特定シタルモノト謂ヒ得ヘキカ故ニ此ノ時期ヲ標準トシテ考フルトキハ瑕疵担保ノ問題ニ関シ特定物ノ売買契約ト其ノ取扱ヲ異ニスヘキ理由ナケレハナリ

〔四〕若夫レ不特定物ノ売買契約ニ於テ売主カ買主ニ対シ瑕疵アル物ヲ給付スルモ全然契約ノ履行ナク従テ瑕疵担保ノ問題ヲ生スルコトナシトセハ買主ハ更ニ瑕疵ナキ物ノ給付ヲ請求シ得ヘク売主モ亦既ニ給付セシ物ノ返還ヲ請求シ得ルコトトナルヘシ而モ此等ノ権利ニ付テハ民法第五百六十六条第三項ニ規定セル如キ除斥期間ノ定ナキカ故ニ当事者ハ債権ニ関スル消滅時効若ハ所有権ノ取得ニ関スル時効ノ完成スルニ至ル迄不安ノ状態ニ在ル場合モ生シ得ヘシ如斯ハ民法カ瑕疵担保ニ因ル権利ニ関シ同条ヲ準用シ極メテ短キ除斥期間ヲ定メタル精神ニ反スルモノニシテ到底是認スルコトヲ得ス」

㈡　本判決の先例的意義

(1)　この判決については、序章において指摘したように、従来二通りの評価がなされている。その一は、本件は不特定物売買に瑕疵担保責任の規定の適用を認めるに至った重要な判例であるという評価（たとえば柚木・前掲二三〇頁他、多数説）であり、その二は、本件をその具体的事案に即してみると、本件買主のなした代物請求や修補請求に民法第五四一条の「催告」を認めることが必ずしも不可能ではなく、したがって債務不履行を理由とする解除という法的構成によっても買主を救えなくはなかった事例であるから、不特定物売買に瑕疵担保の規定の適用を認めうるかどうかという問題の先例としては「実質的にあまり重要な判例とはいえない」という評価である（星野・前掲一七頁）。かかる評価の仕方につき問題のあることは、序章一（本書九三頁以下）で指摘したところであるが、その問題意識すなわち経験科学としての判例研究の方法論に基づいて、本判決の先例的意義を検討してみよう。もっとも、経験科学としての判例研究の立場、観念的には理解したつもりであるが、いざ実際にこの方法を使って判例の分析を始めてみると疑問百出で、何年間か川島先生をはじめとする判民の諸先生の教えを受け、いくつかの判例評釈を執筆したにもかかわらず、いまだ理解の不十分さ、自身の非才さを味わわされ、忸怩たるを得ない。以下できるだけこの立場に沿った分析を試みるが、おそらく多くの誤りを犯すことであろう。大方の叱正を仰ぎたい。

さて、本件において買主の解除が有効との結論導出の前提となった「定型的事実」（川島・前掲四三頁参照）をどのように把握するかは問題である。不特定物売買において給付された目的物を受領後、買主がそれに瑕疵のあること（あるいはその目的物が債務の本旨に従ったものでないこと）を発見し、このことを理由としてなした契約解除が有効とされた先例は本件以前にすでに二件あった（いずれも解除・損害賠償請求型）。その一は、前述した大正八年の白紙委任状付き株式売買事件（〔20〕）であり、その二は、大正一〇年のカタン糸逓次供給契約事件（〔21〕事件）である。前者は、瑕疵の修補（瑕疵なき白紙委任状の交付）を催告した上での（債務不履行を理由とする）解除が有効とされた事例であり、後者は、給付されたカタン糸の瑕疵（かび）を理由とする（無催告？　少なくとも完全物給付請求の事実は認定されていない）解除が有効とされた事例であった。本判決はかかる系列の判例群に属するものであり、これら既存の先例を踏襲し、これに一つの新しい具体的事例を付け加えたものである。すなわち、本件のごとき事実関係の下で買主の解除権の行使が認められるであろうことは——それが瑕疵担保構成によるか、債務不履行構成によるかはともかくとして——先の二先例からも一応予測できたことである。だから、この点では、この判例は格別の意義を持った判例であったわけではない。それにも拘らず、私が、この判例をもって判例法発展の第三期を画するものと考えたのは、序章二（本書一〇一頁以下）で述べたように、この判決は「本来先例的意義」の上では重要ではないが、「解釈先例的意義」の上で重要と判断したからである。

(2)　本判決が出る以前に、不特定物売買において瑕疵ある物が給付されたことをめぐって生じた紛争が争われたのは、私の調べた限りでは、前述したように七件あった。すなわち、まず、第一期に、買主から目的物の不完全であることを理由として売買契約を解除したと主張して（あるいは解除せずに直ちに）、代金返還・損害賠償の請求をした類型の事件（以下請求型と呼ぶ）が三件あり、いずれも買主の請求が認められているが、このうち二件は債務不履行構成（〔8〕、〔20〕事件）、一件が瑕疵担保構成によるものであった（〔21〕事件）。これに対し、買主が引き渡された物が契約の趣旨に適合しないことを理由に、いまだ債務の本旨に従った履行がないから支払拒絶の抗弁権を有するとか、解除したから代金債務が消滅したとか、損害賠償請求権をもって相殺するといった抗弁提出類型（以下抗弁型と呼ぶ）の事件が四件あり、いずれも買主の敗訴に終わっている。このうち瑕疵担保構成によるもの三（判例番号（以下同じ）〔1〕重大な瑕疵なし、〔2〕除斥期間徒過、〔4〕除斥期間徒過）、債務不履行構成によるもの一（〔6〕不完全給付ではない）である。このようにこの段階までは、不特定物売買において瑕疵ある物が給付された場合の買主の法的保護あるいは不保護に対する正当化のための説明の論理はあるときは瑕疵担保構成により、あるときは債務不履行構成によりなされており、そのいずれによるかは当事者の主張いかんによって変わっていたのである。このことは、不特定物売買に対する瑕疵担保責任の規定の適用の有無いかんという解釈論上の問題意識が一般的になかった（あるいは不特定物売買には瑕疵担保責任の規定の適用なしという法技術・解釈学的道具をもたなかった）ことにその原因の一半がある。このような第一期の問題状況のところに、学説の側から、瑕疵担保責任規定の適用否定説が有力に主張され、下級審判決にこれに同調するものが現れ（前掲〔15〕、〔16〕事件〕）、本件において、買主側や原審判決が従来通り瑕疵担保構成で解除権を根拠づけたのを被告である売主側が先の有力な新学説を武器として攻撃をかけてきたというのが、本大正一四年判決が直面した問題状況であったのであり、ここまでが、史的展開の第二期であったといえよう。

そして、このような形で真っ向から問題への対決を迫られた以上、法令の解釈適用の統一をその重要な使命の一つとしている大審院としては、この問題提起を避けて通ることができないと考えたのであろう。とくに、もし不特定物売買に瑕疵担保の規定の適用がないとの解釈をとれば、先例の変更を迫られるわけであり、また事案によっては法的保護の面でも大きな差が生ずる可能性ある問題であったがゆえに（後には、どちらの構成をとっても効果論上さほどの差異はなくなったが、少なくともこの時期までの解釈論では、いずれの法解釈を採用するかで効果論上大きな差があった）、本判決は、適用肯定説を採るべきことを明言したものといえよう。このような状況下で打ち出されたこの規範命題は、問題点を意識することなしに事実上瑕疵担保構成で問題を処理していた時期における判例の規範命題と異なり、将来の裁判に及ぼす影響力が大であることは容易に認めえよう。それに第一、この規範命題は将来先例として機能すべきことを念頭において宣言されていることが文言上明白であるし、実際にその後の判例において先例として機能したこと、後述するごとくである。

(3)　繰り返しを恐れず、もう一度問題を整理しておこう。本来、説得のためのないしは正当化のための「理由付け」にすぎないが故に、先例価値を否定されるべき規範命題（ちなみに法令の解釈適用の統一が最上級審の任務の一つであるとすると、このような規範命題に先例価値を全く否定すべきかは、それ自体一つの問題であるが、ここではこの問題はしばらく措く）も、それが現実に解釈先例として機能し、裁判の決定基準の一として機能しているという現象が一般に存在する以上、このような規範命題を積極的に打ち出した判例は、将来の裁判の予見を目的とする判例研究者にとっては、無視できないものといえよう（判決傍論についても、程度の差はあるが同様のことが言えよう）。かかる意味で、従来曖昧であった解釈問題に真正面から取り組み、瑕疵担保規定適用肯定説を打ち出した本件判旨は、この問題をめぐる判例法の発展史上一時期を画するものであったといえよう（ちなみに、この判例が出た段階では、この規範命題はいまだ仮説の域を出ず、画期的であったかどうかは、後の判例の動向によって決まってくるものである。したがって、正確に言うと、今日の時点でこのような評価をすることができるということになろう）。本判決の先例的意義をめぐる従来の学説の評価は、前述したような意味における本判決の「解釈先例的意義」にかかわるものであったといえよう。そこで、最後に、本判決の解釈先例的意義につき私見を述べておこう。

(4)　まず、本判決がこのような規範命題を打ち出した原因について、掘り下げた検討をしておこう。本件の事実関係を見ると、買主が当然保護されてしかるべき事件であるようであり、売主側の上告理由は、理論的にはともかく、紛争の実態との関連から見ると、いわば言いがかり的な感が深く、上告理由を入れて原判決を破棄する必要性はこの事件ではなかったといえそうな事件である。この点が一つの原因。しかし、この理由だけでは本件判旨があのような大議論を展開したことを説明しつくすことはできまい。思うに、大審院はこの問題に全くの白紙で臨んだのではなく、この時期に至るまで無意識的にではあるが、不特定物売買の事例をも瑕疵担保の規定を適用して処理してきたのであるから、今ここで上告理由を受け入れる、つまり当時の学説上の新説を採用すると、先例を変更することになるわけで、まさにこのような問題として本件判旨は上告理由と対決したということ、この事実が本判決の背後にあって、これを支えた第二の重要なポイントであったといえまいか。そして、第三に、もし、末弘・鳩山説を採用することになると、紛争の処理は債務不履行（不完全履行）構成のみでなされることになる。ところが、この当時の右学説の展開していた不完全履行論は前述したように不完全履行の「不履行性（Nichterfüllung）性の強調に走り、その「履行」面が無視される傾向にあった。このことが優れて実務的な裁判官の法感覚に沿わなかったのではあるまいか。すでに前述した大正五年の〔9〕事件（大判大正五・一〇・七民録二二・一八五三）の判旨にそのような感覚を示す記述がみられるし、本件においても、「(不特定物の売買に於いて売主が瑕疵ある物を給付した場合を）契約ノ目的物ト全然種類ヲ異ニセル物ノ給付ト同一視シ全ク契約ノ履行ト為リ得サルモノト速断スルハ失当ニシテ寧ロ買主ニ於テ之ヲ受領シタル場合ニ於テハ不完全ナカラモ契約ノ履行アリタルモノト解スルヲ正当トス」と説くあたり、あるいはまた、「若夫レ不特定物ノ売買ニ於テ売主カ瑕疵アル物ヲ給付スルモ全然契約ノ履行ナク従テ瑕疵担保ノ問題ヲ生スルコトナシトセハ買主ハ更ニ瑕疵ナキ物ノ給付ヲ請求シ得ヘク……而モ此等ノ権利ニ付イテハ民法第五百六十六条第三項ニ規定セル如キ除斥期間ノ定メナキカ故ニ当事者ハ……〔長らく〕不安ノ状態ニ在ル」というあたりにその法感覚が伺えるから、この推測は全く根拠のないものではあるまい。ちなみに、種類売買に瑕疵担保の規定の適用があるかどうかが争われたドイツ普通法時代の判例にも似たような問題意識が見られるのは興味深い（追記　この点については本書第一章1に収録した修士論文「種類売買の法的保護に関する一考察」におけるドイツ普通法時代の判例参照）。なお、後述するように、その後学説は、勝本教授の「不完全履行論序論」を契機として、不完全履行の「履行」面をも重視するようになり、これを取り入れた末弘説がやがて学説上の通説を形成することとなるのであるが、もしこの点の考慮を欠いたままであったなら、末弘説がその後の学説の大勢を支配しえたかは多分に疑問であると考える。

(5)　最後に、本件判旨の論理構成の問題点を分析する操作を通じて判旨の解釈先例としての意義ないし射程距離を考察しておこう。

本件判旨は、不特定物売買に瑕疵担保責任の規定の適用があることとの根拠として四つの理由を挙げた。（その一）は条文上適用を制限する規定がないこと、（その二）は売買契約締結後当事者が給付すべき物を定めた場合には、特定物売買と同様に取り扱い、瑕疵担保による権利を買主に与えてよいこと、（その三）はこのような特約がなくとも、買主が提供された目的物を受領した以上、不完全ながら履行があったと認められるから、この場合には四〇一条二項の標準に従い目的物の特定の時を基準として瑕疵担保の規定の適用があること、（その四）は除斥期間の問題である。（その一）（その二）についてはさほどの問題はない。（その四）は瑕疵担保の規定を適用することとの実益の一つであるが、本件は直接この点が争点となった事例ではない。したがって、本来的先例的意義という見地から見るとこの部分は「傍論」ということになる。しかし、解釈先例的意義の見地から見ると、本件事例は解除権の有無をめぐる事例であったとはいえ、本判決で不特定物売買に瑕疵担保の規定の適用があるという法命題が定立されたとすると（この時点では仮説にとどまるとはいえ）、除斥期間の問題は一応その仮説の射程距離に入ってくる。その限りにおいて、この点は将来の判決の予測の上で見落とせない問題点といえよう。なお、すでにみたように、従来の判例には瑕疵担保の除斥期間に関する規定を適用して問題を処理した先例があったという事実（〔2〕、さらに商事売買の特則例につき

〔4〕参照）と併せて考えるとこの点に関する本件の法的構成の判決予測に占める比重は高まるといえよう。ただし、除斥期間の起算点については、次に述べる債務不履行構成の排除の問題との関連で問題が残されていることに留意することが必要である。すなわち、本件事例は、契約解除がなされた時期が目的物の引渡し後一年以内の事案であったので問題は生じなかったのであるが、もし、目的物の受領後に瑕疵が発見され、その修補請求をしているうちに一年が経過してから契約が解除された場合にはどうなるであろうか。この点は残された問題である（後の〔27〕判例で一つの解決が与えられた）。

問題は（その三）の理由である。受領した以上不完全ながら履行があったといえ、瑕疵担保の規定の適用ありという一般的断定が問題とされ、早速学説の側から、それでは完全給付請求権がなくなるから不都合であるとの批判がなされた（判民三五事件舟橋評釈）。この点に関する判旨の論理構成の意義を考えてみよう。まず、本件は目的物受領後の完全物給付請求権の有無が争点となったものではないから、判旨のこの論理構成が「傍論」であることはいうまでもあるまい。つぎに、では解釈先例としての意義はあるといえるのであろうか。私見は否定的に解すべきと考える。その理由はこうである。①まず、この点に関する判旨は、完全物給付請求権の有無を直接解釈上の争点として論じているのではなく、瑕疵担保規定の適用肯定の理由付けの一つとして言及したものにすぎないこと、②右の点と関連するが、前述の（その四）の除斥期間に言及した部分と合わせ読むと、舟橋批判の指摘するように、完全物給付請求権を失うと考えたものと解釈するのが論理的には素直な判例の読み方とも思える。しかし、この判旨は、受領後は完全物給付請求権がつねに失われる（債務不履行構成の余地なし）とまで積極的に明言してはいないことからすると、異議なき受領をした後は、買主はこの請求権をつねに全く失うものと考えていたとみるには疑問の余地があり、③また、客観的に評価しても、瑕疵担保責任の適用肯定が、その反射的効果として債務不履行構成を排除することまでにつねに至るかどうか、換言すると、本判旨の解釈先例としての射程距離がそこまで及ぶものかどうかは疑問であること、

④とくに従来の判例には、受領後も債務不履行構成によって買主を救済したものがあるのであるから（明治三六年の〔8〕事件）、これらの点を総合考慮すると、本判例は、債務不履行構成の全面的排除については、本来的にはもちろん、解釈先例としても先例価値をもたないものと評価するのが正当と考える。ただ、ここで展開されている法的構成は、〔8〕事件の先例と抵触する萌芽を示すものであるから、この判断基準が将来どう展開してゆくか、判例の予測の上で見落とせない問題点を提起するものであったとはいえよう。その意味において、この問題が学説の注目を浴びたことは極めて当然であった（この問題は後述するように、昭和六年に至って新たな展開を見る）。

ここで、この法的構成の是非を論じ、将来の判決の展開に一定の方向付けをはかるのは、実用的課題の下になされる判例研究の仕事である。しかし、判例法の客観的分析を試みることを課題とする本論文においては、問題点の指摘にとどめ、その是非を論ずることは差し控える。近い将来これらの問題をすべてくるめて論じてみたいと考えている。

㈢ 総　括

史的展開の第三期を画した大正一四年判決の先例的意義を要約しておこう。

(1)　この判決以前に、不特定物売買において瑕疵ある物が給付され、その瑕疵を理由としてなされた契約解除が有効とされた先例はすでに（瑕疵担保構成・債務不履行構成を問わず）あったのであるから、紛争類型・争点からみて、本判決の先例的意義は、既存の判例の立場を踏襲し、新しい事例を付け加えたものというにとどまるはずである。

(2)　もっとも、従来の先例の法的構成は、瑕疵担保構成によるものと債務不履行構成によるものとが混在し、両構成の関係いかんについての問題意識が存しなかったところ、本件判旨は、学説上の新有力説の説く瑕疵担保構成否定説に立った上告理由を受けてこれを退け、適用肯定説を採ることを明言した。本件事案は債務不履行構成も可能であった事例であるにもかかわらず、根拠を示して明確にこれを否定した点で、一応解釈先例的意義を持つ判例と評価できそうである。しかし、この判断基準は、本件の具体的事案・争点との関係でみると、この時点ではいまだ仮説の域を超えないものであった。

(3)　すなわち、その射程距離の範囲について、紛争事件の争点との関係でさらなる検討が必要であった。まず、瑕疵を理由とする解除類型（本事件の具体的争点）では、そのものずばりで射程距離が及ぶ。次に除斥期間類型では、争点を異にする本件判旨の構成は一応「傍論」といえるが、瑕疵担保構成と債務不履行構成とで明確にその効果を異にするこの問題につき、大審院として初めて適用肯定説の採用を明言した点で、射程距離が及ぶ蓋然性は高度といえ、少なくとも解釈先例的意義はもつものと評価できる。なぜなら、従来の先例には、すでに、瑕疵担保の除斥期間の規定を適用して事件を処理したものがあるので、本件判旨は「傍論」とはいえ、この先例の立場を是認したものとの評価が可能だからである。最後に、本件判旨の判示した解釈命題の射程距離が目的物受領後の債務不履行構成の主張を全く排除するところまで及ぶものかというと、この点は疑問である。特にこれまでの先例には、受領後の事案において債務不履行構成で事件を処理し、買主を救済した事例があるのだから、この派生的な解釈命題が先例として機能する可能性は未だこの段階では低く、この点は残された課題であると評価しておくのが妥当であろう。ただし、この命題はこれまでの先例と抵触する趣旨を含むものであるから、判決の予測の上では、除斥期間規定の適用問題よりも注目すべき度合いの高い解釈命題といえる。

(4)　大審院が、当時の学説上の有力新説を退け、瑕疵担保規定の適用肯定説を採用した根拠としては、理論上の問題の他、実務上の問題として、①従来の先例が事実上瑕疵担保規定を適用して事件を解決してきたこと、②さらに、この当時の学説上の不完全履行論は、不完全履行の「不履行面」にのみ囚われ、他の一面である「履行面」への配慮を欠くものであったことが、優れて実務的な裁判官の法感覚にそぐわなかったのではないか、という二点をとくに指摘しておきたい。従来の学説上、この点に触れたものは見当たらないが、大正一四年判決の先例的意義を評価する上で、考慮に入れておくべき事実だと考える。

Ⅲ　第三期における大正一四年判決後の判例の展開

(一)　大正一四年判決後の第三期の判例の展開をつぎに検討しよう。まず昭和二年に、商法二八八条（現五二六条）の適用をめぐる大審院判決が現れた。

〔26〕　大判昭和二年四月一五日（民集六・二四九）

〔事案〕　この事件は、缶詰製造用のブリキ板五三〇箱の商事売買で、給付された物の一部が約定の重量を有しないので買主より代物請求がなされたところ、売主がこれに応ぜず、そこで買主がその部分につき契約を解除して代金の返還を訴求したものである。原審は買主の瑕疵の通知懈怠を理由として（受領後約一か月経過後に通知がなされた）買主敗訴の判決を下した。買主側から上告し、①不特定物売買には商法二八八条の適用なし、②重量不足のブリキ板の給付は異種物の給付であるから二八八条の適用なしと主張した。

〔判旨〕　上告棄却

「種類売買ニ於テ売主カ契約ノ目的物ト全然種類ノ異ナリタル物ヲ給付シタル場合ハ格別前記ノ如ク同種類ノ物ノ給付ヲ為シ買主ニ於テ之ヲ受領シタル場合ニアリテハ仮令給付ノ物体カ契約所定ノ条件ニ欠クル所アルモ不完全ナカラモ尚契約ノ履行アリタルモノト解スルヲ正当トシ只瑕疵アル物ノ履行セラレタル場合ニ該当スルニ過キサルカ故ニ（大正十三年（オ）第八百六十六号同十四年三月十三日当院第二民事部判決参照）上告人カ前記主張ノ事実関係ヲ目シテ契約ノ不履行ナリトスル法律上ノ見解ハ正当ニアラス」

〔本判決の先例的意義〕

商事売買において瑕疵の通知懈怠を理由として買主の請求が退けられた先例は既にあり（〔3〕）、本件はこれと同一結論にたちこれを踏襲するものといえる。ただ、〔3〕事件においては、買主が瑕疵の通知をせず、売主が代金請求訴訟を提起してはじめて瑕疵を理由とする代金減額の抗弁を提出したものであったのに対し、本件は目的物受領後一カ月経過後とはいえ、ともかく通知がなされており、しかも買主側からの積極的な契約の一部解除・代金返還請求訴訟において、買主の請求が通知の懈怠を理由として退けられた点において、〔3〕判例より問題点がさらに明確にされたものといえよう。

次に本件の解釈先例的意義についてみよう。判旨が大正一四年判決を引用し、売主が「同種類ノ物ノ給付ヲ為シ買主ニ於テ之ヲ受領シタル場合ニアリテハ」不完全ながら契約が履行されているから契約不履行でなく瑕疵担保の規定による、と論じている点が学説の論議を呼んでいる。すなわち、まず、本件の事案は商法に規定する検査・通知義務に関するものであり、商法のこの規定は債務不履行の場合にも適用されるものであることを前提とすると、不特定物売買に瑕疵担保の規定の適用があるかどうかを問題とせずとも、本判決と同様な結論を導きうるのであるから、本判旨の「民法についての一般論は傍論である」という趣旨の評価がある（星野・前掲一八頁）。

これに対して、「この商法の規定が民法のかし担保の規定のみの特則と解する立場においては、まず不特定物にもかし担保の規定が適用されることを主張することなくしては、かような結論を導くことができないのであるから、この判旨はなお判例的価値を失うものではない」という評価が対立している（柚木・前掲二三一頁、なお、小町谷・判民四三事件参照）。

おもうに、本件の解決にあたり、星野教授が指摘されるような論理構成も可能ではあったが、本件判旨は、大正一四年判決を引用して論理構成を組み立てたのである。だから、大正一四年判決で展開された瑕疵担保規定の適用を肯定する一般命題が、商法二八八条の不特定物売買への適用にあたって解釈先例として機能したという事実は認めざるを得まい。しかし、では逆にここで展開された法的構成が、民法五七〇条の不特定物売買への適用をも、その射程距離に含むかどうか、あるいは民法五七〇条の適用に関して展開された大正一四年判決の命題（仮説）が本件で全面的に機能し、それが実証されたことになるのかどうかという点については、厳密には否定的に解するほかあるまい。もちろん、本件を星野説のように評価することも、柚木説のように評価することも論理的には可能である。そしてそれを実践的に主張して将来の裁判に働きかけることは有用ですらある。しかし本判旨の解釈命題が民法五七〇条の適用にあたって先例として機能するかどうかは、客観的認識の問題としては、この段階では未知といっておくのが正確であろう。ただ、星野説の説くように商法二八八条の適用に関する本判旨の法的構成は、民法五七〇条の適用に関しては先例価値・先例的拘束力を持たないと評価しうるとしても、大正一四年判決の法的構成・解釈命題が商法二八八条に関する本件で先例として現に機能した事実は、民法五七〇条の適用事例においても、将来機能する蓋然性が極めて強いことを予想させるという意味において、本件判旨は将来の裁判予測の上で重要な意味を持つといってよかろう。

なお、本判決の評釈において小町谷教授は、当時の新説に反対し、本件判旨に賛成された。その趣旨は、取引関係を速やかに終了させる必要は特定物売買と不特定物売買とで異なることはないのに、五六六条三項の除斥期間の規定が不特定物売買に適用されないとするのは不当であるのみならず、諸外国の法制は上げて不特定物売買にも瑕疵担保の規定を適用している、というにある。そして、とくに、教授がこの評釈において、このように不特定物に瑕疵担保の規定の適用を認める場合にも、買主の代物請求権と売主の代物給付権とは——当事者意思と条理とより見て—何ら妨げられるものではなく、本判決もこのことと矛盾するものではない、と説き、大正一四年判決の盲点、それに対する舟橋批判に一つの答えを与えられた点で注目すべきものであった。そしてこの評釈は、次の昭和三年判決に影響を与えているように思われる。

(二)　〔27〕　大判昭和三年一二月一二日（民集七・一〇七一）

〔事案〕この事件は、〔25〕大判大正一五年五月二四日（民集五・四三三、平野・判民五五事件）と同一事件である。前訴〔25〕においては、モミ板一一六坪の見本売買における売主の代金支払請求に対して買主が見本不適合を理由として目的物の受領を拒絶し、代金の支払いを拒んだという事案である。原審が、本件不履行は不本旨履行であってまだ引渡しがあったとはいえないとして買主を勝訴させた。売主からの上告にこたえて大審院は、本件売買は特定物売買であるとし、「特定物ノ売買ニ於テ見本品ヲ定メタルトキハ売主ハ売買ノ目的物カ見本品ニ適合スル性質ヲ具有スルコトヲ確保スルモノニシテ従テ其ノ給付シタル物カ見本品ト異リタルトキハ瑕疵担保ノ責ニ任スヘキモノナルト同時ニ買主ハ民法第五七十条・民法第五六十六条ノ規定ニ基キ或ハ契約ヲ解除シ又ハ損害ノ賠償ヲ請求シ得ヘキモ債務ノ本旨ニ従ヒタル履行ニアラストシテ之カ受領ヲ拒ムコトヲ得サルモノトス」として事件を一審に差し戻した。一審は買主に対して代金の支払いを命じ、売主が勝訴したので、強制執行をしたところ、買主が給付された物が見本に適合しないために蒙った損害の賠償請求権をもって代金支払債務と相殺するから、債務名義の効力は消滅したとして、執行異議の訴えを提起したのが本件である。これに対し原審は損害賠償請求権につき一年の除斥期間が徒過したという理由により買主を敗訴させた。買主が上告し、①本件のように板に節穴又は裂け目等一見明瞭なる瑕疵ある場合は民法五七〇条にいわゆる隠れたる瑕疵ある場合とはいえない、②売主は見本品と同一品位の物の給付と保証したのであるから、見本売買契約の不履行として賠償責任を負うべきであり、五七〇条の適用がない、と主張した。

〔判旨〕　上告棄却

判旨の論点は多岐にわたり長文なので、問題点を要約しつつ重要部分について原文を引用する。

①本件のような瑕疵も隠れた瑕疵とみてよい。②（不特定物売買への瑕疵担保の規定の適用を一般論として論じたうえ）、不特定物売買においては買主に債務不履行と瑕疵担保の選択権がある。③見本売買には特定物売買の場合と不特定物売買の場合とがあるが、いずれの場合も結局見本売買は見本と同一品質の物の給付を約束するのであるから、

見本より劣れる物の給付は瑕疵ある物の給付であり五七〇条の適用ありとしてよいが、その見本売買が不特定物の売買である場合には、債務の本旨に従う履行の請求権も競合的に有する。④「〔本件〕売買ノ見本売買ナリシコトハ明ナルモ其ノ果シテ不特定物ノソレナリシヤ否ハ第一審以来其ノ趣意不明ナラス裁判所モ亦何等釈明ヲ求ムルトコロ無シ則チ爾リト雖其主張スルトコロハ……瑕疵担保ニ基ク権利ヲ主張スルニ在ルコト殆ント明白疑ヲ容ル可カラス」、今に至って債務不履行に基づく損害賠償の請求だというのは、「蓋強フルノ嫌ヲ免レサルニ似タリ」とし、結局、本件買主の請求は瑕疵担保による損害賠償の請求だから除斥期間の規定の適用ありとして、買主の主張を斥けた原審判決の立場を維持した。

参考までに右②の不特定物売買への瑕疵担保の規定の適用を一般論として述べた部分を紹介しておくとこうである。「(不特定物売買に於いて瑕疵ある物が給付された場合には) 唯債務不履行ノ問題ヲ生スルニ止マリ瑕疵担保ノ責任ノ如キハ又之ヲ云々スルノ余地無キコト之ヲ本来ノ法意ナリトス然レトモ此ノ場合買主ニ於テ瑕疵アル物ノ引渡モ亦之ヲ履行トシテ認容スルト共ニ一面売主ニ問フニ瑕疵担保ノ責任ヲ以テスルコト猶夫ノ特定物売買ノ場合ト同一轍ニ出テムトスル以上強チニ之ヲ排斥ス可キ何等ノ道理無キヲ以テ茲ニ瑕疵担保ナル法規ハ漸次其ノ適用ノ範囲ヲ拡張シ不特定物売買ノ場合モ亦之ヲ包含スルニ至リ或ハ此ノ意味ノ法文ヲ設クルモノアリ爾ラサルモ或ハ判例ヲ以テ此ノ趣旨ヲ宣明スルモノアリ吾現在ハ恰モ此ノ後者ニ属スルモノトス夫レ爾リ故ニ此ノ場合ニ在リテハ買主ハ瑕疵アル物ノ引渡ヲ斥クルト共ニ売主ニ対シ更ニ債務ノ本旨ニ従フ履行即瑕疵無キ物ノ引渡ヲ請求スルト将タ当該物ノ引渡ハ履行トシテ之ヲ受領スルト共ニ別ニ売主ニ対シ瑕疵担保ノ責任ヲ問フト其ノ孰レヲ選フヤハ固ヨリ買主ノ任意ナリト雖已ニ一旦後者ノ方法ヲ採リタル以上翻ツテ又其ノ瑕疵アルコトヲ捉ヘテ之ヲ債務ノ不履行ト唱ヘ以テ其ノ損害賠償ノ請求ヲ為スカ如キハ其ノ当否ハ則チ多ク論セスシテ可ナリ」

〔本判決の先例的意義〕

本判決については多くの判例評釈があり、いろいろな角度からの評価があるが、いずれの評価にも疑問がある。本件は不特定物売買であるかどうかが認定されていない不明な事件であり（先の〔25〕大正一五年判決では特定物売買とされていた）、本件判旨がそのことを明言しているにもかかわらず（前述④で引用した判旨参照）、「大審院は、このたびはこれをもって不特定物売買と目し……」として、本件を不特定物売買の事案とみて、本判決の先例的意義を論じている論者が多いのが、まず気にかかる（たとえば星野・前掲一八頁、柚木・前掲一三二頁）。ことは、本判決の先例的意義を評価する上で、肝心要の事実関係であるのだから、単なる誤読ではすむまい。この点はしばらくおき、まず、本判決の先例的意義について検討してみよう。本件は見本売買において瑕疵ある物が給付され、それを理由とする損害賠償の請求が、除斥期間徒過の理由により退けられた事例であるが、除斥期間に関する大審院判例としては特定物・不特定物を通じて〔2〕判例に続く二番目の判例である。もっとも、〔2〕判例は、商事・不特定物売買で原審が買主の解除を有効としたのを、大審院が解除権の除斥期間徒過を問題として破棄差し戻したものであった。本判決は、特定物か不特定物かが明白でない事例であるが、瑕疵担保責任に基づく損害賠償請求権につき除斥期間の規定が適用された最初の大審院判例という点において意義がある。

ところで、本判決は、学説の批判（前掲〔24〕大正一四年判決に対する舟橋評釈・〔26〕昭和二年判決に対する小町谷評釈）に応えて不特定物売買の買主には瑕疵担保による請求の他に代物請求権をも認めることができるとした点においても、その先例的意義があるとする評釈や解説が多数ある（たとえば、本判決に対する判民鈴木評釈、判例百選・五十嵐解説、柚木・前掲評釈ほか多数）。しかし、本件事案は代物請求権の有無を直接の争点とした事案ではないから、この点に関する判旨は「傍論」でしかあるまい。ただ、問題は私見のいう本件の「解釈先例的意義」の有無にある。そこでこの点をさらに掘り下げて検討してみよう。

まず、本件の（解釈）先例的意義に関するこれまでの評価を見ると、かなり違った見解があり、おおよそ三つの立場に分類できそうである。第一は、本判決を〔24〕大正一四年判決・〔26〕昭和二年判決と同一線上にあるものとみる見解（たとえば星野）、第二は、前二判決を修正し、受領後も選択権があることを認め、ただ履行と認めて受領したのであれば、瑕疵担保責任のみを問いうるとしたものとみる見解（たとえば鈴木・柚木・鍛冶）、第三は、買主には選択権があるが、一旦瑕疵担保に基づく請求を選んだ以上は、不完全履行の請求はできないとしたものとみる見解（末川）である。

この三者は一見対立的な見解のようにみえるが、ある面においては、三者とも本昭和三年判決をおのおの正しく把握しており、三者は一つに総括できると考える。そしてこの問題を解く鍵は、大正一四年判決・昭和二年判決の理解の仕方にあると思われる。すなわち、前述したように、大正一四年判決において「受領」後に瑕疵担保の規定の適用があることが明確にされたのであるが、この事件は買主が瑕疵担保に基づいて契約を解除し、代金の返還を求めたものであって、不特定物売買にも瑕疵担保の規定の適用があるかどうかを明確にすればそれで足り、その規定がどの時点から適用があるのかを明確に決める必要のない事件であった（この時点を明確にする必要があるのは除斥期間の経過の有無が問題となる事案である）。だから、その判旨の一般論からすれば、受領後は瑕疵担保責任が問えるのみと論理上取れなくはないとしても、この命題の実際上の機能面からこれを見るときは、買主の単なる受領によって、売主の不完全履行の責任が消滅し、後は瑕疵担保責任のみとまでこの判決がいっているわけではない事例である（大正一四年判決の射程距離はここまでは及ばない）。この点は前述したように残された問題であったのである（判決の意義の機能的把握の必要性は、星野教授のつとに指摘されたところである。前掲二五頁。もっとも、実際の機能の評価については、評価内容が異なるけれども）。

〔26〕昭和二年判決は、商法五二六条の適用が争点となった事例であったので、やはりこの点は明確にされないままに問題が解決され、昭和三年判決の登場となった。この間の大正一四年判決に対する完全物給付請求権に関する舟橋

批判、昭和二年判決に対する小町谷評釈のこの点に関する示唆についてはすでに触れたとおりである。判民研究会で本昭和三年判決の評釈を担当された鈴木教授はその先例的意義をつぎのように評価された（判民昭和三年度一〇一事件）。「今次の判決は、従来の判例を踏襲するが如き口吻を洩らして居るにも拘わらず、実は更に一回転を試み、不完全なる給付あるも尚債務不履行に止まり、直ちに特定を生ずるものではないから、本来の給付請求権を失うことはないが、併し之と並んで買主がこれを履行として認容して其のものに特定せしめ売主に対して瑕疵担保の責任を問うも之を妨げるべき何等の理由もないとして、結局両者の権利を選択的に認め、大体に於いて小町谷博士の提唱に近づかんとするものの如くである」と。この評価に賛成する学説はかなりある（柚木・二三二頁、広中・各論(一)七三頁、谷口・判例評論四六号一二頁、北川・民商法四六巻六号一〇六一頁等）。

しかし、大正一四年判決をもって受領後は完全物給付請求権を失うとした判決だと評価することへの疑問は前述したとおりであり、むしろ、それ以前の判例は両者の選択を事実上認めていたことをあわせ考えると、本昭和三年判決は、むしろ、不特定物売買にも瑕疵担保の適用ありとした大正一四年判決の論理構成上の疑問点つまり不履行責任との関係が従来の判例法とのつながりの点で曖昧であったのを、明確にしたものと評価できるのではあるまいか。つまり、大正一四年判決以前からの事実上の処理の仕方を確認し理論的に明確化しただけのものであり、かつその点に意義があるといえるのではあるまいか。ただし、両者の権利行使を選択的に認める場合には、主として除斥期間の規定の適用との関係において、いつから債務不履行責任が瑕疵担保責任に転化するのか、この時点を明確にする必要がある。もし、選択権行使の時点を買主の自由にまかしたのでは、取引関係の可及的速やかな決済を図るという、瑕疵担保責任規定適用の一つの重要な狙いが達せなくなるであろう。他方、単なる受領によって、売主の債務不履行責任が当然に瑕疵担保責任に転化するとすれば、完全物給付請求権を消滅させる結果となり、その不当性が問題となること明白である。

除斥期間の適用が争点となった本昭和三年判決ではじめて、右の基準時に関して、「履行トシテ認容シ」あるいは「履行トシテ受領シ」という概念が判決文中に示されるに至ったが、この概念は基準時問題解決のためには不明確な概念である。物理的受領なら、転化の時点が客観的に確定できるけれども、「履行として認容して受領」という基準では、当然買主の主観的意図を探索することが必要となり、その立証には困難が伴う。また買主の主観的意図のみによって基準時を決定することの是非も問われるであろう、したがって、この概念はさらに明確化される必要があったのである。ところが、たまたま、本昭和三年判決の事案は、この点を明確にする必要のなかった事件であったことに注意する必要がある。というのは、一審以来、買主は売主の瑕疵担保責任による損害賠償を請求してきたものと認定され、上告審の段階に至って債務不履行に基づく損害賠償を請求するものというのは「蓋強フルノ嫌ヲ免レサルニ似タリ」としてあっさりはねられたからである。つまり、本昭和三年判決の論理をくだいてみると、「履行として受領した以上瑕疵担保の適用がある」、「買主が売主の瑕疵担保責任を追及している以上、履行として認容して受領したものと認められる」、だから、「瑕疵担保の規定＝除斥期間の規定を適用して買主の主張を排斥する」ということになろう。もし、本件で買主が一審以来売主の不完全履行を理由とする損害賠償責任を追及していたのであれば、問題の解決は異なった様相を呈していたかもしれない。もっとも、目的物の瑕疵を理由とする賠償請求即瑕疵担保責任の請求と認定されたとすれば擬制臭く、問題があるが（不完全履行責任の請求と認定する余地もあろうから）、そこら辺のことは判決文からは明らかでない。

いずれにせよ、本件において「履行トシテ認容」あるいは「履行トシテ受領」後は瑕疵担保の規定の適用ありとの一般的命題が打ち出されたが、「履行トシテ認容」あるいは「履行トシテ受領」の内容は不明確であり、この点の明確化は残された問題であったといえよう。ただ、買主の側が売主の瑕疵担保責任を明確に主張している場合には履行として認容して受領したと認定され（あるいはその有無を問題とする余地なく）、瑕疵担保規定の適用が認められること、そして、一、二審まで瑕疵担保責任を主張し、上告審に至って債務不履行責任の主張に切り替えることはもはや認められないこと（この点は訴訟法上の問題と絡むが）だけは明らかにされたといえる。

(三)　この後の判例

その後、昭和六年に至って、この問題に関する四件の判例が現れ、問題点がさらに明らかにされた。その内容は、不完全履行構成による抗弁型事件三件（いずれも買主敗訴）と、瑕疵担保責任構成による請求型事件一件（買主勝訴）である。以下に検討しよう。

(1)　**〔28〕大判昭和六年二月一〇日**（新聞三三二六号一三頁）

〔事案〕　三間物の粗竹の種類売買において、売主の代金請求に対して買主が受領した目的物が契約品と異なること（二間物が給付された）を理由として同時履行の抗弁権を行使し、代金の支払いを拒絶した事件。買主はすでに受領していた目的物の半分以上を他に転売していた。原審売主勝訴。買主上告。

〔判旨〕　上告棄却

大審院は、〔27〕昭和三年判決を引用した後に、「買主ニ於テ一旦瑕疵アル物ヲ履行トシテ認容シ受領シタル以上ハ爾後売主ニ対シ瑕疵担保ノ責任ヲ問フハ格別更ニ瑕疵ナキ物ノ給付ヲ請求スル権利ヲ有セス従テ其ノ給付アル迄代金支払ヲ拒絶シ得ヘキ同時履行ノ抗弁権ヲ有スルモノニ非ス」として買主の上告を棄却した。

(2)　**〔29〕大判昭和六年四月二日**（新聞三二六五号九頁）

〔事案〕　不特定物たる鼠軸輪用紙巻取一五〇〇ポンドの商事売買で、売主からの代金請求に対し、買主が、送付された目的物は品質粗悪で注文した物に相違するから目的物の引渡しを受けていないと同様であるとして、代金支払いを拒絶した。原審は、売主が買主の注文に従って用紙を製造してこれを送付したことを認めたうえ、品質不良の一事をもって右用紙が本件売買契約の目的物にあらず、したがって引渡しがなかったとはいえないとし、商法二八八条、民法五六六条、五七〇条の規定によって解除しなければ代金支払義務を免れえないとした。買主上告。

〔判旨〕　上告棄却

大審院は、〔24〕大正一四年判決を引用して、「当事者間ニ授受セラレタル物カ契約ノ目的物ト種類ヲ同フスル場合ニ於テハ縦令其ノ品質ニ於テ債務ノ本旨ニ副ハサル点アリトスルモ債務ハ茲ニ不完全ナカラモ履行セラレタルモノト解シ之ニ瑕疵担保ニ関スル規定ヲ適用シ得ヘキモノナルコトハ既ニ当院ノ判例トスルトコロニシテ未タ之ヲ改廃スルノ必要ヲ見サルモノトス」として買主の上告を棄却した。

(3)　**〔30〕大判昭和六年五月一三日**（民集一〇・一二五二）判民二八事件末弘評釈

〔事案〕　山羊毛の売買において売主の残代金請求に対して、買主が、給付の目的物の中に見本と著しく相違するものあり、ゆえに不完全履行に基づく損害賠償請求権をもって残代金債務と対当額で相殺すると抗弁した。原審は、すでに「山羊毛ノ引渡ヲ受ケ而モ之ニ瑕疵アルコトヲ知リツツ之ヲ消費シタル以上」瑕疵担保による権利として賠償請求をするは格別、債務不履行として損害賠償を請求しえない。しかも、それすら本件においては一年の除斥期間を徒過している、として売主を勝訴させた。買主より上告し、①債務不履行の要件をも満たしている場合には、これを原因として損害賠償の請求もなしうべきである、②不特定物売買における瑕疵ある物の給付は債務の本旨に従った履行ではない、と主張した。

〔判旨〕　上告棄却

上告理由①につき、「原判決ハ上告人ニ於テ既ニ被上告人ヨリ売買ノ目的物タル山羊毛ノ引渡ヲ受ケ而カモ之ニ瑕疵アルコトヲ知リツツ費消シ盡シタル場合ニハ買主トシテ自ラ満足シタルモノト云フヘク最早債務不履行ヲ原因トシテ損害賠償ノ請求ヲ為シ得ヘカラサルコトヲ説示セルモノニシテ斯ノ如ク解スルコトハ違法ニ非〔ス〕」

上告理由②につき、「然レトモ売主ハ買主ニ対シ適当ノ性質ヲ有スルモノ換言スレハ瑕疵ナキモノヲ取得セシムル義務アルコト勿論ニシテ此ノ担保義務ハ特定物売買ノ場合ト不特定物売買ノ場合トニヨリ異ニスヘキ理由ナシ不特定物売買ノ場合ト雖瑕疵アルモノヲ引渡スハ全ク履行ナキニハ非スシテ単ニ瑕疵アル履行ニ外ナラサレハ買主ニ担保責任ヲ負ハシメサルヘカラス」

〔三判決の先例的意義〕

上記三判決は類似したタイプの事件なので、次にまとめてその先例的意義を考察しよう。前述したように、三判決とも売主からの代金支払請求に対して、買主が目的物の受領後に売主の債務不履行責任を主張して代金の支払いを拒絶したところ、その主張が退けられたものである。従来の先例では、「受領後」、「履行トシテ受領後」、「履行トシテ認容シテ受領後」といった命題は、その時点以降、不特定物売買にも瑕疵担保の規定の適用が認められるという、いわば積極的な効果をもたらす命題として機能していたのであるが、これら三つの判決は、それが他方において、その反射的効果として、債務不履行責任が問えなくなる（完全物請求権の消滅〔28〕のみならず、損害賠償請求権の行使もまた許されなくなる〔30〕）という消極的な効果をもたらす命題としても機能することを明確にしたことに注意する必要がある。すでに、〔24〕大正一四年判決、〔27〕昭和三年判決において、目的物の受領後の瑕疵担保責任規定の適用を認めた場合、他方において目的物受領後の債務不履行責任追及の可否はどうなるかについて、大審院がそれを否定的に解するであろうことが、その傍論から推測されるところではあった。しかし、それらの事案は、いずれも買主が目的物受領後売主の債務不履行責任ではなく瑕疵担保責任を追及した事例であったので、もし買主が売主の債務不履行責任を追及した場合に、瑕疵担保責任との関係がどうなるかは、必ずしも明確でなかったことは先に指摘しておいたとおりである。そして、右昭和六年の三判決は、ニュアンスに若干の差異はあるが、要するに、「瑕疵ヲ知リテ履行トシテ認容シ受領」した以上、瑕疵担保の適用があり、もはや売主の債務不履行責任を問うことは許されず（瑕疵担保責任を理由とする解除による代金支払いの拒絶ならこれを認めることができるが）、債務の不履行を理由として代金の支払いを拒むことはできないとして、この点を明確にしたのであり、この点にこの三判決の（本来）先例的意義があるといえよう。

しかし、不特定物売買において債務不履行責任と瑕疵担保責任との競合的あるいは選択的行使を認めることは買主の保護に欠けることはあるまいが、受領を境として、瑕疵担保責任規定の適用を認めることとの反射効として、当然に債務不履行責任の追及が許されなくなるとまですることは果たして妥当といえようか。買主保護の観点から見るとき、多くの学説が指摘しているように問題なしとしない。右の三判例の判決文からは、かかる効果を認める根拠が必ずしも明確でないのが気にかかる。〔28〕判例では、買主が瑕疵を「知リテ履行トシテ認容シ受領シタ場合」といい、粗竹三間物の売買において二間物（明白な瑕疵?）が給付され、買主がこれを受領しているから、瑕疵を知って受領したとはいえそうであるが、果たして履行として認容していたとまでいえるのか（現に買主は不完全履行と主張している）、なにかそういえるだけの特別事情があったのか、その辺のことは判決文上明らかでない（転売した点の評価は後述〔30〕判例の費消参照）。また、〔29〕判例でも事情は同じである。「授受セラレタ」以上「債務ハ茲ニ不完全ナカラモ履行セラレタルモノト解シ之ニ瑕疵担保ニ関スル規定ヲ適用シ得ヘキモノ」というのみで、買主がなぜもはや債務不履行責任を主張できなくなるのかの積極的根拠の説明を欠く。

ただ、〔30〕判例では、買主が瑕疵ある物を瑕疵を知って費消してしまっているから、不完全な履行を認容する意思と解（擬制？）されてもやむを得なかった場合かもしれない（星野・前掲一三三頁）。しかしこれとても、費消したことが直ちに不完全履行責任の消滅にむすびつくかは疑問である。完全物の給付請求は認められないとしても、債務不履行を理由とする損害賠償請求は認められる余地があろうし、実際問題としても、損害賠償のみで満足するつもりで買主が目的物を費消する例があることは多いであろう。だから、費消したからという理由のみで債務不履行を理由とする買主の請求権が放棄されたとみ、あとは瑕疵担保責任を理由とする損害賠償請求のみだというのはいかがなものであろうか。

このように、これら三判例の一般論つまり「受領」を境に債務不履行と瑕疵担保との適用を変えようとしている判旨には、かなり不明確な点あるいは疑問点があるが、当該事例の結論そのものはおそらく妥当であったのではないかとも思われる。というのは、これら三判例は、いずれも買主が目的物を受領した後に、売主からの未払代金支払請求に対して、売主の債務不履行を理由としてその支払いを拒絶したという抗弁型の事例であり、しかもそのうち二例は買主がその物をすでに転売あるいは消費していたという事例であって、買主が代金未払いの口実として売主の債務不履行責任を主張した事例のようにも推測され、買主を保護するに値しない事情があった事例のように思われるからである。だから、先の一般理論は、かかる特殊事例につき妥当な結果を導出するための簡明な説明の論理であったと理解できなくはあるまい。これに対し、目的物の受領後、買主の方から積極的に売主の債務不履行責任を主張して契約の解除や損害賠償の請求をした請求型の事例や、抗弁型の事例でも買主にも保護に値する事情があった場合に、先の一般論がそのまま機能するかは疑問であり、この点は、この時点では残された問題であったと理解しておくのが正当であろう。少なくともかかる事例では、裁判所は、不履行責任を消滅させる時間的限界としての「受領」概念の内容をもっと明確にする必要に迫られるであろう（この点は後の昭和三六年の〔34〕最高裁判決で問題となる）。

さらにいえば、受領を境に債務不履行責任と瑕疵担保責任との適用を変えようとする判例の発想の背景として、当時の「不完全履行」論の内容が、不履行性の強調に走るものであって（Nichterfüllen）、不完全履行の履行面を評価しこれに一定の法的効果を与える法技術（Schlechterfüllung、とくに権利行使の短期の期間制限）をいまだ持っていなかったために、受領後の問題処理にあたって、履行面の評価に対応できる瑕疵担保責任構成が有用と考えられ、これが取り入れられたものとの推測を繰り返しではあるが指摘しておきたい。後述するように、不完全履行の履行面をも評価する最近の不完全履行論では、代金支払拒絶の抗弁型事例でも、売主の不履行責任を認めつつ、他方において買主の代金支払いの拒絶を制限する論理構成をすることも可能なのである（勝本正晃「不完全履行論序論」民法研究（一）二五四頁以下。星野・前掲二二頁）。

㈣　最後に、昭和六年の今一つの大審院判例を紹介しよう。この判例はこれまでほとんど学説の注目を浴びていないものであるが、前三判例で残された問題と後の〔34〕昭和三六年最高裁判決とのつながりを考えるうえで見落とすことのできない重要判例だと私は考える。

〔31〕大判昭和六年二月一七日（新聞三二四四号九頁）

〔事案〕　文化籾摺機一五台の商事売買で、買主Xが受領後約二ヶ月の後に隠れた瑕疵を発見し、これを通知したところXの方で修繕してくれと依頼された。ところが結局修繕が不可能であったので、Xが契約の目的を達しえないことを理由として契約を解除し、売主Yに対して支払代金等の返還を訴求した事例。原審は、Xの為した契約解除の意思表示は瑕疵を知ってから一年以上経過後になされたものであること、またその間YよりXに修繕を依頼した事実があるも、この一年の期間は限定的であるから、もはやXの解除権は消滅しているとした。X上告。

〔判旨〕　破棄差戻し

「商人間ノ売買ニ於テ買主ノ受取リタル目的物ニ隠レタル瑕疵アリテ其レカ為買主カ契約ヲ為シタル目的ヲ達スルコト能ハサル場合ニ於テ其ノ瑕疵ヲ目的物受領後六ヶ月内ニ発見シ売主ニ対シ其ノ通知ヲ発シタルトキハ其ノ瑕疵ノ為契約ヲ為シタル目的ヲ達スルコトヲ得サルモノナルコトハ商法第二百八十八条（旧法、現五二六条）民法第五百七十条第五百六十六条ノ規定ニ依リ疑ナキ所ナリ……Xノ為シタル本件売買ノ解除カ適法ナル期間内ニ行ハレタリヤ否ヲ判定スルニハ必スヤ先ツ現品ニ存スル瑕疵ノ修補不能ニ終リ延テ契約ノ目的ヲ達スルコト能ハサルニ至リタリヤ否又Xハ如何ナル時期ニ於テ其ノ事実ヲ知リタリヤヲ審査確定スルコトヲ要スルモノト云ハサルヘカラス……〔原審が〕Xノ本件売買ヲ解除シ得ヘキ期間ヲ同人カ初メテ瑕疵ヲ発見シタル昭和二年六月四日ヨリ起算シXカ其ノ日解除ノ通知ヲ発シタリト主張スル昭和四年八月二十一日ニ於イテハ既ニ解除権ハ期間経過ニ依リ消滅シ居タル為其ノ解除ハ効ナキ旨判示シタルハ法律ノ誤解（なり）……」

〔本判決の先例的意義〕

この事件では、瑕疵担保責任と債務不履行責任との関係は直接問題となっていない。そこで、不特定物売買かどうかも認定されていない。したがって、両者の関係を問題とした先例として引用するのは適切ではなかろう。ただ、もし本件事例が不特定物売買であったとしたら（買主の主張内容から見るとその可能性は大きいように思われる）、本件判旨は両者の関係を考えるうえで重要な問題点の一つを提起し、これを解決している判例と思われる。すなわち、不特定物売買においては、目的物の受領後瑕疵を発見した場合、完全物給付の請求や瑕疵修補請求がなされることが当然予想されるところであるが、これらの請求と除斥期間の進行との関連性如何の問題である。この場合、形式的に瑕疵発見後一年としたのでは妥当性を欠くであろうし、特に完全物給付の請求をしている場合にはそもそも瑕疵担保の規定の適用との関係がどうなるかも問題となろう。本件は商事売買で、買主の請求が瑕疵修補の請求であったことと、買主が売主の瑕疵担保責任を主張していた関係上（瑕疵担保責任に基づく瑕疵修補請求が許されるかはこれ自体一つの問題であるがこの点はしばらく置く）、後者の点は問題とならなかったが、前者の点について、本件判旨は修補不能の確定を知った時という基準を示すことで問題の妥当な解決を図っている。不特定物売買においては修補不能が確定（あるいは売主の修補拒絶）により、瑕疵の存在も確定するわけだから、不特定物売買にも瑕疵担保規定の適用を肯定する立場では、その時から一年の除斥期間を計算するのが妥当であろう（ちなみにドイツの判例は、請負契約についてのドイツ民法六三九条二項に準じ、その間時効の中断を認めるという。北川善太郎「ドイツ判例法における瑕疵担保」民商四六巻四号九二頁以下参照）。

本件では問題とされなかったが、債務不履行責任との関係はさらに問題である。買主が受領後に瑕疵を発見し、完全物の給付請求や瑕疵修補請求をしている限りは、「履行トシテ認容シテ受領」していることにはなるまい。そうだとすると瑕疵担保の規定の適用、一年の除斥期間の進行開始は考えられない。しかし、法律関係の可及的速やかな安定を図るためにも不特定物売買に瑕疵担保規定の適用を認めるという判例法の趣旨からすると、このような場合でもその後のなんらかの時点で瑕疵担保責任への転化、除斥期間の進行開始を認める処理が必要となろう。この間の調整をどのような形で行うか、それはこの時点では残された問題であった。

なお、下級審判例ではあるが、昭和二年に右の問題に関連する判決例があるので紹介しておこう。

〔32〕　東控判昭和二年六月二八日新聞二七四五号一二頁

〔事案〕　映写機三〇台の売買で、売主からの代金支払い請求事件。給付された物に瑕疵があったので、買主が修補請求をし、売主が修補したが十分な修理が行われなかったようである。代金支払いを求められた本訴訟中に、買主が債務不履行を理由として契約を解除し、代金支払義務なしと抗弁した。判決は、売主の修理・引渡後、解除までの間に一年以上経過していることを理由として、解除を無効とした。

〔判旨〕「〔瑕疵の修補を求められた〕A（売主）ハ特ニ之ニ応シテ其修補ヲ為シタル上同年〔大正一〇年〕之ヲY（買主）ニ引渡シ其際更ニ代金ノ内金一千円ノ支払ヲ受ケタル事実ヲ認メ得ヘキカ故ニ叙上事実ニ徴スレハYハ既ニ前示機械ヲ本訴契約ノ履行トシテ受領シタルモノニシテ之ニ因リ本訴給付ノ目的物ハ特定セルト共ニ売主タルAノ為スヘキ履行ハ最早完了シタルモノト認メサルヘカラス果タシテ然ラハ仮ニ該目的物カY主張ノ如キ不良品ナリシトスルモ右ハ給付ノ目的物ニ瑕疵アル場合ニ外ナラスシテYニ於イテ民法第五百六十六条ニ従ヒ瑕疵ヲ知リタル時ヨリ一年内ニ本訴契約解除ノ意思表示ヲ為スハ格別特約無キ限リ売主ニ対シ更ニ瑕疵ナキ物件ノ給付ヲ求メ又ハ瑕疵ノ修補ヲ求ムル権利ナキモノニシテ縦令売主ニ於イテ該請求ニ応セストスルモ之ニ基キ契約ヲ解除シ得ヘキモノニアラスト認ムルヲ至当トス而シテYカ遅クトモ本訴答弁書提出ノ当時（大正十年十月二十八日）既ニソノ瑕疵アルコトヲ知リタルコトハYノ主張自体ニ照ラシ明ラカナルヲ以テ其後一年以上ヲ経テYカ売主Aニ於イテ其債務ノ完全ナル履行ヲ為サス又ハ之ヲ為スコト能ハサルノ故ヲ以テ其主張ノ如キ契約解除ノ意思表示ヲ為スモ到底之ニ因リ解除ノ効力ヲ生スル由ナシト云ハサル可カラス」

Ⅳ　第三期の判例の総括

大正一四年判決にはじまる第三期は、判例法の理論的確立期といえよう。すなわち、当時現れた学説上の有力新説である不特定物売買への瑕疵担保規定の全面的適用否定説を斥け、債務不履行と瑕疵担保の選択的行使を認め、適用肯定説を採った大正一四年判決は、本来先例的意義からいえばそれほど重要ではない。しかし、この判決において大審院は、ここで打ち立てた判断基準が先例として機能すべきものとしてこれを示し、現にその後この判断基準は先例として判例法上機能してきた。つまり私見のいう解釈先例的意義として重要な判例であった。もっとも、本件判旨の判示した解釈命題の射程距離が目的物受領後の債務不履行構成の主張を全く排除するところまで及ぶものか、そして排除されるものとするときは、それはいつの時点からか、これらの点は残された問題であった。

この判決後、まず商事売買に関する昭和二年判決を経て、昭和三年判決ではじめて、右の排除の基準時に関して、「履行トシテ認容シ」あるいは「履行トシテ受領シ」という概念が示されるに至ったが、この概念は基準時問題解決のためには不明確な概念であった。つまり「履行トシテ認容」あるいは「履行トシテ受領」の内容は不明確であり、この点の明確化はこの判決においても残された問題であった。ただ、買主の側が売主の瑕疵担保責任を明確に主張している場合には履行として認容して受領したと認定され（あるいはその有無を問題とする余地なく）、瑕疵担保規定の適用が認められること、そして、一、二審まで瑕疵担保責任を主張し、上告審に至って債務不履行責任の主張に切り替えることはもはや認められないことだけは明らかにされた。もっとも、この判例の趣旨からすれば、「履行トシテ受領」した後は大審院が排斥説を採るであろうことは、推測されるところではあった（傍論）。

ついで、売主からの代金支払請求に対して、買主が目的物の受領後に売主の債務不履行責任を主張して代金の支払いを拒絶したという事例において、昭和六年の三判決は、ニュアンスに若干の差異はあるが、要するに、「瑕疵ヲ知リテ履行トシテ認容シ受領」した以上、債務不履行の請求（代金支払いの拒絶）は排斥されることを明確にした（本来先例的意義ある判決の出現）。しかし、これら三判例は、いずれも抗弁型の事例であり、買主が代金未払いの口実として売主の債務不履行責任を主張した事例のように推測され、結論の妥当性はゆるぎない事例のようにも思われる。しかし、目的物の受領後、買主の方から積極的に売主の債務不履行責任を主張して契約の解除や損害賠償の請求をした請求型の事例や、抗弁型の事例でも買主にも保護に値する事情があった場合に、先の一般論がそのまま機能するかは疑問であり、この点は、この時点では残された問題であったと理解しておくのが正当であろう。少なくともかかる事例では、裁判所は、不履行責任を消滅させる時間的限界としての「受領」概念の内容をもっと明確にする必要に迫られるであろう。まさにこの点が問題となったのが〔34〕昭和三六年最高裁判決である。

五　第四期の判例

Ⅰ　序説 ―― 学説の新たな展開 ――

(一)　史的発展の第四期を画するものは、勝本正晃教授の「不完全履行序論」である。不完全履行を不履行の一種とみなしてきたこれまでの学説に反し、教授は我が国で初めて不完全履行の積極的な履行面に着眼し、これに一定の法律効果を与える法技術を考案された。ここで、教授の不完全履行論全体を紹介する余裕はない。本稿の考察に必要な限りでその要点を述べると次のとおりである。

まず教授は、不特定物売買には瑕疵担保責任の規定の適用なしという当時の学説上の通説の立場から、〔24〕大正一四年判決後の判例の動向を批判される。そして、不特定物売買に瑕疵担保責任の規定の適用がないために生ずる不都合、すなわち請求権の期間制限の問題に対処するために、信義則に基礎を置く「特定の抗弁」ないし「履行認容の抗弁」という独自の法技術を考案された。すなわち、「不特定物債務に於いて、(イ) 債務者が不完全なる履行を為すにつき、悪意または重大なる過失なく、(ロ) 債権者何等の留保を為さずして之を受領し(例へば不完全を発見したるも之を相手方に通知して不完全を主張する権利を留保せず、又は完全なるべきことを特に条件とすることなくして受領し、其後久しく目的物の検査を為さざるが如し)、(ハ) 受領後相当期間なる時日を経過し、為に、債務者が、かの履行の完全なるべきことを確信するに至りたることが、取引の通念に照らし、相当と認めうるに至り、(ニ) 其結果、債権者が不完全を主張して新なる完全履行を請求することが著しく信義衡平に反するに至るが如き場合にして、債務者に完全履行の義務を負はしむることが、不相当に債務者の負担となるが如き場合には、債務者は債権者の請求に対し、新なる完全履行を為すことを拒絶し、ただ先に為したる履行の不完全なる部分に対し追完をなし、又は損害を填補すべき抗弁権、即ち、給付を既に債権者が受領したる所のものに特定せしむる抗弁権を取得するものと解する。これを特定の抗弁といふ。」と説明されている。

特定の抗弁ないし履行認容の抗弁とは、要するに、瑕疵ある種類物の給付もなおある程度の履行であることに着眼し、全然履行のない場合と区別して、一定の状況ある場合に、信義則や取引の通念によって売主の責任を軽減させようという目的ないし機能を持つものといえよう。

㈡　勝本教授のこの考え方は、その後まもなく末弘教授によって受け入れられた。すなわち、末弘教授は、この当時の学説を、①民法五七〇条は種類売買にも適用ありとする説（横田・小町谷説）、②民法五七〇条の適用なし、瑕疵ある種類物の給付はいまだ「債務ノ本旨ニ従ヒタル履行」と認め得ざるがゆえに、全然履行なき場合と同一に取り扱うべしとする説（末弘・鳩山説）、③五七〇条の適用なきも、瑕疵ある種類物の給付もなおある程度の履行であって全然履行なき場合と同一に取り扱うべきではない、「取引の通念」に照らし、「信義衡平の原則」によって売主の責任を軽減すべしとする説（勝本説）の三説に分類され、その上で、従来の自説（前記②の説）を捨てて③の勝本説を採られるに至った（末弘厳太郎「種類売買における瑕疵担保について」『民法雑考』昭和七年、二四五頁以下）。ただし、勝本教授が、売主が完全履行を拒絶しうべき権利を名づけて「特定の抗弁」又は「履行認容の抗弁」と称し、これを悪意の抗弁の一種とされた点について、それが果たして抗弁権の性質をもつものかどうかに疑問を抱かれ、この構成は避けて、単に信義則上相当期間経過後もしくはその他の特別事情があるときに、売主は買主の完全履行請求の拒絶・契約解除権の制約その他の主張を為し得るとされた（末弘・前掲二六七頁。末弘教授はこの法的構成を「債務不履行理論の醇化」と呼ばれている）。いわば、勝本説のやや生硬な法的構成が末弘教授によって口当たり良く、受け入れやすい構成に変えられたものといえよう。そして、この末弘新説がその後我妻教授（『債権法講義案』昭和一二年、七三頁、これが『民法講義・債権総論』昭和一五年に受け継がれた）をはじめとする多くの学者によって支持され、学説上の通説を形成するに至ったことは周知のとおりである。

なお、この論文で、末弘教授が、瑕疵担保に関する五七〇条の適用は不代替的特定物の売買にのみ限るべきだと提唱されたことも重要である（末弘・前掲二五九頁、なおこのことの持つ意味については柚木馨『売主瑕疵担保責任の研究』昭和三八年、一六九頁以下参照）。

㈢　右の末弘説以降、学説の大勢は五七〇条の適用否定説へと傾くが、なお、判例の適用肯定説を支持する者がなかったわけではない。その最たるものは、末川博教授が昭和一〇年に民商法雑誌に発表された瑕疵担保責任に関する判例の総合研究である（「売主の瑕疵担保責任」民商一・一～三）。末川説は、要するに、通説同様債務不履行責任と瑕疵担保責任の異質性を肯定し、五七〇条の根拠を売買の有償性に基づく公正の原理維持ひいては取引の信用維持に求めつつも、「不特定物の売買において売主の給付した物に瑕疵があるときは、更に完全履行（または追完請求）を請求し得るのは勿論であるが、しかしそれは債務の本旨に従ったものとして買主が一応物を受け取った場合にその物の瑕疵について売主の担保責任を問うことを妨げる所以とはならない（担保責任は普通には原始的不能があるときに認められるのだが必ずしもそうでなければならぬと解するのは独断である）。ただ、目的物に瑕疵があるというためには、その物が特定していることを要するのであるが、その特定は買主が売主の提供する物を受領したときに生ずると観るべきである（四〇一条二項の規定をそのままに適用することはできぬ）」（『債権各論』昭和一四年、八三頁）。

㈣　この時期における学説は、以上のごとく、大きく末弘新説に代表される立場と末川説に代表される立場とに分かれ、前者が多数の学者の支持を集めた形で推移し、その後は特別の展開はなく、第二次大戦後、昭和三二年秋の私法学会のシンポジウム「種類売買と瑕疵担保」（私法一九号参照）に至るのである。この間次に見るように、判例法にも変化は見られず、大正一四年判決の立場を継承した判決が昭和八年に一件みられるのみである。そして、この問題に関する判例法はその後昭和三六年の最高裁判決に至るまでの長期間空白状態を続ける。

Ⅱ　判例の分析

〔33〕 **大判昭和八年一月一四日**（民集一二・七一）

〔事案〕「特許三益三年式籾摺土臼」の製造者Yとの間で、Xが、その土臼の性能につき広告・宣伝されたところを信じて一手販売契約を締結し、Yに保証金を支払った。ところが、それだけの性能がなかったため購買者が一人もなかったので、Yの債務不履行を理由として契約を解除し保証金の返還を請求した。一審X勝訴。二審Y勝訴。原審判決は、Xの主張する性能を有することは右契約の内容となっておらず、Yは契約の約旨に従い契約の目的物である「特許三益三年式籾摺土臼」をXに送付したのであるから、債務不履行は認められないとした。X上告。

〔判旨〕　破棄差戻し

判旨は長文にわたるので次に要点に絞って紹介しておく。本判決は、本件一手販売契約はYの広告・宣伝に起因して締結されたものであることが明らかであるから、この広告によって保証した性質が契約内容になっていないとの原審の判断は、特別の事情のない限り、「事物ノ常態」や「取引ノ信義」に合わないとし、広告によって保証した性質が欠如している場合、「売主トシテハ或ハ債務ノ不履行ト為ル可ク或ハ瑕疵担保ノ責任ヲ生スヘク若シ又Y製作ニ係ル土臼ナルモノハ到底保証セラレタル性質ヲ具フルニ由無キ本質的欠陥ヲ帯有ストセムカ一手販売契約ソノモノハ始メヨリ無効ノ取引ニ外ナラス」と判示し、破棄差戻しの判決を下した。

判旨はまた、こうも述べている。特定の物を給付する以外に他の物を給付することが出来ない特定物売買において、「売買ノ目的物カ或性能ヲ具備スルコトヲ売主ニ於テ特ニ保証（請合フノ意）シタルニ拘ラス之ヲ具備セサル場合……（かかる特定物の給付は）縦令一般ノ標準ニヨリスレハ完璧ナルニモセヨ偶々此ノ具体的取引ヨリ之ヲ観ルトキハ是亦一ノ欠陥ヲ帯有スルモノニ外ナラ（ス）（したがって、この場合でも売主は保証契約の債務不履行責任あるいは瑕疵担保責任を負う）……所謂不特定物ノ売買（即チ一ノ種類債務）ニアリテハ瑕疵ナキ物ヲ給付スルコトカ取リモ直サス債務ノ内容ナルカ故ニ若シ売主ニ於テ瑕疵アル物ヲ給付シタルトキハ買主トシテハ之ヲ斥ケ唯其ノ債務ノ過不及無キ履行ヲコレ請求スレハ則チ足レリ但右ノ場合買主ニ於テ兎モアレ当該物ノ給付ヲ受領スルト共ニ翻ツテ此ノ特定物ニ就キ売主ニ対シ其ノ瑕疵担保ノ責ヲ問フコトハ是亦法規ノ禁スルトコロニ非ス這ハ已ニ当院ノ判例トスルトコロナリ是ノ故ニ今或種類物ノ売買ニ於テ其ノ種類ニ属スル物ハ斯ク斯クノ性質ヲ有ストノコトカ特ニ売主ニ依リテ保証セラレタルニ拘ラス其ノ現実給付セラレタル特定物カ偶々右ノ性能ヲ具備セサル場合ニ買主ハ売主ニ対シ約旨ニ適合スル物ノ給付ヲ請求スルト将タ瑕疵担保ノ責任ヲ問フト一ニ其ノ選択ニ従ヒテ可ナルハ前述ノ如シト雖若シ当該種類物ハ其ノ本質上到底保証セラレタル性能ヲ具備スルニ由無キ一般的欠陥ヲ帯有スル場合ニ於テハ右ノ如キ選択ハ最早問題ニ非ス何者目的タル給付ハ始メヨリ不能ナルモノトシテ売買契約ソノモノハ当然無効ニ外ナラサレハナリ」。

〔本判決の先例的意義〕

本判決は、売買の目的物の性能につき宣伝・広告をした場合は、その性能につき保証したものといえ、特別事情のない限り、その性能を欠く目的物の給付では契約の本旨に従った履行とはいえないとし、特別事情の存在を認定もせず、債務不履行なしと判定した原審判断には理由の不備もしくは審理の不尽があるとして破棄差戻しをしたものである。本判決の先例的意義はこの点にある。

なお、本件判旨は、特定物売買において、給付された目的物が保証した性能を具備していない場合は、これもまた一種の欠陥であり、売主は保証契約の債務不履行責任あるいは瑕疵担保責任を負うものとし、さらに不特定物売買において瑕疵ある物が給付された場合には、買主は売主の債務不履行を理由とする追完給付の請求を為し得るとともに、選択的に瑕疵担保責任を問うこともできることは「当院ノ判例トスルトコロ」として、大正一四年判決を踏襲することを明らかにし、さらに、当該売買の目的物である種類物すべてが保証された性能を欠く場合には、瑕疵担保責任や債務不履行責任の選択的行使はそもそも問題とならず、当該契約は原始的履行不能の契約であって、無効である旨をも述べていが、この点は傍論であって、解釈先例的意義あるにとどまるものといえよう。

六　第五期の判例

Ⅰ　序　説

種類売買と瑕疵担保責任の関係いかんの問題は、昭和三二年の秋季私法学会のシンポジウムで取り上げられて再び学界の関心を集めたが、そのシンポジウムでは、とくに問題の新たな理論的展開があったわけではなく、対立する両説を調和させようとする折衷的な見解（例えば加藤一郎教授の、「買主の完全履行請求権に関する限りで、民法五六六条三項を適用すべきである」との提言が表明された点で注目を浴びたにとどまる（星野英一「瑕疵担保の研究――日本」比較法研究二三号三頁参照）。

この折衷的見解が、種類売買に対する瑕疵担保規定の適用いかんという限定された問題の、しかもひとつの問題点を捉えたのみであり、かつ、具体的な効果面からのアプローチに止まり、新しい理論構成の構築にまでは進まなかったのに対し、その後全く新しい法的構成を提唱し、効果論についても考え直そうと試みる新説が現れるに及んで問題状況は一変した。その一は、比較法研究の成果を参照しつつ、とくに国際売買統一法草案の考え方に依拠して、瑕疵担保責任を債務不履行責任の一態様として構成する五十嵐清教授の論文であり（「瑕疵担保と比較法（1）（2完）」民商法四一巻二号〔昭三四〕、同六号〔昭三五〕）、その二は、比較法研究とくにドイツにおける学説史の分析と最近の学説を参考にして契約責任の再構成を試み、その一環として、瑕疵担保責任を契約責任の一部に組み入れる作業を行った北川善太郎助教授の研究である（「瑕疵担保責任について」法学論叢六七巻六号・六八巻三号　昭三五、「契約責任の構造とわが民法理論」法学論叢六九巻六号・七〇巻一号　昭三六、『契約責任の研究』昭三八　有斐閣）。そして、その三は、これらの研究を踏まえつつ、わが国の判例法の分析に新たな角度から照明をあて、問題をより深めた星野英一教授の研究である（「瑕疵担保の研究（日本法）」比較法研究二三号、昭三七）。

瑕疵担保責任をもって契約責任の一種であり、その特別規定だとし、したがって瑕疵担保責任の規定が当然に種類売買にも適用されるとするこれらの新説に対して、早速従来の通説の立場から精力的な反論がくわえられ（柚木馨『売主瑕疵担保責任の研究』昭三八）、この論争は今日いまだ決着をみていない。この論争の内容は周知のところであり、今ここで紹介する必要も余裕もない。ただここでは、最高裁昭和三六年判決は、このような学説の流動化現象の中で、この論争とは無関係（つまりその影響は判決に現れていない）に現れたものだということを指摘しておけばそれで足りる。

なお、国際売買統一法の立法過程の一連の動きや研究もこの段階では視野の中に入れておく必要があること言うまでもない（この点については、道田信一郎教授の一連の優れた研究・学会報告が参考となる。ブラウカー＝道田「アメリカ商取引法と日本民商法1売買」昭和四二年の秋季比較法学会報告他）。

Ⅱ　判例の分析

〔34〕最高裁昭和三六年一二月一五日（民集一五・一一・二八五二）

〔事案〕　YはXから有線放送用スピーカーを昭和二七年四月一八日に買いうけ、街頭宣伝放送事業に使用していたが、故障が多く、雑音・音質不良が生じたり、感電事故もあったので、Xに通知して修理を求めた。X会社の技師がやってきて数回にわたり修理したが、完全には修復できなかった。そこで六月の初めに機械を持ち帰って完全に修理することを催告したが、Xはこれを放置した。

そのためYは第三者から放送機械を借り受け、放送宣伝事業を続けることを止むなくされた。他方、Xは、先にYから残代金債務の支払いとして受け取っていた約束手形の満期日が六月一七日に到来したのでその支払いを求めたところ、Yが支払いを拒絶したので、七月二三日に本件訴えを提起し、手形金の支払いを求めた。これに対しYは第一審口頭弁論期日である同年一〇月二三日に契約解除の意思表示をした。この解除の有効性いかんが本件の争点である。

一審はXの請求を認容した。原審は、機械に瑕疵があるとはいえても、契約目的を達しえないほどの瑕疵とはいえないとして、瑕疵担保による解除は認めなかったが、本件売買は不特定物売買であり、Xは不完全な放送機械をYに引き渡し、結局債務の本旨に従った履行をしなかったといえるから、不完全履行を理由とする解除は有効とした。Xより上告し、判例は、目的物の引渡前は不完全履行の責任を認めるも、引渡後は瑕疵担保責任のみを認めているのであるから、原判決は先例に反する旨主張した。

〔判旨〕　上告棄却

「不特定物を給付の目的物とする債権において給付せられたものに隠れた瑕疵があつた場合には、債権者が一旦これを受領したからといつて、それ以後債権者が右の瑕疵を発見し、既になされた給付が債務の本旨に従わぬ不完全なものであると主張して改めて債務の本旨に従う完全な給付を請求することができなくなるわけのものではない。債権者が瑕疵の存在を認識した上でこれを履行として認容し債務者に対しいわゆる瑕疵担保責任を問うなどの事情が存在すれば格別、然らざる限り、債権者は受領後もなお、取替ないし追完の方法による完全な給付の請求をなす権利を有し、従つてまた、その不完全な給付が債務者の責に帰すべき事由に基づくときは、債務不履行の一場合として、損害賠償請求権および契約解除権を有するものと解すべきである。」

本件においては、放送機械が不特定物として売買せられ、買主たるYは昭和二七年四月頃から同年七月頃までこれを街頭宣伝放送事業に使用していたこと、その間雑音および音質不良を来す故障が生じ、X側の技師が数回修理したが完全には修復できなかつたこと、Yは昭和二七年六月初めXに対し機械を持ち帰つて完全な修理をなすことを求めたが、Xはこれを放置し修理しなかつたので、Yは街頭放送のため別の機械を第三者から借り受け使用するの止むなきに至つたこと、Yは昭和二七年一〇月二三日本件売買契約解除の意思表示をしたことが、それぞれ確定されている。右確定事実によれば、Yは、一旦本件放送機械を受領はしたが、隠れた瑕疵あることが判明して後は給付を完全ならしめるようXに請求し続けていたものであつて瑕疵の存在を知りつつ本件機械の引渡を履行として認容したことはなかつたものであるから、不完全履行による契約の解除権を取得したものということができる。」

〔本判決の先例的意義〕

本判決は、不特定物たる放送機械（スピーカー）の売買契約において引き渡されたものに瑕疵があり、買主の請求により、数回売主が修補したけれど完全には修復できず、買主がさらなる修補を催告したところ、売主が応じないので、買主が不完全履行を理由として契約を解除し、代金の支払いを拒んだという不履行構成の抗弁型事件で、買主のこの主張が認められたものである。

この判決の評価としては、周知のように、この判決は受領後の債務不履行を理由とする解除を認めたのだから、目的物受領後も債務不履行の請求を認めるべきだとする通説の立場に一歩近寄ったものだとする評価と、本件は履行として認容して受領した事例ではないのであるから、受領後は瑕疵担保責任によるべきだとする従来の考え方を変えてはいないという評価の二つが対立している。なお、栗栖教授は、この最高裁判例も、なお、一定の時点を境として、その前は債務不履行責任、その後は瑕疵担保責任としているように思われ、不特定物売買における目的物の隠れた瑕疵に対する売主の責任は瑕疵担保責任か債務不履行責任かの二者択一であるとの従来の議論の仕方〔〔27〕大正一四年判決〕にまだとらわれているというべきであろう、とされている。

しかし、その評価はともかくとして、受領後に債務の本旨に従ったものでないことを理由として損害賠償請求をし、それが認められた判例は、すでに、種類売買に事実上瑕疵担保責任の規定を適用していた時代である明治時代にあり（〔8〕大判明治三六年一二月九日民録九輯一三六三頁、腕木売買事件）、本昭和三六年判決は、結論的にはこの判例と同一である。そして、この両判決の中間において、受領後に債務不履行構成で請求していって、瑕疵担保構成で請求しなければ駄目だとした判例は見当たらない。つまり、これまでの判例法の流れを大局的に見ると、判例は意識していないにせよ、結局のところ、瑕疵担保と債務不履行の両構成を適宜に使って事件の処理をしており、二者択一的な厳格な態度を事実上とっていないといえよう。訴訟物理論や弁論主義との関係もあるが、請求型事件では、買主が瑕疵担保構成で来れば、その線上で問題の処理をし、債務不履行構成で来ればまたその線上で、請求の当否を判断しており、不履行構成できたときに、瑕疵担保構成でこなければ駄目だといった事例は見いだせないのである。ただ、抗弁型の事例において、売主の代金支払請求に対して、買主が契約の解除をせずに、債務の不履行抗弁を提起して代金全額の支払いを拒絶したのに対して、瑕疵担保責任の問題だから契約の解除をしなければ駄目だとか（〔29〕大判昭和六年四月二日新聞三二六五号九頁）、瑕疵担保責任の除斥期間を徒過しているから駄目だとしているもの（〔30〕大判昭和六年五月一三日民集一〇巻二五二頁）があるが、これは昭和六年の判決であって、その後に現れた勝本説や末弘説が裁判所に浸透していない時代のものである。今日の不完全履行論の下ではこの抗弁は当然退けることができた内容の事件のようである。換言すると、このような事例では、当時の不完全履行論（Nichterfüllung）では売主の救済をはかれないので、この欠陥を補うために、判決は瑕疵担保責任の規定を使うことで買主の抗弁を退け、妥当な結論を導出したものといえよう。つまり、目的物の引渡後には債務不履行構成が一切排除されるとまでは考えていなかったとみるべきである。そして、本昭和三六年判決の先例的意義は、この延長線上にあるものと位置づけるべきといえよう。

七　判例法の史的発展の総括

最後に判例法の史的発展過程を簡単に総括しておこう。これまでの分析で明らかにしたように、判例は、明治の昔から昭和の今日に至るまで、論理構成の上ではともかく、実務の処理としては、厳格な二者択一構成を取らず、二つの法的構成を適宜に使い分け、種類売買において瑕疵あるものが給付された紛争事例の公平かつ妥当な解決を図ってきたものといえよう。そうだとすると、判例研究者としては、判例の論理構成・法的構成にとらわれることなく、判例が実際に打ち出した法的保護を類型的に整理し、分析して、その背後にある実際の判断基準を探り出し、それをうまく説明できる法理論・論理構成を裁判所に提供する仕事をなすべきであると考える。そして、この場合に、不完全履行の履行面を積極的に評価しうる今日の不完全履行論の下では、かつては瑕疵担保責任構成を使ってその欠陥を補充せざるを得なかった時代の不履行構成の下での状況とは、問題状況が異なるわけであるから、種類売買の法的保護は、不完全履行構成のみ（一元的構成）で妥当な保護をはかることが可能と思われるが、我が民法の不完全履行に関する規定内容が不備であること、さらには弁論主義など訴訟法上の問題との関係もあるので、実務上は、当面はなお二本立て構成の有用性は認められるといえよう。しかし、すくなくとも立法論としては、特定物売買と不特定物売買とでは、やはり、法的保護の仕方がいくつかの点で異なるから、両者は別個に規制すべきであり、特定物売買は瑕疵担保責任、不特定物売買は不完全履行構成により、それを精緻化するのが、理論的にはすっきりした体系になるのではないかと、現在のところ考えている。そして、解釈論として、実務の要望にも応え得る一元的構成の具体的構築は、後述する第二章の「判例法の類型的分析」を踏まえたうえで、第三章の「解釈学的考察と『法的構成』に関する解釈試論の提起」において、私見を展開してみたい（以下未完成・〔追記〕参照）。

〔追記〕　本論稿は、一九五六年に執筆した修士論文「種類売買の法的保護に関する一考察」（本書第一章1に収録）に続く瑕疵担保責任と不完全履行の関係を検討する筆者の研究の第2作「不特定物売買と瑕疵担保責任㈠」の続編である。この未公表論稿公表の経緯と未完成に終わった理由については本書の「はしがき」*v*頁に記したところを参照していただきたい。

4　不特定物売買と瑕疵担保責任（二）

不特定物売買と瑕疵担保責任に関する判例一覧（論文引用順）

	判決年月日 原判決の結論	出典 上告審の結論	目的物	売買の類型 判旨の論理構成	争いの類型
1	大判明治 44・9・25	民録 17・495	酒粕	商事・不特定物	瑕疵担保解除抗弁
	買主敗訴・上告	上告棄却	瑕疵担保解除のみ主張、重大な瑕疵ではない		
2	大判大正 3・3・5	民録 20・140	玩具船	商事・不特定物	瑕疵担保解除抗弁
	売主敗訴・上告	破棄差戻し	瑕疵の通知はなされているが．解除は 1 年の除斥期間経過後故無効・〔6〕の上告審判決		
3	大判大正 5・5・29	民録 22・1049	製氷用機械	商事・不特定物	代金減額抗弁
	買主敗訴・上告	上告棄却	通知の懈怠商 288 の適用肯定		
4	大阪地判大正元 11・20	新聞 825・23	保命酒	商事・不特定物	代金減額抗弁
	買主敗訴		1 年の除斥期間の経過		
5	大阪区判大正 2・1・25	新聞 843・21	綿ネル	商事・不特定物	代金減額抗弁
	買主敗訴		1 年の除斥期間の経過		
6	東控判大正 2・6・30	新聞 893・22	玩具船	商事・不特定物	瑕疵担保解除抗弁
	売主敗訴		瑕疵担保解除のみ主張、重大な瑕疵ではない・〔2〕の原審判決		
7	東控判大正 2・10・30	評論 2・商 366	製氷用機械	商事・不特定物（？）	賠償請求（？）
	売主敗訴		瑕疵あり、賠償請求認容		
8	大判明治 36・12・9	民録 9・1363	腕木	不特定物	不履行・賠償請求
	買主敗訴・上告	破棄差戻し	原審・解除しない限り賠償請求は不可、上告審・不完全履行故賠償請求可		
9	大判大正 5・10・7	民録22・1853	材木	不特定物	不履行・支払拒絶抗弁
	買主敗訴・上告	上告棄却	受領後は一部の不完全履行を理由として代金全額の支払拒絶は認められない（但傍論）		
10	東地判大正 6・9・21	新聞 1360・22	染料オレンジ	商事・見本・不特定物	完全物給付請求

	買主勝訴		見本に反する目的物給付は一部を転売していても不完全履行請求可		
11	大阪控判大正 6・12・7	新聞 1349・19	落花生	商事・不特定物	完全物給付請求
	買主一部勝訴		5 分の 1 につき完全物の給付請求を認め、他の部分につき代金支払を命じた		
12	東地判大正 5・10・30	新聞 1188・26	フレーム	商事・不特定物	不履行解除抗弁
	買主勝訴		売主、買主の瑕疵修繕請求に応ぜぬ故の契約解除の抗弁を認める		
13	東控判大正 6・11・28	新聞 1362・20	生地天	商事・見本・不特定物	不履行解除抗弁
	買主敗訴		契約目的を達しえないほどの瑕疵ではない､解除無効		
14	大阪地判大正 6・2・2	新聞 1227・22	中古ガス発動機	商事・不特定物	不履行・支払拒絶抗弁
	買主敗訴		受領後は代金減額か解除せずには支払拒絶は認められない		
15	大阪区判大正 8・2・15	新聞 1529・20	菊花	商事・不特定物	瑕疵担保解除・代金返還請求
	買主敗訴		不特定物売買には 570 条の適用なき故瑕疵担保解除（即時無催告）は無効		
16	横浜地判大正 12・4・26	評論 12・商 263	油用新罐	商事・不特定物	瑕疵担保解除抗弁
	買主敗訴		不特定物売買には 570 条の適用なき故瑕疵担保責任の追及は許されない		
17	関東庁高等法院訴訟年月日不詳大 8（控）2425	新聞 1623・17	コーヒー豆 1 万斤	商事・見本・不特定物	瑕疵担保解除・賠償請求
	買主勝訴		瑕疵を理由とする解除には催告の必要なし		
18	大阪控判大正 8・6・18	新聞 1592・15	支那明礬 5 万斤	商事・見本・不特定物	瑕疵担保解除・賠償請求
	買主勝訴		瑕疵を理由とする解除には催告の必要なし		
19	東控判大正 13・11・8	新聞 2337・15	双眼鏡用プリズム	商事・不特定物	瑕疵担保解除・賠償請求
	買主勝訴		瑕疵を理由とする解除には催告の必要なし		

20	大判大正 8･5･6	民録 25・747	白紙委任状付株式	不特定物	不履行解除・代金返還他請求
	売主敗訴･上告	上告棄却	瑕疵担保解除が許される場合不履行解除は許されないとの上告理由を否定		
21	大判大正 10･2･10	民録 27・255	カタン糸逓次供給	不特定物	瑕疵担保解除・賠償請求
	売主敗訴･上告	上告棄却	瑕疵担保構成で一部解除を有効．他部分につき賠償請求認容（買主・不履行構成主張）		
22	大判大正 9･12･6	民録 26･2012	チリ硝石	特定物	不履行解除・保証金返還請求
	買主敗訴･上告	上告棄却	本件は特定物売買だから、瑕疵担保解除が必要、不履行解除は認められない		
23	大判大正 13･6･23	民集 3・339	14 インチ丸鉄	特定物	瑕疵担保解除抗弁
	売主敗訴･上告	上告棄却	点検をしないことにつき過失がないときは、なお隠れた瑕疵といえる、解除有効		
24	大判大正 14･3･13	民集 4・217	タービンポンプ	不特定物	瑕疵担保解除・代金返還請求
	売主敗訴･上告	上告棄却	不特定物売買にも瑕疵担保規定の適用ありと明示		
25	大判大正 15･5･24	民集 5・433	樅板 116 坪	商事・見本・特定物（？）	不履行・受領拒絶抗弁
	売主敗訴･上告	破棄差戻し	特定物売買で見本不適合の場合瑕疵担保のみ、買主の受領拒絶不可・〔27〕と同一事件		
26	大判昭和 2･4･15	民集 6・249	缶詰製造用ブリキ板	商事・不特定物	不履行解除・代金返還請求
	買主敗訴･上告	上告棄却	通知懈怠、買主、不特定物売買には商 288 の適用なしと主張するも、これを排斥		
27	大判昭和 3･12･12	民集 7・1071	樅板 116 坪	商事・見本・特定物（？）	不履行・損害賠償との相殺抗弁
	買主敗訴･上告	上告棄却	隠れた瑕疵あり、瑕疵担保による賠償請求権との相殺抗弁、除斥期間の徒過・〔25〕の差戻し後の再判決		
28	大判昭和 6･2･10	新聞 3236･13	三間物粗竹	不特定物	不履行・支払拒絶抗弁
	買主敗訴･上告	上告棄却	履行として認容し受領した以上代物請求権なく同時履行の抗弁不可（〔27〕引用）		

29	大判昭和6・4・2	新聞3265・9	鼠軸輪用紙巻取	商事・不特定物	不履行・支払拒絶抗弁
	買主敗訴・上告	上告棄却	同一種類のものが送られ授受された以上、後は瑕疵担保のみ（〔24〕引用）		
30	大判昭和6•5•13	民集10・252	山羊毛	見本・不特定物	不履行・損害賠償との相殺抗弁
	買主敗訴・上告	上告棄却	受領物に瑕疵あることを知りつつ費消した以上、不履行請求不可、後は瑕疵担保のみ		
31	大判昭和6•2•17	新聞3244・9	文化籾摺機15台	商事・不特定物	瑕疵担保解除・代金返還請求
	買主敗訴・上告	破棄差戻	除斥期間の起算点につき、瑕疵発見後1年とした原判決には法律の誤解あり・商288の通知、修補請求があった事例		
32	東控判昭和2•6•28	新聞2745•12	映写機30台	不特定物	不履行解除・支払拒絶抗弁
	買主敗訴		1年の除斥期間経過後の解除故無効		
33	大判昭和8•1•14	民集12•71	三益三年式籾摺土臼	不特定物	不履行解除・保証金返還請求
	買主敗訴・上告	破棄差戻し	売主には広告・宣伝による保証違反あり、不履行なしとした原判決は審理不尽		
34	最判昭和36•12•15	民集15•11•2852	放送機械	不特定物	不履行解除・支払拒絶抗弁
	売主敗訴・上告	上告棄却	受領後瑕疵修補請求を続けていた場合には、債務不履行解除を為し得る		

5　種類売買と瑕疵担保
――売買の目的物（不特定物）に欠陥があるとき、買主を保護するにはいかなる法理が妥当か――

（一九七六年）

一　問題の所在

たとえば、甲が乙商店から、カラーテレビとか書籍などの商品を目的物を特定せずに買い受けたところ（種類売買、不特定物売買）、引き渡された商品に欠陥があったとしよう。この場合、買主の甲は現行法上どのような法的保護を与えられるであろうか。欠陥のある商品の給付は債務の本旨に従った履行とはいえないから、買主が売主の債務不履行責任（四一五条）を問いうることは問題がない。問題となるのは、買主は、さらに売主の瑕疵担保責任（五七〇条・五六六条）をも問いうるか、これを肯定した場合、両責任の関係をどう解したらよいかである。種類売買に瑕疵担保責任の規定の適用があるかどうか、ということの問題は、担保責任の法的性質をどう考えるかという問題とも関連して、古くから学説、判例上はげしく論議され、今日なお論議しつづけられている有名な難しい問題である。

なお、この売買が限定種類売買の場合には、錯誤の規定（九五条）の適用との関係も問題となるし、さらに、商事売買の場合には、商法五二六条の規定の適用も問題となる。また、その欠陥のために買主が損害をこうむった場合（たとえば欠陥のあるカラーテレビが火をふいて家が焼失した場合など）には、いわゆる積極的債権侵害や不法行為責任の問題も生じてくる。しかし、最後の問題は、製造物責任の問題として別に取り上げられることになっているので（第Ⅲ巻参照）、この項では省略する。

二　債務不履行責任と瑕疵担保責任との差異

本項の問題点の考察に入る前に、まず債務不履行責任によるのと、瑕疵担保責任によるのとでは、買主の法的保護の観点からみて、現行法上具体的にどのような差異があるのかを整理しておこう。

①　債務不履行責任を問うためには「売主ノ責ニ帰スヘキ事由」があることが必要であるが（四一五条）、担保責任を問うには、物の瑕疵が生じたことについて「責ニ帰スヘキ事由」の存在は必要でない。担保責任は無過失責任とされているのである。

②　債務不履行責任の追及は、㋑損害賠償の請求（四一五条）、㋺不完全履行の効果としての完全履行の請求（代わりの物を請求したり、瑕疵の修補を請求したりする権利）、㋩契約解除（五四一条）によって行われるが、瑕疵担保責任の追及は、解除、損害賠償請求（五七〇条・五六六条）によって行われる。後者では、代物請求、瑕疵修補請求ができない。

③　債務不履行にもとづく解除をするには原則として相当の期間を定めて催告をすることが必要であるが（五四一条）、担保責任による解除には催告は不要である。

④　担保責任の場合には、上記にあげた解除権、損害賠償請求権の行使は、瑕疵の発見後一年という短い期間内にしなければならないが（五七〇条・五六六条三項）、債務不履行の場合には、一般の一〇年の消滅時効（一六七条一項）、にかかるだけである。

⑤　損害賠償の範囲について、学説は債務不履行の場合には、履行利益の賠償だが、担保責任の場合にはそうでない（信頼利益の賠償とするものが多い）と考えるのが一般であり、両者の間に差異を認めている（**関連問題2**参照）。

三　論争の史的背景

瑕疵担保責任の沿革は、古くローマ法に遡るが（柚木馨・売主瑕疵担保責任の研究参照）、当時の売買契約は特定物売買が中心であったために、買主の法的保護としては、契約の解除と代金減額請求とが認められるにとどまり、代物請求は問題にならなかったのである。ローマ法を継受したドイツ普通法の下において、資本主義の発達にともなう大量商品生産、大量商品交換の進展は必然的に種類売買を商品取引の中心的存在たらしめた。そして、種類売買において瑕疵ある物の給付が行われた場合の法的保護として、瑕疵担保責任法理で処理すべきか、債務不履行責任法理で処理すべきかにつき大論争が展開され、その結果現行ドイツ民法典は四八〇条に明文の規定を設けて種類売買にも瑕疵担保責任の規定を適用することとし、かつ代物給付請求権を買主に認めることで、この論争に立法的決着をつけたのであった。わが民法典の瑕疵担保の規定は、この点に関する明文の規定を欠くので、ドイツ普通法時代と同様、解釈論上の疑義が生じたのである。民法典起草者が売主の瑕疵担保責任を一種の債務不履行責任と考えていたことについて疑問はないが、売主の瑕疵担保責任の規定を特定物売買にのみ適用があると考えたか、種類売買にも適用があると考えたかは、必ずしもはっきりしない（北川善太郎『日本法学の歴史と理論』一〇四頁以下、下森定「不特定物売買と瑕疵担保責任」志林六六巻四号九九頁以下参照）。しかし、大正七年末弘博士が瑕疵担保責任の規定は種類売買に適用なく、特定物売買にかぎって適用さるべきであると説いて以来、その説は学界の通説となった（もっとも、後述するごとくその内容に変遷はあったが）。とはいえ、その後にも瑕疵担保責任の規定は種類売買にも適用があるとする説はなかったわけではなく、ことに最近では有力となっている。つぎに学説・判例の問題状況をひとわたり考察してみよう。

四　学説の考え方

種類売買に瑕疵担保責任の規定の適用なしとする現在の学説の支配的考え方が、その根拠としてあげる理由は、ほぼ次のような点である。

①　不特定物の売買で瑕疵のある目的物を給付した売主は、債務の本旨にしたがった履行をしていないことになるから、完全な物を給付する債務を依然として負っている。だからこの場合には、買主は債務不履行責任を負うことによって救済を受けられるから、別に瑕疵担保責任を認める必要はない。ところが、特定物の売買では、特定物（とくに非代替的特定物）であるかぎり、その契約にとっては瑕疵のない完全な物はおよそありえないことになるのだから、たとい瑕疵のある物であっても、売主はそれを給付すれば債務を履行したことになる（後述するごとく最近の新説はこれを「特定物ドグマ」とよんで批判する）。そうだとすると、買主は売買代金に見合うだけの品質・性能をもった給付を受けられなかったことになる。しかも、売主は債務を履行したのだから、債務不履行責任を問うことはできない。これでは売買契約の有償性からみて不公平な結果となるから、法律がとくに売主の責任を規定し（法定責任）、両当事者の公平を図ることとしたのが、瑕疵担保責任の制度である。

②　瑕疵担保における瑕疵の存在の標準時は契約締結時であり、したがって、売買の目的物に瑕疵あるときはその契約は原始的一部不能となる。それは、後発的履行障害を問題とする債務不履行とは区別さるべきである。

③　瑕疵担保における買主の法的保護手段は解除と損害賠償とに限られており、瑕疵なき物の給付請求権を認めていないが、このことは瑕疵担保責任が特定物売買にのみ適用されることの当然の結果である。またもし、種類売買にも瑕疵担保の規定を適用して、完全履行請求権を認めないこととすると、それは種類売買の特質にそぐわないこととなる。

④　瑕疵担保における「目的物ノ瑕疵」というのは、特定物についてのみ考えうる観念であって、種類売買においては、たまたま給付された物に欠点があっても、それ以外に完全な物が同種類中に存在するかぎり、目的物に瑕疵があったことにはならない。

このように通説は、特定物売買の瑕疵は瑕疵担保責任によって、種類売買における瑕疵は債務不履行（不完全履行）責任によって処理さるべきであると考えている。しかし、そうだとすると、先にみたように、債務不履行を理由とする買主の権利である完全物給付請求権、それにともなう解除権、損害賠償請求権は一〇年の時効（一六七条一項）にかかるまでは消滅しないことになって、瑕疵担保責任を追及する買主の権利である解除権や損害賠償請求権が一年の短期時効に服するのと均衡を失することが批判され、それを受けて通説は、㋑信義則による制限（勝本、末弘、我妻）、㋺民法五四八条の類推適用、㋩民法五六六条三項の類推適用（広中）などにより、買主の権利を短期間に制限しようとしている。

以上の通説に対して、不特定物の売買にも瑕疵担保の規定を適用すべきであるとする学説が、戦前から戦後にかけて少数ではあるが有力に主張されてきた（小町谷、末川、内池、池田）。その論拠はほぼつぎのとおりである。ⓐ種類売買においても、目的物が特定した後は（四〇一条）、特定物の売買と同視してよいし、また、事前に特定しなくても、買主が目的物を受領すれば、それで特定したものとして、それから後は、瑕疵担保責任の規定を適用してもよい。ⓑ買主の完全履行請求権は、目的物の特定ないし受領後にも、信義則ないし取引の慣習上から認められる。ⓒ以上のように解さないと、特定物の売買と不特定物の売買とで売主の責任があまりにもかけはなれて不都合である。

この考え方にも疑問がある。代物請求権は瑕疵担保責任の規定から出てこないので、その規定の適用を認めたところで、信義則などによらざるをえない。かつまた、代物請求権の期間制限は、瑕疵担保の規定の適用があるといっただけでは解決できない（代物請求権については規定がないのだから）。さらに、瑕疵担保によるときは無催告解除が可能であるのだが、追完や修補の可能な場合には、無催告解除を許さぬ方がよいのではないか。

このように両説が対立しているが、以上みたように、種類売買に売主の瑕疵担保責仕の規定の適用があると無条件にいうことは適当でないし、さればといって種類売買には瑕疵担保責任の規定の適用はないと無造作にいっただけですむものでないことは明らかである（来栖『契約法』一〇九頁）。そして、両説とも自説の欠点を信義則や関連条文の類推適用によって埋めているので、実際上の結論は今日ではさほど差がなく、両説は接近しているのである（以上の学説の詳細・出典については、柚木馨・注釈民法一四巻二〇八頁以下参照）。

五　判例の立場

この問題に関する判例法をどう理解するかは意外に困難であり、学説によって評価が分かれるが（来栖・前掲一〇九頁以下、星野英一「瑕疵担保の研究――日本」比較二三号一六頁以下、二八頁以下、柚木・前掲『売主瑕疵担保責任の研究』二二六頁以下、下森・前掲）、筆者は大要次のごとく理解している。

まず、判例法の理解の上で大切なことは、判例は、種類売買において瑕疵ある物が給付された場合に、買主にどのような保護を与え、あるいは与えなかったかであり、瑕疵担保の規定は種類売買にも適用があるかどうかの問題は、いわば二次的な問題でしかないということをわきまえておく必要がある。しかし、一応当面の問題であるこの問題についての判例の立場はどうかといえば、当初の判例は、種類売買に債務不履行の規定の適用があるのはいうまでもないけれど、それと並んで、瑕疵担保責任を債務不履行責任の一種とみる基本的発想の下に、瑕疵担保の規定は当然種類売買にも適用があるとの前提にたって、瑕疵ある種類物の給付をめぐる紛争の法的処理をなしていた。そこで、紛争当事者が瑕疵担保を理由に争えばその問題として（酒粕売買事件、大判明四四・九・二五民録一七輯四九五頁、玩具売買事件、同大三・三・五民録二〇輯一四〇頁、製氷用機械売買事件、同大五・五・二九民録二二輯一〇四九頁、カタン系逓次供給契約事件、同大一〇・二・一〇民録二七輯二五五頁）、また、不完全給付を理由として争えば債務不履行の問題として（腕木売買事件、同明三六・一二・九民録九輯一三六三頁、材木売買事件、同大五・一〇・七民録二二輯一八五三頁、白紙委任状付株式売買事件、同大八・五・六民録二五輯七四七頁）、法的処理がなされていたのであり、二者択一の形で法的処理がなさるべきだという問題意識はなかったようである。特定物売買＝瑕疵担保責任＝法定責任、種類売買＝債務不履行責任とする説が学界の通説となった後も、判例は、種類売買に瑕疵担保責任の適用を否定することはなかった。この問題が意識された最初の判決は、大正一四年のタービンポンプ売買事件であった。買主が受け取ったポンプの運転を試みたところ、エンジンの発火装置が不完全で回転しないので、完全なポンプと取り替えるか、完全に修理を加えることを請求し、売主は二回にわたって修理したがその効がなかった。そこで買主が売買の目的物に隠れた瑕疵があり契約をした目的を達することができないとして契約を解除し代金の返還を請求したのに対し、売主は種類売買には瑕疵担保の規定の適用なしと抗弁した。判旨は、種類売買において売主が瑕疵ある物を給付してもまったく契約の履行となりえないものではなく、むしろ買主において受領した場合には不完全ながらも契約の履行があったと解すべきである、そしてこの場合には物に関する危険の移転する時期を標準として瑕疵担保にもとづく権利を行いうるとした。その後判例は、瑕疵ある物を履行として受領したときは、買主の権利は瑕疵担保上の権利の行使に限定されると説いたが（ブリキ板売買事件、大判昭二・四・一五民集六巻二四九頁）、買主がたんに瑕疵ある物を受領したからといって、ただちに、その後は瑕疵担保責任しか問いえないとするのは妥当でなく、債務不履行責任を問えてしかるべきであり、たとえば、完全物の給付を請求し、あるいは瑕疵ある物を返却して、売主はまだ履行をしていないとして同時履行の抗弁権を提出し、代金の支払いを拒絶することが認められるべきであろう。そこで判例は、さらに、瑕疵のある物をたんに受領したのでなく、履行として認容し受領したときは、瑕疵担保上の権利に依らなければならず、さらに瑕疵のない物の給付を請求することはできないとした（樅板売買事件、大判昭三・一二・一二民集七巻一〇七一頁、粗竹三間物売買事件、同昭六・二・一〇新聞三二三六号一三頁、山羊毛売買事件、同昭六・五・一三民集一〇巻二五二頁。この三判例は、いずれも瑕疵担保の規定の適用を認めることで、買主の権利行使に1年の期間制限を肯定し、売主側を勝たせた事件であった）。戦後、最高裁は、有線放送用のスピーカーの売買事件において、買主が瑕疵の存在を認識したうえでこれを履行として認容し、売主に対し瑕疵担保責任を問うなどの事情が存しないかぎり、受領後もなお、債務不履行にもとづく完全履行請求権および解除ができるとして、受領後の債務不履行を理由とする買主の契約解除を認めた（最判昭三六・一二・一五民集一五巻一一号二八五二頁）。しかし、「履行として認容し受領した」ということの意味内容、たんなる受領との違いは必ずしも明確でなく、また、その効果をどう解すべきかも問題が残されているようである。とくに、期間制限の点について、買主が瑕疵を知りて履行として認容し受領した場合には一年の制限にかかることは疑いないが、そうでないとき、つまり不完全履行を理由として請求する場合にもこの規定が類推適用されるのかどうかは、不明である。

六　最近の新説の立場

先に指摘したとおり、民法起草者および初期の学者は瑕疵担保責任を債務不履行責任の一種であると素朴に考えていたが、大正期になって、当時のドイツの学説の影響を受けた瑕疵担保＝法定責任説が通説として確立されて以来、種類売買に対する瑕疵担保の規定の適用につき肯定する者も、否定する者も、瑕疵担保を債務不履行と区別された特別の法定責任としてとらえる点では一致していた。ところが、最近になって、通説に反対して、瑕疵担保責任は法定責任ではなく、債務不履行責任の特則だと主張し、特定物であると不特定物であるとを問わず瑕疵担保の規定の適用を認めるべきだとする学説が有力となってきている。この説は、最近の比較法の発達およびとくにドイツの最近の瑕疵担保責任理論の展開に影響を受けて瑕疵担保責任の再構成を試みるものである（五十嵐清「瑕疵担保と比較法」民商四一巻三号・六号、北川善太郎『契約責任の研究』）。新説は、既存の通説を支えるものとして三つの理論的支柱（すなわち、①瑕疵担保は法定責任であること、②瑕疵ある特定物の履行は瑕疵なき履行であるという特定物ドグマ、③瑕疵担保を原始的一部不能にもとづく責任とみること）があるとし、これを批判して（北川・前掲『契約責任の研究』のほか、同・前掲

『日本法学の歴史と理論』一〇四頁以下参照)、売買の目的物が特定物・不特定物であると代替物・不代替物であるとを問わず、売主は、売買代金に見合う程度の合意された目的物を給付する債務を負うべきであり、したがって給付された目的物に瑕疵があれば、目的物の種類を問わず、債務不履行上の責任と瑕疵担保による責任を負うことになるとする。そして、債務不履行責任の規定と瑕疵担保責任の規定とは、後者が売買についての特則であるから、両者が抵触する場合は後者が適用され、そこに規定のない事項に関して不完全履行に関する規定および考え方が適用されるとする。その具体的効果は、論者によりニュアンスの差はあるものの、大局的にみて従来の学説の到達していた結論と差程大きな差異は認められない(新説の支持者としては、五十嵐・前掲、北川・前掲『契約責任の研究』のほかに、星野・前掲、山下末人「担保責任と債務不履行」契約法体系Ⅱ、同「瑕疵担保」於保不二雄先生還暦記念『民法学の基礎的課題㊤』、田上富信「不特定物の瑕疵担保責任」演習民法〔債権〕などがある)。結局、新理論の意義としては、まず、判例理論に対しては、特定物のほか、不特定物についても瑕疵担保を適用する理論的基礎を提供したこと(しかし、受領時を基準とする二元論には、反対)、つぎに、従来の通説に対しては、不特定物につき不完全履行と解する点では一致しつつも、特定物＝瑕疵担保、不特定物＝不完全履行という二元論に反対することにあるといえよう(五十嵐清「不完全履行と瑕疵担保」学説展望〔ジュリ三〇〇号〕)。

七　若干の問題提起──問題解決の基本的視角

以上の学説・判例をふまえて、私は次のように解したい。元来、売主の瑕疵担保責任の規定は、前述したように、特定物売買に即して形成されたものであるから、種類売買にそのまま適用することはできない(また類推適用してもさほどの実益はない、柚木・前掲『売主瑕疵担保責任の研究』二四七頁以下参照)。他方、種類売買における目的物の瑕疵に対する売主の責任については、債務不履行責任に関する現行民法の一般規定ではまかないきれないものを含んでいる（来栖・前掲一一七頁）。したがって、種類売買における目的物の瑕疵に対する売主の責任は、「法の欠缺」の一場合として、どのような法的保護をするのが種類売買の事実に一番かなっているかという観点から、構成すべきである。そしてこの場合、その基本的方向性として、「瑕疵担保責任か債務不履行責任かに拘泥しないで」ゆく（来栖）のが是か、あるいはまた、瑕疵担保責任を債務不履行責任の中に取り込んで一元化してゆく（新説）のが是か、それともまた、債務不履行責任の問題として、その延長線上で妥当な法技術を開発してゆく（従来の通説ないしその立場の更なる発展）のが是か、というと、私は最後の立場の方向性が妥当であると考える。というのは、特定物売買＝瑕疵担保責任＝法定・無過失責任＝無催告解除・代金減額ないし代金減額的損害賠償、種類売買＝債務不履行責任＝契約・過失責任＝要催告解除・損害賠償という図式は、両者を広い意味での契約関係上の責任として一元的に位置づけうるとしても、両売買の実態に即して考えてみるときなお、正当かつ有用な構成だと思われるからである。

このことは、瑕疵担保を債務不履行責任の中に取り込んで一元的構成を試みる新説の立場にあっても、両者の完全な融合化が果たせず、非代替的特定物売買の場合を「特別不完全履行」と構成し、不完全給付の二元的構成を試みざるをえないことにも端的に示されている（山下・前掲於保還暦論文参照）。不完全給付の二元的構成を考えることは、とりもなおさず、特定物売買の法的保護の、種類売買の法的保護との異質性、両者の異別的処理の妥当性を承認することであり、そうだとすれば、特定物売買＝瑕疵担保、種類売買＝不完全履行という二元的構成と実質的に変わりはないことになる（論者自身これを認めている。山下・前掲於保還暦論文一九〇頁）。むしろ、「特定物売買中心の厳格な瑕疵担保を不完全履行化」させることにより、異質なものを取り込んだ不完全履行制度の複雑化にともなう技術的不明確性、体系的混乱性といった弊害がもたらされることの危険性が大だと思われる。前述したように、新説は、最近の比較法の発展やドイツの学説の発展にならい、それを有力な根拠とするものであるが、それは、それらの発展史の無批判的承認にもとづく継受にほかならないように思われる。紙数の都合上、本稿ではこの点をくわしく論ずることはできないが、若干の問題点を指摘しておこう。

まず、英米法において瑕疵担保に相当する機能を果たす保証（Warranty）制度も一般の契約責任と区別して取り扱われていたが（それはなお一種の契約責任で法定責任という発想はなかったようであるが、黙示の保証契約の承認は、特定物売買に関するかぎり、機能的には法定責任として処理すべきものを契約責任に託して処理したものとみる評価も可能であろう。イギリス法については、佐藤正滋「瑕疵担保の研究（イギリス）」比較二三号参照）、両者はしだいに融合し、ついにアメリカ合衆国統一商法典においては、保証制度は独自性を失い、売主の債務不履行の一環として規定されるに至った（道田信一郎＝ブラウカー『アメリカ商取引法と日本民商法Ⅰ』参照）。

さらに、国際売買統一法草案も同一の発展過程をたどり、ついに瑕疵担保なる名称は姿を消し、物の適合性を欠く場合の売主の契約上の義務の一つとして規定された。しかしかかる発展過程は、新説のいうような瑕疵担保責任の債務不履行化というよりは、柚木教授によって鋭く批判されたごとく（柚木・前掲『売主瑕疵担保責任の研究』二六二頁以下）、「種類売買における瑕疵担保制度の排除と債務不履行責任の進出」と評価すべきものであろう。ドイツ法の発展史についても新説の理論には問題がある。前述のように、ドイツ現行民法典は四八〇条の明文規定を設けることで、瑕疵担保の適用肯定説に軍配を上げたのであるが、なぜ肯定説が採用されたかについて、原点に立ち返った再検討が必要である。当時のドイツ普通法学は債務不履行について、履行遅滞と履行不能の二元的構成しか知らず（北川・前掲の二書にくわしい）、種類売買において瑕疵ある物が給付された場合には、債務のまったくの不履行（Nichterfüllung）として処理するというのが、当時の適用否定説であったのである。しかし、実際問題としては、まったく履行がないわけではなく、完全ながら履行が現実には行なわれている（Schlechterfüllung）のであるから、これをまったくの不履行として処理したのでは、売主の保護にあまりにも欠けることとなる。この点、瑕疵担保制度は、履行があることを前提として構築された法技術であるために売主保護も配慮されており（期間制限がその一例）、瑕疵担保の規定の適用を認める方が、当時においては、種類売買の法的保護の実情に即していたのである。つまり問題はこうなる。種類売買における瑕疵ある物の給付は、まさに債務不履行なのであり、債務不履行責任の領域においてその法技術を用いて解決すべきであったのに、当時のドイツ民法学は、不完全履行にある程度の履行価値を認めうる債務不履行概念を知らなかったがゆえに、法定無過失責任である瑕疵担保責任制度を借用したのである。ところが、実際の商品取引では、種類売買が圧倒的であり、法的紛争の事例もまたしかり、かくて、瑕疵担保責任制度の中で、種類売買のそれが肥大化の一途をたどり、とくに瑕疵概念の拡張化問題とあいまって（異種物給付の問題に典型的にそれが表われた。この点につき、北川善太郎「ドイツ判例法における瑕疵担保（一）（二）」民商四六巻三号四号参照）、この傾向は促進され、ついに瑕疵担保責任制度それ自体を契約責任と構成するところまで突き進んだのである。いわば、特定物売買を前提として構築されている瑕疵担保制度は、種類売買に「ひさしを貸して母屋をとられた」ものといえよう。しかし、この発展は、筆者の理解では、借用現象性の行き過ぎであり、事態がここまで発展した以上、ドイツ民法学は、両者をはっきり切り離し、特定物売買＝法定責任としての瑕疵担保、種類売買＝債務不履行責任と構成し、種類売買の法的保護に適した不完全履行制度を構築し、異質な両者の合体による理論的混乱ないし複雑さをすっきりしたものにすべきではないかと考える。

わが国の場合も初期の末弘説は、瑕疵ある物の給付をまったくの不履行として把握していたのであるが（下森・前掲一〇九頁・一一六頁）、勝本博士によって、不完全な履行にある程度の履行価値を認めようとする「不完全履行」概念が構築され（勝本正晃「不完全履行序論」民法研究Ｉ）、これが末弘教授等によって発展され（末弘厳太郎「種類売買に於ける瑕疵担保について」民法雑考。この論文で初期の説から、勝本説的発想への改説が明確に表明されていることに注意）、その後の学説上の通説を形成したのである。種類売買における瑕疵ある物の給付の場合の法的処理技術としては、むしろわが国の発展の方が素直な発展であったのであり、いわば迂路をたどったともいえるドイツ法学の発展の結末を無批判的に継受し、債務不履行責任の体系中に異質な担保責任制度を取り込む必要はなんらないと考える。たしかに、新説による鋭い問題提起は、いくつかの点で既存の学説の盲点を指摘し、法解釈学のレベル・アップの上で重要な役割を果たしたが、この問題の解決に関する基本的方向性としては、筆者は、従来の通説の延長線上でより精緻な法技術の開発に取り組むのが正当だと考える。要件論、効果論の具体的展開は後日に譲り、本稿は以上の問題提起にとどめる。

八　その他の問題

担保責任と錯誤との関係

売買の目的物に契約当時から物または権利の瑕疵のあるときは、買主が錯誤となることが多い。そこで担保責任と錯誤との関係をどう考えるかという問題が生じてくる。もっとも、種類売買においては、限定種類売買（限定された種類全部に瑕疵があるような場合）を除いて、かかる意味での錯誤の問題は生じない。ところで、担保責任と錯誤との差異は次のような点にある。「要素の錯誤」であれば買主は契約の無効を主張できそれには短期の期間制限がないが損害賠償の請求は原則としてできず、買主悪意の場合は錯誤にならない。これに対して「要素の錯誤」にあたらない場合でも、買主は売主の担保責任を問うことができるが、契約解除権、損害賠償請求権は一年内に行使しなければならない。一般に担保責任を生ずる場合は錯誤で無効となる場合よりも広く、要素の錯誤の要件がみたされる場合にはつねに担保責任の要件がみたされることになる。そこで両要件ともみたされている場合に、①買主は両方とも主張できるのか、②錯誤だけを主張できるのか、③担保責任だけを主張できるのか、という問題が生じてくる。判例の態度は明確でないが、学説上の通説は、権利または物の瑕疵についての法律問題を短期間に決済するという担保責任の趣旨が売買では貫徹さるべきだという理由で、第三の考え方をとっている（学説・判例の詳細は、柚木・前掲売主瑕疵担保責任の研究二七三頁以下参照、なお最近の注目すべき労作として、来栖・前掲九六頁以下がある）。

商事売買の特則

商法五二六条は、商人間の売買について、買主に目的物の受領後遅滞のない瑕疵検査、通知義務を課し、買主がこれを怠るときは売主の担保責任を問いえないものとする。この規定は民事売買にも適用しうるか、さらに債務不履行（不完全履行）の場合にも適用があるかにつき、議論があるが（商事種類売買に適用があることについては異論がない）、一定の留保をしつつも、適用を肯定しようとする説が最近では有力となりつつある（詳細は、柚木・前掲研究三九四頁以下参照）。

【関連問題1】　瑕疵担保責任の期間

〈民法五六六条三項の「一年内」の期間の性質〉

民法五七〇条、五六六条三項によれば、目的物の瑕疵にもとづく契約の解除または損害賠償の請求は、「買主カ事実ヲ知リタル時ヨリ一年内ニ之ヲ為スコトヲ要ス」るものとされる。この規定が短期間に権利関係の確定を図ろうとする目的に出たものであることについては異論がない。しかしこの期間の法的性質や効力については争いがある。判例は、五六四条の期間に関してであるが（瑕疵担保の場合と同様と解することに異論がない）、この一年をもって除斥期間と解し、しかも、その期間内に所定の権利（たとえば解除権）の行使があれば、それが裁判外の行使であろうと、権利内容（たとえば解除の結果たる原状回復請求権）は一般の消滅時効にかかるまで存続すると解している（事案は、昭和七年二月に土地が売買されたところ一部が他人の土地であったため、同年六月に買主が裁判外で代金減額請求をなし、昭和九年一〇月になって減額分の返還請求訴訟を提起したもの。大判昭一〇・一一・九民集一四巻一八九九頁、川島武宣・〔判批〕判例民事法昭和一〇年度一二三事件）。この判例の態度を支持する学説は多いが（鳩山、石田、末川、勝本、松坂等）、最近ではこれに対する異論がかなり多く有力でもある。というのは、判例のように解すると、法律関係の短期決済の目的が達せられないことになるからである。

もっとも、判例に反対の学説も一致しているわけではなく、一方において、一年の期間を除斥期間と解しつつ、さらにこの一年の期間内に解除または損害賠償を訴求しなければならないとする説（出訴期間とみるもの）があり（この説はさらに、①この期間につき、中断・停止を認めないもの（吾妻）、②停止についてだけ類推適用を認めるもの（我妻）、③中断・停止ともに類推適用を認めるもの（近藤）、④損害賠償請求権についてだけ期間徒過後も五〇八条を類推適用して売主の代金請求権との相殺を認めるもの（柚木）などに分かれる）、他方において、一年の期間を短期消滅時効期間（解除権の場合、その行使の結果たる原状回復請求権の時効）と解する説がある（川島、戒能、広中）。

問題は理論面と実際面の両方にまたがる難問であるが、問題の中心は、要するに権利関係の短期決済と期間徒過後における買主の保護との二つの要請をどのように調整し、どのような法技術でそれを体系づけるかにある。時効と解すると、中断や放棄・援用の問題が起こり、短期決済の理想からみて疑問がある。除斥期間とみ、しかも出訴期間とみると短期決済の理想には合致するが、訴訟を強制されることとなって日本の取引の実状にそぐわない面がある。そうかといって、裁判外の行使でもよいとし、それにもとづく原状回復請求権は一〇年の時効にかかるのみというのでは、これまた短期決済の理想にそぐわない。結局、一年の期間内になんらかの権利行使を要求し、その行使があれば、ある程度請求権の行使期限の延長を認める、もっとも、売主の代金請求権に対して消極的に対抗する給付拒絶権の場合は別個に処理してかまわない（抗弁権の永久性的思考）、というのが、利益考量の大筋の方向として、一般の同意がえられそうな線であるが、この結果を法技術的にどう構成し、定着させるかは、今後に残された研究課題である（この問題の参考文献としては、柚木・注釈民法一四巻二七五頁以下、川島武宜・前掲判例民事法、同「時効および除斥期間に関する一考察」民法解釈学の諸問題等参照）。

【関連問題2】瑕疵担保責任の損害賠償の範囲

〈民法五六六条三項の「損害賠償」とは〉

瑕疵担保責任が種類売買にも適用されるかという問題は、損害賠償の範囲をどう考えるかという問題とも関連し、ここでも学説上争いがある。この場合には物の瑕疵（五七〇条）だけでなく、権利の瑕疵（五六六条）も関連するので、担保責任一般に通ずる問題でもある。種類売買と瑕疵担保との関係に関する通説によれば、特定物売買では、瑕疵のない特定物ということは考えられないのだから、売主の負う担保責任としての損害賠償は、「その瑕疵がなかったと信頼したことによる利益の賠償」つまり信頼利益の賠償に限られ、「瑕疵のない物の給付がなされたなら受けたであろう利益」つまり履行利益の賠償ではありえないということになる。

もっとも、通説の立場にたちつつ履行利益の賠償だと主張する学説もあり、原則として信頼利益の賠償だが売主に過失がある場合あるいは売主が品質を保証した場合は履行利益の賠償だとする説もある。さらに、損害賠償の範囲を買主の負担した対価（代金）の範囲に限定する学説（対価的制限説）もある。また、最近では、履行利益や信頼利益という概念的区別を排除して損害賠償の一般原則どおり、民法四一六条の原則によって決めればよいという考え方もある。判例には対価的制限説をとったものも信頼利益説をとったものもあり、その態度は不明確である（学説・判例の詳細は、柚木・前掲二書、北川・前掲二書の他に、北川善太郎「損害賠償論序説――契約責任における――」法論七三巻一号三号、同「担保責任」新民法演習Ⅳ九八頁、来栖・前掲八七頁以下等参照）。

問題は担保責任の法的性質論や、無過失責任性ともからみ複雑であるが、種類売買の場合は債務不履行（不完全履行）責任として処理すればよく、非代替的特定物売買の場合には、瑕疵自体に対する救済（代金減額的損害賠償）とそれによって生じた損害（結果損害、典型的には積極的債権侵害）の救済とは責任原因を異にするから別個の救済措置を考えるべきであり（北川・前掲新民法演習九八頁）、前者は無過失責任、後者は過失責任であるから、賠償範囲についても、前者を制限的に決定する方向性が妥当のように思われる。後者を担保責任の内容としての損害賠償とみうるかどうか（来栖・前掲九一頁はそう把握されるようである）、追奪担保の場合はともかく、瑕疵担保の場合には疑問である。元来、瑕疵担保は、特定物売買における目的商品の原始的瑕疵による法的な等価不均衡に対する救済措置として、買主に無過失責任を負担さすものでそれ以上のものではないと解されるから、売主にさらに、契約締結上の過失や、積極的債権侵害（過失責任）があれば、それはそれとして債務不履行責任法理により救済さるべきものである。非代替的特定物売買においてはつねにまったく不完全履行が問題とならないものでないことは、特定物の売主に履行に際して必要な注意義務違反があった場合を考えれば、容易に理解できよう。損害を相当因果関係論で一本化して把握する立場（我妻・新訂債権総論一五七頁参照、ただし、これは種類売買の場合を例にひいての議論であることに注意）は、特定物売買の問題処理に関するかぎり疑問である。

6　マンション売買と瑕疵担保責任

（一九七六年）

はしがき

(一)　最近、欠陥マンションをめぐる報道記事がよく眼につく。たとえば、毎日新聞一一月五日の朝刊記事は、「消費者は〝告発〟する」という横組みの大見出をつけた特集記事を組み、「欠陥マンションや欠陥住宅、入居後の補修責任などをめぐって、業者のズサンさ、国の無策を〝告発〟する消費者の動きが活発になってきた」ことをつたえ、具体例として、「マンション問題を考える会」、「マンション管理組合連絡協議会準備会」、「プレハブ住宅をよくする会」、「よい住宅を安くさせる会」などの活動状況を紹介している。そして、同紙、同日付の社会面記事では、右の「マンション問題を考える会」（雨宮弘明会長）からの「欠陥マンションを追放してほしい」という要望をうけた建設省は、業者から事情聴取をした上、業者に改善すべき点が多いと判断し、今後、業界全体に対して強い行政指導を行うこととし、①施工業者のミスをチェックできるよう売り出す前に十分な点検をする、②業者と業者の団体に苦情処理のための窓口を設ける、③各業者共通のアフターサービスの基準をはっきりさせる――などを早急に実行させたいとしている、と報道し、また今度の調査で明らかになった欠陥工事については、さらに調査を進め、結果によっては行政処分を検討しているともつたえている。

従来マンションをめぐる紛争といえば、建設過程における日照権紛争や、不況による分譲業者の倒産にともなう購入者の救済問題が新聞の社会面を賑わしていたものであるが、首都圏で三〇万戸に近くなったといわれるマンション戸数の増大とともに、欠陥マンションの瑕疵修補問題や、管理問題が次第に社会問題として登場してきたものといえよう。去る三月、国連の世界人間居住会議名古屋集会において、都市問題の世界的権威といわれるJ・ゴットマン教授（オックスフォード大）は、「世界の都市化と人間環境の動向」と題する講演の中で、二五年後の世界は、人口の五〇％が都市に集中することを予測し、「居住環境ガマン時代」の到来を予告して注目を浴びた（三月一六日付各紙朝刊記事参照）。都市化社会の出現は、必然的に庭付き一戸建の居住環境へのあきらめをもたらし、マンション時代の到来が歴史的必然であるとするならば、欠陥マンション問題、マンション管理問題をめぐる法的紛争の激増もまた必然であり、これらはまさに、今日的はやりことばでいえば、現代都市社会の「構造的被害」というべき問題であろう。

㈡　さて、このような問題状況を目前にして、法律学とくに民法学はどのような対応をなしえているであろうか。一言にしていえば、欠陥マンションの瑕疵修補請求をめぐる消費者救済問題については、はなはだ立ち遅れているといって過言でない。現代社会の「構造的被害」の最たるものである、いわゆる「製造物責任」の問題については、最近の私法学はめざましい成果をあげつつあるといえようが、一面でこの問題にもつながる欠陥マンション特有の問題領域についての研究はまだ少ない(1)。本稿は微力ながらその一端を補うことを目的とするものである。なお、資料の蒐集については、本誌の座談会記事の速記原稿その他、ジュリスト編集部に一方ならぬお世話になった。ここに記して感謝しておきたい。

㈢　本稿の基本的問題意識について最初に簡単に問題を提起しておこう。いわゆるマンションの欠陥あるいは瑕疵をめぐる買主の私法的保護手段として、一番の中心論点がその修補請求にあることはいうまでもない。ところが、この点に関する現行民法の規定は周知のようにはなはだ不備であり、立法的解決が迫られていると同時に、当面の問題としては、解釈学的基礎づけが急務である。そこで本稿では、この問題に論点をしぼって、将来の立法論をにらみつつ、現行法の下での瑕疵修補請求権の法的根拠の解釈学的基礎づけ、その前提としてのマンション分譲契約の法的性質論、瑕疵類型による修補請求権の内容、請求の相手方、修補請求権の期間制限問題などについて、若干の試論を提起してみたい。もちろん想を練ること日浅く、思いつきの域を出ないものであるが、研究不足のこの問題領域における、今後の研究のための一つの叩き台として、いくばくかの寄与ができれば幸甚であり、また幸いにして読者の方々からの御叱正、御教示をうけることができて、私自身の今後の研究の進展のきっかけをえることができれば、これに超した喜びはない。

(1)　本稿の問題点に関する労作としては、吉田真澄「分譲マンションの瑕疵担保責任序論」法律時報四八巻六号一四三頁、青林書院、実務法律大系「マンション・建売住宅」打田畯一論文二四四頁、山下末人論文四一二頁などがある。なお川井健「日本の実状(2)――製造物責任立法資料」ジュリスト五九八号一一四頁以下の「住宅」の項、また、飯塚和之「イギリス――一九七二年欠陥建物法」ジュリスト五九七号六五頁以下、等参照。

なお中村幸安『集合住宅入門』は、公団分譲住宅における体験記で、実状を知る上で大変参考になった。

一　マンションの欠陥・瑕疵の実状

マンションの瑕疵の具体的実状については、本特集号の座談会で生々しい実状が語られているし、また資料編に調査資料が掲載される予定なので、紙数の都合もあり、本稿では実状の紹介は省略する。ただ、ざっと状況をみた限りでは、瑕疵の発生箇所、態様には共通性があり、法律構成のための類型的、定型的把握が比較的容易のように感ぜられる。たとえば、瑕疵の発生場所についてみると、⑴給排水・衛生工事の欠陥、⑵電気工事の欠陥、⑶建具の欠陥、⑷備付器具（戸棚、風呂釜等）の欠陥、⑸躯体部分の欠陥（建設工事の瑕疵による雨漏り、亀裂等）、⑹内装・塗装工事の欠陥（床のきしみ、壁・天井の板・布・紙などの剥離、亀裂、ペンキの剝離など）、⑺地盤工事の瑕疵、⑻屋外工事の瑕疵（庭の植木、芝生など）等に分類できる。この内、⑴⑵⑸⑺の瑕疵は比較的発見しにくく、他は発見し易い瑕疵といえよう。また、権利の主体面から発生箇所を分けると、①専有部分の瑕疵と②共用部分の瑕疵とに分けられうる。

そこで、瑕疵修補請求権の権利主体、行使方法、期間制限などの問題を考える場合も右の瑕疵態様の類型に応じてきめ細かく考えてゆくのが妥当と思われる。

二　瑕疵修補請求権の法的基礎づけ

㈠　瑕疵あるマンションの買主の法的保護手段としては、一般の瑕疵担保責任の場合と同様、契約解除、損害賠償（ないし代金減額請求）などが当然問題となるが、もっとも必要とされるものが瑕疵修補請求権であることは、いうまでもない。ところで、この瑕疵修補請求権の法的根拠をどこに求めるかについては（特約があれば問題がない、主たる問題は特約なき場合である）、民法の解釈論上、周知のように問題がある。沿革的にみて、特定物売買に立脚して構築された売主の瑕疵担保責任制度は、売買の目的物たる特定物の引渡しによって売主の債務が完了する（いわゆる「特定物のドグマ」）ことを前提としつつ、その結果生ずる対価にみあわない瑕疵ある商品をつかまされた買主の不利益救済のために、とくに法律によって課されるいわば一種の損害補償責任（無過失責任）として、構成されている。そこで、その法的保護手段としては、契約解除と損害賠償請求権が認められるのみで、完全物給付請求権の一態様たる追完請求権あるいは瑕疵修補請求権を認めるにいたらない。ところで、売買と同じく有償契約である請負契約においては、民法は、請負人の瑕疵担保責任の内容として、損害賠償請求権・契約解除権とならんで瑕疵修補請求権を認める（六三四条）。請負は、仕事を完成させること、すなわち瑕疵のない完全な仕事をすることが請負人の債務の内容なのだから、完成した仕事の内容に瑕疵あるときは、債務の不完全履行であり、したがって追完請求権として瑕疵修補請求権が認められることになる。その意味においては、請負人の瑕疵担保責任の法的性質は、特定物売買における瑕疵担保責任とは異なり、不完全履行責任の一種といえよう。しかもこのような責任を生ずるには、瑕疵が請負人の責めに帰すべき事由を必要としないから、この点では瑕疵担保責任と同じく無過失責任の一種といえるのである。

ところで、売買契約においても、不完全履行責任が問題となりうる場合には、買主に完全物給付請求権や追完請求権が認められる場合があり（この場合、少なくともこの請求権に関する限り、売主は無過失責任を負うものと解すべきである）(1)、そのような場合として一般にあげられるのは、種類売買において瑕疵あるものが給付された場合である。今日の巨大住宅産業が提供する分譲マンションは、大量生産、大量販売化の傾向が著しく、その結果、同一面積、同一構造（ないし間取）のものが多量に分譲されるから、マンション分譲契約を一種の限定種類売買と把握し、その構成を通じて買主に瑕疵修補請求権を認める余地がないではなく、すでにそのよりな解釈論の試みもある(2)。

(二)　そこで問題となるのが、マンション分譲契約の法的性質をどうみるかである。中古マンション分譲契約が非代替的特定物売買であることについては異論があるまい。問題は、新築され、あるいは新築さるべきマンションの分譲業者による売買契約である。対価を支払って財産権を取得することを内容とする契約だから、請負ではなく、売買の範疇に属する契約であることには疑いがない。問題は瑕疵修補請求権の根拠づけとの関連で限定種類売買の一種とみうるかであるが、同一面積、同一間取のものが多量あるといっても、建築場所、階、位置によって差があることを免れず、一般の代替物商品とはかなり異なり、また完全物給付（取替）請求権がつねに認められるわけでもないから、この構成には無理がある。実際の契約では、階、位置を指定しての売買が一般でもあろう。なお、モデル・ルームを展示して分譲した場合には、見本売買とみる余地もあり、また、特定区分所有権の売買にあたり、買主である入居希望者の注文により、売主があらかじめ示された設計図あるいは一般に展示されているモデル・ルームとは異なる特別の設計に基づく部屋割りその他の内装工事または特別の付属設備等に関する工事を施工し、その工事完成後、買主に対して目的物件を引き渡すような契約の場合には、これを売買と請負の混合契約である製作物供給契約であると把握することが可能であろう(3)。このような見本売買・製作物供給契約において瑕疵あるものが給付された場合には、不完全履行として瑕疵修補請求権が認められうることにまず異論はあるまい。しかし、モデル・ルームを展示しての売買が一般的にみて見本売買といえるかは疑問であり、前述のような意味での製作物供給契約的な分譲契約はさほど一般的ではない。逆にまた、マンション分譲契約を一般的に製作物供給契約とみることも既存の学説上は問題がないわけではない。やはり普通のマンション売買契約は、特定物売買またはその延長線上のものと把握するのが素直であろう。とすれば、既存の法的構成をもってする限り、欠陥マンションの瑕疵修補請求権一般の解釈論的基礎づけは、理論的に困難といえそうである。

この点、特定物売買における瑕疵担保責任も、不完全履行責任の一態様だと把握し、債務不履行の特別規定と構成する最近の瑕疵担保責任に関する新説の立場なら、瑕疵修補請求権の基礎づけは容易であると思われる。しかし、この新説の立場には、別稿ですでに指摘したごとく理論的に問題があり(4)、さらにまた、特定物売買一般につねに瑕疵修補請求権を認める必要は必ずしもなく、合理的でもない（中古マンションの売買の場合など）。そしてまた、実際問題としては、以上の理論的難点にもかかわらず、新築分譲マンションについての瑕疵修補請求権の解釈論的、実践的基礎づけは実はさほどの困難を伴わないのである。第一に明示の特約で補修義務をうたうものがかなりあり（たとえば日本住宅公団の分譲契約書例）、また、明示の特約はなくとも、今日では、買主は当然瑕疵修補を期待し、売主もまた一定範囲で補修義務を負うことを当然と考えているからである（たとえば日本高層住宅協会の「アフター・サービス基準」はこのことを前提とする。とすれば、黙示の特約、商慣習といった既存の解釈テクニックでもことは簡単に処理できよう）。

㈢　しかし、今一歩つきつめていえば、問題は瑕疵修補請求権の解釈論的基礎づけにあるのではなく、また問題をそこに局限すべきでもないのである。発想の転換を必要とする局面がここに現れていることにわれわれは注目すべき必要がある。つまり問題はこうである。初めに事実があるのであって、法があるのではない。マンション売買契約両当事者が瑕疵修補請求の問題を当然と考えている現在の社会的事実から出発して、既存の紛争解決の判断枠組みを再検討することが必要なのである。このことを通じてはじめて、瑕疵修補請求権の内容、行使方法、期間制限の問題を具体的妥当に解決する指針をわれわれは得られるものである。

　現行民法典は、なぜに請負契約で認めた瑕疵修補請求権を売買契約の瑕疵担保責任の内容として認めなかったのか。そしてまた、なぜに、今日のマンション売買契約で、当事者双方が瑕疵修補を当然と考えているのか。この解答はすこぶる簡単である。一言にしていえば、民法成立当時の社会と現代社会とで、市民の住宅取得の方法が変わったからに外ならない。かつての社会では、請負契約によって新築住宅を、売買契約によっては中古住宅を入手するのが普通であり、現代社会のように住宅産業の発達によって、規格化された新築住宅が大量に生産され、流通ルートにのって入手できる状況はそこにはない。かくて、請負契約においては、修補技術をもつ相手方に当然瑕疵修補を注文者は期待し、相手は義務と心得る。そして、それが法的にも定着する。しかし、中古住宅においてはもともと若干の瑕疵はあるのであり、現物をたしかめて、それに見合った売買価格が決められる。ただ後に隠れた瑕疵が発見された場合には、有償性の見地から公平をはかるために契約の解除や損害賠償といった手段で決着をつける。買主は瑕疵の修補をもともと期待せず、また多くの場合に瑕疵修補の技術・手段をもたぬ中古住宅の売主にそれを要求するのは無理でもある。もちろん新築住宅の分譲契約がなかったわけではあるまいが、それはごく例外的な現象にとどまったであろう。

㈣　右のことは、目的物が動産である場合には、問題の様相を若干異にした。新しく物（動産商品）を作って売るという法現象は古くからあり、そこでの瑕疵担保責任をどう扱うかは一つの問題であった。これが売買と請負の中間に位置するいわゆる混合契約としての製作物供給契約の問題であった。周知のように、当初は主として主たる材料の供給者いかんによって売買とみたり請負とみて、法的処理がなされていたが、その後、この観念に変更が生じた。すでにこの点は我妻博士によって明確に分析・指摘されているところである(5)。すなわち、元来、請負人は、資本の乏しい職人ないし技術者であって、自分の労力と道具で注文者の材料に加工することを職業としたものであるが、その後、資本主義経済の発達とともに、――その大部分は、少なくとも実質的には賃労働者に転落したが、新たな経済組織に

順応しえた者は — 大きな資本を有し、その信用と技術とを利用して、材料の操作によっても利得を得る企業家となった（わが国の土建業者を想起せよ）。同時に、他方では、売買を業とする商人は、単に他人の製作した物を転売するだけでなく、工場を持ち、技術者を使用し、みずから大量的な加工・製作をして、売買による利得を大きくするようになった。このような事情が相応じて、材料の供給者を標準として、いわゆる製作物供給契約を請負と売買とに区別して、瑕疵担保責任問題などの処理をはかることが不適当とされるようになった。かくて、製作物供給契約の観念の変遷を検討して、我妻説の辿りついた結論は、取引の性質によって当事者意思を類型化し、(イ)当該取引が製作された物を代替物として取り扱う場合には、したがって必ずしも供給者自身が製作する必要がなく、他の製作者または卸商から購入して交付してもさしつかえないものとされる場合には、純粋の売買として扱い、目的物に瑕疵があれば、不完全履行の問題として、買主は瑕疵修補請求権をもつ。(ロ)他方、当該取引が製作される物を不代替物として取り扱う場合 — 一定の設計に従って船舶・航空機などを製作する場合など — には、純粋の請負とみるべきであり、瑕疵担保は請負の規定で処理されることになる。(ハ)しかし、建物その他土地の工作物の建造は常に請負である。もっとも規格が統一された建物を注文に応じて建設して販売する特殊の場合には売買となりうる、というのである。かくて、我妻博士は、製作物供給契約は、一般的には、請負か売買のいずれかに分けられるものであって、特殊の混合契約としての存在を認める必要はないとされた。

(五)　しかし、現代社会の状況は、我妻博士の前提とされた状況を超えて進んでいる。たとえば、一一月一六日の毎日朝刊の囲み記事（ビジネス情報）は、「のっぽビル、マンション進出」と題して、収益好調の世界貿易センタービルディングが、住宅部門に進出する方針をとり、その手始めとして、東京建物の設計・監理のもとに、五一戸のマンションを建設して売り出す旨を報道している。[6] 一般の土地所有者がかかる形でマンションを建設して販売する例もかなりあり、これを一つの対極として（第一類型）、他方では、建設会社自身が建設・販売する例もみられる（第二類型）。しかし今日のマンション分譲の多くの場合は、東京建物などの住宅産業会社自身が、自ら取得・所有する土地上に（ドイツ、フランス、スイスの学説が建物についての製作物供給契約を請負とみることの根拠が、注文者が敷地の所有者であるからとか、土地が主たる材料であるからとしていることに注意）[7]、トータル・オルガナイザーとして設計・監理するマンションを建設会社に発注して建設し、これを流通ルートにのせて、土地所有権付でユーザーに分譲する型（第三類型）のものであろう。これらのマンションを代替物とみることの困難さは前述したごとくであり、これはまさに不代替物の売買契約の範疇に属するものとみるのが正当であろう。我妻説では、かかる場合には、船舶・航空機と同様に、純粋の請負とみることになるのであろうか。請負とみることは、たしかに瑕疵修補請求権を基礎づける点などでは便宜である。しかし、これが理論的に「請負」に入るとみうるかは疑問であろう。我妻博士の留保された売買類型の延長線上のものというのが正当である。とすると、この場合の瑕疵修補請求権はいかに基礎づけらるべきか。視点をかえていうならば、かかる契約類型を「製作物供給契約」という概念で把握するのが妥当かどうかはともかくとして、不代替物の売買であったとしても、かかる場合には、売主の瑕疵担保責任の内容として瑕疵修補義務を認めることが合理的であり、かつ必要なのではあるまいか。つまり、中古マンションの場合とは異なって、新築あるいは新築さるべきマンションの売買契約においては、当然完全な、欠陥のないマンションの売買が当事者間に期待されており、その期待は法的にも保護さるべきものである。他方また、かかる場合の瑕疵修補請求権を、瑕疵担保責任と把握するか不完全履行責任と把握するかはともかくとして、売主に瑕疵修補義務を認めて、一般的にはなんら不都合はない。なぜならば、トータル・オルガナイザーとして、設計・監理をしている以上、瑕疵修補の手段を彼は有し、あるいはそれを手配できるからである。他方また、売買両当事者共に、法的保護の手段として、契約解除や損害賠償の請求より、第一次的には瑕疵の修補を期待し、また義務と心得ているでもあろう。このことは、前述の第二類型の場合にも当然同様である。ただ、売主が設計・監理にタッチしない第一類型の場合には、別個の考慮が必要である（具体的対策は後述する)。

㈥　かくて、結論はこうなる。瑕疵修補請求権の法的根拠は、既存の法的構成にとらわれることなく、資本主義経済の高度成長に伴う社会、経済事情の変遷、すなわち、高度工業社会、都市化社会の出現の結果、住宅産業への社会的需要が増大し、市民の生活基本財である住宅が、規格化されて大量に生産され、一定の流通ルートを経て入手されるようになった社会的現実にまず求めらるべきである。すなわち、今日の消費者大衆は、価格にみあった瑕疵のない快適な新築住宅をマンション分譲契約で求めており、売主たる住宅産業はこれに応じているものである。そのことは、瑕疵修補約款に特約の形で明示され、あるいは明示の特約がなくとも、「アフターサービス基準」を作っていることにあらわれているごとく、黙示の特約、商慣習として契約責任の内容となっているといえるのである。さらにまた、そこまではまだ認められないというのであれば、市民の生活基本財たる住宅を大量に生産・販売することで利潤をあげているものは、価格にみあった瑕疵のない住宅を提供すべき社会的責任があるのであり、それはまた、法的責任にも高めらるべきものである(信義則を使ってもよかろう)、といってよかろう。イギリスの一九七二年欠陥建物法は、「(建築業者等は)、彼が引き受ける仕事が職人らしい方法または場合に応じて専門家の方法で、適切な材料を用いて、かつその仕事に関しては、完成時に当該住宅が居住に適合するようになされるように気をつける(義務がある)」と定めているという(一条一項)(8)。問題点に若干の差はあれ、基本的発想は前述の点に通ずるものといえるのではあるまいか。さらにまた、この問題は、製造物責任に関する企業の社会的責任の問題と根底のところで連なる問題でもある。

(1) 不完全履行も債務不履行責任の一として、債務者の帰責事由あることを一般に要求されるが(我妻・新訂債権総論一五〇頁)、損害賠償請求に関してはともかく、完全物給付請求に関しては疑問である。請負人の担保責任は、不完全履行責任の一種であるが、無過失責任とされることに注意。なお、債務不履行における帰責事由一般を再検討した再近の労作、長尾治助『債務不履行の帰責事由』参照。

（2）打田・前掲二五六頁。
（3）打田・前掲二四八頁。
（4）下森「売買の目的物（不特定物）に欠陥があるとき、買主を保護するにはいかなる法理が妥当か」有斐閣、民法学(5)八九頁以下。
（5）我妻・債権各論中巻(二)六〇五頁。
（6）東京地判昭和四九・一・二五判タ三〇七号二四六頁。判評、下森「マンションの売主はその分譲に際し、買主に隣地の利用計画について調査告知する義務を信義則上負担しているか」判タ三二一号八六頁の分業マンションもかかる事例であった。
（7）我妻・債権各論中巻(二)六〇六頁参照。
（8）飯塚・前掲六五頁。

三　瑕疵修補請求権の内容・行使方法

さて、マンション分譲契約における瑕疵担保責任ないし瑕疵修補請求権の法的根拠を前述のように基礎づけうるとした場合、その請求権の具体的内容、行使方法はどう構成さるべきか。ケース・バイ・ケースの解決を積みあげて、最終的には立法による決着をつけるべき問題であるが、次に若干の解釈的試論を提起しておこう。基本的方向性としては、損害賠償・契約解除については、原則として売買の瑕疵担保責任が、瑕疵修補請求に関しては、原則として請負の担保責任がそれぞれさしあたりの参考になると思われる。また、分譲契約の類型や瑕疵の類型に応じた配慮も必要であろう。ここでは、紙数の都合もあるので、体系的な検討は避け、通常の分譲契約類型（前記第三類型）を中心に重要と思われる若干の論点のみについて、述べておきたい。

(1)　瑕疵概念　無償で修理さるべきマンションの瑕疵とはなにかは、本特集号の座談会でも語られているとおり、問題が多い。新築分譲マンションの瑕疵については、請負契約の瑕疵概念を参照するのが（とくに瑕疵修補請求に関して）、妥当であるが、請負の場合と異なって売買当事者間でとくに設計や仕様について契約がないのが通常であるから、結局は売買価格にみあう品質のもの、取引社会が前提としている程度の品質・性能のものといった、抽象的基準の下に、個別的に判断することに落ち着こう。しかし、少なくとも分譲業者の設計・仕様書どおりに仕上っていることは必要で、買主は売主に設計図等（少なくともコピー）の引渡を請求しうるものとすることが買主保護のために必要である。また、将来の問題として、最低性能基準が公的に確立、公示されることが望ましいが、プレハブ住宅の場合と異なって多種多様のマンションでは、このことはなかなか困難な模様である(1)。

(2)　「隠レタル」瑕疵　中古マンションの売買においては、この要件は重要であるが、新築分譲マンションの瑕疵担保責任においては（とくに瑕疵修補請求に関する限り）、この要件は、明示の請求権放棄のないかぎり原則としては不要であろう(2)。

(3)　無過失責任性　瑕疵修補請求権の成立要件として、その瑕疵が売主の責めに帰すべき事由によって生じたものであることを必要としない。この点の売主の責任は請負契約の場合と同様無過失責任と解すべきである。

(4)　瑕疵修補義務　買主は売主に対して、入居の前後を問わず、相当の期間を定めて、その瑕疵の修補を請求しうる（六三四条一項本文参照）。その修補が不完全な場合には、さらに追完請求が認められることも問題はあるまい。もっとも、その瑕疵がさほど重要でなく、修補に過分な費用を要するときは、修補の請求はできず、損害賠償の請求が許されるにとどまることもあろう（六三四条一項但書参照）。

買主が相当の期間を定めて瑕疵の修補を請求した場合は、その期間を経過するまでは、修補に代わる損害の賠償は認められない。売主が期間内に修補しなかった場合でも、買主はさらに修補の請求をなしうるが、修補義務の不履行を理由に場合によっては（瑕疵がさほど重大でなくとも）契約の解除を認めてもよかろう(3)。なお、請負契約において契約解除が認められるのは、契約の目的を達しえないほどの重大な瑕疵ある場合に限られ、さらに、建物その他の土地の工作物については、いかに重大な瑕疵でも解除は許されないが、マンション分譲契約においては、その売買契約的側面、および契約解除を認めても、他に転売が可能であり、請負に比し売主の損失はさほど大きくないから、これを許して不都合はない。

(5)　損害賠償義務　買主は瑕疵修補に代えてまたはその修補と共に損害賠償の請求ができることに問題はないが、その賠償義務が無過失責任であり、かつ賠償額が履行利益にもおよぶかどうかについては若干問題がある。不完全履行責任と請負人の担保責任とのバランス問題である。とくに積極的債権侵害にあたる拡大損害の場合に問題が生ずるが、製造物責任や民法七一七条の精神などとを比較考量しつつ考えるべき問題であろう。

(6)　代金支払債務との同時履行関係　瑕疵修補請求または損害賠償請求と買主の代金支払債務とは同時履行関係にたつとみるべきである（六三四条二項による五三三条の準用規定参照）。売買代金完済の場合は問題とならないが、分割払の場合には有効な対抗手段となりえよう。もっとも、銀行ローンの場合に、売主に対抗しうべき事由を銀行に対抗しうるかについては問題がある(4)。

(7)　瑕疵修補請求権の主体と相手方　瑕疵修補請求権の主体は、専有部分の瑕疵については当該専有部分の区分所有権者、共用部分の瑕疵については、各区分所有権者が瑕疵の修補請求をなしうる（区分所有権法一三条）ことに問題はない。問題は請求の相手方である。先にあげたマンション分譲契約の第二類型の場合は簡単である。通常の型である第三類型の場合には、売主である不動産会社と、建築にあたった建設会社との両者が対象として考えうる。売買契約関係は不動産会社との間にあるのだし、トータル・オルガナイザーとして設計・監理をしている以上、これを瑕疵修補請求の相手方としうること及びその実効性についてもまず問題はあるまい。買主はさらに建設会社をも相手方となしうるか。立法論としては両者に買主に対する連帯債務を負担させることも考えうるが、当面の解釈論としては、債権者代位権制度の転用による修補請求が可能であろう。ところで、売主が設計・監理をしていない第一類型の場合には、売主を相手方となしうるかは、理論的にも、実効性の点でも若干問題がある。ここでも立法論としては、売主、設計・監理者、建設会社の三者に瑕疵修補の連帯債務を負担させることが望ましいが、当面の問題としては、第二類型の場合と同様、実効性の面では、債権者代位権制度の転用が有効であろう。

なお特約による対策としては、売主の建設会社に対する請負契約に基づく瑕疵担保請求権をマンション買主が譲り受けることも可能であろう。現にドイツでは、売主が買主との特約によって自己の買主に対する瑕疵担保責任を免責されることの見返りとして、自己の建設会社、設計家、請負職人等に対する請負契約にもとづく瑕疵担保請求権を譲渡する特約を締結する例があり、売主の方で自己の責任免責対策としてこの特約が積極的に利用されている。連邦通常裁判所は、かかる免責約款の効力につき、売主は、買主が売主から譲り受けた建築関係者に対する請求権から満足を受けうる限りにおいてのみ、その固有の責任を免れうるものと解すべきであるとした[5]。日本のマンション分譲契約書では、宅建業法四〇条の関係もあるためか、かかる特約をまだみかけないが、免責の点はともかく請求権譲渡の点は参考になろう。かかる特約をなす場合には、買主が請負人に対する瑕疵担保請求権を行使するのに必要な一切の関係書類を売主は買主に引き渡すべきであろう。

さらにまた、買主からの瑕疵担保請求権の行使に備えて、それを担保するために売主が建設会社に対する請求報酬代金の一部を一定期間留保しておくことを立法により義務づけたり、かかる特約を結んでおくことも実効性のある対策といえるであろう。

(8)　担保責任軽減の特約　　売主は担保責任を負わない旨の特約を有効になしうるであろうか。民法の原則では、担保責任の規定は任意規定とされるから、かかる特約も一応有効であり、ただ売主が知って告げざりし事実についてはその責任を免れることができないとされる（五七二条、六四〇条参照）。しかし、宅建築法四〇条は、期間短縮特約を除き、五七〇条に規定するものより買主に不利な特約は無効とする。もっとも、そこ（五七〇条）では瑕疵修補請求権が認められていないから、この点の免責特約が無効かどうかには問題があるが、少なくとも、第二、第三類型の売主の場合には、瑕疵修補請求権の免責特約は無効と解するのが妥当であろう。

⑼　瑕疵担保責任の存続期間と期間短縮特約の有効性　売買の場合には瑕疵を知ったときから一年間（五七〇条、五六六条三項）、請負の場合には、土地工作物以外のものであるときは、引渡しのときより一年間（六三七条一項）、土地の工作物または地盤の瑕疵については引渡しのときから五年間、それが堅固な工作物のときは一〇年間（六三八条）とされている。この存続期間を短縮することには制限がない（伸長には制限がある。六三九条）から、民法の原則上は許されそうであるが、少なくともこの場合にも六四〇条、五七二条の類推適用はあるとみて、「知リテ告ゲザリシ事実」についてはその責任を免れないと解すべきである。(6) さらにまた、宅建業法は、引渡後二年以内に短縮することを許さない。そこで多くの契約書例では、短縮の許される最短期間である引渡後二年という特約となっている。(7) 座談会の談話では、この二年という数字は、請負契約の慣行から生じたものということであるが、かかる特約の妥当性は、消費者保護の見地からは疑問である。瑕疵の比較的発見し易い、造作、建具関係、あるいは屋外の庭園工事関係の場合には、入居後、検査・瑕疵修補期間を設けることなどで対処できるから、二年でも十分であろうが、これが建物の軀体部分や地盤工事部分の場合は、短かすぎて問題であろう。少なくとも引渡後五年、あるいは民法の原則どおり一〇年の期間を置くのが妥当といえよう。因みに、五年あるいは一〇年とする場合には、共用部分の瑕疵についてはこれを最初の入居者に引き渡した時から起算してよく、二年とする場合には、最後の入居者への引渡時から二年（ただし最初の引渡時から一〇年以内を限度とする）とすることが妥当であろう。いずれにせよ、宅建業法あるいは建設業法にこの点に関する明示の保護規定がおかれることが望ましい。さらにまた、座談会の談話によれば不動産会社の建設会社（ゼネコンの例）に対する担保請求権はときに一〇年とされているというのであるから、買主との期間短縮約款に、それ以降発見された瑕疵については請負人に対する請求権を買主に譲渡する旨の特約を付けさせるのも一つの解決方法ではあろう。

（1）毎日新聞昭和五一年一〇月二二日朝刊⑮面記事は、「マンション保険創設の声」の見出しで、欠陥マンションから入居者を守るための保険制度創設の要請に対し、建設省は、プレハブ住宅と異なって、住宅の性能検査が難しいことを理由に、消極的な態度を示していることを報道している。
（2）山下・前掲四二二頁参照。なお、瑕疵が法律的欠点などの場合は別個の考慮を要する。
（3）この点につき、我妻・債権各論中巻㈡六三七頁参照。
（4）この点につき、ペーター・ギルレス・安達三季生訳「ローン提携取引の実際と民法上の諸問題―西ドイツにおける消費者保護の一側面―」法学志林七三巻一号六頁以下が、西ドイツの判例・学説の興味深い展開を論じている。
（5）BG. 29.3.1974, VZR 22/73　なお、Wilhelm Weimar ; Die Eigentums wohnung は、一般的な解説書であるが、ドイツの実状をかんたんに知るのに便宜であり、巻末の付録は、分譲業者との契約締結に際しての、瑕疵担保責任条項に関するアドバイスを与えているのが面白い。
（6）同旨、我妻・前掲六四三頁。
（7）打田、山下各前掲参照。筆者の調べた約款も大体同様であった。

むすび

以上みてきたごとく、マンション売買と瑕疵修補請求権の問題は、資本主義経済の高度成長にともなう、取引構造の変化と都市化社会の出現にともなう居住構造の変化とに相応じて出現した「構造的被害」の救済問題だといえよう。とすれば、かかる被害の救済には、私法ないし司法的規制のみでは十分でなく、公法ないし行政的規制も要求されよう。製造物責任一般に関する消費者保護行政は、ここでもその効用を発揮するであろう。たとえば、一般の市民が気軽に利用できる紛争処理機関の制度的確立が望ましい。本稿では、これらの問題にたちいる余裕がなかった。また、マンションの瑕疵としては、本稿で主として問題とした物理的瑕疵のほか、法律的な欠点、無形の瑕疵（騒音、日照問題など）の問題もあり(1)、その担保責任にはそれぞれに難問がある。しかし、これらの問題も後日に譲るほかない。

最後に一言。市民の基本的生活財を生産し、提供する住宅産業は、いわば公共財の製造産業ともいえ、それだけにその利潤獲得行動には禁欲が要求され、また、安くて快適な住宅の大量的供給が社会的に要請されているといえよう。公社、公団などによる住宅供給に、量的・質的、効率的各面で限界のある今日、民間住宅産業の果たす社会的役割は大きい。とすれば、良心的企業には、低利国家資金の融資、税制面での優遇措置等もはかられてしかるべきであろう。責任追及に急な企業性悪論のみでは、真の問題解決にはなりえまい。

（1）日照瑕疵問題については、前掲東京地判昭和四九・一・二五判タ三〇七号二四六頁が興味深い事例であり、騒音問題については、東京地判昭和五一・九・二九下民集二七巻九―一二号六一七頁、公団けやき台住宅事件が問題を提起している。この判決は、原本のコピーで読んだが、本稿で取り上げる余裕がなかった。

7　建売住宅・マンションの売買における売主の瑕疵修補義務について　（一九八四年）

序章　問題の所在

新築あるいは新築さるべき建物やマンションの分譲契約において、引き渡された目的物に瑕疵（欠陥）があった場合、売買契約の当事者間でしばしばトラブルが生ずる。瑕疵としてよく問題となるものを発生の場所で分類してみると次のようになる。(1)給排水・衛生工事の欠陥、(2)電気工事の欠陥、(3)建具の欠陥、(4)備付器具（戸棚・風呂釜・ガス器具等）の欠陥、(5)躯体部分の欠陥（建設工事の瑕疵による雨漏り、亀裂等）、(6)内装・塗装工事の欠陥（床のきしみ、壁・天井の板・布・紙などの剥離・亀裂・ペンキの剥離など）、(7)地盤工事の瑕疵、(8)屋外工事の瑕疵（庭の植木、芝生など）、この内、(1)(2)(5)(7)の瑕疵は比較的発見しにくく、他は発見し易い瑕疵といえよう。

右のような瑕疵が発見された場合、売主による瑕疵の修補が、当事者間のトラブルの解決にもっとも適した手段であることはいうまでもない。ところが、現行の日本民法典は、売買の目的物に瑕疵が存在した場合の売主の瑕疵担保責任としては、損害賠償の請求と瑕疵が重大な場合に売買契約の解除を認めるのみで、買主の売主に対する瑕疵修補請求権を認めていない（民法五七〇条、五六六条）。もっとも、民法は、請負契約の場合には、請負人に瑕疵修補義務を課している（六三四条一項）。請負契約においては、請け負った仕事を完成することが請負人の債務の内容となっている。そこで、目的物の引渡しの前のみならず、引渡しの後でも、民法は瑕疵なき仕事完成の義務を請負人に課す。すなわち、完成し、引き渡した仕事の目的物あるいは内容に瑕疵がある場合は、請負債務の不完全履行であり、したがって、追完請求権の一種として、注文主に請負人に対する瑕疵修補請求権が許容されるのである。これは、およそ請負契約においては瑕疵の全く存しないような仕事の完成は困難であり、大なり小なりの欠陥はつねに伴うものとの基本観念に基づいているものである。

これに対して、売買契約は、現行法上、商品と金銭との一回限りの交換としてとらえられている。そこで、売主が商品を自ら製造し、それを売買するような場合ですら、その製造は売買契約の前段階の問題であるとされ、契約上の義務内容としてとらえられていない。つまり、売買の目的物を引き渡すことによって、売主の契約上の債務は完了するものと把握されている（いわゆる「特定物ドグマ」）。換言すればその目的物に、たまたま売買契約の当時において買主の気がつかなかった瑕疵が存在していたとしても、当該売買契約の目的物としては、それ以外の目的物は存在しないのだから、瑕疵あるがままの物を引き渡すほかなく、それを引き渡せば、当該売買契約によって売主が負担する債務の履行は完全に完了したことになるという考え方である。ただ、これで終わりとしたのでは、瑕疵を知らずに売買契約を締結した買主の法的保護に欠けることになる。そこで、法はとくに、売買契約の有償性を考慮して、契約当事者間の公平をはかるために、買主の不利益救済の手段として、一種の損害補償責任（無過失責任）としての瑕疵担保責任制度を、法定責任として用意したのである。請負契約においても、民法は瑕疵担保責任という名称を用いているが、これは起草者が、当時今日いう意味での不完全履行概念を知らず、したがってまた、瑕疵担保と不完全履行の差異も知らなかったためにこの名称をもちいたものである。しかし、今日では、請負の瑕疵担保責任の法的性質は、特定物売買における瑕疵担保責任の場合と異なり、不完全履行責任の一種であると解するのが妥当といえよう。

売買契約においても、不完全履行責任が問題となる場合がある。例えば、種類売買においてたまたま給付された物に瑕疵があった場合には、当該種類物の全てに瑕疵があるのでない限り、特定物売買の場合と異なって、それは債務の本旨に従った履行とはいえない。買主はこの場合、売主の不完全履行を理由として、他の瑕疵なき物の給付請求、あるいは追完給付の一種として瑕疵修補の請求をなすことができる。ところで、今日の巨大住宅産業が提供する分譲マンションは、大量建築、大量販売化の傾向が著しく、その結果、同一面積、同一構造ないし間取のものが多量に分譲されるから、マンション分譲契約を一種の限定種類売買と把握し、その構成を通じて買主に瑕疵修補請求権を認める余地があり、そのような解釈論の試みもある。(1) また、モデル・ルームを展示して分譲した場合には、見本売買とみる余地もあり、あるいは特定のマンション（特定区分所有権）の売買にあたり、買主の注文によって、売主があらかじめ示した設計図あるいは一般に展示しているモデル・ルームとは異なった特別の設計に基づいて、部屋割その他の内装工事または特別の附属設備等に関する工事を施行する特約をしたような場合には、これを売買と請負の混合契約である製作物供給契約であると把握することが可能であろう。(2) このような見本売買・製作物供給契約において瑕疵ある物が給付された場合には、請負の規定により、売主の不完全履行を理由として瑕疵修補請求権が認められうることにはまず異論があるまい。

しかし、マンション分譲契約を一般的に限定種類売買の一種とみうるかはかなり問題である。すなわち、同一面積や間取りのものが多量あるといっても、建築場所、階、位置によって、眺望、日照その他に差異があることを免れず、一般の代替物商品とは性質がかなり異なるし、また、修繕請求はともかく、完全物給付（取替）請求権がつねに当然に認められるかは疑問である。また、一戸だけ売れ残った新築マンションの売買契約が成立したときそれを限定種類売買とみることは困難であり、そうなるとこの場合には瑕疵修補請求権が認められない、とするのも妥当性を欠こう。かくて、瑕疵修補請求権の基礎づけのために、マンション分譲契約を一般的に限定種類売買とみる考え方には賛成しかねる。また、実際取引においても、階・位置を指定した特定物売買が行われるのが通常だから、この考え方は取引の実状にもそぐわない。また、モデル・ルームを展示しての売買を一般的に見本売買といってよいかは疑問であるし、前述のような意味での製作物供給契約的な分譲契約はさほど一般的な取引形態ではない。なお、分譲業者によって建築されたマンションの分譲契約を一般的に製作物供給契約とみたらどうかという考え方もあるが、青田売りの場合ならともかく、建築の完成し終わったマンションの売買までそうみることには、既存の製作物供給契約概念をもってする限り、問題があろう。そもそも、製作物供給契約という契約類型を認めることの必要性について、既存の学説上疑問がなげかけられていることにも留意すべきであり、(3) 動産売買について構築されたこの概念を不動産売買についてまで拡大しうるかは、さらに検討を要するものといえよう。かくて、普通のマンション売買契約は、不代替物の特定物売買とみるのが素直であろう。いわんや一戸建の建売住宅はいうまでもない。そうだとすると、既存の法的構成をもってするかぎり、現行法上、欠陥住宅・マンションの瑕疵修補請求権一般の解釈論的基礎づけは困難といえそうであり、その結果は、利益衡量上はなはだ不当であり、今日の実際社会の取引上の要請ともかけはなれた結果となろう。

もっとも、実際問題としては、右のような法の不備や理論的困難とは無関係に、新築の建売住宅・マンション分譲契約においては、瑕疵修補が事実上広汎に行われていてさほど不都合はない。当事者双方にとってそれが望ましく有利だからである。すなわち、当事者間の明示の特約で修補義務を売主が負担している例がかなりあり、(4) また明示の特約がなくとも、今日では、買主は当然売主たる分譲業者に瑕疵修補を期待し、売主もまた一定範囲で修補義務を負うことを当然と考えているようである（もっとも法律上の義務とまで考えているかは若干問題があり、意識調査をしてみない限り、即断はなしかねる）。たとえば、日本高層住宅協会の作成にかかわる「アフター・サーヴィス基準」などはこのことを前提とするものといえよう。

しかし、このことは、売買契約における瑕疵修補請求権認容の可否と内容についての研究を不要とするものではない。第一にそれは将来の立法論にとって有用であり、第二にそれは、裁判上の紛争に備えて当事者が特約をする指針として実務上有用であり、第三にそれは、明示の特約なき場合の法的紛争解決の指針として有用である。最後にまた、この研究は、高度技術化社会の現状と古典的民法体系の乖離に対処するための契約責任法あるいは債務不履行責任体系再構成の基礎的研究として有用である。

なお、今一点、はじめに指摘しておきたいことがある。従来、瑕疵修補請求権については、主として買主保護の見地から問題が考察されてきたようであるが、売主にとっても瑕疵の修補をする方が、即時無催告解除や即時の損害賠償（無過失責任）を許す瑕疵担保責任より有利なことが多く、売主の権利としての瑕疵修補権を考える視角の必要性である。(5)

以下本稿では、上記のような問題意識の下に、まず、買主の瑕疵修補請求権ないしは売主の瑕疵修補権の法的根拠につき、ドイツ法及び日本法の比較研究の上にたって、私見を展開し、さらに瑕疵修補請求権の具体的内容について若干の検討を試みたい。なお、本稿のテーマにつき、筆者はすでに一九七六年に、ジュリスト誌上において、基本的な問題の提起をしているが、(6)本稿はその立場を基本的に踏襲しつつ、さらにドイツ法との比較研究を加えて、より一歩、研究を深めたものである。

（1）打田畯一「瑕疵担保保責任」（実務法律大系『マンション・建売住宅』〈一九七五年〉所収）二五六頁以下。
（2）打田・前掲二四八頁。
（3）我妻栄『債権各論中巻（二）』（一九六二年）五〇五頁以下参照。
（4）打田・前掲二六三頁以下参照、なお吉田真澄「分譲マンションの瑕疵担保責任序論」法律時報四八巻六号一四三頁、ジュリスト六二七号「特集マンションをめぐる法律問題」座談会記事参照。
（5）つとにこの点を指摘しているものとして、たとえば星野「瑕疵担保の研究」民法論集第三巻二一二頁、来栖『契約法』（一九七四年）一一七頁以下などがある。
（6）ジュリスト六二七号五六頁以下「マンション売買と瑕疵担保責任」、なお筆者の関連論稿として、「不完全な分譲マンション」（玉田編『マンションの法律』上巻〈一九七八年〉一〇七頁以下）、「瑕疵ある不動産」（森泉＝半田編『判例不動産売買法』〈一九八三年〉二四九頁以下、安西勉と共同執筆）がある。

第一章　ドイツ法の解釈論

一　西ドイツの判例・通説の立場

ドイツ現行民法典は、売主の瑕疵担保責任についてこう定める。特定物の売買において、危険移転の当時、物に瑕疵があり、買主がその瑕疵を知らなかった場合には、買主は売買契約の解除または代金の減額を請求することを得る（ド民四五九、四六〇、四六二条）。また、売主が目的物の性質を保証し、あるいは瑕疵を悪意で黙否したときは、買主は解除または代金減額に代えて不履行に基づく損害賠償を請求することができる（ド民四六三条）。特定物売買の場合には、完全物給付請求権ないし瑕疵修補請求権を認めていない。それが認められるのは、当事者間に瑕疵修補の特約がある場合（ド民四七六ａ条参照）と、種類売買の場合（ド民四八〇条一項）である。

請負契約の場合には日本同様、請負人の瑕疵担保責任として瑕疵修補請求権が認められている（ド民六三一条一項、六三三条二項）。すなわち、請負人は、まず、仕事が保証した性質を有し、かつその価値または通常の使用もしくは契約上予定した使用に対する適性を消滅させたり、減少させたりするような欠点をもたないように、仕事を完成する義務を負う。もし、なされた仕事がこのような性質を備えないときは、注文者は瑕疵の除去を請求できる。(7) ただし、除去が多大の費用を必要とするときは、請負人はこれを拒絶できる。また、請負人が瑕疵の除去につき、遅滞におちいったときは、注文者は自ら瑕疵を除去してこれに要した費用の賠償を請求することができる（ド民六三三条）。注文者は請負人に対して瑕疵の除去につき相当な期間を指定してこの期間の経過後は瑕疵の除去を拒絶すべき旨を表示することもでき、この場合、瑕疵が適時に除去せられないときは、注文者は期間経過後において、契約の解除または報酬の減額を請求することができる。(8) もっとも、瑕疵が仕事の価値または適性の減少の点でさほど重大でない場合には解除は許されない（ド民六三四条）。さらに、仕事の瑕疵が請負人の責めに帰すべき事情に基づくときは、(9) 注文者は解除または減額に代えて不履行による損害賠償を請求することができる（ド民六三五条）。瑕疵修補請求権ならびに解除、減額または損害賠償の請求権は、土地の工作物の工事については、仕事の目的物を引き渡したときから五年で消滅時効にかかる（六三八条）。

前述したように新築あるいは新築さるべき家屋あるいは区分所有建物（Eigentumswohnung）の売買において、給付された物に瑕疵があった場合、売主による瑕疵の除去あるいは修補がもっとも適当な解決方法であることが多い。しかし、特定物売買における瑕疵担保責任には、前述のように瑕疵修補請求権が認められていないために、ドイツでは、特約のないかぎり（ド民四六七a条参照）――普通取引約款によって瑕疵修補が約定されているのが通常であるが――、判例・通説は、かかる契約を請負契約とみて、買主に瑕疵修補請求権を認めている。[10]近時、判例は、いわゆる青田売りの場合のみならず、すでに建築完成済みの新築家屋の分譲契約についても、そのように解するにいたった。[11]なお、売買の瑕疵担保責任は不動産の場合引渡後一年で消滅時効にかかるが（ド民四七七条）、家屋の瑕疵は発見しにくい瑕疵が多いので、一年の時効期間では短かすぎ、この点もかかる契約を請負契約とみる（この場合の時効期間は工作物の工事について、五年――ド民六三八条）のが妥当とされる理由という。[12]そして、ドイツにおいても実際取引の上では瑕疵修補がなされるのが通常であるから、判例のこの処理については、一、二の批判を除き、通説の支持するところになっている。もっとも、このような契約を請負契約とみることは、通常の契約当事者の意思とはかけはなれているから、いずれは立法的に解決さるべき問題だとされ、実務家の立場から、立法のための具体的提言も発表されているし、また、最近公刊された債権法改正意見書でもこの問題がとりあげられている。[13]

二　ペータースの説

㈠　通説・判例に対して、かかる契約を売買契約とみたうえで、瑕疵修補請求権を解釈論上認めようとする少数説がある。これがペータースの見解である。(14) 彼の問題意識はつぎのとおりである。

売主の製造にかかる家屋や車や機械類の売買において、瑕疵ある物が給付された場合、売主による追完給付（瑕疵修補）が事態の解決に適していることがしばしばある。この問題を判例のように請負契約の瑕疵担保責任によって処理することは有用ではあるが、契約当事者の普通の意思は請負というより売買契約と考えているのであって実態にそぐわない。家屋のみならず他の機械類についても同様に考えうるが、判例のような処理を拡大してゆけば、売買法が請負によって空洞化されるおそれがある。また、売買とみるか、請負とみるかで、時効の問題、解除・代金減額を二次的保護手段とみるかどうか、不履行による損害賠償の成立要件（ド民四六三条と六三五条との要件の差異つまり前者（売買の場合）では単なる過失のときは損害賠償の請求が許されない）などの問題で具体的な結論にも差異が生ずる。したがって、これらの点の検討も必要である。

(二)　結論として彼はつぎのごとく主張する（条文はド民）。

(1)　特定物売買においても買主には売主に対して瑕疵なき物の給付を求める請求権が認められうると解すべきである。したがって、特定物売買においても、種類売買におけると同様に瑕疵修補請求権ないし追完請求権（Nach-besserungsrecht）が認められるべきである。(a)その法的性質は本来の給付義務に由来する。条文上の根拠は、特定物売買は四三三条、種類売買は四八〇条一項に求めうる。(b)もっとも、瑕疵の除去が不相当の費用を要するときは請負の瑕疵担保の規定（六三三条二項第二文）を類推適用して、瑕疵の除去を拒絶しうる。(c)売主の保証または悪意ある場合は、原状回復による損害賠償（四六三条）として、瑕疵修補請求権を認める（売主悪意の場合に、(a)とは時効期間が異なってくる点で区別の実益がある）。

(2)　このようなペータースの見解のもとでは、当然、売主の建築しまたは建築すべき建物の売買契約を請負契約とみる判例の立場を否定することになるが、かかる主張をする実益として、ペータースはとくに次の二点を強調する。(a)請負では解除と代金減額が二次的保護手段とされ、注文主はまず瑕疵修補請求権を行使すべきであるが（六三四条）、売買の場合はそう解する必要がなく、買主は選択権を有する点で有利である。(b)時効期間の点で売買では危険移転（引渡し）のときから一年、請負では土地の工作物の工事の場合、完成した目的物の引渡しのときから五年（ただし悪意の場合は別）という差異がある。ペータースは、彼の説をとるときの買主の唯一の不利な点はこの問題にあることを自認する。しかし、彼は、中古住宅の売買の場合でも時効期間は一年なのだからかかる差異があってもやむをえないと割り切る。

(三) ペータースのこの考え方は、瑕疵担保責任を債務不履行責任の一種とみる、最近のわが国のいわゆる新説と基本的発想を同じくするところがある。わが国の新説の論者は、不代替的特定物売買における瑕疵修補請求の問題につき、つきつめた議論をいまだ展開していないと思われるが、ペータースの理論は、新説をとった場合の問題点を考えるうえで参考となる点が多い。そこで、ペータースが右の結論を主張するにあたって展開した法的構成の大要を次に紹介してみよう。

(1) まず、実質的根拠は利益衡量にある。売買が請負と異なって商品と金銭との一回限りの交換であることを重視すれば、売主に瑕疵修補義務を課すことは、売買の本質に適しないようにも考えうる。しかし、売却された商品が売主自身によって製造されたものである場合には、そのような処理は実状にあわない。なぜなら、彼は瑕疵の除去に必要な手段・道具を自らの手に有しているからである。ある機械や自動車や時計などが個別的に選別されて取引された場合には、それは特定物売買とみなければならぬ。多くの土地売買もそうである。その場合、その契約の中心目的が経済的には地上家屋の取得にあり（ドイツ法は、日本法と異なり、家屋は土地と一体化して土地所有権の内容を構成することに注意）、かつその家屋が売主によって一定規格で大量に建築されたものであったとしてもそうである。これらすべての場合に、その有する製造手段を瑕疵除去のためにも活用するよう売主に期待することは許されよう。たまたま、その売買が種類売買でなく、特定物売買であったということのゆえに、瑕疵修補請求が許されないとみるのは妥当でない。また、売主がその商品を自分で製造したのでない場合でも、彼がその手段を容易に手配しうるほど緊密な関係を製造者との間に有するならば、瑕疵の除去を売主に期待することはなお可能である。しかし、もし売主が商品の製造者といかなる接触をも持たない場合には別であり、売主が修理部門を持たない限り、瑕疵修補は期待不可能といえる。かくて、瑕疵の除去が可能な限り、かつそれを売主に期待することが不合理でない限り、特定物売買であっても、本来の給付義務の一部として、あるいはその残存部分として、売主の瑕疵修補義務を認めるべきである。

(2)　次にこの瑕疵修補請求権肯定の形式的根拠として、ペータースは大要次のような論拠をあげている。(a)まず条文上の根拠は、売買契約の一般規定である四三三条にこれを求める。この条文では、売主の瑕疵修補義務が明文の規定で認められているわけではないが、逆にこれを明示に否定している規定も売買法には存しないから、かく解することの妨げとはならない、という。(b)また、特約によって買主の瑕疵修補請求権を認めることは自由であり、現に多くの特約がなされている実状だし、これに反対する者はいない。そうだとすると、特約なき場合でも、解釈によってこの請求権を認めても不都合ということはなかろう。(c)買主は瑕疵担保の規定によっても保護されるが、この規定が存在することによって本来の履行請求権の一部たる瑕疵修補請求権が排除されているものと考えるべきではない。右請求権を否定する明文規定がないかぎり、両者は併存するものと解してさしつかえない。(d)種類売買に関する四八〇条一項第一文は、危険移転（引渡し）後も本来の履行請求権が認められる場合のあることを積極的に明示している。そうだとすると、特定物売買においても、そのような場合があることを認めてもよかろう。前述のごとく、瑕疵の除去が可能であり、かつそれを売主に求めることが不合理でないかぎり、特定物売買と種類売買とで区別する理由はあるまい。(e)ちなみに、民法は、契約の解除、不履行に基づく損害賠償の請求または代金減額の請求を認める場合に、本来の履行請求や瑕疵除去の請求を認めない旨の明文の規定をおいていることがある（三二六条一項第二文後段、六三四条一項第三文後段）。しかし、これらの場合は、本来の履行請求を求めることがもはや無意味であり、当事者がそれを欲していない場合なのだから、瑕疵担保に関する保護規定の存在は、瑕疵除去請求権を認めることの妨げとはならない。(f)さらに、請負と異なって（六三三条二項）、瑕疵除去請求権を認める規定が売買法に欠けていることは、特定物売買においても瑕疵除去請求権を認めることの妨げとなるものでもない。というのは、立法者は、立法当時、売買においても一定の範囲内で追完を認めることが合目的であり、事態の合理的解決に適しているものであることを十分に認識していなかったし、かつ、おそらくはその当時においてはこれを十分に認識することは不可能であったと思われるからである。

三　ドイツ法理論の批判的検討

(1)　西ドイツの判例・通説の立場について

西ドイツの判例・通説にならって、日本法の解釈論としても、新築あるいは新築さるべき建売住宅やマンションの売買契約を請負契約とみて、瑕疵修補請求権を認める解釈論を展開することは不可能ではない。しかし、ペータースも説くように、かかる構成は、取引当事者の法意識とは異なっており、いかにも擬制臭い。売買契約とみたうえで、結果的には同様な処理が可能な法的構成が考えられれば妥当であることはいうまでもあるまい。また、請負の瑕疵担保責任の制度が、ドイツ法と日本法とで若干異なっている点があることにも留意しておく必要がある。すなわち、日本法の場合には、仕事完成後の目的物の瑕疵を理由とする契約の解除は、建物の場合は許されず（日民六三五条）、ドイツ法にはかかる制限規定は存しない。逆に、日本法は、請負人がいまだ仕事を完成していない場合には、注文主は損害賠償さえ支払えばいつでも契約を解除できる（日民六四一条）。しかし、これらの処理は、新築あるいは新築さるべき建物取引の場合にはそぐわない。つまり、本来の請負契約と異なって、かかる契約においては、解約権の留保のないかぎり、建物完成前に契約の解除を許す必要はなく、逆に、建物完成後、目的物の瑕疵を理由とする契約の解除を認めても売主（請負人）の保護に欠けることはない。なぜなら、建物敷地の所有権ないし利用権は売主（請負人）に属しているがゆえに、彼は本来の建築請負契約の場合と異なって、買主（注文主）から契約を解除されても、建物を撤去する必要がなく、土地あるいは土地利用権付きで第三者になお譲渡できるからである。さらにドイツ法と異なって、日本法は、請負人に瑕疵修補の機会をあたえることなく、目的物の瑕疵を理由として、直ちに瑕疵修補に代わる損害賠償の請求を認めている（日民六三四条二項。ド民六三三条二項は、請負人に遅滞あるときにはじめて、注文者は自ら瑕疵を除去してこれに要した費用の賠償をできるものとする）。本来の請負契約においても、日本法のこの処理の妥当性につき問題がないわけではないが、少なくとも売買契約においては瑕疵修補が可能であるかぎりは、まず瑕疵修補の請求をさせ（換言すると、売主側に瑕疵修補の機会あるいは権利を認め）、それが不能あるいは遅滞のときにはじめて二次的な保護手段として損害賠償の請求を認めるのが妥当であろう。債務不履行の一般原則からしてもそうである（履行遅滞の場合を想起せよ）。このようにみてくると、新築あるいは新築さるべき建物の取引契約を請負契約とみる構成は、瑕疵修補請求権の根拠づけが楽であるという長所のある反面、ドイツ法に比し、短所も多く、少なくとも日本法の解釈論としてはさほど魅力のある法的構成とはおもえない。もちろん、請負契約とみたうえで、事案の特殊性を考慮して瑕疵を理由とする解除を許す、といった短所を補う工夫も可能ではあるが、それよりはむしろ、取引当事者の普通の意思や理論に忠実に、売買契約とみたうえで、瑕疵修補請求権を解釈論上認めるような法的構成を考える方途が、より適切といえないであろうか。

⑵　ペータースの理論について

ペータースの理論は、一九七八年に発表されたものであるが、彼の基本的発想は一九七六年に発表した筆者のジュリスト論文の発想と多くの点で共通性があり、同感できる。すなわち、新築あるいは新築さるべき建物の取引契約を請負とみず、特定物売買とみたうえで、なおかつ瑕疵修補請求権を解釈によって肯定しようとするペータースの結論自体は、私見とまさに同一発想に基づくものであり、賛成である。しかし、法的構成は私見と異なり、そのため具体的効果もいくつかの点で異なってくる。以下にペータースの見解に対する疑問点を指摘しておきたい。

①　ペータースは、瑕疵修補請求権を本来の履行請求権の一部として把握するにあたり、瑕疵の除去が可能な限りという前提の下ではあるが、特定物売買一般に、売主の瑕疵なき物の給付義務を認めているように思われる。この点、いわゆる「特定物ドグマ」を否定する瑕疵担保責任の法的性質に関するわが国の新説[15]とその発想を同じくする。もっとも、さらに瑕疵担保責任を債務不履行の一形態とまで把握しているのかどうかは明らかでないが[16]、少なくとも瑕疵担保責任との併存は肯定している。そのために、本来の履行請求権と瑕疵担保責任との関係につき、後述するごとく、いくつかの問題が発生することとなる。そして、当面の問題解決のためには、代替物商品がたまたま特定物売買されたり、売主の製造にかかわる（あるいはほぼそれと同視しうる）不代替物商品の特定物売買における瑕疵修補が問題なのであるから（ペータースもこれを前提としているはず）、かかる類型に限って本来の履行請求権の有無を考えれば必要かつ十分であり、特定物売買一般に、「瑕疵なき特定物の給付義務」を拡大する必要はないはずである。いわゆる「特定物ドグマ」批判の再検討がここでは必要となるが、後に、わが国の新説の立場を検討する際に一括してこの点は検討したい。

②　ペータースは、瑕疵修補請求権の法的根拠につき、三元構成で説明するが、やや複雑である。ドイツ法の解釈としても不完全履行として全てを一元的に説明するのが妥当であろう。ドイツ民法四八〇条一項、四六三条のような明文規定を欠く日本法の下では、当然一元構成となる。

③　ペータースは、瑕疵担保責任と追完請求権との併存、選択を許すので、買主は、瑕疵修補が可能であっても、無催告解除をすることができる。前述のごとく、請負の場合は第一次的には瑕疵修補請求のみであるが、ペータースは、彼の理論をとる実益の一つはこの点にあるという。しかし、疑問である。瑕疵修補が可能であるかぎり、まず修補請求をさせ、それが遅滞・不能のときにはじめて、第二次的に契約の解除・代金減額または損害賠償の請求を許すのが、債務不履行制度の本来の趣旨に合致するものといえよう。履行遅滞の場合がそうだし、その本質は不完全履行とみられる請負の瑕疵担保責任の場合も、ドイツではそうなっている。売買の瑕疵担保責任において無催告解除が許されているのは、沿革的にみて、その制度が不代替的特定物売買について形成されたものであり、売主に瑕疵修補を期待することが可能あるいは妥当でなかったからにほかならない。もっとも、種類売買に関するドイツ民法四八〇条においても、売主は、追完給付に代えて、直ちに解除（しかも無催告のそれ）を選択しうることになっている。これは、種類売買の場合には、瑕疵ある物の給付はまさに不完全履行であり、したがって、これを不完全履行概念でとらえて立法的に定着させるべきであったのを、当時の立法者が不完全履行概念を知らず、瑕疵担保責任の領域での問題解決をはかり、従来の解除・代金減額と併存的に瑕疵修補請求権を新たに認めたために生じた結果である。後述するごとく、現在のドイツ民法学は、立法者のこのような問題解決のために、四八〇条の解釈論上、困難な問題をかかえこまされることになったのである。なお、日本民法は、請負契約の場合に、瑕疵修補に代えて即時に賠償請求をなすことを許すが、請負人を信用できない場合に、他に修補を依頼してその費用をもとの請負人に損害賠償として請求することを許すという発想は分からないではないが、もとの請負人が無過失（過失が要件となっていないことに注意）の場合にも、直ちに瑕疵修補に代わる損害賠償の請求を許すことが果たして妥当か、前述のような理由から、疑問なしとしない。

④　ペータースは、瑕疵修補請求権を本来の履行請求権の一部分としながら、その請求権の時効期間は、瑕疵担保

の規定によるものとする。条文上の根拠として彼は、種類売買における四八〇条一項第二文の類推適用という。このように解することの理論的根拠が今一つ明確でないことのほかに、不動産にあっては、引渡しのときから一年という時効期間は家屋の瑕疵で発見しにくい部分のそれについてはあまりにも短かすぎ、妥当性を欠こう。中古建物の売買の場合にもそうなのだから、新築建物の売買の場合であっても同様に解してよかろうとペータースはいうが、両者は必ずしも同一処理になじむものではあるまい。中古住宅の場合には、当然ある程度の瑕疵の存在は予期されるし、年月が経っているので瑕疵が表に出ていることも多い。そこで、売買契約に際して買主は当然、その点に注意を払うし、また払うべきでもある。かつまた、当然その点を考慮して代金額を決定するのが通常でもある。したがって、ドイツ法における引渡後一年の時効期間は必ずしも不当とはいえまい。しかし、新築住宅の場合には、ある程度の欠陥は予想されるとしても、中古住宅ほどではなく、また建築完成早々の段階では、瑕疵が必ずしも表にあらわれているとは限らない（地盤工事や建物の躯体部分の手抜工事など）。これらの瑕疵の場合にも引渡後一年の時効期間とするのは短かきに失しよう。とくにこの点でペータースの理論がドイツで多くの支持を得るのは難かしいと思われるし、現にそのような評価を、一昨年のドイツでの海外研究期間中に聞いた。

以上のような理由から、ペータースの基本的発想には共感を覚えるも、これに賛成することができない。

(3)　補論 —— 西ドイツ債権法改正意見書におけるフーバーの提言について ——

西ドイツ債権法改正に関する鑑定意見書で、ボン大学教授フーバーは、「債務不履行、統一売買法を範とする債務不履行法の導入は望ましいか。その際、いかなる法文の変更およびいかなる影響が債権法に生ずるか。」という鑑定テーマのもとに、債務不履行法の改正を検討した。彼は、民法典の既存の債務不履行法体系を放棄して、その代わりに、統一売買法を範として構築された新たな債務不履行法体系を提唱している。本稿のテーマと関連するかぎりで、彼の鑑定意見の内容をかんたんに紹介しておこう(17)。

まず、フーバーの鑑定意見は、ハーグ統一売買法の影響の下に、債務不履行ないし給付障害のすべての形態すなわち履行不能、履行遅滞、不完全履行（積極的債権侵害）および瑕疵ある物の給付のすべてをカバーする概念としての「不履行（Nichterfüllung）」概念で、一元的にこれらを把握しようとする点に第一の特色がある。

第二に、不履行があった場合、債権者は基本的に三つの方法で法的保護をうけうる。履行請求、解除、不履行を理由とする損害賠償である。

(a)　履行請求権は、すべての給付障害の場合に債権者に認められる。そこで、特定物売買においても、追完あるいは完全物給付請求権が肯定される。また、瑕疵と保証された性質との二元性を廃止し、不完全な給付と異種物給付（一等米を給付すべきときに一等米の給付として実は二等米を給付したとか、眼鏡を給付すべき債務を負っている者が、その債務の履行として時計を給付したような場合、債務不履行責任か瑕疵担保責任かが問題となって従来争いがあった）とを同一視することを提案する。また、担保責任に基づく請求権の時効期間を延長することが望ましいとする。(18)

(b)　契約解除権は二つの場合に分けられる。第一に、本質的な契約違反でない場合には、一定の猶予期間の経過が解除原因となる。なお、不履行は債務者に帰責事由あることを要件としないから、上記いずれの場合も、債務者が不履行につき帰責性を有することは、解除の要件とはならない。したがって、不可抗力をもって抗弁となしえない点に特色がある。なお、猶予期間設定の原則は、債務者の追完履行権を前提としているから、履行内容に瑕疵あるときは、売主や請負人に追完履行権、瑕疵修補権が認められ、これに対応して、追完履行請求権や瑕疵修補請求権が買主や注文主に認められる。

一部の不履行や附随義務の不履行または瑕疵ある物の給付を理由とする解除は、それが本質的な契約侵害にあたることを必要とする。解除権はすべての場合に形成権として構成され、瑕疵を理由とする解除（Wandlung）は、通常の解除（Rücktritt）に統一される。

(c)　損害賠償については、解除と異なり、債務者の帰責性が要件となる。したがって例えば、当該債務不履行が不可抗力によって惹起された場合には、債務者は賠償責任を免れうる。債権者としてはこの場合には解除をなしうるにとどまる。債務者の帰責性の範囲は、基本的には、過失責任の要素と事情変更の原則によって緩和される保証責任との観点から決定される。例えば、故意過失ある債務者は責任を負わなければならないが、債務が債務者の営業もしくは独立して営んでいる職業活動、その他の事業の範囲内で生じたときは、債務者は、職業上の知識や能力の欠欲についても責任を負わなければならない。専門的に活動している債務者は、契約の締結によって専門的な知識や能力について保証したからである。従来、この責任は、客観的過失概念によって基礎づけられていたが、フーバーは、過失概念でなく、「合意は拘束される」という保証原則により基礎づけられるべきだという。

損害賠償の範囲の決定基準については、契約締結時に予見しえた損害の塡補として構成し、同時にこの基準をすべての契約違反にもとづく損害賠償責任法の原則とする。また、債権者は、損害を回避・減少させるために適切な予防措置や対策を講ずる義務を負っており、主としてこの義務の違反によって生じた損害については、債務者は賠償義務を負わない。なお、債務不履行によって人的損害が惹起された場合には、慰謝料請求権も認められるものとし、また、債務不履行による人的・物的損害については、契約法上の請求権の時効を不法行為法の規定と統一化し、瑕疵結果損害についても不法行為法上の時効期間を適用すべきであるとする。

(d)　現行ドイツ民法によれば、債権者は債務者の債務不履行に際して、契約解除をなすかあるいは損害賠償を請求するかの非常に困難な選択をしなければならないが、フーバーは、統一売買法にならって、契約解除と損害賠償との併存を提案する。

第三の特色は、積極的債権侵害論や第三者のための保護効を伴う契約理論によって取り扱われてきた、いわゆる保護義務の問題領域の取扱いにある。フーバーは、この問題領域がもともと不法行為法に属するものであること、それゆえにそれらは契約外責任の領域における法規定の適切な修正によって対処すべきものとする。そこで例えば、デパートの床に落ちていたバナナの皮で顧客が滑って怪我をした事例のような場合は、契約上の保護義務違反の問題でなく、不法行為法上の義務違反の問題であるから、不法行為法によるべきであり、不法行為法の適用によって生ずる不当な結果は、不法行為法の改正（とりわけド民八三一条――使用者責任に関する規定――の改正）によって処理すべしという。これに対して、債権者の法益保護が債務者の給付義務の核心となっているような契約類型、例えば診療契約、運送契約、寄託契約などの場合には、債務者は一般の債務不履行責任の原則によって責任を負うこととなる。さらに、物あるいは仕事の瑕疵によって、買主・注文主あるいは賃借人に、身体・財産上の損害が生じた場合、すなわちいわゆる瑕疵結果損害の場合には、債務者は債務不履行責任を負うと考えられるが、ここでは本来の給付義務の違反が問題となっているのではなく、社会生活上の義務（Verkehrssicherungspflicht）の侵害が問題となっているのであるから、債務者が不法行為法よりも厳格な責任を負うべき理由はなく、前述したごとく、慰謝料請求権、時効期間などにつき、不法行為法の規定と統一化すべきであるという。

フーバーの提言一般についての評価はここではさしひかえ、(19)本稿の問題点に即し、瑕疵担保との関係に関して私の所感をのべておこう。前述したごとく、種類売買において瑕疵ある物が給付された場合の法的処理につき、不完全履行概念を知らなかったために瑕疵担保責任制度を拡大してこれに対処したドイツ民法は、瑕疵担保と債務不履行との関係について複雑な難問をかかえこむこととなった。この難問を回避するために今度は、瑕疵担保責任全体を債務不履行責任化しようとするのがフーバーの提案である。かくて、特定物売買にも追完給付請求権が認められることになり、ペータースと同一結果、いやそれより一歩進んだ形のものとなる。債務不履行責任に一本化している点においてである。フーバーのこの提案は、逆の意味での誤りを再びおかすこととなるように私には思われる。後に、わが国の瑕疵担保に関する新説批判のところで詳しく展開するが、不代替物の特定物売買に即して構築された瑕疵担保責任制度（法定無過失責任、無催告解除、代金減額請求）は、それが本来予定していた取引類型については今日なお合理性があり、これをも含めて債務不履行責任化する必要はない。種類売買や企業による新築分譲住宅の売買など、新しい商品交換の領域に問題が生じているのであり、この問題領域は、新しい法的技術の開発・展開によって対処するのが妥当である。その法技術としては、「不完全履行」制度の充実によるのが妥当である。これを瑕疵担保としてとらえたり、ペータースのごとく瑕疵担保と併存してとらえるのは、すでにみたごとく問題を複雑化させるのみである。他方、そうかといって、フーバーのごとく、不完全履行の履行的側面を無視して、「不履行」概念で一括的にこれをとらえることにも疑問がある。不履行としてこれをとらえることは、かって種類売買に瑕疵担保の規定の適用を否定したドイツ普通法下の有力説や末弘旧説がかかえていた欠点をかかえこむおそれがある。例えば、不完全履行は全くの不履行と異なり、外形的には不完全とはいえ一応の履行行為があるのであるから、これを全くの不履行と同様に処理することは妥当性を欠き、追完給付請求権の行使に短期の期間制限を設けることが公平である。[20] 現に、フーバーも、短期の期間制限を認めているが、不履行としつつこれを場合により肯定することは、体系的にみて問題がある。フーバーは、全ての債務不履行形式を「不履行」という単一の構成要件に統一化しつつも、法的効果に関しては、段階的な差異を認めている。上記の例もその一例であるが、他にも、例えば、履行が適時になされない場合に、直ちに債権者は遅延損害の賠償を請求しうるが、全債務の不履行による損害賠償を請求するには、猶予期間の経過を必要とするという。これに反して給付をなしえない場合には、直ちに全債務の不履行による損害賠償を請求しうるとする。異なる法的効果を同一の構成要件に結びつけることは無意味であるから、法的効果が異なる場合には、構成要件も異なるはずであり、異なる構成要件には異なる法概念を用いるのが思考経済上便宜であるから、遅滞、不能、不完全履行という不履行類型の区別はやはり有用といえよう。ディーデリクセンもかかる批判を加えている。[21]

フーバーの提案で興味をひくのは、本来の履行請求、解除、損害賠償といった法的保護の手段に応じて、要件論を別異に構築している点である。かつて私もこのことの必要性を指摘しておいたが[22]、今後さらに検討さるべき問題である。とくに、解除の要件として帰責性が要求されない点は、瑕疵担保、危険負担との関連に留意しつつ、我が国でも検討に値する問題提起と思われる[23]。売主や請負人の追完履行権、瑕疵修補権という発想は、これまで我が国で問題点の指摘はあったものの本格的には議論されていなかった点であり、興味深い。

(7) この瑕疵修補請求権と本来の給付請求権との関係については、議論がある。請負契約の性質上、請負人は約定どおりの仕事を完成する義務を負うから（ド民六三一条一項）、瑕疵ある給付をした場合には、本来の給付義務の不履行となり、注文者は瑕疵なき仕事をあらためてなすよう請負人に請求しうるとも考えられる。通説は、仕事の引取後は、再給付請求権は排除され、瑕疵除去請求権のみが問題となるが、瑕疵の除去が不能あるいは不適切である場合には、可能な限り、再給付請求が許されるとする。しかし、なお争いが続いている。後述するように、種類売買においても同様の議論があるが、本来不完全履行としてとらえられるべき問題が瑕疵担保としてとらえられたために、両者の関係をめぐって困難な問題が生じたのである。この問題についてのドイツの議論については、例えば、次の文献参照。

Larenz, Lehrbuch des Schuldrechts. Bd II 12 Aufl. (1981) S.281 f.

(8) 日本民法は建物その他土地の工作物については、解除を許さない（六三五条ただし書）。ドイツ民法にはかかる制限規定がないが、解除は、建物などの工作物の場合請負人に与える影響が大きいので、VOB Teil B §13 はこれを認めていない。なお、本稿の問題点に関するドイツ法の一般的問題状況を知るには、約款規制法や VOB (Verdingungsordnung für Bauleistungen) の瑕疵担保に関する規定や諸議論をも含めて検討する必要があるが、本稿では、そこまで立ち入る余裕がない。とりあえず、民法の解釈論にしぼって検討するにとどめた。なお、次の二著は、本稿で扱うテーマにつきドイツの実務上の問題点を知る上で便宜である。H. Locher, Das private Baurecht, 2 Aufl. 1978, M. Schmalzl, Die Haftung des Architekten und des Bauunternehmers. 4 Aufl. 1980. Ingenstau, Korbion, VOB Kommentar 9 Aufl. (1980) S. 1132 ff. 参照。

また、西ドイツ約款規制法については、日本でもすでにいろいろな研究・紹介が発表されているが、瑕疵担保責任との関係について、参考になる最近の労作として、とりあえず、山本豊「附随的契約条件における自律と正義―西ドイツ約款規制論にみる―(一)(二・完)」（法学四四巻三号、四号一九八〇年）をあげておきたい。その他の参考文献については、この論文引用の文献参照。

（9）売買では、保証あるいは瑕疵の悪意の黙否の場合に解除または、代金減額に代わる損害賠償の請求が認められる（ド民四三六条）。したがって、過失の場合に売買と請負とで差が生ずることになる。

（10）BGHZ 362（364）＝NJW 1973, 1235＝JZ 1973, 735, BGHZ 61, 369（371. 373）＝NJW 1974, 143, BGHZ 65, 359（361）＝NJW 1976, 515.

（11）BGH NJW 1977, 1336.

（12）Vgl: H. Wolfsteiner, "Empfieht sich eine gesetzliche Regeiung des Bauträger vertrag?" D Not. Z. Sonderheft 20. S. 89.

（13）前掲 Wolfsteiner の論文参照、ちなみに彼は公証人である。さらに債権法改正に関する意見書（Gutachten und Vorschläge zur Überarbeitung des Schuldrechts. 1982）におけるフーバーの提言参照。改正意見書およびフーバーの提言について、紹介あるいは検討するものとして次のものがある。

下森、飯島、能見、宮本「西ドイツにおける債権法改正の動向上・下」ジュリスト七七一号、七七二号（一九八二年）、宮本「債務不履行法体系の新たな構築」（志林八〇巻三・四合併号）P・シュレトリーム「西ドイツ債権法の改正計画について」（宮本訳、志林八〇巻三・四合併号、一九八三年）、同「ドイツ債務法の発展への国際統一売買法の影響」（武久訳、龍谷法学一五巻三号一九八二年）、P・ギレス「西ドイツにおける債権法改正と消費法の発展」（小林訳、判例タイムズ四九三号一九八三年）、下森「契約責任（債務不履行責任）の再構成」（内山他還暦記念論集中巻、第一法規、一九八三年）

（14）F. Peters, "Kein gesetzlicher Nachbesserungsanspruch des Käufers?" J. Z. 1978. S. 92 ff.

（15）代表的学説として五十嵐清「瑕疵担保と比較法」民商法四一巻三号、六号（『比較民法学の諸問題』〔一九七六年〕所収）、北川善太郎『契約責任の研究』（一九六三年）、星野英一「瑕疵担保の研究（日本）」比較法研究二三号（民法論集第三巻〔一九七二年〕所収）、山下末人「担保責任と債務不履行」契約法大系Ⅱ（一九六二年）、同「瑕疵担保」於保還暦＝民法学の基礎的課題（上）（一九七一年）等がある。

（16）Vgl. Peters, a.a.0., S. 94 Anm. 34.

（17）西ドイツ債権法改正意見書の概要とその紹介およびフーバーの鑑定意見の紹介については前掲注(13)の諸論稿参照。本文のこの部分は、上注であげた拙稿の該当部分を本稿のテーマとの関連において要約したものである。

（18）フーバーは鑑定にあたって、「給付障害」と「瑕疵担保責任」の二項目を担当しているが（下森、飯島、能見、宮本、前掲ジュリスト論稿参照）、この部分は、後者の鑑定部分で展開している。
(19) 下森・前掲注(13)「契約責任（債務不履行責任）の再構成」参照。
(20) 下森「種類売買と瑕疵担保」民法学(5)（一九七六年）八九頁以下、同「種類売買と瑕疵担保責任」、「特定物売買と不完全履行」法学セミナー三三四、三三六号（一九八二、一九八三年）参照。
(21) 宮本・前掲注(13)一三〇頁以下参照。
(22) 下森「契約責任の再構成をめぐる覚書」LAW SCHOOL 二七号一四頁（一九八〇年）。
(23) 宮本・前掲注(13)一三四頁参照。

第二章　日本法の解釈論 ── とくに新説の批判的検討 ──

一　新説の内容

(一)　不代替的特定物売買における売主の瑕疵修補義務をめぐる日本法の解釈論の問題状況についてはすでに序章で述べた。そこでみたごとく現行民法典の規定や既存の解釈論では、瑕疵修補請求権の根拠づけはなかなか困難である。しかし瑕疵担保責任に関するいわゆる新説によれば、容易のように思われる。そこで、本章では、先に留保しておいた新説の当否について、ドイツ法との比較検討を踏まえた上で、私見を展開してみたい。

新説は、既存の通説を支えるものとして、三つの理論的支柱（すなわち、①瑕疵担保は法定責任であること、②瑕疵ある特定物の履行は瑕疵なき履行であるという特定物ドグマ、③瑕疵担保を原始的一部不能にもとづく責任とみること）があるとし、これを批判する。[24] そして、売買の目的物が特定物・不特定物であると、代替物・不代替物であるとを問わず、売主は、売買代金に見合う程度の合意された目的物を給付する債務を負うべきであり、したがって給付された目的物に瑕疵があれば、目的物の種類を問わず、債務不履行上の責任と瑕疵担保による責任を負うことになるとする。そして、債務不履行責任の規定と瑕疵担保責任の規定とは、後者が売買の目的物に「隠レタル瑕疵」のある場合の特則であるから、両者が抵触する場合は後者が適用され、そこに規定のない事項に関しては、不完全履行に関する規定および考え方が適用されるとするものである。(25)

(二)　その具体的効果は、論者によりニュアンスの差がある。ここでは、一番体系的かつ細部にわたって解釈論を展開されている星野説によって、その大要をまとめておこう。(26) ①買主は、売主にとってそれが可能なかぎり、完全履行請求権（つまり修補または代物請求権）を有する。特定物売買においてもそうである。②売主も、買主に解除権の発生しない場合には、買主が代金減額請求権で満足するのでない限り、修補権をもつ。③解除は、瑕疵があるために契約をした目的を達することができない場合に限り、することができる。より細かくは、瑕疵の追完ないし修補が事実上不可能の場合、売主が追完・修補をする意思がないと認められる場合、追完・修補が事実上可能であってもそれによることが無意味な場合（追完・修補に時間がかかって、買主がそれを買った意味がなくなる場合）に、解除できる。解除に催告は不要である。④それ以外の場合には買主は損害賠償の請求のみができる。賠償責任の範囲については、通常の債務不履行による損害賠償と同じく考え、瑕疵ある目的物を給付したために買主が蒙った損害が対象となり、民法四一六条によって定まる。性質は、当初いちおう無過失責任と考え、一定の場合に免責の挙証が認められるとされていたが、批判をうけ、(27) とくにいわゆる拡大損害の場合には、帰責事由を要求される立場に変わられたようである。もっとも、他方で、売主の担保責任の要件・損害賠償の範囲の問題とも対比して考える必要があり、残された問題であるが、いずれにせよ、先の自説の再検討が必要だとされている。(28) ⑤代金減額請求権は五七〇条の規定の上では認められていないが解釈上認めるべきである。⑥買主の有する完全履行請求権（代物請求権、修補請求権）、損害賠償請求権、解除権は、買主が瑕疵の存在を知ったときから一年以内に行使しなければならない。買主が目的物の瑕疵に気付かなくても、受領後信義則上相当な期間を経過した後は、諸権利を行使することができなくなる。

二　新説の批判的検討

㈠　新説は、前述のごとく、特定物売買においても「瑕疵なき状態での給付義務」の成立を認め、目的物に瑕疵あるときは、給付義務の不完全履行であるとして、要件、効果の特殊性（無過失責任、無催告解除、期間制限等）からこれを不完全履行の特則あるいは特別不完全履行（山下説）として理解する。先にみたごとく、フーバーの鑑定意見は債務不履行に一本化するところまで進んでいるのであるが[29]、日本の新説の立場は、本来の履行請求権と瑕疵担保責任との併存を認めている点でペーターースの構成に似ている。かくて、本稿のテーマについて新説によるときは、瑕疵修補請求権の基礎づけが容易のように思われるが、ペーターースやフーバーの意見に対する批判と同様の批判が基本的に新説についても妥当するし、さらに日本民法特有の解釈論的問題点も存在する。しかも、新説は、本来の履行請求権と瑕疵担保責任との関係について、ペーターースのようなつきつめた議論を展開しないでいるために、この説のもつ問題点が幸いにもかくされたままであるように思われる。以下、これらの問題点について究明してみたい。

㈡　前述したように、ドイツ民法学は、種類売買において瑕疵ある物が給付された場合の法的処理を瑕疵担保責任制度によって処理したために、今日、本来の履行請求権、四八〇条による瑕疵担保責任としての追完請求権、本来の瑕疵担保責任をめぐる諸関係が極めて複雑となり、解釈上の難問に悩まされている。本稿で、ドイツ法上のこの問題について立ちいった説明をする余裕はないが、一、二の問題点を簡単に指摘しておこう。第一の問題は、いわゆる異種物給付の扱いである。これを債務不履行とみるか、瑕疵概念をここまで拡張して（いわゆる「主観的瑕疵概念」の採用）、瑕疵担保として処理するか（時効期間の点でとくに大きな差異が生ずる）、今日、この論争はドイツでも必ずしも未だ決着をみていない（ワイヤースのいわゆる eine sachliche Grenze の問題）[30]。

第二に、ドイツ民法四八〇条一項による追完請求権の法的性質につき、これは本来の履行請求権と同質のもので、その変形したものとみられているが、短期の時効期間に服することのゆえに、本来の履行請求権はいつから四八〇条一項の追完請求権に転化するのかが問題とされている（eine zeitliche Grenze）(31)。かつまた、契約解除・代金減額請求権と本来の履行請求権との選択・転化の時的関係も同様に問題とされている。さらに複雑なのは、危険負担との関係である(32)。種類売買において瑕疵ある物が給付された場合でも特定が生ずるのか、生ずるとしてそのことにより買主に給付危険も移転するのか、この場合、瑕疵担保による解除がなされたとするとどうなるのか、などの問題である。本来の履行請求権と瑕疵担保責任との併存・選択を認める判例や新説の立場にたつときは、かかるドイツ法上の困難な問題を同時に日本民法の解釈論に（しかも種類売買のみならず特定物売買の領域にも）もちこむことになるのである。新説の論者はこれまでのところ、これらの点をあまり論じていない(33)。前述したようにフーバーの鑑定意見は、これらのことをも考慮して、瑕疵担保を捨て、債務不履行に一本化しようとしているのであり、種類売買に関する限り、この見解は、むしろわが国の通説に近づいているとの評価も可能である。

ちなみに、瑕疵担保責任の法的性質を法定責任とみる従来の通説の考え方に対し、「この考え方は、ドイツの一時期の有力説にすぎず、ドイツでも今日ではその考え方が通説とはいえない」という指摘がある(34)。たしかに、とくにラベルの前掲研究以来、瑕疵担保を債務不履行の一態様ととらえる考え方は、ドイツで有力となり、国際売買統一法に結実した。しかし、では、この考え方が今日のドイツの通説かというとそうではない。いぜんとして伝統的考え方も有力であり(35)、「自然法的発想」にもとづく国際売買統一法の考え方がドイツの伝統的法思考になじむものかどうかは、今後の検討課題である、といわれている。ドイツの傾向は、日本法の解釈論の一つの有力な参考資料ではあるが、決めてとなるものではない。このことは、新説の論者自らが指摘されたとおりである。

㈢　つぎに、新説の立場をとった場合、日本法の解釈論上問題となると思われる点を具体的に指摘して、今後の検討の問題提起としよう。

⑴　まず、特定物売買においても、一般的に「瑕疵なき状態での給付義務」を認めるというが、当面の問題に即し

てみるとき、たとえば、市民間の通常の中古住宅の売買においてもそうなのか(36)。ペータースは、前述したように、瑕疵修補が可能であり、かつ売主にそれが合理的に期待しうる場合という前提をとっているから、おそらくこの場合は原則として排除されることになるのであろう。新説の立場でもかかる限定をとることが妥当と思われるが、新説の論者によって、今後、この場合の基準が明確化されることが望ましい。この問題の提起は、特定物売買に一般的に瑕疵なき状態での給付義務を課す必要があるのかの問題提起につながる。最近、瑕疵担保責任における損害賠償の範囲論と関連してであるが、「給付行為・給付結果の区分を前提とすれば、給付結果とその効用という面では特定物であれ不特定物であれ利益状態に差がないとしても、給付行為の次元で給付義務を調達という行為をする義務と把えるなら、瑕疵なき特定物を給付する義務は特別の事情なき限り存在しないと考えることも何ら不合理ではない(37)」と指摘し、特定物ドグマ・給付義務内容のより一層の検討をすべきだという注目すべき見解が表明されていることを指摘しておこう。

(2)　特定物ドグマを否定し、本来の履行請求権として瑕疵修補請求権を肯定するとともに、瑕疵担保責任の併存・選択を認める新説の立場では、前述したように、この両者の関係につき、これを明確化すべきことが今後の課題である。この点についても最近次のような注目すべき指摘がある。「特定物売買と不特定物売買につき、経済的効用の側面でなく、法技術的側面においても全く同一に扱いうるものであるかどうか。更に不特定物売買において目的物に瑕疵がある場合、不完全履行の一般的規律によるのではなく、瑕疵担保の規定が適用されねばならないとすると、それは何故か、について整理がなされる必要がある(38)」。また、同様な発想に基づき、「不特定物についても瑕疵担保の適用がありうるとの立場では、次の点の区別がなされなければならない。(a)いかなる要件があれば瑕疵担保規定を適用しうるのか。(b)いかなる要件があれば瑕疵担保規定を適用しなければならないのか。(c)以上の(a)(b)においては、不完全履行責任（履行請求権、契約解除権、損害賠償請求権）は併存するのか排除されるのか(39)」と。

特定物売買についても債務不履行の規定の適用がありうるかという当面の問題の考察でも、これらの指摘は妥当する。何故に債務不履行の規定の適用の必要があるのか、その要件いかんは、これまでの論述でほぼ明確となったど思われるが、問題は前記(c)の指摘である。ここでは、まず、時間的経過との関係で問題が分析されるべきである。

第一に、売主による履行前の段階において両者の関係はどうなるのか。履行がいまだ全くない限り、遅滞か不能かは問題となるが、本来の給付義務の不完全履行は問題となるまい。問題は瑕疵担保責任の追及にある。ドイツ法の下では、危険移転のとき、つまり原則として引渡しのときが基準時であるが、日本法の場合には、契約締結時が瑕疵存在の基準時と一般に解されている。そうだとすると、売主の履行（家屋の引渡）前であっても、そして瑕疵の修補が可能であるような場合でも、契約締結時にすでに建物の建築が完成しており、その時点で瑕疵があったとすると、その後瑕疵を知った（履行前の）段階で直ちに売主の瑕疵担保責任を問いうるのか。それとも、履行がなされるまでは本来の履行義務の問題としてとらえ、不完全な履行があった場合にはじめて、本来の履行請求と瑕疵担保との選択の問題となるのか、その必要性いかんの問題である（種類売買の場合でも、特定と履行＝引渡しとの間に時間的差があり、その中間で瑕疵を発見したときに、同様の問題が考えうる）。

第二に、売主の履行＝引渡しに際して、買主が瑕疵を発見した場合、買主は受領を拒絶して本来の履行請求をなしうることは問題がない（ちなみに売買の目的物が建物の場合には、完全物給付請求権は、特段の合意のない限り、瑕疵修補請求権に限定され、代物請求権が認められるものでないことには異論がおそらくあるまい）。問題は、その時点で直ちに瑕疵担保責任の追及を選択しうるとすることの是非である。瑕疵修補が可能であり、かつそれを売主に合理的に期待しうる場合であっても、その欠陥が重大であれば、なお契約をなした目的を達しえない瑕疵として、即時の無催告解除が許されるのか。それともかかる場合は、契約の目的を達しえないほどの瑕疵ではないとして、解除を許さないのか。星野説によれば、解除権の行使が否定されることになりそうだが他の新説の論者の場合はどうなるのか。買主が修補請求をしたところ、売主が応じなかったとか、不完全であった場合は目的を達しえないほどの重大な瑕疵でなくとも、場合により債務不履行による解除が許されることになるのであろうが、瑕疵担保による解除と債務不履行による解除とでは、催告の要否、時効期間等が異なるから、両者を分けて考察し、かつ両者の相互関係についても検討する必要が生じ、法律関係が複雑となる。星野説では、両者を一体として説明されており、一見分かり易いが、これは両解除権の差異をなくし一体化して解釈してゆこうとされる趣旨なのか、そうだとすると現行法の解釈として、どこまでそれが可能なのか（とくに瑕疵の程度、無催告解除の点が問題となろう）。そうではなく、両者は一応別のものと考えられるのであるとすると、両者の相互関係についてどう考えるのか、これらの点についての掘り下げた教示を今後に期待したい。さらにまた、瑕疵がさほど重大でない場合に、瑕疵修補請求に代えて直ちに損害賠償の請求を認めることは妥当であろうか（請負の瑕疵担保では、民法は損害賠償につきこれを認めているが、ドイツでは、いずれも遅滞を要件としてこれを認めていることを想起せよ）。瑕疵につき売主が悪意であったり、瑕疵なきことを保証していた場合はともかく、そうでない場合には、かかる処理は妥当とはいえまい。

第三は、買主が、受領に際して瑕疵担保責任についてなんらの主張あるいは留保なしに目的物を受領した場合の処理である。買主が受領の際に瑕疵の存在を知り、しかもこれを一応履行として認容して受領し、そのことにより売主の責任を追及しうる権利を放棄したと、明示あるいは黙示に認められる場合とか、その権利を留保したうえで受領した場合は問題がないが、目的物の瑕疵を知らずに単に受領したにとどまる場合に問題が残ることは、日本の既存の判例法理上からも明らかである。この点はドイツでも議論のあるところであるが、種類売買の場合については、単なる受領によっても本来の履行請求権は瑕疵担保責任にとって代わられるとみるのが通説のようである。(40) そして、そう解しても、ドイツでは、四八〇条一項により担保責任の内容として、追完請求権が認められているから不都合ではない（本来の履行請求権が受領によって四八〇条一項の追完請求権に転化し、これは短期の時効期間に服することとなる）。もっとも、異種物給付の場合になお問題が残ることは前述したとおりである。特定物売買の場合にはどうか。前述のごとくペータースは、単なる受領の場合に、本来の履行請求権の一部としての瑕疵修補請求権を認めるが、種類売買のような特別規定がないにもかかわらず、瑕疵担保責任と併存して、一年の短期時効に服する瑕疵修補請求権（つまり変形した追完請求権）が認められることの法的根拠が今一つ明らかでない。ドイツ民法四八〇条一項のような規定を欠く日本民法の解釈論においても、本来の履行請求権と瑕疵担保との併存を認める以上、両者の関係につき、同様の問題が生ずることを免れえない。新説の立場にたった場合、瑕疵ある目的物を履行として認容して受領したのでない以上、追完請求権の明示の留保がなくとも、受領後なお、買主が本来の履行請求権を行使しうること、また、瑕疵発見後一年以内なら先の給付をあらためて履行として認容し瑕疵担保責任を問うことをも選択しうること、そして、瑕疵担保を選択した以上は、本来の履行請求権の行使は排除されること、これらの点は明白である。問題は、瑕疵ある目的物の受領後、いつまで選択権の行使が許されるのか、本来の履行請求権を選択した場合、その時効期間は何年か。さらに、ここでも、瑕疵修補が可能であるにもかかわらず、即時の契約解除や損害賠償を選択させることの是非である。前二者については明文の規定を欠くゆえ、信義則を使って期間制限を考えるほかない（星野説がそうであったごとく）。そうだとすると、ドイツ法と瑕疵担保規定の法技術的構成を異にするわが民法の場合、瑕疵担保の規定の適用を認めても、この点に関しては実益がなく、従来の通説の立場とかわりはない。

⑶　次の問題は、危険負担、瑕疵担保、不完全履行の関係である。従来の通説ないしそれを踏まえて展開した考え方として次のような明解な説明がある。「担保責任の問題は、目的物についての権利ないし物の瑕疵が売買契約締結前から存する場合にかぎられ、これらの瑕疵が契約成立後に生じた場合には、担保責任の問題の圏外となる。このあとの場合には、その瑕疵が売主の責に帰すべき事由により生じたときは、売主の債務不履行責任の問題となり、それ以外の場合には、危険負担の問題となる。また、瑕疵が契約成立時にすでに存する場合のうちでも、それにもかかわ

らずこの物につき瑕疵のない物としての売買が成立したことにつき売主の責に帰すべき事由の存するときは、一種の『契約締結上の過失』の問題となり、それ以外のときにのみ、担保責任の問題となる」[41]。これに対し、瑕疵担保責任を債務不履行の特則とみる新説の立場から、瑕疵の存在時期は、「危険移転の時と解するのが妥当であろう」という見解が表明されている[42]。ドイツ民法では、特定物売買においては、四五九条の明文の規定で瑕疵の存在時期は危険移転当時とされ、危険移転は原則として引渡しの時とされている（四四六条、なお四四七条参照）。そこで、瑕疵ある物の受領後、目的物が偶発的に滅失または毀損した場合の法律関係はどうなるかというと、物の瑕疵は危険移転を妨げるものでなく、危険は買主の負担となるが、買主は三五〇条及び四六七条によって滅失にもかかわらず解除権を有するから、瑕疵を理由にする解除権の行使によって保護され、瑕疵ある物の給付でも危険が移転するとなすことによってとくに負担が加重されることになるわけではない。ただ、種類債務においては、物の瑕疵は危険移転を原則として排除する。というのは、二四三条二項及び三〇〇条によれば、債務者が彼の側において必要なることを為し終わりたること、ないし相手方を受領遅滞に陥いらしめる方法で物を提供したことが、危険移転の前提であり、これによって初めて特定の契約目的が出現する（種類債務の特定）のであり、瑕疵ある物の給付では、特定を生じないからである。もっとも、買主が給付された物を債務の目的とみなすときは、危険の移転をも承認しなければならない。ただこの場合には、買主は瑕疵担保責任を問う形で保護される。そこで、瑕疵ある物の無留保の受領後もなお、本来の履行請求権と瑕疵担保との選択可能とみるか、受領によって当然に本来の履行請求権は瑕疵担保に転化し、買主は、四八〇条一項による追完請求権と解除または代金減額請求権との選択権をもっとみるかによって、また後者とみた場合でも、追完請求権を選択した場合と解除または代金減額請求権を選択した場合とで、危険移転・危険負担がそれぞれどうなるか、複雑な問題が生ずることになるわけである。

かくて、瑕疵担保と債務不履行との併存を認める新説の立場によるときは、前述したように、今日のドイツ民法学が悩まされているその様々な難問を日本民法の解釈論にもちこむこととなるわけである。とくに、日本の場合には種類売買においては、引き渡す時でなく、特定の時に危険が移転するものとされているから（五三四条二項）、瑕疵ある物の給付では特定を生じないとしても、後に瑕疵担保を選択したときは特定を生じたことになり、危険負担との関係が一層複雑となりかねない。もっとも、実際問題としては、かかる問題が生ずることはごくまれであるし、わざわざ問題が複雑となる瑕疵担保を選択することも少ないであろうから、さほど困ることはないとも思われるが、理論的には一つの検討課題といえよう。

(4)　最後に、損害賠償の範囲についても問題がある。まず要件の点で、債務不履行の過失責任性と瑕疵担保責任の無過失責任性、瑕疵担保を債務不履行の特則とみる場合に、両者の関係をどうとらえるか。また、瑕疵担保責任にもとづく損害賠償の範囲について、周知のように信頼利益説、履行利益説、折衷説、対価的制限説等の対立があり、また、いわゆる瑕疵結果損害、拡大損害（たとえば病気の鶏が給付された結果、買主がもとから飼っていた鶏に病気が伝染した場合の損害など）まで瑕疵担保責任による損害賠償の範囲に含まれるか、その場合、無過失であっても売主は責任を負わされるのかなどの問題がある。新説の論者の間でも議論が分かれ(43)また自説の再検討が必要だとの表明もなされていることは前述したとおりである。そしてこの点を詰めて考えてゆくと、やはり新説の法的構成の問題性が明白となってくるようである。この点は、最近別の機会に論及したので(44)、本稿では、問題点の指摘にとどめておく。

(5)　以上の検討から明らかなごとく、私見は瑕疵担保と債務不履行との併存、選択を認める判例や新説の立場に対しては、否定的な立場をとるものであるが、これらの立場に、一つの実際的合理性があることも指摘しておかなければならない。これは訴訟物理論とも関係することであるが、通説のごとく、種類売買には瑕疵担保の適用がなく、債務不履行の規定によってのみ保護をうけうるとした場合、債務不履行を理由として争えば当然勝てる事案なのに、買主がたまたま瑕疵担保責任を理由として訴えを提起したとき、当該具体的事件の具体的妥当な解決をはかることを任務とする裁判所としては、種類売買に瑕疵担保の規定の適用なしとして、形式的に割り切って、買主の請求を棄却することは実際問題として難しいという事情である。理論的には若干の問題があっても、さほどの不都合がないかぎり、判例としては、競合あるいは選択を認める方が処理し易く、判例法は当初から大正一四年のタービンポンプ売買事件、昭和三六年の放送機械売買事件を経て、今日に至るまで、ある意味では一貫した事件の処理をしてきたともいえるのである。すなわち、裁判所としては、当事者が瑕疵担保を理由として争えばその問題として、また債務不履行を理由として争えばまたその問題として、救うべきものは救い、切るべき者は切る、といった実際の事件の実態に即応して具体的妥当な判断をしてきたということである。(45) 換言すれば、判例法は、これまでのところ、瑕疵担保の規定の適用の有無をめぐって、ぎりぎりの選択を迫られるほどの困難な事件に遭遇しなかったのだ、ともいえよう。その一つの要因として、短期時効の起算点が、ドイツ法と異なり、瑕疵を知った時となっているために、瑕疵担保構成をとっても、事実認定による操作で妥当な処理がはかれるため、両者の対立点がさほど鮮明にならずにすんでいたという点があげられよう。(46) 将来ともこのような処理で果たしてすむものなのか、今後の判例法の発展を見守りたい。

(24) 北川・前掲『契約責任の研究』のほか、『日本法学の歴史と理論』(一九六八年) 一〇四頁以下参照。
(25) 注(15)の諸文献参照。
(26) 星野・前掲研究のほか、その論文の民法論集第三巻 (一九七二年) 所収の際の補論 (同書二三九頁以下)、『民法概論Ⅳ第二分冊』(契約各論・一九七六年) 一三一頁以下、同『民法概論Ⅲ』(債権総論・一九七八年) 五一頁参照。研究の進展に応じて、当初の考え方からの変化がある点に注意が肝要である。
(27) 来栖三郎「小売商人の瑕疵担保責任」契約法大系Ⅶ (一九六五年)、同『契約法』(一九七四年) (一〇五頁以下、とくに、一一九頁以下) の批判が大きく影響したように思われる。
(28) 前掲『民法概論Ⅳ』五四頁。
(29) もっともフーバーも具体的効果については、瑕疵担保的な効果も個別的に残している。フーバーの鑑定意見の本格的研究は後日に委ねたい。
(30) vgl. Esser—Weyers, Schuldrecht Bd. II Tbd. 1. 5 Aufl. 1977. S.57.
(31) vgl. ibid. S.56 ff.
(32) vgl. ibid. S.64 ff.
(33) 奥田昌道『債権総論（上）』（一九八二年）一六二頁注(1)はこの点を鋭く指摘している。
(34) 星野・前掲概論Ⅳ第二分冊、一三四頁。
(35) vgl. Esser-Weyers, a.a.O., S.14 ff u. S.32 ff., Larenz. a.a.O., S.69 ; Jauernig-Schlechtriem-Stürner-Teichmann-Vollkommer, BGB. 2 Aufl. 1981 S.459.

ちなみに、新説の発想は、一九五六年に発表された国際動産売買統一法草案および、統一法草案に決定的影響を与えたエルンスト・ラーベルの瑕疵担保に関する比較法的研究、さらにその流れを汲む学者の諸研究に影響をうけたものである（五十嵐、北川前掲研究参照）。フーバーの鑑定意見も基本的にはこの流れを汲む。新説の発表は、戦中・戦後の国際研究交流の断絶を埋める貴重な仕事であった。例えば、種類売買と瑕疵担保の問題をシンポジウムのテーマとして扱った昭和三一年の私法学会の段階では、統一法草案をめぐる動向や、ラーベルの仕事について、いまだ一般的な認識がなかったのである。当時の比較法的研究の遅れをとりもどす上で果たした新説の役割は、極めて大であったといわねばなるまい。

ところで、日本で新説が発表されてから、早や二〇数年が経過した。この間、ドイツの議論はさらに多面的展開をとげて、今日のフーバーの鑑定意見にいたっている。この間の動きについては、日本で十分にこれをフォローして紹介する仕事がなされていないように思われる。もっとも、損害賠償の範囲に関しては、最近、ドイツの現在の問題状況を踏まえた論稿があらわれた。高橋真「ドイツ瑕疵責任法における積極的契約利益・消極的契約利益・完全性利益の区別」林還暦記念『現代私法学の課題と展望下巻』（一九八二年）一六五頁以下。力作である。基本的問題について、その後の比較法的展開をフォローしておくのは、次の世代の学問的責務でもあろう。不完全履行と瑕疵担保責任の関係についても、フーバーの鑑定意見の発表を契機として、さらに突っ込んだ紹介研究がなされることが望まれる。債務不履行法の再構成、債権法改正の視点からみて、興味深く、稔り多い学問対象のはずである。

(36) ちなみに、中古商品の売買における瑕疵担保については無担保約款をめぐり、約款規制との関係でいろいろ問題がある。ドイツでは、現在のところ、中古車と美術品ぐらいに限られているようであるが、業者による中古マンション取引が一般化してきた現在、日本でも一つの問題領域となろう。前者につき、山本・前掲論文、法学四四巻四号六一頁以下参照。

(37) 高橋・前掲二三九頁。なお、一七六頁以下、とくに注(56)参照。

(38) 高橋・前掲一八三頁。

(39) 奥田・前掲書一六二頁注(1)。

(40) Vgl. Esser-Weyers, a.a.O., S.57, ただし争いがある。vgl. Larenz, a.a.O., S.70, 71 (Anm.l). なお、請負の瑕疵担保責任でも同様の問題があることは前述した。

(41) 鈴木禄弥『債権法講義』(一九八〇年)一五五頁。

(42) 星野・前掲概論Ⅳ第二分冊一三二、一三三頁。

(43) 日独の学説の問題状況につき、適確に整理するものとして、高橋・前掲論文一六五頁以下がある。そこに紹介されている損害を積極的契約利益、消極的契約利益、完全性利益の三種に分け、これを基本としてさらに各損害項目の性質を考察するレンギァーの見解、その先駆としてのトットの諸損害の類型化は、具体的な問題考察にあたり、きわめて示唆的である。

高橋氏は、その後さらに、「判例における『信頼利益』『履行利益』概念について」(判例タイムズ四九三号(一九八三年)四頁以下)を発表され、論議を深められた。

(44) 古くは、下森「種類売買と瑕疵担保」(民法学(5)、一九七六年)一〇五頁、その後「マンションの売買と瑕疵担保責任」(別冊法セミ、司試シリーズ「民法」一九八〇年)二五八頁。この立場をより詳しく展開したものとして、「瑕疵ある不動産」(大成出版社『判例不動産売買法』一九八三年)があるが、執筆時点が三年前なので、現在はやや意に満たないものとなった。高橋論文をうけて、さらに具体的な損害類型に基づく、問題深化の必要性を感じている。最近書いたものとして、「瑕疵担保責任と損害賠償の範囲」(法学セミナー三三七号)、「数量指示売買と履行利益の賠償の許否」(ジュリスト昭和五七年度重要判例解説)がある。いずれも簡単なものであるが、現在の私の考え方は一応示しておいた。

筆者の基本的発想は、不代替的特定物売買の場合について、「瑕疵自体に対する救済(代金減額的損害賠償)とそれによって生じた損害(結果損害、典型的には、積極的債権侵害)の救済」を区別し、後者を担保責任から外し、前者は瑕疵担保として無過失責任、後者は不完全履行としての過失責任規範に拠らしめるものである。なお、商品の無瑕疵性について、当事者間に保証契約があれば、その債務不履行として、賠償範囲が決定されることになる。種類売買の場合は不完全履行として一応一括処理するが、厳密にいうと、本来の給付義務違反による損害賠償と付随的注意義務違反による損害賠償とに区別されることとなろう。同様の発想は、私見以前に、北川「担保責任」(『新民法演習四』一九六八年)がある。この両者には、「担保責任の内容を限定し、それを超える損害を過失責任規範に拠らしめるという思想は共通であるが、担保責任によって賠償される範囲は、異なるもののようである」との指摘がある。高橋・前掲一八一頁。私見のこの発想は、不当労働行為による解雇が無効とされた場合のバック・ペイに際しての五三六条二項但書の適用問題を考えた際に遡る(最判昭和三七年七月二〇日民集一六巻八号一六五六頁の判評志林六〇巻三・四合併号(一九六二年))。高橋論文により、すでに勝本教授が同様の発想をとっておられたことにあらためて気づかされた。数量指示売買に関する最判昭和五七年一月二一日(民集三六巻一号七一頁)の出現を契機に、さらに論義が深められるべきであろう。なお、来栖批判をうけて、星野教授が、瑕疵結果損害について、過失を要求する立場に変えられたこと、ただ、瑕疵担保責任との関係で、また、問題を留保されていることは本文で指摘したとおりである。

(45) 下森「不特定物売買と瑕疵担保責任(1)――大正一四年判決の再検討と昭和三六年判決への架橋――(志林六六巻四号、一九六九年)は、大学紛争のため中断し、未完のままとなっているが、この論文で私のいいたかった結論の一つがこの点にある。この論文の副題はこのことを示唆したものである。近い将来、右論文をあらためて完結したいと思っている。

(46) 両者の対立点が鮮明となる例としては、たとえば、種類売買で、買主が瑕疵を理由として、即時無催告解除をし、その有効性が争われた事例が考えうる。これまでの判例法にあらわれた事例は裁判外で瑕疵の修補請求がなされ、それがうまくゆかなかったので結局瑕疵担保を理由として(大判大正一四年三月一三日民集四巻二一七頁、タービンポンプ売買事件)、あるいは債務不履行を理由として(最判昭和三六年一二月一五日民集一一巻五号二八五二頁、放送機械売買事件)、解除された事例であり、どちらも、瑕疵担保構成でも、債務不履行構成でも救える事例であった。実際問題としては、即時無催告解除がなされるのは稀であるから、かかる例が裁判例として登場する可能性は少ないとはいえる。逆にいうと、予防法学的には、瑕疵担保構成で争う場合にも、瑕疵修補請求をしておいた方が無難だということになる(星野・前掲論文、民法論集三巻二三七頁参照)。

第三章　私見の展開

一　総論――瑕疵修補請求権の法的構成――

㈠　これまでの論述から明らかなごとく、瑕疵担保責任の法的性質および種類売買への適用性いかんについては、私見は、社会状況の変化を踏まえた新説からの鋭い問題提起を高く評価しつつも、法技術上の問題としては、従来の通説の立場を基本的に支持し、その延長線上においてさらに妥当な法技術を開発してゆくのが是である、と考える。元来、瑕疵担保責任の規定は、不代替的特定物売買に即して構築された制度であるから、高度工業社会における商品交換とくに企業による大量生産・大量販売にかかわる商品交換の法的保護技術としては不適当であり、これに適用してみたところでさほどの実益はない。むしろ、特定物売買中心の厳格な瑕疵担保を不完全履行化させることにより、異質なものを取り込んだ不完全履行制度の複雑化に伴う技術的不明確性、体系的混乱性といった弊害がもたらされる。この点は本稿で詳しく指摘したとおりである。ただし、不完全履行に関する現行民法典の規定はきわめて不備であるから、法の欠缺の一場合として、当事者意思を合理的に解釈して、妥当な処理をはかる努力が必要であり、立法論の模索が今後の課題といえよう。

(二)　かかる立場にたった場合、新築あるいは新築さるべき建物（マンション）の企業による販売において、買主の瑕疵修補請求権はどのように基礎づけられるべきであろうか。かかる販売契約は、請負とみるよりは特定物の売買契約とみるのが、法理論的にも、当事者の普通の意思にも合致している。瑕疵修補請求権について、約款その他で明文の特約があれば原則としてそれによればよく、買主に不利な免責約款については、利益衡量に基づき特別の考慮をなすべきである。問題はかかる合意が明示になされておらず、かつ、瑕疵修補についての商慣習がいまだ確立されていないとの立場をとった場合である。

結論として、買主に瑕疵修補請求権が認められるべきだという利益衡量については、おそらく異論がないところであろう（他の建物・マンションとの取替請求権については、当事者の話し合いに委ねておけばよく、法的権利としてまで認める必要はあるまい）。その法的根拠は、形式的には、当面当事者意思の合理的解釈というテクニックにより処理し、いずれは立法的に解決すべき問題である。前述のごとく、特定物売買一般に瑕疵なき物の給付義務を原則として肯定する必要はないと考える（特定物ドグマにもそれなりの合理性がある）。

㈢　瑕疵修補請求権の法的根拠としての、当事者意思の合理的解釈の社会的基盤を、今一歩掘り下げて考察しておこう。このことはすでに他の機会に述べておいたことであるが、重要と思われるので、繰り返して述べておきたい。

⑴　現行民法典は、何ゆえに請負契約で認めた瑕疵修補請求権を売買契約の瑕疵担保責任の内容として認めなかったのであろうか。そしてまた、何ゆえに、今日の建売住宅・マンション売買契約で、当事者双方が瑕疵修補を当然と考えているのであろうか。この解答はすこぶる簡単である。一言にしていえば、民法成立当時の社会と現代社会とで、市民の住宅取得の方法が変わったからにほかならない。かつての社会では、請負契約によって新築住宅を、売買契約によっては中古住宅を入手するのが普通であり、現代社会のように住宅産業の発達によって、規格化された新築住宅が大量に生産され、流通ルートにのって入手できる状況はそこにはなかった。かくて、請負契約においては、修補技術をもつ相手方に当然瑕疵修補を注文者は期待し、相手方は当然の義務と心得る。そして、それが請負人の瑕疵修補義務として法的にも定着した。しかし、中古住宅においてはもともと若干の瑕疵はあるのであり、現物をたしかめて、それに見合った売買価格が決められる。ただ、後に売買当時気がつかなかった隠れた瑕疵が発見されたときは、売買契約の有償性の見地から公平をはかるために契約の解除や損害賠償といった手段で決着をつける。それで十分だと考えられたのであろう。買主は瑕疵の修補を売主にもともと期待せず、また多くの場合に、瑕疵修補の技術・手段をもたぬ中古住宅の売主（不動産業者でなく、一般市民が通常の売主であったはず）にそれを要求するのは、無理でもあった。かくて、建物売買契約における売主の瑕疵修補義務は法的に定着することがなかったのである。もっとも、以上の論述は、経験的事実に基づく推論ないし仮説であり、学問的には、資料によってこれを裏づけることが必要といえよう。しかし、この事実はほぼ公知の事実といってよいのではあるまいか。

⑵　この問題は、売買の目的物が動産である場合には、問題の様相を若干異にした。新しく物（動産商品）を作っ

て売るという法現象は比較的古くからあり、そこでの瑕疵担保責任をどう扱うかは一つの問題であった。これが売買と請負の中間に位置するいわゆる混合契約としての製作物供給契約の問題であった。周知のように、当初は主として主たる材料の供給者いかんによって売買とみたり請負とみて、法的処理がなされていたが、その後、この観念に変更が生じた。すでにこの点は我妻博士によって明確に分析・指摘されたところである。(47) すなわち、元来、請負人は、資本の乏しい職人ないし技術者であって、自分の労力と道具で注文者の材料に加工することを職業としたものであるが、その後、資本主義経済の発達とともに、――その大部分は、少なくとも実質的には賃労働者に転落したが、新たな経済組織に順応しえた者は――大きな資本を有し、その信用と技術とを利用して、材料の操作によっても利得を得る企業家となった（わが国の土建業者を想起せよ）。同時に、他方では、売買を業とする商人は、単に他人の製作した物を仕入れてきて転売するだけでなく、工場を持ち、技術者を使用し、自ら大量的な加工、製作をして、売買による利得を大きくするようになった。このような事情が相応じて、材料の供給者を標準として、いわゆる製作物供給契約を請負と売買とに区別して、瑕疵担保責任問題などの処理をはかることが不適当とされるようになった。かくて、製作物供給契約の観念の変遷を検討して、我妻説の辿りついた結論は、取引の性質によって当事者意思を類型化し、(a)当該取引が製作された物を代替物として取り扱う場合には、したがって必ずしも供給者自身が製作する必要がなく、他の製作者または卸商から購入して交付してもさしつかえないものとされる場合には、純粋の売買として扱い、目的物に瑕疵があれば、不完全履行の問題として、買主は瑕疵修補請求権をもつ。(b)他方、当該取引が製作される物を不代替物として取り扱う場合――一定の設計に従って船舶・航空機などを製作する場合など――には、純粋の請負とみるべきであり、瑕疵担保は請負の規定で処理されることになる。(c)しかし、建物その他土地の工作物の建造は常に請負である。もっとも、規格が統一された建物を注文に応じて建設して販売する特殊の場合には、売買となりうる、というのである。かくて、我妻博士は、製作物供給契約は、一般的には、請負か売買のいずれかに分けられるものであって、特殊の混合契約としての存在を認める必要はないとされた。

(3)　しかし、現代社会の状況は、我妻博士の前提とされた状況を超えて進んでいる。今日のマンション分譲の類型としては、土地所有者（個人あるいは企業）が専門業者（多くは不動産業者、総合商社が売り出す例もある）の設計・監理のもとに、マンションを建設会社に発注して建設し、販売する型（第一類型）、建設会社自身がその所有する土地上に建設して販売する型（第二類型）もよくみられるが、圧倒的多数の場合は、不動産会社自身が自ら取得し、所有する土地上に、トータル・オルガナイザーとして設計・監理するマンションを建設会社に発注して建設し、これを流通ルートにのせて、土地所有権付で分譲する型（第三類型）のものであろう。これらのマンションを代替物とみることの困難さは前述したごとくであり、これはまさに不代替物の売買契約の範疇に属するものとみるのが正当であろう。我妻博士は、建物の建造は常に請負であるが、「規格が統一された建物を注文に応じて建設して販売する特殊の場合には売買となりうる」と留保されていた。右趣旨はプレハブ住宅の売買のことを念頭においておられるようにも読みとれるが、今日のマンション分譲契約は、土地所有権ないし利用権が売主にあり、売主がこの権利とともに地上建物を譲渡するところに特色がある。この型は、我妻博士が前提とされた契約類型には入っていないが、請負とみるより、売買とみるのが、前述のごとく、筋であろう。

(4)　ところで、かかる契約類型を「製作物供給契約」という概念で把握するのが妥当かどうかはともかくとして、不代替物の売買契約としてみても、今日の状況下でのかかるマンション分譲契約においては、売主の義務としてあるいは場合により権利としても、瑕疵修補を認めることが合理的であり、かつ必要でもあろう。つまり、通常の市民間の中古マンションの売買の場合とは異なり、かかる企業による新築あるいは新築さるべきマンションの売買契約においては、当然、瑕疵のない、価格に見合う一定の品質・性能を備えたマンションの供給が当事者間に期待されており、その期待は法的にも保護さるべきものといえよう。他方また、かかる場合の瑕疵修補請求権を瑕疵担保責任と把握するか不完全履行責任として把握するかはともかくとして、売主に瑕疵修補義務を認めて、一般的にはなんら不都合はない。トータル・オルガナイザーとして、設計・監理をしている以上、瑕疵修補の手段を彼は有し、あるいはそれを手配できるからである。他方また、売買両当事者共に、法的保護の手段として、契約解除や損害賠償の請求より、第一次的には瑕疵の修補を期待し、また義務と心得てもいるであろう。とくに販売を業とする売主としてみれば、買主から、瑕疵を理由に即時無催告解除をされたり、損害賠償されるより、瑕疵修補をする方が経済的に有利である。また、信用の点でも爾後の販売数等に一般的には影響するから、瑕疵修補は単なる消極的義務にとどまらず、権利でもあると構成するのが有利といえよう。もっとも、売主が、設計・監理に直接タッチしない第一類型の場合には、若干問題があり、堀り下げた考察を必要とする（具体策は後述する）。

㈣　かくて、結論はこうなる。瑕疵修補請求権の法的根拠としての、当事者意思の合理的解釈の基盤は、既存の法的構成にとらわれることなく、資本主義経済の高度成長に伴う高度工業社会、都市化社会出現の結果、住宅産業に対する社会的需要が増大し、市民の生活基本財である住宅が、規格化されて大量に生産され、一定の流通ルートを経て入手されるようになった社会的現実にまず求められるべきである。前述したように、新築あるいは新築さるべき建物（マンション）の売買契約において、消費者大衆たる買主は、中古住宅の場合とは異なって、当然、瑕疵のない、価格に見合った品質・性能を備えた建物の入手を期待しているのであり、他方、これを販売する住宅産業にとっても、建物の瑕疵を理由に即時に契約解除されたり、損害賠償の請求をされるより、瑕疵修補をする方が経済上も信用上も有利であり、それを義務とされてもとくに不利益ではない。瑕疵修補の手段・能力を彼は有し、あるいはそれを容易に手配できるからである。このことは、瑕疵修補約款によって明示に特約されていることが多いこと、あるいは一定の業界において、統一的「アフターサーヴィス基準」が作られていることからも明白である。かくて、明示の特約や商慣習がないとされた場合でも、かかる売買契約類型においては、本来の給付義務の内容として「瑕疵なき物」の給付義務ありとみるのが当事者意思の合理的解釈として妥当ということになろう。「特定物ドグマ」に対する新説からの鋭い問題提起は、かかる形で受けとめうるのではあるまいか（私見は、この点ではペータースの見解とも、基本的考え方を共通にする）。

かくて、新築あるいは新築さるべき建物（マンション）の企業（あるいは業としてこれを営む個人）による販売契約において、瑕疵ある物が給付された場合は、債務の本旨に従った履行でなく、不完全履行となり、債務者たる売主は、瑕疵ある物の給付について、故意・過失の有無を問わず、債務を免れえない（五五五条、四一九条、四九三条）。そこで、買主は売主に対し、本来の給付義務の不履行を理由として瑕疵修補の請求をなしうることとなる。

二　各　論 ── 瑕瑕修補請求権の内容および行使方法 ──

さて、建物（マンション）分譲契約に訟ける瑕疵修補請求権の法的根拠を前述のように基礎づけうるとした場合、その請求権の具体的内容、行使方法はどう構成さるべきか。ケース・バイ・ケースの解決を積みあげて、最終的には、立法による決着をつけるべき問題であるが、次に若干の解釈的試論を提起しておこう。

(1)　瑕疵担保責任との関係　　先に発表したジュリスト論稿で、私は「基本的方向性としては、損害賠償・契約解除については、原則として売買の瑕疵担保責任が、瑕疵修補請求に関しては、原則として請負の担保責任がそれぞれさしあたりの参考になると思われる」と書き、それ以上、不完全履行責任と瑕疵担保責任との関係については深入りせず、選択的併存を認めるのか、不完全履行一本でゆくのかは、明確にしないままであった。気持ちとしては後者に近いつもりであったが、十分突き結めていなかった。しかし、現在では、先にみたごとく、種類売買との対比で考えてみると、両者の併存・選択を認めると、法律関係が複雑となるおそれがあることと、無催告解除を許すことの妥当性が問題なので、ここでも、不完全履行一本で処理するのが妥当のように思われる。もっとも、過渡期の理論としては（少なくとも判例法では）、まず、例外的に瑕疵修補請求権を、本来の瑕疵担保責任と併存して選択的に認めるという構成が、比較的無難な法律構成として採用される可能性が高いであろう。

(2)　履行内容の不完全性（瑕疵概念）　無償で修理されるべきマンションの瑕疵（欠陥）とはなにかは、問題が多い。新築分譲住宅、マンションの瑕疵については、請負契約の瑕疵概念（履行内容の不完全性）を参照するのが（とくに瑕疵修補請求に関して）、妥当であるが、請負の場合と異なって売買契当事者間ではとくに設計や仕様について契約がないのが通常であるから、結局は売買価格にみあう品質のもの、取引社会が前提としている程度の品質・性能のものといった、抽象的基準の下に個別的に判断することに落ち着こう。しかし、少なくとも分譲業者の設計・仕様書どおりに仕上っていることは必要で、買主は売主である分譲業者に設計図等（少なくともコピー）の引渡しを請求しうるものとすることが買主保護のために必要である。また、将来の問題として、最低性能基準が公的に確立・公示されることが望ましいが、プレハブ住宅の場合と異なって多種多様の建売住宅やマンションでは、このことはなかなか困難な模様である。本格的な瑕疵・欠陥住宅の実態調査を実施し、それを分析して、類型的に整理し、明確な基準作りの作業をすることが今後の課題といえよう。

(3)　「隠レタル」瑕疵・欠陥　中古住宅やマンションの売買における瑕疵担保責任においては、この要件は重要であるが（原始的一部不能に基づく法定責任ゆえ）、業者による新築分譲住宅・マンションの不完全履行責任においては、この要件は明示の請求権放棄のないかぎり、原則としては不要と解すべきであろう(49)。

(4)　無過失責任性　瑕疵修補請求権の成立要件として、その瑕疵が売主の責めに帰すべき事由によって生じたことを必要とするか。前稿では、「この点の売主の責任は請負契約の場合と同様無過失責任と解すべきである」と書いた。しかし、正確にいうとこの表現は適切でない。前述のごとく、瑕疵ある物の給付は債務の本旨に従った履行の提供とはいえず、不完全履行であり、したがって債務者たる売主は、本来の履行債務を免れず、買主は当然、本来の履行請求権に基づいて、瑕疵修補を請求しうるのであり、過失責任以前の問題というべきであった(50)。なお、債務不履行を理由として、契約解除や損害賠償の請求をするにあたっては、現行法の原則にしたがい、帰責事由が必要である（ただし、若干問題あり、後述する）。

(5)　瑕疵修補義務の内容　原則として、請負の瑕疵担保責任がさしあたりの参考となろう。瑕疵を発見した場合買主は売主に対して相当の期間を定めて、その瑕疵の修補を請求しうる（六三四条一項本文参照）。家屋引渡しの前後を問わない。その修補が不完全な場合には、さらに追完請求が認められることも問題はあるまい。もっとも、その瑕疵がさほど重要でなく、修補に過分の費用を要するときは、瑕疵修補の請求は許されず、損害賠償の請求が許されるにとどまることもあろう（六三四条一項ただし書参照）。

(6)　瑕疵修補と契約解除との関係　瑕疵修補が可能なかぎり、買主はまず瑕疵の修補を請求すべきであり、重大な瑕疵といえども即時無催告解除は許されないと解すべきである。換言すれば、売主は、買主の即時無催告解除に対し、瑕疵修補権（追完権）をもって対応しうるといえよう。買主が相当の期間を定めて瑕疵の修補を請求したにもかかわらず、売主がこれに応じなかったり、その修補が不完全であった場合、買主はさらに修補の請求をなしうるが、それに代えて、修補義務の不履行を理由として契約の解除をなしうる。この場合には瑕疵がさほど重大でなくとも契約の解除を許してよいであろうが(51)、瑕疵が些少の場合には契約解除を許さず、損害賠償の請求を許すにとどめることが妥当な場合もあろう。なお、請負契約において契約解除が認められるのは、契約の目的を達しえないほどの重大な瑕疵ある場合に限られ、さらに、建物その他の土地の工作物については、いかに重大な瑕疵でも解除は許されないが（六三五条）、建売住宅やマンション分譲契約の場合には、その売買契約的側面のゆえに、またとくに、請負の場合と異なって敷地の所有権ないし利用権が売主に属していることのゆえに契約解除を認めても他に転売が可能であって売主の損失はさほど大きくないから、前述のごとき要件の下で、買主に契約解除権の行使を許しても不都合はない。

なお、瑕疵が契約の目的を達しえないほど重大であって、修補がなされうるとしても、満足のゆく修補が望みえないような場合で、かつその瑕疵が建設請負業者の帰責事由によるものであって、売主たる分譲業者に帰責事由がないような場合（マンションの地盤工事に欠陥があったような場合）、買主は、即時無催告解除が許されるであろうか。売買の瑕疵担保責任によるときは問題ないが、不完全履行構成でゆくときは、若干問題がある。契約解除につき債務者の帰責事由を必要とするからである。フーバーは前述のごとく解除につき、帰責事由を不要とする立法案を提起したが、一般的にそこまで踏み切ることには若干ためらいを覚える。分譲業者と請負業者との間では、請負の瑕疵担保責任の問題として処理されるから、契約の解除は許されないが、分譲業者と買主の間の売買契約については、かかる場合は、売主に帰責事由がなくとも解除を許すのが妥当であろう。修補不能の場合に準じて、催告を要せずとすることは可能であるが、帰責事由の点で問題が残る。かかる場合でも、一旦、瑕疵修補の請求をさせ、その修補の遅滞あるいは不完全性を理由に二次的に契約解除を許すとすれば、理論的には一貫するが、廻りくどい感もいなみえない。検討課題として残しておきたい。

(7)　瑕疵修補と損害賠償との関係　　買主が相当の期間を定めて瑕疵の修補を請求した場合は、その期間を経過するまでは、修補に代わる損害の賠償は認められない(52)。

請負契約においては、注文者は、瑕疵の修補に代えまたはその修補と共に損害賠償の請求を為すことを得るが（六三四条）、マンション・建売住宅の売買の場合はいかに解すべきか、売主の修補権を尊重する立場にたつときは、修補が可能であるかぎりは、買主にまず修補の請求をさせるのが筋であり、修補に代わる損害賠償は、二次的なものとみるのが妥当ではあるまいか。修補によって償いえないことが明らかな損害（瑕疵からの拡大損害など）については、瑕疵修補の請求と共に売主の帰責事由を要件として、直ちに損害賠償の請求をなしうるとすることに異論はあるまい。分譲業者に帰責事由がなく、建設業者にそれがあるときは、買主は直接建設業者に対して、不法行為に基づく損害賠償の請求をなしえよう。買主と建設業者との間に直接契約関係がないので、契約責任を追及することは原則としては困難であるが、製造物責任の場合と同様なテクニックを用いて、契約責任を追及する方法も考えられないではない。不法行為責任でゆくのが是か、契約責任でゆくのが是か、今後の検討課題である。

なお、瑕疵修補に代わる損害賠償を直ちに認めるとの立場をとるとした場合、請負人や売主の帰責事由との関係はどうなるのか。損害賠償の一般原則およびその二次的保護手段性に着眼すれば、帰責事由が要件となるはずであるが、瑕疵修補に代えて直ちに損害賠償を認めることとする以上、そして瑕疵修補の請求に関しては、請負人や売主の帰責性が問題とならない点に着眼すれば、修補に代わる損害賠償に関する限り、帰責事由不要とする余地もある。また、帰責事由ある場合に限って修補に代わる損害賠償を直ちに認め、そうでない場合には、第一次的には瑕疵修補の請求のみを認める方法、さらに、損害賠償はつねに二次的保護手段にとどめる方法等、立法論としても解釈論としても、いくつかの論理的、政策的に選択可能な方法があるが、ここでは問題点の指摘にとどめておきたい。

損害賠償責任の範囲についてもいろいろ問題がある。瑕疵担保責任に基づく損害賠償の範囲については、周知のごとく、瑕疵担保責任の法定無過失責任性に着目して信頼利益の賠償にとどめる説、履行利益の賠償まで認める説、原則としては信頼利益に限るが売主に過失あるときは履行利益の賠償まで認める折衷説、対価的制限説、拡大損害については別途に考えて過失を要件として一般債務不履行責任として処理する説（積極的債権侵害＝不完全履行論による）、つねに無過失責任として、四一六条により処理する説等、多岐にわたる。しかし、この問題は、本稿の中心論点からは外れるので、別の機会の考察に委ねたい[53]。

(8)　代金支払債務との同時履行関係　瑕疵修補請求と買主の代金支払債務とは同時履行の関係にたつとみるべきである（六三四条二項による五三三条の準用規定参照）。売買代金をすでに完済している場合は問題とならないが、分割払の場合には有効な対抗手段となりえよう。もっとも、多くの場合は銀行ローンの形式がとられており、この場合、売主に対抗しうべき事由（瑕疵修補請求権）を銀行に対抗しうるかについては難かしい問題がある。[54]

(9)　瑕疵修補請求権の主体と行使の相手方　瑕疵修補請求権が買主にあることはいうまでもないが、マンションなどの区分所有建物の場合、専有部分の瑕疵については当該専有部分の区分所有権者、共用部分の瑕疵については、各区分所有者が瑕疵の修補請求をなしうる（区分所有権法一八条なお二六条参照）。問題は請求の相手方である。先にあげたマンション分譲契約の第二類型つまり建設会社が売主である場合は問題は簡単である。通常の型である第三類型の場合には、売主である不動産会社と、建築にあたった建設会社との両者が対象として問題となる。売買契約関係は不動産会社との間にあるのだし、トータル・オルガナイザーとして設計・監理をしている以上、これを瑕疵修補請求の相手方としうること及びその実効性についてもまず問題あるまい。買主はさらに建設会社をも相手となしうるか。立法論としては、両者に買主に対する連帯債務を負担させることも考えうるが、当面の解釈論としては、債権者代位権制度の転用による修補請求が可能であろう。つまり、買主の売主たる不動産会社に対する瑕疵修補請求権の保全のために、不動産会社の建設会社に対する請負契約の瑕疵担保責任に基づく瑕疵修補請求権を代位行使させ、直接買主から建設会社に瑕疵修補の請求を認める方法である。この場合は、債権者代位権の転用例であるから、不動産会社の無資力は要件とならない。

ところで、売主が設計・監理をしていない第一類型の場合には、売主を相手方となしうるかは、理論的にも実効性の点でも若干問題がある。ここでも立法論としては、売主、設計・監理者、建設会社の三者に瑕疵修補の連帯債務を負担させることが望ましいが、当面の問題としては、一応第三類型の場合と同様に処理し、債権者代位権の転用によって実効性を保つのが妥当であろう。

なお、当事者間の特約による対策としては、売主の建設会社に対する請負契約に基づく瑕疵担保責任上の諸権利をマンション買主が一括して譲り受けることも可能であろう。現に西ドイツでは、売主が買主との特約によって自己の買主に対する瑕疵担保責任を免責されることの見返りとして、自己の建設会社、設計家、請負職人等に対する請負契約に基づく瑕疵担保請求権を譲渡する特約を締結する例があり、売主の方で自己の責任免責対策としてこの特約が積極的に利用されている。連邦通常裁判所は、かかる免責約款の効力につき、売主は、買主が売主から譲り受けた建築関係者に対する請求権から満足を受けうる限りにおいてのみ、その固有の責任を免れうるものと解すべきであるとした。[55]わが国のマンション分譲契約書では、宅建業法四〇条の関係もあるためか、私の知るかぎりかかる特約をまだみかけないが、免責の点はともかく、請求権譲渡の点は参考になろう。かかる特約をなす場合には、買主が請負人に対する瑕疵担保請求権を行使するのに必要な一切の関係書類を売主は買主に引き渡すべきであろう。

さらにまた、買主からの瑕疵担保請求権の行使に備えて、それを担保するために売主が建設会社に対する請負報酬代金の一部を一定期間留保しておくことを立法により義務づけたり、かかる特約を結んでおくことも一つの実効性のある対策といえるであろう。

⑽　担保責任軽減の特約　売主は担保責任あるいは不完全履行責任を負わない旨の特約を有効になしうるであろうか。民法の原則では、担保責任の規定は任意規定とされるから、かかる特約も一応有効であり、ただ売主が知って告げざりし事実についてはその責任を免れることができないとされる（五七二条、六四〇条参照）。しかし、宅建業法四〇条は、期間短縮特約を除き、五七〇条に規定するものより買主に不利な特約は無効とする。もっとも、そこ（五七〇条）では、瑕疵修補請求権が認められていないから、この点の免責特約が無効かどうかには問題があるが、少なくとも、第二、第三類型の売主の場合には、瑕疵修補請求権の免責特約は無効と解するのが妥当であろう。なお、約款の効力一般についてはさらに検討を要するが、本稿では触れる余裕がない。

⑾　瑕疵担保責任ないし不完全履行責任の存続期間と期間短縮特約の有効性　瑕疵担保責任の短期時効期間につき、売買の場合には瑕疵を知ったときから一年間（五七〇条、五六六条三項）、請負の場合には、土地の工作物以外のもの

であるときは、引渡しのときより一年間（六三七条一項）、土地の工作物または地盤の瑕疵については、引渡しのときから五年間、それが堅固な工作物のときは一〇年間（六三八条）とされている。売買契約においても売主の不完全履行責任を認め、瑕疵修補請求権を肯定するときは、短期の期間制限が望ましいが、現行法上明文の規定を欠く。種類売買の場合と同様、信義則に基づいて、引渡後相当期間経過後は、権利行使に制限を認めるべきであろう。その際、請負の瑕疵担保責任に関する前記の短期時効期間が一応の目安となるであろう。

つぎに、瑕疵担保責任の存続期間の期間短縮特約についてみると、民法上は存続期間の短縮についてはとくに制限規定がない（伸長には制限がある。六三九条）から、民法の原則上は、免責特約同様、期間短縮特約も有効といえよう。しかし、少なくともこの場合にも民法六四〇条、五七二条の類推適用はあるとみて、「知リテ告ゲザリシ事実」については、その責任を免れえないと解すべきである。[56]ところで、宅建業法は、担保責任期間を引渡後二年以内に短縮することを許さない。そこで多くの契約書例では、短縮の許される最短期間である引渡後二年という特約となっている。[57]ちなみに、この二年という数字は、住みはじめてから春夏秋冬を二度繰り返せば大体において建物の欠陥は分かるものだという、請負契約の慣行から生じたものだとの指摘もある。[58]しかし、かかる特約の妥当性は、買主保護の見地からは疑問である。瑕疵の比較的発見し易い造作、建具関係、あるいは屋外の庭園工事関係の場合には、入居後、検査・瑕疵修補期間を設けることなどで対処できるから、二年でも十分であろうが、これが建物の駆体部分や地盤工事の瑕疵の場合には、発見が遅れることが多いから、二年では短かすぎて問題であろう。少なくとも引渡後五年、あるいは請負に関する民法の原則どおり一〇年の期間を認めるのが妥当といえよう。ちなみに、区分所有建物の場合の共用部分の瑕疵については、入居者の入居時期が異なることから、時効の起算点をいつとみるかにつき問題が生ずることがある。五年あるいは一〇年の時効期間を認めるときは、最初の入居者に引き渡したときから起算してもさほど不都合ではあるまいが、多くの約款のように二年とするときは、例えば、最後の入居者（あるいは大半の入居者）が入居したときから二年とする（ただし最初の引渡時から一〇年以内を限度とする）といった解釈論を試みることも必要ではあるまいか。いずれにせよ、宅建業法あるいは建設業法に、この問題に関する明示の保護規定がおかれることが望ましい。このことはすでに前稿で指摘したことであるが、この機会に再度要望しておきたい。不動産会社の建設会社に対する担保請求権はときに一〇年とされているという。(59) そうだとすると、売主たる不動産会社の買主に対する担保責任あるいは不完全履行責任についても、これと歩調を合わせておいても、とくに不動産会社に不利ということはあるまい。両者を連結させて解決すべき問題である。

(47) 我妻・民法講義債権各論中巻⑵六〇五頁。
(48) ドイツ・フランス・スイスの学説は、建物についての製作物供給契約を請負とみているが、その根拠として注文者が敷地の所有権者であることとか、土地が主たる材料であることをあげているという（我妻・前掲書六〇六頁）。そうだとすると不動産会社自身が土地所有者であるときには、請負とみるより売買とみるのが素直であろう。
(49) 山下末人「売主の担保責任」（前掲『マンション・建売住宅』所収）四二二頁参照。
なお、瑕疵が法律的欠点などの場合は、別個の考慮を要する。
(50) すでに、拙稿・前掲別冊法セミ、司試シリーズ「民法」および「契約責任の再構成をめぐる覚書」Law school 二七号の論稿で指摘しておいたが、再度明確に訂正しておく。
なお、本文の問題との関連で我妻博士の不完全履行と瑕疵担保責任との関係についての考え方をここで少し詳細に検討しておきたい。まず博士は種類売買において、売主が瑕疵ある物を給付した場合につき、瑕疵ある物の給付は、債務の本旨に従った弁済とはならず、したがって、たとえ債権者が一度これを受領しても、債権はなお履行によって消滅するには至らないから、債権者は瑕疵のない物の履行を請求することができる、というべきこと、あたかも履行遅滞と同様であるといわれる（新版債権総論一五四頁）。しかし、他方で、不完全な履行が債務不履行として債務者の責任を生ずるためには、債務者の責めに帰すべき事由に基づくことを要するとされる（前掲書一五三頁）。ちなみに、種類売買には、瑕疵担保の規定の適用がなく、特定物売買の場合には、不完全履行の問題は生ぜず、瑕疵担保の問題となるだけだというのが我妻説である（前掲書一五二頁、一五四頁、債権各論中巻⑴

三〇七頁以下)。そして、種類売買に瑕疵担保の規定の適用を認める必要のないことの根拠の説明の中で、博士は次のごとく説かれる。「不完全履行の理論によって買主は、瑕疵担保責任を問うのとほとんど同一の保護を受け得る。けだし、①買主は、売主の善意・悪意を問わず完全なものの給付を請求することができるからである。もっとも、②解除をし損害賠償を請求するためには売主の責に帰すべき事由の存することを必要とするが、③不特定物の売買で給付されたものに瑕疵がある場合に、売主の責に帰すべき事由がないということはほとんどあり得ない」(前掲各論中巻⑴三〇八頁、なお、傍点及び番号は筆者)。

この叙述によると、買主が追完給付請求権を行使する要件として、売主の帰責事由を必要とするのかどうか微妙である。追完請求権を不完全履行責任の効果として把握すれば、債務不履行責任の成立要件としての債務者の帰責性が必要ということになろう。しかし、引用文中②の叙述からすると解除と損害賠償については、帰責事由を必要とするが完全物給付請求権については、別異に解されているようである。その前段の①の部分からもそのことはうかがえる。売主が善意であっても(過失の有無を問題とされていない)、給付義務を免れないとされているからである。なお、博士は、③の部分で、不特定物の売買で給付された物に瑕疵がある場合に、売主の責に帰すべき事由がないということは、ほとんどあり得ないといわれているが(同旨、星野「瑕疵担保の研究」民法論集第三巻二二五頁)、製造過程で瑕疵が発生した商品(例えば異物がまじったチョコレート)が工場で包装されて、流通ルートにのせられ、小売商人がこれを仕入れて消費者に売った場合など、小売商人は無過失とみるのが筋であろう(なお、来栖・契約法八〇頁・一二一頁参照)。かかる場合、買主は、小売商人に対して、彼が無過失であっても商品の取替請求はできるが、契約解除や損害賠償(異物を食べて胃を害し、治療費が必要となった等の拡大損害)については、帰責事由のない以上、責任追及ができたいものとみるのが妥当であろう(買主としては、製造者の製造物責任を追及するほかない)。

ところで、我妻博士は、請負の瑕疵担保責任については、次のように説かれている。民法に定める瑕疵担保責任の内容は、「注文者に瑕疵修補請求権・損害賠償請求権・契約の解除権を与えることであるが、かような責任を生ずるには、瑕疵が請負人の責に帰すべき事由によって生じたものであることを必要としない。いいかえれば、請負人の瑕疵担保責任は無過失責任と解すべきである」と(債権各論中巻⑵六三二頁)。その根拠として、売主の担保責任が無過失責任である以上、請負の場合も同様に解すべきだとされる。ついで、博士は、仕事の瑕疵が請負人の責めに帰すべき事由によって生じた場合について、「さような場合には、請負人は、不完全履行の責任 ― すなわち追完(瑕疵の修補にあたる)、損害賠償及び契約解除 ― を負うはずである(債総〔三二一〕参照)。然し、第六三四条以下の規定は、瑕疵を生じた理由のいかんを問わず瑕疵の種類や程度に応じて適当な要件と効果を定めたものと解すべきである。従って、これらの規定によって不完全履行の一般理論は排斥されると解するのが正当であろう」(前掲各論六三三頁）。また、瑕疵修補につき、「瑕疵が請負人の責に帰すべき事由によって生じた場合には、不完全履行の効果として注文者は、追完すなわち修補を請求し得るはずである（債総〔三一〕参照）。請負人の担保責任としての修補義務は、瑕疵が請負人の責に帰すべがらざる事由による場合に拡張されたことになる」とされる。上記の叙述からすると請負の場合には、博士は、不完全履行責任を追及するためには、追完請求権をも含めて、債務者の帰責事由を要求され、それがないときは瑕疵担保責任としての追完請求権で瑕疵修補を認められるようである。そうだとすると、種類売買における追完請求権の要件の説明と矛盾しないか。あるいは博士は、種類売買の場合にも追完請求権行使の要件として、帰責性を要求される立場であったのであろうか。しかし、もしそうだとすると、債務者に帰責性がない場合、請負のごとく、瑕疵修補請求権について、明文の規定をもたない種類売買の場合は、追完請求権を行使しえないことになって不都合ではあるまいか。不特定物の売買で給付された物に瑕疵がある場合に、売主に帰責性がないということはほとんどありえないとすれば右の不都合はなくなるが、つねにそうだとはいえないこと、先に指摘したとおりである。さらにまた、瑕疵ある物の給付は債務の本旨に従った履行でない以上、たとえその給付について帰責性がないとしても債務者は本来の債務を免れないのであるから、買主は本来の履行請求権としての追完履行請求権を行使しうるとしなければ論理が一貫すまい。そうだとすると、請負の瑕疵修補請求権についても同様に解すべきではあるまいか。すなわち、請負は、仕事を完成すること、すなわち瑕疵のない完全な仕事をすることが請負人の債務の内容なのだから、仕事の内容に瑕疵あるときは不完全履行であって、請負人は、まだ仕事の完成をしていないことになる。そうだとすると、注文主は、本来の履行請求権の内容として追完請求権すなわち瑕疵修補請求権を有するのであり、瑕疵ある給付をなすにつき、請負人の帰責性があろうとなかろうと、瑕疵修補の義務を当然負うのではあるまいか。つまり請負の瑕疵担保責任の内容たる瑕疵修補請求権はかかる性格のものであって、不完全履行責任そのものではあるまいか。不幸にして立法者が、不完全履行概念を知らなかったために、不完全履行と構成すべきところを、瑕疵担保と構成したものといえるのではあるまいか。このように考えてくると、さらに、契約解除や損害賠償についても、無過失責任と構成することが果たして妥当か疑問が生じてくる。この場合は不完全履行ないしその特例として考えるべきではあるまいか。すなわち、まず、契約の目的を達しえない瑕疵がある場合は、注文者は契約を解除できるが、このような場合注文主は即時無催告解除ができると解すべきではなく、修補が可能なかきり相当な期間を定めて催告した後でなければ解除できないと解すべきである。我妻博士は、瑕疵担保責任としての解除（無過失責任）と構成されつつ、同一結論を主張されるが（各論中巻⑵六三九頁）、売買の場合との差が明確にされていない。請負の瑕疵担保責任は、その本質が売買の瑕疵担保責任と異なり不完全履行責任だとみることによって、このことをよりうまく説明できるのではあるまいか。

つぎに請負人が催告があったにもかかわらず、修補義務を怠ったり、あるいは不完全な修補をした場合には、請負人に帰責性が生ずるから、二次的保護手段として、契約の解除権が発生する（解除を無過失責任と構成する必要はない）。なお、瑕疵が重大でない場合には、請負人が修補義務を怠った場合でも原則として解除はできず、土地の工作物の場合には瑕疵修補請求が許されるのみで解除はできない（六三五条）。この規定は請負契約の特質に基づく不完全履行責任の特例と説明できよう。

民法六三四条二項に、注文者は瑕庇の修補に代えまたは修補と共に損害賠償の請求を為すことをうると定める。債務不履行責任の原則からすると、本来の給付請求に代わる損害賠償の請求は二次的保護手段であるのが原則だが、ここでは、修補請求と損害賠償請求との選択が認められている。この規定の趣旨として、「修補が不能であるか、または瑕疵が重要でなくその修補に過分の費用を要する場合（六三四条一項但書の場合）だけでなく、瑕疵修補が可能な場合にも、修補を請求せずに直ちに修補に代わる損害の賠償をすることができると解すべきである（鳩山五八八頁、末弘七一二頁等通説）。ただし、修補が容易なものであり、これによって注文者に全く損害が残らなくなるような場合には、まず修補を請求することが、信義則の要求するところだというべきものと思う」と我妻博士は述べられている（前掲各論中巻(2)六三八頁）。前述したごとく、ドイツ法は、瑕疵修補の請求を一次的保護手段とし、請負人が瑕疵修補義務の履行について遅滞した場合に、はじめて、注文者は自ら瑕疵を修補して之に要した費用の賠償を請求しうるものとし（ド民六三三条三項）、また、契約の解除や代金の減額も二次的保護手段であり、（ド民六三四条）、損害賠償については、請負人の帰責性を要求する（ド民六三五条）。

わが法が、瑕疵修補請求と損害賠償との選択を認めたのは、債務不履行の一般原則からみると若干問題であり、我妻博士の説かれるごとく、信義則を使って、即時の損害賠償の請求につき六三四条二項を修正するのが正当といえよう。なお、我妻博士はこの損害賠償義務は無過失責任であること、及び賠償額は履行利益によるべきこととされるが（前掲書六三七頁、六三二頁）、私見のごとく、請負の瑕疵担保責任を不完全履行責任ないしその特例とみる立場からは若干問題を感ずる。すなわち、瑕疵修補請求については、請負人の帰責性を問題とする余地がないのであるから、それに代わる損害賠償についても（選択行使を認めることに立法政策上問題はあるがこれを肯定する以上）、修理に要する費用（あるいは代金減額的損害賠償）に限定して、請負人の帰責性を問題とせず賠償請求を認めることは差しつかえあるまい。しかし、瑕疵修補によって償われない損害賠償（たとえば瑕疵結果損害）についてまで無過失責任とみることは疑問である。この点は、債務不履行の一般原則にしたがって、過失責任とみるのが妥当かつ公平といえよう。かつ、帰責性がある以上、賠償額が、履行利益や拡大損害までカバーすべきものであることは、不完全履行責任である以上、当然のことといえまいか。以上、要するに、ここでも瑕疵担保責任と不完全履行との関係につき、学説による再検討が必要と思われるのである。

(51)　請負契約の瑕疵担保の場合につき、我妻博士は、前述のごとく、重大な瑕疵でない限りは修補義務の不履行を理由とする解除を許されない（前掲各論中巻⑵　六三五頁）。しかし、本文で述べるごとく、売買と請負では、問題状況が異なるので、かく解する。

(52)　瑕疵修補と修補に代わる損害賠償請求権との選択を民法は認めているのであるから、一方を選択した以上はそれに拘束されることはいうまでもないからである（我妻前掲六三五頁）。

(53)　下森「瑕疵担保責任と損害賠償の範囲」法学セミナー昭和五八年三月号、同「数量指示売買と履行利益の賠償の許否」ジュリスト昭和五七年度重要判例解説参照。

(54)　この点につき、P・ギルレス（安達訳）「ローン提携取引の実際と民法上の諸問題―西ドイツにおける消費者保護の一側面―」志林七三巻一号六頁以下が、西ドイツの判例・学説の興味深い展開を論じている。周知のように日本でも、最近この問題が大きな問題となっている。

(55)　BGH 29, 3, 1974, UZR 22/73. 建設会社が破産した場合に問題が生ずる。

(56)　我妻・前掲各論中巻⑵六四三頁参照。

(57)　打田、山下前掲各論稿（「マンション・建売住宅」所収）参照。

(58)　「分譲マンション紛争の実状と課題（上）」ジュリスト六二七号参照。

(59)　注(58)の座談会中の発言参照（たとえば六二七号三〇頁）。

むすび

以上みてきたごとく、建売住宅・マンション売買と瑕疵修補請求権の問題は、やや大げさな表現を用いれば、資本主義経済の高度成長にともなう取引構造の変化と、都市化社会の出現にともなう居住構造の変化とに相応じて出現した「構造的被害」の救済問題だともいえよう。とすれば、かかる被害の救済には、私法ないし司法的規制のみでは十分でなく、公法ないし行政的規制も要求されよう。製造物責任一般に関する消費者保護行政は、ここでもその効用を発揮するであろう。紛争処理機関の制度的検討も必要であるが、本稿ではこれらの問題に立ちいる余裕がなかった。また、建売住宅やマンションの瑕疵としては、本稿で主として問題とした物理的瑕疵のほかに、法律的な欠点、無形の瑕疵（騒音、日照問題など）の問題もあり、その担保責任にはそれぞれに難問がある。しかしこれらの問題も後日に譲るほかない。

8 *Der Gewährleistungsanspruch bei Sachmängeln im Geschäft mit Eigentumswohnungen* (1985)

Übersetzung von Monika und Hans Peter Marutschke

I. Einleitung

1. Die Presse berichtet immer wieder von Fällen mangelhafter Eigentumswohnungen. Es bilden sich, einem Bericht der Zeitung Mainichi-shimbun zufolge, Interessengemeinschaften, die die falsche staatliche Politik und Gleichgültigkeit gegenüber diesem Problem beklagen. Diese Vereinigungen tragen Namen wie z. B. ≫Konferenz zum Problem der Eigentumswohnungen≪, ≫vorbereitende Versammlung der gemeinsamen vereinigten Konferenz der Verwaltung von Eigentumswohnungen≪, ≫Verein zur Verbesserung des Wohnens in Fertighäusern≪ oder ≫Verein zur Durchsetzung eines preiswerten, guten Wohnungsbaus≪.

Auf Befragen der ≫Konferenz zum Problem der Eigentumswohnungen≪ wurde von Unternehmerseite sogar eingeräumt, daß zum Schutz der Käufer von Eigentumswohnungen noch einiges getan werden konne. Das Bauamt gab auf Vorschlag dieser Konferenz folgende Maßnahmen an, die es durch Verwaltungsrichtlinien verordnen lassen wolle und durch die der Schutz des Käufers einer Eigentumswohnung verbessert werden könne :

a) Eine sorgfältige Prüfung der Wohnung vor dem Verkauf sollte durchgeführt werden, so daß Mängel des Bauwerks durch den erstellenden Unternehmer entdeckt werden können.
b) Es sollen Einrichtungen geschaffen werden, die die bessere Bearbeitung von Beschwerden gegen Unternehmer oder Unternehmensverbände ermöglichen.
c) Richtlinien sollen die nachträglichen Leistungen aller am Bau beteiligten Unternehmer regeln.

* Der Aufsatz stellt die überarbeitete und erweiterte Fassung eines Beitrags dar, der im Dezember 1976 in der Zeitschrift Jurist veröffentlicht wurde. Herrn Professor Dr. Dr. h. c. *Baumgärtel* danke ich sehr herzlich für die Aufnahme in die Schriftenreihe, Frau *Monika* und Herrn *Hans Peter Marutschke* für die von ihnen gefertigte Übersetzung. Bei der Überarbeitung meines Aufsatzes haben mir die Herren Professoren *Arens, von Craushaar* und *Schlechtriem* wertvolle Hinweise gegeben. Auch ihnen sowie Herrn Rechtsreferendar *W. Lüke*, der mir bei den Korrekturen geholfen hat, sei nochmals ganz herzlidi gedankt.

Ferner soll bei erkannten fehlerhaften Handwerkerleistungen eine Nachuntersuchung vorgenommen werden. Von deren Ergebnis soll es dann abhängen, ob eine nochmalige amtliche Überprüfung des gesamten Bauwerkes nötig ist.

Bei den in den Zeitungsberichten dargestellten Fällen geht es zumeist um≫ das Recht auf Sonnenschein≪ und um die Frage der Stellung des Käufers einer Eigentumswohnung im Konkurs des Immobilienhändlers. Es ist aber bei dem starken Anwachsen der Zahl von Eigentumswohnungen - im Großraum Tokyo sind es schon über 300 000 - abzusehen, daß Fragen der Mängelbeseitigung und der Feststellung der Mangelfreiheit zu sozialen Problemen werden.

So hat *J. Gottman*, ein international bekannter Experte für Fragen der Stadtentwicklung, schon im März des Jahres 1976 vor der Konferenz der Vereinigten Nationen in Nagoya in einem Vortrag zum Thema der Verstädterung der Erde die Prognose aufgestellt, daß bereits in 25 Jahren 50% der Weltbevölkerung in Städten leben würden. Dies, so meinte er weiter, werde den Menschen viel Geduld für ihre Wohnverhältnisse abverlangen. *Gottmanns* Prognose erregte in Japan großes Aufsehen.

Notwendige Konsequenz einer derartigen verstädterten Gesellschaft ist der Verzicht auf das Einfamilienhaus mit Garten. Betrachtet man diese Entwicklung aber als zwangsläufig, so ist damit auch notwendigerweise eine Zunahme von Rechtsstreitigkeiten wegen mangelhafter Eigentumswohnungen verbunden.

Das Problem der Mängelhaftung bei Eigentumswohnungen wird also durch die fortschreitende Verstädterung der Gesellschaft immer größere Bedeutung gewinnen.

2. In Anbetracht dieser Entwicklung erhebt sich die Frage, welcher Beitrag seitens der Rechtswissenschaft zur Lösung der Probleme erbracht werden kann. Ohne Übertreibung wird man sagen können, daß der Schutz des Verbrauchers zumindest auf dem Gebiet der Haftung wegen Veräußerung einer mangelhaften Eigentumswohnung noch sehr im argen liegt. Zwar sind in dem Bereich der »Produzentenhaftung« in den letzten Jahren beachtliche Fortschritte erzielt worden, doch gilt das nicht für dieses spezielle Gebiet des Gewährleistungsrechts, obgleich es mit den Fragen der Produzentenhaftung eng zusammenhängt. Ziel der Arbeit ist es, die speziellen Probleme, die im Zusammenhang mit der Gewährleistung mangelhafter Eigentumswohnungen entstehen, zu untersuchen und einer Lösung näherzuführen.[1]

II. Die Regelungen des Gewährleistungsrechts bei Kauf- und Werkvertrag im japanischen Recht

Um die Problematik der Gewährleistungshaftung für mangelhafte Eigentumswohnungen darstellen zu können, ist es zunächst notwendig, kurz in das System des japanischen Gewährleistungsrechts bei Kauf- und Werkvertrag einzuführen.

1. Die Mangelhaftung beim Kauf im japanischen Recht

a) Haftet dem Kaufgegenstand ein verborgener Mangel an, so hat der Käufer beim Stückkauf gem. §§ 570, 566 Japanisches Zivilgesetzbuch (JZGB) die Wahl zwischen zwei Rechten :

Er kann Schadensersatz verlangen, wobei in Lehre und Rechtsprechung umstritten ist, worauf sich dieser Anspruch richtet ; z. T. wird ein Anspruch auf Ersatz des Vertrauensschadens bejaht, z. T. auch ein Anspruch auf den Erfüllungsschaden.

Wenn der Zweck des Vertrages nicht mehr erreichbar ist, so hat der Käufer als zweites Recht die Möglichkeit, vom Vertrag zurückzutreten. Daneben kann er auch noch Schadensersatz verlangen.

Ein Recht auf Minderung ist dem japanischen Recht im Gegensatz zum deutschen Recht unbekannt.

Anders als in § 477 BGB ist auch die Verjährungsregelung: Die Frist von einem Jahr beginnt erst zu laufen, wenn der Käufer vom Mangel Kenntnis erlangt hat (§ 566 Abs. 3 JZGB).

b) Das japanische BGB kennt keine dem § 480 BGB entsprechende Vorschrift zur Gewährleistung beim Gattungskauf. In Rechtsprechung und Lehre ist streitig, welche Regelungen in diesem Fall gelten. Die h. L. sieht in der Lieferung mangelhafter Gattungssachen einen Fall der Nichterfüllung und will die dafür geltenden Regeln anwenden. Folgt man dieser Meinung, so hat der Käufer weiterhin einen Anspruch auf Lieferung. Sofern die Nichterfüllung auf einem Verschulden des Verkäufers beruht, kann der Käufer als weitere Rechte Rücktritt gem. § 541 Japanisches Zivilgesetzbuch (JZGB) und das Recht auf Schadensersatz, gerichtet auf das Erfüllungsinteresse gem. § 415 JZGB, ausüben. Diese Ansprüche unterliegen einer Verjährungsfrist von zehn Jahren (§ 167 JZGB). Da diese Frist für den Verkäufer als zu lang empfunden wird, wendet man z. T. die Verjährungsregelung des Kaufrechts entsprechend an oder verkürzt die Frist aufgrund von Billigkeitsgrundsätzen.[2]

Die Rechtsprechung vertritt einen der Lehre entgegengesetzten Standpunkt: Nach ihr liegt auch die Lieferung einer mangelhaften Sache im Gattungskauf eine Erfüllung vor. Sie wendet die Gewährleistungsregeln des Stückkaufes entsprechend an. Dabei unterscheidet sie aber zwei Fälle, nämlich den, daß der Käufer die Ware als Erfüllung abnimmt, und den weiteren Fall, daß der Käufer die Ware nur annimmt, ohne damit die Anerkennung der Leistung als Erfüllung konkludent zum Ausdruck zu bringen. Im letzteren Fall liege Nichterfüllung vor, und der Käufer könne weiterhin Erfüllung verlangen bzw. seine anderen Rechte geltend machen.[3]

Die neuere japanische Lehre kommt zu einem ähnlichen Ergebnis wie die Rechtsprechung. Sie sieht es als eine kaufvertragliche Pflicht an, dem Käufer — unabhängig, ob Spezies- oder Gattungskauf vorliegt — eine mit dem vereinbarten Preis übereinstimmende Ware zu liefern. Sei die Ware mangelhaft, so liege ein Fall der Nichterfüllung vor. Es gelten dann nach dieser Auffassung die Nichterfüllungsvorschriften und die Gewährleistungsvorschriften, wobei letztere aber im Kollisionsfalle vorgingen, da sie eine spezielle Regelung für die unvollkommene Leistung enthielten. Diese Spezialität gelte auch beim Kauf einer Gattungssache.[4]

Nach meiner Ansicht sollte bei der Ergänzung dieser Gesetzeslücke maßgebender Gesichtspunkt sein, welche Form der Haftung für die Mehrzahl der Gattungskäufe den besten Schutz bietet. Dabei scheint es mir grundsätzlich angemessen zu sein, in der Lieferung einer schlechten Sache Nicht-
erfüllung zu sehen und die Regeln über die Nichterfüllung beim gegenseitigen Vertrag entsprechend anzuwenden. Ohne hierauf näher eingehen zu können, entspricht diese Lösung m. E. am besten der tatsächlichen Lage beider Vertragsparteien.[5]

2. Die Haftung des Unternehmers im Werkvertrag ist im japanischen Recht folgendermaßen geregelt : Wie auch in Deutschland kann der Besteller die Beseitigung des Mangels verlangen. Dieses Recht hat er dann nicht, wenn der Mangel unwesentlich ist und seine Beseitigung unverhältnismäßige Kosten verursachen würde (§ 634 Abs. 1 JZGB). Von der h. M. wird diese Haftung als eine Form der Garantiehaftung angesehen, da sie kein Verschulden erfordert. M. E. handelt es sich aber eher um eine (ergänzende) Erfüllung.[6] Neben oder anstelle der Nachbesserung kann der Besteller vom Unternehmer auch Schadensersatz

verlangen (§ 634 Abs. 2 JZGB).

Ist der Mangel jedoch solcher Art, daß der Zweck des Vertrages nicht mehr erreicht werden kann, so ist der Besteller wie im Kaufrecht berechtigt, vom Vertrag zurückzutreten. Ein solches Rücktrittsrecht hat der Besteller jedoch nicht — und hierin liegt ein wesentlicher Unterschied zum deutschen BGB — bei Gebauden und anderen auf dem Grund und Boden errichteten Baulichkeiten (§ 635 JZGB). In solchen Fällen hat der Besteller ein Rücktrittsrecht nur bis zur Fertigstellung. Tritt er bis zu diesem Zeitpunkt zurück, so ist er dem Unternehmer zum Schadensersatz verpflichtet (§ 641 JZGB).

Das Recht zur Nachbesserung oder zum Schadensersatz bzw. zum Rücktritt muß innerhalb eines Jahres seit Übergabe des Werkes ausgeübt werden. Sofern eine Übergabe nicht stattzufinden braucht, beginnt die Frist mit der Vollendung des Werkes (§ 637 JZGB). Die Verjährungsfrist aber für Gewährleistungsansprüche im Werkvertragsrecht beträgt bei Mängeln an Gebäuden oder an Grund und Boden fünf Jahre, sofern die Gebäude aus Stein, Erde, Ziegel oder Metall hergestellt sind zehn Jahre (§638 Abs. 1 JZGB).

III. Die Arten der Mängel

Die Mängel einer Eigentumswohnung lassen sich nach verschiedenen Gesichtspunkten einteilen. So sind sie z. B. nach ihren Ursachen zu untergliedern, etwa in Mängel der Kanalisation, der elektrischen Installation oder des Anstrichs und dergleichen.

Wie die Beispiele zeigen, kann man weiterhin die Mängel in leicht erkennbare und schwer erkennbare Fehler unterteilen.

Eine Differenzierung nach einem anderen Gesichtspunkt ist die Einteilung nach dem Rechtsobjekt, an dem der Fehler auftritt. Die Fehler können am Alleineigentum eines Wohnungseigentümers oder am Miteigentum aller Wohnungseigentümer bestehen.

Diese Unterscheidung der Mängel könnte für einzelne Fragen des Gewährleistungsrechts, z, B. beim Nachbesserungsanspruch, der Art und Weise der Ausführung der Nachbesserung oder ihrer Fristen von Bedeutung sein.

IV. Die Rechtsgrundlage für den Anspruch auf Nachbesserung

1. Der Käufer einer mangelhaften Eigentumswohnung hat — wie in allen Fällen der Gewährleistung — die Möglichkeit zur Wandlung und zum Schadensersatz (wobei dieser auch eine Minderung tatsächlich umfaßt). Von praktisch großer Bedeutung ist jedoch die Frage, ob dem Käufer ein Recht auf Nachbesserung zusteht. In der japanischen Rechtswissenschaft ist umstritten, wie ein solches Recht zu begründen ist.

a) Keine Probleme stellen sich, wenn ein Recht auf Nachbesserung ausdrücklich vertraglich vereinbart ist. Häufig werden in sehr detaillierten Verträgen und Sonderabmachungen Regelungen über die Nachbesserungspflicht des Verkäufers getroffen. Schwierigkeiten aber bereitet der Fall, in dem eine derartige Vereinbarung nicht getroffen ist.

b) Sieht man in dem Vertrag auf Erwerb einer Eigentumswohnung einen Kaufvertrag über eine Speziessache, so erlischt, zumindest nach der Vorstellung des Gesetzgebers, mit der Übergabe der Kaufsache die primäre Verpflichtung des Verkäufers. Falls erst nach Bezahlung sichtbare Mängel auftreten, so greift zum Schutz des Käufers die vom Gesetzgeber dafür geschaffene Gewährleistung ein. Sie sieht aber, wie bereits eingangs dargestellt wurde, kein Nachbesserungsrecht vor. Der Vertrag zwischen Baufirma und Bauherrn stellt einen Werkvertrag dar. Für diesen Vertragstyp sieht die japanische Rechtsordnung ein Recht auf Nachbesserung neben dem Recht auf Wandlung bis zur Fertigstellung des Gebäudes und Schadensersatz vor. Der Besteller hat dieses Recht auf Nachbesserung, weil die Verpflichtung, eine fehlerfreie Arbeit zu erstellen, Inhalt des Vertrages zwischen ihm und dem Unternehmer geworden ist. Bei Erstellung eines mangelhaften Werkes liegt eine Nichterfüllung in Form der Schlechterfüllung vor.— In diesem Punkt unterscheidet sich die Regelung des Werkvertrages ganz wesentlich vom Kaufvertrag.

c) Aber auch im japanischen Kaufvertragsrecht gibt es eine Möglichkeit der Nachbesserung. Diese besteht, wie bereits dargestellt, bei mangelhafter Lieferung im Gattungskauf. Auch in diesem Fall liegt eine Nichterfüllung in Form der Schlechterfüllung vor.

Die Herstellung und der Verkauf von Eigentumswohnungen ähnelt stark einer Massenproduktion. Die Wohnungen haben häufig dieselbe Grundfläche und Ausführung. Denkbar wäre daher auch in dem Verkauf einer solchen Wohnung einen beschränkten Gattungskauf zu sehen. Für die Frage des Nachbesserungsrechts ist diese Einordnung unter den Gattungskauf aber nicht von maßgeblicher Bedeutung.

Auch im japanisdien Recht ist die Qualifizierung des Vertrages über den Erwerb einer Eigentumswohnung nicht unproblematisch. Weitgehend unstreitig ist es, den Vertrag über eine schon gebrauchte, d. h. also nicht neuerstellte Wohnung als Kaufvertrag über eine unvertretbare Sache anzusehen. Schwierigkeiten bereitet der Vertrag über den Erwerb einer neuen oder erst noch zu errichtenden Wohnung. Da nach dem Vertrag mit der Bezahlung Vermögensrechte übertragen werden sollen, handelt es sich nicht um einen Werkvertrag, sondern um einen Kaufvertrag. Fraglich ist aber, ob in ihm ein beschränkter Gattungskauf zu sehen ist. Selbst wenn man davon ausgeht, daß häufig die Wohnungen denselben Grundriß und dieselbe Ausstattung haben, so erfüllen sie die Voraussetzungen einer Gattungssache nicht : Sie unterscheiden sich durch den Bauplatz, die Stockwerkzahl und der Lage der Gebäude. Zudem weichen sie doch zu stark von Gegenständen ab, die üblicherweise als vertretbare Sachen angesehen werden. Aus diesen Gründen kann beim Erwerb von

Eigentumswohnungen regelmäßig nicht von einem beschränkten Gattungskauf gesprochen werden.[7]

d) Sofern Musterräume von Wohnungen ausgestellt werden, kann man in dem Erwerb einer entsprechenden Wohnung einen Kauf nach Probe sehen. Für den Kauf einer bestimmten Eigentumsparzelle gilt folgendes: Hier läßt der Verkäufer auf Wunsch des Käufers Arbeiten vornehmen, die von Ausführungen der Musterwohnung bzw. den bisher geltenden Plänen abweichen. Dabei wird es sich regelmäßig um eine von den allgemeinen Plänen abweichende Zimmeraufteilung oder Ausstattung handeln. Nach Abschluß der Arbeit übergibt der Verkäufer dem Käufer die gewünschte Wohnung. Diesen Vertrag wird man als eine Art Lieferungsvertrag einordnen müssen, da er sowohl Elemente des Werk- als auch des Kaufvertrages enthält. Weitgehend unstreitig ist es, daß bei Mängel in der Ausführung im letztgenannten Fall ein Anspruch auf Nachbesserung besteht.[8]

Es stellt sich jedoch die Frage, ob ein Kauf nach Besichtigung von Musterräumen wirklich als Kauf nach Probe eingeordnet werden kann. Auch ein Werklieferungsvertrag mit dem oben dargestellten Inhalt weicht doch erheblich vom Idealtyp des Vertrages ab. So ist es nach dem heutigen Verständnis vom Werklieferungsvertrag sehr problematisch, den Vertrag über den Erwerb einer Eigentumswohnung in einem Wohnblock als Werklieferungsvertrag einzuordnen. Die Zuordnung eines solchen Vertrages zum Kaufvertrag über eine Speziessache bzw. einer erweiterten Form dieses Vertragstyps wird man als wenig sachgerecht bezeichnen müssen.

e) Nimmt man eine derartige Zuordnung dennoch vor, so bereitet die Begründung eines Nachbesserungsanspruchs erhebliche Schwierigkeiten, sofern man der h. L. zum Gewährleistungsrecht folgt. Nur die neue Auffassung vom Nachbesserungsrecht in der japanischen Rechtswissenschaft bietet hier eine

Lösung. Sie sieht in der Gewährleistung einen besonderen Fall der Haftung wegen Nicht- bzw. Schlechterfüllung. Aus ihr folgt, daß beim Spezieskauf allgemein ein Nachbesserungsrecht gegeben ist. Nach dieser Auffassung hat also auch der Käufer einer schon genutzten Eigentumswohnung ein Nachbesserungsrecht. Abgesehen von diesen eher theoretischen Problemen, die mit den bisher dargestellten Lösungen zur Frage des Nachbesserungsrechts zusammenhängen, bereitet die Begründung eines solchen Rechts des Käufers nach meiner Ansicht keine derartigen Schwierigkeiten.

f) In den Fällen, in denen ein Nachbesserungsrecht im Vertrag nicht ausdrücklich geregelt ist, wird man von folgendem auszugehen haben : Sowohl Käufer als auch Verkäufer gehen auch hier von einer Verpflichtung des Verkäufers zur Nachbesserung in einem bestimmten Umfang aus. So ist eine solche Verpflichtung in den — wenn auch unverbindlichen — »Richtlinien für den Kundendienst« des »Verbandes der Wohnungsmakler in Japan« aufgenommen worden. Geht man von diesen Vorbedingungen aus, so lassen sich nach meiner Ansicht die hier auftretenden Probleme auch auf der Grundlage der heutigen Rechtslehre lösen, indem man eine stillschweigende Sondervereinbarung oder einen entsprechenden Handelsbrauch annimmt.

2. Bei genauer Betrachtung liegt aber den hier gezeigten Fragen ein viel grundsätzlicheres Problem zugrunde. Bei der Haftung des Verkäufers einer mangelhaften Eigentumswohnung handelt es sich nur um einen Beispielsfall für eine stark veränderte soziale Wirklichkeit, die neue juristische Konzeptionen notwendig macht. Die Veränderung besteht in erster Linie darin, daß in Japan heutzutage beide Vertragsparteien für gewöhnlich von einem bestehenden Nachbesserungsanspruch des Käufers ausgehen. Diese Erfahrungstatsache macht es notwendig, die Argumente für die bisherige Lösung neu zu überprüfen. Nur so ist es möglich, eine angemessene Lösung auch der Frage des In-

halts eines Nachbesserungsanspruchs, der Art und Weise einer Ausführung und der geltenden Fristen zu erreichen.

Dabei soll zunächst untersucht werden, warum der Gesetzgeber des japanischen ZGB ein Nachbesserungsrecht beim Kaufvertrag im Gegensatz zum Werkvertrag nicht vorgesehen hat. Weiterhin stellt sich die Frage, warum in Abweichung von der gesetzlichen Regelung beide Vertragsparteien beim Kauf einer Eigentumswohnung übereinstimmend von einem Nachbesserungsrecht ausgehen. Die Antwort auf diese Frage läßt sich nach meiner Auffassung in der Veränderung der sozialen Wirklichkeit finden. Seit Erlaß des japanischen ZGB hat sich die Art des Wohnungseigentumserwerbs geändert: Früher erwarb man durch einen Werkvertrag eine Neubauwohnung, durch einen Kaufvertrag über eine ältere, schon genutzte Wohnung. In der heutigen Gesellschaft ist die Wohnbauwirtschaft hoch entwickelt. Typisierte Neubauwohnungen werden in großer Zahl hergestellt und auf dem Markt angeboten. Derartige Formen des Wohnungsbaus gab es früher nicht. In der Zeit vor Erlaß des japanischen ZGB erwartete der Besteller vom Unternehmer eine gebührende Nachbesserung der Mängel, da dieser auch dazu fähig war. Auch der Unternehmer sah dies als seine Pflicht an. Diese Verpflichtung wurde dann auch vom Gesetzgeber in § 634 Abs. 1 JZGB festgelegt.

Auch in einer alten, schon genutzten Wohnung können Mängel vorhanden sein. Der Käufer wird daher mit dem Verkäufer erst nach Besichtigung und Prüfung der Wohnung eine Kaufsumme vereinbaren. Stellen sich später verborgene Mängel heraus, so bilden der Anspruch auf Schadensersatz und das Rücktrittsrecht angemessene Mittel zum Schutze des Käufers. Regelmäßig wäre es wenig sinnvoll, vom Verkäufer Nachbesserung zu verlangen, da dem Verkäufer einer Altbauwohnung, der vielfach ein Privatmann ist, hierzu meist die Mittel fehlen werden. Zwar ist auch beim Kauf einer Neubauwohnung denkbar, daß der Verkäufer zur Nachbesserung nicht in der Lage ist, doch wird das eher die Ausnahme sein.

3. Die Problematik des Gewährleistungsrechts ist im entsprechenden Fall der Veräußerung vom Unternehmer herzustellender beweglicher Sachen um einiges verschieden. Es geht hier um das Problem der Haftung des Unternehmers im sog. Werklieferungsvertrags. Hierbei handelt es sich um einen gemischten Vertrag, der sowohl Elemente des Werk- als auch des Kaufvertrages enthält. Ob im konkreten Fall ein Kauf- oder Werkvertrag vorliegt und welches Gewährleistungsrecht somit anzuwenden ist, hat man früher von der Frage abhängig gemacht, wer die Materialien der herzustellenden Sache lieferte. Im Laufe der Zeit hat sich hier aber in der japanischen Rechtswissenschaft ein Meinungswechsel vollzogen. Die Gründe für diese Änderung hat *Wagatsuma* untersucht.[9]

Früher waren die Hersteller eines Werkes oder einer Ware arme Handwerker bzw. Künstler, deren Beruf es war, mit ihrer Arbeitskraft, ihren Werkzeugen das Material ihrer Auftraggeber zu bearbeiten. Im Laufe der Industrialisierung und der Entwicklung des Kapitalismus wurde der größte Teil von ihnen zu bloßen Lohnarbeitern. Nur diejenigen, die sich dem neuen Wirtschaftssystem anpassen konnten, sammelten allmählich erhebliches Kapital. Sie erwirtschafteten mit ihm und durch Einsatz immer höher entwickelter Technik ihre Gewinne. Dabei machten sie auch mit Materialhandel Gewinne.

Gleichzeitig blieb der Händler nicht bloßer Weiterverkäufer von Waren, die Dritte hergestellt hatten, sondern er begann sie selber zu produzieren. Er wurde zum Produzenten und Händler.

Aufgrund dieser Entwicklung verlor die Unterteilung des Werklieferungsvertrages im Werk- und Kaufvertrag nach den Lieferanten der Materialien und Stoffe ihre Bedeutung. In seiner Untersuchung gelangt *Wagatsuma* zu dem Ergebnis, daß es Folge dieses Bedeutungswandels des Werklieferungsvertrages sein müsse, bei der Einordnung des Vertrages von einem typisierten Parteiwillen auszugehen :

a) Wenn es für den Käufer ohne Bedeutung sei, ob der Lieferant die Ware selbst hergestellt habe, handele es sich um vertretbare Sachen. Hätte der Käufer die Ware aber ebensogut bei einem anderen Anbieter kaufen können, so liege ein Kaufvertrag und kein Werklieferungsvertrag vor. Bei mangelhafter Leistung habe der Käufer dann ein Recht auf Nachbesserung der Fehler als das Problem der Schllechterfüllung.

b) Ein reiner Werkvertrag liege vor, wenn die erworbene Ware eine unvertretbare Sache darstelle. Unvertretbar seien z. B. Schiffe, Flugzeuge u. ä., die nach genauen Plänen hergestellt werden. Die Sachmängelhaftung richte sich in diesem Fall nach Werkvertragsrecht.

c) Der Vertrag über die Errichtung eines Gebäudes oder einer anderen Konstruktion sei normalerweise ein Werkvertrag. In ganz besonderen Einzelfällen könne u. U. einmal ein Kaufvertrag vorliegen, so etwa, wenn normierte Gebäude hergestellt und verkauft werden.

Nach *Wagatsuma* ist der Vertragstyp des Werklieferungsvertrages als gemischter Vertrag überflüssig, da man jeden Vertrag entweder dem Kaufvertrags- oder Werkvertragsrecht zuordnen könne.

4. Die wirtschaftliche Entwicklung ist aber seit der Untersuchung von *Wagatsuma* fortgeschritten. Der von ihm festgestellte Zustand hat sich geändert. So werden heute z. B. Wohnblocks von Wohnbaugesellschaften geplant und unter ihrer Aufsicht auch errichtet. Nach Errichtung werden dann die einzelnen Wohnungen von der Gesellschaft verkauft. Bei Herstellung und Verkauf lassen sich verschiedene Erscheinungsformen des Vertrages unterscheiden: (1) Häufig errichtet ein Grundstückseigentümer auf einem Grundstück ein Haus mit einzelnen Wohnungen, die er dann als Eigentumswohnungen durch einen Dritten, in der Regel eine Immobiliengesellschaft, verkauft. (2) Es kann aber auch sein, daß die Baugesellschaft den Bau und Verkauf der Wohnungen selbst durchführt. (3) In den meisten Fällen aber ist das Wohnungsbauunternehmen schon Eigentiimer des Grundstücks, auf dem es die Wohnungen errichtet. Da-

bei übernimmt das Unternehmen die Planung und Aufsicht des Baues, den sie von einem Bauunternehmen ausführen läßt. Die Wohnungen verkauft das Unternehmen dann zusammen mit den Anteilen am Grundstück.[10]

Die Schwierigkeiten, solche Wohnblocks als vertretbare Sachen anzusehen, sind ähnlich dem Problem der Einordnung von Eigentumswohnungen als Gattungssachen. Daher wird man bei Eigentumswohnungen von unvertretbaren Sachen sprechen müssen. *Wagatsuma* scheint aber die Ansicht zu vertreten, es handele sich, wie im Schiffs- oder Flugzeugbau, um einen reinen Werkvertrag. Diese Auffassung hätte zwar den Vorteil, ein Nachbesserungsrecht aus dem Gesetz ohne Schwierigkeiten ableiten zu können. Zweifelhaft ist aber, ob sich ein solcher Vertrag tatsächlich als Werkvertrag einordnen läßt. Bejaht man aber, entgegen *Wagatsuma*, die Form des Werklieferungsvertrages als eines gemischten Vertrages von Werk- und Kaufvertrag, so ist auch dann die Frage noch offen, wie ein Nachbesserungsrecht begründet werden kann.

Die Einordnung des Vertrages als Werklieferungsvertrag läßt also das eigentliche Problem ungelöst； und es stellt sich die Frage, ob es nicht auch dann, wenn man das Vorliegen eines Kaufvertrages bejaht, sachgerecht und notwendig ist, dem Erwerber einer Eigentumswohnung einen Anspruch auf Nachbesserung einzuräumen. Denn anders als beim Wiederverkauf einer schon genutzten Wohnung gehen beide Vertragspartner beim Erwerb einer neuen Eigentumswohnung davon aus, daß sie fehlerfrei ist. Diese gemeinsame Erwartung beider Vertragspartner sollte auch rechtlichen Schutz genießen. Dabei kann es m. E. nicht darauf ankommen, ob man in dem Nachbesserungsanspruch einen Fall der Gewährleistung oder aber die Erfüllung der primären Leistungspflicht des Verkäufers sieht. — Dem Verkäufer einer Wohnung wird eine solche Nachbesserung auch keine Schwierigkeiten bereiten； in der dritten, oben dargestellten Vertragsform hat er als Generalorganisator des Baus auch die Mittel zur Nachbesserung, oder er kann sie zumindest in die Wege leiten. Wie oben bereits dargelegt, gehen jedoch beide Parteien des Vertrages aber davon aus, daß dem Käufer zunächst ein Anspruch auf Nachbesserung als Schutzmittel zur Verfügung steht und der Käufer erst in zweiter Linie Wandlung oder Schadensersatz verlangen kann. Aber auch wenn die Wohnbaugesellschaft Wohnungen auf einem ihrer Grundstücke baut (d. i. die zweite Form des Vertrages), ist die Interessenlage nicht anders. Nur im ersten Fall, wo der Eigentümer des Grundstücks den Bau der Wohnungen selbst besorgt hat, der Verkauf später aber von einem Dritten durchgeführt wird, ist die Situation anders. Hierauf wird an späterer Stelle noch einzugehen sein.

5. Abschließend läßt sich somit folgendes sagen: Die rechtliche Herleitung eines Nachbesserungsanspruchs ist von der Einordnung des Vertrages als Werk-, Werklieferungs- oder Kaufvertrag nicht abhangig. Der Anspruch findet seine Grundlage vielmehr in der Interessenlage und den Umständen bei Vertragsschluß. Seine Notwendigkeit ist auch eine Folge der geänderten gesellschaftlichen und wirtschaftlichen Bedingungen. Jeder Bürger kann wegen der normierten Massenbauweise heutzutage relativ leicht Wohnungen auf dem freien Markt kaufen. Der Käufer wünscht aber eine dem Gegenwert entsprechende, also auch fehlerfreie Wohnung zu erhalten. Hierauf sind auch die Wohnungsbauunternehmen eingestellt. Das wird an den häufig getroffenen speziellen Vereinbarungen über die Nachbesserung von Mägeln oder den von Unternehmerseite erklärten »Richtlinien für den Kundendienst« deutlich. Der Anspruch auf Nachbesserung ist m. E. aufgrund dieser Umstände ein Handelsbrauch und als solcher auch in Verträgen, die keine spezielle Bestimmung über die Nachbesserung treffen, enthalten. Die Verpflichtung zur Nachbesserung findet auch in folgendem Gedanken eine Rechtfertigung: Die Möglichkeit, den Gewinn durch Massenproduktion und Verkauf von Eigentumswohnungen, die für den Bürger Grundlage seiner Lebensführung darstellt, zu steigern, beinhaltet gleichzeitig die gesellschaftliche Verpflichtung, eine dem

Preis angemessene, fehlerfreie Wohnung anzubieten. Auch dieser allgemeine Gedanke erlaubt es, einen Nachbesserungsanspruch zu bejahen und diesen mit Hilfe der Grundsätze der sog. ≫ergänzenden Vertragsauslegung≪ nach den Prinzipien von ≫Treu und Glauben≪ im Rechtsverkehr dogmatisch abzusichern und in das kaufrechtliche Haftungssystem einzubinden. Dieser Gedanke liegt z. B. auch dem § 1 Abs. 1 des britischen Gesetzes über mangelhafte Gebäude von 1972 zugrunde, der folgende Bestimmung enthält: ≫Die Unternehmer haben darauf zu achten, daß die von ihnen übernommenen Arbeiten fachmännisch und im Einzelfall von Spezialisten mit geeignetem Material ausgeführt werden und daß außerdem die betreffende Wohnung zum Zeitpunkt der vereinbarten Fertigstellung bezogen werden kann.≪[11]

Ein ähnlicher Gedanke liegt im übrigen auch der Produzentenhaftung zugrunde.

V. Der Gewährleistungsanspruch – Inhalt und Ausübung des Rechts

Im weiteren ist auf den Inhalt und die Ausübung des oben begründeten Nachbesserungsrechts näher einzugehen. Eine Untersuchung der gesamten Problematik ist hier allerdings nicht möglich. Wegen der gebotenen Kürze können nur einige wichtige Einzelprobleme herausgegriffen werden, die bei der häufigsten Art des Vertrages, nach der das Wohnungsbauunternehmen Generalorganisator und Verkäufer der Wohnungen ist, auftreten können.

1. Der Begriff des Mangels

Bei der Beantwortung der Frage, welche Mängel an Eigentumswohnungen nachgebessert werden müssen, treten viele Schwierigkeiten auf. Dabei kann auch nicht auf die entsprechende Problemlage im Werkvertrag verwiesen werden, da beim Kaufvertrag über eine Eigentumswohnung keine Abmachungen über Pläne und Arbeitsausführung getroffen werden. Deshalb können nur allgemeine Merkmale gegeben werden, anhand derer festgestellt werden kann, ob ein Mangel vorliegt. So müssen z. B. Qualität und Nutzeffekt der Wohnung ihrem Kaufpreis entsprechen. Die Verträge müssen auch nach den schriftlichen Plänen ausgearbeitet sein ; um dieses überprüfen zu können, hat der Käufer gegen den Verkäufer einen Anspruch auf Aushändigung der Baupläne. – Zum besseren Schutz des Käufers sollte eine Standardisierung der Leistungen durch Festlegung ihres Mindestumfangs herbeigeführt werden. Diese Vereinheitlichtung ist allerdings wegen der Verschiedenheit der Eigentumswohnungen erheblich schwieriger als z. B. bei Fertighäusern.

2. Verborgene Mängel

Diese Anspruchsvoraussetzung, die beim Weiterverkauf einer schon genutzten Wohnung eine erhebliche Rolle spielt, ist beim Erwerb einer neuen Wohnung regelmäßig ohne Bedeutung, da von einer grundsätzlichen Mangelfreiheit der Wohnung ausgegangen wird.[12] Schwierigkeiten ergeben sich allenfalls dann, wenn ein ausdrücklicher Anspruchsverzicht vorliegt.

3. Haftung bei Nichtverschulden

Keine Anspruchsvoraussetzung für den Anspruch auf Nachbesserung ist ein Verschulden des Verkäufers. Ähnlich wie im Fall des Werkvertrages ist der Nachbesserungsanspruch eine Art Garantiehaftung. Dabei handelc es sich genaugenommen nicht um eine Haftung, sondern um die vollständige Erfüllung der Leistungspflicht. Durch die Schlechterfüllung wird der Verkäufer, auch wenn die Schlechterfüllung nicht auf einem Verschulden seinerseits beruht, von seiner Leistungspflicht nicht befreit.

4. Pflicht zur Nachbesserung von Fehlern

Der Käufer kann dem Verkäufer eine angemessene Frist zur Nachbesserung setzen (vgl. § 634 Abs. 1 JZGB). Problematisch ist dieses Recht auf Nachbesserung dann, wenn der Mangel nicht sonderlich schwerwiegend ist und eine Nachbesserung unverhältnismäßig hohe Aufwendung nötig machen würde. In einem solchen Fall wird man einen Anspruch des Käufers auf Nachbesserung ablehnen müssen (vgl. § 634 JZGB). Hat der Käufer dem Verkäufer eine angemessene Frist gesetzt und die Nachbesserung der Leistung gefordert, kann er bis zum Ablauf dieser Frist statt der Nachbesserung keinen Schadensersatz verlangen. Der Käufer kann auch nach fruchtlosem Ablauf der Frist auf Nachbesserung bestehen, doch wird es für ihn regelmäßig sinnvoller sein, vom Vertrag zurückzutreten. Ein solches Rücktrittsrecht wird man auch in Fällen nicht so schwerwiegender Mängel dem Käufer einräumen müssen, weil eine Nichterfüllung der Nachbesserungspflicht vorliegt. Dies steht im Gegensatz zur Regelung des Werkvertragsrechts. Dort wird ein Recht zum Rücktritt nur bejaht, wenn es sich um schwerwiegende Mängel handelt, die das Vertragsziel vereiteln. Bei Grundstücken und Gebäudearbeiten ist, wie bereits oben ausgeführt, ein Rücktrittsrecht überhaupt ausgeschlossen (§ 635 Abs. 2 JZGB). Sinn dieser Regelung ist es, den Unternehmer vor den für ihn unzumutbaren Folgen eines Rücktritts zu schützen. Dieser Gedanke kann für den Rücktritt vom Kaufvertrag über eine Eigentumswohnung jedoch nicht gelten. In diesem Fall besteht für den Verkäufer immer noch die Möglichkeit, die Wohnung anderweitig zu verkaufen.

5. Verpflichtung zum Schadensersatz

Statt Nachbesserung oder zusammen mit Nachbesserung kann der Käfer auch Schadensersatz vom Verkaüfer verlangen. Auch der Anspruch auf Schadensersatz setzt ein Verschulden nicht voraus. Fraglich ist aber, ob der Käufer einen Anspruch auf das Erfüllungsinteresse hat. Bei dieser Frage geht es im Kern darum, einen Ausgleich zwischen der Haftung des Unternehmers für unvollkommen ausgeführte Arbeiten und seiner Gewährleistungshaftung zu finden. Besondere Probleme stellen sich im Zusammenhang mit den sog. Mangelfolgeschäden. Hier ist insbesondere streitig, ob diese nur unter dem Gesichtspunkt der positiven Forderungsverletzung ersetzt werden können. Die Frage kann jedoch nur unter Beachtung des §717 JZGB und im Vergleich mit den für die Produzentenhaftung entwickelten Grundsätzen gelöst werden.

6. Die Zahlungsverpflichtung des Käufers Zug um Zug gegen die Herstellung des Werkes

Wie bereits ausgeführt wurde, bestehen die Ansprüche des Käufers auf Nachbesserung und Schadensersatz nebeneinander. Ihnen steht der Kaufpreisanspruch des Verkäufers gegenüber (s. mutatis mutandis angewandte Definition des sich auf § 634 Abs. 2 stützenden § 533). Keine Schwierigkeiten treten auf, wenn der Kaufpreis bereits in voller Höhe bezahlt ist. Sind Ratenzahlungen vereinbart, so hat der Käufer ein Zurückbehaltungsrecht, um so wirksam Druck auf den Verkäufer ausüben zu können. Bei Bankkrediten stellt sich jedoch die Frage, ob der Käufer ein Zurückbehaltungsrecht auch der Bank entgegenhalten kann.[13]

7. Inhaber und Anspruchsgegner des Anspruchs auf Nachbesserung

Befindet sich die mangelhafte Sache in Alleineigentum des Käufers, so kann nur er selbst den Anspruch auf Nachbesserung geltend machen. Bei Mängeln am Miteigentum steht jedem Miteigentümer das Recht auf Nachbesserung zu.

Fraglich aber ist, gegen wen sich der Anspruch richtet. Bei einem Vertrag in der zweiten oben beschriebenen Form kann sich der Anspruch nur gegen den Erbauer und Verkäufer richten. Anders jedoch bei der häufigsten Vertragsart, in der das Wohnungsbauunternehmen als Generalorganisator auftritt: Hier kommen als Anspruchsgegner sowohl die Immobiliengesellschaft als auch der Bauunternehmer in Betracht. Kaufvertragspartner ist zwar nur die Immobiliengesellschaft, doch könnte ein Anspruch gegen das Bauunternehmen durchaus sinnvoll sein. Ein solcher Anspruch könnte durch analoge Anwendung des § 423 JZGB auf dem Wege der ≫action indirecte≪ hergeleitet werden. De lege ferenda sollte jedoch eine Gesamtschuldnerschaft von Verkäufer und Bauunternehmer erwogen werden.

Bei der ersten Vertragsart, in der der Verkäufer den Bau der Wohnungen weder plante noch beaufsichtigte, erhebt sich jedoch die Frage, ob für den Käufer ein Anspruch auf Nachbesserung überhaupt von praktischem Nutzen sein kann. Hier ist de lege ferenda zu überlegen, ob nicht eine Gesamtschuldnerschaft von Verkäufer, Planendem und Uberwachendem sowie des Unternehmers sinnvoller wäre. – De lege lata sollte aber auch hier die Vorschrift über die ≫action indirecte≪ entsprechend angewendet werden.

Im Rahmen besonderer Vereinbarungen können dem Käufer auch die Gewährleistungsansprüche des Verkäufers gegen den Unternehmer abgetreten werden. In Deutschland versucht der Verkäufer regelmäßig durch Allgemeine Geschäftsbedingungen die Gewährleistung für Sachmängel auszuschließen. Durch diese Freizeichnung wird der Erwerber wegen der Gewährleistung an den Bauunternehmer und die übrigen bauausführenden Unternehmen verwiesen. Die Wohnungsbaugesellschaft tritt alle gegenüber diesen Personen bestehenden Ansprüche an den Käufer ab. Der Bundesgerichtshof hat in einer Entscheidung vom 29. 3. 1974 zur Auslegung solcher Klauseln entschieden, daßt durch sie die Haftung des Verkäufers nur insoweit abbedungen werden solle, als sich der Erwerber aufgrund der ihm abgetretenen Ansprüche sich bei den Baubeteiligten tatsächlich schadlos halten könne. Soweit die Schadloshaltung fehlschlage, lebten die Gewährleistungsansprüche gegen den Veräußerer wieder auf.[14]

In Japan werden derartige Vereinbarungen – vielleicht bedingt durch § 40 des Wohnbehandlungsgesetzes – noch nicht getroffen. In neuerer Zeit aber werden in der japanischen Rechtswissenschaft zunehmend Gedanken zum Haftungsausschluß und zur Anspruchsabtretung entwickelt. Ist eine solche Abrede getroffen worden, so muß der Verkäufer dem Käufer alle in diesem

Zusammenhang erheblichen Schriftstücke aushändigen, damit dieser seinen Gewährleistungsanspruch gegen den beauftragte Bauunternehmer auch geltend machen kann. Dem Erwerber könnte ein zusätzliches Druckmittel verschafft werden, wenn man durch spezielle Vereinbarungen oder Gesetz dem Bauträger die Pflicht auferlegt, einen bestimmten Betrag des Werklohnes dem Bauunternehmer gegenüber für eine gewisse Zeit zurückzuhalten.

8. Sonderabreden über die Beschränkung der Gewährleistung

Mit den Prinzipien des Zivilrechts ist es vereinbar, eine Vereinbarung über den Ausschluß jeglicher Gewährleistung zu treffen. Dieser Ausschluß gilt jedoch dann nicht, wenn es sich um Mängel handelt, die dem Verkäufer zwar bekannt waren, die er aber dem Käufer nicht mitgeteilt hatte (§§ 572, 640 JZGB). Für den Bereich des Wohnungskaufes schließt jedoch § 40 des Wohnbehandlungsgesetzes jegliche vertragliche Abweichung von der Regelung des § 570 JZGB zugunsten des Käufers mit Ausnahme einer Verkürzung der Verjährungsfrist aus.

Da im Kaufrecht aber ein Recht auf Nachbesserung nicht aufgenommen ist, fragt es sich, ob eine Vereinbarung über den Ausschluß dieses Nachbesserungsanspruchs gem. § 40 Wohnungsbehandlungsgesetz unwirksam ist.

Zumindest bei der zweiten und dritten der oben beschriebenen Vertragsarten ist es angemessen, einem völligen rechtsgeschäftlichen Ausschluß des Nachbesserungsrechts für nichtig zu halten.

9. Dauer der Gewährleistung bei Sachmängeln und die Gültigkeit von besonderen Abmachungen über elne Fristverkürzung

Die Gewährleistungsfrist beim Kauf beträgt ein Jahr seit Auftreten des Mangels (§§ 570, 566 Abs. 3 JZGB). Die Gewährleistungsrechte im Werkvertrag verjähren grundsätzlich nach einem Jahr seit Übergabe. Eine andere Frist, nämlich von fünf Jahren, gilt bei Arbeiten am Fundament. Für Bauwerke gilt eine

Verjährungsfrist von zehn Jahren. Eine Verkürzung dieser Fristen scheint, da es keine entgegenstehenden Vorschriften gibt, grundsätzlich möglich zu sein. M. E. muß jedoch die Vorschrift des § 572 JZGB analog angewendet werden, so daß eine Haftung zumindest dann nicht ausgeschlossen werden kann, wenn es sich nur um Gewährleistungsansprüche für Mangel handelt, die dem Verkäfer bekannt waren.

Das japanische Wohnungsbehandlungsgesetz verbietet es im übrigen, die Frist nach Übergabe auf weniger als zwei Jahre zu verkurzen. In der Praxis wird deshalb die Verjährungsfrist in Formularvordrucken gleich von vornherein auf zwei Jahre verkürzt.

Zwar stellt diese Verkürzung eine häufige Regelung dar, die Gültigkeit der vertraglichen Bestimmung ist jedoch unter dem Gesichtspunkt des Verbraucherschutzes sehr fraglich. — Allenfalls bei leicht feststellbaren Fehlern, etwa bei der Ausstattung und dem Zubehör im Haus bzw. bei den Außenarbeiten im Garten, ist eine derartige Frist ausreichend, da Mängel bei diesen Anlagen ohne weiteres feststellbar sind. Entschieden zu kurz ist diese Frist für Mängel am Rohbau und den Fundamenten. Hier sollte die Verjährung frühestens nach fünf Jahren, besser nach der gesetzlichen Frist von zehn Jahren eintreten. De lege ferenda könnte diese Nachbesserungsfrist für Mängel am Miteigentum auf zwei Wegen berechnet werden : Vom Zeitpunkt der Übergabe an den ersten Käufer einer Wohnung des Gebäudes beginnt die Frist zu laufen, nur für ihn beträgt sie also genau zehn Jahre. Oder aber man läßt die Frist für jeden einzelnen bei Übergabe beginnen, und sie beträgt dann für jeden einzelnen zwei Jahre. Die Nachbesserungsrechte sämtlicher Käufer verjähren jedoch, unabhängig von der Übergabe nach zehn Jahren.

Unabhängig, welcher Ansicht man folgt, ist de lege ferenda eine klare Regelung dieser Punkte wünschenswert.

VI. Vergleich zur Rechtslage in Deutschland

1. Auch in der deutschen Rechtswissenschaft wird es als notwendig empfunden, dem Erwerber eines Bauwerks ein Recht auf Nachbesserung zu verschaffen. Solange es keine besonderen Abmachungen gibt (vgl. BGB § 476 a), ist aber dieses Recht nur im deutschen Werkvertragsrecht vorgesehen. Daher sieht man im Erwerb eines schon erstellten oder auch noch zu erstellenden Hauses einen Werkvertrag.[15] Im Gegensatz zum Kaufvertrag hat die Anwendung des Werkvertragrechts den weiteren Vorzug, daß die im Vergleich zu § 477 BGB angemessenere Verjährungsregelung des § 638 BGB gilt.

Regelmäßg ist in den entsprechenden Verträgen schon ein Nachbesse rungsrecht - meist durch Einbeziehung von allgemeinen Geschäftsbedingungen - vereinbart. Das Ergebnis, zu dem die Rechtsprechung und die h. L. gelangen, entspricht also auch dem regelmäßigen Willen der Vertragsparteien. - Dennoch kann die Herleitung des Nachbesserungsrechts durch Einordnung des entsprechenden Vertrages unter den Werkvertrag nicht überzeugen.

Insbesondere fragt es sich, ob diese Auffassung den Begriff des Werkvertrages nicht in unzulässigem Maße überdehnt. Zudem entspricht es beim Hauskauf regelmäßig nicht dem Willen der Vertragsparteien, hierin einen Werk- und keinen Kaufvertrag zu sehen. Aus diesen Gründen erscheint es mir besser zu sein, die umgekehrte Konstruktion zu wählen: den Vertrag als Kaufvertrag zu verstehen und durch eine andere Konstruktion dem Käufer ein Nachbesserungsrecht zu verscharfen. Auch nach japanischem Recht würde die Anwendung des Werkvertragrechts zu einem Nachbesserungsrecht des Erwerbers führen. Im Gegensatz zum deutschen BGB wäre das Wandlungsrecht jedoch wetigehend ausgeschlossen. Dieser Ausschluß der Wandlung ist im Gegensatz zum echten Werkvertrag beim Kauf fertiger Häuser keine sinnvolle Lösung, und er würde den Käufer ohne Grund schlechter stellen.

Im Unterschied zum deutschen Recht kann man in Japan auch als Besteller gleich Schadensersatz verlangen, ohne zuvor dem Unternehmer Gelegenheit zur Nachbesserung gegeben zu haben. Gerade diese sofortige Möglichkeit zum Schadensersatz aber, die im vorliegenden Fall wenig zweckmäßig erscheint, kann nur über die Anwendung der Vorschriften über die Nichterfüllung (bzw. Schlechterfüllung) ausgeschlossen werden, da dann bis zum Vorliegen der Verzugsvoraussetzungen der Käufer nur einen Erfüllungsanspruch hat.

2. F. Peters' Ansicht zum Nachbesserungsrecht beim Kauf

Eine von der h. M. abweichende Auffassung vertritt *F. Peters*.[16] Er sieht in dem Erwerbsvertrag von Häusern, die der Veräußerer neu erstellen soll, einen Kaufvertrag. Dennoch räumt er dem Käufer ein Recht auf Nachbesserung ein.

a) Der wesentliche Unterschied zwischen Kauf und Werkvertrag besteht für ihn darin, daß bei letzterem die Herstellungspflicht des Liefernden zentrale Bedeutung habe. Dies ergebe sich auch schon aus § 633 Abs. 2 BGB, der diese Pflicht auch noch auf die Zeit nach Ablieferung der Sache erstrecke. Dem Unternehmer werde das Erfüllungsstadium gleichsam wiedereröffnet. Diese Herstellungspflicht spiele im Kaufrecht aber keine Rolle, sie werde daher auch vertraglich nicht geschuldet. Für den Gesetzgeber habe aus diesen Gründen auch kein Anlaß bestanden, dem Verkaufer ein Nachbesserungsrecht einzuräumen. Die Regelung des § 480 BGB bestätige im übrigen, daß der Verkäufer eben kein Nachbesserungsrecht habe, da auch hier nur zugunsten des Käufers ein Anspruch auf Nachbesserung vorgesehen sei. Auch Peters glaubt aber auf der anderen Seite, ein Anspruch des Käufers auf Nachbesserung entspreche einer praktischen Notwendigkeit. Nicht nur wenn der Verkäufer selber Hersteller des Produktes sei, sondern auch wenn er die Apparaturen zur Nachbesserung oder einen engen Kontakt zum Hersteller habe, sei es eine zweckmäßige Lösung, dem Käufer einen Anspruch auf Nachbesserung einzuräumen.

b) Zu einem solchen Anspruch kommt *Peters*, indem er aus § 433 Abs. 1 BGB ein Recht auf mangelfreie Lieferung herleitet. Dann aber bestehe auch im Grundsatz beim Spezieskauf ein Anspruch des Käufers auf Beseitigung behebbarer Mängel. Dabei unterliege dieser Anspruch den Grenzen der analog anzuwendenden Vorschrift des § 633 Abs. 2 BGB. Für den Gattungskauf lasse sich der Nachbesserungsanspruch als fortwirkender Erfüllungsanspruch aus § 480 Abs. 1 S. 1 ableiten.

c) Eine zusätzliche Grundlage für den Anspruch auf Nachbesserung sieht *Peters* in den §§ 463 und 480 Abs. 2. Hier bestehe, entgegen der h. M., für den Käufer die Möglichkeit, auch Naturalrestitution zu verlangen, da es für eine Beschränkung des Schadensersatzes auf Geldforderungen keine Anhaltspunkte gebe. Dann aber sei der Nachbesserungsanspruch nichts anderes als die auf Naturalrestitution gerichtete Geltendmachung des kleinen Schadensersatzanspruchs.

d) *Peters*' Lösung führt dazu, daß der Käufer im Gegensatz zum Werkvertrag von Beginn an die Wahl zwischen Nachbesserung und den übrigen Gewährleistungsrechten hat. Die kurze Verjährungsfrist hält *Peters* jedoch für eine Härte, die durch die Möglichkek vertraglicher Regelungen gem. § 477 Abs. 1 S. 2 BGB ausgeglichen werden könne. Im übrigen sei ein gewisser Schutz des Käufers auch durch die §§ 477 Abs. 2, Abs. 3, 478 und 479 BGB gewährleistet. Auch für den Käufer eines schon gebrauchten Hauses könne die nach h. M. anzuwendende Vorschrift gem. § 477 BGB zu Härten führen.

3. M. E. verdient *Peters*' Auffassung, auch den Vertrag über den Erwerb von neuen Häusern als Kaufvertrag einzuordnen, volle Zustimmung. Im Ergebnis stimme ich auch mit ihm überein, daß dem Erwerber ein Anspruch auf Nachbesserung einzuräumen ist. Was die Herleitung dieses Nachbesserungsrechts angeht, kann ich ihm allerdings nicht folgen.

a) *Peters* verlangt für den Anspruch auf Nachbesserung, daß eine Beseitigung des Mangels noch möglich ist. Ein solcher Anspruch folge aus der Pflicht des Verkäufers eine mangelfreie Leistung zu erbringen. *Peters* begreift m. a. W. auch die Mangelhaftung beim Stückkauf als eine Form der Nichterfüllung. Dies ist aber m. E. nicht richtig. Voraussetzung der Mangelhaftung beim Stückkauf ist vielmehr eine Störung des vertraglichen Äquivalenzprinzips. Der Gewährleistungshaftung beim Werkvertrag und beim Gattungskauf geht aber eine Pflichtverletzung des Unternehmers oder Verkäufers voraus. Dennoch behandelt das Gesetz beide Arten der Vertragsstörungen mit den Normen über die Mangelhaftung beim Stückkauf.

b) Dies läßt sich wie folgt erklären : Der Gesetzgeber des BGB ging von zwei Arten der Leistungsstörungen aus, nämlich von Verzug und Unmöglichkeit. Er war deshalb auch der Auffassung, daß bei Lieferung mangelhafter Ware im Gattungskauf zwar eigentlich eine Nichterfüllung vorliege. Es handle sich dabei aber nicht um eine völlige Nichterfüllung, nämlich Verzug oder Unmöglichkeit, sondern um eine — wenn auch mangelhafte — Erfüllung. Diese Art der Erfüllung ist eine Schlechterfüllung. Würde man beide Fälle, die Nichterfüllung und die Schlechterfüllung, gleich behandeln, so würde das zu einer für den Verkäufer unbilligen Regelung führen. Aus diesem Grunde hat der Gesetzgeber das Institut der Gewährleistung entwickelt, das eine Erfüllung voraussetzt. Ein Beispiel für den verbesserten Verkäuferschutz ist die Regelung des § 477 BGB. Um den Verkäufer besser zu schützen, hat der Gesetzgeber dieses System der Gewährleistung auch auf den Gattungskauf übertragen.

c) Es läßt sich m. a. W. folgendes sagen : Da die Lieferung einer mangelhaften Sache beim Gattungskauf Nichterfüllung in Form einer Schlechterfüllung ist, sollte man zur Lösung der entstehenden Probleme auch die Vorschriften anwenden, die zu den Normen über die Haftung wegen Vertragsverletzung gehören. Der Gesetzgeber griff aber auf die verschuldensfreie Gewährleistung zurück, weil er die teilweise Nichterfüllung, die in jeder Schlechterfüllung liegt, nicht als Nichterfüllung anerkennen konnte. In dem er die Problemlösung der Gewährleistung zuordnete, umging er auch in diesem Fall die unbillige Regelung der dreißigjährigen Verjährungsfrist.

d) In der Praxis überwiegt jedoch der Handel mit Gattungssachen. Dies bestätigen auch die zahlreichen hierzu ergangenen Entscheidungen. Die Fragen des Gewährleistungsrechts spielen seit Inkrafttreten des BGB eine immer wichtigere Rolle, insbesondere im Zusammenhang mit der Erweiterung des Fehlerbegriffs. Ein typisches Beispiel dafür ist der subjektive Fehlerbegriff. Hätte der Gesetzgeber die Mangelhaftung beim Gattungskauf gleich von Beginn an als Schlechterfüllung konstruiert, wäre auch die Erweiterung des Fehlerbegriffs durch den sog. subjektiven Fehlerbegriff überflüssig gewesen. Diese Entwicklung, die schließlich darin endete, in der Gewährleistung bei Sachmängeln eine Form der Haftung wegen Vertragsbruchs zu sehen, entspricht aber nicht der ursprünglichen gesetzgeberischen Auffassung. Der Gesetzgeber sah eben in den Gewährleistungsrechten die einzige Möglichkeit, diese tatsächliche Schlechterfüllung, d. h. also teilweise Nichterfülllung, auch für den Verkäufer zumutbar zu behandeln.

e) Das einheitliche UN-Kaufrecht hat eine ähnliche Entwicklung durchlaufen, an deren Ende der Begriff der Gewährleistung aus dem Gesetzestext gestrichen wurde. Die Gewährleistung wurde zu einer vertraglichen Verpflichtung in Fällen, in denen der gelieferte und der geschuldete Gegenstand nicht übereinstimmen. Die neuere japanische Lehre bezeichnet das als eine Umformung der Nichterfüllung hinsichtlich der Gewährleistungshaftung. M. E. sollte man mit *Yunoki* eher von einer Weiterentwicklung der Haftung wegen Nichterfüllung und einer Abschaffung des Gewährleistungsrechtes sprechen.

f) Beim gegenwärtigen Stand der deutschen Lehre sollte sie beide Arten der Haftung im Stück- und im Gattungskauf vollständig trennen : Als Mangelhaftung beim Spezieskauf greifen die Gewährleistungsregeln als Form der gesetzlichen Haftung ein. Die Haftung wegen Mängeln beim Gattungskauf hingegen ist eine Haftung wegen Vertragsverletzung, nämlich in Form der Schlechterfüllung. Der Begriff der Nichterfüllung umfaßt somit drei Tatbestände : die Unmöglichkeit, der Verzug und die Schlechterfüllung. Die Tatsache, daß § 480 BGB einen Tatbestand der Nichterfüllung im Rahmen der Gewährleistung regelt, verursacht zahlreiche Probleme. So stellt sich z. B. die Frage, welches Verhältnis zwischen dem Erfüllungsanspruch und dem Nachlieferungsanspruch besteht.[17] Dies spielt insbesondere für die Verjährung, den Fehlerbegriff beim Gattungskauf und den Übergang der Leistungsgefahr bei mangelhafter Ware eine Rolle.[18]

g) Auch bei der Reform des Rechts der Leistungsstörungen nach dem Vorbild des einheitlichen Kaufrechts werden diese Probleme gelöst werden miissen.[19]

Dabei sollte die Mängelhaftung beim Gattungskauf (und auch beim Werkvertrag und Spezieskauf noch herzustellender Häuser) als Schlechterfüllung konstruiert werden. Das würde den Begriff der Mangelhaftung überflüssig machen und zu einer den Tatbestand und Rechtsfolge einheitlichen Regelung führen. Ein solches System würde auch die notwendige Klarheit und Übersichtlichkeit aufweisen.

h) Im Gegensatz zu *Peters* halte ich es aber für unnötig, sämtliche Arten der Gewährleistung bei Sachmängeln als Schlechterfüllung zu begreifen.

Peters' Meinung zum Nachbesserungsanspruch des Käufers erscheint vom Standpunkt der japanischen Rechtslehre aus als sehr kompliziert, da er drei

Grundlagen für einen Nachbesserungsanspruch des Käufers sieht. So gibt es z. B. im japanischen Recht keine Vorschrift, die mit den §§ 463, 480 Abs. 2 BGB vergleichbar wäre. Im übrigen richtet sich in Japan ein Anspruch auf Schadensersatz regelmäßig auf Geld. Nur ausnahmsweise besteht die Möglichkeit, Naturalrestitution zu verlangen.

i) Es ist auch nicht ganz einzusehen, warum der Käufer, wie *Peters* meint, schon vor Verlangen der Nachbesserung die übrigen Gewährleistungsrechte geltend machen können soll. Hierin sieht *Peters* ohne nähere Begründung gerade einen Vorteil seiner Lösung. Die Staffelung von Nachbesserungsrecht und übrigen Gewährleistungsrechten im Werkvertrag erscheint aber sehr viel zweckmäßiger. Eine ähnliche Konstruktion liegt auch dem § 325 zugrunde.

j) Gerade die Möglichkeit, den Mangel noch beseitigen zu können, läßt es als gerechtfertigt erscheinen, den Käufer zunächst auf seinen Nachbesserungsanspruch zu verweisen. Begreift man die Mangelhaftung beim Gattungskauf als Schlechterfüllung, so ergibt sich eine solche Folge zwangsläufig, da der Käufer zunächst nur einen Erfüllungsanspruch geltend machen kann.

k) Unklar ist, wie *Peters* zu einer Verjährung gem. § 477 kommt, wenn er auf der anderen Seite den Nachbesserungsanspruch als Erfüllungsanspruch ansieht. Für den Käufer bedeutet § 477, wie *Peters* selbst einräumt, eine erhebliche Härte. Eine längere Verjährungsfrist würde den Interessen der Parteien besser gerecht werden. Auch ist die unterschiedliche Verjährung, je nachdem, ob es sich um ein neues oder ein gebrauchtes Haus handelt, sachlich gerechtfertigt, denn bei letzterem sind etwa vorhandene Mängel leichter festzustellen. Eine Verkürzung der Verjährungsfrist von 30 Jahren könnte man durch entsprechende Anwendung des § 638 oder unter dem Gesichtspunkt des Gedankens von Treu und Glauben erreichen.

1 Neuere Arbeiten, die sich mit diesem Thema beschäftigen : *M. Yoshida,* Einführung in die Gewährleistung für Sachmängel bei Eigentumswohnungen (Bunjo mansion no kasitampō sekinin joron), in : Zeitschrift der Rechtswissenschaft (hōritsu jihō), Bd. 48 Nr. 6 S. 143. *Seirin Shoin* (Hrsg.), Eigentumswohnung und Fertigbauhaus (Mansion tateuri jūtaku), Abhandlung von *S. Uchida,* S. 244, und *S. Yamashita,* S. 412 des Sammelbandes »Grundriß praktischen Rechts« (Jitsumu hōritsu taikei). Vgl. ferner *Kawai Takeshi,* (Die Verhältnisse in Japan [2] — »Unterlagen für eine Gesetzgebung zur Produkthaftung«) (Nihon no jitsujō [2] — seizobutsu sekinin rippō shiryo), in : Jurist, Nr. 598, S. 22 ff., die Bemerkung zum Wohnen. Ebenso *Iizuka Kazuyuki,* England — das Gesetz über mit Mängel behaftete Gebäude aus dem Jahre 1972 (Igirisu — Kekkantatemono ni Kansuru 1972 nen ho), in : »Jurist«. Nr. 597, S. 65 ff. Das Buch »Leitfaden zur Massenproduktion von Wohnungen« (Shūgo jūtaku nyūmon), von *Y. Nakamura* ist eine Aufzeichnung der Erfahrungen mit Wohnungseinheiten, die durch öffentliche Körperschaften erstellt wurden, welches für Informationen zu diesem Thema auch ein wichtiges Nachschlagewerk wurde.

2 Als kurze Übersicht über dieses Problem, vgl. dazu *S. Shitamori,* Gattungskauf und Gewährleistung bei Sachmängeln, in : Minpōgaku (F) Yuhikaku, S. 89 ff. Über nähere Literatur und Rechtsprechung vgl. *Yunoki,* Gewährleistung bei Sachmängeln, Kommentar zu JZGB (Yuhikaku, Chuschaku minpō), Bd. 16 S. 208 ff.

3 Entscheidung des Reichsgerichts (höchstes Gericht Japans unter der Meiji-Verfassung, Vorläufer des jetzigen Obersten Gerichtshofs) vom 13. 3. 1925, Bd. 4, S. 217 (zitiert : RGZ 13.3.1925, Bd. 4, S. 217) ; RGZ 15.4.1927, Bd. 6, S.269 ; RGZ 12. 12. 1929, Bd. 7, S. 1071 ; RGZ 13. 5.1931, Bd. 10, S. 252.

4 Vgl. dazu *K. Igarashi,* Gewährleistung und Rechtsvergleichung (Kashi tampo to enkakuho), in : Minsho (Zeitschrift für Zivil- und Handelsrecht), Bd. 61, Nr. 36 ; *Z. Kitagawa,* Studien zur Vertragshaftung (Keiyaku sekinin no Kenkyu). *E. Hoshino,* » Studien zur Gewährleistung, Japan« (Kashi-tampo no Kenkyu, nihon) Zeitschrift für Rechtsvergleichung (Hikakuhō Zasshi), Nr. 23.

5 Vgl. dazu *S. Shitamori,* a.a.O., S. 98 ff.

6 Vgl. dazu *S. Wagatsuma,* Schuldrecht, Besonderer Teil Bd. I —2, (Minpō Kōgi V 3), S. 632 ff.

7 Vgl. dazu *S. Uchida,* a.a.O., Eigentumswohnung und Fertigbauhaus (Mansion tateuri jūtaku), S. 256.

8 Ebenda, S. 248.

9 Vgl. dazu *Wagatsuma,* Schuldrecht, Besonderer Teil, Bd. II — 2 (Minpō Kōgi V 3), S. 605.

10 In der französischen, schweizer und deutschen Rechtswissenschaft wird ein solcher Werklieferungsvertrag als reiner Werkvertrag angesehen, da der Besteller Eigentümer des Grundstücks ist und dies Hauptsache sei. Bei der Verpflichtung des Unternehmers trete die Belieferung mit Baumaterialien im übrigen gegenüber der reinen Arbeitsleistung in den Hintergrund. Doch die Rechtsprechung sieht im Erwerb eines schon erstellten oder auch noch zu erstellenden Hauses einen Werkvertrag, obgleich der Verkäufer Eigentümer des Grundstiicks ist. Das ist theoretisch problematisch. Sollte man diesen Vertrag als Kaufvertrag oder Werklieferungsvertrag sehen? Vgl. dazu unten S. 140 ff.

11 Vgl. K. *Iizuka*, a.a.O., England — Das Gesetz über mit Mängeln behaftete Gebäude aus dem Jahre 1972, in : Jurist, Nr. 597, S. 65.

12 Vgl. dazu *S. Yamashita*, a.a.O. (Eigentumswohnung und Fertigbauhaus), S. 422. Außerdem sind besondere Uberlegungen für die Fälle nötig, in denen es sich um rechtliche Mängel handelt.

13 Vgl. dazu *P. Gilles*, in einer Übersetzung von *M. Adachi*, Die Praxis des Handelns im Zusammenhang mit Krediten und den daraus resultierenden zivilrechtlichen Problemen — ein Aspekt des Verbraucherschutzes in Westdeutschland, in : Hogaku shirin, Bd. 73, Nr. 1, S. 6 ff.

14 BGHZ 62, 251.

15 BGHZ 60, 362 (364) = NJW 1973, 1235 = JZ 1973, 735. BGHZ 61, 369 (371, 373) = NJW 1976, 163 ; BGHZ 65, 359 (361) = NJW 1976, 515 ; auch in einem Fall, in dem das Haus bei Vertragsschluß bereits erstellt war : BGH NJW 1977, 1336.

16 Vgl. *F. Peters*, Kein gesetzlicher Nachbesserungsanspruch des Käufers?, JZ 1978, 92 ff.

17 Vgl. dazu z. B. *Esser/Weyers*, Schuldrecht, Bd. II, Teilband 1, 5. Aufl. 1977, S. 56 ff.

18 Vgl. dazu Überblick bei *Kirchbof*, NJW 1970, 2052 ; *Esser/Weyers*, a.a.O., S. 57, 64 ff.

19 Vgl. dazu *Huber*, Leistungsstörungen. Empfiehlt sich die Einführung eines Leistungsstörungsrechts nach dem Vorbild des einheitlichen Kaufgesetzes? Welche Änderungen im Gesetzestext und welche praktischen Auswirkungen im Schuldrecht würden sich dabei ergeben?, in : Gutachten und Vorschläge zur Überarbeitung des Schuldrechts, Bd. I, S. 647 ff.

9　建物（マンション）の欠陥（瑕疵）と修繕

（一九八五年）

一　問題の提起

新築あるいは新築さるべき建物（マンション）の分譲契約において、給付された目的物に瑕疵（欠陥）があった場合、売主による瑕疵の修補がしばしば事態の解決にもっとも適した手段であることはいうまでもない。ところが、現行民法典は、売主の瑕疵担保責任としては、解除または損害賠償の二手段を認めるのみで、瑕疵修補請求権を認めていない（民五七〇条・五六六条）。しかし、民法は、請負人には、瑕疵修補義務を課している（民六三四条一項）。請負は仕事の完成が債務の内容である。そこで、目的物の引渡前のみならず、引渡後も、瑕疵なき仕事完成の可能性を法は認める。つまり、完成した仕事の内容に瑕疵あるときは、債務の不完全履行であり、したがって追完請求権として瑕疵修補請求が認められる。これは、およそ請負契約においては、瑕疵の全く存しないような仕事の完成はまず困難であり、大なり少なりの欠陥はつねに伴うものだとの基本観念に基づいているものである。

これに対して、売買契約は、商品と金銭との一回限りの交換として現行法上捉えられている。そこで、売主が商品を自ら製造する場合ですら、その製造は契約の前段階の問題であり、契約上の義務としては捉えられていない。つまり、売買の目的物の引渡しによって売主の債務は完了する（いわゆる「特定物のドグマ」）ことを前提とするものであり、その結果、対価にみあわない瑕疵ある商品をつかまされた買主の不利益救済のために、とくに法は、一種の損害補償責任（無過失責任）として瑕疵担保責任制度を用意しているのである。請負契約においても、民法は瑕疵担保責任という名称を用いているが、これは、立法者が、当時不完全履行概念を知らなかったために、かかる名称を用いたものである。しかし、今日では、請負の瑕疵担保責任の法的性質は、特定物売買における瑕疵担保責任と異なり、不完全履行責任の一種であると解するのが妥当といえよう。

売買契約においても、不完全履行責任が問題となりうる場合においては、買主に完全物給付請求権や追完給付請求権が認められる場合があり、そのような場合として一般にあげられるのは、種類売買において瑕疵ある物が給付された場合である。今日の巨大住宅産業が提供する分譲マンションは、大量生産・大量販売化の傾向が著しく、その結果、同一面積・同一構造ないし間取のものが多量に分譲されるから、マンション分譲契約を一種の限定種類売買と把握し、その構成を通じて買主に瑕疵修補請求権を認める余地があり、そのような解釈論の試みもある[1]。また、モデル・ルームを展示して分譲した場合には、見本売買とみる余地もあり、あるいは、特定区分所有権の売買にあたり、買主の注文により、売主が、あらかじめ示した設計図あるいは一般に展示しているモデル・ルームとは異なる特別の設計に基づいて、部屋割その他の内装工事または特別の付属設備等に関する工事を施工する特約をしたような場合には、これを売買と請負の混合契約である製作物供給契約であると把握することが可能であろう[2]。このような見本売買・製作物供給契約において瑕疵あるものが給付された場合には、不完全履行として瑕疵修補請求権が認められうることにはまず異論があるまい。

しかし、マンションの分譲契約を一般に限定種類売買の一種とみうるかはかなり問題である。同一面積や間取のものが多数あるといっても、建築場所、階、位置によって差があることを免れず、一般の代替物商品とはかなり異なるし、また、修繕請求はともかく、完全物給付（取替）請求権がつねに認められるかは疑問であるから、この構成には無理がある。実際の売買では、階、位置を指定して特定物売買が行われるのが通常であろう。また、モデル・ルームを展示しての売買が一般的に見本売買といってよいかも疑問であるし、前述のような意味での製作物供給契約的な分譲契約はさほど一般的ではない。逆にまた、マンション分譲契約を一般的に製作物供給契約とみうるかについては、そもそも製作物供給契約という契約類型を認めることの必要性について、既存の学説上疑問が投げかけられていることに留意すべきである。(3)かくて、普通のマンション売買契約は、特定物売買またはその延長線上に位置するものとみるのが素直であろう。そうだとすると、既存の法的構成をもってするかぎり、現行法上、欠陥マンションの瑕疵修補請求権一般の解釈論的基礎づけは困難といえそうであり、その結果は、利益考量上はなはだ不当であり、今日の実際社会の要請とかなりかけはなれた結果となる。

もっとも、実際問題としては、右のような理論的困難とは無関係に、建売住宅・新築分譲マンションについての瑕疵修補は広汎に行われている。当事者双方にとってそれが有利だからである。明示の特約で補修義務を売主が負担している例がかなりあり、(4)また、明示の特約がなくとも、今日では、買主は当然瑕疵修補を期待し、売主もまた一定範囲で補修義務を負うことを当然と考えているようである。たとえば、日本高層住宅協会の「アフターサービス規準」などはこのことを前提とするものといえよう。

しかし、このことは、売買契約における瑕疵修補請求権の存在と範囲についての理論的研究を不要とするものではない。第一にそれは、将来の立法論にとって有用であり、第二にそれは、裁判上の紛争に備えて、当事者が特約をする指針として実務上有用であり、第三にそれは、明示の特約なき場合の法的紛争解決の指針として有用である。最後にまた、この研究は、高度技術社会の現状と古典的民法体系との乖離に対処するための契約責任法あるいは債権法体系再構築の基礎的研究として有用である。

本稿のテーマにつき、筆者はすでに一九七六年に、ジュリスト誌上にて基本的問題点を指摘した。(5)前稿につき、今日の時点で若干の補足の必要は感ずるも、基本的には筆者の考え方に大きな変更を加える必要はないと考えている。本書の編集方針からすると、前稿に若干の補足を加えたものを執筆するのが適しているようでもあるが、かなりの部分が重複するのでは、還暦記念論文集への寄稿の意味がないので、本稿では、前稿で果たしえなかったドイツ法との比較を試み、かつまた瑕疵担保責任に関するいわゆる新説の立場について検討することによって、瑕疵修補請求権の解釈論的基礎づけをさらに深めることとした。

（1）打田畯一「瑕疵担保責任」『実務法律大系　マンション・建売住宅』（一九七五年）二五六頁以下。
（2）打田・前掲論文二四八頁。
（3）我妻栄『債権各論中巻㈡』（一九六二年）六〇五頁以下参照。
（4）打田・前掲注(1)二六三頁以下参照。なお、吉田真澄「分譲マンションの瑕疵担保責任序論」法律時報四八巻六号（一九七六年）一四三頁、星野英一ほか・座談会「分譲マンション紛争の実情と課題㈤」ジュリスト六二七号（一九七六年）一四頁以下。
（5）下森定「マンション売買と瑕疵担保責任」ジュリスト六二七号（一九七六年）五六頁以下。なお、筆者の関連論稿として、「不完全な分譲マンション」玉田弘毅編『マンションの法律上巻』（一九七八年）一〇七頁以下、「瑕疵ある不動産」森泉章＝半田正夫編『判例不動産売買法』（一九八三年）二四九頁以下（安西勉と共同執筆）がある。

二　ドイツの判例・通説

周知のごとく、ドイツ民法典も、特定物売買における売主の瑕疵担保責任の内容としては、契約の解除または代金減額請求、場合により損害賠償を認めるのみで（ド民四五九条一項・四六二条・四六三条）、完全物給付請求権ないし瑕疵修補請求権を認めていない。それが認められるのは、特約がある場合（なおド民四七六 a条参照）、種類売買の場合（ド民四八〇条一項）、請負契約の場合である（ド民六三一条一項・六三三条二項）。

ドイツ民法の下での請負契約における請負人の瑕疵担保責任の内容は大要次のとおりである。まず、請負人は、仕事が保証した性質を有し、かつその価値または通常の使用もしくは契約上予定した使用に対する適性を消滅させたり、減少させたりするような欠点をもたないように、仕事を完成する義務を負う。そして、なされた仕事がもしこのような性質を備えないときは、注文者は瑕疵の除去を請求することができる。[6] ただし、除去が不相当の費用を要するときは、請負人は除去を拒絶することができる。また、請負人が瑕疵の除去につき、遅滞におちいった場合には、注文者は、自ら瑕疵を除去してこれに要した費用の賠償を請求することができる（ド民六三三条）。注文者は請負人に対して瑕疵の除去につき相当な期間を指定して、この期間の経過後は瑕疵の除去を拒絶すべき旨を表示することもでき、この場合、瑕疵が適時に除去せられないときは、注文者は期間経過後において、契約の解除または報酬の減額を請求することができる。もっとも、瑕疵が仕事の価値または適性の減少の点でさほど重大でない場合には解除は許されない（ド民六三四条）(7)。さらに、仕事の瑕疵が請負人の責めに帰すべき事情に基づくときは(8)、注文者は解除または減額に代えて不履行による損害賠償を請求することができる（ド民六三五条）。瑕疵修補請求権ならびに解除、減額または損害賠償の請求権は、土地の工作物の工事については、仕事の目的物を引き渡したときから五年で消滅時効にかかる（ド民六三八条）。

前述したように、新築あるいは新築さるべき家屋、または区分所有建物（Eigentumswohnung）の売買において、給付された物に瑕疵があった場合、売主による瑕疵の除去がもっとも適当な手段であることが多いが、特定物売買における瑕疵担保責任には瑕疵修補請求権が認められていないことから、ドイツでは、特約のないかぎり（ド民四七六a条参照）――普通取引約款によって、瑕疵修補請求権が約定されているのが通常であるが――判例・通説はかかる契約を請負契約とみて、買主に瑕疵修補請求権を認めている(9)。近時、判例は、いわゆる青田売りの場合のみならず、すでに建築完成済みの新築家屋の分譲契約についても、そのように解するにいたった(10)。なお、売買の瑕疵担保責任は不動産の場合引渡後一年で消滅時効にかかるが（ド民四七七条）、家屋の瑕疵は発見しにくい瑕疵が多いので、一年の時効期間では短かすぎ、この点も、かかる契約を請負契約とみる（時効期間五年）のが妥当とされる理由という(11)。そして、ドイツにおいても、実務の上では、瑕疵修補がなされるのが通常であるから、判例のこの処理の結論については、一、二の批判を除き、通説の支持するところとなっている。もっとも、かかる契約を請負契約とみることは、通常の契約当事者の意思とはかけはなれているから、いずれは立法的に解決さるべき問題であり、実務家からの具体的提言

も発表されているし、また債権法改正意見書でもこの問題がとりあげられている。(12)

（6）この瑕疵修補請求権と本来の給付請求権との関係については、議論がある。請負契約の性質上、請負人は約定どおりの仕事を製作する義務を負うから（ド民六三一条一項）、瑕疵ある給付をした場合には、本来の給付義務の不履行となり、注文者は瑕疵なき仕事を改めて給付すべきことを請負人に請求しうるとも考えられる。通説は、仕事の引取（Abnahme）後は、再給付請求権は排除され、瑕疵除去請求権だけが問題となるが、瑕疵の除去が不能あるいは不適切である場合には、可能な限り再給付請求が許されるとするが、なお争いがある。後述するごとく、種類売買でも同様の議論があるが、本来不完全履行の問題が瑕疵担保として捉えられたために両者の関係が問題となるのである。この問題についてのドイツ法の議論については、たとえば Larenz, Lehrbuch des Schuldrechts, Bd. Ⅱ, 12. Aufl.（1981）, S. 281 f.参照。

（7）日本民法は建物その他土地の工作物については解除を許さない（六三五条ただし書）。ドイツ民法にはかかる制限規定がないが、解除は、建物などの場合、請負人に与える影響が強いので VOB Teil B §13 はこれを認めていない。なお、本稿の問題点に関するドイツ法の一般的問題状況を知るには、約款規制法や VOB（Verdingungsordnung für Bauleistungen）の瑕疵担保に関する規定や諸議論をも含めて検討する必要がある。しかし現在の筆者にはその時間的余裕がない。本稿は、民法の解釈論に限って、まとめたことをとくにお断りしておきたい。VOB における瑕疵担保責任については、たとえば、Ingenstau-Korbion, VOB Kommentar, 9. Aufl.（1980）, S. 1132 ff.参照。なお、次の二著は、ドイツの実務上の問題点を知るのに有益な書である。H. Locher, Das private Baurecht, 2. Aufl.（1978）；M. Schmalzl, Die Haftung des Architekten und des Bauunternehmers, 4. Aufl.（1980）. また、西ドイツ約款規制法については、日本でも、すでにいろいろ紹介があるが、瑕疵担保責任との関係について、参考になる最近の労作として、とりあえず、山本豊「附随的契約条件における自律と正義 ―― 西ドイツ約款規制論にみる（一）・（二・完）」法学四四巻三号、四号（一九八〇年）をあげておきたい。その他の参考文献については、この論文の引用文献参照。

（8）売買では、保証あるいは瑕疵の悪意の黙否の場合に解除または代金減額に代わる損害賠償の請求が認められる（ド民四六三条）。したがって、過失の場合に売買と請負とで差が生ずることになる。

（9）BGHZ 60, 362（364）＝NJW 1973, 1235=JZ 1973, 735；BGHZ 61, 369（371, 373）＝NJW 1974, 143；BGHZ 65, 359（361）＝NJW 1976, 515.

（10）BGH NJW 1977, 1336.

(11) Vgl. H. Wolfsteiner, "Empfiehlt sich eine gesetzliche Regelung des Bauträgervertrag?" DNot. Z. Sonderheft 20, S. 89.

(12) 前掲 Wolfsteiner の論文参照。ちなみに、彼は公証人である。さらに債権法改正に関する意見書（Gutachten und Vorschläge zur Überarbeitung des Schuldrechts, 1981）におけるフーヴァーの提案参照。本稿ではこの点にも触れる余裕がなかった。下森定＝飯島紀昭ほか「西ドイツにおける債権法改正の動向（上・下）」ジュリスト七七一号、七七二号（一九八二年）にごく概略の紹介をした（とくに七七二号二〇四頁）。

三　ペータースの説

(1) 右の通説・判例に対して、かかる契約を売買契約とみたうえで、瑕疵修補請求権を解釈論上認めようとする少数説がある。これがペータースの見解である[13]。彼の問題意識はこうである。

売主の製造にかかる家屋や車や機械類の売買においては、瑕疵ある物の給付がなされた場合、売主による追完給付（瑕疵修補）が事態の解決に適していることがしばしばある。この問題を判例のように請負契約の瑕疵担保責任によって処理することは有用ではあるが、契約当事者の普通の意思は請負というより売買契約と考えているのであって、実態にそぐわない。家屋のみならず他の機械類についても同様に考えうるが、判例のような処理を拡大してゆけば、売買法が請負法によって空洞化されるおそれがある。また、売買とみるか、請負とみるかで、時効の問題、解除・代金減額を二次的保護手段とみるかどうか、不履行による損害賠償の成立要件（ド民四六三条と六三五条との要件の差異、前者では単なる過失のときは損害賠償請求が許されない）等の問題で具体的な結論にも差異が生ずるので、これらの点の検討も必要である。

(2) 結論として、彼は次のように主張する。

(ア) 特定物売買においても買主には売主に対して瑕疵なき物の給付を求める請求権が認められうると解すべきである。したがって、特定物売買においても、種類売買におけると同様に瑕疵修補請求権（Nachbesserungsrecht）が認めらるべきである。(a)その法的性質は、本来の給付義務に由来する。条文上の根拠は、特定物売買は四三三条、種類売買は四八〇条一項に求めうる。(b)もっとも、瑕疵の除去が不相当の費用を要するときは、請負の瑕疵担保の規定（六三三条二項二文）を類推適用して、瑕疵の除去を拒絶しうる。(c)売主の保証または悪意ある場合は、原状回復による損害賠償（四六三条）として、瑕疵修補請求権を認める（売主悪意の場合に、(a)とは時効期間が異なってくる点で区別の実益あり）。

(イ) このようなペータースの立場では、当然、売主の建築しまたは建築すべき建物の売買契約を請負契約とみる判例の立場を否定することになるが、かかる主張をする実益として、ペータースはとくに次の二点を強調する。(a)請負では解除と代金減額が二次的保護の手段とされ、注文主はまず瑕疵修補請求権を行使すべきであるが（ド民六三四条）、売買の場合は、そう解する必要がなく、買主は、選択権を有する。(b)時効期間の点で、売買では危険移転の時（引渡し）から一年、請負では、土地の工作物の工事の場合、完成した目的物の引渡し（Abnahme）の時から五年（ただし悪意の場合は別）という差異があり、ペータースも、彼の説をとるときの唯一の買主の不利な点はこの点にあることを自認する。しかし、彼は、中古住宅の売買の場合でも、時効期間は一年であるから、かかる差異があってもやむをえないと割り切る。

(3) ペータースのこの考え方は、瑕疵担保責任を債務不履行責任の一種とみる、最近のわが国のいわゆる新説の考え方と基本的発想を同じくするところがある。わが国の新説の論者は、非代替的特定物売買における瑕疵修補請求の問題につき、つきつめた議論をいまだ展開していないと思われるが、ペータースの論理は、新説をとった場合の問題点を考えるうえで参考となる点が多い。そこで、ペータースが右の結論を主張する場合に展開した法的根拠につき、その大要を次に紹介してみよう。

(ア) まず、実質的根拠は利益考量にある。売買が、請負と異なって商品と金銭との一回限りの交換であることを重視すれば、売主に瑕疵修補義務を課すことは、売買の本質に適しないようにも考えうる。しかし、売却された商品が売主自身によって製造されたものである場合には、そのような処理は実状にあわない。なぜなら、彼は瑕疵の除去に必要な手段・道具を自らの手に有しているからである。ある機械や自動車や時計などが個別的に選別されて取引された場合には、それは特定物売買とみなければならぬ。多くの土地売買も、同様である。その場合、その契約の中心目的が経済的には地上家屋の取得にあり、かつその家屋が売主によって一定規格で大量に建築されたものであったとしても、そうである。これらすべての場合に、その有する製造手段を瑕疵除去のためにも活用するよう売主に期待することは許されよう。たまたま、その売買が種類売買でなく、特定物売買であったということのゆえに、瑕疵修補の請求が許されないとみるのは、妥当でない。また、売主がその商品を自分で製造したのでない場合でも、彼がその手段を容易に手配しうるほど緊密な関係を製造者との間に有するならば、瑕疵の除去を売主に期待することはなお可能である。しかし、もし売主が商品の製造者といかなる接触（Kontakt）をもたない場合には別であり、売主が修理部門をもたない限り、瑕疵修補は期待不可能といえる。かくて、瑕疵の除去が可能な限り、かつそれを売主に期待することが不合理でない限り、特定物売買であっても、本来の給付義務の一部として、あるいはその残存部分として、瑕疵修補義務を認めるべきである。

(イ)　次に、右瑕疵修補請求権肯定の形式的根拠として、ペータースは、大要次のような論拠をあげている。(a)まず、条文上の根拠は、売買契約の一般規定である四三三条にこれを求める。この条文では、売主の瑕疵修補義務が明文の規定で認められているわけではないが、逆にこれを明示に否定している規定も売買法にはないから、かく解することの妨げとはならない。(b)また、特約によって買主の瑕疵修補請求権を認めることは自由であり、現に多くの特約がなされているし、これに反対するものはない。そうである以上、特約なき場合でも、解釈によってこの請求権を認めても不都合ということはなかろう。(c)買主は瑕疵担保の規定によっても保護されるが、この規定が存在することによって、本来の履行請求権の一部たる瑕疵修補請求権が排除されているものと考えるべきではない。右請求権を否定する明文規定がないかぎり、両者は併存するものと解してさしつかえない。(d)種類売買に関する四八〇条一項一文は、危険移伝後も、本来の履行請求権が認められる場合のあることを積極的に明示している。そうだとすると、特定物売買においても、そのような場合があることを認めてもよかろう。前述のごとく、瑕疵の除去が可能であり、かつそれを売主に求めることが不合理でないかぎり、特定物売買と種類売買とで、区別する理由はあるまい。(e)ちなみに民法は、契約の解除、不履行に基づく損害賠償の請求または代金減額の請求を認める場合に、本来の履行請求や瑕疵除去の請求を認めない旨の明文の規定をおいていることがある（ド民三二六条一項二文後段・六三四条一項三文後段）。しかし、これらの場合は、本来の履行請求を求めることがもはや無意味であり、当事者がそれを欲していない場合なのだから、瑕疵担保に関する保護規定の存在は、瑕疵除去請求権を認めることの妨げとはならない。(f)さらに、請負と異なって（ド民六三三条二項）、瑕疵除去請求権を認める規定が売買法に欠けていることは、特定物売買において瑕疵除去請求権を認めることの妨げとなるものでもない。というのは、立法者は、立法当時、特定物売買においても一定の範囲内で追完を認めることが合目的的であり、事態の合理的処理に適しているものであることを十分に認識していなかったし、かつ、おそらくはその当時においてはこれを十分に認識することは不可能であったと思われるからである。

（13）F. Peters, Kein gesetzlicher Nachbesserungsanspruch des Käufers? J. Z. 1978, S. 92 ff.

四　問題の検討

(1)　ドイツの判例・通説の立場について　　ドイツの判例・通説にならって、日本法の解釈論としても、新築あるいは新築さるべき建売住宅やマンションの売買契約を請負契約とみて、瑕疵修補請求権を認める解釈論を展開することとは不可能ではない。しかし、ペータースも説くように、かかる構成は、取引当事者の法意識とは異なっており、いかにも擬制臭い。売買とみたうえで、結果的には同様な処理が可能な法的構成が考えられれば妥当なことはいうまでもない。また、請負の瑕疵担保責任の制度が、ドイツ法と日本法とで若干異なる点があることにも留意しておく必要がある。すなわち、日本法の場合には、仕事完成後の目的物の瑕疵を理由とする契約の解除は、建物の場合には許されず（民六三五条）、ドイツ法にはかかる制限規定はない。逆に、日本法は、請負人がまだ仕事を完成していない場合には、注文主は損害賠償さえ支払えば、いつでも契約を解除できる（民六四一条）。これらの処理は、新築あるいは新築さるべき建物取引の場合にはそぐわない。つまり、本来の請負契約と異なって、かかる契約においては、解約権の留保なき限り建物完成前に契約の解除を許す必要はなく、逆に、建物完成後、目的物の瑕疵を理由とする契約の解除を認めても売主（請負人）の保護に欠けることはなんらない。なぜなら、建物敷地の所有権ないし利用権は、売主（請負人）に属しているがゆえに、彼は、通常の建築請負の場合と異なって、解除されても、建物を収去する必要がなく、土地付きで、第三者になお譲渡できるからである。さらに、ドイツ法と異なって、日本法は、請負人に瑕疵修補の機会をあたえることなく、目的物の瑕疵を理由として、直ちに、瑕疵修補に代わる損害賠償の請求を認めている（民六三四条二項。ド民六三三条二項は、請負人に遅滞あるときにはじめて、注文者は自ら瑕疵を除去してこれに要した費用の賠償を請求できるものとする）。本来の請負契約においても、日本法のこの処理の妥当性につき問題がないわけではないが、少なくとも売買契約においては、瑕疵修補が可能であるかぎりは、まず瑕疵修補の請求をさせ（換言すると、売主に瑕疵修補の機会あるいは権利を認め）、それが不能あるいは遅滞のときにはじめて、二次的な保護手段として損害賠償の請求を認めるのが妥当であろう。債務不履行の一般原則からしてもそうである。このようにみてくると、新築あるいは新築さるべき建物の取引契約を請負契約とみる構成は、瑕疵修補請求権の根拠づけが楽であるという長所のある反面、ドイツ法に比し、短所も多く、少なくとも日本法の解釈論として、さほど魅力のある法的構成とはおもえない。もちろん、請負契約とみたうえで、瑕疵を理由とする解除を許す等の、短所を補う工夫も可能ではあるが、それよりは、取引当事者の普通の意思や理論に忠実に、売買契約とみたうえで、瑕疵修補請求権を解釈論上認めうるような法的構成を考える方途が妥当といえよう。

(2) ペータースの理論について　ペータースの論文は一九七八年に発表されたものであるが、彼の基本的発想は、一九七六年に発表した筆者のジュリスト論文の発想と多くの点で共通点があり、同感できる。すなわち、新築あるいは新築さるべき建物の取引契約を請負とみず、特定物売買とみたうえで、なおかつ瑕疵修補請求権を買主に解釈によって肯定しようとするペータースの結論自体は、私見とまさに同一発想に基づくものであり同感である。しかし、法的構成は、私見と異なり、そのため具体的効果もいくつかの点で異なってくる。以下に、ペータースの見解に対する疑問点を指摘しておきたい。

(ア) ペータースは、瑕疵修補請求権を本来の履行請求権の一部として把握するに当たり、瑕疵の除去が可能な限りという前提の下ではあるが、特定物売買一般に、売主の瑕疵なき物の給付義務を認めているように思われる。この点、いわゆる「特定物ドグマ」を否定する、瑕疵担保責任の法的性質に関するわが国のいわゆる新説[14]とその発想を同じくする。もっとも、さらに瑕疵担保責任を債務不履行の一形態とまで把握しているのかどうかは明らかでないが[15]、少なくとも瑕疵担保責任との併存は肯定している。そのために、本来の履行請求権と瑕疵担保責任との関係につき、後述するごとく、いくつかの問題が発生することとなる。そして、当面の問題解決のためには、代替物商品がたまたま特定物売買されたり、売主の製造にかかわる（あるいはそれとほぼ同視しうる）非代替物商品の特定物売買における瑕疵修補が問題なのであるから（ペータースもこれを前提としているはず）、かかる類型に限って、本来の履行請求権の有無を考えれば必要かつ十分であり、特定物売買一般に、「瑕疵なき特定物の給付義務」を拡大する必要はないはずである。「特定物ドグマ」批判の再検討がここでは必要となるが、後に、わが国の新説の立場を検討する際に一括してこの点は検討したい。

(イ)　ペータースは、瑕疵修補請求権の法的根拠につき、三元構成で説明するが、やや複雑である。ドイツ法の解釈としても不完全履行としてすべてを一元的に説明するのが妥当であろう。ドイツ民法四八〇条一項・四六三条のような明文規定を欠く日本法の下では、当然一元構成となる。

(ウ)　ペータースは、瑕疵担保責任と追完請求権との併存、選択を許すので、買主は、瑕疵修補が可能であっても、無催告解除をすることができる。前述のごとく、請負の場合は、第一次的には瑕疵修補請求のみであるが、ペータースは、彼の理論をとる実益の一つはこの点にあるという。しかし、疑問である。瑕疵修補が可能である限り、まず修補請求をさせ、それが遅滞・不能のときにはじめて、第二次的に契約の解除、代金減額または損害賠償の請求を許すのが、債務不履行制度の本来の趣旨に合致するものといえよう。履行遅滞の場合がそうだし、その本質は不完全履行とみられる請負の瑕疵担保責任の場合も、ドイツではそうなっている。売買の瑕疵担保で無催告解除が許されているのは、沿革的にみて、その制度が、非代替的特定物売買について形成されたものであり、瑕疵修補が合理的に期待可能でない場合を前提としているからに外ならない。もっとも、種類売買に関するド民四八〇条でも、買主は、追完給付に代えて無催告解除を選択しうるが、これは、種類売買の場合には、本来不完全履行として構成すべきであったものが、立法者により瑕疵担保責任制度として構成されたために生じた不当な結果であり、このため、現在のドイツ民法学は、四八〇条の解釈論上、厄介な問題をかかえこんでいるのである。この点も後述する。なお、日本民法は請負契約の場合に、瑕疵修補に代えて即時に賠償請求を許すが、前述したような理由からその妥当性には疑問がある。

(エ)　ペータースは、瑕疵修補請求権を本来の履行請求権の一部分としながら、その請求権の時効期間は、瑕疵担保の規定によるものとする。条文上の根拠として彼は種類売買における四八〇条一項二文の類推適用という。このように解することの理論的根拠が今一つ明確でないことの他に、不動産にあっては引渡しの時から一年という時効期間は、家屋の瑕疵で発見しにくい部分のそれについてはあまりにも短すぎ、妥当性を欠こう。中古建物の売買の場合にもそうなのだから、新築建物の売買の場合であっても同様に解してよかろうというが、両者は必ずしも同一処理になじむものではあるまい。前者の場合には、当然ある程度の瑕疵の存在は予期されるし、年月が経っているので瑕疵が表に出ていることが多い。そこで、売買に際し、買主はその点に注意を払えるし、ある程度それを考慮して代金額を決定するのが通常でもあるから、引渡後一年の時効期間は必ずしも不当とはいえない。しかし、新築住宅の場合には、ある程度の欠陥は予想されるとしても、中古住宅ほどではなく、また建築早々の段階では瑕疵が必ずしも表にあらわれているとは限らない（地盤工事や建物の躯体部分の手抜工事など）。これらの瑕疵の場合には、引渡後一年の時効期間は、短きに失しよう。とくにこの点で、ペータースの理論がドイツで多くの支持者を得るのは難しいように思われるし、現にそのような評価をドイツで聞いた。

以上のような理由から、ペータースの基本的発想には共感を覚えるも、これに賛成することはできない。

(3)　日本法の解釈論 —— とくに新説の立場について

(ア)　瑕疵担保責任の法的性質について、これまでの通説は法定責任説をとる。これに対して、通説のいわゆる「特定物ドグマ」を否定し、債務不履行責任の一種とみる特別債務不履行責任説が最近有力である。この説は、特定物売買においても「瑕疵なき状態での給付義務」の成立を認め、目的物に瑕疵あるときは給付義務の不完全履行であるとし、要件、効果の特殊性（無過失責任性、期間制限）からこれを特別不完全履行として理解する。種類売買のみならず、特定物売買においても本来の履行請求権と瑕疵担保責任との併存を認める点で、ペータースの構成に似ている。そこでこの説によるときは、日本法の下での特定物売買における瑕疵修補請求権の解釈論的基礎づけが一見容易であるように思われる。しかし、この説の論者は、まだ、本来の履行請求権と瑕疵担保責任との関係について、ペータースのようなつきつめた議論を展開しないでいる。そのためにこの説のもつ問題点が幸いにもかくされたままであるように思われる。以下その問題点を究明してみたい。

(イ)　すでに、指摘したことであるが、筆者の理解では、種類売買において瑕疵ある物が給付された場合の法的処理は、不完全履行として、債務不履行責任の領域で解決すべきであったのに、ドイツ民法典の立法者は、当時、不完全履行の概念を知らず、法定責任としての瑕疵担保責任制度を借用して、四八〇条を立法した。そのために、種類売買の領域で本来の履行請求権、四八〇条による瑕疵修補請求権、瑕疵担保責任の関係および後述するようなその他の諸関係が極めて複雑となり、今日のドイツ民法学は、これらの競合関係の解釈につき、難問に悩まされているのである。

ここで、この問題につき、ドイツ法の立ちいった説明をする余裕はないが、簡単に一、二の問題点を指摘しておこう。第一の問題は、いわゆる異種物給付の扱いである。これを債務不履行とみるか、ここまで瑕疵概念を拡張して、瑕疵担保として処理するか（時効期間の点でとくに大きな差異あり）、今日、この論争は必ずしもいまだ決着をみていない（ワイヤースのいわゆる eine sachliche Grenze の問題[16]）。

第二に、四八〇条一項による追完請求権の法的性質につき、これは本来の履行請求権と同質のもので、その変形したものとみられているが、短期の時効期間に服することのゆえに、本来の履行請求権はいつから四八〇条一項の追完請求権に転化するのかが問題とされている（eine zeitliche Grenze）[17]。かつまた、契約解除・代金減額請求権と本来の履行請求権との選択・転化の時的関係も同様に問題となる。さらに複雑なのは、危険負担との関係である[18]。種類売買において瑕疵ある物が給付された場合でも特定が生ずるのかどうか、それによって買主に給付危険が移転するのかどうか。瑕疵担保との関係（とくに解除）はどうなるのか、等の問題である。本来の履行請求権と瑕疵担保責任との併存を認める判例や新説の立場にたつときは、かかるドイツ法上の困難な問題点を同時に日本民法の解釈論に（しかも、種類売買のみならず特定物売買の領域にも）もちこむことになることも覚悟しておかなければならない。当面の問題処理にあたっては、以上の利害得失を比較考量したうえで、いずれが法技術的処理としてより妥当かが判断さるべきなのである。

ちなみに、瑕疵担保責任の法的性質を法定責任とみる従来の通説の考え方に対し、「この考え方は、ドイツの一時期の有力説にすぎず、ドイツでも今日ではその考え方が通説とはいえない」という指摘がある。[19] たしかに、とくにラベル以来、瑕疵担保を債務不履行の一態様ととらえる考え方はドイツで有力となり、国際売買統一法に結実している。しかし、この考え方が、今日のドイツの通説かというとそうではない。いぜんとして伝統的考え方も有力であり、[20]「自然法的発想」に基づく国際売買統一法の考え方が、ドイツの伝統的法思考になじむものかどうかは今後の検討課題である、といわれている。ドイツの傾向は日本民法解釈論の一つの有力な参考資料ではあるが、決めてとなるものではない。このことは、新説の論者、自らが指摘されたとおりである。

(ウ) つぎに、新説の立場をとった場合、日本法の解釈論上問題となると思われる点を具体的に指摘して、今後の検討の問題提起としよう。

(a) まず、特定物売買においても、一般的に「瑕疵なき状態での給付義務」を認めるというが、当面の問題に即してみるとき、たとえば中古住宅の売買においてもそうなのか。[21] ペータースは、前述したように、瑕疵修補が可能であり、かつ売主にそれが合理的に期待しうる場合という前提をとっているから、おそらくこの場合は原則として排除されることになろう。新説の立場でもかかる限定をとることが妥当と思われるが、今後、この基準を明確化されることが望ましい。この問題提起は、この場合、もし新説が限定的立場をとるのだとすると、特定物売買に一般的に瑕疵なき状態での給付義務を課す必要があるのかの問題提起につながる。最近、瑕疵担保責任における損害賠償の範囲論と関連してであるが、「給付行為・給付結果の区分を前提とすれば、給付結果とその効用という面では特定物であれ不特定物であれ利益状態に差がないとしても、給付行為の次元で給付義務を調達という行為をする義務と把えるなら、瑕疵なき特定物を給付する義務は特別の事情なき限り存在しないと考えることも何ら不合理ではない」[22] と指摘し、特定物ドグマ、給付義務内容のより一層の検討をすべきだという注目すべき見解があらわれていることを指摘しておこう。

(b)　特定物ドグマを否定し本来の履行請求権として瑕疵修補請求権を肯定し、かつ瑕疵担保責任との併存を認める新説の立場では、前述したように、この両者の関係につき、これを明確化すべきことが今後の課題である。この点についても最近次のような注目すべき指摘がある。「特定物売買と不特定物売買につき、経済的効用の側面でなく、法技術的な側面においても全く同一に扱いうるものであるかどうか。さらに不特定物売買において目的物に瑕疵がある場合、不完全履行の一般的規律によるのではなく、瑕疵担保の規定が適用されねばならないとすればそれはなぜか、について整理がなされる必要がある」[23]。また、同様な発想に基づき、「不特定物についても瑕疵担保の適用がありうるとの立場では、次の点の区別がなされなければならない。ⓐいかなる要件があれば瑕疵担保規定を適用しうるのか。ⓑいかなる要件があれば瑕疵担保規定を適用しなければならないのか。ⓒ以上のⓐⓑにおいては、不完全履行責任(履行請求権、契約解除権、損害賠償請求権)は併存するのか排除されるのか」[24]と。特定物売買についても債務不履行の規定の適用がありうるかという当面の問題の考察でも、これらの指摘は妥当する。何故に債務不履行の規定の適用の必要があるのか、その要件いかんについては、これまでの論述でほぼ明確であるが、問題は、前記ⓒの指摘である。ここではまず、時間的経過との関係で問題が分析さるべきである。第一に、売主による履行前の段階において両者の関係はどうなるか。履行がない限り、遅滞・不能を別とすれば、本来の給付義務の不完全履行はありえない。問題は瑕疵担保責任の追及にある。ドイツ法の下では、危険移転の時、つまり原則として引渡しの時が基準時であるが、日本法の場合には、契約締結時が瑕疵存在の基準時と一般に解されている。そうだとすると、履行前でも、そして瑕疵修補が可能であっても、契約締結時にすでに建物の建築が終わっており、その時に瑕疵があったのであれば、その後瑕疵を知った段階で直ちに瑕疵担保の責任を問いうるのか、それとも、履行がなされるまでは本来の履行義務の問題としてとらえ、不完全な履行があった場合にはじめて、本来の履行請求と瑕疵担保との選択の問題となるのか、その必要性いかんの問題である（種類売買の場合でも、特定と履行の間に時間的差があるときは同種の問題が考えられる）。

第二に、売主の履行に際して、買主が瑕疵を発見した場合、受領を拒絶して本来の履行請求をなしうることは問題がない（売買の目的物が建物の場合には、完全物給付請求権の内容が特段の合意なき限り瑕疵修補請求権に限定されることは異論があるまい）。問題はその時点で直ちに瑕疵担保を選択しうるとすることの是非である。瑕疵修補が可能であり、かつそれを売主に合理的に期待しうる場合であっても、その欠陥が重大であれば、なお契約をなした目的を達しえない瑕疵として、即時の無催告解除を許すことは果たして妥当か（もっとも、瑕疵修補が可能な場合は契約の目的を達しえないほどの瑕疵ではないといって処理することも可能ではあるが）。さらにはまた瑕疵がさほど重大でない場合に、瑕疵修補請求に代えて直ちに損害賠償を認めることが妥当か（請負の瑕疵担保では、損害賠償につきこれを認めてはいるが。なお、ドイツでは、いずれも遅滞を要件としてこれを認めていたことを想起せよ）。瑕疵につき売主が悪意であったり、無瑕疵性を保証していた場合はともかく、そうでない場合にはかかる処理は妥当とはいえまい。

第三は、買主が、受領に際して、瑕疵担保責任についてなんらの主張あるいは留保なしに目的物を受領した場合の処理である。買主が受領の際に瑕疵の存在を知り、しかもこれを一応履行として認容して受領し、そのことにより売主の責任を追及しうる権利を放棄したと、明示あるいは黙示に、認められる場合とか、その権利を留保したうえで受領した場合は問題がないが、目的物の瑕疵を知らずに単に受領したにとどまる場合に問題が残ることは、日本の既存の判例法理上からも明らかである。この点はドイツでも議論のあるところであるが、種類売買の場合については、単なる受領によっても、本来の履行請求権は、瑕疵担保責任にとって代わられるとみるのが通説のようである(25)。そしてそう解してもドイツでは、四八〇条一項により、担保責任の内容として、追完請求権が認められているから不都合ではない（本来の履行請求権が受領によって四八〇条一項の追完請求権に転化し、これは短期の時効期間に服することとなる）。もっとも、異種物給付の場合になお問題が残ることは前述したとおりである。特定物売買の場合にはどうか。前述のごとくペータースは、単なる受領の場合に、本来の履行請求権の一部としての瑕疵修補請求権を認めるが、種類売買のような特別規定がないにもかかわらず、瑕疵担保責任と併存して、一年の短期時効に服する瑕疵修補請求権（つまり変形した追完請求権）が認められることの法的根拠が今一つ明らかでない。ドイツ民法四八〇条一項のような規定を欠く日本民法の解釈論においても、本来の履行請求権と瑕疵担保との併存を認める以上、両者の関係につき、同様の問題を免れえない。新説の立場にたった場合、瑕疵ある目的物を履行として認容して受領したのでない以上、追完請求権の明示の留保がなくとも、受領後なお、買主が本来の履行請求権を行使しうること、また、瑕疵発見後一年以内なら先の給付をあらためて履行として認容し瑕疵担保責任を問うことをも選択しうること、そして、瑕疵担保を選択した以上は本来の履行請求権の行使は排除されること、これらの点は明白である。問題は、瑕疵ある目的物の受領後、いつまで選択権の行使が許されるのか、本来の履行請求権を選択した場合、その時効期間は何年か、さらに、ここでも、瑕疵修補が可能であるにもかかわらず、即時の契約解除・損害賠償を選択させることの是非である。前二者については、明文の規定を欠くゆえに、信義則等を使って期間制限を考えるほかない。かくて、ドイツ法と瑕疵担保規定の技術的構成を異にする日本の場合、瑕疵担保の規定の適用があるとしても、この点に関しては実益なく、従来の通説の立場とかわりはない。

(c)　次の問題は、危険負担・瑕疵担保・不完全履行の関係である。従来の通説ないしそれを踏まえて展開した考え方として次のような明解な説明がある。「担保責任の問題は、目的物についての権利ないし物の瑕疵が売買契約締結前から存する場合にかぎられ、これらの瑕疵が契約成立後に生じた場合には、担保責任の問題の圏外となる。このあとの場合には、その瑕疵が売主の責に帰すべき事由により生じたときは、売主の債務不履行責任の問題となり、それ以外の場合には、危険負担の問題となる。また、瑕疵が契約成立時にすでに存する場合のうちでも、それにもかかわらずこの物につき瑕疵のない物としての売買が成立したことにつき売主の責に帰すべき事由の存するときは、一種の

『契約締結上の過失』の問題となり、それ以外のときにのみ、担保責任の問題となる」[26]。これに対し、瑕疵担保責任を債務不履行の特則とみる新説の立場から、瑕疵の存在時期は、「危険移転の時と解するのが妥当であろう」という見解が表明されている[27]。ドイツ民法では特定物売買においては四五九条の明文の規定で瑕疵の存在時期は危険移転当時とされ、危険移転は原則として引渡しの時とされている（四四六条、なお四四七条参照）。そこで瑕疵ある物の受領後、目的物が偶発的に滅失または毀損した場合の法律関係は、どうなるかというと、物の瑕疵は危険移転を妨げるものでなく、危険は買主の負担となるが、買主は三五〇条および四六七条によって滅失にも拘らず解除権を有するから、瑕疵を理由にする解除権の行使によって保護され、瑕疵ある物の給付でも危険が移転するとすることによってとくに負担が加重されるわけではない。ただ、種類債務においては、物の瑕疵は危険移転を原則として排除する、というのは、二四三条二項および三〇〇条によれば、債務者が彼の側において必要なることを為し終えたることないし相手方を受領遅滞に陥らしめる方法で物を提供したことが、危険移転の前提であり、これによって始めて特定の契約目的が出現する（種類債務の特定）のであり、瑕疵ある物の給付では、特定を生じないからである。もっとも、買主が給付された物を債務の目的とみなすときは、危険の移転をも承認しなければならない。ただこの場合には、買主は瑕疵担保責任を問う形で保護される。そこで、瑕疵ある物の無留保の受領後もなお、本来の履行請求権と瑕疵担保との選択可能とみるか、受領によって当然に本来の履行請求権は瑕疵担保に転化し、買主は、四八〇条一項による追完請求権と解除または代金減額請求権との選択権をもつとみるかによって、また後者とみた場合でも、追完請求権を選択した場合と解除または代金減額請求権を選択した場合とで、危険移転・危険負担がそれぞれどうなるか、複雑な問題が生ずることになるわけである。瑕疵担保と債務不履行との併存を認める新説の立場によるときは、前述したように、右の様な難問を日本民法の解釈論にもちこむこととなるわけである。とくに日本の場合には、引渡しの時でなく、特定の時に、危険が移転するものとされているから（民五三四条二項）、瑕疵ある物の給付では特定を生じないとしても、後に瑕疵担保を選択したときは、特定を生じたことになり、危険負担との関係が一層複雑となりかねない。もっとも実際問題としては、かかる問題が生ずるのは極くまれであろうが、理論的には、一つの検討課題といえよう。

(d)　最後に、損害賠償の範囲についても問題がある。まず要件の点で、債務不履行の過失責任性と瑕疵担保責任の無過失責任性、瑕疵担保を債務不履行の特則とみる場合に両者の関係をどう捉えるか。瑕疵担保による損害賠償の範囲について、周知のように信頼利益説、履行利益説、折衷説、対価的制限説等の対立があり、また、いわゆる拡大損害まで瑕疵担保による損害賠償の範囲に含まれるのか、その場合、無過失責任性との関係はどうみるべきか等の問題がある。これらの点も新説の論者によっていまだ十分には詰められた議論が展開されていないように思われる(28)。そして、この点を詰めていくと、やはり新説否定の傾向がでてくるように思われる。すでに別の機会にこの点に簡単にふれたことがあり(29)、一度本格的な展開を試みたいと考えているが、本稿では紙数の関係上、問題点の指摘にとどめておく。

(エ)　以上の検討から明らかなごとく、私見は瑕疵担保と債務不履行との併存、選択を認める判例や新説の立場に対しては、否定的な立場であるが、これらの立場に、一つの実際的合理性があることも指摘しておかなければならない。これは訴訟物理論とも関係のあることであるが、種類売買には瑕疵担保の規定の適用がなく、債務不履行の規定によってのみ保護をうけうるとした場合、たまたま債務不履行を理由に争えば当然勝てる事案なのに、瑕疵担保を理由に買主が訴えを提起したとき、当該事件の具体的妥当な解決を図ることを任務とする裁判所としては、種類売買に瑕疵担保の規定の適用なしとして、形式的に割り切って請求を棄却することが困難だという事情である。理論的には若干の問題があっても、さほど不都合のないかぎり、判例としては、競合あるいは選択を認める方が、やり易く、判例法は、大正一四年判決以前から昭和三六年判決を経て今日に至るまで、ある意味では一貫した処理をしてきているともいえるのである。すなわち、裁判所としては、当事者が瑕疵担保を理由として争えばその問題として、また債務不履行を理由として争えばまたその問題として、救うべきものは救い、切るべきものは切る、といった具体的妥当な判断をしてきたということである。(30) 換言すれば、判例法は、これまでぎりぎりの選択を迫られるほどの困難な事件に遭遇しなかったのだともいえよう。その一つの要因として、短期時効の起算点が、ドイツ法と異なり、瑕疵の知の時となっており、瑕疵担保構成をとっても事実認定で妥当な処理がはかれるため、両者の対立点が鮮明にならずにすんでいたという点があげられよう。将来ともこのような処理で果たしてすむものかどうか、今後の判例法の発展を見守りたい。(31)

（14）代表的学説として、五十嵐清「瑕疵担保と比較法㈠㈡」民商法雑誌四一巻三号、六号（一九五九〜六〇年）（『比較民法学の諸問題』［一九七六年］所収）、北川善太郎『契約責任の研究』（一九六三年）、星野英一「瑕疵担保の研究（日本）」比較法研究二三号（一九六二年）（『民法論集第三巻』［一九七二年］所収）、山下末人「担保責任と債務不履行」『契約法大系Ⅱ』（一九六二年）、同「瑕疵担保」於保不二雄先生還暦記念『民法学の基礎的課題（上）』（一九七一年）等がある。

（15）Vgl. Peters, a. a. O., S. 94 Anm. 34.

（16）Vgl. Esser-Weyers, Schuldrecht, Bd. II, Tbd. 1, 5. Aufl.（1977）, S. 57.

（17）Vgl. ibid., S. 56 ff.

（18）Vgl. ibid., S. 64 ff.

（19）星野英一『民法概論Ⅳ（第二分冊）契約各論』（一九七六年）一三四頁。

（20）Vgl. Esser-Weyers, a. a. O., S. 14 ff. u. S. 32 ff; Larenz, a. a. O., S. 69; Jauernig-Schlechtriem-Stürner-Teichmann, Vollkommer BGB, 2. Aufl.（1981）, S. 459.

日本における新説の発表後、ドイツではこの問題領域に関しさらに議論が発展している。損害賠償の範囲に関しては、最近、ドイツの現在の状況を踏まえた論稿があらわれた。高橋真「ドイツ瑕疵責任法における積極的契約利益・消極的契約利益・完全性利益の区別」林良平先生還暦記念『現代私法学の課題と展望（下）』（一九八二年）二六五頁以下。力作である。不完全履行との関係についても誰かがきちんとフォローしておくべきであり、実り多い問題領域のはずである。その手掛りとしては前掲債権法改正意見書のフーヴァーの二つの論稿が有用である。

(21) ちなみに中古商品の売買における瑕疵担保については、無担保約款をめぐり約款規制との関係でいろいろ問題がある。ドイツでは、現在のところ、中古車と美術品ぐらいに限られているようであるが、業者による中古マンション取引が一般化してきた現在、日本でも一つの問題領域となろう。前者につき山本・前掲注(7)四号六一頁以下参照。

(22) 高橋・前掲注(20)二三九頁、なお、一七六頁以下、とくに注(56)参照。

(23) 高橋・前掲注(20)一八三頁。

(24) 奥田昌道『債権総論（上）』（一九八二年）一六二頁注(1)。

(25) Vgl. Esser-Weyers, a. a. O., S. 57. ただし争いがある。Vgl. Larenz, a. a. O., S. 70, 71 (Anm 1). なお、請負の瑕疵担保責任でも同様の問題があることは前述した。

(26) 鈴木禄弥『償権法講義』（一九八〇年）一五五頁。

(27) 星野・前掲注(19)『契約各論』一三二頁、一三三頁。

(28) 日独の学説の問題状況につき、的確に整理するものとして、高橋・前掲注(20)一六五頁以下がある。そこに紹介されている損害を積極的契約利益・消極的契約利益・完全性利益の三種に分け、これを基本としてさらに各損害項目の性質を考察するレンギァーの見解、その先駆としてのドイツの諸損害の類型化は、具体的な問題考察に当たり、極めて示唆的である。高橋氏がこれを踏まえて、さらに日本法の解釈論を具体的に展開されるのを期待したい。

(29) 下森定「種類売買と瑕疵担保」『民法学5』（一九七六年）一〇五頁、同「マンションの売買と瑕疵担保責任」別冊法学セミナー・司試シリーズ民法（一九八五年）二五八頁。この立場をより詳しく展開したものとして、「瑕疵ある不動産」（『判例不動産売買法』（一九八三年）中にこの点を書いたが、高橋・前掲論文をうけて、さらに具体的な損害類型に基づく問題深化の必要性を感じている。筆者の基本的発想は、非代替的特定物売買の場合について、「瑕疵自体に対する救済（代金減額的損害賠償）とそれによって生じた損害（結果損害・典型的には積極的債権侵害）の救済」を区別し、後者を担保責任から外し、前者は瑕疵担保として無過失責任、後者は不完全履行として過失責任規範に拠らしめるものである。種類売買の場合は不完全履行として処理するが、損害項目の内訳として、本来の給付義務違反による損害と、附随的注意義務違反による損害とに区別される。同様の発想は私見以前に、北川善太郎「担保責任」『新民法演習4』（一九六八年）九八頁がある。この両者は「担保責任の内容を限定し、それを超える損害を過失責任規範に拠らしめるという思想は共通であるが、担保責任によって賠償される範囲は異なるもののようである」との指摘がある。高橋・前掲注(20)一八一頁。私見の発想は、不当労働行為による解雇が無効とされた場合のバックペイに際しての五三六条二項ただし書の適用問題を考えた際に遡る（「最高判昭和三七年七月二〇日民集一六巻八号一六五六頁の判評」法学志林六〇巻三＝四号〔一九六二年〕、最近改めてこの点を指摘した。「契約責任の再構成」ロー・スクール二七号〔一九八〇年〕一四頁、「雇傭契約における受領不能と危険負担」法学セミナー一九八四年七月号九八頁）。

同様の発想に基づくものとして、最近、松本恒雄「契約責任と安全配慮義務」ロー・スクール二七号（一九八〇年）一九頁〜二〇頁、奥田・前掲注(24)一六二頁がある。

(30) 下森定「不特定物売買と瑕疵担保責任(一)——大正一四年判決の再検討と昭和三六年判決への架橋」法学志林六六巻四号（一九六九年）は、大学紛争のため中断し、未完のままとなっているが、この論文で私がいいたかった結論の一つがこの点にある。この論文の副題はこのことを示唆するものである。近い将来、右論文を完結したいと思っている。

(31) 両者の対立点が鮮明になる例としては、たとえば、種類売買で、買主が瑕疵を理由として、即時無催告解除をし、その有効性が争われる場合が考えられる。これまでの判例法にあらわれた事例は、裁判外で瑕疵の修補請求がなされ、それがうまくゆかなかったので、結局瑕疵担保を理由に（大判大正一四年三月一三日民集四巻二一七頁——タービンポンプ売買事件）、あるいは債務不履行を理由として（最判昭和三六年一二月一五日民集一五巻一一号二八五二頁——有線放送機械売買事件）、解除された事例であり、どちらも、瑕疵担保構成でも債務不履行構成でも救えた事例であった。実際問題としては、即時無催告解除をするのは稀であろうから、かかる例が裁判例として登場する可能性は少ないとはいえる。逆に実践的には、瑕疵担保構成で争う場合にも、裁判外で、瑕疵修補請求をしておく方が無難ということになる（星野・前掲注(14)『民法論集三巻』二三七頁参照）。

五　結　論

以上の検討を踏まえて、私見の結論を要約して述べておこう。

(1)　まず、瑕疵担保責任の法的性質および種類売買への適用性については、私見は、別の機会に述べたごとく、社会状況の変化を踏まえた新説からの鋭い問題提起は尊重すべきであるがこのことを考慮しつつも、法技術上の問題としては、従来の通説を支持し、その延長線上で妥当な法技術を開発してゆくのが是である、との立場をとる。元来、瑕疵担保責任の規定は、非代替的特定物売買に即して形成された制度であるから、高度工業社会における商品交換、とくに企業による大量生産・販売にかかわる商品交換の法的保護技術としては不適当であり、これに類推適用してみたところでさほどの実益はないように思われる。むしろ、「特定物売買中心の厳格な瑕疵担保を不完全履行化」させることにより、異質なものを取り込んだ不完全履行制度の複雑化に伴う、技術的不明確性、体系的混乱性といった弊害がもたらされる。この点は本稿で詳しく指摘したとおりである。もっとも、不完全履行に関する現行日本民法典の規定は不備であるから、法の欠欲の一場合として、当事者意思を合理的に解釈して、妥当な処理をはかる努力が必要であり、立法論の模索が今後の課題である。

(2)　かかる立場にたった場合、新築あるいは新築さるべき建物（マンション）の企業による販売において、買主の瑕疵修補請求権はどのように基礎づけらるべきか。かかる販売契約は、請負とみるよりは、特定物売買契約とみるのが、法理論的にも、当事者の普通の意思にも合致している。瑕疵修補請求権について、約款その他で明示の特約があれば原則としてそれによればよく、買主に不利な免責約款については、特別の考慮をすべきである。問題はかかる合意がなく、かつ、瑕疵修補についての商慣習がいまだ確立されていないとの立場をとった場合である。

結論として、買主に瑕疵修補請求権が認めらるべきことはまず異論があるまい（他の建物・マンションとの取替請求権は、当事者に合意が成立すればともかく、そうでない限り認める必要はあるまい）。その法的根拠は、当面は当事者意思の合理的解釈により、いずれは立法的に解決さるべき問題である。特定物売買一般に瑕疵なき物の給付義務を原則として肯定する必要はないと考える（特定物ドグマにもそれなりの合理性がある）。

瑕疵修補請求権の法的根拠としての当事者意思の合理的解釈の基盤は、資本主義経済の高度成長に伴う高度工業社会・都市化社会出現の結果、住宅産業に対する社会的需要が増大し、市民の生活基本財である住宅が、規格化されて大量に生産され、一定の流通ルートを経て入手されるようになった社会的現実にまず求めらるべきである。すなわち、新築あるいは新築さるべき建物（マンション）の売買契約において、消費者大衆たる買主は、中古住宅の場合とは異なって、当然価格に見合った瑕疵のない建物の入手を期待しているのであり、他方、自己の所有あるいは利用権を有する土地の上に、トータル・オルガナイザーとして設計・監理する建物を建設会社に発注して建設し、これを販売する住宅産業にとっても、建物に瑕疵があった場合、即時の契約解除や損害賠償を請求されるより、瑕疵修補を請求される方が有利であり、またそれを義務としても特に不利益ではあるまい。瑕疵修補の手段・能力を彼は有し、あるいはそれを手配できるからである。そのことは瑕疵修補約款として明示に特約されることが多いこと、あるいは一定の業界において統一的「アフターサービス規準」が作られていることからも明白である。かくて、明示の特約や商慣習がないとされた場合でも、かかる売買契約類型においては、本来の給付義務の内容として「瑕疵なき物」の給付義務ありとみるのが当事者意思の合理的解釈として妥当といえよう。「特定物ドグマ」に対する新説からの鋭い問題提起は、かかる形で受けとめうるのではあるまいか（この点では、ペータースの見解とも、基本的考え方を共通にする）。要するに、代替物の特定物売買において不完全履行を認める余地があると同様に、不代替物の特定物売買においても、当面の問題のような場合には、なお不完全履行責任を認める余地があるものといえよう(32)。

(3)　かくて、新築あるいは新築さるべき建物（マンション）の企業による販売契約において、瑕疵ある物が給付された場合は、債務の本旨に従った履行でなく、不完全履行となり、債務者は、瑕疵ある物の給付について故意・過失の有無を問わず債務を免れえない（民五五五条・四九三条・四九二条）。そこで、買主は売主に対し、本来の給付義務の不履行を理由として瑕疵修補の請求をなしうる。見方をかえていえば売主にも瑕疵修補の権利を認めるべきである。瑕疵修補請求権の具体的内容・行使方法については、前稿ジュリスト論文に譲るが、二、三の点を補正しておきたい。

(ア)　この場合における不完全履行責任と瑕疵担保責任との関係について前稿では十分突き詰めていなかったが、種類売買との対比で考えてみると、併存を認めることによって法律関係がやはり複雑となるおそれがあることと、無催告解除の妥当性が問題なので、ここでも不完全履行責任一本で処理するのが妥当のように思われる。ただ、過渡期の理論としては（少なくとも判例法では）、まず例外的に瑕疵修補請求権を、本来の瑕疵担保責任と併存して選択的に認めるという構成が、比較的無難な構成として採用される可能性が高いであろう。

(イ)　瑕疵修補請求権の成立要件として、前稿では、売主の無過失責任という表現を用いたが、正確にいうとこの表現は適切でなく、前述のごとく、瑕疵ある物の給付によっては、売主は本来の給付債務を免れえないというべきであった。(33)

(ウ)　損害賠償の範囲、約款規制についてもさらに研究を深める必要があるが将来の課題としておきたい。(34)

（32）要するに、瑕疵担保責任の適用範囲をそれが本来予定していた商品取引形態に厳格に制限し、新しい商品取引にはそれにふさわしい法技術つまり不完全履行一本で対処すべきであるというのが私見である。

（33）すでに、下森・前掲論文（注29、法学セミナー、ロー・スクール）で指摘しておいたが、再度、明確に訂正しておく。

（34）本稿で問題としたのとほぼ同旨の論文を、バウムゲルテル教授の編集になる Sammelband Japanishes Privatrecht に "Der Gewährleistungsanspruch bei Sachmängeln im Geschäft mit Eigentumswohnungen" と題して発表する予定である。先のジュリスト論稿の翻訳にドイツ法との比較を加え補正したものである。

〔追記〕　本稿を脱稿して編集部に渡したのは一九八二年八月末であった。その後諸種の都合で出版がおくれ、補訂の機会が与えられた。その一年間筆者は本稿と関連するテーマについて次のような論稿を執筆ないし発表している。まず、法学セミナー連載主要論点シリーズに、一九八二年一一月号より、「民事責任とくに契約責任体系の変貌と再構成」（一一月号）、「積極的債権侵害・不完全履行の概念」（一二月号）、「種類売買と瑕疵担保責任」（一九八三年一月号）、「特定物売買と不完全履行」（二月号）、「瑕疵担保責任と損害賠償の範囲」（三月号）、「請負の瑕疵担保責任の法的性質」（一一月号）を、さらに、「数量指示売買と履行利益の賠償の許否」（ジュリスト昭和五七年度重要判例解説）、「瑕疵ある不動産」（森泉章＝半田正夫編『判例不動売買法』〔安西勉と共同執筆、但しこの論稿の執筆時点は一九八〇年〕）、「契約責任（債務不履行責任）の再構成」（内山＝黒木＝石川先生還暦記念『現代民法学の基本問題』中巻所収)。これらの論稿は、基本的には、本稿を土台としている。しかし、西ドイツ債権法改正に関するフーヴァー鑑定意見(その内容については、宮本健蔵「債務不履行法体系の新たな構築」法学志林八〇巻三＝四号。P・シュレヒトリーム「ドイツ債務法の発展への国際統一売買法の影響」〔武久征治訳〕龍谷法学一五巻三号参照)の批判的検討(内山他還暦論集(第一法規、一九八三年)論稿)および瑕疵担保責任に基づく損害賠償の範囲について、若干研究を深めた。なお、紙数の関係で本稿でなしえなかった私見の具体的各論の展開(一九七六年発表のジュリスト論稿の補訂)が気にかかっていたが、川島先生主催の建設責任研究会で本稿のテーマについて報告し、その報告書の執筆を求められて、最近私の考え方をひととおり体系的にまとめた。この報告書の分量はほぼ本稿の二倍強である。これをもとにして本稿の全面的補訂を考えたが、紙数の点で制約があり、薄められた内容となるおそれがある。また、右報告書は、近いうちになんらかの形で活字にする機会もあると思われるので、本稿草稿の大幅な補訂はやめ、この追記でその後の研究過程を報告し、草稿については若干の字句の訂正にとどめることとした。本稿は、本テーマに関する総論的考察として、一応の体をなしており、基本線で私の考え方に変わりがないのでお許しいただきたい。なお、本稿では、建物の老朽化による修繕問題については、管理問題として処理されるので、触れなかったことをお断りしておきたい(一九八三年八月三一日)。

〔再追記〕　追記を書いてからさらに一年経って校正刷を入手した。この間前記建設責任研究会での筆者の報告論文が刊行された。『建売住宅・マンションの売買における売主の瑕疵修補義務について』(財)日本住宅総合センター刊〔一九八四年〕がそれである。本稿と併読して頂ければ幸甚である。なお、この間本稿のテーマと関連するいくつかの重要論文があらわれた(『現代契約法大系第七巻』淡路論文、『同第二巻』高森論文、その他半田吉信教授の瑕疵担保に関する一連の論文など)。それぞれ教えられることが多い(一九八四年九月一〇日、校正の日に)。

10　瑕疵担保責任と不完全履行
──売買・請負・賃貸借における瑕疵修補請求権を中心に──

（一九八八年）

一　問題の所在

売買・請負・賃貸借契約において、目的物に瑕疵があった場合、買主・注文主・賃借人は、それぞれ、売主・請負人・賃貸人に対して、瑕疵の修補を請求しうるかどうか、もし請求しうるとした場合、その瑕疵修補請求権の法的性質及び根拠いかん、これが本稿の課題である。この課題設定のねらいは二つある。すなわち、第一に、瑕疵修補請求権の法的性質及び根拠の検討を通じて、瑕疵担保責任と不完全履行の関係を分析することであり、第二は、売買・請負・賃貸借における瑕疵担保責任ないしは不完全履行責任の内容を比較検討し、各々の特質を分析することである。以下、まず各契約類型毎に、学説・判例の問題状況を整理し、ついで、問題点の検討を試みる。

二　学説・判例の状況

(1)　売買契約における瑕疵修補請求権

(a)　売買の目的物に隠れた瑕疵があった場合、瑕疵の存在を知らずに売買契約を締結した買主は、売主の瑕疵担保責任を問いうる。担保責任の内容は、損害賠償の請求および契約の解除であるが、後者は、瑕疵が契約の目的を達成しえないほどの重大な瑕疵である場合にのみ認められる（五七〇条、五六六条）。民法は、売主の瑕疵担保責任の内容として、瑕疵なき物との取替請求権や瑕疵修補請求権（追完請求権）を認めていない。もっとも、種類売買においては、たまたま瑕疵ある物が給付されたときは、債務の本旨に従った履行（弁済）があったとはいえない（債務不履行である）。したがって、たとい債権者がこれを受領しても、債権はなお履行によって消滅しないから、債権者は瑕疵のない物との取替えあるいは瑕疵の修補を請求することができる。この追完請求権の法的性質は、本来の履行請求権にほかならない。これに対して、特定物売買においては、売主の債務は当該特定物を給付することに尽きる。したがって、売主がその物を買主に引き渡せば、それがたとえ瑕疵を有していたとしても、当該債務は履行されたことになり、債務不履行とはならない。それゆえ、特定物売買においては、追完請求権は問題とならない（ちなみに、旧民法財産取得編九四条に関するボアソナードの見解を紹介する前田達明『口述債権総論』一〇九頁以下はたいへん興味深い。しかしそこであげられている例は代替物や製作物供給契約にかかわる商品であることに注意）。しかし、それでは、売買契約の有償性からみて、公平を欠き、買主の保護に欠ける。そこで、法は、瑕疵担保責任という特別の制度を設けて、売主の故意過失の有無を問わず、契約解除・損害賠償という形で買主の保護をはかったものである（法定無過失責任）。以上は、瑕疵担保責任の法的性質に関する従来の通説的見解である（例えば我妻『民法講義Ⅳ』一五二頁、一五四頁、同V_2二七〇頁以下参照）。

(b)　瑕疵担保責任制度の沿革は、古くローマ法に遡る（柚木『売主瑕疵担保責任の研究』、半田吉信『担保責任の再構成』参照）。当時の商品取引は不代替物の特定物売買が中心であったためか、瑕疵ある目的物の給付を受けた買主の保護手段としては、契約の解除と代金減額請求とが選択的に認められるにとまり、代物請求、追完給付は問題とされていなかった（売主たる商人が瑕疵修補の技術を持たず、またそれを一般的に期待できなかったという事情もあったのであろうか）。ローマ法を継受したドイツ普通法の下で、資本主義の発達にともなう大量商品生産、大量商品交換の進展（商人が自ら工場を所有して商品を生産し、販売するようになった）は、必然的に種類売買を商品取引の中心的存在たらしめた。そして、種類売買において瑕疵ある物が給付された場合の買主の法的保護いかんがしばしば問題となった。ところが、当時のドイツ普通法学は、債務不履行について遅滞と不能の二類型しか知らず、その結果、種類売買において瑕疵ある物が給付された場合は債務のまったくの不履行（Nichterfüllung）として処理することとなった。そうすると、追完給付請求権は、本来の履行請求権として当然これを認めうるが、その時効期間は通常の債権の時効期間である三〇年（日本の一〇年に比しかなり長い）ということになり、不完全ながらある程度の履行が行なわれている当面の類型（Schlechterfüllung＝不完全履行）の処理として妥当性を欠いた。この点、瑕疵担保責任制度は、履行があることを前提として構築されている制度であるため、法律関係の早期安定のため、短期の時効期間の定めがあった。そこで、種類売買において瑕疵ある物が給付された場合、受領後は瑕疵担保責任によってのみ処理し、短期の時効期間に服せしめるべきだとの主張が有力に展開された。しかしそうなると、瑕疵担保責任の内容として追完給付請求権が認められていないため、受領後に瑕疵を発見した買主の保護に欠けることとなる（他方売主たる商人は瑕疵修補の技術を持ちあるいは容易にそれを手配でき、瑕疵の修補は売主にも利益となる）。かくて、現行ドイツ民法典は、立法的にこの問題に決着をつけ、第四八〇条で種類売買にも瑕疵担保責任の規定を適用することとし、かつ瑕疵担保責任の内容として種類売買の場合には追完請求権を買主に認め、これを瑕疵担保の短期の時効期間に服せしめることとした。

しかし、今日の時点からこれを評価すると、この解決には問題があったと筆者は考えている。すなわち、種類売買における瑕疵ある物の給付は不完全履行であるから、債務不履行法の領域で妥当な立法的解決（短期の時効期間の設定など）をはかるべきであった。ところが、当時のドイツ民法学は、不完全な給付にある程度の履行価値を認めうる不完全履行概念を知らなかったが故に、事態の妥当な処理をはかるため、法定責任としての瑕疵担保責任制度を借用した。しかしそのために、本来の履行請求権・債務不履行責任と四八〇条で認められた法定責任としての瑕疵担保責任（追完請求権、契約解除権、代金減額請求及び損害賠償請求権）との関係をめぐって、今日のドイツ民法学は、複雑な難問をかかえこむことになったのである（異種物給付がその一例。この問題について下森「建物（マンション）の欠陥（瑕疵）と修繕」現代契約法大系第四巻四六〇頁以下、同「建売住宅・マンションの売買における売主の瑕疵修補義務について」（財）日本住宅総合センター（一九八四年）参照）。

(c)　ドイツ民法第四八〇条のような明文の規定を欠くわが民法の下で種類売買にも瑕疵担保の規定の適用があるか

は、周知のごとく大きく争われている（下森「売買の目的物（不特定物）に欠陥があるとき、買主を保護するにはいかなる法理が妥当か」民法学5八九頁以下参照）。通説はこの場合、不完全履行として買主の保護をはかれば十分であり、瑕疵担保の規定を適用する必要はないとする。もっとも、追完請求権の行使には信義則その他による期間制限を認める。これに対し判例は、債務不履行と瑕疵担保との選択的競合適用を認め（大判大正一四・三・一三民集四・二一七、最判昭和三六・一二・一五民集一五・二八五二）、これを支持する有力学説もあった（末川・小町谷他）。もっとも、この相対立する両者とも、瑕疵担保責任の法的性質については、これを債務不履行責任とは異なる法定無過失責任と考えていた。ところが、昭和三〇年代に入って、瑕疵担保責任を債務不履行責任の特則とみる新説が登場した（五十嵐、北川、星野、山下他）。この説によるときは、売買の目的物が特定物・不特定物であると、代替物・不代替物であるとを問わず、売主は、売買代金に見合う程度の合意された目的物を給付すべき債務を負うべきであり、したがって給付された目的物に瑕疵があれば、目的物の種類を問わず、債務不履行上の責任と瑕疵担保による責任とを負うことになる。そして債務不履行責任の規定と瑕疵担保責任の規定とは、後者が売買についての特則であるから、両者が抵触する場合は後者が適用され、そこに規定のない事項（例えば追完請求権）に関しては不完全履行に関する規定およびその考え方が適用されるとする。もっとも具体的効果については、新説の論者によりニュアンスの差があるが、種類売買に関しては大局的にみて従来の学説の到達していた結論とさほど大きな差異は認められない。ただ、特定物売買においても、「瑕疵なき状態での給付義務」を認めるので、買主の追完請求権が、追完が可能なかぎり認められることになる。この点が従来の学説との大きな差異といえよう（学説の詳細は円谷「瑕疵担保責任」民法講座5一八五頁以下参照）。

そこで例えば、新築分譲住宅やマンションの売買において、目的物に瑕疵があった場合、この説によるときは、買主に当然売主に対する契約上の本来の履行請求権として瑕疵修補請求権（追完請求権）が認められることになる。これに対し、瑕疵担保責任を法定責任とみる従来の学説や判例のもとでは、特定物売買（とくに不代替物のそれ）においては、買主に瑕疵修補請求権が認められず、ときに不当な結果が生ずる。そこで新築住宅の分譲契約に関してはこれを請負契約とみて、請負の瑕疵修補請求権の適用をはかる学説がある（淡路「製作物供給契約」現代契約法大系第七巻三二七頁以下、なおドイツの今日の判例・通説もこのように処理している）。取引の実際では、かかる契約においては、瑕疵修補の特約があることが多いのでさほどの不都合は生じないが、特約がないとき、あるいは法理論としては、この問題をどう解すべきか、重要な問題である。

まず、かかる契約を請負契約とみることは取引当事者の通常の意思に必ずしもそぐわず、請負の規定を適用することでかえって不都合を生ずることもある（契約解除が許されない、六三五条）。また、特定物売買一般に瑕疵なき物の給付義務を当然に認めることには問題がある（例えば、普通の市民間の中古住宅の売買の場合など）。そこで従来の通説たる法定責任説にたちつつ、しかも、売買契約とした上で、不動産業者（瑕疵修補の技術を有し、あるいは容易にこれを手配でき、しかも解除や賠償請求されるより、修補する方が有利である）による新築の分譲住宅やマンション等の売買に限って、当事者意思の合理的解釈という法的構成で、売主に瑕疵なき物の給付義務を認め、その不完全履行を理由として買主の瑕疵修補請求権を認めあるいは売主の瑕疵修補権を基礎づけようとするのが私見である（下森・前掲現代契約法大系第四巻論文及び日本住宅総合センター刊行書）。この場合の瑕疵修補請求権の法的性質は、当事者の明示または黙示の特約による履行請求権ということになる（なお来栖『契約法』一一七頁は、特定物売買においても、それが売主の製作物を対象とするとき、瑕疵修補請求権を認める）。

この問題に関する最上級審判例はいまだあらわれていない。なお分譲住宅の瑕疵をめぐる紛争につき、下級審判決例には、売買の規定によるものと請負の規定によるものとがあるが、製作物供給契約的にみて、請負の規定によるものがやや目立つ（淡路・前掲論文参照）。

いずれにせよ、特定物売買における買主の瑕疵修補請求権の有無、その法的性質ないし根拠（本来の履行請求権とみるか、特約によるものとみるか）の検討は今後に残された大きな課題といえよう。

なお、加藤雅信教授は、拙著に対する書評（法律時報一九八五年一月号七八頁）において、下森説は総論として瑕疵修補請求権（ないし瑕疵担保責任一般）の法律構成につき法定責任説をとる旨明言しているのに、瑕疵修補請求権の論議の内容は契約責任説的なものとなっており、首尾一貫しないと批判されている。しかし、私見は、瑕疵担保責任を法定責任と把えるが、前述のごとく、この場合の買主の瑕疵修補請求権を瑕疵担保責任の内容とみるのではなく、特約にもとづく契約上の履行請求権とみるものであるからこの批判は妥当でない（下森・前掲書三八頁参照）。

(2)　請負契約における瑕疵修補請求権

(a)　請負人が完成した仕事に瑕疵がある場合には、瑕疵担保責任を負う。すなわち、注文者は相当の期間を定めてその瑕疵の修補を請求することができる。もっとも瑕疵がさほど重要でなく、かつその修補に過分の費用を要するときは修補請求は認められない。注文者は瑕疵の修補に代え、または瑕疵の修補と共に損害賠償の請求をすることもできる（六三四条）。さらに瑕疵のために契約をなした目的を達し得ないときは――建物その他土地の工作物のごとき原状回復をしえないことが多く、またたとえ原状回復しえても請負人にとって経済上の損失が少なくない場合を除いて――注文者は契約を解除することができる（六三五条）。

(b)　学説上の通説は、請負の瑕疵担保責任の法的性質を次のように説明する。すなわち、請負は有償契約だから、本来なら売買の担保責任の規定が準用されるはずである（五五九条、五六一条―五七二条）。しかし、請負は請負人が仕事をすることをもその内容とし、仕事の瑕疵は、材料の瑕疵のみならず、仕事内容の不完全さからも生ずるので、特別の内容の規定が設けられたものである。責任の内容は、売買と同様無過失責任と解すべきである。しかも、請負では、仕事を完成すること、つまり瑕疵のない完全な仕事をすることが請負人の債務の内容なのであるから――この点、特定物の引渡しによって売主の債務が完了する売買と異なる――その責任の範囲は瑕疵によって生ずる全ての損害の賠償（履行利益の賠償）にも及ぶと解するのが妥当である（信頼利益の賠償にとどまらない）。なお、瑕疵が請負人の過失によって生じた場合には、請負人は不完全履行の責任――すなわち、追完（瑕疵の修補）、損害賠償及び契約解除――を負うはずである。しかし、六三四条以下の規定は、瑕疵を生じた理由のいかんを問わず瑕疵の種類や程度に応じて適当な要件と効果とを定めたものと解すべきである。したがって、請負の瑕疵担保の規定によって不完全履行の一般理論は排斥されると解するのが正当であろう、と説く（我妻『債権各論中巻二』六三一頁以下参照）。

なお、学説の中には、不完全履行責任が瑕疵担保責任と独立して発生すると説くものがあり、この説によるときは、担保責任としての瑕疵修補請求権と不完全履行による追完請求権とが競合的に成立することになる（内池「瑕疵担保責任と契約類型」小池隆一博士還暦記念論文集二六〇頁）。

(c)　さて、請負の瑕疵担保責任と不完全履行との関係をどう解すべきであろうか。通説のいうごとく、請負は仕事を完成すること、すなわち瑕疵のない完全な仕事をすることが請負人の債務の内容なのであるから、仕事の内容に瑕疵あるときは不完全履行である。そうだとすると、請負人は本来の給付債務を免れず、注文主は請負人の帰責事由の有無を問わず、当然に追完請求すなわち瑕疵修補請求をなしうるものといえよう（無過失責任というまでもない）。請負人の瑕疵担保責任は不完全履行責任そのものにほかならないとみるべきである（同旨、高木『不完全履行と瑕疵担保責任』九七頁）。もっとも、立法者が、不幸にしていまだ今日いう意味での「不完全履行」概念を知らなかったがために、本来は不完全履行として処理するのが妥当と思われる問題を瑕疵担保責任という名称で処理したが、それは不代替物の特定物売買に関する法定無過失責任としての瑕疵担保責任とはその法的性質を異にするものではあるまいか。したがって、今日の時点での解釈論としては、請負の瑕疵担保責任の規定は、今日いう意味での不完全履行の萌芽的規定であると解し、一般の不完全履行の請負における特則と解することが妥当と思われる。したがって、不完全履行の責任と瑕疵担保責任とが併存するものではなく、また、請負の担保責任の規定によって不完全履行の一般理論が完全に排斥されるとみるべきでもない。本来的には不完全履行の規定である請負の担保責任の規定がまず適用されるが、規定のない問題、あるいは今日の時点からみて規定が不十分な問題については不完全履行の一般理論によって解決するのが妥当である。例えば、六三五条の契約の解除につき、注文主は即時無催告解除ができると解すべきではなく、修補が可能な限りは、相当期間を定めて催告した後でなければ解除できないと解すべきである（一般的に追完が不可能なことが多く、あるいは売主が瑕疵修補の技術をもたない特定物売買の瑕疵担保とは異なる）。我妻博士は瑕疵担保の解除と構成されつつ同一結論を主張されているが（前掲六三九頁）、特定物売買の瑕疵担保では即時無催告解除が許されているのに請負ではなぜ許されないのかにつき明確にされていない。請負の担保責任を不完全履行責任そのものとみることのほうがこの結論を容易に説明できよう。つぎに請負人が催告を受けたにもかかわらず修補を怠ったり、不完全な修補をした場合には、帰責事由が発生するから、二次的手段として解除権が発生する（解除を無過失責任として構成する必要がない）。建物その他土地の工作物について解除が許されないのは、請負契約の特質にもとづく不完全履行責任の特則と説明できる。

なお、わが民法が瑕疵の修補請求と損害賠償の選択を認めているのは（六三四条二項）、債務不履行の一般原則からみて問題がある（損害賠償の請求は二次的手段であるのが原則）。信義則によって即時の賠償請求を制限するのが妥当な場合もあろう（同旨、我妻・前掲六三八頁）。また、賠償義務が無過失責任でかつ拡大損害（瑕疵結果損害）を含む全損害に及ぶとみることも（我妻・前掲六三七頁）、請負の瑕疵担保を不完全履行とみる立場からは疑問である（来栖・前掲四七〇頁、高木・前掲一〇一頁、下森「請負の瑕疵担保責任の法的性質」法セミ一九八三年一一月号）。学説上いまだ十分な議論がないが今後の検討課題といえよう。

(3)　賃貸借契約における瑕疵修補請求権

(a)　特定物の賃貸借契約において、引き渡された目的物に瑕疵があった場合、賃貸人は売買の規定の準用により担保責任を負う（五五九条、五七〇条）。担保責任の内容は、契約解除、損害賠償（賃料減額も含む。なお、瑕疵結果損害については、付随的注意義務違反として過失責任とみるべきである。新田孝二「賃貸人、売主の瑕疵（とくに瑕疵結果損害に対する）担保責任」明治学院大法学部二十周年記念論文集所収参照）である。さらに、賃貸借の場合には、賃貸人は、賃借人が賃貸物の使用収益をなしうるようにする義務があるから、その附随的給付義務として、そのために必要な修繕をする義務がある（六〇六条）。なお、修繕は物の保存に必要だから賃貸人が賃貸物を修繕することは、賃貸人の権利でもあり、賃貸人は賃借人の意思に反しても修繕をなしうる。ただその場合に賃借人は賃借をした目的を達しなえいときは契約を解除することができる（六〇七条）。

瑕疵担保責任においては、その瑕疵は賃貸借契約成立当時に存在していたものであることが原則であり、契約成立後に生じた瑕疵は危険負担や修繕義務の問題となる。しかし、修繕義務の対象たる瑕疵は賃貸借契約成立後に生じたものに限定されず、契約成立当時に存在していた瑕疵にも修繕義務が及ぶ（来栖・前掲三〇九頁）。そこで、契約成立当時に存在していた瑕疵については、それが修繕可能なものであれば、修繕義務と瑕疵担保責任とが競合し、修繕不能なときは瑕疵担保のみが問題となる。なお、修繕義務の成立要件として、瑕疵の発生についての賃貸人の帰責事由の有無は問題とならない。

(b)　ところで、賃貸人の負う修繕義務の法的性質は、瑕疵担保責任の内容とみるべきではなく（来栖・前掲三〇九頁は瑕疵担保責任の内容として修繕義務があるとしつつ、他方で賃貸物を使用収益に通する状態に維持する義務の一環として位置づけられており、両者の関係が不明瞭である）、前述のごとく、賃貸人の本来的給付義務に伴う附随的給付義務とみるのが妥当であろう。修繕義務と瑕疵担保責任とが競合する場合、いずれの規定が優先的に適用されるか、あるいは選択的主張が許されるかが問題となるが、修繕が可能なかぎりは、第一次的に修繕請求のみを認め、修繕義務の不履行があった場合にはじめて、その債務の不履行を理由とする契約解除や損害賠償を認めれば必要かつ十分であり、そうだとするとこの場合には、そもそも瑕疵担保責任との競合を認めないのが妥当といえよう。

(c)　種類物の賃貸借契約において、引き渡された目的物に瑕疵があった場合は、賃借人の使用・収益に適した物を給付していないのであるから、賃貸人の本来の債務の不完全履行として処理すれば足り、瑕疵担保責任の競合適用を認める必要はあるまい。すなわち、引渡しの際に瑕疵を発見した場合はもちろん、引渡しを受けた後に瑕疵を発見した場合でも、その瑕疵の発生が、引渡前か後かを問わず、本来の給付義務ないしは附随義務としての修繕義務の不履行の問題（債務不履行責任）として処理すべきであり、しかも種類物の場合は追完が原則として可能であるから前述のごとく法定責任としての瑕疵担保責任を競合的に認める必要はなく、その競合を認めることは、種類売買の場合以上に妥当性を欠くように思われる。

(d)　以上要するに、賃貸借契約における賃借人の瑕疵修補請求権は、本来の履行請求権ないしは本来的給付義務に附随する給付義務上の履行請求権としての性格をもつものと把握するのが妥当であり、瑕疵担保責任が問題となるのは、特定物の賃貸借（とくに不代替物のそれ）において、原始的な瑕疵があり、かつそれが修繕不可能の場合のみに限られるものと解したい。種類物の賃貸借や、後発的な瑕疵の場合は、原則として瑕疵修補請求、それが不能な場合は、瑕疵の発生が賃借人の責めに帰すべき事由による場合を除き、賃料減額（危険負担における債務者主義）、さらに瑕疵のため契約の目的を達しえないときは、契約の告知をなしうる（六一一条の適用ないし類推適用）。ちなみに、以上の問題については、従来の学説上十分な議論が展開されていないようであるので、今後の検討課題として問題の提起をしておきたい。

三　問題点の整理

以上の考察を踏まえて、本稿の課題につき、問題の整理をしておこう。売買・請負・賃貸借の契約類型のいかんによって、法的保護の手段・方法あるいは内容に若干の相異はあるが、債権総論的角度からの体系的整理を試みると、瑕疵修補請求権の法的性質ないし根拠は、契約の本来的履行請求権（種類物の売買や賃貸借――代替物がたまたま特定物として売買や賃貸された場合を含む――、請負）、附随的給付義務上の履行請求権（不代替物が特定物として賃貸された場合の、修補可能な原始的あるいは後発的瑕疵の場合及び種類物の賃貸借における特定後の修補可能な後発的瑕疵の場合）、あるいは明示または黙示の特約あるいは合理的意思解釈による履行請求権（業者による新築住宅の分譲契約〔不代替物の特定物売買〕の場合など）、つまり契約上の債務としてこれを把握するのが妥当と思われる。民法が瑕疵担保責任という概念の下にこれを認めている場合でも（請負）、その法的性質は、債務不履行責任に属するものであり一般の債務不履行責任＝契約責任の当該契約類型における特則として解釈するのが妥当である。そして、法定無過失責任としての瑕疵担保責任は、契約責任としての構成が困難な（かつ、事の性質上妥当でもない）、不代替物かつ特定物の売買・賃貸借における原始的瑕疵（追完が不能もしくは期待しえないことが前提とされる）の場合にのみ、限定してこれを認めるのが妥当であり、かつ合理的であると思われる。またこれらの場合を無理して契約責任と構成し、あるいは立法する必要もないと思われる。瑕疵担保責任制度は、その本来の適用領域に関するかぎり、今日なお、契約責任とは異別のものとして十分に合理的な存在意義があるからである。

要するに現行民法典の起草当時、起草者は今日いう意味での不完全履行概念を知らず、したがってまた瑕疵担保責任と不完全履行との関係について十分な検討をしていたわけではないのであるから、その後の学説・判例により不完全履行に関する法技術の発展した現段階における民法の解釈としては、瑕疵担保責任と不完全履行の法技術の特色、差異に十分留意した合理的な解釈を展開するのが妥当である。また、このことは将来の立法論としても妥当しよう。

もっとも、今日の学説上①瑕疵担保責任を不完全履行と同一視し、その特則とみる考え方、②いわゆる積極的債権侵害（主として拡大損害にかかわる）の場合を除き、遅滞・不能以外に第三の不履行類型としての不完全履行概念を不要とみる考え方、③さらには債権総則レベルでの契約責任構造の体系的整理を不要ないしは時期尚早とみる見解も有力であるので、右に述べた問題の整理は、今日の学説上の通説的整理とはいえず、一つの問題提起的整理として受けとめていただきたい。

〔設問〕

一、甲不動産会社は、乙建設会社に発注して建築したマンションの一室を丙に分譲し、丙はこれを丁に賃貸した。丁の入居三年後に、床下に乙建設会社の施工ミスで、電気の配線とガスの配管とが重なりあって、危険な部分があることが発見された。この場合、丙及び丁は誰に対してどのような法的主張をなしうるか。

二、右事例において、その欠陥のため、ガス爆発が生じ、丙・丁が財産損害あるいは身体傷害を蒙った場合の当事者間の法律関係を論ぜよ。

11　不完全履行と瑕疵担保責任
——不代替的特定物売買における瑕疵修補請求権を中心に——

（一九九二年）

はじめに

(1)　売買契約における売主の瑕疵担保責任の法的性質、種類売買への適用の可否をめぐる問題は、古くして新しい民法学上の最大難問の一つである[1]。民法典の起草者や当時の学説は周知のごとく、瑕疵担保責任を売主の履行義務の一環としてとらえる傾向にあったといわれている。しかし、大正期におけるドイツ法学の影響によって、瑕疵担保責任は債務不履行責任とは異なって、売買契約の有償性に鑑み、契約当事者の給付の対価的不均衡を是正するために公平の見地から法が特に認めた法定責任であると説く、いわゆる法定責任説が通説を形成するが、このような立場を前提としつつも、種類売買にも瑕疵担保責任の規定の適用を認める大審院判決をめぐって、瑕疵担保責任と不完全履行の関係が論議された。この論争は、第二次大戦後も続き、昭和三二年一〇月七日、私法学会第二〇回大会のシンポジウムにおいて（大阪市大）、適用否定説を代表して柚木教授が、肯定説を代表して末川教授がそれぞれ基調報告をされ、西原寛一教授の司会の下に、鈴木竹雄、加藤一郎、川島武宜の諸教授によって白熱の議論が展開された。院生としてこのシンポジウムに参加した筆者は、修士論文でこのテーマについて論文を執筆していたこともあり（適用否定説の立場であった）、諸大家の議論の応酬に大いなる知的興奮をおぼえたものであった[2]。

(2)　昭和三〇年代後半に、通説たる法定責任説の理論的前提である、いわゆる「特定物ドグマ」に批判を加える中堅、新進の有力学説があらわれ、いわゆる新説たる契約責任説が主張され、瑕疵担保責任も契約責任であって、債務不履行責任の特則である以上、当然種類売買にも適用がある旨主張し、問題は新たな局面を迎えた。これに対しては早速、通説の側から反論が加えられさらに論争が展開した。

近時、新たな論争参加者により、問題はさらに展開した。その一つの有力な流れは、過失責任である債務不履行責任と無過失責任である瑕疵担保責任との体系的バランス論からの、主として損害賠償論（とくに瑕疵結果損害が問題となる）を中心とする新説批判である。結論的にいえば、瑕疵担保責任の効果としての損害賠償は、売主が無過失の場合には、瑕疵による減価に相当する代金減額的損害賠償に限らるべきであるとし、瑕疵担保責任は売買契約の双務有償性に基づいて両給付の対価的均衡を回復する制度であるとみるべきであり、履行利益や瑕疵結果損害あるいは拡大損害は売主の過失を要件として債務不履行の一般原則に基づいて認められるべきものと主張するものである。注意すべきは、かかる主張は、いわゆる「特定物ドグマ」を肯定する法定責任説の立場からのみならず、これを否定し、その点では新説を支持しつつも、それは必ずしも瑕疵担保責任を債務不履行責任であると把握することを帰結しないとして、右主張をする有力な学説の流れもあることである。これらの流れを（損害賠償に関する）二分説と呼び、瑕疵担保責任論における第三の波と位置づけるものもある(3)。

今一つの問題の展開は、不代替的特定物売買における（例えば建物売買において瑕疵があった場合の）買主の瑕疵修補請求権の問題にかかわる議論である。特定物ドグマを否定し、特定物売買においても瑕疵なき物の給付義務を認める契約責任説においては、不代替的特定物売買の場合にも、可能な限り買主の瑕疵修補請求権が認められることになる。これに対して瑕疵なき物の給付義務を認めない法定責任説の立場では、瑕疵修補請求権の根拠付けが容易でないことになる。そこで、特約なき限りそもそも瑕疵修補請求権を認める必要がないとする見解や、あるいは法定責任を前提としつつ信義則、慣習の援用により、あるいは賠償方法として、これを認める見解、さらには一定の場合に黙示の、あるいは当事者意思の合理的解釈により瑕疵修補義務を認める特約ありとして、これを認める見解（私見）などが主張されている(4)。

(3)　かくて、不完全履行と瑕疵担保責任をめぐる現時点での理論的・実践的課題は次のように整理できよう。まず総論的課題として、瑕疵担保責任の法的性質をどのようなものとみるべきか（法定責任か、契約責任か）。次に各論的課題として、第一に、種類売買にも瑕疵担保責任の規定の適用を認めるべきか否か、適用肯定説をとった場合に、買主の本来の履行請求権と瑕疵担保責任上の権利との関係をどのようにとらえるべきか（この点はいまだ十分に議論されていない）。第二に、不代替的特定物売買にも買主の瑕疵修補請求権を認めるべきか否か。肯定説を妥当とする場合、その法的構成をどのように構築するのが妥当であるか。第三に、瑕疵ある物の給付によって買主の蒙った損害につき、無過失責任としての瑕疵担保責任と過失責任としての債務不履行責任がカバーする領域の異同。差異があるとする場合には、それぞれがカバーする損害賠償の範囲の画定と両者の関係如何の考察が問題となる。そしてこれらの課題のさらなる延長線上の問題として、請負・賃貸借契約における瑕疵担保責任の法的性質との比較、危険負担との関係、為す債務の不完全履行との関係、契約締結上の過失、積極的債権侵害論をも含む不完全履行一般の理論的検討、これらを契機とする契約責任再構成の必要性の有無といった理論的課題が視野の中におかれるべきである。

(4)　このように本稿の対象テーマは、広く深く、理論・実務両面にわたる古くして新しい、非常に難しい問題領域であるが、判例・学説の大きな流れの一隅において、筆者は修士論文執筆以来興味をいだきつづけ、折にふれいくつかの論稿を発表してきた(5)。そして、幸いにも多くの方々により私見を引用していただく機会をえ、有益な批判を受けることもできた。また私見をほぼ採用したと思われる、神戸地裁昭和六一年九月三日判決（判時一二三八号一一八頁）に接することができた。この判決は、「不代替的特定物」としての建売住宅の欠陥について、「瑕疵なき建物の給付義務」を認め、買主からの修補請求権、及び修補によっても償われない損害について不完全履行による賠償請求権を肯定したものである。筆者の主観では、この判決はほぼ私見を採用したものと思われるのであるが、特定物ドグマを否定することによって契約責任説の正当性を実質的に承認し、これに一歩近づいたものとの評価もみられ、評価が分かれている。しかし、その点はともかく、この判決は、当面の問題の考察にあたって好個の素材を我々に提供するものといえよう。(6)

本稿は、この判決を素材として、この判決と私見との関係、不代替的特定物売買における瑕疵修補請求権の、法定責任説の立場からの根拠付けを試みる私見に対するこれまでの諸批判への応接、これらを通じての、先に整理した本稿の基本的問題点に関する、現時点での私見の一応の整理を試みようとするものである。

(5)　加藤一郎先生の古稀記念論文集への執筆の機会をあたえられ、先生のこれまでのご活動領域からはやや外れるこのテーマをあえて選ばせていただいたのは、筆者自身の現在の学問的関心がこの分野にあるということの他に、先の私法学会二〇回大会のシンポジウムにおける若き日の加藤先生の御発言が筆者の脳裏に深く焼きついているからでもある。この席で、加藤先生は、その後の利益衡量法学の展開をしのばせる柔軟な思考方法を示され、種類売買への瑕疵担保責任の規定の適用を肯定する末川説も、否定する柚木説も結論的にはさほど差異はないのではないかとの見解を展開された。適用否定説をとっていた筆者は、なるほどこのような見方もあるかと感嘆し、以後、この問題提起にどう答えるべきかを考えつづけて今日に至ったのである。本稿が三十数年前の加藤先生の問題提起に対する十分なお答えとなるかどうかはしばらくおき、先生の古稀をお祝し、大学院以来の学恩に心から感謝し、またご健康とご長寿をお祈りして、本稿を先生に捧げたい。

(1)　本稿のテーマに関連する文献は膨大で、その全てを引用することは本稿では不可能である。ここではとりあえず旧説を代表するものとして柚木馨編・注釈民法⒁債権5贈与・売買・交換一六九頁以下（柚木馨執筆）（一九六六年）、同・売主瑕疵担保責任の研究（一九六三年）、新説を代表するものとして北川善太郎・契約責任の研究（一九六三年）、同・日本法学の歴史と理論（一九六八年）をあげておこう。学説史の詳細に関する近時の文献として、円谷峻「瑕疵担保責任」星野英一編・民法講座5契約一八五頁（一九八五年）、半田吉信・担保責任の再構成（一九八六年）がある。

（2）シンポジウム「種類売買と瑕疵担保」私法一九号二頁（一九五八年）。
（3）半田・前掲注（1）九頁。
（4）下森定「建売住宅・マンションの売買における売主の瑕疵修補義務について」（一九八四年）、同「建物（マンション）の欠陥（瑕疵）と修繕」遠藤浩＝林良平＝水本浩監修・現代契約法大系第四巻四六〇頁、なおこれらの前に、すでに同「マンション売買と瑕疵担保責任」ジュリ六二七号五六頁（一九七六年）で基本的には同一の見解を発表している。
（5）前掲注（4）の論稿のほか多数あるが、詳細は、筆者の著作目録、下森定＝須永醇監修・物権法重要論点研究一二九頁以下（一九九一年）参照。
（6）本判決の研究として、潮見佳男「不代替的特定物の瑕疵と『特定物ドグマ』論」阪法一四五＝一四六号二九一頁（一九八八年）（同「特定物売買での質的瑕疵と『特定物ドグマ』論」・契約規範の構造と展開一七二頁（一九九一年））、判批として古賀哲夫「建売住宅の欠陥と買主の瑕疵修補請求権」法時六〇巻五号九二頁（一九八八年）がある。さらに本稿のテーマに関する近時の労作として、森田宏樹「売買契約における瑕疵修補請求権に関する一考察」㈠㈡㈢完、法学五三巻六号一八五頁、同五四巻二号一〇三頁、同五五巻二号八五頁（一九九〇・九一年）、同「瑕疵担保責任に関する基礎的考察」㈠㈡㈢未完、法協一〇七巻二号一頁、同六号一頁、一〇八巻五号七五頁（一九九一年）の他、関連労作として、下村正明「履行認容の概念と効果に関する覚書」阪法一四五＝一四六号四七七頁（一九八八年）がある。

一　神戸地裁昭和六一年九月三日判決の概要

はじめに、神戸地裁昭和六一年判決の概要を説明しておくと次のとおりである。

〈事実〉

買主Xは、宅地建物取引業者のYから新築建売住宅を敷地と共に代金一一〇〇万円で購入した。本件建物はYが訴外Aをして請負建築させたものであるが、建物の地盤及び基礎工事に瑕疵があったため、X入居後建物の不等沈下が生じ、そのために亀裂、陥没、家屋の傾き等が生じた。そこでXはYに対し修補請求をなしたが、Yが応じないので、Yの不法行為、債務不履行及び瑕疵担保責任を理由として、建物の取壊し建替え費用等を含めて約一二三六万円の損害賠償を請求したのが本件である。これに対してYは、本件建物の歪みや亀裂は基礎工事の欠陥から生じているのではなく、むしろ屎尿浄化槽の管理が不十分のためであるとして、不等沈下の原因を争い、また損害は売買当時における本件建物のみの価格及び建替期間中の仮住居の費用が賠償されれば十分と主張して争った。裁判所は、Yの債務不履行責任を認め、Xの請求をほぼ全面的に認容した。

〈判旨〉(7)

(1)　Yの責任の法的根拠　「(宅建) 業者が一般消費者に対し新築住宅として建物を売却する場合、明示の特約がなくとも、瑕疵なき (すなわち、通常有すべき品質、性能を備えた) 建物を給付すべき債務、従ってまた、給付した該建物に瑕疵がある場合にはこれを修補すべき債務を負うと解するのが相当である。なるほど、不代替的特定物売買における売主の債務は、原則として、その特定物をあるがままの状態で給付することに尽きるのであるが、それは、客観的、一般的に不代替性を有し、当事者が主観的、具体的にその個性に着目した物の売買であるため、(瑕疵なき) 代物の給付ということはあり得ず、瑕疵があってもまさにその物を給付すれば足りるからであるところ、確かに、不代替物である以上、代物の給付ということは考える余地がないが、しかし、『その個性に着目した』からといって、その特定物における瑕疵を修補すべき債務をもたらす瑕疵なき物を給付すべき債務が当然に否定し去られるものではない。『個性に着目』といっても、具体的の場合によって程度に差もある (中古住宅と新築住宅の売買とを比べてみよ)。本件のような場合には、一般消費者たる買主は、中古住宅を購入する場合とは異なって、当然、瑕疵なき物を入手すること、換言すれば、瑕疵ある場合には、業者たる売主が自らではないにしても他を手配して修補してくれることを期待しているし、他方、業者たる売主にしても、自ら修補する手段、能力を有しないにしても、それを容易に手配できる地位、環境にあるから、右のように期待されてもやむを得ないところである。実際にも、本件のようないわゆる建売住宅の売買にあっては、売主が、自らあるいは他を手配して、無償で瑕疵を修補している例が多い。以上のとおりで、本件のような場合には、前記のとおり瑕疵なき建物を給付すべき債務ありと解するのが、当事者の合理的意思に合致し、信義則にかなう。」

(2)　瑕疵の存否　本件の不等沈下の原因たるもの、すなわち、本件建物につき、その敷地の盛土が締まりの悪い土質のものであるうえ、締固めが不十分であること、にもかかわらず、基礎定盤が在来地盤に支えられぬままに設置されていること、これらが住宅にとっても瑕疵に該るというべきことは、明らかである。また、これ以外に安全性（建築基準法二〇条一項、構造耐力）の欠如をもたらす瑕疵も存在する。

(3)　Yの帰責事由　確かに、Yは、本件建物を建設業者（専門業者）に請負建築せしめ、その付属施設たる浄化槽も専門業者に敷設せしめたものである。「しかし、だからといって、当然にYに過失がないということはできない。専門業者といっても、実際には、その程度、質はまちまちであって、特に隠れた部分について手抜き工事をするとか、そうでないまでも不十分な工事をする者のあることは、世上しばしば見受けられるところでもあるから、……宅建業者として一般消費者に新築住宅を売却するのである以上、Yとしては、当該請負業者が十分に信頼できる者であると相当な根拠をもって考え得たのならば格別、そうでない限りは、自己の責任においても、建築士等の専門家に依頼するなどして、その工事の過程において、あるいは完成後において、瑕疵なき物とすべく調査点検すべき注意義務があるものというべきである。少なくとも、本件のような安全性にかかわる点については」。にもかかわらず、Yは、本件建物の建築についてはAに任せきりで、調査点検などには全く意を用いず、しかも建築基準法七条の完工検査も受けていない。結局、瑕疵ある建物を給付したことについて、Yには過失がある。

(4)　結論　「以上によれば、Xは、Yに対し、まず、本件売買契約における本来の債務（瑕疵なき建物を給付すべき債務）の履行として（従って、……帰責事由の存否に関わりなく）、……瑕疵の修補を請求しうるし、また、右修補がなされてもなお償われない損害（瑕疵ある建物が給付されたことによって生じたもの）につき、債務不履行（不完全履行）に基づく損害として、その賠償を請求できるものというべきである。そして、右の瑕疵修補の請求については、本件のようにYが修補を拒絶している場合にあっては、これに代えて、その修補に要する費用を請求できるものと解するのが相当である。」

(5)　時効ないし除斥期間　Yは、消滅時効ないし除斥期間の経過を主張するが、右の各請求権については、直ちには三年の時効（民七二四条）とか一年の除斥期間（民五七〇条・五六六条三項）は適用されるものではなく、基本的には一〇年の時効（民一六七条一項）が適用されることが明らかである。もっとも、右のような各請求権の行使については、信義則上制限されることもあるが、本件がこれに該らないことは明らかである。

(6)　損害賠償の範囲　前記瑕疵を修補するについては、本件建物を取り壊した上、地盤改良をして、新規に新たな材料で建て替えるしか相当な方法がない（修補費用七〇一万円余）。取り壊して建て替えるためには、Xとしては他に代替住居を求めざるを得ない（近くの同程度の広さの公団住宅家賃六ヶ月分を基準に算定した額と引越費用との合計五七万円）。さらに、取り壊して建て替えるとしたら再度の出捐を余儀なくされるところの、建物表示登記、保存登記及びローンのための抵当権設定登記各手続のための費用（一九・五万円余）も、本件債務不履行と相当因果関係にある損害である。また、本件瑕疵の内容、その判断の困難性等諸般の事情を考慮すれば、建物の瑕疵及びその修補方法についての一級建築士による鑑定費用・報酬七〇万円のうち、六〇万円が、本件債務不履行と相当因果関係ある損害である。そのうえ、Xは、念願の住宅を購入したものの、これに瑕疵があることによって多大の精神的苦痛を受けた（慰謝料八〇万円余）。さらに弁護士費用（一〇〇万円）も賠償さるべき損害である。

（7）本件判旨の紹介にあたっては、潮見・前出注（6）構造と展開一七八頁以下の極めて要を得た要約を参考にした。

二　神戸地裁昭和六一年判決の意義及び私見との関連性

⑴　まず本判決の意義を整理しておこう。本判決は、本件建売住宅の売買を「不代替的特定物」の売買であるとした。そして、そのうえで、「不代替的特定物売買における売主の債務は、原則として、その特定物をあるがままの状態で給付することに尽きる」として、一応従来の通説の立場を踏襲する法的構成を示しつつも、宅建業者と一般消費者間の新築建売住宅の売買という本件事案の特殊性の下で、当事者の合理的意思及び信義則を介して、売主に「瑕疵なき物の給付義務」を認め、この本来的履行義務の内容として瑕疵修補義務（しかも全面的建替え）を売主に課した点が第一に注目さるべきである（つまり本判決は、民法五七〇条の解釈・適用の結果瑕疵担保責任の内容として「瑕疵なき物の給付義務」を認めたものではない）。次に、本来的債務の履行である以上、売主の帰責事由の有無に関わりなく、買主は瑕疵の修補を請求しうるし、また売主が修補を拒絶した場合には、これに代えて修補に要する費用の支払いを請求しうるものとしたこと、第三に、売主に瑕疵ある物を給付したことにつき過失がある場合に（宅建業者として建設業者の工事を調査・点検することを怠った点に過失を認めた）、前記債務の不完全履行として、代替住居の調達費用、登記申請費用、慰謝料、弁護士費用等を相当因果関係ある損害として、その賠償を売主に命じたことが注目さるべき点といえよう。

⑵　本判決の法的構成の意義につき、ある評釈者は、前掲判旨⑴の前半部分は債務不履行説にたったものであり、後半部分は下森説に依拠したものである、と把握する。[8] また他の研究者は、本判決が売主に「瑕疵なき建物を給付すべき債務」を負わせるにあたり、「不代替物である以上代物の給付ということはあり得ないけれども『個性に着目した』からといって『瑕疵なき物を給付すべき債務』が当然に否定される訳ではない」との記述及び瑕疵修補義務をか

かる「瑕疵なき物を給付すべき債務」として位置付けた点をもって、「契約責任説の方向に適うものである」と指摘する。そして、しかし他方において、同判決が、不代替的特定物売買においては、売主の債務は「原則として」特定物をあるがままの状態で給付することに尽きるのであるが、宅建業者が売主となって一般消費者に新築住宅を売買する場合にあっては、「瑕疵なき建物を給付すべき債務」ありとするのが「当事者の合理的意思に合致し、信義則にかなう」との記述から、本判決を、下森説が主張するように、「不代替的特定物の質的瑕疵についての売主の責任を法定責任説的に捉えつつも、個々の売買において『瑕疵なき物を給付すべき債務』を承認する余地を認めた、と読むことが可能なのである」と指摘する。[9]

両者とも、契約責任説と、法定責任説に立つ私見との両方に五分五分（?）に気をつかわれた本判決の位置付けをされている。しかし、率直にいうと、この把握には、主観的にはもちろん客観的にみても疑問があるように思われる。その理由はこうである。従来より法定責任説にたつ論者は、不代替的特定物売買においては、瑕疵なき代物の給付ということはありえないが、瑕疵の修補については、それが可能な場合で、明示の特約や保証がある場合、あるいは信義則の介入の余地がある場合には瑕疵修補義務を認める余地あることを主張していたのである。[10]問題はかかる例外的な場合以外の場合すなわち、当事者意思が明確でない場合に、任意規定たる民法五七〇条の解釈・適用上、請負の瑕疵担保責任のような明文の瑕疵修補義務の規定なき以上、原則として瑕疵の修補請求は認められないというのである。そして、私見は、現代における政策的判断、利益衡量に基づいで、それを一歩進めて、黙示の特約・商慣習、さらには合理的意思解釈という法的構成で、一定の例外的な場合に、契約上の本来的給付義務として瑕疵修補義務を認めるものである。かくて、本件判旨の前段は、法定責任説にたってもいえることであり、また、本件判旨は、前述のごとく、民法第五七〇条の解釈・適用の結果、売主の瑕疵修補義務を認めたものでもないから、本件判旨の前段が「契約責任説」にたつものと断定するのは疑問であり、先の後者の指摘のように、「契約責任説の方向に〔も——下森〕適うものである」といった程度の把握が正確といえよう。

次に、先の後者の把握、すなわち下森説の主張のように、「読むことが可能なのである」との評価はどうか。この論者（潮見教授）は、本判決の法的構成の特色として、①本判決は、本件建売住宅の売買を、不代替的特定物売買と位置付けたこと、②当事者の「合理的意思」及び信義則を根拠に、瑕疵修補義務を肯定するための規準として、売買の対象（中古住宅ではなくて新築住宅である）、買主の地位（一般消費者である）、売主の地位（宅建業者であって、修補を容易になしうる地位にあり、これを期待されてもやむを得ない）、取引慣行（建売住宅の売買では、無償で修補されている例が多い）が考慮されていることをあげている。(11) ここに指摘されている全てのファクターは、すでに私見によって指摘されていたところであり、私見以前にここまで具体的に問題点を解明した学説・判例を筆者は知らない。(12) 参考までに、私見の結論部分を引用しておこう。

筆者は、分譲マンションや建売住宅の売買契約の法的性質につき、これを代替物（種類物）の売買、製作物供給契約、見本売買、請負契約とみるべきではなく、不代替的特定物売買とみるのが妥当なことを指摘し、さらに問題の社会的背景、歴史的変遷過程を不十分ながら考察した。そしてその上にたってドイツ法などとの比較も試みながら、結論として、瑕疵修補義務の根拠付けにつき次のように指摘した。

瑕疵修補請求権の法的根拠としての、当事者意思の合理的解釈の基準は、既存の法的構成にとらわれることなく、資本主義経済の高度成長に伴う高度工業社会、都市社会出現の結果、住宅産業に対する社会的需要が増大し、市民の生活基本財である住宅が規格化されて大量に生産され、一定の流通ルートを経て入手されるようになった社会的現実にまず求められるべきである。前述したように、新築あるいは新築さるべき建物（マンション）の売買契約において、消費者大衆たる買主は、中古住宅の場合とは異なって、当然、瑕疵のない、価格に見合った品質・性能を備えた建物の入手を期待しているのであり、他方、これを販売する住宅産業にとっても、建物の瑕疵を理由に即時に契約解除されたり、損害賠償の請求をされるより、瑕疵修補をする方が経済上も信用上も有利であり、それを義務とされてもとくに不利益ではない。瑕疵修補の手段・能力を彼は有し、あるいはそれを容易に手配できるからである。このことは、瑕疵修補約款によって明示に契約されていることが多いこと、あるいは一定の業界において、統一的「アフターサービス基準」が作られていることからも明白である。かくて、明示の特約や商慣習がないとされた場合でも、かかる売買契約類型においては、本来の給付義務の内容として「瑕疵なき物」の給付義務ありとみるのが当事者意思の合理的解釈として妥当ということになろう(13)。

ちなみに、右論稿の先駆論文である一九七六年に発表したジュリスト論文においては、法的構成として、明示の特約なき場合においても、黙示の特約、商慣習、さらには信義則によって瑕疵修補義務が認められうる旨述べていたのであるが(14)、この論文に手をいれたものをドイツで発表する際に(15)、フランクフルト大学のギルレス教授に、根拠をあれこれあげるより一つにしぼった方がよいのではないかとのアドバイスを受け、当事者意思の合理的解釈という法的構成にしぼったという経緯がある。

次に、本件判旨の説く、瑕疵修補請求権の成立に売主の帰責事由が不要なこと、修補に代わる損害賠償については帰責事由不要と解する余地あること、瑕疵結果損害については売主の過失を要件としてのみ損害賠償の請求が認めらるべきこともすでに拙稿で指摘したところである(16)（なお、この点は、私見にとどまらずすでに多くの論者の指摘するところでもある）。ただ、本判決は、さらに具体的に、代替家屋の借賃・移転費用、各種登記手続費用、欠陥の調査費用、慰謝料、弁護士費用も売主の過失を条件として、不完全履行に基づく損害としてとらえた。その際、帰責事由としては、売主が工事の過程及び完成後において瑕疵なきものとするための調査・点検義務を怠ったことが観念されている(17)。これらの点は、本判決によって明らかにされたもので、拙稿（を含め既存の学説）はかかる点まで具体的には触れていなかったが、売主の義務の不完全履行として把握する以上、判旨のこの指摘は正当といえよう。

以上のことから、筆者は、神戸地裁昭和六一年判決は、少なくとも七〇％程度は、私見を採用したものと考える。しかし、この判決が私見を採用したものかどうかを詮議することは本稿の課題でもなく、そのこと自体はたいした問題ではない。問題とさるべきは、瑕疵担保責任の法的性質を法定責任と把握しつつ、本判決の事案のような場合に、例外的に、当事者意思の合理的解釈あるいは信義則に依拠して売主の瑕疵修補義務を認める法的構成の妥当性、さらにこの場合に瑕疵担保責任との関係はどうなるかの問題である。このことは、私見に加えられた諸批判にお答えすることを意味する。

なお、潮見教授は、本判決は特定物引渡債務の性質、契約解釈と制定法の適用との関係、両者の交錯に関する問題につき重要な点を指摘するものとされているが、(18) この点については後述したい。

（8）古賀・前掲注（6）法時九三～九四頁。
（9）潮見・前掲注（6）構造と展開一八一～一八二頁。
（10）例えば柚木・前掲注（1）注民⒁一八〇頁参照。その他にも随所に指摘されている。
（11）潮見・前掲注（6）構造と展開一九一頁。
（12）前掲注（4）の拙著に対する書評の中で、加藤雅信教授は拙稿を「従来学界でも議論がそれはどなされていなかった問題を取り扱ったパイオニア的なものである」とされている（法時五七巻一号七七頁）。
（13）下森・前掲注（4）の拙著三八頁、同・契約法大系第四巻四八三頁以下。
（14）下森・前掲注（4）ジュリ六〇頁。
（15）Shitamori, “Der Gewährleistungsanspruch bei Sachmängeln im Geschäft mit Eigetumswohnungen” (Herausgabe von G. Baumgärtel “Japanisches Recht” 1985).
（16）下森・前掲注（4）の拙著四〇頁、三二頁注⒁、五〇頁注⒀、同・契約法大系第四巻四八四頁、四八一頁注（29）参照。
（17）潮見・前掲注（6）構造と展開一九二頁。
（18）潮見・前掲注（6）構造と展開一八二頁。

三　私見に対する諸批判への応接

1　私見に対する諸批判

(1)　一九八四年（昭和五九年）に公表した拙稿に対する書評において、加藤雅信教授は、「本書は、総論的枠組として瑕疵修補請求権（ないし瑕疵担保責任一般）の法律構成につき法定責任説をとる旨明言しているが、著者の論議の内容はむしろ契約責任説的なものとなっており、この点で、多少首尾一貫していない点がありはしないか、」と婉曲的な言い廻しで批判し、さらに「テクニック」として、当事者意思の合理的解釈に根拠を求めるのは、「正面から認めるか、シブシブ認めるかという解釈の姿勢」には大差があるが、解釈内容は当事者意思を根拠とする点で実質的差異はなく、自らを法定責任説と規定する「表示と内容の乖離をもたらしている」と指摘された[19]。

この批判及び本書評で加えられたその他の批判に対して、筆者は今日まで本格的な応接をしていないが、ただ、簡単な言及はした。すなわち、「私見は、瑕疵担保責任を法定責任と把えるが、前述のごとく、この場合の買主の瑕疵修補請求権を瑕疵担保責任の内容とみるのではなく、特約にもとづく契約上の履行請求権とみるものであるからこの批判は妥当でない[20]」と。

(2)　また、潮見教授は、従来の契約責任説と法定責任説との対立関係を、「典型的な契約責任説は、民法第五七〇条の適用という形式を借りながら、実質的に、契約解釈の次元に位置付けられる問題を射程としているのに対して、典型的な法定責任説は、契約解釈問題を度外視して、もっぱら民法五七〇条という任意規定の適用を扱っている」と位置付けたうえ、次のように述べられている。「かくて、『瑕疵担保責任は契約責任か法定責任か』という理論的対立は、特定物ドグマ論争に関しては、『瑕疵のない特定物の給付』を契約解釈レベル（第一次的給付義務レベル）で扱うか任意規定適用レベル（担保義務〔責任〕レベル）で扱うかという問いへと展開し、両説の対立の構図も、この点に限れば止揚されるに至る。かかる構成よりすれば、瑕疵担保責任を法定責任としつつも一定の場合に『瑕疵なき特定物の給付義務』を認めんとする下森教授の立場も、なんら背理ではない。ただし、用語上の問題ではあるが、『民法第五七〇条から初めて帰結される責任』のみを『瑕疵担保責任』と呼ぶのであれば、『瑕疵担保責任は法定責任である』ということになる(21)」と。

(3)　かかる経緯を踏まえて、近時、森田宏樹教授は、下森説の見解は、法定責任説を採るという前提と矛盾するものであり、加藤教授への反論も十分な反論となっていないとして、その理由として次のように述べられる。「ここでは、法定責任説の意味が問題となる。（不代替的）特定物については瑕疵なき物を給付することは原始的ないし論理的に不能であるという特定物ドグマを前提とするものであれば、たとえ特約によるとしても瑕疵なき物の給付義務を認めることは理論上できないはずである。特定物ドグマが右のような一定の論理的思考をもった『ドグマ』である以上は、一定の売買に限って政策的にこれを否定しうるようなものではなかろう。よって（不代替的）特定物についても瑕疵なき物の給付義務を認めるのが妥当だと考えるならば、特定物ドグマを否定するか、あるいは、これを限定すべきであって、そうでなければ、もはや従来の意味での法定責任説とはいえまい。したがって、瑕疵なき物の給付義務を認めることは、右のような意味での特定物ドグマを前提とする法定責任説とは矛盾していると言わねばならず、右の見解には疑問がある(22)」。

なお、私見に関する前記潮見教授の指摘につき、森田教授は、この指摘は、潮見氏独自の見解を前提として、「瑕疵なき物の給付義務が契約解釈によっては認められない場合に、五七〇条という任意法規の適用として認められる責任のみを瑕疵担保責任と呼ぶのであれば、『瑕疵担保責任は法定責任である』ということになる、という用語法によると右は背理ではない、というもので、従来の法定責任説とはその内容が異なるようである」と述べられている(23)。

2　私見の基本的立場

さて、以上のような厳しい批判に対してどう答えるか。これが本稿の中心課題である。初めに法定責任説の意味を明らかにしておこう。一口に法定責任説といっても、いろいろの類型があることはつとに北川教授によって明確にされたところである。すなわち、北川教授は、瑕疵担保責任の本質論を規定する三つの基本的柱として、(ア)瑕疵担保は法定の特別責任かそれとも契約上の責任か、(イ)「瑕疵ある特定物の履行は瑕疵なき履行である」といういわゆる特定物のドグマを認めるか、(ウ)瑕疵担保を原始的不能に基づく責任とみるか、があるとし、この組合せのいかんによって既存の学説を六類型に分類され、この中第一類型（法定説・特定物ドグマ肯定、原始的一部不能説）と第二類型（法定説・特定物ドグマ肯定、原始的一部不能否定）を法定責任説として整理された。[24] この他にもいろいろな角度からの分類が可能と思われる。そこで森田教授のいわれる「従来の法定責任説」とは具体的にどの法定責任説を意味されているのか、また特定物ドグマの意味を教授のように理解すべきものか（代物給付と瑕疵修補の区別も必要）、厳密にいうと筆者には理解しかねる点もあるが、筆者もまた、従来この内容について必ずしも詳細かつ具体的に説明してはいなかったので、私見が正確に理解されなかったきらいがないではない。そこでこの機会に、私見への諸批判を踏まえて、まず私見の背景となっている瑕疵担保責任の法的性質に関する筆者の基本的立場を従来のものよりより詳しく具体的に説明しておきたい。そしてそれを前提として、諸批判への応接を試みることとしよう。

(1)　私見によれば、不代替的特定物売買における売主の本来的給付義務は、原則として当該目的物の所有権や占有を買主に移転することを内容とすると解するのが、現行民法典の論理解釈として妥当と考える。たまたま当該目的物に当事者の知らない瑕疵があっても、売主には瑕疵なき代物を給付する義務はもちろん（それは物理的に不能、この点は数量指示売買も同じ）、瑕疵修補義務も（それが物理的あるいは社会通念上可能であっても）明文の規定がない以上、当然には存しない。したがって、当該目的物を売主に引き渡せば（その物に瑕疵があっても）、そのことによって、本来的給付義務たる目的物の引渡債務は履行されたことになり、履行内容の不完全履行とはならない（特定物ドグマの認容。代物の給付と瑕疵の修補とを区別していることに注意）。

(2)　したがって、かかる見地からみるときは、不代替的特定物売買における売主の瑕疵担保責任は、売主の本来的履行債務の不履行の効果ではなく、売買契約の双務・有償性に鑑み、公平の見地から両給付の対価的均衡性を維持するため、かつそれを通じて取引の信用を保護することを目的として、法律が特に売主に課した法定無過失責任とみるべきである（法定責任説）。

(3)　しかし、瑕疵担保責任に関する民法第五七〇条の規定は任意規定であるから、契約自由の原則上当然のことながら、当事者が目的物に瑕疵なきことを保証したり、瑕疵なき物の給付あるいは瑕疵の修補を特約することは自由であり、かつ有効にこれをなしうる。したがって、瑕疵の修補が物理的あるいは社会通念上も可能な場合には、買主は右特約に基づいて瑕疵修補の請求をなしうるが、それが不能な場合には特約の効力は制限され、瑕疵修補の履行請求権は認められず、また本来物理的に不能な代物の履行請求権も認められない。しかし、かかる場合、右特約が当然に無効となるわけではなく、右特約に損害担保の当事者意思が認められるなら、損害賠償請求権の成立が認められる限度で有効である。

(4)　かかる明示の特約（あるいは黙示の特約も……今日では瑕疵修補に関し、黙示の特約ありと認定できる場合が多くなっているともいえそうである）を、契約当事者の意思解釈として認めえない場合には、裁判所は、原則として当事者意思の補充ないし推定規定である民法第五七〇条の規定に従って、売主の瑕疵担保責任を判断しうるのみであり、たとえ買主が瑕疵の修補を請求してもこれを棄却すべきである（市民間の中古住宅の売買などの場合を考えよ）。しかし、宅建業者による新築建売住宅の売買の場合などのように、民法第五七〇条の形式的適用が現代の取引社会の実状にあわず、その結論が妥当性を欠き、社会的正義や公平に合致しないと判断した場合には、取引慣行を考慮し、当事者意思の合理的解釈や信義則法理の適用といった法的構成により、かつ、政策判断ないし利益衡量の実質的判断基準をできるだけ明確にしたうえで（このことは相手方に反論の手がかり、余地をあたえ、あるいは将来の判決の予測のために望ましい)、一定の限度ないし範囲で瑕疵修補義務を契約上の債務として例外的に売主に課し、買主の瑕疵修補請求権を認めることが許されるものと解する(その具体的内容はすでに発表したとおりである)。しかしこのテクニックは、現行任意規定の現代における不備を補うための(将来適切な立法がなされるまでの間の過渡期の処理)、当事者の契約意思の解釈の名における、いわゆる「意味の持ち込み」手法であるから、裁判官によるこのテクニックの採用は禁欲的であることが望ましい。(25) 換言すれば当事者意思の補充のために法が用意している任意規定の解釈・適用をさしおいて、いわゆる「補充的契約解釈」手法を一般的に先行させ、問題の解決をはかることは条文の無視につながり、望ましくないと考える。

(5)　現行規定の不備を補うためのいま一つの手法として、民法第五七〇条の規定を新説のように解釈し、瑕疵担保責任の法的性質を契約責任ととらえ、そのことを通じて債務不履行の特則としての瑕疵担保責任の内容として、民法上、請負契約の瑕疵担保責任におけるような瑕疵修補請求権が規定されていない場合でも、債務不履行の一般原則に基づいて買主の瑕疵修補請求権が認められると構成することは、もちろん論理的にも政策的にも可能であり、私見はこれを否定するものではない(前述したように合理的意思解釈という手法より任意規定の解釈による問題解決の方が一般的には妥当といえる)。しかし、問題は、本稿のテーマに関し、どちらの法的構成が問題解決の手法としてより妥当と考えるかにある。かかる見地から私見は、両者の要件論・効果論を各論的に具体的に比較検討したうえで、既存の新説には各論的にみた場合十分な詰めがなされておらず、不備が多いこと、またその不備を補うことも困難と考え、先のような私見を発表したのである。そして今日まで、筆者のみるところ、新説の側にたつ論者から、私見が新説の問題点として指摘した諸論点に、一部を除き、十分な答えがなされていないとみている。加藤雅信教授、潮見教授、森田宏樹教授等によってようやく本格的な検討がはじまったといえるのではあるまいか。

(6)　なお、信義則や当事者意思の合理的解釈という法的構成で、契約責任としての瑕疵修補義務を認める場合、民法第五七〇条の適用との関係はどうなるか。一九七六年のジュリスト論文ではこの点を明確にしていなかったが、一九八四年の論稿で、売主の契約責任が認められる以上、瑕疵担保責任の規定の選択的適用を認める必要のないこと、これを認めると両者の関係をめぐって複雑な難問が生ずることを指摘しておいた（この点が新説の重大な難点でもある）。ただ、判例はあるいは、両者の選択を認めるかとも考えていたが、目下のところ、神戸地裁昭和六一年判決は、債務不履行構成のみで処理しており、妥当と考える。

このように考えるときは、民法第五七〇条による即時の契約解除や損害賠償の請求は許されず、債務不履行の一般原則に従い、第一次的には相当期間を定めた瑕疵修補の請求、それが不可能なとき、あるいは催告期間徒過後も相手方が応じないときに初めて、契約の解除あるいは修補に代わる修補費用相当額の賠償請求（瑕疵担保責任における代金減額的損害賠償にほぼ該る）、さらに瑕疵ある物を売買ないし給付したことにつき、売主に帰責事由あるときは、契約締結費用あるいは代替住居の調達費用・拡大損害その他の損害の賠償請求ができる（神戸地裁昭和六一年判決の認めるところ）。

(7)　このように考える立場では、潮見教授の指摘される「民法第五七〇条から初めて帰結される責任」のみを「瑕疵担保責任」と呼ぶことになり、当事者意思の合理的解釈によって認められる売主の瑕疵修補義務は特約上の債務の不完全履行に基づく追完義務であって「瑕疵担保責任」には入らず、また種類売買において瑕疵ある物が給付された場合の売主の責任も全て不完全履行の問題であって瑕疵担保責任は問題とならず、他の機会に述べたように、請負契約の瑕疵担保責任も、瑕疵担保と民法は呼んでいるが民法第五七〇条の瑕疵担保責任とは異質のもので、不完全履行責任そのものあるいはその請負における特則にほかならず、狭義の瑕疵担保責任とは区別されるべきことになる。(26) これは用語の問題ともいえるがそれにとどまらず、法的性質の本質に関連する問題でもある。

3　私見の立論の補足的根拠付け

不代替的特定物売買における瑕疵修補請求権の法的根拠に関する私見の背景たる瑕疵担保責任の法的性質及びそれと不完全履行の関係に関する従来の私見の基本的立場は以上のとおりであるが、その後の研究の進展を踏まえて若干の補論を述べておきたい。

(1) 近時、「ウィーン売買条約」における契約違反の構造について興味深い分析を展開した渡辺達徳教授は、ラインシュタイン教授の古典的論文に依拠して、コモン・ローとBGBの契約の保障機構に関する基本構造の差異を次のように整理された(27)。

コモン・ローは、「給付約束」不実現を「契約違反」ととらえ、これに対する法的救済として「損害賠償」を認めるという基本構造から、契約違反の構造内部における二つの特徴を派生させている。その一つは、契約違反の態様に差異を設けず、さらに瑕疵担保責任もここに取り込み、完全に一元的な契約違反の要件・効果を構築していることであり、その二つは、契約締結時すなわち「給付約束」時の損害担保の内容により契約違反の帰責性を判断し、かつ、損害賠償の範囲を画するにあたってもこの時点における当事者の予見可能性を前提としていることである。

他方、これに対してBGBの給付障害規定は、「給付結果」不実現を「債務不履行」と位置付け、これに対する法的救済として、第一次的に「履行請求」を、そして第二次的に「損害賠償」を許容する。その結果、債務の履行が「不能」に帰したのか、「遅滞」しているにすぎないかは、「履行請求」が機能するか否かを決定付けるため重要なメルクマールとされ、また、原始的に不能な債務、すなわち契約成立時において「履行請求」を観念し得ない債務は、成立の基盤を失う（不能・遅滞の二分構成、“impossibilium nulla obligatio est.”原則の受容、及び債務不履行と瑕疵担保責任との分離)。また、債務不履行における帰責性とは、債務不履行という「給付結果」不実現に向けられた故意・過失であり、「給付結果が実現されていたならば相手方が置かれていたであろう状態への回復」が損害賠償の基本理念とされることになる。

ここに示された、履行請求権の第一次的認容を媒介とする結果実現保障の契約責任構造をとるドイツ法に典型的に象徴される大陸法体系と、損害賠償請求権を第一次的保護手段とする損害担保の契約責任構造をとるコモン・ロー体系との構造比較は、当面の問題あるいは広く契約責任再構成の問題を考えるうえで、改めて多くの示唆を我々に与えてくれるように思われる。残念ながら本稿ではこの点に深入りする余裕がもはやないが、若干の視点を指摘しておこう。

まず、不代替的特定物売買において、契約締結前に目的物が全部滅失していた場合、前述のごとく、ドイツ法では、履行請求権を認めえないが故に本来的給付債務の原始的履行不能が観念され、契約の全部無効と構成された。そのため債権者たる買主に発生した損害につき、契約締結過程において債務者に帰責事由ある場合にも、契約法上の保護が与えられないことになった。かくてかかるシステム上の欠陥を補うために後に契約締結上の過失理論が生みだされることになった。他面において、目的物の原始的一部滅失・毀損あるいは瑕疵の場合には、履行請求権の不成立と観念されず、契約の有効な成立が認容された。そして、そのうえで、有償契約の場合に限って、無過失責任に立脚する瑕疵担保責任制度が用意され、契約解除、代金減額請求権による保護が、そして売主の悪意、保証ある場合に限って債務不履行として損害賠償請求権が認められた。しかしこのシステムにも、売主の過失に基づいて、買主に発生した対価以外の損害さらには瑕疵結果損害の救済につき、問題が残り、また、一部的履行請求権として瑕疵修補請求権を認めることが合理的な場合もあるのに、瑕疵担保責任の内容としてこれを用意せず、また、債務不履行としてこれが認められうるかについても明確にされていないという欠陥が残された。これが後に、契約締結上の過失理論、積極的債権侵害論、さらには本稿の課題たる瑕疵修補請求権の根拠付けをめぐる理論構築を生み出すこととなった原因である。

次に、有効に成立した売主の債務の内容は、目的物の所有権移転・占有の引渡債務を中心として狭く観念され、その後の給付障害に対しては、給付結果不実現に向けられた債務者の帰責性を要件とする、遅滞・不能の二元構成に基づく債務不履行制度が、また、責めに帰すべがらざる事由による後発的全部不能、一部不能については、双務・有償契約性に立脚する利益調整制度としての危険負担制度が用意された。しかしこのシステムにも欠陥があった。債務内容が限定的に観念されたために附随的注意義務に関する債務者の過失により債権者に生じた損害を契約法上十分に救済しえないことが判明し、後に積極的債権侵害論の登場をうながし、更に保護義務論の展開をもたらした。

他方、債務不履行システムの二元構成にも問題が含まれていた。履行期に履行がなされたがその履行内容が不完全であったという場合の債権者の救済法理、つまり不完全履行論の不備である。種類売買や請負契約においては、瑕疵担保責任の名の下に救済制度が用意されたが、それ以外の契約類型とくに為す債務一般のそれにおいてシステムの欠陥が目立つ。また、種類売買や請負契約の瑕疵担保責任についても、本来不完全履行として一元的にシステム構築さるべき問題が瑕疵担保責任として構築されたために、本来の契約上の履行請求権と瑕疵担保責任に基づく追完請求権（瑕疵修補請求権）との二元構成のはらむ問題性が、時効ないし除斥期間の問題、瑕疵担保責任における即時無催告解除権との関係等をめぐって明らかとなった。これらのことから、西ドイツ債務法改正鑑定意見書において、「ウィーン売買条約」にみられるコモン・ロー法理に影響された債務不履行の一元化構成の方向性と軌を一にする給付障害法の再構成の提案が、フーバー教授によって為されたこと、かつその提案の問題性については、すでに拙稿で指摘したところである。(28)

基本的に、大陸法体系の契約責任システムを継受している日本民法の下でも問題状況はほぼ同様であり、かくて、本稿のテーマは、これらの根本的課題との関連において、今後さらに研究さるべきものといえよう。

(2)　本稿でいま一つ補足的に指摘しておきたいことは、不特定物の遺贈義務者の責任に関する民法第九九八条の規定の存在である。同条第一項は、「不特定物を遺贈の目的とした場合において、受遺者が追奪を受けたときは、遺贈義務者は、これに対して、売主と同じく、担保の責に任ずる。」旨規定し、続いて第二項は、「前項の場合において、物に瑕疵があったときは、遺贈義務者は、瑕疵のない物を以てこれに代えなければならない。」と定めている。この規定が、ドイツ民法二一八二条・二一八三条を継承したものであることは明らかであり[29]、代物給付に関する一項と二項の不均衡は、立法上のミスによるものとの指摘もあるところであるが[30]、本稿のテーマの研究のうえで、ドイツ法との比較においてこの規定のもつ意義がさらに検討さるべきであると考える。本稿ではこの点にも深入りする余裕がないが、若干の問題点を指摘しておこう。本条二項が、給付された物に瑕疵があった場合について代物請求を認めた理由を、起草委員の一人梅博士は、民法要義で次のように説明している。

物ニ瑕疵アリタル場合ニ於テハ特定物ニ付テハ其瑕疵アル物ヲ遺贈シタルモノト視ルガ故ニ敢テ担保ノ義務ヲ生ゼザルベシト雖モ、不特定物ノ場合ニ於テハ遺言者ハ瑕疵アル物ヲ与フルコトヲ命ジタルニ非ザルヲ以テ、寧ロ瑕疵ナキ物ヲ与フベキモノタルコトハ固ヨリ云フヲ竢タザル所ナリ。故ニ遺贈義務者ガ瑕疵アル物ヲ与ヘタルハ未ダ其義務ヲ履行シタルモノト謂フコトヲ得ズ。従テ瑕疵ナキ物ヲ以テ之ニ代ヘザルコトヲ得ザルモノトセリ。是レ元来云フヲ竢タザル所ナルガ故ニ、贈与又ハ売買ニ付テハ何等ノ規定ナキニ拘ハラズ亦同一ノ結果ヲ生ズルコト蓋シ疑ヲ容レザル所ナリ[31]。

そして、贈与又は売買についてはかかる規定をおいていないのに、何故遺贈の場合に限りこの規定をおいたかについては次のごとく説明する。

〔贈与及び売買については当然のことだから規定を設けなかったけれども〕、唯本条ノ規定ヲ置キタルモノハ、所謂死人ニロナシノ俚諺ノ如ク、遺贈者ハ既ニ死亡シテ其意思ヲ尋問スルコト能ハズ。而モ遺贈ノ効力ハ専ラ遺贈者ノ意思ニ依リテ定マルベキガ故ニ、特ニ明文ヲ置イテ当事者間ノ争ヲ防ガント欲シタルニ過ギズ[32]。

このことから次の諸点を指摘することができよう。①まず梅博士は、特定物の場合と不特定物の場合とを明確に区別し、不特定物の売買・贈与・遺贈において瑕疵ある物を給付してもそれはいまだ債務の履行といえないが、特定物の場合にはそうでなく、「担保ノ義務ヲ生ゼザルベシ」という。ここで担保の義務といっているのは瑕疵担保責任の意味でなく債務不履行の意味であることは明らかであるが（そう解さないと売買の場合の説明がつかない）、ここには明らかに「特定物ドグマ」の発想のあることが読みとれよう。さらにまた、②梅博士は、右のことから「追奪担保責任」と「瑕疵担保責任」さらに「瑕疵担保責任」と「債務不履行責任」とを区別してとらえていること、しかし、債務不履行責任というべきところを「担保ノ義務」というあたり、用語の正確な使い分けをしていない、ということを指摘できよう。換言すれば、瑕疵担保責任の法的性質と債務不履行責任との関係についての今日のようなつきつめた問題意識はまだなかったものといってもよかろう。次に、③本条二項の代物請求権は瑕疵担保の性質をもつものでなく、本来の履行請求権と観念されていること、かつ、そのこととも関連するがこの代物請求権にはとくに瑕疵担保責任におけるような期間制限が付されていないことが注目さるべきである（ドイツ法との差異に注意）。

かくて、民法第五七〇条と九九八条とを対比させてわが民法典の瑕疵担保責任システムの構造を客観的に考察するとき（起草者の意思には必ずしも明確でないところがあり、また、現時点において、契約責任説のように目的論的に（？）解釈することが論理的に可能でないとはいえないにしても）、五七〇条にいう瑕疵担保責任の法的性質については、債務不履行責任ではなく法定責任としてとらえるのが、現行民法典の論理解釈として正当と思われるのである。そして、現時点における利益衡量論としても、不代替的特定物売買に関する限り、現行瑕疵担保責任制度は今日なおそれなりに合理的な制度であって、これを全て、債務不履行責任に一元化する必要はなく、もし一元化すれば、新たな問題点を債務不履行責任体系の中にもたらすことになること、前稿ですでに指摘したとおりである。

4　私見に対する諸批判への応接

これまでの記述で、私見に対する諸批判に対して、すでに間接的に答えたものと考えるが、最後に、要約的な形で直接の応接をしておこう。

⑴　まず、法定責任説をとるといいながら中味は契約責任説的なものとなっており、矛盾するという加藤教授の批判に対して。すでに説明したように私見が法定責任説をとるというのは、一般論として民法五七〇条の解釈上、法定責任説をとるというのであり、特殊＝「新築建売住宅の業者による一般消費者への売買」に限っては、右任意規定の適用を排除し、合理的意思解釈の手法により売主に認められた契約上の債務に基づく瑕疵修補請求権と構成するものであって、潮見教授の指摘されたごとく、両者は次元が異なるのであるから、矛盾するものではないと答えることになる。

⑵　次に、「(不代替的) 特定物については瑕疵なき物を給付することは原始的ないし論理的に不能であるという特定物ドグマ」を前提とする以上、「たとえ特約によるとしても瑕疵なき物の給付義務を認めることは理論上できないはずである」から、下森説は矛盾しているとの森田教授の批判に対して。第一に、「特定物ドグマ」の意味について、この問題を本格的に取り上げて批判を展開された北川教授は、特定物ドグマを、「瑕疵ある特定物の履行は瑕疵なき履行である」と説明されており、原始的不能論との結びつきについては、常に両者を合体してとらえられていない、という事実をまず指摘しておきたい。筆者は特定物ドグマの意義を北川教授の説明のように理解しているのである。次に、森田教授のように特定物ドグマの意味を理解する考え方もあるがそう理解したとしても、瑕疵なき物の給付は原始的ないし論理的に不能だということの意味をどう理解するかの問題が残されている。ここで前提とされているのは、第一次的保護手段である履行請求権との関係であり、それを成立せしめえないという意味での不能・無効という論理である。そこで瑕疵なき物の給付に関する特約の効力を考えるうえで効果として損害賠償を考える場合は問題が別であること、また、履行請求権に関しても物理的に不能な代物請求と物理的には可能なこともある修補請求とは区別して考える必要があることは、すでに説明したとおりである。つまり、効果論として損害賠償を考え、あるいは瑕疵修補請求権を考える場合には、法定責任説の立場でも特約による瑕疵なき物の給付義務の認容は十分に理論上も実

際上も可能である、ということになる。

(3)　最後に、既存の論争は契約の解釈と任意規定の適用という次元の異なる問題を同一次元で議論していたのであり、契約責任説は実質的にみて契約解釈の問題を、法定責任説は任意規定の適用問題を扱っていたのであり、かかる観点からみれば両者の対立は止揚されるのではないか、という潮見教授の批判に対して。筆者の理解では既存の論争当事者が次元の異なる問題を同一次元で議論していたとは思わない。すでに述べたごとく、法定責任説においても明示または黙示の特約あるときは契約上の債務として瑕疵修補が認められることは、契約自由の原則上当然の前提としていたのであり、契約責任説論者もこのことは当然のこととして特に論ずるまでもないとしていたものと考える。両者とも当事者意思が明確でない場合を前提として、当事者意思の推定ないし補充規定である民法第五七〇条の任意規定の解釈・適用をめぐっての論争であったはずである。そして、法定責任説は、不代替的特定物売買においては当該特定物が給付の目的物として定められたのである以上、その物に瑕疵があろうとなかろうと、その物以外に瑕疵のない代物は考えられないのであるから（瑕疵なき代物の給付は原始的に不能という表現もある）、その物を給付すればそれで当該債務は履行されたこととなり、あとは瑕疵担保責任の問題として処理すれば足りると考えるのが、明示の特約なき場合の普通の契約当事者の合理的意思であると立法者は考え、そのような意思の推定規定として民法五七〇条を規定したものであり、同条はこのように現時点でも解釈すべきである、と主張するものといえよう。これに対し、契約責任説は、売主の債務には目的物の所有権移転・引渡しの合意の他に品質・性能に関する合意も含みうる（あるいは含まれている）のであって、売主は売買代金に見合う程度の、合意された目的物を給付する債務を負うと解するのが普通の契約当事者の合理的意思に合致するものであり、民法五七〇条の規定はこのことを前提としたうえでさらに買主保護のための特別規定を設けたものであって、五七〇条の規定の存在から法定責任説のような理解が当然導かれるわけではなく、そうだとすると瑕疵担保責任は契約責任の一部であり、その規定は債務不履行の特則として設けられたものとみるべきだ、と主張するわけであろう。換言すれば契約責任説は、立法者は右のように契約当事者の合理的意思を推定したうえで五七〇条の規定を設けたものと認識し、そのうえでそのような規定として解釈・適用すべきであると主張しているものといえよう。

ところで、ある規定の解釈にあたり、客観的認識の問題と実践的主張の問題とは区別しうるし、区別すべきであるが実際にはなかなかに両者の使い分けは困難である。立法者・起草者がどのように考えていたのか。たとえば梅博士は前述のごとく、九九八条の説明では特定物ドグマをとっているような説明をしているが、五七〇条の説明では、瑕疵担保責任を債務不履行の一種とみているような説明もしているからである(33)。母法を辿ってみても、九九八条はドイツ法を継受したものであることが明確であるが、五七〇条においては、フランス法のみならずドイツ民法草案その他の諸法典が広く参照されており、フランス法が母法だともいいきれない。そしてフランスでもドイツでも瑕疵担保責任の法的性質をめぐっては争いのあるところである。したがって、起草者意思も、母法についても、瑕疵担保責任の法的性質をどうみるべきかについては明確でないというほかない。そうだとすると、五七〇条と九九八条とを対比して客観的に日本民法の瑕疵担保責任の構造を分析してみるとき、瑕疵担保責任の内容として瑕疵修補請求権を明文で認めていない以上、法定責任説的にとらえるのが論理解釈としてあるいは客観的認識の問題として正当なのではないかと筆者は考える。しかし、このことは、前述したごとく、任意規定の目的論的解釈により契約責任説的解釈を実践的に主張することを否定するものではなく、法定責任説、契約責任説の両者が論理的に可能な解釈としてそれぞれ成立しうることはいうまでもない。両説を次元の異なる問題を取り扱うものとしてあえて止揚せんとすることは、その意図は理解できるが、必ずしも必要ではあるまい。より重要な理論的課題は、どちらの法的構成が、個別具体的諸問題を統一的に解決してゆくうえでより有用なテクニックといえるかを各論的に検証してゆく作業といえよう。問題は、法解釈学の方法論に連なる問題ともいえる。なお、一般論としては、合理的意思解釈手法、補充的契約解釈の方法の

採用には慎重であるべきことすでに指摘したとおりである。(34)

(19) 加藤・前掲注(12)法時五七巻一号七八頁、八〇頁。
(20) 下森「瑕疵担保責任と不完全履行 ― 売買・請負・賃貸借における瑕疵修補請求権を中心に」安達三季生監修・債権法重要論点研究一四二頁（一九八八年）、同・債権法論点ノート四九頁（一九九〇年）。
(21) 潮見・前掲注(6)構造と展開一八四頁以下、ちなみに、潮見教授の初出論文（前掲注(6)阪法一四五＝一四六号四〇二頁）では、（　）の中で、下森説は、「かかる義務の根拠づけの際にやや安易に当事者の合理的意思を持出す点、及びこの義務の違反をもって『担保責任』に包摂する点で、給付構造論としては若干問題を残す」と指摘されていたが、論文集への収録にあたっては削除されている。削除の理由についてはなんら言及されていないが、ここで一応この点についても応接しておこう。筆者としては、安易に当事者の合理的意思を持ち出したつもりはなく、法現象の背後の社会・経済現象の変化の分析を踏まえ、さらに利益衡量の実質的判断基準を明確にしたうえで当面の法的構成（説明の論理）として当事者の合理的意思を持ち出したつもりである。また、この義務は本文で説明したごとく、特約に基づく契約上の債務とみるもので、「担保責任」に包摂したわけではない。
(22)(23) 森田・前掲注(6)一考察㈢完、法学五五巻二号三〇九頁、三一四頁注(18)。
(24) 北川・前掲注(1)研究三一九頁以下、同・歴史と理論一一三頁以下。
(25) 穂積忠夫「法律行為の『解釈』の構造と機能⑴⑵」法協七七巻六号一頁、七八巻一号二七頁（一九六一年）。なお、補充的契約解釈につき、近時の労作として、山本敬三「補充的契約解釈」㈠～㈤完・論叢一一九巻二号・四号、一二〇巻一号・二号・三号（一九八六年）がある。本稿では残念ながらこの問題に言及する余裕がなかった。
(26) 下森・前掲注(20)論点研究一四三頁以下。
(27) 渡辺達徳「『ウィーン売買条約』（ＣＩＳＧ）における契約違反の構造」商学討究（小樽商大）四一巻四号一〇九頁以下（一九九一年）。
(28) 下森・前掲注(4)瑕疵修補義務について一四頁以下、なお、本来の履行請求権と瑕疵担保責任の内容としての瑕疵修補請求権との関係をめぐるドイツの問題状況につき、請負の瑕疵担保に関するものであるが下村・前掲注(6)論文参照。
(29) 中川善之助編・注釈民法㉖相続⑶一八九頁（上野雅和執筆）（一九七三年）。
(30) 川島武宜・改訂増補民法㈢二〇一頁（一九五八年）。

(31)(32) 梅謙次郎・民法要義巻之五相続編三五八頁、三五七頁（一九〇一年）。
(33) すでに多くの論者により指摘されているところであるが、例えば北川・前掲注(1)研究三二八頁、円谷・前掲注(1)民法講座5一八六頁以下。
(34) 本稿は、近時の法解釈学方法論争を踏まえた、一つの実作のつもりである。

むすび

以上で、不代替的特定物売買における瑕疵修補請求権の法的構成に関する私見に対する諸批判について、ひととおりの検討を終えた。紙数の制約上本稿で説きえなかった問題として、加藤雅信教授によって、拙著に対する書評の中で加えられたその他の問題点、さらに、対価的制限説の再評価のうえにたって展開され、危険負担的発想から瑕疵担保責任をとらえ直した加藤説や、フランス民法学の詳細な検討に基づいて、瑕疵修補請求権を「売主の一定の瑕疵なき物の給付義務の不履行に基づく損害賠償の方法の一つとして、金銭賠償に代えて一定の行為債務を売主に課するという『現実賠償』として」構成する斬新な解釈論を展開する森田説の検討がある。これらについては、近く本稿の続編として論文を執筆する機会があるので、それに譲り、本稿は一応以上をもって完結したい。

12　瑕疵担保責任に関する一つの覚書——いわゆる「特定物ドグマ」と民法起草者の見解

（一九九三年）

一　問題の所在

(1)　本稿の意図を一言にしていうと、いわゆる「特定物ドグマ」、つまり「『不代替物』の特定物売買における売主の義務は、その目的物の所有権を買主に移転することにつきるのであって、たとい目的物に瑕疵があっても、売主には瑕疵なき物を給付すべき義務はない」という考え方は、大正期のドイツ民法学の継受によって初めて日本にもたらされたわけではなく、すでに、現行日本民法典の起草者（特に梅博士）も、このような考え方をもっていた、という事実を明らかにすることにある。

(2)　本稿の意図をより明らかにするために、つぎに瑕疵担保責任に関するわが国の立法・学説の展開過程についての従来の学説の見解をかんたんに整理しておこう。もっとも、ここではこの問題について本格的な議論を展開された星野・北川両教授の先駆的業績を中心にみるにとどめる。

(ア)　旧民法　　旧民法においては瑕疵担保の規定は、財産取得編の第三章売買第三節「売買ノ解除及ヒ銷除」の第三款「隠レタル瑕疵ニ因ル売買廃却訴権」として設けられている。その内容は、フランス民法の規定（一六四一条）と当時におけるフランスの判例・学説の成果を含めたものとなっているという。(1)

旧民法では、これとは別に、第二節「売買契約ノ効力」に、第二款「売主ノ義務」が規定され、そこには、第一則「引渡ノ義務」と並んで、第三則「追奪担保ノ義務」が規定されている。このことからみると、起草者は、瑕疵担保を売主の義務の章の一款として規定するフランス民法と異なり、これを債務の不履行とは異なる特殊の義務と考えていたのではないかの疑問が生ずるが、星野教授はこの点につき、ボアソナードの考え方はそうではなく、瑕疵担保の規定は、フランス民法と形式は異なるが、実質は異なるものでなく、これを解除の所に置いたのは、瑕疵担保の効果として代金減額のみでなく、とくに重要なもの、中心的なものは解除であるから、売買の終了・解除の原因として規定するのがより適当である、というものであったと理解されている。[2] このことから、教授は、明文にはあらわれていないが、起草者の考え方を探ると、瑕疵担保責任は（追奪担保責任とならんで？——下森）債務不履行責任と考えられており、特定物・不特定物を問わず適用される趣旨であったと解される、と指摘されている。[3]

もっとも、北川教授は、瑕疵担保の規定が追奪担保の規定と切りはなされた理由として、瑕疵担保は追奪担保と異なり、正確には「担保」でないという実質的な、フランス民法と異なる理解があったことに注意を要するとされる。つまり、担保は損害発生のおそれがある危険から相手方を保護する債務であるのに対して、瑕疵担保は、既存の瑕疵に対する責任であって、売主はこの瑕疵を防止したり除去しうるものでなく、買主の請求は賠償（la réparation）——解除・減額・損害賠償——を目的としている。したがって、旧民法上、追奪担保と瑕疵担保とは、その法的性質が異なるものとみられていたというのである。もっとも、瑕疵担保責任は担保責任でないといっても、そこでは、今日論争されているような意味での、つまり、瑕疵担保は債務不履行かどうかという意味で、瑕疵担保の本質を考えることまでは、問題とされていなかったという。[4]

なお、旧民法における瑕疵担保規定の、本稿の問題点との関連において注意すべき特色として、解除の成立要件として、瑕疵が「修補」不能であること、また、隠れた瑕疵が「重大」であることが要求されていたこと（財産取得編九四条、九五条）が留意さるべきである。ボアソナードによると、瑕疵の修補が可能ならば、債務は信義誠実に履行されるべしとの一般原則（財産編三三〇条）に従い、売主に修補義務のあることは当然だとしていたという。[5] しかし、旧民法の規定上は、瑕疵担保の効果そのものとして瑕疵修補請求権が認められていたわけではなく、売主の修補義務が担保訴権によるほかに、通常の契約上の義務として認められるかは不明であるとの指摘が北川教授によってなされている。

要するに、この当時、物の瑕疵に対する責任が一般の債務不履行責任の一種とみられていたことについて、今日のわが国の学説は共通の理解をもっているようであるが、①担保責任である追奪担保と瑕疵担保は当時区別されていたとみるべきかどうか、②修補不能が解除の要件となっているが、修補可能な場合に瑕疵修補請求権までが認められる趣旨であったのかどうか、③肯定する場合にその根拠いかん、つまり明文の規定はないが担保責任の効果として認めるのか、それとも債務不履行の一般原則から認めるのか、瑕疵担保が債務不履行の一種という以上、瑕疵担保の効果としてこれを認めるという論理も可能であるが、これらの諸点についての旧民法の立場の理解の仕方については、まだ共通の理解は、今日の学説上、成立していない、といえそうである。

(イ)　現行民法典　現行民法は、旧民法の規定を改めて、僅か一ヵ条の規定を瑕疵担保に設けるにとどめ、しかもその効果については追奪担保の規定を準用するという方式をとった。この基底には、権利と物の瑕疵担保は、その問題性において両者異なって扱われるほどの差異はないという利益衡量が働いていたことが、梅委員の説明からうかがわれるとの指摘がある(6)。

本稿の課題との関連で重要な変更は、解除の成立要件である修補不能の要件が削られた点である、この点の理解につき、星野教授は、契約目的の達成不能という要件により、かつての要件はカバーされうる。つまり修補可能な場合は、契約目的達成不能にあたらないから解除できないと考えられたのであり、原理的に大きな修正があったわけではないとされる(7)。これに対し北川教授は、梅起草委員の説明によると、前半の説明ではそうとれるが、後半の説明部分では、修補可能な瑕疵にも場合によっては解除を許すべきである、という原理の変更がみられるとされ(8)、理解の仕方に若干の差異がある。両教授とも追完請求権や瑕疵修補請求権に関する起草者の見解については、ふれておられない。

なお、星野教授は、起草者によると、瑕疵担保責任は、債務不履行の効果であり、特定物・不特定物を問わず適用されるものと解されていた、とされている[9]。

(ウ)　民法典施行直後の学説　民法典制定当時からドイツ民法理論の圧倒的影響をうける大正期までの諸学説は、理論的精緻さには欠けるが、立法の沿革及び起草者の考え方にほぼならい、瑕疵担保責任は債務不履行責任であり、不特定物の売買にも適用されるとみていたとされている[10]。もっとも、北川教授によると、梅博士は、売主の担保義務は権利移転の義務に包含されるもので独立の義務ではない、と説明する一方で、売主は売買の目的物に瑕疵なきことを保証したものとみなされるのであり、これが瑕疵担保の根拠であると説明している。そこで債務不履行責任という場合「売主の担保義務の不履行という性質をも共有している形」で説明されていた、と指摘され、さらに岡松博士も、同様の二種の責任の混在が認められる、とされている[11]。

(エ)　大正期以降の学説　やがて大正期にいたりドイツ民法理論の圧倒的影響の下に、瑕疵担保責任に関する学説理論は大きな転換期を迎える。初期債務不履行説から法定責任説への転換がそれである。

まず、北川教授は一九〇五年（明治三八年）、ショルマイヤーの論文がでるまでは、ドイツにおいても、特定物の売主は瑕疵なき物の給付義務を負うとするのが通説であり、したがって、瑕疵担保が特別の法定責任であるという特徴的な法的構成は、わが民法典形成当時にはまだ十分にその概念体系形成にいたっていなかったし、ドイツでも少数説であった、とされる。しかし、その後、わが学説のあいつぐドイツ理論への転向とともに、「民法典制定時の民法典の構造に即した理論はその影をとどめぬ位に、ドイツ理論にぬりこめられ」たとされ、その後のわが国の学説の展開を、瑕疵担保の本質論を規定する三つの理論的支柱、つまり①瑕疵担保は法定の特別責任かそれとも契約上の責任か、②「瑕疵ある特定物の履行は瑕疵なき履行である」といういわゆる特定物のドグマをみとめるか、③瑕疵担保を原始的不能に基づく責任とみるか、という尺度を基準として学説継受の展開を分析された[12]。

星野教授もまた、かつての通説は、ドイツの有力説の影響を受けた鳩山説に批判され、以後、「不特定物の売買においては、瑕疵なき物の給付のない限り債務の本旨に従った履行にはならないから、債務不履行の一種である不完全履行の問題のみが生ずるが、特定物売買においては、売主の義務は特定された物の給付に尽きるから、売主はそれさえ給付すればよいが、これでは有償契約である売買における売主買主間の経済的均衡を失するから、法律が特に売主の責任を規定し、両当事者の利益の均衡をはかったのが瑕疵担保の制度である。故にこれは、法定の無過失責任であり、特定物についてのみ適用される。」との構成、さらに進んで「瑕疵ある特定物の売買において、瑕疵のない物の給付は始めから不可能であったから、ここには契約の原始的一部不能、従って原始的一部無効が存在するが、瑕疵担保はまさにこれに対処する制度である」との説明が通説となるに至った、と整理されている。[13]

(3)　両教授の右整理は、これ以降、今日の学説の、立法の沿革・学説史理解の基礎となっているといってよかろう。[14]本稿の課題との関連で、両教授の共通の理解を再整理してみると、①旧民法や民法典の起草者には、特定物ドグマの考え方はなかったとみられているようであること、②また、瑕疵担保は債務不履行責任の一種であると当時考えられていたとみられていること、③さらに瑕疵担保は不特定物売買にも適用ありとする考え方であったとみられていること、④効果論として、代物請求権や瑕疵修補請求権を瑕疵担保の内容として認める趣旨であったかどうかは必ずしも明確ではないとみられていること、等の諸点をあげることができよう（両教授の理解に若干の差異があることは先に指摘したところであるが）。

つまり、特定物ドグマ、法定責任性、不特定物売買の場合の債務不履行責任性（さらに瑕疵担保規定の適用否定）といった発想は、大正期のドイツ民法理論の圧倒的影響の下に展開されたものとみておられるわけである。

筆者も、従来、右の整理に従っていたが、近時、不特定物の遺贈義務者の担保責任（九九八条）と消費貸借における貸主の担保責任（五九〇条）に関する起草者の見解を調べる過程で、民法典起草者はすでに、特定物ドグマ的発想をもっていたと考えるべきだとの見解をいだかされるに至り、その一端を公表する機会をもった。[15] しかし、紙数の制約上、十分に説明する余裕がなかったので、本稿でこの問題をとりあげることとした次第である。なお、瑕疵担保責任の法定責任性は、確かにドイツ理論の産物であり、起草者にはかかる理論的精緻さはみられず、そもそも、担保責任、担保の義務、債務不履行、瑕疵担保責任、追奪担保責任、権利供与義務等の相互の法的性質について十分な理論的整理はできていなかったといってよい。また、その効果論として、解除や損害賠償の他に、代物請求権や瑕疵修補請求権まで含めて考えていたのかどうかも、正確には語られていない。このことが、起草者の見解の理解の仕方に困難さと混乱とをもたらす原因となっているように筆者には感じられるのである。

以下、民法九九八条、五九〇条に関する起草者の見解を探り、以上の問題に関する筆者の見解を展開してみたい。

二　不特定物の遺贈義務者の担保責任と起草者の見解

(1)　民法九九八条一項は、「不特定物を遺贈の目的とした場合において、受遺者が追奪を受けたときは、遺贈義務者は、これに対し売主と同じく、担保の責に任ずる。」と規定し、続いて二項は、「前項の場合において、物に瑕疵があつたときは、遺贈義務者は、瑕疵のない物を以てこれに代えなければならない。」と定めている。この規定がドイツ民法二一八二条・二一八三条を継受したものであることは明らかであり、[16] 代物給付に関する一項と二項の不均衡は、立法上のミスによるものとの指摘もあるところであるが、[17] 本稿のテーマに関連しても、この規定は重要な意義をもっている。本条二項が、給付された物に瑕疵があった場合に代物請求を認めた理由を梅博士は、民法要義で次のように説明している。[18]

「物ニ瑕疵アリタル場合ニ於テハ特定物ニ付テハ其瑕疵アル物ヲ遺贈シタルモノト視ルガ故ニ敢テ担保ノ義務ヲ生ゼザルベシト雖モ、不特定物ノ場合ニ於テハ遺言者ハ瑕疵アル物ヲ与フルコトヲ命ジタルニ非ザルヲ以テ、寧ロ瑕疵ナキ物ヲ与フベキモノタルコトハ固ヨリ言フヲ竢タザル所ナリ。故ニ遺贈義務者ガ瑕疵アル物ヲ与ヘタルハ未ダ其義務ヲ履行シタルモノト謂フコトヲ得ズ。従テ瑕疵ナキ物ヲ以テ之ニ代ヘザルコトヲ得ザルモノトセリ。是レ元来言フヲ俟タザル所ナルガ故ニ、贈与又ハ売買ニ付テハ何等ノ規定ナキニ拘ラズ亦同一ノ結果ヲ生ズルコト蓋シ疑ヲ容レザル所ナリ」。

そして、贈与又は売買については、かかる規定をおいていないのに、何故遺贈の場合に限ってかかる規定をおいたかというと、「[贈与及び売買については当然のことだから規定をおかなかったけれども]、唯本条ノ規定ヲ置キタルモノハ、所謂死人ニ口ナシノ俚諺ノ如ク、遺贈者ハ既ニ死亡シテ其真意ヲ尋問スルコト能ハズ。而モ遺贈ノ効カハ専ラ遺贈者ノ意思ニ依リテ定マルベキガ故ニ、特ニ明文ヲ置イテ当事者間ノ争ヲ防ガント欲シタルニ過ギズ(19)」。

(2)　以上のことから、次の諸点を指摘することができよう。①まず梅博士は特定物の場合と不特定物の場合の差異を明確に意識していること、そして②不特定物の売買・贈与・遺贈においては瑕疵なき物の給付義務があるから、瑕疵ある物を給付しても「未ダ其義務ヲ履行シタルモノト謂フコトヲ得ズ」、したがって代物給付義務を負うとしていることである。ここでの代物給付請求権の法的性質については、瑕疵担保責任の効果というより、本来の履行請求権と考えられていたものとみてよかろう（民法の規定上、九九八条二項の請求権には、短期の期間制限が付されていないこと、さらにはその必要性についての問題意識が認められないことに注意、これに対し、ドイツ民法二一八三条は売買の瑕疵担保の規定を準用し期間制限の定めをおく）。③ついで博士は、特定物の場合には「其瑕疵アル物ヲ遺贈［さらに売買・贈与］シタルモノト視ルガ故ニ敢テ担保ノ義務ヲ生ゼザルベシ」、したがって代物給付の義務はないとしている。ここで博士が「担保ノ義務」といっているのは瑕疵担保責任の意味でないことは明確であり（そうでないと特定物売買に瑕疵担保責任が課せられていることの説明がつかない）、また、瑕疵のないことの明示の保証あるいは担保約束の意味でもおそらくあるまい（不特定物との対比で語られている点からみて）。一般の債務不履行責任のつもりであったとみるのが素直ではあるまいか。そうだとすると、梅博士には、今日いう「特定物ドグマ」の発想がすでにあったということができよう。なお、瑕疵修補義務については、ここでなんら触れられていないことを留意しておかねばなるまい。

ちなみに、④旧民法において、追奪担保はまさに担保責任であるが、瑕疵担保責任はそうではなく、両者は異なる法的性質のものと考えられていたとの指摘が北川教授によってなされていることは前述したとおりであるが、右にいう「担保責任」の法的性質をさらに突込んで考えてみる必要がありそうである。北川教授によると、「担保は損害発生のおそれがある危険から相手方を保護する債務である」[20]とされる。そうだとすると、この債務の法的性質は、今日的視点からみると、本来の権利供与義務の一部ないしはその附随義務といえそうであり、これと異なって「瑕疵担保は、既存の瑕疵に対する責任であって、売主はこの瑕疵を防止したり除去しうるものでなく、買主の請求は賠償解除・減額・損害賠償――を目的としている」[21]という場合、この瑕疵担保責任の法的性質は、まさに今日われわれがいうところの債務不履行責任とは異なる「法定責任」ということになるのではあるまいか。

(3)　以上の諸点を踏まえ、これを論理的総合的に整理してみると、特定物と不特定物とを明白に区別している梅博士の発想よりするとき、不特定物の遺贈〔売買・贈与〕において瑕疵ある物が給付された場合、それは債務不履行の問題となり瑕疵なき物の給付義務があるが、特定物の遺贈〔売買・贈与〕において瑕疵ある物が給付されても債務不履行の問題は生ぜず瑕疵なき物の給付義務（代物給付義務）はない（これとは別途に瑕疵担保責任の問題は考えうるが、贈与、遺贈の場合にはその無償契約性のゆえに瑕疵担保責任は問題とならない）と解されていたと思われるのである。かくて、このような理解がもし許されうるものとするならば、梅博士にはまさに、後のいわゆる「特定物ドグマ」の発想がすでにあり、かつ、瑕疵担保責任を一般の債務不履行責任と区別して考える発想（後の法定責任説）の下地があったものといえるのではあるまいか。もちろん、この当時の時点においては、瑕疵担保責任の法的性質と債務不履行責任の異同についての精緻な理論構築がなかったので、ときに、瑕疵担保責任を債務不履行責任の一種と考えているかのごとき表現がみられるが、これまで述べてきたような観点から、その表現のもつ意味を洗い直して検討してみるとき、「担保の義務」、「担保責任」といった概念が正確に使われているわけではなく、あるときは「債務不履行責任」ないし「担保（保証）約束」上の義務、あるときは「追奪担保責任」あるいは「瑕疵担保責任」の意味として使われており、あるいは、ときに瑕疵なき物の給付義務ありと思わせる表現があるときも、そこで考えられているのは、不特定物の場合であったり、特定物の場合であっても、効果としては瑕疵担保責任の効果たる解除や損害賠償のことが念頭にあったのであり、代物給付や瑕疵修補請求権の存在まで考えられていたわけではないと思われるのである。

(4)　ところで九九八条は身分法の（しかもドイツ法を継受した）規定であり、梅博士の前記記述は『民法要義』の記述であることから、財産法制定当時の起草者はあるいはこれとは別個の見解をもっていたのではないかとの疑念が生ずるかも知れない。しかし、かかる発想は、すでに、財産法中の、消費貸借契約の貸主の担保責任に関する五九〇条の規定にみられるのである。もっとも、ここでは消費貸借契約の要物契約性の問題とからみ、起草者に若干の混乱がみられる。そこで次に、五九〇条の検討に移ろう。

三　消費貸借契約の貸主の担保責任と起草者の見解

(1)　民法五九〇条は、「利息附ノ消費貸借ニ於テ物ニ隠レタル瑕疵アリタルトキハ貸主ハ瑕疵ナキ物ヲ以テ之ニ代フルコトヲ要ス但損害賠償ノ請求ヲ妨ケス

無利息ノ消費貸借ニ於テハ借主ハ瑕疵アル物ノ価額ヲ返還スルコトヲ得但貸主カ其瑕疵ヲ知リテ之ヲ借主ニ告ケサリシトキハ前項ノ規定ヲ準用ス」と定める。

この条文の意義につき、梅博士は『民法要義』で次のように説明している。すなわち、まず、「本条ハ瑕疵担保ノ一種ニ関スル規定ナリ蓋シ純然タル瑕疵担保ノ問題ハ特定物ヲ目的トスル契約ニ在リテノミ生スルモノニシテ猶ホ其

担保ノ目的タルヤ契約ヲ解除シ若クハ損害ヲ賠償セシムルニ在リト雖モ（五七〇）消費貸借ハ初メ其予約ヲ為スニ方リテハ不特定物ヲ以テ目的トスルコト多ク又其担保ノ目的モ普通ノ瑕疵担保ニ異ナルモノアリ」と。(22)

ここで注目すべきは、純然たる瑕疵担保は特定物の場合にのみ問題となるとし（しかもその効果は契約解除と損害賠償）、不特定物の場合はその問題を生じないとしつつも（この点は九九八条の説明と同じ）、なお、「瑕疵担保ノ一種」として、瑕疵なき代物の給付義務が生ずるとしている点である。そこで、右にいう「瑕疵担保ノ一種」の内容について梅博士がどのように考えていたのかが問題となる。右説明に続いて梅博士は、利息附消費貸借と無利息の場合とに分けてその内容を説明している。

⑵　まず、利息附消費貸借の瑕疵担保責任についての梅博士の説明をくだいて紹介してみるとこうである。(23) 利息附消費貸借は有償契約だから、もし本条の特別規定がないと、売買の瑕疵担保の規定の適用をみるわけであるが、この規定（五七〇条）は、特定物を目的とする契約に適用されるもので、その効果としては、契約の解除又は損害賠償の請求が認められるのみである。ところが本条第一項の規定によると、（予約の段階では――下森）不特定物を目的とすることが多い消費貸借において、貸主が瑕疵ある物を給付した場合代物給付の義務を負うわけで、これは瑕疵担保に類する責任を定めたものといえ、かつ、たとえその目的物が特定物（予約の段階から？――下森）であっても解除によらず瑕疵なき代物の給付義務を負うものとされている点でも特色がある。自分の考えるところによれば、不特定物を目的とする契約においては、「純然タル担保ノ義務」（これはおそらく瑕疵担保の意――下森）を生じないのであるが、本条第一項のような効果が認められるべきことは疑いの余地がない。というのは、不特定物の給付義務を負う者はとくに明示の特約がなくとも、当事者の意思が瑕疵なき物を給付すべきことにあることは推測に難くない。ゆえにもし瑕疵ある物を給付したときは「真ノ履行ニ非ス」、ゆえに債権者は瑕疵なき代物の給付を請求しうる。売買についても単に「売買ノ目的物」といっているが、それが特定物を予想したものであることは疑いをいれない。本条第一項の

規定が不特定物についてのみ適用されるのであれば売買の場合と同じように明文の規定を設けない方がむしろ妥当であるが、この規定は消費貸借の目的物が特定物の場合にもまた適用されるのであるから、単に（債務不履行の――下森）一般原則を宣言したものではない。（消費貸借契約の要物契約性のゆえに――下森）契約成立当時において目的物は常に特定しているわけではあるが、仮にすでに予約の時において貸主が特定物の貸与を約したとしても借主の意思はたまたま特定していたその物を借りようとしたのではなく、単に「金若干円、米若干石」を借りようと欲していたのであるから、借主としては受けとった物に瑕疵あるときは、（瑕疵担保の一種として）瑕疵なき代物の給付を請求しうる権利があるとしたものである、と。

さて、消費貸借契約の目的物はその契約の性質上代替物であるこというまでもないから、梅博士が右で「特定物」という場合、それは代替物が特定物として貸借の目的となっていることを意味する。そこで、代替物がたまたま特定物売買された場合にその物に瑕疵があったとしてもそれは瑕疵担保責任の問題ではなく不完全履行の問題として瑕疵なき代物の給付請求を認めるという今日の通説的見解をとれば、本条第一項は、梅博士のように、債務不履行と異なり、「瑕疵担保ノ一種」であると説明する必要はなく、不完全履行の消費貸借契約における特別規定であり、かかる明文の規定がなくとも代物請求は当然に認められうると説明することになろう。

(3)　問題は無利息の消費貸借に関する第二項の規定である。この点を梅博士は次のように説明している。無利息の消費貸借においては、贈与の場合と同様に（五五一条一項）、目的物に瑕疵があっても担保責任を負わないのが原則である。貸主が恩恵的行為である無利息の貸借を為す場合においては、多くは現に占有しているのでその物を貸そうということが多い。たとえそうでないとしても、もし隠れた瑕疵につき責任（代物給付義務）を負うべきものとするときは、貸主が初めに借主に自己の利益の一部を分け与えようとした出捐の外にさらに意外の損失をこうむることになるわけで、当初施そうとした恩恵より一層大なる恩恵を施させる結果となって不都合である。これが無利息の貸主に瑕疵担保の責任なしとした理由である。そこでもし、貸主が瑕疵を知りながらこれを借主に告げなかったときは、貸主に故意または、過失があることになるから、この場合には、本条第一項の規定を準用し、代物給付義務や損害賠償責任を負わすこととしたのである、と。(24)

梅博士の右説明は、遺贈の場合の説明と矛盾しているように思われる。なぜなら前述したように、無償行為たる不特定物の遺贈の場合、梅博士は、瑕疵ある物が給付されてもそれは債務の履行といえず、代物給付義務を免れない、このことは贈与や売買でも同じだと説明しているからである。この論法をもってすれば、無償契約である無利息の消費貸借においても、瑕疵ある物が給付された場合、貸主は代物給付義務を免れず、それは瑕疵担保の問題ではなく、債務不履行の問題だというのが筋であろう。もっとも、贈与や遺贈との差異として、消費貸借契約の要物契約性があり、契約成立の時点では、目的物たる代替物が特定しているということが一応あげられる。そして、特定物の場合は、債務不履行の問題でなく、瑕疵担保の問題で、無利息の消費貸借の無償契約性のゆえに、瑕疵担保責任の一種たる代物給付義務も貸主は負わない、というのがおそらく梅博士の論理であろう。しかし、不特定物の給付義務が発生する諾成契約的（無利息）消費貸借であればどうなるかの問題が生ずるとともに、梅博士は右の説明の中で、当初貸主が占有している物はもちろん、そうでない目的物（代替物）の貸借の場合（つまり予約の段階で特定していなかった場合）であっても代物給付義務を認める必要なしとしているのであるが、他方本条第一項の説明のところでは、契約成立時に特定した場合はもちろん、予約の段階においてすでに特定していた場合であっても、貸主に代物給付義務を認めるのが契約当事者の意思に合致しているのでこれを認めたといっているのである。これは消費貸借契約の目的物が代替物であることが前提になっている利益考量であり、そうだとすると、この点に着目するかぎり、無利息の消費貸借であっても（また代物給付についての明示の特約がなくとも）、借主は後に同種同量の物を返還するのであるから、瑕疵ある物として貸したのでない限り貸主に瑕疵なき代物の給付義務を認めるのが、借主に瑕疵ある物の価額の返還で足りるとすることより、より合理的あるいは当事者の意思に合致するものとはいえまいか。貸主に故意ある場合に限り、瑕疵なき物の給付義務を認めることとする合理的根拠はないように思われる。そうだとすると先の説明は、不特定物の無償贈与にも瑕疵なき代物の給付義務を認める梅博士の基本的立場と矛盾することになり、梅博士は、ここでは、本来債務不履行の問題であるのを無償契約における担保責任の問題と混同しているものと私は考えるのである。もちろん、立法政策としては、その当否はともかく、右のような諸点を意識的に踏まえつつ、無利息の消費貸借においては、贈与や遺贈の場合とも異なって、代物の給付義務を認めないとすることは可能であり、現に、現行民法典が本条第二項で、明示にこれを否定している限り、解釈論としては、代物給付請求権が認められにくいことは事実であるが、これは、起草者が確固とした利益考量に基づいて、かかる規定を設けたというよりはむしろ、当時の起草者達が、代替物と不代替物、特定物と不特定物、それらの相互関係、債務不履行と瑕疵担保責任との関係、消費貸借契約の要物性との関連等についての正確な理論的問題意識を必ずしも有さず、やや混乱したための立法ミスとみるのが妥当のように思われる。このことは、審議過程で削除された追奪担保責任に関する、五九三条および本条の原案たる五九四条についての法典調査会の審議経過をみるとき明らかかと思われるが、紙数の制約上、本稿ではこれ以上の深入りは避け、問題点の指摘にとどめおく(25)。

以上、要するに、無利息の消費貸借において、瑕疵なき代物の給付義務を認めず、瑕疵ある物の価額の返還義務を認めるにとどめる五九〇条二項の規定は、今日の時点からみるとき、問題の多い規定だということになる。すなわち、まず給付された瑕疵ある物を消費した後で、瑕疵のあったことを立証して価額の返還にとどめることは、瑕疵の立証、価額の算定上困難なことが多いであろう。では消費する前はどうか。消費貸借の要物契約性の故に、目的物は特定物であったから、不完全履行とならず、したがって追完請求つまり瑕疵なき代物の給付請求はできず、さらに、無利息故に、無償契約となり、貸主が瑕疵につき善意である以上その担保責任も追及できない。つまり、その物が使い物にならないものであっても、担保責任の一種としての代物請求も、契約解除も許されないで、瑕疵ある物としての価額の返還をなしうるにとどまるというのは、いかにもおかしい。もちろん、消費以前であれば、価額の返還でなく、受領した瑕疵ある物自体を返還することで解除と同様の結果を達成しうるが、それでは消費貸借契約を締結した目的が達成できまい。目的物は代替物であるのだから、無利息の場合であっても、贈与や遺贈の場合と同様、原則としては、要物契約性のゆえたまたま特定していたとしてもなお、不完全履行として、追完請求権としての代物給付請求が認められてしかるべきであろう。そして、梅博士が例外としてあげた、貸主に意外の負担がかかる例外的な場合は、制限種類物の消費貸借とみたり信義則あるいは錯誤の法理などを使って保護をはかれば十分といえよう。

四　結論的覚書

(1)　さて、本稿の課題との関連において、以上検討してきたことを総括してみよう。

民法五七〇条ないし売買の担保責任一般にとどまらず、消費貸借や遺贈の瑕疵担保責任に関する民法の規定とこれに関する起草者とくに梅博士の見解を検討した結果、次のことが明らかとなった。

①　瑕疵担保責任は、一般の債務不履行責任とは別種のものと考えられていた。

②　瑕疵担保責任は有償契約に特有の責任と考えられ、無償契約には認められないと考えられていた。

③　特定物の場合と不特定物の場合とは問題が異なることが明確に意識されており、瑕疵担保責任は、特定物の給付義務の場合にのみ原則として認められる責任であって、その内容は、契約解除と損害賠償のみであり、瑕疵なき代物の給付義務は瑕疵担保責任の効果としては、原則として認められないものと考えられていた。

④　不特定物の給付を目的とする債務において瑕疵ある物が給付された場合は、債務の適正ならざる履行つまり今日いう不完全履行であって、当該債務が売買・贈与・遺贈のいずれであっても（つまり有償・無償の区別なく）、給付

義務者には瑕疵なき代物の給付義務があり、これは瑕疵担保責任とは別の、債務不履行の一般原則によるものと考えられていた。

⑤　ただし、その性質上つねに代替物が対象となる消費貸借契約において、その契約の要物契約性（つまり契約の成立時点でつねに目的物が特定すること）のゆえに――今日の理論からすれば、なお不完全履行と構成する余地があるのであるが、かかる考え方をもっていなかったがゆえに――瑕疵ある特定物の給付とみたために債務不履行責任としての追完義務を認めることができず、利息付きの消費貸借（有償契約）の場合に限って、目的物の代替物性が考慮されて、瑕疵担保責任の亜種として代物給付請求権が例外的に認められた。しかし、無利息の場合には、無償契約のゆえに、瑕疵担保責任なく、したがってその亜種としての代物給付義務も貸主は負わず、ただ、借主は、消費した瑕疵ある物の価額の返還をすればよいものとされた。

⑥　ちなみに、以上の論理をもってすれば、諾成的消費貸借が認められる場合には、目的物は不特定物であるから、無利息の場合でも、不完全履行として代物給付請求権が認められるはずであるが、この点については言及されていない。

⑦　瑕疵修補請求権については、必ずしも明確でなく、また、不特定物売買の場合に、債務不履行の問題とならんで、瑕疵担保の規定が適用になるかどうかは必ずしも明確でないという方が、以上の視点からすれば、正確のように思われる。

(2)　以上のことを踏まえて、結論的にいえることは、最初に指摘したごとく、民法の起草者、少なくとも梅博士には、明確に「特定物ドグマ」と今日契約責任説より批判されている考え方があったこと、そして、瑕疵担保責任の法的性質と債務不履行責任のそれとの異同についての精密な理論的認識はなかったけれども、少なくとも、瑕疵担保責任を一般の債務不履行責任とは区別して考える発想（後の法定責任説）の下地はあったといえそうだということである。

最後に、現時点でかかる事実を指摘することの意義はどこにあるのかにつき、一言述べておこう。瑕疵担保責任の法的性質に関する、いわゆる新説と呼ばれる「契約責任説」の論者は、これまでの通説であった「法定責任説」に対し、その理論的基礎たる「特定物ドグマ」を非常識な見解であると批判し、この発想は、大正時代に、ドイツ民法学の影響の下に、学説継受されたもので、日本民法典特有のものではなく、また起草者にもかかる考え方はなかったと主張し、旧民法以来のフランス法の伝統をも踏まえ、起草者の意思にもかなった解釈をすべきだということを、契約責任説の一つの大きな理論的支柱として、これまで主張されてきた。しかし、本稿で指摘した事実、さらに梅博士の見解についての筆者のような理解の仕方がもし許されるものとしたならば、契約責任説の理論的支柱の一つが失われることになるのではあるまいか。つまり、日本民法典の客観的体系的構造は、すでに特定物ドグマを前提として構築されていたのであり、債務不履行責任と瑕疵担保責任とは、異質のものとして構築されていたことになるのだからである。しかし、このことはもちろんかかるシステムが今日的観点からみて問題があるということの批判を排斥するものではない。一定の政策判断にもとづく契約責任説の主張は、それはそれとして十分に尊重さるべき見解であることを法定責任説に立つ筆者も認める。問題は、法政策的見地、さらには法技術的見地からみて、どのような紛争解決システムを構築することが、立法論上あるいは解釈論上、より効果的、合理的であるか、にある。この点のさらなる検討は、本稿に続く論文の執筆を予定しているのでそれに譲ることとし、以上をもって一応本稿を終えることとしたい。(26)

（1）星野英一「瑕疵担保の研究――日本」『民法論集第三巻』（有斐閣、一九七二年）一八〇頁。
（2）星野・前掲注（1）一八一頁。
（3）星野・前掲注（1）一八二頁。
（4）北川善太郎『日本法学の歴史と理論』（日本評論社、一九六八年）一〇五頁。

（5）星野・前掲注（1）一八一頁、北川・前掲注（4）一一八頁。
（6）北川・前掲注（4）一〇七頁。
（7）星野・前掲注（1）一八七頁。
（8）北川・前掲注（4）一〇七頁。
（9）星野・前掲注（1）一八八頁。
（10）星野・前掲注（1）一九〇頁、北川・前掲注（4）一一〇頁。
（11）北川・前掲注（4）一一〇頁。
（12）北川・前掲注（4）一一二頁以下。
（13）星野・前掲注（1）一九〇頁。
（14）『注釈民法⑭』（有斐閣、一九六六年）一七五頁以下（柚木馨執筆）。また近時の研究、円谷峻「瑕疵担保責任」『民法講座5』（有斐閣、一九八五年）一八五頁以下、半田吉信『担保責任の再構成』（三嶺書房、一九八六年）、潮見佳男『契約規範の構造と展開』（有斐閣、一九九一年）、森田宏樹「瑕疵担保責任に関する基礎的考察㈠㈡㈢」法学協会雑誌一〇七巻二号・六号（一九九〇年）、一〇八巻五号（一九九一年）、同「売買契約における瑕疵修補請求権に関する一考察㈠㈡㈢完」法学（東北大学法学会）五三巻六号（一九九〇年）、五四巻二号（一九九〇年）、五五巻二号（一九九一年）等にも基本的に受け継がれている。
（15）下森定「債務不履行の効果」法学教室一三九号（一九九二年）五八頁。なお、「不完全履行と瑕疵担保責任――不代替的特定物売買における瑕疵修補請求権を中心に――」『加藤一郎教授古稀記念論文集』（有斐閣、一九九二年）三五〇頁以下においても少し詳しく論じた。
（16）『注釈民法㉖』（有斐閣、一九七三年）一八九頁（上野雅和執筆）。
（17）川島武宜『改訂増補民法㈢』（有斐閣、一九五八年）二〇一頁。
（18）梅謙次郎『民法要義巻之五相続編』〔第五版〕（有斐閣、一九〇一年）三五八頁。
（19）梅・前掲三五七頁。
（20）北川・前掲一〇五頁。
（21）注（20）と同じ。
（22）梅謙次郎『民法要義巻之三債権編』〔復刻版〕（有斐閣、一九八四年）五九四頁。

(23) 梅・前掲注(22)五九五頁以下。
(24) 梅・前掲注(22)五九七頁以下。
(25)『法典調査会・民法議事速記録四』(日本近代立法資料叢書4・商事法務研究会、一九八四年)二五〇頁以下(五九三条の審議)二六三頁以下(五九四条の審議)の富井、梅発言とくに二六三頁の梅発言参照のこと。この審議の過程は、ゆうに一つの小論文のテーマとなりうるものと考えるが、本稿ではふれる余裕がない。なお、不特定物の遺贈における遺贈義務者の担保責任に関する民法九九八条(草案一一〇一条)の審議経過につき、法典調査会の議事速記録(前掲『法典調査会・民法議事速記録七』七四五頁以下)をみると、富井政章委員は、瑕疵なき代物の給付義務に関し、売買・消費貸借との権衡を考えてこれを認めた旨説明している。この条文の審議に際しては、追奪担保責任を中心に議論が展開されているが、債務不履行、追奪担保、瑕疵担保の関係について理論的に十分な詰めがなく、今日の視点からみると問題が多い。しかし、この点の検討は後日の機会に譲る。
(26) 筆者は、「不完全履行と瑕疵担保責任 —— 不代替的特定物売買における瑕疵修補請求権を中心に ——」『加藤一郎教授古稀記念論文集』(有斐閣、一九九二年)において、右のテーマに関する私見(当事者意思の合理的解釈による請求権認容)に加えられた諸批判にこたえる機会をもった(とくに加藤雅信、潮見佳男、森田宏樹三教授の論稿を中心にとりあげた)。本稿はこれに続くものであるが、右の論稿でとりあげえなかった、加藤説、森田説の検討と批判については、本文で述べたごとく、さらに、本稿に続く、第三稿を予定している。おそらく法学志林誌上で公表することになるであろう。

13　瑕疵担保責任論の新たな展開とその検討

（一九九八年）

はじめに

本稿は、瑕疵担保責任論の近時の新たな展開について批判的検討を試みるものである。最近私は、①「不完全履行と瑕疵担保責任――不代替的特定物売買における瑕疵修補請求権を中心に――」（加藤一郎先生古稀記念『現代社会と民法学の動向』下巻、一九九二年）、②「瑕疵担保責任に関する一つの覚書――いわゆる『特定物ドグマ』と民法起草者の見解――（内山教授他古稀記念『続現代民法学の基本問題』一九九三年）、③「不完全履行論の新たな展開」（司法研修所論集一九九三年――Ⅱ、（第九〇号））の三連作を発表してきた。

第一作は、不代替的特定物売買における瑕疵修補請求権に関する私見をほぼ採用した、神戸地裁昭和六一年九月三日判決を素材として、私見に加えられたこれまでの諸批判への反論を試み、あわせて従来の私見の補足を試みたものである。第二作は、第一作を受けて、そこで十分展開できなかった民法起草者の「特定物ドグマ」に対する考え方を探り、民法九九八条および五九〇条に関する起草者の説明等を総合的に検討するとき、わが民法の起草者はすでに、後に「特定物ドグマ」と称される考え方を有していたものとみうることを明らかにし、これを大正期のドイツ民法学の学説継受として批判していた契約責任説への反論を試みたものである。第三作は、前二作と関連させつつ、種類売買を中心とする近代的商品取引、あるいは不動産業の発達に伴う新築分譲住宅・マンションの大量取引さらには、請負、委任等の為す債務を発生させる取引契約における不完全履行の法的救済システムとしては、ローマ法の下で、不代替的特定物売買を対象として構築された古い瑕疵担保責任法理の拡張、展開によって対処するよりは、不完全履行法理の新たなる展開によって対処する方途が、解釈論上も、立法論上も、より効果的であることを、一般的に論じたものであった。

これらの連作の中で、ひきつづき、瑕疵担保責任論の新たな展開を試みた近時の学説（とくに加藤(雅)説、森田(宏)説）の検討を行う論文を発表することを予告し、半ば以上執筆も終えていたが、思いがけずも、大学行政にかかわることなどもあり、中断を余儀なくされた。今、時間をえて再び着手することができたこの論稿を、戦後いち早く、ヨーロッパ法の動向を紹介して契約責任説の先駆的業績をあげられた五十嵐清先生の古稀をお祝いして、その理論を通じ多大の御教示をえた先生にお捧げしたい。先生のお立場とはやや異なった立場に立つが、先人の業績に百尺竿頭一歩を進めるのが、先人の学恩にお報いする後輩の任務と考える。もっとも、一歩を果して進めえたかどうかは、学界の判断に委ねるほかないところではあるが。

一　問題の所在 ― 本稿の基本的視角 ―

1　先の論稿で、私は、瑕疵担保責任と不完全履行との関係をめぐる現在の理論的・実践的課題を以下のように整理しておいた。まず総論的課題として、現行日本民法の規定する瑕疵担保責任の法的性質をどのようなものとみるべきか（法定責任とみるべきか、契約責任とみるべきか）。この制度は契約責任の基本構造の中で、どのような位置づけをあたえるべきか。ついで、各論的課題として、第一に不特定物売買にも瑕疵担保責任の適用を認めるべきかどうか。適用を肯定する場合は、買主の本来の履行請求権と瑕疵担保責任上の権利との関係をどのようにとらえるべきか。第二に、不代替的特定物売買にも買主の瑕疵修補請求権を認めるべきかどうか。これを肯定するときは、その法的根拠をどこに求めるか。これと関連して、売主の瑕疵修補権ないし追完権を認めるべきかどうか。第三に瑕疵ある物の給付によって買主が受けた損害（拡大損害をも含めて）につき、無過失責任としての瑕疵担保責任と過失責任としての債務不履行責任がカバーする領域の画定と両者の関係いかん。

そして、これらの課題のさらなる延長線上の問題として、贈与、遺贈、消費貸借、使用貸借、賃貸借、請負等における瑕疵担保責任との比較、その法的性質の検討、危険負担制度との関係、為す債務の不完全履行との関係、契約締結上の過失、積極的債権侵害論をも含む不完全履行一般の理論的検討、これらを契機とする債務不履行責任（契約責任）再構成の必要性の有無といった理論的課題が、広く視野の中におかれるべきである、と。

2　前稿発表後の近時の学説の動向をみるとき、この問題に関する近時の学説の関心は以下のように推移しているとみることができる。すなわち、従来の通説であった法定責任説に対し、新説としての契約責任説が登場した後、瑕疵なき物の給付義務の不履行責任と瑕疵担保責任との関係が改めて問題となった。すなわち、両者はそれぞれの適用領域を異にする別個の制度だとする法定責任説によるときは、問題が簡明であるのに対し（不特定物売買でも瑕疵担保の規定の重畳的適用があるかの問題は残るが）、瑕疵担保責任を債務不履行の特則とみる契約責任説では、両者の関係があらためて問われることになるはずである。(1) しかし、「特定物ドグマ」の批判を主眼とした従来の契約責任説は、もっぱら結果の妥当性に関心があり、一方において、特定物売買においても、売主に対する完全履行請求権（瑕疵修補請求権・追完請求権）を認めうること、他方で、不特定物売買を含めて瑕疵担保規定による一年の期間制限を課すことが可能になることを、この説の解釈論上の意義としそれ以上両者の関係を掘り下げることをしていなかった。(2)

しかし、その後、柚木教授を初めとして奥田教授や私などにより両者の関係が改めて問われ、(3) これにこたえて瑕疵担保責任の特則性を瑕疵担保責任の無過失責任性に求める加藤(雅)説が登場した。これが近時「第三の波」と呼ばれる動きのきっかけである。(4)

ところが最近になって、さらに別の観点から、瑕疵担保責任の特則性を説明しようとする見解が主張されている。その口火を切ったのが森田(宏)説である。この説は、瑕疵担保責任は、買主による目的物の「受領」後にも追及が許容された債務不履行責任である点に、その固有の意義があると説くものである。(5) また、森田(宏)教授は瑕疵修補請求権の法的性質について、「現実賠償」としての性格を有するもの、とのユニークな提唱をも行われている。[6] 後者の点についてはともかく、前者の買主の「受領」に焦点をあてた研究は近時続いており、[7] これが第四の波となるかどうか、興味深い。

3　以上のような近時の学説の動向を踏まえて、以下、まず、加藤、森田両説を含め、既存の契約責任説から厳しく批判されているいわゆる「特定物ドグマ」批判に対する、私見のこれまでの反論を整理し、補足的説明をしておきたい（第二節）。さらに、「危険負担的代金減額請求説」といわれる加藤(雅)説を検討し（第三節）、ついで、瑕疵修補請求権の法的性質に関する森田(宏)説を検討する（第四節）。そして、「受領」に焦点をあてて瑕疵担保責任の特則性を説明する森田(宏)説を契機とする近時の学説を踏まえ、不完全履行と瑕疵担保責任の関係についての総合的な検討を行ってみたい（第五節）。そして最後に、近時発表されたドイツ債務法改正委員会草案を踏まえて、今後の立法論的展望を試みたいが、この点は紙数及び時間的制約のゆえに、感想を述べるにとめ、続稿に委ねることとしたい（第六節）。

4　以上が本稿の構成であるが、本稿の基本的視角について、はじめに一言しておきたい。かつて山下教授は、「種類売買の展開にみちれるような近代的大量生産、代替物取引の発展によって、特定物売買における特定物観念の意義が抽象化、相対化し、特定物給付という行為が一応の契約履行をあらわすものとみられてくるとき、瑕疵担保を種類売買にも肯定することに対する障害は存しなくなる」と説かれ、[8] それ以前に北川教授も、かかる法現象について、これを「種類売買法理が、特定物売買法へ浸透したことの現われ」であると指摘されていた。[9] 近時これらを受けて、北居助教授によって「特定物売買でも種類売買でも『特定』要素が『抽象化・相対化』することにより、両種売買の差異も『抽象化・相対化』され、瑕疵担保責任が不完全履行責任として一律の規律を与える基礎が形作られたと理解されるべきこととなろう」と、賛同されている。[10]

たしかにこのような理解も可能であるが、私見は反対の角度からこの法現象を理解してきた。すなわち、種類売買法理の特定物売買法理への浸透というよりはむしろ、新しい法現象たる種類売買法理の形成過程において、瑕疵担保法理＝特定物売買法理が借用され、それが拡張されたものであること、いわばそれは過渡期の理論ないし、制度ともいうべきもので、不完全履行論という新しい理論が登場した時点で、それはその歴史的使命をおえ、瑕疵担保責任本来の適用領域に縮限さるべきものとみるべきである。そして、異質の制度である瑕疵担保責任をも含めて債務不履行制度に一元化しても、不代替的特定物の特性のゆえに、種類物、代替物との同一処理は妥当でなく、瑕疵担保というか、特別不完全履行というか、名称の点はともかくとして、実質的には、有償契約における対価的均衡性に根ざす無過失責任にもとづく、即時無催告解除、代金減額請求権という瑕疵担保責任特有の規定は残さざるをえないとこれまで繰り返し指摘してきた。そして近時のドイツ債務法改正委員会草案は、債務不履行責任の一元化を試みつつもまさに私見の指摘したとおりの規定を残しているのである。

新しい商品取引、各種サービス契約における不完全履行の法的救済システムとしては、有償、無償、与える債務、為す債務のいかんを問わず、不完全履行論の新たなる展開によって対処するのが、機能的にみて合理的であり、瑕疵担保責任制度を拡張あるいは変質させたり、これを不完全履行の中に取り込む必要はなく、かえってそれは有害であるというのが私見の基本的立脚点である。

しかし、近時の学説の関心は、効果論を中心とする両制度の機能的比較的考察よりはむしろ現段階における特定物ドグマ一般の非合理性への批判及び瑕疵担保責任の不完全履行に対する特則性の理論的解明に集中しすぎているように思われる。そこでこの基本的視角から、今一度近時の学説の批判的検討を行ってみようというのが、本稿の問題意識である。

（1）奥田昌道『債権総論（増補版）』一六二頁注（1）（一九九二年）、森田宏樹「債務不履行と瑕疵担保」法教一九三号二七頁等の指摘参照。

（2）代表的論著として、柚木馨『売主瑕疵担保責任の研究』（一九六三年）一七三頁以下。拙稿「不特定物売買と瑕疵担保責任㈠（未完）志林六六巻四号七七頁以下（一九六九年）、「種類売買と瑕疵担保」民法学⑸（契約の重要問題）八九頁以下（一九七六年）他。

（3）加藤雅信「売主の瑕疵担保責任――対価的制限説再評価の視点から」民法Ⅱ判例と学説3一七五頁以下（一九七七年）『現代民法学の展開』（有斐閣、一九九三年）所収。

（4）本稿のテーマに関する学説史として、円谷峻「瑕疵担保責任」民法講座5契約一八五頁以下（一九八五年）が詳しい。なお本稿本文の脱稿後、半田吉信「瑕疵担保論史」日本民法学史・各論二五五頁以下（一九九七年）に接した。この論稿については注で応接することとした。

（5）森田宏樹「瑕疵担保責任に関する基礎的考察」私法五一号一三四頁（一九八九年）、同「不特定物と瑕疵担保」判例に学ぶ民法一六〇頁以下（有斐閣、一九九四年）、同・前掲注（1）法教一九三号論文（一九九六年）。

（6）森田宏樹「売買契約における瑕疵修補請求権に関する一考察（三・完）」法学五五巻二号一一八頁（一九九一年）。

（7）藤田寿夫「瑕疵担保責任の再構成――不特定物売買との関係を中心に」神戸学院法学二一巻四号五七頁以下（『表示責任と契約法理』一一五頁以下（一九九四年）所収）、北居功「『受領』概念の機能的考察――商法五二六条の機能分析を契機に」法学研究六九巻一号二七九頁以下（一九九六年）、同「売主瑕疵担保責任と危険負担との関係㈠～㈣」法学研究六九巻五、六、八、九号（一九九六年）など。

（8）山下末人「瑕疵担保」於保還暦記念・民法学の基礎的課題上（一九七一年）一八八頁。

（9）北川善太郎『契約責任の研究』三六八頁（一九六三年）。

（10）北居功「売主瑕疵担保責任と危険負担との関係㈣――三種類債務の合意による特定を契機として――」法学研究六九巻九号一〇八頁注㉓（一九九六年）の指摘。

二　特定物ドグマ批判の検討

1　私見によれば、前述の第一論稿（加藤古稀）で述べたとおり不代替的特定物売買における売主の本来的給付義務は、原則として当該の特定の目的物の所有権や占有を買主に移転することを内容とすると解するのが、現行民法典の論理解釈としては正当と考える。たまたま当該目的物に当事者の知らない瑕疵があったとしても、売主には瑕疵なき代物を給付する義務はもちろん（それが物理的あるいは社会通念上可能であっても）、瑕疵修補義務も（それは物理的に不能、この点は土地の数量指示売買の場合も同じ）、当事者の明示または黙示の特約もなく、当事者意思の補充規定として追完を認める明文の規定もない以上、当然には存しない。したがって、当該目的物を売主に引き渡せばその物に瑕疵があっても、そのことによって、合意に基づく契約上の本来的給付義務たる目的物の引渡債務は履行されたことになり、履行内容の不完全履行とはならない。これが今日の時点で私の理解する特定物ドグマである(11)。この特定物ドグマ論に対して、契約責任説の側から、代金と等価である性質をもつ特定物を引き渡す債務を負うことは法的に可能であり、あるべき性質を請け負う意思を特定物債務にも認めるべきだとの批判がなされている(12)(13)。

2　この特定物ドグマ批判に対して、すでに先の第一論稿で反批判を試みたが、繰り返しとなることをおそれず、今一歩掘り下げた考察をしておこう。まず、沿革的にみた場合、現行瑕疵担保責任制度は、周知のごとく、ローマ法において買主が公の市場において家畜や奴隷等を買い受けたところ、それに「除去しえない瑕疵」があった場合の買主の救済手段として、即時解除による代金の返還ないし代金減額請求権を認めた制度に由来するものである。ここでは、代物給付が不能な不代替的特定物売買で、かつ瑕疵の除去あるいは修補が不可能ないし売主に期待しえないような商品の取引が対象とされていたこと、そしてこの制度が債務不履行制度の原型たる買主訴権とは別個の制度であったことは明白である。ローマ法においては、いわゆる制限種類売買の場合を除き、種類売買という法概念はいまだ知られざるものでもあった。つぎに、特定物ドグマの成立した背後の近代法のシステムとの関連においてこのドグマをみると、それは履行請求権の強制的実現を第一次の救済手段とする債務不履行システムをとり、かつ代物給付や瑕疵の除去が不能あるいは売主に期待できない商品取引につき、債務不履行制度とは別途に発展してきた瑕疵担保責任制度を継受し、それをそのまま法典上に規定した法システムを前提にして理論構築されたドグマであるといえる。そして今日、特定物ドグマを批判する者が特定物ドグマを不当とする場合に前提としている商品取引は、主として代替物を対象とする種類売買あるいは特定物売買であり、不代替物の取引が考えられている場合には、瑕疵修補が可能で、かつそれを期待できる売主との取引、例えば瑕疵修補の技術を有しまたはそれを容易に手配しうる地位にある商人や企業による新築建売住宅や中古自動車の販売などが主として念頭にあるものといえまいか。他方その立場に立つ論者には、損害賠償を第一次的救済手段とするがゆえに、代物給付や瑕疵除去が不能であっても契約の一部不能を原則として観念する必要のない英米法的発想の影響がある。

そうだとすると、今日の商品取引の実状を踏まえた実践的解釈論的主張の点はしばらくおき、すくなくとも民法五七〇条に定める瑕疵担保責任の基本構造、法的性質についての客観的認識という側面に立って考えるとき、それは特定物ドグマを前提として構築されているとみるのが正当といえよう。この点は、連作第二論稿（内山他古稀）において、特定物ドグマに関する起草者の問題意識を分析して明確にしたところである。五七〇条の文言解釈、起草者の見解、売買以外の瑕疵担保責任の規定（請負、贈与、消費貸借、遺贈等）との関連における論理解釈のいずれからしても不代替的特定物売買においては、売主に瑕疵なき物の給付義務があることは前提とされておらず、瑕疵ある物の給付であっても債務不履行の問題は生じないものと考えられていたと解釈するのが認識の問題としては正当と思われるのである。

批判説の主張されるごとく、瑕疵の修補が可能でありかつ売主にそれを合理的に期待しうるような場合に、あるいは代物給付や修補が不能または売主に期待しえない場合であっても、効果として損害賠償を予定するものであれば、契約自由の原則の下、目的物の一般的属性・機能に関する合意、具体的には瑕疵修補の請求や損害担保に関する特約はもちろん有効になしうるのであり、既存の法定責任説も、かかる特約の有効性をなんら否定してはいない。問題は、当事者意思が明確でないがゆえに、当事者意思の補充規定である五七〇条の適用によって紛争の解決をはかろうとする場合に、この規定をいかに解釈すべきか（立法論についてはしばらくおく）にあるのである。

3　ところで特定物ドグマを批判する契約責任説の主たる実践的ねらいが、特定物ドグマの否定によって、瑕疵担保責任の法定責任性を批判し、そのことを媒介として、瑕疵担保責任を特別不完全履行と構成し瑕疵担保規定の種類売買への適用の道を開こうとしたことにあることは明白である。このような解釈テクニックが、目的論的解釈の一としての意義をもつことを私も否定するものではない。しかし、問題はかかるテクニックの有用性いかんにある。

そもそもこの問題は、産業革命の結果、一九世紀になって、機械制工場における商品の大量生産、鉄道、海上運送、通信機械の飛躍的発展に伴う取引市場の拡大、大量取引の発達に伴う、見本売買・送付売買・種類売買という法現象の発生期以降に始まる。かかる段階において、種類売買で瑕疵ある物が給付された場合の買主の法的保護につき、それはまさに債務不履行なので、債務不履行責任の領域においてその法技術を用いて問題の解決がはかられるのが筋であったといえよう。現にドイツ普通法学においてはそのような流れをとる判例・学説もあった。しかし、別の機会にすでに述べたごとく、当時のドイツ普通法学は、債務不履行の基本構造としては、履行遅滞と履行不能の二元構成をとり、今日、我々の主張するような短期の期間制限を伴う履行内容の不完全履行という発想を有しなかった。そこで種類売買において瑕疵ある物が給付された場合、これを債務不履行責任として処理する場合には、債務のまったくの不履行（Nichterfüllung）として処理することになる。しかし、実際問題としては、まったく履行がなされなかったわけではなく、不完全ながら履行が現実に行なわれている（Schlechterfüllung）のであるから、これをまったくの不履行として扱うこととすると、追完請求権は履行期から三〇年間消滅しないこととなる点で、売主の保護に欠け、取引の実状にもそぐわない結果となる。この点、瑕疵担保責任制度は、瑕疵あるも履行がなされていることを前提として構築されており、法律関係の早期安定、売主の保護の為に短期の期間制限が設けられていたことから、種類売買に瑕疵担保の規定の適用を認めることは、法律関係の早期安定という取引界の要請に応えうるものであった。しかし、受領後に瑕疵が発見された場合、瑕疵担保による保護のみでは追完請求が認められず不都合なので、結局、ドイツ民法典制定の時に、瑕疵担保責任制度を拡張し、その内容として、種類売買の場合（ド民四八〇条）には、短期の期間制限に服する追完請求権を受領後に認める形で決着がつけられたのであった。そして、この時からドイツ民法学は、債務不履行責任とくに本来の履行請求権と瑕疵担保責任とくにその内容としての追完請求権との関係をめぐって複雑な難問をかかえこむこととなったのである。これは本来債務不履行の問題として処理さるべき問題が、それとは異質の法定無過失責任として別途に構築されていた瑕疵担保責任に仮託し、その領域の拡張という形で解決された結果によるものといえよう。この難問に決着をつけるため、瑕疵担保責任制度を廃止して債務不履行責任への一元化を目指すのが近時のドイツ債務法改正の動向である。しかし、そうすると、不代替的特定物売買の法的保護に関して、これも含めて債務不履行責任化してしまうわけであるから、代物給付が可能でなく、売主に瑕疵修補を期待することが不可能あるいは妥当でない場合の処理手段として、今日なお合理的とみられる法定無過失責任としての瑕疵担保責任制度の長所（即時無催告解除、代金減額請求の許容）が失われることになり、これを生かそうとすれば、結局また債務不履行制度の中に特別の例外規定を設けることが必要となるし、それをしない場合には、将来に問題を残す改正となる危険性があること、フーバーの鑑定意見に関してすでに別稿で指摘したところである。[14] その後公表されたドイツ債務法改正委員会草案では、特定物ドグマが否定され、瑕疵担保責任の債務不履行への一元化が進められつつも、代金減額請求権に関する規定が残され、また契約締結の時点で、買主が瑕疵を知っている場合に売主が免責される旨の規定が残され、瑕疵担保責任の特殊性が例外的に規定上残されている（もっとも、代金減額請求権の行使は、不特定物の場合にも認められ、行使の要件として「追完のために定めた相当期間の徒過」が定められている点に留意すべきであるが、このことのもつ意義については後に検討したい(15)。

4　このようなドイツ法における問題状況の進展は、フランス法の下ではどうであったのであろうか。ローマ法の瑕疵担保責任制度を継受したフランス民法学が、一九世紀以降の新しい商品取引たる見本売買・送付売買・種類売買の発展の中で瑕疵ある物の給付をめぐる法的処理につきどのような変遷を遂げたのか。ここでも瑕疵担保責任制度に仮託して問題の解決がはかられたことが、森田論文からうかがわれるが、その際、瑕疵担保責任の事実上の契約責任化過程の中で、債務不履行とは異質のものであった本来の瑕疵担保責任との関係がいかに意識され、それとの調和がいかに試みられたのか、さらには、瑕疵担保責任に仮託せず、意識的に債務不履行論の進展によって対処するという流れは存在しなかったのか。もしそれが存在しなかったというのならその原因はなぜなのか。もし存在したのであればなぜそれが主流となりえなかったのか。これらの諸点についての教示をえたいものである。フランス民法学の下で瑕疵担保責任が契約責任の一種とみられている例証としてあげられているもののほとんどが筆者には、種類売買・見本売買・送付売買あるいは制限種類売買の事例のように思われ、そうだとすると、それらの諸事例は、本来不完全履行の問題として処理さるべきはずなのに、なぜ、瑕疵担保責任制度が借用されたのか、ドイツ普通法学がかかえた問題と同様な問題がおそらくフランスでもあったものと推測され、さらにまた、瑕疵担保責任の事実上の契約責任化の進展に伴って、おそらく、ドイツと同様に、原型としての瑕疵担保責任との関係、純粋の債務不履行責任との関係をめぐって問題が生じているのではないかと推測されるからでもある。

5　最後に、現代の商品取引の実状の下で、「特定物ドグマ」を維持することは非常識であり、これを否定すべきだとする立場をとるとしても、そのことから直ちに、現行民法の規定する瑕疵担保責任を契約責任とみたり（この点は加藤雅信教授の指摘されたところ）、不特定物売買にも適用されるとする立場をとるのが妥当であるという結論が、論理必然的にでてくるものではないことを指摘しておきたい。なぜなら、特定物ドグマ的発想の下に、現行民法の瑕疵担保責任規定を起草した起草者の考え方及びその要件論、効果論は、それが本来前提としていた商品取引の範囲内においては今日なお合理性が認められ、法定責任としておいても不都合はなく、他方「特定物ドグマ」の発想が不当となってきた新しい商品取引類型においては、そこで生じた紛争を瑕疵担保責任の契約責任化、あるいは不特定物売買への競合適用によって処理することも可能ではあるが、反面、これらはまさに不完全履行の問題なので、「特定物ドグマ」にはなじまず、不完全履行論の新たなる展開によって処理すべきであり、「特定物ドグマ」を念頭において要件効果が構築されている五七〇条の規定を不特定物売買に競合適用してもメリットは少なく、かえってデメリットが多いとの考え方も論理的には成り立つし、妥当性の点からいってもその方がよいとの主張もありうるからである。さらに、立法論的には、ドイツ債務法改正委員会草案にみられるように瑕疵担保責任という概念あるいは制度を放棄して、債務不履行、給付障害に一元化したうえで、瑕疵担保責任の伝統的対象であった不代替物の特定物売買の場合には即時無催告解除や代金減額請求権、さらには売主の追完履行拒絶の抗弁権を認める例外規定を設けて対処するという方法も考えられうる。問題はどのような紛争解決システムを新しい商品取引類型を踏まえて構築すべきかという法政策的判断にあるのである。私見の説く「瑕疵担保責任の限定維持論」はこのような政策的判断に立つ、現行民法の解釈論なのである。

6　以上くどくどと、特定物ドグマ批判への反論を試みた理由は今一つある。川島教授の「科学としての法律学」を方法論的土台として研究生活をはじめた者にとっては、あえてふれるまでもないところの、①法の解釈における客観的認識の問題と実践的主張の問題との明確な分離、②契約の解釈、法の解釈、当事者意思の合理的解釈という名における意味の持ち込み手法、これら相互間の関係についての明確な問題意識さらには、③法規定、判例・学説等に象徴される法現象の背後の社会・経済現象の分析、両者の相関的な歴史的発展過程の分析、といった諸問題に対する共通の方法論的基盤が近時やや薄れ、抽象的、観念的形式論理先行型の議論がなされる傾向があり、議論がかみあわなくなっているようなおそれを感じているからにほかならない。もちろん既存の方法論が現在も問題なく正しいかどうかは検討の余地があろう。本稿のテーマは解釈方法論の検証の上でも有用なテーマであり、今後、かかる具体的テーマを踏まえたうえでの方法論的検討、解釈方法論の展開を希望するものである。(16)

さて、特定物ドグマを否定し、瑕疵担保責任の法的性質を契約責任とみたうえで、瑕疵担保の特別規定を債務不履行の特則とみ、両者の競合的適用を認める考え方をとる場合には、債務不履行の一般規定と瑕疵担保の特別規定との関係、「特則」ということの意味があらためて問われることになる。以下に、この点について新たな解釈論を展開した加藤雅信、森田宏樹両教授その他の学説の検討にうつろう。

(11) 拙稿・前掲「不完全履行と瑕疵担保責任」加藤古稀『現代社会と民法学の動向』下巻（有斐閣、一九九二年）三四四頁以下参照。

(12) 代表的には、北川善太郎・前掲注(9)一七三頁以下、なお、同『日本法学の歴史と理論』（一九六八年）一〇四頁以下、同『債権総論（第二版）』一一六頁以下（一九九六年）参照。

(13) ちなみに、石崎泰雄教授は、ドイツの近時の学説の傾向に関するHuwilerの分析を以下のように紹介している（「瑕疵担保責任と債務不履行責任との統合理論」早稲田法学七〇巻三号二八七頁以下［一九九五年］）。すなわち、瑕疵担保責任を法定の結果責任と捉える従来の通説に対し、近時、ドイツの学説においても、「特定物売買における瑕疵ある物の給付について当事者によって観念されていたよりも価値の低い物の給付は、当事者によって築かれた双務的交換関係を障害し、それと同時に信義則によって展開される給付プログラムをも障害するため、瑕疵担保という売買法の特別法にも該当するとともに、給付障害の要件を満たすとする履行説の考え方が次第に浸透しつつあるのではないか」と指摘したうえHuwilerは、「瑕疵担保解除及び減額は、売主の過失を考慮することなく、障害を受けた交換関係の双務性を回復するという目的を持った売買法上の特別法である。しかし同時に、瑕疵ある物の給付が契約上確定されている給付プログラムを侵害し、それとともに契約違反の要件をも満たすのである」と結論づけているというのである。

たしかにこれは一つの見方ではあろうがここで留意しておかなければならないことは、近時のドイツ民法学は、周知のように、不能と遅滞とに限定された極めて狭い債務不履行法（契約責任法）を、「積極的契約侵害論」を契機に拡大し、保護義務論の広範な展開を踏まえ、さらには債務法改正委員会草案にみられるごとく、義務違反という統一的構成要件の下に、危険負担、瑕疵担保をも取り込んだ一元的な給付障害法の構築を目指しているという事実である。Huwiler のいう「信義則によって展開される給付プログラムの障害」という概念より明白なごとく、そこで観念されている「契約違反」とは、当事者の合意に基礎をおく、本来の給付債務の不履行という伝統的な意味での「契約違反」ではなく、「信義則によって契約上確定されている給付プログラムの侵害」に他ならないのである。つまり、わが国の契約責任説のいうところの、「契約違反」概念とは、その内容を異にすることに留意すべき必要があろう。この発想はむしろわが国の法定責任説に近いともいえる。というのは、不代替的特定物売買における瑕疵ある物の給付は、合意に基礎を置く本来の給付債務の不履行とはならないが、有償・双務的交換関係の秩序を乱すという意味での法定の義務違反とはなり（その根拠規定が瑕疵担保）、広義での契約上の責任（法定契約責任）としてこれを位置づけるのがわが国の法定責任説といえるからである。

(14)『建売住宅・マンションの売買における売主の瑕疵修補義務について』（一九八四年）一四頁以下。

(15) 下森・岡編『ドイツ債務法改正委員会草案の研究』（一九九六年）参照。瑕疵なき物の給付義務（草案四三四条）、代金減額（草案四四〇条）、買主の悪意の時の売主の免責規定（草案四四二条）、即時無催告解除（草案四三九条、三二三条二項）。

(16) 内田貴『契約の再生』（一九九〇年）における「関係的契約法理」は、本稿のテーマを考えるうえでも示唆的である。総論的な問題提起にとどまっているが、今後、各論的研究の展開の中で、本稿のテーマについても、具体的な成果をあげられることを期待したい。

〔補論〕　特定物ドグマ批判の検討に関する前記本文の執筆は四年前に完了していた。その後、潮見佳男教授による鋭い特定物ドグマ批判に接した（債権総論六〇頁以下）。そこで以下補論の形式でこれに応接しておきたい。

1　最初に指摘しておきたいことは、「特定物ドグマ」概念の内容である。私の考える特定物ドグマの内容は本文において述べたとおりであるが、特定物ドグマの根拠ないし理由づけまで含めて特定物ドグマを把握するかどうかが見解の差異を生む一つの原因のように思われる。すなわち、私は、「この物」の「性格」に関する合意は「給付義務」

の内容とはなりえないとか、「目的物の性質が効果意思を構成することはない」といった根拠で特定物ドグマを支持しているわけではない。ドイツではそのような理由づけで特定物ドグマ論を展開している学説もみうけられるが、少なくとも私はそこまで含めて特定物ドグマ論を展開しているものではなく、わが国の特定物ドグマ論の代表者である柚木博士についても、果たしてそのように理解されていたものとみるべきかどうかは疑問である。というのは、柚木博士は、例えば、「もちろん、立法政策上売主に修補義務を明定することを妨げぬが、かような規定がない以上請負と異なって売買において債務者に修補義務があるべきではなく（信義則の介入ある場合は別として）」（旧注釈民法⑭一七一、一七二頁）とか、「売主は請負人と異なって必ずしも目的物の生産者であるのではなく、したがって、物の修補に適任でもなく、……一般論としては（信義則の介入する場合を別とすれば）、買主が損害の賠償を得て第三者をして修補せしめるをもって足りる」、「もちろん、明示の合意によって修補請求権を設定することはできるけれども、それは別個の特約の効力であるか保証の内容であるかであって、ここで取り扱う場合に属するものではない」（前掲書一八〇頁）と説明されている。これによれば柚木博士も、立法政策上、信義則さらには明示の合意によって不代替的特定物売買の売主が瑕疵なき物の給付義務＝瑕疵修補義務（代物給付義務は否定）を負うことは認められているのであって、およそ「目的物の性質が効果意思を構成することはない」といった硬直な考え方はとっておられなかったと考えるのである。

そしてこのようなわが国の特定物ドグマ論の下では、例えば私見が、新築分譲住宅やマンションの企業による売買につき、現代取引社会の実状に照して、信義則や当事者意思の合理的解釈という法的構成によって、売主の瑕疵修補義務を認めたからといって、特定物ドグマがその限度で論理的に崩壊することになるとは思わない。

起草者である梅博士がすでに特定物ドグマ的発想をもっておられたことは繰り返し指摘したところであるが、当時の特定物ドグマ的発想は、ドイツ民法学の下で錯誤論とも関連しつつ、精緻に展開された特定物ドグマ論とは異なり、ごく素朴に（瑕疵担保責任の法的性質をどうみるかはともかくとして）、不特定物売買と異なり特定物売買の場合には、「この物」の引渡しが給付義務の内容なのであるから、たとえ「この物」に瑕疵があっても債務の履行となり、あとは瑕疵担保責任の問題として処理し、代物給付はもちろんとして、請負と違って瑕疵修補の義務も売主には存しないと解されていたものと思われる。客観的認識の問題としては、現行日本民法典の瑕疵担保責任制度は、このような意味での特定物ドグマ論に基づいて構築されているものと私は考えるのである。

ちなみに、ドイツ現行民法典や起草者がなぜなんらかの形での瑕疵修補請求権を認めなかったのかにつき、ドイツ民法典の制定過程の論議を紹介し、かつ、その後の瑕疵修補請求権をめぐる学説・判例の動きを紹介する鈴木恵「売買における瑕疵修補請求権㈠」（関東学院法学五巻一号二九頁）は興味深い。特定物ドグマ論が今日なお通説とされるドイツでは、ペータースのような少数説を除き、一般的には法律上の瑕疵修補請求権が認められていないが、明示の合意（とくに約款）による瑕疵修補請求権が認められることに異論はなく、それがなくとも、信義則や取引慣行と商慣習、補充的契約解釈、黙示の合意といった法的構成を用いて、例外的に、新しい商品取引類型に関して、瑕疵修補請求権が認められつつあるという状況を紹介している。このことからみると、現在のドイツでも、硬直な特定物ドグマ論はとられていないことがうかがわれる。なお、ドイツ債務法改正委員会が、特定物ドグマ論を放棄して、一般的に瑕疵なき物の給付義務を認めつつも、例外的に履行拒絶権を売主に認める（その限度で特定物ドグマ論は残されている）という改正案を策定したこと及びその評価については本論で述べたところである。しかし、これはあくまでも立法論の次元の問題である。

2　潮見教授は、正当にも、特定物ドグマの否定から、「性質が契約内容となりうる」ということは、（契約責任説が説くように――下森）「全ての場合に、これこれの性質が契約内容となっている」ことを意味しない。「個々の契約において、問題となった当該性質が契約内容となっている」かどうかを個別具体的に探究し、確定していくべきである」とされる。そして、「契約内容となっている」と認められた事例では、瑕疵ある物の給付は債務不履行となり、完全履行請求権や瑕疵修補請求権が認められ（この限りでは、瑕疵担保責任＝契約責任説と同旨）、ごく例外的に「契約内容となっていない」と認められる場合には、その違反としての債務不履行を観念しえず、民法五七〇条から直接に売主の責任が帰結される（この限りでは法定責任説と同旨）」とされる。前段の点は、契約責任説のみならず、契約内容となっている以上、債務不履行責任の問題となるとする私見とも同旨といえよう。ただ、私見との差異は、潮見説では、特定物ドグマが原則的に否定され、「契約内容となっている場合」の認定範囲が私見より広く、五七〇条単独責任成立が認められるのは例外的な場合となっていること、「契約内容となっている」場合にも瑕疵担保責任の競合的・選択的適用を認める点にある。

客観的認識の問題としてでなく、実践的主張ないし目的論的解釈として特定物ドグマ否定の解釈がなされることまで私は否定するものでないことは本論で述べたとおりであり、また、五七〇条が、当事者意思の明確でない場合の意思の補充規定であって、起草者が特定物ドグマ的発想の下に、瑕疵修補義務を認めなかった以上、この規定の解釈・適用にあたっては、原則として売主の瑕疵修補義務は認められないこと、その根拠もすでに述べたとおりである。そして、ここでも、私の主張したい一番の中心論点は、瑕疵なき物の給付が契約の内容となっている以上、その不履行は、不特定物売買の場合と同様不完全履行の一般則によって処理すればよく、瑕疵担保責任を債務不履行の特則とみて、優先的適用はもちろんのこと選択的あるいは競合的適用も認める必要はなく、かえって混乱をまねくという私見の主張に対して、潮見説がどう考えておられるのか、という疑問である。この点は、時的区分説の批判的検討のところで詳しく論じるのでこれ以上の論及は避ける。

三　加藤雅信教授の見解とその検討

(1)　加藤説の内容[17]

加藤説は、一言にしていうと、「法定責任説、契約責任説の双方を批判し、対価的制限説を修正する形で、危険負担的代金減額請求権説という第三の立場を主張した」ものという。[18] すなわち、まず、「特定物売買であっても、目的物の引渡だけが売主の債務なのではなく、性状、属性に関する合意も存在しているので、それも契約内容をなす」として、特定物ドグマ、及びそれに基づく法定責任説を否定し、その限りにおいて契約責任説と一致する。しかし、特定物ドグマを否定することは、ただちに、瑕疵担保責任を債務不履行責任として構成することを意味しない、として、契約責任説をも批判する。つまり、債務不履行責任の過失責任性、瑕疵担保責任の無過失責任性に着眼し、「瑕疵担保には、契約の一部分である性状、属性に関する合意の履行不能（＝その部分の債務の消滅）という側面があるので、債務者無過失の場合には、反対債権をどうするかという危険負担的考慮が当然問題となる」とし、無過失責任たる瑕疵担保責任による損害賠償の範囲を星野説のように広く解することは、「法定責任説とは逆の形で法体系的バランスを崩すことになる」と批判する。

かくて、債務不履行責任と瑕疵担保責任との関係を以下のように整理する。「性状・属性に関する合意が実現不能なものであったとき、債務者に帰責事由があれば、それは一般の債務不履行として、拡大損害まで含めた損害賠償の請求が可能になる（民法四一六条）。しかし、債務者に帰責事由がない場合、売主の債務のうち――目的物の所有権移転に関する合意部分は履行可能であるが――性状・属性に関する合意部分は履行不能により消滅するので、それに対応する反対債権（代金債権）も、瑕疵による価値の低落部分だけ一部消滅することになる。これが、いわば買主の代金減額請求権として、売主が無過失でも、両債権の対価的バランスを確保するために認められているものであり」、瑕疵担保責任における損害賠償とはこのような内容をもつものである、と説く。

なお、種類売買の場合については詳しく論じられていないが、結論として、「当事者の選択にまかせて、債務不履行規範と瑕疵担保規範の併存的適用を認め」るが、「追完可能な場合には民法五七〇条に基づく無催告解除を認めるべきではない」という[19]。また、新築建売住宅の売買における買主の瑕疵修補請求権については、これを性状・属性に関する合意部分に基づく契約履行請求権とみ、この請求権と瑕疵担保責任との選択的行使を認める。これ以外の瑕疵修補請求権に関する各論的問題は、ほぼ私見と同じように考えておられるようである。

(2) 加藤説の検討

1 加藤教授は、前述のごとく、特定物ドグマを否定することは、ただちに瑕疵担保責任を債務不履行責任として構成することを意味しない、とされ、瑕疵担保責任の法的性質を債務不履行としての契約責任ではなく、「有償契約における対価的牽連性の確保という意味で危険負担制度と思想的基礎を同じくする」責任だとされる。そして、用語法の問題であるが、「この責任が任意規定として契約の補充規範であることに着眼して契約責任と呼んでもよい」といわれる。そうだとすると、加藤説は、狭義の契約責任説に属するものではなく、特定物ドグマ批判を別とすれば、なお、法定（契約）責任説の流れに位置づけることが可能であろう。このことはともかく、当初の加藤説の主たる問題関心が、瑕疵担保責任に基づく損害賠償の要件論、効果論にあったことは、「対価的制限説の再評価」という加藤論文の副題からも明白である。そして、対価的制限説を主張された勝本博士が法定責任説をとられていたことは周知のとおりであり、また、同じく法定責任説に立ちつつも瑕疵担保責任の損害賠償の範囲について信頼利益説をとる通説や過失を要件として履行利益説をとる我妻説の立場に問題のあることは、加藤説以前に筆者もまた指摘していたところである。すなわち、筆者はかって、この問題につき、「種類売買の場合は債務不履行（不完全履行）」責任として処理すればよく、不代替的特定物売買の場合には、瑕疵自体に対する救済（代金減額的損害賠償）とそれによって生じた損害（結果損害、典型的には積極的債権侵害）の救済とは責任原因を異にするから別個の救済措置を考えるべきであり（北川「担保責任」新民法演習Ⅳ九八頁）、前者は無過失責任、後者は過失責任であるから、賠償範囲についても、前者を制限的に決定する方向性が妥当のように思われる。……元来、瑕疵担保は、特定物売買における目的商品の原始的瑕疵による等価不均衡に対する法的な救済措置として、買主に無過失責任を負担させるものでそれ以上のものではないと解されるから、売主にさらに、契約締結上の過失や、積極的債権侵害（過失責任）があれば、それはそれとして債務不履行責任法理により救済さるべきものである」と述べたことがある。(20)

ところで従来の通説とされた信頼利益の賠償説は、瑕疵担保責任→原始的一部不能に対する責任→契約の一部無効→信頼利益の賠償という論理構造をもつものであり、信頼利益の賠償概念は、周知のごとく契約締結上の過失理論に依拠するもので、それは、原始的不能→契約の無効→契約締結上の過失の存在→信頼利益の賠償という論理構造をもつものであった。信頼利益概念を導入された石田博士は、原始的一部不能から、「契約の一部無効」という媒介項を作ることで、信頼利益の賠償概念を瑕疵担保責任の領域に持ち込まれたわけであるが、瑕疵担保責任の無過失責任性に対する配慮が（意識的にか無意識的にかは明確でないが）、無視されていた。元来、瑕疵担保責任制度による救済は、解除による代金全部の返還または代金の減額にあったのであり、それを民法の起草者は、五七〇条（原案五七一条）の起草にあたり担保である以上理論上は代金減額がよかろうが、「代価減少ト云フコトハ……評価ガ非常ニ六ケ敷イカラ已ムヲ得ズ損害賠償ト云フモノニシテ仕舞ウト云フ考ヘ」をとったという。(21)だから、ここでの損害賠償の範囲は代金減額的損害賠償とみるのが沿革的にも、また起草者の意思にもかなうものと考えられるが、債務者に過失があった場合の損害賠償については、起草者に混乱がみられた。(22)その後、勝本博士によって対価的制限説が主張されるとともに、それとならんで、売主に契約締結に際して過失がある場合に、信頼利益を標準とする賠償責任が競合して発生すると説かれ、(23)来栖教授によってさらに問題が展開され、以後これが一つの流れになって近時第三の波と呼ばれる損害賠償に関する瑕疵担保と債務不履行の二分説が有力説となりつつあるのである。(24)大局的にみれば、自らも認められるとおり、加藤説もこの流れの中に位置づけることが可能といえよう。

2　ただ、加藤説の特色は、代金減額的損害賠償の根拠を説明するにあたって瑕疵担保責任を危険負担類似の制度として把握することに求めている点である。加藤説の論理はおそらくこうである。特定物ドグマを否定することのゆえに、売買契約の締結によって、目的物に原始的な瑕疵ある場合も、売主は瑕疵なき物の給付義務を負い、契約は一旦全面的に有効なものとして成立する。そして、「有償契約における一方債権の不能による消滅の場合の二つの債権の対価的牽連性確保のための危険負担制度」と同様の思想的基礎から、「有償契約における一方債権が一部不能によって部分的に消滅した場合の二つの債権の対価的牽連性確保のための制度」として瑕疵担保責任制度が必要とされたのである、と。ここでは意識的に原始的不能と後発的不能との区別がなされていないのが特色であるが、危険負担は後発的全部不能に限定されず、目的物の一部の滅失、毀損による一部不能も含まれるはずであるが、そうするとこの場合、危険負担と瑕疵担保との関係はどう説明されるのであろうか。危険負担における給付危険あるいは対価危険についての債権者主義との関係いかん。また引渡しまで対価危険は債務者が負担するとした場合でも瑕疵担保の場合は権利の行使につき短期の期間制限があるのであるから、そのいずれとみるかによって当事者の利害関係に大きな差が生ずることになろう。原始的瑕疵（＝原始的一部不能）と後発的瑕疵（＝後発的一部不能）の区別はやはり必要といえよう。

債務不履行に対する第一次的救済手段として履行請求権の強制的実現保障を予定している現行民法典の体系構造は、これとの関係で契約成立時を基準として、それ以前は帰責性の有無を問題とすることなく、原始的全部不能＝履行請求権の不成立（＝契約の全部無効）、原始的瑕疵（一部不能）＝瑕疵担保責任、後発的全部あるいは一部不能については、債務者の帰責性の有無により債務不履行＝履行不能と危険負担という整然とした体系構造となっているのであり、履行請求権を第一次的保護手段とする立法政策をとりつづける限り、この体系は今日なお、合理性を失っていないものといえよう[25]（保護義務論、附随義務論の展開によって履行請求権の不成立＝契約の全部無効という発想に、今日改めらるべき問題点があることはすでに指摘されているところであるにしても）。有償契約における対価的均衡維持の必要性から瑕疵担保責任の無過失責任性を説明することは、すでに既存の法定責任説でもいわれていたところであるから、問題を複雑化するおそれのある危険負担法理からの説明を重畳的にする必要はなく、そういわなくとも、瑕疵担保責任の特則性の根拠をその無過失責任性に求めようとする加藤教授の契約責任説批判の意図は十分に達成されるのではあるまいか。加藤教授自身も指摘されているごとく、損害賠償に関する限り、結論的には、加藤説と私見とはほぼ同一となっているように、筆者も考えるのである[26]。

3　加藤説と私見との実質的差異は、加藤教授が特定物ドグマを今日の解釈論として批判され、不代替的特定物売買の場合においても、明示の合意がなくとも当然にその物の有する一般的属性・機能も合意の内容をなしているとみるべきだから、瑕疵なき物の給付義務ありとみるべきだとされ、かつ、特定物売買、不特定物売買のいかんを問わず債務不履行責任の規定と瑕疵担保責任の規定との、競合的あるいは選択的適用を原則として認めるべきであると主張されている点にあらわれる。しかし、かかる選択的あるいは競合的適用を認めるという以上、両規定の適用の先後ないし優劣関係、あるいは競合適用からくる法律関係の混乱ないし複雑さから生ずる諸問題への対応策が突き詰めて検討さるべきである。しかしこの点は必ずしも明確にされていない。ドイツ法の流れは、まさにこの複雑さを回避するために、瑕疵担保責任の債務不履行責任への一元化を、立法的にはかろうとするものだからである。立法論はともかくとして両責任の併存している現行日本民法典の解釈としては、競合適用を認める以上、両責任の効果論上の諸関係を十分に詰めることなしには、責任ある解釈論的主張となりえないものと考える。ただ、この問題は加藤説にとどまらず両責任の競合適用を認める説一般にあてはまる問題なので、後に一括して検討することにしたい（第五節で検討する）。

(17) 加藤雅信・前掲注(3)参照。
(18) 加藤雅信・〔書評〕「下森定著『建売住宅・マンションの売買における売主の瑕疵修補義務について』」法時五七巻一号八〇頁。
(19) 加藤雅信・前掲注(3)一八七頁。
(20) 下森定「瑕疵担保責任の損害賠償の範囲」民法学5(契約の重要問題)(一九七六年)一〇四頁以下、なお、下森「建物(マンション)の欠陥(瑕疵)と修繕」現代契約法大系第四巻(一九八五年)四八一頁注(29)参照。
(21) 法典調査会・民法議事速記録四、七七頁(一九八四年)。なお、円谷峻・前掲注(4)一八七頁参照。梅博士には瑕疵担保責任の無過失責任性への考慮が十分でなく、代金減額と損害賠償を等置して考えられたのか、あるいは、森田宏樹教授等によって指摘されているごとく、瑕疵ある物の給付には即過失があると考えていたために、このように考えられたのであろうか。しかし、そうだとすると、「已ムヲ得ズ損害賠償ト云フモノニシテ仕舞ウト云フ考ヘ」をとったという表現がやや気にかかる。もっとも、この点は、沿革的な「代金減額」という概念を捨てることへの危惧と説明できないこともあるまいが。
(22) この点につき、石崎泰雄「瑕疵担保責任の統一構成理論」早稲田法学会誌三九巻六二頁以下(一九八九年)参照。
(23) 勝本正晃「不完全履行序論」民法研究(1)一三三頁以下(一九三二年)、同「瑕疵担保責任の対価的制限」民法研究(5)一四九頁以下(一九四二年)。なお、円谷峻・前掲注(4)二一七頁以下参照。
(24) 円谷・前掲書の他、半田吉信『担保責任の再構成』一〇七頁以下(一九八六年)参照。
(25) ちなみに、ドイツ民法の下では、売主は危険移転の時に存した瑕疵について担保責任を負うものとされているので(四五九条)、契約締結後、危険移転までの間に発生した瑕疵について、瑕疵担保と危険負担とが重複する場合があり(四四六条、三二三条参照)、複雑な問題が生ずる。日本民法はこの点、明快である。契約成立時を境としてそれ以前は瑕疵担保、それ以後は危険負担の問題として振り分けられ、双務有償契約における対価的均衡の維持が公平の見地から明確にはかられているのである。
(26) 加藤・前掲注(18)書評八一頁。なお、加藤説に対する近時の批判として、半田吉信・前掲注(4)論文二九六頁以下および磯村保「目的物の瑕疵をめぐる法律問題(2)」法教一七〇号三九頁(一九九四年)がある。

四　森田宏樹教授の見解とその検討

(1)　森田説の内容

1　近時、フランス法の精緻な研究を踏まえ、瑕疵担保責任に関する基礎理論につき本格的な研究を展開されている森田教授の業績は学界の注目するところといえよう(27)。日本法の解釈論に関する森田説の全容はいまだ必ずしも明らかではないが、まず、売買契約における瑕疵修補請求権の性質について、ユニークな提言を試みられ、ついで、債務不履行責任に対する瑕疵担保責任の特則性の根拠を過失責任との体系的バランスによる説明に求めている加藤説の批判を展開し、自説として、目的物の「受領」を基準とする時的区分による説明を展開されている。この時的区分説を支持する若手の論文が近時あらわれ、これが今後一つの潮流を形成するかどうか、注目されているところである(28)。以下本節では、瑕疵修補請求権に関する森田説と、加藤説に対する森田批判を中心に検討し、時的区分説については、節を改めて、近時のその他の学説と一緒に検討してみたい。

2　ところで森田教授は、瑕疵担保責任の法的性質については、契約責任説の立場にたたれている。そこで不代替的特定物の売主についても一般的に瑕疵なき物の給付義務を認められるが、瑕疵修補請求権については、これを履行請求権に含めて理解しつつも、理論的には、その法的性質は、「瑕疵なき物の給付義務の不履行に基づく損害賠償の方法の一つとして、金銭賠償に代えて一定の行為債務を売主に課するという『現実賠償』としての性格を有する、と捉えるべきである」と主張される(29)。それはフランス民法の判例・学説にならったものという。

瑕疵修補請求権についてかかる法的構成を与える実益は、第一に、瑕疵修補義務を限定的に認めることに有用であること、第二に、その他の局面における諸問題の解釈につきより一貫した理論的説明が可能になること、にあるという。

まず、第一点についてみると、現実賠償としての性格を有するものと解することにより（森田教授は、「損害賠償」

という規定の文言の解釈として現実賠償を主張されているわけではないことに留意すべきである）、現実賠償が認められる要件として、①瑕疵修補が可能であること、②修補に要する費用が一定の瑕疵なき物の給付義務の不履行に基づく損害賠償として売主が負うべき賠償義務に比して不相当なものでないこと、が要求される。そして、相当性の判断上考慮さるべきファクターとしては、第一に瑕疵の程度（それは契約目的に照して判断され、瑕疵が重大な場合は、原則として修補を認め、費用が修補利益に比し過大な場合は認めない。軽微な場合は、修補費用が減価相当額より少ない場合に限って修補を認める）。第二に、売主の素質（職業的売主かどうか）、その修補能力、売主が第三者に修補させる手段を有するかどうか、などがあげられるという。

この森田説に対して予想される批判として、第一に、四一七条の金銭賠償原則との関係、第二に、帰責事由の要否との関係が問われることになろうが、まず第一の点については、金銭賠償主義の採用は、当事者の便益を考えたものであって、当事者にとってとくに不利益でない場合は、例外が認められてよく、現実賠償が金銭賠償より重い負担を課さないことを要件とすれば、四一七条の趣旨に反しない、とされる[30]。また、第二の点については、債務者の帰責事由（過失）を注意義務違反と捉える従来の見解に対し、わが民法の帰責事由概念は、不可抗力によらない限り、約束したことを履行しないということ自体に債務者の過失が包含されていると理解することも可能であり、売主が一定の瑕疵なき物の給付を確実に合意したのであれば（結果債務の場合）、瑕疵ある物の給付は直ちに売主の過失を構成するといえ、そうだとすると、瑕疵修補請求権を履行請求権と解しても、「現実賠償」と解しても、実際の結論にさほどの差異はないといえる、という。また、仮に従来の立場を前提したとしても、森田説では、瑕疵修補請求権を現実賠償としての法的性質を有するものとみつつも履行請求権に含めて理解するから、形式的には債務者の帰責事由は要件とならない、という[31]。

3　次に、瑕疵修補請求権を「現実賠償」として捉えるアプローチをした場合に、損害賠償請求権及び解除との関係がどうなるかにつき、次のごとく説明される。まず、損害賠償との関係については、買主は、原則として、瑕疵修補請求権とそれに代わる損害賠償請求権（代金減額請求を含む）の選択権を有する。そして、契約目的からして損害賠償の方が望ましい場合は、「確定不履行」として直ちに修補に代わる損害賠償が請求できるが、そうでないときは売主は瑕疵修補の申立てによって買主の損害賠償請求を斥けうるという[32]。次に、解除との関係については、瑕疵の修補が不可能あるいは修補によっては契約目的を達成しえないとき、さらに修補が可能でもそれに時間がかかり、直ちに解除した方が買主にとって望ましいと判断される場合には、即時無催告解除が許されるという[33]。ということは、そうでない場合は、損害賠償の場合と同じく、売主による瑕疵修補の申立てにより買主の即時無催告解除の主張を斥けうるというのであろう。

最後に、売主の瑕疵修補権については、これを売主の「権利」として積極的に構成する必要ないし実益はあまりないという。また、瑕疵修補請求権の期間制限については、瑕疵を知った時から一年の期間制限（五七〇条）及び履行時から一〇年の消滅時効期間（一六七条）に服すると解される[34]。

(2)　森田説の検討

1　森田説の独自性は、私見による契約責任説批判や瑕疵修補請求権の具体的展開を踏まえた上で、瑕疵修補請求権の法的性質を、損害賠償の方法の一つとしての「現実賠償」としての性格を有するものと捉える点にある。興味深い法的構成であるが、わが民法学になじみの薄い、「現実賠償」という考え方の導入にまず懸念がある。不法行為法への導入をも含めての問題提起であるとすると、今後の本格的な議論が必要となろう。債務不履行ないし瑕疵担保責任に限定しての導入だとすると、なぜそうなのか、損害賠償一般との関係をどう考えるのかが、問題点として指摘されよう。これらの点について、明確な言及がなされていないからである。さらに根本的な疑問は、瑕疵修補請求権を履行請求権に含めて捉えつつも、理論的にはこれを債務不履行に基づく「現実賠償」として捉えるべきだという主張の、理論的不明確性である。なんのためにこのような回りくどい説明が必要なのか、よく理解できかねる。端的に損害賠償の一方法として現実賠償（＝瑕疵修補請求）を認めるといった方が分かり易いのではあるまいか。あるいは損害賠償としての法的性質を有するものと正面から主張すると、帰責性の要件が問題となり、その批判を二次的に（一次的には帰責性の概念のとらえ方で処理）回避するための論法なのであろうか。そうだとすると、そのこと自体がまた別の批判を呼び起すこととなろう。

2　一般論はさておき、森田教授は、つづいて民法四一七条の金銭賠償主義との抵触問題について言及され、形式的にも実質的にも抵触しないとして、その論拠として、①自説は、瑕疵修補請求権という履行請求権が、理論的には「現実賠償」としての性格を有するということから、それに適合的な法的構成をすべきだというのであって、民法の規定にいう「損害賠償」の文言の解釈として瑕疵修補請求権を認めるべきであるというわけではないから、形式的な抵触はない、②四一七条が否定している「現実賠償」というのは、それが金銭賠償に比して不相当な不利益を債務者に課すような場合であるといえるから、「現実賠償」が金銭賠償よりも重い負担を課すものでないことを要件とすれば、実質的にも矛盾しない、したがって瑕疵修補請求権を履行請求権と捉えるか、「現実賠償」という賠償方法の一つと捉えるかは、いずれも理論的には可能であること、重要なことはそれを履行請求権に含めて捉えるとしても、それが債務者にとっては当初の履行義務とは別個の付加的な負担を課するという点で「現実賠償」としての性格を有するものであることを指摘することであるとされる。しかし、瑕疵修補義務をもって当初の履行義務とは個別の付加的な負担を新たに課するものという一般的な断定は疑問である。当初の履行義務の中に含めて理解することも論理的には可能であり、要は、当初の履行義務の範囲、内容についての意思解釈の問題とも関連するものである。したがって右の点を根拠として瑕疵修補請求権を「現実賠償」としての性格を有するものとする主張には賛同しがたい。このことはとくに、不特定物の売買や贈与、遺贈における追完請求権、請負における瑕疵修補請求権を考え合せると明白であり、これらの場合には当初の履行義務の内容として瑕疵修補義務を含めて理解するのが正当といえよう。そして、不代替物の特定物売買においても、一般的に本来の履行義務として完全物給付義務があるという契約責任説の立論をとるかぎり、当初の履行義務の内容に含めて理解することは十分に論理的に可能といえよう。逆に、契約責任説をとる場合には、不代替的特定物の贈与や遺贈の場合になぜに原則として瑕疵修補義務や完全物給付義務を民法が認めていないのかの説明が必要といえよう。契約責任説ではおそらく無償契約の特殊性という説明になるのであろうが、そうだとすると不特定物の贈与や遺贈との差異を問われ、結局、不代替的特定物と不特定物との法的処理の区別を認めざるをえないことになり、特定物と不特定物とで異なった処理をすべきではなく、常に同一処理をすべきだという「特定物ドグマ」否定の大前提が崩れることになるのではあるまいか。

つぎに、現実的賠償と捉えることの実益論として、修補請求権を限定的に認めることの根拠が明確となる点で有益だとされるが、教授の主張される具体的要件論は、不完全履行論の中で十分に対処可能であり、具体的結論は瑕疵修補請求権に関する私見とあまり差異がないように思われる。また、予想される批判への反論として述べられている二点についてみると、森田説の立場からするとそう説明されるのであろうが、そもそもその前提に問題があること前述したとおりである。とくに約束を履行しないこと自体が過失であり、帰責事由があることになるとの理解は、にわかに賛同しがたい。債務の不履行と注意義務の懈怠＝帰責事由とはすくなくとも、今日の民法解釈論としてはこれを区別して理解するのが妥当といえよう。とくに契約責任としての保護義務論、附随義務論の展開が大いなる進展をみている今日、森田説のような帰責事由概念をとるときは、本来の給付義務違反の場合と、履行と直接にかかわりがない附随的注意義務違反の場合とで帰責事由ないし過失概念の二元的処理が必要となるのではあるまいか。もっとも、保護義務、附随的注意義務の問題は全て不法行為責任として処理するのであれば、問題は別であるが、そうだとすると、拡大損害に関する積極的債権侵害論や安全配慮義務法理の把握の仕方についても問題が及ぶこととなり、問題はそう簡単ではない。

さらに、債務不履行と瑕疵担保との適用関連性についての説明の具体的内容は、即時の損害賠償請求、即時無催告解除の許容を特色とする瑕疵担保責任規定の不特定物売買への選択的ないし競合的適用を事実上否定する結果になっており、不完全履行による救済と同一内容の救済方法を説いているにほかならないと思えてならない。また競合適用のメリットとして主張される瑕疵修補請求権行使の期間制限についても、この請求権を本来の履行請求権ととらえる以上は（それがたとえ現実賠償としての性格をもつものとしても、履行に代わる請求権で瑕疵担保責任によるものではないことになるので）、当然には瑕疵担保の一年の期間制限に服するわけではなく、この規定の準用といわざるをえず、その結果は、法定責任説の期間制限の根拠とさほど変わりがない[35]。また選択的適用によって生ずるデメリットについての私見からの批判に対する積極的な応接は見出せない。デメリットの諸問題についての具体的な検討は次節で一括して行いたい。ちなみに、前述した森田説における現実賠償としての瑕疵修補請求権と損害賠償、契約解除との関連性についての説明は、あるいは債務不履行責任としての損害賠償、契約解除との関連性を念頭においての論述なのであろうか。そうだとすると先の批判は的外れとなるが、他面において、では競合適用を認めるという以上、瑕疵担保責任の内容としての損害賠償、契約解除との関係いかんが改めて問われることになるであろう。そしてこの点についても、瑕疵担保責任も契約責任である以上、その内容たる損害賠償や契約解除も一般の債務不履行と同じであると説明されるのであれば、瑕疵担保責任の規定がわざわざ設けられたことの意義が問われ、瑕疵担保責任の特則性の内容に問題が移行することとなろう。このことは時的区分説の妥当性の検討問題と関連してくるので、やはり次節で検討したい。

3　最後に、森田説からの加藤説批判について検討しておこう。この批判は瑕疵担保責任の無過失責任性を重視する法定責任説への批判でもあるからである。

㈠　過失責任である債務不履行責任と無過失責任である瑕疵担保責任の体系的バランスから瑕疵担保責任の債務不履行責任に対する特則性を説明する加藤説に対して、森田教授は、理論面と実質論の両面から批判を展開されている。(36)まず前者についてみると、そもそも瑕疵担保責任は無過失責任であるのか、そこでいう「過失」とはいかなる意味か、という根本的な問いかけである。伝統的な通説や加藤説は、売主の過失とは注意義務違反と考えているようであるが、起草者は瑕疵ある物の給付自体を売主の過失とみていたとし、星野教授もそのような問題提起をされており、これらを受けてさらに森田教授はフランス法を分析して、「そこから、債務不履行責任における帰責事由（過失）とは、約束したことを履行しないこと、つまり、債務者が自らの意思（合意）によって設定した契約規範に従わなかったことを意味し、そこから、契約上の債務の内容ないし射程に応じて帰責事由の判断内容も異ってくる」と説かれる。(37)そして結果債務と手段債務とで過失の判断規律が異なってくるとされる。かくて、かかる立場からみれば、過失をつねに注意義務違反の意味で理解する従来の見解は、「契約上の債務の射程の多様性を考慮しない一面的なものであって理論的にも適切でない」と批判されるのである。(38)

他面において森田教授は、債務不履行責任には、過失＝具体的行為義務違反を要件とする過失責任と無過失責任があり両者は併存すると説く見解を紹介される。すなわち、無過失責任（保証責任）としての債務不履行とは、給付結果の実現その他一定の事態の発生についての保証（結果保証）を前提に、右の事態が発生しない場合に結果保証を「帰責事由」として債務者に責任を負わせるものであると説く潮見説である。(39)そして、かかる見解に立てば、瑕疵担保責任が無過失責任であることは、それが債務不履行の特則であることを排斥するものではないことになるという。(40)

かくて、最近のように債務不履行の一般原則としての「帰責事由」とは何かが議論され、その概念を広く捉える見解が有力に主張されている現状の下では、単に「過失」責任の原則を持ち出してそれとの体系的バランスを主張するだけでは、もはや説得的でないと主張されている。

(二)　たしかに問題がここまで拡大されてくれば、債権総則レベルの問題の一環として、「帰責事由」とはなにかが、あらためて本格的に検討されるべき課題となるといえようが、ここでは、現時点における私の感想をとりあえず述べておきたい。まず、起草者の見解に関する森田説については、かっての来栖教授による星野説批判が想起さるべきである。すなわち、起草者の考え方が一義的に明瞭であるとはいえないからこれを根拠に議論することはできないという一般的批判であり、星野教授も一定の留保をされつつも、その結論には同意された[41]。私もまた先に、特定物ドグマに関する起草者の見解を検討する過程で、起草者が必ずしも理論的に一環した態度で起草したわけではないことを明らかにしたところである。起草者が森田教授の指摘されるような発言をある箇所で述べていたとしても、それが果たして、有償契約に限らず債務不履行の一般原則としての過失概念としてもそうだという趣旨で述べていたのか、さらにそれはいわゆる瑕疵結果損害の賠償のことまで考えた上でのことであったのか、などについては必ずしも明確とはいえず、さらに慎重な検討を要するように思われる。

また、フランス法が先のような考え方をとっていたとしても、そのフランス法の考え方が理論的、実際的に果たして正当と、いえるのか、の批判的検討もまた必要といえよう。これはフランス法学派のドイツ法学派への批判と同じことである。例えば、つとに指摘されているごとく、フランス法の下での結果債務と手段債務との区別の規準は必ずしも明確とはいえず、結果についての利益考量による判断が先行し、その結論の正当化の説明概念として、両概念が用いられている面もないではないように思われるからでもある[42]。

民法典制定後、長年にわたって築き上げられてきた債務不履行と帰責事由との区別、債務者の注意義務違反を過失と捉える判例・通説の考え方は、それなりの合理性をもっており、法的安定性の見地からみても今日の時点でにわかにこれを変更する理由はないと考える[43]。

また、従来の見解は、帰責事由の判断の上で「契約上の債務の射程の多様性を考慮しない一面的なもの」との森田教授の批判に対しては、従来の見解は、何が債務不履行かの判断の次元で契約上の債務の多様性を考慮している（例えば有償契約と無償契約、特定物債務と不特定物債務とで区別しているごとく）のであって、この批判はあたらないと答えることとなろう。逆に、森田説にいうところの当事者が一定の結果の実現が確実であると約束した場合（結果債務）、あるいは潮見説にいうところの給付結果の実現その他一定の事態の発生についての保証（結果保証）の場合は、契約当事者が債務者の故意・過失（あるいは帰責事由）の有無を問わず結果の実現を自由意思に基づいて保証したということに責任の根拠が求められるのであり、その結果の不実現を帰責事由と捉えて法が無過失責任を債務者に課したものと説明するまでもあるまい。論理的にはどちらの説明も可能であろう。そうだとすると、森田説や潮見説の立場からは、瑕疵担保責任が無過失責任であることは、それが債務不履行の特則であることを排斥するものではないともいえようが、逆に、法定責任説や加藤説の立場からは、瑕疵担保責任の無過失責任性のゆえに、それは債務不履行責任の特則とはいえない、との主張も成り立とう。結局、立法論として、あるいは今日の時点での解釈論として、債務不履行の内容をどのようなものと構成あるいは解釈し、その帰責事由の内容をどのようなものと理解するのが、理論的により正当であり、実際的により妥当であるかということになるのであろう。この点は今後の本格的な研究にまちたいが、先に指摘しておいたように、契約上の債務として、本来の給付義務の他に保護義務や附随的注意義務をも認めるときは、森田説の立場では、過失あるいは帰責事由の内容について二元的構成が必要となるであろうことを指摘しておきたい。

㈢　最後に、森田教授は、実質論として、来栖教授の星野説批判に反論されている。瑕疵ある缶詰をメーカーから仕入れて消費者に売った小売商の、買主に発生した瑕疵結果損害についての賠償責任問題である。星野説のような過失概念では、不注意のない小売商の責任が過酷にならないかとの来栖批判に対して、森田教授は、「同じ缶詰の売買でも全国規範の大手のスーパーであれば代金減額にとどまらず通常の損害賠償を認めた方がむしろ妥当である場合もありそうである」とし、そうだとすると代金減額的損害賠償を原則とするよりも、「売主の規範・資質や目的物の種類等によって、売主の瑕疵なき物の給付義務の内容や射程もさまざまであって、それに応じて責任内容も異なると解する方が、より実態に適合した柔軟な解決が得られそうである」と主張される(44)。

消費者保護の見地から大手スーパーに瑕疵結果損害についてまでも責任を負わそうという利益考量は理解できないわけではない。しかし、大手スーパーとはいえ、瑕疵ある物の給付について注意義務違反のない売主に拡大損害までの責任を負わすことは、現行法上は、製造物責任法以上の責任を負わすことを意味し、かつこの例外的事例を根拠として無償契約をも対象とする四一五条の解釈論一般にまでこれを及ぼすことには大いなる疑問を感ずる。問題を有償契約に限っても、非商人売主の瑕疵結果損害に対する責任を考えるとき、その結果の妥当性は疑問である（星野教授もこの場合については結論を留保されている(45)）。もしこの場合、帰責事由はあるがそこまでの責任は認めないというのであればその区別の法的根拠をどう説明されるのか。私見のように、有償契約に特有の瑕疵担保責任による損害賠償は、その無過失責任性のゆえに代金減額的損害賠償にとどめ、商人・非商人を問わず売主に瑕疵ある物の給付について注意義務違反がある場合にはじめて、一般の債務不履行責任（附随的注意義務・保護義務違反を含む不完全履行責任）を根拠として、代金減額以外の瑕疵結果損害を含む損害賠償の請求をも認めるという方がはるかに簡明かつ妥当ではあるまいか。私見は、売主が瑕疵ある物の給付につき注意義務違反がなかったことを立証できても、代金減額的損害賠償義務を免れえないという点に、法定責任たる瑕疵担保責任の特色があるとみるのである。なお、森田説において給付義務の内容や射程との関係で帰責事由の有無を判定するという場合、注意義務違反の有無は問題とならず、その必要もないといわれるのか、あるいはそれをも含めて相関的、総合的に判断するといわれるのか、これらの点についても、さらに突き詰めた検討の結果が示される必要があり、森田説の今後の展開を見守りたい。

ちなみに、今後、債権総則レベルで、「帰責事由」とはなにかを検討する場合の前提として、債務不履行に対する救済手段としての、追完請求権（瑕疵修補請求権を含む）、契約の解除、損害賠償の請求というそれぞれの救済手段（＝効果論）との関係において要件論を考えることの必要性について一言しておきたい。すなわち、追完請求権においてはそれが本来の履行請求権であることのゆえに帰責事由は要件とならず、履行遅滞や追完可能な不完全履行を理由とする契約解除の場合には、相当期間を定めた催告期間の徒過といった附加的要件をつけることによって帰責事由を不要とする余地もあること、(46) 損害賠償については原則として帰責事由を必要とするも、当事者間の「結果保証」特約がある場合や、明文の法規定（例えば四一九条）がある場合、あるいは瑕疵担保責任のような特別の賠償責任の場合にはその性質上（例えば有償契約性のゆえに、その範囲で――代金減額的損害賠償。なお、明文上も帰責事由が要件とされていない）、帰責事由不要と解するといったごとくである。債務不履行の要件論における類型的処理の必要性・妥当性と、要件論における無用の混乱を避けるためである。

(27) 森田宏樹教授の研究については、前掲注(5)(6)の論稿の他「瑕疵担保責任に関する基礎的考察」法協一〇七巻二号一頁、六号一頁、一〇八巻五号七五頁（一九九〇・一九九一年）参照。
(28) 近時の債権総論の体系書で早速これを支持するものとして、内田貴・民法Ⅱ（債権各論）（一九九七年）一三〇頁がある。
(29) 森田・前掲注(6)論文、法学五五巻二号九六頁以下。
(30) 森田・同右一〇〇頁。
(31) 森田・同右一〇一頁以下。
(32) 森田・同右一〇六頁以下。
(33) 森田・同右一一五頁以下。
(34) 森田・同右一一六頁以下、なお森田・前掲注(5)私法五一号論文一三五頁参照。
(35) むしろ端的に本来の履行請求権とは異なる瑕疵担保責任に基づく損害賠償としての現実賠償＝瑕疵修補請求権だと説明する方が、短期の期間制限の法的根拠を明確に説明しうるのではあるまいか。もっとも、森田説には、一年の時効期間の他に履行時から一〇年の消滅時効期間を認めようとする実践的意図があることは理解できるが……。ちなみに、原状回復による損害賠償としての瑕疵修補請求権を認めるドイツのペータースの見解について、鈴木恵「売買における瑕疵修補請求権㈠」後掲注(42)参照。
(36) 森田・前掲注(1)法教一九三号三八頁以下。
(37) 森田・前掲注(27)論文「瑕疵担保責任に関する基礎的考察㈠」法協一〇七巻二号二一九頁以下、同「結果債務・手段債務の区別の意義について ── 債務不履行における『帰責事由』」鈴木禄弥先生古稀記念・民事法学の新展開一五六頁以下（一九九三年）。
(38) 森田・前掲注(1)法教一九三号三八頁。
(39) 潮見佳男・債権総論（一九九四年）一九〇頁。
(40) 森田・前掲法教一九三号三八頁。なお、北川善太郎・債権総論（第二版）（民法講要Ⅲ）八六頁（一九九六年）参照。
(41) 星野英一「瑕疵担保の研究」補論・民法論集第三巻二四四頁（一九七二年）。
(42) 下森「日本法における専門家の『契約責任』」川井健先生退官記念論文集・専門家の責任二一一頁以下及び二一八頁（一九九三年）参照。
(43) 下森・同右二一三頁以下。
(44) 森田・前掲注(1)法教一九三号三九頁。
(45) 星野英一・前掲注(41)論文二四五頁。
(46) ドイツ債務法改正委員会草案三二三条がこの立場をとる。下森＝岡編・ドイツ債務法改正委員会草案の研究七二頁以下、とくに七七頁（平野裕之、解説担当）（一九九六年）参照。

五　近時の学説（時的区分説）とその検討

1　近時、契約責任説に立ちつつ、瑕疵担保責任の特則性を、買主による目的物の「受領」後にも追及が許容された債務不履行責任である点に求めようとする考え方が主張されている。その口火を切ったのが前述の森田説である。藤田寿夫、北居功両教授がこれに続いて「受領」に焦点をあてた見地からの研究を展開されている。(47)

これらの諸説は、奥田教授や私見からの契約責任説への批判、すなわち、瑕疵担保責任の債務不履行責任に対する特則性の意味、内容いかん、具体的にいうと、例えば、不特定物売買の場合、本来の履行請求権はいつから短期追及期間に服する代物・追完請求権に転化するのか、瑕疵ある物の給付によって特定が生ずるのか。生ずるとしてそのことにより買主に給付危険さらには対価危険も移転するのか、この場合瑕疵担保による解除がなされたらどうなるのか。また、本来の履行請求権と瑕疵担保による契約解除、損害賠償との選択、転化の時的関係如何等の問題についての不明確性の批判を踏まえ、既存の契約責任説がこれまで十分に論じていなかったこれらの問題を掘り下げて検討している点で、評価される(48)。

ごく単純に図式化すると、目的物の「受領」時を規準時とし、それ以前は一般の債務不履行、それ以後は（債務不履行の特則としての特別不完全履行ともいうべき）瑕疵担保という意味で、「時的区分説」といわれるが、問題は必ずしもそう単純明解ではなく、三者により見解の相異もみられる。以下、契約締結時、目的物の引渡しないし受領時、受領後の時的区分に留意しつつ、両者の適用関係が具体的にどのように展開していくのか、三者の見解を整理し、かつ私見と対比しつつ検証し、時的区分説の意義を検討してみたい。

2　日本民法はドイツ民法と異なり、瑕疵担保責任の成立要件として、売買の目的物に「隠レタ」瑕疵があることを要求している。そこで、契約締結時点で売買の目的物が特定していない不特定物売買の場合には、同一種類物全てに瑕疵がある例外的な場合を除き、売買の目的物に契約締結の時点で「隠レタ」瑕疵があるとはいえず、その後の目的物の「特定」の時点で「隠レタ」瑕疵がある場合にはじめて瑕疵担保規定の適用の有無が問題となりうる。しかし特定物売買においては契約の成立時点において売買の目的物に「隠レタ」瑕疵があった場合には、買主は、受領後に瑕疵を発見した場合はもちろんとして、受領に際して、あるいは受領前であっても瑕疵を発見した場合には、原則としてその時点で直ちに売主の瑕疵担保責任を追及しうるはずである。私見はこれを肯定する。ただし、不代替的特定物売買であっても、新築分譲住宅の不動産業者による売買等の場合には、瑕疵修補義務を例外的に認める私見においては、受領の前後を問わず不完全履行としてこの問題を処理し、瑕疵担保責任の競合適用を認めないので、追完不能の瑕疵の場合を除き、重大な瑕疵であっても、即時無催告解除や即時の損害賠償を認めない。時的区分説ではこの問題はどう処理することとなるのであろうか。選択的あるいは競合的適用を認める既存の契約責任説の立場ではおそらく受領の前後を問わず、選択的主張を認めるのであろうが、時的区分説では時的区分という以上この点を明確にしておく必要がある。事前適用を認める見解もあるが、この点を明確にしていない（否定的とみられる）見解もある。肯定すれば時的区分という規準との論理的矛盾性が、否定すれば、その結論の具体的妥当性（特に非商人売主の場合において）が問われるのではあるまいか。例えば森田説においては、瑕疵担保責任の特則性について、「瑕疵担保責任は、特定物・不特定物を問わず、買主が目的物を履行として認容することによって『受領』した時点では、その瑕疵が買主の確認を正当に免れる『隠レタ』ものであったことを要件として、『受領』後においてもとくに売主の瑕疵なき物の給付義務の不履行責任の追及が許容されるという点で、債務不履行責任の特則である」と定式化されている。この定式をそのまま適用すると、受領前における瑕疵担保責任の主張は許されないように受けとれるがそれで果たして妥当か。また、受領前に瑕疵が発見された場合、まだ履行前なので債務不履行の問題は生じないというのか。あるいは一定の範囲で責任を問えるというのなら買主が追及しうるはずの売主の債務不履行責任の具体的内容はどのようなものか。また対価危険は移転しているとみるのか（私見では債権者主義をとる五三四条一項により対価危険は瑕疵があっても買主の負担とみるが、瑕疵が重大な場合は、契約の解除により、危険負担の問題は解消されることになり、解除が許されないときは対価危険は同様に買主負担、売主は代金減額的損害賠償責任を負担することになる）。これらの点を明確にしておく必要があろう(49)。また、先のような定式化から、一年の期間制限について、それは「受領」時における買主の履行認容の瑕疵を理由に、売主の責任を追及することが猶予された権利行使の期間であると位置づけられているが、この位置づけでは、特定物売買において受領前に買主が瑕疵を発見した場合の期間制限をうまく説明できまい(50)。同じ時的区分説でも、藤田説では、瑕疵担保責任の事前行使の可能性を認めているが(51)、その具体的内容については明確にされておらず、また時的区分といいながら、事前行使を認めることの理論的根拠についての説明もない。

この点を明らかにしているのが北居説である。北居説を一言にしていうと、「特定物売買であると種類売買であるとを問わず、合意による特定時に買主にとって隠れた瑕疵について対価的均衡を維持するための制度が、まさに瑕疵担保責任である」というのである(52)。その前提として、北居説は、まず、いわゆる特定物ドグマを否定する今日の考え方に立脚しつつ、不代替的特定物売買においても、あるべき給付義務に対応する当事者の合意を措定しうる、という。そこで、一般的に右の第一義的な合意に基づいて売主には「そうした、観念された性状を備えた、目的物の給付義務」が発生するけれども、そのことから直ちにその義務の対象である給付目的物が確定されるわけではなく、その目的物が備えるべき性状は当事者間で自由に観念可能であり、種類債務において履行のための目的物が具体的に定められるのと同様に、右の観念的な内容の給付義務を履行すべく具体的な目的物が定められることが履行過程において必要となる。そこで、特定物売買においては、あるべき給付義務設定の合意と同時に、その給付義務を履行するための目的物を特定する「特定の合意」があったものと二段階構成をし、当初設定された観念的性状を備えた目的物の給付義務が「特定」の合意に基づいて特定された目的物の給付義務に「集中」するものとする。そして、この特定時が給付危険の移転時を意味し、特定物売買の際には契約締結時に直ちに給付危険が売主から買主に移転し、それを四八三条が定めているものと解する(53)。この見解によると、特定の合意に基づいて「特定物ドグマ」が肯定される結果になる(54)。受領時でなく、「特定の合意」時を基準時として瑕疵担保責任を認める北居説では、当然に、受領前の瑕疵担保責任の追及が許されることとなろうし、その理論的根拠も明確である。この北居説の評価については、不特定物売買の場合と合せて検討することとし、次に不特定物売買における時的区分説の検討に進もう。

3　わが民法は種類債務の特定の方法として債務者の一方的な給付必要行為の完了による特定と当事者による合意に基づく特定との二つの方法を定めており、これら二つの特定方法は効果として給付危険の移転を（さらに対価危険の移転をも）もたらす点で共通するが拘束力の点で必ずしも同一ではないとし、この点に着目して北居説は当面の問題を二つの場合に分けて検討する。[55] まず前者は、債務者の一方的な給付必要行為の完了を要件として種類債務者を給付危険・調達危険から解放することを法がとくに認めた「特典」であるから、一方において債務者は、この特典を享受するためには、債務の本旨に従った給付を準備する必要があるし、この特典を放棄する自由もある。しかし他方において、瑕疵ある物を給付したのでは、債務の本旨に従った履行とならず、したがって特定は生ぜず、なお瑕疵なき物の給付義務を負い続ける。

これに対して当事者の合意による特定は、合意の拘束力に由来する特定であるために、債務者が一方的に「特定の利益」を放棄できるものではなく、他方において、特定した目的物にたまたま隠れた瑕疵があったとしても、その物の給付は合意に従った給付行為であるから、当然に不完全履行となるものではない。

以上を前提として、まず、合意による特定と危険負担、瑕疵担保責任、不完全履行との関係について次のように説く。すなわち、合意による特定時点から危険は買主に移転し、引渡前に目的物が滅失・毀損した場合には、売主の帰責事由の有益により、危険負担、あるいは債務不履行の問題として処理される。また、特定の合意時に目的物に隠れた瑕疵があった場合でもその物の給付義務に拘束されるから、その物の給付によって給付義務から解放される。この場合に生ずる有償契約における対価的不均衡を是正するのが、債務不履行責任の枠外に位置づけられる瑕疵担保責任である、と。

次に、履行前に合意による特定がなかった場合はこうなる。前述のごとく、この場合には、瑕疵ある物の提供・引渡しでは債務の本旨に従った履行といえず、種類債務の特定は生ぜず、危険も移転せず、売主はなお不完全履行の責任を負う。しかし、瑕疵ある物を受取った買主がその瑕疵に気付かずに債務の履行としてその目的物の契約適合性を承認した場合（「履行としての認容」）には、その時点で種類債務の特定をもたらす合意が成立したものとみ、売主の給付義務はこの目的物の給付に限定されることとなるから、売主の債務不履行は問題となりえなくなるし給付危険も移転する。後は、これまでの場合と同様に有償契約における対価的不均衡是正の制度としての瑕疵担保責任制度によって買主の救済がはかられることになる。なお、対価危険との関係については、こう説明する。「契約締結後履行までの間に合意による特定が為された場合には特定時に給付危険が移転し、対価危険は売主の給付義務が履行される引渡時に移転することとなろう。これに対して、〔履行前に合意による特定がなくて――下森〕、瑕疵ある物が給付された場合には、給付危険は買主が『履行として受領』した時点に買主に移転することになる〔対価危険もこの時に移転する――下森〕。」そして、瑕疵が重大で解除権の行使が認められる場合においては、瑕疵ある目的物の受領後、その物が不可抗力によって滅失・毀損した場合、目的物の滅失・毀損の場合の解除権に関する五四八条二項により、買主は解除権を行使することで、その滅失・毀損の不利益を売主に転嫁できる（この理は引渡前の特定ケースも同様）、と説く。

以上のような観点から、北居説は、先に引用したように、「特定物売買であると種類売買であるとを問わず、合意による特定時に買主にとって隠れた瑕疵について対価的均衡を維持するための制度が、まさに瑕疵担保責任である」と定式化するのである(56)。このような北居説は、奥田教授や私見からの批判、契約責任説からの特定物ドグマ批判、さらには三宅教授による「隠れた瑕疵」要件の「空洞化」批判(57)等を踏まえつつ、不完全履行、瑕疵担保責任、危険負担の三者の関係を、特定物、不特定物売買の両者にわたって、要件論上統一的に、論理一貫して説明する極めて巧妙かつ論理的に明確な法的構成と評価しうる（特定物売買の場合の説明はやや技巧的にすぎるとの感はするが）。この北居説は、不代替的特定物売買においてもあるべき給付義務に対応する当事者の合意を措定しうる、として契約責任説に理解を示しつつも、特定の合意後は、特定物ドグマを認めるとする点で、大別すると法定責任説の流れに位置づけることも可能のようであり、その具体的結論は、法定責任説に立ちつつ、不特定物売買において、履行としての認容後瑕疵担保責任の適用を認める大審院時代の判例法理とほぼ同様であり、その理論的根拠を明確にしたとの評価も可能であろう。

この北居説に対しては、契約責任説の側から、「特定の合意ドグマ」との批判が浴びせられるのではないかと思われるが、筆者にとって最大の関心事は、不特定物売買に瑕疵担保責任を適用する場合の効果論である。というのは、不特定物売買に瑕疵担保の規定の適用を認めても効果論上メリットはあまりなく、むしろデメリットが多いという従来からの筆者の批判に対して契約責任説からはこれまでに十分な応接がなく、反論を待っていたところだからである。時的区分説によってこの点がどう解明されるのか興味つきないところであったが、結論的にいうと、時的区分説もまた、不特定物売買への瑕疵担保の適用肯定の理論的根拠づけに精力を集中し、効果論については、十分に納得のゆく反論がないというのが筆者の率直な印象である。

まず北居説から検討してみよう。特定の合意により給付の目的物が具体的に確定し、それ以後は特定物ドグマを認めるという北居説の立場では、特定物売買の場合は原則として売買契約成立時（特定の合意時）から、瑕疵担保責任のみ、不特定物売買の場合は、特定の合意時までは債務不履行、それ以後は瑕疵担保責任のみということになって、両者の選択的あるいは競合的適用を認めない点で、既存の契約責任説に比し、法律関係は明確である。しかし、「隠レタ瑕疵」要件の「空洞化」批判を避けるために、瑕疵を知らなくとも履行としての認容を認め、それ以降の買主の救済手段は瑕疵担保責任の追及にとどめる結果、ドイツ民法四八〇条のような瑕疵担保責任の効果としての追完請求権の根拠規定（なお、この請求権は短期の期間制限に服する）をもたない日本民法の解釈論としては、契約の解除と損害賠償の請求に救済手段が限定される結果となる。また特定物売買の場合も、明示の特約や商慣習のない限り、原則としては瑕疵修補の請求ができないという結果になる。そこで、その不都合を避けるために一定の場合に特定の合意につき錯誤無効の主張を選択的に認めて、本来の種類債務の存続を許し、本来の債務の履行請求として買主の代物給付請求を認める。[58] そうだとすると、北居説では、合意による特定後は瑕疵担保責任のみといいつつも、特定の合意に関して錯誤無効の主張を許すことで本来の履行請求権との選択的主張を許すのであるから、従来からの契約責任説が、履行として認容した後でも、債務不履行と瑕疵担保との選択的・競合的適用を認める結果と大差ないことになるのではあるまいか。そしてそうだとすると、不特定物売買に瑕疵担保の適用を認めることの最大のメリットとされる瑕疵担保の短期期間制限の規定の適用が骨抜きとなるであろう。つまり特定の合意に関して錯誤無効の主張を許し、本来の履行請求権の行使を認める場合には、瑕疵担保の期間制限の規定はこの請求権には当然には適用されず、この規定の準用によるか、信義則による制限によらざるをえまい。この結果は、不特定物売買に瑕疵担保の規定の適用を認めず、不完全履行法理の進展（例えば信義則による期間制限）によって対処しようとする従来の通説の立場と、追完請求に関する限り、大差ないことになろう。

しかも問題はその先にあるのである。不特定物売買に瑕疵担保の規定の選択的適用を認めることからくるデメリット、例えば即時の無催告解除や損害賠償の請求が許されることになるがそれで果たして妥当か、との私見からの契約責任説批判がそのまま北居説にもあてはまる点である。これまで繰り返し述べてきたように現行日本民法の瑕疵担保制度は、代物給付や瑕疵修補が不可能ないし売主にそれを期待されえないと考えられていた不代替的特定物売買を主として念頭において構築され、それに応じた救済手段として、無催告の解除や損害賠償の即時請求を認めているのであって、その範囲内では合理的な救済手段であるが、原則として代物給付や瑕疵修補が可能あるいは売主に期待しうる不特定物売買にそのまま選択的適用を認めたり、あるいは受領後は瑕疵担保責任しか認めないとすることは、売主、買主双方にとってメリットより、デメリットが大きいというのが私見による批判の骨子である。北居教授は慎重にも瑕疵担保責任の効果論について問題が残されており、これは今後の課題であるとされている。[59] しかし、法的紛争の解決にあたって実際上一番重要なことは、どのような法的救済をあたえるのか、あたえないのかの効果論であり、その効果を導出するための要件論はその次に位置するものといえよう。効果論を十分に検討せず、要件論中心の体系的整理を先行させる解釈方法は疑問である。

この点に意をつくしているのは森田説である。第四節で紹介したように、森田教授は、瑕疵担保責任を買主による目的物の受領後においてもとくに売主の瑕疵なき物の給付義務の不履行責任の追及を許す、債務不履行責任の特則的制度として位置づけたうえ、効果論としては、契約の解除と損害賠償とし、さらに損害賠償の方法の一つとして現実賠償を肯定し、その具体的あらわれとして瑕疵修補請求権を位置づける。そして、即時無催告解除や金銭による即時の損害賠償請求を契約目的や修補の可能性あるいは期待可能性といった規準から場合により制限するとともに、瑕疵修補請求権が瑕疵担保責任の効果としての損害賠償であることから（前述したように森田説では、他方で瑕疵修補請求権を本条の履行請求権に含めて捉えていることとの関係が問題となるが）これを五七〇条の短期期間制限に服せしめた。森田説はかかる構成で不特定物売買において受領後は瑕疵担保責任の追及しか認めないことからくる追完請求権喪失についての通説からの批判をかわし、他方において、瑕疵修補請求権をも含めて、五七〇条の短期期間制限に服せしめる理論的根拠を明確にして不特定物売買への瑕疵担保責任適用の最大メリットがここにあることを示し、受領時を規準とする振り分けにより債務不履行とその特則としての瑕疵担保責任の選択的あるいは競合的適用から生ずる混乱を避ける方途を示した点で、従来の契約責任説の難点を巧妙に克服する法的構成と評価できる。(60) ちなみに北居教授は、特定の合意について錯誤無効の主張を認めるにあたって、森田説も同旨として引用されている。(61) しかし、森田説は、錯誤の主張による履行請求権の再生を認めるのではなく、目的物の「受領」後にも、瑕疵担保責任の追及という形での売主の責任追及が許容される根拠を履行認容の意思の錯誤に求めたものと理解するのが正当のように思われる。すなわち、森田教授は、「受領時において買主に通常要求される確認・検査によっても発見しえない『隠れた』瑕疵があった場合には、契約に適合した給付がなされたと正当に信じて目的物を受領した買主の履行認容の意思には錯誤があったといえるから、このような履行認容の意思に瑕疵があったことを理由に、買主は弁済受領の有効性を否定して、改めて売主の債務不履行責任を追及しうる」[62]。これが（特別不完全履行としての）瑕疵担保責任だと主張されているものと解しうるからである。

そして、もしこの理解が正しいとすると、森田説に二つの疑問をいだかせられる。第一は、履行認容の意思に錯誤を認めるのであれば、瑕疵担保責任の追及にとどまらず、北居説の説くごとく本来の履行請求権の「再生」を認めてもよいのではないかの疑問である。しかし森田説の論理をもってすればこれはおそらく否定されることとなろう。先に北居説批判で述べたように、これを認めると「受領」を契機とする時的区分説の根幹が崩れ、不特定物売買に瑕疵担保の適用を認める最大のメリットとされる短期期間制限が骨抜きとなるからである。しかし、他方においてこれを認めないとすると、瑕疵修補では対応できないような不完全給付、代物給付の方がより妥当なような場合の法的救済（例えば異種物給付とか、瑕疵ある農産物の給付など）をどうするかの問題が生ずる。森田説に立って、この問題に対応する方法としては、現実賠償の中身を瑕疵修補請求という表現にかえて、追完請求という表現にし、瑕疵修補で応ずるか、代物給付で応ずるかは売主の選択に委ねるという方法である。これはドイツ債務法改正委員会草案のとる立場である。しかし、瑕疵修補と代物給付の請求の選択権を買主にではなく、売主に委ねることの妥当性についてはさらに検討が必要であり、さらに主観的瑕疵概念の採用によって瑕疵ある物の給付と不履行との区別の困難性を折角乗り越えたのに（とくに異種物給付の場合）、再びこの区別に取り組まざるをえないことになるといった問題が登場することもこの改正案には予想される[63]。これらの問題が登場するというまさにそのことに、時的区分説の問題点があるともいえよう。

最後に付言しておくと、時的区分説とくに北居説によるときは、必要行為の完了による特定の場合や送付債務ではどうなるのか、また合意による特定の場合、売主が買主から指定権を与えられ、その行使として目的物を特定したときはどうなるのか（四〇一条二項の同意による特定はこの場合と解するのが通説[64]）。これらの点をも含めて、近い将来、時的区分説の論者から本稿で指摘した諸問題について教示がえられることを期待する。

（47）森田・前掲注（5）の諸論文及び森田、北居・前掲注（7）（10）論文。内田・前掲注（28）民法Ⅱの他、潮見・前掲注（39）債権総論七四頁も、この流れに属するものといえようか。これらの主張に通ずる先駆的見解として、谷川久・商品の売買（一九六四年）一四六頁以下があることを、北居・前掲注（10）論文、法学研究六七巻九号九〇頁注（132）および九三頁注（146）が指摘。

（48）半田吉信教授は、これらの論点は、副次的なものであり、「必ずしも瑕疵担保責任の本質を決するほど重要な問題とはいえない」とされている（半田・前掲注（4）論文二八七頁）。しかし、この点は方法論的問題意識の差によるものである。私見の問題意識は、民法典が必ずしも十分に想定していなかった新しい商品取引における不完全給付や異種物給付をめぐるトラブルの法的保護はいかにあるべきかを出発点とするものであり、そして、その解決のための法的構成は瑕疵担保の競合適用によるのが妥当か、それとも単に不完全履行によるのが妥当か、あるいは第三の構成が考えられるのか、これらの問題との関係で現行法上の瑕疵担保責任の法的性質はどのようなものなのか、さらに現時点での問題解決としてはどのような性質のものと解釈すべきかが問題関心なのである。つまり、瑕疵担保責任の本質論を決定しておいて、そこから、演繹的に結論を導出しているわけではない。いわば、まず帰納的に問題を考察したうえで、現時点での瑕疵担保責任のあるべき法的性質論を展開し、そのうえで、結論導出過程の説明のうえで、演繹的な構成操作をときに行っているのであるといえよう。このことは私見にとどまらず、既存の法定責任説論者の思考様式もおそらくそうであり、現代における一般に熟練した法解釈学者の解釈とは、程度の差はあれおそらくそうしたものであろう。具体的な効果論の検討こそが実用法学としての法解釈学の最重要課題と考える。その意味で、具体的効果論の充分な検討を抜きにした抽象的、形式的な本質論の展開には賛同できない。なお、当面の問題に関する半田教授の効果論の検討の問題性については、本文で展開した時的区分説批判で明らかにしたことが妥当しよう。

なお、ここで半田教授の前掲論文による私見へのその他の批判に応接しておこう。まず、① 民法起草者にすでに今日いう特定物ドグマの発想があったという私見の指摘に対し、遺贈や消費貸借における瑕疵担保に関する典拠につき、「必ずしも両典拠が、売買における瑕疵担保責任が不特定物売買には適用されず、不特定物売買ではもっぱら不完全履行責任のみが問題になったことの証左になるとは思われない」と批判されている（前掲書二六六頁）。しかし、私はこの両典拠をもって起草者がすでに特定物ドグマ的発想をもっていたことの証左としてあげたのであって、不特定物売買への瑕疵担保の規定の適用否定の根拠としてあげたのではないからこの指摘は不正確である。後者についての起草者の見解は必ずしも明確ではない（内山古稀論文二二一頁で指摘）。競合適用の可否について起草者は必ずしも十分な説明をしておらず、あるいは漠然とながら適用肯定の立場をとっていた可能性もないわけではない。この点は今後の研究に待ちたい。

②　つぎに民法五九〇条二項についての梅博士の説明の理解の仕方についての私見への批判と半田教授の理解に関する叙述（前掲書二六七頁）については、私には残念ながらその論旨がよく理解できない。

③　また、特定物ドグマを不代替的特定物売買に限定し、その場合にのみ瑕疵担保の規定を適用するという操作は理論的一貫性を欠くという批判（前掲書二七四頁以下）及び不特定物売買に瑕疵担保の規定の適用を否定したのでは、この制度の存在意義の大半が失われるという主張（前掲書二七六頁）については、もともと瑕疵担保責任規定は不代替物の特定物売買を中心に構築された制度であり、少なくとも現行日本民法五七〇条はドイツ民法と異なり（ド民四八〇条のような契約責任化した瑕疵担保規定を欠くゆえ）、古典的な規定内容となっているので、競合適用を認めても種類売買や代替物の特定物売買において瑕疵ある物が給付された場合の法的処理手段としては不十分であり、むしろデメリットが多いというこれまで主張してきた私見（限定維持論）で十分な応接になっているものと考える。

④　最後に、企業による新築分譲住宅などの場合に限って黙示の合意や信義則によって瑕疵修補請求権を認める私見や、加藤教授による私見への批判への反論に関する半田教授の再批判（前掲書二九六頁）については、前述③でも述べたごとく、瑕疵担保責任制度の限定維持論の基本的考え方で十分答えになっているものと考える。そして、「特定物ドグマがその限度で論理的に崩壊する」との批判については、もともと「特定物ドグマ」は古典的な商品取引類型についてのドグマであって、近代的な商品取引にそのまま妥当しないのは当然であり、瑕疵担保責任と同様、特定物ドグマについても、「限定維持論」を説くものだと答えることになろう。

ちなみに、特定物ドグマ的発想が今日なお通説的見解とされているドイツ民法学の下で、特定物売買において買主の瑕疵修補請求権が認められなかった立法当時の問題状況、その後これを肯定しようとする学説、判例の問題状況を伝える、鈴木恵「売買における瑕疵修補請求権（一）」（関東学院法学第五巻第一号二九頁［一九九五年］以下）は、たいへん興味深い。ペータースの見解はすでに私も紹介したところであるが、ドイツ債務法改正委員会草案の背景を知る上での一つの重要な参考文献といえよう。

（49）森田説が瑕疵担保責任と危険負担制度との適用関係を明確としていないと批判するものとして、北居・前掲注（7）「売主瑕疵担保責任と危険負担との関係㈣」法学研究六九巻九号六四頁がある。また、契約責任説において両者の調整関係の問題があることを指摘するものとして、前掲注(26)の磯村論文㈠法教一六九号三一頁、同㈡法教一七〇号三九頁がある。

(50) 事前行使を認めない森田説の下でも、一般則による瑕疵修補の請求は認めうるが、修補不能の場合でかつ解除が認められない場合の損害賠償の時効期間や起算点はどうなるのか。受領時から一年とするとそのことの合理性が、瑕疵を知った時から一年とすると事前行使を認める結果となることの理論的整合性が問題となろう。あるいは受領前に瑕疵を知って賠償請求をしたときは、一般則による損害賠償だから通常の時効期間というのであれば、瑕疵を知った時点が受領の前か後かで異なった時効期間に服することとなってバランスを失しないであろうか。

(51) 藤田・前掲注(7)一二八頁。

(52) 北居・前掲注(7)法学研究第六九巻九号一〇一頁。

(53) 北居・同右九七頁以下。

(54) 北居・同右一〇九頁注㉙。

(55) 民法四〇一条二項の債権者の同意による特定は、債務者に指定権をあたえることの同意であると解するのが通説であるが、この場合についてでは北居説はとくにふれていない。

(56) 以上の北居説については、前掲法学研究六九巻九号六四頁以下参照。

(57) 三宅正男・契約法（各論）上巻（一九八三年）三二四、三二八頁。

(58) 北居・前掲法学研究六九巻九号六七、六八頁。

(59) 北居・同右一〇二頁。

(60) もっとも、即時無催告解除、即時の損害賠償請求権の行使をときに制限する結論は、瑕疵担保の規定の適用を認めず、不完全履行構成で処理する考え方と結果において同一である。これでは、わざわざ種類売買に瑕疵担保の規定の競合的あるいは選択的適用を認める実益がないに等しい、といえよう。そうだとすると、はじめから競合適用を認めないという方が理論的にも実際的にもすっきりするし妥当でもあるとはいえまいか。

(61) 北居・前掲法学研究六九巻九号九五頁注⒁。

(62) 森田・前掲注(1)法教一九三号四〇頁。

(63) 契約責任説の一つの問題点として、この点を指摘するものとして、私見の他にも磯村・前掲注(26)法教一六九号二九頁がある。

(64) 北居説によるときは、おそらく、一方的必要行為の完了による特定の場合と同じく瑕疵ある目的物の指定では特定を生じないが、その物を買主が受領したときに合意による特定が生じたものとみるのであろう。

六　ドイツ債務法改正委員会草案に関する若干の感想

1　当面の問題に関する今後の立法論的展望を試みるとき、近時発表されたドイツ債務法改正委員会の改正草案が示唆的である。この改正草案は、一九八〇年の国際動産売買契約に関する国連条約（CISG）や、近時の、国際的（もしくはヨーロッパ）民事法の統一あるいは接近化の流れを形成しているランドー委員会の「ヨーロッパ契約法の諸原則」（PECL）、さらには私法統一国際協会（UNIDROIT）の「国際商事契約の諸原則」（PICC）の発展方向とその流れを同じくするもので、給付障害法や売買法の基本構造は、ドイツ現行民法典のそれと大きく異なる方向性を目指すものである。これらの動向については、近時いくつかの紹介や研究が公表されており、私もまた若干の感想を述べる機会をもった(65)。本稿のテーマに関し、今後、これらの国際的動向や研究論文を度外視した発言は許されないが、本稿においては、最初におことわりしたごとく、この点について本格的に検討する余裕がない。ドイツ改正草案に関する、私の既発表の感想に若干の補正、追加を加えることで、本稿をむすびたい。

2　かつて私は、ハーグ統一売買法の影響の下に、債務不履行ないし給付障害の全ての形態すなわち履行不能、履行遅滞、不完全履行（積極的債権侵害）、瑕疵ある物の給付等の全てをカバーする概念としての「不履行（Nichterfüllung）」概念で一元的にこれらを把握し、瑕疵担保責任全体を債務不履行責任化しようとするフーバーの鑑定意見に対して批判を加え、私見の立場から、不完全履行論の新たな展開で十分対応しうるし、その方が法技術的にみてより妥当だと論じた。瑕疵ある物の給付の履行的側面の重視（全くの不履行ではなく不完全ながらある程度の給付があること→期間制限の根拠となる）、合意（契約）による債務の不履行の中に法律上の義務ないし責任である瑕疵担保をとりこむことによる体系的混乱性、またとりこんでみてもその異質性のゆえに、種類債務の場合と異なった法的救済に関する規定を用意せざるをえないこと、現にフーバーも全ての債務不履行を「不履行」という単一の構成要件の下に一元化しつつも、法的効果に関しては、段階的な差異を認めていること、しかし、法的効果が異なる場合には要件も異なるはずであり、異なる要件、効果に関しては、異なる法概念を用いるのが思考経済上便宜であるから、遅滞、不能、不完全履行という債務不履行類型の区別はやはり有用といえよう、というのが批判の骨子であった(66)。

3　近時公表された改正委員会草案（以下草案と略称する）は、フーバーの鑑定意見を大幅に尊重しつつも、これをより法技術的に発展させている。草案は、フーバーの「不履行」要件に代えて、「義務違反（Pflichtverletzung）」という統一的要件を定めこれを出発点とした。この基本概念は「法律上または契約上定められた債務者の義務内容からの違反」を意味する。法律上の義務違反が含まれていることに留意すべきである。また、不能、遅滞、不完全履行、瑕疵ある給付といった、ＢＧＢの基礎となっている給付障害の様々な事例が全てこの統一的要件の中に取り込まれて同化し、解消されている。なお義務違反ありと認められるには、債務者の義務違反の非難可能性は問題とされず、客観的義務違反で足りる。

債務者に義務違反がある場合、債権者にそれを理由とする法的救済があたえられるかどうか、また、あたえられるとするとどのような法的救済手段があたえられるのか、それはどのような付加的要件例えば過失とか猶予期間の設定といった附加的な要件と結びつけられるのかは、債権者の法律上の救済手段のところではじめて重要な意味をもつものとなっている。

法的救済手段に関してみると、草案は、履行請求権を第一次的救済手段としている。そこで債務者は、債権者が履行請求権を行使してきた場合、原則としてこれに応ずるべきであり、ただ、債務者が考慮に値するような抗弁を提出した場合にはじめて、履行請求権の行使が制限される。すなわち、債務者が当該債権関係の内容や性質上彼に課されている義務の遂行努力をもってしては、給付をもたらしえない場合にはじめて、その限りで、またその間は給付を拒絶できる（草案二七五条一文）。もっとも、金銭はつねに調達可能とみなされるので、その限りで債務者の履行義務は制限されない。履行請求権という法的救済手段がもつ基本的意義は、いわゆる追完請求権（Nacherfüllungsanspruch）の広範な展開、とくに、特定物売買においてＢＧＢに未知であった法定の瑕疵修補請求権（eines gesetzlichen Nachbesserungsanspruch）が認められた点にある。

すなわち、草案は、二七五条の一般規定の他に、とくに売買法のところに特別規定をおき、種類売買であると特定物売買であるとを問わず、「売主は、買主に物の瑕疵及び権利の瑕疵のない目的物を取得させなければならない」（草案四三四条）旨定め、瑕疵なき物の給付義務を明文の規定で売主に課した。そのうえで、買主の追完請求権を認めた（草案四三八条一項一文）。もっとも、買主が追完請求権を行使した場合、修補をするか、（代替物の場合――ということは、代替物の特定物売買の場合を含めてということになろうが――下森）代物給付をするかは売主の選択に任されたので（同項二文）、買主がつねに当然代物給付の請求をなしうるものではないことに注意を要する。種類売買の場合、その債務の内容及び性質上瑕疵なき物の給付義務があること、そして履行請求権を第一次的救済手段とする以上、瑕疵ある物が給付された場合追完履行を求めうることは明白であるから（なお草案二七五条参照）、草案四三四条および四三八条一項が設けられた実際上の意義は、特定物売買にあることが明白である。

かくて、瑕疵ある物が給付された場合、瑕疵なき物の給付が合意の内容になっているときは契約上の義務違反、それが合意の内容となっていなくとも草案四三四条によって売主に課された法律上の義務違反となるから、両者のいずれであるかを問わず、買主は、追完請求権を行使しうる。これに対して、売主は、追完に過分の費用がかかるときにのみこれを拒絶しうる（草案四三八条三項）。さらに義務違反の効果として、買主には、一般給付障害法に基づいて、解除および損害賠償の請求、さらに売買法の特則としての代金減額といった法的救済手段が、一定の付加的要件の下にあたえられる。すなわち、これらの救済手段を行使するにあたっては、原則として、相当の期間を定めて追完を請求し、その期間が徒過されたことが必要である（草案四三九条一項・三二三条一項―解除、同四四〇条一項―代金減額、同四四一条一項・二八三条一項―損害賠償）。このことによって売主の追完権が間接的に認められる結果となっている。なお、特別の規定がある場合（例えば草案三二三条二項・四三九条二項・四四〇条一項二文・四三九条二項―代金減額、同二八〇条一項・二八三条二項・四四一条一項二文―損害賠償など）には、期間の定めは不要である。また、売主による追完の拒絶が認められる場合（草案四三八条三項）でも、瑕疵なき物の給付義務には違反しているので、これらの権利の行使は認められる。解除、代金減額権（いずれも形成権とされている）の行使には、売主の故意または過失は要件とされず（草案三二三条・四四〇条）一定の場合には、履行期前でも行使しうる（草案三二三条四項・四四〇条一項二文）。なお、解除権行使の制限規定として、「義務違反が軽微であるとき」という項目が設けられていることに注意すべきである（草案三二三条三項一号）。これは、ヨーロッパ法統一化のプロジェクトにみられる「本質的な契約違反」という要件に近接する試みである。

4　契約当事者の義務違反のもっとも重要な法的救済手段が損害賠償であることはいうまでもない。現代法における国際的な法統一化の潮流は、債務者の保証責任（Garantiehaftung）を基盤としている。そこでは、当該給付障害が克服しえないものでかつ契約締結の時点で予見しえず、さらに債務者にとって支配不可能なそういった障害によってもたらされた場合にのみ債務者は免責されるのである。しかし、草案はこの立場を採用せず、伝統的な過失責任主義を受け継いでいる（草案二七六条）。もっとも、保証責任と過失責任との差異は、草案の規定上、あるいは実際上かなり狭められている。例えば、改正草案の立場でも、債務者はその不履行が金銭の不足による場合にはつねに責任を負う。すなわち、債務者は、金銭の支払義務に関してのみならず、その原因が金銭の不足によるような全ての調達障害に関しても、免責される可能性なしに責任を負うものとされている。さらに、債務者は債務関係のその他の内容あるいは性質から別段の事が明らかとならないかぎり故意および過失について責めに任ずるという草案二七六条の規定からすると、債務者の責任を厳格化する多くの余地が実務に認められていることになる。たとえば、当事者間の特約で危険を引き受けたり、一定の結果の実現を約束した場合には、「債務関係のその他の内容」という文言の解釈によって、債務者は、厳格な、ほとんど無過失責任に近い責任を負うことになるからである。

なお、追完のために定められた相当期間の徒過という附加的要件については前述したとおりである。また、買主は、解除とともに「契約の不履行によって生じた損害の賠償」（草案三二七条一項一文・二八〇条二項三文）か、「これに代えて、契約の実行を信頼したことによって生じた損害」（信頼損害）の賠償を請求することができる（草案三二七条一項二文）。これには、無駄になった契約費用の賠償が含まれるが、売買法にはさらに特別の規定が設けられ、売主は無過失でも契約費用償還の義務を負う（草案四三九条三項）。

契約上の請求権の消滅時効期間は原則として三年であり（草案一九五条一項）、この期間は、履行請求権のほか、追完請求権、解除権、代金減額権、損害賠償請求権に適用される。消滅時効の起算点は、一般には義務違反時であるが、主たる給付請求権の履行期前にはこの時効は進行しない（草案一九六条三項）。もっとも、売買の目的物の瑕疵を理由とする請求権の場合には特別規定がおかれ、目的物の引渡時が起算点とされている（同条四項一文）。

以上が本稿のテーマに関連する改正草案の概要であるが、本格的な検討は後日に譲り、若干の感想を述べておきたい。

5　まず、フーバーの債務の「不履行」概念に代えて「義務違反」という統一的構成要件が採用されたことに注目したい。債務の「不履行」という要件では、積極的債権侵害等で問題となる注意義務違反の場合をも含む給付障害法の統一的構成要件といえるか、やや疑問であったからである。この概念であれば、既存の給付障害をめぐる様々の事例を抱括しうる統一的要件として、妥当といえよう。

つぎに、統一的構成要件として「義務違反」というきわめて抽象的な概念を採用することにより給付障害を一元化しつつ、法的救済手段（＝効果論）のところで、履行請求権、損害賠償請求権、代金減額権、解除権といった救済手段毎に、附加的な要件を課すことによって、給付障害の諸類型や態様に応じたきめ細かな法的救済をあたえるという工夫がなされていること、また、大陸法の伝統を維持し、近時の法統一化の潮流にも応じて履行請求権を第一次的救済手段として位置づけていることに魅力を覚える。

第三に、以上のようなシステム、さらに時効法の改正によって、従来の給付障害法の難問であった、履行不能、履行遅滞、不完全履行ないし積極的債権侵害、危険負担、瑕疵担保責任といった各種給付障害類型間の関係をめぐる諸問題がかなりすっきりと整理され、そのことを通じて、例えば債務不履行責任か法定責任か、いずれとみるかによって効果論に差異が生じたことなどによる、法的性質論をめぐる従来の諸論争にかなりの程度終止符を打つことができると思われる点にも注目したい。

もっとも、従来の各種給付障害類型が完全に消滅したわけではなく、今後、効果論のところで、類型的、体系的整理を学説が進める中で、既存の諸類型は重要な判断基準として利用され、機能することとなろう。社会生活上の実態としての既存の紛争類型あるいは障害類型は存在し続けているのであるから、法体系上の整備にあたっても、各論の面では当然にこれらの類型を無視しえないからである。例えば、不代替物の特定物売買と種類売買では、具体的な法的救済にあたって全く同一的な処理は妥当でも、可能でもないからである（代物請求、即時の解除や損害賠償請求の可否など）。

以上のようにみてくるとき、すでに表明していた、フーバー鑑定意見や今回の改正草案に関する私の疑問はかなり解消したといえる。すなわち、既存の給付障害類型は原則として維持しつつ、新たな商品取引をめぐる紛争類型や起草者が法技術的な制約の故に十分対処しえなかった障害類型（例えば種類売買や請負の瑕疵担保責任、為す債務の不完全履行など）については不完全履行論の新なる展開によって十分に対処しうるし、その方がベターだとする私見は、履行不能や危険負担、時効法をも含むより広い視野の下に、給付障害法の包括的統一的な立法的解決を目指す改正草案に接して、解釈論はしばらくおき、立法論としては、今後大いに検討の必要性があると教えられるところ大である。

もっとも改正草案に関し、なお若干の疑問がないわけではない。例えば、非商人売主にも原則として追完・瑕疵修補義務を課したこと、追完請求権の行使にあたり、代物か瑕疵修補かの選択権を買主でなく売主にあたえたこと、このことにより、原則として代物給付が問題となる異種物給付の場合において、折角主観的瑕疵概念を明文規定で採用しつつも（四二五条第二項）、代物か瑕疵の修補かの選択をめぐってまた争いが生ずる可能性のあること、改正草案の視野の外にある特定物・不特定物の無償の贈与や遺贈における追完義務の問題などである。また、理論的には、契約上発生する本来の履行請求権と法によって認められる追完請求権との関係如何もやや気になるところである。しかし、いずれにせよ、これらの点をも含めて、改正草案の本格的検討は後日に譲るはかない。

(65) ドイツ債務法改正委員会草案の紹介としては、まず、改正委員会設置に至る経緯、委員会の任務、現行法の問題点、改正提案の概要をコンパクトにまとめた総論部分の翻訳として、ドイツ連邦共和国司法大臣編／岡孝＝辻伸行（訳）「ドイツ債務法改正委員会の最終報告書・総論（上）（中）（下）」ジュリスト九九六号九六頁以下、九九七号八二頁以下、九九八号（一九九二年）一〇四頁以下がある。さらに、下森定＝岡孝編・ドイツ債務法改正委員会草案の研究（一九九六年）があり、改正委員会の個々の提案について、現行法の問題点、比較法及び従来の改革論議、改正委員会の提案理由を要約し、日本法への示唆にも言及している。また巻末には改正草案条文の試訳が付されている。ついで、改正草案に関する研究論文として、岡孝「ドイツ債務法改正委員会草案について――買主の追完請求権をめぐって――」広中俊雄先生古稀祝賀論集『民事法秩序の生成と展開』（一九九六年）四七六頁以下、小林一俊「原始不能・瑕疵担保の不履行法化、行為基礎障害法と錯誤――ドイツ債務法改正最終報告書を契機として」亜細亜法学三〇巻一号五三頁以下（『錯誤・原始不能と不履行法』一九九六年所収）、石崎泰雄「瑕疵担保責任と債務不履行責任との統合理論――ウィーン国連売買条約・ドイツ債務法改正最終草案における理論構成――」早稲田法学七〇巻三号二七三頁以下（一九九五年）等をはじめとして、改正草案に直接・間接に言及する論文は多く、今後、本格的な研究論文が次々と登場することが予想される。

　また、一九九七年三月、明治学院大学において、改正委員会の重要メンバーの一人であったシュレヒトリーム教授を招いて連続講演会がもたれ、改正委員会草案の内容やヨーロッパ民事法統一の潮流について教授の見解を聞く機会がもたれた。その内容については、明治学院大学の法学部紀要（法律科学研究所年報第一三号四〇頁（一九九七年）以下）において紹介されているが、この講演それに続く質疑応答はたいへん参考になった。本稿は、これらの講演や質疑、前掲の諸文献、さらには委員会草案の研究にあたったドイツ民法研究会での諸報告や討議に負うところ大である。

(66) 下森・前掲注(14)一四頁以下、なおフーバーの鑑定意見については、宮本健蔵「債務不履行法体系の新たな構築――ウルリッヒ・フーバーの鑑定意見」法学志林八〇巻三―四合併号（下森他編『西ドイツ債務法改正鑑定意見の研究』法政大学現代法研究所叢書9、一九八八年、一二一頁以下所収）参照。

(67) 改正委員会草案の個々の提案の内容と意義については、前掲注(65)、下森＝岡編『ドイツ債務法改正委員会草案の研究』の各解説参照。

(68) もっとも、「不履行」（Nichterfüllung）に代えて「義務違反」（Pflichtverletzung）としたのは、現行法において前者は統一売買法におけるそれより狭い意味で用いられているので、誤解を避けるため、すなわち統一売買法における「不履行」と同じ意味をもたせるためであったようであるが（Abschlußbericht (Anm. 2) S. 130、なお、小林・前掲注(65)論文五七頁、八五頁注(7)参照)、私としてはこう理解したい。

まとめ

　最後に、本稿における私見の基本的立場を総括して結びとしよう。

1　私見の方法論的問題意識

　私見のよってたつ方法論的問題意識は、㈠制度の史的発展過程の客観的事実認識、㈡現段階における利益衡量ないし価値判断に基づく実践的解釈論的主張、㈢現行法の判断枠組みに拘束されない立法論的展望の三者を区別して論ずる態度の貫徹を心がけることにある。

2　制度の史的発展過程の客観的分析ないし認識

制度の史的発展過程の客観的分析は、第二節その他で論じたとおりである。不代替的特定物売買を対象として、買主訴権とは別個の按察官訴権として発生した沿革を有する瑕疵担保責任が、やがて一九世紀のフランス法やドイツ法の下で、種類売買の発達に対応する為、拡張され、変質し、契約責任化の方向に進みはじめたこと、とくにドイツ現行法が、短期の期間制限を伴う追完請求権を瑕疵担保責任の内容として認めたことから、ドイツ法の下で、本来の履行請求権、債務不履行と瑕疵担保責任との関係が大いに問題となったこと。第二次大戦後、損害賠償請求権を第一次的法護手段とし、瑕疵担保責任をも含めた一元的な契約責任制度をとるアメリカ法の影響が、国際売買統一法制定の動きの中で強まり、瑕疵担保責任の契約責任化の傾向が一層強まったこと、そして、近時のドイツ債務法改正委員会草案は、ついに瑕疵担保も含めて、一元的な契約責任制度（正確には給付障害法）を構想していること、しかし、なお、特定物売買における瑕疵担保責任の特色的な条項が特則として残されていることなどを主要なポイントとして指摘した。

なお日本民法の下における瑕疵担保責任制度および債務不履行責任制度の立法的沿革や学説・判例史の客観的分析についての要約は省略するが、本稿のまとめにあたって一、二点だけ指摘しておくと、起草者の一人たる梅博士は、後に特定物ドグマと批判された発想をすでにもっていたこと、もっとも、不特定物売買に瑕疵担保の規定の適用を認めない趣旨であったかどうかは、必ずしも明確ではないこと、瑕疵担保責任と債務不履行との関係について、明確なあるいは堀り下げた理論的問題意識は十分になかったことなどを私は前稿あるいは本稿で強調した。

3　現段階における日本民法の解釈論——私見——

現段階における日本民法の解釈論に関する私見は要するにこうである。種類売買に関するドイツ民法四八〇条のような瑕疵担保責任の拡張規定を設けていない日本民法の解釈論としては、種類売買や商人売主による新築分譲住宅などの製作物売買契約といった新しい商品取引における欠陥商品の給付をめぐる法的救済は、不完全履行論の新たなる展開によって対処すれば十分であり、不代替的特定物売買を主たる対象として構築されている現行民法五七〇条の競合適用を認める必要はなく、競合適用を認めることによってかえって混乱が生ずる（現行日本民法上の瑕疵担保責任の法的性質は法定無過失責任とみる）。契約責任説の主張は理解できるが、適用肯定の論拠構築にのみ気を奪われドイツ民法学が悩まされた競合適用から生ずる不都合への対応が十分に考えられていない。なお、契約責任説の批判するいわゆる「特定物ドグマ」は、それが本来予定していた対象領域に関する限り、それなりの合理性を今日なお有し、とくに、有償契約、無償契約を総合的に考察するとき、特定物（とくに不代替的特定物）と不特定物とで瑕疵ある物の給付に関する法的保護につき、異なった効果を認容することはなお合理的である。このことはドイツ債務法改正委員会草案をみてもうかがえる。以上要するに私見の解釈論の基本的立場は沿革的にみて債務不履行とは異質の制度であった瑕疵担保責任制度の拡張論でも廃止論でもなく、本来的適用領域への限定維持論である。

瑕疵担保責任に基づく損害賠償の範囲については、起草者の見解とは異なると思われるが、無過失責任としての損害賠償は代金減額的損害賠償にとどめ、売主が瑕疵ある物の給付につき無過失を立証できなかったときは、さらに契約締結費用等のいわゆる信頼利益の賠償のほか、瑕疵結果損害の賠償も請求できると解すべきである。しかしその法的根拠は五七〇条でなく、附随的注意義務ないし保護義務を含む不完全履行論にこれを求めるのが妥当であると考える。

4　立法論的展望に関する私見

立法論的展望については、私見はいまだ十分に形成されていない。ドイツ債務法改正委員会草案に関する感想の中で述べたごとく、契約責任の再構成や不完全履行の再構成に関する既存の私見は、履行不能や危険負担、時効法をも含む、給付障害法の包括的統一的な立法を目指す改正草案に接して、改めて更なる検討の必要性を感じているところである。

今後の研究課題としておくほかない。

〔追　記〕

1　本稿の校正段階（一九九七年九月）で、辻伸行「特定物買主の修補請求権について――修補請求権の法的構成の検討を中心として――」（上智法学論集四一巻一号一頁以下）に接した。この論稿は、原始的瑕疵に限らず、後発的瑕疵・毀損をも含めて、危険負担等の関連諸制度や解釈論とのかかわりの中で、瑕疵修補請求権の法的構成を検討する点に特色がある。既存の学説に対する鋭い問題点の指摘や興味深い法的構成が展開されているので、若干の感想を述べておきたい。

2　辻説は、要するに、瑕疵修補請求権は、「瑕疵なき物の給付義務」に依存する完全履行請求権として認められるべき権利ではなく、当事者の明示・黙示の特約によって生ずる付随的義務として位置づけるべきものとし、「瑕疵なき物の給付義務」と瑕疵修補請求権とを理論的に分離・独立させる法的構成を主張するものである。その実質的ねらいは、修補請求権の成立につき、つねに帰責事由を要しないものとみるべきでなく、それを要件とする場合を広く認め、むしろ前者を限定的に認めようというところにある。

興味深い問題の提起であるが、立論の前提である「特定物ドグマ」、「瑕疵なき物の給付義務」概念の把握の仕方にやや問題を感じさせられる。この点私は次のように考える。

3　まず「特定物ドグマ」とは、辻教授も指摘されているとおり、契約締結時に実際に存する性状・属性を有する「この物」をそのまま引渡せば債務を履行したことになる、ということであって、「瑕疵なき物の給付義務」を認めるかどうかの争いは、契約締結の時点で、「この物」に欠けていたところの性状・属性（対価に見合う程度の性状・属性）を有する物の給付が、当該契約の契約内容となっているとみるべきか、否かの争いである。そして、「特定物ドグマ」肯定説は、契約内容となっていなかったとみ、したがって当該瑕疵ある物の給付は、債務の不本旨履行ではないというのである。ということは、契約締結後に発生した後発的給付障害事由である瑕疵や毀損については、契約締結時に存在し、かつその意味で契約内容となっていた性状・属性を欠く物が給付されることになるのであるから、その場合には不本旨履行の問題が当然生じうるのであり、「特定物ドグマ」肯定説はこれまで否定するものではない。この点で原始的瑕疵と後発的瑕疵とは一律に論じえない。

4　つぎに、「特定物ドグマ」肯定の論拠として、①原始的一部不能論と、②当事者の合意内容に目的物の性状・属性は含まれないという二つの立場があるとして、辻説の立論が展開されているが、それらの前提として、③瑕疵担保責任制度が本来対象としていた商品取引は、不代替物の取引が中心であり、したがって代物給付が不可能あるいは瑕疵修補は可能であっても、それを売主に期待することが不可能あるいは妥当でないような取引が対象とされており、この上に「特定物ドグマ」の発想は立っているものとの実質論があることが忘れられてはならない（本稿第二節で私の強調したところ）ということは、原始的一部不能という場合、それは物理的不能を意味せず、社会通念上の不能の意であり、したがって時代が変って修補が可能かつ売主に合理的にそれが期待可能となれば、不能とはいえなくなるし契約内容となりうることを意味する。また、契約自由の原則上性状・属性は合意内容に含まれえないわけではないが明示・黙示の特約がない以上先のような商品取引の実態を踏まえて考察するとき、当事者は、そこまで含めていなかったとみるのが、合理的意思解釈にかなうものであり、現行民法典はそのように考えて、当事者意思の補充規定である瑕疵担保責任の規定を制定したものとわれわれは考えるのである。

5　「特定物ドグマ」、「瑕疵なき物の給付義務」の概念内容を以上のようなものと解するとき、後発的瑕疵・毀損における瑕疵修補請求権の問題はどう考えるべきか、そして、瑕疵修補請求権一般の根拠は何に求め、要件はどのようなものと考えるべきであろうか。契約締結時には存在していなかった瑕疵や毀損が後発的に発生した場合は、まず給付危険が問題となる。辻教授の指摘されるとおり、四八三条はこのことを規定するものであると私も考える。そして、後発的瑕疵・毀損の発生について売主に帰責事由がない（保存義務違反がない）ときは、現状引渡しで履行義務を免れ、賠償義務も負わず、双務契約においては、反対債権の運命は対価危険の問題として処理されることになる。なお、この場合に瑕疵担保責任をも認めるときは、複雑な問題が生ずること、本稿で述べたとおりである。辻教授の問題点の指摘は鋭い。売主有責の場合は本来の給付債務の不完全履行、あるいは保存義務の不完全履行として、債務不履行責任を売主は負担する。問題となるのは後発的瑕疵・毀損が修補可能な場合である。売主無責の場合は、四八三条により現状引渡で本来の履行義務を免れるのであるから（債務の一部解放）、追完義務・修補義務も負担しないこととなろう。有責な場合はどうか。四八三条がこの場合にも適用されるのか、明文上必ずしも明らかとはいえず、これまでこの点について十分な議論はない（北川善太郎・旧注釈民法⑿一六四頁参照）。しかし四八三条は無責を明文上要求していないこと、また、原始的瑕疵につきこれを一部不能と考える学説の立場からすると、ここでもこれを一部不能とみ追完請求を否定して損害賠償で処理するのが、大方の考え方であったといえようか。しかし、瑕疵修補が可能であり、かつ売主にそれを合理的に期待しうる場合には、有責の後発的瑕疵・毀損の場合は、売主は給付義務を免れず、明示または黙示の特約がなくても本来の履行義務の内容として追完義務、瑕疵修補義務を負担すると考えうる余地があろう（北川前掲参照）。この点は、種類売買において、目的物特定後の後発的瑕疵・毀損の場合にも同様の問題が生ずるので、今後一括して検討すべき問題といえよう。なお、賃貸借や請負の場合には、売買の場合とはまた異なった見地からの検討が必要であるが、ここでは立ち入らない。

6　最後に、原始的瑕疵については、それが修補が可能であり、かつ売主に瑕疵の修補を合理的に期待しうる場合であって、しかも明示または黙示の特約によって「瑕疵なき物の給付義務」が当該契約の内容となっているときは、本来の履行請求権の一内容として、帰責性の有無を問わず、追完ないし瑕疵修補請求権が認められるといえよう。この場合の瑕疵ある物の給付は不完全履行であり本来の給付債務は消滅しないからである。

このように考えてくるとき、辻説の問題提起には十分にこたえうることになり、瑕疵修補請求権を本来の履行請求権から切り離し、当事者の明示・黙示の特約による付随的義務と構成する必要は必ずしもないと思われるのであるが、いかがであろうか。もちろん契約自由の原則上、そのような特約がなされること自体は有効であるけれども。なお、辻説の立場では、種類売買において瑕疵ある物の給付がなされた場合の瑕疵修補請求権についてはどう説明されるのであろうか。いずれにせよ、この問題は立法論的にも興味深い問題であり、今後、ドイツ債務法改正委員会草案の構想なども踏まえて研究さるべき重要課題といえよう。

【判例研究①】瑕疵担保責任――売買の目的土地の大部分が都市計画街路の境域内に存するために売買の目的物に隠れた瑕疵があるとされた事例（一九六七年）

〔参照〕　民法五七〇条
最高裁昭和四一年四月一四日第一小法廷判決（昭和四〇年(オ)第六九〇号、辻好三対鈴木亦兵衛手附金返還請求事件）
民集二〇巻四号六四九頁

〔事実〕　Xは、もと、借地上に家屋を建築・所有して居住していたが、大家族のため手狭となったことや地主から借地の明渡しを求められたこともあって、不動産仲介業者Aの仲介により、昭和三七年三月四日、Y所有の本件土地を、X自からの永住の居宅の敷地とする目的で、そのことを表示してYから代金六二七万余円で買いうけ、即日、手付金一二〇万円を交付した。そして、本件土地に二階建居宅一棟を建築しようとして、同年六月一五日に、建築士のBに依頼して、東京都首都整備局建築指導部都市計画係で調査してもらったところ、本件土地の大半八割が昭和二五年三月二日建設省告示第一一二号による東京都市計画街路補助第五四号巾員一五メートルの道路敷地の境域内にあること、そこで、右地上に建物を建築しても、早晩この計画が実施されれば、これを取りこわさなければならないこと、もっとも、右計画の実施時期は未定であるが、予算措置さえつけば直ちに実施される状況にあること、かつまた、将来前期道路計画の実施により地上建物を撤去することを承諾しなければ建築許可がえられないこと等が判明した。そこで、同月二四日、Xは前記のAを代理人として、Yの代理人である（Yの妻）Cに対して、このような事情があるのでは、永住用の居宅の建築を目的としてなした本件売買契約の目的を達することができないことを理由として、契約解除の意思表示をした。そして、手付金一二〇万円の返還を求めて本訴を提起した。

一、二審ともXの請求が認められたので、Yより上告し、つぎのように主張した。㈠、(イ)街路補助線の告示は予定線の告知であって確定的路線の告示ではない。補助線が後に変更された実例がしばしばある。また、(ロ)街路補助線上における家屋その他の建築は禁止されておらず、ほとんど一切の補助線上の家屋の新築及び改築を当局は許可している。(ハ)街路補助線上の土地が現実に道路となった場合には、土地及びその上の建物に対して適正の補償がある。㈡したがって、土地の利用価値を低下せしめるものではなく、売買価格を低減せしめるものでもない。また実際の売買取引においては街路補助線上にある土地と他の土地との間に差別的価格が承認されている事実はない。現に、後に本件土地を自分（Y）は第三者に売ったが、街路補助線の存在は何ら売買契約の障礙とはならず単価はむしろXからの申入れを上廻ったほどである。以上要するに、土地が街路補助線上にある事実は、これを目的物とする売買契約に瑕疵を蔵せしめるものとはいえない。㈢、街路補助線の告示は普遍的に一般市民に対してなされたものである。何人もこの告示を知っておらねばならぬものである。したがってこの補助線にある土地の売買契約の締結に際しては右告示の存在は双方当事者に既知の事実として取り扱わねばならない。買主が怠慢により右告示の存在に気づかないからといって後日右告示の不知は売主が内報を怠ったためであるとして契約に瑕疵ありとしてこれが取消しを求めることは理論上許されない。

〔判旨〕　上告棄却。「原判決（その引用する第一審判決を含む。以下同じ。）の確定した事実によれば、Xは本件土地を自己の永住する判示規模の居宅の敷地として使用する目的で、そのことを表示してYから買い受けたのであるが、本件土地の約八割が東京都市計画街路補助第五四号の境域内に存するというのである。かかる事実関係のもとにおいては、本件土地が東京都市計画事業として施行される道路敷地に該当し、同地上に建物を建築しても、早晩その実施により建物の全部または一部を撤去しなければならない事情があるため、契約の目的を達することができないのであるから、本件土地に瑕疵があるものとした原判決の判断は正当であり、所論違法は存しない。また、都市計画事業の一還として都市計画街路が公示されたとしても、それが告示の形式でなされ、しかも、右告示が売買成立の一〇数年以前になされたという原審認定の事情をも考慮するときは、Xが、本件土地の大部分が都市計画街路として告示された境域内にあることを知らなかつた一事により過失があるとはいえないから、本件土地の瑕疵は民法五七〇条にいう隠れた瑕疵に当るとした原判決の判断は正当である。」

〔評釈〕　一　本件は、宅地の売買において、目的土地の大部分が都市計画街路の境域内にあったために「売買の目的物に、隠れた、瑕疵がある」とされ、売主の瑕疵担保責任が認められた一例であって、とくにとりたてて問題とするところのない事件である（そのせいか、法曹時報に本件に対する調査官の解説がない）。これまでの判例法上瑕疵の存否が直接争われた事例は少なく、とくに最高裁判決には公式の判例集に登載された事例がないので、本件は一つの参考事例として判例集に登載されたものと思われる。

それはさておき、本件の判例法上の地位ないし先例との関係をみると、本件は売買の目的物について存する法律上の制約が瑕疵となるかどうかが争われ、それが肯定された事例であるが、このような類型に属する先例としては、テキストによく引用され周知の先例であるが次のようなものがある。(1)工場敷地用として買った土地が河川法準用区域であって工場を建設できない場合（大判大正四・一二・二一民録二一輯二一四四頁）、(2)伐採の目的で買った山林が保安林区域で伐採できない場合（大判昭和五・四・一六民集九巻三七六頁）、(3)試掘出願中の権利の売買で出願鉱区の重複のためにその部分が不許可になった場合（大判昭和一三・一二・一四民集一七巻二四一二頁）、さらに下級審判例であるが、(4)登記簿上「無期限」と記載されている地上権を「永代」存続するものとして売買したのに「期限の定めなきもの」とされて土地の競落人から引渡しの請求をうけた場合（東京高判昭和二三・七・一九高民集一巻二号一〇六頁）、また、本件とよく似ているが、(5)売買の目的物たる家屋の敷地の全部または一部が特別都市計画の道路敷地に該当するため、早晩その全部または一部が撤去さるべき事情にある場合（大阪高判昭和二八・一二・二二下民集四巻一二号一九一〇頁）。

本判決はこれらの系列に属する判例であって、既存の判例群に最高裁としてはじめての新しい事例を一つつけ加えたという意義をもつものである。つまり、本件土地に家を建て永住する目的で、そのことを相手方に表示して買ったのに、この土地が都市計画上の道路敷地にあたるため、家を建てても早晩とりこわしの運命にあるとすると、それは契約に予定された性質を欠くものであり、しかもその欠点は永住しようという契約の目的を達しえないほどの瑕疵とみられ、契約の解除が認められたのであって、前述した従来のこの種の問題に対する先例の態度からみても、本件につきかかる結論の出るのは無理のないところであり、本件判旨の結論の妥当性についてはまず異論があるまい。

また、「隠れた」瑕疵といえるかどうかについても、本件は一つの新しい事例を判例法に加えたものといえるが、この点、従来の先例は、瑕疵が「隠れたもの」といえるためには、「契約の当時買主が過失なくしてその存在を知らなかったことを要する」という一般的な判断規準をたてており（大判大正一三・六・二三民集三巻三三九頁）、本件もこの判断規準に基づいて判断されたものである。そして、判旨の指摘する二点を考慮にいれるとき、売主に過失なしとしたその結論は妥当であろう。

二　なお、本件では当事者が直接争わなかったので問題とならなかったが、論理構成の問題として本件のような法律的欠点も物の瑕疵として民法五七〇条の適用があるとするのがよいか、それとも、五六六条を売買の目的についての法律的な欠点に関する担保責任と解し、本件のような場合はこの規定を適用（あるいは類推適用）すべきものとするのがよいか、という問題がある。判例はこれまで五七〇条を適用して問題を処理してきているが、これには周知のように有力な反対説がある（我妻『債権各論中巻一』二八四頁）。本件において最高裁は事実上従来の先例の立場を踏襲しているが、反対説の指摘するとおり、両構成の具体的差異は競売の場合にあらわれ、その場合には売主に担保責任を認めた方がよさそうに思われる。従来の訴訟では、この問題がとくに問題として意識されず、裁判所は、当事者が五七〇条で主張してきたのをそのままうけて、この構成を使ったものと思われるので、競売の場合に裁判所がどのような態度をとるかは残された問題である。

三　Yは、その上告理由の中で、本件土地に前記のような瑕疵があるとしても、その瑕疵は土地の売買価格を低減せしめるものではなく、対価的には均衡がとれているから本件瑕疵は五七〇条にいう瑕疵とはいえない旨主張しているが、この点について若干ふれておこう。本件において実際問題として果して対価的均衡がとれていたのかいなかったのかにも問題はあるが、理論的に考察すると、元来、瑕疵担保責任制度は売買契約の有償性にかんがみて、瑕疵ある物、つまり支払った対価に応じて予定されていた価値に比し、より価値の劣るものをつかまされた買主を公平の見地から保護することをその目的とするものであった（沿革については、柚木『売主瑕疵担保責任の研究』参照）。だから、錯誤の場合と異なって、買主の、当該契約をした目的ないし意図と現実との不一致を、その者の契約意思を尊重する点にポイントをおいて保護することをもって法的保護の第一義的な目的とするものではなかったのである。そうだとすると、上告理由の主張するように、契約上予定された性質を欠いたとしても対価的均衡性の面で欠けることがない場合には、錯誤による法的保護はともかくとして、瑕疵担保による法的保護の問題は起こりそうもないようである。しかし、沿革的にはともかく今日の瑕疵担保責任制度はその法的性質に変容を来し、法的保護の対象を拡大化しつつあることに注意する必要がある。それを端的に示しているのがいわゆる瑕疵概念の拡張化傾向である（柚木・前掲書二九九頁以下及び、五十嵐「瑕疵担保と比較法㈠」民商法四一巻三号参照）。周知のように、当初、瑕疵概念については客観的な欠点概念がとられていたが、次第に主観的な欠点概念つまり、物が通常有すべき性質を一応備えていても契約上予定された性質を欠く場合にはなお瑕疵あるものとみてよいとする考え方がとられるようになってきたこと、他方において判例法上種類売買にも瑕疵担保の規定が適用されるようになり、とくにそれが異種物給付の場合にも拡張適用されることになれば、瑕疵の有無の決定における対価的均衡性という判断規準はいやでもその重要性を失ってしまうことになる。かくて、今日の判例の解する瑕疵担保責任制度の下では、Yの主張が裁判所のいれるところとならないのは当然だということになろう。

【判例研究②】 マンションの売主はその分譲に際し、買主に隣地の利用計画について調査告知する義務を信義則上負担しているか（一九七四年）

〔参照〕 民法一条二項
東京地裁昭和四五年(ワ)第六六二七号、損害賠償請求事件、同四九年一月二五日民事第三〇部判決・請求棄却
判例タイムズ三〇七号二四六頁

〔争点〕 Xらは Y会社から、それぞれ新築の分譲マンションを買い受けた。当時、このマンションの南側は、二階建の木造アパートとして利用されており、Xらは日照、通風、観望などの点で良好な環境を享受していた。ところが、買受後約一年を経過した昭和四五年四月中旬頃、南側のアパートが取り毀され、新たに五階建のマンションが建設されたため、Xらの受けていた日照等は阻害されるに至った。

そこで、Xらはそれぞれの買受価格に環境悪化に伴う一定の低減率を乗じた金額を損害として請求し、その根拠として、Y会社の担当者はXらとの売買契約当時、すでに南側マンション建設計画を知っていながら、これを秘して将来も住居環境は良好に保たれると虚偽の事実を述べたこと、または、Xらにとって本件建物の日照等の住宅条件が劣悪になるかどうかは最大の重要事項であるゆえ、Y会社は分譲に際し、南側土地に将来建築され得る構築物の本件建物に対する影響について、これを厳密に調査し、その結果をXら買主に告知すべき信義則上の義務を（契約締結上の付随義務）負うものであるが、これを怠ったがゆえに一種の契約責任を生ずるもの、と主張した。

〔判旨〕一　判旨はまず一般論として次のように述べる。

「信義誠実の原則は現代においては契約法関係を支配するだけにとどまらず、すべての私法関係を支配する理念とされており、したがつてこの信義則はXらおよびY会社のように契約関係を結んだ当事者間に作用するのは当然であるが、契約締結に導く準備行為と契約の締結とは有機的な関係を有する以上、右信義則は、右準備段階においても作用するものと解するのを相当とする。そして、右準備段階において、契約当事者の一方が、相手方の意思決定に対し重要な意義をもつ事実（必ずしも契約の内容に関するものでなくてもよい。）について、信義則に反するような不正な申立てを行ない、相手方を契約関係に入らしめ、相手方に損害を生じさせた場合、あるいは相手方の意思決定に対する原因となるような事実について、契約当事者の一方が、信義則および公正な取引の要請上、調査解明、告知説明する義務を負うものとされる場合において、その者が故意または過失によりこれを怠り相手方を契約関係に入らしめ、相手方に損害を生じさせたときは、たとえ契約が有効に締結されたとしても、これを賠償する責任があるものと解するのを相当とする。」

二　右のような一般的判断基準をたてた判旨は、これにもとづいてYの賠償責任の有無を具体的に判断するにあたり、まず、Yが南側土地の改築計画をあらかじめ知っていたかどうかにつき判断し、結局、右事実を知りながらこれを秘匿していた事実はないと認定した。

なお、Y（有限）会社は、もと本件マンション敷地の一部で自転車や靴の販売修理業、菓子屋等を営んでいた三人の者がA商事会社のすすめでマンションの建設・販売のために設立したもので、右三人は知識・経験不足のため、マンション建設の総合管理および請負工事についてはすべてをA会社に委せ、マンションの分譲についてはB商会不動産部に委せた。そこでXらと直接売買契約の締結にあたったのはBであったため、Bについても、南側土地の改築計画を知っていたかどうかが判断されたが、これも否定された（判旨はこの間の経緯を詳しく認定しているが引用を省略する)。

三　ついで、判旨は、Y会社の信義則上の告知義務の問題につき判断する。

「近時の都心およびその周辺の住宅地区におけるマンションブームのもとにおいては、高層住宅建物が従来の普通住宅家屋の日照、通風を阻害するのみでなく、新しい高層住宅建物の出現が従来の高層住宅建物の日照、通風を阻害するに至る事例も少なくないところから、Xら主張のような事項はマンション等の高層住宅建物の購入者にとつて、買受の意思決定をなす一つの要因となりうるものと考えられる。しかし、本件においては前記認定のとおり本件建物の敷地の南側隣接地はDの所有にかかるものであり、これをいかに利用するかは同人の意思に委ねられているものであつて、Yらが支配権を及ぼすことができないものである以上、本件区分居宅の売買に際し、売主側であるYらに、将来Dの手によって本件建物の南側にどのような構築物が築造され得るか、そして、その構築物が本件建物にいかなる影響を与えるかなどについて調査し、その結果を買受人側に誤りなく告知説明しなければならない信義則上の義務が一般的に課せられているものとは解されない。」

〔評釈〕

判旨の判断基準に疑問あり。

一　本件の問題点は、新築マンションの分譲後、僅か一年後に、日照・通風等の住宅条件が、隣地にマンションが建設されたため、契約当時に比し著しく悪化した場合、買主は売主に対しなんらかの責任を問いうるか、それともその損失は買主の負担に帰するのか、にある。この問題に関する判決例は見当らず、本件が初めてのようであるが、この事件は、いわば起こるべくして起こった事件といえ、今後も相次いで起こりうる事件といえよう。このような新しいタイプの法的紛争の解決のためには、その背後の社会現象の分析を必須とする。本件解釈に必要な限りで、まず、本件の社会的背景とその問題点を指摘しておこう。

二　周知のように、戦後、とくに昭和三〇年代以降の経済の高度成長は、大都市への産業と人口の集中、全国的都市化現象をもたらし、宅地、住宅不足は必然的に都市の高層・高密度化をもたらした。この過程において、都市全域での、集積を誘導し推進するものとしての建築や道路といった個別建設の活発化に比し、生活環境の整備・充実に関わる諸事業は立ち遅れ、土地政策・都市政策の貧困は異常な土地値上りをもたらして、都市の超過密化、生活環境の圧迫と荒廃をもたらした。かかる現実を前にして、都市住民の自衛闘争が必然的にまきおこり、それが日照紛争に象徴される生活環境保全のための直接行動や裁判闘争の形をとって展開されてきたことは周知のとおりである。

この日照紛争は他面において現代建築の体質に由来するものでもあるとして、建築家の深刻な自省も今日みられる。すなわち、住環境の重要な構成要素として日照やプライバシーがあることを現代建築理論が決して忘れているわけではなくその逆であるが、それにも拘らず深刻な日照紛争を惹き起すのは、建築をする側の立場にたってだけ設計・建築するという現代建築の思考・行動様式によるという。つまり、考えられた敷地条件の中で少しでも良い建築の環境を実現すべく努力はするが、その建築が建つことによって起こる隣接地の日照阻害は検討されることもなく、建築基準法によって規制されている事項を守れば、周辺地域に対する影響の実態について考慮する必要はない、と考えられていたことによるという（大谷「日照紛争に関する覚書」ジュリスト増刊『特集・日照権』一七頁。これに対し、「われわれが建築を引き受けるときは、向う三軒両隣の家の日照や通風のことを考えて設計する。もし迷惑をかけるようなことをすると、地元ではもう働けませんからね」という町場の大工さんの発言は興味深い対照をなす。早川「日照問題の背景」ジュリスト前掲三三頁）。いわゆる都市再開発が面開発でなく点開発として展開している現状では、この現代建築の体質は深刻な影響を及ぼすこととなる。

ところで、従来の日照紛争が、主として、中高層マンションと低層木造住宅との間で争われたのに対し、過密化の進行は、中高層マンション同士の日照紛争への展開を招来する。かつて隣接地の住宅環境を破壊し、そのことにより自らの快適な住環境を確保していた先発マンションが、後発マンションの建設のために快適な住環境を奪われるという皮肉なめぐりあわせにおちいるのである。

ある建築家の試算によると、どのような高層住宅であれ容積率が一五〇％を超えると、周辺民家の日照を奪うことになるという。そして、現在のマンションは平均容積率四〇〇〜五〇〇％になっており、試みに四〇〇〜五〇〇％で何棟ものアパートを同一敷地内に並べてみると、最南面以外の棟にはほとんど陽がささない。かくて、マンションが民家の上部空間はもとより、公園、池、社寺仏閣、学校など公共・半公共的空間を利用して建てられるのは、その空間を無料で利用するためであり、「マンションの高容積率は、一棟だけ外部空間をタダで利用すること――筆者のいいかたをすれば『一棟（発）外部空間喰い逃げ』――によってはじめて成立しているのである」という（早川・前掲三二頁）。そうだとすると、収奪した他人の空間にその他人がマンションを建築すれば、他人空間の利用の上に成りたっていたマンションの住環境が阻害されるのは必然であり、点開発により建築されたマンションの快適な住環境はいわばみせかけの住環境であり、それはそもそも建設の時点から、将来の住環境の阻害を運命づけられているものといわなければならない。かくて、先発マンションと後発マンションの日照紛争は、低層住宅との日照紛争の場合と局面を異にし、先発マンションのエゴイズム性が大きく浮び上ることとなる（低層住宅の場合にもエゴの問題がないわけではないが、他人空間の収奪の上に成りたっている先発マンションのエゴイズムとは比較にならない）。そして、先発マンションのエゴ性のゆえに、対後発マンションの日照闘争が十分な成果をあげえないとき、先発マンション住民の鉾先は、当然ながら、彼等にかかるみせかけの住宅を提供した分譲業者にむけられることとなる。これが本判決の争点の社会的背景であり、そのようなものであるがゆえにこの種事件は今後一層多発するであろうことが確実に予測されうるのである。

ここで留意しておかなければならないことは、他人の空間をタダで利用し、それによって利益を得たものは、誰よりもまず分譲業者であって、マンションの購入者ではないことである。マンション購入者は、他人の空間価値収奪の上にはじめて成り立っている快適な住環境のみせかけにつられてこれを購入した被害者ともいえよう。しかし、他方において、購入者が全くの被害者であって彼らはなんらの過失なく、または損失あるのみかといえば必ずしもそうはいえない事情があることに注意すべきである。本件判旨もいうごとく、「近時の……マンションブームのもとにおいては、高層住宅建物が従来の普通住宅家屋の日照、通風を阻害するのみでなく、新しい高層住宅建物の出現が従来の高層住宅建物の日照、通風を阻害するに至る事例も少なくないところから、Xら主張のような事項〔日照、通風、観望等の住宅条件〕はマンション等の高層住宅建物の購入者にとって、買受の意思決定をなす一つの要因となりうるもの」であり、これを裏返せば、購入者にとって将来の住宅条件の劣悪化は今日の状況の下では、あながち予測不可能というわけのものではないことである。また、他面において、容積率五〇〇％のマンションは、隣接地の上部空間をタダで利用しているがゆえに、当然かかるべきコストを安上りにし、そのもつ価値に比して安い価格で提供され、購入者はその恩恵をうけていることである。現在の大都市では、かかる方法をとらなければ、市民の購入しうる価格（といっても一般庶民にとっては高額であるが）の住宅を経済ベースで供給することは不可能となっているともいえよう（早川・前掲三六頁）。そうだとすれば、マンション購入者は、安い価格でその価値以上のマンションを手に入れていたのであるから、後に住環境が悪化しても経済的にみて損失を蒙ったわけではないともいえそうである。しかし、現実問題として、当初から同一マンションが劣悪な住環境の下で売り出された場合、果たして分譲業者は同一の経済条件で分譲しえたかは疑問であろう。だとすれば、後発マンション建設による住環境の劣悪化は、やはり現実にマンション購入者の（健康的条件のみならず）経済的条件の悪化、損失をもたらしたものといわなければなるまい。かくて、ここに生じた損失を誰にどのような形で負担さすのが社会正義からみて公平かつ妥当であるのか、これがまさに本件の争点である。

三　この争点解決のために本件で展開された法的判断基準を次に考察しよう。判旨の法的構成の論理構造はこうである。本件判旨は、原告Xの主張をそのまま受けて、まず、本件争点を契約締結の準備段階における契約責任の問題として把握する。そして、契約締結の準備段階においても信義則が作用することを確認した上で、右の段階で当事者の一方が、相手方の意思決定に対し重要な意義をもつ事実について、⑴信義則に反するような不正の申立てをしたとき、⑵信義則上、調査告知義務を負担すると解される場合にこれを怠ったときには、たとえ契約が有効に成立したとしても一種の契約責任を負う、として、一般的判断基準を示し、ついで、⑴につき、Y会社の担当者が南側のマンション建設計画を知悉しながら虚偽の事実を告知したとは認められないとし、さらに⑵について、Y会社としては南側土地利用については何の権原も有しない以上、Xの主張するような調査告知義務を信義則上負担しているとはいえないとして、結局、Yの責任を否定したのである。

まず、契約締結の準備段階においても信義則が作用すること、そしてその段階における当事者の一方の責めに帰すべき事由による損害の発生につき、その者が、契約の成立・不成立、有効・無効を問わず、賠償責任を問われること、したがって、当事者の一方が不正な申立てをした結果相手方が契約を締結し、損害を蒙った場合に、不正な事実を申し立てた者が契約責任を問われることについては（場合によっては、詐欺や錯誤、不法行為の問題としても処理されよう）、今日特別の問題はない（判例タイムズ三〇七号の本判決解説参照）。また、本件は虚偽の事実を告知した事実はないと認定されたのであるから、本件の問題点はここにはない。本件の問題は、虚偽の事実を積極的に告知したわけでもない場合に、なお、売主は責任を負わなければならないかどうかにある。すでにみたごとく、判旨は、本件Yは信義則上の調査告知義務を負うものではないからとして、Yの責任を否定した。しかし、このような判断基準の定立は果して妥当であろうか。つまり、調査・告知義務の有無によって売主の責任の有無を判断すること、さらには、仮に調査・告知義務ありとした場合、その義務違反がなければそれで売主の責任はなくなるといったこと、そのような判断基準で本件の争点は法的に正確に把握されたことになるのであろうか。筆者には、かかる判断基準を立てた判旨、さらにはかかる判旨をひきだしたX側の主張は、本件の争点を十分法的に構成しえていないのではないか、という疑問を押ええないのである。

本件の実質的争点は、先に指摘したごとく、他人の空間価値収奪（それ自体は現行法上必ずしも違法とはいえない）

の上に成りたつみせかけの快適な住環境をもったマンション（商品）が、売買契約完了後僅か一年で、隣地マンション建設のため（売主の責めに帰すべき事由とはいえまい）、みせかけの快適性を奪われた場合、そこに生じた損失ないし危険を、売主、買主のいずれが負担するのが公平か、にある。X側も、判旨も、これを契約責任の問題としてとらえた。しかし、契約責任の問題とする以上、原則として当事者の責めに帰すべき事由のあることが必要となる。不代替的特定物売買であるマンションの売買契約においては、特約なき限り、良好な日照、通風のマンションを給付する義務、更には将来にわたって売買時点の住環境を確保する契約上の債務を売主が負担することはあるまい（瑕疵担保責任を契約責任と構成すべきかどうかは後述する。筆者は否定説）。したがって、売主が支配権を及ぼすことのできない隣地にマンションが建設されたため住環境が悪化したとしてもそれは売主の責めに帰すべき事由によるとはいえまい。されればこそ、X側も、本件判旨も、この点でYの契約責任を問うことはしていない。僅かに契約締結前における信義則上の調査・告知義務をXは持ち出すにすぎず、仮にXの主張どおりこの義務が認められたところで、分譲契約後隣地マンション建設計画が出来たような場合には、この基準ではなんら買主の保護をはかることができないのである。当事者双方の責めに帰すべからざる事由による住宅環境悪化の場合になお買主の保護がはかれるかが、問題なのである。このような特殊＝契約的関係において生ずる当事者双方の責めに帰すべからざる事由によって生じた損失の分担について、周知のように、民法は二つの制度を設けている。その損失が契約締結前に発生しているときは、原始的一部不能に対する法定無過失責任としての、売主の瑕疵担保責任制度であり、契約締結後契約関係継続中に発生したときは危険負担の制度である。本件の損失は契約関係終了後に発生した点で、一見右両制度のいずれにもあたらないようである。しかし、すでに述べたごとく、容積率五〇〇％のマンションを建てた以上、隣地に同様のマンションが建設されれば住環境の悪化することは当然なのであり、損失発生の原因は、すでに契約締結前に存在していた、つまり潜在的な瑕疵がすでに契約締結前にあり、それが後に、隣地マンションの建設によって顕在化したにすぎないものといえよう。そうだとすれば、売買の目的物に「隠レタル瑕疵」ある場合として、まさに売主の瑕疵担保責任の問題として構成するのが、本件争点につき妥当な法的判断基準を定立したことになるのではあるまいか。瑕疵担保責任においては、瑕疵発生原因について売主の責めに帰すべき事由あるを要せず、また「瑕疵」は物理的瑕疵に限られないことはいうまでもない。もっとも「隠レタ」瑕疵といえるかどうか若干問題がないわけではない。今日のマンションブームのもとにおいては、「新しい高層住宅建物の出現が従来の高層住宅建物の日照、通風を阻害するに至る事例も少くない」のは常識だからである。しかし、その可能性が一般的にあるとはいえ、つねに隣地にマンションが建つとは限らず、現在のみせかけの快適な住環境につられ、すくなくとも当分大丈夫と思って買ったところが僅か一年で環境が悪化したというような場合には、瑕疵担保責任制度の趣旨を類推して、なお「隠レタル瑕疵」があったものとみても不当ではあるまい。他人空間をタダで利用し、みせかけの快適な住環境をもつマンションをそのようなものとして分譲して収益をあげた売主に、その潜在約瑕疵が顕在化した以上、一定の限度で担保責任を課しても酷ではあるまい。売買契約の有償性に基づき、当事者間の負担の公平をはかる瑕疵担保責任制度の理想は、まさにかかる場合にも実現さるべきであり、みせかけの快適さにつられて高額の買物をした買主に住環境悪化による損失の全部を負担させる結果となる判旨の判断基準には、この点で疑問なしとしないのである。

四　売主の瑕疵担保責任を問いうるものとして、次に問題となるのは以下の点である。まず、瑕疵担保責任による法的保護の手段としては、契約の解除と損害賠償とがあるが、ここで問題としておきたいのは損害賠償の範囲である。先に指摘したごとく、容積率四〇〇〜五〇〇%のマンション分譲価格は、それがもつ本来の価値よりは安く買主に提供されているのであるから、その点を考慮して賠償額が算定されるべきである（勝本博士の「瑕疵担保責任の対価的制限」民法研究(5)所収の考え方が参考となろう）。つぎに、除斥期間の点が問題である。わが民法の下では、瑕疵担保責任の追及は、「買主カ事実ヲ知リタル時ヨリ一年間ニ、之ヲ為スコトヲ要ス」（五七〇、五六六条）。この点「引渡」の時から時効を進行させるドイツ法（四七七条、不動産の場合は一年）と異なり、法律関係の短期決済の理念からすれば問題のあるところは周知のとおりである（注釈民法⒁一四六頁以下、二一三頁以下の柚木・解説参照）。この規定の非現代性は、瑕疵担保の法的性質をめぐる新旧両説とも認めるところであり、原則として、引渡しの時を標準とするような解釈テクニックを用いることが妥当である。ただ、本件のような性格の潜在的瑕疵の場合は、瑕疵の顕在化の時点が引渡後相当経ってからのことが多いこと及びその瑕疵の特殊性を考えるとき、利益考量による妥当な期間設定が必要となる。筆者は、さしあたり、引渡しの時から三年ないし五年後がマンション分譲業者の担保期間として妥当ではないかと考える（なお、宅建業法四〇条参照）。契約締結時に将来の住宅条件の悪化がある程度予測されないわけではなく、また、相当年数が経ってからの状況変化なら、買主もあきらめがつくであろうし、さらに提供された価格の点からみれば、ある程度の期間快適な住環境が継続していた場合には、住宅条件悪化の危険がそれ以降買主側に移っても、不公平とはいえまいからである。最終的な問題解決は、土地政策、都市政策によるほかなく、かかる争点の司法的救済には、やはり限度があることを認めざるをえない。

ちなみに、周知のごとく、最近の新説により、瑕疵担保責任を契約責任（債務不履行責任）として構成する立場が有力に主張されているが、最後にこの考え方との関連につき若干の感想を述べて本稿の結びとしたい。

新説の立場（典型的には、五十嵐、北川説）は、近時のドイツ法の発展に倣うものであるが、筆者は、ドイツ法の発展史の理解の仕方を異にする。本稿では結論だけを簡単に指摘しておくと（この点拙稿「不特定物売買と瑕疵担保責任（一）」志林六六巻四号（未完）において詳細に展開する予定であったが、種々の事情のため、まだ果たしえないでいる）、ドイツ普通法の下における種類売買に対する瑕疵担保責任の規定の適用をめぐる有名な論争の結果、当時のドイツ民法学は、不完全な履行にある程度の履行価値を認める債務不履行概念を知らなかったがゆえに、結果としてかかる効果をもたらしうる瑕疵担保責任の規定を適用しうる旨の明文の規定（四八〇条）を設けることによって、この問題に立法的決着をつけたのであった。しかし、種類売買における瑕疵あるものの給付は、まさに債務不履行なのであり、契約責任の領域においてその技術を用いて解決すべきであったのに、ドイツ法は、法定無過失責任である瑕疵担保責任制度を借用したために、その後瑕疵担保責任制度全体を契約責任化してしまうことを余儀なくされた。すなわち、実際の商品取引では、種類売買が圧倒的であり、法的紛争の事例もまたしかり、かくて、瑕疵担保責任制度の中で、種類売買のそれが肥大化の一途を辿り、とくに瑕疵概念の拡張化問題とあいまって（異種物給付の問題に典型的にそれが表われた）、この傾向は促進され、ついに瑕疵担保責任制度それ自体を契約責任と構成するところまで突き進んだのである。かくて特定物売買を前提として作り上げられた瑕疵担保責任制度は、「ひさしを貸して母屋を取られた」形となったのである。しかし、この発展は、筆者の理解では、借用現象性の行き過ぎであり、事態がここまでくれば、ドイツ民法学は、種類売買と特定物売買（とくに不代替的特定物売買）の場合を明確に区別し、前者ははっきり契約責任と構成し、後者は、本来どおり、法定責任と構成すべきではないかと考える。幸に、わが国では、勝本博士によって、不完全な履行にある程度の履行価値を認めうる「不完全履行」概念が構築され（『不完全履行序論』）、これが末弘教授等によって発展されて学説上の通説を形成してきたのであって、種類売買における瑕疵あるものの給付の場合の法的処理技術としては、むしろ我が国の発展の方が素直な発展であったのであり、いわば迂路を辿ったドイツ法学の発展の結末を今日継受する必要はなんらないと考える。つまり不代替的特定物売買における売主の担保責任の法的性質は、売買契約の有償性に基づき、法が公平の見地からとくに認めた無過失責任であるとして、債務不履行責任の一形態としての不完全履行に基づく責任から区別しておくことは、今日なお理論的にも、実際的にも、正当かつ妥当であると考える。本件判例評釈で、わざわざ筆者がこのことに触れたのは、本件のような問題を考える場合、瑕疵担保責任制度の法定無過失責任性は、問題点を極めて明確に浮きぼりにしてくれると考えたからである。もちろん、新説の立場でも、――仮に本件のような場合を筆者のごとく瑕疵担保の問題として把えうるとした場合――売主の責任を契約責任の一種と構成しつつ、なお無過失責任と把える論理を展開することが論理的に不可能だとはいえまい。しかし、そのような論理を展開した場合、法技術的にみて、そこにどうしても複雑さ、体系的不明確さが生ずるのを免かれえないのではあるまいか。

五　いずれにせよ、本件争点は新しい形態の法的紛争であり、今後一層の論議を必要とする。本判決には、原告側の争点把握の不十分さもあって、筆者の理解では、その争点解決の判断基準に疑問を抱かせられるが、本判決例それ自体の当否を語ることは控えたい。本評釈の目的は、瑕疵担保責任構成の可能性を指摘することでこの問題に一石を投じ、今後の判決例さらには判例の動向を見守ることにある。

（一九六六年）

【判例研究③】登記簿面積と実測面積のくいちがい

大審院昭和五年七月三〇日第四民事部判決（昭和五年(オ)第六一八号、売買代金減額請求事件）

法律新聞三一六七号九頁

〔事実の概要〕

登記簿上の面積二反一畝一三歩の田地の売買において、X（買主）が、契約締結後、本件田地の実測耕作面積は一反六畝一九歩一合四勺にすぎず、したがって登記簿上の面積より四畝二三歩八合六勺ほど面積がすくないから、その分だけ売買代金を減額せよ、と争ったのが本件である。原審は、次のごとき理由からXの主張を斥けた。⑴本件田地の登記簿上の面積と実測面積にくいちがいが生じたのは、大正七年頃の洪水の被害により耕作地が減少したことに由来する。ところで、田地の売買において登記簿上の坪数を表示するのは、通常は、このことによって目的物たる土地又は耕作地の坪数を確保するのではなく単に売買の目的物を特定するものに過ぎない。したがって登記簿上の坪数に相当する土地又は耕作地の実在を確保しようと思えばとくにその旨を約束しておく必要があるが、本件ではそのよう

米一年につき六俵を基礎として代金を定めるものであるが、本件においても宛口米一年につき六俵を基礎として売買契約を締結した事実が認められる。そうだとすると、本件売買は民法五六五条にいう数量を指示して契約をなしたものではないから、登記簿上の坪数に不足があってもXは代金減額の請求をなしえない。

これに対してXから上告したが、その理由は次のとおりである。⑴元来土地の売買において登記簿上の坪数を表示するのは売買土地の坪数を確保することを目的とするものであり、売買代金を定めるにあたっては、その土地の所在場所・土地の良否・登記簿上の坪数などを規準として定めるのが一般の実験則である。殊に、代金を定める上でその土地の広狭が重大な関係をもつのは当然のことであって、その場合規準となる面積は常に登記簿上の坪数によるものであって一々実測して取引するものではない。特に実測して取引するときはその旨を特約するものである。だから登記簿上の坪数より実際の坪数が少ないときには耕作価値が減少するから代金も減少するのは当然のことである。⑵原判決は、登記簿上の坪数は売買の目的物を特定するものにすぎないとしながら、代金は通常宛口米を基礎として定めると説明しているが、実はこの宛口米こそ前述の土地の耕作価値によって算出したものであって例えば一歩につき二合あるいは三合として登記簿上の坪数を乗じて全体の宛口米を計算するものである。だから、坪数が減少すれば宛口米もまた減少するのは当然であって、それは土地の広狭を問わず常に一定不動のものではありえない。⑶本件においても宛口米六俵は反別二反一畝一三歩の耕作価値あるものであって代金一、一二〇円と定めたのであるが、実際は洪水の被害により耕作地が減少していたのであり、しかもこの事実を売買契約締結後はじめてXは知ったのである。ゆえに民法五六五条後段にいう物の一部が契約の当時すでに滅失し、しかもXがその滅失を知らなかったことが明らかであった場合であるにもかかわらず原審が事ここに出でず事実を不当に認定したのは違法である。

〔判　旨〕

しかし、大審院は上告を棄却した。

「土地ノ売買契約ニ於テ其ノ坪数ヲ表示シタル事実ニ因リ直ニ売主カ其坪数存スルコトヲ確保シ其ノ坪数ヲ基礎トシテ代金ヲ定メタルモノト認定スヘキ実験則アリト為ス能ハス斯カル実験則ノ存在ヲ前提トスル論旨ハ理由ナシ又原審ニ於テＸハ本件売買ノ目的タル地域ハ契約当時全部現存セルモ契約ニ於テ表示シタル其ノ坪数ニ不足アリト主張シタルモノニシテ売買ノ目的タル地域中ノ一部分カ契約当時已ニ滅失シテ現存セサリシ旨ヲ主張シタルモノニアラスＸカ此ノ後ノ趣旨ヲ主張シタルコトヲ前提トスル論旨モ亦理由ナシ爾余ノ所論ハ原審カ適法ニ証拠ニ基キ為シタル事実ノ認定ヲ攻撃スルニ過キス」

〔解　説〕

一　本件の問題点は、代金減額請求権の有無の判定上、本件売買が民法五六五条にいう数量を指示してなした売買といえるかどうかにある。その判断規準としては、まず、登記簿記載の坪数がなんらかの形で表示されている場合に、それは数量を指示した売買といえるのかどうかが、ついで、もし一般的に上述のことがいえないとすると、どういう事情がある場合に数量を指示してなした売買となりあるいはならないのか、といった点が問題となる。

なお、本件田地は本件売買契約締結前に洪水によってその一部が滅失していたのであり、その結果、登記簿面積と実測面積とにくいちがいが生じたのであるから、本来なら、当然五六五条後段の適用が問題となる事例であるが、Ｘがこの点を問題としたのは上告審になってはじめてであったので、大審院はこの点の判断を拒否した。したがって、本件は、この問題に関する判例とみるわけにはゆかず、登記簿面積と実測面積とにくいちがいのある事案にかかるものので、もっぱら五六五条前段の適用のみが問題となった事件だと評価すべきである。

二　ところで、民法五六五条にいう数量を指示してなした売買とはなにかにつき、大正年代の代表的教科書はこの点を次のように説明していた。「数量ヲ指示シテ売買ヲナスト謂フハ特定物ニ付キ一定ノ容積、重量、員数又ハ尺度アルコトヲ売主ガ表示シ之ヲ基礎トシテ売買ヲ為セルコトヲ謂フ」（鳩山・各論上三二八頁）。元来、売買に際してその目的たる物の数量を指示する場合に三種の別が考えられる。㈠一定の数量あることを条件として売買をした場合、㈡一定の数量あることが契約の基礎をなしている場合（例えば一坪一万円の売買で、一〇〇坪あるので代金を一〇〇万円と定めたような場合）、㈢一定の数量あることが表示せられてはいるが、第二の場合のようにその数量のあることを特に契約の基礎としなかったような場合、の三である。第一、第二については五六五条の適用があるが、第三の場合にはその適用がないものと解すべきである。というのは、この場合には当事者は契約の目的である特定物それ自身を基礎とするものであって、数量の表示は契約の内容に対し何らの標準をも与えるものではないから、数量に不足があってもこれがため契約変更を生ぜしめる理由とならないからである（末弘・各論四〇一頁、横田・各論三一五頁。この考え方は今日でも通説である。我妻・各論中巻㈠・二八〇頁、柚木・注釈民法⑭一五二頁）。

三　学説のこのような解釈と軌を一にして、判例も、土地の売買代金が一反歩何円の割合で登記簿上の坪数に従って定められていた事例においてこれを数量を指示してなした売買と認定した（大判大正一三・四・七新聞二二五三号一五頁）。本件は、この判決につづくものである。ところで、一般に、土地の売買などでは登記簿にしたがって地番や坪数を指示するのが通例であるが、それは一体数量を指示してなした売買といえるのであろうか。これが本判決の問題点であり、これは前記大正一三年判決で問題とされた問題に論理的に先行する問題といえよう。この問題、結論から先に述べると、本件判旨のとくように、その事実だけでは数量を指示した売買とはいえまい。というのは、わが国の従来の登記簿の表示が実際と符合しないことはほとんど常識となっているし、取引にあたっては、当事者が実地を検分してその区画を定めるのが普通である。したがって、売買契約書に登記簿上の地番・坪数の記入があったとしても、特約なき限りそれはその土地を特定するためのもの、といった程度の意味しかもたないものと考えるのが妥当だからである（通説・前掲。宅地につき反対を唱える者、玉田・後掲参考文献）。

では、不動産取引においては、どのような場合に数量を指示した売買となりあるいはそれにならないのであろうか。

まず、最近はやりの分譲宅地の売買などにおいて、不動産会社が分譲にあたって各区画の土地の坪数を指示し、一坪の単価を標準として各区画の値段を定めているような場合には数量を指示した売買といえる。つぎに、大正一三年判決のように、一反歩何円としてはいたが、それに登記簿上の坪数をかけて値段を定めていた場合はいかん。大審院の認めたごとく、この場合も原則として数量を指示してなした売買とみてよかろう。もっとも。そのような場合でも、当事者が指示された区画全体として評価し、登記簿上の坪数による計算は一応の標準としているにすぎないこともないではあるまい。そのようなときは、やはり数量を指示した売買とはなるまい（同旨、我妻・前掲二八一頁）。本件では、これらの事情はつまびらかでない。ただ原判決は、本件売買においては宛口米を基礎として代金が定められているから数量を指示した売買ではないと説明している。そもそも本件の宛口米はどのようにして決められたのか、その内容が明らかでないので明確には判断できかねるが、宛口米の決定にあたり、耕作反別は決定的要因とはいえないとしてもかなり重要な要因ということは一般的に推測できるから、宛口米で代金を決めたから数量を指示した売買でないとは簡単にはいいきれないように思える。この点、上告理由のつくとおり原判決の説明は不十分であるように思われる。しかし、この点は事実認定の問題であり、詳しい証拠資料を見ることのできない我々としてはせいぜい問題点の指摘をしうるにすぎず、その認定が実際に誤っていたかどうかは批評のかぎりでない。大審院もまた、この点は原審の事実認定に対する攻撃にすぎないとして判断をさけている。

四　本判決後、大審院は、競売法による土地の競売にかかわる事案で本件と同一趣旨のことを述べ本判決を踏襲した（大判昭和一四・八・一二民集一八巻八一七頁、判民五七事件野田評釈）。この判決にも賛成する学者が多いが（我妻・前掲二八一頁、柚木・前掲一五三頁）、競売の場合は別異に解すべきだとする学者もある（前掲・野田評釈、末川・民商一〇巻一〇七二頁）。競売の目的は売主に利得をなさしめるにあるのではなく、可及的に競売物件の客観的実価を実現せんとするにあるのであるから、公告中には実測坪数を表示して客観的価値実現を確保すべく、もし公告坪数が実測坪数に不足する時は不足坪数だけ減額請求を認めても客観的価値実現の目的に背馳することはない。この点は利得を目的として双方の打算の自由が或程度認めらるべき通常の売買における坪数の単なる表示とは意味を異にする、というのがその理由である。私もこの説に賛成したい。

五 ちなみに、数量の不足な場合に関連して、反対の場合、つまり数量を指示してした売買において、目的物が指示された数量をこえる場合が問題となる。わが民法に規定がないので、学説上争いがあるが、通説・判例は、売主の無過失責任を認めて取引の信用を保護しようとする五六五条の趣旨からみて、売主に代金増額請求権を認めるという反対解釈をすべきではなく、なんらの問題も生じないと解すべきだとする（我妻・前掲二八二頁、柚木・前掲一五四頁、大判明治四一・三・一八民録一四輯二九五頁――競売による不動産取得の例――、大判大正五・二・一九民録二二輯三二〇頁――山林のいわゆる縄延地の例――）。例えば、わが国では、前述のように、登記簿の記載と実際とが符合せず実際の面積が多い場合も少なくないので、実測した結果売買の際に指示された登記簿上の面積より広くとも問題にしないのが普通である（実際には、多少の縄延地のあることを考慮にいれて代金が定められる）。さらに、山林の売買などでは、登記簿ないし図面によって区画を指示した上でその区画の実測面積を表示したときでも、実測は一応の参考にすぎず、区画された土地を売買目的とする趣旨と解すべき場合も稀ではない。通説・判例の立場はこのような事情を背景にもつものである。

〈参考文献〉
本文引用の文献。とくに、我妻・債権各論中巻㈠・二八〇頁以下、柏木・注釈民法⒁債権⑸一五〇頁以下。その他、玉田「不動産の売買」契約法大系Ⅱ二〇八頁以下。

【判例研究④】土地の数量指示売買（一九七七年）

最高裁昭和四三年八月二〇日第三小法廷判決（昭和四一年(オ)第七七〇号土地引渡請求事件）
民集二二巻八号一六九二頁

〔事実の概要〕

Xは、Y_1からその所有の土地建物を代金一四五万円で譲り受け、代金の支払い、移転登記手続も完了した。ところがXが買い受けた宅地中の一筆の土地が登記簿上八六坪五合（原判決はこう認定しているが、本件判旨の指摘するところでは、登記簿謄本では八六坪五勺とあるという）とあるのに、実測の結果六八坪六合七勺しかなく、差引き一七坪八合二勺が不足することが分かった。そこで、Xから、Y_1およびXに対するY_1の債務を保証したY_2に対して、右土地家屋の売買にあたり土地は一二五万円、家屋は二〇万円と評価して買い受けたものであり、それゆえ右不足坪数に相当する代金である、右土地一坪当たりの価格金一万三、三一一円に不足坪数一七・八二を乗じた金二三万七、二二〇円は売買代金から減額されるべきであるとして、右金額および年五分の割合による遅延損害金の支払いを求めたのが本件である。

第一審では、本件売買は数量指示売買にあたらないとされてX敗訴。しかし、原審は、「長崎市中新町四三番の一宅地八六坪五合、同番地の二宅地七坪四合というのは、単に宅地を特定し、その同一性を示すために、登記簿上の地番、坪数をそのまま挙げたというにとどまらず、買主たるXにおいては、もちろん、そのとおりの実測面積があるものと信じ、また、売主たるY ら側においても、売買の目的物たる本件宅地の実測面積は、登記簿表示の坪数より少なくないことを認め、当事者双方ともこれを基礎として代金額を定めたものであることを認めることができるのである。

しかして、宅地の売買代金が坪当りの単価を明示し、これに数坪〔坪数？〕を乗じて算出する方法によつて決定されたものではなかつたとしても、買主が一定の数量があるものと信じたにとどまらず、売主も、また、一定の数量あることを認め、当事者双方がこれを前提とし、その基礎の上に立つて代金額を定めたような場合には、『数量を指示した』売買に当るものと解するを相当とすべく、したがつて、実面積が協定面積に不足するときは、代金額は実面積に基づいて減額せらるべきことは当然であり、本件売買代金が地上建物と一括して協定せられたということは、必ずしも右認定の妨げとはならないものというべきである。」として、Xの請求を認容した。Yら側より上告し、本件売買は数量を指示して売買したものではないこと、かつ、本件物件の価額は土地、建物別個に定めたものではなく、一般の慣例に従い土地家屋を一括してその代価を一四五万円と定めたものである、などの点を主張した。最高裁は原判決を破棄し、本件を原審裁判所に差し戻した。

〔判　旨〕

「民法五六五条にいう『数量ヲ指示シテ売買』とは、当事者において目的物の実際に有する数量を確保するため、その一定の面積、容積、重量、員数または尺度あることを売主が契約において表示し、かつ、この数量を基礎として代金額が定められた売買を指称するものである。ところで、土地の売買において目的物を特定表示するのに、登記簿に記載してある字地番地目および坪数をもつてすることが通例であるが、登記簿記載の坪数は必ずしも実測の坪数と一致するものではないから、売買契約において目的たる土地を登記簿記載の坪数をもつて表示したとしても、これでもつて直ちに売主がその坪数のあることを表示したものというべきではない。

ところで、原審が本件売買を数量指示売買と認定判断するについて挙げた証拠方法は、甲第六号証（不動産売渡代金領収書）、第一、二審のX本人尋問の各結果、第二審のY_2本人尋問の結果および弁論の全趣旨であるが、右甲第六号証には、売買の目的物として、『長崎市中新町四三番の一宅地八六坪五合（原判決もこのように認定しているが、成立に争ない甲第七号証《登記簿謄本》によれば、長崎市中新町四三番の一は宅地八六坪五勺とある）、同上四三番の二宅地七坪四合、同市同町四三番の一建設家屋番号同町第六七番木造瓦葺平家建居宅一棟建坪二五坪、塀・井戸・畳・建具其他付属定着物・従物等一切有姿の儘』、その売買代金額として『一四五万円』と記載されているのみであり、その他の前記証拠方法には、本件売買の目的物のうち四三番の一宅地八六坪五合（登記の記載上は正しくは八六坪五勺）、同番の二宅地七坪四合は、『買主たるXにおいてはもちろん、そのとおりの実測面積があるものと信じ、また売主たるY_1ら側においても、売買の目的たる本件宅地の実測面積は登記簿表示の坪数より少なくないことを認め、当事者双方ともこれを基礎として代金額を定めたものである』との証拠はない。そして、第一審裁判所のした検証の結果には、本件売買の目的である土地は周囲を石垣等で囲まれているとある。そこで、右かつこ部分を除くその他の原審の確定した事実を冒頭の説示に照らして判断すれば、本件売買は、いまだいわゆる数量指示売買にあたるものとはいえず、これを数量指示売買と判断したことは、証拠に基づかないで事実を認定したか、民法五六五条の解釈適用を誤つたものというべく、これが判決に影響を及ぼすことは明らかである。」

〔解　説〕

一　本件の問題点は、原判決認定のような事実関係の下で、本件売買が民法五六五条にいう数量を指示してなした売買といえるかどうかにある。その具体的判断基準としては、まず、本件でもそうであるように、売買契約書に登記簿記載の面積がなんらかの形で表示されている場合に、それは数量を指示した売買といえるのかどうか、ついで、もし右の点が一般的には否定的に解されるとした場合には、どのような事情がさらにあれば数量指示売買となりうるのか、が問題となる。

本判決は、数量指示売買を正面からとりあげた最初の最高裁判決といわれており（鈴木・本件解説——法曹時報二一巻三号九六頁）、この判決の後、二つの最高裁判決があらわれている（最判昭和四三・一一・五判例時報五四三号六一頁

（宅地の売買）、同昭和四三・一二・二〇判例時報五四六号六二頁（立木売買）、いずれも数量指示売買の成立を否定）。もっとも、大審院時代にすでにこの問題に関する判例がいくつかあり、本判決は大審院時代の判例法を踏襲したものとして位置づけることができる。そこで、まず本判決以前の学説・判例の問題状況をひととおり解説してみよう。

二　民法五六五条にいう数量を指示してなした売買とはなにかにつき、大正年代の代表的教科書はこの点を次のように説明していた。「数量ヲ指示シテ売買ヲナスト謂フハ特定物ニ付キ一定ノ容積、重量、員数又ハ尺度アルコトヲ売主ガ表示シ之ヲ基礎トシテ売買ヲ為セルコトヲ謂フ」（鳩山・各論(上)三二八頁）。元来、売買に際してその目的たる物の数量を指示する場合に三種の別が考えられる。㈠一定の数量あることを条件として売買をした場合、㈡一定の数量あることが契約の基礎をなしている場合（例えば一坪一万円の売買で、一〇〇坪あるので代金を一〇〇万円と定めたような場合）、㈢一定の数量あることが表示せられてはいるが、第二の場合のようにその数量のあることを特に契約の基礎としなかったような場合、の三である。第一、第二については五六五条の適用があるが、第三の場合にはその適用がないものと解すべきである。というのは、この場合には当事者は契約の目的である特定物それ自身を基礎とするものであって、数量の表示は契約の内容に対し何らの標準をも与えるものではないから、数量に不足があってもこれがため契約変更を生ぜしめる理由とならないからである（末弘・各論四〇一頁、横田・各論三一五頁。この考え方は今日でも通説である。我妻・各論〔中巻一〕二八〇頁、柚木・注釈民法⒁一五二頁）。

三　学説のこのような解釈と軌を一にして、判例も、土地の売買代金が一反歩何円の割合で登記簿上の坪数に従って定められていた事例においてこれを数量を指示してなした売買と認定した（大判大正一三・四・七新聞二二五三号一五頁）。

ついで、判例は、登記簿上の面積二反一畝一三歩の田地の売買において、買主が、実測の結果右面積より四畝二三歩余り面積が少ないことを理由に代金減額を求めた事件で、「土地ノ売買契約ニ於テ其ノ坪数ヲ表示シタル事実ニ因リ直ニ売主カ其坪数存スルコトヲ確保シ其ノ坪数ヲ基礎トシテ代金ヲ定メタルモノト認定スヘキ実験則アリト為ス能ハス」（大判昭和五・七・三〇新聞三三六七号九頁〔別冊ジュリ一〇号『不動産取引判例百選』一一〇頁、52下森解説の事件〕）とした。この判決の事案は、前記学説の第三の類型にあたるものであるが、かかる場合の数量指示売買否定の理由としては、わが国の従来の登記簿の表示が実際と符合しないことはほとんど常識となっているし、取引にあたっては、当事者が実地を検分してその区画を定めるのが普通である、したがって、売買契約書に登記簿上の地番・坪数の記入があったとしても、特約なき限りそれはその土地を特定するためのもの、といった程度の意味しかもたないものと考えるのが妥当だからである、と一般に説かれている（通説、前掲文献参照。宅地につき反対を唱える者、玉田「不動産の売買」契約法大系Ⅱ二〇八頁以下）。なお、学説は、大正一三年判決の事案のように一反歩何円として、それに登記簿上の坪数を乗じて値段を定めていたような場合でも、当事者が指示された区画全体として評価し、登記簿上の坪数による計算は、一応の標準としているにすぎないような場合には、なお数量指示売買とはいえないとする（我妻・前掲書二八一頁）。

この判決後、大審院は競売法による土地の競売にかかわる事案で右の昭和五年判決を踏襲したが（大判昭和一四・八・一二民集一八巻一二号八一七頁、判例民事法五七事件野田評釈）、競売の場合は別異に解すべきだとする学説もある（前掲野田評釈、末川・民商法雑誌一〇巻一〇七二頁。下森・前掲解説。なお、来栖・各論六七頁は差が著しい場合にのみこれを肯定する）。

四　本件最高裁判決は、判例・学説の右のような問題状況を踏まえて、出現したものであり、判旨前段の抽象論が、先例や学説上の通説の立場を踏襲していることは明白である。原判決は、本件をもって「売買代金が、坪当りの単価を明示し、これに坪数を乗じて算出する方法によって決定されたものではなかったとしても、買主が一定の数量があるものと信じたにとどまらず、売主も、また、一定の数量あることを認め、当事者双方がこれを前提とし、その基礎の上に立って代金額を定めたような場合」であるとし前記学説のいう第一類型にあたるものとみているようであるが、本件判旨も指摘するとおり、原審の確定した事実からのみでは、そのような結論を出すのは困難であろう（この点の詳細は鈴木・前掲解説参照）。

五　なお最近の学説上、売買契約書の坪数の表示にもう少し積極的な意味をもたせてもいいのではないかとし、その理由として、「境界線のはっきりしている土地を特定するだけならば、地番だけで充分で、あえて、登記簿上の坪数まで表示する必要はないし、登記簿上の表示と実際の面積の不一致が常識になっているならば、そのような不正確な表示に土地を特定する意義を与えることすら疑問である」と説くものがある（高橋三知雄・本件評釈――民商法雑誌六〇巻四号五七二頁）。しかし、坪数の表示は「あえて」ではなく、「慣例上」行なわれているのであり、また、公図の不正確さともあいまって、坪数の表示は、他の地番の土地との区別その他にあたり実際上便宜なのである。

〈参考文献〉
本文引用の文献参照。

【判例研究⑤】数量指示売買と履行利益の賠償の許否（一九八三年）

最高裁昭和五七年一月二一日第一小法廷判決（昭和五四年(オ)第一二四四号、損害賠償請求事件）
民集三六巻一号七一頁、判例時報一〇三〇号三四頁

〔事実の概要〕

X_1は昭和三八年、X_2は昭和四三年、いずれもYの代理人Aを通じてY所有の土地を購入した。X_1の購入した用地は、

代金坪あたり二万円、一七一坪あるということで、三四二万円、X_2の購入した土地は、代金坪あたり三万八〇〇〇円、一一二坪あるということで、四二五万六〇〇〇円として、それぞれ売買され、移転登記と引き換えに代金が完済され、Xらは、土地の引渡をうけて、家屋を建築し居住するにいたった。

右各売買の際、Yの代理人Aは、訴外Bが昭和三〇年頃作成した実測図をXらに示して、実測図記載のとおりの面積があるはずであるから、これにより代金を算出したいと申し入れ、Xらはこれを承諾して右代金総額が決定されたという事実がある。また、代理人Aは、現地において境界の説明をしたが、その際、右の実測図にある東側境界線の基点を現地で探し出して指示することができず、隣地との境にある溝の西側に沿った線のあたりが境界であると説明したにとどまった。

その後、最初の売買から約一一年、X_2との売買から約六年を経過した昭和四九年に、Xらは面積が不足しているように思われたので、Aを介して訴外Cに実測させたところ、それぞれ約七坪の不足があることが判明した。そこでXらが、本訴を提起し、数量不足がなければ得たであろう利益として、本件土地の現在の対価、坪あたり二五万円で計算した損害賠償（約一七七万円と二〇〇万円）を請求した。

一・二審判決は、本件各売買を数量指示売買であると認めたが、その賠償額については、民法五六五条の売主の担保責任は、売主には原始的不能で何ら履行すべき債務が存在せず、債務不履行責任が生ずる余地がない場合に、買主が瑕疵を知らなかったために被った損害の賠償を認める法定責任であるから、土地の値上り益、すなわち履行利益の賠償義務はなく、信頼利益の賠償義務あるのみとして、数量不足分の代金相当額（約一四万円と約三〇万円）のみを認容した。

なお、Xらは第二審で、Yの代理人Aの現地での説明や指示には契約締結上の過失があるから、Yには履行利益の賠償義務があると主張したが、原判決は、民法五六五条の売主の担保責任は法定無過失責任であることを理由として、

Aに契約締結上の過失があったとしても、履行利益の損害賠償義務はないとした。

これに対して、Xらより上告し、例えば善意の買主が契約を解除した場合（民法五六三条、五六五条）、売主は従来の売買金額を返還すれば足るのに対し、買主は高騰している現在の価額による土地を返還することとなって不公平だから、売主の賠償の範囲は履行利益の賠償と解すべきである。また、売主の担保責任の賠償範囲を仮に信頼利益の範囲に限るとしても、それは売主無過失の場合に限るべきであり、売主に悪意もしくは契約締結上の過失がある場合には、正義公平の理念からいって、売主に履行利益の賠償責任を負わせるのが相当である、と主張した。

〔判　旨〕

上告棄却。

「土地の売買契約において、売買の対象である土地の面積が表示された場合でも、その表示が代金額決定の基礎としてされたにとどまり売買契約の目的を達成するうえで特段の意味を有するものでないときは、売主は、当該土地が表示どおりの面積を有したとすれば買主が得たであろう利益について、その損害を賠償すべき責めを負わないものと解するのが相当である。しかるところ、原審の適法に確定したところによれば、本件の各土地の売買において売主であるYの代理人が目的土地の面積を表示し、かつ、この面積を基礎として代金額を定めたというのであるが、さらに進んで右の面積の表示が前記の特段の意味を有するものであつたことについては、Xらはなんら主張、立証していない。そうすると、不足する面積の土地について売買が履行されたとすればXらが得たであろう利益として、右土地の値上がりによる利益についての損害賠償を求めるXらの請求を理由がないものとした原審の判断は、結局正当として肯認することができ、原判決に所論の違法はない。」

〔解　説〕

一　本判決の問題点は、土地の数量指示売買において。面積に不足があった場合、買主は履行利益（値上り利益）

の賠償を請求しうるかどうかにある。この問題につき、大審院、最高裁には先例がなく、本判決が初めてであり、今後先例として重要な意義をもつこととなろう。下級審の裁判例は二件あるが（大阪高判昭和三二・七・三下民集八巻七号一二三八頁、横浜地判昭和五〇・七・三〇判タ三三二号二九六頁）、いずれも本件原判決と同じく、法定責任・信頼利益説をとり、値上り利益（履行利益）の賠償請求を否定している。

なお、本件の問題点は、後述するように、瑕疵担保責任（五七〇条、五六六条）の損害賠償の範囲とも密接な関連をもつが、ここでも、大審院、最高裁の先例がなく、本判決はこの領域での問題を考える場合にも、今後重要な意義をもつものといえる。

二　担保責任の損害賠償の範囲については、担保責任の種類、法的性質、要件・効果いかんともからみあって、従来から周知のごとく学説は多岐に分かれ、いまだ通説といえるものは形成されていない。本判決を契機として、さらに論議がつくされるべきであろう（その概略について、下森「瑕疵担保責任と損害賠償の範囲」法セミ三三七号一二六頁および民法学(5)の拙稿参照）。

ところで、民法五六五条は、数量指示売買において数量不足がある場合に、権利の一部が他人に属する場合の担保責任に関する五六三条を準用し、代金減額請求権、契約解除権、損害賠償請求権を用意して買主の保護を図っている。しかし、この準用には問題がある。というのは、五六三条の場合は、五六〇条とともに、その契約内容は有効に成立し、売主の履行義務を発生せしめるのに対し、五六五条の場合は、五六六条、五七〇条とともに、原始的に履行は（一部）不能であり、不足分について履行義務を語る余地がない（好美・本件評釈・金判六五〇号四八頁、三宅・本件評釈・判時一〇四〇号一六八頁以下参照）、つまり、前者は、債務不履行責任であるのに対し、後者は法定責任であって、本来その法的性質を異にするものだからである。もっとも民法典の起草者は、その法的性質の差異にあまり注目せず、両者とも、債務不履行の一般原則に従わしむべきだとし、損害賠償の範囲としては履行利益の賠償を考えていたようである（来栖・契約法八七頁参照）。売主の過失の要否との関係は必ずしも明確でないが、五六一条の他人の権利の売買における買主の損害賠償請求権に関して、起草者は当初あいまいで、そのような売主は過失があるという、いわば擬制ないし推定された過失主義をとっていたという（好美・本件評釈四七頁参照。法典調査会・民法議事速記録二九巻一六二丁・一九六丁、梅・民法要義巻之三・四八三頁を引用）。五六三条の損害賠償については、五六五条とも関連して論じられ、好美教授の研究によれば、当初、起草委員は、買主がこれを知らないのは有過失だと、前述の擬制ないし推定された過失論を述べた（速記録二九巻二二〇丁・二二二丁以下）。しかし、「何時モ過失カアル」とするのは「酷」であり、売主の故意・過失の有無で区別すべしと反論され、起草委員も代金減額請求権と異なり、五六五条、五六三条三項の損害賠償請求権は、売主の過失など民法の一般理論で損害賠償の要件が具備しているときには、代金減額請求や解除をしても、それとあわせて損害賠償の請求をすることも「妨ケス」ということを念のために規定したにすぎない、と明言して落着したという（速記録二九巻二二七丁以下、三〇巻二一丁以下。後の勝本説の萌芽がここにみられる）。

なお、瑕疵担保責任に関する五七〇条およびその準用する五六六条は、代金減額請求権を認めず、損害賠償請求権一本にされているが、これは、五六三条や五六五条の場合と異なり、制限物権の附着を何分の一の減価と正確に計算できないため、理論的には代金減額が妥当であるが実際上は不便だとして「已ムヲ得ス」損害賠償という構成の中で適当に代金減額の実質を実現しようとの便法であったという（好美・本件評釈四八頁、速記録二九巻二三〇丁以下）。五七〇条で、代金減額を認める諸立法例に反して右の五六六条を準用したのも、全く同じ意図による（三宅・前掲一六九頁もこの点を指摘する）。ところが、起草者は、このあと、損害賠償の要件としては、「損害賠償」一般として、買主の善意の要件と、すでに五六三条のところで明確にされたはずの過失についての擬制ないし推定を再びむしかえし、過失を問わないはずの代金減額的なものとの差異を明確にしないままに終わるという不透明さを残した（好美・前掲、速記録二九巻二三〇丁以下、三〇巻七二丁以下）。

三　その後の学説は、主として、瑕疵担保責任における損害賠償の範囲論を中心に展開された。当初は民法典起草者の考え方に従い、債務不履行、過失責任、履行利益の賠償説をとっていたが（たとえば岡松・註釈民法理由下、次一四一頁、次一一五頁参照）、瑕疵担保責任の法的性質を法定無過失責任とみる考え方の通説化と関連して、信頼利益・無過失責任説と対価的制限・無過失責任説とが唱えられ、比較的最近（昭和三〇年代）まで、前者が学界の主流をなしていた。下級審判決例の多くは、この学説の立場を採用したものであった。もっとも、信頼利益説を継承して代表的な論者となった柚木博士の信頼利益概念は、当初のそれ（石田(文)、末弘説）が契約の無効を前提とし、「無効な契約を有効であると信じたために蒙った損害」としてとらえていたのに対し、契約の有効・無効の表現を避けて、「買主が瑕疵を知ったならば被ることがなかったであろう損害」（瑕疵結果損害＝大損害も含まれる）とされ、独自な意味内容となっていることに注意しておく必要がある（高橋(真)・後掲論文が詳しく分析している）。

注目すべきは勝本博士の唱えられた対価的制限説であった。この説は、瑕疵担保責任は瑕疵ある物の給付と代金給付との不均衡是正のための法的手段であるから、その責任内容は右の不均衡是正の範囲にとどめられるべきであるとして、売主は買主の負担する対価（代金）以上の責任を負わないとするものである（民法研究(5)一七〇頁以下）。もっとも、売主に契約締結に際して過失がある場合には信頼利益を標準とする賠償責任が発生し、瑕疵担保責任と競合するが、これは一般の債務不履行責任＝過失責任であって本来の瑕疵担保責任の場合ではないと説かれた。この見解が瑕疵担保責任の保護範囲の限界と他の責任規範との競合関係に着目したことは注目すべきである（高橋(真)「ドイツ瑕疵責任法における積極的契約利益・消極的契約利益・完全性利益の区別」林還暦論文集下巻一七〇頁）。

この勝本説の問題提起をうけてこれを修正したのが我妻説の唱える折衷説、つまり原則としては信頼利益の賠償だが売主に過失ある場合あるいは品質を保証した場合には履行利益の賠償だとする考え方である（民法講義V_2二七一頁）。対価的制限説では、民法が解除の他に担保責任の内容として損害賠償の請求を認めたことが無意味になるからとして、過失を要件として履行利益の賠償を瑕疵担保責任の損害賠償として認めたのであった。

しかし、好美教授によって明確に指摘されたごとく、起草者は、五六五条のところでは、解除や代金減額とならんで、債務不履行の損害賠償の要件が具備しているときは、さらに損害賠償を妨げないという議論をしているのであって、これは瑕疵担保の場合も同様とみうるから、ここでいう損害賠償を無過失責任としての代金減額的損害賠償とみ、これと債務不履行の一般原則に基づく損害賠償とを分けて、併存を認める勝本説のほうが理論的には明確だといえよう。比較法的にみても、わが国の規定が独自であることは明確であり、起草者が権利の担保と瑕疵担保との区別、あるいは債務不履行責任と法定責任との区別、代金減額と損害賠償との区別、更には、担保責任と保証（損害担保契約）との区別について十分な理論的検討をしていなかったことに今日の混乱は起因するものである（三宅・本件評釈が明確にこの点を指摘している）。これらのことが明確となった今日の時点での解釈論としては、民法の文字に必ずしも忠実である必要はあるまい。なお、今日の時点で今一つ注意すべきは拡大損害の扱いである。ドイツでは拡大損害（瑕疵結果損害）は、履行利益を超える損害とされ、これは瑕疵担保とならんで積極的債権侵害により扱われ、瑕疵担保規定を欠く場合（例えば診療契約）には、不完全給付による損害賠償の問題とされる（いずれも過失を要件とする。下森「積極的債権侵害・不完全履行の概念」法セミ三三四号一一一頁参照。なお、高橋（真）・前掲論文がドイツ法の議論を詳しく紹介している）。日本では履行利益に含んだり、信頼利益としてもとらえられたりしており（柚木説）、不明確である。履行利益・信頼利益の概念は本来の給付義務の有効・無効を前提として展開された概念であるが、補充的契約責任の独自性が認識されるようになった今日の時点では、保護義務・附随義務違反による損害としてとらえることができ、履行利益、信頼利益概念にとらわれる必要はないものといえよう（不法行為の損害賠償範囲論との中間に位置する）。この点、瑕疵担保責任と併存して、契約締結上の過失の一場合として信頼利益の賠償を認める勝本説や、過失を要件として瑕疵担保を理由とする損害賠償の中で履行利益の賠償を認める我妻説は、拡大損害に注目し、これを保護義務違反としてとらえてゆく立場からみるとき、再検討が必要となるものといえよう。

四　昭和三〇年代以降に、通説のいわゆる特定物ドグマを否定し、瑕疵担保責任を契約責任の一種とみる新説が登場し、売主の瑕疵担保責任の内容としての損害賠償責任も、一種の契約責任ないし債務不履行責任で履行利益に及び、しかも一般の債務不履行による損害賠償責任は、原則として無過失責任と解すべきだから、やはり売主の瑕疵担保責任としての損害賠償責任も無過失責任であると主張した。この説は、鋭い問題の提起をしているが、他面において、この議論によって、さらに問題が複雑となり、混乱を増した面もあるように思われる。これは種類売買の瑕疵担保責任との関係で検討すべき問題であるが、私は新説に対して否定的立場をとる（法セミ三三五号、三三六号の拙稿参照。瑕疵担保との併存を認める必要なく、過失責任を原則とする債務不履行＝不完全履行一本で処理すべきものと考える）。損害賠償の要件論・範囲論に関しても疑問をもつ（同旨、好美・三宅・本件評釈）。

今日、学説の一つの大きな流れとして、勝本説を再評価し（これを意識しているものとそうでないものとがあるが）、この方向性でさらに議論を展開させようとする有力な傾向が認められる（来栖、加藤(雅)、三宅、好美、高橋(真)、下森等）。また、今後は債務不履行体系の再構成の視点からの検討も必要である（西ドイツ債権法改正に関するフーバー意見を紹介する宮本論文法学志林八〇巻三・四合併号参照）。

五　最後に、以上の諸点を踏まえて、本判決の先例的意義を整理しておこう。本判決は、非代替的特定物（＝土地）の数量指示売買において数量不足があった場合、不足分について履行利益（値上り利益）の損害賠償を否定した点に先例的意義がある。もっとも、原判決は明確に数量指示売買としているが、本件判旨の表現では、その点がぼかしてある（その背景となった理由は浅生調査官の本件解説・ジュリ七六七号一六〇頁からほぼ推測できる）。種類売買との関係や最近の新説への考慮が働いているようであるが、数量指示売買として差し支えない事例と考える（同旨、好美）。

本件では、結果として、代金減額的損害賠償が認められたにとどまっている点に注目したい。法的構成について問題は残っているが、この結論は妥当と考える。五六三条、五六五条における代金減額請求と、代金減額的損害賠償との関係の整理が今後に残された一つの問題である（当事者の主張の仕方と関連がある。好美・本件評釈四九頁参照）。本件判旨が留保している「面積の表示が特段の意味を有するものである場合」については、保証（損害担保契約）との関係が検討さるべき課題である（三宅・好美本件評釈参照）。また、拡大損害の賠償請求（過失責任）との関係が今後さらに検討課題として残されている。とくに瑕疵担保責任の領域においてこの点が重要である（数量不足から拡大損害が生ずる事例はそう多くないであろう。値上り利益はそれ自体では拡大損害には当らないと考える）。

本件では第一の売買から一一年を経過しての賠償請求が認められたが、時効期間の定め方について立法論としても解釈論としても今後検討を必要としよう（平井一雄・本件原判決評釈がこの点を問題としている。判タ四一一号八八頁参照。瑕疵を知ってから一年、または引渡しの時から一〇年程度とするのが妥当か）。

〈参考文献〉
本文引用のもの参照。

【判例研究⑥】機械の改造を目的とする請負契約における瑕疵修補請求権の除斥期間の始期ほか

（一九九二年）

東京地裁平成二年二月六日判決――一部認容、一部棄却（控訴）

（昭和六二年(ワ)第八〇三七号、損害賠償請求事件）

判例時報一三六七号三八頁

〔判決のポイント〕

本件は、機械の改造を目的とする請負契約につき、瑕疵修補請求権の除斥期間の始期を、機械の引渡しの日でなく、その後に予定されていた試運転を行った日とし、かつ右瑕疵修補債務の履行不能による損害賠償請求権につき、消滅時効の援用権の喪失を認めたものである。六三七条一項の解釈や消滅時効の援用権の喪失の参考事例としての意義をもつものといえるが、本件事案からみて、かかる法的構成が果たして必要であったのかにつき、若干の疑義がある。

〔事　案〕

本件は、機械（スプレードライヤー）の改造工事の請負契約について、注文者Aの地位の譲渡を受けたXが、請負人であるYの改造工事には約定の性能が得られない瑕疵があり、その後にXの求めによってYのなした修補工事によってもなお瑕疵が改善されないとして、瑕疵修補債務の履行不能を理由としてYに対し損害賠償の請求をした事件である。すなわち、訴外A会社は、昭和五四年四月一八日、Aがその敷地内に有するスプレードライヤー（乾燥機）について、請負代金二四九〇万余円で、Yが右機械を一定の性能をもつ磁粉等の造粒機に改造するとの請負契約を締結した。その後、同年九月頃AはXに対し、本件スプレードライヤーとともに、本件請負契約上の地位を譲渡し、Yは右地位の譲渡を承諾した。改造工事完了後、XはYから本件スプレードライヤーの引渡しを受け（遅くとも昭和五四年一〇月末日までには引き渡されたという）、約五ヶ月後の昭和五五年三月八日になって、試運転を行った。ところが、乾燥塔内に造粒品の原料が付着し、またアトマイザーが共振するといった瑕疵が発見されたため、その改善のため、四月以降YはXとともに種々の対策を講じ、各種の工事を行った。しかし、結局のところ、瑕疵は遂に改善されることがなかったので、XはYに対し本件スプレードライヤーを前記約定の性能を有するものに改造することは社会通念上不能となったとして、瑕疵修補債務の履行不能を理由として、損害賠償を請求した。これに対し、Yは、改造工事の瑕疵の存在を争うとともに、スプレードライヤーの引渡しの日の翌日である昭和五四年一一月一日から起算して一年がすでに経過しているとして民法六三七条所定の除斥期間経過を、また、昭和五五年三月八日のスプレードライヤーの試運転の日から起算して五年がすでに経過しているので、商法五二二条所定の商事債権の消滅時効を援用する旨の抗弁をした。これに対して、Xは、①本件スプレードライヤーの試運転の直後からYに対し瑕疵を指摘し、かつその修補を請求していること、②Yは改造工事に瑕疵があることを認識してその改善のために種々の対策を講じ、各種の工事を行ってきたこと等を理由として、昭和五五年三月八日を起算日とする消滅時効については、Yは時効援用権を喪失したと、再抗弁した。

〔判　旨〕

(1)　民法六三七条所定の除斥期間について

「Yが、Xに対し、本件改造工事の終了後遅くとも昭和五四年一〇月末日までには本件請負契約によるYの行うべきことと定められた改造工事を行って本件スプレードライヤーの占有をXに引き渡した事実を認めることができるものの、……本件請負契約の当事者間では、本件スプレードライヤーの改造工事にXの行うべき部分があり、その終了後に一個のシステムとして本件スプレードライヤーの試運転を行うことを合意していたことを認めることができる（……）から、民法六三七条所定の除斥期間は、本件スプレードライヤーの試運転を行った昭和五五年三月八日を始期とするものというべきである。しかして、前記認定事実によれば、右同日以後一年経過以前にXが本件スプレードライヤーの修補を請求したものと認められるから、民法六三七条所定の除斥期間の経過を理由とするYの抗弁は理由がない。」

(2)　商法五二二条所定の商事債権の消滅時効について

「昭和五五年三月の本件スプレードライヤーの試運転後、本件スプレードライヤーについて乾燥塔内の付着の問題等の解決のために種々の対策が講じられ、各種の工事が行われてきたこと、さらに、昭和五八年九月には補助参加人

Bが本件スプレードライヤーをノズル式に改めるための工事の見積りを行い、YがA宛に見積書を提出……するにまで及んでいるのであるから、右改造工事を行うことについて合意が成立するに至らなかったとはいえ、それまでに至るYの一連の行為により、Xが、Yにおいて瑕疵の責任を取るものと信頼したことは明らかである。それにもかかわらず、Yが本件スプレードライヤーの試運転が行われた昭和五五年三月八日を起算日とする消滅時効を援用することを是認することは当事者間の公平に反するといわざるを得ず、Yは、右同日を起算日とする消滅時効については、その援用権を喪失したものというべきである。」

〔先例・学説〕

一　本判決が直接判示した点は二点ある。第一は、民法六三七条一項所定の瑕疵修補請求権の一年の除斥期間の起算点を、仕事の目的物の引渡日より繰り下げて、試運転を行った日とし、当該期間内に瑕疵修補請求権の行使があったものと認定した点、第二は、右の瑕疵修補債務の履行不能にもとづく損害賠償請求権につき試運転の日を起算日とする消滅時効の援用を、当事者間の公平の見地から、援用権の喪失を理由に否定した点である。本判決の判示した右の問題に関する直接の先例は見当らないが、消滅時効の起算日の繰り下げや、信義則ないし権利乱用法理にもとづく時効援用権の喪失に関する先例は周知のごとく多数あり、本判決は、かかる問題の一環としての、六三七条一項の適用に関する具体的参考例としての意義を有するものといえよう。もっとも後述するごとく、本判決の先例的意義をそのようなものとみてよいかは、厳密にいうと疑問がないわけではない。しかし、この点はしばらくおき、本判決の理解に必要な範囲で当面の問題に関連する判例・学説の問題状況をひとわたりみておこう。

二　瑕疵担保責任に付されている権利行使の制限期間の法的性質につき、判例（大判昭一〇・一一・九民集一四巻一八九九頁、判民一二三事件川島評釈、最判昭五一・三・四民集三〇巻二号四八頁、法協九四巻一二号一八二四頁坂本評釈）および通説（鳩山『債権法各論上巻』三二七頁〈一九二七年〉、末弘『債権各論』三九八頁〈一九一九年〉、我妻『債権各論中巻

一』〔四二〇〕〈一九五七年〉）は、これを除斥期間と解している。除斥期間とは、権利関係を速かに確定しようとする目的で定められたところの、権利の行使期間を限定するものであり、その期間内に権利の一定の行使があればその権利は存続しうるような、そのような期間である、といわれている。そして、①時効における中断のごときものの認められない固定期間であること、②除斥期間経過による権利消滅の効果は当然かつ絶対的に生じ、当事者が援用しなくとも、裁判所はこれに基づいて裁判をしなければならないこと、において消滅時効と異なる、とされている（川島『民法総則』五七三頁以下〈一九六五年〉、幾代『民法総則』六〇〇頁以下〈一九六九年〉参照）。

ところで、権利主張の時間的限界について民法が具体的に規定した期間が、消滅時効期間なのか、除斥期間なのか、の判別については、民法起草者は、「時効ニ因リテ」という文言を用いた場合は時効、それ以外は除斥期間とし、かつての通説もこれに従っていた。しかし、その後の研究の進展により、近時においては、法文の字句からの形式的判別ではなくて、権利の性質や規定の趣旨・目的などにしたがって実質的に判定すべきであるとの考え方が主流となってきたが、具体的な場合の判定については見解が分れている（幾代・前掲六〇二頁以下参照。なお、この問題についての先駆的業績として、川島「時効および除斥期間に関する一考察」『民法解釈学の諸問題』〈一九四九年〉所収がある）。

三　売買その他の契約当事者の担保責任のうち解除と代金減額請求の権利については、条文に「時効ニ因リテ」の字句がないし、それが形成権であるところから、そこで定められた期間を除斥期間と解するのが、判例・通説であること前述のとおりである。しかし請求権の時効期間とみる少数説もある（川島・前掲論文、なお、我妻『民法総則』四九八、四〇四頁参照）。この説は、わが民法上裁判上の行使を要求されていない形成権に除斥期間が定められている場合には、かかる形成権は裁判外の単独意思表示によってその目的を達しうるのであるから、形成権はそれ自体としては無内容なもので、たとえば解除権の場合でいえば、契約を解消して原状回復や損害賠償を請求するための手段、ないしはそれら請求権を行使するための単なる論理的・観念的前提にすぎないものというべく、したがって、形成権とその行使の結果主張しうる法律効果（とくに原状回復請求）とを一体のものと考えるべきであり、形成権が存続する間に両者を（原状回復請求などをも合わせて）主張しなければならない、と解するものである。この見解によると、形成権行使の結果として生ずべき原状回復請求権については独立の消滅時効を考える余地はなく、要するに、一定の制限期間内に「形成権を行使したうえで所要の請求をなすこと」ということになるので、先の制限期間は形成権の除斥期間というよりはむしろ究極のところは、一個の請求権の消滅時効期間と解すべきということとなるわけである。したがって、この請求権の消滅時効（または除斥期間）の起算点は、当然に、前提たる形成権を行使しうる時ということになる（幾代・前掲書五二五頁注（三））。

これに対して、形成権の除斥期間とみる立場の下では、制限期間内に形成権が行使されると、この行使の結果として生ずる請求権の行使についての期間制限はどうなるかが問題となる（なお、形成権が抗弁権（例えば履行拒絶の抗弁）として機能する場合、あるいは相殺等との関係も問題となるがここでは省略する。後者につき前掲最判昭五一・三・四、また前者については幾代・前掲書五二六頁参照）。この点、判例は、一般に、かかる請求権は形成権の行使によって（形成権行使の時に）発生した権利であることから、この請求権の消滅時効は形成権行使の時から進行を開始する、すなわち形成権についての期間制限（除斥期間または消滅時効）に続いて請求権の消滅時効、という「二段式」の形になると解している（債務不履行解除につき、大判大七・四・一三民録二四輯六六九頁、取消しにつき大判昭一二・五・二八民集一六巻九〇三頁、大判昭一七・八・六民集二一巻八三七頁、詳しくは、幾代「消滅時効の起算点」総判研民法⑻二六頁以下参照）。しかも、この請求権の消滅時効期間は一般の債権の時効期間になるので、形成権が認められる場合の法律関係の処理は長びくことがあり、疑問だとして、先のような有力説が学説上主張されているわけである。

四　今一つ問題となるのは、制限期間内の権利行使は裁判上の行使に限られるのか（そうなると制限期間は出訴期間という意味をもつこととなる）、それとも裁判外の行使でもよいのか、という問題である。民法起草者は、担保責任の期間制限につき、前述のごとくこの期間は除斥期間で時効期間ではなく時効の中断又は停止の規定の適用はないが、その代わりに代金減額の請求、契約の解除又は損害賠償の請求をその期間内にすれば裁判外でするのでもよく、その期間内に訴えを提起することは必要でないとする考えであったと言われる（来栖『契約法』六二二頁注㈠〈一九七四年〉）。判例もこの考え方に従い、例えば民法六三七条一項に定める除斥期間内に瑕疵を理由として損害賠償を請求すれば、その権利は保存され、その請求は必ずしも裁判上なされることを要せず、また、間断なく、これを繰り返す必要はない、という（大判昭五・二・五裁判例㈣民三二頁、なお民法五六四条の代金減額請求につき大判昭一〇・一一・九民集一四巻一八九九頁判民一二三事件川島評釈参照）。そうなるとますます争いを短期間内に解決しようとする立法趣旨が貫かれないとして、先述した少数有力説は、代金減額請求権・契約解除権は一の形成権であり、裁判上であると裁判外であるとを問わず相手方に対する意思表示によって行使し代金減額・契約解除の効果を生ぜしめることができるが、五六四条の期間は代金減額・契約解除の効果として生ずる原状回復請求権（すでに支払った代金又は代金の減額部分の返還請求権）の短期消滅時効期間である、と主張するわけである。またこの説は、担保責任としての損害賠償請求権の期間制限についても——それは「時効ニ因リテ」となっていないから除斥期間と一応解されることになりそうだが、——これも短期の消滅時効と解すべきだとして統一的に理解している（川島・前掲評釈および判民昭和八年度七事件評釈）。学説上はまた、除斥期間と解しつつ、所定期間内に訴を提起する必要があると解する説も有力である（我妻・柚木など、この中でもいろいろ説が分かれる。この点につき、柚木『注釈民法⒁』二七八頁以下。広中『債権各論講義』六二二頁以下、同二四二頁〈一九七七年〉参照）。問題は、裁判所に訴えることを躊躇する一般的傾向があるわが国で、制限期間内における裁判上の行使を要求することは、ほとんどすべての場合にこれらの権利の裁判上の保護を拒否する結果となってしまうことにある。判例が、短期間内に権利関係を決済するという立法の趣旨を無にするような解釈をとるにいたったのは、このようなわが国の実情に妥協せざるを得なかったからであろうと推測される（川島『民法総則』

五七七頁。広中・前掲二四二頁は、この見地から両者のバランスをより良くはかりうるものとして、一年の制限期間を中断や停止の認められる短期の消滅時効期間とみる説を支持する。なお、四宮『民法総則』三三〇、二二三頁〈一九八六年〉参照)。

五　本判決は、当然これらの判例・学説の問題状況を前提としたうえで判示しているものであるが、注目をひくのは、除斥期間の始期につき、引渡時より繰り下げて、試運転時としている点である。一般に判例が時効援用権者の保護のために時効の起算点をときに繰り下げていることはよく知られているところであるが(例えば不法行為に基づく損害賠償請求権につき、最判昭四二・七・一八民集二一巻六号一五五九頁、なお星野「時効に関する覚書」〔『民法論集第四巻』〈一九七八年〉所収〕とくに三〇九頁以下参照)、除斥期間の始期についても一般的に繰り下げが許されるものか、また特殊＝本件において繰り下げの必要があったかどうか、若干問題があるが、この点は評論の項で検討することとして、次に、本件判旨の第二点についての問題状況をみておこう。

前述のごとく、判例は、六三七条所定の除斥期間内に裁判外で権利行使をすればその権利は保存され、それによって保存された請求権の消滅時効は一般の債権の消滅時効にかかるとするが、その請求権の時効の起算点についてはどう考えるべきか(一般論としては、瑕疵修補請求権、それに代る損害賠償請求権、契約解除権行使に伴う原状回復請求権について統一的処理が可能かも問題となる)。

判例時報の本判決紹介に付された解説によると、この点については、瑕疵修補請求権や修補に代る損害賠償請求権発生時である引渡時とする見解と、民法六三七条一項の期間を請求権保存の形成権の除斥期間と解し、期間内の形成権の行使によって請求権が保存されると同時に、行使時点で請求権も発生し、その時から時効が進行を開始するとみる見解がありうる旨指摘している(六三七条所定期間経過後の損害賠償請求権につき民法五〇八条の類推適用を認めた最判昭五一・三・四民集三〇巻二号四八頁に対する柴田調査官解説・最判解民昭五一・二四頁以下を引用。なお、この解説で後者の見解にあたるとされているのは、同判決に対する判民・坂本評釈、法協九四巻一二号一八三一頁である)。そして、本判決は、前者の見解に基づきつつも、本件では試運転時とみ、そのうえでYの時効援用権の喪失を認めたもの、と解説している。信義則ないし権利乱用法理に基づく時効援用権の喪失については、周知のごとく一般に認められているところである（例えば、最大判昭四一・四・二〇民集二〇巻四号七〇二頁、最判昭五七・七・一五民集三六巻六号一一一三頁）ので、ここでは詳細な解説を避け、これらの点も含めて、本判決の意義を次に項を改めて検討することとしよう。

〔評　論〕

一　本判決は、要するに試運転時を始期と認めた一年の除斥期間内に瑕疵修補請求がなされ、試運転時を起算点と認めた五年の商事債権の消滅時効期間経過後に、瑕疵修補債務の履行不能を理由として賠償請求がなされたという事案の下で、消滅時効の完成を認めたうえで、本件認定事実を踏まえて時効援用権の喪失を理由として、XのYに対する損害賠償の請求を認めたものといえよう。

ところで、物の瑕疵担保責任の場合と異なり、請負の瑕疵担保責任の除斥期間は引渡しの時から進行するから、一年の除斥期間経過後に瑕疵が現われた場合には注文者に酷な場合もあろう。このような場合には、立法論あるいは解釈論として、発見の困難な瑕疵につき、起算点を繰り下げたり期間の延長を認めたりなどして対処することが妥当であろう（坂本・前掲評釈一八二九頁参照）。しかし、本件の場合には、引渡しの日の約五ヶ月後に試運転が行われて瑕疵が発見され、Xの求めに応じて早速Yが種々の対策工事を行っているので、Xの瑕疵修補請求がなされたものと認定されているのであるから、起算点の繰り下げを行わなくともXを救済することができた事例である。そうだとすると、厳密にいうと本判決の先例的意義として、起算点の繰り下げに関する部分は傍論といえよう。もっとも一般論としては、本件改造工事に注文主の行うべき部分があり、その終了後に一個のシステムとして試運転を行うという合意があったという本件のような場合に、この時点を除斥期間の始期とみることは合理的といえ、この場合はむしろ起算点の繰り下げとみるよりはこの時に最終的な引渡しがあったものと説明することも可能ではあるまいか。本判決はあるいはこのように考えていたのであろうか。

二　次に、本判決はXの再抗弁たる時効援用権の喪失構成でXを救済しているが、本件はそう構成しなければ救済しえない事例であろうか。本件Xの損害賠償請求は瑕疵修補に代る損害賠償の請求をしたものではなく、すでになした修補請求の履行不能を理由とする賠償請求であり、Yはすでに瑕疵を認めてXの求めに応じ一応の修補工事や諸種の対策を継続的に講じているのである。そうだとすると、除斥期間内に行使されて保存された瑕疵修補請求権及びそれと一体のものあるいはその延長線上のものといえる修補債務の履行不能に基づく損害賠償の請求権は、Yの瑕疵修補債務の承認により、時効の中断があったものといえ、本件の場合時効はまだ完成していなかったものとみるのがむしろ素直な構成であったといえるのではあるまいか。そしてこの理は、その後Xにより修補債務の履行不能を理由とする契約解除、あるいは修補に代る損害賠償の請求がなされたとしても同様といえよう。Yが請負債務の不完全履行を認め、追完義務を承認しているがゆえである（なお請負の瑕疵担保責任の法的性質につき、下森「瑕疵担保責任と不完全履行」安達監修『債権法重要論点研究』一三七頁以下〈一九八八年〉参照）。

下級審判決例には、一年の期間内に瑕疵修補請求権を行使していて、その期間経過後に修補に代わる損害賠償請求や契約解除をなした事案下でこれを認めたものがいくつかある（修補に代わる損害賠償につき東京地判昭四三・五・二七ジュリ四一七号判例カード六・八一、東京地判昭四七・二・二九判タ二八六号二六一頁、大阪高判昭五三・一〇・二六判時九二〇号一三三頁、解除につき、東京地判昭四四・四・一五判時五六六号六六頁）。その法的構成はいろいろである。理論的に必ずしも明確とはいえず、また本判決と若干事案を異にする面もあるが（本件はYが瑕疵の修補に応じ、かつ賠償請求が五年の時効期間経過後になされた事例）、基本的には同一方向を目指すものである（これらの判決例の詳しい分析は他の機会に譲りたい）。

三　ちなみに、除斥期間内に瑕疵の通知はしたが、修補や損害賠償を明確に請求したとは必ずしも認められえないような場合において、除斥期間経過後に明確な請求がなされた場合はどうか。換言すれば、裁判外の権利行使で足りるとする場合に、どの程度の請求をすれば権利保存の効果を認めうるのか。五〇八条の類推適用を認めた前掲最高裁昭和五一年判決においては審議の過程でこの点につき厳格に解する方向で問題とされたようである（柴田・前掲解説参照）。しかし本件はかかる場合にあたらない。

【判例研究⑦】一 請負人の瑕疵担保責任と不完全履行
二 請負人の瑕疵担保責任の消滅と監理者の債務不履行責任の消長（一九九五年）

東京地裁平成四年一二月二一日判決――一部認容（控訴）
（昭和六〇年(ワ)第一五二八二号、平成元年(ワ)第一四三五九号、損害賠償請求事件、監理報酬請求反訴事件）
判例時報一四八五号四一頁、判例タイムズ八四三号二二一頁

［判決のポイント］

判示第一点は、請負人の瑕疵担保責任の規定は、不完全履行の一般理論の適用を排除するというもので、従来の通説・判決例の立場を踏襲したもの。

判示第二点は、請負人の瑕疵担保責任が除斥期間の経過によって消滅した場合には、その工事の瑕疵に関する監理者の責任は、時効完成前であっても、同時に消滅するというもので、新判決例であり、従来の学説上もあまり論議されることのなかった問題である。

〔事　案〕

Xは、昭和五五年四月、Y_1との間で、Xを注文者、Y_1を請負人とし、請負代金二億八〇〇万円、工事期間同年四月から一二月までとする本件八階建店舗の建築請負契約を締結するとともに、Y_2との間で本件店舗の建築に関する監理業務契約を締結した。Y_1は、昭和五六年一月、本件店舗の建築を完成し、これをXに引き渡した。その後、Xは本件建物について、鉄筋コンクリートの素材及び工事が契約の内容と異なっていること、外装タイルのひび割れ、雨漏り、屋上配管の被霜工事の不完全、雨樋工事の不完全、給水、排水工事の不完全などの瑕疵を発見した。そこで、Xは、Y_1に対して、請負契約上の債務不履行あるいは瑕疵担保責任に基づき、Y_2に対しては、監理契約上の債務不履行に基づき、総額八五〇〇万円の損害賠償を請求した。なお、Y_2はXに対し監理契約に基づく報酬三二七万六〇〇〇円の支払を求めて反訴を提起した。

Xの本訴請求に対して、Y_1は、瑕疵の存在を否認するとともに、瑕疵担保責任の存続期間について、本件請負契約において、建物の引渡しの日から、屋根の防水については一〇年、外壁からの漏水については三年、それ以外の瑕疵については二年とする旨の特約があり、右各期間がすでに経過したと抗弁した。また、Y_2は、Xの右の瑕疵担保責任の存続期間の経過を前提としたうえで、監理者の責任は、請負人の責任との関係において補充的責任たる性質を有するものであり、工事請負人の瑕疵担保責任が消滅した後においても、監理者の責任が存続することは均衡を失するとし、設計監理契約の法的性質は、請負契約及び準委任契約の混合契約であり、この契約から発生する損害賠償請求権の存続期間については独自の見地から解釈によって決定すべきであるとして、右損害賠償請求権は監理業務終了のときから一年をもって消滅するものであり、右一年はすでに経過している旨主張した。

Yらのこれらの主張に対して、Xは、まずY_2との契約は単なる監理契約であって、設計監理契約ではないから準委任契約とみるべきであるとし、したがって右契約に基づく監理者の責任の存続期間は一〇年と解すべきこと、また請負人の瑕疵担保責任とのバランスからみても、Y_1・Y_2はXに対して連帯責任を負う関係にあることからすると、Y_2の責任を短縮するとしても、Y_1の瑕疵担保責任の存続期間（三年ないし二年）を下廻ることは均衡を失すると反論し、Y_1に対しては、Xの瑕疵修補請求に対してY_1が補修の責任を認めて補修工事を行うことを約束していること、また、きわめて重大な隠れた瑕疵については、期間短縮特約の内容には含まれない旨反論した。

〔判　旨〕

本訴請求について、Y_1およびY_2に対する請求を一部認容し、反訴請求については、Y_2の報酬請求を全部認容した。

一　瑕疵担保責任と不完全履行について

「Xは、Y_1に対し、瑕疵担保責任に基づく損害賠償請求のほかに、選択的に本件請負契約の不完全履行に基づく損害賠償請求をしているが、請負人の瑕疵担保責任に関する民法第六三四条以下の規定は、単に売主の担保責任に関する同法第五六一条以下の特則であるのみならず、不完全履行の一般理論の適用を排除するものと解すべきであり、瑕疵担保責任を問うのはともかく、不完全履行の責任は問い得ないというべきである。何故ならば、請負は請負人による仕事の完成を目的としており、完成された仕事の瑕疵は、単に材料の瑕疵からだけではなく、請負人の仕事のやり方の不完全なことによっても発生するものであるところ、請負契約についての瑕疵担保責任の規定は瑕疵を生じた理由について何ら限定を加えておらず、右規定は、右のような請負における瑕疵の特殊性に着眼して特別な内容を定めたものと解すべきであるからである。」

二　請負人の瑕疵担保責任の消滅と監理者の債務不履行責任の消長について

「監理契約に基づき建築士が負担する債務は、その者の責任において、工事を設計図書と照合し、それが設計図書のとおりに実施されているかいないかを確認し、工事が設計図書のとおりに実施されていないと認めるときは、直ちに工事施工者に注意を与え、工事施工者がこれに従わないときは、その旨を建築主に報告すること等を内容とするものであり、それは建築主のために一定の事務を処理することを内容とするものであるから、監理契約の法的性質は準委任契約であると解すべきである。そうである以上、その債務不履行に基づく損害賠償請求権は原則として監理終了の時から一〇年（商法第五二二条の適用がある場合は五年）で時効によって消滅することになるが、それ以前に請負人の瑕疵担保責任が除斥期間の経過によって消滅した場合は、その工事瑕疵に関する監理者の責任も同時に消滅すると解するのが相当である。何故ならば、監理者は、建築主の建築物完成の目的実現に寄与すべく、工事が設計図書のとおりに実施されるよう請負人の施工を監理するものであるから、その責任は請負人の責任との関係において補充的責任たる性質を有するものであるところ、瑕疵を生じさせた請負人の瑕疵担保責任が消滅した後においても監理者の責任が存続することは、均衡を失することになるし、また、建築物は時間の経過によってその瑕疵の存否の判断が困難になる場合が多いが、請負人の瑕疵担保責任が消滅した後においても、監理者の責任が監理終了の時から一〇年間（あるいは五年間）は消滅しないことになると、監理者の立証に支障を生じるおそれがあるからである。」

三　結　論

以上の二点を前提として、判旨は、瑕疵の存否及び責任の有無を認定し、Xの主張する瑕疵のうち、⑴本件建物のコンクリート工事の瑕疵については瑕疵が一部認められること、しかしその補修は可能であって、工事にさほど困難さはなく、瑕疵担保責任短縮特約の適用を排除するほどの「きわめて重大な隠れた瑕疵」とはいえないこと、ところがXは本件建物の引渡後二年以内にその担保責任を追及したことの主張・立証をしていないから、Y_1・Y_2に対する損害賠償請求権は約定の二年の除斥期間の経過によって消滅したと判示した。また、⑵エレベーターホール窓廻りのカラータイルのひび割れについても瑕疵と認められるが、除斥期間が経過していること、しかし、期間経過後にY_1がXに右瑕疵の修補を約しており、Xに対して新たな債務の負担を約したものとみうるので、Y_1は修補に代わる損害賠償責任を免れえない、とした（Y_2は、この点につき新たな債務負担をしていないので免責）。ついで、⑶雨漏りについて、それが建築工事上の瑕疵に当たるものと認定し、この瑕疵についてはXは除斥期間内に右瑕疵の修補を請求しているから、Y_1は瑕疵担保責任に基づく損害賠償義務を免れず、Y_2もまた、その責に帰しえない事由によって右瑕疵が生じたことを立証していないので、債務不履行に基づく損害賠償義務を免れえない、とした。⑷その他のX主張の瑕疵については、仮に建築工事上の瑕疵に該当するとしても、除斥期間の経過によりY_1の責任は消滅し、それと同時にY_2の債務不履行責任も消滅した、と判示した。

以上のことから、結局、判旨は、Y_1・Y_2各自に対して、前記⑶の損害賠償として一九七万余円、Y_1に対して、前記⑵の損害賠償として八二万余円（Y_1については結局⑶の瑕疵の損害賠償額一九七万余円との合計額二八〇万余円）の支払を命じた。なお、Y_2の反訴請求は全額（三二七万余円）これを認容した。

〔先例・学説〕

一　瑕疵担保責任と不完全履行について

判示第一点の判旨の見解は、従来の判決例・通説の立場を踏襲したものである。従来の学説上の通説（とくに我妻説）のこの点に関する論理構造はこうである。第一に、請負は有償契約だから売買の瑕疵担保責任の規定が準用されるはずであるが（五五九条）、売買においてはその目的物たる特定の物の引渡しによって売主の債務が完了する（いわゆる特定物ドグマ――下森）のに対し、請負では、瑕疵のない完全な仕事をすることが債務の内容とされており、契約の性質が異なるので、一般の瑕疵担保責任（売買）の特則として請負の瑕疵担保責任の規定がとくに設けられたのである。しかし、両者は無過失責任たる点において共通する（過失を要件とする債務不履行責任とは異なる――下森）。

第二に、一般の債務不履行責任つまり過失を要件とする不完全履行責任との関係については、請負の瑕疵担保責任の規定は、瑕疵を生じた理由のいかんを問わず瑕疵の種類や程度に応じて適当な要件と効果を定めたものと解すべきであり、したがってこれらの規定によって不完全履行の一般理論は排斥される。その意味において、不完全履行の特則である（我妻説によるときは不完全履行責任と異なる責任とみる結果、過失がなくとも損害賠償の範囲は（履行義務があることとの関係で）履行利益の賠償にまで及ぶこととなり、請負人の瑕疵担保責任の発生時期が、目的物の作成または目的物についての工作を完了した時からとなる ── 下森。以上につき、我妻栄『債権各論中巻二（民法講義V_3）』六三一頁以下〈一九六二年〉、内山尚三『新版注釈民法⒃』一三六頁〈一九八九年〉。なお瑕疵担保責任発生の時期につき、石田穣『民法V（契約法）』三三三頁〈一九八二年〉参照。判決例としては、本件と同様除斥期間との関係につき、大阪地判昭四二・四・四判時四九五号七二頁がある。その他東京高判昭四七・五・二九判時六六八号四九頁も同旨。もっとも、請負人の責任を不完全履行責任と構成して損害賠償責任を認めた横浜地判昭五〇・五・二三判タ三二七号二三六頁もある）。

以上の通説に対しては、不完全履行責任が瑕疵担保責任と独立して発生すると説く学説がある（内池慶四郎「瑕疵担保責任と契約類型」『小池隆一博士還暦記念論文集』二六〇頁〈一九五九年〉）。また、不完全履行責任の特則という意味を通説とは別の意味で把握する学説が近時あらわれている。まず、売買における瑕疵担保責任の法的性質につき、通説のいわゆる「特定物ドグマ」を否定し、瑕疵担保責任を債務不履行責任そのものの売買における特則とみる、いわゆる「新説」の立場に立つときは、当然、請負の瑕疵担保責任も同様とみるので、先の通説とは異なった意味で、不完全履行責任の特則とみることになる（北川善太郎『債権各論（民法講要Ⅳ）』八一頁〈一九九三年〉、この考え方では瑕疵担保責任の発生時期が通説の立場と異なることになる）。次に、売買における瑕疵担保責任について特定物ドグマを認めつつ（この点では我妻説と同旨）、しかし請負の瑕疵担保責任の法的性質については、売買の場合と異って、これを不完全履行責任そのものとみ、請負の瑕疵担保責任の規定を一般の不完全履行責任の、請負の不完全履行に即した特則とみる見解がある（高木多喜男『不完全履行と瑕疵担保責任』九七頁〈一九八〇年〉、下森定「瑕疵担保責任と不完全履行」一四三頁以下〔安達三季生編『債権法重要論点研究』所収〈一九八八年〉〕、同「日本法における『専門家の契約責任』」三一頁〔川井健編『専門家の責任』〈一九九三年〉〕、潮見佳男『契約規範の構造と展開』二四六頁以下〈一九九一年〉。なお、広中俊雄『債権各論講義』二四〇頁〈一九七七年〉を通説にいれるものもあるが、むしろ、本説にいれるべきではないか？また、三宅正男『契約法（各論）下巻』八九九頁以下、とくに九〇二、三頁〈一九八八年〉は、通説と本説との中間に位置すると思われる独自な説であるが、潮見説による三宅説批判（前掲書二四六頁以下）に基本的に賛成する。ちなみに本説によるときは、仕事の完成の前後を別け、完成後は瑕疵担保、完成前は債務不履行とみること（例えば高木・前掲書一〇四頁）は疑問である。請負の瑕疵担保責任を債務不履行そのものの特則とする自らの前提と合わなくなるからである。この点を北川・前掲書八一頁が鋭く指摘している。なお、この考え方によるときは、請負の瑕疵担保責任の規定が不完全履行の一般理論を排斥するのは両者が重複する部分に限定される（例えば拡大損害は別）ことになるはずである）。

以上のように、請負の瑕疵担保責任の法的性質を債務不履行の特則とみることとの意味内容につき、従来の通説（我妻説）と異なった理解の仕方をする説が近時あらわれてはいるものの、本判決の問題点である瑕疵そのものの修補に代わる損害賠償請求権の除斥期間に関する限り、これらの説によっても、不完全履行の一般理論による時効の適用は、特則たる請負の瑕疵担保責任の除斥期間に関する規定によって排斥されるから、結論は異ならないことになる。

二　請負人の瑕疵担保責任の消滅と監理者の債務不履行責任の消長

この問題に関する判決例は見当らず、本判決は新判決例である。学説もまた、この点に関してはほとんど議論していなかったように思われる。ただ、近時、「建築の場合、建築関係者間で責任の存続期間に差があるのは不合理であることから、建築家をも含めて、一個の建築物を目的とする建築関係者はその関与時点で建築上の統一体を形成し、その統一体に属する者の責任の存続期間を同一期間とすることが合理的であり、このことが注文者保護により適合する、と思われる」と主張する見解があらわれている（花立文子「建築設計・監理契約に関する一考察（三・完）」志林八八巻三号二〇五頁〈一九九一年〉。なお、この結論を支持するものとして、下森定・前掲「日本法における『専門家の契約責任』」三九頁。ただし、後述するように本稿で改説）。

〔評　論〕

判旨第一点については、前述のように、従来の通説・判決例の立場を踏襲する本判決の結論と、不完全履行の特則ということとの意味を従来の通説とやや違って把握する私見の立場からする結論とは同一であるので、判旨の結論自体には賛成である。法的構成についてては見解を異にするが、これまでしばしば述べてきたことなので、判例評論たる本稿で繰り返し論点を掘り下げた展開をすることは控えたい。したがって、本評論の重点は、新判決例たる判旨第二点にしぼることとする。

判旨は、本件監理契約の法的性質を準委任契約とみつつも、その債務不履行による損害賠償請求権の存続期間につき、これを請負人の瑕疵担保責任の期間と連動させ、その根拠として、第一に、監理者の責任の請負人の責任に対する補充的責任性（これはY_2の主張をいれたものである）、第二に、監理者の立証上の困難さの緩和の必要性をあげた。後者の点は、種類売買において瑕疵ある物の給付がなされた場合の売主の不完全履行責任の存続期間について、すでに通説・判例が信義則による一〇年の時効期間の短縮を認めているところからして、準委任契約における不完全履行責任の場合にも当然同様に認められうべきことであるから、期間短縮の必要性及至妥当性についてとくに異論はみない。問題は、請負人の瑕疵担保責任の消滅と連動させることの当否およびその法的根拠いかんにある。この点を判旨は、監理者の責任の補充的責任性に求めているが、果たしてその根拠づけは正当であろうか。「補充的責任」の意味内容が今一つ明確でなく、その理由づけの合理性にも若干の疑問を感じる。

監理者の監理がなくとも、請負人が設計図書どおりに（その設計書に瑕疵がある場合はしばらくおく）、瑕疵のない資材を使用して工事をすれば、一応の満足のできる建物は建築されうるはずであるから（全く瑕疵のない建物の完成はありえないと一般にいわれているが……）、完成された建物に瑕疵があった場合の第一次的あるいは最終的責任者が請負人であることはいうまでもない。問題は、監理者の監理業務の不完全履行がその瑕疵の存在に関与している場合に、監理者が「補充的な」責任を負うというのはどういう意味か、補充的責任を負うにとどめてよいかの点にある。請負人の仕事完成債務と、監理者の監理業務の履行債務とはその債務内容を全く異にする（いわゆる保証債務の補充性というときは、主たる債務と保証債務の内容は原則として同一であり、その債務について保証人が第二次的、補充的に責任を負うものである）。しかもまた、その賠償責任の根拠は、一方が無過失責任たる瑕疵担保、他方が過失責任たる不完全履行であるから、この二点において、損害賠償の範囲もまた異なってくる可能性がある。なお、本件判旨は、前記(3)の瑕疵につき、注文主に対し、請負人と監理者とは各自金一九七万余円を支払えと命じているが、両者の責任につき、契約関係上の責任であるにもかかわらずこれを共同不法行為的にみて連帯責任（不真正連帯債務？）を負うものとみているのであろうか。仮に連帯責任とみているものとすると、連帯の特約もなく、明示の法規定をも欠くかかる場合にY_1、Y_2が連帯責任を負うことの法的根拠についてなんらかの説明を要したのではあるまいか。さらに、本件でXは主張していないが、Xとしては、請求の認められたY_2に対する賠償請求権の他、消滅時効にかかった賠償請求権についても、民法五〇八条に基づきY_2に対して負担している監理報酬債務との相殺を主張しうるはずである（なお、近時最高裁は、大審院判例を変更し、除斥期間経過後の、瑕疵修補に代わる損害賠償債権と請負報酬債権との相殺についても五〇八条の類推適用を認めている。最判昭五一・三・四民集三〇巻二号四八頁）。そうだとすると、相殺後のY_1・Y_2間の法律関係はどうなるのか。Y_2のY_1に対する求償権の成否（補充的責任としつつ、求償権を否定することの問題性、反対に肯定するものとすると）、求償の割合、Y_1の賠償債務が除斥期間の経過によってすでに消滅していることとの関係はどうなるのか等々、保証債務さらには共同不法行為の場合とは異なって、困難な諸問題が発生してくるはずである。

他方において、確かに監理者の立場からすると自己の責任は補充的責任にすぎないと主張したいであろうが、注文主の立場からすると異論があろう。建築知識に乏しい注文者としては、一生に数度とない高額費用を投じての建築だけに、安全かつ質の良い建物の入手のために、とくに専門家たる建築士（あるいは建築家）に一定の報酬を支払って請負工事の監理を委任しているのであり、法もまた、一定面積以上の建物の建築には工事監理を要求しているのである（建築基準法第五条の二、二項、三項、建築士法第三条ないし第三条の三）。工事管理の委任を受けた建築士は、委任契約の趣旨に基づいて、請負人のなす工事につき、委任者の利益を優先して誠実かつ忠実に、専門家としての高度の注意義務（善管注意義務）をつくして、その業務を履行すべきものである。そしてこのことを通じて、建築士は、国民の生活あるいは生産の基本財である建物につき、安全かつ良質のそれを確保するという公共的義務をも果たしているものといえよう。かかる見地からみるときは、監理者の責任は、請負人の責任に対する補充的責任といってすまされる問題ではなく、少なくとも監理者に故意または重過失があるときは、請負人の無過失責任たる瑕疵担保責任の除斥期間の経過と連動して責任が消滅すると解することが妥当でない場合も生ずることが予想され、さらには賠償義務の履行が命ぜられ、監理者が賠償した場合に、請負人に求償をなしえなくともやむをえない場合も生じよう。しかし、他面において、監理者の責任をこのように重くみるときは、債務の内容及び範囲さらに損害賠償の範囲について一定の制限を加える必要性も生じよう。ことは専門家の責任一般に連なる問題でもある。わが国建築業界の実状として、「監理者は、建前上、注文者と請負人とのいずれからも独立な中立者であり、請負人を監督し、かつ両者の立場の調節を図る者であるべきであるが、現実には、土建企業の丸抱え的存在であったり、逆に、単に名前を出すだけで若干の謝礼をもらい、実際の仕事にはほとんど関与しなかったりすることがあって、トラブルの原因となることが多い」との指摘があるが（鈴木禄弥『債権法講義二訂版』五八六頁〈一九九二年〉）、このような現状を踏まえて考えるとき、先のような問題意識の必要性が一層感ぜられるのである。前述のごとくかつて筆者は、両者の責任の存続期間につき花立説の結論に賛成して同一期間とすることが合理的であると指摘していたが、近時専門家の契約責任の研究を進める中でこの点に疑問を生じ、現時点では再考の必要性を感じている。しかし、本稿ではかかる問題点の提起にとどめ、本判決の結論の具体的当否についての言及は留保し、かつ先に指摘した困難な諸問題の具体的解決方法については今後の研究課題としておきたい（専門家の責任については、前掲・川井編『専門家の責任』、専門家責任研究会編『専門家の民事責任』（別冊NBL二八号）〈一九九四年〉の他、一九九四年一〇月の日本私法学会のシンポジウム「専門家の民事責任」の報告記録（「私法」に掲載予定）参照。筆者の見解は、私法学会報告が最新であり、それ以前のものをより一歩進めている）。

【判例研究⑧】 売主の瑕疵担保責任の期間の法的性質と買主の権利保存の方法

（一九九四年）

最高裁平成四年一〇月二〇日第三小法廷判決
民集四六巻七号一一二九頁、判時一四四一号七七頁

論点

売主の瑕疵担保責任の一年の期間制限の法的性質は除斥期間であり、買主がその権利を保存するには、右除斥期間内に、売主の担保責任を問う意思を裁判外で明確に告げることをもって足り、裁判上の権利行使をするまでの必要はない。

〈参照条文〉 民法五六六条三項・五七〇条

〔事件の概要〕

商人XがYから購入し、引渡しを受けたパンティー・ストッキングのほぼ三分の二は、瑕疵があって商品価値のないものであったが、この瑕疵は包装の性質上、消費者が購入後着用の際に初めて発見できるものであった。購入の三、四ヶ月後、Xは転売先からの相次ぐ苦情を受けて初めて瑕疵を知り、直ちにこれをYに通知するとともに、右のパンストの製造・輸出元Z（韓国にあるYの親会社）に対して直接右商品の引き取りおよび値引きの交渉をしたが、らちがあかず、やむなく転売先からの値引き要求に応じ、在庫品も半値以下での処分を余儀なくされ転売利益を失うなどの損害を受けた。そこで、右瑕疵によって被った損害の賠償（ただし、別訴のYからの代金請求〔一年内〕に対し損害賠償請求権で相殺した残額）を求めて訴えを提起したのが本件である。Yは、Xの本件訴えは、損害の最終発生日から三年以上も経過した後に提起されたものであるから商法五二六条に違反し、不適法であると主張したが、原審は、商法五二六条は権利の不行使による損害賠償請求権の消滅に関する規定ではないから同条を根拠とするYの主張は失当であるとして、Xの請求を認めた。Yより上告。

〔判　旨〕　破棄差戻

「〔商人間の売買において目的物に瑕疵があった場合の売主の瑕疵担保責任に基づく〕損害賠償請求権は、民法五七〇条、五六六条三項により、買主が瑕疵又は数量不足を発見した時から一年の経過により消滅すると解すべきであり、このことは、商法五二六条の規定による右要件〔買主の権利行使の前提要件である通知義務の履行〕が充足されたこととは関わりがない。そして、この一年の期間制限は、除斥期間を規定したものと解すべきであり、また、右各法条の文言に照らすと、この損害賠償請求権を保存するには、後記のように、売主の担保責任を問う意思を裁判外で明確に告げることをもって足り、裁判上の権利行使をするまでの必要はない」。

ところが、原判決は除斥期間経過の有無について何ら判断することなく、Xの請求を認容しており破棄を免れない。

そして、「右損害賠償請求権を保存するには、少なくとも、売主に対し、具体的に瑕疵の内容とそれに基づく損害賠償請求をする旨を表明し、請求する損害額の算定の根拠を示すなどして、売主の担保責任を問う意思を明確に告げる必要がある」。本件XのYに対する瑕疵の通知の際などにかかる権利の行使があったかどうかをさらに審理させるため、本件を原審に差し戻す。

〔解　説〕

先に論点として掲げた本件判旨は、従来の通説・判例のとるところであるが最高裁の判例集にこれまで登載されたものがなかったので、今回登載されたものという（後掲塩月調査官本件解説参照）。学説上はこの点意見の対立があり、とくに一年内に裁判外の権利行使があれば、あとは一般の消滅時効にかかるまで請求権が存続するとみると、早期に権利関係を確定させようとした立法趣旨が没却されるとしてこれに反対する有力説がある（後掲参考文献参照）。しかし、通説は、訴えの提起を要するとの明文がないこと、争訟を好まないわが国民性からしても一年内の裁判上の権利行使を要求するのは実状にあわない等の理由で判例法理を支持している。

ただ、本判決が、裁判外での明確な意思の表明の内容につき、一定の抽象的規準を示した点は注目されるが、この規準そのもの、さらに本件事実関係の下でこの規準がみたされていないといえるかについて疑問が提起されており（後掲文献、本件判評）、今後の検討課題である。

ちなみに、本件は種類売買であるから、当然Yの不完全履行責任を追及しうるはずであるが、Xは瑕疵担保責任のみ主張している。自己の主張（自らが開封検査をしなくても検査義務の懈怠はない）との関係で、Yの過失の成立も難しいと判断し、無過失責任たる瑕疵担保の主張をしたものと推測されるが（後掲鎌田、松岡解説参照）、原審がYの過失の有無を認定せず履行利益の賠償まで認めたのは、従来の判例法理からみて問題が残る。しかし、この点は上告審で問題となっていない。

〈参考文献〉

本件解説・評釈、塩月秀平・ジュリスト一〇一八号七二頁、鎌田薫・ジュリスト平成四年度重判解八三頁、半田吉信・判例時報一四六一号二〇二頁、松岡久和・民商法雑誌一〇九巻一号一〇五頁。

【事例研究①】不完全履行・瑕疵担保責任・危険負担をめぐる事例研究（二〇〇七年）

〔設　問〕

自動車販売会社Aは、Bに甲自動車一台を代金三〇〇万円で売却する契約を締結して、履行期にB宅に届けて引渡しを完了した。ところが、この車には欠陥があり、これを知ったBがAに他の車との取替えを交渉していたところ、地震によって甲車が滅失してしまった。この場合におけるA・B間の法律関係について説明しなさい。この車が一度登録した特定の新古車だったので本来なら三〇〇万円するものが、二五〇万円で売買されていた場合はどうか。

〔論　点〕

1　不特定物売買と不完全履行
2　不特定物売買に対する瑕疵担保責任規定の適用の可否
3　瑕疵担保責任と危険負担の関係
4　特定物売買と瑕疵担保責任
5　特定物売買と不完全履行
6　特定物売買における瑕疵ある物の給付と瑕疵担保責任・危険負担の関係

【出題の意図】

本問は、不特定物・特定物売買と不完全履行、瑕疵担保責任さらには危険負担との関係を問う問題である。この問題は、論点が多岐にわたり、しかもそれらが複雑にからみあうといった形式のものではなく、その意味では平板な問題といえなくもない。しかしながら、瑕疵担保責任の法的性質をどうとらえるかによって、まとめ方が難しくなるおそれがある問題であって、近時議論されている契約責任あるいは給付障害法の再構築における一つの重要論点であり、ドイツ新法の下でも大変な議論があった問題である。それはともかく、この問題は、基本的には通常のテキスト程度の知識で十分に対処しうるはずであり、出題者の意図は、民法に関する基礎的な知識の正確な理解とそれを踏まえたうえでの応用能力の有無を問うところにある。

〈**参考文献**〉

・最判昭三六・一二・一五民集一五・一一・二八五二、民法判例百選Ⅱ（五版補正）五三事件

・本問の論点は、民法の最重要論点の一つであるので、債権法のどの基本書にもすべて書かれているのでいちいち紹介するまでもないが、最近の基本書数点のみあげておこう。内田貴・民法Ⅱ（第二版）一二二頁以下、山本敬三・民法講義Ⅳ―一契約二六二頁以下、潮見佳男・債権総論Ⅰ（第二版）六一頁、近江幸治・民法講義Ⅳ（第三版）六九頁、下森定・債権法論点ノート二一頁

【**解　説**】

本問ＡＢ間の売買の目的物である甲自動車が新車の場合は、通常は不特定物（種類）売買であり、一度登録をした新古車の場合は特定物売買であるといえよう。ここでは、この前提の下に解説しておく。まず、問題の多い前者のケースから考えてゆこう。

(1) 不特定物売買の場合

本問ではAが履行期に目的物をB方に持参して引渡しを完了しており、これは四〇一条二項にいう「債務者が物の給付をするのに必要な行為を完了した場合に該当するといえ、原則としてはその時点で目的物の滅失の危険はBに移転したはずである（五三四条二項）。しかし、Aが給付した目的物には瑕疵（欠陥）があり、これを知ったBがA会社に対して他の車との取替えを請求していたところ、給付された甲車が地震（不可抗力）によって滅失してしまったことから、このような場合でも危険の移転を認めるべきかが問題となる。つまり、不特定物売買において瑕疵ある物が給付された場合でも、引渡し（受領）によって目的物は特定し、危険が買主に移転すると解し、後は瑕疵担保責任の問題として処理するのか、そうだとすると具体的にはその後の処理（とくに危険負担との関係）はどうなるのか。それとも、不特定物売買で瑕疵ある物が給付された場合には、それは不完全履行であって債務の本旨にしたがった履行とはいえないから目的物は確定せず、したがって危険は買主に移転しないと解するのか、そうだとするとその後の処理はどうなるのかという問題である。瑕疵担保責任の法的性質、不特定物売買への適用の可否いかんにより法的構成や結論が変わってくる。

(イ) この点について、瑕疵担保責任の法的性質およびその適用範囲に関する従来の通説は、不特定物売買において瑕疵ある物の給付がなされた場合には債務の本旨にしたがった履行ではないから、Aは、原始的給付障害に関する法定無過失責任である瑕疵担保責任ではなく、後発的給付障害に関する債務不履行責任（不完全履行責任）を負うのみと解している。この立場によれば、Bの法的保護は、Aに対する追完ないし代物給付請求権（帰責事由は不要、不完全な履行では契約上の本来の給付債務は消滅していないゆえ）・損害賠償請求権（過失責任）および解除権（追完可能な場合は相当期間を定めた催告を付加的要件とする）の行使によることとなる。ただこの場合、特定物売買における瑕疵担保責任の追及が瑕疵を知った後一年の期間制限に服することとの均衡を保つために、通説は、信義則の援用あるいは五六六条三項の類推通用などにより、権利行使期間の短縮を図ろうと努めている。そこで、従来の通説によれば、本問においては、債務の本旨にしたがった履行の提供を行っていないAの履行債務はいまだ消滅せず、Bは欠陥発見後しかるべき期間内にその旨をAに通知して、追完給付と遅延損害・瑕疵結果損害などの損害賠償請求をすることができる（BがAに代金支払義務を負うことはもちろんである）。これにAが応じない場合には、催告に定めた相当期間経過後（その期間を定めていなかった場合は催告後相当期間が経過した後）解除権の行使をすることができる（五四一条）。なお、引き渡された目的物が滅失していても解除権が消滅するわけではない（五四八条二項）。Bは引渡しを受けた甲車につき返還義務を負い、返還をなすまで善良な管理者の注意義務を尽くしてその物を保管する義務（過失責任）を負うが（四〇〇条）、その物が地震（不可抗力）によって滅失した（履行不能となった）本問においては、返還義務を免れ、損害賠償責任を負うこともない。ちなみに、この場合、甲車の引渡（返還）債務と対価関係に立つ反対債務はないから甲車滅失の損害は当然所有者である債務者Aの負担となる。つまり、五三四条二項の適用（目的物の確定による危険の移転）問題は生じない。解除した後に目的物が滅失した場合は、給付利得型の不当利得として危険負担との関係が問題となるがこの点は後述する。

(ロ)　これに対して、不特定物売買において瑕疵ある物が給付された場合でも、その給付を履行として認容した場合には、選択的に瑕疵担保責任を適用できるという判例の立場や瑕疵担保責任を債務不履行責任の特則と解し、不特定物売買の場合にも五七〇条、五六六条の当然適用を認める最近の有力説では、この問題はどのように解決することとなるのであろうか。これらの立場では問題の解決が複雑となる。

まず、判例の立場では履行として認容して受領したのでない場合は通説と同じ処理となろう。ただ、目的物の引渡しを受けた後で瑕疵を発見し、その事実を立証しえたとしても、それだけではすまず、さらに当該受領は「履行として認容して受領したものであったか、どうか」の判断をめぐる困難な問題の解決を判例法は迫られることとなる。そして、当該受領が「履行として認容したものであった」と認定された場合には、買主の救済は瑕疵担保責任による救済のみとなる（最近の有力説である契約責任説とくに時的区分説の場合も同様）。

この場合、当該瑕疵が契約の目的を達成できないほどの重要な瑕疵であれば、買主は即時無催告の解除が可能であり、その結果、各当事者は相互に受領した物の返還義務を負うこととなる。その際、代金がまだ支払われていなければ買主は代金支払債務を免れ、支払われていれば売主は代金返還債務を負う。他方売主は代物の給付債務を免れ、買主は受領した瑕疵ある甲車の返還義務を負う（なお、前述したように、甲車の地震による滅失後も買主は売主の瑕疵担保責任に基づく解除権を失わない。五四八条二項）。そして、甲車は解除前に地震によって滅失してしまっているので、Bの責めに帰すべからざる事由による履行不能としてBは返還債務を免れ、損害賠償責任を負うこともない。この結果、一旦引渡しによる確定によって買主に移転した危険の負担は、解除によって売主の下に復帰することになり、売主は車の返還は受け得ないが、受領した代金は返還しなければならないこととなる（また売主が代金をいまだ受領していない場合、代金の支払請求はできない）。

ちなみに甲車の滅失が解除後であれば、解除による目的物の返還債務と代金の返還債務とが対価関係に立つものとして存続上の牽連性を認め、給付利得型不当利得として両者間の利益調整を図るものとすれば売主の代金返還義務も消滅することとなる。ただし、特定物の返還債務だからとして五三四条の適用により債権者主義とみるときは逆に売主は代金返還債務を負うことになるが、五三四条の問題性を強調してその適用範囲を限定し返還債務同士の場合は危険負担の原則である債務者主義（五三六条）によるべしと立論すれば、売主は代金返還債務を免れることとなろう。本問は解除前の滅失の事案であるから、ここまで論ずる必要はないが、解除前の滅失か、解除後の滅失かによって問題状況が異なることに注意してほしい。

次に、瑕疵が軽微なものであれば解除は許されず、損害賠償の請求のみとなるが（五六六条一項）、瑕疵担保責任による損害賠償の請求には売主の帰責事由の存在は不要である（条文上それは要件とされていない）。ただし、損害賠償の範囲は信頼利益の賠償に限られるというのが従来の判例・通説である。しかし、売主に瑕疵ある物の給付につき過失があれば履行利益の賠償もとれるとする説（我妻説）、債務の本旨にしたがった履行がないときは直ちに帰責事由ありとして損害賠償が認められ、その範囲は四一六条によるとする説（この説をとる森田宏樹説はいわゆる瑕疵結果損害・拡大損害も含まれるという。これに対しては栗栖説からの反論があり、この反論を支持する学説が多い）。私見は、売主無過失の場合は代金減額的損害賠償、過失がある場合には履行利益にとどまらず瑕疵結果損害の賠償までも認める（いわゆる損害二分説。これらの学説の詳細については一般の基本書、近時のものとしては前掲山本敬三・民法講義Ⅳ—1契約参照）。なお、解除した場合でも損害賠償の請求が並列的に認められることはいうまでもない（五六六条一項は、契約の解除をすることができないときは「損害賠償の請求のみ」をすることができるとしている）。この場合地震による甲車の滅失の危険は買主Bの負担となる。

⑵　特定物売買の場合

(イ)　売買の目的物が特定物である場合には、AはBに対し瑕疵担保責任を負うことになる。したがって、通説によれば、Bは損害賠償請求権、解除権の行使が可能となり、新説である契約責任説では、右のほか追完請求権の行使も許されることになりそうである。しかし、一般に不代替物の特定物売買の場合は代物の請求は事実上不可能であるから買主からの代物請求に対しては、新説の立場では、売主に履行拒絶の抗弁権を認め、買主からの瑕疵の修補請求を認めるにとどまることになろう。そして代物請求が認められるのは不特定物売買や代替物がたまたま特定物売買された場合のみということとなろう。

私見の立場でも代替物がたまたま特定物売買された場合には、売主が同種の物を販売する業者であれば、代物請求の余地あることを認める。この問題は、近時ドイツ新民法の解釈をめぐって争いのあるところである。

(ロ) ところで、本問の売買は、一度登録された新古車の値引き販売契約(特定物売買)であるから、どの説をとってもおそらく代物請求は許されまい(ただし合意が成立すれば別)。しかも目的物が滅失しているため、修補請求権の行使も実際上不可能な事例である。したがって買主の保護は損害賠償と契約解除ということとなろう。なお、危険負担との関係は、五三四条一項により債権者であるB負担となるが、前述したように五四八条二項により目的物の滅失によっても解除権は消滅しないから、Bは、解除権の行使が許される場合には解除することによって代金未払いの場合は支払債務を免れることができ、既払いの場合にはその返還を求めることができよう。軽微な瑕疵の場合には解除が許されないから、車の滅失の危険はBの負担となり、後は瑕疵担保責任に基づく損害賠償請求による救済ということになる。さらに、目的物の瑕疵が契約当時から存在するときは担保責任と錯誤の関係が問題となる。

【事例研究②】錯誤・瑕疵担保責任・危険負担・不完全履行をめぐる事例研究 (二〇一〇年)

〔設 問〕

左記の動産売買における法的紛争の五事例において、契約関係における紛争解決制度である錯誤、瑕疵担保責任、危険負担、債務不履行制度が果たす役割と効果を事例毎に比較・検討したうえ、紛争当事者間の法律関係・法的保護を具体的に論じなさい。

(1) AはB画商から有名画家筆の絵画を八〇〇万円で買い、Bの車で自宅に届けてもらった。届けられた荷物を受け取ったAが翌日荷解きしてみたところ、その絵画の一部が損傷していた。この損傷は契約締結時には存在していなかったので、原因を調べたところ、Bが車で搬送中に、第三者の運転する車に追突され、その際に損傷が生じたものという事実が判明した。

(2)　CはD画商から有名両家筆の絵画を八〇〇万円で買い、引渡しを受けた。ところが、三ヵ月後、それは模写された贋作で三〇万円程度の価値しかないものであることが判明した。そこで、Cが早速その事実をDに告げ、贋作の返還と引き換えに売買代金の返還を請求していたところ、保管していたその絵画が隣家から発生した火災により焼失した。

(3)　Eはカタログを見てF時計店から甲社製一〇万円の置時計を注文し、自宅に搬送してもらった。Eが受け取った段ボール箱を開けてみたところ、置時計が損傷していた。原因を調べたところ、Fが車で搬送中に、第三者の運転する車に追突され、その際に損傷が生じたものという事実が判明した。

(4)　Gはカタログを見てH時計店から甲社製の一〇万円の置時計を買い、送付してもらった。ところが、送付された置時計には欠陥があり、取替えあるいは修繕の必要があった。そこで、Gが早速その事実をHに告げ、対策を求めていたところ、隣家から発生した火災によりこの置時計が焼失した。

(5)　上記(4)において、送付された置時計が、H時計店の手違いにより乙社製の時計であった場合はどうか。

〔論　点〕

①　錯誤、瑕疵担保責任、危険負担、債務不履行、特に不完全履行、その効果である不当利得返還請求、追完履行、損害賠償、契約解除の相互関連性を問うもの。

②　事例(1)は、不代替物の特定物売買における危険負担、錯誤と瑕疵担保責任の関係、不完全履行との関係を、(2)は、目的物の引渡し後の解除権行使の可否、不当利得の返還とリスクの負担の関係を問うものである。

③　事例⑶と⑷は、不特定物売買における上記諸制度の相互関連性、特定物売買との差異を問うもの。
④　事例⑸は、いわゆる異種物給付の場合に、事例⑷の問題がどうなるかを問うもの。

【出題の意図】

現在進行中の債権法改正作業の中心課題の一つは、給付障害法の再構築である。契約によって発生した債権および債務関係においては、その発生から消滅に至るまでにさまざまな障害・トラブルが多発する。これに対して現行民法典は、債務不履行制度を中心とし、意思表示の瑕疵、瑕疵担保責任、危険負担、不当利得などの諸制度を含む多元的な法的救済システムを用意している。そして、これらの諸制度の体系的再構築が今日検討されつつある。その際、これらの諸制度相互間の体系的関連性に留意しつつ問題を検討してゆくことが必要かつ有用である。現行民法典の解釈を学ぶにあたってもこのような問題意識は重要である。本出題の狙いは、このような問題意識にある。これらの紛争ケースは、これまでの司法試験で繰り返し出題されている重要論点中の重要論点なので、各事例の個別的解答に苦しむことはないはずであるが、本問で、改めて、これらの問題の相関的考察を求めることが本出題の新しい切り口である。

〈参考文献〉

錯誤、瑕疵担保責任、危険負担、債務不履行、特に不完全履行、その効果である不当利得返還請求、追完履行、損害賠償、契約解除については、基本書の記述や基本判例の解説書で充分であるから特にここであげる必要はあるまい。問題はこれらの知識を基にして、これら諸制度の体系的相互関連性をどう考えて解答をまとめ上げるかにある。司法試験答練の参考文献としては専門的すぎるが、より深く研究したい人のために参考までに出題者の書いた論文を一つだけあげておく。

・『履行障害法再構築の課題と展望』成蹊法学六四号（二〇〇七年）

【解　説】

1　はじめに、現行民法典における錯誤、瑕疵担保責任、危険負担、債務不履行制度の体系的構造およびその法的救済手段である不当利得返還請求、追完履行、損害賠償、契約解除について、本問の解決に必要な範囲で、その概略を一般的に整理しておこう。これらの制度の法的性質論や体系的構造理解については、近時いろいろ議論のあるところであるが、とりあえず、従来の判例・通説の立場で整理してみよう。なお、これらの制度の相互関連性については五つの具体的事例毎に説明する。

まず、錯誤と瑕疵担保責任は、契約成立過程における原始的障害を対象とする制度であり、錯誤による意思表示は、私的自治尊重の原理と相手方の取引安全保護の調整の結果、それが法律行為の要素に当たるときのみ無効とされ（九五条）、この場合履行請求権は発生せず、すでに給付がなされているときは、不当利得返還の問題となる（七〇三条、七〇四条）。瑕疵担保責任は、契約成立の時点で売買の目的物に隠れた瑕疵があるとき、善意の買主は、損害賠償請求のほか、契約の目的が達成されえないような重大な瑕疵ある場合に限り、契約解除が許され、軽微な瑕疵の場合は損害賠償の請求のみが許される（五七〇条、五六六条）。法文上追完請求権は認められておらず、契約の解除に催告は要求されていない。有償契約の対価的公平性維持の立法政策に基づく制度で、売主の責任は法定の無過失責任とされている。

次に、債務不履行と危険負担は一旦有効に成立した契約関係の後発的給付障害を対象とする制度であり、債務者に帰責事由があるときは債務不履行責任、それがないときは危険負担制度による紛争解決が図られている。まず特定物売買において後発的に目的物が滅失した場合は、現物による履行の請求は実現不可能なので、損害賠償の請求（四一五条）あるいは契約の解除（五四三条）によって買主の保護がなされる。履行が可能な場合つまり履行遅滞や履行内容の不完全履行の場合は、第一次的には原則として相当期間を定めた催告に基づく履行あるいは追完請求が許され、相手方が応じない場合には契約の解除（五四一条）、さらには履行に代わる損害賠償の請求が認められる（四一五条）。もっとも付随的注意義務や保護義務違反によって生じた損害については直ちに賠償請求が許される。なお、履行請求権あるいは追完請求権は売買契約に基づいて発生する権利であるから、その行使の要件として相手方の帰責事由の存在は不要である。債務者の責めに帰することができない事由による売買目的物の滅失又は損傷の場合は、双務契約における存続上の牽連関係の制度である危険負担制度で紛争解決が図られる。対価危険の負担は原則的には債務者が負うが（五三六条）、特定物債権の場合は債権者が、不特定物債権の場合は目的物が特定した時から債権者が危険を負担する（五三四条）。

最後に錯誤無効の主張あるいは瑕疵担保解除や債務不履行解除が許される場合、買主は受領した目的物につき不当利得返還義務（七〇三条）あるいは解除による原状回復義務（五四五条）を負うが、その目的物が解除権者（買主）の行為または過失によらないで滅失又は損傷したときは、解除権は消滅しない（五四八条二項）。この場合、解除権者は自己の支払った対価の全額を返還請求できるかについては学説上争いがある（後述する）。また、不特定物売買において瑕疵ある物が給付された場合や異種物給付の場合、追完請求とリスク負担の関係がどうなるかの問題もある（事例⑷、⑸がこの問題）。

ところで、近時、瑕疵担保の法的性質を契約責任とみる説が有力となり、従来の法定責任説はもはや古典的民法解釈論だとされ、近時の債権法改正案もこの視点で立案されており、今日では、もはや契約責任説が通説的地位を占めているとさえ言われている。しかし、なお、論争は続いている。そこで、契約責任説をとった場合、本設題で取り上げた紛争事例はどのように取り扱われるのか、この点も含めて以下設題の五事例の個別的検討に入ってゆこう。

2　事例(1)は、従来の通説によれば、不代替物の特定物売買における後発的給付障害である債務不履行あるいは危険負担の問題として処理される。すなわち、本問Aが買い受けた特定絵画の一部破損につき債務者（売主）Bに故意過失があれば、債務の履行に際して必要な注意義務を怠った債務不履行として損害賠償責任を負うが、第三者の不注意運転による追突事故に起因する損傷だとすると、特約なきかぎり債権者（買主）Aが対価危険を負担し、代金全額の支払義務を免れず、支払済みの場合はその返還を請求することはできない。この事例の場合、瑕疵担保責任を契約責任の一種とみ、不代替物の特定物売買においても、売主は対価に釣り合う瑕疵なき物の給付義務を負うという契約責任説ではこの問題はどうなるか。不特定物売買にも瑕疵担保責任の適用を認める契約責任説の立場では、瑕疵担保責任における瑕疵存在の基準時は、契約締結時ではなく、目的物の特定の時となる。つまり、不特定物売買（種類売買）においては、契約の締結時にはまだ目的物は特定していないのであるから、その種類の物に全て瑕疵がある場合を除き、目的物に瑕疵があるとはいえず、瑕疵担保が問題となるのは目的物が特定した時点（持参債務においては通常は引渡時）ということになる。そうだとすると、このこととの関連で、新説の立場では、特定物売買においても瑕疵存在の判断基準時は、契約締結時ではなく引渡しを受けた時となりそうである。その結果、事例(1)のケースで、瑕疵ある物の給付を受けたAは、危険負担債権者主義を主張して代金全額の支払いを求めるBに対し、その瑕疵担保責任（無過失責任）を問い、損傷の修理請求をしたり、契約目的達成不能として契約を即時解除して代金支払義務を免れ、あるいはすでに代金を支払っている場合はその返還を請求することができることにもなりそうである。この結論は、危険負担における債権者主義の不都合を免れうることとなって妥当といえそうである。また、売主が画商であるこのケースでは修理請求ができる点も妥当性に富むといえよう。しかし、そうなると、危険負担と瑕疵担保責任のいずれを優先させるべきか、売主が普通の市民であった場合にも修補義務を課すことが妥当かの批判はありうる。しかしこれに対しては、契約総論の規定である危険負担より各論の規定である瑕疵担保責任の規定が優先されるのは当然であり、普通の市民の場合には履行拒絶権を認め、損害賠償義務を課すにとどめれば足りるとの反論がありえよう。しかし、立法論としてはともかく、現行民法の解釈論として、危険負担の規定を無視し、この問題を瑕疵担保責任の問題と扱うことにまで踏み切れるかの問題は残る。

3　では、不特定物売買の場合はどうか。事例(3)がこのケースである。不特定物の引渡債務の場合には、目的物が特定するまでは履行の全部不能あるいは一部不能は通常はありえないから、危険負担の問題は生ぜず、また瑕疵ある物を給付してもそれは債務の本旨に従った履行の提供ではないから特定は生じないし、不完全な給付をした売主の給付債務が消滅することもない。そこでこの事例の場合には、EはF時計店に対して当然に他の瑕疵なき同種の時計の給付を請求しうるし、その対価の支払義務は存続している。相当期間を定めて追完履行の請求をしたにもかかわらず期間内に売主Fが履行しない場合は契約を解除して代金支払義務を免れることができる。なお、先に受領した損傷した時計は、不当利得としてFに返還する義務があり、返還までこの特定の損傷した時計を善良な管理者の注意をもって保存しておくべきである（四〇〇条）。また、不特定物売買においては瑕疵担保責任を認めない法定責任説（ただし判例は選択的適用を認めている）の場合には瑕疵担保責任の問題は生じない。つまり、法定責任説では、この事例は不完全履行の問題として、それのみで解決されることになる。

では、これを認める契約責任説ではどうなるか。この説では、瑕疵ある物の給付でも、引渡しによって特定を生じ、瑕疵担保責任を追及できるとする。そうなると、追完請求権はどうなるのか。瑕疵なき物の給付を求めたい買主にとっては、追完請求権による保護を認めていない現行法の瑕疵担保責任に基づく救済では満足できない。そこで、この説でも追完請求権の行使を認めざるを得ないのでこれを認めているが、引渡しによる特定を認めつつ追完請求を認める法的根拠が必ずしも明らかでない。また、ここにいう追完請求権の内容は、本来の履行請求権なのか、解釈によって導かれる瑕疵担保責任に基づく追完請求権なのか、そのいかんによって除斥期間あるいは時効期間の適用が異なるはずなのに、必ずしも明確とはいえない。さらにいうと、瑕疵担保解除は即時無催告解除なのでその点でこの説にメリットがありそうであるが、不特定物売買の場合その結果は不当なので、原則として即時無催告解除を認めてはいない。そこで、この点でも瑕疵担保責任の選択的あるいは競合的適用を認める実際的効用はない。

4　事例(2)の検討に移ろう。特定物売買のこの事例では、まず錯誤と瑕疵担保責任の関係が問題となる。Dが贋作と知りながらこの絵をCに売りつけたのなら詐欺取消し・不法行為の問題となるが、Dもまた贋作と知らなかった場合は錯誤の問題となる。贋作を真作と信じた場合のような錯誤は性状に関する錯誤で、これは一般に動機の錯誤とされている。取引の相手方保護の見地から、動機の錯誤は動機が表示されている場合に限り、内容の錯誤となって九五条の適用があるとするのがかつての判例・通説であり、近時は両者を区別するのは妥当でないという説が有力であるが、少なくとも両当事者が共に錯誤に陥っている共通錯誤の場合には、取引の相手方保護への考慮はいらないから、その錯誤が要素の錯誤で、錯誤者に重大な過失がなければ九五条の適用が容易に認められよう。有名両家の贋作を真作と信じ高額で買い受けた行為が要素の錯誤に当たることは問題がない（最判昭和四五・三・二六民集二四―三―一五一参照）。錯誤無効の主張が認められれば、事後処理は不当利得制度によることとなる（ただ、物権的請求権との関係が問題となる）。

さらに、C側からの主張としては、瑕疵担保責任の主張も考えうる。贋作が瑕疵といえるかは、客観的・物理的瑕疵概念からすると疑問の余地がないではなく錯誤の問題のみといえそうであるが、判例・通説のとる主観的瑕疵概念（当事者が契約上予定した適性を消滅または減少させるような欠点）をとれば、一般に担保責任を生ずる場合は錯誤の場合より広いから、要素の錯誤といえる場合は、瑕疵担保責任との競合問題が生ずる。学説上の通説は、紛争の早期解決の見地から、担保責任の優先適用説をとるが、錯誤優先説をとるかのごとき判例がある（大判大一〇・一二・一五民録二七—二一六〇、最判昭三三・六・一四民集一二—九—一四九二）。この判例は買主が錯誤無効の主張をし、これを認めるに当たって判示した理由付けであり、他方で判例は買主が瑕疵担保のみを主張した多くの事例で、錯誤の成立が認められると思われるにもかかわらず、瑕疵担保の主張を認めており、要するに判例は、買主を救済するのが妥当な事件は、当事者の主張する法的構成がいずれであろうと、救っているといえる。

さて、Cが贋作の返還と引換えに売買代金の返還を請求していたところ、保管していたその絵画が隣家から発生した火災により焼失したという本設題の場合、事後処理はどうなるか。まず瑕疵担保責任を主張したケースから考えてみよう。瑕疵が軽微で代金減額的損害賠償しか認められないような場合は、引き渡された目的物が焼失したリスクは当然買主が負うことになり、CはDに対して代金減額的損害賠償を請求し得るにとどまる。問題は本設題のように解除権の行使が許される重大な瑕疵の事例さらには要素の錯誤として錯誤無効の主張が許されるような場合である。上記1で述べたように、錯誤無効の主張や瑕疵担保解除が許される場合、買主は受領した目的物につき不当利得返還義務（七〇三条）あるいは解除による原状回復義務（五四五条）を負い、返還までその特定物を善良なる管理者の注意をもって保存しておく義務を負う（四〇〇条）。その後、その目的物が錯誤無効主張者の故意過失あるいは解除権者の行為または過失によらないで滅失または損傷したとき、解除権は消滅せず（五四八条二項）、損害賠償責任も発生しない。そこで買主Cは目的物の焼失後でも解除権を行使することにより、滅失した贋作絵画の返還義務を免れ、しかも損害賠償責任を負わない。錯誤無効を主張した場合も同様である。この場合、Cは自己の支払った対価の八〇〇万円全額の返還を請求できるであろうか。この点については、瑕疵担保責任の事例で、学説上争いがある。目的物返還義務と代金返還義務との間に存続上の牽連関係を認めて危険負担的処理をするのが公平だとの考え方とそれを否定する考え方である。後者は民法五四八条二項が解除権の存続を認めていることは、とりもなおさず目的物の滅失のリスクは返還請求権者（債権者）である売主が負うことを認めたものという（この説ではCは八〇〇万円全額の返還請求が可能）。この結論は後発的給付障害における特定物引渡債権における危険負担債権者主義と同一結論となる。これに対して前者の主張は、危険負担の原則である債務者主義と同一結論になるわけである（この説によるとCの返還請求権は七七〇万円）。さて、どちらの結論が妥当といえるであろうか（なお、この五四八条二項を危険負担制度と同視できるかについては後述するように問題がある）。また錯誤の場合も同様に解するのであろうか。問題は不特定物売買の場合である。

5　前述したように、不特定物売買において瑕疵ある物が給付された場合、それは債務の本旨に従った履行とはいえないから、売主Fの履行債務は消滅しない。したがって、買主EはFの帰責事由の有無を問わず、本来の履行請求権に基づいて、瑕疵なき物の履行請求あるいは瑕疵が軽微で修補が容易に可能な場合には修補請求をなしうる。追完がなされれば、もちろんEは代金全額をFに支払わなければならない。その際、Eにその瑕疵の結果いわゆる拡大損害や履行が遅れたことによる遅延損害が生じた場合には、その損害発生につき故意過失あるFに対し、追完請求と共に債務不履行責任を追及して損害賠償を求めることができる。ここまでは事例⑶と⑷は同様である。さて、このケースで、Eが追完請求中に、受領した瑕疵ある目的物が滅失した場合の事後の法的処理はどうなるか。さらに、給付された目的物が瑕疵ある物でなく異種物（本問の場合は他社製品の時計）であった場合はどうか（なお、異種物給付については、主観的瑕疵概念をとって瑕疵担保責任の問題とする考え方と不完全履行の問題と考える見解があるが、私見は後者）。

これを問うのが事例⑷と⑸である。受領した目的物の瑕疵が軽微で修補請求しか許されないような場合は、その物の引渡しにより危険は買主に移転しているから、GはHに対して不能になった修補請求にかえて代金減額的損害賠償の請求をなしうるにとどまる。この点は特定物売買の場合と同様である。問題は、代物請求が認められるような重大な瑕疵、あるいは異種物給付の場合である。事例⑵のような不代替物の特定物売買の場合と異なり、不特定物売買の場合には、引き渡された瑕疵ある目的物がその後買主の下で滅失あるいは損傷したからといって、代物給付が不能となるわけではない。Gは当然本来の履行請求権に基づいて代物給付を請求しうるし、代金の支払義務も存続している。引渡しを受けた瑕疵ある物は、もちろんHに返還すべきであるが、これは特定物の引渡債務であるから、Gは返還するまで善良な管理者の注意をもってこれを保存しておかなければならない（四〇〇条）。しかし隣家から発生した火災に類焼してこの物が滅失した場合には、善管注意義務違反はないから、Gの返還債務は履行不能になって消滅し、損害賠償責任も負わない。さらに、ここではこの特定物の引渡債務と牽連関係に立つ反対債務は存在しないから、いわゆる危険負担の問題を生じない。つまり、特定物売買と不特定物売買とでは、引渡後の目的物の債務者の責めに帰することのできない滅失の事後処理が異なるわけである。ここまで考えてくると、そもそも、特定物売買の場合の事後処理を危険負担的処理として扱うことの妥当性が問題となるのではあるまいか（また、そもそも五四八条二項の規定は双務契約における後発的給付障害を対象とする危険負担的規定といえるのであろうか）。双務契約における存続上の牽連関係を前提とする危険負担制度は、有効に成立した契約関係の存在を前提とするものである。この法制度を無効あるいは解除によって無効となった契約関係の清算に公平を理由としてそのまま適用できるかは疑問なしとしない。特に、無効原因発生につき当事者の一方に瑕疵担保責任や債務不履行責任といった法的責任がある場合に危険負担的処理をすることは果たして妥当といえるであろうか。現在進行中の債権法改正審議では、これらの点が充分に詰められるべきであるが、ここでは問題の提起にとどめる。

【事例研究③】新築分譲マンションの売主たる不動産業者・販売受託会社および転売者の瑕疵担保責任に関する事例研究（二〇〇八年）

〔設　問〕

Xは、平成一八年に、大手不動産会社Yとの間で、近く竣工予定の甲マンションの一〇階の一号室を五億円で購入する旨の売買契約を締結し、その際Yの一〇〇%子会社である販売会社Zが、Yの販売代理人としてこの売買契約を仲介した。Zは、Yから委託を受け、その販売する各種不動産について、宅地建物取引業務を行うだけでなく、Yに代わり、又はYとともに、購入希望者に対する勧誘・説明等から引渡しにいたるまで、一切の事務を行っていた。翌平成一九年三月、甲マンションが竣工したので、Xは四月一日に引渡しを受け、その後家族とともに入居した。

甲マンションには、火災感知器・火災報知機が各戸の玄関・勝手口及び台所に設置され、火災感知器が作動すると、本件マンション内の報知機がマンション全体に火災警報を発する仕組みとなっていた。また、本件一号室には、室内廊下に防火戸が設置されており、防火戸は、室内にある煙感知器が煙を感知すると、連動制御器の電源スイッチが入っていれば、自動的に閉まる仕組みとなっていて、設置された防火戸が閉じることによって防火区画が構成され、発火部分から他の室内への延焼が防げる構造となっていた。なお、本件一号室の連動制御器は、納戸内に設置されており、電源スイッチはその中に納められていたが、連動制御器にはネジで閉める蓋が付いていた。X等の入居前に行われた防火戸の作動試験では、防火戸の電源は入っており、正常に作動したという事実が確認されている。入居時までに、ZがXらに交付した重要事項説明書、図面及び「甲マンションガイド」には、設備等についての説明があり、避難ハッチ及び感知器・火災報知機・防火戸等の位置については重要事項説明書に説明が、別添「パンフレット」の図面には、その場所が示され、「マンションガイド」には、火災感知器が熱を感知すると、警報が発せられて、必要に応じて警備員が急行する旨が記載されていた。

Xらの入居一ヵ月後に、本件一号室の寝室から出火して火災が発生した。Xは、焦げ臭いにおいがすることに気づいて、妻Aとともに寝室を見に行ったところ、煙を目撃したので、寝室から室内廊下を通って居間に走った。このときに、防火戸が閉まっていないこと、火災を知らせる警報音が鳴っていることに気づいた。

本件火災により、本件マンション約二〇〇平方メートルの約半分及び天井等約五〇平方メートルが焼損し、家具・衣類等が焼失した。その後の調査で、①本件火災の出火原因は、Xが寝室で吸っていた煙草の火の不始末であったこと、②本件一号室に設置されていた防火戸は、本件火災時に連動制御器にある電源スイッチが「切」の状態となっていたため、作動しなかったこと、③防火戸の電源スイッチは、蓋がネジで固定された連動制御器の中に設置されており、居住者がそれを操作することは予定されていない造りとなっていることからして、電源スイッチが「切」の状態となったまま、Xに引き渡されたものと判定された。なお、YやZは、本件一号室のXへの引渡しの際、電源スイッチが「切」の状態になっていること、「入」の状態にしておかなければ作動しないことについて、説明していなかった。

(1) 以上のような事実関係の下で、Xは、本件火災によって被った損害の賠償をY・Zに対して求めた。Xの請求は認められるか。

(2) 上記設例で、この本件マンション一号室がXからWに転売され、その後、Wが寝室で吸った煙草の火の不始末で火災が発生した場合、Wは売主Xに対してその法的責任を追及しうるか。できるとした場合その責任の法的根拠・内容いかん。

【論　点】

1　新築分譲マンションの売主たる不動産業者の瑕疵担保責任と債務不履行責任
2　販売受託会社の責任とその責任の根拠
3　瑕疵ある分譲マンションを転売した者の瑕疵担保責任と債務不履行責任

【出題の意図】

本問は、最判平成一七年九月一六日判タ一一九二号二五六頁、判時一九一二号八頁、金融・商事判例一二三二号一九頁を素材として作成したものである。この判決は二〇〇六年二月二四日の日曜答練（民法第四回・債権各論）第一問〔本書、第一章事例研究④〕の素材とした最判平成一九年七月六日（民集六一巻五号一七六九頁）とならぶ、建物の瑕疵をめぐる近時の重要判例である。先の答練解説でも指摘したごとく、この点に関する近時の民事裁判例の進展はめざましく、消費者保護思潮の高まりを背景に、業者の責任を厳しく追及する事件が相次ぎ、これを受けて裁判所もその責任を認める事件が相次いでいる状況にある。特に本件では、販売受託会社の不法行為責任が認められた点が注目を浴びたほか、本件を瑕疵担保責任の問題と見るか、保護義務の問題と見るべきかにつき、理論上、議論の分かれるところと思われ、要件論（過失の要否）・損害賠償の範囲論（瑕疵結果損害）についても興味深い問題がある。実際の事件ではXがこの火災で死亡し、その相続人である妻Aが訴訟を提起したのであるが、答練問題としては、論点が増え、難しい問題となるので、この点は省略し、その代わりに、小問の⑵で転得者Wに対する売主Xの責任問題も考えてもらうこととした。この点、実務上は、Y・ZのWに対する責任問題が重要であるが、論点が増えすぎることと、理論的には、XのWに対する責任問題が面白く、瑕疵担保責任をめぐるこれまでの議論に新たな一石を投ずる問題なので、この点に搾って出題した。しかし、Y・ZのWに対する責任問題も重要なので、その法的構成については、別途、自分で考えてみていただきたい。

〈**参考文献**〉

本件判例につき、潮見佳男「マンションの販売・販売委託と関係当事者の民事責任」（判例ミニ解説、金融・商事判例一二三二号一頁）、岡孝「判例レビュー」判例タイムズ一二二一号七頁、野澤正充・判例評釈（判例時報一九二八号一六四頁）、影浦直人・平成一八年度主要民事判例解説（判例タイムズ一二四五号四一頁）、渡邊知行・判例研究（本件最高裁破棄差戻判決後の東京高判平成一八・八・三〇金融・商事判例一二五一号一三頁の研究）、銀行法務二一、六七五号八四頁等参照。私見の詳細につき、下森定「履行障害法再構築の課題と展望」成蹊法学六四号（二〇〇七年一月）。

【**解　説**】

1　本件の第一審、第二審において、Xは、Yに対して売主の瑕疵担保責任を、Zに対しては不法行為等による損害賠償をそれぞれ求めた。しかし、一審、二審ともX敗訴（原審判決は、本件防火戸の電源スイッチが切られて作動しない状態で引き渡されたものであって、売買の目的物に隠れた瑕疵があったといえるので、売主の瑕疵担保責任として、この瑕疵と相当因果関係のある損害について損害賠償責任があるとしつつも、最終的にはY・Zの賠償責任を否定した）。そこで、Xより上告したところ、最高裁はYの瑕疵担保責任を認め、Zについても不法行為責任を認めて、原判決を破棄して差し戻した（差戻審は、原判決を変更してXの請求を一部認容した）。

2　まず、最高裁は、Yの瑕疵担保責任については、原審判決の上記判断を是認した。

ついで、Zの責任すなわち、マンションの販売業者（Y）から委託を受けてマンションの専有部分の販売に関する一切の事務をおこなっていた宅地建物取引業者（Z）は、そのマンションに防火戸が設置されていたものの、その電源スイッチが、蓋がネジで固定された連動制御器の中に設置されていたため居住者がそれを操作することが予定されているとはいえないような造りになっていたときに、専有部分内に設置された防火戸の操作方法についての説明をしていなかったことを理由として、不法行為に基づき当該専有部分からの出火による損害を賠償しなければならないかどうかの問題について、次のように述べた。①ZがYによる各種不動産の販売等に関する代理業務等をおこなうためにYの全額出資の下に設立された会社であり、Yから委託を受け、その販売する不動産について、宅地建物取引業者として取引仲介業務をおこなうだけでなく、Yに代わり、またはYとともに、購入希望者に対する勧誘・説明等から引渡しに至るまで販売に関する一切の事務をおこなっていること、Zは、問題のマンションについても売主であるYから委託を受け、本件売買契約の締結手続をしたにとどまらず、買主に対する引渡しを含めた一切の販売に関する事務をおこなったこと、③本件におけるマンションの買主が上記のようなZの実績や専門性等を信頼し、Zから説明等を受けた上で、同マンションを購入したことが認められるときに、Zには、「上記電源スイッチの位置、操作方法等について説明すべき義務」があり、その違反について不法行為を根拠とする損害賠償責任が発生する、と。

3　買主と直接契約関係に立たない不動産販売代理人たる宅地建物取引業者が、買主に対して直接責任を負うかという点について、最判昭和三六年五月二六日（民集一五巻五号一四四〇頁）は、「不動産仲介業者は、直接の委託関係はなくても、これら業者の介入に信頼して取引をなすに至つた第三者一般に対しても、信義誠実を旨とし、権利者の真偽につき格別に注意する等の業務上の一般的注意義務がある」と判示している。ただし、一般にすべての第三者に対する不動産販売代理人たる宅地建物取引業者の責任を認めるものではなく、「業者の介入に信頼して取引をなすに至った第三者」に限定して一般的な注意義務を認めているのである。次に買主と直接契約関係に立たない宅地建物取引業者が責任を負うとして、どのような範囲で注意義務を負うかが問題となる。まず、宅地建物取引業法三五条一項に列挙されている説明義務のある重要事項以外についても宅地建物取引業者が第三者に対して注意義務を負っている点については問題がないが、個別・具体的な基準を設けることは困難であり、注意義務の範囲・程度は、注意義務が問題となっている事項（瑕疵や法的規制等）の内容・程度（重要性、重大性）のほか、「委託者と受託者の関係、媒介するに至った事情、媒介者の身分、知識、報酬支払の約束の有無、媒介の態様やその程度等によって個別的具体的に判断すべき」（東京地判昭六一・七・二九判タ六三四号一六〇頁）であろう。本判決では、委託者と受託者が業務において密接な関係にあり、契約の締結や目的物の引渡しを含めた一切の事務を媒介していることなどを理由として、受託者たる宅地建物取引業者において委託者たる不動産業者と同様の義務があるとした。この点、本判決の事例は、委託者たる不動産業者と受託者たる宅地建物取引業者が一体とみられるという事案における判断で、一般に委託者たる不動産業者からの独立性が認められる宅地建物取引業者が負う注意義務は、売主たる不動産業者が負う注意義務の範囲よりも限定的なものとなろうとの見解がある（影浦・前掲本件判例解説）。これに対して、消費者が物件を購入する場合には、一般に、専門的知識や情報に優る宅地建物取引業者を信頼して契約を締結することになるので、宅地建物取引業者について、売主との結びつきの程度にかかわらず、本件と同様の説明義務を認める余地があるのではなかろうか、との指摘がある（渡邊知行・前掲判例解説）。

4　この最高裁判決の考え方によれば、本問においてYの瑕疵担保責任や、Zの不法行為責任は認められることになろう。ただこの場合に損害賠償の範囲をどう考えるべきかについては、問題がある。本件火災の原因は、寝室でのXの煙草の火の不始末によるものであることからして、過失相殺の問題は当然として、さらに、防火戸の不作動と相当因果関係のある延焼損害の範囲の判定とその金銭評価の算定問題などがそうである。差戻審判決は、本件防火戸が作動しなかったことによる反対（南側）区画への延焼による損害拡大を認めたうえ、損害の「具体的な範囲及び程度」を確定することができないために損害額を算定することが困難であるとして民事訴訟法二四八条を適用して損害額を算定した（この点については、渡邊知行・前掲判例解説参照）。

5　また、理論的な問題についてみると、前述のように原審判決は、「本件売買の目的物に隠れた瑕疵があったといえるので、売主の瑕疵担保責任として、この瑕疵と相当因果関係のある損害について損害賠償責任かある」といっているが、瑕疵担保責任につき契約責任説を採るのであればともかく（従来の判例はこの立場ではないとされている）、法定無過失責任説（損害賠償の範囲につき信頼利益の賠償説）を採る立場では、この表現はやや気にかかる。ただ本件ではYに過失が認められる事案であるから、法定無過失責任説を採りつつ、過失があれば履行利益の賠償をも認めるという我妻説なら一応の説明はつきそうであるが、延焼損害は履行利益の損失といえるか、問題である。近時の有力説である損害二分説（瑕疵そのものの損害と瑕疵結果損害・拡大損害を分け、前者は代金減額的損害賠償で無過失責任、後者は過失を要件とする契約責任としての保護義務・付随的注意義務違反の損害賠償責任とするもの）によって初めて合理的に説明できるように思われる。「信頼利益の賠償」概念の不明確性が問題視されている近時の動向からも、瑕疵担保責任の損害賠償の範囲論は、新たな展開を迫られている。現に、ドイツ新法は信頼利益の賠償概念を捨て、新たに、「無駄になった費用の賠償（Ersatz vergeblicher Aufwendungen）」という制度を設けた（二八四条）。ここでの費用賠償は、債務関係の清算・原状回復に向けられたものであり、原状回復的損害賠償としての性質を持つものと解されており、信頼利益の賠償と異なり、機会の喪失による損害の賠償までをも目的とするものではないという（潮見佳男『債権総論Ⅰ（第二版）』三二四頁（信山社、二〇〇三年））。

6　次に小問⑵の検討に移ろう。前掲潮見本件最高裁判決解説は、瑕疵担保責任や不法行為責任を認めた本件最高裁の判断自体には異論を感じないとしつつ、次のように述べている。やや長くなるが重要な問題提起なので引用しておく。「ただ、気になるのは、この最高裁判決が扱った売主Yの責任をめぐる処理である。この点について、最高裁は、Yの損害賠償責任を認めた原審の判断を是認した。しかし、よく見ると、ここには、それほど単純に見過ごしてはならない重要な問題が潜んでいる。というのは、原審は、最高裁の要約したところによれば『八〇二号室（本問では一号室――下森）は、本件防火戸の電源が切られて作動しない状態で引き渡されたものであり、売買の目的物に隠れた瑕疵があった。したがって、Yは、売主の瑕疵担保責任として、本件防火戸が作動しなかったことと相当因果関係のある損害について賠償すべき責任を負う』としていた。これだと、たとえば、マンションに防火戸が設置されていたものの、その電源スイッチが蓋がネジで固定された連動制御器の中に設置されていたために、居住者がそれを操作することが予定されているとはいえないような造りになっていたときに、このことを一切知らない一般の市民であるマンションの所有者が売主となってみずから居住していたマンションを売却し、その後に同様の火災が起きて買主に損害が生じたというときにも、『売買の目的物に隠れた瑕疵』があったことを理由に、売主としての瑕疵担保責任を負担しなければならなくなる。他方、最高裁は、売主Yの責任については、『本件売買契約上の付随義務として、上記電源スイッチの位置、操作方法等について説明すべき義務があったと解される』とした。個々の売買契約ごとに当該契約の当事者の置かれた状況に即して、売買契約締結に際してなすべきことは何かという観点から、売主としての義務の内容と違反の成否を判断しようとしたものである。さて、読者の方々は、いかにお考えになるか。ちなみに、このケースは、概略すれば、買主たる居住者の過失により出火してマンション一室が損傷したのみならず、マンション室内にあった買主所有物品が損傷し、かつ買主も死亡したという事案である。法科大学院での民法の演習に対して、担保責任論、保護義務論、交渉補助者論、損害論といった様々な観点から見て格好の素材を提供するものである。ご一考を願いたい」。

小問⑵は、この潮見教授の問題提起を受けて作成したものである。Wに本件マンションを転売したXは、かかる瑕疵につき過失ある給付をしたといえるのか、無過失だとした場合、瑕疵担保責任の無過失責任性のゆえに、ここまでの損害賠償責任をXは課されるのか（YやZはどうか）。この問題は果たして有償契約に特有の責任である瑕疵担保責任の問題なのであろうか。過失を要件とする契約責任の問題だとする場合、この責任内容はいかなる意味での契約責任（債務不履行責任）であり、損害賠償の範囲はどこまで及ぶものなのか。この問題の提起につき、法定無過失責任説・契約責任説双方は、それぞれどのように応えるのか。さらには給付障害法の再構築、債権法改正論議はこれにどう対応するべきか。きわめて興味深く、重要な問題の提起である。私見（修正法定責任説、業者による新築分譲住宅については契約責任、市民の中古住宅売買については古典的瑕疵担保責任〔法定無過失責任〕、損害賠償については前述した損害二分説が年来の主張）の開陳は本解説では紙数不足ゆえ省略する（詳細は参考文献欄掲記の拙稿参照）。

【事例研究④】建築請負契約の目的建物を譲り受けた買主に対する請負人の瑕疵担保責任と不法行為責任に関する事例研究

（二〇〇八年）

〔設　問〕

一九九八年一〇月、A不動産会社は、その所有の甲土地上に一〇階建ての賃貸用マンション乙の建築を行うことを決め、Y建設会社との間で工事代金を五億円とする建築請負契約を締結した。なお、本件契約で使用された契約約款では、瑕疵担保責任の除斥期間は建物引渡しから二年とされていた。マンションの設計・監理はZ会社が請け負った。一九九〇年二月に工事は竣工したが、竣工三ヶ月前頃、経営危機に陥ったA会社は、このマンションを敷地とともに一括売買することを決め、買い手を捜していたところ、同年五月にXとの間で売買代金を八億円とする売買契約を締結することができた。そこで、A会社は、工事竣工後Yから引渡しを受けていた本件不動産（甲・乙）をXに引き渡し、代金八億円全額の受領と引き換えに移転登記を完了し、YおよびZに対する請負工事代金五億円全額の支払いも完了した。Xは、このマンションの入居者募集後も、自らはしばらく従来の住居に住んでいたが、四年後の一九九四年二月に本件マンションに居住し始めた。ところが、入居後本件建物に亀裂、水漏れ、配水管の不具合等の多数の瑕疵があることを発見し、YおよびZに対し、この事実を通告して瑕疵の修補あるいは建替え、さらにはそれに代わる損害賠償をもとめて交渉を始めたが、結局話し合いはまとまらなかった。そこで、本件建物の引渡後六年以上経過した一九九六年七月に、XはYおよびZを相手に訴訟を提起することを決断した。この時点でA会社はすでに倒産している。以上のような事実関係の下で、X側からの主張、それに対するYおよびZ側からの反論として考えうる法的構成とその当否を論じなさい。

〔論　点〕

1　建築請負契約の目的建物を譲り受けた買主に対する請負人の瑕疵担保責任の有無
2　同上の買主に建物の瑕疵から損害が生じた場合の不法行為責任の成否
3　瑕疵担保責任と不法行為責任の競合の成否

【出題の意図】

本問は最判平成一九年七月六日（民集六一巻五号一七六九頁）を素材として作成したもので、請負の瑕疵担保責任と建築施工会社および設計・監理会社の不法行為責任を扱うものである。後述の解説で述べるように建物の瑕疵をめぐる近時の民事裁判例の進展はめざましく、とくに、従来あまり争われていなかった建物の瑕疵から生じた損害につき、不動産会社あるいはその委託を受けた販売会社さらには建築施工会社および設計・監理会社の不法行為責任を追及する事件がふえ、その責任を認める判例が相次いでいる。そこで本問では、これらの者の瑕疵担保責任および不法行為責任と両者の競合問題につき考えてみることとしたのである。

〈参考文献〉

・請負契約の瑕疵担保責任や不法行為責任さらには契約上の地位の譲渡、債権者代位権については一般の基本書参照。最高裁平成一九年七月六日判決に関する詳しい研究論文として、松本克美「建物の瑕疵と建築施工者等の不法行為責任 ── 最高裁二〇〇七年（平一九）七・六判決の意義と課題 ──」立命館法学二〇〇七年第三号一〇〇頁以下参照。

・近時の関連重要判例として、最判平成一七・九・一六金融・商事判例一二三二号〔二〇〇六年一月一五日号〕一九頁以下を挙げておく。この判決に関する重要コメントとして、同誌同号一頁の潮見佳男解説がある。

【解　説】

1　姉歯一級建築士による耐震強度計算偽装事件は耳目に新しい事件であるが、建物の瑕疵をめぐる近時の民事裁判例の進展はめざましい。売買あるいは請負契約上の瑕疵担保責任さらには不法行為責任に基づく損害賠償請求事件において、不動産会社あるいはその委託を受けた販売会社さらには建築施工会社および設計・監理会社の賠償責任を認める判例が相次いでいる。本問は、その一例として、最判平成一九年七月六日（民集六一巻五号一七六九頁）を取り上げ、これを素材として作成したもので、請負契約の瑕疵担保責任と建築施工会社および設計・監理会社の不法行為責任を扱う問題である。

この判例の紹介に入る前に、住宅の建築請負契約における請負人の瑕疵担保責任について簡単に整理しておこう。住宅の建築請負契約において、引き渡された仕事の目的物（建物）に瑕疵があるときは、注文者は請負人に対し、相当の期間を定めてその瑕疵の修補を請求できるのが原則である。しかし、瑕疵が重要でなく、しかも修補に過分の費用を要するときは、損害賠償の請求のみができる（六三四条一項）。また、損害賠償の請求は、修補に代えて、あるいは瑕疵の修補と共に常にすることができる（六三四条二項）。通常の請負契約においては、瑕疵が重要なもので、そのために契約の目的が達成できない場合には契約の解除が許されるが（六三五条本文）、建物その他土地の工作物の請負においては、解除は許されない（六三五条但書）。これらの場合に解除を認めると請負人に与える損害が甚大であり、社会経済的にも損失が大きいことを考慮したものである。なお、瑕疵が注文者側の事由、すなわち、その者が提供した材料の性質または注文者の指図によって生じたときは、担保責任を負わないのが原則であるが、この場合でも、請負人がその材料または指図が不適当であることを知っていながらこれを注文者に告げなかったときは、責任を免れることができない（六三六条）。請負の瑕疵担保責任の存続期間は、原則としては、目的物の引渡しまたは仕事の終了の時から一年であるが（六三七条）、建物その他の土地の工作物又は地盤の瑕疵については、普通には五年、とくに堅固な工作物（石造、コンクリート造その他）については一〇年とする。もっとも、その前に工作物が瑕疵のために滅失または毀損したときは、その時から一年である（六三八条）。なお、この期間は、滅失毀損の場合を除き、普通の時効期間内、すなわち一〇年以内に限り特約で伸ばすことができる（六三九条）。担保責任免除の特約は有効であるが、その場合でも請負人が知りながら告げなかった事項については責任を免れることはできない（六四〇条）。以上が民法の定める担保責任の内容である。

2　さて、前掲訴訟の第一審において、XはYに対して、Aから本件売買契約によって所有権とともにAのYに対する請負契約上の注文者たる地位をも承継したものとして、Yの請負契約上の瑕疵担保責任および不法行為責任を追及し、Zに対しては、不法行為に基づく損害賠償責任を追及した。これに対して、Yは、①本件建物の瑕疵を争うとともに、②地位の譲渡を否定し、③また、仮に地位の承継が認められるとしても、本件請負契約では瑕疵担保責任の除斥期間は建物引渡時から二年という特約があるので、すでに除斥期間が経過している、④不法行為責任については、注文主から請負の目的物を譲り受けた第三者に対して、建築請負人が不法行為責任を課せられるとすると、不法行為責任の法理を無限定にし、本来担保責任等の契約責任で処理される領域に不法行為責任を持ち込むこととなり、契約責任法理が無になるから、かかる主張は許されない、⑤仮に不法行為責任が認められるとしても、本件ではXが瑕疵を知ってから三年以上経過しているから、損害賠償請求権はすでに時効消滅しているなどと、反論した。また、Zは無過失だから不法行為責任を負わない、と主張した。

これに対して、第一審判決は、Yの瑕疵担保責任、YおよびZの不法行為責任をそれぞれ一部認容した。その理由の大要は以下の通りである。①本件請負契約上の地位の譲渡契約は本件事実関係から見ると認められない。②しかし、本件売買契約の予約段階におけるAXY間の交渉過程から判断すると、XのYに対する請負契約上の瑕疵担保責任履行請求権の直接行使を認容する旨の黙示の合意、換言すると瑕疵担保責任履行請求権譲渡の特約が本件売買契約でなされていたと認められる。③ただし、Xが引渡を受けてから二年以内に権利行使をしたという事実は主張・立証されていないから、本件契約上の除斥期間の特約の適用を受けるので、Xが瑕疵担保責任の追求を許されるのは、Yに故意または重過失があったと認められる場合のみである。④また、瑕疵担保責任と不法行為責任とでは要件・効果その他の点で差異があるから、請求権の競合が認められる。そして、瑕疵担保責任は無過失責任であるから、瑕疵の存在が認められる以上無過失でもYは瑕疵担保責任を免れえず、これに対し、不法行為責任は仮に瑕疵があったとしてもそれが「建物の耐久性に支障がない程度の強度であったなら、被害者において補強を余儀なくされるとはいえない」から、瑕疵担保責任は負っても不法行為責任は負わない。⑤三年の短期消滅時効の起算点につき、本件では、Xが民法七二四条にいう「損害」を知ったという事実は認定できない。⑥瑕疵については一一箇所の瑕疵を認定。⑦以上の瑕疵のうち、一六種類の瑕疵につきYの過失を認定し、結論としてYの瑕疵担保責任および不法行為責任を一部認容した。またZについても一部につき過失を認定して不法行為責任を認めた。

3　これに対し第二審判決は、まず、第一審判決が認めたAからXへの瑕疵担保責任履行請求権の譲渡を否定した。その理由は、AX間の売買予約契約締結の際の協定書中のアフターサービス基準に関する約定は、本件AX間の請負契約に本契約で用いられた「四会連合請負契約約款」の規定が準用されることを約定したにとどまり、Yが直接Xに対して、アフターサービスの域を超え、瑕疵担保責任を負うことまで約したものとはいえない、というにある。ついで、不法行為責任については、不法行為責任と瑕疵担保責任の競合を安易に認めると、法が瑕疵担保責任制度を設けた趣旨が没却されかねず、また請負人の責任が無限定に広がる恐れがあるとしたうえで、「請負の目的物に瑕疵があるからといって、当然に不法行為の成立が問題になるわけではなく、その違法性が強度である場合、例えば、請負人が注文者等の権利を積極的に侵害する意図で瑕疵ある目的物を製作した場合や、瑕疵の内容が反社会性あるいは反倫理性を帯びる場合、瑕疵の程度・内容が重大で、目的物の存在自体が社会的に危険な状態である場合に限って、不法行為責任が成立する余地が出てくるものというべきである。」として、本件における違法性はそこまで大きくないので不法行為責任は成立しないとしてXの請求を否定した。

4　これに対してXが上告受理の申立てをしたところ、最高裁は破棄差戻しの判決をした。

⑴　最高裁は、まず、不法行為責任の成立について、「建物は、そこで居住する者、そこで働く者、そこを訪問する者等の様々な者によって利用されるとともに、当該建物の周辺には他の建物や道路等が存在しているから、建物は、

これらの建物利用者や隣人、通行人等（以下、併せて「居住者等」という。）の生命、身体又は財産を危険にさらすことがないような安全性を備えていなければならず、このような安全性は、建物としての基本的な安全性というべきである。そうすると、建物の建築に携わる設計者、施工者及び工事監理者（以下、併せて「設計・施工者等」という。）は、建物の建築に当たり、契約関係にない居住者等に対する関係においても、当該建物に建物としての基本的な安全性が欠けることがないように配慮すべき注意義務を負うと解するのが相当である。そして、設計・施工者等がこの義務を怠ったために建築された建物に建物としての基本的な安全性を損なう瑕疵があり、それにより居住者等の生命、身体又は財産が侵害された場合には、設計・施工者等は、不法行為の成立を主張する者が上記瑕疵の存在を知りながらこれを前提として当該建物を買い受けていたなど特段の事情がない限り、これによって生じた損害について賠償責任を負うというべきである。」と判示した。

(2)　ついで、原審に対する批判として、「原審は、瑕疵がある建物の建築に携わった設計・施工者等に不法行為責任が成立するのは、その違法性が強度である場合、例えば、建物の基礎や構造く体にかかわる瑕疵があり、社会公共的にみて許容し難いような危険な建物になっている場合等に限られるとして、本件建物の瑕疵について、不法行為責任を問うような強度の違法性があるとはいえないとする。しかし、建物としての基本的な安全性を損なう瑕疵がある場合には、不法行為責任が成立すると解すべきであって、違法性が強度である場合に限って不法行為責任が認められると解すべき理由はない。例えば、バルコニーの手すりの瑕疵であっても、これにより居住者等が通常の使用をしている際に転落するという、生命又は身体を危険にさらすようなものもあり得るのであり、そのような瑕疵があればその建物には建物としての基本的な安全性を損なう瑕疵があるというべきであって、建物の基礎や構造く体に瑕疵がある場合に限って不法行為責任が認められると解すべき理由もない。」と説示した。

(3)　その上で、結論として、「原判決のうち上告人らの不法行為に基づく損害賠償請求に関する部分は破棄を免れない。そして、本件建物に建物としての基本的な安全性を損なう瑕疵があるか否か、ある場合にはそれにより上告人らの被った損害があるか等被上告人らの不法行為責任の有無について更に審理を尽くさせるため、本件を原審に差し戻すこととする。」と判示した。

5　本判決は、建築された建物に、「建物としての基本的な安全性を損なうような瑕疵」があり、その瑕疵の結果、請負契約の注文者、その者からこの建物を譲りうけた者さらには来訪者・隣人・通行人等の第三者が「生命・身体又は財産」上の損害（瑕疵結果損害あるいは拡大損害）を受けた場合には、設計・施工者などに故意又は過失のある限り不法行為責任が成立するとし、原判決のように違法性が強度である場合に限って不法行為責任が認められると解すべき理由はないとの一般論を述べ、建物の安全性確保が建築設計・施工者等にとって基本的な注意義務となることを最高裁として始めて明示した重要判決といえよう。過失責任である点で、無過失責任である瑕疵担保責任、土地工作物責任や製造物責任とは異なった範疇に入るが、従来建物の瑕疵については、主として契約関係上の責任である売買や請負の瑕疵担保責任が中心的争点であり、それとの関係で過失を要件とする拡大損害の賠償責任論さらには第三者の保護効を伴う契約責任論等が争点となっていたが、本判決は、建物の瑕疵と不法行為責任という従来必ずしも充分には意識されていなかったといえる問題領域に踏み込んで問題の提起をした、極めて現代的な問題を対象とする、今日の世相を反映した画期的判決といえよう。契約責任における安全配慮義務論とも関連し、不法行為法の領域に新しい一石を投じた判決といってもよかろう。この判決の一般論が今後どのように先例として機能して行くか、大変興味深いところである。ロースクール教育の教材としてもすこぶる有用な判決であり、本答練でも早速取り上げて出題してみた次第である。上記解説を下に答案構成を工夫して、提出答案を検討あるいは書き直してみていただきたい。ちなみに、本問において、Xは売主Aの瑕疵担保責任を問うていないが、Xがこの責任を問いうることはもちろんである。ただAが倒産しているので、訴える実益がないにすぎない。そこで、XのY（さらにZ）に対する主張としては、A

のYおよびBに対する請負契約の瑕疵担保責任履行請求権を代位行使する方法も考えられたはずであるが、前掲訴訟では、この請求はなされていなかった。その理由は定かでない。本問ではこの点にも触れておいてほしい。

第二章　契約責任の拡張と再構成

第一節　総　論

1　契約責任の再構成をめぐる覚書

（一九八〇年）

一　はじめに

1　最高裁昭和五〇年二月二五日判決（民集二九巻二号一四三頁）が、殉職自衛官遺族の国に対する損害賠償請求事件において、雇傭契約上の安全配慮義務違反を理由とする国の契約責任（損害賠償責任）を認めて以来、とみに安全配慮義務違反を理由とする契約当事者の債務不履行責任を肯定する下級審判決の激増が目につく。安全配慮義務を争点とする判例群は、第一に紛争契約類型の面において従来よりひとり雇傭契約類型にとどまらず、請負、賃貸借、売買契約類型等にも多数みられ、第二に法的争点の面においては、不法行為責任との関係や、本来の給付義務にかかわる契約責任（北川教授のいわゆる「基本的契約責任」）との関連性いかんが、消滅時効期間、失火責任法の適用性、帰責事由、賠償責任の範囲、立証責任等々の具体的争点において問題となり、問題は、理論的にも実際的にも多面的な展開を遂げつつある。

2　周知のごとく、この問題は、基本的には、契約関係における附随義務、注意義務あるいは保護義務とよばれる問題群に属するものであり、古くから、契約責任の体系構造上、契約締結上の過失、積極的債権侵害、不完全履行、さらには瑕疵担保、危険負担等の位置づけをどうみるべきかの問題の一環として理論的に論じられてきた問題であった。そして、近時は、とくに製造物責任や医療事故責任あるいは情報提供者の責任等の領域において、社会的にも実務的にも重要な問題領域となってきている。

視角を変えていえば、この問題群は、理論面においては、外国法とくにドイツ法学の動向に影響をうけることの多いわが民法学者の伝統的研究スタイルの下に、近時とくに活発な展開を遂げているドイツ民法学における契約責任論の研究・紹介という形で登場し、かつ登場しつづけている問題であり（もちろんドイツ法のみの紹介・研究にとどまるものではないが）、実務面においては、とくに高度成長経済下におけるいわゆる「構造的被害」の顕在化・増大化、これに対応する市民運動の高揚・権利意識の拡大化に伴う法廷闘争の増大化という形で登場してきた問題といえよう。そして、研究面においては、北川教授の秀れた先駆的業績「契約責任の研究」を筆頭として、いくつかの意欲的研究がこれまでに発表されているが、これまでのところ、どちらかというと外国法や理論の紹介に重点がおかれており、わが国独自の問題意識をもって、わが国の法体系・法技術の独自性に留意しつつ、正面からこの問題に取り組み、解釈学的体系構築に意をつくしたものは少ないように思われる。また、実務面においては、多数出現した下級審判例をみても、個々の事例の処理のための理論構成に追われ、一貫した理論展望の下での判例法の展開はいまだなく（実務の性格上これはやむをえざることであるが）、問題は混沌状況下にあるといってよさそうである。

3　ただ、問題の体系的整理の基本的方向性として、この問題が、狭義の契約責任と不法行為責任の二類型しかもちあわせていない古典的民事責任法体系の狭隘さに由来し、債権法上の諸義務に関する法理論の深化の結果として出現してきたものであること、換言すれば、契約的関係から生ずる義務が給付義務につきないという共通認識の下に、法定のもの以外に信義則を介して各種の附随的な義務群が輩出してきたものであることはすでに周知のとおりである。かくて現時点での問題考察の基本的方向性としては、まず第一に、近代的民事責任法の基礎構造の分析に立脚しつつ、近代民法典の対象とする市民社会の変貌と、その民事責任法への影響の脈絡の中において、契約附随義務群の輩出、拡大化現象をうけとめ、それを具体的な法技術へと定着してゆく努力を進めることが有用だと思われる。北川教授の創出された概念を借用し、契約責任を基本的契約責任（本来の給付義務）と補充的契約責任（附随義務）とに大別するとき、近代民法典の契約責任に関する要件論・効果論は、私的自治の原則に立脚する法律行為・意思表示論と直結した伝統的な給付義務の不履行責任という枠組みで構成されているがゆえに、その枠組みを打破し、その周辺の一定の法的行為・態度をもとりこんだ契約責任体系の再構成という視点からみるとき、補充的契約責任論のための要件論・効果論としては、従来のそれが不十分であることは明白である。かくて、不法行為責任に関する現代的理論状況に留意しつつ、補充的契約責任の体系的整備、要件論・効果論の新たな構築つまり契約責任の再構成は、現代民法学に課された大きな課題の一つといえよう。

4　ところが、前述したように、この問題群につき、個別領域的にはかなり深められた研究が行われているが、相互の体系的関連性、契約責任の全体構造に対する反射効への問題意識をもった研究は、二、三の意欲的労作を除き、いまだ少なく、とくに、学生向きの体系的教科書で、体系的に整理して語られることが少ない。もちろん、問題は古くからの非常な難問であり、また新しい問題でもあるがゆえに、早急な体系化が可能なはずもなく、拙速な体系化はかえって混乱を招く以外の何物でもないが、体系的理論展望への努力はつねに必要といえよう。本稿は、このような問題意識の下に、この古くして新しい難問に、現時点で、一応の体系的理論展望を試み、学生諸君の参考に供しようというものである。

すなわち、本稿は、先のような問題意識を共通に抱きつつ、主として最近問題となっている安全配慮義務を中心にしつつ、いわゆる補充的契約責任の体系的位置、要件論・効果論の検討を踏まえ、契約責任再構成の試みへのワンステップとして、個別領域の問題状況の整理を試みようとするものである。

かくて、本特集（ロースクール二三号）は、筆者に割り当てられた総論の他に、各論として、第一に契約責任の側面からの考察として、積極的債権侵害と安全配慮義務との関係が瑕疵担保や危険負担等の法定責任との関連に留意しつつ論じられ、ついで、不法行為責任の側面からの考察として、製造物責任の問題をとりあげ、これと安全配慮義務との関係が分析され、第三に、継続的契約関係における安全配慮義務の問題として、雇用契約上のそれが考察され、最後に、判例法にあらわれた安全配慮義務について、総括的な素描が試みられる予定である。各論の執筆者は、それぞれ、当該問題についての気鋭の研究者であり、その成果については大いに期待されるが総論を割り当てられた筆者は、明らかにその任でない。たまたま、この企画の相談をうけて、思いつきをしゃべったために、総論を担当させられるはめにおちいった次第である。筆者はかつて、種類売買と瑕疵担保責任につき、通説支持の論文を書き、また先の最高裁昭和五〇年判決について、法学セミナー誌上（二四一号）で、判例解説を書いたことなどから、この問題群について従来より興味をいだいていたこと、また従来の体系的教科書についていくつかの疑問をいだきつつ講義を担当していたことなどから、いつか本格的な研究をしてみたいと思ってはいたが、本稿では急な企画のため、十分な研究時間もなく、平素からいだいている疑問を問題点として羅列するにとどめる他ない。本格的論稿は他日を期した。

二　問題の基本的所在

1　給付義務を中心とする古典的契約責任体系に対比し、附随義務をも含めた契約関係の統一的保護理論を体系的に構築しようという試みは、前述したように最近の債権法の体系的教科書にいまだ本格的にはあらわれていない。その視角の重要性、問題点の指摘はなされているが、教科書における本格的な体系的叙述には研究の進展・深化との関係でなお若干の日時を要しそうである。たとえば、星野教授の近著、債権総論のテキストでは、第一章の序論の中でこの問題がとりあげられ、「債権と債権関係（契約上の地位）、中心的義務と附随的義務」というテーマの下に、極めて要領の良い問題の展望がなされている。そのポイントを紹介すると、ある債権の発生原因たとえば契約からは、一個の債権が発生するのみでなく、数個の債権あるいは債務が発生することを指摘された後に、次のように説明される。「さらに、当事者の間には、その他により広い種々の義務およびこれに対応するある種の権利が存在すると考えられるに至っている。もともとは、契約の成立さらには準備過程において（「契約締結上の過失」）、またその履行の過程において（ガラス戸の修理に来た請負人が誤って花瓶を割った場合など）、相手方に損害を与えた場合や、直接の（名義上の）相手方以外の者に損害を与えた場合（列車事故により旅客の連れていた乳児が怪我をした場合など）などに問題となった。これらの場合には不法行為の問題となり、それだけで処理することも考えられるが、一方で不法行為でゆくと、その要件の立証がやや困難な点に問題があり、その効果も不法行為におけるより広げるのが適当だと考えられるに至る。他方で、契約関係にある者、ないしいったんはそれに入ろうとした者の間に生ずる種々の関係については、中心的な契約上の義務の不履行でないから、不法行為の問題とするよりは、契約の問題として扱い、契約上の義務を色々な方向で拡大する構成をとる方が実体に即した処理のしかたではないかと考えられるに至る。そこで理論構成として、契約関係にある者（ないしそれに入ろうとした者）の間に、契約の成立（さらに準備）の過程や、履行の過程において中心的義務を補充する義務（「補充義務」などと呼ばれる）、より広く契約関係にある者の間で一定の範囲で相互に配慮すべき義務（「注意義務」と呼ばれたりする）の存在を認めようとする傾向、進んでは名義上は契約関係にないが、その者とごく近い関係にある者も当然配慮の対象となるとの考え方が強くなっている（内容や構成については国によって、また同じ国でも判例・学説が多岐に分れている）（不完全履行を論ずるさいに現われたものである）。解釈論としては、これらはいちおう信義則の問題であるか、それで説明できるもので、判例上は個別的な解決をして認められてくることが多いが、これをより一般的・理論的に説明し構成しようとするものである（「給付義務」に対する「附随的義務」と呼ばれることが多い。この語も多義的である）」（『民法概論Ⅲ（債権総論）』一九七八年、七頁）。
ただ、星野教授自身は附随義務の体系的構築については、「全体を一まとめにする表現を考えるのも別に悪くはないが、どのような場合があるか、それらにつき要件・効果を同じに扱ってよいか、異なるものとすべきか、の類型的研究を先にする必要があり、そこになお残された問題が多い」と慎重な態度を示されている（前掲書五三頁）。その他の最近のテキストをみると、例えば林教授（林＝石田＝高木『債権総論』一九七八年、とくに九八頁以下）や鈴木教授（『債権法講義』一九八〇年、とくに一九〇頁以下）によってもこの問題への言及がなされ、積極的な評価が与えられている状況にある（両者ともに示唆に富む）。

2　これらの最近のテキストの立場をさらに一歩進め、附随義務群に契約責任再構築への契機としての積極的評価を与えるとすると、それはどのような基本的理論展望の下になさるべきか。既存の研究に教示をうけつつ次に若干の思いつきを書きとめておきたい。

周知のように、近代民法典がその規制対象として前提とする社会は、資本主義社会であり、自由主義社会である。そして、資本制的生産は、社会的分業による協同関係と賃労働を基礎とし、生産物と労働力とがともに商品化し、全社会関係が原則として「契約」を媒介とする商品交換関係として現われる。そして、一般に、商品交換の法規範的構造としてつぎのごとき要約がなされている。第一に、商品に対する私的所有。第二に、商品主体者の法的主体性つまり「法的人格」。第三に商品の交換過程としての契約。契約において、商品は、所有の私的性質（それは所有権を自由意思の支配領域として構成する）およびその人的側面としての法的主体性（それは人を意思主体者として構成する）をとおして、つまり意思の「自由」をとおして、換言すれば「合意」をとおして、交換される。これら三つのカテゴリーが近代的債権の基礎を形作っている（川島『債権法総則講義第一』一九四九年、四頁以下参照）。

そして、人の行為に対する拘束であるところの債権関係は、原則としては、人の自由意思による契約によってのみ、成立し（契約自由の原則）、仮に債権が契約によらないで成立する場合でも、人の「自由意思」の要素は多かれ少なかれ規定的役割をはたすものとされている（たとえば、不法行為における過失責任主義）。このような近代的債権ないし債権関係の構造にもとづいて、民事責任の体系も、人の主体的な行為・個人の意思的関係をモメントとして構成され、債務不履行責任や不法行為責任も、一定の主体的な意思と不可分のものとされ、故意と過失とが、近代的な責任概念の出発点となっている（過失責任の原則）。

3　個人主義的責任原理、主体的な意思に基礎を置く民事責任の体系は、その後の資本制生産の発展過程の中で、やがて少しずつ変貌を遂げてゆく。その第一が企業活動の発展によって拡大した大量取引に伴い使用された履行補助者の故意過失を債務者のそれと同視する法理の登場である。第二は、責任の主観的要件を契約によって変更する慣行の出現である。とくに、大企業と個人との約款による取引において、その傾向が顕著となり、形式的自由＝実質的不自由という不合理是正のために、主体的意思による責任法理への国家の関与が不可欠となった（約款の作成・有効性への干渉）。第三に、責任の主観的条件の問題は、別の面からも変化した。資本制社会における人間関係が圧倒的に契約債権関係となり、その上にすべての経済的社会的関係が安定するようになった結果、債権関係に対する信頼は一そう強くなり、したがって、法的にこれを確保しようとする傾向を生ずる。かくて、個人の合意に基礎をおく本来の給付債務（厳密な意味での契約債務）とならんで、契約関係に附随する法定債務が明文の規定により認められ、あるいは信義則を媒介として解釈上認められるようになる。これらの債務は、主体的な意思を媒介とするものではないから、故意過失は損害賠償責任の発生にとって積極的に必要ではない。換言すれば「個人の意思」を法政策的責任原理とすることには拘束されず、それ以外の法政策的責任原理で事を処理することが可能となる。例えば、危険性を増大した機械制工場生産労働を前提とする雇用契約上の使用者の安全配慮義務（たとえばドイツ民法六一八条、六一九条、スイス債務法三三九条はこの点につき明文の規定を設けている）は、労働者保護の政策上とくに使用者に課された法定の義務と解されている（我妻『債権各論中巻(二)』一九六二年、五八五頁以下参照。明文規定のない日本では信義則上の義務と説明されているが趣旨は同じ）。そしてこの義務はさらに労働基準法や労働者災害補償法で、強化され無過失責任化されるに至っている（責任の重大化、責任範囲の拡大化現象）。あるいは、製造物責任を例にとってみよう。売主における目的物に関する説明義務、開示義務、品質確認義務などは、従来は格別義務と意識されていなかったものである。しかし、欠陥商品の販売の結果、生命、身体、財産など重大な利益侵害を惹起することが認識されるに至った今日では、それらは債務者の義務と認められるに至っている（長尾『債務不履行の帰責事由』一九七五年、二〇六頁以下参照）。さらに流通ルートが複雑となった今日では生産者から消費者が直接契約により商品を入手する場合は例外的である。転々流通が予定されている以上給付義務なきところに、目的物に関する説明義務などの附随義務もなしといって割切れるものではあるまい。製造物責任を不法行為責任と構成するか。契約責任と構成するかの問題とからみ、議論のあるところである。債務者が責任を負うべき相手方の範囲の拡大化現象（契約当事者以外へのそれ）がここにある。

4　元来、契約関係ないし債権関係は、独立した法主体者間の関係ではあるが、契約を媒介とする商品交換によって、資本制社会総体が運営されていることの結果、それはひとり法主体者間の個別的関係にとどまらず、同時に社会的な存在であり、その主体者の間の社会的関係によって支えられているものである。ところが、近代法は、法技術的に法律関係を純粋に個人的関係として構成し、かつ法律関係をすべて個人の意思関係に限定しようとつとめた結果、債権関係における社会的関係の要素を法技術的に定着することに希薄であった。しかし、今日の契約責任における附随義務群の輩出・拡大化現象の意味するものは、債権関係における社会的関係の要素の重要化に外ならない。すでに三〇年前、川島教授は、近代的な「責任」概念の説明の総括として、次のごとく指摘された。「要するに、現行法における債務者の責任の主観的要件は、故意のみによる場合から、具体的軽過失、抽象的軽過失による場合をへて、「結果的債務」の無過失責任にいたるまでのあらゆる段階のものを含んでいる。それらの抽象的基礎をなすものは、つねに主体的な「責任」の観念である。しかし、かような抽象的基礎の上において、責任はしだいに「個人の意思」の直接的な媒介を止揚して、その基礎にある社会的な組織による媒介に席をゆずりつつある。〔中略〕……無過失責任の成立はその現象形態にほかならぬ。同じ現象は、不法行為責任についてもみとめ得られる。」と（川島・前掲書一〇一頁）。今日の問題状況への鋭い予見である。

また、表現をかえれば、次のようにもいえよう。かつて、サー・ヘンリー・メインは「身分から契約へ」という提言で、奴隷労働から小作契約・賃労働への変化を説明した。しかし、市民社会の発展とともに身分から解放された個人は、また別の意味で取引の組織や人の集団の中に取り込まれてきた。取引の面についていうと「契約の制度化」という現象であり、普通約款はその典型である。人の集団の面について言えば「個人から集団ないし団体へ」という現象であり、労働組合（労働協約はその所産）、企業の法人化ないし会社組織化、さらには消費者団体の登場である（有泉『生活変動と法』四頁参照）。ここでも［個人の意思］を中心とする契約ないし契約責任の基礎づけから、その基礎にある社会的な組織＝制度による契約責任の基礎づけが語られる。

5　さて、かかる基本的問題状況（社会および法理念の変動）を踏まえて、契約責任体系の再構成は、どのような法技術によって具体化さるべきであろうか。手始めとしては、まず現行民法典の契約責任体系の再検討からなさるべきであろう。そもそも、「契約責任」という概念がすでに多義的である。一般的には、債権・債務に結びつけられた債務不履行責任（民法四一五条）が典型的なものとして考えられているが、その他に当事者の意思自体に基づく責任（損害賠償の予定・民法四二〇条など）も考えられ、広義では、その他の附随義務に結びつけられた責任（受領遅滞・民法四一三条）、同じく契約内容上の義務（本来の給付義務）とは別の観点による責任（契約締結上の過失責任）、契約内容を基準として法秩序がとくに定めた責任＝法定責任（瑕疵担保責任・民法五七〇条など）なども包含され、これらについて詳細な区別が必要なことが既に指摘されている（中松「契約法の再構成についての覚書」判タ三四一号三七頁参照）。

さらにいえば、契約の法的保護において、債務不履行と債務不履行責任とは、厳密には区別して考察さるべき問題でもある。債務不履行があった場合、近代法（ヨーロッパ大陸法）は、国家がその強制権力を背景として、本来の債権内容の強制的実現を保障するシステムをとるに至った。そこで、本来の債務内容の実現が可能であり、その実現が強制執行になじむものである場合には、債権者は、本来の債務内容の強制とともに、これとならんで履行遅延による損害のみの賠償（遅延賠償）を請求するのが原則である。そして、本来の履行が不可能であるか、あるいは経済上不可能と同視さるべき場合（遅滞後の履行が債権者にとってもはやなんらの利益をもたらさなくなった場合も含む）、さらには、履行そのものは可能であるが、裁判上これを強制することが許されない（不可能もある）場合にはじめて「履行に代わる損害賠償」（塡補賠償）が許されるとされている。そこで、債務の不履行の救済としては、第一次的には、本来の債権内容の強制、それが不可能不適当の場合に第二次的に補充的な救済手段として損害賠償請求権が位置づけられている。したがって、このような考え方の下では、損害賠償請求権は、本来の債権の内容が転換したものとして構成せられ、この二つの債権は別の独立の存在でなく、一つの存在とされている。しかし、歴史的には、貨幣による損害賠償は、本来の債権そのものの効力ではなく、債務不履行がもっところの「不法行為」的な性質にもとづき、その効力として、本来の債権とは別に独立に発生し存在するものとして構成せられ、観念された時代があるといわれている（川島・前掲書八四頁以下参照。なお、北川「損害賠償法における理論と判例」於保還暦記念(上)一九七一年、九七頁以下および中松・前掲論文三七頁註(3)参照）。そして、「不完全履行」論の登場は、この事態に変貌をもたらす。不完全履行による損害賠償は、従来の遅延賠償、塡補賠償概念では捕捉できない賠償対象の存在を浮かび上らせた。本来の履行に代わる損害賠償として塡補賠償を捉えたのでは十分でなく、「本来の履行を求めないでただ現実に生じた損害の賠償」としてこの概念を把握するのが妥当となる（川島・前掲書九〇頁参照）。とくに附随義務違反の不完全履行（積極的債権侵害の場合）による損害賠償の場合には、本来の債務の履行とともにこれと並んで債権者が賠償請求をなしうるか否か、という問題は無関係なことが多い。むしろ不法行為による損害賠償と同様に第一次的な救済手段として損害賠償請求権が登場する。

右のような債務不履行の救済手段の構造的差異にもかかわらず、従来の債務不履行の要件論は、二次的救済手段としての損害賠償請求権の要件論を中心として、構築され、展開されてきた。そのために、いくつかの混乱を生じさせてきたように私には思われる（なお林・前掲書七六頁も鋭くこの点を指摘されている）。契約責任の再構成にあたっては、各法的保護の救済手段毎の要件論の検討がまずなさるべきであろう。例えば、履行遅延の場合、本来の給付債務の履行を求めるのに、債務者の帰責事由は問題とならぬはずである。債務者に帰責事由がないからといって、履行が可能である限り債務者が免責されるものではないからである（不完全履行における追完請求権行使の要件を考えよ。最近この点が指摘されるようになった）。さらにまた、本来の給付義務の履行が可能ではあるが、それが強制執行になじまないものである場合、債権者の救済は、第一次的に損害賠償債権となるはずである。そうだとすると、その発生には債務者の帰責事由を必要とすまい（なお、請負人の瑕疵担保責任（不完全履行と解されている）において瑕疵修補に代えて直ちに損害賠償が可能とされるのをどう考えるか）。損害賠償と同じく第二次的救済手段である契約の解除についても同様の問題がある。これらに対し、附随義務（注意義務あるいは保護義務）違反を理由とする損害賠償においては、それが第一次的救済手段ではあるが、原則として債務者の帰責事由を要求するのが妥当であろう（不法行為責任との対比において）。しかし、附随義務の種類・性質のいかんによっては、帰責事由を要求しないことも可能であるし、賠償の範囲についても四一六条によらず独自に考えうる（特定物売買における瑕疵担保責任など）。要は論理の問題でなく、政策判断の問題である。

かくて、契約責任の再構成のための具体的手続としては、従来の契約責任、不法行為責任の中間領域として、補充的契約責任を独自領域として認める以上、その適用領域の確定が第一になさるべきである。ついで、かかる独立領域を認めることによる既存の民事責任論の体系への反射効が考察さるべきである。第三に、この新しい領域では、責任の基礎を個人の意思に求めえないのであるから、それに代わる「制度」の責任原理が類型毎に政策的に模索され、確立されるべきである。そのためには当該契約関係を支える社会関係の特質の分析が必須である。そして、以上の考察を踏まえて、第四に、補充的契約責任の要件論、効果論が具体的に構築されることとなろう。次に節を改めて、これらの点について若干の覚書を書きとめておこう。

三　問題の具体的展望

1　補充的契約責任の対象領域

まず、補充的契約責任の対象領域の考察からはじめよう。そのためには、既存の契約責任、不法行為責任の対象領域の考察が前提となる。ここでも、川島教授の近代債権法に関する鋭い構造分析に依拠しつつ考察を進めたい。

「契約責任は、契約関係から生じた損害についての責任である。契約関係は特定の当事者（債権者・債務者）の間の具体的な特殊的関係である。それぞれの契約関係はそれに固有の特殊の危険（損害発生の可能性）を含んでいる。契約債権関係は、この危険を考慮しこの危険の実現（損害の発生）に備えて一定の法律関係を規律する。契約責任は、このような特殊の具体的な社会関係に固有な危険・損害についての、その社会関係に固有な法律関係である。これに対し、不法行為責任は、かような特殊的関係に立たない市民相互の間の一般的関係において、それに由来する損害にそなえて規定されたところの、それに適応した法律関係である。だから、契約責任と不法行為責任とは、本来その基礎とする地盤を異にし、その社会的機能を異にしている。しかも、この両者は、その目的においてひとしく損害の賠償を目的とし、またその不法性においても質的な差異をもたない。すなわち両者は、同じ目的をもつ制度で、言わば、互いにその機能を分担しているものであり、両者の間には競合乃至重畳の関係を生ずる余地がない。これが、近代法のこの二つの損害賠償法の本来的な性格・構造である」（前掲書一三五頁）。

では、契約責任における附随義務群の輩出、契約責任の拡張化あるいは不法行為責任の契約責任化と呼ばれる法現象は、どのような社会関係を対象とするものであり、またそれは、近代法のかかる本来的な性格・構造に対して、どのような意味を有するものか。この考察の前提としてこれまで、契約責任の拡張化と呼ばれてきた法現象を整理してみると、次のような問題群がある（先に引用した星野教授の説明六頁参照）。第一は、契約当事者間における拡張現象であり、その一は、時的拡張と呼ばれるもので、契約締結上の過失論がそれであり、近時はさらに契約関係終了後の過失も問題とされ、契約関係の成立前、終了後にも契約責任が拡張されるという意味で時的拡張と呼ばれる。その二は、有効に成立している契約関係において、積極的な履行行為がなされたがその履行内容に瑕疵があったために拡大損害が生じた場合とか、必要な注意義務あるいは保護義務（とくに継続的契約関係の場合）を欠いたために相手方に損害を与えた場合、つまりいわゆる積極的債権侵害＝不完全履行である。本来の給付義務違反による損害とは異質の惹起損害あるいは拡大損害・付加損害に対する賠償責任という意味において、契約責任の質的拡張といえよう。

第二は、第三者への契約責任の拡張現象であり、その一は、第三者のための保護効を伴う契約理論（その詳細については、奥田「契約法と不法行為法の接点」於保還暦論文集(中)所収参照）による債権者の周辺の一定の者に対しても契約上の保護義務を拡張する考え方であり、その二は製造物責任の契約責任構成つまり直接契約関係にない製造者と消費者との間に契約類似の関係の成立を認めて、注意義務・保護義務を及ぼそうとするものであり、これにはさらに前者との複合形態もありうる。両者とも、直接の契約当事者以外の者に対しても契約責任を負うこととなる点で契約責任の人的範囲の拡張ともいえよう。

これらの補充的契約責任の対象領域は、先の川島分析との対比において、いかに位置づけられるべきであろうか。一言にしていえば、川島分析では掘り下げられていなかった、特殊＝契約的法律関係という社会関係の範囲をどう把握するかの問題である。契約関係の範囲を有効に成立しかつ存続している、契約当事者間の本来の給付義務中心に狭くとらえるときは、補充的契約責任の対象としてとりあげられた問題群はそのほとんどが契約関係外の社会関係ということとなり、不法行為責任の対象領域となることになる。しかし、これらの社会関係は、契約関係外の一般的な市民相互の間の関係に比して、より契約関係に近く、しかも、前述したように資本主義経済の発展に伴う社会総体の契約への依存度、信頼度の強化、取引関係の複雑化が、かかる問題領域に発生した特殊の危険（損害）の救済について、その危険の多発性、重大性ともからんで従来よりより強度の救済を要求するものとなり、それが不法行為制度のもつ限界性とも関連して（とくに一般的不法行為の成立を認めていないドイツ法でこの点が問題となった）、契約責任的救済を要求することとなったのである。しかし、前節で考察したごとく、個人意思に基礎をおく既存の契約責任論を固守する限り、かかる社会的要請に応ずることは困難であり、信義則を媒介とする附随義務群の認容により、いわば法定の契約責任類型のシステムが出現してきたものといえよう。そしてかかる補充的契約責任類型の出現により古典的契約責任類型と不法行為責任類型の境界があいまいとなり、三者の境界線の確定が、今日の民法学の重要課題となってきたのである。確定のためのファクターとして問題となるのは、基本的契約責任の対象領域たる契約関係の範囲を補充的契約責任との関係で拡張してゆく場合、第一に、本来の給付義務の有効な成立・不成立とは必ずしも結びつけなくてよいこと、第二に、主体の範囲の問題として、誰が（債務者のみならずその履行補助者など）、誰に対して（債権者のみならず、周辺の一定の者、あるいは転々流通の場合の第二取引以降の相手方など）責任を負うのか、第三に、時間的範囲の問題として、いつからいつまで（どのような社会的接触関係がはじまってからか、そしてそれはいつ終わるものとするのか）の社会関係が救済されるのか、第四に、責任の客観的範囲の問題として、どのような損害がどの範囲で救済の対象となるのか（拡大損害・附加損害など）、といった点が具体的に詰められるべきである。

これらの点は、前述のごとく、個人意思に基礎をおく責任原理によってはその判断基準を決められず、当該契約関係を支えている社会的関係の特殊性に立脚し、各附随義務の類型毎に、政策的に判断基準原理が確立され、要件論、効果論が構築されるべきであろう。もっとも、その際、私法的救済は、国家等による公的な社会保障的救済と異なり、一定個人＝法的主体に責任を負わす形での救済方法になるのであるから（保険制度や社会保障制度が「主体的責任法理」にとって代わる傾向が深められつつあるけれども、民法上の責任に関する限り）、法的責任主体とのかかわりをまったく捨象することは不可能であり、予見可能性、結果回避可能性、相当因果関係、違法性といった既存の判断基準原理が一定の指針を与えるものであることはいうまでもない。問題はかかる抽象的基準の具体化である。さらにまた、他方において、かかる補充的契約責任の対象領域において生じた危険（損害）の救済は、不法行為責任に関する法的技術の駆使・改善によっても対処しうることはいうまでもない。契約責任化によって処理するか、あるいは、不法行為責任の厳格責任化によって処理するかは、それぞれの国、時代の法意識、法体系、法技術の差異によって規定される（林・前掲書九四頁参照）。それ故に、比較法研究、外国法や理論の継受にあたっては、右のような諸条件の差異に留意し、どのような諸条件の下で展開された法理かに注意しつつ日本法への導入をはかることが必要である。このことはいわずもがなのことであるが、実際に行うことはなかなかに困難でもある。

2　基本的契約責任類型の再検討

基本的契約責任類型に対する補充的契約責任類型の独自性を肯定し、契約責任論の再構成をはかる立場にたつ場合、それが既存の契約責任論へ与える反射効を考察しておく必要がある。なぜなら、既存の契約責任論は両者をさして区別せず、一括して要件論・効果論を説明しているからである。他方また、このような視角で問題の整理をはかる場合、すでに明文の規定で設けられている法定の契約責任の新たな位置づけが可能となるからでもある。

(1)　まず、基本的契約責任類型の体系構造でもっとも問題となるのは、不完全履行の位置づけである。つまり積極的債権侵害にあたる不完全履行を補充的契約責任類型に位置づけるとき、基本的契約責任類型として、遅滞・不能の伝統的契約責任の他になお不完全履行類型を残しておく意味があるかの問題である。いわゆる履行内容の不完全履行がわが国の通説の下ではここに残ることになるが、これを瑕疵担保の問題とする、つまり種類売買に瑕疵担保の適用を明文で認めるドイツ法の場合には、やや微妙である。もっとも瑕疵担保責任全体を債務不履行責任の一態様として把握しようとする近時の動向の下では、基本的契約責任の領域内での三元構成も論理的には考えうるはずであるが、最近のドイツ民法学がこの点をどう考えているかは、研究不足のため筆者には定かでない。他方不完全履行論の形成発展につき勝本説を契機としてドイツとやや異なった方向を辿ったわが国の場合には（下森「種類売買と瑕疵担保」民法学(5)九八頁参照）、三元構成をとることとなるのが通説であろう（もっとも、原則的には、二元構成で足りると解する最近の有力説もある。鈴木・前掲書一六八頁以下参照）。今後の問題としては、基本的契約責任としての不完全履行の内容の類型的整理が一つある。これまで種類売買における瑕疵ある物の給付や、鉱山や信用等の調査依頼の不完全履行が典型例としてあげられてきたが、請負の瑕疵担保責任、寄託契約における受寄者の保管義務等々、明文の規定でこの類型に属する問題を規律しているものも、その眼で探してみるとかなりあるし、解釈上認めらるべきものも存在するであろう。そして、先に指摘したごとく、従来、体系的に、債務不履行形態は損害賠償の要件として論ぜられたために、現実的履行の請求は別個に説明され、その要求のための要件論にふれることが少ないために、第二次的給付たる損害賠償請求の要件論が、そのまま現実的履行請求の要件に妥当するとの錯覚が生ずるおそれがないではなかった。しかし、不履行の効果として現実的履行の強制が可能となった今日では、債務不履行の効果毎に、その請求のための要件論を体系化し、説明するのが妥当であろう（林・前掲書七五頁以下参照）。前述したように、不完全履行における追完請求権、請負の瑕疵担保責任における瑕疵修補請求権等の行使の要件論でこのことは重要である。なお、効果論の問題として追完可能な場合に、履行に代わる損害賠償を第一次的給付としてつねに肯定しうるか。請負契約において判例はこれを肯定するが（最判昭和五四・三・二〇判時九二七号一八六頁）、請負契約の特殊性とみるべきか。また、帰責事由との関係をどうみるかなども問題である（請負の瑕疵担保責任につき、高木『不完全履行と瑕疵担保責任』一九八〇年参照）。

(2)　さらに、瑕疵担保責任や危険負担と基本的契約責任の関係をどうみるかも問題である。担保責任も債務不履行責任の一種であるとする説が有力となりつつあるが、法定責任説を支持する説もなお根強い（鈴木・前掲書一五四頁、下森・前掲「種類売買と瑕疵担保」など）。法定責任とみるときは、一種の附随義務とみることとなろう。ちなみに、債権者の責めに帰すべき事由による履行不能と危険負担につき、従来は反対給付の点のみが論議されてきたが、附随義務たる注意義務違反の点に着眼すれば、拡大損害の賠償請求問題なども問題となりうるはずである。不当労働行為による解雇が無効とされる場合のバックペイなどの際に五三六条二項但書の適用問題をめぐってこれが問題となる（筆者は志林六〇巻三・四合併号（一九六三年）で、最判昭和三七・七・二〇民集一六巻八号一六五六頁に対する批判、で不十分ながらこの問題を指摘した）。これらの他にも、帰責事由の要否や損害賠償の範囲論などをめぐって、なお論議さるべき問題が多い。

(3)　商品流通過程の複雑化は、直接契約関係にたたない当事者間に、損害賠償のみならず、本来の給付請求権認容への要請を生みだす。欠陥商品の瑕疵修補請求問題などがそれである。債権譲渡や債権者代位権の転用も過渡期の理論としては考えうるが、これらの点も研究さるべき課題である（下森「マンション売買と瑕疵担保責任」ジュリスト六二七号六一頁参照）。

3　補充的契約責任の類型的整理　補充的契約責任の対象領域で、どのような法定責任あるいは附随義務がこれまで問題となってきたかについては前述したが、もう一度、かんたんに類型的整理をしておこう。第一に、すでに明文の規定によって規律されている法定契約責任のグループがある。受領遅滞・瑕疵担保・危険負担などである。これらを補充的契約責任の類型にいれるかどうかは、今一つ議論を要するところであるが、本稿では省略する（筆者は肯定的立場をとる）。第二に契約責任の時的拡張と呼ばれるグループがあるが、これは、基本的契約責任の有効な成立を前提としての類型化であり。補充的契約責任の成立要件として、基本的契約責任の有効な成立を要件としない立場では、時的拡張という類型をたてる意味はさほどあるまい。

第三は、質的拡張（客観的拡張ともいえよう）のグループであるが、ここでは、本来の給付義務との距離が近いものと、遠いものとに分れる。用語例としては、前者を注意義務、後者を保護義務と呼ぶ傾向がみられる。不完全履行（積極的債権侵害）は前者、安全配慮義務はどちらかというと後者に位置づけられよう。後者は、不法行為責任と距離が近く、要件論・効果論の構築上、とくに不法行為法理との関係が留意さるべきである（林・前掲書九九頁参照。もっとも前者についても、同様のことは考えうる）。例えば消滅時効期間（本来の債権の時効期間と同一でよいか。円谷「売主責任と消滅時効」エコノミア五二号、北川・前掲「損害賠償法における理論と判例」一〇三頁、奥田・前掲「契約法と不法行為法の接点」二六二頁、下森「殉職自衛官遺族の国に対する損害賠償請求と消滅時効」法セ二四一号一八頁等参照）、失火責任法の適用の有無（家主の同居している共同住宅で、家主の使用人の失火により借家人の家財が焼け、妻子が火傷を負った場合など。山形地米沢支判昭和五四・二・二八判時九三七号九三頁参照。この問題につき、下森・ロースクール二二号一五〇頁以下で問題点を指摘）などをめぐって問題がある。

また、とくに、ここでは、当該契約関係の法的性質や社会関係の中で占める地位についての考慮が必要である。すなわち、有償契約か無償契約か、あるいは継続的契約関係かそうでないか等は、附随義務の要件論・効果論の構築上、重要な要素である。例えば、雇傭契約上の安全配慮義務を例にとってみよう。最高裁昭和五〇年二月二五日判決の研究において、かつて筆者は次のような問題提起をした。すなわち、雇傭契約上の安全配慮義務を判旨が信義則上の附随義務と構成したことに関連して、これを対等当事者間の意思の補充ないし調整機能を果たす市民法レベルでの附随義務とみるべきでなく（過失責任原理によって規制されるおそれあり）、特殊＝労働契約関係（①「労働」商品の特殊性、

②「機械制・工場制生産方式」下における組織的集団労働という労働契約の背後の社会関係の特殊性）に附随した労働法的原理に立脚した使用者の義務（一種の法定契約責任）として、把握すべきだという主張である。この主張の実質的なねらいは、安全配慮義務の内容の具体的判断基準確立の指標として、「それは、完全賠償を目的としない補償原理に立脚した『災害補償』制度下の使用者の無過失責任の程度にまでは至らないとしても、少なくとも、原則として契約関係にない当事者間の法律関係を前提として構築されている、しかも完全賠償原理に立脚する（このことの是非は立法政策的に問題はあるが）国家賠償法や自賠法三条の使用者ないし運行供用者の責任の程度を下廻るべきではなく、むしろそれより高次の責任を負担すべきもの」という主張にあった。この主張に対して、その後、この考え方は立法論の指針としては大きな意味をもつが、安全配慮義務の基礎づけは、解釈論としては一般の契約法理によってなさるべきであり、市民法原理に基づく契約理論によっても、その理論構成の深化で十分対処可能だとの批判をうけた（大嶋・西村「安全配慮義務と交通事故」交通事故民集創刊一〇周年記念論集一九七九年一二七頁）。この批判は私見に対する若干の誤解があるようである。私見はこれまでみてきたように、市民法原理の深化に根ざす安全配慮義務一般を否定するものではない。それを当然の前提として、機械制・工場制生産下の組織的集団労働という社会関係にたつ労働契約の特殊性を更に上乗せして、市民法の修正原理としての労働法原理に基づいて安全配慮義務の具体的判断基準を構築することを提唱したものである。そして、労働基準法や労災補償法の立法によって、市民法原理による水準以上に労働者を保護することの思想が定着化している今日では、この点に関する具体的な明文の規定がなくとも、解釈による判断基準の構築上、右諸法に具体化されている思想は、十分に解釈論上の根拠たりうるものといえよう。他方、例えば、製造物責任の問題領域においては、企業の社会的責任に関する法意識や各種の消費者保護法、欠陥商品の生みだす一般的危険性の度合に応じ、また、情報提供者の責任問題に関しては、同様にこの問題への法意識や社会的危険性の進展に応じて（この問題に関しては、ロースクール一一月号、岡・米倉・野村「情報提供者の責任」参照）、それぞれ

具体的な判断基準が模索されるべきである。すでにみたごとく、補充的契約責任の責任原理が個人の意思や合意でなく、当該契約関係を支える社会的関係の要素に根ざすものである以上、当該社会関係の特殊性が責任の具体的判断基準に影響するのは必然であるし、またそのように考えるべきものであろう。ただ抽象的に市民法原理に基づく契約理論の深化といっただけでは問題の解決にはならない。問題はその深化のための具体的手掛りをどこに求めるのが妥当かにあるのである。

最後に、補充的契約責任の第四の類型としては、すでにみた人的拡張（主観的あるいは主体的拡張ともいえよう）と呼ばれる問題群がある。ここでは、責任を負う者の範囲、保護を受ける者の範囲確定の具体的判断基準の確立が急務であり、ドイツ民法学でも大いに議論のあるところである。しかし、既に与えられた紙数を超過したので、これらの点や説き残した点つまり、補充的契約責任に関する要件論、効果論の具体的体系的検討は他日を期すほかない。なお、これらの点は、本特集の各論（ロースクール一三号）でさらに詳しく論ぜられるでもあろう。

四　む　す　び

以上、契約責任の再構成をめぐる総論的問題点につき、ごく大まかな理論的スケッチを試みた。契約責任論の再構成については、そもそもその必要性の有無・再構成の方法をめぐっても大いに議論はあろう。さらに本稿では触れる余裕がなかったが、石田教授による斬新な試み（『損害賠償法の再構成』一九七七年）、平井教授による法政策学への志向（『現代不法行為理論の一展望』一九八〇年）、証明責任論（中野『過失の推認』一九七八年他）、請求権競合問題（四宮和夫『請求権競合論』一九七八年、奥田『請求権概念の生成と展開』一九七九年他）などなど、論ずべき問題は多い。想を練ること不足の本稿ではあるが、学生諸君の参考となれば幸甚である。

なお、本稿執筆にあたり、最近のドイツ民法学の問題状況につき、宮本健蔵（法政大学院生・博士課程在学中）「契約責任の再構成をめぐる最近のドイツ民法学の一動向」（未発表）がたいへん参考になった。当初その要旨を本特集号に掲載する機会をえることを考えたが、諸種の都合で中止した。本稿でその一部を紹介することも考えたが未発表論文なので差しひかえた。このこともあり、本稿ではドイツ法への具体的言及は省略した。右論文については、近く発表の機会をもつので参照して頂ければ幸甚である。

2　契約責任（債務不履行責任）の再構成（一九八三年）

一　問題の提起

最高裁昭和五〇年二月二五日判決（民集二九巻二号一四三頁）が、殉職自衛官遺族の国に対する損害賠償請求事件において、不法行為規範から生ずる保護義務とは別の、契約規範に基礎を置く、「安全配慮義務」を認めて以来、その法的性質、内容をめぐって学説・判例上活発な議論が展開されている。

この問題は、基本的には、契約関係における附随義務、注意義務あるいは保護義務と呼ばれる問題群に属するものであり、契約締結上の過失理論や積極的債権侵害論あるいは不完全履行論と密接な関連性をもつものである。またこの義務は、契約の性質上（例えば診療契約、寄託契約、管理契約）、あるいは特約により、本来の給付義務にかかわる契約責任としても問題となりうる。そして、不法行為責任とは異なった契約責任とみることにより、履行補助者の行為による責任、帰責事由の立証責任、慰謝料請求権、弁護士費用、損害賠償債務の遅滞時期、消滅時効の起算点と時効期間、相殺等の問題をめぐって、要件論、効果論上の差異があらわれ、種々の問題を提起している。

この問題群発生の原因は、古典的民事責任体系が狭義の契約責任と不法行為責任の二類型しかもちあわせていないという、体系的狭隘性に由来するものであり、債権法上の諸義務に関する法規範の深化の結果、契約的関係から生ずる義務はひとり給付義務につきるものでないという共通認識が生れ、既存の法定責任の他に、信義則を媒介として各種の附随義務群が肯定されるようになってきたものである。かくて、この傾向が拡大・発展するとともに、一方において、近代民法典の契約責任に関する要件論・効果論は、私的自治の原則に立脚する法律行為・意思表示論と直結した伝統的な給付義務の不履行責任という枠組みで構成されているがゆえに、その枠組みを打破し、その周辺の一定の法的行為・態度をもとりこんだ契約責任（あるいは債務不履行責任）体系の再構成という視点からみるとき、補充的契約責任のための要件・効果としては、従来のそれが不十分であることが明白となり、問題化してくる。他方において、現代における高度工業社会、技術的社会あるいは組織社会の展開は、契約関係における社会的要素の比重を増大化させるとともに、契約の制度化（普通取引約款の増大、普遍化）、契約類型の多様化による本来の給付義務内容の多様化、基本的契約責任の多面的展開、不完全履行責任の発展をもたらした。かくて、契約から制度へ、個人的責任原理から社会的責任原理への展開の法技術的定着、個人意思に代わる歯止め原理の模索、基本的契約責任と補充的契約責任の分離の是否、その関係、さらには、基本的契約責任内容の再検討と他の法定責任（例えば瑕疵担保責任・危険負担や受領遅滞）との関係の整理が問題として登場した。かくて、契約責任ないし債務不履行責任の再構成、債権法の改革が、現代民法学の一大課題となってきたのである。すでに、ドイツでは、債権法の抜本的改正問題が具体的日程にのぼっており、連邦司法大臣の諮問にこたえて、大部の改正意見書が公刊されていることは、周知のところである。

本稿では、この問題について、一九八〇年に発表した私見（「契約責任の再構成をめぐる覚書」ロースクール二七号）を土台にしつつ、その後の若干の研究（例えば法学セミナー三三三号以降の一連の論稿参照）を加えて、今後の方向性についてのおおよその見取図をまとめてみた。本来なら右のドイツ債権法改正意見書の諸提言、とくにフーバーやシュレヒトリームの意見書の十分な研究の上で、まとめるべき問題であるが、目下のところ時間的余裕がない。本格的な研究は他日を期すほかない。

二　契約責任体系の基本構造

近代的民事責任法体系は、契約責任と不法行為責任の二類型に大別される。人の行為に対する拘束であるところの債権関係は、原則としては、人の自由意思による契約によってのみ成立し（契約自由の原則）、仮に債権が契約によらないで成立する場合でも、人の「自由意思」の要素は多かれ少なかれ、規定的役割を果すものとされている（例えば不法行為における過失責任主義）。このような近代的債権ないし債権関係の構造に基づいて、民事責任の体系も、人の主体的行為・個人の意思的関係を要素として構成され、債務不履行責任や不法行為責任も、一定の主体的な意思と不可分なものとされ、故意と過失とが近代的な責任概念の出発点となっている。

ところで、近代的債権関係は、その構造の中に本来的に内在する根本的な矛盾を含んでいる。すなわち、債権関係は前述のように人の自由意思を要素として成り立つものであるから、本来的に「強制」と矛盾するものである。しかし、何らの「強制」の要素をも欠く債権は、社会的現実性に欠ける。債権の効力つまり債権内容実現の保障制度は、債権のこのような内在的矛盾の解決をめざす制度にほかならない。

まず、債権は、近代市民社会においては、自発的に履行されるのが原則であり、その実現は、第一に、資本制社会（商品交換社会）においては何よりもまず経済的強制によって保障される。第二にそれは、市民社会の政治的投影である近代国家の司法制度による法的強制手段によって保障される。つまり、国家は、その強制権力をもって債権内容そのものの実現に助力するのが原則である。そこで、債権内容の実現が可能であり、その実現が強制執行になじむものである場合には、債権者は、本来の債権内容の強制とともに、これとならんで履行遅延による損害のみの賠償（遅延賠償）を請求するのが原則である。そして、本来の履行が不可能であるか、あるいは経済上不可能と同視さるべき場合（遅滞後の履行が債権者にとってもはやなんらの利益をももたらさなくなった場合も含む）、さらには履行そのものは可能であるが、裁判上これを強制することが許されない場合にはじめて「履行に代わる損害賠償」（塡補賠償）が許されるとされている。そこで、債務不履行の救済としては、第一義的には本来の債権内容の強制、それが不可能、不適当の場合に第二次的に補充的な救済手段として損害賠償請求権（さらには契約の解除権）が位置づけられている。かかる考え方にたって、債務不履行責任の体系構成も、履行遅滞・履行不能の二元構成として把握されてきた。

三　契約責任体系の変貌

個人主義的責任原理、主体的な意思に基礎をおく民事責任体系は、その後の資本制生産の発展過程の中で変貌を遂げてきた。その第一は、企業活動の発展によって拡大した大量取引に伴い使用された履行補助者の故意過失を債務者のそれと同視する法理の登場である。第二は、責任の主観的要件を契約によって変更する慣行の出現である。とくに大企業と個人との約款による取引において、その傾向が顕著となり、形式的自由＝実質的不自由という不合理是正のために、主体的意思による責任法理原理への国家の干渉が不可欠となった（約款の作成、有効性への干渉）。

第三に、責任の主観的要件の問題は、別の面からも変化した。資本制社会における人間関係が圧倒的に契約債権関係となり、その上にすべての経済的社会関係が安定するようになった結果、債権関係に対する信頼は一層強くなり、これを法的にも確保しようとする傾向が生ずる。かくて、個人の合意に基礎を置く本来の給付債務（厳密な意味での契約債務）とならんで、契約関係に附随する法定債務が明文の規定により認められ、あるいは信義則を媒介として解釈上認められるようになる。これらの債務は主体的な意思を媒介とするものではないから、故意過失は損害賠償責任の発生にとって積極的に要件とされる必要はない。「個人の意思」以外の法政策的責任原理で事を処理することが可能となる（労働契約における使用者の安全配慮義務、製造物責任など）。元来、契約関係は、独立した法主体者間の個別的関係ではあるが、契約を媒介とする商品交換によって資本制社会総体が運営されていることのゆえに、それは同時に社会的存在である。ところが、近代法は法律関係をすべて個人の意思関係に限定しようとつとめた結果、社会的存在面への考慮が稀薄であった。今日の契約責任における附随義務群の輩出・拡大化現象の意味するものは、債権関係における社会的関係の要素のもつ比重の重大化に他ならない。

第四に、生産技術の飛躍的発展に伴う工業化社会の出現は、交換対象たる商品の質的変化（工場制生産方式による大量生産に伴う種類物商品の出現）をもたらし、商品交換の法的保護方法にも影響を及ぼしてきた。種類売買の発展に伴う、瑕疵担保責任の債務不履行責任化と呼ばれる現象にそれは象徴される。他面において、分業社会の進展、組織化社会の出現は、多様な契約類型を生みだし、とくに「為す債務」（いわゆるサーヴィス型契約）の比重の高まりとともに、その法的保護の考察において、「結果債務」、「手段債務」の区別の必要性が強調されるようになってきた（松本恒雄「契約責任と安全配慮義務」ロースクール二七号二三頁参照）。かくて、附随義務、保護義務の他に個人の合意に基礎を置く本来の給付債務の内容も多面的展開を遂げ、遅滞・不能の二元構成による債務不履行体系も変貌を余儀なくされた。不完全履行論の形成と展開にそれは象徴される。

四　契約責任体系再構成の基本的方向

かかる基本的問題状況の変貌を踏まえて、契約責任体系の再構成はどのような方向にむかうべきか。まず、債務不履行があった場合の法的保護手段、つまり、債務の履行請求（強制履行）、損害賠償、契約解除の類型毎に、要件論、効果論を再検討することが必要である。例えば、履行遅延の場合、本来の給付債務の履行を求めるためには、債務者の帰責事由は必要でない。履行が可能である限り、債務者に帰責事由がなくとも、債務は存続しており、債務者は債務（契約の拘束力）から解放されるものではないからである。このことは、不完全履行における追完請求権行使の要件についても同様である。しかし、二次的保護手段である遅延賠償や填補賠償の要件としては、原則として帰責事由が必要と解すべきである。従来、この点が必ずしも明確でなく、最近ようやく指摘されるようになってきた（なお、後述するように、解除の要件については、別途に考察する必要がある）。

第二に、債務不履行責任ないし契約責任体系の基本構造としては、近時のドイツ民法学の一つの有力な発展傾向にならい、基本的契約責任と補充的契約責任の二類型に大別する北川構想が有用だと思われるが（北川善太郎『契約責任の研究』参照）、後述するごとく、ドイツではこの方向に反対する学説も有力であり、なお本格的な討議、研究を必要とする。

(1) 基本的契約責任の内容としては、遅滞・不能・不完全履行の三元構成を維持・発展させることが妥当と思われるが、従来の二元構成で足るというものもあり（鈴木禄弥『債権法講義』一六八頁参照）、他方では、フーバー意見書にみられるように、債務不履行の一元構成を説くものもあらわれてきている。三元構成を維持・発展させる立場では、不完全履行の類型的整理が急務である。与える債務と為す債務、結果債務と手段債務等の類型的考察、また、民法典の各所に散らばっている不完全履行の萌芽規定（請負の瑕疵担保責任など）を体系的に整理しなおし、新しい視角からの解釈のしなおし（診療契約など）によって法の欠缺を補充し、立法化の準備作業をすすめることが今後の課題である（その一つの注目すべき近時の成果として、奥田昌道『債権総論㊤』一五二頁以下がある）。この領域でとくに研究さるべきは、瑕疵担保、危険負担、受領遅滞等との関係である。

(2) 補充的契約責任の領域では、付随的給付義務、付随的注意義務、保護義務等の類型的整理と内容の検討、要件論、効果論（とくに損害賠償の範囲）の整備が重要である。従来、契約関係は、有効に成立し、かつ存続している契約当事者間の本来の給付義務中心にとらえられてきた。しかし、信義則を媒介とする付随義務群の対象領域では、契約関係をもっと広く把握している。それは、契約責任の時的拡張（契約締結上の過失理論他）、質的拡張（安全配慮義務他）、主体的拡張（第三者のための保護効を伴う契約理論他）等の議論に現象化している。

サー・ヘンリー・メインの「身分から契約へ」にちなんで、“Contract”から“Contact”へといわれている。これは、狭義の契約責任から特殊＝契約的な社会的接触関係に入った者の責任への、契約責任の拡張化現象を指摘する言葉である。古典的民事責任原理からすれば、補充的契約責任の対象領域は、不法行為責任のそれに属する。資本主義経済の高度発達に伴う社会総体における契約関係のもつ比重の増大化が、かかる問題領域に発生した損害について、不法行為制度による以上の救済を要求することとなり、それは不法行為法の領域から契約法の領域へと移されるようになってきた。かくて、本来の給付ないし給付義務とは切断された、いわば法定の契約責任類型＝補充的契約責任類型の出現により古典的契約責任類型と不法行為責任類型の境界があいまいとなり、三者の関連性の整理が今日の民法学の重大課題となったのである。その発端となったのが、いわゆる積極的債権侵害論であることはいうまでもない。ちなみに、附随義務・保護義務を特約により給付義務の内容とすることはもちろん可能であり、また、契約の性質上、それが当然本来の給付義務の内容となっていることもある（管理契約、診療契約など）。問題は、契約の性質上本来の給付義務に含まれず、また特別の合意もない場合である。今日、附随義務、保護義務の契約責任としての体系構築については、慎重な立場（星野英一『民法概論Ⅲ（債権総論）』）と、積極的な立場（林＝石田＝高木『債権総論』、鈴木・奥田各前掲『債権総論』）とがみられ、ドイツでも見解が分れている。

五　基本的契約責任類型の再検討

⑴　基本的契約責任類型の再検討の中心課題は、前述したごとく、遅滞・不能・不完全履行（とくに履行内容の不完全履行）の三元構成の是非、不完全履行の類型的整理であり、後者ではとくに瑕疵保担責任との関係が問題となる。

ドイツ債権法改正に関する鑑定意見書で、ボン大学教授フーバーは、「債務不履行、統一売買法を範とする債務不履行法の導入は望ましいか。その際、いかなる法文の変更およびいかなる影響が債権法に生ずるか。」という鑑定テーマのもとに、債務不履行法の改正を検討した。彼は、民法典の既存の債務不履行法体系を放棄して、その代わりに、統一売買法を範として構築された新たな債務不履行法体系を提唱している。フーバー鑑定意見書の内容をいち早く紹介した宮本論文およびシュレヒトリーム教授の講演を手がかりに、フーバーの鑑定意見の内容を次に要約してみよう（宮本健蔵「債務不履行法体系の新たな構築」志林八〇巻三・四合併号、P・シュレヒトリーム「ドイツ債務法の発展への国際統一売買法の影響」武久征治訳・龍谷法学一五巻三号）。

(2)　まず、第一に、フーバーの鑑定意見は、ハーグ統一売買法の影響の下に、債務不履行ないし給付障害のすべての形態すなわち履行不能、履行遅滞、不完全履行（積極的債権侵害）および瑕疵ある物の給付のすべてをカバーする概念としての「不履行（Nichterfüllung）」概念で、一元的にこれを把握しようとする点に第一の特色がある。

第二に、不履行があった場合、債権者は基本的に三つの方法で法的保護をうけうる。履行請求、解除、不履行を理由とする損害賠償である。なお、継続的給付の場合には、「告知（Kündigung）」が認められ、双務契約については、反対給付の価格引下げ、つまり「代金減額（Minderung）」や同時履行の抗弁すなわち「契約が履行されない旨の抗弁（Einrede des nichterfüllten Vertrages）」がある。

(イ)　履行請求権は、すべての給付障害の場合に債権者に認められる。そこで、特定物売買においても、追完あるいは完全物給付請求権が肯定される。

(ロ)　契約解除権は、二つの場合に分けられる。第一に、本質的な（重大な）契約違反の場合には、即時に契約を解除しうる。第二に、本質的な契約違反でない場合には、一定の猶予期間の経過が解除原因となる。なお、不履行は債務者の帰責性を要件としないから、右いずれの場合も、債務者が不履行につき帰責性を有することは、解除の要件とはならない。したがって、不可抗力をもって抗弁となしえない点に特色がある。なお、猶予期間設定の原則は、債務者の追完履行権を前提としているから、履行内容に瑕疵あるときは、売主や請負人に追完履行権・瑕疵修補権が認められ、これに対応して、追完履行請求権や瑕疵修補請求権が買主や注文主に認められる。

一部の不履行や附随義務の不履行または瑕疵ある物の給付を理由とする解除は、それが本質的な契約侵害にあたることを必要とする。解除権はすべての場合に形成権として構成され、瑕疵を理由とする解除（Wandlung）は、通常の解除（Rücktritt）に統一される。また、契約の当然消滅は認められない。

(ハ)　損害賠償については、解除と異なり、債務者の帰責性が要件となる。したがって、例えば当該債務不履行が不可抗力によって惹起された場合には、債務者は賠償責任を免れる。債権者としてはこの場合には解除をなしうるにとどまる。債務者の帰責性の範囲は、基本的には、過失責任の要素と事情変更の原則によって緩和される保証責任との観点から決定される。例えば、故意過失ある債務者は責任を負わなければならないが、債務が債務者の営業もしくは独立して営んでいる職業活動、その他の事業の範囲内で生じたときは、債務者は、職業上の知識や能力の欠缺についても責任を負わなければならない。専門的に活動している債務者は、契約の締結によって専門的な知識や能力について保証したからである。従来、この責任は、客観的過失概念によって基礎づけられていたが、フーバーは、過失概念でなく、「合意は拘束される（pacta sunt servanda）」という保証原則により基礎づけられるべきだという。

損害賠償の範囲の決定基準については、契約締結時に予見しえた損害の填補として構成し、同時にこの基準をすべての契約違反に基づく損害賠償責任の法の原則とする。また、債権者は、損害を回避・減少させるために適切な予防措置や対策を講ずる義務を負っており、主としてこの義務の違反によって生じた損害については、債務者は賠償義務を負わない。なお、債務不履行によって人的損害が惹起された場合には、慰謝料請求権も認められるものとし、また、債務不履行による人的・物的損害については、契約法上の請求権の時効を不法行為法の規定と統一化し、瑕疵結果損害についても不法行為法上の時効期間を適用すべきであるとする。

㈡　現行ドイツ法によれば、債権者は債務者の債務不履行に際して、契約解除をなすかあるいは損害賠償を請求するかの非常に困難な選択をしなければならないが、フーバーは、統一売買法にならって、契約解除と損害賠償の併合を提案する。

第三の特色は、積極的債権侵害論や第三者のための保護効を伴う契約理論によって取り扱われてきた、いわゆる保護義務の問題領域の取り扱いにある。フーバーは、この問題領域がもともと不法行為法に属するものであること、それ故にそれらは契約外責任の領域における法規定の適切な修正によって対処すべきものとする。そこで例えば、デパートの床に落ちていたバナナの皮で顧客が滑って怪我をした事例のような場合は、契約上の保護義務違反の問題でなく、不法行為法上の義務違反の問題であるから、不法行為法によるべきであり、不法行為法の適用によって生ずる不当な結果は、不法行為法の改正（とりわけド民八三一条の改正）によって処理すべしという。これに対して、債権者の法益保護が債務者の給付義務の核心となっているような契約類型、例えば診療契約、運送契約、寄託契約などの場合には、債務者は一般の債務不履行責任の原則によって責任を負うこととなる。さらに、物あるいは仕事の瑕疵によって、買主・注文主あるいは賃借人に、身体・財産上の損害が生じた場合、すなわちいわゆる瑕疵結果損害の場合には、債務者は債務不履行責任を負うと考えられるが、ここでは、本来の給付義務の違反が問題となっているのではなく、社会生活上の義務（Verkehrssicherungspflicht）の侵害が問題となっているのであるから、債務者が不法行為法よりも厳格な責任を負うべき理由はなく、前述したごとく、慰謝料請求権、時効期間などにつき、不法行為法の規定と統一化すべきであるという。

(3)　わが民法の下での基本的契約責任類型の再検討にあたっても、右のフーバーの提案は、いくつかの点で重要な示唆を与えてくれる。本格的な検討は、他日を期すほかないが、本稿では、右提案について若干の所感を述べておきたい。

第一に、債務不履行体系の一元的把握の是非であるが、ディーデリクセンの指摘するように（宮本・前掲論文一三〇頁以下参照）、フーバーは、全ての債務不履行形式を「不履行」という単一の構成要件に統一化しつつも、法的効果に関しては、段階的な差異を認めている。例えば、履行が適時になされない場合、債権者は遅延損害の賠償を請求できるが、全債務の不履行による損害賠償を請求するには、猶予期間の経過を必要とするという。これに反して給付をなしえない場合には、直ちに全債務の不履行による損害賠償を請求しうるとする。異なる法的効果を同一の構成要件に結びつけることは無意味であるから、法的効果が異なる場合には、構成要件も異なるはずであり、異なる構成要件には、異なる法概念を用いるのが思考経済上便宜であるから、遅滞、不能、不完全履行という不履行類型の区別はやはり妥当であろう。とくに問題なのは、不履行と不完全履行・瑕疵担保との関係である。不完全履行の場合は全くの不履行ではなく、不完全ながら一応履行行為はあるのであるから、これを全くの不履行と同一視することは疑問である。すでに他の機会に指摘したことであるが（下森「種類売買と瑕疵担保」民法学⑸）、ドイツ普通法学は、種類売買において瑕疵ある物が給付された場合の法的処理につき、不完全な履行にある程度の履行価値を認めうる不完全履行概念を知らなかったがために、瑕疵担保の制度を拡大してこれに対処した（ド民四八〇条）。そのために、瑕疵担保と債務不履行との関係が不明確となり、両者の関係について今日のドイツ民法学が多くの難問をかかえこむこととなったのは、フーバーも認めるところである。この難問を回避するために今度は、瑕疵担保全体を債務不履行責任化しようというのが、フーバーの提案であるが、この提案は、逆の意味での誤りを再びおかすこととなるように私には思われる。不代替物の特定物売買に即して構築された瑕疵担保責任制度（法定無過失責任、無催告解除、代金減額請求）は、それが本来予定していた取引類型については今日なお合理性があり、これをも含めて債務不履行責任化する必要はない。例えば、普通の市民による中古住宅の売買の場合にまで、買主の売主に対する瑕疵修補請求権を認める必要はなく、また重大なる瑕疵の場合に、即時無催告解除を認めてもなんら問題はあるまい。問題は、高度工業社会における商品交換、とくに企業による大量生産・販売にかかわる商品交換の法的保護にあるのであるから、この類型について、妥当な法技術を開発するのが筋である。要するに、瑕疵担保制度は、それが本来予定していた対象領域ではそれなりの合理性をもつゆえ、それに限定して存続させるのが妥当であり、これを不履行としてとらえるのは疑問である。他方において、種類売買や企業による新築住宅の売買など、新しい商品交換の問題領域は、不完全履行論の進展によって対処するのが妥当であり、これを瑕疵担保としてとらえたり、瑕疵担保と併存してとらえるのは、問題を複雑化させるのみである。また、フーバーのごとく、そうかといって、不完全履行の履行的側面を無視して、「不履行」としてこれを一括してとらえることも、かつて種類売買に瑕疵担保の規定の適用を否定したドイツ普通法学の有力説や末弘旧説がかかえていた欠点をかかえこむこととなるものと私は考える。すなわち、例えば、不完全履行は全くの不履行と異なり、外形的には不完全とはいえ一応の履行行為があるのであるから、これを全くの不履行と同様に処理することは妥当性を欠き、追完給付請求権の行使に短期の期間制限を設けることが公平だからである（以上の点については、拙稿「種類売買と瑕疵担保責任」法学セミナー三三五号、「特定物売買と不完全履行」同三三六号参照）。

フーバーの提案で、興味をひくのは、本来の履行請求、解除、損害賠償といった法的保護の手段に応じて、要件論を別異に構築している点である。かつて、私もこのことの必要性を指摘しておいたが（ロースクール二七号、拙稿一四頁）、今後さらに検討さるべき問題である。とくに、解除の要件として帰責性が要求されない点は、瑕疵担保、危険負担との関連に留意しつつ、わが国でも検討に値する問題提起と思われる（宮本・前掲論文一三四頁参照）。売主や請負人の追完履行権、瑕疵修補権という発想は、これまでわが国であまり意識されてこなかった点であり、興味深い。

解除と損害賠償との併存、損害賠償の範囲の決定基準における予見可能性の考慮（基準時をフーバーは不履行時でなく、契約締結時としているが、この点はなお検討を必要としよう）、債務不履行に基づく損害賠償に慰謝料請求権も肯定する提案などは、すでに我が国では解決ずみの問題である。瑕疵結果損害・拡大損害の賠償請求権の時効期間についての不法行為法上の時効期間の適用問題は、すでに我が国でも問題とされているが（ロースクール二七号、拙稿一五頁参照）、なお検討を要する課題である。

補充的契約責任いわゆる保護義務論については、フーバーはこれを不法行為として処理すべき問題として否定的見解をとっているが、この点は項を改めて検討しよう。

六　補充的契約責任類型創設の要否

⑴　前述したように、補充的契約責任の対象領域は、本来、不法行為責任のそれに属するものであった。その後、資本主義経済の高度発達に伴う社会総体における契約関係のもつ比重の増大化が、かかる問題領域に発生した損害について不法行為制度による以上の救済を要求することとなって、不法行為の領域から、契約法の領域へと移されるようになったのであり、その発端となったのが積極的債権侵害論ないし不完全履行論であった。

補充的契約責任の対象領域、いわゆる契約責任の拡張化と呼ばれる法現象は、大別して三つのグループに整理できる。第一は、時的拡張と呼ばれるもので、契約締結上の過失、契約関係終了後の過失論がそれであり、契約関係の成立前、終了後にも契約責任が拡張されるという意味で時的拡張と呼ばれる。第二は、契約責任の質的拡張と呼ばれるもので、瑕疵結果損害が生じた場合とか、必要な注意義務あるいは保護義務を欠いたために相手方に損害を与えた場合である。本来の給付義務違反による損害とは異質の惹起損害、拡大損害あるいは付加損害に対する賠償責任という意味において契約責任の質的拡張と呼ばれる。第三は、契約責任の人的拡張と呼ばれるもので、その一は、第三者のための保護効を伴う契約理論（その詳細については、奥田「契約法と不法行為法の接点」於保還暦論文集(中)所収参照）による債権者の周辺の一定の者に対しても契約上の保護義務を拡張する考え方であり、その二は、例えば製造物責任の契約責任構成つまり直接の契約関係に立たない製造者と消費者との間に契約類似の関係の成立を認めて、注意義務、保護義務を及ぼそうとするものである。これにはさらに前者との複合形態も考えうる。両者とも、直接の契約当事者以外の者に対しても契約責任が課されるという意味で、契約責任の人的拡張と呼ばれる。

⑵　個人意思に基礎を置く既存の契約責任論を固守する限り、かかる問題領域に発生した損害について契約責任的救済を要求する社会的要請に応ずることは困難であり、そこで信義則を媒介として契約の附随義務群を認容する法現象が生じたのであり、いわば、法定の契約責任類型のシステムが判例・学説によって形成されてきたものといえよう。

もっとも、かかる補充的契約責任の対象領域において生じた危険（損害）の救済は、不法行為責任に関する法的技術の駆使・改善によっても対処しうることはいうまでもない。フーバーは、原則として本来の給付義務・附随義務で処理しうるものはそれで処理し、保護義務違反の事例は、不法行為法の改正によって処理すべきであるから、債務不履行法に規定を設ける必要はないとの立場をとり、保護義務の債務不履行構成について否定的な立場をとる（宮本・前掲論文一二三頁以下、とくに一二八頁参照）。この点は、ドイツでも大きく議論が分れているところであり、根本的な検討を必要とする問題であるが、基本的方向性として、私は、現時点では一応次のように考えている。

当面の問題について不法行為法の改正によって処理することはもちろん可能であるが、その場合、保護義務の問題となる社会生活関係の類型毎にかかえている問題がつねに必ずしも同一ではないから、いくつかの類型に分けて具体的規定を設ける必要があることが当然予想される。そして、それが特殊＝契約的関係の場で生じているとすれば、当該契約関係の特殊性に応じて（例えば、売買、賃貸借、請負、雇傭など）、考えることが妥当となろう。そうだとすれば、債権法総則あるいは契約法総則中に特殊＝契約的関係あるいは債権的関係の場における保護義務についての一般的規定を設けておき、各契約類型毎に、その契約類型に応じた特別の規定を設けることにも合理性があり、むしろその方が体系的整理がしやすいのではあるまいか。また、特殊＝契約的あるいは債権的な人的関係がある場合には、それのない一般的な市民関係の場における場合よりも、注意義務の程度、法的保護の方法・結論（例えば、時効期間）がある程度異なっても不都合はなく、法政策的にはむしろその方が妥当とも考えうる。したがって、今後なお根本的な検討を要する問題ではあるが、私見はフーバーの提案には必ずしも賛成しえない。

(3)　基本的契約責任に対する補充的契約責任の独自性を承認し、これを不法行為規範とは別個に債務不履行責任体系に組み込むとの立場をとる場合、留意すべき問題点として、次のような諸点がこれまでの議論の成果として浮び上ってくる。第一に、債務不履行法上の保護義務を発生させる法律関係の成立要件は、本来の給付義務の有効な成立・不成立とは必ずしも結びつけなくてよいこと、第二に主体の範囲として、誰が（債務者のみならずその履行補助者など）、誰に対して（債権者のみならず、周辺の一定の者あるいは商品が転々流通した場合の第二取引以降の相手方など）責任を負うのか、第三に、時間的範囲の問題として、いつからいつまで（どのような社会的接触がはじまってからか、そしてそれはいつ終わるものとするのか）の社会関係が債務不履行責任として救済されるのか、第四に、責任の客観的範囲の問題として、どのような損害がどの範囲で救済の対象となるのか（拡大損害、附加損害など）。といった点が具体的に詰められるべきである。

これらの点は、前述したように、個人意思に基礎を置く責任原理によってのみでは、その判断基準を決めることが困難であり、当該契約関係を支えている社会関係の特殊性に立脚し、各契約の附随義務の類型毎に、政策的に判断基準原理が確立され、要件論、効果論が構築さるべきであろう。もっとも、その際、私法的救済は、国家等による公的な社会保障的救済とは異なり、一定個人＝法的主体に責任を負わす形での救済方法になるのであるから（各種保険制度や社会保障制度が「主体的責任法理」にとって代わる傾向が今日進展しつつあるけれども、当面の民法上の責任に関する限り）、法的責任主体とのかかわりを全く捨象することは妥当でなく、予見可能性、結果回避可能性、相当因果関係、違法性といった既存の判断基準原理が一定の指針を与えるものであることはいうまでもあるまい。問題はかかる抽象的基準の具体化の方法である。有償契約か無償契約か、継続的契約関係か一時的契約関係か、与える債務か為す債務か、手段債務か結果債務か、当該契約＝社会関係に対する法的保護への社会的要請の度合、特別法による法的保護の有無などを考慮して、立法論、解釈論が今後展開さるべきものといえよう。私もすでに、一、二の問題について解釈論的試みを発表しているが（「ビル貸主・場屋主人の安全配慮義務と失火責任法」法学セミナー三三八号、「労働契約上の安全配慮義務の法的性質」同三三九号）、判例法にあらわれた問題状況の分析の上にたってさらに一層の議論が展開されることを期待したい（判例分析を踏まえた注目すべき業績として、国井和郎「安全配慮義務についての覚書㊤㊥㊦」判タ三

五七、三六〇、三六四号、同ロースクール三〇号がある。また、最近の判例・学説の問題状況を簡潔に整理したものとして、飯原一乗「不法行為責任と安全配慮義務違反に基づく損害賠償責任との関係」（新実務民訴講座⑷所収）がある）。

〔追記〕　昭和五八年五月の比較法学会において奥田昌道教授の学会報告「『契約責任と不法行為責任の交錯』をめぐる西ドイツ民法学の近時の動向 ── 債権法改正作業に関連して ──」があった。契約責任の再構成問題は請求権競合論とも密接な関連があり、この方向からの切り込みも重要である。本稿脱稿後ごく簡単なものであるが、「安全配慮義務をめぐる解釈論上の諸問題」を発表し、若干の言及をした（法学セミナー三四一号）。

3　不完全履行論の新たな展開――契約責任再構成の視点から――

（一九九四年）

一　はじめに

1　ただ今御紹介にあずかりました下森でございます。本日は、本司法研修所において、お話をする機会を与えられ大変光栄に存じております。

本日の講演の御依頼を受けました時、テーマを何にしようかといろいろ考えましたが、近時、私の研究関心の最も高い契約責任の再構成の問題を取り上げることにし、「不完全履行論の新たな展開」という表題の下に、この問題を整理してお話しすることにいたしました。巷間、下森といえば、債権者取消権の研究で責任説論者の一人とされているようでありますが、実は、私の処女論文は、修士論文の「種類売買の法的保護に関する一考察」という論文でございました。この論文は、未公刊でありますが、マルティン・ヴォルフの還暦祝賀論文集に掲載されていた、V・ケメラー教授の「ファルシュリーヘルング」、つまり異種物給付に関する瑕疵担保責任規定の適用問題を扱った論文を種本にしまして、種類売買に瑕疵担保責任の規定の適用があるかどうかの問題を、ドイツ普通法時代の学説・判例の分析、その後の史的展開の分析を踏まえて、さらに日本の学説史を比較研究し、結論として、適用否定説をとる当時の学説上の通説の立場を支持したものでありました。この論文以来、約四〇年間、瑕疵担保責任と不完全履行の問題は私の学問研究の一つの大きな柱であり続け、近時は、統一的保護関係論などをも踏まえて、大きく契約責任再構成の視点から、これをとらえる立場を展開しております。本日は、表題のテーマの角度から近時の私の研究の一端をお話しして、皆様の御批判を仰ぎたいものと思っております。

2　ところで、もう一〇年ほど前になりますが、法政大学において、ケメラー教授の高弟で、ケメラー教授退官後その後任としてフライブルク大学に迎えられたシュレヒトリーム教授を招いて、ドイツにおける債務法改正計画の概観と見通しを聴く機会を持ったことがあります。これは、当時、シュレヒトリーム教授もその一人として鑑定を依頼されておりました、ドイツ債務法改正鑑定意見書全三巻が公刊されており、たまたまその時に私はフライブルクで研究生活を行っておりまして、意見書の公刊を知った私は、当時フライブルクに在住していた、東大の能見善久、成蹊大の飯島紀昭、明治学院大の宮本健蔵の諸教授と語らって、その概要をジュリスト誌上（七七一、七七二号）で紹介し、さらに帰国後、研究会を組織して共同研究を続けていましたので、その席上に、シュレヒトリーム教授を招いたのであります。なお、この研究会の成果は、その後「西ドイツ債務法改正鑑定意見の研究」と題して、法政大学現代法研究所叢書の一巻として公表しております。

この講演で、シュレヒトリーム教授は、次のように話されました。「一九〇二年に公表されたスタウブの画期的な論文以来、第三の債務不履行類型として積極的債権侵害が一般に承認されてきた。その責任制度は、学説の広範囲な承認を受けるとともに、実務において非常に多面的な課題を引き受けた。今やそれは大いに生い茂り、全責任法を覆い尽くそうとすらしている」と。さらに、ドイツ法の下で、債務不履行の一般規定、特に積極的債権侵害と、売買・請負・賃貸借における瑕疵担保責任の特別規定との関係がうまく調和がとれておらず、法政策的な見地からも重大な批判があること、かくて、債務法改正に当たり、この領域では民法典の基本概念にまで掘り下げた全体的な検討が必要となること、その際特に、積極的債権侵害をめぐって判例法上確立されてきた法理は、個々の事件の具体的妥当な解決を目指す裁判所の第一次的任務のゆえに、必ずしも体系的一貫性がなく、ときに先例や学説の理解と矛盾することもあり、これらの判例法理をどう整理して成文法に定着させるべきかが大きな課題であると指摘されました。そして、この問題の鑑定を担当したボン大学のフーバー教授は、ハーグ統一売買法を手本として、生じ得る様々の契約違反を瑕疵担保をも含めて「不履行（Nichterfüllung）」という一つの中心的な債務不履行概念の中で統一的に把握しようという提案をしていること、シュレヒトリーム教授は、これに基本的に賛成するが、右提案は根本的な問題提起であって、伝統的思考法と異質なものがあり、比較法的思考になじみがない者には必ずしも受け入れ難く、既に重大な批判も公表されていること、この提案を支持する立場は、ドイツの法学者の中では少数派に属するであろうと述べられました。

それから一〇年経ちましたが、その後ドイツでは、ベルリンの壁の崩壊、東西両ドイツの合併という世界史的大変動の中でも、債務法改正作業は着実に進められました。すなわち、鑑定意見書の公表後である一九八四年、連邦司法省は、学者、裁判官、法務官僚および弁護士から構成される債務法改正委員会を設置いたしました。そして、「判例及び実務の成果を考慮の上、一般給付障害法（これは債務不履行法よりはやや広い概念ですが）、売買及び請負の瑕疵担保責任法並びに時効法を、立法者が明確かつ時代に適したように構成するための提案をする」ことを、この委員会に委託しました。これを受けて委員会は、①一般給付障害法、②売買及び請負における瑕疵担保責任法、③時効法の三者について、民法改正案の検討作業を進め、昨一九九二年に、その最終報告書をまとめ、ドイツ民法典の多数の変更を予定した改正案を提出しました。

その概要につきましては、法政大学の同僚で、我々の研究会の同人である岡孝教授と、獨協大学の辻伸行助教授が、ジュリストの九九六、九九七、九九八号の三号に、これは昨年の三月一日号から四月一日号になりますが、紹介記事を書いておりますので、ご覧になった方もあるかと思います。また、今年の四月に、フライブルク大学の前法学部長で、建築私法の大家であるフォン・クラウスハール教授を日本に招いて、法政、早稲田、明治学院等で、右の最終報告書の内容を聴く機会を持ち、その内容は近く、法学志林その他で公表する予定でありますので、ご参照いただきたいと思います。さらに我々の組織するドイツ民法研究会におきまして、目下分担研究中であり、近い将来、研究の成果を前回同様、公表する予定であることもご紹介しておきたいと思います。ただ、この改正案が実際に国会に上程されて、民法の改正が実現する見通しは、現在のところ非常に困難であろうというのが、クラウスハール教授の推測でありました。その理由は、東西両ドイツの合併に伴う諸懸案事項の解決に目下のところ追われており、民法の抜本的改正までには手が回らないということのようであります。

このことはともかく、債務法改正に向けたドイツの取組み、改正委員会の改正案は、我々にとって、学問的にもあるいは実務的にも大変興味深いものがあります。と申しますのは、民法典制定後一〇〇年近く経った、わが民法の下でも、いろいろな問題点が山積しており、皆様の活躍される二一世紀には民法改正という大事業にいやでも取り組まざるを得ない状況に立ち至るであろうことが、確実に予見されるからであります。我々の研究会はこのことを見据えて、その下準備に当たる作業を少しずつ進めているわけでございます。そして、その中で、一つの大きな柱となるであろうことが確実に予測される部分は、ドイツ同様、債務不履行責任体系の再構築の作業であり、さらにその中核をなすものが、不完全履行論、それと瑕疵担保責任との関係、安全配慮義務に代表される保護義務論の位置付け等であろうと私は考えます。

そこで、今日は、こういった大きな視野の下で、ドイツ法の状況をもにらみながら、当面、不完全履行論の新たな展開として私が考えていることの一端をお話ししてみようと思うわけでございます。何ぶん問題は大きく、時間は限られております。また、十分研究が煮詰まっているわけでもございませんので、どの程度、皆様に興味深く聴いていただけるか心もとない面はありますが、取りあえず、お手元にお配りしたレジュメのような柱立てでお話ししてみたいと思いますが、時間の関係で、ⅡとⅢの部分を中心にお話しし、その他の部分はごく簡単に触れるにとどめたいと存じます。

二　現行民法典の債務不履行責任体系の基本構造と問題点

1　はじめに、現行民法典の債務不履行責任体系の基本構造とその問題点を簡単に整理しておきます。かつて、マックス・ラインシュタイン教授は、英米法の基礎をなすコモン・ローと大陸法の債務不履行責任体系の基本構造を比較対照して、次のように整理しました。

すなわち、コモン・ローは「給付約束」不実現を「契約違反」ととらえ、これに対する法的救済として「損害賠償」を認めるという基本構造から契約違反の構造内部における二つの特徴を派生させている。その一つは、契約違反の態様に差異を設けず、さらに瑕疵担保責任もここに取り込み、完全に一元的な契約違反の要件・効果を構築していることであり、その二つは、契約締結時すなわち「給付約束」時の損害担保の内容により契約違反の帰責性を判断し、かつ、損害賠償の範囲を画するに当たってもこの時点における当事者の予見可能性を前提としていることである。

他方、これに対してBGBの給付障害規定は、「給付結果」不実現を「債務不履行」と位置付け、これに対する法的救済として、第一次的に「履行請求」を、そして、第二次的に「損害賠償」を許容する。その結果、債務の履行が「不能」に帰したのか、「遅滞」しているにすぎないかは、「履行請求」が機能するか否かを決定付けるため重要なメルクマールとされ、また、原始的に不能な債務、すなわち契約成立時において「履行請求」を観念し得ない債務は、成立の基盤を失う（不能・遅滞の二分構成、“impossibilium nulla obligatio est.” 原則の受容、及び債務不履行と瑕疵担保責任との分離）。また、債務不履行における帰責性とは、債務不履行という［給付結果］不実現に向けられた故意・過失であり、「給付結果が実現されていたならば相手方が置かれていたであろう状態への回復」が損害賠償の基本理念とされることになる、と。

2　ここに示された、履行請求権の第一次的認容を媒介とする結果実現保障の契約責任構造をとるドイツ法に典型的に象徴される大陸法体系と、損害賠償請求権を第一次的保護手段とする損害担保の契約責任構造をとるコモン・

ロー体系との構造比較は、契約責任再構成の問題を考える上で、改めて多くの示唆を我々に与えてくれるように思われます。次に若干の視点を指摘してみたいと思います。

まず、不代替的特定物売買において、契約締結前に目的物が全部滅失していた場合、前述のごとく、ドイツ法では、履行請求権を認め得ないがゆえに本来的給付債務の原始的履行不能が観念され、契約の全部無効と構成されました。そのため債権者たる買主に発生した損害につき、契約締結過程において債務者に帰責事由ある場合にも、契約法上の保護が与えられないことになりました。かくてかかるシステム上の欠陥を補うために後に契約締結上の過失理論が生み出されることになり、他面において、目的物の原始的一部滅失・毀損あるいは瑕疵の場合には、履行請求権の不成立と観念されず、契約の有効な成立が認容されました。そして、その上で、有償契約の場合に限って、無過失責任に立脚する瑕疵担保責任制度が用意され、契約解除、代金減額請求権による保護が、そして、売主の悪意、保証ある場合に限って債務不履行として損害賠償請求権が認められました。しかし、このシステムにも、売主の過失に基づいて、買主に発生した対価以外の損害、さらには瑕疵結果損害の救済につき、問題が残り、また、一部的履行請求権として瑕疵修補請求権を認めることが合理的な場合もあるのに、瑕疵担保責任の内容としてこれを用意せず、また、債務不履行としてこれが認められ得るかについても明確にされていないという欠陥が残され、これが後に、契約締結上の過失理論、積極的債権侵害論、更には特定物売買における瑕疵修補請求権の根拠付けをめぐる理論構築を生み出すこととなった原因であります。

次に、有効に成立した売主の債務の内容は、目的物の所有権移転・占有の引渡債務を中心として狭く観念され、その後の給付障害に対しては、給付結果不実現に向けられた債務者の帰責性を要件とする、遅滞・不能の二元構成に基づく債務不履行制度が、また、責めに帰すべからざる事由による後発的全部不能、一部不能については、双務・有償契約性に立脚する利益調整制度としての危険負担制度が用意されました。しかし、このシステムにも欠陥がありました。債務内容が限定的に観念されたために付随的注意義務に関する債務者の過失により債権者に生じた損害を契約法上十分に救済し得ないことが判明し、後に積極的債権侵害論の登場を促し、さらに保護義務論の展開をもたらしたのであります。

他方、債務不履行システムの二元構成にも問題が含まれていました。履行期に履行がなされたがその履行内容が不完全であったという場合の債権者の救済法理、つまり、不完全履行論の不備であります。種類売買や請負契約においては、瑕疵担保責任の名の下に救済制度が用意されましたが、それ以外の契約類型特になす債務一般のそれにおいてはシステムの欠陥が目立ちます。また、種類売買や請負契約の瑕疵担保責任についても、本来不完全履行として一元的にシステム構築されるべき問題が瑕疵担保責任として構築されたために本来の契約上の履行請求権と瑕疵担保責任に基づく追完請求権（瑕疵修補請求権）との二元構成のはらむ問題性が、時効ないし除斥期間の問題、瑕疵担保責任における即時無催告解除権との関係等をめぐって明らかとなりました。これらのことから、西ドイツ債務法改正鑑定意見書において、「ウィーン売買条約」に見られるコモン・ロー法理に影響された債務不履行の一元化構成の方向性と軌を一にする給付障害法の再構成の提案がフーバー教授によってなされたのであります。

3　次に、今回の債務法改正委員会はフーバーの提案を受けて、その最終報告書において、一般給付障害法に関し次のような改正提案を行いました。その内容をごく簡単に御紹介しておきますと、中心的な提案は、包括的な概念である「義務違反」（Pflichtverletzung）という概念の導入であります。フーバーの提案した「債務不履行」（Nichterfüllung）という概念に代えてこの概念を使用することとしたのでありますが、この概念は、すべての契約上の給付障害に基づく債権者の権利の基礎となる統一的な基本的要件を構成するものです。義務違反の成立には義務に対する客観的な違反のみが要件とされ、債務者の非難可能性つまり帰責事由は要件とされません。それはただ、法律効果についてのみ意味があります。現行法と異なり、原始的、後発的、客観的及び主観的不能ならびに遅滞は給付障害の特別かつ独立の類型とはとらえられず、義務違反の下位概念としてとらえられています。このような立場からは、客観的に不能な給付を目的とする契約も有効とされ、さらに、積極的債権侵害及び契約締結上の過失責任も、義務違反を要件として構成されることになる、つまり、この提案の基本的立場は、契約の締結交渉より当事者間に債務関係が発生することになる立場をとっているものであります。

委員会提案によると、債務者に義務違反があった場合、債権者は、まず、原則として、相当な期間を定めて履行を請求しなければなりません。この期間徒過後に初めて、債権者は、義務違反を理由とする権利つまり損害賠償の請求、契約の解除をなし得ます。もっとも、損害賠償の請求には債務者の帰責事由の存在が要求されていますが、契約の解除にはそれは要件とされていません。この点は国連売買法と同様です。ただし、重大ならざる義務違反の場合は解除権の行使は許されず、また、解除がなされたときは、債権者は原状回復の請求とともに損害賠償の請求が認められます。解除か損害賠償かの択一的選択しか認められなかった現行ドイツ民法の立場は変更されるべきものとし、日本民法典の立場と同一解決を目指すものであります。

4　次に、売買及び請負の瑕疵担保責任について、委員会の改正提案は、二つの重要な目的を設定しています。第一に、瑕疵担保を一般給付障害法に組み入れること、第二に、売買法と請負法とを相互に調和させることであり、これによって、両瑕疵担保責任間の妥当といえない差異を解消させようとするものであります。

まず、物の瑕疵及び権利の瑕疵に関する担保責任は、売買においても請負においても、将来は一般給付障害法に従って規制されます。このために改正提案は、売主に対して特定物売買においても、瑕疵なき物の引渡しを義務付けています。したがって、売買における物の瑕疵及び法律上の瑕疵はともに義務違反を構成します。そして、特定物の瑕疵についても買主の追完請求権を認めるので、売買の瑕疵担保の修補義務につき特定物と不特定物とを区別する意義はなくなることになります。なお、売主にとっては、瑕疵の除去によって追完義務を履行するか、それとも、種類物の場合には、瑕疵なき物の引渡しによって追完義務を履行するかは、自由です。また、追完につき不相当に高額の費用がかかる場合にのみ、売主はこれを拒むことができるものとします。売買や請負について、一般給付障害法の規定が適用されることになる結果、さらに、買主や注文者に次のような権利が認められることになります。買主及び注文者は、追完のために定められた相当期間の徒過後は、解除権を有し、さらに、瑕疵につき売主の帰責事由が認められるときは損害賠償請求権を持ちます。現行ドイツ民法典の瑕疵担保の解除請求権（Wandelung）は、一方的な形成権としての一般の解除権（Rücktritt）にとって代わられます。売買の領域ではこれまで、損害賠償請求権については、売主の瑕疵の悪意の黙否あるいは保証した性質の欠除が要件とされていたのに対し（ド民四六三条）、異なった扱いがなされることになります。改正提案では、損害賠償請求権をもって、すべての損害をカバーする広範な請求権ととらえられています。かくて、判例法上積極的債権侵害として扱われてきた瑕疵に帰因して生じた損害の賠償請求権も、右の請求権の中に含まれることになります。従来問題とされていた、瑕疵損害と瑕疵結果損害との区別の問題は、かかる方法で解消されたことになります。一般給付障害法から生じる救済手段の他に、現在の瑕疵担保責任によって認められている救済手段も一部つまり代金減額請求権が残されています。そこで、売主及び請負人の物の瑕疵についての責任はこうなります。まず、売主は種類売買であると特定物売買であるとを問わず、追完義務を負い、期間徒過後には、買主は、追完、解除、代金減額請求の権利を選択的に行使することができ、更に売主に瑕疵ある物の給付について帰責事由あるときは、損害賠償の請求をなし得ます。請負の場合には、注文者は、これらに加えて、期間経過後は、自ら修補してその費用の支払を請負人に請求することができます。なお、損害賠償の請求は、現行民法典と異なり、他の権利と競合的に認められます。

物の瑕疵に関する責任の要件は、売買においても、請負においても、単に物に欠陥が存することであり、これに関して改正提案は、主観的な欠陥概念を基礎としています。そこで、現行民法典の選択的な責任要件である「保証された性質の欠除」は不要となります。さらに、改正提案は、異種物の給付及び数量不足給付をともに、瑕疵ある給付と同様に取り扱う旨を明示することで、この問題に関する現在の判例・学説上の争いを解消しました。

なお、クラウスハール教授は、委員会の改正提案は、全体的にみて、売買と請負の債務者の責任を相互に強く接近させるものといえるが、そのことによって、ある契約を請負とみるか売買とみるかに関する区別をめぐる争いの意義をなくす方向に向かうものといえよう、といっています。

時効についてごく簡単にみますと、委員会の改正提案は、思い切った提案をしており、契約上の請求権はすべて、原則として三年の時効期間としています。もっとも、建築物については、請負、売買ともに五年の時効期間としています（時効の起算点は、売買は引渡時、請負は仕事の完成時。ただし、請負でも引渡しが約定されているときは引渡時より）。それから債務者が悪意の場合には一〇年、さらに法律上の請求権は一〇年という提案をしています。以上の改正提案をめぐって、ドイツでは既に、幾つかの研究論文が発表されており、日本でも、我々の研究会の他にも研究が行われていると思われますが、今後の大きな研究課題といえましょう。

5　さて、以上の、ドイツの動きは、今後、我々が日本法の解釈論や立法論を考える上で、大きな示唆を与えてくれます。もっとも、ドイツ民法典と日本民法典との差異、例えば、日本民法典は四一五条にみられるように、債務者が債務の本旨に従った履行をしないときという一般的規定を有し、遅滞・不能という明確な二元構成となっていないこと、契約解除と損害賠償との併存・競合を認めていること、時効期間が原則として一〇年であり、ドイツのように三〇年という長期でないこと、瑕疵担保の時効の起算点は、売買の場合、瑕疵を知った時からとされていることなどの点、また、種類売買につき、ドイツ民法典のような特別規定、つまり、瑕疵担保責任の内容としての追完請求権を認めていないので、その請求権と、本来の契約上の履行請求権との関係をめぐって面倒な議論をしなくてすむといった差異があり、ドイツ民法典と比べ、欠陥はやや少ないといえます。しかし、それはそれとして、瑕疵担保、危険負担をも取り込んだ一般給付障害法の一元的再構築を立法的に図ろうとする改正提案は非常に魅力的な試みといえます。しかし、目下のところ、この改正提案についての私の研究はあまり進んでいませんので、これとの比較で、日本法のあるべき立法論をお話しする能力は現在の私にはありません。今日のこれからのお話は、この改正提案に接する前の段階で、私が立法論をにらみつつも、当面の解釈論として、不完全履行論の新たな展開を目指して考えていたことをお話しすることでお許しいただきたいと思います。

さて、わが国の不完全履行論の今日における解釈論的課題は、大きく分けて三つあると私は考えています。為《な》す債務の不完全履行、保護義務の位置付け、これらを踏まえた上での与える債務の不完全履行の再検討であります。次にこれらの点についてお話ししたいと思います。

三　為す債務の不完全履行論の基本的方向性

1　基本的視点 ── 総論的考察 ──

(1)　請負契約の不完全履行と瑕疵担保責任

為す債務の不完全履行論の解釈論的考察に当たっての出発点とすべきは、請負の瑕疵担保責任の再検討であると私は考えます。周知のように、請負の不完全履行と瑕疵担保責任の関係については諸説がありますが、私はこう考えています。

(イ)　まず、民法は、請負人が完成した仕事に瑕疵がある場合には、瑕疵担保責任を負う旨を定めています。すなわち、注文者は相当の期間を定めてその瑕疵の修補を請求することができますが、瑕疵がさほど重要でなく、かつ、その修補に過分の費用を要するときは修補請求は認められません。注文者は瑕疵の修補に代え、または瑕疵の修補とともに損害賠償の請求をすることもできます（六三四条）。さらに瑕疵のために契約をなした目的を達し得ないときは

――建物その他土地の工作物のごとく原状回復をし得ないことが多く、また、たとえそれが可能であっても請負人にとって経済上の損害が少なくない場合を除いて――注文者は契約を解除することができます（六三五条）。請負人の担保責任は短期の期間制限に服します（六三七条・六三八条）。

(ロ)　学説上の通説は、請負の担保責任の法的性質を次のように説明しています。すなわち、請負は有償契約だから本来なら売買の担保責任の規定が準用されるはずである（五五九条・五六一―五七二条）。しかし、請負は請負人が仕事をすることをその内容とし、仕事の瑕疵は材料の瑕疵のみならず、仕事内容の不完全さからも生ずるので、特別の内容の規定が設けられたものである。責任の内容は、売買と同様無過失責任と解すべきである。しかも、請負では仕事を完成すること、つまり、瑕疵のない完全な仕事をすることが請負人の債務の内容なのであるから――この点、特定物の引渡しによって売主の債務が完了する売買と異なる――、その責任の範囲は瑕疵によって生ずるすべての損害の賠償（履行利益の賠償）にも及ぶと解するのが妥当である（信頼利益の賠償にとどまらない）。なお、瑕疵が請負人の過失によって生じた場合には、請負人は不完全履行の責任――すなわち、追完（瑕疵の修補）、損害賠償及び契約解除――を負うはずである。しかし、六三四条以下の規定は、瑕疵を生じた理由のいかんを問わず、瑕疵の種類や程度に応じて適当な要件と効果とを定めたものと解すべきである。したがって、請負の瑕疵担保の規定によって不完全履行の一般理論は排斥されると解するのが正当であろう、と。

なお、学説の中には、不完全履行責任が瑕疵担保責任と独立して発生すると説くものがあり、この説によるときは、担保責任としての瑕疵修補請求権と不完全履行による追完請求権とが競合的に成立することになります。

(ハ)　さて、請負の瑕疵担保責任と不完全履行との関係をどのように解すべきでありましょうか。通説のいうごとく、請負は仕事を完成すること、すなわち瑕疵のない完全な仕事をすることが請負人の債務の内容なのですから、仕事の内容に瑕疵あるときは不完全履行です。そうだとすると、請負人は本来の給付債務を免れず、注文者は請負人の帰責事由の有無を問わず、追完・瑕疵の修補が可能な限り、当然に追完請求あるいは瑕疵修補請求をなし得るものといえましょう（無過失責任というまでもなく、本来の債務の履行請求の問題。なお、このことは不完全履行一般に当てはまり、追完請求権の成立要件として帰責事由は不要と解すべきです）。請負人の瑕疵担保責任は不完全履行責任そのものにほかならないとみるべきです。もっとも、立法者が、不幸にしていまだ今日使われている意味での「不完全履行」概念を知らなかったがために、本来なら不完全履行概念を使って処理するのが妥当と思われる問題を瑕疵担保責任概念を使って処理しましたが、それは不代替物の特定物売買に関する法定無過失責任としての瑕疵担保責任（それはいわゆる特定物ドグマを前提とする）とは、その法的性質を異にするものです。したがって、今日の時点での解釈論としては、請負の瑕疵担保責任の規定は、今日いう意味での不完全履行の萌芽的規定であると解し、一般の不完全履行の請負における特別規定（瑕疵担保責任という形での特則ではなく、不完全履行そのものの請負における特則）と解するのが妥当と考えます。つまり、不完全履行の責任と瑕疵担保責任とが併存するものではなく、また、請負の担保責任の規定によって不完全履行の一般理論が完全に排斥されるとみるべきでもない。本質的にみるときは不完全履行の規定といえる請負の担保責任の規定がまず適用されるが、規定のない問題あるいは今日の時点からみて現行規定が不十分とみられる問題については不完全履行の一般理論によって解決することが望ましいと考えます。例えば、六三五条の契約の解除につき、瑕疵が重大であっても注文者は常に即時無催告解除ができると解すべきではなく、修補が可能な限りは、請負人との信頼関係が破壊されたとみられるような特別の場合を除き、相当期間を定めて催告した後でなければ解除できないと解すべきであります（一般的に追完が不可能なことが多く、あるいは売主が瑕疵修補の技術を持たないことが多い不代替物の特定物売買における瑕疵担保責任とは異なる）。そして、請負人が瑕疵修補あるいは追完履行の請求を受けたにもかかわらず修補を怠ったり、不完全な修補をした場合に初めて、第二次的手段として解除権が発生すると解するのが妥当です。さらに、わが民法が瑕疵の修補請求と損害賠償との選択を認めているのは（六三四条二項）、債務不履行の一般原則からみて問題があります（履行に代わる損害賠償の請求は第二次的手段であるのが原則）。即時の損害賠償請求を信義則によって制限するのが妥当の場合もありましょう。また、賠償義務が無過失責任でかつ拡大損害（瑕疵結果損害）を含む全損害に及ぶとみることも、請負の瑕疵担保を不完全履行とみる立場からは疑問です。要するに注文者の保護としては、追完が可能な限り重大な瑕疵であっても第一次的には相当期間を定めた瑕疵修補請求、それが行われない場合、あるいは行われたが不完全であった場合に初めて第二次的に契約解除又は代金減額的損害賠償、履行利益や拡大損害（瑕疵結果損害）の賠償については、瑕疵の発生（履行内容の不完全履行）について請負人に帰責事由あることを要件としてこれを認めるのが妥当といえましょう。売主の瑕疵担保責任について近時問題とされている不特定物売買における売主の瑕疵修補権、追完権の問題が、請負の場合にも当然問題とさるべきであり、このことは、不特定物売買や請負の瑕疵担保責任を不完全履行責任そのものとみるとき、その理論的根拠が明確となるものと考えます。

(2)　委任契約の不完全履行

委任契約の債務不履行に関してわが民法は、受任者の善管注意義務についての特別規定（六四四条）を設けていますが、担保責任に関する規定は設けていません。また、解除について、委任特有の解除原因に関する規定を設けています（六五一条）。これらのことから一般に、受任者の債務の履行について次のごとく説明されています。まず、受任者は、その義務である委任事務を処理するに当たっては、事務処理の方法、事務の範囲につき委任者の指図があればそれに従い、委任者の指図がなければ自己の裁量により、委任の本旨に従いつつ、「善良ナル管理者ノ注意」をもってすることを要する。委任者の与えた指図が不適当なことを発見したときは、直ちに委任者に通知して指図の変更を求めるか、または指図から離れることについて許諾を求めるべきである。のみならず、急迫な事情がある場合には、いたずらに不適当な指図を墨守することなく、臨機の措置を講じて、委任者の信頼にこたえるように努めねばならない。また、委任が当事者間の信頼を基礎とする契約であることの特質から、無償の委任契約であっても、善良なる管理者の注意をもって事務を処理すべきであり、また、受任者が専門的な知識・経験を基礎として、素人から当該事務の委託を引き受けることを営業としている場合、とりわけ当該業務をすることが何らかの形式で公認されている場合には、受任者の注意義務は当該事務についての周到な専門家を標準とする高い程度となる、と。

ところで、受任者のなした事務処理行為が不完全であった場合、委任者は追完履行の請求をなし得ないものでしょうか。民法は請負における六三四条のような瑕疵修補請求権に関する規定を設けていません。委任は無償を原則とするから担保責任を負わないものとみたのでしょうか。しかし、信頼関係を基礎とする委任において、受任者の注意義務を無償にもかかわらず善管注意義務としていることからみると、委任の無償性は追完請求権を否定する根拠には必ずしもならず、有償の場合もある（今日では有償の方がむしろ多い）のですから、立法者の意思はともかくとして、少なくとも現在の時点での解釈論としては、債務不履行の一般原則に基づき、不完全履行を理由とする追完請求権の行使が認められてしかるべきでしょう。ちなみに、わが民法は、不特定物の遺贈義務者は、給付した目的物に瑕疵があったときは、瑕疵のない物をもってこれに代えなければならないものと定めています（九九八条二項）。このことからみると、立法者は、無償行為であっても、不完全履行の場合に（もっとも、担保責任という概念を使っているが）、追完義務の発生することがあることを認識していたものといえましょう。また、当事者間の信頼関係の重視は、履行請求になじまないともいえますまい。

かくて、受任者のなした委任事務の処理が当該委任の本旨に従わない不完全なものであった場合には、まず、委任者は、相当の期間を定めて債務の本旨に従った履行の請求つまり追完請求権の行使をなし得ることになります。もちろん、追完が不能の場合はこの限りでありません。この追完請求権は本来の履行請求権と解し得ますので、その成立に受任者の故意過失ないし善管注意義務違反があったことを要しません。ただし、受任者の委任事務の処理が債務の本旨に従った履行でなかったことは委任者の方で証明しなければなりません。請負契約の不完全履行においても、仕事の目的物に瑕疵のあることは注文者の方で証明する必要がありますが、瑕疵のない完全な仕事をすること（特定の結果の達成）が債務の内容である請負の場合（結果債務といわれる）と異なって、委任はいわゆる手段債務として特定の結果の達成に向けて最善の処置を行うことを内容とするものであるので、債務内容の証明ないし委任事務処理の不完全であったことの証明は、請負の場合に比し、より困難なことが多いといえます。しかし、委任契約により委任事務の内容・処理方法が具体的に明確に取り決められているとか、事務処理の種類・性質上、明確な場合もまれではありませんから（例えば医療契約における入れ歯治療や盲腸の手術など）、追完請求権の行使が一般的に困難であるとは必ずしもいえますまい（医療契約においては再手術・再治療は日常的に行われてもいる）。受任者としても、契約解除や損害賠償の支払いを求められるよりは、追完請求に応じた方が有利であることが多いでしょう。ここでも受任者の追完権は尊重されるべきでしょう。なお、不完全さがさほど重要でなく、かつ、その追完に過分の費用を要するときは追完請求は認められません（六三四条一項の類推適用）。また、追完請求を受けた受任者が適切な追完をなさなかった場合、追完が不能の場合、あるいは追完がなされてもなお損害が填補されなかった場合（拡大損害など）には、委任者は損害賠償の請求をなし得ます。この場合には、受任者に善管注意義務違反のあることが要件（非帰責性の証明責任は受任者）となります。なお、有償委任の場合には、受任者が無過失であっても追完に代わる代金減額的損害賠償が公平の見地から認められるものと解したいと思います。

委任契約においては、請負と異なり、各当事者はいつでも契約を解除し得ますので（六五一条）、債務不履行を理由とする解除についても不完全さの程度が重大でなくとも無催告解除が許されることとなりましょう。もっとも、委任契約の解除には遡及効が認められませんから（六五二条）受任者に与える影響は比較的少ないわけですが、即時無催告解除により、受任者の追完権が不当に無視されることになるような場合には、信義則による解除制限を考える必要が生ずるかもしれません。不完全履行を理由とする委任者の追完請求権や損害賠償請求権の行使には、信義則による一定の期間制限が望ましいと考えます。

最後に、委任契約の当事者は相互に相手方の生命・身体・財産等に損害を与えないよう配慮する義務を負うものと解すべきことは、契約上の保護義務として一般的に認められるべきところでありますが、特殊委任契約においては六五〇条三項の存在が更に問題となります。すなわち、同条項は、「受任者が委任事務を処理する為自己に過失なくして損害を受けたるときは委任者に対して其賠償を請求することを得」と定めています。契約上の保護義務の場合は、過失が要件となりますが、この条項によるときは、委任者の過失は要件とされません。そこで例えば、交通事故の示談交渉につき、加害者側から委任を受けた弁護士が示談交渉中に、興奮した相手方に殴られて負傷したとか、診療契約に基づいてエイズ患者の治療に当たっていた医師がエイズに感染して死亡したといった場合、受任者たる弁護士や医師は、自己に過失のない限り委任者たる交通事故の加害者やエイズ患者に損害賠償の請求をなし得ることになるはずであります。この規定の妥当性については、民法起草過程において大変議論のあったところでありますが、受任者が専門的職業人であるときにも、この規定の適用が当然あると解するのが妥当かどうか、検討の余地があるといえましょう。少なくとも、受任者の過失の認定の操作（注意義務の高度化）を通じて、委任者への損害賠償請求を限定的に認めるのが、受任者が職業的専門家である場合についてのわが国の市民感情に合致するのではありますまいか。職業的専門家としては、委任事務の処理に際して生ずる危険性については一般人以上に予測可能なのですから、委任契約を締結した以上、あるいは職業的専門家として日常的に自己の負担において危険に対処する方途（保険など）を講じておくべきであろうと考えます。

2　ケース研究 ―― 各論的考察 ――

さて、以上のような体系的、抽象的な議論をする実益がどこにあるかを、さらに具体的なケース研究で実証してみたいと思います。近時、弁護士や建築家などの専門家の民事責任をめぐって、裁判例が増え、また、責任保険制度も普及しつつあります。従来民事責任論一般はいろいろ議論がなされてきましたし、また、医師、弁護士等の民事責任についての優れた個別的研究はありますが、特に「専門家」に絞ってその民事責任の総合的考察が行われることは少なかったといえましょう。しかし、最近ようやくこの問題に学界の関心が向き始め、例えば、今秋川井健教授の一橋大学退官記念論文集として「専門家の責任」と題する研究書が公にされる予定であり、来年の私法学会における民法部会のシンポジウムとして、川井健教授を中心とするグループが、このテーマについて報告する予定であります。右の研究書の執筆者とシンポジウムの報告グループは一部重複するメンバーもありますが一応異なったメンバーとなっています。私は両グループのメンバーに属し、専門家の民事責任の法的構成、特に契約責任構成の研究を割り当てられました。ここでの成果が、今日のお話の基礎になっているわけでありますが、これを踏まえて、専門家の民事責任の法的構成について、先にお話ししたような契約責任再構成の視点に立った、不完全履行論の新たな展開が、不法行為責任構成に比べ一定の有用性を持ち得ることを具体的に検証してみたいと思うわけであります。

(1)　建築家の契約責任

建築家の行う業務の内容は、建築物の設計および監理であります。そこで、建築主と建築家との契約類型としては、通常、①設計のみを目的とするもの、②監理のみを目的とするもの、③設計・監理の双方を目的とするもの、の三類型があるといわれています。ところで建築物の建築は、建築主と建築請負人との建築請負契約によって行われますので、建築家が同時に建築請負人でもある場合は別として、通常建築家は、建築物の完成を約束するわけではありません。しかし、建築設計・監理契約は、通常、建築物の建築を最終目的とするものですから、設計・監理行為は、完成建築物と密接かつ不可分な関係にあります。ところで、完成建築物に瑕疵があった場合、それが建築家の設計・監理行為の不完全な履行に由来するものである以上、その限度で建築家の責任が問題となります。

この場合の建築家の法的責任の根拠として不法行為責任も考え得ますが、この場合には過失責任であって無過失責任ではありません。また、法的救済手段としては、損害賠償にとどまります。しかし、完成建築物に瑕疵が発見された場合、契約当事者にとって一番望ましい方法が、瑕疵の修補であることはいうまでもありません。そして、瑕疵修補請求権の法的根拠は、現行法上、契約責任に求めるほかありません。もちろん、実際問題として裁判上瑕疵修補請求の履行強制が求められることはまれでしょう。しかし、裁判規範たる民法は、同時に事実上行為規範としても機能しますから、実体法上の請求権として追完請求権が認められていることは、裁判外における当事者間の紛争解決上極めて重要な意義を持つものといえましょう。また、建築家の報酬請求権の裁判上、裁判外の行使に対する、追完請求権の行使による履行拒絶の抗弁の面でも、過失相殺による抗弁と並んで、実効性がありましょう。

次に、追完請求権の法的根拠に関して、建築設計・監理契約の法的性質が問題となります。この点については、従来の判例・学説上いまだ通説らしきものが形成されていません。どちらかというと設計契約は請負的側面が強く、監理契約は準委任的色彩が強いといわれていますが、一口に建築設計・監理といっても、小は一般庶民の木造小住宅のそれから、大は、巨大オフィスビル、ホテル、公共用建物の建築に至るまで千差万別です。したがって、基本的には、個別契約ごとに契約当事者の意思解釈により、当該契約の法的性質・内容を明確にすべきですが、当事者意思が明確でない場合の理論モデルとしては、請負とみるべきか、準委任とみるべきか、それとも両者の混合契約あるいは無名契約とみて、妥当な法的効果を導き出すべきでしょうか。設計・監理契約の法的性質は、既存の民法上の典型契約には必ずしもあてはまらず、一種の無名契約とするほかないと思われますが、典型契約からの距離ということでいえば、それは準委任契約（六五六条）に近いといってよいかと思います。もっとも、請負契約説も有力に主張されていますが、その一つの原因としては、効果論上、瑕疵担保責任規定の適用が重視されているからにほかなりません。他方、委任、準委任契約においては、この点が従来明確でなく、実際界の要請に応じ得なかったからであるといえましょう。

しかし、先に検討したような、委任契約における不完全履行論の新たな展開が許されるとするならば、問題状況はかなり異なってくるものといえます。また、現行民法典の請負の瑕疵担保責任は、主として有形の仕事の完成を念頭において構築されているので、仕事（ないし事務処理）の目的が無形であり、かつ、手段債務的なものとみられる設計・監理行為の不完全履行の処理として必ずしも適切でない面もあります。そうだとすると、請負の瑕疵担保責任を参考にしつつ、委任契約の不完全履行論を解釈により展開することで対処する方が、今後の法技術の発展方向としてより適切であるといえましょう。

追完請求権の行使上、設計・監理契約に特有の問題は、設計・監理行為の過誤が建築物に移行し、それが建築物完成後に発見された場合です。建築物と設計・監理行為との密接かつ不可分の関係からすれば、かかる場合、設計・監理行為の追完はもはや不能とみるべきではなく、原則として、建築家は、改めて設計をやり直し、それに基づいて瑕疵の修補又は除去作業を監理し直すことで追完することを義務付けられるとみるべきでしょう。もちろん、修補又は除去作業そのものは、建築請負人の仕事であり、建築家が自らこの作業までなし得るわけではなく、両者は共同して追完作業を義務付けられているとみることになりましょう。そうだとすると、追完請求権の時効期間あるいは信義則による期間制限の始期についても、両者一体として決める必要性が生じましょう。

追完請求権の性質、要件、代金減額的損害賠償、損害賠償、契約解除権との関係や、それらの法的保護手段の内容については総論的検討のところですでに述べたことがほぼここでも妥当するものと考えます。

⑵　弁護士の契約責任

弁護士がその職務の遂行上民事責任を問われることとなる相手は、その多くがまず依頼者であり、次に、その依頼者の相手方や相手方の代理人弁護士です。依頼者の相手方やその代理人弁護士との間の争訟は、当事者間に契約関係がないので、当然不法行為訴訟ですが、契約関係にある依頼者との争訟は、既存の判例法上そのほとんどが債務不履行訴訟であって、医療過誤の場合と異なり不法行為訴訟はごく少数にとどまります。医療契約の場合と異なり、契約当事者や契約内容が比較的明確であることがその原因と思われます。

ところで、弁護士と依頼者との間の契約の法的性質は、企業内弁護士の場合は別として、一般には、委任又は準委任と解されています。弁護士が依頼者に対していかなる義務を負うかは、委任契約の内容によって定まりますが、一般には、依頼者に対して、善良な管理者の注意、しかも専門的職業人としての高度の注意義務を尽くして誠実に職務を行う義務を負います（六四四条、弁護士法一条二項）。また、職業上知り得た秘密を保持する義務を負い（弁護士法二三条）、利益の反する当事者からの事件依頼を回避すべき（同法二五条）ものとされています。

ところで、目下のところ、わが国では、弁護過誤訴訟は、医療過誤訴訟ほど多くありません。その理由は、①釈明権の行使など、裁判所の後見的役割によって、弁護士の訴訟活動の不手際がかなりの程度カバーされていること、②弁護士会の綱紀委員会、紛議調停委員会の自律的活動で、依頼者や第三者の不満をある程度吸収していること、③弁護士の職務遂行の不手際を、裁判所や依頼者に責任転嫁する傾向があること、との指摘があります。さらに付け加えると建築家の設計・監理行為なども無形の行為ですが、完成された有形の建築物にその過誤が移行して明確に現れることが多いのに対し、弁護士の職務の遂行は無形の行為であって、過誤が明確に現れることが少ないこともその一因といえましょう。また、その行為の不完全さは、相手方や裁判所との継続的な対応の中で、随時補完されていることあるいは補完の機会が常時あることが、完成建築物に一挙に欠陥が現れることの多い設計・監理行為の過誤との差ともいえましょう。このことは、弁護過誤の法的救済において、追完請求権の持つ比重が、建築家の場合と若干異なることを意味しましょう。

弁護過誤をめぐる債務不履行訴訟でよく問題とされているのは、上訴期間の徒過例と、説明・報告義務違反例です。例えば、敗訴判決を受けたが、訴訟を委任された弁護士が上訴期間を徒過してしまったので、依頼者から、財産損害や慰謝料の賠償を請求されたといった事案に関する判決例がいくつかあります。この中には、不法行為構成によるもの、債務不履行構成と不法行為構成との両者を掲げて、裁判所にその判断を任せたものなどがあり、これを受けて裁判所も、両者について判断した上で両者を否定したり、一方のみを取り上げて（他方には触れず）これを肯定したり、両請求の判断に触れないままに請求を棄却したり、あるいは認容したり、まちまちです。これらの判決例の分析の結果、債務不履行が否定されるときに必ず不法行為も否定されるような状況では両請求の選択あるいは併合の必要はなく、依頼者が弁護士に対して民事責任を問う形式は、委任ないし準委任契約の債務不履行構成だけで十分であり、不法行為構成を持ち出す必要はないのではないか、との指摘もあります。ところで、かかる事案の場合、一般に訴訟委任を受けた弁護士は、委任者に不利益な判決がなされ、その判決正本の送達を受けたときは、遅滞なくこれを委任者に通知して、その内容をよく報告・説明し、上訴期間内に上訴するかどうかについて、助言をして適切な処理をとる機会を与え、あるいは上訴期間内に連絡をとる方法がない場合でも、上訴申立てに対する特別授権がある場合には、取りあえず上訴を申し立て、その後に委任者に上訴を維持するかどうかを諮るなど、委任者の上訴の権利を保全すべき委任契約上の義務を負うものといえましょう。したがって、依頼者としては、かかる場合、当該弁護士から、適切な通知・報告・説明がなく、上訴期間を徒過したということを証明すれば、その債務不履行責任を問い得るものであり、これに対して当該弁護士の方で自己に過失がなかったことを立証して初めて責任を免れ得るものといえましょう。

一般に、委任契約上の債務は手段債務とされ、弁護士の職務遂行債務が不完全履行であったことの証明は困難なことが多いとはいえ、右のような場合は、債務の本旨に従った履行がなかったことは容易に立証可能です。職業的専門家の場合、どの程度の履行をなせば債務の本旨に従った履行となるのか、専門外の第三者には判定が難しいことも多いのですが、逆に、その専門性・技術性のゆえに、なすべき債務の内容が明確なこともあり、特に弁護士の職務活動の内容については、同じ専門家である裁判官や弁護士にとって、容易に判定がつくことも多いでしょう。委任契約関係にある当事者間の弁護過誤訴訟の多くが債務不履行構成で争われていることはその一つの証左であり、また、かかる事例の場合には、近時一部で有力に主張されているような債務不履行ないし違法性判断と帰責性ないし故意過失との判断とを一元化する必要性は必ずしもなく、両者を区別する実益は大であるといえましょう。かくて弁護士の過誤行為に関しては、損害賠償請求に関しても契約責任構成が有用であると思われます。

(3)　医師の契約責任

診療契約の法的性質は、特殊の場合を除き準委任契約とみるのが妥当でしょうが、すでにみたごとく、診療契約の成立の有無や当事者（意識不明の急病人が通行人によって病院に運び込まれた場合など、さらには、債務者は医師か病院かなど）が不明であるとか、債務内容の特定上の困難さが不法行為責任構成がとられる原因とされていますが、診療過誤の場合、医師と患者との間には、直接契約関係が認められないとしても、特殊契約的社会的接触関係が存在しますから、かかる関係にないことを一応の前提とする既存の不法行為法理で処理することは不十分であることは否定できますまい。不法行為法理の発展による対処ももちろん有用ですが、これまでみてきたような契約責任法理、準委任契約における不完全履行論の解釈論・立法論による更なる発展で対処する方法がより妥当とはいえますまいか。証明責任を含む要件論・効果論上、多面的な被害者救済を図り得る点で実益があり、不法行為責任構成で十分であって契約責任構成は不要と言い切れるかは、医師の責任に関しても（建築家や弁護士の場合と、程度の差はあれ）、疑問です。例えば、歯科医師の入れ歯の治療行為とか、外科医の盲腸の手術、内科医の普通の風邪や腹痛等に対する投薬行為の過誤などは、債務内容は原則として明確といえ、違法性と帰責事由の二元化は証明責任上も患者に一応有利であり、患者の追完履行請求権や医師の追完権の承認は有用といえましょう。医療過誤訴訟の領域でも、契約責任再構成の視点は一定の成果を上げ得るのではないかと考えます。

四　むすび

以上の考察で、私は、不完全履行論の新たな展開が、専門家の民事責任の法的構成、さらには実務的解決の上で、一定の有用性を持つであろうことを検証しました。契約責任再構成の基本的方向性として、私は、基本的契約責任と補充的契約責任の区別、契約上の債務の基本類型として、給付義務、付随的給付義務、注意義務、保護義務の区別、債務不履行の基本類型として、基本的契約責任に関する履行遅滞、不完全履行、履行不能の三類型のほかに、補充的契約責任としての注意義務、保護義務の不履行類型を認めることの有用性を承認する立場に立つもので、ドイツ民法改正提案の主張する、債務不履行の一元的構成には、なお慎重でありたいと目下のところは考えています。これは、目下の私の関心の重点が解釈論にあることにもよります。そして、このような問題意識の下に、従来論議が不十分であったなす債務の不完全履行の中、請負契約と委任契約を中心に取り上げて、その不完全履行の要件・効果について一定の解釈試論を提示したわけです。すなわち、ここでは、仕事ないし事務処理が無形の行為であるなす債務の不完全履行における追完請求権を、なす債務の不完全履行の萌芽的形態とみるべき請負契約における瑕疵担保責任と対比しつつ検討し、具体的な解釈試論を提示しました。次いで、この総論的・解釈論的理論モデルに基づいて、専門家の民事責任についての法的構成につき、建築家、弁護士、医師の三者につき、先の理論モデルの有用性の検証を試みました。そして、建築家について、契約責任構成に基づく追完請求権ないし追完権の有用性を、弁護士について、損害賠償責任に関する契約責任構成の有用性を、さらに、医師についても、契約責任再構成の視点からの契約責任構成が一定の有用性を持ち得るであろうことを問題提起的に指摘した次第です。

今日のテーマである不完全履行論の新たな展開という角度からみるとき、さらに、補充的契約責任に関する諸問題、いわゆる付随的注意義務、保護義務論の新たな展開が検討さるべき課題です。ここでは、安全配慮義務・瑕疵担保責任論争における第三の波と近時いわれている、いわゆる瑕疵結果損害の法的構成、受領遅滞における損害賠償責任の法的根拠等が問題となります。なお、近時最高裁平成三年一〇月一七日判決は、一棟の建物内に同居している建物賃貸人の失火により賃借人に生じた動産類の財産損害について、賃貸人は、信義則上債務不履行による損害賠償義務を負うものと判示しました（判時一四〇四号七四頁）。これは、安全配慮義務と同一発想のものであり、保護義務論の一環として位置付け得るでしょうが、賃貸ビルやマンションの火災の場合にあっては、私は、ビル賃貸業者の管理契約上の債務の不完全履行とする法的構成が妥当と考えており、ここにもなす債務の不完全履行論の応用ケースが存在することになります。

さらに、以上のようにみてくるとき、与える債務の不完全履行についても当然に新しい角度からの再検討が課題となります。まず、種類売買への瑕疵担保責任規定の適用の可否については、ドイツの近時の問題状況は、瑕疵担保責任の規定の適用を排除し、不完全履行一本化が望ましいとするわが国の従来の通説の妥当性を裏付けるもののように思われます。売買と請負の瑕疵担保責任の接近化に関する、ドイツの改正提案は、ドイツ民法典がそもそも種類売買や請負契約の不完全履行の問題を瑕疵担保責任としてとらえたことに起因した混乱の解決策であり、わが民法の解釈論としては、いずれも両者を不完全履行の問題として処理することで、改正提案とほぼ同じ結論に到達することになります。問題は不代替物の特定物売買における売主の瑕疵修補義務を認めることの可否にあります。いわゆる特定物ドグマの妥当性の問題です。改正提案は、特定物ドグマを否定し、追完義務を認めますが、疑問です。民法典の規制対象たる取引は、商人間、あるいは商人対市民間の取引にとどまらず、一般市民間の取引もかなり行われていることさらに改正提案の視野の外にある、無償の贈与、遺贈、無利息の消費貸借などをも視野に入れて考察するとき、特定物ドグマは、なお合理性があると私は考えます。すなわち、種類物の無償贈与などでは瑕疵ある物の給付は不完全履行となるが、特定物の無償贈与では、追完給付義務を認める必要はないと考えます。また、瑕疵担保は有償契約に特有のものであり、改正提案が売主や請負人の過失の有無を問わない代金減額請求権を残したことは、名前はともかく、瑕疵担保の実質は残したことを意味します。ただ、危険負担をも取り込んで一般給付障害法の再構成を図るアイデアは興味深く、日本法にとっても今後の研究課題であります。

以上をもって、本日のお話を終わりにしたいと思います。どうも長時間にわたりご静聴ありがとうございました。

（本稿は、平成五年七月一五日、第四七期司法修習生に対して行われた講演の速記録に基づき、加筆訂正されたものである。）

第二節　各　論

1　積極的債権侵害と不完全履行

Ⅰ　積極的債権侵害・不完全履行の概念　（一九八二年）

一　はじめに

法政大学において、フライブルグ大学のシュレヒトリーム教授を招いて、ドイツにおける債権法改正計画の概観と見通しを聞く機会をもったことがある（改正作業の動向については、ジュリスト七七一、七七二号所収の能見・飯島・宮本・下森の共同研究報告参照）。その講演内容は法学志林誌上で発表されているが（志林八〇巻三・四合併号「西ドイツ債権法の改正計画について」宮本健蔵訳、一九八三年）、その際、積極的債権侵害について次のような言及がなされた。「一九〇二年のシュタウブの画期的な論文以来、第三の債務不履行類型として積極的契約侵害が一般的に承認されてきた。その責任制度は、学説の広範囲な承認を受けるとともに、実務において非常に多面的な課題を引き受けた。今やそれは大いに生い茂り、全責任法をおおいつくそうとすらしている」と。さらに、債務不履行の一般規定とくに積極的債権侵害と、売買・請負・賃貸借における瑕疵担保責任の特別規定との関係がうまく調和がとれていず、法政策的な見地からも重大な批判があること、かくて、債権法改正にあたり、この領域では民法典の基本概念にまで掘り下げた全体的な検討が必要となること、その際とくに、積極的債権侵害をめぐって判例法上確立されてきた法理は、個々の事件の具体的妥当な解決をめざす裁判所の第一次的任務のゆえに、必ずしも体系的一貫性がなく、ときに先例や学説の理解と矛盾することもあり、これらの判例法理をどう整理して成文法に定着させるべきかが大きな課題であると指摘された。そして、この問題の鑑定を担当したフーバー教授は、ハーグ統一売買法を手本として、生じうる様々の契約違反を瑕疵担保をも含めて「不履行（Nichterfüllung）」という一つの中心的な債務不履行概念の中で統一的に把握しようという提案をしていること（フーバーの鑑定意見については、宮本健蔵「債務不履行法体系の新たな構築――ウルリッヒ・フーバーの鑑定意見」志林八〇巻三・四合併号参照）、シュレヒトリーム教授はこれに基本的に賛成するが、右提案は根本的な問題提起であって、伝統的思考法と異質なものがあり、比較法的思考になじみがない者には必ずしも受け入れ難く、すでに重大な批判も公表されていること、この提案を支持する私の立場は、ドイツの法学者の中では少数派に属するであろうと述べられた。

積極的債権侵害論、不完全履行論は、現代のドイツでも、契約責任再構成の、まさに根本的な課題である。

二　積極的債権侵害論の問題状況

周知のごとく、わが国においても、積極的債権侵害論をめぐっては大いに議論がある。履行遅滞や履行不能のように債務者による履行行為がないという消極的態様によってではなく、債務者により積極的に履行行為がなされたが、それが債務の本旨に従った完全な履行ではなく、不完全な履行であったために債権者に損害が生じた場合を、不完全履行ないしは積極的債権侵害と称し、履行遅滞・履行不能とは別の、第三の債務不履行類型としてそれは位置づけられている。しかし、積極的債権侵害と不完全履行の両概念の区別および両者の関係については、今日でもなお明確な理解が確立しているとはいえない。この問題につき、法学セミナー一九八一年一〇月号で、五十嵐教授により、日独の不完全履行論、積極的債権侵害論の展開が学説史的にフォローされ、明確に整理された。それによると、両者の関係についてわが国では二つの系列があることが明らかにされた。一つは、我妻説に代表されるところの、シュタウブの積極的契約侵害のうち、不完全履行を中心として論じ、両者をほぼ同義に使うものである。今一つは、不完全履行を積極的債権侵害の上位概念と解し、後者を主として拡大損害の意に解するものである。そのルーツは勝本説にあり、近時は於保説によって代表される。最後に、不完全履行論の新たな展開として、医療契約や雇傭契約における注意義務あるいは保護義務をめぐる不完全履行論の登場がとりあげられ（そのルーツはストルの学説を紹介した松坂教授に始まり、その後、於保、林、北川教授によってさらに展開された）、この類型のように不完全履行の根拠を主として給付義務以外の義務群に求めるとすると、その体系的地位も問題となり、まさに契約責任の再構成が必要となろうと認められた。

奥田教授によって問題はさらに展開された。近時主張されている保護義務違反を理由とする損害賠償責任は必ずしも履行行為の瑕疵による損害発生の場合に限定されず、履行行為の存在は必ずしも必要ではない。そこで、「既存の債務の不履行（伝統的意味での債務不履行）は、遅滞・不能・不完全履行にほぼ吸収しうるとしても、他方、四一五条の債務不履行責任＝損害賠償責任の認められる場合はそれよりも広い。前三者以外で、しかも、債務法上の何らかの義務（伝統的な「債務」概念でとらえられないもの）の侵害があり、それによって損害が生じた場合（契約締結上の過失もここに入る）にも、四一五条に依拠して損害賠償責任が認められるべきであり、かつ、これは『不完全履行』とは別のものとしておくのが適当である」と（奥田・債権総論㊤一五八頁）。この類型をどう呼ぶかはとくに示されていないが、要するに当面の問題領域が「不完全履行」概念では覆いきれないものがあると指摘されているわけで、この面では、積極的債権侵害で扱われる領域が不完全履行よりは広いことが示されている。

三　不完全履行と積極的債権侵害の関係

不完全履行と積極的債権侵害との関係につき、フライブルグの学生が最近よく使っているヤウェルニッヒ編のコメンタール（Jauernig, BGB 2. Auflage, 1881）の叙述を紹介してみよう（かつてはPalandtを使用する者が多かった）。これによると、積極的契約侵害という包括概念の下に、様々な事例が包括されているが、その中で最も重要な類型として、①不完全給付（ないし履行）、②給付と関連のある附随義務の侵害、③保護義務の侵害、④履行拒絶および契約告知（Vertragsaufsage）の四事例があると説明している（同書二五九頁）。これをみると、積極的債権侵害の概念は、一見、不完全履行の概念より広く用いられているようであるが、④を別にすると、②③であげられている具体例の多くは、我妻説のいう、履行方法に関する不完全履行、履行に際して必要な注意を怠った場合の不完全履行にあたるものであり、日本の不完全履行とドイツの積極的債権侵害の内容はさほど違いがないともいえる。ただ、見方を変えていえば、②はともかく、③の場合まで不完全履行という概念で把握することの妥当性が問題となりそうであり、この点、わが国の場合、ドイツに比して不完全履行概念がやや拡大して用いられすぎているのではないかの疑念がないではない。なお、本来の給付義務とは別個独立に、契約責任としての保護義務を広く認めることの是非については、ドイツ法上も議論のあるところであるが、わが国で、今後これを肯定する立場が進展してゆけば、この事例を不完全履行概念で包括的に把握することの問題性が説得力をもって説かれることになろう。五十嵐、奥田論稿はこのことを鋭く指摘するものである。

今一つ、見落してはならない観点は、ドイツにおける不完全履行の概念の内容である。前掲文献によると、その内容として、債務者の責めに帰すべき事由により不完全に（mangelhaft）なされた給付によって債権者がその財産またはその他の法的財貨に、場合により履行利益を超える損害（附随損害、瑕疵結果損害）を蒙った場合がこれに当たるとされる。そして、(イ)瑕疵担保責任の規定を欠く場合には、不完全給付は積極的債権侵害によってのみ把握され（たとえば医師が手術に失敗した場合）、(ロ)瑕疵担保の規定がある場合には、債務者の責めに帰すべき不完全給付によって瑕疵結果損害（拡大損害のこと）が発生したかぎりにおいて、瑕疵担保と並んで積極的契約侵害が補充的に適用をみるという。

一般に、種類売買や請負における瑕疵ある給付はドイツでも不完全給付と解されているが、瑕疵ある給付そのものへの救済は、瑕疵担保規定があるかぎりそれにより、それは積極的債権侵害の問題ではないのである。これは本来積極的債権侵害が法の欠缺を補充するための解釈原理であったことの当然の帰結である。かくて、この点に関しては、ドイツにおいて、不完全履行概念は積極的債権侵害概念よりその内容が広く使われているといえよう。種類売買に瑕疵担保の特別規定のないわが国の場合、不完全履行＝積極的債権侵害ととらえると、種類売買における不完全給付の位置づけがドイツとは異なることになる。また、勝本説を契機として、わが国では「不完全履行」概念が、とくに履行内容の不完全履行そのものの救済との関連で、ドイツとは異なった展開をしており、その是非はともかくとして、日独双方の比較を試みる場合はこの点への留意も必要である（第二章〔二〕参照）。なお、瑕疵結果損害を積極的債権侵害概念でとらえることはなんら問題ない（現にドイツでもしばしばそのように説明されている）。ただ、積極的債権侵害概念をそれのみに限定して使うとすると、それはドイツとは異なった使用法ということになろう。

要するに、両概念は法文上の概念でなく、法の欠缺補充のための解釈上の道具概念として創出されたもの故、シュレヒトリーム教授も指摘されたごとく、その内容は不明確で一貫性がない。重複している部分、両者少しずつはみだしている部分があり、両者の関係は、国により論者によりなお流動的であるといえよう。今後まずなされるべきは、対象領域の具体的類型的整理、確定であり、その上で言葉の使用法の妥当性が論議さるべきであろう。

〔**後記**〕西ドイツの債権法改正鑑定意見については、その後、三年間にわたる共同研究の成果として、『西ドイツ債務法改正鑑定意見の研究』（下森＝岡編、法政大学現代法研究所叢書9、一九八八年三月、日本評論社）を公表した。

Ⅱ　瑕疵担保責任と損害賠償の範囲　（一九八三年）

一　はじめに

物の売主の瑕疵担保責任の内容として、わが民法は、契約解除と並んで損害賠償の請求を認めるが（五七〇条・五六六条）、その規定内容が簡単なため、右請求権については、周知のように、瑕疵担保責任の法的性質をめぐる論争と関連して、売主の過失の要否、賠償の範囲等をめぐって従来から大いに争いがあった。最近また、この問題についてドイツの近時のめざましい学説の展開を的確に整理して紹介し、日本の学説の展開に一石を投じようとする注目すべき新人の力作が発表された（高橋真「ドイツ瑕疵責任法における積極的契約利益・消極的契約利益・完全性利益の区別」林還暦論文集下巻所収）。かつて、筆者もこの問題についてごく簡単に論及したことがあるが（「瑕疵担保責任の損害賠償の範囲」民法学⑸一〇四頁以下）、この機会にもう一歩掘り下げた考察をしてみたい。

二　学説・判例の問題状況

⑴　民法典の起草者は、物の瑕疵についての売主の担保責任も、権利の瑕疵についての担保責任と同様、債務不履行の一般原則に従わしむべきだとしているので、損害賠償の範囲としては履行利益の賠償を考えていたようであるが、過失の要否との関係は明確でない（来栖・契約法八七頁参照）。比較法的にみると、ドイツでは、物の瑕疵担保責任の内容として、解除または代金減額請求が認められている（四六二条）。そして、売主の保証があった場合または売主が悪意で瑕疵を告げなかった場合には、解除または代金減額に代えて、不履行による損害賠償を請求しうるとしてい

る（四六三条）。フランスでは、売主が善意の場合には、売買によって生じた費用の賠償のみの請求ができ（一六四六条）、悪意の場合には全損害の賠償を請求できるとしている（一六四五条）。わが民法では、起草者は債務不履行の一般原則によるべきものとして売主悪意の要件は削っているので、売主の善意悪意を問わないことは問題がないが、債務不履行の一般原則そのものが債務者の過失を必要としているかどうかについて争いがあり、それとの関連で、売主の担保責任の一内容としての損害賠償責任も売主の過失を必要とするかどうかが疑問とされるのである。しかし、権利の欠缺に対する担保責任の場合と同様に、売主の過失を必要とする趣旨であったと思われるとの指摘がある（来栖・前掲八八頁）。

(2)　学説は、初期には民法典起草者の考え方に従っていたが（たとえば岡松・註釈民法理由下、次一四一頁・次一三五頁参照）、その後、瑕疵担保責任の法的性質を法定無過失責任とみる考え方の通説化と関連して、信頼利益・無過失責任説と対価的制限・無過失責任説が唱えられ、比較的最近（昭和三〇年代）まで、前者が学界の主流をなしていた。この説は、瑕疵担保責任→特定物売買についての法定責任→原始的一部不能→契約の一部無効→信頼利益の賠償とみるものであるが、この説を継承して代表的な論者となった柚木博士は、信頼利益の概念について独自の構成をとられ、瑕疵あるがままの給付の本旨履行性（いわゆる特定物のドグマ）→当事者間の利益の不均衡→信頼利益の賠償という論理構造を信頼利益論の修正説として提示された（柚木・売主瑕疵担保責任の研究二〇一頁、なお、高木・不完全履行と瑕疵担保責任四九頁以下参照）。

(3)　対価的制限説（勝本説）とは、瑕疵担保責任は瑕疵ある物の給付と代金給付との不均衡是正のための法的手段であるから、その責任内容は右の不均衡是正の範囲にとどめられるべきであるとして、売主は買主の負担する対価（代金）以上の責任を負わないとするものである（勝本「瑕疵担保責任の対価的制限」民法研究(5)一七〇頁以下参照）。もっとも、売主に契約締結に際して過失がある場合には信頼利益を標準とする賠償責任が発生し、瑕疵担保責任と競合するが、これは一般の債務不履行責任＝過失責任であって本来の瑕疵担保責任の場合ではないとされる（勝本・前掲一七四頁）。この見解が瑕疵担保責任の保護範囲の限界と他の責任規範との競合関係とに着目したことは注目すべきである（高橋・前掲一七〇頁）。

(4)　このほかに、原則としては信頼利益の賠償だが売主に過失がある場合あるいは品質を保証した場合には履行利益の賠償だとする説もある（信頼利益・履行利益併存説。我妻・民法講義V₂二七一頁、他に磯村、広中）。判例の立場は必ずしも明確ではないが、昭和三〇年代までに、対価的制限・無過失責任説をとるもの（東京高判昭二三・七・一九高民集一巻二号一〇六頁）と、信頼利益・無過失責任説をとるもの（大阪高判昭三五・八・九高民集一三巻五号五一三頁）とがあり、いずれも瑕疵担保責任を法定無過失責任とみて履行利益の損害賠償を否定した。

(5)　昭和三〇年代になって、通説のいわゆる特定物ドグマを否定し、瑕疵担保責任を契約責任の一種とみる新説が登場し、売主の瑕疵担保責任の内容としての損害賠償責任も、一種の契約責任ないし債務不履行責任で履行利益に及び、しかも一般の債務不履行による損害賠償責任は、原則として無過失責任と解すべきだから、やはり売主の瑕疵担保責任としての損害賠償責任も無過失責任であると主張した。この説の論者はまた、信頼利益・履行利益という概念の意味内容はあまり明確でないから、むしろ端的に「瑕疵ある目的物を給付したために買主のこうむった損害」の賠償として、民法四一六条の一般原則によればよいと主張する（星野「瑕疵担保の研究」民法論集三巻二一二頁以下、五十嵐「瑕疵担保と比較法」比較民法学の諸問題一〇八頁参照）。

(6)　この新説を契機として、北川、山下、来栖、神田、加藤諸教授によってさらに論議が深められ（その詳細は高橋・前掲一七三頁以下参照）、今日の学説の現状は、「法定責任、債務不履行責任という構成の対立は背後に退き、より具体的な利益ないし損害概念に依存して、当事者の主観的事情の考慮を行いつつも、瑕疵担保による損害賠償責任の保護範囲に関する信頼利益説・履行利益説・対価的制限説の流れは継承され、さらに『拡大損害』の特殊性が意識されてこれを瑕疵担保責任の対象とするか否かが問題とされている」状況であるという（高橋・前掲一七五頁）。新説登場後も最高裁判例はまだないが、下級審判決例の動向としては、瑕疵担保責任の無過失たることにではなく、原始的不能構成に基づいて信頼利益説をとり、賠償さるべき信頼利益の範囲を（多くは売主の予見可能性によって）合理的な範囲に制限しようとする傾向が強いという（高橋・前掲一七五頁。なお、五六一条・五六五条の適用に関する最判昭四一・九・八民集二〇巻七号一三二五頁、同昭五七・一・二一民集三六巻一号七一頁、判時一〇三〇号三四頁が参照さるべきである）。

三　問題の検討

まず、日本民法典の普通の債務不履行による損害賠償責任は原則として無過失責任であろうか。やはり過失責任が原則であろう（来栖・前掲九一頁）。立法者意思はともかく、長年、判例・学説によって固められてきた過失責任原則を現時点で変更することには法的安定性の上からみても問題がある。次に、非代替物の特定物売買における瑕疵担保責任は、これまでみてきたごとく、やはり法定無過失責任とみるのが妥当であり、種類売買や新築分譲マンションの業者による売買における瑕疵ある物の給付は、契約責任＝過失責任としての不完全履行一本で処理するのが妥当だというのが私見である。では、この立場では損害賠償責任の範囲はどう解すべきか。原則としては、瑕疵担保責任制度、債務不履行責任制度の各々の制度目的から判断すべき政策問題である。

まず、非代替物の特定物売買においては、前述のように、元来瑕疵担保責任制度が、特定物売買における目的商品の原始的瑕疵による等価的不均衡に対する法的な救済措置であったことからみて、契約解除による代金返還（あるいはそれに代わる代金相当額の損害賠償）か、代金減額的損害賠償にとどまるとみるのが妥当であろう。売主に過失がなくとも、右の範囲内では損害賠償に応ずべきだという点が重要である。そして、契約の締結過程や履行に際して売主に故意過失があったために買主にその他の損害（契約締結の費用、転売利益、拡大損害等）が生じた場合には、附随義務・保護義務違反として債務不履行の一般原則により賠償範囲が決定さるべきである（四一六条による）。なお、民法五七〇条・五六六条にいう損害賠償の中には、この両者が含まれているとみるのが素直であるが、現時点での解釈としては、まず、この両者を区別して理解することの必要性、次いで、後者を右条文に含めて考えると、消滅時効の点で、主として拡大損害（いわゆる積極的債権侵害）の賠償請求上ときに不当な結果が出ること（瑕疵は知ったが拡大損害の発生は後であったので知らなかった場合を考えよ）の認識が必要である。起草者は拡大損害についてまで必ずしも十分には考えていなかったと思われるから、後者については、五七〇条から切り離し、債務不履行の一般原則によるものとしつつ、信義則を使って具体的事例に応じて柔軟な期間制限の処理をするのが妥当ではあるまいか。

次に、種類売買等で不完全履行が問題となる場合には、不完全な履行をした債務者は過失がなくとも免責されず、債務は消滅しないから、債権者は原則として第一次的に本来の履行請求権を行使することで保護される。次いでそれが遅滞あるいは不能となった場合には、第二次的に過失を前提として契約の解除や損害賠償請求で保護されることになる。また、附随義務・保護義務違反による損害賠償請求は、特定物売買と同様、過失を前提として認めうる。いずれも賠償の範囲は各契約類型や契約目的ごとに具体的に保護範囲を四一六条によって判断すべきであり、請求権は一個として一括処理することになる。場合により信義則による期間制限も考えるべきであろう。

2　受領遅滞・受領不能

Ⅰ　受領遅滞の法的性質　（一九八四年）

一　問題の所在

債務者が債務の内容を実現するためには、多かれ少なかれ債権者の協力（受領ないし引取り）を必要とすることがきわめて多い。すなわち、不作為債務（ある土地に三階以上の建物を建てないといった債務）では、債務の履行に債権者の協力は必要でないが、その他の債務では、債権者の提供する材料に加工するといった債務はもちろんとして、金銭を支払う債務さえ多少の協力が必要である。ところが、債務者が自らは債務の本旨に従った履行の提供をなしたにもかかわらず、債権者の協力がないために履行が完了することなく、したがって債務者が依然として債務に拘束され、履行の遅延によって生ずる負担、不利益が債務者に負わされることになるのでは、不公平である。そこで、民法は、かかる債権者・債務者間の利害関係を調整し公平な処理をするために受領遅滞という制度を設けたのである（四一三条）。

すなわち、受領遅滞（債権者遅滞ともいう）とは、債務の履行につき受領その他債権者の協力を必要とする場合において、債務者が債務の本旨に従った提供をしたにもかかわらず、債権者が協力しない、あるいはできないために、履行が遅延している状態にあることをいい、このような状態にある場合には、債務者保護のために一定の効果が発生するものとされるのである。

受領遅滞の制度はローマ法以来認められてきたものであるが、フランス民法およびわが旧民法は、提供および供託の制度のほかには、一般的な受領遅滞の制度を設けていない。ドイツ民法は受領遅滞について詳細な規定を設けている。わが民法は、四一三条において受領遅滞の制度をとりいれたが、その責任の内容についてはこれを明らかにしていない。そこで、その内容いかん、また、弁済の提供の効果（四九二条）との異同が問題とされている。またこれと関連して、受領義務を債権者に認めるべきかどうかが、受領遅滞の法的性質論として争われている。すなわち、受領遅滞責任は、債権者の受領義務という債務の不履行責任なのか、それとも法が誠実な債務者を救済し債権者・債務者間の利害の公平な調整のためにとくに認めた責任（法定責任）とみるべきか、の点である。そのどちらをとるかで、要件論において債権者の帰責事由を要するかどうか（前者は必要とし、後者は不要とする）、効果論において債務者の損害賠償請求権・契約解除権を認めるかどうかなどの差異が生ずる。債務不履行説は、受領遅滞の効果として損害賠償や解除が認められる点に、提供の効果とは区別された独自性があるとみる。以下、本稿では、契約責任（債務不履行責任）再構成の視点から、この問題につき若干の検討をしてみたい。

二　学説・判例の状況

⑴　法定責任説

債権を行使することは債権者の権利であってその義務ではない。だから、特約や慣習のないかぎり、債権者には受領義務はなく、受領遅滞の法的性質は、債務者を不履行責任から免除するとともに、公平の観念から、履行遅延に伴い生ずる不利益（目的物の保管義務の継続、保管費用の増大など）を債権者に負担させることを、法がとくに認めた法定責任だとする。古くからの通説である。

この立場では受領義務を一般的には認めないが、債務者にそのことによって特別の不利益は生じないという。というのは、一般に双務契約においては、受領遅滞にある債権者は、多くの場合、同時に自己の負う反対債務に関して履行遅滞に陥っているので、それを理由として相手方（債務者）は、契約解除や損害賠償の請求をなしうるからである。また、供託や自助売却権の行使によっても対処しうるし、明示または黙示の引取義務の約定があるときはそれにより、それが認められない場合は例外的に引取義務を信義則上認めることで債務者の救済を図りうるから不都合はない、という。

(2)　債務不履行説

債権・債務は両当事者の信頼の上に立つ一種の協同体を構成するものであり、その内容の実現も多くの場合に両当事者の協力によらなければ完成できないものであるから、債権者にも信義則の要求する程度において給付の実現に協力すべき法律上の義務がある、したがって、債権者は給付を受領すべき義務を負い、その不受領は債務不履行となると解すべきである、と説く。また、四一三条の民法規定上の位置（履行遅滞と強制履行との中間）と、法定責任説では受領遅滞の効果が弁済提供の効果とほとんど同一に帰し、四一三条の意味がなくなることなどを根拠としてあげる。そして、受領遅滞の効果として、弁済提供の効果のほかに、さらに積極的な効果として、損害賠償、契約解除を認めるほか、受領遅滞後の不可抗力による履行不能は、なお債権者の責めに帰すべき事由によるものとみ、さらに債務者の注意義務の軽減をあげる（我妻・新訂債権総論二四〇頁）。

この説は近時有力となっているが、この説に対する批判として、(イ)受領義務が一般的に債務として認められるのであれば、一般の債務不履行規定で足り、四一三条の規定を要しないこと、(ロ)受領義務を認めるとしても、その不履行の効果として原則的に契約の解除まで認めるのは行き過ぎであること、(ハ)信義則から直ちに法律上の個別的・具体的協力義務（受領義務）を導くことはできないこと、等が指摘され、さらに(ニ)受領遅滞の要件として債権者に帰責事由のあることを必要とする点で、かえって債務者に不利になる点も指摘されている（奥田・債権総論(上)二二五頁）。

(3)　折　衷　説

近時、西ドイツの学説・判例にならって、認容的意味をもつ受領（Annahme）と引取り（Abnahme）とを区別し、一般的には受領義務を認めることはできないとしながら、これとは別に、買主・注文者・寄託者には、信義則に基づく附随義務として目的物の現実の引取りの義務を認める説が有力に主張されている（遠田教授の諸論稿、たとえば演習民法（債権）五九頁参照）。

(4)　判　例

判例は、戦前法定責任説をとっており、戦後、下級審判決例に、債務不履行説によるものがあらわれたので、最高裁判決が注目されたが、最高裁は法定責任説による旨を明らかにした。すなわち、請負契約の注文者の受領遅滞を理由とする請負人の解除権の行使が否定された（ただし傍論。最判昭四〇・一二・三民集一九巻九号二〇九〇頁）。もっとも、その後最高裁は、硫黄鉱区の採掘権を有する甲が鉱石を採掘して乙に売り渡す契約において、甲は乙に対し、右契約の存続期間を通じて採掘する鉱石の全量を売り渡す約定があったなどの事情がある場合には、信義則上、乙には甲が右期間内に採掘した鉱石を引き取る義務があると解すべきであると判示し、その不履行による損害賠償を認めた（最判昭四六・一二・一六民集二五巻九号一四七二頁）。

三　問題の検討

立法者が法定責任説と債務不履行説のいずれをとっていたかは、条文の位置、法典調査会の審議の経緯からみて、いずれとも速断はしにくいが、前者とみるのがどちらかというと素直な沿革からの帰結と思われる（林・新版判例演習民法3二一一頁）。問題は、現時点での利益考量として、債務者に損害賠償や解除権を認めるのが妥当とした場合、どのような法的構成をなすべきかである。従来、受領遅滞の本質論をまず定め、そこから要件・効果を引き出すという議論がなされていたが、それは必ずしも本質論を抽象的にのみ議論していたわけではなく、実際には、要件・効果をも同時に検討し、それに合わせて本質論を構築していた、換言すれば、利益考量により導出された結論の説明の論理としてそれが展開されていたという側面も無視しえまい（水本・民法セミナー4七八頁参照）。そのような抽象的な説明の論理を不要とし、類型別の利益考量による効果ごとに、個別的に要件論をも考えてゆくという法技術も有用と思われるが（星野・民法概論Ⅲ一三四頁以下参照）、裁判への働きかけや将来の裁判の予測を任務とする民法解釈学においては、利益考量の判断基準を明確にする意味で、原理・原則論を体系的に検討しておくことも重要といえよう。

　ところで、権利者の権利行使の自由は、基本的には近代法の一つの支柱であるはずである。そうだとすると、債権者に一般的に受領義務を認め、受領遅滞全体を債務不履行責任と構成することは、疑問である。受領遅滞の成立に債権者の帰責事由を必要とすることによりかえって債務者が不利となることも看過しえない。この点、売買、請負、寄託などの契約類型に限定して、信義則に基づく附随義務として引取り（受領）の義務を認め、その不履行として解除や損害賠償を認めようとする折衷説は魅力があり、この発想の漸次的有力化の傾向が今日みられる。しかし、それらの契約類型に限っても一般的に引取義務を認める必要があるかは問題である（林・前掲二五頁）。また、この説では法定責任としての受領遅滞との関連はどうなるのか。附随的とはいえ履行義務として引取義務を認めるという場合、現実的履行の強制まで許す趣旨なのか（鈴木・債権法講義一三六頁は否定、林・前掲二六頁は肯定）。立法論としてはともかく、解釈論としてそこまで認めることがはたして妥当か。他方、損害賠償や解除権の成立が妥当との利益考量が立った場合その成立の前提として受領・引取義務ありとの法的構成をする以外には、他の法的構成は考えられないものであろうか。

　契約責任（債務不履行責任）再構成の視点からみるときは別個の法的構成が浮かび上がってくる。法定責任（帰責事由不要）としての受領遅滞はそのままとしておき、これと並んで当面の問題は、基本的契約責任（給付義務）の問題としてではなく、補充的契約責任の問題としてとらえる発想である。つまり、特殊＝契約的社会的接触関係にある当事者は相互に信義則上相手方に損害を与えないよう配慮する義務（附随的注意義務）ありとみて、帰責性を要件として損害賠償請求権のみを認める構成である。なおまた、信義則違背性がきわめて強い例外的な場合に、場合によって、附随義務違反を理由とする本来の給付債務についての解除権を認め、登記名義の引取問題については、登記法特有の問題としてこれを処理する方向性を検討するのが簡明ではあるまいか。

Ⅱ　雇傭契約における受領不能と危険負担（一九八四年）

一　問題の提起

工場が焼けたり、資材の購入が中絶したりして、操業ができないいわゆる休業の場合には、労働関係は展開しない。その場合に労働者の賃金債権がどうなるかは、これまで受領遅滞（四一三条）または危険負担（五三六条）の問題として民法上議論が分かれてきたところである。労基法はこれについて「使用者の責に帰すべき事由による休業の場合においては、使用者は、休業期間中当該労働者に、その平均賃金の百分の六十以上の手当を支払わなければならない」と規定する（二六条）。この規定の解釈適用をめぐって、民法上の議論とも交錯して、労働法上の議論も活発に行われた。

また、使用者の責めに帰すべき事由（不当労働行為）により解雇された労働者が、解雇の効力を裁判所で争い、解雇が無効とされた場合、解雇期間中就労不能であったために賃金を支払ってもらえなかった労働者の救済手段として、民法五三六条二項を適用して、解雇された労働者に不就労中の賃金全額の支払請求権を認めるのが判例の一般的態度であるが、その際同条項の但書の適用問題をめぐって議論がある。すなわち、被解雇労働者が解雇期間中他で働いて得た別途収入は、債務を免れたことによって得た利益に該当し、債権者たる使用者に対し償還義務を負うかどうかという問題である。今回はこの二点を検討してみたい。

二　受領不能と危険負担

(1)　この問題はドイツでも議論のあるところである。ドイツでは、双務契約における履行不能による危険は債務者負担主義であり（ド民三二三条）、ただ受領遅滞後に不能となったときは債権者が危険を負担する（ド民三二四条二項）。なお、受領遅滞の成立には債権者の帰責事由を必要としない（ド民二九三条）。ところが、雇用契約においては、受領遅滞が成立すると、労働者は追完給付をなす義務を負うことなく、しかも報酬請求権を失わない（ド民六一五条）。この規定は、労働力を時間で売る継続的従属労働契約においては、使用者の受領遅滞は即受領不能あるいは履行不能をもたらすことを考慮し、かつ給料を唯一の支えとして生活する労働者の保護を図った、社会法的思想の萌芽規定である。そこで、ドイツでは、雇用契約において受領遅滞（ないし受領不能）と履行不能との区別が効果論上重要な差異を生ずるためはげしく議論され、いわゆる領域説が有力説として登場した。すなわち、給付を不能にする原因が債権者と債務者のどちらの支配に属する範囲内の事由に基づくかを標準として、債務者のそれに基づくときは履行不能（たとえば病気、交通機関の途絶による就労不能の場合など。危険は労働者の負担となる）、債権者のそれに基づくときは受領不能（たとえば工場の焼失による就労不能の場合など。労働者は賃金請求権を失わない）ともなりうると解した（領域説登場の背景とその後の展開については、下井教授の「雇傭ないし労働契約における受領遅滞と危険負担」神戸商大論集一八巻一号ほか一連の論稿、さらに最近のドイツの問題状況を的確に紹介する新人の力作、奥富晃「労務提供契約における危険負担の基礎的考察」上智法学論集二六巻一号参照）。

(2)　このドイツ民法学における領域説が日本にも紹介され、「為す債務」の受領遅滞の要件論上通説を形成してきたが、効果論とは必ずしも十分に結びつけて議論されてこなかった（この点を鋭く指摘するものとして奥田教授の「受領遅滞と危険負担」法学論叢九四巻五＝六号がある）。すなわち、雇用契約における受領遅滞の問題を処理するにあたり、我が民法にはド民六一五条に当たる規定がなく、またド民三二四条二項に当たる規定もない。結局、(a)受領遅滞の一般的効果（四一三条）の問題とするか、(b)危険負担の中で処理するかのいずれかを法典上の根拠規定としては選ばざるをえないが、そのいずれもが、問題の処理の上では必ずしも適切ではない。

まず、領域説により、受領遅滞として処理するとしても、四一三条にいう「責ニ任ス」ということが、反対給付請求権の付与を意味しているとは一般的にはいえない。特殊＝雇用契約について、社会法原理に基づいてそう解するのが妥当であるといった説明があってはじめて納得がゆく。受領遅滞が履行不能を惹起するから、そして受領遅滞により危険が債権者に移転するから、賃金請求権を失わないとの説明もあるが、①ドイツ法と異なり受領遅滞を一般的に危険移転事由とみる実定法上の根拠がないこと、②そもそも受領遅滞が即履行不能となるような場合には、はじめから履行不能とだけいえばよく、わざわざ受領遅滞概念を用いる必要はない、との批判もある（幾代・注釈民法⑯六二三条の注釈三五頁）。あるいはまた、履行遅滞後の不能は、不能につき帰責事由がなくとも不履行責任を追及しうるのと同様、受領遅滞後の不能は、債権者の責めに帰すべき事由による不能として、民法五三六条二項により賃金請求権を失わないとの考え方もあるが、受領遅滞の成立につき債権者の帰責事由を要求しない法定責任説の立場では受領遅滞後の不能を一般的に債権者の責めに帰すべき事由ある場合とみなすことには理論上問題があり（我妻・新訂債権総論二五四頁）、またそのことにより一般的に反対債権を失わないとすることにも、契約類型の種類いかんによっては妥当性の点でも問題がある。たとえば、右のような結論は、継続的な従属労働契約の場合には、労働者保護の見地からみて首肯しうるところがあるが、家庭教師を依頼している生徒が病気のため（さらには死亡のため）労務の提供を受けえなくなった場合の報酬請求権、診察あるいは手術を受けることになっていた患者が死亡したために労務の提供が不能となった場合の医師の報酬請求権の成否といった純民法的契約関係事例については、債権者危険負担がはたして妥当かは疑問であり、ドイツでも議論のあったところである（奥富・前掲論文に詳しい）。

他方、債権者に帰責事由がある場合あるいはそれを要求する債務不履行責任説の立場では、受領遅滞と履行不能とをとくに区別する実益はあるまい。五三六条二項によって処理すれば足り（それで十分かは問題があるが）、前者につき受領遅滞の効果として反対債権が失われないのだと説明するまでもない。

(3)　かくて、従来の通説とされた領域説については今日見直しが必要であり、他方また、雇用契約類型あるいは「為す債務」の類型については、主として「与える債務」を中心として構築されてきたと思われる受領遅滞に関するこれまでの解釈論は十分に妥当しない。今後、この類型に即した要件論・効果論の新たな構築が望まれるが（前掲・奥田論文参照）、意欲的な試みとして、次のような試論がある。まず、工場の焼失、生徒や患者の死亡の場合を「労務基底の欠如」という概念で把握し、この場合の危険負担問題の処理は、受領遅滞ではなく履行不能と評価する基本視点で貫くべしとする。次いでこの類型をさらに、一回的契約関係に属する事例（患者死亡の場合など）と継続的契約関係に属する事例（工場焼失や生徒死亡の場合など）とに分け、後者をさらに、「一時的履行不能」（生徒病気、回復可能な場合など）と「永続的履行不能」（生徒死亡の場合など）の類型に分けて考える。さらに従属的労働契約関係と純民法的契約関係事例とでは異なった処理をすべきだという提案である（奥富・前掲論文）。傾聴すべき問題提起といえよう。

三　別途収入の控除問題

判例は、この問題につき控除説をとり、ただ、労基法二六条の適用がこの場合にも考えうるから、控除は平均賃金の四割までにとどめるべきものとする（最判昭三七・七・二〇民集一六巻八号一六五六頁、下森「評釈」志林六〇巻三＝

四号一六二頁)。この判例法理に対しては、賃金のみによって生計を維持しなければならない労働者にとって、解雇により受ける経済的あるいは精神的苦痛はきわめて大きいし、再就職のためには異常な努力を必要とする、そしてその努力によって収入をあげればあげるほど不当解雇をした使用者の責任が軽減されることになる不合理さ、ひいては使用者による不当労働行為の助長へと連なりかねないことなどが問題点として指摘されている。

同様の問題は、労働委員会による救済の場合のバック・ペイの際にも生ずる。当初、この場合にも最高裁は当然控除説をとっていたが(最判昭三七・九・一八民集一六巻九号一九八五頁、下森「評釈」労働経済旬報五三七号)、学説の批判をいれてその態度を変え、労働委員会の自由裁量を認めるに至った(最大判昭五二・二・二三民集三一巻一号九三頁、宍戸「解説」法曹時報三二巻三号参照)。労働委員会による救済命令の場合と裁判所における解雇無効確認訴訟の場合とでは問題が若干異なり、両者を一律に論じえない。ここでは後者に限ってみておきたい。

ところで、控除の根拠規定である民法五三六条二項の趣旨は、双務契約において一方の給付が債権者の責めに帰すべき事由により履行不能となった場合に両当事者の公平を図り、かつ法律関係を簡明に決済する趣旨で債務者は反対債権を失わないとされたものである。立法主義としては、反対債権を消滅させ(危険債務者負担)、その代わりに損害賠償を認めてもよかったのであるが、それでは法律関係を複雑にすることになるのでこれを避けたものという(我妻・債権各論(上)一〇〇頁)。したがってここでは、反対債権を認めればそれで債務者に生ずる損害がカヴァーされるような場合を予定して債務者保護が図られているのである。換言すれば、反対給付を受けたのみでは債務者に生じた損害が十分に補償されない特別の場合は、危険負担制度の枠を越えた問題であり、その損害の救済は別個の制度に委ねられているものといえよう。たとえば、歌手と興業主との出演契約において、興業主の失火で劇場が焼失した場合と、彼が歌手を殴って負傷させたために出演不能になった場合とを比較すれば問題は明白であろう(治療費、入院費その他の損害の填補を考えよ)。当面の問題についてみると、別途収入の控除は許し、精神的損害その他の損害は、附随的注意義務違反を理由とする損害賠償（積極的債権侵害）で二元的に処理するのが妥当といえよう（詳細は、下森・前掲志林「評釈」参照）。

Ⅲ　バック・ペイと別途収人の控除（一九六三年）

最高裁昭和三七年七月二〇日第二小法廷判決（昭和三六年(オ)第一九〇号、解雇無効確認等請求事件）

民集一六巻八号一六五六頁、判例時報三〇九号二頁

〔事　実〕

Xは、米極東空軍二七一六火薬補給部隊（通称山田部隊）の消防夫としてY（国）に雇傭され、その後同部隊の消防自動車運転手として勤務していたところ、昭和二八年五月頃全駐労小倉支部山田分会の結成とともに、その組合員となり、その後しばらくして同分会の執行委員となって組合活動に従事した。そして、分会員である訴外Aの班長格下げ問題が起きるや組合による反対闘争を起こし、一応闘争に成功した。ところが、右Aは、その後まもなく他の数名の者とともに保安上の理由で出勤停止処分を受け、A以外の者はしばらくして復職を許されたが、Aはこれを許されず昭和三〇年一〇月三一日ついに解雇されるに至った。そこでXは、山田分会書記長として、右Aの解雇に対する反対闘争を盛り上げるべく準備していたところ、同年一一月八日、今度はX自身が保安上の理由で出勤停止処分を受けるに至り、さらに翌三一年九月二二日右と同一の理由で解雇の通知を受けた。

そこで、XよりYを相手として右解雇の無効確認等を求めたのが本件であるが、第一審裁判所は、本件解雇は不当労働行為によるものであるから無効だと判示した上、Yに対し、出勤停止処分日たる三〇年一一月八日より第一審口頭弁論終結日たる昭和三三年五月末日までにXがYより得べかりし賃金総額からXの出勤停止期間中にYから支払わ

れた休業手当（賃金の六割相当額）を控除した残額四八万五〇〇〇円余の支払いを命じた。

これに対し、Yより控訴し、⑴在日米軍との関係、保安解雇の性格よりみて、Xの就労拒否についてYの責めに帰すべき事由ありとはいえないからYには賃金支払いの義務はない、⑵かりに支払いの義務があるとしても賃金全額の支払義務はなくその六割相当額を支払えば足りる、⑶なお、Xは解雇期間中一時全駐労小倉生活協同組合に就職し、合計三〇万六〇〇〇円の給与を受けているが、これは民法五三六条二項但書にいわゆる自己の債務を免れたことにより得た利益に該当し、その金額は労務者が使用者から受くべき反対給付から当然控除されるべきである、と主張した。原審は、右⑴⑵の点についてはYの主張を拒否し、賃金全額の支払義務があるとしたが、⑶の点について一部その主張を認め、別途収入はこれを控除しうるけれども、労働基準法二六条の趣旨からみて、労務者の平均賃金の四割を超えることは許されないと判示し、結局、Xが本件出勤停止処分を受けた日から第二審口頭弁論終結時（昭和三五年六月二九日）までの受くべかりし給与総額から、出勤停止期間中に休業手当として支給された額、全期間中の各種保険料および所得税を控除した残額一〇八万円余をXからYに対し請求しうべき手取給与額とし、これからさらに、前記Xの別途収入三〇万六〇〇〇円のうち一九万二〇〇〇円余が平均賃金の四割に相当するところの控除しうべき額だとし、これを控除した残額八九万五〇〇〇余円の支払いを命じた。

Xより上告したが、その理由は要するに、㈠Yから解雇通知を受けたXが解雇反対闘争を続けるあいだ全駐労小倉生協で働いて得た賃金は、債務の免脱自体と相当因果関係を有しない利益である、したがって、民法五三六条二項但書の適用はなく、Xは別途収入をYに償還すべき義務はない、㈡かりにYがXに対して償還請求権を有していたとしても、労働基準法二四条一項の趣旨からみて、YがXに対して有する償還請求権を理由に、XのYに対する賃金債権からこれを控除することは許されない、というにある。

〔判　旨〕

棄却。「労働者は、労働日の全労働時間を通じ使用者に対する勤務に服すべき義務を負うものであるから、使用者の責に帰すべき事由によつて解雇された労働者が解雇期間内に他の職について利益を得たときは、右の利益が副業的なものであつて解雇がなくても当然取得しうる等特段の事情がない限り、民法五三六条二項但書に基づき、これを使用者に償還すべきものとするのを相当とする。

ところで、労働基準法二六条が『使用者の責に帰すべき事由』による休業の場合使用者に対し平均賃金の六割以上の手当を労働者に支払うべき旨を規定し、その履行を強制する手段として附加金や罰金の制度が設けられている（同法一一四条、一二〇条一号参照）のは、労働者の労務給付が使用者の責に帰すべき事由によつて不能となつた場合に使用者の負担において労働者の最低生活を右の限度で保障せんとする趣旨に出たものであるから、右基準法二六条の規定は、労働者が民法五三六条二項にいう『使用者ノ責ニ帰スヘキ事由』によつて解雇された場合にもその適用があるものというべきである。そして、前叙のごとく、労働者が使用者に対し解雇期間中の全額賃金請求権を有すると同時に解雇期間内に得た利益を償還すべき義務を負つている場合に、使用者が労働者に平均賃金の六割以上の賃金を支払わなければならないということは、右の決済手続を簡便ならしめるため償還利益の額を予め賃金額から控除しうることを前提として、その控除の限度を、特約なき限り平均賃金の四割まではなしうるが、それ以上は許さないとしたもの、と解するのを担当とする。

原判決は、結局、右と同趣旨に出たものであつて、その確定した事実関係の下で、Yの請求により、Xの賃金額から同人が解雇期間内に他の職について得た利益の額を平均賃金の四割の限度において控除し、その残額賃金の支払を命じたことは、正当であつて、所論の違法はない。」

〔評　釈〕

一　労働者の解雇の効力が裁判所で争われた結果、不当労働行為やその他の無効原因が存在していたため無効とされた場合、解雇期間中に被解雇者が蒙った損害の法的保護手段としては、民法五三六条二項を適用して、解雇された労働者に不就労中の賃金全額の支払請求権を肯認するのが、これまでの下級審判決例の一般的態度である（この点につき、島田信義「労働契約における原状回復と民法第五三六条二項但書について」早稲田法学三七巻一・二号九三頁以下）。

ところで、この場合に、右条項をもちだすかぎり当然問題となるのは、同条項但書の適用問題である。すなわち、被解雇者は、訴訟で解雇の効力を争うあいだ、生活の糧を得るため、通常他に職を求めて働くことを余儀なくされるが、かくして得た労働者の別途収入は、前記条項但書にいう債務を免れたことによって得た利益に該当し、したがって債権者（使用者）に対し償還義務を負うかどうかという問題である。本判旨の問題点はまさにこの点にある。なお、本判旨の問題点としては、このほかにこの中心問題に附随して、被解雇者に利益償還義務ありとする場合の償還の限度の問題（労働基準法二六条との関連性）および賃金遡及支払いにあたり予めこれを控除しうるかという問題（労基法二四条一項との関連性）がある。

ちなみに、労働委員会によって不当労働行為の救済が行われるときのいわゆるバック・ペイの場合にも本件のような場合と同様の問題が生ずるが、裁判所が賃金支払請求の訴訟において使用者に対し賃金の支払いを命ずる場合と労働委員会が救済命令においてこれを命ずる場合とでは問題の性質が異なり、これを区別して論ずるのが妥当と思われるので、本評釈では後者の場合には触れないことにする。なお、この問題につき最近第三小法廷の判決（昭和三七年九月一八日判決）があらわれ、救済命令取消訴訟において、労働委員会が労働者の別途収入の全額を賃金から控除しなかったことが違法であると判示した。この判例については別の機会にとりあげて考えてみたいと思っているが、結論だけ指摘しておくと、この場合には控除の可否を労働委員会の自由裁量に任すのが理論的にも実際的にも妥当だと考える。従来、この二つの場合を不用意にも同一に論じたため問題の解明を一層複雑にしたおもむきがあったことは、本件と右第三小法廷判決の両者を紹介された最高裁調査官渡部吉隆氏が正当にも指摘されたとおりである（「被解雇者が他の職について得た収入は、賃金から控除することを必要とするか」ジュリスト二六〇号四四頁参照）。

二　まず判旨第一点からみていこう。この問題に関する最高裁判所の先例はなく、本判旨が最初のものである。従来の下級審判決例ではこの問題がとくにとりたてて問題となったものはなく、被解雇者が解雇期間内に他の職について得た収入が民法五三六条二項但書にいう債務を免れたことによって得た利益に該当するということは、むしろ、当然のことであるかのごとく取り扱われていた（たとえば、東京地決昭二四・一二・二七等参照。もっとも、別途収人を得ている被解雇者に対する賃金遡及払いの仮処分を認める必要性があるかどうかが争われ、その必要性を認めて賃金全額の遡及支払いを命じた判決はある。しかし、その場合、別途収入の控除の可否という実体的な点は争点となっていないので、この問題の先例とみるわけにはいかないであろう。これらの判例については、島田・前掲九六頁以下、久保田昭夫「仮処分の必要性（賃金）」ジュリスト労働判例百選二二四頁等参照）。

ところが、最近、大阪地方裁判所昭和三七年五月一一日判決は、解雇の効力停止、賃金支払の仮処分申請事件において、「一般に、現時の社会状態の下において、解雇は、ことに本件における如く組合運動を理由とする解雇により就業を拒否された者が、その解雇を争いながら、他に職を求めることの極めて困難であるとの顕著な事実と、かかる被解雇者が再就職することはむしろ異常な努力をはらうことによつてのみ可能であるという事実に照すときは、他へ再就職することによつて得た収入は、労務給付義務を免れ、これにより得た時間を利用したのであつても、これとは別個の原因、即ち新たな雇用契約を締結したことによつて得た利益として、債務の免脱とは相当因果関係を有しないものと解するのを相当とする」として、使用者の控除の抗弁を排斥し、この問題について新たな吟味を要請する契機をつくった。かくて、爾後の判例の動向か注目されていたところへ、本件最高裁判例があらわれ、前掲判旨のような断を下したわけである。

ところで、ドイツ民法六一五条のような規定をもたないわが民法の下では、使用者の受領遅滞の結果給付しえなかった労働に対する報酬請求権については、危険負担に関する五三六条によって解決するほか仕方がないわけであり、この点についてはこれまでの学説上争いはないが、同条項但書の解釈に関しては説が分かれていた。すなわち、まず右但書にいう利益は債務の免脱と相当因果関係にあることを要するという点では問題はないが、因果関係の範囲の具体的決定の面でニュアンスを異にしたのである。たとえば、末川教授は、「債務者が債務の免脱を利用したのではあるが別個の原因 ― 例えば別個の契約を締結すること ― によって得たと認められる利益すなわち債務の免脱自体とは相当因果関係を有していない利益（例えば労務に服することを免れた労務者が他の雇傭によって得た報酬……）のごときは、これに包含されないと解するのが妥当である」（契約法㊤一〇二頁）とされ、我妻教授は、「労務の給付を免れた債務者がその間に他の仕事をして得た利益なども、債務を免れたことと相当因果関係にあるものなら（普通の場合誰でも取得する程度のものなら）、やはり償還しなければならない」（債権各論㊤一一三頁）とされる。末川説のように、およそ、労務の給付を免れた債務者が他の雇用によって得た報酬は債務の免脱自体とは相当因果関係を有しない、と断定すると、法律関係はすこぶる明確にはなるが、はたしてつねにそういえるかどうか疑問であるし、他方、場合によっては相当因果関係ありと認められることもあるという我妻説の柔軟さには魅力を感ずるが、では、具体的に「普通の場合誰でも取得する程度のもの」とはどの程度かという点になると、依然として不明確さが残る。したがって、いま、民法の一般論として両者のいずれが妥当かについて答を出すことは困難であるが、本件で問題となっているような労働契約 ― 従属労働 ― に限ってこれをみると、相当因果関係を肯定してよさそうに思われる。というのは、「従属労働に服する労働者は、使用者に対して全労働力を売り渡し使用者の人格支配に服するものであるから、かかる労働者が解雇期間中に他の職について収入を得た場合は、自由労働者たる歌手がテレビに出演するはずであった時間を利用し他の劇場に出演して報酬を得た場合と異なり、債務を免かれたことと別途収入を得たこととの間に因果関係の相当性を「肯認するのは比較的容易と思われる」」（渡部調査官・前掲四五頁）からである。さらに、五三六条二項の適用があるところの、債権者の責めに帰すべき事由による履行不能の場合としては、本件のような不当労働行為による解雇といった場合ばかりでなく、たとえば使用者の過失による工場の焼失のための労務の受領不能の場合もあるのであり、このような場合にも労働者が他で働いて得た収入を償還する必要がないというのは妥当性を欠くであろう（現行民法の解釈論としては、債権者の責めに帰すべき事由のいかんによって但書適用の有無を区別することは許されまい）。それどころか、さらに一歩踏みこんで考えてみると、この但書があることがかえって労働者に有利に働くこともありうるのである。というのはこうである。雇用（労働）契約は双務契約であり、報酬は労務に対する対価ではあるが、継続的な人的関係を生ずる場合には、それは労務者の生活の資となり、その意味では身分関係に基づく扶養料請求権のような性格をもつものであるから、なるたけ労働者が報酬請求権を失わないよう考慮する必要がある。そこで民法五三六条二項の解釈にあたっても、「債権者ノ責ニ帰スヘキ事由」の範囲はなるたけ広く解釈するのが妥当であり（不可抗力と債務者＝労働者の責めに帰すべき事由による履行不能を除き他はすべて五三六条二項の適用下に入るとしても不当ではないのではないかと考える）、その場合に、但書の適用があれば、労働者が他で別途収入を得た場合には使用者に償還することになるから、使用者に反対給付義務を広く認めても実際にはそれほど酷でないということになるであろう。最後に、別途収入の控除を認めつつも、基準法二六条の趣旨から、平均賃金の四割以上の控除は許されない、とする本判旨の立場に立つかぎり、最低、平均賃金の六割は保障されるのであるから、別途収人の控除を認めても、賃金請求権の保護に関するかぎりでは、それほど労働者に不利とは思われない。以上の点から考えて、民法五三六条二項但書の労働契約への適用の有無に関する解釈論としては、本件判旨の立場は妥当であるといえよう。

三　しかしながら、本件判旨の結論が不当労働行為によって解雇された労働者の法的保護という観点からみてははたして十分であろうか、という点になると、問題は残る。前掲大阪地裁判決もいうように、「賃金のみによって生計を維持しなければならない労働者にとって、解雇により受ける経済的或いは精神的な苦痛は極めて大きい」し、「再就職のためには、通常の就職の場合には不必要な異常な努力を要する」のである。そして、被解雇者が「異常な努力」を払って収入をあげればあげるほど、その労働者を不当に解雇してこのような苦しみにおとしいれた使用者の、その被解雇者に対する責任が軽減される結果になるという不合理さ（もし、別途収入の全額を控除しうるとすると、使用者の賃金支払義務が全然ない場合も考えられ、その不合理さは一層顕著であろう。しかし、本判旨のごとく、基準法二六条との関係で四〇パーセントまでの控除のみを認めるとの立場では、ある程度救われることにはなる）、さらにまた、働く以外に糧を得ることのできない労働者が解雇を争うあいだ他で働くのは当然であることからみて、使用者としては不当労働行為のそしりを受けてもあえて解雇をするのが実際上得だということになりかねず、ひいては、不当労働行為を野放しにすることになって、労働者の労働基本権を著しく害することになるという憂慮も、もっともなことであろう。前掲大阪地裁の判決や本件判旨のような解釈論を批判する労働法学者の考え方も、その基底にはこのような実質的考慮を働かせていることは明らかである（島田・前掲論文、久保敬治・本件判例評釈、判例時報三一五号附判例評論（五三号）四頁、宮島＝加藤、前掲大阪地裁判決解説、別冊旬報四五八号）。

しかしながら、このような不合理があるとしても、このことが民法五三六条二項但書そのものの解釈論を左右するものではないことに注意しなければならない。というのは、そもそも民法のこの規定は、双務契約において、一方の給付が債権者の責めに帰すべき事由により履行不能となった場合に、両当事者の公平を図り、かつ法律関係を簡明に決済する趣旨で、債務者は反対給付請求権を失わないとされたものである。この場合、立法主義としては、反対給付請求権を消滅させ（危険負担の債務者主義）、その代わりに、損害賠償請求権を認めても差支えなかったのであるが、それでは法律関係を複雑にすることになるのでこれを避けたのである（我妻・債権各論㊤一〇〇頁参照）。したがってここでは、反対給付請求権を認めればそれで一応債務者に生ずる損害が補填されたことになるような場合を予定して債務者の法的保護を図っているのである。そうであるからこそ、債務者が債務を免れたことによって利益を得たとき、この利益を債務者に保有させれば債務者はその限度で二重の利得を得るものと観念され、たとえそれが自己の責めによるものとはいえ債務者から給付を受けることなしに反対給付をなすことを強いられる債権者に、この所得分だけはこれを償還してやるのが当事者間に公平をもたらすことになるものと考えられたわけであろう。したがって、反対給付を受けたのみでは債務者に生じた損害が十分補填されないような特別の場合は、もはやこの規定の枠を越えた問題であり、その損害の救済は別個の制度に委ねられているものと考えるべきではあるまいか。具体的な例でこの点を考えてみよう。たとえば、歌手と興業主との出演契約において、興業主の過失で劇場が焼失して出演不能となった場合には、歌手は五三六条二項により反対給付請求権（出演料）を失わないが、その際債務免脱によって得た利益（たとえば劇場までのタクシー代）は同項但書によりこれを興業主に償還しなければならない。ところでこの場合、興業主が歌手を殴って負傷させたために歌手の出演が不能となったとすると、その場合も債権者の責めに帰すべき事由による履行不能の一場合であるから、当然歌手は反対給付請求権を失わないが（履行不能それ自体によって生じた損害の塡補）、その際前記のタクシー代はやはりこれを興業主に償還しなければならないであろう。興業主が歌手を殴るという不法な行為をしたのだからといって、但書の適用が排除されるわけではない。興業主の歌手に対する不法な行為自体によって歌手に生じた損害（たとえば治療代）の救済は、危険負担制度の対象領域外の問題であり、それは別の制度すなわち不法行為制度の対象となる。すなわち、歌手は興業主に対し反対給付を請求しうるとともに、さらに不法行為に基づく損害賠償を請求できるであろう。要するに、現行民法典の建前では、興業主に殴られたことによって出演契約の履行が不能となり、そのことによって歌手が蒙った損害の法的保護は、危険負担制度と不法行為制度の両者の活用によってはじめて十全に実現されるという仕組みになっているといえよう（もっとも、このような場合は逆に、前者を後者の中に組み入れてすべてを不法行為制度で解決するという構成も可能ではある）。

不当労働行為によって解雇された労働者の法的保護についても右と同様のことが考えられるであろう。そして、前掲大阪地裁判決や、これとその基本的立場を同じくするとみられる労働法学者の見解は、そもそも五三六条二項の予定していないような──それゆえに別個の制度の対象であるべき──債務者の法的保護を五三六条二項の解釈論として主張するという誤りをおかしているのではなかろうか。そうだとすると、たとえ、その主張の結論が、理念上正しく、実際上妥当なものであったとしても、法固有の判断枠組の拘束を受ける裁判所の受け入れるところとならないのも当然といえよう。かくて、問題はこうなる。使用者の不法な解雇によって被解雇者が解雇期間中に蒙った損害の法的保護は、少なくとも現行法体系の下では、五三六条二項の危険負担制度によるのみでは不十分であり、さらに別個の制度ないし法的構成による保護の主張が必要である。

しかして、本件判旨の先例的意義は、不当労働行為により解雇された労働者が、民法五三六条二項に基づいて賃金の遡及支払いを請求するに際しては、被解雇者が解雇期間中に得た別途収入については、同項但書の適用がある旨判示したという点にとどまり、被解雇者は五三六条二項による以外の救済は与えられないとしたものではないから、この方向での法的保護の道は今後に残されているといえよう。そして、そのような主張・立証があった場合には、裁判所もまたおそらくこれを否定するわけにはいかないであろう。もっとも、この場合、その論理構成の仕方として、不法行為でゆくか、それとも債務不履行（労働契約の附随義務違背あるいは労使間の信義則違背）と構成するかについては、さらに検討を要するが、判例研究という本稿の性質上、この点の積極的な解明、解釈論の展開は別の機会に譲り、ここでは問題点の指摘にとどめたい。

なお、実際の訴訟戦術という観点からみると、右のような手段は、損害ないし損害額の主張・立証の面で種々の困難を伴うことは当然予想されるところであり、賃金全額の支払請求をする方が楽ではあろうが、少なくとも、本判決が出た以上（民法五三六条二項の解釈論として一応正当であるだけに、最高裁の立場が将来簡単に変わるとは思われない）、この方向に進むことが、実際の訴訟戦術の面においても被解雇者の保護の上で妥当であろう。

四　予定の紙数もかなり超過したので、判旨第二、第三点（利益償還の限度と控除の可否）については簡単にみることにしたい。労働基準法二六条は、使用者の責めに帰すべき事由による休業の場合に、平均賃金の六割以上の手当を支払うことを罰則をもって強制しているが、この規定は、一般的休業の場合のみならず、個々の労働者が解雇されたことによって労務の給付が不能となった場合にも適用されること、さらにまた、この規定は休業期間中の労働者の最低生活を保障するために、六割の範囲で罰則をもって休業手当の支払いを強制するにとどまるから、民事上の訴訟問題としては、労働者は民法五三六条二項により賃金全額を請求しうること、などについては、これまでの下級審判例、学説上ほぼ争いのないところである（島田・前掲論文、我妻・債権各論中巻㈡、五八四頁参照）。ところで、この規定の趣旨は、前述のように少なくとも平均賃金の六割は労働者が確実に使用者から手に入れるよう保障せんとするにあるのだから、民法五三六条二項但書により被解雇者が別途収入を使用者に償還するにあたっても平均賃金の六割を割らない範囲でのみ償還すればよく、右但書は、基準法のこの規定により、その限度で修正されたものといえよう。従来の多くの下級審判例はこのような見解をとり（たとえば、大阪高判昭三三・一二・一八労民集九巻六号一〇二九頁、福岡高判昭三五・一一・一八労民集一一巻六号一三二一七頁、浦和地判昭三六・五・三一労民集一二巻三号四六九頁参照）、本件判旨もまたこれを支持したものであって、妥当といえよう。

次に、被解雇者が利益償還の義務を負う場合に、使用者が賃金の遡及支払いにあたり予めこれを控除しうるか、という点については、基準法二四条一項との関係で問題がなくはない。判旨は「労働者が使用者に対し解雇期間中の全額賃金請求権を有すると同時に解雇期間内に得た利益を償還すべき義務を負っている場合に、使用者が労働者に平均賃金の六割以上の賃金を支払わなければならないということは、右の決済手続を簡便ならしめるため償還利益の額を予め賃金額から控除しうることを前提として……」といい、基準法二六条の規定に控除を許す根拠を求めているような書き方をしているが、労働者の保護規定である二六条に根拠を求めるのは疑問である。しかしながら、論理構成はともかくとして、賃金遡及支払いと利益償還との決済手続を簡便にするために、償還利益の額を予め賃金から控除しうるとしても、かなりまとまった額が渡されるのが通常であるバック・ペイの場合には、月々の賃金支払いの場合とは異なり、それほど労働者の不利になることはないのではなかろうか。かつまた、金銭は一旦手にすると費消しやすいものであるから、控除を認めないとすると、かえって後に労働者が利益償還に悩まされないとも限らず、そうだとすると、控除してもらう方が実際上、労働者の利益になることもありうるわけである。また、償還の範囲が平均賃金の四割に限られている点からみても、控除を許してよさそうである。このように考えて、その論理構成には疑問を残しつつも、判旨の結論には賛成したい。

〔後記〕　本判例評釈は、一九六三年に書いた古いものであるが、危険負担による処理と並んで、不法行為や契約上の附随義務違反による損害賠償が問題となりうることを指摘した点で、後の瑕疵担保責任における拡大損害（瑕疵結果損害）の処理についての発想の基になった論稿であり、契約責任の再構成に関する私見の端初的論稿として、参考までに本書に収録した。

3　契約締結上の過失理論の新展開（一九八四年）

一　問題の所在

甲が軽井沢の別荘を乙に売るという契約を締結したところ、その別荘が契約締結の前夜すでに焼失していたという場合、売買契約は原始的不能によって不成立あるいは無効となる。この場合、有効な契約の締結を信頼した買主乙は、売主甲側にこのような無効な契約を締結したことについて責めに帰すべき事由があるときは、乙が契約を有効だと誤信したことによって蒙った損害――軽井沢に検分に行った費用の損害、丙から廉価な別荘の売却申込みがあったが甲から買えると思って拒絶したことによる損害など――の賠償請求（信頼利益の賠償請求）をすることが認められる。これがいわゆる「契約締結上の過失（culpa in contrahendo. 以下ｃｉｃと略す）」理論である。一八六一年にイェーリングによって提唱されたこの理論は、ドイツ民法典中の、意思表示が無効あるいは取り消された場合に損害賠償を認める規定（ド民一二二条）、契約の履行が原始的に不能である場合に損害賠償を認める規定（ド民三〇七条）などに、その内容が一部とりいれられた。

我が民法はこのような規定をもたないが、ドイツの学説を継受し、鳩山・我妻説を経て、学説上一般に解釈論として認められるようになった。もっとも、我が判例法上は、契約締結上の過失を論じた判例はわずかであり、下級審のものばかりで一一件が認められるにすぎないという（本田純一「『契約締結上の過失』理論について」現代契約法大系一巻二〇一頁以下参照）。

他方、ドイツでは、その後、判例や学説により、一二二条や三〇七条の規定が一般化され、契約の有効・無効とは関係なく、契約締結を目的として相接触する当事者間の契約上の利益や身体・財産の保護という見地からｃｉｃ理論がめざましい発展を遂げた。それは、ドイツの瑕疵担保法や不法行為法が厳格あるいは硬直なため（前者は、保証または瑕疵の悪意の黙秘の場合にのみ損害賠償を認め〔ド民四六三条〕、後者はド民八二三条列挙の、絶対権侵害の場合にこれを認める）、その中間領域に生ずる問題の解決のため、この理論の活用が要請されたのであった（その詳細については、円谷峻「契約締結上の過失」内山他還暦記念・現代民法学の基本問題㈥一九八頁以下参照）。

もっとも、最近、学説上、判例によるｃｉｃ理論の拡張化傾向に批判的な見解があらわれるようになったが、他方また後述するような消費者保護問題との関連において、この理論の一層の発展が期待されている状況にあるという（これらの問題状況については、本田、円谷前掲論文のほか、今西康人「ドイツにおける契約締結上の過失責任理論の展開㈠㈡」六甲台論集二八巻二号・三号、同「契約締結上の過失に関するメディクスの鑑定意見（ドイツ債権法⑽―⑿）」法律時報五六巻三号・四号・五号等参照）。

ドイツ瑕疵担保法や不法行為法のような構造的問題点をもたない日本法の場合、前述のようにｃｉｃ理論はこれまでの実務上あまり浸透していない。しかし近時、訪問販売のような消費者取引の領域において、専門知識や情報量の少ない消費者が取引に熟知したセールスマンの違法なセールストークにのせられて不要な品物を買わされた場合など、取引に未経験な消費者を保護すべき一般的な法理確立の必要性が叫ばれ、ドイツ法同様、この面におけるｃｉｃ理論の有用性が認識されるようになった（前掲諸論稿のほか、森泉章「『契約締結上の過失』に関する一考察」民事研修二八五号・二八七号、長尾治助「附随義務と信義則」前掲・内山他還暦論集(中)所収等参照）。これらの実際的必要性のほか、理論的興味からも、また、大きな視点からいえば契約責任再構成の視角からみても、ｃｉｃ理論の研究は、今日新たな展開の時代を迎えているといえるのである。

二　問題の類型的考察

(1)　近時の学説は、「契約締結上の過失責任」の法的根拠を、交渉当事者の信頼または法定債権関係に基づく信義則上の義務に求め、これに伴い、その適用範囲を原始的不能による契約の不成立・無効の場合（古典的類型、以下(a)類型という）にとどまらず、契約が有効に成立した場合（(b)類型）、契約が準備交渉のみにとどまった場合（(c)類型）、準備交渉において相手方の身体・財産を害した場合（(d)類型）へと拡張してきている（かかる類型別に考察するものとして前掲・本田論文がある）。また、内容的にみると、①売主の瑕疵担保責任との競合問題、②cic責任に基づく契約の解消問題、③代理人など第三者のcic責任、④方式無効とcic責任、⑤保護義務違反に基づくcic責任などが、中心的な問題として議論され（前掲・今西研究参照）、これらとの関連においてcic責任の法的根拠ないし体系的位置が総論的に検討される状況にある（円谷論文の問題関心）。以下若干の問題点を紹介しつつ、検討してみよう。

(2)　わが国で契約締結上の過失が問題となった判決例を分析した本田論文によると、(b)類型にその多くが集中しており、今後、cic理論が裁判規範として機能するのも、有効に成立した契約によって一方が不利益を受けた場合に、それを矯正する手段としてであることが予測されるという（前掲二〇四頁）。たとえば、分譲マンションの売買契約において、買受け一年後に南側にマンションが建築され日照等が阻害されるに至ったので、買主が売主の契約締結上の過失を理由として損害賠償の請求をしたという事案の下で、契約締結の準備段階において、契約当事者の一方が、相手方の意思決定に対し重要な意義をもつ事実について、信義則に反するような不正の申立てを行ったとか、あるいは契約当事者の一方が信義則および公正な取引の要請上、調査・告知義務を負うものとされる場合においてその者が故意または過失によりこれを怠ったとかという事情があり、ために相手方を契約関係に入らしめて損害を生じさせたときは、契約がたとえ有効に締結されたとしても、損害賠償責任がある旨一般論として判示した判決例がある（東京地判昭四九・一・二五判時七四六号五二頁、判例研究、下森・判タ三一一号八六頁）。この事件の実際では、隣地についての調査・告知義務が一般的に存するものではないとして賠償請求は認められなかったが、売主が隣地の建設計画を知り環境の悪化を予測しながらあえてこれを黙秘していたような場合には、信義則上賠償義務を認めるのが妥当であろう。また、とくに専門家対未経験者間の取引におけるように当該物件についての知識が著しく異なっている場合に、専門家が相手方の経験不足に乗じて、相手方を契約関係に入らしめ、ために損害を与えたような場合には、一種の契約責任として賠償義務を肯定するのが妥当であろう（本田・前掲二〇六頁）。

あるいはまた、消費者がセールスマンの巧みなセールストークにのせられて衝動的に契約を締結した場合のように、契約を締結したことそれ自体が損害と考えられる場合には、損害賠償にとどまらず、契約上の履行義務から消費者を解放することが妥当であろう。錯誤や詐欺、瑕疵担保等の既存の法理で救済できる場合もあるが、それでは不十分な場合に、補充的債務不履行責任としてｃｉｃを認め、契約の解除を許すべきだとの傾聴すべき見解が主張されている（本田・前掲二〇八頁）。

(3)　瑕疵担保責任と契約締結上の過失による責任との競合問題も重要である。とくに瑕疵結果損害の賠償請求においてそれが問題となる。ドイツでは、前述のように、性質の保証や悪意の黙秘があった場合にだけ、瑕疵担保に基づく損害賠償が認められる。そこで過失があるにとどまる場合に、ｃｉｃの法理を用いて担保責任と競合してさらに賠償請求もできるかが問題となった。判例は、特別法たる瑕疵担保責任が適用される場合には、一般的責任としてのｃｉｃ責任は排除され、かかる特別規定がない場合にのみｃｉｃ責任が認められるとしていたが、連邦通常裁判所は、瑕疵結果損害の場合についてはその態度を保留した（BGHZ 60, S.319. なお、円谷・前掲二一二頁以下参照）。ちなみに、ドイツ瑕疵担保法では、危険移転の際の物の瑕疵が問題とされるので、契約締結前のみならず引渡時までに生じた瑕疵による損害賠償の問題も生じ（とくに種類売買の場合）、ここでは積極的債権侵害との競合問題、ｃｉｃとの関連性も問題となる。わが民法の解釈論上も、瑕疵担保責任、契約締結上の過失責任、積極的債権侵害さらには危険負担等との関連の整理が、今後に残された大きな課題であることは、別の機会に指摘したところである（下森『建売住宅・マンションの売買における売主の瑕疵修補義務について』〔一九八四年、㈶日本住宅総合センター〕二七頁・一四三頁）。

三　若干の感想

以上のほか、損害賠償の範囲（信頼利益の賠償に限定することの問題性、本田・前掲二一一頁参照）、契約交渉段階での人損・物損の賠償問題（d類型）や第三者のための保護効を伴う契約理論とｃｉｃ理論等との関連性など検討すべき問題は多い。さらには、契約責任再構成の視点からｃｉｃ理論をどう位置づけるべきかも問題となる。基本的契約責任に対し、補充的契約責任という独立の責任類型を肯定し、保護義務あるいは附随義務違反の問題として、積極的債権侵害論などをも含めて統一的な法定債権関係論としてこれをとらえてゆけば、ｃｉｃを独立して問題とする必要はなくなり、その中の一類型として考察すれば足りることになろう。統一的保護義務論に対しては異論も多いが、反対論者も積極的債権侵害についてはなおこれを契約責任として認めようとする。特殊契約的法律関係の下で生ずる問題は、やはりこれを契約責任の領域において、その法技術を使って、損害賠償のみならず、契約解除等の保護手段をも含めて、多面的に処理する法技術が開発・工夫さるべきであり、不法行為法理に契約責任と不法行為責任との中間領域の問題をすべて委ねることは必ずしも妥当とはいえまい。一般的な保護義務論についてはともかく、少なくとも契約責任としての附随義務論あるいは法定債権関係論については（安全配慮義務の問題などをも含めて）、今後さらに論議が深められるべきであろう。

〔後記〕　契約締結上の過失理論については、その後も活発な議論が続いている。たとえば、藤田寿夫「表示についての私法上の責任（二・完）——契約締結上の過失責任を中心に」民商八九巻六号（一九八四年）、田沼柾「契約締結上の過失における債務関係の基礎づけについて」比雑二〇巻二号（一九八六年）、宮本健蔵「契約締結上の過失責任法理と付随義務」明治学院大学法学部二十周年論文集（一九八七年）、同「契約締結上の過失」安達三季生監修『債権法重要論点研究』（一九八八年、酒井書店）、円谷峻『契約の成立と責任』（一九八八年、一粒社）、平野裕之「契約責任の本質と限界 ―― 契約責任の拡大に対する批判的考察（序説）」法論五八巻四・五号（一九八六年）、同「フランスにおける『契約締結上の過失』理論素描」、同「いわゆる『契約締結上の過失』責任について」以上法論六一巻四・五号、六号（一九八九年）など。

また、契約準備段階における信義則上の注意義務違反を理由とする損害賠償責任を認めた最高裁判決もあらわれた（最判昭五九・九・一八判時一一三七号五一頁・民法の基本判例〔本田解説〕参照）。

4　保証・物上保証契約の締結と銀行の情報提供義務

（一九九七年・一九九八年）

はじめに

近時のバブル経済崩壊以降、契約交渉段階あるいは履行段階において金融機関のとった行為態様をとらえて、金融機関の民事責任を追及する裁判例が続出している。変額保険、ワラント債等への投資によって損害を被った投資家から、これらの商品を勧誘・販売する際の説明義務違反を理由に、保険会社や銀行、証券会社等が訴えられるケースがその典型例であり、銀行の融資拒絶・交渉破棄事例をめぐる紛争事例もまたそうである。

学説においても、これらの問題に対処すべく、ドイツ法の影響の下に契約締結上の過失理論が新たな展開をみせ(1)、また、フランス法における情報提供義務論に基づく問題解決の試み(2)、さらにはアメリカ法の影響の下に金融機関の貸手責任を認めることにより、貸手としての金融機関の地位を法的義務にまで高める議論が展開されるようになってきている(3)。

この問題の進展はさらに銀行と企業や一般市民との間の保証契約あるいは物上保証契約の締結という、いわばありふれた古典的な取引契約をめぐる紛争事例にも影響を与えることが予測される。というのはこうである。バブル経済時代、不動産価格の上昇をあてこんで多くの過剰融資が行われ、その際債務者の信用状況について十分な情報提供がないままに、保証あるいは物上保証契約が締結されたり、バブル経済崩壊後、景気の失速や不動産価格の値下がりによる貸金回収の困難、担保不足の出現のため、新たに保証あるいは物上保証契約の締結が銀行側から強力に求められ、これまた十分な情報提供がないままに、契約の締結に応じた保証人や物上保証人が多数いる。そして債務者の倒産や支払不能の結果、今後これらの保証人や物上保証人がその責任を問われる事態が多数発生することが確実であり、その結果、追い詰められた保証人や物上保証人が、銀行との間で保証あるいは物上保証契約の有効性をめぐって法的に争うことが予測され、その際、銀行の情報提供義務や説明義務が問題となるであろうからである。

このような問題に対処する法理として、イギリス法の下で、「不当威圧の法理」が展開されており、近時、この法理が日本にも紹介されている(4)。不当威圧の法理とはこうである。

「債権者と保証人との間に信頼関係が存在し、保証人が債権者の助言に依存しているような関係においては、保証人が保証契約の性質、効果、保証責任を負うリスクなどを十分に認識していないにもかかわらず、債権者が保証人との信頼関係を利用し、公平無私の助言を勧告せずに不利な保証契約を締結させた場合には、不当威圧が推定され、保証人に取消権が認められることがある。また保証人が、主たる債務者の不当威圧または不実表示によって保証契約を締結させられた場合においても、債権者がこれに関与していたか、または、不当威圧の存在を知り、もしくは知りうべきであったときは、保証契約は取消し得るものとされている。このように不当威圧法理は、債権者または主たる債務者の不当な威圧行為によって、保証契約締結時には認識し得なかった過大な債務を負担させられることから、保証人を保護する法理として機能している(5)」。

このようなイギリス法の法理は、わが国において同様な問題の解決をはかるに際して、重要な示唆を与えてくれるものであるが、この法理をそのまま日本法の法理として採用することは困難である。本稿は、以上のような欧米先進諸国の近時の法理を参考にしつつ、今後裁判紛争の激増が確実に予測される、銀行と保証人、物上保証人間の保証契約の有効性をめぐる紛争解決の判断規準・法的構成を検討することを目的とするものである。以下、情報提供義務を問題の中心におき、その違反が認められる場合の効果につき、詐欺・錯誤の成否、公序良俗違反の成否、さらには損害賠償請求権の成否等について検討してみたい。

一　情報提供義務の法的根拠

1　契約の拘束力の根源は私的自治に求められるが、その根拠としてまず、契約の当事者がそれぞれ契約内容、とくに有償契約においては、自己の為すべき給付の内容およびその対価として何が得られるのかを十分に理解して、契約の締結がなされていることが必要である。また他面において、契約を締結するか否かを決断するために必要な情報の収集は、各人が自己の責任において行うべきことが前提となっている。

2　しかし、金融取引に代表されるような、現代における高度情報社会、専門化社会の取引実状の下においては、銀行のような企業と一般市民との取引において、情報収集について私的自治の原則を貫徹すると、情報量とその収集、分析能力における格段の差異からして、情報に劣る当事者は、自己の目的に適合的な契約を選択する自由を実質的に奪われ、不本意な契約に拘束されることがありうる。したがって、契約自由を実質的に保障し、取引の公平や契約正義を実現するためには、銀行等の事業者は、その顧客に対して取引に関する情報を広く知らせる義務があると解すべきである。他方においてまた、現代のような高度専門化社会においては、一般市民は専門家や専門企業の提供する情報を一般的に信頼し、またこれに頼らざるを得ない実状にある。その意味においても社会の高度化、専門化に伴う事業者への依存の必然性から、事業者への社会的信頼に対応する企業の社会的責任を情報面においても認める必要性と正当性とがあるといえよう。

かくして、情報提供義務は、一般的には、契約締結過程における信義則に基づき、契約自由の実質的保障のために、情報力において優位に立つ当事者に課される義務であるが、とくに企業と一般消費者（市民）を当事者とする取引については、情報力における構造的格差および事業者に対する信頼を保護するために生ずる事業者の義務として位置づけることが可能といえよう(6)。

3　契約締結課程において不十分ないし不実の情報提供がなされたとき、その結果、その情報に基づいて、(1)表意者がその目的に適合しない契約、換言すると、適切な情報を得ていたら締結しなかったであろう契約を締結した場合（例えば錯誤や瑕疵ある意思表示による契約締結の問題）と、⑵適切な情報を得ていても当該契約を締結していたであろうが、不十分または不実の情報提供によって、その契約から期待された結果を得ることができなかった場合（例えば目的物の保存や操作に関する不十分または不実の情報提供など）とが考えられる。⑴の場合は、情報提供義務は契約の成立を対象とするものであり、⑵の場合は契約の履行を対象とするものである。そして、義務違反の効果については、⑴の場合、合意の瑕疵が決定的であるときは瑕疵を理由として契約関係を解消しうるが、そうでない場合には、不法行為（あるいは契約締結上の過失）に基づく損害賠償を請求できるのに対して、⑵の場合には、契約の履行（不完全履行責任）に関わるものであるから、債務不履行責任を問うこととなる。

二　情報提供義務の内容と程度

1　情報提供義務の具体的存否と内容ないし程度は、最終的には、ケース・バイ・ケースに判断するほかない。そもそも、（有償）契約締結の際の交渉過程は、一面では信義誠実に反する行為によって相手を害してはいけないという意味では協力的な関係ではあるが、他面で、自由競争原理の下で潜在的には互いに対立する利益を追及し、その妥協点を探ろうとする関係であるという点で、まさに「対立する協力関係」である(7)。したがって、情報提供義務の範囲、内容をあまりに広く認めると、事業者にとって、行為規範としてどのような情報を提供すれば十分であるのかが不明確となって、公平を欠くからである。

2　この点、一般的には、事業者を一方当事者とする契約において事業者に課される情報提供義務は、相手方の契約締結の判断を左右しうる事実および判断に関する情報の提供をその内容とし、契約が当該の消費者にとって結果として有益なものか、という評価に関する判断は当然には含まれない、とされている。評価に関する情報提供の義務は、

「助言義務」と呼ばれるものであって、このような助言義務まで契約の相手方に課すことは、倫理的にはともかく、法的には困難である。

ちなみに、当事者がともに事業者でない場合あるいは事業者同士の場合には、私的自治の原則上、各当事者は自己の責任において契約締結のための情報を収集すべきであり、対等な立場にある以上、当事者は自らすすんで相手方に情報を提供すべき義務はないものといえよう。ただ、契約締結課程における信義則上の要請から、自己がなすべき給付について相手方に故意に虚偽の情報を提供したり、情報を故意に秘匿した場合に、一定の責任を問われることがありうるのみである。

3　このように一方当事者が事業者であるかどうかによって、情報提供義務の存否は異なるが、さらに契約締結の態様も情報提供義務の内容および程度に影響を及ぼす。例えば約款による取引の場合には、約款作成者は一般に高度の情報提供義務を負い、相手方が契約を締結するかどうかの判断に影響を与え得る事実について約款内容を具体的に説明する義務を負うものと解すべきである。また、証券会社による勧誘行為に代表されるように、一方当事者の強いイニシアティブによって契約交渉がなされる場合、契約交渉への引き込み行為はそれ自体相手方の意思形成に影響を与え得ることから、それによって具体的情報提供義務の程度は高くなると解されている(8)。

さらに、契約の実現が相手方の生命、身体、財産に重大な損害を及ぼす可能性が高いものであるときは、その危険性および程度に関する情報は、契約締結の意思形成を左右するのみならず、保護されるべき利益も重大であるので、その危険性および程度について、契約当事者はつねに自己の保有する情報を積極的に相手方に提供しなければならず、一方当事者が事業者である場合には、情報提供に必要な調査義務まで課されるとする見解もある(9)。

4　事業者の以上のような情報提供義務に関する一般的判断基準を踏まえ、銀行等の金融機関との間の、保証契約や物上保証契約の締結にあたっての銀行側の情報提供義務について今少し踏み込んで検討しておこう。変額保険やワラント債等の場合と異なって、これらの場合には保証契約の内容、効力一般については、とくに銀行の情報提供や説明が必要とはいえまい。これらの知識は市民に要求さるべき一般の法知識であり、多くの市民、一般人が常識としてこころ得ているところでもあるからである。

主として問題となるのは、債務者の資力・経営状態等に関する信用情報である。一般に金融機関は、情報収集、分析力において一般市民に比し、格段の優位性をもち、とくにわが国において、社会的に信頼度の極めて高い都市銀行が相手方である場合には、一般人は、銀行のあたえる積極的あるいは消極的情報を信頼し、その助言に依存して取引関係に入る傾向が強い。そこで、新たな融資に伴う担保設定の場合でもそうであるが、とくにバブル経済崩壊によって担保割れが生じ、既存の債務に対する追加的な担保設定の必要が生じた場合などは、保証人や物上保証人は極めて高いリスクを負担することになるのであるから、銀行としては、一般市民の銀行に対する高い信頼関係に応ずるためにも、信義則上、債務者の信用・経営状態について自己の有する情報を提供する義務を負うものというべきであろう。さらにまた、担保の目的不動産が担保権設定者の生活の本拠たる不動産であって、これを失えば本人や家族の生活に重大な影響を及ぼすような場合には、情報提供義務の程度、必要性はますます高まるものといえよう。

そうだとすると、契約交渉の過程において、保証人が保証責任を負うリスクを十分に認識していないにもかかわらず、銀行が自己に対する信頼を利用し、公平無私の助言をせず、自己にとって一方的に有利な保証契約を締結させた場合には、情報提供義務違反の責任問題が生じよう。とくに、契約の締結交渉が銀行側の強いイニシアティブの下になされたものとすると、契約への引き込みによる相手方の意思形成への影響行動として責任を問われる程度が高まろう。また、故意に不実あるいは不完全な情報をあたえた場合はもちろんのこと、そうでなくとも、過失によって不実あるいは不完全な情報が提供されたり、さらには、積極的な情報の提供でない場合でも、相手方の状況判断の誤りを知っていたとか、主たる債務者が保証人に対して不実の情報を提供としたとか、無権代理行為で保証契約を締結したとかといった事情があることを知り、もしくは知りうべきであったとき、さらには銀行がこれらの行為に関与していたなどの場合に、銀行が自己の知っている情報の提供をせずに、契約の締結に至らしめたとすると、情報提供義務の違反が認められえよう。

（1）高橋眞「契約締結上の過失理論の現段階」ジュリスト一〇九四号（一九九六年）一三九頁以下およびそこに引用する諸文献、河上正二「融資契約の成立過程における金融機関の責任」金融法務事情一三九九号（一九九四年）六頁以下さらに注（2）横山論文の引用する諸文献参照。

（2）横山美夏「契約締結過程における情報提供義務」ジュリスト一〇九四号（一九九六年）一二八頁以下及び同論文の注（5）が引用する諸文献参照。

（3）柏木昇「アメリカのレンダー・ライアビリティと日本法への示唆」、瀬川信久「貸手責任の社会的背景と法的性格」、以上は平成八年における金融法学会のシンポジウム報告である（金融法研究一三号一四五頁以下所収）。その席上の、追加担保設定に際しての銀行の物上保証人への情報提供義務についての私の質問、答弁の記録もある（前掲研究一六一頁）。貸手責任の参考文献については、柏木前掲報告引用文献参照。

（4）木村仁「保証契約締結における保証人の保護と不当威圧の法理」㈠、（二完）、民商法雑誌一一四巻（一九九六年）二号六三頁以下、同一一四巻三号七一頁以下。

なお、わが国においても金融機関による不当な担保徴収につき、不法行為を理由として、損害賠償の請求を認めた判決例がある。神戸地判昭和四七年四月一二日判例時報六九二号七五頁、同解説、松井宏興・別冊ジュリスト「消費者取引判例百選」一四〇頁、その他この解説の引用する六件の判例研究参照。

（5）木村仁・前掲論文参照。

（6）横山美夏・前掲論文の他森田宏樹『合意の瑕疵』の構造とその拡張理論」ＮＢＬ四八二号、四八三号（一九九一年）、潮見佳男「最近の裁判例にみる金融機関の説明・情報提供責任」金融法務事情一四〇七号（一九九五年）、磯村保「契約成立の瑕疵と内容の瑕疵」ジュリスト一〇八三号、一〇八四号（一九九六年）、小粥太郎「説明義務違反による不法行為と民法理論」ジュリスト一〇八七号、一〇八八号（一九九六年）等参照。

(7) 森田宏樹・前掲NBL四八三号六〇頁。
(8) 大阪高判平成七年四月二〇日判例タイムズ八八五号二〇七頁、川浜昇「ワラント勧誘における証券会社の説明義務」民商法雑誌一一三巻(一九九六年)四・五号六五二頁注(38)参照。
(9) 横山美夏・前掲ジュリスト一〇九四号一三四頁。

三　情報提供義務違反と「合意の瑕疵」、「公序良俗違反」

銀行側に情報提供義務違反があったと認められるとした場合、その効果として、「合意の瑕疵」の成立、つまり詐欺、錯誤による意思表示の取消や無効の主張、さらには場合により「公序良俗違反」を理由とする無効の主張が認められうるであろうか。以下、順次検討してみよう。

1　詐欺の成否

詐欺とは、人を欺罔して錯誤に陥らせる行為であるが、欺罔行為について、判例・通説は、積極的に虚偽の事実を陳述することのみならず、消極的に真実の事実を隠蔽することもこれにあたると解している。したがって、相手方の不知を利用して沈黙によって錯誤に陥れるか、または相手方が錯誤に陥っている場合に沈黙によってさらにその程度を深めることも欺罔行為となる、という[10]。なお、この問題につき、学説には、沈黙は一般的には詐欺とならないが、法律上または信義の原則上真実を告げるべき義務があるのに沈黙していた場合には欺罔行為となるとするものと、沈黙も原則として欺罔行為となるが、告知義務がない場合には違法性を欠くから詐欺とならないとするものとがある。しかし、両者は説明の仕方の差にとどまり、結論に差異はあるまい。また、沈黙による詐欺の成否あるいは違法性判断の具体的判断規準について、自らが原因を作ったことについての黙秘は詐欺となるのが原則であるが、原因たる事実に関係のない者が相手方の不知を利用しても、一般的には詐欺とならないとするものがある[11]。

銀行に情報提供義務があるとする場合には、積極的な欺罔行為があればもちろんのこと、そうでなくても、単なる虚偽の情報の提供、意見や評価の陳述も、情報提供者が高度に社会的信用のある銀行であるだけに、相手方がこれを信頼し、かつ紳士的な対応を期待して意思決定をする確率が高いので、情報提供義務違反を認められる可能性が強く、これを媒介としてさらに欺罔行為としての違法性が認められることによって、詐欺が成立することとなろう。

つぎに、詐欺が成立するためには、欺罔行為が故意によることが要件とされ、その故意について、通説は、詐欺には害意は不要であるが、①相手方をして錯誤に陥らせ、かつ、②その錯誤によって意思を決定・表示させようとする二段の故意が必要であるとする。[12] したがって、故意による情報提供義務違反があったからといって、厳密にそれで直ちにつねに詐欺となるわけではない。しかし、故意という主観的要件を直接に証明することは困難であり、さらに積極的行為を伴わない詐欺的黙秘の場合には外的事情からこれを推定することもまた困難である。このような難点を克服するために、情報提供義務違反が認められる場合において、詐欺における二段の故意の必要性を緩和する試みが近時なされているが、当面は少なくとも、立証のレベルで、情報提供義務を負う者が、その情報が表意者の判断を左右することを認識したうえで虚偽の事実を述べ、あるいはその情報を秘匿したことが明らかとなった場合など、情報提供義務違反が、当該情報を相手方が保有しないことおよびその情報の相手方にとっての重要性を認識して行われたときには、詐欺の故意を推定するのが妥当であろう。[13]

情報提供義務違反によって詐欺が成立する場合、表意者は契約を取り消し、すでに給付したものがあれば不当利得としてそのものの返還を請求しうるほか、さらに契約締結に費やした費用など、不本意な契約の締結によって生じ、取消によっては回復されない損害について、取消の相手方たる詐欺者に対し、情報提供義務違反ないし詐欺を理由とする損害賠償を請求できる。この損害賠償請求権の法的性質は、不法行為あるいは契約締結上の過失等の付随的注意義務、保護義務違反を理由とする契約責任と構成することとなろう。

2　錯誤の成否

不実あるいは不完全な情報に基づいて、保証契約や物上保証契約を締結した場合の多くは、いわゆる動機の錯誤が問題となるケースが多いであろう。伝統的な通説および判例は、動機が明示または黙示に表示されて意思表示の内容となったことを要件として、動機の錯誤をも顧慮するという「動機表示」構成をとっている。これに対して近時の有力説は、動機の錯誤をその他の錯誤と区別すること自体を否定し、表意者の錯誤ないし錯誤対象の重要性についての相手方の認識可能性がある場合に錯誤無効を認める考え方を主張している。情報提供義務違反が認められるようなケースにおいては、一般に、このどちらの構成をとろうと、錯誤無効の主張が認められる可能性が高いように思われる。

なお、表意者の契約の「要素」の認識が真実と一致しないというだけでは錯誤無効を認めるのに十分でなく、その不一致を知らないことが表意者の重過失によらないことが要件とされる。これは、表意者自身に事実調査ないし情報取得義務があることが前提となっている。ということは、逆に、契約の相手方がかかる情報を表意者に提供すべき義務があると認められる場合には、表意者の重過失は問題とならないことになろう。これは近時、消費者契約において事業者に情報提供義務が認められる場合に、「錯誤の要件の緩和」として論議されている問題である。(14) この点は、契約の一方当事者が相手方の情報提供義務違反によって錯誤に陥った場合には、重過失なしと判定するという構成も可能であろうが、いずれにせよ、これらの論議は本稿の問題にもあてはまるといえよう。

ちなみに、保証人や物上保証人は、主たる債務者の将来の資力の変動による責任の負担については、当然契約締結時において覚悟しておくべきであるから、詐欺あるいは錯誤の主張が認められうるのは、契約締結時点において、保証人や物上保証人の負うリスクがほとんど確定的といってよいような状況にあった場合が主たるケースとなろう。したがって、担保割れによる追加担保の設定の場合に、かかる紛争事例が多く発生するであろうことが予測される。

情報提供義務違反行為により、相手方に要素の錯誤を惹起した場合には、表意者は、錯誤無効の主張に加えて、情報提供義務違反を理由とする損害賠償の請求をすることができること、詐欺の場合と同様である。

3　公序良俗違反の成否

周知のように、暴利行為を民法九〇条によって無効とすることを認めたリーディングケースである大判昭和九年五月一日民集一三巻八七五頁は、「他人ノ窮迫軽率若ハ無経験ヲ利用シ著シク過当ナル利益ノ獲得ヲ目的トスル法律行為ハ善良ノ風俗ニ反スル事項ヲ目的トスルモノニシテ無効ナリト謂ハサルヘカラス」と判示した。事案は、貸金業者のYが農夫Xに五〇〇円を貸与し、弁済期二ヶ月後、手数料五〇円、三ヶ月分利息三〇円、紙代印紙代として七円余を天引き、さらにXの生命保険に権利質を設定し、不履行の場合はその保険の解約返戻金を取得するとの契約を締結したというものであった。実は、この解約返戻金は、貸付金の約倍額である九八〇円余であったが、Xはそれを知らず、このことを業務上知っていたYが、Xの無知、窮迫に乗じ、倍額の返戻金があることを告げることなく、短期間の弁済期を定めて貸金をしたのであった。判決は、かかる事案の下で前述のように判示して民法九〇条によりこの担保設定行為を無効としたのである。ちなみに、判旨の定式は、ドイツ民法一三八条（「善良ノ風俗ニ反スル法律行為ハ無効トス。特ニ、他人ノ窮迫、軽率又ハ無経験ニ乗ジテ或給付ニ対シテ自己又ハ第三者ニ財産的利益ヲ約束又ハ供与セシムル法律行為ハ、其ノ財産的利益ガ当該事情ヨリ見テ著シク給付ト権衡ヲ生スル程度ニ給付価値ヲ超過スルトキハ、之ヲ無効トス」）にならったもののようである。

この判決後、他人の無思慮、窮迫に乗じて不当の利を博する行為は暴利行為と呼ばれ、民法九〇条に反するものとして無効とされることが当然視されてきたが、(15) 暴利行為に関する研究はその後あまり進展をみなかった。(16) しかし、近時この問題が、約款規制・消費者保護の必要という側面から新たな展開をみせている。すなわち、契約自由の原則を契約当事者の力関係の均等性、対価関係の均衡性の二つの判断規準から総合的・相関的に判断し、公序良俗違反原理の弾力的な活用によってこれを制限し、「契約正義」の実現をはかろうとする考え方である。(17) なお、フランス、ドイツにおいは、「契約正義」は「給付の均衡」法理との関連において論じられることが多かったようである。[18]

大審院昭和九年五月一日判決に端を発する「暴利行為」規範あるいは「給付の均衡」法理は、伝統的な公序良俗違反とは異質なもので、いわば判例法によって公序良俗違反に仮託して形成された法理であるともいえ、周知のように今日多面的展開を遂げている公序良俗違反概念の一範疇に属するものといえよう。[19]

なお、「給付の不均衡」をめぐる不利益者保護の法理としては、錯誤・詐欺・強迫等の制度で対処することが可能なことも多い。しかし、当事者の主観的ファクターが重視されるために、錯誤・詐欺・強迫は立証できないが、当事者間に極めて大きな不均衡が存在し、それに付随して当事者になんらかの形での「意思の抑圧」や「意思の悪性」が認められる場合には、やはり被害当事者の保護をはかる必要があろう。このような場合に、「給付の均衡法理」を認める実益の一つがある。[20]その根拠規定としては当面民法九〇条に依拠することとなろう。

保証人や物上保証人が主たる債務者に頼まれて銀行との間に保証契約を締結するにあたって、無償で応ずることが多いが、リスク負担が確定的であるのにそれを知らず、また知らされず、保証契約の締結に応じた場合、銀行側がその不知に乗じて自己に一方的に有利な契約の締結にむけて、積極的に働きかけた事実が認められたとすると、「意思の悪性」が認められ、「給付の均衡法理」から、民法九〇条違反が成立する場合も考えられうる。この場合に、その効果として、保証契約を全部あるいは一部無効とするか、あるいは過失相殺法理を伴う損害賠償の形で決着をつけるかの問題がさらに残るが、暴利行為をめぐる過去の裁判例をみると、いろいろな方法による対処がなされていることを一言するにとどめたい。[21]

四　情報提供義務違反と損害賠償の請求

1　詐欺や錯誤の主張とならんで情報提供義務違反を理由とする損害賠償請求が認められることは前述したとおり

であるが、詐欺や錯誤の主張が認められない場合でも、情報提供義務違反を理由とする損害賠償の請求は認められないであろうか。近時の下級審判決例をみると、ワラント取引や変額保険の事例では、詐欺取消しや錯誤無効の主張がなされずに情報提供義務ないし説明義務違反を理由とする損害賠償請求のみが主張されている例が多い。しかし、両者が主張されている例もあり、金融取引に関する裁判例には、詐欺や錯誤の成立を否定して契約有効と評価したうえで、勧誘行為の違法性を認めて損害障償請求を肯定する判決がいくつかあり、過失相殺による割合的処理を行う判決も多い[22]。これらの裁判例の処理方法は次のように評価できる。周知のように、現行民事責任法の基本構造は、不法行為責任と有効に成立した債務の債務不履行責任とに大別され、前者の法的救済手段は原則として金銭による損害賠償、後者のそれは第一次的に履行強制、第二次的に損害賠償となっている。そして、その中間領域として、債務（契約）の成立前において契約交渉関係に入った当事者間に契約成立をめぐってなんらかの障害があった場合には、原始的履行不能論、錯誤・詐欺・強迫制度さらに表見代理・無権代理制度等による法律行為法的救済（取消し、無効による履行請求権の否定、またはその主張の制限による肯定）、あるいは瑕疵担保責任（原始的一部不能、契約の解除による履行請求権の否定、または損害賠償あるいは代金減額請求権の肯定）といった救済制度が用意されている。しかし、これらの救済制度は、第一次的に履行請求権中心の救済手段となっているために、一定の要件の充足の有無を判断規準として、オール・オア・ナッシングのいわば硬直した救済手段となっている（一部取消しや一部無効が原則として認められていない。瑕疵担保責任における代金減額的損害賠償は例外の好例）。しかし、現実には、契約の一方当事者の、契約の有効あるいは無効の主張が認められた場合において、他方の当事者に損害が発生し、その損害をその者に全面的に帰属せしめることが、諸般の事情からみて不公平なことがある。そこで相手方の過失を要件として損害賠償を認めることで（場合によって過失相殺法理をも使って）、公平な解決をはかろうとする法理が登場する。その古典的な例がドイツ法で発達した錯誤無効の主張が認められた場合などにおける契約締結上の過失理論であり、そして近時の消費者保護をめぐる諸議論の中で説かれている、契約締結上の過失理論の新展開あるいは取引的不法行為をめぐる諸議論である。先にあげた近時の裁判例の動向は、このような潮流の中に位置づけることができよう。

このような裁判例や学説の近時の潮流からみるとき、詐欺や錯誤、公序良俗違反の主張が認められない場合でも、銀行側に過失による情報提供義務違反があれば、契約締結上の過失あるいは取引的不法行為を理由とする損害賠償の請求が認められ得よう。

2　ただ一つ問題となるのは、近時のいわゆる「評価矛盾」の論議である。[23] これまでのいくつかの下級審判決は、詐欺・錯誤の成立を否走して契約の有効な成立を認めながら、契約を成立させるための勧誘行為等を不法行為と評価して、原告の損害賠償請求を容認している。これに対して、学説の中からこのように一方で契約の有効な成立を妨げる事情の存在を否定しつつ、他方で契約を成立させるための勧誘行為を違法と評価するのは、評価レベルでの矛盾ではないか、という批判がある。

これに対しては多くの反論が試みられているが、[24] 私は次のように考えている。評価矛盾という批判のポイントは、契約を有効と認めながら、損害賠償の方法によって効果として契約当事者間の財貨移転の正当性を否定することになるのが許されるか、という点にある。結果としての矛盾を矛盾ととらえる必要がない、と言い切る論理をどこに求めるかが、反論のポイントとなる。

この点は、まず、法律行為法（詐欺・強迫・錯誤、表見代理、公序良俗その他）と不法行為法との法的救済の基本的差異に求められよう。前述したごとく、債務不履行法は、不法行為法と異なって履行請求権に基づく履行強制を第一次的救済手段としている。これを受けて法律行為法は、現在のところ法律行為ないし契約の締結過程における障害に対する法的救済手段として、履行請求権の成立を認めるか否か（契約の有効、無効）という形での、オール・オア・ナッシングの解決手段を用意しているにとどまる（一部無効、一部取消しや解除を原則として認めない）。その結果、例えば詐欺の場合には、詐欺者の故意を要件として被詐欺者に取消権を認めるが、過失あるにとどまる場合は詐欺の成立を認めず、取消権の行使が許されず、履行請求権の有効な成立を承認する。換言すると、一旦成立した契約の取消しを認めるにあたっては、単なる過失ではなく、故意を求めるという形で契約当事者の均衡をはかっている。しかし、このことは、履行請求権を認容するかどうかという判断規準から詐欺者の行為を評価しているにとどまり、詐欺者の行為の全面的適法性を積極的に承認しているものとみるべきではない。したがって、過失ある「詐欺者」の行為によって、相手方に損害が生じた場合には、不法行為法の一般理論あるいは契約法上の付随義務ないし保護義務から評価して、損害賠償の請求を認めることはなんら評価矛盾とはいえまい。損害賠償請求権の成否という判断規準からすると過失で十分であるとみるわけである。問題となっている履行請求権の内容が不可分物の特定物債権である場合を考えるとかかる処理の合理性がよく理解できると思われるが（つまり特定物の引渡しは認め、あるいは否定するが損害賠償で当事者間の公平をはかる、例えば錯誤無効の場合の契約締結上の過失理論による相手方の保護、あるいは表見代理の不成立と相手方からする本人の使用者責任の追及など）、種類債権や金銭債権の場合でも基本的には同様に考えうる。

ただ問題となるのは、この場合の損害賠償の範囲である。すなわち、評価矛盾が問題となっている事例では、一方で契約の有効性を是認しながら、他方で契約が無効である場合と同様の損害賠償を認めること、つまり契約が当事者間でなかった状態にするための「原状回復的損害賠償」を認めて当事者間の契約に基づく財貨移転の正当性を結果として否定するのはおかしいのではないかが、問題となっているのだからである。

しかし、多くの事例では、被詐欺者や錯誤者にも過失のある例が多く、過失相殺によって調整されており、財貨移転の正当性を結果として全面的に否定する結果とはなっていない。あるいはまた、特定物引渡債務の場合などには、その特定物の価値とその物の金銭的評価額とが損害賠償が認められることで仮に等価となったとしても、その特定物のもつ固有の価値（利用価値、心理的価値など）からして、財貨移転の正当性を結果として全面的に否定する結果となるとは必ずしもいえない。(25) これら以外の場合においても、損害賠償の範囲のみなおしによって（法政策的な見地から、一般的な差額説をみなおし、そこに生じている損害ないし不利益の公平かつ合理的な分担という見地からする賠償範囲の決定など）、対処することも可能といえよう。いずれにせよ、この問題は法律行為法、契約法の救済手段のみなおしとも関連する課題であり、現在は過渡期の理論としてどのような法的処理を考えるのが妥当かが模索されている段階といえよう。

むすび

本稿で私は、近時のバブル経済崩壊以降、契約交渉段階あるいは履行段階において金融機関のとった行為態様をとらえて金融機関の民事責任を追及する裁判例の潮流は、変額保険やワラント債の事例にとどまらず、今後、保証や物上保証契約締結事例にも及ぶものと推測し、その法的根拠の内容・効果について検討した。すなわち、法的構成として、銀行の情報提供義務の法的根拠、内容及び程度を考察した後、情報提供義務違反が認められる場合の法律行為法的救済として、詐欺、錯誤、公序良俗違反の成否を検討した。ついで、これとならんで、あるいはこれらが否定された場合に、情報提供義務違反を理由とする不法行為法あるいは債務不履行法上の救済として損害賠償請求が認められるものかを検討した。本稿の問題提起が今後どのように受けとめられるか、期待しつつ本稿を結ぶこととする。

(10) 川島武宜編・注釈民法(3)二二四頁（下森定執筆）。
(11) 我妻栄『民法講義Ⅰ（改訂民法総則）』三〇九頁、三一〇頁。
(12) 我妻栄・前掲書三〇八頁。
(13) 横山美夏・前掲注(2)論文一三五頁。
(14) 森田宏樹・前掲注(6)論文ＮＢＬ四八二号二四頁以下、とくに二八頁参照。

(15) 我妻栄・前掲書二七五頁、川島武宜『民法総則』二四三頁、幾代通『民法総則』二一三頁、四宮和夫『民法総則（四版）』二一一頁、鈴木禄弥『民法総則講義』一〇三頁。
(16) 暴利行為の研究に関する主要文献は次のとおりである。谷口知平「比較法制より観たる暴利契約（一）、（二完）」民商法雑誌二八巻三・四号、柳川眞佐夫「暴利契約の契約序説（一）、（二完）」法曹会雑誌一一巻三・四号、石神兼文「消費貸借における暴利行為」鹿児島大学文理学部研究紀要社会科報告六号、この他、代物弁済の予約をめぐる諸研究がこの問題を取り扱う。
(17) 代表的な文献は、大村敦志『公序良俗と契約正義』（一九九五年）である。その他の文献については同書引用の諸文献参照。なお、同書三頁以下の序言は近時の動向を要領よく整理している。
(18) 石部雅亮「契約の自由と契約正義――莫大損害の歴史を中心に（一）」（未完）法学雑誌（大阪市大）三〇巻三・四号（一九八四年）参照。
(19) 大村敦志・前掲書三六一頁以下参照。
(20) 同前掲書三六六頁。
(21) 同前掲書三七三頁以下に判例法の詳細な分析がある。
(22) 京都地判昭和四三年一一月二六日金融商事判例一五七号一五頁、大阪地判昭和四七年九月一二日判例時報六八九号一〇四頁、札幌地判昭和五九年五月二四日判例時報一一三七号一三五頁、長崎地判昭和六一年三月一七日判例時報一二〇二号一一九頁、大阪地判昭和六一年五月三〇日判例タイムズ六一六号九一頁、秋田地判昭和六一年九月二四日判例時報一二一六号一一九頁など。なお横山美夏・前掲論文一三五頁以下および橋本佳幸「取引的不法行為における過失相殺」ジュリスト一〇九四号一四七頁以下（一九九六年）参照。後者の論文は、最近の下級審判決例の動向を詳しく分析している。
(23) 道垣内弘人「取引的不法行為――評価矛盾との批判のある一つの局面に限定して」ジュリスト一〇九〇号一三七頁以下（一九九六年）。
(24) 道垣内弘人・前掲論文が詳しくこの問題を論じている。この他、横山美夏・前掲論文一三五頁以下参照。
(25) 安永正昭「無権限取引における信頼保護と損害賠償」ジュリスト一〇八一号九一頁以下（一九九五年）がこの点を明確に指摘している。

【事例研究】動機の錯誤に基づく連帯保証契約の効力、保証・物上保証契約の締結と銀行の情報提供義務

（二〇〇七年）

〔設　問〕

X信用金庫は、A会社に対して二五〇〇万円の融資をするにあたり、A会社に連帯保証人を立てることを要求した。そこでA会社の代表者Bは、妻の兄であるY（義兄）に連帯保証人になってくれるよう夫婦で依頼した。この当時、A会社の経営は極めて悪化し回復の見込みはない状況であったが、Yはそのような事情を知らなかった。当初YはB夫妻にも、X信用金庫C支店のD次長にも、保証人になることを断っていた。しかし、その後、B夫妻に伴われてX信用金庫のC支店にきたYに対し、D次長は支店長と共に応対し、A会社の経営は赤字であること、しかし、Yの保証があれば融資が可能なこと、融資の額や期間等の条件については説明したが、赤字の具体的状況（例えばA会社は他の金融機関から高利・高額の負債があることなど）については説明しなかった。Yは高齢で癌を患っていたこともあり、D次長の説明を十分理解できず、同人に対し、「この会社は大丈夫ですか」と尋ねたところ、D次長は、A会社には新しい仕事も立ち上がっているし、B社長の奥さん（Yの妹）もお金の工面や注文取りに駆け回っているから「大丈夫ですよ」と答えた。そこで、Yは、B夫妻から保証を依頼された際に、A会社に新規受注先があり、今回融資を受ければ何とかなるとの話を聴いていたこともあって、A会社の立ち直りを信じて、保証人になることを承諾した。ところが、数ヵ月後にA会社は倒産してしまった。

以上のような事実関係の下で、XがYの連帯保証債務の履行を求めてきた場合、XY間の法律関係はどうなるか、YやXからの考えられうる法的主張を検討した上、その成否を論じなさい。なお、本問の検討に当たっては、消費者保護法にまで論及する必要はない。

〔論　点〕

(1)　動機の錯誤に基づく連帯保証契約の効力
(2)　保証・物上保証契約の締結と銀行の情報提供義務
(ア)　情報提供義務の法的根拠
(イ)　情報提供義務の内容と程度
(ウ)　情報提供義務違反と「合意の瑕疵」、「公序良俗違反」
(i)　詐欺の成否　(ii)錯誤の成否　(iii)公序良俗違反の成否
(エ)　情報提供義務違反と損害賠償の請求

【出題の意図】

本問は東京高裁平成一七年八月一〇日判決を下にして作成した問題である。近時、消費者保護政策の進展の下、企業の情報提供義務や銀行の貸手責任（レンダース・ライアビリティ）法理が進展し、主として各種金融機関との間で債務者のみならず保証契約における保証人の救済を図る判例が世界的に広まってきている。その救済手段としては、法律行為制度による救済のほか、契約責任あるいは不法行為責任制度による救済が図られ、制度間競合といった議論が日本でも学説上有力に展開されている。本問は、このような現代的問題の一端を考える素材として作成・出題したものである。

〈**参考文献**〉

(1)　動機の錯誤に基づく連帯保証契約の効力
東京高判平一七・八・一〇判タ一一九四号一五九頁、判時一九〇七号四二頁

同上判例解説　小林一俊・私法判例リマークス二〇〇六（下）一四頁、平野裕之・判タ一一九四号一〇〇頁

(2)　保証契約の締結と銀行の情報提供義務

下森定「保証・物上保証契約の締結と銀行の情報提供義務」、『民事研修』（「みんけん」）四八八号一二頁、四八九号一三頁およびそこで引用した諸文献参照

横山美夏「契約締結過程における情報提供義務」ジュリスト一〇九四号（一九九六年）一二八頁

大村敦志『公序良俗と契約正義』（一九九五年）

山下純司「保証意思と錯誤の関係」学習院大学法学会雑誌三六巻二号九六頁

斉藤由起「近親者保証の実質的機能と保証人の保護」私法六九号（二〇〇七年）一八三頁

【解　説】

(1)　動機の錯誤に基づく連帯保証契約の成否

(i)　Yの反論

本問の素材とした東京高裁平成一七年八月一〇日判決の訴訟事件において、連帯債務の履行を求めるXの主張に対して、Yは、①A会社の代表者Bや信用金庫の支店次長Dの、A会社は大丈夫だという言葉を信じて連帯保証をしたが、Aは当時すでに倒産必至の状態にあったこと、②XはYに対し、A会社が赤字の具体的状況、例えば他の金融機関から高利・高額の負債をしているといった事実を隠して、本件融資によって会社が立ち直れるようかのように誤信させて連帯保証をさせたこと、③Yは、XからA会社のこのような経営状況について説明を受けていれば、連帯保証契約を締結しなかったことが明らかであり、Yには契約締結の動機に錯誤があり、その動機は当然の前提として黙示的に表示されていたといえるから、本件契約は要素の錯誤により無効であるなどと主張した。

(ii)　Xの再反論

これに対し、Xは、①A会社が高利の金融機関を利用していたことは推測できたが具体的金額は知らなかったし、それを知っていたら本件融資は行わなかった、②本件融資当時、A会社には新規取引の話があり売り上げの増加が見込まれるので、倒産は予測していなかった、③Xは、Yに対しA会社の二月期の決算書を示して同社の厳しい経営状況を説明している、④Yの上記③の反論は、動機の錯誤の主張に過ぎず、それが明示されていないので、要素の錯誤とはいえない、と再反論した。

(iii)　裁判所の判断

第一審は、Xの主張した事実をほぼ認め、要素の錯誤により本件契約が無効であるとはいえないと判示した。しかし、東京高裁は要素の錯誤の成立を認めて原判決を取り消した。この判決が認定した事実関係の詳細と判決理由は、前掲参考文献1)に譲るが、大要は次のごとくである。判旨は、まず、①本件Xの融資当時のA会社の厳しい経営状況の詳細な事実認定により、当時A会社が倒産必至の状況にあり、現に融資後僅か四ヶ月で事実上倒産したことを指摘し、②このような状況を、Xは調査により容易に見抜ける状況にあったこと、③したがってこの時点でYの連帯保証債務の現実履行の必要性がほぼ確実な状況にあったこと、④他方Yは、このような事実を当時彼が知っていたなら、唯一の土地建物を担保提供してまで保証する意思をもたなかったものと認められ、本件契約締結の動機に錯誤があったことが明らかである、⑤そしてYは、高齢で子もなくかつ病弱であったこと、にもかかわらず、単なる情誼的な動機から義弟のために唯一の土地建物を提供して保証人となったものであること、その際次長Dの「大丈夫です」という言葉を信頼して決断した事情があることなどから判断すると、A会社が破綻状態にないと信じて保証するという動機は黙示的に表示されていると認めうること、⑥そうだとすると、本件連帯保証契約は要素の錯誤により無効である、というものである。

(iv)　問題点の整理と検討

(ア)　保証債務について錯誤無効が主張された事例はこれまで多数ある。一般に錯誤が動機の錯誤の場合には、それが表示されているときにのみ意思表示の内容を構成し、民法九五条が適用されるというのが判例の立場であり、本件もその一例である（判例・学説の詳しい問題状況は前掲参考文献に譲る）。ただ、本判決は、連帯保証契約締結の際における金融機関の調査と説明について極めて詳しい事実認定をして、保証人の救済を図った点で、近時の銀行の貸手責任あるいは情報提供義務をめぐる世界的な問題状況の一環につながる興味深い訴訟事件として注目を集めている。この事件では当事者の法的主張が錯誤構成に絞られていたため、判決理由もこの構成による救済となっているが、近時の理論状況からすると、多様な法的主張ないし構成が考えられうる事例といえよう。

(イ)　錯誤構成の点から見るとき、近時の学説上は、周知のように内容の錯誤、動機の錯誤の区別を否認し、相手方の認識可能性を要件として九五条の適用を肯定し、さらには共通錯誤の場合にも錯誤の主張を認める見解が有力であるが、このような立場に立って、近時の銀行債務の保証人保護思想の拡大を背景に、金融機関の保証内容説明義務・保証意思確認義務を認め、その義務の不履行がある場合には、特別事情がある場合は別として、主債務者の信用悪化状況を知りながらこれを告げなかったケースでは詐欺の成立を認め（沈黙の詐欺）、債権者もまたこれを知らなかったケースでは共通錯誤として錯誤の主張を認めるべしとの見解（小林・平野説）、あるいは、保証契約は主債務者の支払不能リスク引受け契約であるとの見地から、保証人のリスク引受意思の範囲いかんを基準とし、それを超える契約であった場合は錯誤無効の主張を認めようとする見解（山下説）もある（ただし、契約後の事情変更、将来の履行期におけるリスク負担は当然保証人の負担であって錯誤の主張は許されないことに注意）。なお、保証契約締結にあたっての、保証人・債権者間の主債務者の経営・資力状況についての確認的言辞・言動（「大丈夫か」「大丈夫だ」）は単なる外交辞令や駆け引きとみるべきではなく、リスク引受範囲の一判断資料となるのみならず、動機の錯誤の表示や共通錯誤の認定資料としての意味をも持つとの指摘もある（小林一俊説）。

⑵　保証・物上保証契約の締結と銀行の情報提供義務

本問の答案作成としては、以上の解説を踏まえて書けば十分合格答案レベルに達すると思われるが、近時の学説状況を踏まえて、他の主張・法的構成についても簡単に解説しておこう（詳細は前掲参考文献欄に引用した拙稿参照）。

㈠　情報提供義務の内容と法的根拠

私的自治の原則上、契約締結過程における情報収集は個人の責任において行うべきことは当然であり、この点は保証契約の締結においても同様である。しかし、現代における高度情報化社会、専門化社会における金融取引においては、情報収集についてこの原則を貫徹すると情報量とその収集・分析能力における格段の差異からして企業・金融機関と取引する相手方（とくに一般市民、消費者）は不利な立場におかれ、また、取引に入るにあたって、これらの者は専門企業の提供する情報を信頼し、これに依存せざるを得ない状況にある。かくて、専門企業への社会的信頼に対応する企業の社会的責任が強調され、それを情報面においても認める必要性と正当性が認識されてきた。その結果、企業と一般市民（消費者）を当事者とする取引一般において、情報力の構造的格差・企業に対する社会的信頼保護に基づき、契約自由の原則の実質的保障のために情報提供義務が企業に課されることとなる。その法的根拠は、消費者保護法といった特別法がない領域においては、当面信義則に求められている。

㈡　情報提供義務の内容と程度

情報提供義務の内容あるいは程度は各種取引ごとに、最終的にはケース・バイ・ケースで判断するほかないが、金融機関との取引といっても、変額保険への加入あるいはワラント債等の購入の場合等と異なって、保証や物上保証契約の締結上主として問題となる情報は、債務者の資力・経営状況等に関する信用情報である。契約交渉過程において、保証人が保証責任を負うリスクを十分に認識していないにも拘らず、銀行が自己に対する信頼を利用し、適切な助言をせず、自己にとって一方的に有利な保証契約を締結させた場合には、情報提供義務違反の責任問題が生じよう。とくに、銀行側の強いイニシアティブの下に締結された場合には、その可能性が強まる。また単なる過失によって不実あるいは不完全な情報が提供されたり、相手方の状況判断の誤りを知っていたり、主たる債務者が保証人に対して不実の情報を提供したとか、無権代理行為で保証契約を締結したとかといった事実があることを知り、もしくは知りうべきであったとき、さらにはこれらの行為に銀行も関与していた場合などには、銀行がその知っている情報を提供せずに契約締結に至らしめたときは情報提供義務違反を認めることができよう。

(ウ)　情報提供義務違反に基づく契約とその法的救済

契約締結過程において不十分ないし不実の情報提供がなされたとき、その結果、その情報に基づいて、①表意者がその目的に適合しない契約、換言すると、適切な情報を得ていたらそもそも締結しなかったような契約を締結した場合（錯誤や瑕疵ある意思表示による契約締結など、契約の成立に関連する情報）、②適切な情報を得ていても当該契約を締結したであろうが、当該情報が不十分ないし不実であったので、当該契約から期待された結果を得ることができなかった場合（目的物の保存・操作に関する不十分ないし不実の情報提供など、契約の履行に関連する情報）の二類型が考えられる。そして、義務違反に対する救済手段については、①の場合、合意の瑕疵が極めて重大な場合は契約関係の解消（法律行為制度）による救済、それほどでないときは不法行為制度（あるいは契約締結上の過失）に基づく損害賠償による救済、②の場合には、契約の履行（不完全履行責任）に関わるものであるから、債務不履行制度による救済の問題となる。また救済手段の選択にあたっては、いわゆる制度間競合が問題となる。

(エ)　情報提供義務違反と「合意の瑕疵」、「公序良俗違反」

情報提供義務違反があった場合、その効果として、「合意の瑕疵」の成立つまり詐欺・錯誤による取消し・無効、あるいは「公序良俗違反」による無効の主張が認められるであろうか。

(i)　詐欺の成否

銀行に一般的に情報提供義務違反が認められる場合には、積極的な欺罔行為があればもちろん、そうでなくとも単なる虚偽の情報提供、意見や評価の陳述も、情報提供者が高度に社会的信用のある銀行であるだけに、相手方がこれを信頼し、かつ紳士的対応を期待して意思決定をする確立が高いので、情報提供義務違反が認められる可能性が強く、これを媒介としてさらに欺罔行為としての違法性が認められることによって詐欺が成立することになろう。

もっとも、詐欺が成立するためには、欺罔行為が故意によることが要件とされ、その故意について、通説は、①相手方をして錯誤に陥らせ、かつ、②その錯誤によって意思を決定・表示させようとする二段の故意が必要とする。そこで、故意による情報提供義務違反があるからといって、それだけで直ちに詐欺取消しが認められるわけではない。しかし、故意を直接に証明することは困難であり、さらに積極的行為を伴わない詐欺的黙秘の場合には外的事実からこれを推定することもまた困難である。そこで、この難点を克服するために、情報提供義務違反が認められる場合には二段の故意要件を緩和する試みも近時ある。当面は少なくとも立証のレベルで、情報提供義務を負うものが、その情報が表意者の判断を左右することを認識したうえで虚偽の事実を述べ、あるいはその情報を秘匿したことが明らかとなった場合等、情報提供義務違反が、当該情報を相手方が保有しないことおよびその情報がもつ相手方にとっての重要性を認識して行われたときには、詐欺の故意を推定するのが妥当であろう（横山論文参照）。

詐欺が成立する場合には、保証契約の取消しと不当利得の返還請求、さらには契約締結費用などの損害について、情報提供義務違反ないし詐欺を理由とする損害賠償の請求ができる。その法的根拠としては、不法行為あるいは契約締結上の過失等の付随的注意義務・保護義務違反を理由とする契約責任で構成することとなろう。

(ii)　錯誤の成否

錯誤の主張については(1)で述べたので繰り返さないが、一般に情報提供義務違反が認められるような場合には錯誤無効の認められる可能性が強いから、保証契約の場合にも、単なる錯誤無効の主張にとどまらず情報提供義務違反の主張とあわせて主張するのが有利といえよう。なお、錯誤無効の主張については、表意者に重過失がないことが要件とされているが（九五条ただし書）、近時消費者契約において事業者に情報提供義務が認められる場合には表意者の重過失は問題とならないとして、「錯誤要件の緩和」が主張されている（森田宏樹説）。保証契約の場合にもこのような主張は可能であろう。救済手段として、無効主張と並んで情報提供義務違反を理由とする損害賠償請求が許されることは詐欺の場合と同様である。

(iii) 公序良俗違反の成否

他人の無思慮・窮迫に乗じて不当の利を博する行為は暴利行為として、民法九〇条の適用対象となることは判例・通説の認めるところであるが、近時、約款規制・消費者保護の見地から、この原理の弾力的活用が主張されている。すなわち、契約自由の原則を「契約当事者の力関係の均等性」、「対価関係の均衡性」という二つの判断基準から総合的・相関的に判断して、公序良俗違反原理の弾力的活用によって制限し、「契約正義」の実現を図ろうとする考え方である（大村敦志前掲書）。

保証人や物上保証人が主たる債務者に頼まれて銀行との間に保証契約を締結するにあたって、無償で応ずることが多いが、リスク負担が確定的であるのにそれを知らず、また知らされず、契約の締結に応じた場合、銀行側がその不知に乗じて一方的に有利な契約の締結に向けて積極的に働きかけた事実が認められるとすると、「意思の悪性」が認められ、「給付の均衡法理」から、九〇条違反が成立する場合が考えられうる。この場合に、その効果として保証契約を全部あるいは一部無効とするか、過失相殺法理を伴う損害賠償の形で決着するかの問題がある。

(オ) 情報提供義務違反と損害賠償の請求

詐欺や錯誤の主張とならんで情報提供義務違反を理由とする損害賠償請求が認められることは前述した。次の問題は、それらが認められない場合でも、情報提供義務違反を理由とする損害賠償請求が認められないかの問題である。周知のように、現行民事責任法の基本構造は、不法行為責任と債務不履行責任とに大別され、前者の法的救済は原則として金銭による損害賠償、後者は第一次的に債務の履行強制、第二次的に損害賠償となっている。そして、その中間領域に、契約締結過程における当事者間のトラブルに対処する制度として原始的不能（契約不成立）論、合意の瑕疵（錯誤・詐欺・強迫）制度さらには表見代理・無権代理制度等による法律行為的救済あるいは瑕疵担保責任・危険負担といった法定の救済制度が用意されている。しかし、これらの救済制度は、履行請求権を中心とする救済手段なので、これを認めるか否かの、オール・オア・ナッシングの硬直的な保護手段となっている（原則として一部の取消しや無効が認められていない）。しかし、現実には、契約の有効あるいは無効の主張が認められた場合に、他方の当事者に損害が発生し、その損害をその者に全面的に負担させることが不公平なことがある。そこで、過失を要件として損害賠償責任を課すことで（過失相殺法理をも使いつつ）、公平な解決を図ろうとする法理が登場してきた。その古典的法理が例えば「契約締結上の過失理論」であり、近時の消費者保護をめぐる議論の中で展開されている「契約締結上の過失理論の新展開」あるいは「取引的不法行為をめぐる諸議論」である。現に、近時の下級審判決例にはこの傾向に関わる多くのケースが現れている。

このような傾向からすれば、詐欺や錯誤、公序良俗違反の主張が認められない場合でも、銀行側に過失による情報提供義務違反があれば、契約締結上の過失あるいは取引的不法行為を理由とする損害賠償の請求が認められよう。ただ一つ問題となるのは、近時のいわゆる「評価矛盾」の論議である。詐欺・錯誤の成立を否定して契約を有効としながら、契約を成立させるための勧誘行為等を不法行為と評価するのは評価レベルでの矛盾ではないかの疑問である。しかし、これは、債務の履行強制を第一次的救済手段とする債務不履行と損害賠償による救済を原則とする不法行為の制度設計の差異からくる評価基準の差異によって出てくる結論の差に過ぎず、なんら矛盾は存しないと考える。また、後者の損害賠償の範囲につき、原状回復的損害賠償を認めると、財貨移転の正当性を結果として否定することになるとの批判があるが、多くの判決例では過失相殺その他の処理で公平な処理を実務上しており、必ずしも不当とはいえない（この点の詳細は前掲拙稿参照）。

以上の情報提供義務論は近時の理論であるので、本問答案採点上は、加点事由に止める。

5　安全配慮義務

Ⅰ　国の安全配慮義務　（一九八七年）

一　序　説

交通事故による殉職自衛官遺族の国に対する損害賠償請求訴訟で、最高裁昭和五〇年二月二五日判決（民集二九巻二号一四三頁）[1]が、不法行為規範から生ずる注意義務とは別の、契約法理に基礎をおく「安全配慮義務」を認めて以来、かなりの数におよぶ判例・判決例あるいは学説[2]があらわれ、問題点が整理され、明確となってきた。すなわち、当初は労働契約を中心に安全配慮義務が問題とされていたが、その後、請負、賃貸借、売買契約の他、学校事故等についても多くの訴訟が提起されてきた。そして、不法行為責任とは異なった契約責任とみることによるメリットとして、当初は時効期間や帰責事由の立証責任が主として意識されていたが、その後、安全配慮義務の具体的内容とその違反の事実についての立証責任、履行補助者、慰謝料請求権、弁護士費用、損害賠償債務の遅滞時期、消滅時効の起算点、相殺等の諸問題をめぐって、要件論、効果論上の差異が問題となり、契約責任構成が被害者にとってつねに必ずしも有利でないという問題状況もあらわれた。かくて、あらためて、安全配慮義務の法的性質論、効果論が具体的に問われ、かかる概念を用いることの必要性あるいは有用性が問題となっているのが今日の問題状況といえよう。

大きな流れとしては、一方において、この概念の有用性を肯定しつつ、さらに理論的な展開をはかり、履行義務としての安全配慮義務と保護義務としての安全配慮義務に二分化してとらえ、前者には損害賠償請求以上の法的効果を認めようとする見解が有力に主張されている。また、同様な立場から、契約類型毎に安全配慮義務の要件論、効果論をきめ細かく考察しようという傾向が認められる。しかし、他方においては、この概念の有用性を否定し、不法行為法的処理で十分対処できるとする見解も有力である。

角度を変えていえば、①安全配慮義務は、雇用・労働契約以外にもどこまで適用されるのかといった適用契約類型の範囲、②安全配慮義務は、常に給付義務に対して附随義務にとどまるのかといった債務構造論上の位置づけ、③信義則に基づく安全配慮義務は、債務不履行規範と不法行為規範の両方（競合）、その一方（非競合）、もしくはその統合（規範統合）によるのかといった適用規範の整序、などの問題が、理論上の大きな課題となっているといってもよい。(3)

本稿は、このような判例・学説の問題状況を踏まえて、国の安全配慮義務を視点の中心にすえつつも、それにとどまらず、安全配慮義務論一般の法的性質論、効果論について、解釈論的検討を行うことを目的とするものである。

（1）本判決の評釈として例えば次のものがある。大内俊身・ひろば二八巻六号、川崎武夫・法時四七巻九号、下森定・法セ昭和五〇年七月号、西村健一郎・労判二二二号、森島昭夫・判評二〇〇号（判時七八六号）、奥田昌道・ジュリ六一五号、柴田保幸・曹時二八巻四号、浦川道太郎・別冊法学教室・民法の基本判例。

（2）安全配慮義務をめぐる諸問題につき体系的に検討した近時の文献として次のものがある。
飯原一乗「不法行為責任と安全配慮義務違反に基づく損害賠償責任との関係」新実務民訴講座4五九頁、大嶋芳樹＝西村孝一「安全配慮義務と交通事故」交通事故賠償の現状と課題一一八頁以下、岡村親宜「使用者・事業者の民事責任」現代労働法講座12二九〇頁以下、同・労災裁判の展開と法理（総合労働研究所刊）、國井和郎「安全配慮義務についての覚書㊤㊥㊦」判タ三五七号二一二頁以下、同三六〇号一〇頁以下、同三六四号五八頁以下、同「第三者惹起事故と安全配慮義務」判タ五二九号一九六頁以下、後藤勇「労働契約と安全配慮義務」ロースクール二七号三七頁以下、高橋真「ドイツ民法典における使用者の安全配慮義務規定の生成について㊤㊥」香川法学五巻一号、同六巻二号、新美育文「『安全配慮義務』の存在意義」ジュリ八二三号九九頁以下、星野雅紀「安全配慮義務とその適用領域について」判タ四五七号一一頁以下、宮本健蔵「西ドイツにおける安全配慮義務と保護義務」法学研究〈明治学院論叢〉三三号一二五頁以下、同「雇傭・労働契約における安全配慮義務」法学研究〈明治学院論叢〉三六号一四五頁以下、山本隆司「安全配慮義務論序説」立命館法学一七一号六〇二頁以下、和田肇「雇傭と安全配慮義務」ジュリ八二八号一二〇頁以下。この他、裁判実務大系8「民事交通・労働災害訴訟法」所収の安全配慮義務関係の諸論稿参照。なお、学校事故について、ジュリスト八八六号の特集号参照。

判例の問題状況については、前掲飯原、國井、星野諸論稿が詳しい。

（3）かかる問題意識にたって問題を検討しているものとして例えば次のものがある。

四宮和夫・請求権競合論九四頁、同・事務管理・不当利得・不法行為下巻六六一頁以下、奥田昌道・債権総論㊤一六頁、同「債務不履行と不法行為」民法講座4五六五頁以下、平井宜雄・債権総論四四頁、北川善太郎「債務不履行の構造とシステム」法叢一一六巻一〜六号二一七頁、下森定「労働契約上の安全配慮義務の法的性質」法セ昭和五八年五月号一二四頁、同「交通事故と安全配慮義務」交通法研究一五号六〇頁以下、同「契約責任（債務不履行責任）の再構成」内山＝黒木＝石川還暦記念・現代民法学の基本問題㊥一六三頁以下、藤岡康宏「安全配慮義務に関する規範適用について」民研三一八号一八頁、國井、宮本前掲論文。なお、同様の問題意識にたつものとして、瀬川信久「子どもを好意で預った場合の保護義務」四宮古稀記念・民法・信託法理論の展開六五頁以下がある。

二　安全配慮義務の法的性質と根拠

1　判　例

前記昭和五〇年判決は、安全配慮義務の概念規定については、ドイツ民法六一八条一項にならい、「国は、公務員に対し、国が公務遂行のために設置すべき場所、施設もしくは器具等の設置管理又は公務員が国もしくは上司の指示のもとに遂行する公務の管理にあたって、公務員の生命および健康を危険から保護すべき義務（＝安全配慮義務）を負う」ものと解し、法的根拠については、我妻説にならいつつも[1]、「右のような安全配慮義務は、ある法律関係に基づいて特別な社会的接触の関係に入った当事者間において、当該法律関係の付随義務として当事者の一方又は双方が相手方に対して信義則上負う義務として一般的に認められるべきもの」と説明した。そこで、近時の民法学で、契約責任の進展あるいは再構成として問題とされている「特別の社会的接触」による保護義務関係論[2]とも関連するものと把握される余地があり、両者の関係をどのように解すべきかにつき問題が残された。すなわち、安全配慮義務といわゆる補充的契約責任に属する保護義務との関係いかんが検討課題として登場したのである。最高裁昭和五〇年判決後、一連の最高裁判決[3]を通じて、この法理はほぼ確定した判例法理として今日に至っている。しかし、前述したように、そしてまた後に詳しくみるように、その後の判例法とくに下級審判決例の動向として、一方においてこの法理の適用契約類型の拡大化等にみられる拡大化現象が認められる反面、他方において、立証責任、履行補助者、義務内容の制限的解釈、効果論における締め付けにみられる縮小化現象もあらわれ、体系的整理の必要な段階に達したものといえる。そのためには、安全配慮義務の債務構造論に関する学説による分析・再構成が必須課題といえよう。

2　学説

使用者の安全配慮義務について、学説はかなり以前からこれを認めていた[4]。

(1)　その代表的学説である我妻説は、ドイツ民法六一八条、六一九条およびスイス債務法三三九条を参照しつつ、これらは、労務者保護の政策上とくに課された義務といわれているが、雇用契約においては、使用者がこのような附随義務を負うのはむしろ当然のことだとして、これを信義則によって基礎づけた。その後の学説はこれに従う。我妻説においては、特殊＝雇傭契約についての信義則上の附随義務としてとらえられていたのが、前述のごとく、判例により、「ある法律関係に基づいて特別な社会的接触の関係に入った当事者間」における当事者双方の信義則上の義務と極めて抽象的・一般的に説明されたために適用領域が一挙に拡大される結果をもたらした。この背景には、近時の西ドイツの「契約理論上の一般的な保護義務論」に関する判例の動向が影響を及ぼしているように思われる[5]。

(2)　ところで、労働法学の領域においては、以前から、安全配慮義務は単なる附随義務ではなく、雇用契約と原理的基礎を異にする労働契約上の本質的義務だとする見解が有力に主張されていた(6)。これをうけて、近時でも、例えば、安全配慮義務は不法行為法上の一般的注意義務を前提としながら、労働契約の特殊性等のためにより高度な義務として変容を受けたものであるとして、単なる信義則上の義務ではなく、「それは、労働安全衛生法規によって課された、しかも労務遂行過程の特殊性（つねに危険を内在していること、労働者はそれを回避できないこと）および労働者の生命・健康という価値の重大性を考慮した、かなり高度な義務」と解する、安全配慮義務を労働契約に限定しつつ、高次の義務としてとらえる考え方が表明されている(7)。労働法学上の議論は、特殊＝労働契約上の安全配慮義務に関心が集中している結果、他の契約類型における安全配慮義務との関連、契約責任論一般における安全配慮義務論の位置づけ、債務構造論の分析等の点にはあまり関心が払われていない。

(3)　民法学上の議論においても、最高裁昭和五〇年判決が雇用契約上の安全配慮義務を信義則上の附随義務と構成したことに関連して、次のような見解が表明された(8)。すなわち、本来、安全配慮義務は補充的契約責任の領域に属するところの、附随義務あるいは保護義務と呼ばれる性質のものとしつつも、この義務を対等当事者間の意思の補充ないし調整機能を果す市民法レベルでの附随義務とみるべきでなく（過失責任原則によって規制されるおそれあり）、特殊＝労働契約関係（①「労働」商品の特殊性、②「機械制・工場制生産方式」下における継続的組織的集団労働、という労働契約の背後の社会関係の特殊性）に基礎を置く労働法原理に立脚した使用者の義務として把握すべきである、との主張である。

また、安全配慮義務を通常の安全配慮義務（手段債務）と絶対的な安全配慮義務（結果債務）に二分し、後者に属する雇用契約上の安全配慮義務では相手方の安全そのものが義務内容であって、事故被害が生じたときには義務者が不可抗力を立証できない限り免責されないものとする見解も表明された(9)。

これらの学説の実践的意図は、いずれも、義務内容を高度化・包括化することにより、義務違反の主張・立証責任や履行補助者の問題などで、労災被害者の保護を手厚くしようとするところにあったが、他方で、注意義務の程度で安全配慮義務を二分化してとらえるという発想が注目を惹いた。

その後、学説中に、安全配慮義務を附随義務・保護義務ではなく、給付義務と解する見解もあらわれた。雇用の場での安全配慮義務は給付の受領者側が負担する点で給付者側が負担する通常の保護義務とは相違するというのである[10]。また、附随義務・保護義務とならんで、安全配慮義務が本来的給付義務（医療契約や管理契約等の場合）、または副次的給付義務（運送契約や寄託契約の場合）として認められる場合もあるとの見解が表明された[11]。従来、安全配慮義務違反の効果としては、損害賠償請求がもっぱら考えられていたのが[12]、給付義務とみることにより、効果論上、履行請求権、労務給付拒絶権等が意識されることになったのである。また。その後安全配慮義務の適用される契約類型が、下級審判決例の中で拡大化されていったことは前述したとおりであるが、安全配慮義務の給付義務論への拡大化現象があわせてここに登場したわけで、ここでも体系的整理の必要性が生じ、あらためて、特殊＝労働契約における安全配慮義務のみなおしが必要となったのである。

(4)　かかる安全配慮義務の適用領域の拡大化傾向に対して、ある時期からその適用領域の限定化傾向が判例法の中にあらわれてきたことは前述したとおりであるが、学説の中にも、その概念の有用性に関して疑問を呈するものもあらわれてきた。例えば、「安全配慮義務を債務不履行責任と構成しても、不法行為責任と構成することとの間には差異が認められないし、また認めるべきでない」とし、「少なくとも損害賠償の領域では、安全配慮義務の存在意義はきわめて乏しい」とみる見解である[13]。

(5)　かかる問題状況の中で、安全配慮義務と保護義務との関係につき、ドイツ法との比較において問題を明確に整理し、さらに、雇用・労働契約における安全配慮義務に関し、日本法の解釈としてこれを二分化し、使用者は給付義務としての安全確保義務と保護義務とを併存的に負うものとする見解（宮本説）が表明された[14]。安全確保義務の領域において、使用者が義務を履行しない場合には、労働者は労務給付の拒絶権を有し、さらに履行請求権を有するもの、とすることにより、かかる事前の損害回避手段によって、損害発生を未然に防止する効果をねらうもので、労災予防の観点から安全配慮義務論の再構築をはかるべし、と主張する。

3　問題の検討

以上の判例・学説の問題状況を踏まえて、次のように考える。

(1)　まず、契約の相手方の生命・身体・財産等を害しないように配慮すべき安全配慮義務は、給付義務としての安全配慮義務と保護義務としての安全配慮義務に二分化して把握し、両者の併存を認めることが妥当である。前者はさらに、(イ)当事者の合意に基礎をおく、主たる給付義務としての安全配慮義務と、(ロ)当事者の合意または信義則に基礎をおく、従たる給付義務としての安全配慮義務に形式的には分類できるが、この分類は、効果論上はさほど重要ではない。給付義務としての安全配慮義務には契約法規範が全面的に適用される。しかし、この場合には、同時に不法行為も成立するから、請求権競合が問題となる。契約責任としての保護義務については、これを否定する見解もあるが、契約締結上の過失や積極的債権侵害論という形で、すでに実質的には承認されているから、これを否定する理由はあるまい。この類型は、契約責任と不法行為責任の中間領域に位置するから、いずれかの規範を全面的に適用したり、両規範の競合を認めるというよりはむしろ、この領域に適合した規範を発見あるいは創造するのが妥当である。既存の契約規範・不法行為規範は、かかる中間領域の問題解決の規範としては、必ずしも適切とはいえないからである[15]。すなわち、既存の契約規範は、本来的には、給付義務を前提あるいは対象として構築されているものであるから、これを保護義務に全面的に適用すべき必然性はなく、他方、不法行為規範は、一般的には、特殊＝契約的接触関係にない当事者間の法律関係を前提あるいは対象として構築されているものであるから、これを保護義務に適用した場合、妥当でない場合も生ずるからである。

(2)　つぎに、安全配慮義務をこのようなものと把握するとき、適用契約類型を、雇用・労働契約に限定すべき必然性はあるまい。ただ、安全配慮義務の根拠・内容あるいは程度は、雇用・請負・賃貸借・売買・在学契約等の契約類型のいかんによって異なることに留意すべきである。(16)

例えば、(イ)　医療契約、運送契約、寄託契約、ホテル宿泊契約などでは、契約の相手方の生命・身体・財産を害しないように配慮すべきことは、契約目的とされまたはこれと密接不可分の関係にあるといえるから、かかる契約類型における安全配慮義務は、当事者の合意に基礎をおく主たる給付義務（少なくとも従たる給付義務）となっていることが多いといえよう。ここでは、保護義務としての安全配慮義務を併存的に認める必要性はさほど大きくあるまい。ここでの債務不履行責任の注意義務の程度としては、特別の規定あるいは合意のない限り、債務不履行一般に要求される程度の通常の注意義務といえよう（過失責任が原則）。債務不履行の効果としては、契約規範により、債権者は、履行請求権、同時履行の抗弁権、解除権および損害賠償請求権を行使できる（ただし、これらは、損害賠償を除いて、一回的な契約関係ではあまり問題とならないであろう）。

(ロ)　売買契約や賃貸借契約における安全配慮義務においては、特約なきかぎり、保護義務としての安全配慮義務が主として問題となろう。もっとも賃貸人の管理するマンションやアパートの賃貸借契約においては、賃貸人の管理義務の内容として、給付義務としての安全配慮義務が問題となりえよう。保護義務としての安全配慮義務においては、履行請求権や同時履行の抗弁権は原則として問題とならず、解除権については、保護義務違反の程度が重大で当事者間の信頼関係を破壊するものであるような場合とか、とくに一方当事者の保護のためにそれが必要な場合には（訪問販売など）、例外的にこれを認める余地がある。(17)　損害賠償請求権については、後に一括して考察する。保護義務の程度は、通常の注意義務が基準となり、特別法があるとか、とくに法的保護に対する社会的要請が強い場合に、例外的に高次の保護義務が問題となりえよう[18]。

(ハ)　雇用・労働契約においては、高次の給付義務としての安全配慮義務（宮本説のいう安全確保義務）と保護義務としての安全配慮義務が併存的に問題となる。雇用・労働契約においては、労務の提供と賃金の支払いとが基本的要素であって、安全配慮義務は従たる義務といえよう。労働契約を締結した労働者は、使用者の提供する労働場所・設備等を利用し、その指揮命令に従って労務給付を行うものである。そして、「このような労務給付に伴いがちな危険を未然に防止すべきは、労務給付の前提要件を整える義務として、労務指揮権を行使する使用者に課される。換言すれば、使用者の安全配慮義務は、労務給付請求権あるいはその一部をなす労務指揮権の行使に当然随伴する義務」であるともいえよう[19]。労働契約において重要なことは、その安全配慮義務が主たる給付義務に属するか、従たる給付義務に属するかの問題よりは、むしろ、安全配慮義務の具体的内容・程度である。今日の労働関係においては、労働安全衛生法規により、労働者の安全衛生に関し、様々な高次の社会法的義務が使用者に課されており、それは同法一条（労基法とのドッキング規定）、労基法一三条を通じて労働契約の内容となっているといえる[20]。そして、労働安全衛生法は行政的取締法規であるが、右のごとく労基法を通じて労働契約の内容となっている以上、使用者の給付義務を構成し、履行請求権や労務給付拒絶権が認められ、法規違反があれば過失や違法性が一般的に推定され、損害賠償請求権が発生する。また、かかる給付義務としての安全配慮義務とならんで[21]、保護義務としての安全配慮義務も認められるべきであるが、両者の具体的内容については問題が多いので、後に節をあらためて検討したい。

(3)　安全配慮義務の契約責任構成を否定し、不法行為責任構成のみによるときは、当然に契約規範の適用が否定される結果、履行請求権、給付拒絶権、解除権等による法的保護は否定され、損害賠償請求権による保護のみとなる。しかし、その結果は、とくに労働契約や賃貸借契約等の継続的契約関係の法的保護において妥当であるまい。宮本説のいうように事前の損害回避、労災予防の観点は、契約責任構成をとることによって、はじめて妥当に貫徹できるものといえよう。

（1）我妻栄・債権各論中巻(二)五八五頁以下。
（2）奥田昌道「国の安全配慮義務違反と消滅時効」ジュリ六一五号五九頁がこの点を指摘する。
（3）最判昭和五五年一二月一八日民集三四巻七号八八八頁（鹿島建設・大石塗装事件）、同昭和五六年二月一六日民集三五巻一号五六頁（自衛隊航空救難群芦屋分遣隊事件）。同昭和五八年五月二七日民集三七巻四号四七七頁（陸上自衛隊第三三一会計隊事件）、同昭和五九年四月一〇日民集三八巻六号五五七頁（川義事件）、同昭和六一年一二月一九日判時一二二四号一三頁（朝霞駐とん地自衛官殺害事件）。なお、判例法の詳細は、飯原一乗「不法行為責任と安全配慮義務違反に基づく損害賠償との関係」新実務民訴講座4五九頁以下参照。
（4）たとえば、鳩山秀夫・増訂日本債権法各論下巻五四六頁、末川博・債権各論第二部二四六頁等。
（5）最高裁昭和五〇年判決に対する柴田調査官の解説、曹時二八巻四号六四一頁参照。
（6）桑原昌宏・労働災害と日本の労働法二三二頁、岡村親宜「労災における企業責任論」季刊労働法八二号五九頁、林弘子「使用者の安全保証義務の債務性」季刊労働法九六号七五頁、籾井常喜「労災問題と権利闘争の課題」季刊労働法七五号五七頁。
（7）和田肇「雇傭と安全配慮義務」ジュリ八二八号一二二頁。
（8）下森定「殉職自衛官遺族の国に対する損害賠償請求と消滅時効」法セ昭和五〇年七月号一二頁、同「労働契約上の安全配慮義務の法的性質」法セ昭和五八年五月号一二四頁。
（9）國井和郎「安全配慮義務についての覚書(下)」判タ三六四号七二頁。
（10）奥田昌道・債権総論(上)二〇頁。
（11）下森定「自衛隊員の運転による同乗者の死亡と国の安全配慮義務」ジュリ八一五号八二頁。
（12）我妻・前掲五八六頁がつとに履行請求権の問題に言及している（ただし、その実効性については消極的に解す）。
（13）新美育文『「安全配慮義務」の存在意義』ジュリ八二三号一〇〇頁。
（14）宮本健蔵「雇傭・労働契約における安全配慮義務」法学研究〈明治学院論叢〉三六号一四五頁以下、同「西ドイツにおける安全配慮義務と保護義務」法学研究〈明治学院論叢〉三三号一一五頁以下。

(15) 宮本・前掲法学研究三三号一八〇頁以下参照。なお、下森定「契約責任(債務不履行責任)の再構成」前掲現代民法学の基本問題㈲一六三頁以下参照。

(16) 平井宜雄・債権総論四四頁以下は、安全配慮義務を、ドイツ民法のように、給付義務・附随義務という形で債権総則のレベルにおいて扱うべきではなく債権発生原因が契約の場合には契約各論のレベルで、個々の契約(あるいは法)の解釈として解決すべしという。この指摘は三点において重要である。すなわち、第一に、給付義務・附随的注意義務・保護義務といった債務構造の総則的・体系的整理の否定、第二に、当面の問題を契約責任として把握することの肯定、第三に労働契約以外にも安全配慮義務を認めうること、かつ各契約毎に考えるべきことの指摘である。第二、第三の点は、従来より私見も主張していたことであり、安全配慮義務の具体的内容・注意義務の程度は売買・賃貸借・請負・労働契約・在学契約等の各契約類型の背後の社会的関係の差異、それに対する法的保護の社会的要請の差異あるいは特別保護立法の有無、内容によって必然的に異なってくるものであるから、賛成である(下森・前掲法セ昭和五八年五月号一二五頁および六月号一一四頁)。しかし、第一点については、債権総則のレベルで、総則的に整理する実益はあるものと考える。平井説も指摘されるごとく、問題は何が「債務」かであり、それは最終的には各契約類型毎に、個別具体的に明らかにするほかないが、その際、主たる給付義務、附随的給付義務、附随的注意義務、保護義務あるいは合意による債務、法定債務といった債務構造の一応の類型化は、それらが相互に重複している場合があるにせよ、思考の整理上有益であり、かつ、それが効果論上差異を生じ、要件論へも影響をおよぼしてくる点で、実益がある。例えば、給付義務と附随的注意義務ないし保護義務とでは、履行請求権の有無、解除権の有無、即時の損害賠償請求の可否(給付義務の場合は第一次的に履行請求、それが不可能もしくは無意味の場合に第二次的に損害賠償)、損害賠償請求権につき、履行遅滞を生ずる時期、消滅時効の起算点などの点で差が生ずるから、債権総則のレベルで、これらを一括して整理しておく実益があるはずである。また、債務不履行、不完全履行、瑕疵担保責任(売買・請負・賃貸借のそれぞれにつき)等における、要件論、効果論を、相互の関係に留意しつつ、具体的に詰めていった場合に、はじめて、総則的整理の必要性、有益性が明白となるはずである。換言すれば、これらの点の具体的な詰めが明らかにされないままで、総則的整理の必要なしと断定できないのではあるまいか。近い将来、債権各論でこれらの点が明確にされるのを期待したい。

(17) 本田純一「『契約締結上の過失』理論について」現代契約法大系1二〇七頁。

(18) たとえば液化石油ガスの供給契約において、ガス消費設備の瑕疵による拡大損害の賠償請求が問題となった、東京高判昭和六一年九月二五日判時一二一一号五二頁の事案などは、高次の保護義務ないし注意義務が問題となる事例のように思われる。

(19) 和田・前掲一二二頁。
(20) 和田・前掲一二二頁。
(21) なお労働契約における給付義務としての安全配慮義務には、当然、附随義務として高次の注意義務が伴っていると解すべきである。そしてそれと併存して、通常の注意義務レベルでの保護義務が問題となってくると解する。

三　労働契約における安全配慮義務の具体的内容と効果

1　問題の提起

先にみたごとく、労働契約における安全配慮義務は、給付義務としての安全配慮義務（宮本説のいう安全確保義務。以下、この用語にならう）と保護義務としての安全配慮義務に二分化してとらえ、両者の併存を認めるのが妥当であると解するが、以下この両者につき、もう少し具体的にその内容、効果を検討してみたい。以下の叙述にあたっては、現時点でこの問題につきもっとも理論的に掘り下げた考察を展開している宮本説に基本的に依拠しつつ、私見を補足してみたい。

2　安全配慮義務の具体的内容

既存の判例法上労働契約における安全配慮義務が具体的に問題となった事例につき次のような類型が指摘されている。第一に、物的環境の整備について、(イ)労務提供の場所に保安施設・安全施設を設ける義務、(ロ)労務提供の道具・手段として安全なものを選択する義務、(ハ)機械等に安全装置を設置する義務、(ニ)労務提供者に保安上必要な装備をさせる義務などがある。第二に、人的環境の整備については、(イ)労務提供の場所に安全監視員等の人員を配置する義務、(ロ)安全教育を徹底する義務、(ハ)事故原因となりうる道具・手段につき適任の人員を配する義務などが問題となる。(1) いずれにせよ安全確保義務の具体的内容に関しては、労働基準法や労働安全衛生法がその基準を提供することとなろう。

なお判決例の中には、銀行が勤務時間外に預金増強のための会合を開いた料理屋の階段から銀行員が転落し、二日後死亡した事件や、会社の独身寮に住む社員が風邪をこじらせて死亡した事件などにおいて、使用者の安全配慮義務違反を認めたものがある。(2) 他方、上司(あるいは同僚)の運転上の注意ミスによって生じた交通事故によって死亡した自衛隊員の事件において、国(使用者)の安全配慮義務違反を否定したものがある。(3) 後者の理由はこうである。使用者は、安全配慮義務として、車両の整備を十全ならしめて車両自体から生ずべき危険を防止し(物的環境の整備)、車両の運転者としてその任に適する技能を有する者を選任し(人的環境の整備)、かつ、当該車両を運転する上で特に必要な安全上の注意を与えて車両から生ずる危険を防止する(安全教育の実施)義務を負うが、「運転者において道路交通法その他の法令に基づいて当然負うべきものとされる通常の注意義務は、右安全配慮義務の内容に含まれるものではな(い)」。判例のこの考え方は、安全配慮義務をわれわれの考える高次の安全配慮義務に限定してとらえているように思われる。しかし、この事案は、通常の保護義務としての安全配慮義務にかかわるものとしてとらえるべきであったと思われるし、(4) 先の銀行員階段転落死亡事件や寮生病気死亡事件も、このレベルの安全配慮義務に関するものととらえるべきであろう。

3　安全配慮義務違反の効果

安全確保義務違反の効果としては、履行請求、労務給付の拒絶、解約告知および損害賠償の請求が認められ、保護義務違反の効果としては、原則として損害賠償の請求のみ(例外的に解約告知)が認められえよう。

(イ)　履行請求　　前述したように、労働安全衛生法によって使用者に課されている安全衛生に関する義務は、同法一条、労働基準法一三条、四二条によって労働契約の内容となっているから、使用者がこれらの法規の定める安全確保義務を履行せず、労働者の生命・健康に対する危険が現実に存在する場合あるいはその危険発生の蓋然性が強い場合には、労働者はその危険の除去あるいは予防措置を請求しうる。なお、安全確保義務の具体的内容は、労働安全衛生法上の義務につきるものではなく、当該労働契約の内容、労務給付の場所、施設等の具体的状況により決定されるべきものである。(5)労働者が履行請求権の行使として実際にどの程度のことを請求しうるかは、ケース・バイ・ケースで判断するほかはないが、労働安全衛生法規の定める基準が一応の目安となる。なお、この履行請求権は、労働契約関係が存続する間中、存続するものであり、それ自体が独立して消滅時効に服する性質のものではない。(6)

(ロ)　労務給付の拒絶　　災害発生の危険が急迫している場合に、労働者が使用者の許可を得ることなく、緊急避難のためその自主判断によって作業現場から退避しうることは、法の規定をまつまでもない。(7)災害発生の危険が急迫していなくても、生命・健康に対する危険性が現実に存在している場合には、労働者は使用者に安全確保義務の履行を求め、使用者がこれに応じない場合には、労務給付の拒絶をなしうると考えるべきである。使用者の安全配慮義務は労働者の労務給付義務と対価的な牽連関係に立つものではないが、労務給付の特殊性から、労働者保護のために両者に履行上の牽連関係を肯定すべきである。同時履行の抗弁権の一種とみてよかろう。(8)この場合、労働者はこの間の賃金請求権を失なわない。使用者の責めに帰すべき事由による労務の受領不能として使用者がその危険を負担すべきだからである（民五三六Ⅱ）。なお、労務給付拒絶権は労働者の権利であって義務ではない。したがって、危険発生を事前に予測しえなかった場合はもちろん、それをある程度予測しつつ敢えて就労した結果事故発生に至った場合でも損害発生につき労働者に故意または重大な過失のないかぎり、使用者の安全配慮義務の免責ないし責任軽減あるいは過失相殺の対象となるものではない。(9)この問題に関連するものとして、会社内において他の社員等から集団暴行をうけた原告らが、十分な安全確保措置を会社が講じていないことを理由に就労を拒否し、その間の賃金を請求した事案につき、就労拒否を正当なものと認め民法五三六条二項により賃金債権を失わないと判示した判例(10)があるが、正当といえよう。

(ハ)　解約の告知　使用者が安全確保義務を履行せず、労働者の生命・健康に対する危険ないし危険性が現実に存在する場合さらには、事故が発生して労働者が損害を蒙った場合には、労働契約の一方的な解約告知ができると解すべきである。使用者の債務不履行を理由とする告知であるから、期間の定めの有無を問わず、相当期間を定めた催告後の解約告知、場合により、無催告での即時解約告知をなしうる。しかし、実際問題としては、解約告知が問題となる場合は少ないであろう。

(ニ)　損害賠償の請求　安全確保義務は給付義務であるから、その違反による損害賠償請求権は契約法規範に服することになろうが、労働契約における安全確保義務は、労働者の生命・健康を害しないことに向けられている従たる給付義務であるから、主たる給付義務を中心として構築されている契約法規範に全面的に服すべきかどうかは検討の余地がある。不法行為責任との請求権競合面に留意しつつ解決すべきであるが、保護義務違反による損害賠償と共通する面が多く、多くの問題点が存在するので、後に節を改めて検討したい。

4　責任の程度

使用者に課される責任の程度についてみておこう。判例・通説は、安全配慮義務について過失責任を原則としているように思われる。しかし、少なくとも、給付義務としての安全配慮義務は、特殊＝労働契約に付随した、労働法原理に立脚した使用者の一種の「法定の」契約責任（法定債権関係）ともいうべきものであるから、無過失責任そのものではないとしても、それに近い高次の義務とみるべきである。これに対して保護義務としての安全配慮義務は、原則として通常の過失責任として処理すれば足りるが、自動車事故など特殊の場合には、自賠法三条等の特別法の基準を考慮して、判断すべきであろう。注意義務の程度は立証責任の問題と密接に関連するので、そこでより詳しく検討することとしたい。

なお、労務遂行過程で生じた損害については、安全確保義務の場合も保護義務の場合でも民法六五〇条三項を類推適用して使用者に無過失責任を認めるべしという主張が宮本説によって展開されている。[11] 注目すべき見解であるが、民法六五〇条三項の規定は、本来、委任契約が無償を原則とすることと密接な関連があるのであり、有償委任の場合にこの規定を広く解することには疑問がもたれている。[12] したがってまた、有償契約である労働契約にこの規定を類推適用することにも若干問題がありそうである。労働契約において使用者に高次の安全配慮義務が課されることの法的根拠としては、労働契約の特殊性にこれを認めるのが筋であろう。宮本説によるときは、労働者の保護は手厚くなるが、労務遂行過程で生じた労災につき労基法、労災保険法、船員法、船員保険法および国家公務員災害補償法などにより、使用者に無過失責任としての補償責任が課されている今日、安全配慮義務違反を理由とする損害賠償責任としては、無過失責任と解することには利益衡量上も若干問題があるように思われる。特に保護義務違反の場合あるいは第三者行為災害の場合にその感が強い。前述したように安全確保義務違反の場合には、無過失責任に近い責任を認めるのが妥当と思われるが、少なくとも使用者の不可抗力免責は認めるべきであろう。保護義務違反の場合には、労務遂行過程の事故であっても、原則として過失責任原則で足り、あとは各種労災補償制度に委ねるのが妥当と解する。

5　国の安全配慮義務

以上の安全配慮義務の理論は、原則として、国の安全配慮義務についてもそのまま妥当するものといえよう。周知のごとく、最高裁昭和五〇年判決の原審判決が、自衛隊員の雇傭関係は、通常の雇傭関係ではなく、特別権力関係に基づいて国のため服務していたのであるから、補償法に基づく補償以外に債務不履行に基づく損害賠償義務を負担しない、としたのに対し、最高裁はこれを否定し、国と公務員との間においても、安全配慮義務は当然認められ、ただ、安全配慮義務の具体的内容の判断にあたって、公務員の職種、地位及び安全配慮義務が問題となる当該具体的状況等を考慮にいれて判定すれば足りる、とした。この判断は正当であり、通説もこれを支持する。

6　言葉的構成の問題

以上みてきたごとく今日「安全配慮義務」の概念は非常に多義的に用いられている。そこで、ネーミングの問題としては、この概念を、特殊＝雇用・労働契約における狭義の安全配慮義務あるいは宮本説のいう安全確保義務に限定して用い、契約上のいわゆる保護義務としての広義の安全配慮義務や他の契約類型についてはこの概念を用いないことにするのが混乱を避ける意味で妥当かも知れない。しかし、それはあくまでネーミングの問題であって、重要なことは、狭義の安全配慮義務ないしは給付義務としての安全確保義務以外にもなお、不法行為責任とは別個の使用者の契約上の責任が認められる余地があるし、また認めるべきでもあるということ、他の契約類型においても、契約の相手方の生命・身体・財産を害さないよう配慮する契約責任としての配慮義務があると従来考えられてきているし（人の運送契約、宿泊契約、契約締結上の過失、積極的債権侵害等）、そのことは妥当でもあるということである。

（1）國井和郎「第三者惹起事故と安全配慮義務」判タ五二九号一九九頁参照。判例の類型的整理としては、この他に、浦川道太郎「判批」判時一〇八五号一七八頁、船越隆司「判批」判時一〇八二号一七二頁、岩村正彦「じん肺症と使用者の安全配慮義務」ジュリ八二五号五四頁、三上威彦「判批」判時一一〇五号二〇一頁など参照。
（2）千葉地佐倉支判昭和五八年二月四日判時一〇八二号一一四頁、東京地判昭和五一年四月一九日判時八二二号三頁。
（3）最判昭和五八年五月二七日民集三七巻四号四七七頁。
（4）下森定「判批」ジュリ八一五号八二頁、宮本健蔵・前掲法学研究三六号一五九頁。なお、最高裁昭和五八年判決を支持するものとして、植木哲「判批」法時五四巻一号一八二頁、船越隆司「判批」判時一〇八二号一七六頁、三上威彦「判批」判時一一〇五号二〇三頁などがあり、批判するものとして、岩村正彦「判批」ジュリ七八五号一三七頁以下、淡路剛久「判批」判タ五二二号一一六頁、和田肇「雇傭と安全配慮義務」ジュリ八二八号一二七頁、同「安全配慮義務について」民法の争点Ⅱ四四頁などがある。

(5) 広島地判昭和五五年七月一五日判時九九〇号二二四頁参照。なお、宮本・前掲法学研究三六号一七〇頁以下参照。
(6) 宮本・前掲法学研究三六号一七二頁。
(7) 労働基準局長通達六〇二号（昭和四七年九月一八日）、宮本・前掲法学研究三六号一五四頁。
(8) 奥田昌道・債権総論㊤二〇頁、宮本・前掲法学研究三六号一五四頁。
(9) 安全配慮義務を給付義務と解し、労働者に労務給付拒絶権を認めると、就労を拒否せず就業して労災事故にあったとき、危険引受けと評価される可能性があるとの批判（山本隆司「判批」法時五五巻一号二一〇頁）に対する宮本反批判（前掲法学研究三六号一七四頁）は正当である。ちなみに、労務給付拒絶権の法的根拠については、安全配慮義務につき給付義務構成をとらなくても、別途の法的構成も可能であろう。例えば労働者は労務給付の義務はあるが、生命の危険を伴うような労務給付についてはいかに使用者の業務命令とはいえ、就労を拒絶しうると解しうるから、附随的注意義務ないし保護義務としての使用者の安全配慮義務違反を理由として、労務給付の提供を拒絶しうると解するがごときである。
(10) 東京地判昭和五七年一二月二四日判時一〇七一号一四二頁。
(11) 宮本・前掲法学研究三六号一六〇頁。
(12) 注釈民法16二〇七頁以下（明石三郎）参照。

四　損害賠償請求をめぐる諸問題

1　問題の提起

従来、安全配慮義務違反の法的効果としては、もっぱら損害賠償請求が問題とされ、契約責任構成をとることによる、不法行為責任構成との差が種々の点で具体的に問題となった。以下、これらの個別的問題について、これまでの総論的考察を踏まえて具体的に検討してみたい。

2　安全配慮義務の立証責任

安全配慮義務の証明責任については、見解が分かれている。第一に、被害者（労働者）側は、抽象的な安全配慮義務の存在事実の証明責任を負い、加害者（使用者）側は安全配慮義務をつくしたこと（履行）の証明責任を負うと解し、債務の履行請求の場合と不履行による損害賠償請求の場合とを区別せず、同様の視点から被害者の救済を図ろうとする見解である。自衛隊機の墜落事故のような類型については、高度の専門的知識を必要とし、事故原因や整備点検についての証拠はすべて国が独占し一般に公開されないという特殊事情があるので、右のように証明責任を解するときは、被害者救済上有利である。

これに反して、通説は、債務不履行に基づいて損害賠償の請求をする場合の一般原則にしたがって証明責任を考える。すなわち、安全配慮義務違反の事実は、労働者（債権者）側が証明責任を負い、帰責事由（債務者の故意・過失または信義則上これと同視すべき事由）の不存在を理由づける事実は、使用者（債務者）側の証明責任に属すると解し、不利益負担の公平を図ろうとする。(1)

最高裁は自衛隊ヘリコプター墜落事件(2)において、「国が国家公務員に対して負担する安全配慮義務に違反し、右公務員の生命、健康等を侵害し、同人に損害を与えたことを理由として損害賠償を請求する訴訟において、右義務の内容を特定し、かつ、義務違反に該当する事実を主張・立証する責任は、国の義務違反を主張する原告にある、と解するのが相当である。」と判示した。この判旨は、民法四一五条の債務不履行に関する証明責任についての通説の見解を採るものとみられ、したがって、判旨の見解は、公務員に対する雇傭関係に限らず、広く民間の労働契約における使用者の安全配慮義務違反やこれに類する安全配慮義務違反に基づく損害賠償請求にも適用されることになろう。

以上のような通説・判例を踏まえて、現行裁判実務のこの問題に関する証明責任の取扱いにつき、有力実務家によって次のような整理がなされている。「債務不履行としての安全配慮義務違反による損害賠償を請求する被害者側は、訴訟上の請求における権利関係の成立事実として、(a)安全配慮義務を理由（基礎）づける事実、(b)損害発生の事実、(c)その義務違反と損害との間に因果関係がある事実、及び(d)損害の額について証明責任を負い、相手方加害者側は、権利関係の成立阻止事実として、帰責事由（債務者の故意・過失又は信義則上これと同視すべき事由）の不存在を理由づける事実について証明責任を負う。その場合の安全配慮義務違反を理由づける事実は、義務の内容を特定し、かつ、義務違反に該当する事実（義務及び義務の本旨に従った履行がないことの具体的事実）を、証明しなければならない。安全配慮義務が具体的に特定されれば、被害が大きければ大きいほどその義務違反の証明は、容易になろう。もっとも、義務違反に比較して損害が著しく大きい場合は、被害者の有責（過失）が問題となろう[3]」。

ところでこのように被害者たる労働者側が、安全配慮義務の内容を特定し、かつ、義務違反に該当する事実まで証明しなければならないとすると、不法行為における過失の存在の立証責任を負担することとほとんど異なるところがなく、立証責任の点で安全配慮義務を契約責任と構成するメリットはないとして、安全配慮義務の存在意義を否定的に解する一つの根拠にあげるものがある[4]。しかし、問題は、いかなる範囲の事実を義務違反を構成する事実とし、いかなる範囲の事実を帰責事由に関する事実とするかの振り分けの問題にあり、労働者が義務違反に該当する事実につき証明責任を負うとしても、労働者がすべての要件を立証することになるわけではないから、右の指摘は必ずしも正当とはいえまい[5]。すでに学説上、立証の公平な負担という見地から、安全配慮義務違反の事実の証明としては、使用者の設置・提供する場所・施設・機械・器具等に瑕疵があって、労働者の生命・健康が害される危険が存在し、使用者においてその危険を除去すべきであったにもかかわらず、事故当時、それが除去されずに存在していたことを証明すれば足り、これに対して、その瑕疵ないし危険の存在を予知することを期待できたか、予知しえたとしてそれを除去することが物理的ないし社会的に可能であったか、危険を除去しえなかったのは不可抗力によるものであったかなどは、帰責事由に関するものとして使用者が証明責任を負うべきだとする傾聴すべき主張が展開されている[6]。

3　安全配慮義務と履行補助者

履行補助者の故意・過失は、信義則上債務者の故意・過失と同視され、債務者は、民法七一五条の使用者責任より重い責任を負うものと解されている。安全配慮義務についても同様に解しうる。

ところで最高裁昭和五〇年判決後、主として自衛隊関係の事故をめぐる安全配慮義務違反訴訟で、五〇年判決の射程距離を厳格に解し、国の責任を限定的に解しようとする一連の下級審判決があらわれてきたが、そのテクニックの一つが、前項の証明責任であり、その二が本項の履行補助者の問題である。すなわち、国や大企業の被用者に対する安全配慮義務は、その組織上の中間管理者を履行補助者として遵守（履行）されることが多いが、まず右使用者に具体的な安全配慮義務違反の事実があり（それが被害者側によって証明され）、かつ、それが履行補助者（＝「公務の執行のための人的物的施設および勤務条件等を支配管理する業務に従事している者」＝中間管理者）によってなされた場合にはじめて使用者の責任が問題となりうるが、もしこの場合に右の履行補助者（＝中間管理者）に故意・過失（注意義務違反）がなければ（この点は使用者が証明責任を負う）、使用者は安全配慮義務違反の責任を免れる。換言すれば使用者の組織上の中間管理者（履行補助者）の注意義務違反によって労災事故が起きたからといって、これを理由に直ちに使用者に安全配慮義務違反があるとはいえず、使用者自身の安全配慮義務違反の有無は、当該事故との関係で、履行補助者の注意義務違反とは別個に検討し、確定さるべきものだという考え方である。(7)

この法的構成は、履行補助者を中間管理者に限定する手法（管理者でない一般隊員による事故の場合は履行補助者でないから使用者の安全配慮義務違反の責任を問いえないことになる）と、履行補助者の注意義務違反を安全配慮義務違反から区別し、右注意義務違反による損害につき使用者の安全配慮義務違反を否定するという二つの手法を用いて、使用者の責任の免責ないし軽減をはかる機能をもつものといえよう。

しかし、まず、民法学上の通説的理解によれば、履行補助者とは、債務者が債務の履行のために使用する者であって、一時的に使用する者と継続的に使用する者とを区別せず、また、債務者の手足として使用する者（真の意味の履行補助者）の他に債務者に代わって履行の全部を引き受けてする者（履行代行者、履行代用者、これは独立の企業者たることもある）をも含むと解されている(8)。そうだとすると、安全配慮義務の履行補助者たるには管理者たる地位にあることは必ずしも必要でないのであり、先の見解では、安全配慮義務に限って履行補助者をなぜに中間管理者に限定するのか、その根拠が明確でなく、その結果も妥当とはいえまい。例えば安全配慮義務が物的環境の整備に向けられている場合には、実際にそれを担当した者が履行補助者となるのであり、自己の会社の営繕部門にある安全施設を設置させた場合には、その課の所属員が履行補助者となり、これを外部の請負人に発注した場合には、その者が履行補助者たりうる（ただし、この場合に使用者の安全配慮義務違反の責任を問うためには、使用者に選任監督上の過失があったことを要求するのが妥当であろう(9)）。

つぎに、安全配慮義務を履行義務的にとらえ、その義務の履行補助者の注意義務違反を安全配慮義務違反から区別するという手法で、果たして右注意義務違反による損害の発生につき使用者の安全配慮義務違反を否定しうるものかも疑問である。というのは、一般に、給付義務には、その履行につき附随的注意義務を伴うものと解されているからである。通説的見解によると、履行補助者が単に履行に際しての故意・過失ある行為で相手方に損害を与えた場合（一定の室内装飾をなすべき場合に、履行補助者が室内の物を盗んだとき）には、債務者は責任を問われないが、債務の履行についての故意・過失から生じた損害（前例で、材料の操作や取付の不完全から室内の物を損傷したとき）については責任を負うものと解されている(10)。この問題は、履行義務の範囲を具体的にどこまでおよぶものと解するかの問題とも関連するが、相手方の生命・健康・財産を害しないよう配慮すべきことを内容とする安全配慮義務の場合には、通常の履行義務と附随的注意義務の区別の場合と異なって、両者の区別が困難なことが多いように思われる。また、仮に区別しえたとしても先の見解の説くように、履行につき附随的注意義務違反があってそれによる損害が生じた場合にも使用者は責任を免れえないのであるから、先の手法の一般的妥当性には疑問がある。この点は、保護義務としての安全配慮義務違反の場合でもほぼ同様である。

既存の履行補助者に関する判例法理も両者を必ずしも常に区別していないように思われる。例えば、賃借家屋で家具製造をする者の住込職人の居室における過失で家屋が焼失した場合に賃借人の債務不履行責任が認められた判例がある。(11)この場合は債務者が契約上の権利を享受しているのであるが、賃借人の使用収益権能は、目的物の保管義務と密接不可分の関係にあるので、住込職人の過失につき賃借人は債務不履行責任を負わされたものであろう。(12)この場合、住込職人が目的物保管義務の履行補助者であったかどうかは厳密に問題とされてはいないはずである。そしてその結果は妥当といえよう。制限的手法をとる見解はこの問題についてはどう考えるのであろうか。先例変更の必要ありと主張されるのであろうか。これを労働契約におきかえてみよう。使用者が労働者の労務の提供を受ける権利を享受しているとき、その権能は、労働者の安全を配慮する義務と密接不可分の関係にある。そして、労働者が労務遂行の過程にあるとき、一人の労働者の、労務遂行上の附随的注意義務違反により、他の労働者が労災事故にあったとき、注意義務を欠いた労働者が安全配慮義務の履行補助者（中間管理者）でないとか、その者の注意義務違反と安全配慮義務違反とは区別さるべきだとかして、使用者は債務不履行責任を免れうるとすることは果して妥当であろうか。このように解するときは、少なくとも賃貸借契約の場合の判例法理とバランスを失することになるのではあるまいか（しかもより強く保護すべき必要のある労働契約においてなのに）。

4　第三者による加害と安全配慮義務

宿直勤務中に侵入してきた盗賊により従業員が殺された事件で、遺族が使用者に対して安全配慮義務違反を理由として損害賠償の請求をしたところ、最高裁はこれを認容した。(13)かかる事案について従来の裁判例は、一般に、「事故発生について使用者が予見可能であること、事故の発生を未然に防止する措置を使用者がとりえたこと、あるいはかかる措置を講ずることが社会通念上使用者に請求しうること」を要件として、使用者の責任を認めてきた(14)。右最高裁判決はこの立場を確認したものである。その後、朝霞駐とん地自衛官殺害事件(15)においても再確認された。

かかる事案の使用者の責任を不法行為責任構成で処理することも不可能ではないが(16)、債務不履行構成による方がより説得的であるように思われる。すなわち、第三者の加害行為により労働者に生じた損害についてなぜに使用者が高度の責任を負わせられるのか。それは、労働者が、労働契約によって、使用者の設置した場所で、その指揮・命令の下に労務の提供をなすことを義務づけられているからにほかならない。つまり、労務の場所・施設器具の指定権、労務への指揮命令権に随伴する従たる給付義務として、使用者に労働者への安全配慮義務が課されるのであり、その義務違反があった場合にはじめて、使用者は責任を問われうるのである。しかもその責任追及は、債務不履行構成によるときは、損害賠償請求にとどまらず、履行請求、労務給付の拒絶といった対応をも可能とする点で、損害賠償請求による法的保護を原則とする不法行為制度によるより、より多様な法的保護が可能となって妥当といえよう。

5　履行遅滞を生ずる時期

債務不履行による損害賠償請求権と不法行為によるそれとでは、履行遅滞の生ずる時期が異なる。前者は請求時(民四一二条三項)、後者は賠償請求権成立時とみるのが通説・判例(17)である。安全配慮義務違反による損害賠償請求権の場合につき、下級審判決例の立場は分れていたが、最高裁は、それが債務不履行に基づく損害賠償請求であることを理由として、原則どおり履行の請求によってはじめて遅滞におちいるものとした(18)。しかし、この判決に対しては学説上批判が多く、請求権競合の場合には、不法行為の法理も適用されてよいとして、事故発生時から遅滞におちいるものと解すべきだという(19)。次項の消滅時効の問題と関連するが、これらの見解に賛成したい。とくに保護義務違反の場合には、債務不履行責任の場合であっても原則として事故発生時とみるのが妥当といえよう。なお、不法行為の場合にも遅滞におちいる時期は請求時と解すべきだとの見解もある。(20)

6　消滅時効・除斥期間

安全配慮義務の債務不履行責任構成を肯定した最高裁昭和五〇年判決の実際的意義が消滅時効期間にあったことは周知のとおりである。もっとも、債務不履行による場合がつねに有利だとは必ずしもいえない。不法行為の場合には、損害及び加害者を知った時から三年、または行為の時から二〇年であるから（民七二四条）、損害および加害者が不明の場合には不法行為の方が有利なこともありうる（特殊＝契約的関係にある安全配慮義務違背の場合には加害者を知りえないことは少ないが損害を知りえない場合は生じうる）。また債務不履行の場合には通常の一〇年の時効（民一六七条一項）のほかに、特別の損害賠償請求権について認められた短期の時効（たとえば商五六六条、五八九条、七六六条、民六三七条等）があることにも留意すべきである。通常の一〇年の債権の消滅時効期間は、原則として本来の給付債務を前提ないし対象として定められているのであり、したがってまたその起算点についても、債務不履行の時（損害賠償請求権の発生時）ではなく、本来の債務の履行を請求しうる時と解されている。しかし、安全配慮義務違反を理由とする損害賠償請求権については、本来の主たる給付義務の消滅時効とつねに必ずしも同様に解する必要はあるまい。安全配慮義務を履行義務・給付義務としてとらえるといっても、それは物の引渡債務などとは異なる特殊の債務であり、とくに労働契約における履行義務としての安全配慮義務は、一定の法政策的見地から使用者に課された従たる給付義務としての法定債務（信義則によるにせよ、合意に根拠を求めるにせよ）である。先にも述べたごとく、その履行請求権は、労働契約関係が存続しているかぎり存続するものあるいは存続さすべきもので、それ自体が独立して消滅時効にかかるものと解すべきではない。他方、使用者に安全配慮義務違反があっても、つねに労災事故が発生するとは限らず労災事故が発生しないかぎり、原則として労働者に損害は生ぜず、履行請求が問題となるのみで安全配慮義務の履行遅滞・不完全履行を理由とする損害賠償の問題は生じない。しかし一旦、労災事故が使用者の義務違反によって生じた以上、その時点で具体的に損害賠償請求権が成立し、直ちに行使しうる。その請求権は、安全配慮義務の履行請求に代わる損害賠償請求という性質のものではあるまい。たしかにこの損害賠償請求権は履行義務としての安全配慮義務を基盤とはしているが、その履行請求権の前述のごとき特殊性のゆえに、それらは別個の請求権とみるべきで、一般の附随的注意義務・保護義務違反の損害賠償請求権と同一に処理すべきであろう。かつまた、これらの賠償請求権は、債務不履行責任に基づくものであっても、いわゆる補充的契約責任に属するものであるから主たる給付債務の不履行を理由とする損害賠償請求（本来的契約責任としてのそれ）と異なって、一般的注意義務違反を理由とする不法行為に基づく損害賠償請求権と同様に、加害者・債務者たる使用者は、損害賠償請求権発生時から遅滞の責めに任じ、被害者・債権者たる労働者が損害を知った時から原則として時効が進行を開始するものと解するのが妥当のようにも思われる[21]。したがって時効期間についても、（特殊＝契約的関係の存在を前提としないところの、不法行為の場合と同一にする必要はないとしても）本来的契約責任を前提としている、主たる給付債務の一〇年の消滅時効期間に服させることが妥当かは疑問である。また、労働者保護のために、時効の起算点につき、権利行使を合理的に期待しうべき時期とする試みも検討さるべきである。いずれにせよ、これらの問題は、債務不履行責任の再構成にかかわる根本問題であるので、本稿では問題点の指摘にとどめておきたい。当面の解釈論としては、起算点を損害賠償請求権発生時とし、時効期間は一応一〇年としつつも、被害者が損害を知りながら何年間も放置していた場合には、権利失効の原則ないしは信義則を使って権利行使を制限し、他方被害者が損害を知らず、あるいは彼に権利行使を合理的に期待しえないような特別事情があるときは[22]、例外的に起算点をずらすことで、ケース・バイ・ケースに妥当な処理をはかってゆくのが比較的無難といえようか。ただ、この方法は、具体的妥当性には富むとしても、法的安定性、予測可能性に欠けるから、判例法理の集積を待った上いずれは立法によりきちんとした解決がなさるべきであろう。

7　慰謝料請求権

債務不履行に基づく損害賠償請求にあたって、債権者自身に人身侵害が生じているときは、七一〇条の類推適用により、慰謝料請求が認められることは、判例・学説上さほど問題がない。問題は、近親者の慰謝料請求権である。前掲最高裁昭和五五年判決は、被害者の父母は、「雇傭契約ないしこれに準ずる法律関係の当事者でない」から、「雇傭契約ないしこれに準ずる法律関係上の債務不履行による固有の慰謝料請求権を取得するものとは解しがたい」とした(23)。この点も、従来下級審判決例が分れていたところであるが、最高裁は否定説を採用したのである。しかし、債務不履行責任だから遺族固有の慰謝料請求権が認められないとするのは、これまでみてきたような安全配慮義務の法的性質からみるときは、形式的にすぎよう。肯定説をとる場合の法的構成としては、相当因果関係説(24)、民法七一一条類推適用説(25)および第三者のための保護効を伴う契約説(26)がこれまでに主張されている。紙数の関係上もはや検討の余裕がないが、肯定説の中最後の説が妥当と考える。

8　相　殺

民法は、債務不履行による損害賠償請求権を受働債権として相殺することは禁止していないが、不法行為による損害賠償請求権についてはこれを認めない（民五〇九）。被害者保護と自力救済の誘発防止がそのねらいである。安全配慮義務違反の損害賠償請求についても、右の趣旨は原則として尊重さるべきであろう(27)。

（1）安全配慮義務違反に基づく損害賠償請求訴訟において、証明責任はどのように配分されるかについての、学説・判例の問題状況については、村上博巳「証明責任」裁判実務大系8『民事交通・労働災害訴訟法』四二二頁以下参照。

(2) 最判昭和五六年二月一六日民集三五巻一号五六頁。

(3) 村上・前掲論文四三一頁。

(4) 新美育文「『安全配慮義務』の存在意義」ジュリ八二三号九九頁以下。

(5) 宮本・前掲法学研究三六号一七八頁以下とくに一八〇、一八一頁、竹下守夫「判批」民商八六巻四号六二二頁参照。

(6) 竹下・前掲六二四頁以下、和田肇「雇傭と安全配慮義務」ジュリ八二八号一二五頁、國井和郎「第三者惹起事故と安全配慮義務」判タ五二九号二〇四頁、船越隆司「民事責任の実体的構造と客観的義務違反の証明問題㈤」判時一一一一号一五一頁、宮本・前掲法学研究三六号一七八頁以下等参照。

(7) 後藤勇「安全配慮義務と履行補助者」前掲裁判実務大系8四六五頁。なお、判例・学説の問題状況については、この論稿が要領良く整理している。

(8) 我妻栄・新訂債権総論一〇七頁、松坂佐一・民法提要（債権総論）七〇頁。

(9) 宮本・前掲法学研究三六号一八三頁。

(10) 我妻・前掲一一〇頁。

(11) 最判昭和三五年六月二一日民集一四巻八号一四八七頁。

(12) 我妻・前掲一〇九頁。

(13) 最判昭和五九年四月一〇日民集三八巻六号五五七頁。

(14) 和田・前掲ジュリ八二八号一二八頁。なお、星野雅紀「安全配慮義務とその適用領域について」判タ四五七号一一頁、国井・前掲判タ五二九号二〇三頁参照。

(15) 最判昭和六一年一二月一九日判時一二二四号一三頁、宇賀克也・本件「判批」ジュリ八八七号三八頁。

(16) 新美育文「判批」ジュリ八三八号七九頁。

(17) 最判昭和三七年九月四日民集一六巻九号一八三四頁。

(18) 最判昭和五五年一二月一八日民集三四巻七号八八八頁。判例・学説の問題状況については、島田清次郎「遅延損害金、消滅時効の始期」前掲裁判実務大系8五二五頁以下参照。

(19) 野村豊弘「判批」ジュリ七四三号八九頁、中井美雄「判批」民商八五巻二号一三三頁、吉田邦彦「判批」法協一〇〇巻二号四

六四頁など。その先駆的見解として、四宮和夫・請求権競合論一〇二頁がある。

(20) 新美・前掲ジュリ八二三号一〇三頁。

(21) 時効の起算点に関する判例・学説の問題状況については、島田・前掲論文の他、徳本鎮「判批」判時一二一八号一八六頁参照。

(22) 静岡地浜松支判昭和六一年六月三〇日判時一一九六号二〇頁は、消滅時効の起算点につき、弁護士よりじん肺罹患の患者および死亡者の遺族に対する損害賠償請求訴訟の説明会が開催されたときから時効が進行する、とした。これは特殊事例の一例といえよう。

(23) 最判昭和五五年一二月一八日民集三四巻七号八八八頁。この問題に関する判例・学説の問題状況については、宮本・前掲法学研究三六号一八四頁以下、矢崎秀一「損害賠償請求における損害の範囲」前掲裁判実務大系8五二一頁以下参照。

(24) 西村健一郎「使用者の安全配慮義務をめぐる若干の問題点」労判三七一号一二頁、飯原一乗・前掲新実務民訴講座4七七頁、吉田邦彦・前掲「判批」法協一〇〇巻二号四七一頁。後の二者は不法行為におけるいわゆる間接被害者の問題と同様に考えるべきだとする。

(25) 中井・前掲「判批」民商八五巻三号三三四頁、岩村正彦「判批」ジュリ七七五号一四八頁、古賀哲夫「判批」法時五五巻八号一四九頁、富井利安「判批」判時一〇〇七号一七三頁など。

(26) 下森定「安全配慮義務をめぐる解釈上の諸問題」法セ昭和五八年六月号一一五頁、大嶋芳樹＝西村孝一「安全配慮義務と交通事故」交通事故賠償の現状と課題一四八頁、宮本・前掲法学研究三六号一八四頁以下。

(27) 四宮・前掲一〇三頁。なお本稿では過失相殺についてふれる余裕がなかったが、この問題については、池田亮一「安全配慮義務と過失相殺」前掲裁判実務大系8五三四頁以下参照。

Ⅱ　労働契約上の安全配慮義務の法的性質

（一九八三年）

一　はじめに

労働契約上の安全配慮義務をはじめて肯定した最高裁昭和五〇年二月二五日判決（民集二九巻二号一四三頁）の事案は、自衛隊員が同僚の運転する自動車にひかれて死亡した事件で、その遺族が国に対して死後三年以上経過した後に損害賠償を請求したために、三年の消滅時効（民法七二四条、自賠法三条・四条）が問題となったものであった。原告は、第一審で国の時効の抗弁が容れられたために、第二審で国の安全配慮義務違反を理由とする債務不履行に基づく損害賠償請求を追加的に主張し、第二審は否定したが、最高裁がこれを容れたのであった。この判決の影響力はすこぶる大であり、これを踏襲しかつ発展させた最高裁判決があるほか、下級審判決では、民間の雇用契約関係においても、雇主の安全配慮義務違反につき、損害賠償請求権の一〇年の消滅時効を認めるものが多い。右の判決を契機として、その後学説・判例上問題となった諸点について若干の検討を試みたい。

二　安全配慮義務の法的性質をめぐる諸論議

(1)　ドイツ民法六一八条一項は、「雇主は、労務の遂行のために設営しなければならない場所、設備または器具の設置・管理、および労務者が雇主の指示または指導の下に遂行する労務の管理にあたっては、労務の性質が許すかぎり、労務者の生命および健康を危険から保護すべき義務を負う」と定める。スイス債務法も同様の規定を置いている（同法三三九条）。これらの規定は保護規定と呼ばれ、労務保護の政策上雇主にとくに課せられた法定の義務とされた。我が民法には同種の規定を欠くが、我妻博士は、「雇傭契約の内容が、使用者においてこれらの設備をなし、労務者の労務をこれに配置して労務を実現させるものである場合には、使用者が右のような債務を負うのは、むしろ当然のことといわねばなるまい（契約の存続中と信義の原則について述べたところ〔四二〕参照）」とされ、これを信義則上の当然の義務として肯定された。

(2)　この考え方に対して、第二次大戦後主として労働法学者や実務家弁護士から、「自由平等を基調とする民法（市民法）上の雇傭契約と労働法原理（生存権理念）に立脚した労働契約とを截然と分け、労働者に対する安全配慮義務は、雇傭契約上の単なる附随義務といったものでなく、労働契約上の本質的義務である」と説く者が出てきた

（その文献については、飯原「不法行為責任と安全配慮義務違反に基づく損害賠償責任との関係」新・実務民訴講座⑷六六頁参照。最近の重要文献としては、岡村親宜・労災裁判の展開と法理〔昭和五七年〕がある）。

⑶　これとは別個に筆者は、前述昭和五〇年判決の解説において、一般に信義則の適用を論ずる場合、それが市民法原理の補充ないし調整機能を営む場合と、異質の法原理たとえば社会法原理の実現のための機能を含む場合とでは厳密に区別して論ずべきだという、近時の民法解釈学の一つの重要な成果（好美「信義則の機能について」一橋論叢四七巻二号七三頁）を踏まえて、大要次のごとく主張した。雇用契約上の安全配慮義務を右判旨が信義則上の付随義務と構成したことに関連して、これを対等当事者間の意思の補充ないし調整機能を果たす市民法レベルでの付随義務とみるべきでなく（過失責任原則によって規制されるおそれあり）、特殊＝労働契約関係（①「労働」商品の特殊性、②「機械制・工場制生産方式」下における継続的〔＝今回付加〕組織的集団労働、という労働契約の背後の商品関係の特殊性）に付随した労働法原理に立脚した使用者の義務（一種の法定契約責任）として把握すべきだと。この主張の実際的・具体的なねらいは、労働契約における安全配慮義務の具体的内容決定の指標として、「それは、完全賠償を目的としない補償原理に立脚した『災害補償』制度下の使用者の無過失責任の程度までには至らないとしても、少なくとも、原則として契約関係にない当事者間の法律関係を前提として構築されている、しかも完全賠償原理に立脚する（このことの是非は立法政策的に開題はあるが）国家賠償法や自賠法三条の使用者ないし運行供用者の責任の程度を下廻るべきではなく、むしろそれより高次の責任を負担すべきもの」という主張にあった。

⑷　これに対し、この考え方は立法論の指針としては大きな意味をもつが、安全配慮義務の基礎づけは、解釈論としては一般の契約法理によってなされるべきであり、市民法原則に基づく契約理論によっても、その理論構成の深化で十分対処可能だとの批判を受けた。この批判に対して筆者はすでに他の箇所で反論した（「契約責任の再構成をめぐる覚書」ＬＳ二七号）。

三　問題の検討

現在の時点で筆者は、その後の学説・判例の展開を踏まえて、とくに労働法の領域での論争を踏まえて（この点については岡村・前掲書参照）、もう少し掘り下げた検討の必要性を感じているが、さしあたり次のような所感を表明しておきたい。周知のように、労働法学の領域においては、思想的対立が激しく、一方においていわゆる「プロ・レーバー的解釈」と呼ばれる実践的解釈法学が精力的に展開され、他方においてこれを嫌い、法的構成にイデオロギー的色彩をできるだけ避けつつ、しかし、実質的な利益考量の結果については、労働者保護を着実に進めてゆこうとする傾向が認められる（もちろん、利益考量の結果も反対の傾向もあるが）。安全配慮義務の法的性質をめぐる論争についてもその感が強いが、ときにイデオロギー主張あるいは嫌悪過敏現象が感じられないではない。前節までにみてきたように、安全配慮義務は、われわれの整理では、補充的契約責任の領域に属するものであり、本来的給付義務に対し付随義務あるいは保護義務と呼ばれる性質のものである。両者の分類は、債務の性質の差による形式的分類であって、価値評価を含むものではない。したがって、付随義務だから重要でなく、本質的義務ではないというような評価にはなじまない。

次に、今日の補充的契約責任の拡大化現象の意味するものは、債権関係における社会的関係要素のもつ比重の重大化にほかならない。それ故に、安全配慮義務の具体的内容・注意義務の程度は、売買・賃貸借・請負・労働契約等の各契約類型の背後の社会的関係の差異、それに対する法的保護の社会的要請の差異あるいは特別保護立法の有無、内容によって必然的に異なってくる。

ところで、第二次大戦後の新憲法、特別法たる労働諸立法の制定によって、民法の雇用契約は大きく修正を受け、いわゆる労働契約外の雇用契約は、もはや例外的な法現象である。それは、市民法あるいは市民法理論の深化・発展によって社会法たる労働契約・労働法原理に到達したものといってもよかろう。かくて今日、雇用契約における安全配慮義務を語ることは、とりもなおさず、労働契約における安全配慮義務を語ることにほかならず、安全配慮義務の具体的内容の検討は、労働法原理、労働者保護立法を抜きにしては考えられない。かくて、労働契約における信義則上の付随義務としての安全配慮義務を語る場合の信義則の具体的内容は、労働法原理を実現すべき機能を営むべきものと位置づけられよう。特殊＝労働契約類型における安全配慮義務について、市民法レベルでの信義則を語ることは、ごく例外的な場合を除いては客観的認識の問題として無意味である。たとえば、今日の借地・借家契約の解釈に際して、「社会法的色彩を有する借地・借家法上の原理で事を論ずることは、立法論の指針としては大きな意味をもつが、解釈論としては、民法原理に基づく契約理論構成の深化・発展で十分対処可能だ」と人ははたして語るであろうか。あるいはまた、前節で検討した、ビルの賃貸借、ホテル宿泊契約における貸主の失火に対する安全配慮義務を語るにあたり、消防法上の火災予防原理・諸規定による具体的安全配慮の注意義務とは別個に、民法原理に基づく契約理論の深化で問題の解決を図れと人はいうであろうか。

四　結　論

要するに、補充的契約責任の責任原理が個人の意思や合意でなく、当該契約関係を支える社会的関係の要素に基礎を置くものである以上、当該契約＝社会関係の特殊性が責任の具体的判断基準に影響し、かつそれが当該契約＝社会関係を規制する特別立法によって規制されるのは当然といえよう。製造物責任の問題領域においては、企業の社会的責任に関する法意識や各種の消費者保護法、欠陥商品の生み出す一般的危険性の度合に応じ、また、情報提供者の責任問題に関しては、同様にこの問題への法意識や社会的危険性の進展に応じて、安全配慮義務・保護義務・一般的注意義務の具体的判断基準が模索されるべきである。そして、このことと同様に、労働契約における安全配慮義務の具体的内容に関しては、労働法原理・労働者保護の諸立法によって、その内容が構築さるべきことは当然の事理であり、かかる特別法と離れて、市民法原理に基づく契約理論の深化を語ることは無意味である。おそらく、かくいう論者の真意は、当然労働法上の使用者の諸義務を考慮にいれて判断しつつも、法的構成の上では、イデオロギー的色彩を嫌い、右のような説明の論理を展開されるのであろうが、イデオロギー嫌悪過敏のきらいなしとしない。

Ⅲ　交通事故と安全配慮義務

（一九八六年）

はじめに ―― 本報告の目的 ――

交通事故による殉職自衛官遺族の国に対する損害賠償請求訴訟で、最高裁昭和五〇年二月二五日判決（民集二九巻二号一四三頁）が、不法行為規範から生ずる保護義務とは別の、契約法理に基礎をおく「安全配慮義務」を認めて以来、周知のように、これをめぐる下級審判決例が激増している。右判決がその法的構成として、「安全配慮義務は、ある法律関係に基づいて特別の社会的接触の関係に入つた当事者間において、当該法律関係の付随義務として当事者の一方又は双方が相手方に対して信義則上負う義務として一般的に認められるべきもの」とした影響もあってか、公務員や民間の雇用契約にとどまらず、請負、賃貸借、売買契約の他、学校事故等についても多くの訴訟があらわれてきた。そして、不法行為責任とは異った契約責任とみることによるメリットとして、当初は時効期間や帰責事由の立証責任の点が主として意識されていたが、その後安全配慮義務の具体的内容とその違反の事実についての立証責任、慰謝料請求権、弁護士費用、損害賠償債務の遅滞時期、消滅時効の起算点、相殺等の問題をめぐって、要件論、効果論上の差異が問題となり、契約責任構成が被害者にとってつねに必ずしも有利ではないという問題状況もあらわれてきた。とくに最高裁昭和五八年五月二七日判決（民集三七巻四号四七七頁）の出現によってこのことが明白となった。

本報告は、右、最高裁昭和五八年判決を中心に、その問題点を検討することを通じて、安全配慮義務一般の法的性質、効果を論じ、あわせて、民事責任における体系的位置づけとの関連において、債務不履行責任（契約責任）再構成への一つの問題提起を試みようとするものである。

一　安全配慮義務の法的性質

1　判例の問題状況

⑴　昭和五〇年判決とその問題点　　昭和五〇年判決は、安全配慮義務の概念規定については、ドイツ民法六一八条一項にならい、「国は、公務員に対し、国が公務遂行のために設置すべき場所、施設もしくは器具等の設置管理又は公務員が国もしくは上司の指示のもとに遂行する公務の管理にあたつて、公務員の生命及び健康等を危険から保護するよう配慮すべき義務（以下「安全配慮義務」という。）を負つているものと解すべきである」とした。そして、その法的根拠については、我妻説にならって、「右のような安全配慮義務は、ある法律関係に基づいて特別な社会的接触の関係に入つた当事者間において、当該法律関係の付随義務として当事者の一方又は双方が相手方に対して信義則上負う義務として一般的に認められるべきもの」とした。そこで、近時の民法学で、契約責任の進展あるいは再構成として問題とされている「特別な社会的接触」による保護義務関係論とも関連するものと把握される余地があり、その射程距離の及ぶ範囲について実務上および理論上、問題が残されたのである。すなわち、安全配慮義務の法的性質さらにその義務といわゆる補充的契約責任に属する保護義務との関係いかんについて、理論的に検討を要すべき問題を提起したといえよう。

⑵　その後の下級審判決の動向　　右最高裁判決後、下級審判決では、売買契約や賃貸借契約、さらには在学契約についても安全配慮義務を肯定するものがあらわれた（判例法の詳細については、後掲飯原論文参照）。昭和五〇年判決のいうように安全配慮義務がある法律関係に基づいて特別な社会的接触関係に入った当事者間に認められる義務だと

すると、それは雇用ないし労働契約に必ずしも限定されないと考えられるからである。

他方、主として自衛隊関係の事故をめぐる安全配慮義務違反訴訟で、五〇年判決の射程距離を厳格に解し、国の責任を限定的に解しようとする一連の判決が、東京地裁、東京高裁判決の中にあらわれてきた。その法的構成としては、安全配慮義務の具体的内容についての立証責任を被害者に求め、また安全配慮義務を履行義務（ないし給付義務）としてとらえて、その履行補助者に義務違反があること、つまり「公務の執行のため人的物的施設及び勤務条件等を支配管理する業務に従事」している者に義務違反があったこと、しかも、その義務違反は、単なる一般的注意義務違反ではなく、同人の有する支配・管理権限に関するものであることを要求する方法が採用された。この構成によれば履行補助者といえない一般の隊員の注意義務違反によってもたらされた損害の場合には、国の安全配慮義務違反は問題とならないことになろう。

このような構成について、学説には、「履行補助者の注意義務違反を安全配慮義務違反から区別し、右注意義務違反による損害の発生につき国の安全配慮義務違反を否定する手法は、履行補助者の単なる不法行為法上の責任と国の安全配慮義務違反の妥当する領域を峻別することにある」とし、これを積極的に評価する見解がある（植木）。なお、この点は、ドイツでも、同様に解されているようである。つまり、ドイツ民法六一八条一項にいう安全配慮義務について、使用者は二七八条により履行補助者の行為に関して責任を負うが、そこにいう履行補助者とは、安全配慮義務の履行のための補助者をいい、したがって、ある労働者が他の労働者に対して作業中に損害を与えたような場合に、使用者は常に責任を負うわけではないという（後掲宮本論文一四二頁参照）。

(3)　最高裁昭和五八年判決の意義　　右のような問題状況の下に、最高裁は、昭和五八年五月二七日判決において、先の五〇年判決の立場を基本的には、踏襲しつつも、安全配慮義務は、国が公務の遂行にあたって支配管理する人的及び物的環境から生じうべき危険の防止について信義則上負担するものであるから、運転者において道路交通法その他の法令に基づいて当然に負うべきものとされる通常の注意義務は、右安全配慮義務の内容に含まれるものではないとし、部下に同乗を命じた上官（この上官は国の安全配慮義務の履行補助者と認められる地位にあったと思われるが）に、運転者としての運転上の注意義務違反があったからといって、それだけでは国の安全配慮義務違反があったとはいえないとした。

国と自衛隊員との間の雇用契約上の安全配慮義務については、東京地裁、東京高裁の一連の判決を経て、最高裁昭和五八年判決が出現するにおよび、これを制限的に解しようとする傾向が判例法理として定着しつつあるといえそうである。そして、理論的にみるときは、ここに至って安全配慮義務の法的性質についての基本的検討が要請される段階に達したとの感が深い。

2　学説の問題状況

昭和五八年判決を解説された遠藤調査官は、特定の法律関係の付随義務としての安全配慮義務と一般不法行為法上の安全保護義務との関係について、学説は安全配慮義務の内容をもっとも限定的に解する説（植木説）、中間の説（我妻説）、最も広く解する説（下森説）の三説に分れているとされ、これまでの下級審判決例は第一説を採用するものが多いこと、五八年判決は、第一説を全面的に肯定したものではないが、この考え方に近く「判示によると信義則上、公務執行の安全を目的として予測可能な危険を除去しうるに足りる人的物的諸条件を整える義務があるかどうかという観点からみて、公務の内容が自動車運行であるような場合には、公務管理として尽すべき義務は、構造上欠陥のない車両を配備し、運行形態に応じて通常安全にその公務を遂行できる能力を有する者を運転者として充てることであって、運転行為に伴う固有の注意義務は、専ら運転者においてのみ果すべき義務であって、安全配慮義務違反にはならないとする結論を正当であるとしたものであると思われる。と同時に、第二説、第三説をとらないことを明らかにしたものである」と指摘されている。

本報告では、時間の都合上学説の問題状況について報告する余裕はなく、レジュメに引用した諸文献を参照していただきたいが、学説の分類としては、さらに、そもそも債務不履行責任としての安全配慮義務を認める必要はなく、不法行為責任として処理すれば十分だと考える説も有力だということを付加しておくにとどめたい。

3　問題の検討

以下、残された時間を使って、この問題に関する私の考え方を報告し、皆様の御批判、御教示をお願いしたい。

(1)　安全配慮義務の法的性質、保護義務との関係

(一)　私の考え方は遠藤調査官の指摘されたごとく、安全配慮義務を広く解するもので、前記判例や第一説のとる狭義の安全配慮義務の他に、さらに付随義務ないし保護義務をも含めて考えている。そこでまず、狭義の安全配慮義務と保護義務との異同について検討してみたい。この問題については、この三月に発表された西ドイツにおける安全配慮義務と保護義務との関係を分析・整理した宮本論文がたいへん参考になる。この論文によると、ドイツ法上両者には、次のような差異があるという。

まず第一に、両者は法的根拠を異にする。安全配慮義務は、形式的にはドイツ民法六一八条を、実質的には、人格法的要素の存在という労働契約の特殊性を根拠とする。これに対し保護義務は、形式的には信義則を規定する二四二条に、実質的には契約的接触関係に伴う契約（交渉）当事者間の信頼関係に基礎をおく。この法的根拠の差異から、適用範囲や人的範囲、時間的範囲に関する両者の差異が導かれる。すなわち、安全配慮義務は、労働契約ないしこれに類似する契約に限られるが、保護義務は信頼関係を基礎とするから、特別の契約類型に限られない。また、安全配慮義務の債務者は使用者に限られ、労働者はこれを負わない。保護義務の方は、契約当事者双方が相互に相手方に対してこれを負担する。さらに、契約当事者以外の第三者も、一定の範囲内で保護義務の債権者または債務者となりうる。安全配慮義務が認められるのは、有効な契約の締結時または事実上就労したとき以後である。保護義務は契約的

接触関係に入った時点から成立し、相手方の法益に対する増大した影響可能性がなくなったときに消滅する。つまり、保護義務は、契約締結前の段階から、契約存続中の段階を経て、さらに契約関係終了後の段階でも存続しうる。

法的効果に関してみると、⑴安全配慮義務については履行請求権が原則として認められるが保護義務の場合は認められない。⑵給付拒絶権は安全配慮義務では肯定されるが、保護義務の場合、同時履行の抗弁権は認められない。⑶解除権は、いずれの場合にも認められるが、保護義務においては、契約の継続を期待しがたいほどの重大な違反であることが必要とされる。⑷損害賠償請求権は、両者ともに積極的債権侵害の規制に服する。⑸時効期間は、安全配慮義務は三〇年、保護義務については、近時の有力説は、不法行為法規範を準用して三年と解している。

㈡　両者にはこのような差異があるが、ともに相手方の生命身体等を害しないことを内容とし、不法行為法上の義務と類似する点では同じである。かくて、近時は両者の接近化傾向がみられるという。すなわち、従来の西ドイツの労働法学説上の支配的見解では、安全配慮義務は、配慮思想を基礎とし、人格法的共同体関係(Personenrechtliches Gemeinschaft-verhältnis) という労働契約の本質に由来するものとみていたが、近時強い批判が生じ、人格法的共同体関係論による安全配慮義務の基礎づけは、いまだ、実用法学が保護義務や容態義務概念を一般的に認めていなかったために、労働者保護のため止むを得ず用いられた理論であったが、今日では、契約法理論の発展により、これらの義務を基礎づけることができるようになったので、もはや、人格法的共同体関係の理論は不必要だというのである。かくて、安全配慮義務は、契約法上の保護義務にほかならないものとされ、保護義務に統合する見解が有力となったという。もっとも、法的根拠ないし性質については、統合化の傾向が認められるも、法的効果の統合問題については、未だ必ずしも明確に議論がなされていないという。

㈢　この点に対して、宮本論文は、次のごとく問題を整理する。保護義務は、一般的には、容態義務（Verhaltens-pflicht）にすぎない。これに対して、法律上規定された保護義務および契約当事者が合意した保護義務は、従たる給付義務である。そこで、ドイツ民法六一八条にいう安全配慮義務も従たる給付義務としてこれを位置づけうる。この差異から、安全配慮義務には、従たる給付義務として契約規範が全面的に適用されるのに対して、保護義務については必ずしもそうではないという法的効果の差異も説明しうると説く。そして、労働契約は、給付すべき労務が労働者の人格と密接不可分の関係にある特殊な契約であるから、使用者の安全配慮義務はその他の容態義務よりも程度の高い従たる給付義務とみるのが妥当であり、両者は、法的根拠の点では統一的に説明しうるとしても、効果面までも、統一的に処理すべきではない、という。

宮本論文のこの整理は、従来、私が日本法の解釈論として考えていたことを、ドイツ法との比較で明確に整理し、更に発展させたもので、今日の報告者としては、私よりむしろ宮本君の方がより適切であったかと考える。

(2)　昭和五八年判決の検討と私見　最高裁昭和五八年判決の判例評釈（ジュリスト八一五号）の中で書いておいたように、従来私はこの問題を、次のように考えていた。

まず、安全配慮義務を社会法レベルでの安全配慮義務と市民法レベルでの安全配慮義務に分け、前者はさらに、給付義務としての安全配慮義務と付随的注意義務としてのそれに分けられうる。給付義務としての安全配慮義務は、当事者間の明示の特約により発生するが、さらに労働基準法あるいは労働安全衛生法などの規制ある職場たることを前提として今日では労働契約が締結されていることのゆえに、明示の特約がなくとも、これらの法規に規定されている使用者の義務は、労働契約の内容となっている。つまり、今日では、使用者は、給料支払義務とかかる意味での安全配慮義務との二つの給付義務を同時に負っているものとみてよい。そしてかかる意味での安全配慮義務の法的根拠については、信義則をもちだすまでもないこと。

さらにまた、社会法レベルの安全配慮義務は、給付義務としてのそれにとどまらず、労働保護法の理念を実現すべき機能を営むべき信義則法理を媒介として、ときに明文の法規定を欠く場合であっても、付随的注意義務（ドイツ法でいう容態義務といってもよいであろうが）としての安全配慮義務が認められるべきこと、もっともこの場合には、具体的場合、場面において、義務内容、違反の事実を労働者側で立証すべきこと、ここでの使用者側の注意義務の程度は、労働法原理に立脚した高次の注意義務と解すべきことを指摘した。

ついで、市民法原理に基づく信義則を媒介として、このレベルでの安全配慮義務もまた、認められるべきであり、これは付随的注意義務、保護義務の問題であって、積極的債権侵害や契約締結上の過失理論と同一の次元の問題であることを指摘した。そして、労働契約以外の契約類型、たとえば、売買、賃貸借、在学契約などにおける安全配慮義務の問題は、原則としてまさにこのレベルでの安全配慮義務が問題となるものであること、かつまた、労働契約においても、労働法原理にもとづく高次の安全配慮義務の射程に入らない事故であっても、このレベルでの安全配慮義務を問題とする余地はなお存在するのであり、昭和五八年判決の事案は、まさにかかるレベルでの安全配慮義務違反が問題となった事案といえるのである。

つまり、この事件では、上官の一般的注意義務違反の事実は認定されているのであるから、時効の点をしばらくおくと、不法行為訴訟で争ったなら、国はおそらくその責任を免れえなかった事例だと思われる。そうだとすると、先のような問題意識にたつときは、市民法レベルでの付随的注意義務違反あるいは保護義務違反を理由とする国の債務不履行責任（＝広義の安全配慮義務）が競合的に認められる余地があったと考える。そして、今一点留意すべきことは、保護義務と履行補助者との関係である。判例は、借家人の従業員の失火による賃借人の債務不履行責任肯定にあたって、その従業員が火元管理責任者といった、建物保管義務の履行補助者といえないような地位にある場合にも賃借人の責任を肯定しているが、これとの対比で考えるときは、被用者の故意過失を即使用者の故意過失と同視して、使用者の保護義務違反の責任を肯定する余地があるといえるのではあるまいか。さらにまた、昭和五八年判決の事案において事故を起こした上官は、被害者の労務の提供を受領する、国の受領補助者であるとみうるが、その受領補助者の責めに帰すべき事由により債務者の労務の提供が不能となり、さらに債務者に死傷という損害が生じたものと構成することも可能であろう。そこで債権者の責めに帰すべき事由による受領不能あるいは履行不能と危険負担との関係、さらには受領遅滞、受領不能と損害賠償との関係、受領不能につき、我妻説のように債務不履行構成をとらなくとも、保護義務違反を問題として積極的債権侵害論により契約責任としての損害賠償責任を併行して問題とする余地があるが、かかる法的構成との対比で、さらに問題を検討する必要もある。

(3)　安全配慮義務の契約責任体系上の地位　最後に、私の右のような考え方とドイツの議論ないしは宮本説との関係を考えてみよう。

前述したように私は、基本的には、狭義の安全配慮義務も、保護義務もともに補充的契約責任の領域に位置し、その法的根拠を等しくするものと考えている。この点で、安全配慮義務を契約法上の一般理論としての保護義務に統合しようとするドイツの近時の有力説の傾向と考え方を同じくする。しかし、要件論、効果論において、両者は完全に統合しうるものではなく、また統合することは妥当でもないと考える。この点、使用者の安全配慮義務を従たる給付義務と位置づけ、容態義務としての保護義務あるいは安全配慮義務との間に、規範適用上差異を設け、効果論を異なって処理しようという宮本説は示唆的であり、基本的にこれに賛成したい。ただ、この二つの類型に分けてとらえる視角の他に、私は、当事者の立場に互換性のある一般の保護義務ないし安全配慮義務、換言すれば市民法レベルでの安全配慮義務と互換性のない場合における、高次の保護義務あるいは給付義務としての安全配慮義務、換言すれば労働法あるいは消費者保護法といった社会法レベルでの安全配慮義務という今一つの判断枠組みを設けておくことが有用だと考える。注意義務の程度の判断基準上、差異があると考えるからである。

二　解釈論上の諸問題

以上の基本的判断枠組みに立って解釈論上の諸問題について具体的に考察したいが、もはや与えられた時間がないので、簡単に問題点の指摘をして報告を終わりたい。

まず、給付義務としての安全配慮義務違反については、契約法規範を全面的に適用しつつ、さらに、不法行為による損害賠償請求権との競合について、近時の請求権競合論の成果をとりいれて合理的に問題を処理すべきであろう。この方向性を指摘する宮本論文の問題提起はここでも示唆的である。

その他の容態義務あるいは保護義務としての安全配慮義務は、契約責任と不法行為責任の中間領域に属するものである。現在の契約法規範は、本来的には給付義務を前提として構築されている規定であるから、これを保護義務に全面的に適用すべき必然性はない。したがって、ここでの法的処理は、契約責任だからこう、不法行為責任だからこう、という発想でなく、高次の安全配慮義務の問題か一般の安全配慮義務の問題かに分け、事態を直視して、それにもっとも適合した規範を適用ないしは創造すべきである。具体的解釈論については、法学セミナー一九八三年六月号の拙稿を参照していただきたいが、ここでも、宮本論文が示唆的であり、これをうけてさらに考察を進展させる必要性を感じている。

〔追記〕

昭和六〇年秋の私法学会において、宮本健蔵君が、「安全配慮義務と保護義務」について報告し、日本法の解釈論につき、より詳細な問題提起をした。学会誌「私法」を併せて参照頂ければ幸甚である。

〔参考文献〕

○　安全配慮義務をめぐる諸問題につき体系的に検討した最近の文献として次のものがある。

飯原一乗「不法行為責任と安全配慮義務違反に基づく損害賠償責任との関係」『新・実務民事訴訟講座4』五九頁、岡村親宜

「使用者・事業主の民事責任」『現代労働法講座12』二九〇頁、同『労災裁判の展開と法理』（総合労働研究所）、国井和郎「安全配慮義務についての覚書」㊤㊥㊦、判タ三五七号二一頁、同三六〇号一〇頁、同三六四号五八頁、ロースクール三〇号六〇頁、同「第三者惹起事故と安全配慮義務」判タ五二九号一九六頁、星野雅紀「安全配慮義務とその適用領域について」判タ四五七号一一頁、後藤勇「労働契約と安全配慮義務」ロースクール二七号三七頁、新美育文「『安全配慮義務』の存在意義」ジュリ八二三号九九頁、和田肇「雇傭と安全配慮義務」ジュリ八二八号一二〇頁、宮本健蔵「西ドイツにおける安全配慮義務と保護義務」法学研究〈明治学院論叢〉三三三号一二五頁。

○　本報告に関連する拙稿として次のものがある。

「殉職自衛官遺族の国に対する損害賠償請求と消滅時効」法セ一九七五年七月号一二頁、「労働契約上の安全配慮義務の法的性質」法セ一九八三年五月号一二四頁、「安全配慮義務をめぐる解釈論上の諸問題」法セ一九八三年六月号一一四頁、「自衛隊員の運転による同乗者の死亡と国の安全配慮義務」ジュリ八一五号（昭和五八年度重要判例解説）七九頁、「契約責任の再構成をめぐる覚書」ロースクール二七号四頁、「契約責任（債務不履行責任）の再構成」内山・黒木・石川還暦記念『現代民法学の基本問題』㊥一六三頁（第一法規）。

Ⅳ　安全配慮義務と失火責任法――ビル貸主・場屋主人の安全配慮義務と失火責任法――

（一九八三年）

一　はじめに

最高裁昭和五〇年二月二五日判決（民集二九巻二号一四三頁、法学セミナー一九七五年七月号一二頁以下の下森解説参照）が、殉職自衛官遺族の国に対する損害賠償請求事件において、不法行為規範から生ずる保護義務とは別の、契約法規範に基礎を置く「安全配慮義務」を認めて以来、とみに安全配慮義務違反を理由とする契約当事者の債務不履行責任を肯定する判決例が激増し、学説上も活発な議論が展開されている（最近の判例・学説の問題状況については、たとえば飯原一乗「不法行為責任と安全配慮義務違反に基づく損告賠償責任との関係」新・実務民訴講座⑷五九頁以下、ならびにそこに引用されている判例一覧および文献参照)。

右判決は、「安全配慮義務は、ある法律関係に基づいて特別な社会的接触の関係に入った当事者間において、当該法律関係の付随義務として当事者の一方又は双方が相手方に対して信義則上負う義務として一般的に認められるべきもの」であるという。

この問題は、基本的には補充的契約責任、つまり契約関係における附随義務、注意義務あるいは保護義務と呼ばれる問題群に属するものであり、契約締結上の過失理論や積極的債権侵害論あるいは不完全履行論と密接な関連性をもつものである。安全配慮義務を争点とする判例群は、雇用契約類型に多くみられるが、請負、賃貸借、売買契約類型のほかに学校事故についてもみられる。またこの義務は、契約の性質上(たとえば診療契約、寄託契約、管理契約)、あるいは特約により、本来の給付義務に関わる契約責任としても問題となりうる。そして、不法行為責任とは異なった、契約責任とみることにより、履行補助者の行為による責任、帰責事由の立証責任、慰謝料請求権、弁護士費用、損害賠償債務の遅滞時期、消滅時効の起算点と時効期間、相殺等の問題をめぐって、要件論上・効果論上の差異があらわれ、種々の問題を提起してきている。

本稿では、貸ビル・マンションの貸主やいわゆる「場屋の取引」における経営者の安全配慮義務と失火責任法との関係という側面から、安全配慮義務、保護義務論を展開することの効用について若干の考察をしてみたい。

二　失火責任法の限定的解釈方向

周知のように、失火責任法は、「民法第七百九条ノ規定ハ失火ノ場合ニハ之ヲ適用セス但シ失火者ニ重大ナル過失アリタルトキハ此ノ限ニ在ラス」と定め、失火者の不法行為責任を軽減している。この特別法の立法趣旨は、木造家屋の多い我が国の実状や、天候や消防状況などの偶然的事情の如何によっては損害が意外に拡大すること、また火事は失火者自身の財産をも焼失してしまうことへの考慮にあるといわれるが、不燃家屋が増加し、消防能力が格段に増強された今日的状況を踏まえて、その合理性について疑問をもつ者が多くなりつつある。したがって、本法の適用範囲を狭くしようというのが現在の解釈方向であるといわれる（前田達明・不法行為法二五二頁）。

ところで、失火責任法による責任軽減は、不法行為責任についての特則であって、失火が債務不履行を構成する場合には適用がない。たとえば、借家人の失火によって賃借家屋を焼失した場合の、借家人の家主に対する債務不履行責任については、本法の適用がなく、一般原則により軽過失があれば賠償義務を生ずる（大連判明四五・三・二三民録一八輯三一五頁）。また、借家人の妻や従業員の失火によって家屋が焼失した場合にも、履行補助者の過失について債務者の責任を認める法理と結びつけ、判例は、借家人の責任を肯定する（最判昭三〇・四・一九民集九巻五号五五六頁）。

また、土地工作物の設置保存の瑕疵による失火については、大別して三説あり、失火責任法の適用肯定説と、適用を否定し工作物瑕疵による加重責任を認めるべしとする説、さらに、工作物から直接に生じた火災については七一七条を適用し、そこから先に延焼した部分については失火責任法の適用を肯定する焼燬場所による振り分け適用説が主張されている（幾代・不法行為一七五頁参照）。今日では最後の説（加藤・不法行為〔増補版〕一九八頁）が、有力説とみられている。

三　ビル貸主・場屋主人の安全配慮義務

従来は、右のように借家人の失火と失火責任法の適用が主として考えられていたが、家主の失火により借家人が損害を蒙った場合はどうであろうか。間貸のほかに、ビル・マンション・アパート等の集合建物の賃貸の場合にこのような問題が生ずる。

同様の問題は、学校・病院・工場・事業場・興行場（映画館など）・デパート・ホテル・レストラン等で、経営者側の失火で火災が発生し、学生・入院患者・従業員・客等が火傷その他の身体的・財産的損害を蒙った場合にも考えられる。ホテル・ニュージャパンの火災事故は記憶に新しいところであろう。これらの施設について、消防法は、防火管理者を置き（八条）、一定の消防用設備等を設置すること（一七条）を義務づけている。そこで、消防法違反があれば重過失ありとして、経営者の不法行為責任を追及することが可能な場合が多くあろう。また、土地工作物の設置保存に瑕疵ある場合として、先の振り分け適用説により、火元である建物内で火災事故にあった者には、経営者が軽過失であったとしても、失火責任法の適用除外例として、その不法行為責任を追及しうる場合もあろう。

しかし、土地工作物の設置保存に瑕疵ありといえない場合で、しかも経営者側に重過失なく、軽過失あるにすぎない場合はどうか（とくに従業員の軽過失による失火の場合に議論の実益がある）。かかる場合に、経営者側の安全配慮義務違反を理由とする契約責任の追及の道が開かれれば、被害者の保護に役立つことになろう。また、工作物の設置保存に瑕疵があったかどうかを正確に判断せずとも、安全配慮義務違反の有無の総合判断で賠償責任を肯定することも可能となり、また、振り分け適用説のいう火元と延焼部分との区別の困難性を緩和しうる場合も考えうる（火元という場合、一棟の建物全部を火元とみるのか、区分された一部のみを火元とみるのか）。重過失の立証をしないで済む点でも被害者にとって有利であろう。

要するに、かかる解釈は、失火責任法の適用範囲を狭くしようという現在の解釈方向に沿うものであり、その方向性の促進に有用な法技術を提供するものといえよう。

四　解釈論上の問題点

最後に、かかる解釈論を展開するにあたり、解釈論上問題となりうべき若干の問題点を具体的に検討しておこう。

(1)　まず、安全配慮義務発生の法的根拠が問題となる。ビル・マンションの所有者とテナント（賃借人）との間には、通常、管理契約が結ばれているから、管理契約上の本来的給付義務として、貸主の防火に対する安全配慮義務を肯定するのは容易であろう。病院と患者との入院契約、ホテル宿泊契約等においても、安全配慮義務は、本来の契約責任の内容とみてよい場合が多いであろう。明示の管理契約がない場合でも、一棟の建物の一部の賃貸借においては、間貸であれ、アパートやマンションなどの共同住宅あるいは貸ビルの賃貸であれ、一戸建の建物の賃貸借とは異なり、賃貸部分の引渡後も、賃貸人が建物全体についての直接的な管理権ないし管理義務をもつのが通常であるから、少なくとも賃貸借契約上の附随義務として、修繕義務などにみられる賃借物件を使用収益に適した状態に置く賃貸人の義務の一環として安全配慮義務を位置づけることが可能であろう。これまでに、下級審判決例に、賃貸人の失火を理由とする債務不履行責任を認めたものが、二、三ある（間貸の事案として、東京高判昭四九・一二・四判時七七一号四一頁、東京地判昭五一・四・一五判時八三九号九一頁、アパートの賃借人たる学生が焼死した事案として、山形地米沢支判昭五四・二・二八判時九三七号九三頁）。

賃貸借契約の側面をもつ、ホテル宿泊契約、入院契約の場合は、右と同様に解してよかろう。映画館などの興行場、レストラン、デパートなどの、いわゆる「場屋の取引」における経営者の責任の場合はどうか。場屋主人に関するいわゆるレセプツム責任（商法五九四条一項）は、客より寄託を受けた物品の管理責任につき不可抗力の場合にのみ免責するものとして、善管注意義務以上の責任を課しているが、客の生命・身体の安全について、失火責任法の適用による責任軽減には、右との均衡上、その問題性が明白であろう。多数の客の来集の場での観覧契約、飲食契約、買物契約では、その契約の附随義務として、契約法上の安全配慮義務が認められてしかるべきであろう。

(2)　安全配慮義務違反の立証責任について、判例は、安全配慮義務の内容を特定し、かつ、義務違反に該当する事実を主張・立証する責任は、被害者側にあるとする（最判昭五六・二・一六民集三五巻一号五六頁。なお、中野「診療債務の不完全履行と証明責任」現代損害賠償法講座⑷九三頁、飯原・前掲論文七二頁以下参照)。しかし、失火の場合には、消防法との関係で比較的立証が容易であろうが、さらに最近の立証責任に関する危険領域説や証拠距離説の活用によって問題の妥当な解決が図らるべきであろう。

⑶　経営者自身の過失でなく、その従業員の過失による失火について、従業員を当然に安全配慮義務の履行補助者とみうるかについては、問題がなくはない。しかし、借家人の妻や従業員の失火の場合と同様に、履行補助者概念にそう厳格にこだわる必要はないと解したい。

【判例研究①】殉職自衛官遺族の国に対する損害賠償請求と消滅時効
――国の安全配慮義務違反を理由とする賠償請求肯定判決をめぐって　（一九七五年）

最高裁昭和五〇年二月二五日第三小法廷判決、民集二九巻二号一四三頁

さる二月二六日の朝刊紙上で、本判決の報道記事を眼にした読者は多いことであろう。たとえば、朝日新聞は、社会面のトップに、「時効の壁に血が通う」、「賠償請求権十年認める」という六段抜きの大見出しをつけてこれを報道した。同紙の記事は次の一文で始まっている。

「隊内の事故で死亡した自衛官の老父母が、国を相手取り損害賠償を求めていた訴訟の上告審で、最高裁第三小法廷（関根小郷裁判長）は二十五日『国は公務の管理にあたって、公務員の生命、健康等を危険から保護するよう配慮すべき義務（安全配慮義務）がある』との新しい判断を示した上で『この債務を怠ったこと（債務不履行）による損害賠償請求権の時効は十年である』とし、この訴訟を通常の不法行為による損害賠償請求事件とみて、『賠償請求権は三年の時効で消滅している』などの理由で訴えを認めなかった一、二審判断を逆転させ、二審の東京高裁に審理のやり直しを命じる判決（破棄差し戻し）を言い渡した。」

毎日、読売などの他の日刊紙もこの事件を大きく報道したが、この判決は、社会的にも法理論的にも重要かつ興味のある問題を提起しているので、その問題点の解説方々、法理論的な問題点を検討してみることにした。

一　事実関係

事故は、昭和四〇年七月一三日に発生した。この日の午前一一時五分頃、青森県八戸市大字市川町所在の自衛隊八

戸駐屯地方第九武器隊車両整備工場で、訴外A運転の大型自動車がバックしているうちに、車両を整備していた訴外Bの頭部を後車輪で轢き、Bは即死した。このことを知らされたBの両親X_1・X_2は、翌一四日朝、現地に行って、Bの上官から事情を聞かされ、その三日後ぐらいに自衛隊から国家公務員災害補償金として七六万円の支給をうけた。

右補償額が世間一般の自動車事故等の補償額に比較して少額すぎることになっとくのゆかないものを感じていたXらは、昭和四二年一〇月二七日、山形県内陸上自衛隊神町駐屯地で殉職隊員の追悼式にひきつづいて開かれた懇親会の席上で、同席していた自衛官や事務官Cらに対して、補償額が少なすぎるから、補償金を増額するか、年金を支給して欲しいと懇請したところ、C事務官は公務員の場合には法律で定められたこと以外のことは国として何もできず、法律を改正する以外には方法がない旨を回答した。なお、自衛隊遺族会陸上部会誌（わかばと）昭和四一年度版に、殉職者に対する国の補償問題につき、国は現行の法律に基づいて殉職者に国家公務員災害補償法による補償、公務死による退職手当、共済組合法による遺族年金等を支給するが、それらの法律で定められた以外のことは国として何もできない旨の記事が、自衛隊幕僚監部厚生課長D名義で掲載されていた。

そこで、Xらは右回答や記事から、国から支給された補償金以外に国に対しては損害賠償を請求しえないものと信じていたところ、昭和四四年七月にいたって、訴外Eに出した手紙の返事によって、はじめて国に対して損害賠償の請求ができるということを知り、同年一〇月六日、国を相手に本件訴えを提起し、自賠法三条に基づき逸失利益、慰藉料、弁護士費用の損害賠償として各自に七三九万余円の支払をなすよう請求した（なお、先に受領した補償金七六万円は控除して請求）。これに対して国は、逸失利益の額や補償金額を争うとともに、「原告らが本訴を提起した昭和四四年一〇月六日は、原告らが本件事故による損害および加害者を知った日である昭和四〇年七月一三日から三年を経過しているから、原告らの損害賠償請求権はすでに時効により消滅している」旨、抗弁した。そこで、Xらは、Xらが本件事故による損害を知ったのは昭和四四年七月頃であると答弁するとともに、国の時効援用は権利の濫用であると再抗弁した。しかし、第一審（東京地判昭和四六・一〇・三〇、交通専門部である民事二七部の坂井コート判決）では、国の時効援用が認められて、Xらは敗訴した。控訴審でXらは、第一審におけると同様、三年の消滅時効の起算点を争い、国の時効援用を権利濫用であると主張するとともに、新たに、前記C事務官らは、遺族を援護すべき義務があり、国に損害賠償責任のあることを告知する義務があるのにそれを怠り、結果としてXらの賠償請求権を喪失させたので、その義務違反による賠償責任を使用者たる国が負うと主張し、さらに、「国は自衛隊員の使用主として、隊員が服務するについてその生命に危険が生じないよう注意し、人的物的環境を整備すべき義務を負担しているのであるが、本件事故発生現場である整備工場内は車両、器材類が沢山置かれており、混雑していた上、騒音が激しかったのであるから、国は、危険防止のため、車両運転者らに安全教育を徹底させ、車両を後進させる場合には誘導員を配置する等、隊員の安全管理に万全を期すべきところ、右義務を怠り、本件事故を発生させたのであるから、これに基く損害を賠償すべき責任がある」旨主張した。

ところが、控訴審でもXらの主張は認められず敗訴に終わった。控訴審判決の理由とするところは、消滅時効の起算点、時効援用の権利濫用問題は第一審判決と同様であり（同判決を引用した）、その要点を紹介するとつぎのとおりである。

㈠　まず、起算点について、Xらの主張する昭和四四年七月頃の時点は、Xらが国に対して前記補償金のほかになお損害賠償を請求しうるという法律解釈を知った時期にすぎず、民法七二四条にいう損害および加害者を知った時期は、本件事故翌日の昭和四〇年七月一四日というべきである。したがって、Xらがその主張のような事情から損害賠償を請求できることを知らなかったとしても、三年の消滅時効が完成している、とした。

㈡　つぎに、権利濫用問題については、当時自衛隊において災害補償事務を取り扱う係官は、自衛隊内の事故については、所定の補償金以外には国に対する損害賠償の請求は出来ないとの考えであり、事故死した自衛隊員の遺族をもって組織する遺族会においても、会員たる遺族に対し、国に対する損害賠償の請求を別途になすように指導することは行わず、もっぱら国家公務員災害補償法による補償金、退職手当、遺族年金などを引き上げるための運動を行なうにすぎなかったと認定し、したがって、本件の場合、Xらが国に対して損害賠償の請求をしなかったのは、法の不知により一般の交通事故と同様に賠償の請求ができるのだということを知らなかったためであると推察しうるけれども、そうかといって、とくに国の方でXらをわざとあざむいて損害賠償の請求をすることをあきらめさせたわけではないから、国の時効の援用が権利の濫用となるとまでは言いがたいとした。

㈢　さらに、控訴審でのX側の新たな主張である国の告知義務違反を理由とする損害賠償請求については、Xらの主張するような告知義務の存在を一般的に認めることは困難であり、かつまた、法律専門家でない自衛官や事務官に、補償金以外の賠償責任が国にあることを認識して告知すべきであったと要求するのも無理であるから、故意・過失があったともいえず、Xらの主張は理由がない、とした。

㈣　最後に、国の安全保障義務不履行を理由とする損害賠償については（ちなみに、㈢、㈣のXの主張は、国の債務不履行責任を追及するものであるから、この請求権の消滅時効の期間は一〇年であり、本件の場合、時効期間はまだ経過していないわけである。この点、国の不法行為責任を追及する場合と時効期間が異なることに注意してほしい）、事故死したBは、通常の雇用関係ではなく、特別権力関係に基づいて国のため服務していたのであるから、国は本件事故について補償法に基づく補償（控訴審判決は、「それが十分であるか否かはしばらくおき」といって言外に不十分さをにおわせた）以外に債務不履行に基づく損害賠償義務を負担しないものと解するのが相当である、としてこの点でもX側の主張をしりぞけた。そこで、X側から最高裁に上告することとなったわけである。上告理由は、第二審でX側が主張し原判決が判示したのと同様の四点であるが、その主張の内容・法的構成は相当詳細になっており、なかなかの力作である。ただ、紙数の都合上本稿では、そのすべてを引用できないので（この事件では上告理由に対し国側から答弁書が出され、さらに

X側からそれにこたえて上告理由補充申立書が出されている)、その要点だけを次に紹介する。

上告理由第一点は、消滅時効の起算点についてであり、この起算点は、Xらが(あるいは少なくとも一般人が)、損害が法律上請求のできるものであること、および国が損害賠償義務者であることを知った時と解すべきである、という。第二点は、時効援用が国の権利濫用あるいは信義則違反となるとし、その理由として、私企業などと異なり利益追及を目的とせず、国民に対して後見的立場に立ち、国民の権利を尊重し福祉を充実させることを使命とする国が、自動車事故により人を死亡させ、その遺族が老齢、貧困であすの生活資金にもこと欠き、補償金の増額を訴えていたにもかかわらず、それを放置しておきながら、本件訴訟が提起されるやにわかに時効の抗弁を主張することは、Xらの法的無知に乗じて、なすべき義務の履行を怠るものであって、権利の濫用であるという。第三点は、国の損害賠償責任に関する告知義務違反をつくものであり、第四点は、原判決がBと国との雇用関係が特別権力関係に基づくものであるから債務不履行責任を負わないとした点を批判して、国は、公務員に対し公務遂行のための場所、設備等を供給すべき場合には、公務員が公務に服する過程において、生命、健康に危険が生じないように注意し、物的および人的環境を整備する義務を負っているというべきであり、本件事故は国が右義務を怠ったことによって生じたものであるから、国は右の義務違反に基づく損害賠償義務を負っているものと解すべきである。というものである。

二　判　旨

Xらの上告に対して、最高裁はこれを容れて(上告理由第四点を認めた)、原判決を破棄し、東京高等裁判所に本件を差し戻した。その判決理由は次のとおりである。

上告理由第一、第二点について。「原審の確定した事実関係のもとにおいては、本件事故に基づく自動車損害賠償保障法三条による損害賠償請求権の短期消滅時効は昭和四〇年七月一五日から進行すると解すべきであり、また、被上告人（国）が右消滅時効を援用することをもつて権利の濫用又は信義則に反するものとはいえない。」

同第三点については、原審の認定判断は正当として是認しうるとしてかんたんにはね、ついで、同四点についてつぎのように述べた。「思うに、国と国家公務員（以下「公務員」という。）との間における主要な義務として、法は、公務員が職務に専念すべき義務（国家公務員法一〇一条一項前段、自衛隊法六〇条一項等）並びに法令及び上司の命令に従うべき義務（国家公務員法九八条一項、自衛隊法五六条、五七条等）を負い、国がこれに対応して公務員に対し給与支払義務（国家公務員法六二条、防衛庁職員給与法四条以下等）を負うことを定めているが、国の義務は右の給付義務にとどまらず、国は、公務員に対し、国が公務遂行のために設置すべき場所、施設もしくは器具等の設置管理又は公務員が国もしくは上司の指示のもとに遂行する公務の管理にあたつて、公務員の生命及び健康等を危険から保護するよう配慮すべき義務（以下「安全配慮義務」という）を負つているものと解すべきである。もとより、右の安全配慮義務の具体的内容は、公務員の職種、地位及び安全配慮義務が問題となる当該具体的状況等によつて異なるべきものであり、自衛隊員の場合にあつては、更に当該勤務が通常の作業時、訓練時、防衛出動時（自衛隊法七六条）、治安出動時（同法七八条以下）又は災害派遣時（同法八三条）のいずれにおけるものであるか等によつても異なりうべきものであるが、国が、不法行為規範のもとにおいて私人に対しその生命、健康等を保護すべき義務を負つているほかは、いかなる場合においても公務員に対し安全配慮義務を負うものではないと解することはできない。けだし、右のような安全配慮義務は、ある法律関係に基づいて特別な社会的接触の関係に入つた当事者間において、当該法律関係の付随義務として当事者の一方又は双方が相手方に対して信義則上負う義務として一般的に認められるべきものであつて、国と公務員との間においても別異に解すべき論拠はなく、公務員が前記の義務を安んじて誠実に履行するためには、国が、公務員に対し安全配慮義務を負い、これを尽くすことが必要不可欠であり、また、国家公務員法九三条ないし九五条及びこれに基づく国家公務員災害補償法並びに防衛庁職員給与法二七条等の災害補償制度も国が公務員に対し安全配慮義務を負うことを当然の前提とし、この義務が尽くされたとしてもなお発生すべき公務災害に対処するために設けられたものと解されるからである。

そして、会計法三〇条が金銭の給付を目的とする国の権利及び国に対する権利につき五年の消滅時効期間を定めたのは、国の権利義務を早期に決済する必要があるなど主として行政上の便宜を考慮したことに基づくものであるから、同条の五年の消滅時効期間の定めは、右のような行政上の便宜を考慮する必要がある金銭債権であつて他に時効期間につき特別の規定のないものについて適用されるものと解すべきである。そして、国が、公務員に対する安全配慮義務を懈怠し違法に公務員の生命、健康等を侵害して損害を受けた公務員に対し損害賠償の義務を負う事態は、その発生が偶発的であつて多発するものとはいえないから、右義務につき前記のような行政上の便宜を考慮する必要はなく、また、国が義務者であつても、被害者に損害を賠償すべき関係は、公平の理念に基づき被害者に生じた損害の公正な塡補を目的とする点において、私人相互間における損害賠償の関係とその目的性質を異にするものではないから、国に対する右損害賠償請求権の消滅時効期間は、会計法三〇条所定の五年と解すべきではなく、民法一六七条一項により一〇年と解すべきである。

ところが、原判決は、自衛隊員であつた訴外Bが特別権力関係に基づいて被上告人（国）のために服務していたものであるとの理由のみをもつて、Xらの被上告人（国）に対する安全配慮義務違背に基づく損害賠償の請求を排斥しているが、右は法令の解釈適用を誤つたものというべきであり、その違法は原判決の結論に影響を及ぼすことが明らかであるから、原判決はこの点において破棄を免れない。」

三　本判決の意義と問題点

1　本判決の問題点

本判決の先例としての意義は、自衛官Bの、隊内（公務遂行の場）における公務遂行中の交通事故死につき、公務遂行の場における遂行中の公務の管理にあたっての国の一般的安全配慮義務を肯認し、その違反を理由として（一種の債務不履行責任と構成）、国の賠償責任を肯定し、この法的構成によって、自賠法三条に基づく損害賠償請求権の時効消滅から生ずる被害者の遺族の不利益の救済をはかる余地あることを示した点にある。国の安全配慮義務を肯定した判旨の一般論は、判例法上はじめての判断であり、これまでの学説上もかかる問題につき十分には論じられておらず、かつまた、この一般論の射程距離は、ひとり公務員の雇傭関係や交通事故災害にとどまらず、一般の私企業の雇傭関係上の災害にも及ぶ性質のものであるから、業務上の災害者一般の救済において実際上も、理論上も極めて重要な意義をもつものといわなければならない。もし本件で、三年の消滅時効が問題となっていなかったら、判旨のこの一般論が陽の目をみることはなかったであろうから、まさに不幸中の幸いとでもいうべき現象である。

2　災害補償と損害賠償の関係

ところで、国家公務員災害補償法は、公務員の公務上の災害に対する補償を迅速かつ公正に行なうことを目的とするものであって（同法一条）、それ以上のものではないから、被害者の損害賠償請求権や賠償請求額を補償額までのものとして消滅させたり、打ち切ったりするものではない。このことは同法第五条の明文の規定、すなわち「国が国家賠償法、民法その他の法律による損害賠償の責めに任ずる場合において、この法律による補償を行なつたときは、同一の事由については、国は、その価額の限度においてその損害賠償の責めを免れる。前項の場合において、補償を受けるべき者が、同一の事由につき国家賠償法、民法その他の法律による損害賠償を受けたときは、国は、その価額の限度において補償の義務を免れる。」から、明らかである。つまり、災害補償法による救済は、社会保障法的原理から公務遂行中の災害につき、国が危険責任を負担することによって災害にあった公務員の救済を迅速に行おうとするものであって、国の（あるいはその手足たる加害公務員の）故意過失はもとより、行為の違法性をも責任要件とするものではない。そしてその補償額は、現在のところ被害者たる公務員の全損害の補償を目的とするものではなく、一定額の制限があり（その代わり損害額の立証を要しない）、かつその額は補償として必ずしも十分とはいえない。この点、過失責任主義に立脚しつつ被害者の全損害の賠償を原則とする損害賠償とはその目的をも機能をも異にするのである。したがって、被害者としては、災害補償法による救済とは別にその蒙った損害につき、国家賠償法や民法の規定に基づき、その要件充足性を主張・立証して賠償請求をなしうることは当然であり、補償法第五条はこのことを当然の前提とした規定である。このような当然のことが、自衛隊事務官に理解されていなかったという事実は、わが国における近代法感覚の一般的侵透の不十分さを感じさせられると同時に、他方において、戦前的天皇制国家の官僚感覚が十分払拭されきっていないことを感じさせられる。原判決は、法律専門家でない関係自衛官、事務官らに補償法に基づく補償以外に損害賠償責任が国にあることを認識するよう期待することは無理であると解して、時効援用の権利濫用性を否定すると同時に、他方において、法の不知は抗弁となしえずの一般法理に基づいて、Xらの法の不知による賠償請求権の時効消滅はやむをえざるところとし、結果として自衛隊事務官らに期待しえないことを、さちに彼ら以上に法知識にうといはずであるXらに期待したのである。法の不知は抗弁となしえないという一般法理それ自体にはもとより合理性がある。しかし、このような状況下でのその法理の形式的適用からくる不合理性、ないしは不当性への認識が、本件最高裁判決の判断の背後にひそんでおり、それが先のような別の形であらわれたものとみるのはうがちすぎであろうか。

3　損害賠償請求権の法的根拠

ところで、本件事故は、被害者の同僚隊員たる公務員の過失によって、その公務遂行中に起こされたものであるから、国家賠償法による国の賠償責任が問題となりうる（国賠法一条）。そして、本件事故は交通事故であるから、自賠法も適用される（民法の付属法規の国家賠償への適用は問題がない。ただ、この場合、国賠法四条によるか五条によるかの争いはある。注釈民法⒆四三〇頁参照)。もっとも、本件加害者Aの車両運転は公務遂行中ではあったが、それが「公権力の行使」であったといえるかどうか、若干問題がないわけではない(「公権力の行使」の意義については狭義説と広義説との対立がある。今村『国家補償法』〔有斐閣法律学全集〕一〇〇頁、乾・注釈民法⒆三九一、三九六頁参照)。しかし、仮に国賠法の適用が否定された場合でも民法七一五条の使用者責任を国に対して問いうることは問題がないし、この場合自賠法三条の適用も当然肯定される。つまり、交通事故の場合には、いずれにせよ自賠法三条の適用があることは異論をみないのである(国賠法による場合と民法七一五条による場合との差異については乾・注釈民法⒆三九一頁参照)。なお、被害者が公務員である場合にも、国賠法の適用があることは問題がない(注釈民法⒆四一〇頁、国家公務員災害補償法との関係については前述した)。そして自賠法三条による損害賠償請求権は同法四条により、民法七二四条の短期消滅時効に服する。以上の点については第一審から上告審に至るまで判断の当然の前提とされているのである。右の三年の時効の起算点の問題については後述するが、本件では、三年の時効の完成が認められたので、自賠法三条による損害賠償請求権は時効消滅したものとされ、結局この他に加害者の使用人である国と、被害者との間の雇用関係上の債務不履行を理由とする損害賠償請求権がなお存するかどうかが問題とされることになったわけである(この場合は時効期間は一〇年なので時効はまだ未完成。会計法との関係は後述する)。先にみたように、本件判旨は、「ある法律関係に基づいて特別な社会的接触の関係に入った当事者間において、当該法律関係の付随義務として当事者の一方又は双方が相手方に対して信義則上負う義務として一般に認められるべきもの」として安全配慮義務を肯定した。国と公務員との関係が特別権力関係にあるとしても、その基礎は、国と公務員との雇用契約にあるのであるから、雇用(＝労働)契約上の諸債務が特別権力関係という一事によってすべて無視されうるものでないことは自明であり、安全配慮義務についても、一歩掘り下げて、特別権力関係なるがゆえにそれが無視されてよいものかどうかが具体的に判断されてしかるべきだといえよう。この点、原判決の態度はいささか安易であり、本件判旨の立場は極めて正当といえよう。

4　安全配慮義務の法的根拠と性質

ところで、判旨は安全配慮義務を信義則上の付随義務と構成して肯認したが、この点はさらに突っ込んだ考察を必要とするように思われる。契約関係における信義則上の付随義務については、契約締結上の過失、積極的債権侵害論、事情変更の原則などにおいて説かれることが多いが、雇用契約に関してもすでにこれまでの学説上説かれてきた。たとえば、我妻博士は、雇用契約における使用者の信義則上の付随義務につき次のように説かれている（民法講義V₃債権各論・中巻二、五八五頁以下）。「ドイツ民法は、使用者が労務給付の場所、設備、機械、器具を供すべき場合には、労務の性質の許す範囲において労務者の生命及び健康に危険を生じないように注意する義務を負うものと定める（同法六一八条一項、三項、六一九条）。スイス債務法も同種の規定をおく（同法三三九条）。これらの規定は、保護規定と呼ばれ、労務者保護の政策上とくに課せられた義務とされた。然し、雇傭契約の内容が、使用者においてこれらの設備をなし、労務者の労務をこれに配置して労務を実現させるものである場合には、使用者が右のような義務を負うのは、むしろ当然のことといわねばなるまい（契約の存続中と信義の原則について述べたところ（〔四二〕）参照）」。

ドイツ民法と異なり、わが国の場合には右のような明文の規定を欠くのであるが、我妻博士は、これを信義則上の当然の義務として肯認されるのである（同旨、幾代・注釈民法⑯四五頁。本件上告理由は、この我妻、幾代説を引用している）。本件判旨はこの考え方を採用したものといえよう。基本的には私もこれに賛成であるが、若干の問題を提起しておきたい。それは使用者のこの保護義務を我妻説のように単純に信義則上の義務と規定してよいかの問題である。一般に信義則の適用を論ずる場合、それが市民法原理の補充ないし調整機能を営む場合と、異質の法原理たとえば社会法原理（労働法原理もその一）の実現のための機能を営む場合とでは厳密に区別して論ずべきだというのが、近時の民法解釈学の一つの重要な成果であるが（好美「信義則の機能について」一橋論叢四七巻二号七三頁、田中実注釈民法

⑴八六頁)、ここでも、この視角からする考察が必要だと思われるのである。つまり、本件の問題は、契約締結上の過失や積極的債権侵害論と同一レベルでこれをとらえ、市民法の欠缺を信義則上の契約付随義務として補充する構成あるいは法的保護の次元で把握さるべきではなく、雇用＝労働契約の特殊性に根ざす、市民法原理に対立する社会法あるいは労働法原理の次元で把握さるべき問題だと思うのである。つまり、問題はこうなる。雇用＝労働契約は、「労働力」商品の取引をその目的とするものであるが、労働力が「商品」として取引の対象とされることのゆえに、労働契約の締結過程においては資本制社会における商品取引一般に通ずる独立・対等な法的主体者間の自由な合意に基づく商品交換という法理が一応は貫徹される。しかし、その商品が「労働力」であるがゆえに、それは資本制社会の他の商品と異なって、売主の身体からはなれて存在するものでなく、いったん取引によりその商品が売却されると、その売主である労働者もまた、その人格を「労働力」商品の買主である他人の支配下に服従せしめなければならぬことになる。民法六二三条にいう「労務ニ服スル」とは、このような意味を法的に承認しているものといえよう。そして、冷徹な「資本の論理」は使用者の労働者に対する専制的支配を内在的要求としてもつがゆえに、右の人格的服従はつねに労働者にとって危険な服従関係となる可能性をはらむ。しかも、資本制生産の下では、あるいは今日の高度工業社会の下では、「労働力」商品が使用される場は、多くの場合「工場制生産方式」の下であり、工場における組織的集団労働は、使用者の強い統制機能の下におかれ、しかもそれが「機械制生産」であることのゆえに、労働者の人間性が疎外され、さらにはその人格が機械災害の危険につねにさらされることになる。かくて、労働契約成立後の継続的契約関係の展開においては、対等当事者間の自由な合意による行動の展開を前提とする市民法的財産法原理では処理しきれない問題状況がそこに生じてくる。かくて、これに対処すべく労働法原理が登場してきたのである（日本の労働契約の成立過程をめぐる法的規制の現状と特質について、拙稿「労働契約の成立」有泉教授還暦論文集『日本の労使関係と法』参照)。使用者の安全配慮義務に関する先のドイツ民法六一八、六一九条の規定はその萌芽的規定といえ、

今日のわが国においては、労働基準法によって労働法原理が確認されるに至ったのである。そしてこの原理は、今日の時点での民法の解釈上も尊重さるべきものである。国と公務員との労働契約においても、それが資本制社会、高度工業社会における労働契約の一形態である以上、基本的には右の例外ではありえないといえよう。

使用者、国の安全配慮義務が右のような性質のものであるとすれば、これを単純に信義則に基づく雇用契約上の附随義務と構成することは、本来信義則が、市民法的財産法原理に立脚し、対等当事者間の意思の補充ないし調整機能を果たすことを主たる機能とするものだけに、問題の所在をあいまいにし、ひいては、労働者の法的保護を市民法原理つまり使用者の過失責任原理の程度にとどめてしまう危険性を包蔵するものといえよう。使用者のこの安全配慮義務は、特殊＝労働契約に付随した、労働法的原理に立脚した、契約上の使用者の義務（一種の法定契約責任）と把握すべきであり、仮にその理由づけとして信義則を用いるとしても、この場合の信義則の内容ないし機能は右のようなものとして理解すべきだと筆者は考えるものである。

そして、このことが重要なのであるが、この場合の使用者の安全配慮義務の程度についていえば、それは、完全賠償を目的としない補償原理に立脚した「災害補償」制度下の使用者の無過失責任の程度にまでは至らないとしても、少なくとも、原則として契約関係にない当事者間の法律関係を前提として構築されている、しかも完全賠償原理に立脚する（このことの是非は立法政策的に問題はあるが）、国家賠償法や自賠法三条の使用者ないし運行供用者の責任の程度を下廻るべきではなく、むしろそれより高次の責任を負担すべきものと解したい。本件判旨は、この点については触れておらず、この問題は将来に残されているが、右のような問題提起をして、今後の判例法の動きを見守りたい。

5　消滅時効期間 ── 会計法三〇条との関係

本件判旨は、国の安全配慮義務を一般的に肯定した後で、その違反を理由とする損害賠償請求権の消滅時効期間の問題にふれ、会計法三〇条所定の五年と解すべきではなく、民法一六七条一項により一〇年と解すべきだとした。判旨がわざわざこの問題にふれたのは、Xらが国の安全配慮義務違反を理由とする損害賠償請求を主張したのは、第二審ではじめてであり、この時にはすでに五年の時効期間が徒過していたことを考慮したものであろう。ところで、国の、あるいは国に対する権利の消滅時効期間については、判旨の説くとおり、各個の権利の性質に応じて会計法三〇条の適用性の有無を判断すべきであろう。従来から判例はこのような態度で問題を処理しており、たとえば、弁済供託の場合の取戻請求権の消滅時効期間につき、最高裁大法廷は、供託が民法上の寄託契約の性質を有するものであることを理由として、会計法三〇条によらず民法一六七条一項を適用して一〇年としている（最大判昭和四五・七・一五民集二四巻七号七七一頁）。本件判旨は、このような先例と同様な考え方をとるものであり、一つの新しい事例を判例法につけ加えたという意義をもつものである。

ちなみに、契約上の付随義務違反を理由とする損害賠償請求権の法的性質は不法行為に基づく損害賠償請求権に近いものがある。そもそも、歴史的には、積極的債権侵害論の展開に明白に示されているように、この問題は当初は不法行為責任の問題として処理されていたのであるが、その違法行為が、特殊＝契約的関係にある当事者間で起こる現象であることから契約責任の領域の問題として処理さるべきだとの主張がなされ、これが肯定されることとなったのである。このこと自体は、とくに故意・過失の立証責任問題などに関しては、極めて正当かつ妥当であった。しかし、他面において、この請求権は、本来の契約上の請求権とその性質を全く同じにするものではないから、すべての効果を同一に解してよいかは問題であり、たとえば、消滅時効については、その不法行為責任的要素に着目して、不法行為における短期消滅時効の趣旨にかんがみ五年程度の短期消滅時効に服すること（起算点の問題にも注意のこと）を考えてみるのも、立法論としては、十分合理性があろう。将来の一つの研究課題として指摘しておきたい。

6　自賠法三条による損害賠償請求権の短期消滅時効の起算点

本件一、二審において、もっぱら中心の争点とされ、上告理由もまた、この点に力点を注いでいた、三年の短期消滅時効の起算点につき、本件判旨は、一、二審の判断をあっさりと肯認した。実際問題としては、判旨は、本件で、国の安全配慮義務違反を理由とする損害賠償請求権を肯定することでXらの不利益を救済したので、この問題はあっさり処理した、あるいは処理することができたのであるが、起算点の問題ははたしてそう簡単に処理しきれるものなのか、問題は将来に残されているように思われる。

消滅時効は、「権利ヲ行使スルコトヲ得ル時」から進行を始めるのが原則であるが（民法一六六条）、不法行為による損害賠償請求権に関する三年の短期時効は、「被害者又ハ其法定代理人カ損害及加害者ヲ知リタル時」から進行を始める（七二四条前段）。すなわち、消滅時効の起算については、一般には、権利を行使しうるという客観的な事実がありさえすれば足りるのであって、権利者がその権利を行使しうることを知っていようといまいと、そういう一身上の主観的な事情は無視されるのが原則であるが、不法行為の場合には、不法行為の後、被害者がただちに損害および加害者を知りえない場合があり、そのために損害賠償請求権を行使しえない場合も存するので、被害者保護のために起算点をその主観的事情に関係させたのである。そして、他方において、損害および加害者を知った以上、被害者はすみやかに賠償請求をすべきものとして、三年の短期時効にかかるものとしたのである。つまり、「これらを知った後三年もたてば、被害者の感情が平静にもどってくると考えられるので、その後におよんで再び当事者間の関係を紛糾させるのが妥当でないのみならず、長らく放置して不法行為による損害・苦痛などを忘れている者には、法的保護を与える必要がないという考慮に基づいている」のである（注釈民法⒅三七六頁）。

したがって、ここに「損害及加害者ヲ知（ル）」とは、被害者が現実にそれらを知ることを要し、一般人なら知りえたはずだといった「一般人の認識」を意味しない。本件ではこの点は問題ない事案であり、本件の問題点は、Xらが法の不知により、国に対する損害賠償請求権が自分らにあることを知らなかったために三年の時効期間が完成してしまった点である。この点、従来の判例は、民法七一五条の使用者責任の短期消滅時効が問題となった事案についてであるが、使用者が損害賠償義務を負うことまでを被害者が知ることは必要でなく、「被害者らにおいて、使用者ならびに使用者と不法行為者との間に使用関係がある事実に加えて、一般人が当該不法行為が使用者の事業の執行につきなされたものであると判断するに足りる事実をも認識すること」で、加害者を知ることの要件は充足されるとした（最判昭和四四・一一・二七民集二三巻一一号二二六五頁。この判例の意義につき評価が学説上分かれていることにつき、下森後掲参照）。本件判旨は、基本的にこの先例の立場を踏襲する。

ところで、被害者が損害および加害者を知ったときから時効の進行を開始させるのは、その時から権利の行使が期待しうるし、また、その時から速やかな行使を期待したからであることは、先にみたとおりであるが、そのような事実は知りながら、たまたま当該被害者が法の不知のため権利行使をなしえなかったとき、法律生活一般の建前から法律の不知は被害者のため考慮すべきでない、として処理されてもやむをえないとしても、一般人の立場においても、その法を知ることが期待しえないような場合でもなお、そのように処理すべきであろうか。民法典制定当初に比し、はるかに法の内容が、複雑、高度化し、七一五条の解釈をめぐって周知のように判例法が高度な発展をとげ、それがさらに自賠法三条の運行供用者概念へと定着・展開し、今日、運行供用者概念につき一般人にその熟知を期待することはまず無理といってよい状況にある。さらに、労災補償との関係についていえば、この制度は被害者保護のために設けられたのであるが、この補償制度ができたために民法上の損害賠償との関係が複雑となり、損害賠償請求権の有無の法的判断が一般人にとってすら難かしくなった場合に、なお、先の原則は維持さるべきであろうか。法の不知は考慮せずとして、およそいかなる法であっても一律に権利行使を期待しうるし、期待すべきであるとみるのは合理的であろうか。本件でのその結果は、被害者保護のための補償制度がかえって被害者に不利益に機能することになるわけである。

ところで、交通事故の後遺症損害の賠償請求権の消滅時効の進行につき判例は、後遺症の発現を知ったときとして起算点をずらし、さらに場合によっては、当該後遺症につき有効な治療法があることを被害者が知ったときまで、起算点をずらして被害者の法的保護をはかっている（最判昭和四二・七・一八民集二一巻六号一五五九頁）。この判例の実質的判断基準として、この判例は、時効の起算点に関し、権利行使を被害者に合理的に期待しうる時期とみる判断基準をとったものといえるのではなかろうか（ちなみに、主として一六六条の解釈に関するものであるが、このような発想を消滅時効の起算点について主張する注目すべき学説として、星野「時効に関する覚書⑷」法協九〇巻六号九二四頁参照）。もっとも、この判例は、事実の認識の問題についての事例であるが、法の認識の問題についても、かかる判断基準をとることは許されないものであろうか。少なくとも、事実の認識は当該被害者自身を基準とし、法の認識あるいは法的判断は一般人を基準として、当該被害者のみならず一般人にとってもその認識を期待できないような「法」の不知であれば、被害者のために時効の起算点を考慮することは許されてしかるべきではあるまいか（すでに学説上このような主張がある。沢井、吉野、下森等。この点については、下森「消滅時効の起算点」判タ二六八号一八六頁参照）。

本件において、国が運行供用者にあたることについては、一般人であれば当然知りえたものといってよかろうが、補償と損害賠償との関係については、原判決も認めるとおり、すでに自衛隊事務官に、事件当時その知を期待することが無理であったというのであるから、いわんや一般人や被害者にこれを期待することはまず無理であろう。そうだとすれば、権利行使を期待しうる合理的な時期まで、時効の起算点をずらすことが妥当であった事例だと思われる。前述のように、本件では、結局、国の安全配慮義務違反を理由とする賠償請求権の肯定で被害者の保護がはかられたので、この点は軽く処理されたきらいがあるが、この点は一般的には非常に重要な問題点であることを指摘しておきたい。

【判例研究②】 自衛隊員の運転による同乗者の死亡と国の安全配慮義務 （一九八四年）

最高裁昭和五八年五月二七日第二小法廷判決

（昭和五五年(オ)第五七九号、損害賠償請求事件）

民集三七巻四号四七七頁、判例時報一〇七九号四一頁、判例タイムズ四九八号八六頁

〔事実の概要〕

本件事案の概要は次のとおりである。陸上自衛隊の隊長であるAは、昭和四二年六月二九日、他部隊から派遣されてきた隊員の原隊復帰にあたり、あいにく適当な運転者がいなかったので、自ら運転して送りとどけることにした。その際、Aは、部下の亡Bに対し、教育目的ならびに運転助手を勤めさせる目的で自己の運転する四分の一トントラックに同乗を命じた。輸送任務を終了しての帰途、国道補修工事のため舗装部分の幅が狭くなった道路部分にさしかかり、同所を時速三五ないし四〇キロメートルの速度で通過したが、その直後、道路の舗装部分の幅が広くなったところに出て時速四五ないし五〇キロメートルに急加速したため、車の後輪を左に滑走させ、狼狽の余りハンドルを切り返して進路を正常に復させる余裕もないまま、車を道路上で回転させて反対車線に進入させ、折から対面進行してきた大型貨物自動車の右前部に、自車右側面を衝突せしめ、その衝撃によって同乗していたBに頭蓋血腫、脳挫傷の傷害を負わせ、同人を死亡させた。Aは、事故当時降雨のため路面が濡れていたばかりでなく、右補修工事に際し補修部分に塗布したアスファルトが本件事故車の道路の舗装路面上に約四七メートルの長さに亘って付着し、そのため路面が極めて滑走し易い状況にあったにもかかわらず、路面に右アスファルトが付着していたのを看過して滑走等の危険はないものと軽信し、漫然アクセルペダルを踏み込んで加速した、というのである。

そこで、Bの遺族Xらが国（Y）を相手に、国の安全配慮義務違反を理由として債務不履行に基づく損害賠償を請求したのが本件である。第一審は、Aは隊長としてその部下であるBに車両運転教育の一環として同乗を命じたのであるから、Bに運転させ、かたわらで指導教育していた場合と同視することができ、したがってその上官は上司として支配管理の業務に従事し国の安全配慮義務の履行補助者として部下の生命及び健康を危険から保護するよう配慮すべき義務を負っていたのに、運転上の注意義務を怠った点で安全配慮義務の不履行があった、としてXらの請求を認容した。

ところが、原審は、第一審判決を取り消して、請求を棄却した。その理由とするところはこうである。国の安全配慮義務は、国が公務遂行に関する人的、物的諸条件を支配管理する権限を有することに由来する義務であり、管理権の発動として実行されるものであるから、国の安全配慮義務の履行補助者が公務の執行としての自動車の運行に関して負っている注意義務は、自動車運転者が右のような管理権とは無関係に道路交通法その他の法令に基づいて運転上負っている注意義務とは、その性質、法的根拠及び内容を異にするのであって、その者に運転者としての過失があったことから、直ちに国の安全配慮義務の面でも履行補助者として義務違反があったと結論づけ得ないことはいうまでもない。Aの過失は、同人が国の安全配慮義務につき履行補助者の地位にあることとは全く無関係の、すなわち、同人が国の履行補助者として公務につき有していた前記管理権とは無関係の運転上の注意義務を怠ったことによるものである。したがって、安全配慮義務違反があったとはいえないからXらの請求は失当である。

これに対し、Xらの一部から上告した。上告理由の要旨は、安全配慮義務の履行補助者としての上官Aは、運転者たる自己に対し、危険の発生を防止するに必要な具体的措置をとるべき義務を負っており、運転者と同一人である履行補助者として滑りやすい道路走行時には運転者たる自己に無謀、危険な運転を制止するなど安全走行を配慮すべきであるのにこれを怠った点に、履行補助者としての過失があり、安全配慮義務違背の責任がある、というものである。

〔判　旨〕

上告棄却。「国は、公務員に対し、国が公務遂行のために設置すべき場所、施設若しくは器具等の設置管理又は公務員が国若しくは上司の指示のもとに遂行する公務の管理に当たつて、公務員の生命及び健康等を危険から保護するよう配慮すべき義務を負つている（最高裁昭和四八年(オ)第三八三号同五〇年二月二五日第三小法廷判決・民集二九巻二号一四三頁）。右義務は、国が公務遂行に当たつて支配管理する人的及び物的環境から生じうべき危険の防止について信義則上負担するものであるから、国は、自衛隊員を自衛隊車両に公務の遂行として乗車させる場合には、右自衛隊員に対する安全配慮義務として、車両の整備を十全ならしめて車両自体から生ずべき危険を防止し、車両の運転者としてその任に適する技能を有する者を選任し、かつ、当該車両を運転する上で特に必要な安全上の注意を与えて車両の運行から生ずる危険を防止すべき義務を負うが、運転者において道路交通法その他の法令に基づいて当然負うべきものとされる通常の注意義務は、右安全配慮義務の内容に含まれるものではなく、また、右安全配慮義務の履行補助者が右車両にみずから運転者として乗車する場合であつても、右履行補助者に運転者としての右のような運転上の注意義務違反があつたからといつて、国の安全配慮義務違反があつたものとすることはできないものというべきである。……（原審認定のような）事実関係によれば、本件事故は、Aが車両の運転者として、道路交通法上当然に負うべきものとされる通常の注意義務を怠つたことにより発生したものであることが明らかであつて、他に国の安全配慮義務の不履行の点は認め難いから、国の安全配慮義務違反はないとした原審の判断は、正当として是認することができ(る)。」

〔解　説〕

一　本判決は、最高裁として初めて自衛隊員の交通事故死亡事件において国の安全配慮義務を肯定した昭和五〇年二月二五日判決の立場を基本的には踏襲しつつも、右義務は、国が公務遂行に当たって支配管理する人的及び物的環境から生じうべき危険の防止について信義則上負担するものであるから、運転者において道路交通法その他の法令に基づいて当然に負うべきものとされる通常の注意義務は、右安全配慮義務の内容に含まれるものではないとし、部下に同乗を命じた（安全配慮義務の履行補助者と認められる）上官に運転者としての運転上の注意義務違反があったからといって、それだけでは国の安全配慮義務違反があったとはいえないとし、抽象的な安全配慮義務の内容をその限度で具体的に限定した点に先例的意義がある。

ところで、前記最高裁昭和五〇年判決が、不法行為規範から生ずる保護義務とは別の、契約法理に基礎をおく「安全配慮義務」を認めて以来、周知のようにこれをめぐる下級審判決例が激増している。右判決がその法的構成として、「安全配慮義務は、ある法律関係に基づいて特別な社会的接触の関係に入つた当事者間において、当該法律関係の付随義務として当事者の一方又は双方が相手方に対して信義則上負う義務として一般的に認められるべきもの」とした影響もあってか、公務員や民間の雇傭契約にとどまらず、請負、賃貸借、売買契約の他学校事故等についても多くの訴訟があらわれてきた。そして、不法行為責任とは異なった契約責任とみることによるメリットとして、当初は時効期間や帰責事由の立証責任の点が主として意識されていたが、その後、安全配慮義務の具体的内容とその違反の事実についての立証責任、慰謝料請求権、弁護士費用、損害賠償債務の遅滞時期、消滅時効の起算点、相殺等の問題をめぐって、要件論、効果論上の差異が問題となり、契約責任構成が被害者にとってつねに必ずしも有利ではないという問題状況もあらわれてきた（下森「安全配慮義務をめぐる解釈論上の諸問題」法学セミナー一九八三年六月号一一四頁以下参照。なお、最近の判例・学説の詳しい問題状況については、後掲後藤、国井、飯原論文参照）。

本件訴訟も、前記五〇年判決に触発されて、多数の駆け込み訴訟がなされた自衛隊殉職事故訴訟の一つであるが、判旨の法的構成をみるとき、安全配慮義務の法的性質についての基本的検討が要請される段階に達したとの感が深い。

二　昭和五〇年判決は、安全配慮義務の概念規定についてはドイツ民法六一八条一項にならい、法的根拠については、我妻説にならって信義則に根拠を求め、付随義務的にこれをとらえているように読みとれる。しかも、「ある法律関係に基づいて特別な社会的接触の関係に入った当事者間において……」と述べたため、近時の民法学で、契約責任の進展あるいは再構成として問題とされている「特別な社会的接触」による保護義務関係論とも関連するものと把握される余地があり、その射程距離の及ぶ範囲について問題が残されていた（奥田・昭和五〇年度重要判例解説五九頁参照）。そこで、下級審判決例の中には、いわゆる瑕疵結果損害（拡大損害）にかかわる積極的債権侵害（付随的注意義務）や保護義務の問題をも安全配慮義務の一環としてとらえるものがでてきた（例えばバドミントン事件、神戸地判昭和五三・八・三〇判時九一七号一〇三頁、下宿学生焼死事件、山形地裁米沢支判昭和五四・二・二八判時九三七号九三頁など）。

他方、主として自衛隊関係の事故をめぐる安全配慮義務違反訴訟で、五〇年判決の射程距離を厳格に解し、国の責任を限定的に解しようとする一連の判決が東京地裁、東京高裁判決の中にあらわれてきた（後掲飯原論文裁判例一覧表参照）。そのテクニックとしては、安全配慮義務の具体的内容についての立証責任を被害者に求め、また安全配慮義務を履行義務としてとらえてその履行補助者に義務違反があること、つまり「公務の執行のための人的物的施設及び勤務条件等を支配管理する業務に従事」している者に義務違反があったこと、しかも、その義務違反は単なる一般的注意義務違反ではなく、同人の有する支配・管理権限に関するそれであることを要求する手法が採用された（この構成によれば履行補助者といえない一般の隊員の注意義務違反によってもたらされた損害の場合には、国の安全配慮義務違反は問題とならないことになろう）。本件原審判決の立場がこの一例である。このような構成について、「履行補助者の注意義務違反を安全配慮義務違反から区別し、右注意義務違反による損害の発生につき国の安全配慮義務違反を否定する手法は、履行補助者の単なる不法行為法上の責任と国の安全配慮義務違反の妥当する領域を峻別することにある」とし、これを積極的に評価する見解がある（植木・民事判例研究・法時五四巻一号一八四頁）。もっとも、この見解は、履行補助者や被用者の注意義務違反に基づく国の安全配慮義務違反でなく、彼らの義務違反を前提とする国の不法行為責任が追及されるときは異なった結論（国の責任肯定の趣旨であろう――筆者）が出るように思われるといい、かかる場合あらためて両責任の関係、履行補助者のとらえ方、ひいては安全配慮義務の本質がとわれることになろうと鋭く指摘している。

三　本判決を解説された遠藤調査官は（ジュリ七九七号七二頁「時の判例」）、特定の法律関係の付随義務としての安全配慮義務と一般不法行為法上の安全保護義務との関係について、学説は安全配慮義務の内容を最も限定的に解する説（植木説）、中間の説（我妻説）、最も広く解する説（下森説）の三説に分れているとされ、これまでの下級審判決例は本件原判決を含め、第一説を採用するものが多いこと、本判決は原判決の採る第一説を全面的に肯定したものではないが、「判文によると、信義則上、公務遂行の安全を目的として予測可能な危険を除去しうる〔に〕足りる人的物的諸条件を整える義務があるかどうかという観点からみて、公務の内容が自動車運行であるような場合には、公務管理として尽くすべき義務は、構造上欠陥のない車両を配備し、運行形態に応じて通常安全にその公務を遂行できる能力を有する者を運転者として充てることであって、運転行為に伴う固有の注意義務は、専ら運転者においてのみ果すべき義務であって、安全配慮義務違反にはならないとする結論を正当であるとしたものであると思われる、と同時に第二説、第三説を採らないことを明らかにしたものである」と指摘されている。調査官の一見解ではあるが、本判決の先例的意義の研究や今後の最高裁判決の予測の上で、留意しておくべき重要な指摘である。

四　客観的解説を主眼とする本稿では、紙数の関係もあり、立ち入った批判的検討は許されないが、最後に若干の所感を述べ問題の提起をしておきたい。

国と自衛隊との間の雇用契約上の安全配慮義務については、東京地裁、東京高裁の一連の判決例を経て、本最高裁判決が出現するに及び、これを制限的に解しようとする傾向が判例法理として定着しつつあるといえそうである。この傾向が、他の公務員との雇用契約や民間の労働契約にも及ぶものかどうか、さらには、五〇年判決を契機として下級審判決例にあらわれてきた、請負、売買、賃貸借、就学契約等における安全配慮義務については、これを最高裁はどのように解するのかが、今後に残された課題である。

雇用契約上の安全配慮義務は、本来はいわゆる補充的契約責任、附随義務の問題領域に属するものと思われるが、戦後の新憲法や労働諸立法の制定によって、民法典の雇用契約は大きく修正を受け、今日、雇用契約における安全配慮義務を語ることは、とりもなおさず労働契約におけるそれを語ることに外ならず、この安全配慮義務の具体的内容の検討は、労働法原理、労働者保護立法を抜きにしては考えられない（下森「労働契約上の安全配慮義務の法的性質」法学セミナー一九八三年五月号一二四頁以下）。そして、労働者を労働災害から守るため、使用者に対し、労働者の危険または健康障害を防止するための種々の安全措置をとるよう命じている労働安全衛生法（二〇条以下）は、取締法規ではあるが、今日では、原則としてこのような安全な職場であることを前提として労働契約が締結されているのであるから、明示の特約が労働契約上存しなくとも、当然かかる法規に規定されている使用者の義務は、労働契約の内容となっている。つまり義務を構成しているものといえよう。特殊＝労働契約においては、今日、国・使用者は、給料・賃金支払義務とかかる意味での安全配慮義務との二つの給付義務を同時に負っているものとみてよい。かかる「安全配慮義務は、労務給付義務と対価的牽連関係に立つものではないが、安全配慮義務の尽くされていない場合には、公務員、労働者は就労を拒否する正当の理由があるといえよう」（奥田・債権総論(上)二〇頁）。そしてかかる意味での安全配慮義務の法的根拠については信義則を持ち出すまでもあるまい。

ところで、他の機会に不十分ながら指摘したごとく、筆者は、特殊＝労働契約上の安全配慮義務については、右のような給付義務としてのそれにとどまらず、労働基準法その他の労働保護法の理念を実現すべき機能を営むべき信義則法理を媒介として、場合により付随的注意義務についてまで安全配慮義務が及ぶべきものと考えている。ただこの点についての明示の法規定を欠き、あるいは注意義務の規定内容が抽象的であるときは、具体的場合、場面において、具体的に義務の内容、違反の事実を労働者側で立証すべきこととなろう。しかし、ここでの使用者側の注意義務の程度は、労働法原理に立脚した高次の注意義務と解すべきである。

さらに指摘しておかなければならないことは、労働契約上の安全配慮義務は、右のような意味でのそれ（労働法原理に基づく安全配慮義務）につきるものではないと考えられることである。というのはこうである。売買、賃貸借、就学契約等においても、債務の内容（例えば運送契約・診療契約）上の安全配慮義務（給付義務としての安全配慮義務）、あるいは明示の特約による安全配慮義務（給付義務ないしは注意義務としてのそれ）の外に市民法原理に基づく信義則を媒介として、付随的注意義務、保護義務レベルでの法定契約責任としての安全配慮義務が今日認められてしかるべきである。そして名称の点はともかく、既存の判例法理でも積極的債権侵害論、契約締結上の過失理論等として、この法理は一部すでに定着しているものともいえる（給付義務・付随的注意義務・保護義務の差異については奥田・前掲書一五頁以下参照）。五〇年判決を契機として出現した、労働契約以外の前記諸契約をめぐる安全配慮義務違反訴訟ではまさにかかるレベルでの安全配慮義務が問題となっているのであり、特殊＝契約的な社会的接触関係に立つ者への法的保護の要請が高まっている今日、この方向性は積極的に評価さるべきものといえよう（下森「契約責任（債務不履行責任）の再構成」内山他還暦論集（中）所収参照）。かくて、労働契約においても、労働法原理に基づく高次の安全配慮義務の射程に入らない事故であっても、このレベルでの安全配慮義務を問題とする余地はなお存在するのである。そして、本判決の事案はまさにかかるレベルでの安全配慮義務違反が問題となった事案だと思われる。

本件では、上官Aの一般的注意義務違反の事実は認定されているのであるから、不法行為訴訟で争ったなら、国はおそらくその責任を免れえなかった事例だと思われる（時効期間徒過の点はしばらくおく）。そうだとすると、前記のごとき問題意識にたつときは市民法レベルでの付随的注意義務違反を理由とする国の債務不履行責任（＝広義の安全配慮義務違反）が競合的に認められる余地があったといえよう。そしてここでは、Aが安全配慮義務の履行補助者であったかどうかはさほど問題とならない。借家人の従業員の失火による賃借人の債務不履行責任肯定の上で、その従業員の履行補助者性が厳格に要求されていないことを想起すべきである（なお、家主の従業員の失火で下宿学生が焼死した前掲山形地裁米沢支部判決参照）。観点をかえてみると、上官Aは、亡Bの労務の提供を受領する、国の「受領補助者」（かかる概念は今まで用いられていないようであるが当然考えられてしかるべきであろう）であったといえる。その「受領補助者」の責めに帰すべき事由により、債務者の労務の提供が不能となり、さらに債務者に死傷という拡大損害が生じたものと構成するとき、債権者たる国の責任いかん。受領不能につき債務不履行構成をとらないとしても、積極的債権侵害論により契約責任としての損害賠償責任を併行して問題とする余地がある（下森「受領遅滞の法的性質」法学セミナー一九八四年五月号一〇四頁参照、なお時効期間の問題は残る）。本件ではかかる観点は問題となっていないが、ここに問題の提起をして、今後の判例法の展開を見守りたい。そして、以上のような意味において、安全配慮義務の法的性質、内容についての基本的検討が要請される段階に達したと考えるのである。

〈参考文献〉

本文引用の文献の他、
後藤勇「労働契約と安全配慮義務」ロースクール二七号（一九八〇年）
國井和郎「契約責任論の体系的素描――裁判例から見た安全配慮義務――」ロースクール三〇号（一九八一年）
飯原一乗「不法行為責任と安全配慮義務違反に基づく損害賠償責任との関係」新・実務民事訴訟講座4（一九八二年）

【判例研究③】ヘリコプターの性能保持・機体整備に対する安全配慮義務（一九八七年）

最高裁昭和五六年二月一六日第二小法廷判決
（昭和五四年(オ)第九〇三号、損害賠償請求事件）
民集三五巻一号五六頁、判例時報九九六号四七頁、判例タイムズ四四〇号九三頁

〔事実の概要〕

訴外Aは、航空自衛隊員であったが、昭和三九年九月一〇日、同人の搭乗した航空自衛隊所属ヘリコプターでの運航中、突然後部ローター・ブレード（回転翼）一枚が飛散し、ヘリコプターは、機首を上に、後部胴体がほとんど垂直に下がった姿勢で墜落し、その結果、Aは死亡した。そこで、Aの父母であるX_1・X_2は、国（Y）に対して、第一次的には、安全配慮義務違反を理由とし、民法七一一条の類推適用により、慰謝料合計三五〇〇万円の支払いを求め、また予備的に、Aがその死亡によって取得した損害賠償請求権を相続したとして合計同額の支払いを求めて訴えを提起したのが本件である。第一審X敗訴。

原審は、まず事故の原因について、本件事故は、ローター・ブレードのソケット内側に存在するツールマーク（製作時の切削痕）に応力が集中し、そのためこれが疲労破断し、ローター・ブレードの一枚が飛散したことにより生じたものと認定した。そして、安全配慮義務違反については、本件ヘリコプターは、所定の整備体系に従って整備されていたこと、事故原因となったツールマークは、製造過程における極めて微細なきずであって、顕微鏡による精密検査によってしか発見しえないものであること、整備基準ではそこまでの検査を義務づけていないが、航空機用部品は、高度の精密性のある工場で生産され、かつ高度の品質管理と検査の下に出荷されるのであるから、受け入れ後にいち

いち顕微鏡等による精密検査を行うことをしない整備基準を定めても、不合理とはいえないこと、かつまた、本件事故以前、かかる事故例は一件も報告されておらず、全く予測不可能であったことなどを詳細に論じて、国には安全配慮義務違反がない、とした。

X側より上告し、債務不履行に関する従来の判例に従えば、本件ヘリコプターの墜落につきその責めに帰すべからざる事由によることの立証をYがすべきであるのに、X側にその立証責任があるように解した原審判決は誤っている、と主張した。

〔判　旨〕　上告棄却。

「国が国家公務員に対して負担する安全配慮義務に違反し、右公務員の生命、健康等を侵害し、同人に損害を与えたことを理由として損害賠償を請求する訴訟において、右義務の内容を特定し、かつ、義務違反に該当する事実を主張・立証する責任は、国の義務違反を主張する原告にある、と解するのが相当である。しかるところ、本件記録及び原判決の判文によれば、Xらは右の法理に従つて国の負担する具体的な安全配慮義務の内容及び右義務に違反する事実について主張をし、原審もまた、本件事故の原因を確定したうえ、右法理に従つて、Yが本件のようなヘリコプターに搭乗して人員及び物資輸送の任務に従事する自衛隊員に対してヘリコプターの飛行の安全を保持し危険を防止するためにとるべき措置として、ヘリコプターの各部部品の性能を保持し機体の整備を完全にする義務のあることを明らかにし、この見地から、Xらの主張に基づき、Yにつき具体的に義務違反の事実の存否を判断し、その存在を肯認することができないとしたものであることが明らかである。したがつて、原判決には所論立証責任の法則を誤つた違法があるとは認められない。」

〔解　説〕

一　本判決は、安全配慮義務違反に該当する事実の主張・立証責任に関する初めての最高裁判決として注目を浴びた判決である。もっとも、原審判決は、本件事故原因を確定し、それが予測不可能なものであったこと、本件ヘリコプターの整備点検には不十分な点はなかったものとし、国の安全配慮義務違反の事実はないと認定しているのであるから、証明責任の分配を問題とする必要のない事案であったのであり、本件判旨のいう、安全配慮義務の「内容を特定し、かつ、義務違反に該当する事実を主張・立証する責任は、国の義務違反を主張する原告にある」旨の一般論は、上告理由に答えた抽象論にすぎない。しかし、以後この点が先例として機能するであろうという点で重要な意義をもつ（小林秀之・判評二七三号（判時一〇一三号）、吉井直昭・ジュリ七四一号、野村豊弘・ジュリ七五八号、星野英一・解説・法教一九八二年五月号など）。

二　安全配慮義務違反に該当する事実の主張・立証責任に関する、本判決以前の下級審判決例は、大きく二つの判例群に分かれていた。

第一は、本件判旨同様、安全配慮義務違反の事実の主張・立証責任を、損害賠償を請求する労働者側が負うとするもので、①東京地判昭和四五・一・二七労旬別冊七三六＝七三七号五頁（ベルトコンベアの作動中に、障害物の除去作業にあたり事故死した事例）、②東京地判昭和五〇・一一・一三労旬九〇〇号七二頁（カセットテープを一定の長さにハサミで切断する作業に従事していた労働者が頸肩腕症候群による被害をうけた事例）、③東京地判昭和五四・九・二八判タ四〇二号一一二頁（航空自衛隊ジェット戦闘機の訓練中の事故で、落下傘による緊急脱出の際、事故死した事例）などがこれに属する。この中、①は、原告に具体的安全配慮義務違反の主張・立証がなかったとして原告敗訴、しかし、②は、労働者の疾病につき業務起因性がある以上、安全配慮義務違反が推定されるとし、これを争う使用者の方で特段の事情を立証する責任を負うものとして賠償請求を認めた。また③も、安全配慮義務違反を推定し、結果として国の責任を認めている。

これに対し、具体的事情の下で使用者の負うべき安全配慮義務を特定する責任は労働者側にあるが、その特定された安全配慮義務については、使用者側において、それを履行したことの立証責任を負うとする、一群の判決例がある。例えば、④前橋地判昭和四九・三・二七判時七四八号一一九頁（プレス作業中のプレス機上型落下による工員の左手首切断事故例）、⑤津地四日市支判昭和五一・二・九判時八二二号八九頁（紙屑焼却作業中、ガススプレーらしきものの爆発事故で女子事務員が両下肢に火傷を負った事故例）、⑥名古屋地判昭和五五・一一・一四労判三五五号六〇頁（プレス作業中、プレス機上型の二度落下による左拇指切断事故例）がそれである。

三　この問題につき、従来の学説上の通説は、債務不履行に基づく損害賠償請求一般の場合の立証責任の分配に従い、安全配慮義務違反の事実、損害の発生、および安全配慮義務違反と損害との因果関係については、労働者側が主張・立証責任を負い、安全配慮義務違反と損害との因果関係が確定したときは、使用者側は「帰責事由の不存在」について主張・立証責任を負うものと解してきた。もっとも、学説の中には、右の原則を踏まえつつ、機械の故障・ガス爆発等の事故の場合には、もともと使用者側において、万全の措置をとってこれらの事故を防止すべきであるから、労働者側は、抽象的に、これらの事故を起こさないように防止すべきであったことを主張すれば足り、「機械の故障やガス爆発が、使用者の責に帰すべき事由によらずして（例えば、不可抗力）起きたことの主張立証がない限り、使用者側に安全配慮義務違反のあったことを事実上推定すべきものと解すべきであろう」との見解があった（後藤勇「注文者・元請負人の不法行為責任（下）」判タ三九一号二三頁。なお、本問に関する判例・学説の動向については、竹下守夫・本件判批・民商八六巻四号六一三頁以下、村上博巳「安全配慮義務違反に基づく損害賠償請求訴訟において、証明責任はどのように配分されるか」裁判実務大系8（昭和六〇年）四一二頁以下参照）。

四　以上のような判例・学説の問題状況の下で、本件判旨は、前記の通説的見解に従ったものといえよう。もっとも、本件ではその必要がなかったため、判旨は言及していないが、安全配慮義務違反に該当する事実の主張・立証責任は原告にあるといっても、具体的にいかなる範囲の事実を主張・立証すべきかが明確にされていない。この点は残された問題である。

そこで、本判決の解説あるいは評釈の中で、今後の課題として次のような問題点が指摘されている。すなわち、まず従来の議論は、安全配慮義務とは何かの問題と、その主張・立証責任の問題とがやや混同してなされた観があるとし、右義務の内容を考察するにあたって、「結果債務」と「手段債務」の区別を参照し、より論議を深めるべし、との指摘がある（星野・前掲本件解説）。安全配慮義務を「結果債務」とみるべしとの主張は、すでにこれまでに展開されているが（國井和郎『『安全配慮義務』についての覚書（上）（中）（下）」判タ三五七号・三六〇号・三六四号、大嶋芳樹＝西村孝一「安全配慮義務と交通事故」交通事故賠償の現状と課題、竹下・前掲本件判批）、さらに一歩進めて、危険性ある機械・薬品等の使用に関しなんらかの安全設備を設けるべき場合や飛行機等の欠陥または安全整備（駐とん地の安全確保も含め）に関する場合においては「絶対的結果債務としての安全配慮義務」（國井教授の用語）を認むべきであろうが、一般業務中（訓練中も含めて）の事故については、無過失責任あるいは絶対的結果債務とすべきではあるまいとの提唱がある（船越隆司・判批・判評二九五号二九頁（判時一〇八二号一七五頁））。

他方、証明責任に関して、本件自衛隊機の墜落事故のような類型については、高度の専門的知識を必要とし、事故原因や整備点検についての証拠はすべて国が独占し一般に公開されないという特殊事情を踏まえて考えるとき、このような場合には、第一に、被害者（労働者）側は、抽象的な安全配慮義務の存在事実の証明責任を負い、加害者（使用者）側は安全配慮義務をつくしたこと（履行）の証明責任を負うと解すべし、との主張がある（小林・前掲本件判批）。これに対し、通説や本件判旨の立場を一応支持しつつも、安全配慮義務は、一種の注意義務としての側面をも有しているから、その違反を理由とする損害賠償請求では、義務違反が債務不履行を意味するとともに、また帰責事由としても捉えうるため、両者の関係が微妙であること、そこで、立証の公平な負担という見地から、安全配慮義務違反の事実の証明としては、使用者の設置・提供する場所・施設・機械・器具等の瑕疵があって、労働者の生命・健康が害される危険が存在し、使用者においてその危険を除去すべきであったにもかかわらず、事故当時、それが除去されずに存在していたことを証明すれば足り、これに対して、その瑕疵ないし危険の存在を予知することを期待できたか、予知しえたとしてそれを除去することが物理的ないし社会的に可能であったか、危険を除去しえなかったのは不可抗力によるものであったかなどは、帰責事由に関するものとして使用者が証明責任を負うべきだとの傾聴すべき見解が表明された（竹下・前掲本件判批。この見解によれば、本件は、安全配慮義務違反の事実はあったが帰責事由が国になかったとの理由で請求を棄却すべきことになる）。なお、労働者の立証責任の現実的な困難さは、表見証明、使用者の解明義務の承認、文書提出義務およびその違反の効果の拡張的解釈等によって救済をはかるべし、という。

五　思うに、星野教授の指摘されるように、今後、安全配慮義務の具体的内容についてさらに掘り下げた検討がなさるべきであろう。一口に安全配慮義務といっても、労働契約、賃貸借契約、売買契約等の契約類型いかんによってその内容、義務の程度、根拠が異なるし、また同じ労働契約においても、給付義務としての高次の安全配慮義務と保護義務としての通常の安全配慮義務の併存が認めらるべきであるから、立証責任を考えるための前提として、実体法レベルでの詰めが必要である。その際、手段債務・結果債務の概念は、参考となりうるが、より大切なことはなぜにそれが結果債務といえるのか、諸種の安全配慮義務の中、どれまでが結果債務といえるのかの検討である。ただ単に、結果債務だからこう、手段債務だからこう、というだけでは有用な判断枠組みたりえないからである。さらにまた、不法行為責任との関係の検討も必要である（野村、星野・各前掲本件解説。なお、この方向性での一つの試みとして、宮本健蔵「雇傭・労働契約における安全配慮義務」明治学院論叢法学研究三六号、下森定「国の安全配慮義務」国家補償法大系二巻（昭和六二年）参照）。

【判例研究④】元請企業につき下請企業の労働者に対する安全配慮義務が認められた事例

――三菱重工難聴訴訟

（一九九二年）

最高裁平成三年四月一一日第一小法廷判決

判例時報一三九一号三頁、判例タイムズ七五九号九五頁

論　点

下請企業の労働者に対する元請企業の安全配慮義務の有無

〈参照条文〉　民法一条二項・四一五条・六二三条・六三二条

〔事件の概要〕

Xらは、Y造船所で社外工（下請労働者）としてハンマー打ち等の作業に長年従事していたが、難聴障害に罹患した。そこでこの障害が工場騒音の被曝によるものとして労災請求を行うとともに、元請企業であるYに対して、直接、その安全配慮義務違反を理由として損害賠償（慰謝料）の支払いを求めて本件訴を提起した。原判決は、一部の者について請求を棄却したが、残りの者一二名につき、合計一五〇〇万円余の請求を認容した（慰謝料と弁護士費用）。Yより上告し、元請企業との間に直接の契約関係が存在せず、したがって、直接の労務提供義務や服従義務を負わない下請労働者に対して、元請企業は、一般的な注意義務以上に、特別な契約責任たる安全配慮義務を負うものではない旨主張した。

〔判　旨〕　上告棄却

「Yの下請企業の労働者がYの神戸造船所で労務の提供をするに当たっては、いわゆる社外工として、Yの管理する設備、工具等を用い、事実上Yの指揮、監督を受けて稼働し、その作業内容もYの従業員であるいわゆる本工とほとんど同じであったというのであり、このような事実関係の下においては、Yは、下請企業の労働者との間に特別な社会的接触の関係に入ったもので、信義則上、右労働者に対し安全配慮義務を負うものであるとした原審の判断は、正当（である）。」

〔解　説〕

一　本判決は、直接の契約関係に立たない当事者間、すなわち元請企業と下請企業の労働者間にも安全配慮義務の成立することを最高裁として初めて正面から認めた判決であり、この点に本判決の先例的意義がある。

すでに下級審判決例には、元請負人の責任を認めたものがいくつかあり（國井「裁判例からみた安全配慮義務」下森編『安全配慮義務法理の形成と展開』一一頁、一二〇頁参照）、最高裁判決にも（元請負人が上告理由で争わなかったために直接の争点とならなかったが）、元請負人に下請労働者に対する安全配慮義務違反び責任があることを前提として損害賠償債務の遅延損害金算出の始期を問題とした判決がある（最判昭和五五・一二・一八民集三四巻七号八八八頁）。

二　安全配慮義務の成立根拠、内容あるいは程度は、雇用・請負・賃貸借・売買・在学契約等の契約類型のいかんによって異なりうるが、それが明示または黙示の特約によって成立すると認められる場合には、当事者間に直接の契約関係が存在することが前提となることはいうまでもない。しかしそれが信義則上の義務として成立する場合には問題が異なる。

初めて安全配慮義務を認めた最高裁判決は、その法的根拠を「安全配慮義務は、ある法律関係に基づいて特別な社会的接触の関係に入った当事者が……信義則上負う義務」と判示した（最判昭和五〇・二・二五民集二九巻二号一四二頁、「判批」柴田・奥田、下森編・前掲書所収）。この法的構成が近時のドイツ法学で展開された保護義務論の影響を受けていることは知られたところであるが（柴田・前掲判例解説三一二頁参照）、ドイツ法上保護義務は、契約締結交渉過程においても、第三者のための保護効を伴う契約に関しても、信義則上の義務として承認されるものであって、当事者間に直接の有効な契約関係が成立していることは必ずしも要求されない。右最高裁判決は、これを「ある法律関係に基づいて特別な社会的接触の関係に入った当事者」ととらえたものといえよう。つまり、本判決が出現する下地はすでにこの判決にあったのである。

三　今後の課題は、「特別の社会的接触の関係」の範囲がどこまで認められうるものかにある。本判決の射程距離をはかるうえで重要なファクターとしては、①被災労働者が下請企業の従業員であったこと、②元請企業の作業現場で業務の提供をなしていたこと、③元請企業の管理する設備、工具等を用いていたこと、④元請負人との間に事実上の指揮・監督を受ける関係にあったこと、⑤その作業内容も本工とほとんど同じであったことがあげられるが、⑤のファクターはさほど重視されなくてもよいように思われる。今後この判決が、雇用・請負契約以外の契約類型にどのような影響を及ぼすものか、不法行為責任との関連性の点ともからんで、興味深い。

〈参考文献〉

本文引用文献の他、下森編・前掲書の諸論文、および後藤勇「注文者・元請負人の不法行為責任（上）」判タ三八九号二五頁、奥田昌道「安全配慮義務」石田・西原・高木還暦記念『損害賠償法の課題と展望』(中)所収、参照。本件解説、竹中康之・法学教室一三五号七八頁。

【事例研究①】家主の失火責任と安全配慮義務（一九八三年）

〔設　問〕

工務店を営んでいるAは、その所有建物の一階を材料置場および作業場として利用し、二階部分をアパートとしてBら数名の者に賃貸していた。ところが、Aの使用人Cの建築資材加工作業中の失火（軽過失）による火災が発生し、右建物が全焼した。その際、Bの子供Dが逃げ遅れて焼死した。Bは、Aに対して損害賠償を請求したい。賠償請求の可否、内容およびその法的根拠を論ぜよ。

一　論　点

本問の論点は、一棟の建物の一部を賃借している者およびその子が、賃貸人の使用人の失火による、賃貸人占有部分からの出火の結果、損害を蒙った場合における賃貸人の損害賠償責任の有無およびその法的根拠、損害賠償責任の範囲いかんにある。使用人の軽過失による失火という限定があるから、失火責任法の適用があれば、CあるいはAの不法行為責任を追及しえないことは明白である。そこで、まず問題となるのが、賃貸人の債務不履行責任を問いえないかである。失火責任法は債務不履行責任には適用がないと解するのが通説・判例であるが、従来この点が問題となった事案は、借家人の債務不履行の類型であった。家主側の債務不履行責任の成否、その内容、失火責任法の適用の有無を問題とするのが、本問の特色である。

さらに、本問事案の特色の第二は、一棟の建物の一部からの出火により、他の部分の居住者が損害を蒙った点にある。今日、マンションやビルの一部からの出火により、他の者が損害を蒙る危険性は大であるが、このような場合でも、失火責任法の適用はあるのであろうか。かりに適用除外を認めるのが妥当であるとすると、その法的構成はいかん。以上が本問の主要論点である。

二　論点の解説

(1)　賃貸人Aの賠償責任の法的根拠

失火責任法は、失火者に故意または重大な過失がないかぎり、失火者の損害賠償責任を免除するが、これは七〇九条の特則であるので、債務不履行責任については適用がないと解されている（大連判明四五・三・二三民録一八輯三一五頁ほか、我妻栄・債権各論中巻一四六五頁、幾代通・不法行為一七三頁）。ところで、建物賃貸借において、賃借人は、賃貸借終了の時まで、善良なる管理者の注意をもって目的物を保管する義務を負う。そして、賃借人の家族・使用人などのように、賃借人の使用収益権の内容として当然に建物を使用収益できる者の過失による失火については、賃借人は、自己の過失と同様の責任を負わなければならない（最判昭三〇・四・一九民集九巻五号五五六頁——妻の失火の例）。では、賃貸人については、この点はどうなるか。

賃貸人は目的物を賃借人に引き渡し、かつ賃貸借関係の存続中これを使用収益に適した状態に置く義務を負い、その一環として、修繕義務なども負担するものとされている（六〇一条・六〇六条）。一戸建の建物の賃貸借においては、建物の直接占有ないし管理権は賃借人に移り、賃貸人は間接占有ないし間接的な管理権を有するにすぎないので、賃借人との関係で賃貸人の建物管理責任が問題となることはさほど多くない。しかし、一棟の建物の一部の賃貸借においては、それが間貸であれ、アパートやマンションなどの共同住宅の賃貸であれ、あるいは、ビル内の店舗や事務所の賃貸であれ、賃貸部分の引渡後も、賃貸人が建物全体についての直接的な管理権ないし管理義務をもつのが通常であろう。そこで、かかる場合、賃借人は、自己の賃借部分の保管・管理について善管注意義務を負う一方、賃貸人に対しては、自己の賃借部分につき使用・収益に適する状態にする配慮義務の履行を請求しうるとともに、集合住宅・共同店舗・事務所という賃借物件の特質に基づき、特別の管理契約があればそれにより、それがなくとも、賃借部分以外の建物部分の管理についても、自己の賃借部分との構造上・機能上の一体性のゆえに、自己の賃借部分の使用・収益と関わりのある限度において、賃貸人の管理責任を賃貸借契約の内容として請求しうるものというべきである。換言すれば、かかる共同住宅・事務所などの場合には、賃貸人が所有・管理する建物部分の管理が不十分であるときは賃借人占有部分の使用収益にも影響を与えることは当然予測でき、また、賃貸人の占有部分から火を発するときは賃貸建物部分をも焼失せしめるに至ることは十分予見が可能であるから、賃貸人は賃借人に対する使用収益配慮義務の内容として（あるいは、少なくともそれに附随する義務として）、当該建物の管理にあたり、右のような事態が発生しないよう注意を尽くすべきであり、その責めに帰すべき事由によってかかる結果を生じたときは、賃貸借契約上の債務不履行責任を負うものと解すべきであろう。これまでに、下級審判決例であるが、かかる事案の下で賃貸人の失火を理由とする債務不履行責任を認めたものが二、三ある（東京高判昭四九・一二・四判時七七一号四一頁、東京地判昭五一・四・一五判時八三九号九一頁、山形地米沢支判昭五四・二・二八判時九三七号九三頁。この判決に対する評釈として、宮本健蔵・志林七八巻一四二号がある）。

⑵　使用人Cの過失との関係

賃貸人Aの債務不履行責任を肯定しうるとした場合、次に問題となるのは、使用人Cの過失とAの責任との関係である。CはAの管理責任ないし使用収益配慮義務の履行補助者といえるかどうか。設問によると、Cは建築資材の加工作業中に失火を起こしたものという。そうだとすると、七一五条の使用者責任を問うのであれば格別、Cを賃貸借契約上のAの債務の履行補助者とみうるかについては若干問題がある。しかし、ここでの賃貸人の履行義務の内容は、本来的履行義務というよりは、いわゆる附随義務あるいは保護義務に近い。すなわち、継続的契約関係存続中、契約当事者は相互に相手方に対して損害を与えないように配慮する義務を負うという、いわゆる安全配慮義務的側面を強くもつものといえよう。これは、債務不履行と不法行為との中間領域の問題であり、積極的債権侵害の問題と関連する。そうだとすると、履行補助者概念にそう厳格にこだわることなく、賃借人の使用人が賃借建物内での業務の遂行中に失火を起こした場合と同様に考え、Aは債務不履行責任を免れえないと解してよかろう。

(3)　AのBに対する賠償責任の内容

前項でみたごとく、Aの使用収益配慮義務の不完全履行の結果、家屋が焼失し、結局AB間の賃貸借契約は、以後、履行が不能となって消滅する。そこで、BとしてはまずAに、右不能によって生じた損害（たとえば、新しい転居先を借りる費用など）の賠償を求めうることは問題がない。次に、家財道具の滅失などによる損害はどうか。この損害は、不完全履行の結果としてのいわゆる拡大損害の類型に入るといえようが、Aの配慮義務違背を理由とする不完全履行責任を肯定しうるとする以上、これらが賠償請求の対象となることに問題はあるまい。また、Dの死亡によってBに直接生じた損害、たとえば葬式費用（もっとも、これはDの損害とみる余地もある）とか、精神的損害（慰謝料）も、右Aの不完全履行責任の内容として、賠償請求をなしえよう。ここで留意しておかなければならないことは、かかる債務不履行と不法行為との中間領域の問題についての失火責任法の適用いかんである。債務不履行責任に失火責任法の適用なしという従来の議論の前提とされていたのは、主として、賃借人の目的物返還債務の（あるいは、保管債務の不完全履行の結果としての）履行不能による損害賠償問題であったのであり、さらに、その際賃貸人に拡大損害が生じた場合にどうなるかの問題（たとえば、本問でBの失火により一階部分に延焼した場合を考えよ）は、賃貸人側の債務不履行責任および拡大損害に対する責任問題とともに、必ずしも十分な議論がこれまでなされていなかったように思われる。失火責任法の立法趣旨を考慮しつつ利益考量によって決すべき問題であるが、本設問のような事例においては、Bの家財道具の滅失や葬式費用等の拡大損害につき、Aの失火と相当因果関係にある限りで、賠償責任を肯定してよかろう。

(4)　Dの死亡に対する賠償責任

死亡による損害賠償請求権の主体については、周知のように学説上争いがあるところであるが（たとえば、前田達明「死亡による損害賠償請求権の主体」民法学(6)一七五頁以下参照）、Dを賠償請求権の主体とみて、Bがこれを相続したものと構成する場合、AD間には契約関係がないから、AのDに対する責任は不法行為責任にとどまり、そうだとすると、失火責任法の適用によってAは免責されることになりそうである。この点を、どう考えるべきか。DあるいはB救済のための法的構成としては、いわゆる「第三者のための保護効を伴う契約理論」（奥田昌道「契約法と不法行為法の接点」於保還暦論文集㊥二〇七頁以下）の活用、あるいは、契約責任再構成の視点からの、給付義務と保護義務とを区別し、保護義務に関する限りでは賃借人の家族も契約当事者と同一視するという構成（下森定「契約責任（債務不履行責任）の再構成」内山他還暦論集中巻一六三頁以下参照、契約責任の主体的拡張の問題）などが考えうるが、これらの問題は、学説上、今後さらに検討さるべき問題である。

今一つ問題となりうるのは、失火責任法の立法趣旨の再検討である。今日ではその合理性に疑問をもち、土地工作物の設置保存の瑕疵による失火について、工作物から直接生じた火災については七一七条、延焼部分については失火責任法の適用という考え方もある（加藤一郎・不法行為一九八頁）。これをさらに一歩進めて、一般の失火の場合にも、他の建物に延焼した場合についてのみ失火責任法の適用を認め、失火者の直接の失火部分で被害を受けた者については七〇九条の適用を考えることも一つの検討課題といえよう。

三　解答への道すじ

まず、家主Aの使用人Cの失火による不法行為責任と失火責任法との関係については、きちんと問題を整理しておくことが必要である。しかし、それだけで終わったのでは物足りない。加藤説を参考にして失火責任法の限定適用を考えてみるのも一つの方法だが、工作物の設置保存の瑕疵による失火といえない本問の場合には、やや苦しい。借家人の失火と債務不履行責任に関する判例・学説法理との対比で考察を進め、共同住宅の特殊性、家主の管理責任に思いを致せば、道が開けてこよう。安全配慮義務をめぐる近時の議論を知っておれば、さらに深まった議論の展開が可能となる。

〔**後記**〕　債務法論点ノート第一〇章に収録した安全配慮義務に関する四論稿の発表後、これらに基づいてさらに一歩研究を深めた論稿「国の安全配慮義務」（国家補償法大系二巻所収、日本評論社、昭和六二年）を公表した。また、その後、この法理の形成と展開に寄与したと思われる代表的な諸家の既発表論稿を一書にまとめて再録し、かつ判例・文献一覧を資料として添付して実務家・研究者の便宜を図ることをねらいとした『安全配慮義務法理の形成と展開』（日本評論社、昭和六三年）を編集し、公刊した（前記論文もこの書に再録した）。この法理をめぐっては、肯定・否定両説を含めてその後も活発な議論が展開されており（前掲書文献一覧参照）、この法理はいまだ形成過程の法理といえよう。

【事例研究②】元請負人の下請負人およびその従業員に対する安全配慮義務の存否　（二〇一二年）

〔設　問〕

Y建築会社は、平成一四年一一月、S村から公民館ホールの屋根塗装工事を請け負った。ところがY代表者の叔父Aがホール屋根の高圧洗浄作業中誤って転落死し、Yは労働基準監督署から安全管理の徹底を指導され、改善策を記載した誓約書を提出することで工事再開の許可をえた。Yは自社施工を断念し、同年一二月、Xに上記塗装工事の未施工部分を下請けさせることにした。その際、YはXにヘルメット、安全帯、登山用ザイル等の安全器具を貸与してこれらの着用を指示し、さらに先にYが設置した足場のほか追加の足場板を設置して利用させると共に、Y代表者が現場代理人として届けられ、工事工程の進捗状況の管理にあたっていた。

Xは、契約締結後工事に着手したが、積雪のため屋根の塗装ができず、滑落の危険もあったので、一旦工事を中断し、翌年三月、従業員のB及び息子のZと共に上記工事を再開した。この際三人はYから貸与された上記安全器具を着用していなかった。Xらがホールの屋根上で作業中、Bが転落したので、事態の確認のためXさらにはZが慌てて飛び出したところ、足を滑らせ二人とも転落した。この転落事故によりBが死亡し、XおよびZは肋骨骨折、足部挫傷等の傷害を負い、期日までに工事を完成することができなくなった。そこで、Yは、残り工事部分をCに下請けさせ、これを完成した。

以上の事実関係を前提として以下の質問に答えなさい。

（1）XおよびZは、Yに対して本件工事の下請契約に基づくYの安全配慮義務違反を理由として、損害賠償の請求をしたい。(ア) 安全配慮義務とはいかなる内容の義務か。(イ) 元請負人と下請負人との間の契約はどのような法的性質を持つ契約か。(ウ) 元請負人（Y）は下請負人（X）およびその家族従業員（Z）に対して安全配慮義務を負うか。(エ) 仮に一般論としてこれが認められるとした場合、本問において、XおよびZのYに対する請求は認められるであろうか。

（2） XおよびZの主張に対して、(ア) Yの立場からする反論としてどのような主張が可能か。また、(イ) Yは、X等のこの事故により、XのYに対する下請負債務の履行が不能となり、Cに残り工事部分を下請けさせて工事を完成することを余儀なくされ、損害を被ったとして、Xに対して反訴を提起し、Xの債務不履行を理由とする損害賠償の請求をしたい。Yのこのような請求は認められるか。

〔本問の論点〕

(1) 安全配慮義務の内容
(2) 元請負人と下請負人間の契約の法的性質
(3) 元請負人の下請負人およびその従業員に対する安全配慮義務の存否
(4) 過失相殺
(5) 下請負人の債務不履行責任

【出題の意図】

本問題は、東京高裁平成一八年五月一七日判決（判例タイムズ一二四一号一一九頁）を素材として作成した問題である。現在進行している債権法改正の一つの重要テーマである安全配慮義務を取り上げ、かつ、最高裁判例上安全配慮義務が始めて認められた労働（雇用）契約でなく、請負契約における安全配慮義務を取り上げて、両者の法的性質の差異と安全配慮義務との関係を比較することで、安全配慮義務の内容をより深く考えさせ、そのことを通じて法的知識の正確度、論理的思考能力の習熟度を見ることが出題の意図である。

【答案作成上の注意】

安全配慮義務についてはすでに多くの判例が集積しており、債権法の基本書でもかなり詳しく解説されているところであるから、安全配慮義務の内容について一通りの答案を書くことは一定レベルに達している受験生諸君にとってはさほど困難ではあるまい。本問の問題点は、労働（雇用）契約と請負契約の法的性質の差異が安全配慮義務の存否・程度にどのような差異をもたらすと考えるかにある。つまり、①一般に使用者・労働者（被用者）間に使用・支配従属的関係がある労働（雇用）契約と、注文者・請負人間に使用・支配従属的関係がない請負契約とで、安全配慮義務の存否・程度が異なるものかどうか、また、②元請負人と下請負人との契約関係の場合、さらには、③直接の契約関係に立たない元請人と下請人の従業員との関係においては、この点はどうなるか、どう考えるのが公平あるいは妥当かを考えてみて欲しい、というのが出題者の求める本問の中心論点である。つぎに、下請負人の債務の不履行によって元請負人に損害が生じた場合、その債務不履行が元請負人の安全配慮義務違反に起因する場合の両者間の利害関係の調整如何を問うのが最後の論点である。

安全配慮義務論はいまだ発展過程にある法理であり、様々な局面で、様々な議論が展開されているので、答案作成上はあまり細かい点には踏み込まず、判例法理に従って基本的な問題点を抑え、大局的見地からの利益考量を踏まえて、自己の思うところを説得力に富む論理で展開しておけばそれでよい。こうでなければ模範解答ではないというものではない。理論的な面でも、また具体的な事実関係のいかんにもより、肯定、否定の両論が成り立ちうるからである。

〈参考文献〉

東京高等裁判所平成一八年五月一七日判決、判例タイムズ一二四一号一一九頁。判例評釈、芦野訓和・私法判例リマークス三七（二〇〇八㊦）二六頁

下森定編『安全配慮義務法理の形成と展開』（日本評論社、一九八八年）所収の諸論稿

宮本健蔵「元請企業の下請労働者に対する安全配慮義務」下森編『現代民事法学の構想』（信山社、二〇〇四年）四六一頁、その他前掲宮本論文・芦野評釈引用の諸文献参照

〔解　説〕

(1)　安全配慮義務一般

安全配慮義務法理が一躍注目を浴びたのは最高裁昭和五〇年二月二五日判決（民集二九巻二号一四三頁）であった。事案は、自衛隊員が車両整備工場内で同僚の運転する自動車にひかれて死亡した事件で、その遺族が国に対して死後三年以上経過した後に損害賠償を請求したために、三年の消滅時効（七二四条、自賠法三条・四条）が問題となり、国の時効の抗弁が認められたので、原告側が追加的に国の労働契約上の安全配慮義務違反を理由として債務不履行に基づく賠償請求を主張し、最高裁がこれを認容したのである。

安全配慮義務という概念は、ドイツ民法における雇用契約上の保護義務（六一八条一項、スイス債務法も同様の規定をもつ、三三九条）に示唆をうけて、すでに学説上我が国でも紹介されており、例えば、「使用者が雇用契約・労働契約上の義務として信義則上労働者に対して負うものであり、使用者が提供する設備・機械・器具・労働場所等の諸設備から生ずる危険が労働者に及ばないように労働者の安全を保護する義務」といった表現で説明されていた。

上記最高裁判決は、この義務の法的根拠につき、「安全配慮義務は、ある法律関係に基づいて特別な社会的接触の

関係に入った当事者間において、当該法律関係の付随義務として当事者の一方又は双方が相手方に対して信義則上負う義務として一般的に認められるべきもの」と判示し、社会生活上の一般的な義務である不法行為法上の注意義務を超えるものとした。この判決の一般論・法的構成によれば安全配慮義務は雇用や労働契約に特有のものではないことになる。そこで、この判決を契機として、安全配慮義務は、民間の雇用・労働契約や、売買、請負、賃貸借契約（借家人から家主の失火についてその債務不履行責任を追及した最判平三・一〇・一七判時一四〇四号七四頁がその一例）、学校事故（就学契約）、さらには直接的な契約関係のない当事者間にまで広げられ、裁判上広く認められるようになってきた。なお、二〇〇七年一九年一二月五日に公布され、二〇〇八年三月一日から施行された労働契約法は、その第五条に「使用者は、労働契約に伴い、労働者がその生命、身体等の安全を確保しつつ労働することができるよう、必要な配慮をするものとする。」と定めたので、労働契約においては、安全配慮義務は今日条文上の根拠をもつ概念となっている。

この安全配慮義務の法的性質は、沿革的にはともかく、現在の時点で体系的位置づけをあたえると、法律（労働契約法五条）、契約（たとえばビルの管理・保全契約）や特約による安全配慮義務の設定がある場合は別として、一般には信義則を媒介とする一種の法定の契約責任であって、当事者の意思に基礎をおく契約上の債務である本来的給付義務に属するものではない。広い意味では、契約責任のいわゆる外部的拡張の範囲に属する付随義務・保護義務の範疇に属するものといえる。さらには、近時の契約上の新たな義務（例えば、情報提供・助言義務、再交渉義務、契約継続義務、損害軽減義務など）とも連なるものである。しかし、これらの拡大化された法定義務群は、債権関係における社会関係的要素のもつ比重の重大化に伴って新たに輩出してきたものであるから、その要件・効果は一律には決められない。それぞれの義務の具体的内容・注意義務の程度、法的救済方法は、それぞれの契約債権関係の背後の社会的関係の差異、それに対する法的保護の社会的要請の差異、あるいは特別保護立法（たとえば、労働保護立法、製造物責任法など）

の有無、内容によっても異なってくるものであることに留意が必要である（したがって、たとえば一口に安全配慮義務といっても、労働契約上のそれと、売買契約の売主や、請負契約における注文主、賃貸借契約における賃貸人、学校事故における管理者の安全配慮義務などは、同一の規準では判定できないし、医師や金融機関などの情報提供・説明義務についてはまた、異なった考慮が必要である）。さらには、不法行為責任の領域においても安全配慮義務概念が使われていることに注意すべきである。ここでは請求権競合との関係も問題となる。

いずれにせよ、これらの義務群の体系的整理、内容の充実、さらに立法化は、今日の民法学に課された一大課題といえ、現在進行している民法改正問題の一つの重要テーマである。

(2)　請負契約における安全配慮義務

はじめに、本問における当事者間の契約関係を整理しておくと、まず、①S村（注文主）とYとの第一次的請負契約、ついで、②YとXとの間の下請負契約、最後に、③XとZ（家族従業員）およびBとの間の雇用契約が連鎖的に締結されている。YX間の契約は、YがS村から請け負った仕事の一部を完成することを目的とする契約であるから、この下請契約の法的性質は原則的に見れば雇用ではなく請負（第二次的請負契約）といえよう。そして本問で問うているのは、②の第二次的請負契約における注文主Yの第二次的請負人Yおよびその（家族）従業員であるZに対する安全配慮義務である（もちろんBも問題になりうるが、論点を少なくするため問題から外した）。そこで、まず問題となるのは、請負契約における注文主の安全配慮義務を問題とする場合、上記①と②の請負契約とでその成否・程度が同一かどうかである。同じく請負契約の安全配慮義務といっても、①と②では問題の性質が少し異なること、さらに直接の契約関係がない③の場合にはさらにそうであることは容易に気づかれるであろう。そこで、以下これらの点に留意しつつ、解説してゆこう。

雇用と異なり、請負は仕事の完成を目的とする契約であり、請負人は通常自己の判断と責任において仕事を完成させるのが原則である。したがって、仕事の完成の過程で事故が発生し、請負人やその者に雇用されている従業員が損害を被ったとしても、注文者はこれについて賠償責任を負わない（家屋の建築や家具の製作、着物・洋服の仕立て等の古くからの請負契約の例を考えればこのことは歴然である）。しかし取引社会が多面的に発達し、複雑化した現代では、請負の態様は様々であり、たとえば注文者の支配管理する工場の内部に、自己（あるいは注文者所有）の機械・器具・資材を搬入して、新規の機械を組立て、あるいは既存の機械の修繕を請け負ったような場合において、注文者の支配領域にある事情が直接的に危険の発生を招く恐れがあるような場合（例えば危険物の置かれている工場内での作業なのに注文主が安全管理を怠っていたとか、注文の内容自体に危険が隠れているのにそれを告げていなかったとか、注文者が提供した資材が特殊なものであって、その性状や取扱方法がいまだ広く知られていないのにそれを説明しなかったようなケース）においては、使用・支配従属、指揮命令関係のない請負契約間でも安全配慮義務が認められうる。このことは、「安全配慮義務は、ある法律関係に基づいて特別な社会的接触の関係に入った当事者間において、当該法律関係の付随義務として当事者の一方又は双方が相手方に対して信義則上負う義務として一般的に認められるべきもの」とした前掲最高裁昭和五〇年二月二五日判決の判断枠組みからすると、現時点では抽象的には、いわば当然のことといえよう。さらにいえば、安全配慮義務は、上記判例の説く様に、「契約当事者の一方又は双方が互いに相手方に対して負っている」信義則上の義務であるから（請負人の安全配慮義務違反により注文主の生命・身体・財産が害された場合の請負人の賠償責任を考えよ）、安全配慮義務の成立要件として、つねに支配従属的関係の存在が要求されるわけでないことは明白である。

なお、本問ではS村の安全配慮義務は問われていないが、本問の事実関係の下では、判例法理の判断枠組みの下でも、特別事情のない限り、S村の賠償責任を問うことはまず困難であろう。

⑶　元請負人と下請負人間の契約の法的性質と安全配慮義務

本問の中心論点は、元請負人（注文主）の下請負人やその従業員に対する安全配慮義務である。前述したように、YとXとの間の下請負契約は、YがS村から請け負った「仕事（の一部）を完成すること目的とする契約」であるから、この下請契約の法的性質は原則的に見れば雇用ではなく請負（第二次的請負契約）といえる。しかし、この請負契約における注文主Yの安全配慮義務は、上記第一次的契約における注文主のそれとは、その成否・程度を異にするものといえよう。第一次的請負契約は、一般には、一般人（企業）と専門人（専門企業）との契約であって、専門人（企業）である請負人は、その専門性に基づいて、注文主とは独立した立場で、自己の判断と責任において仕事を完成させ、注文主はその専門性・独立性を信頼して仕事の完成を委ねるのが通常である。そこで、このケースで注文主の安全配慮義務が認められるのは前述のような例外的なケースといえよう。しかし、下請契約においては、両者とも広い意味では専門性を同じくするのが一般的であり、その点とも関係して、元請人が下請人に対して専門性や経済力等の関係上優位で、両者間に支配従属的関係があることも多い。したがって、第一次的請負契約の場合と異なり、安全配慮義務の成立が認められる可能性が一般的には高いものといえよう。

ところで、元請負人の安全配慮義務違反が争われた判決例では、次項で検討する下請負人の従業員が元請負人を相手に直接損害賠償を請求した事例が多い。これは、被害従業員が使用者である下請負人を相手として訴えを提起しても、下請負人が零細企業の場合には無資力で実効性が薄いからに他ならない。しかし、本問のように、下請負人自身がその従業員とともに工事作業に従事中事故にあったような場合などに、訴訟で争われるケースが出てくる。前者に比べこのケースに関する判決例はそう多くはないが、下級審判決例で元請負人の下請負人に対する安全配慮義務を肯定した先例の多くは、必ずしも契約の法的性質論にこだわらず、当事者間の実質的関係に着目して、これを肯定している。例えば、その契約を労働（雇用）契約類似のものとして、労働（雇用）契約における判断基準に沿って、作業場や機械器具、資材の供給等の物的環境、元請負人に対する支配従属性の程度（人的関係）等を総合的に考慮して肯定したり、当該下請負契約の実質は労働（雇用）契約に他ならないと割り切ったり、請負ではあるが、元請負人の従業員が工事現場を管理し、かつ下請企業やその従業員への指揮監督権限をもっていたからとしてこれを肯定したり、理由付けはいろいろである。

本問の素材とした上記東京高裁判決の事案は本問の事実関係とほぼ同様であり、XおよびZがYの安全配慮義務違反を根拠に損害賠償を求めたものである（本訴。第一次注文主であるS村および死亡したBの遺族はこの訴訟に関与していない）。他方、Yは安全配慮義務の存在を争うとともに、Xに対し本件事故発生により本件工事が完成しなかったのはXの債務不履行であるとして損害賠償等を求めた（反訴）。第一審は、本件契約は請負契約であるとしつつ、①Yは本件事故で労働安全衛生法違反罪等により罰金刑に処せられていること、②ペンキ等の材料をYが支給し、道具の一部も貸与していることなどから、YX間に実質的な使用従属関係があったと認定して、YおよびZに対して賠償責任を負うとした上、本件事故についてY・Zにも七割の過失があったとして過失相殺をした。また、反訴については、本件事故につき過失あるXの債務不履行責任を認めつつ、Yの過失割合を三割として過失相殺をした。YZより控訴され、Yは本訴についてのみ附帯控訴をした。

第二審判決は、第一審判決同様、本件工事契約は基本的には請負契約の性質をもつが、その実質は労務の提供という色彩が強い契約であり、YはXに対して安全配慮義務を負い、本件事故については、Yに安全配慮義務違反が認められ、損害賠償責任を免れないとした。そして、Yの安全配慮義務違反につき、Xに工事を依頼する前にAの死亡事故があり、労働基準監督署から安全管理の徹底を指導されていたのにこれを怠った過失は大きい、他方XZも安全帯を着用しなかったなどの過失があるとして、双方の過失を五分五分として、五割の過失相殺をした。なお、反訴については後述する。

(4)　元請負人の下請負人の従業員に対する安全配慮義務

前述したように、元請負人の下請負人の従業員に対する安全配慮義務違反をめぐる判決例は多数ある（詳細は参考文献に掲げた宮本論文、芦野評釈の引用する諸判決例参照）。この類型のケースでは、下請負人が零細企業であって充分な補償を得られないため資力のある元請人を相手に従業員が訴えを提起している事例が多いので、判例法上、労働者保護の視点が前面にあらわれてくる。そこで安全配慮義務成立の根拠としては、労務供給場面における実質的な状況、つまり物的環境、人的関係を具体的に認定判断して、直接の契約関係は形式的には存在しないが、実質的には雇用類似の使用従属関係があることを前面に打ち出し、それを根拠として安全配慮義務の成立を認めるものが多い。さらにいえば、この類型の訴訟では、もともと下請負人が零細企業なので、元請負人の下請負人自体に対する安全配慮義務が認められやすいケースでもあり、従っていわばその安全配慮義務の傘の元に従業員の保護をはかる必要性が高く、あるいは直接の使用・支配従属関係を判断・認定する法的構成が容易でもあるといえよう。

このように直接の実質的使用・支配従属的関係が容易に認定される場合には、安全配慮義務成立の根拠をここに求めることが無難かつ納得されやすい法的構成といえ、現に多くの判決例や学説はこのような法的構成をとっているし、それでもよかろう。しかし、理論的にさらに突っ込んで考えてみれば次のようにも考えられよう。最高裁昭和五〇年二月二五日判決が判示した安全配慮義務成立の一般的判断基準は、「ある法律関係に基づいて特別な社会的接触の関係に入った当事者間において、当該法律関係の付随義務として当事者の一方又は双方が相手方に対して信義則上負う義務として一般的に認められるべきもの」というのであるから、前述のように契約当事者間の使用・支配従属的関係の存在は安全配慮義務成立の必須要件とはいえまい。上記基準からすれば、元請人と下請人間の請負契約を前提として、家族従業員として、あるいは雇用契約にもとづいて連鎖的に従業員となることによって、請負工事に携わるという、「特別な社会的接触の関係に入った者」に対して、元請人は、この者との間に直接の使用・支配従属的関係がなくとも信義則上包括的あるいは限定的な安全配慮義務を負う余地があるものといえよう。換言すれば、関係当事者が相互に負担する安全配慮義務成立の「場」とされる契約関係は、判例法により、直接の契約関係を越えて、「基本的契約関係を前提として、身分（家族）関係や連鎖的契約の成立によって形成された密接な法律関係」＝「特別の社会的接触関係」の「場」に拡大されたものといえよう。これはまさに当事者意思に基礎を置く狭義の契約責任ではなく、信義則を媒介とした法定の契約責任といえよう。この発想は、ドイツにおける保護義務論、その一環としての「第三者のための保護効を伴う契約理論」などに由来する（詳細は前掲宮本論文参照）。

この立場から、宮本説は、現代における請負契約の多様性を踏まえ、大要、次のように説く。「元請企業の安全配慮義務は請負契約関係によって決定される。そして、このような元請企業の安全配慮義務は下請企業にも拡張され、その義務違反によって下請労働者に損害が生じた場合には、元請企業はこれを賠償すべき責任を負う。下請労働者は下請企業の債務の履行を補助する者であり、安全配慮義務の不履行による影響を必然的に受けるという関係に立つからである。請負契約では履行補助者を用いることは許容されており、元請企業はこれを当然に予期している。従って、元請企業にこのような責任を認めても、過酷な責任を課すことにはならない」。そこでまず明らかにされるべきことは、元請企業と下請企業間の請負契約の内容である。元請企業が資材・器具を提供し、あるいはその支配管理する場所で作業させる場合は、安全な資材・器具を提供し、作業場所の安全性を確保すべきことは当然である。あるいはこのような資材・器具の提供がない場合でも元請企業が注文者としての地位に基づいて作業方法などにつき具体的な指図・監督をする場合（支配従属関係がある場合）には、その内容が安全性確保に適切なものでなければならない。これらの違反があった場合には、元請企業は下請企業に対し安全配慮義務違反の責任を問われ、この責任は下請企業の従業員にも当然拡張されることになる。すこぶる明快な法的構成といえよう。

⑸　下請負人の債務不履行責任

本問の素材とした東京高裁判決の原審は、反訴であるXのYに対するに対する債務不履行責任につき、本件滑落事故についてXに過失が認められるとして、Xの仕事完成義務についての債務不履行責任を認め、Yの過失割合を三割として過失相殺をした。これに対し控訴審判決は、Yは、Xに工事を依頼する以前にAの死亡事故があったことを告げていなかったこと、その後、XらはYの安全配慮義務違反に起因するBの転落死亡事故現場に居合わせて、家族従業員Zを含めX自らも負傷する事故にあったという本件状況の下で、なおXに工事の続行を求めるのは社会通念上極めて酷であること、そして、本件事故発生がYの安全配慮義務違反に起因していること、また、Yは地元ではトップクラスの塗装業者であって、新たに他の下請業者に続行工事を依頼することは比較的容易であったことなどをあわせ考慮すれば、Xによる本件工事の続行は履行不能となったものと認め、そのことについてXに責任はないと認めるのが相当であると判示した。履行不能の概念は物理的不能に限定されず、社会通念上の不能で足りることは判例・通説であり、本件契約当事者間の力関係から見て下請人の債務不履行責任を否定し当事者間の実質的公平を図った控訴審判決の結論は妥当であろう。

6　専門家の契約責任

Ⅰ　日本法における「専門家の契約責任」（一九九三年）

一　問題の提起

1　はじめに

近時の一般市民の権利意識の高揚は、交通事故・公害・製造物責任訴訟の激増にみられるごとくめざましいものがあり、その責任追及熱はさらに進んで、医療過誤訴訟を通じて、職業的専門家の法的責任を問題とするようになり、医師のみならず、弁護士、公認会計士、税理士、不動産鑑定士、建築家ないし建築士、公証人、司法書士、土地家屋調査士、宅建業者等を相手とする訴訟の増大化傾向がみられる。(1)

責任追及の法的根拠としては、従来不法行為訴訟が主流をなしていたが、契約責任を問う訴訟の漸次的増大化傾向も認められ、医療過誤訴訟のほか、いわゆる安全配慮義務をめぐる一連の裁判例の動きとも関連して、あらためて今日、古典的テーマでもある、不法行為責任と契約責任との関係が問いなおされている状況にある。

2　不法行為責任構成と契約責任構成

不法行為責任か契約責任かという選択は、両者の要件、効果が異なっているため、実益を生ずる。すなわち、故意過失の挙証責任、履行補助者ないし被用者の行為に対する債務者ないし使用者の責任（民法七一五条参照）、損害賠償の範囲（四一六条参照）、過失相殺（四一八条・七二二条二項）、連帯責任規定の適用（七一九条参照）、損害賠償債権を受働債権とする相殺の禁止（五〇九条参照）、消滅時効期間（一六七条一項・七二四条）、「失火ノ責任ニ関スル法律」や運送人の責任についての商法の規定（商法五七七条―五八一条）などの特別規定の適用、さらには、追完請求権（履行請求権、瑕疵修補請求権）の有無などの点において、いずれの責任を選択するかによって違いがでてくる。(2)

医療過誤訴訟において、当初の判例はもっぱら不法行為責任構成によって処理していた。医師と患者との間には通常契約関係が存在するにもかかわらず、不法行為責任構成がとられたのは、この法律関係の（契約当事者や債務の内容、法的性質など）主張・立証の面倒さのほか、わが民法七〇九条の規定がドイツ民法の不法行為規定と異なり、一般的保護規定となっており、規定の構造上弾力的運用が可能であること、かつまた、公害・交通事故訴訟を起動力として、第二次大戦後、学説・判例が相俟って不法行為法における基礎概念や理論を大きく変化させ、被害者救済に顕著な躍進をとげたことがあげられよう。(3)(4)(5)

もっとも、昭和三〇年代初頭に、加藤一郎教授が医療過誤訴訟において債務不履行責任構成をとるべき旨主張されて以来債務不履行責任構成をとる下級審判決例が、とくに昭和四〇年代に入って次々とあらわれるようになった。この時点では、過失の挙証責任と時効期間の点で、とくに債務不履行責任構成の方が被害者に有利だと意識されていたのである。(6)(7)(8)

3　不法行為責任構成の優勢的傾向

しかし、このような判例の新しい動向に対しては、理論的・実際的両面からその効用を疑問視ないし否定視する見解があいついでだされた。第一は、契約当事者の確定上の困難さである。すなわち、診療を必要とする病人が意思能力や行為能力が十分でないことがまれでなく、患者に付き添ってきた者が診療申込みをすることも多く、この場合の契約当事者をどう解すべきかにつき論議がつづいた。また、保険診療のなかで、患者と契約関係に立つのは、医療を(9)

行った者か保険者かも問題とされた。第二は、債務不履行という場合の債務の内容の特定上の困難さが問題となった。過失の挙証責任の点で債務不履行責任構成の方が有利だといっても、診療債務の不完全履行を請求原因とした場合、被告側が「債務ノ本旨ニ従ヒタル履行ヲ為ササル」ことを、原告側で証明せざるをえないがゆえに、結局不法行為責任構成において過失を立証するのと同じような困難を原告側で負担することになる、という中野貞一郎教授の問題提起は大きな影響を与え、(10)不法行為責任構成か債務不履行責任構成かを論議する実益は乏しいという議論が有力になってきた。

製造物責任においても、当初契約責任構成が是か、不法行為責任構成が是かが論議されていたが、ここでは製造者と最終消費者との間に複数の流通業者が介在し、直接の契約関係に立たないことが多いこともあり、立法による不法行為責任の厳格責任化傾向が国際的に進められてきたことは周知のところである。

4　契約責任構成の新たな展開

かくて、契約責任構成の旗色が悪くなりかけてきたところ、昭和五〇年になって、安全配慮義務に関する最高裁判決があらわれるに及んで事態はまた異なった様相を帯びてきた。すなわち、労災事故の被害者の遺族が不法行為に基づく損害賠償請求権の消滅時効期間経過後に、安全配慮義務違反という契約責任構成により損害賠償を請求したという事案のもとで、最高裁昭和五〇・二・二五判決（民集二九巻二号一四三頁）は、これを認めた。この判決を契機に安全配慮義務違反を理由とする契約責任訴訟が激増し、あらためて契約責任構成と不法行為責任構成との関係が実務的にも理論的にも論議の対象となってきたのである。(11)

5　請求権競合

ところで、ある加害行為が契約上の債務の不履行とみられると同時に、不法行為の要件をみたしている場合（医師の診療上の過誤で患者に被害が生じた場合など）に、当事者間にはすでに契約関係が存在することから、契約当事者間の特殊な責任を定めた契約責任規定のみを適用すべきであり、このような特別の結合関係にない一般市民相互の責任を規定した不法行為責任規定の適用はないとする見解がある（請求権非競合説、あるいは、根拠条文が規定上競合しているにすぎないという意味で、法条競合説ともいわれる）。これに対して、法律上の要件を充足する以上、いずれの責任を追及するのも被害者の自由であり、契約当事者であるからといって一般市民相互に認められた救済手段を否定されるいわれはないとの見解もある（請求権競合説）。先の見解をとるときは、つねに契約責任構成が優先するので、契約責任構成が是か、不法行為責任構成が是かの選択問題は生じないわけであるが、判例および通説は後の見解をとっていることから、先のような論議が行なわれることになるわけである[12]。しかし、近時、民事訴訟法学の側から、給付訴訟の訴訟物は相手方に対して一回の給付を求めることであって、請求権はそのような給付を求める実定法上の基礎づけにすぎないとする新訴訟物理論が提示され[13]、さらにその影響のもとに、競合する複数の請求権規範が存在しても実在すべき請求権は一個であるとして、その請求権は、複数の請求権規範を調整・統合して当事者の関係に即応した合理的な内容が選択されるべきである、とする請求権規範統合説が有力に主張されている[14]。このなかには、効果を統合しようとする考え方と、さらに進んで要件をも統合しようとする考え方とがある。また、ドイツ債務法改正鑑定意見のなかでは、この点を立法的に解決すべしという改正意見もだされている[15]。ここまでくれば両責任の選択問題を議論する必要はなくなるわけで、基本的には、本稿のテーマの理論的背景ないし基礎的課題として、この問題があるわけであるが、このこと自体たいへん大きな問題であるので本稿ではこの点に触れることは避けたい。

6　本稿の基本的視角 ── 契約責任再構成からの視点

本稿の基本的視角として、最初に指摘しておきたい点は、近時の契約責任の拡大化現象、債務構造論の新たな展開あるいは契約責任の再構成として論議されている問題領域からの考察である。

すでに別の機会にたびたび述べてきたことであるが、本稿の問題意識を明らかにするために契約責任の再構成に関する筆者の問題意識を簡単に要約しておくと次のとおりである。[16] すなわち、近代的民事責任体系は狭義の契約責任と不法行為責任の二類型からなる。人の行為に対する拘束であるところの債権関係は、原則としては、人の自由意思による契約によってのみ成立し（契約自由の原則）、かりに債権が契約によらないで成立する場合でも、人の「自由意思」の要素は多かれ少なかれ、規定的役割を果たすものとされている（たとえば不法行為における過失主義）。このような近代的債権ないし債権関係の構造に基づいて、民事責任の体系も、人の主体的行為、個人の意思的関係を要素として構成され、債務不履行責任や不法行為責任も、一定の主体的な意思と不可分なものとされ、故意と過失とが近代的な責任概念の出発点となっている。

個人主義的責任原理、主体的な意思に基礎を置く民事責任体系は、その後の資本制生産の発展過程のなかで変貌をとげてきた。その第一は、企業活動の発展によって拡大した大量取引に伴い使用された履行補助者の故意過失を信義則を媒介として債務者のそれと同視する法理の登場である。第二は、責任の主観的要件を契約によって変更する慣行の出現である。とくに大企業と個人との約款による取引においてその傾向が顕著となり、形式的自由＝実質的不自由という不合理の是正のために、主体的意思による責任法理原理への国家の干渉が不可欠となった（約款の作成・有効性への干渉）。

第三に、責任の主観的要件の問題は、別の面からも変化した。前述したように、元来、契約関係は独立した法主体者間の私的自治に立脚する法律関係ではあるが、契約を媒介とする商品交換によって、資本制社会総体が運営されていることの結果、それはひとり法主体者間の個別的関係にとどまらず、同時に社会的な存在であり、その主体者間の社会的関係によって支えられているものである。ところが、近代法は、法技術的に法律関係を純粋に個人的関係として構成し、かつ法律関係をすべて個人の意思関係に限定しようとつとめた結果、契約関係における社会的関係の要素を法技術的に定着することに稀薄であった。しかし、現代における高度工業・情報化社会、技術化社会あるいは組織社会の出現は、複雑・多様な商品取引現象を生みだし、商品生産者と消費者との直接かつ対等な一対一の当事者間における自由な意思決定による、貨幣を媒介とした商品交換という、古典的契約理論モデルの基礎的諸条件を大幅に変貌させた。契約の制度化（普通取引約款の増大・普遍化）、土地有効利用の手法たる総合企画請負方式などにみられる複合契約、リース契約などにみられる多面契約、コンピューターネットワークを利用するいわゆるシステム取引などにみられる法現象にそれは象徴される。かくて、現代社会における人間関係が圧倒的に契約債権関係となり、そのうえにすべての経済的社会的関係が安定するようになったこと、しかもその契約関係が約款に依拠し、複合的、多面的、システム的に展開するにつれ、契約債権関係に対する社会の依存度、信頼度は飛躍的に強固なものとなり、かかる契約関係における社会的関係の要素の高まりは、契約債権関係に対する法的保護への要請を高めることとなった。消費者保護法理、安全配慮義務法理の形成と展開はその一面を象徴するものであり、個人の合意に基礎を置く本来の契約上の給付債務と並んで、契約関係に附随する法定債務が明文の規定により認められ、あるいは意思解釈や信義則を媒介とする手法によって、解釈上認められるようになったといえよう。これらの債務は契約上の責任といっても、いわゆる補充的契約責任に属するものであり、主体的な意思を媒介とするものではないから、故意過失は損害賠償責任の発生にとって積極的に要件とされる必要は必ずしもない。「個人の意思」以外の法政策的責任原理の導入を許すものである。

他面において、先にみたような多様な商品交換、各種サービス業の発展に伴う、契約類型の多様化は、給付義務内容の多様化をもたらし、基本的契約責任の多面的展開、不完全履行責任の発展をもたらした。これをうけて民法学上、契約から制度へ、個人的責任原理から社会的責任原理への展開の法技術的定着、個人意思に代わる歯止原理の模索、基本的契約責任と補充的契約責任の分離の是非ないし債務構造論の深化、さらには、基本的契約責任内容の再検討と他の法定責任（たとえば瑕疵担保責任や受領遅滞）との関係の整理などが問題として登場してきた。かくて、契約責任ないし債務不履行責任の再構成、債権法の改正が現代民法学の一大課題となったのである。すでに、ドイツにおいてはこのような契機から、債務法改正問題との本格的取組みが開始されているのである。

このような契約責任の再構成あるいは債務構造論の新たな展開をめぐる理論状況をふまえて、専門家の契約責任の問題を考察してみようというのが本稿のねらいである。つまり、現行民法典のとる契約責任理論ないし体系は、主として「与える債務」を念頭に構築されており、基本的契約責任たる給付義務を中心として、遅滞・不能の二元構成で考えられてきた。もっとも、日本民法四一五条は、その規定の構造上、明確に遅滞・不能の二元構成となっているわけではないが、民法五四一条以下の解除の要件に関する規定をみるとき起草者が債務不履行類型として遅滞・不能の二類型を中心として考えていたことは明白といえよう。その後、ドイツ民法学の圧倒的影響下に、積極的債権侵害論さらには不完全履行論が四一五条の解釈として展開されたが、その内容は必ずしも明確とはいえなかった。とくに、専門家の契約責任の考察上、必要不可欠といえる「なす債務」についての「履行内容」の不完全履行については、非常に不十分な議論しかなされてこなかったのである。近時の債務構造論の新たな展開はこの問題を視野におさめてはいるが、どちらかというと要件論中心の総論的・抽象的考察に力点が置かれており、個別問題をふまえて効果論をも具体的に展開した研究はいまだ少ないように筆者には感ぜられるのである。

7 「専門家」の意義とその契約責任の法的構成

ところで、分業社会の進展、知識社会、高度工業社会、情報化社会の出現は、多数の専門家を生みだしたが、ここでいう「専門家」、プロフェッションとは、「科学または高度の知識に裏づけられ、それ自身一定の基礎理論をもった特殊の技能を、特殊な教育または訓練によって習得し、それに基づいて不特定多数の市民の中から任意に呈示された個々のクライアントの具体的要求に応じて具体的活動を行ない、よって社会全体の利益のためにつくす職業である」といわれている。そして、このような定義の裏づけとしてプロフェッションとしての資格が認められる要件として、具体的には、①その業務について一般原理が確立しており、この理論的知識に基づいた技術を習得するのに長期間の高度の教育と訓練が必要であること、②免許資格制が採用されていること、③職能団体が結成されておりその団体につき自律性が確保されていること、④営利を第一目的とするのでなく、公共の利益の促進を目標とするものであること、⑤プロフェッションとしての主体性、独立性を有すること、という五点にこれを集約できるという有力な見解がある。[17]

かかる専門家が個々のクライアントの具体的要求に基づいて具体的活動を行ない、その結果クライアントに予期せぬ損害が生じた場合の専門家の責任につき、厳格責任化傾向が今日一般的に認められ、またそのような主張がなされている。たとえば不法行為における過失は、合理的な通常人ならば遵守すべき注意義務に違反することであるが、合理的な通常人という概念の内容は、不法行為の類型によって変化するものとされ、医療事故の場合には、一般にかなり高度の注意義務が医師に対して裁判上課せられている。不法行為訴訟でありながら、高度の注意義務が課せられる法的根拠はいったいどこにあるのであろうか。医師は人命をあずかる仕事に従事するものであることがその一つの根拠といえようが、それだけにとどまるものではあるまい。また、人命とはかかわりない業務に従事する専門家についても責任の厳格化傾向が認められ、あるいはそうすべきものであるとするならば、さらに他の根拠が模索されるべきであろう。そして、その根拠としてあげられるべきは、筆者の理解では、先のような意味での、「専門家」の職業に対する現代社会の一般的信頼性ならびに個々のクライアントの、個々のプロフェッションに対する個別・具体的信頼にあるといえよう。そしてこの個別・具体的信頼は、クライアントとプロフェッションとの契約関係に基礎を置くものにほかならない。そうだとすれば、クライアントに生じた損害についてのプロフェッションの責任の法的根拠は、当該個別・具体的契約上のクライアントの信頼に対する違反として、契約責任構成によるのが筋といえよう。

ところで、専門家とクライアントとの契約は、一般には、委任ないし準委任契約、請負契約、雇用契約、さらにはこれらの混合契約として締結されることが多い。ところで専門家の責任の考察にあたっても、各契約類型ごとの債務内容の確定作業と債務不履行に対する救済手段、内容の検討とを、まず一般的に行っておくことが、個々の契約内容の意思解釈の規準としても、また、任意規定の解釈の規準としても望ましいといえよう。これらの労務供給契約についての現行民法典の規定は、前述したように必ずしも十分とはいえないからである。換言すれば、そのことのゆえに、本来なら契約責任構成によるべき専門家責任の問題が、不法行為責任構成によって処理されたものといえよう。そうだとすると、近時の契約責任の再構成、債務構造論の新たな展開をめぐる諸議論の成果をとりいれ、この角度から、専門家の契約責任問題に切り込んでゆくとき、従来の古典的債務不履行理論に基づく、請求権競合問題とは異なった視点が浮上してくるのではないかと予想されるのである。

前置きが長くなったが、以上が本稿執筆にあたっての筆者の問題意識である。そこで以下、まず、総論として、契約責任一般につき、近時の諸議論の成果をふまえて、解釈論的理論モデルを仮説的に提示し、これに基づいて労務供給契約、なす債務（請負・委任契約）の不完全履行の要件・効果を検討し、ついで、各論として、専門家の契約責任について若干の個別・具体的検討を行ってみたい。

二　専門家の契約責任の総論的検討 ── 契約責任の解釈論的理論モデルの検討

遅滞・不能のパラレル構成を経て、これに不完全履行を加える三元構成が、従来の債務不履行責任構造に関する通説的理論モデルであった。近時、この通説的理論モデルに対して、いろいろな角度からの再検討・再構成が加えられているが、本稿ではこれらの議論の検討に深入りすることは避け、専門家の契約責任の検討のための基礎作業として、筆者が従来から考えていた構想に、近時の諸成果をも参考にして、とりあえずの理論仮説を提起してみたい(18)。

1　契約責任の基本構造

すでに別の機会に述べたごとく、筆者は、契約責任再構成のための基本的方向性としては、大きく基本的契約責任と補充的契約責任に分けて整理する方向性を支持する立場に立つ。筆者の試論では、基本的契約責任は、契約当事者の合意に基づいて発生した債務＝主たる給付義務（たとえば売買契約における買主の代金支払債務、売主の目的物引渡債務など）を中心とする債務（当事者の合意に法が規範的拘束力を承認したもの）の不履行責任である。これに対し補充的契約責任は、法規あるいは信義則を媒介として解釈上認められる、法定の契約責任ともいうべきものである（特殊契約的社会的接触関係に一定の法政策的見地から法〔あるいは判例〕が規範的拘束力を承認したもの）。このなかには、第一に、すでに明文の規定によって現行法上認められている法定契約責任のグループとして、受領遅滞、瑕疵担保責任などがあげられる。ついで、第二に、法律上あるいは信義則を媒介として解釈上認められる従たる給付義務のグループ、たとえば賃貸人の賃借物修繕義務、複雑な機械の売買における売主の操作方法説明義務などがあげられよう。第三に、同じく法律上あるいは信義則を媒介として解釈上認められる附随的注意義務あるいは保護義務のグループをあげることができる。第一、第二のグループは、主たる給付義務の成立を前提条件として成立する附随義務であるが、第三のグループは、必ずしも主たる給付義務の成立を前提条件とする必要はない。このグループを狭義の補充的契約責任と呼んでもよく、それはいわゆる契約責任の時的拡張（契約締結上の過失、契約終了後の過失理論など）、質的拡張（客観的拡張といってもよい、拡大損害にかかわる積極的債権侵害、保護義務としての安全配慮義務など）、人的拡張（第三者のための保護効を伴う契約理論）と呼ばれる問題群の対象領域であり、不法行為責任との関係が最も問題となるところである。

もっとも、基本的契約責任、補充的契約責任の分類は、債務発生原因を中心に、一応の体系的整理を試みる分類であって、それ自体さほど重要視する必要はなく、論者によっていろいろな体系的整理、分類が可能であろうと考える。より重要な分類は、効果論と結びついた、債務の種類、構造論上の分類である。

2　契約上の債務の基本類型と債務不履行の基本類型

この観点からの債務の分類としては、主たる給付義務、従たる給付義務、附随的注意義務、保護義務の四分類に一応従っておきたい。効果論としては、前二者には履行請求権のほか、帰責事由を要件とする損害賠償および解除が原則として認められ、後二者については、原則として帰責事由を要件とする損害賠償請求権が認められるにとどまる。従たる給付義務、附随的注意義務は、主たる給付義務の履行と密接な関連を有し、その有効な成立を前提とするが、保護義務は必ずしもそうでないし、そうである必要も必ずしもないことは前述したとおりである。

債務不履行の類型としては、通説の認めている履行遅滞、履行不能、不完全履行（不完全給付、給付義務の履行内容の不完全履行および履行に際して必要な注意義務を怠ったとか〔これは保護義務違反となる場合もある〕、履行方法が不完全であった場合など）の三類型のほかに、その他の義務違反として、特殊契約的社会的接触関係にある当事者（現在、あるいは将来の可能的債権者・債務者関係に立つ者、さらにはかつて立っていた者）は相互に相手方の生命・身体、財産的利益を害しないよう配慮する義務を信義則上負っているという、近時主張されているいわゆる保護義務違反の債務不履行類型（ここでは給付義務の有効な成立や履行行為は必要でない）を新たに認めるのが妥当と考える。(19) もっとも根拠規定は、いずれも民法一条および四一五条にこれを求めることになる。

本稿で扱う専門家の（なす債務の）契約責任の考察にあたって、とくに問題となる債務不履行類型は不完全履行類型であるが、そのほかに右の第四の保護義務違反の不履行類型も問題となりえよう。

3　専門家の契約責任に関する基本的契約類型

ところで専門家の契約責任を問題とする場合、契約上の債務内容の確定がまず問題となる。先にみたごとく、専門家とクライアント間の契約は、通常は、委任ないし準委任契約、請負契約、両者の混合契約、さらには雇用契約によってなされる。しかし、雇用契約による場合は、いわゆる専門家の契約責任のテーマとは少しずれてくるので、本稿では委任と請負を中心に考察しておきたい。

請負は、当事者の一方が仕事を完成することを約し、相手方がその仕事の結果に対して報酬を与えることを約する契約であり（民法六三二条）、なす債務たる給付義務の内容が一定の結果を実現すべきことにあることから、いわゆる結果債務とされる。これに対し委任は、当事者の一方（委任者）が法律行為（準委任の場合は法律行為に非ざる事務）をなすことを相手方（受任者）に委託する契約で、無償が原則であるが、有償であることも妨げない（六四三条・六四八条・六五六条）。受任者は委任者に対し委任事務を処理する義務を負うが、請負と異なり、特定の結果の達成自体を義務づけられているものではなく、それに向けて最善の処理を行なうことを内容とするものなので、手段債務とされている。

4　結果債務と手段債務

右にいう結果債務と手段債務の分類は、フランス民法上の分類で、両者の区別は、債務の発生原因である契約の解釈によって定まるが、この分類は、フランス法上はフォートの立証にとって意味があるという。すなわち、結果債務においては、債権者は結果が実現されなかったことを立証すれば、それ以上フォートの立証を要せず、債務者の側で不履行が不可抗力に基づくことを立証しないかぎり、責任を免れないが、手段債務においては、債権者が債務者のフォートを立証しなくてはならない、とされている。(20)

結果債務、手段債務の分類が川島博士によってわが国に導入されて以来、(21)この分類の意義を認める学説が増えてきているが、フランス民法とわが国とでは、立証責任の所在が異なっているので、そのもつ意義は少し異なる。すなわち、わが国の民法では、「責ニ帰スヘキ事由」の立証責任はつねに債務者にある、というのが確定判例および通説だからである。そこで手段債務の場合にも債務者の側で不履行が「責ニ帰スヘキ事由」によらないことを立証しなければ債務不履行責任を免れえない。そうだとすると、立証責任に関するかぎり、結果債務・手段債務の分類の意義は少ないといえそうである。にもかかわらずわが国で両者の分類の有用性が繰り返し論ぜられるのはなぜであろうか。後に、請負と委任の債務内容を各専門家ごとに具体的に検討するための前提として、やや脇道にそれる感はあるが、ここでこの問題を検討しておきたい。

前述したように、従来、わが国の場合、債務不履行と異なって不法行為における故意過失の立証責任は債権者側にあるとされ、このことから、債務不履行責任構成による方が債権者にとって有利であると解されてきたのであるが、近時この点について次のような指摘がなされている。「たしかに、①引渡債務においては、引渡債務の特定と履行不能または本旨に従わない履行があったこと（引渡がなかったことまたは遅れたこと）の立証は容易であるから、『責ニ帰スヘキ事由』の立証責任が債務者にあることは、債権者にとって有利であると言える。しかし、②行為債務においては、『債務ノ本旨』と『責ニ帰スヘキ事由』の判断とは密接な関係にあり、かつ『債務ノ本旨』に従わない履行の事実（どのような作為・不作為をなすべきであるか、それと現実の行為がどのように喰いちがっていたか）を主張・立証することは困難であるから、とくに債権者に有利とはいえず、不法行為との差異は小さいと考えるべきである[22]」、と。

右の見解はまた、雇用契約における安全配慮義務や医師の診療債務といった行為債務の場合の「責ニ帰スヘキ事由」の判断にあたり、多くの判決例は、①債務者がいかなる内容の債務を負っているか、どの程度の行為（作為・不作為）をすれば要求された債務を履行したことになるか、あるいは債務の内容を実現するためにどのような結果を回避すべき義務を負っているか、を特定したうえで、②現実になされた債務者の行為と①とを比較し、両者間に喰いちがいがあれば「責ニ帰スヘキ事由」がある、という形で、その存在を判断している、と指摘している。そしてこのような判断の構造は、ⓐ行為債務にあっては、「債務ノ本旨」に従った履行かどうかという判断と「責ニ帰スヘキ事由」の存在とが表裏一体の関係にあること、ⓑ債務者のなすべき行為債務は、それに反すれば原則として「責ニ帰スヘキ事由」に該当するから、「責ニ帰スヘキ事由」は「故意過失」というより客観的要件たる「違法性」（いずれもドイツ法的な意味における）の判断とほぼ等しくなっていること、を示している、という。また、右の判決例がフランス法上の結果債務と手段債務の区別に対応しているようにみえるのは興味深い現象であり、行為債務にあっては、債務の内容が、引渡債務のように明確に特定できず、契約ないし法律に定められた義務に適合するように注意を尽くして行為する（契約等に定められた義務かどうかは、契約等の解釈に依存する）という内容に帰着することがその理由であろう、と述べている[23]。

右の指摘はたいへん示唆的で興味深い。ただ、行為債務といっても請負契約における請負人の債務（結果債務といわれる）などは、債務内容の特定と履行不能または本旨に従わない履行があったことの立証は比較的容易であるから、右の指摘は、行為債務一般には妥当せず、行為債務のうち、手段債務とされる委任契約上の債務や、附随的注意義務あるいは保護義務のような、債務あるいは義務内容が一般的に不明確なものについてのみ妥当するもののように思われる。そして、近時わが国において、結果債務・手段債務の分類の有用性が説かれる背景は、立証責任の点よりは、むしろ実体法的な判断基準、すなわち、結果債務の場合には、特定の結果が履行によって実現されないかぎり、債務者は債務を履行したことにならないのに対し、手段債務の場合には、注意深く最善を尽くして行為すれば、特定の結果の実現に至らなくとも、債務者は履行したことになり、債務を免れる、という点にあるように思われるのである。そして、このことは、帰責事由の判定にも影響を及ぼすことになり、結果債務の場合には、その履行不能・遅滞という事実があれば原則として帰責事由があるとみられやすく（債務者の側で帰責事由のないことの立証ができれば免責される）、手段債務の場合には、債務内容が一般的に不明確であり、具体的な場合に応じて契約の解釈によって決定される程度が高く、他の種々要件をも考慮して決められるので、債務不履行の判断と帰責事由の判断とが重複する可能性が高くなるものといえよう。そのために手段債務の場合には、立証責任の点では、まず「債務内容」および「履行不完全」の立証責任が債権者の側にある以上、「帰責事由、すなわち過失」の立証責任が債務者の側にあるといっても、債権者にあまり有利とはならなくなるわけである。換言すれば、「債務の内容」や「帰責事由」の判断に関するかかる法現象を説明する道具概念として、結果債務・手段債務の分類の有用性がわが国で認められているように思われる。

5　債務不履行・違法性と帰責事由・故意過失一般

(1)　右の問題と関連して、近時、債務不履行の要件である「帰責事由」論の再検討をとおして、「債務」内容の重要性、ひいては「債権の種類・分類」の意義について意欲的な労作をものされた吉田助教授は、結論として、次のような重要な問題提起をされている。すなわち第一に、理論面（債務不履行責任の帰責構造）に関して、フランス式に「債務不履行」と「過失（フォート）」との一元化を提唱され、第二に、解釈論のレベルでは、ドイツ的過失主義の影響を受けて従来やや主観化されすぎた契約責任について、客観化（厳格化）の方向性をめざすことを提唱されている。まず、帰責要件に関する従来の「債務不履行ないし違法性」と「過失（善管注意義務違反）」との二元構成は、その相互関係が必ずしも明確でなく、両者には重複・融合があることもある。柔軟な債務不履行要件をもつ日本民法の下では、ドイツ的に二元構成する必要はなく、一元化をめざすべきであり、そうすることによって、「帰責事由」（実際には立証責任は債務者にあるから、「帰責事由の不存在」が問題とされる）として従来扱われていた事柄の大部分が債務不履行の問題となり、非帰責事由は本来の姿にもどり「不可抗力」に解消できるものと思われる。ついで、債務不履行の成立要件につき、従来、「善管注意義務」（民法四〇〇条）を一般化させ、主観的要件を独立化させたことは問題があったのであり、むしろ、「債務の内容」に即した種々のレベルの契約責任を導き出すことにより、目下膠着化した請求権競合論にも新たな展望が得られるのではないか、と指摘される。そして、このような見地からするとき、今後は、債務の内容に即した債務分類論が重要になるが、やや抽象的なドイツ式分類論（付随義務論・保護義務論）よりもフランス式の「結果債務・手段債務」論が有用であろうと主張される。(24)

さらに、吉田助教授は、右にひきつづいてフランス法にならい債務の種類に関して、具体的に次のような分類をされる。すなわち、第一に、与える債務（とくに金銭支払等の種類物引渡債務）、なさざる債務はほぼ必然的に「結果債務」である。第二に、特定物の引渡・返還債務（フランス法上は「なす債務」とされるが）も「結果債務」である（ただし他人物売買の場合は手段債務とされる。なお、引渡債務と密接な関係に立つ保存債務は手段債務とされるが、引渡＝返還債務との不可分性ゆえにフォートを推定し、債務者に立証責任を転換するのがフランスの判例法という）。第三に、なす債務（行為債務）の振分けがもっとも問題となるが、①債務の射倖性（債務者の危険支配）の有無（たとえば医師・弁護士業の債務は射倖性があり手段債務とされる）、②債務の履行における債権者の積極的関与・役割の有無（債権者の地位の受動的な旅客・商品運送契約では、運送業者の安全債務は結果債務とされ、スポーツ競技場、児童遊戯場経営者のそれは手段債務とされるという)、③債務者の専門性、さらにはその使用技術、道具への信頼の程度、④契約の有償性(子供を預かった者の債務は通常手段債務、有償で専門的な機関の場合は結果債務)、⑤被侵害利益の態様(人身損害に関わる場合は結果債務)等が、一応の基準となるが、結局は個々の契約の解釈に帰着するという。

なお、吉田助教授は、「行為債務」を一律に手段債務的処理に服せしめる平井説には問題があり、ここでも「結果債務・手段債務」の両債務に分解させるフランス法の立場が妥当であり、その振分けの基準こそが今後の研究課題だとされる(25)。

(2)　丹念な学説史的考察に基づくこの緻密な研究は、非常に示唆的であり、説得力に富む。とくに、「債務の内容」に即した種々のレベルの契約責任を導くことにより、契約責任固有の意義を考えることが可能であり、請求権競合論に新たな展開が得られるであろうとの指摘は、その考える内容に若干の差異はあれ私見の立場からも同感である。ただ、ドイツ式債務分類論や債務不履行と過失の二元構成への批判には、ドイツ法的思考方法に慣れ親しんできた者として、また、そのような立場に立つ者であることを客観的に直視し、自省したとしてもなお、疑問があり、これらの理論モデルの有用性を主張したい。その理由はこうである。

第一に、吉田論文の問題関心は、狭義の債務不履行責任が中心であり、効果論としては、主として、損害賠償を念頭において、要件論、債務内容の分類論が展開されているように思われるが、われわれの問題関心は、それにとどまらず、受領遅滞、瑕疵担保責任、危険負担等をも含めた、いわゆる給付障害一般を念頭において、広く契約関係に伴う、契約上の債務や責任を考えていること、また、債務不履行の効果論ないし法的救済手段としては、損害賠償にとどまらず、履行請求権、解除権、さらには同時履行の抗弁権といった手段をも考慮しつつ議論を展開しているのであって、問題関心の範囲が少し異なっており、吉田論文の問題関心の範囲外の問題をも視野にいれて議論を展開した場合、フランス式思考方法をとるとどうなるのか、そのうえでさらに、議論を煮詰めてゆくことが、基本的方向性として、必要のように思われるのである。この点をまず、将来の課題として指摘しておきたい。

第二に、基本的に右の視点を前提としつつ、共通の問題関心の分野である狭義の債務不履行責任の分野についてみると、つとに指摘されているごとく、英米法と異なり、大陸法の、契約違反に対する法的救済手段の基本構造は（その実用性はともかくとして）、第一次的には履行強制であり、損害賠償は第二次的救済という位置づけとなっていることに、まず留意すべきである[26]。たとえば最近、「ウィーン売買条約」における契約違反の構造について興味深い分析を展開した渡辺論文[27]は、分析のための基本的視角として、コモン・ローとBGBの契約の保障機構に関する基本構造の差異についてのラインシュタインの古典的論文に依拠しつつ、両者の差異について、次のような明確な整理をしている。

すなわち、コモン・ローは、「給付約束」不実現を「契約違反」と捉え、これに対する法的救済として「損害賠償」を認めるという基本構造から、契約違反の構造内部における二つの特徴を派生させている。その一つは、契約違反の態様に差異を設けず、さらに瑕疵担保責任をもここに取り込み、完全に一元的な契約違反の要件・効果を構築していることであり、その二つは、契約締結時、すなわち「給付約束」時の損害担保の内容により契約違反の帰責性を判断し、かつ、損害賠償の範囲を画するにあたってこの時点における当事者の予見可能性を前提としていることである。

他方、これに対してBGBの給付障害規定は、「給付結果」不実現を「債務不履行」と位置づけ、これに対する法的救済として、第一次的に「履行請求」を、そして第二次的に「損害賠償」を許容する。その結果、債務の履行が「不能」に帰したのか、「遅滞」しているにすぎないかは、「履行請求」が機能するか否かを決定づけるための重要なメルクマールとされ、また、原始的に不能な債務、すなわち契約成立時において「履行請求」を観念しえない債務は、成立の基盤を失う（不能・遅滞の二分構成“impossibilium nulla obligatio est”原則の受容、および、債務不履行と瑕疵担保責任との分離）。また、債務不履行における帰責性とは、債務不履行という「給付結果」不実現に向けられた故意・過失であり、「給付結果が実現されていたならば相手方が置かれていたであろう状態への回復」が損害賠償の基本理念とされることになる。

この後、渡辺論文は、このような、コモン・ロー上の損害担保の契約責任観と大陸法上の結果実現保障の契約責任構造とを対比させるという分析視角から、「ウィーン売買条約」（ＣＩＳＧ）における契約違反責任の構造分析を試み、ＣＩＳＧは、コモン・ローの影響下に、当事者が自己に課された義務を履行しないことすべてを契約違反と捉える一元的構成をとりつつも（不能、遅滞、積極的債権侵害、担保責任を一括して、契約違反という統一的要件の下に規律する）、効果論上は、大陸法原理を受けつぎ、履行請求、契約解除、損害賠償請求の重畳的あるいは選択的行使を認めており、相異なる法体系の折衷または妥協の事実の存在を指摘する。そして、かかる法的処理の理論的・実務的妥当性・有用性に関して、若干の問題点を指摘しつつ問題を投じている。

この渡辺論文の指摘はたいへん興味深く、今後の大きな検討課題であるが、本稿の検討課題に限定して、一言指摘しておきたいことは、先にみた吉田論文の問題意識が、効果論を損害賠償請求に限定しているように思われることとの関連性である。まず、立法論としてはともかく、当面の解釈論としては、結果実現保障の契約責任構造をとる大陸法系に属する日本民法のもとでの契約責任法理の検討にあたっては、コモン・ロー上の損害担保の契約責任観と異なった視点が当然必要であり、契約責任再構成の視点に立つときも、はたしてコモン・ロー的契約責任観が妥当かどうかおおいに検討の余地があるように思われる。すなわち国際条約の締結は、現在の国際政治的力関係から、英米法原理との妥協、折衷を余儀なくされることは否定しえない事実ではあるが、法理論的・法技術的側面から、純粋に両法系のいずれの法技術がより妥当であるかを検討したとき、損害賠償請求中心の要件論、効果論がはたして妥当かは、おおいに疑問といわざるをえないように思われるのである。

(3)　このような観点からみるとき、吉田論文に関する第三の問題点として、債務不履行と過失の一元化の提唱への疑問が登場してくることになる。すなわち、効果論上、履行請求権、契約解除権をも重視する視点に立つときは、まず、西ドイツ債務法改正意見書にみられるようなフーバー意見[28]にみられるような債務不履行を一元的に構成する考え方は疑問であり、要件論上、遅滞、不能、不完全履行の三元構成はやはり有用であると考えざるをえない（履行請求の可否、帰責事由の要否、即時無催告解除の可否、損害賠償請求権と履行請求権、契約解除権との関係等の諸側面において）。

次に、たしかに、吉田論文の指摘のごとく、債務の内容と過失の有無との区別がつきがたく、両者が重畳する場合もかなりあるとはいえる。しかし、そうでない場合も多分にあるのであるから、債務不履行と故意過失とをつねに一元的に処理しなければならず、そう処理することがつねに有用であるともいえまい。たとえば、与える債務や、なす債務でも請負契約の場合には、契約上債務の内容が明らかな場合が多く、それ以外のなす債務でも、契約により当事者が明確に債務の内容を約定している場合には、債務の内容と過失の有無とは区別が可能であるし、この場合には、区別した方が立証責任上債権者にとって有利であることは否定できまい[29]。問題は、主として、なす債務のうちの手段債務とされる債務の不完全履行や、安全配慮義務等に代表される、われわれのいう保護義務（ないしは附随的注意義務）の場合にあるのであるから、この局面において、債務の内容と過失との関係を検討すればよいといえよう。そして少なくとも、ここでも、履行請求や解除との関係では、債務の内容と過失の有無との区別が有用であること（たとえば成立要件に関して差が生ずる）、前述のとおりである。結局、効果論として損害賠償のみが問題となる保護義務の場合にのみ、債務の内容と過失の有無との区別の困難性、あるいは区別の有用性の有無が一応問題となりうるにとどまるように思われる。そこで、債務の内容と過失の有無との一元化を一般的に提唱する考え方には必ずしも賛成できかねるわけである。

(4)　最後に、結果債務、手段債務概念の有用性についてみておこう。前述したごとく、わが国の場合、この概念を採用することの実益は、証明責任の点よりはむしろ、債務の内容や帰責事由の判断に関する実体法的な判断結果の説明概念としての有用性にあり、かつそれにとどまるように思われる。しかし、より重要なことは、とくになす債務における結果債務・手段債務の振分けの基準にある。そしてそれは、結局のところ、吉田説でも契約類型ごとに、その契約上の債務の内容、社会的実態に即して個別・具体的に判断するほかないのであり、その結果、債権者を保護した方が妥当な場合を一般的に結果債務と説明し、債権者の責任を軽減した方が妥当な場合を一般的に手段債務と説明しているにすぎないもののように筆者には感ぜられるのである。そうだとすると、結果債務・手段債務の概念の有用性は、さほど大きいとも思えない。価値判断、結果の説明概念として、わかりやすいとはいえるが、価値判断あるいは帰責事由の判断の基準としての意義はさはどないのではあるまいか。

6　請負・委任契約と不完全履行

専門家の契約責任が問題となる基本的契約類型である請負契約と委任契約について、その債務不履行の類型として、いちばん問題となるのは、これまでの論述から明らかなように不完全履行の類型であるが、現行民法の規定上、この点は不明確であり、学説上も、売買契約と異なり、請負や委任契約の不完全履行については、これまで必ずしも十分に議論されてきたとはいえない。この点は今後の検討課題であるが、各専門家の契約責任の各論的考察のためのたき台として、両契約における不完全履行の要件、効果一般について、総論的見地から、次に若干の整理、問題の提起をしておこう。

(1)　請負契約の不完全履行

請負の不完全履行責任については、解釈論上は、瑕疵担保責任の規定との関係をどう考えるかが重要である。すでに他の機会に述べたところであるが(30)、この問題について筆者は次のように考えている。

(イ)　まず、民法は、請負人が完成した仕事に瑕疵がある場合には、瑕疵担保責任を負う旨を定める。すなわち、注文者は相当の期間を定めてその瑕疵の修補を請求することができる。もっとも瑕疵がさほど重要でなく、かつその修補に過分の費用を要するときは修補請求は認められない。注文者は瑕疵の修補に代え、または瑕疵の修補とともに損害賠償の請求をすることもできる（六三四条）。さらに瑕疵のために契約をなした目的を達しえないときは ― 建物その他土地の工作物のごとく原状回復をしえないことが多く、またたとえそれが可能であっても請負人にとって経済上の損害が少なくない場合を除いて ― 注文者は契約を解除することができる（六三五条）。請負人の担保責任は短期の期間制限に服する（六三七条・六三八条）。

(ロ)　学説上の通説は、請負の担保責任の法的性質を次のように説明している。すなわち、請負は有償契約だから本来なら売買の担保責任の規定が準用されるはずである（五五九条・五六一―五七二条）。しかし、請負は請負人が仕事をすることをもその内容とし、仕事の瑕疵は材料の瑕疵のみならず、仕事内容の不完全さからも生ずるので、特別の内容の規定が設けられたものである。責任の内容は、売買と同様無過失責任と解すべきである。しかも、請負では仕事を完成すること、つまり瑕疵のない完全な仕事をすることが請負人の債務の内容なのであるから ― この点、特定物の引渡しによって売主の債務が完了する売買と異なる ― その責任の範囲は瑕疵によって生ずるすべての損害の賠償（履行利益の賠償）にも及ぶと解するのが妥当である（信頼利益の賠償にとどまらない）。なお、瑕疵が請負人の過失によって生じた場合には、請負人は不完全履行の責任 ― すなわち、追完（瑕疵の修補）、損害賠償および契約解除 ― を負うはずである。しかし、六三四条以下の規定は、瑕疵を生じた理由のいかんを問わず瑕疵の種類や程度に応じて適当な要件と効果とを定めたものと解すべきである。したがって、請負の瑕疵担保の規定によって不完全履行の一般理論は排斥されると解するのが正当であろう、と説く[31]。

なお、学説のなかには、不完全履行責任が瑕疵担保責任と独立して発生すると説くものがあり、この説によるときは、担保責任としての瑕疵修補請求権と不完全履行による追完請求権とが競合的に成立することになる[32]。

(ハ)　さて、請負の瑕疵担保責任と不完全履行との関係をどのように理解すべきであろうか。通説のいうごとく、請負は仕事を完成すること、すなわち瑕疵のない完全な仕事をすることが請負人の債務の内容なのであるから、仕事の内容に瑕疵あるときは不完全履行である。そうだとすると、請負人は本来の給付債務を免れず、注文主は請負人の帰責事由の有無を問わず、追完・瑕疵の修補が可能なかぎり、当然に追完請求あるいは瑕疵修補請求をなしうるものといえよう（無過失責任というまでもなく、本来の債務の履行請求の問題。なお、このことは不完全履行一般にあてはまり、追完請求権の成立要件として帰責事由は不要と解すべきである）。請負人の瑕疵担保責任は不完全履行責任そのものにほかならないとみるべきである。もっとも、立法者が、今日使われている意味での「不完全履行」概念を不幸にしていまだ知らなかったがために[33]、本来なら不完全履行概念を使って処理するのが妥当と思われる問題を瑕疵担保責任概念を使って処理したが、それは不代替物の特定物売買に関する法定無過失責任としての瑕疵担保責任（それはいわゆる特定物ドグマを前提とする）とは、その法的性質を異にするものである。したがって、今日の時点での解釈論としては、請負の瑕疵担保責任の規定は、今日いう意味での不完全履行の萌芽的規定であると解し、一般の不完全履行の請負における特別規定（瑕疵担保責任という形での特則ではなく、不完全履行そのものの請負における特則）と解するのが妥当と考える。つまり、不完全履行の責任と瑕疵担保責任とが併存するものではなく、また、請負の担保責任の規定によって不完全履行の一般理論が完全に排斥されるとみるべきでもない。本質的にみるときは不完全履行の規定といえる、請負の担保責任の規定がまず適用されるが、規定のない問題あるいは今日の時点からみて現行規定が不十分とみられる問題については、不完全履行の一般理論によって解決することが望ましい。たとえば、六三五条の契約の解除につき、瑕疵が重大であっても注文主はつねに即時無催告解除ができると解すべきではなく、修補が可能なかぎりは、請負人との信頼関係が破壊されたとみられるような特別の場合を除き、相当期間を定めて催告した後でなければ解除できないと解すべきである（一般的に追完が不可能なことが多く、あるいは売主が瑕疵修補の技術をもたないことが多い特定物売買の瑕疵担保責任とは異なる）。そして請負人が瑕疵修補あるいは追完履行の請求を受けたにもかかわらず修補を怠ったり、不完全な修補をした場合にはじめて、二次的手段として解除権が発生すると解するのが妥当である。さらに、わが民法が瑕疵の修補請求と損害賠償との選択を認めているのは（六三四条二項）、債務不履行の一般原則からみて問題がある（履行に代わる損害賠償の請求は二次的手段であるのが原則。ちなみにドイツ民法は、請負の瑕疵担保責任につき、瑕疵修補請求権を第一次的保護手段と位置づけ、契約解除または代金減額請求権を二次的な手段としている〔ド民六三四条一項〕。なお、瑕疵が請負人の責めに帰すべき事由によるものであるときは、解除または代金減額請求に代えて不履行に基づく損害賠償の請求をなしうるものとする〔ド民六三五条〕）。即時の損害賠償請求を信義則によって制限するのが妥当の場合もあろう[34]。また、賠償義務が無過失責任でかつ拡大損害（瑕疵結果損害）を含む全損害に及ぶとみることも[35]、請負の瑕疵担保を不完全履行とみる立場からは疑問である。要するに注文主の保護としては、追完が可能なかぎり重大な瑕疵であっても第一次的には相当期間を定めた瑕疵修補請求、それが行われない場合、あるいは行われたが不完全であった場合にはじめて第二次的に契約解除または代金減額的損害賠償を認め、履行利益や拡大損害（瑕疵結果損害）の賠償については、瑕疵の発生（履行内容の不完全履行）について請負人に帰責事由あることを要件としてこれを認めるのが妥当といえよう。売主の瑕疵担保責任について近時問題とされている不特定物売買における売主の瑕疵修補権、追完権の問題が、請負の場合にも当然問題とさるべきであり、このことは、不特定物売買や請負の瑕疵担保責任を不完全履行責任そのものとみるとき、その理論的根拠が明確となるものといえよう。

　ちなみに、追完や瑕疵の修補が不可能な場合は、即時の無催告解除（ただし六三五条の制限のもとで）や履行に代わる損害賠償の請求が認められるが、瑕疵の発生について請負契約の当事者双方に帰責事由がないときは、瑕疵発生原因の性質いかんにより場合によっては不完全履行の問題とみるよりはむしろ全部または一部の後発的履行不能とみて、危険負担法理により処理する（危険負担は原則としての債務者〔＝請負人〕主義による〔民法五三六条〕）のが妥当な場合もあろう。解除や損害賠償の問題が生ぜず、請負代金債務の全部または一部の消滅にとどまる点で差異が生ずる。

さらに、以上の問題とは別途に、請負契約の当事者は相互に相手方に損害を与えないように配慮する信義則上の義務（附随義務、保護義務）を負うものであり、専門家の契約責任についてもこの点が問題となる事例の発生は予測可能である（たとえば安全配慮義務や契約締結上の過失責任など）。

(2)　委任契約の不完全履行

委任契約の債務不履行に関してわが民法は、受任者の善管注意義務についての特別規定（六四四条）を設けているが、担保責任に関する規定は設けていない。また、解除について、委任特有の解除原因に関する規定を設けている（六五一条）。これらのことから一般に、受任者の債務の履行について次のごとく説明されている。まず、受任者は、その義務である委任事務を処理するにあたっては、事務処理の方法、事務の範囲につき委任者の指図があればそれに従い、委任者の指図がなければ自己の裁量により、委任の本旨に従いつつ、「善良ナル管理者ノ注意」をもってすることを要する。委任者の与えた指図が不適当なことを発見したときは、ただちに委任者に通知して指図の変更を求めるか、または指図から離れることについて許諾を求めるべきである。のみならず、急迫な事情がある場合には、いたずらに不適当な指図を墨守することなく、臨機の措置を講じて、委任者の信頼に応えるようにつとめねばならない。[36]また、委任が当事者間の信頼を基礎とする契約であることの特質から、無償の委任契約であっても、善良なる管理者の注意をもって事務を処理すべきであり、また、受任者が専門的な知識・経験を基礎として、素人から当該事務の委託を引き受けることを営業としている場合、とりわけ当該業務をすることがなんらかの形式で公認されている場合には、受任者の注意義務は当該事務についての周到な専門家を標準とする高い程度となる。[37]

ところで、受任者のなした事務処理行為が不完全であった場合、委任者は追完履行の請求をなしえないものであろうか。民法は請負における六三四条のような瑕疵修補請求権に関する規定を設けていない。委任は無償を原則とするから、担保責任を負わないものとみたのであろうか。しかし、信頼関係を基礎とする委任において、受任者の注意義務を無償にもかかわらず善管注意義務としていることからみると、委任の無償性は追完請求権を否定する根拠には必ずしもならず、有償の場合もある（今日では有償の方がむしろ多い）のであるから、立法者の意思はともかくとして、少なくとも現在の時点での解釈論としては、債務不履行の一般原則に基づき、不完全履行を理由とする追完請求権の行使が認められてしかるべきであろう。ちなみに、わが民法は、不特定物の遺贈義務者は、給付した目的物に瑕疵があったときは、瑕疵のない物をもってこれに代えなければならないものと定めている（九九八条二項）。このことからみると、立法者は、無償行為であっても、不完全履行の場合に（もっとも、担保責任という概念を使っているが）、追完義務の発生することあるを認識していたものといえよう。また、当事者間の信頼関係の重視は、履行請求になじまないともいえまい。

かくて、受任者のなした委任事務の処理が当該委任の本旨に従わない不完全なものであった場合には、まず委任者は相当の期間を定めて債務の本旨に従った履行の請求つまり追完請求権の行使をなしうる。もちろん追完が不能の場合はこの限りでない。この追完請求権は本来の履行請求権と解しうるので、その成立に受任者の故意過失ないし善管注意義務違反があったことを要しない。ただし、受任者の委任事務の処理が債務の本旨に従った履行でなかったことは委任者の方で証明しなければならない。請負契約の不完全履行においても、仕事の目的物に瑕疵のあることは注文主の方で証明する必要があるが、瑕疵のない完全な仕事をすること（特定の結果の達成）が債務の内容である請負の場合（結果債務といわれる）と異なって、委任はいわゆる手段債務として特定の結果の達成に向けて最善の処置を行なうことを内容とするものであるので、債務内容の証明ないし委任事務処理の不完全であったことの証明は、請負の場合に比し、より困難なことが多い。しかし、委任契約により委任事務の内容・処理方法が具体的に明確に取り決められているとか、事務処理の種類・性質上、明確な場合もまれではないから（たとえば医療契約における入れ歯治療や盲腸の手術など）、追完請求権の行使が一般的に困難であるとは必ずしもいえまい（医療契約においては再手術・再治療は日常的に行われてもいる）。受任者としても、契約解除や損害賠償の支払いを求められるよりは、追完請求に応じた方が有利であることが多いであろう。ここでも受任者の追完権は尊重さるべきであろう。なお、不完全さがさほど重要でなく、かつその追完に過分の費用を要するときは追完請求は認められない（六三四条一項の類推適用）。また、追完請求を受けた受任者が適切な追完をなさなかった場合、追完が不能の場合、あるいは追完がなされてもなお損害が塡補されなかった場合（拡大損害など）には、委任者は損害賠償の請求をなしうる。この場合には、受任者に善管注意義務違反のあることが要件（非帰責性の証明責任は受任者）となる。なお、有償委任の場合には、受任者が無過失であっても追完に代わる代金減額的損害賠償が公平の見地から認められるものと解したい（なお、危険負担法理による処理も場合により可能であろう）。

委任契約においては、請負と異なり、各当事者はいつでも契約を解除しうるので（六五一条）、債務不履行を理由とする解除についても不完全さの程度が重大でなくとも無催告解除が許されることとなろう。もっとも委任契約の解除には遡及効が認められないから（六五二条）[38]受任者に与える影響は比較的少ないが、即時無催告解除により、受任者の追完権が不当に無視されることになるような場合には、信義則による解除制限を考える必要が生ずるかもしれない。不完全履行を理由とする委任者の追完請求権や損害賠償請求権の行使には、信義則による一定の期間制限が望ましい。[39]

最後に、委任契約の当事者は相互に相手方の生命・身体・財産等に損害を与えないよう配慮する義務を負うものと解すべきことは、契約上の保護義務として一般的に認められるべきところであるが、特殊委任契約においては六五〇条三項の存在がさらに問題となる。すなわち、同条項は、「受任者が委任事務を処理する為め自己に過失なくして損害を受けたるときは委任者に対して其賠償を請求することを得」と定める。契約上の保護義務の場合は、過失が要件となるが、この条項によるときは、委任者の過失は要件とされない。(40) そこでたとえば、交通事故の示談交渉につき、加害者側から委任を受けた弁護士が示談交渉中に、興奮した相手方に殴られて負傷したとか、診療契約に基づいてコレラ患者の治療にあたっていた医師がコレラ菌に感染して死亡したといった場合、受任者たる弁護士や医師は、自己に過失のないかぎり委任者たる交通事故の加害者やコレラ患者に損害賠償の請求をなしうることになるはずである。この規定の妥当性については、民法起草過程においてたいへん議論のあったところであるが、(41) 受任者が専門的職業人であるときにも、この規定の適用が当然あると解するのが妥当かどうか、検討の余地があるといえよう。少なくとも、受任者の過失の認定の操作（注意義務の高度化）を通じて、委任者への損害賠償請求を限定的に認めるのが、受任者が職業的専門家である場合についてのわが国の市民感情に合致するのではあるまいか。職業的専門家としては、委任事務の処理に際して生ずる危険性については一般人以上に予測可能なのであるから、委任契約を締結した以上、あるいは職業的専門家として日常的に自己の負担において危険に対処する方途（保険など）を講じておくべきではあるまいか。

三　専門家の契約責任の各論的検討

以上の総論的検討をふまえて、次に、各種の専門家の契約責任について、当該契約の法的性質、契約責任の要件論、効果論上の問題点を各論的に検討してみよう。もっとも、与えられた紙数をすでに大幅に超過しているし、各論的研究は本論文集の他の執筆者の分担となっているので、ここでは、前述のような本稿の基本的視角からみて特徴的に浮上してくると思われる若干の問題点について建築家、弁護士、医師の代表的専門家たる三者をとりあげて、ごく簡略な問題提起的考察にとどめるほかない。

1　建築家の契約責任(42)

建築家の行う業務の内容は、建築物の設計および監理である。そこで、建築主と建築家との契約類型としては、通常、①設計のみを目的とするもの、②監理のみを目的とするもの、③設計・監理の双方を目的とするもの、の三類型があるという。ところで建築物の建築は、建築主と建築請負人との建築請負契約によって行われるので、建築家が同時に建築請負人でもある場合は別として、通常建築家は、建築物の完成を約束するわけではない。しかし、建築設計・監理契約は、通常、建築物の建築を最終目的とするものであるから、設計・監理行為は、完成建築物と密接かつ不可分な関係にある。ところで、完成建築物に瑕疵があった場合、それが建築家の設計・監理行為の不完全な履行に由来するものであるときは、その限度で建築家の責任が問題となる。

この場合の建築家の法的責任の根拠として不法行為責任も考えうるが、この場合には、過失責任であって無過失責任ではない。また法的救済手段としては、損害賠償にとどまる。しかし、完成建築物に瑕疵が発見された場合、契約当事者にとっていちばん望ましい方法が、瑕疵の修補であることはいうまでもない。そして瑕疵修補請求権の法的根拠は、現行法上、契約責任に求めるほかない。もちろん、実際問題として、裁判上瑕疵修補請求の履行強制が求められることはまれであろう。しかし、裁判規範たる民法は、同時に事実上行為規範としても機能するから、実体法上の請求権として追完請求権が認められていることは、裁判外における当事者間の紛争解決上きわめて重要な意義をもつものといえよう。また、建築家の報酬請求権の裁判上、裁判外の行使に対する、追完請求権の行使による履行拒絶の抗弁の面でも、過失相殺による抗弁と並んで、実効性があろう。

次に追完請求権の法的根拠に関して、建築設計・監理契約の法的性質が問題となる。この点については、従来の判例・学説上未だ通説らしきものが形成されていない。どちらかというと設計契約は請負的側面が強く、監理契約は準委任的色彩が強いといわれているが、ひとくちに建築設計・監理といっても、小は一般庶民の木造小住宅のそれから、大は、巨大オフィスビル、ホテル、公共用建物の建築に至るまで千差万別である。したがって、基本的には、個別契約ごとに契約当事者の意思解釈により、当該契約の法的性質・内容を明確にすべきであるが、当事者意思が明確でない場合の理論モデルとしては、請負とみるべきか、準委任とみるべきか、それとも両者の混合契約あるいは無名契約とみて、妥当な法的効果を導き出すべきであろうか。「設計業務の核心は、建築家の心の燃焼であり、精神集中の結晶として設計図が完成する。設計イメージの受胎から、完成した設計図書の分娩にいたるプロセスにおいてはなんぴとの介入をも許さず、すべては排他的に建築家の精神の密室においてなしとげられる。したがって、設計内容について白紙委任が要求される以上、建設設計に関して建築主と建築家の間には特別の信頼関係が存在しなければならない」[43]。設計業務がこのような性格のものとすると、設計・監理契約の法的性質は、既存の民法上の典型契約には必ずしもあてはまらず、一種の無名契約とするほかないのであろうが、典型契約からの距離ということでいえば、それは準委任契約（民法六五六条）に近いといってよかろう。もっとも、請負契約説も有力に主張されているが[44]、その一つの原因としては、効果論上、瑕疵担保責任規定の適用が重視されているからにほかならない。他方、委任、準委任契約においては、この点が従来明確でなく、実際界の要請に応じえなかったからであるといえよう。しかし、後に検討するような、委任契約における不完全履行論の新たな展開が許されるとするならば問題状況はかなり異なってくるものといえよう。また、現行民法典の請負の瑕疵担保責任は、主として有形の仕事の完成（しかも結果債務）を念頭において構築されているので、仕事（ないし事務処理）の目的が無形であり、かつ手段債務的なものとみられる設計・監理行為の不完全履行の処理として必ずしも適切でない面もある。そうだとすると、請負の瑕疵担保責任を参考にしつつ、委任契約の不完全履行論を解釈により展開することで対処する方が、今後の法技術の発展方向としてより適切であるといえよう。このような問題意識のもとに解釈論的検討を試みたのが近時発表された花立論文である[45]。

追完請求権の行使上、設計・監理契約に特有の問題は、設計・監理行為の過誤が、建築物に移行し、それが建築物完成後に発見された場合である。建築物と設計・監理行為との密接かつ不可分の関係からすれば、かかる場合、設計・監理行為の追完はもはや不能とみるべきではなく、原則として、建築家は、あらためて設計をやりなおし、それに基づいて瑕疵の修補または除去作業を監理しなおすことで追完することを義務づけられるとみるべきであろう。もちろん、修補または除去作業そのものは、建築請負人の仕事であり、建築家がみずからこの作業までなしうるわけではなく、両者は共同して追完作業を義務づけられているとみることになろう。そうだとすると、追完請求権の時効期間あるいは信義則による期間制限の始期についても、両者一体として決める必要性が生じよう[46]。

追完請求権の性質、要件、代金減額的損害賠償、損害賠償、契約解除権との関係や、それらの法的保護手段の内容については総論的検討のところですでに述べたことがほぼここでも妥当しよう。詳細な検討は後日に譲る。

2　弁護士の契約責任[47]

弁護士がその職務の遂行上民事責任を問われることとなる相手は、その多くがまず依頼者であり、次に、その依頼者の相手方や相手方の代理人弁護士である。依頼者の相手方やその代理人弁護士との間の争訟は、当事者間に契約関係がないので、当然不法行為訴訟（前者からは主に不当訴訟や不当執行の責任を、後者からは名誉毀損の責任を問われる例が多い）であるが、契約関係にある依頼者との争訟は、既存の判例法上そのほとんどが債務不履行訴訟であって、医療過誤の場合と異なり不法行為訴訟はごく少数にとどまる[48]。医療契約の場合と異なり、契約当事者や契約内容が比較的明確であることがその原因と思われる。

ところで、弁護士と依頼者との間の契約の法的性質は、企業内弁護士の場合は別として、一般には、委任または準委任と解されている。弁護士が依頼者に対していかなる義務を負うかは、委任契約の内容によって定まるが、一般には、依頼者に対して、善良な管理者の注意、しかも専門的職業人としての高度の注意義務を尽くして誠実に職務を行なう義務を負う（民法六四四条、弁護士法一条二項）。また、職業上知りえた秘密を保持する義務を負い（弁護士法二三条）、利益の反する当事者からの事件依頼を回避すべき（同法二五条）ものとされる。

右の弁護士の負う高度の注意義務の具体的内容を既存の判決例の分析を通じて類型的に整理する試みとして、①審判を受ける機会・期待を保護すべき義務、②依頼者の損害を防止すべき義務、③適切な助言・主張・立証をなすべき義務、④報告義務、⑤依頼者の上訴の機会を保護すべき義務（加藤新太郎説）、あるいは、①書類の作成をする義務、②不動産の権利関係を検討するよう依頼された場合に、その調査を怠る過失、③書証等の法的手段の準備をする義務、④法律の知識に関し、その調査をする義務、⑤適切な時機に訴訟を追行すれば、確実に勝訴できたのに、それを怠る過失、⑥上訴の権利行使の機会を奪う過失、⑦代理権の範囲を踰越してはならない義務、⑧金銭の回収を確実に行う義務、⑨委託金の運用について、その計算を依頼者に示す義務、⑩依頼人から解約の申出があるまで事務を継続する義務（手嶋豊説）等の類型化の試みがある。(49) 類型的整理の視角としては、前節で展開した、効果論を念頭においた債務構造論をふまえた分類も有用と思われるが、本稿では省略する。

ところで、目下のところ、わが国では、弁護過誤訴訟は、医療過誤訴訟ほど多くない。その理由は、①釈明権の行使など、裁判所の後見的役割によって、弁護士の訴訟活動の不手際がかなりの程度カバーされていること、②弁護士会の綱紀委員会、紛議調停委員会の自律的活動で、依頼者や第三者の不満をある程度吸収していること、③弁護士の職務遂行の不手際を、裁判所や依頼者に責任転嫁する傾向があること、との指摘がある。(50) さらにつけ加えると、建築家の設計・監理行為なども無形の行為であるが、完成された有形の建築物にその過誤が移行して明確にあらわれることが多いのに対し、弁護士の職務の遂行は無形の行為であって、過誤が明確にあらわれることが少ないこともその一因といえよう。また、その行為の不完全さは、相手方や裁判所との継続的な対応のなかで、随時補完されていることあるいは補完の機会が常時あることが、完成建築物に一挙に欠陥があらわれることの多い設計・監理行為の過誤とのことを意味しよう。

差ともいえよう。このことは、弁護過誤の法的救済において、追完請求権のもつ比重が、建築家の場合と若干異なることを意味しよう。

弁護過誤をめぐる債務不履行訴訟でよく問題とされているのは、上訴期間の徒過例と、説明・報告義務違反例である。たとえば、敗訴判決を受けたが、訴訟を委任された弁護士が上訴期間を徒過してしまったので、依頼者から、財産損害や慰謝料の賠償を請求されたといった事案に関する判決例がいくつかある。(51) このなかには、不法行為構成によるもの、債務不履行構成と不法行為構成との両者をかかげて、裁判所にその判断をまかせたものなどがあり、これをうけて裁判所も、両者について判断したうえで、両者を否定したり、一方のみをとりあげて（他方にはふれず）これを肯定したり、両請求の判断にふれないままに請求を棄却したり、あるいは認容したり、まちまちである。これらの判決例の分析の結果、債務不履行が否定されるときに必ず不法行為も否定されるような状況では、両請求の選択あるいは併合の必要はなく、依頼者が弁護士に対して民事責任を問う形式は、委任ないし準委任契約の債務不履行構成だけで十分であり、不法行為構成をもちだす必要はないのではないか、との指摘もある。(52) ところでかかる事案の場合、一般に、訴訟委任を受けた弁護士は、委任者に不利益な判決がなされ、その判決正本の送達を受けたときは、遅滞なくこれを委任者に通知して、その内容をよく報告・説明し、上訴期間内に上訴するかどうかについて、助言をして適切な処理をとる機会を与え、あるいは上訴期間内に連絡をとる方法がない場合でも、上訴申立てに対する特別授権がある場合には、とりあえず上訴を申し立て、その後に委任者に上訴を維持するかどうかをはかるなど、委任者の上訴の権利を保全すべき委任契約上の義務を負うものといえよう。したがって、依頼者としては、かかる場合、当該弁護士から、適切な通知・報告・説明がなく、上訴期間を徒過したということを証明すれば、その債務不履行責任を問いうるものであり、これに対して当該弁護士の方で自己に過失がなかったことを立証してはじめて責任を免れうるものといえよう（たとえば、控訴審での訴訟追行の委任を受けた弁護士が、原審を担当した弁護士の事務所に判決正本の送達日を問いあわせたところ、事務員が送達日を誤って伝えたために控訴期間を徒過した場合とか、勝訴の見込みがまったくないと判断したので控訴しなかったとか。もっともかかる事由で免責されるかどうかはそれ自体一つの問題ではあるが)。一般に、委任契約上の債務は手段債務とされ、弁護士の職務遂行債務が不完全履行であったことの証明は困難なことか多いとはいえ、右のような場合は、債務の本旨に従った履行がなかったことは容易に立証可能である。職業的専門家の場合、どの程度の履行をなせば債務の本旨に従った履行となるのか、専門外の第三者には判定がむずかしいことも多いが、逆に、その専門性・技術性のゆえに、なすべき債務の内容が明確なこともあり、とくに弁護士の職務活動の内容については、同じ専門家である裁判官や弁護士にとって、容易に判定がつくことも多いであろう。委任契約関係にある当事者間の弁護過誤訴訟の多くが債務不履行構成で争われていることはその一つの証左であり、またかかる事例の場合には、債務不履行ないし違法性判断と帰責性ないし故意過失の判断とを一元化する必要は必ずしもなく、両者を区別する実益は大であるといえよう。かくて弁護士の過誤行為に関しては、損害賠償請求に関しても契約責任構成が有用であると思われる。

3　医師の契約責任

医療過誤訴訟に関しては債務不履行ないし契約責任構成より不法行為責任構成が多いこと、その原因についてはすでに簡単にふれたし、これを論ずる文献は枚挙にいとまがない。

診療契約の法的性質は、特殊の場合を除き準委任契約とみるのが妥当であろう。すでにみたごとく、診療契約の成立の有無や当事者（意識不明の急病人が通行人によって病院に運びこまれた場合など、さらには、債務者は医師か病院かなど）が不明な場合があることとか、債務内容の特定上の困難さが、不法行為責任構成がとられる理由とされるが、診療過誤の場合、医師と患者との間には、直接契約関係が認められないとしても、特殊契約的社会的接触関係が存在するから、かかる関係にないことを一応の前提とする既存の不法行為法理で処理することは不十分であることは否定できまい。不法行為法理の発展による対処ももちろん有用であるが、これまでみてきたような契約責任法理、準委任契約における不完全履行論の解釈論・立法論によるさらなる発展で対処する方法がより妥当とはいえまいか。証明責任を含む要件論・効果論上、多面的な被害者救済をはかりうる点で実益があり、不法行為責任構成で十分であり、契約責任構成は不要と言い切れるかは、医師の責任に関しても（建築家や弁護士の場合と、程度の差はあれ）、疑問である。(53) たとえば、歯科医師の入れ歯の治療行為とか、外科医の盲腸の手術、内科医の普通の風邪や腹痛等に対する投薬行為の過誤などは、債務内容は原則として明確といえ、違法性と帰責事由の二元化は証明責任上も患者に一応有利であり、患者の追完履行請求権や医師の追完権の承認は有用といえよう。医療過誤訴訟の領域でも、契約責任再構成の視点は一定の成果をあげうるのではないかと思うものである。しかし、ここでは問題点の提起にとどめるほかない。

四　むすび

以上、本稿では、職業的専門家の民事責任に関し、債務不履行ないし契約責任構成の有用性を、契約責任再構成の視点から論証することを試みた。すなわち、まず、契約責任再構成に関する問題意識を前提として、契約責任一般に関する総論的な検討を試みた。契約責任の基本構造として基本的契約責任と補充的契約責任の分類、契約上の債務の基本類型として、給付義務・附随的給付義務・注意義務・保護義務の分類、債務不履行の基本類型として、基本的契約責任に関する履行不能、履行遅滞、不完全履行の三類型のほかに、補充的契約責任としての、附随的注意義務ないし保護義務の不履行類型を認めることの有用性（債務不履行一元論への疑問）、これらの問題と関連して、結果債務・手段債務概念の有用性の検討、債務不履行ないし違法性と帰責事由ないし故意過失の関係の検討（一元化説への疑問）、さらに、専門的職業人と依頼者との契約の法的性質論の検討（請負契約と委任契約を中心に）等がそれである。そして、これらの検討をふまえて、従来、論議が不十分であった請負契約・委任契約上の債務の不完全履行につき、要件論、効果論を具体的に考察して一定の解釈試論を提示した。すなわちここでは、仕事ないし事務処理が無形の行為であるなす債務の不完全履行における追完請求権（あるいは債務者の追完権）を、なす債務の不完全履行の萌芽的形態と考えられる請負契約における瑕疵担保責任と対比しつつ検討し、具体的な解釈試論を提起したのが、眼目であったといえよう。ついで、以上の総論的・解釈論的理論モデルに基づいて、代表的な職業的専門家である建築家、弁護士、医師の三者をとりあげ、前記理論モデルの有用性について具体的検討を試みた。もっとも、この点は筆者に与えられた総論的課題との関係上、掘り下げた検討の余裕がなく、不十分なままに終わらざるをえなかったが、建築家について、契約責任構成に基づく追完請求権ないし追完権の有用性を、弁護士について、損害賠償責任に関する契約責任構成の有用性を、さらに医師についても、契約責任再構成の視点からの契約責任構成が一定の有用性をもちうるであろうことを、問題提起的に指摘した。

これらの各論的検討を通じて共通に指摘できそうな点として、第一に、専門家と依頼者との契約の法的性質としては、民法典の典型契約中いちばん近い距離にあるものとして、委任ないし準委任契約があげられること、しかし、第二に、現行民法典のこれらの規定は、とくに無形の作為債務の不完全履行についてきわめて不十分であり、時代の要請に応えるために解釈論的・立法論的新展開が要求されていること、第三に、かかる問題意識のもとに、専門家の民事責任に関する諸議論の再検討の必要性と有用性、といった点があげられよう。そしてこのような再検討は、既存の請求権競合論に新たな視野をもたらすであろうと信ずるものである。本稿が不十分ながら、その一石を投ずるものであることを願いつつ、この領域において、これまで多大の業績をあげてこられた川井健教授に本稿を捧げたい。

（1）本稿に関連する文献は膨大なものがあるが、引用文献の注記は紙数の関係上、必要最低限度にとどめざるをえないことを最初にお断りしておく。専門家の民事責任に関する一般的参考文献として、とりあえずここでは次のものをあげておこう。有泉亨監修『現代損害賠償法講座』（日本評論社、⑷医療事故・製造物責任、一九七四年、⑻損害と保険、一九七三年）、山口和男編『不法行為訴訟法⑵』裁判実務体系16（青林書院、一九八七年）、篠原弘志編集代表『判例研究　取引と損害賠償』（商事法務研究会、一九八九年）。

（2）森島昭夫『不法行為法講義』（有斐閣、一九八七年）二頁以下参照。

（3）野田寛「保険医療と損害賠償訴訟」前掲注（1）『現代損害賠償法講座⑷』一三六頁。

（4）奥田昌道「契約法と不法行為法の接点」於保還暦記念『民法学の基礎的課題㊥』（有斐閣、一九七四年）二一八頁。

（5）唄孝一「現代医療における事故と過誤訴訟」前掲注（1）『現代損害賠償法講座⑷』四頁。

（6）加藤一郎「医師の責任」我妻還暦記念『損害賠償責任の研究㊤』（有斐閣、一九五七年）五〇三頁。

（7）唄・前掲注（5）六頁以下。

（8）加藤・前掲注（6）五〇九頁。

（9）唄・前掲注（5）七頁参照。

（10）中野貞一郎「過失の『一応の推定』について」（初出、曹時一九巻一〇号・一一号、一九六七年、後、『過失の推認』（有斐閣、一九七八年）に所収、五八頁以下、その他、同書所収の論文「診療債務の不完全履行と証明責任」、「医療過誤訴訟の手続的課題」等参照）。

（11）安全配慮義務に関する学説・判例の問題状況については、下森定編『安全配慮義務法理の形成と展開』（日本評論社、一九八八年）参照。

（12）請求権競合論一般については、奥田昌道「債務不履行と不法行為」星野英一編集代表『民法講座⑷債権総論』（有斐閣、一九八五年）五六五頁以下参照。

（13）三ケ月章「法条競合論の訴訟法的評価 —— 新訴訟物理論よりの一考察」我妻還暦記念『損害賠償責任の研究㊥』（有斐閣、一九五八年）七一五頁。

（14）四宮和夫『請求権競合論』（一粒社、一九七八年）。

（15）シュレヒトリームの鑑定意見を紹介する、辻伸行「契約責任と不法行為責任との関係について」下森定ほか編『西ドイツ債務法改正鑑定意見の研究』（日本評論社、一九八八年）四六七頁。

(16) 契約責任再構成に関する筆者の論稿としては、「契約責任の再構成をめぐる覚書」ロースクール二七号（一九八〇年）四頁、「契約責任（債務不履行責任）の再構成」内山＝黒木＝石川還暦記念『現代民法学の基本問題㈥』（第一法規、一九八三年）一六三頁がある。
(17) 西島梅治「プロフェッショナル・ライアビリティ・インシュアランスの基本問題」前掲注(1)『現代損害賠償法講座⑻』一四一頁以下。
(18) 契約責任の基本構造に関する基本的文献としては、北川善太郎教授の一連の研究、すなわち『契約責任の研究』（有斐閣、一九六三年）、『日本法学の歴史と理論』（日本評論社、一九六八年）、奥田編『注釈民法⑽』（有斐閣、一九八七年）。「債務不履行の構造とシステム」法叢一一六巻一＝六合併号（一九八五年）（前掲注(11)『安全配慮義務法理の形成と展開』に所収）のほか、奥田・前掲注(4)論文、同『債権総論㈤』（筑摩書房、一九八二年）、前田達明『口述債権総論〔第二版〕』（成文堂、一九九〇年）、潮見佳男『契約規範の構造と展開』（有斐閣、一九九一年）等参照。なお、かかる方向性に批判的な学説として、平井宜雄『債権総論』（弘文堂、一九八五年）三八頁以下参照。
(19) 従来の通説は、債務不履行につき三元構成をとり、遅滞、不能以外をすべて不完全な履行ととらえていたが、保護義務違反の債務不履行を補充的契約責任として不完全履行から切り離し、独立させるのが妥当と考える。
(20) 吉田邦彦「債権の各種 ―― 『帰責事由』論の再検討」星野英一編集代表『民法講座　別巻2』（有斐閣、一九九〇年）二七頁参照。なお、結果債務・手段債務に関する参考文献については、同論文三七頁注96引用文献参照。
(21) 川島武宜「契約不履行と不法行為の関係について㈢完」法協五二巻三号（一九三四年）四八六頁（註七）（『民法解釈学の諸問題』弘文堂、一九四九年、所収）。
(22) 平井・前掲注(18)五九頁。
(23) 平井・前掲注(18)五三―五四頁。
(24) 吉田・前掲注(20)四八頁以下。
(25) 吉田・前掲注(20)五〇頁。
(26) 近時この点を指摘しているものとして、たとえば、早川真一郎「不完全履行、積極的債権侵害」前掲注(12)『民法講座⑷』五四頁がある。
(27) 渡辺達徳「『ウィーン売買条約』（ＣＩＳＧ）における契約違反の構造」商学討究（小樽商大）四一巻四号（一九九一年）一〇

九頁以下参照。関連論文として、同『ウィーン売買条約』（ＣＩＳＧ）における契約目的の実現と契約からの離脱(1)」商学討究四二巻一号（一九九一年」一七七頁以下、同「給付障害の基本構造に関する一考察(一)(二)」法学新報九六巻五号・六号（一九九〇年）がある。

(28) 宮本健蔵「債務不履行法体系の新たな構築 ―― ウルリッヒ・フーバーの鑑定意見」志林八〇巻三＝四合併号（前掲注(15)『西ドイツ債務法改正鑑定意見の研究』一二一頁以下、所収)。

(29) たとえば、銀行が届出印とは異なる実印の押捺された偽造手形を支払ったので、取引先が銀行の当座勘定取引契約上の債務不履行に基づく損害賠償請求をしたところ、これが認められた最判昭和五八・四・七民集三七巻三号二一九頁において、判旨は、実印とはいえ届出印と異なる印の押捺された偽造手形の支払いは、債務不履行にあたるとし、銀行が右支払いに際して、取引先の会社に対して、とくに支払委託の意思を照会していない以上、右債務の不履行について過失のあることを免れえない、と判示している。かかる事案の場合は、債務の内容と過失の有無との区別が可能であり、区別した方が債権者にとって有利である好例といえよう。

ちなみに、債務不履行構成と不法行為構成の関係、債務の内容と過失との関係については、医療過誤訴訟においても、問題は同様と考える。かつて、唄教授は、中野教授の問題提起、さらにそれにつづく債務不履行構成に批判的な風潮に対し、批判説に立つ遠藤判事の一文「医師の具体的債務内容の特定が困難な場合には、不法行為責任を問うことが、理論上も実際上も医療過誤の実態に即しており、公平であり、訴訟経済にかなりものであるということができる。これに対し、債務内容が比較的容易に具体的に特定しうる場合には、契約責任を構成しうるし、これを訴求すべきこととなろう」（遠藤賢治「医療過誤訴訟の動向(一)」司法研修所論集一九七二―1号三八頁）を引用しつつ、この一文の「結語の微妙さが心にのこる」と控え目に指摘された（唄・前掲注(5)一七―一八頁注25)。きわめて同感である。また、右の唄論文における注意義務に関する問題点の指摘（一八頁）は、後進の学者によって、本格的に受けとめられるべき指摘といえよう。

(30) 下森定「瑕疵担保責任と不完全履行 ―― 売買・請負・賃貸借における瑕疵修補請求権を中心に」安達三季生監修『債権法重要論点研究』（酒井書店、一九八八年）一四二頁以下。

(31) 我妻栄『民法講義V_3（債権各論中巻二）』（岩波書店、一九六二年）六三一頁以下。

(32) 内池慶四郎「瑕疵担保責任と契約類型」小池隆一博士還暦記念論文集『比較法と私法の諸問題』（慶應通信、一九五九年）二六〇頁。

(33)　四一五条の立法過程につき、早川・前掲注(26)五一頁以下、とくに五三頁注6参照。このほか、近時、石崎泰雄「債務不履行法体系の基本構造」(早稲田大学大学院「法研論集」五一号、一九八九年)一頁以下がより詳しくこの点を分析し、「四一五条はフランス民法他、多数の国の法律を参照して形成されたものであり、或る一国の法律の系譜に連らなるものであるということを強調しすぎることは、誤解を招くおそれもあり、避けるべきものと考える」と指摘して、この規定は、フランス民法の系譜をひくものというより、むしろスイス債務法の構造に近いものであるとしているのは興味深い。今後、さらに検討さるべきであろう。なお、本文で筆者が「今日使われている意味での『不完全履行』概念」というのは、拡大損害に関する積極的債権侵害という意味でのそれではなく、勝本教授によって提起され、末弘・我妻博士によって通説化された、不完全な債務の履行に一定の履行価値を認める「不完全履行」概念(追完履行請求権の行使に信義則による期間制限を認めるそれ)のことを主として意味する(この点については、下森定「種類売買と瑕疵担保」奥田ほか編『民法学5』〔有斐閣、一九七六年〕一〇一頁参照)。この日本の不完全履行概念のもつ特殊性についての一五年前の筆者の問題点の指摘がこれまであまり注目を浴びていないのは残念である。この点については近く別論文(加藤一郎教授古稀記念論文集)で問題提起をする予定である。

(34)　同旨、我妻・前掲注(31)六三八頁。

(35)　我妻・前掲注(31)六三七頁。

(36)　我妻・前掲注(31)六七一頁。

(37)　来栖三郎『契約法』(有斐閣、一九七四年)五二一頁以下。

(38)　来栖・前掲注(37)五四六頁参照。なお、六五二条が債務不履行解除にも当然適用されるものかは一の問題であり、とくに有償委任の不完全履行の場合に問題となるが、一応これを肯定して、損害賠償請求の点で調整するのが妥当であろうと考える。

(39)　この点が、不完全履行を遅滞・不能と区別して独立の債務不履行類型とみる実益のポイントであること前述のとおり(注(33)参照)。

(40)　来栖・前掲注(37)五二七頁。

(41)　下森定・繁藤災害訴訟の判批(判タ六六九号、『債権法論点ノート』日本評論社、一九九〇年、所収)二九二頁参照。

(42)　建築家の責任についての参考文献としては、花立文子「建築設計・監理契約に関する一考察(一)」志林八六巻三＝四合併号(一九八九年)一〇七頁注2の文献一覧参照。

(43)　西島・前掲注(17)一六三頁。

(44) 近時の論文としては日向野弘毅「建築家の責任をめぐる日独比較法的研究」慶應大学大学院法学研究科論文集二八号（一九八八年）八二頁。学説の問題状況につき、花立・前掲注(42)一〇九頁参照。また、ドイツの学説・判例の問題状況につき、花立・前掲注(42)論文㈡志林八七巻三号（一九九〇年）八七頁以下参照。
(45) 花立・前掲注(42)論文㈠㈡および㈢完志林八八巻三号（一九九一年）一八三頁以下。
(46) 花立・前掲注(42)論文㈢二〇五頁。
(47) 弁護士の民事責任については、篠原弘志「不当訴訟」加藤一郎編『注釈民法⒆』(有斐閣、一九六五年）一五八頁以下、加藤新太郎「弁護過誤訴訟に関する諸問題」判タ五三六号（一九八四年）四頁（『民事判例実務研究第四巻』〔判例タイムズ社、一九八五年〕に所収)、鈴木重勝「弁護士の民事責任」篠原弘志編『取引と損害賠償』(商事法務研究会、一九八九年）二四五頁、長野益三「弁護過誤による弁護士の不法行為責任」山口和男編『裁判実務大系⒃不法行為訴訟法⑵』(青林書院、一九八七年）三五五頁等参照。
(48) 判例の詳細については、加藤・前掲注(47)参照。
(49) 長野・前掲注(47)三五九頁参照。
(50) 加藤・前掲注(47)判タ五三六号一四頁、長野・前掲注(47)三五六頁。
(51) 長野・前掲注(47)三五九頁以下参照。
(52) 鈴木・前掲注(47)二六〇頁以下。
(53) 契約責任構成の不要説に対する唄教授の鋭い指摘への同感については、すでに述べたとおりである（前掲注(29)）。

〔追記〕
本稿の執筆完了時は、一九九一年一一月四日である。その後、注(33)に掲げた拙稿「不完全履行と瑕疵担保責任 ―― 不代替的特定物売買における瑕疵修補請求権を中心に」を収録した加藤一郎先生古稀記念論集『現代社会と民法学の動向』下巻が刊行された（有斐閣、一九九二年一〇月)。また、専門家の法的責任に関する秀れた研究書、加藤新太郎『弁護士役割論』(弘文堂、一九九二年三月）に接した。さらに、一九九四年に「専門家の民事責任の法的構成と証明」(別冊ＮＢＬ二八号一〇一頁）を公表し、ひきつづいて一九九五年の私法学会シンポジウム「専門家の民事責任」において「専門家の民事責任の法的構成と証明」を報告した（私法五七号三五頁)。

Ⅱ　専門家の契約責任

（二〇〇四年）

専門家の契約責任の法的性質、要件論、効果上の問題点は、どのように考えるべきか。

一　はじめに

1　専門家の法的責任が問われる場合、医師、弁護士、建築家などの専門家と、そのサービスの提供を受ける依頼者との間には通常一定の契約関係が存在するから、第三者に対する責任は別として、第一次的には依頼者から専門家に対する契約責任の追及が問題となるはずである。しかし、これまでの判決例では、専門家の不法行為責任が追及されることが多く、この点は、諸外国でもそのようである（諸外国の問題状況については、後掲川井健編・専門家の責任並びに専門家責任研究会編・専門家の民事責任所収の諸論文参照）。その原因としては、いろいろのことが考えられるが、各国の契約責任制度と不法行為責任制度がもつ法技術的な諸制約に基づくことが最大の原因のように思われる。特に、無形の為す債務、そのうちでもとくに手段債務とされる為す債務の不履行に関する契約責任制度の法技術的な遅れ、不完全さが、各国共通の原因のように思われる。

そこで、本稿では、近時の契約責任論あるいは債務構造論の新たな展開を踏まえ、この視点から、専門家の民事責任について、不法行為責任構成に対する契約責任構成の特色、有用性について、検討してみたい。

なお、近時の契約責任論の新たな動向として、今一つの重要な視座は、消費者契約法理の急速な展開である。専門家の法的責任の考察に当たっては、前記のいわば理論的研究視角のほかに、この実践的かつ理論的研究課題の視座を必要とすることは、とくに述べるまでもあるまい。

2　本稿のテーマについて具体的検討に入る前に、今一つ、契約責任論の新たな展開に関連して、現行の契約責任体系の基本構造とそれが有する問題点を、指摘しておきたい。まず、契約責任の基本構造として、周知のように、コモンロー体系が、損害賠償請求権を第一次的保護手段とする損害担保の契約責任システムとなっているのに対して、わが民法は、大陸法体系を継受し、履行請求権の第一次的認容を媒介とする結果実現保証の契約責任システムをとっている。この両者のいずれがよりすぐれたシステムといえるかは、議論の別れるところであり、またさらなる検討を必要とする問題でもあるが、近時の国際統一売買法立法化の動向が示すところでは、後者の方向性が有力であることが注目される（近時の債務法改正の国際的動向については、法政大学現代法研究所叢書の二書〈法政大学出版局〉、下森定＝岡孝編・ドイツ債務法改正委員会草案の研究〈一九九六年〉および岡孝編・契約法における現代化の課題〈二〇〇二年〉、さらにそこに引用されている諸文献参照）。さらにまた、わが民法の下で、不法行為責任システムが権利侵害（ないし違法性）と故意過失（一般的・客観的注意義務違反）を成立要件とし、損害賠償請求権を第一次的保護手段としているのに対して、契約責任システムは、債務の不本旨履行と帰責事由の存在を成立要件とし、履行請求権を第一次的保護手段としている。本稿の課題の検討に当たっては、わが民法の、この契約責任体系の基本構造の特色を十分に認識しておくことが必要である。

つぎに、「与える債務」を中心に構築された現行契約責任システムは、履行内容が不完全あるいはそれに欠陥があった場合の救済措置としてとくに瑕疵担保責任制度を用意しているものの、専門家の契約責任の考察上必要不可欠といえる「為す債務」についての「履行内容の不完全履行」については、仕事の結果が有形であることの多い請負契約において、短期の期間制限を伴う瑕疵修補請求権を含む瑕疵担保責任制度を用意しているにとどまり、無形のサービスの提供義務については、委任における善管注意義務（その違反の法的効果は損害賠償）の規定以外にめぼしい規定を設けておらず、この点に関する、これまでの学説の解釈論的努力も十分でなかったように思われる。すなわち、この点は、民法四一五条の一般規定により、対処し得るはずであるのに、委任契約の不完全履行の法的保護につき、追完請求権について触れられることはこれまであまりなかったようである。

なお、委任は、無償を原則とするので、有償契約に特有のものと考えられた瑕疵担保責任の規定が設けられることがなかったのであろうが、他方において、不特定物の遺贈義務者の担保責任として、民法は、遺贈義務者に追完義務を課していることから見て（九九八条）問題があり、学説もこの規定との関係につき、注意が行き届かなかったのではあるまいか。

3　かくて、専門家の契約責任に関する解釈論上の現代的課題は、第一に、専門家のサービス提供契約の特色の分析、ついで、それを基礎として、要件論上は、専門家の債務内容の分析とその不本旨履行及び証明責任の検討、最後に効果論上は、損害賠償請求をめぐる諸問題とならんで、これまであまり触れられることのなかった追完請求権認容の検討の必要性にある。以下これらの諸点について検討しよう。

二　専門家のサービス提供契約の特色

1　「専門家の責任」で問題となっている、「専門家」とは何かについては、議論のあるところであるが、要するに、一般の人が持っていない情報や技術さらには判断能力を持っている人が、それらを持たない人から依頼されて、その人に代わってその業務の執行につき判断したり、執行したり、あるいはその人の財産や生命・身体の管理・維持に介入する関係がある場合における、依頼を受けた人の法的責任が問題とされていることは、間違いの無いところであろう。かかる意味において、「専門家の責任」は、依頼者のベスト・インタレストを実現するという期待に反した責任ということとなろう（座談会「『専門家の責任』法理の課題と展望」法時六七巻二号三七頁〔森島昭夫発言〕）。そしてその責任の法的根拠を契約責任に求める場合には、専門家と依頼者との間の契約の種類・法的性質が問題となる。

ところで、専門家と依頼者との間に締結される契約は、為す債務であるのが通常であり、それはサービス提供契約である。その法的性質は、専門家の種類、専門性の程度などのいかんにより雇用、請負、委任あるいはそれらの混合契約などいろいろのタイプのものがあるが、医師、弁護士、建築家などの高度専門家の場合には、委任ないし準委任と見られるタイプの契約が通常であろう。かかるタイプの契約の特色として、これまでの学説によって挙げられているところを整理してみるとほぼ次のように整理できる（西島梅治「プロフェッショナル・ライアビリティ・インシュアランスの基本問題」有泉亨編・現代損害賠償法講座⑻一四一頁以下、（日本評論社、一九七三年）、川井健編・専門家の責任（日本評論社、一九九三年）、専門家責任研究会編・専門家の民事責任（別冊NBL二八号、一九九四年）所収の諸学説参照）。

2　第一に、契約当事者の原則的否対等性があげられる。つまり委任者たる依頼者は一般に当該委任事項については知識の十分でないアマであり、受任者はプロである。専門家は、長期間にわたる特殊の教育または訓練によって高度な知識・技術を習得しており、さらに、国家による免許資格制の採用によって、この資格を有する者は、その専門領域に関する仕事について一定基準を満たす能力を有することが公的に保証されている。しかも、資格登録制による無資格者の参入排除あるいは職能団体による自立的・自治的規制の仕組みなどによって、社会一般から高度の信頼さらには尊敬を受けている存在である。依頼者はかかる公的資格への信頼、社会一般における当該専門家集団への信用を背景として契約関係に入っていくのである。そしてこのことから、依頼者と専門家との契約関係は、第一次的には、免許資格制に裏打ちされた当該専門家集団に対する客観的信頼関係、そして、第二次的には当該受任者に対する具体的信頼関係という二重の信頼関係に基づく高度の信頼関係を基盤として成立する契約だという特色を指摘できよう。

3　このことはまた必然的に、専門家のサービス提供債務の第三の特色として、大幅な裁量的判断が受任者たる専門家に委ねられているという事実の背景を明確にしてくれる。かつまたこのこととの関係で高度専門家の場合には、サービス給付の不代替性、創造性の程度が高まってくる。第四に、医師、弁護士、建築家といった古典的、高度プロフェッションの債務あるいは職務の特色として、利他性、公共性があげられる。医師は他人の生命・健康の保持という人類共通の利益に奉仕するものであり、弁護士は社会秩序の維持・社会正義の実現に奉仕するものであり、一般の建築士と異なる、より高度の専門家と見られる建築家は、都市ないし地域環境の整備・充実、文化的な公共空間の創造といった職務をも果たすものである。これらの専門家は、依頼者との間の契約上の債務の履行を通じて、あるいはそれらを媒介として同時にかかる公共的義務をも履行することになるのであるから、専門家個人の私的利益の追求には禁欲的であるべきだという高度の倫理性が要求され、さらに依頼者の私的利益を優先的に図るといっても、常にかかる公共的利益との調和を考慮しつつその債務を履行すべき義務を負うものといえよう。

三　専門家の契約責任の要件論

かかる専門家のサービス提供契約の特色を前提として、次にその契約責任の要件論、効果論上の問題点を整理し、検討してみよう。

1　専門家の債務不履行類型と責任の根拠について、近時、次のような有力な見解が主張されている（能見善久「専門家の責任」・前掲専門家の民事責任（別冊NBL二八号）四頁以下）。すなわち、専門家の債務不履行を高度注意義務違反型と、忠実義務違反型との二つの類型に分け、前者は、専門家として要求される基準以下の行為があったことが責任の根拠となるという。これは客観的基準による責任であり、一定以上の能力・技能があることへの信頼を基礎とする一種の保証責任という。後者は、依頼者から信頼されて裁量権の行使を委ねられた専門家が、依頼者の利益という観点から見て適切でない行為をした場合の責任である。忠実義務に関しては、判例・通説は、善管注意義務と基本的に同じであり、その内容を敷衍したものに過ぎないと見ているが、この説は、両者は区別さるべきだと主張する。すなわち、忠実義務違反型の内容をまず、（a）利益相反型、（b）不誠実型、（c）情報開示・説明義務違反の三つに分けて整理する。そして、（a）専門家は、信任を受けている依頼者の利益をもっぱら図るべきであり、これに反する行為は、利益相反行為として忠実義務違反となり、債務不履行責任を負う。もっとも、依頼者が十分な説明を受けたうえで専門家の当該行為に同意を与えた場合には（インフォームド・コンセント）、忠実義務違反とならない。（b）利益相反的な関係がなくとも、依頼者の信頼を裏切るような行為があれば、忠実義務違反となる。ⅰ専門家の適切な行為に対する依頼者の信頼・期待を裏切る行為、ⅱ複数の治療方法、法的解決（和解等）がある場合に、その選択が専門家に委ねられたところ、依頼者の意図にそった適切な裁量権の行使が行われなかった場合（依頼者の自己決定権の侵害）などがそうである。（c）右の（a）（b）が専門家の裁量権を前提として、その不適切行使の責任を問うものであるのに対し、裁量的判断の適否そのもののレベルではなく、裁量性の範囲を制限する義務を設定したうえで、その義務違反を問うのが、情報開示・説明義務違反による債務不履行責任である。これは専門的な高度の技能・能力の違反を問うものではないから、高度注意義務違反型とは異なるものであり、忠実義務違反型に属するものという。

2　この説に対しては、これに基本的に賛意を示しつつも、高度注意義務につき、これが専門家に特有の注意義務といえるかにつき疑問を呈し、また、忠実義務につき、それに不誠実型まで含むことに反対して、それは高度注意義務違反として処理すれば良く、忠実義務は高度注意義務違反では処理できない利益相反的な行為についてのみ問題とすれば足りるとの批判がある（森島昭夫・前掲法時（座談会発言）五一頁）。また、後者の点は、本来の給付義務の不完全履行として処理すれば足りるとの、後述する私見に賛成するもの（浦川道太郎・同上座談会発言五二頁）がある。さらには、専門家の事務処理遂行過程においては、とくにいわゆる行為債務・手段債務的なものについては善管注意義務と忠実義務とを区別することは困難であり、高度注意義務違反型と忠実義務違反型とを分けること自体にそれほどの意義がないどころか、こうした義務二分論は、委任事務処理契約における規範獲得面での相互作用に目を伏せてしまうことになりかねないとの批判もある（潮見佳男・同上座談会発言五二頁）。

3　この問題につき、私は次のように考えている。まず、専門家の債務不履行責任が問題となる場合、通常は依頼者と当該専門家との間に一定の契約があるのだから、当該専門家が依頼者に対し、具体的にいかなる債務を負うかは、基本的にはこの契約の解釈によること、いうまでもあるまい（その意味においては専門家責任の各論的研究が重要である。医師以外の専門家である、弁護士・公証人・司法書士・行政書士・建築家等についても近時すぐれた体系的研究書が現れている。例えば、加藤新太郎・弁護士役割論〔新版〕（弘文堂、二〇〇〇年）、小野秀誠・専門家の責任と権能（信山社、二〇〇〇年）、花立文子・建築家の法的責任（法律文化社、一九九八年）、日向野弘毅・建築家の責任と建築訴訟（成文堂、一九九三年）ほか）。なお、契約の解釈という作業によっては認め得ない債務であるが、法律の規定あるいは信義則を媒介とした債務が認められるべき場合のあることは、安全配慮義務法理の展開を中心に近時の判例、学説の等しく認めるところである。これを付随的注意義務、保護義務として整理するか、規範的解釈による債務というかは、議論の分かれるところであるが、これは用語の使い方の問題でさほど重要な問題ではあるまい。専門家のサービス提供契約においても当然かかる義務は認められるところであり、その注意義務の程度は、免許資格制に裏打ちされた専門家集団に対する第一次的信頼関係に基礎を置く、専門的知識、技能に応じた高度の注意義務といえよう。

問題は契約上の本来的給付義務である。一般論としていうと、前記の第一次的抽象的信頼関係を背景に、サービス提供契約を締結することによって、依頼者との間に特別の社会的契約的接触関係に入った専門家は、この第二次的具体的信頼関係を基盤として、当該契約関係に入った事情、契約内容、契約関係存続中の諸事情さらには契約関係終了後も一定期間にわたって、当該契約関係の特殊の事情を踏まえ、契約の解釈から導き出されるところの具体的債務を、依頼者の信頼にこたえて、その利益の実現を自己や第三者の利益の実現に優先して、誠実かつ忠実に善良なる管理者の注意義務を尽くして履行すべき義務を負うものといえよう。その際、専門家の職務の公共性のゆえに、依頼者の利益と公共の利益とが矛盾対立する場合には、その調和に意を尽くすべき義務があるといえよう。例えば、依頼者から脱税の相談を受けた弁護士や税理士の場合などがそうである。依頼者に事態をよく説明してこれを説得する義務（説明・助言義務の一態様）があるものといえよう。このことは、後に依頼者が脱税といった公益違反の責任を問われることから彼を守るという意味において、依頼者の利益にもなり、忠実義務を果たしたことになる（本旨履行）といえよう。

契約解釈による債務内容確定の上で注意すべきことは、前述したように、専門家には当該契約に基づき、大幅な裁量権が委ねられているという事実である。与える債務や結果債務といわれる為す債務の場合には、契約成立の時点で債務内容が具体的に確定し、あるいは確定し得べき基準が合意に基づいて明確に決まっているのに対し、専門家のサービス提供契約においては、その債務の裁量性のゆえに、契約成立の時点における債務内容は抽象的であって具体的に確定しておらず、確定し得べき基準も明確でないことが多い。しかも、専門家のサービス提供契約は一回的給付で終わることは少なく、継続的あるいは回帰的給付によるべき場合が多い。この場合、専門家は、前述のごとく依頼者の信頼に応じ、その利益の実現を優先的な判断基準とし、他方、公共的利益との調整にも意を用いつつ、給付すべき履行内容を具体的に決定し、高度の注意義務を尽くしてその債務を誠実かつ忠実に履行すべきものである。能見説にいう忠実義務は本来の給付債務の履行義務に主として関わるものと私見は考える。

ところで、専門家の裁量権に対しては、近時、依頼者の自己決定権の尊重とインフォームド・コンセントの理論が強く主張されている。専門家に対する大幅な裁量権委譲の見返りとして、裁量権行使の際における、情報開示・提供義務、説明義務の負担という手続的保証は、契約当事者間の非対等性から生ずる恐れのある諸問題を可及的に回避するための妥当な手段といえる。かかる負担は、裁量権の不当行使に対するチェックとして依頼者の利益になると同時に、他面において手続を踏んだ専門家は、その法的責任を全部あるいは一部免れ得るという点で、専門家の活動の自由を保障するものであり、その公益的職務の遂行に安心して専念し得ることにもなるという意義を持つ。

4　専門家のサービス提供契約が以上のようなものとすると、証明責任にも当然その影響が及ぶものと考えられる。契約責任を問う場合、債権者は「債務ノ本旨ニ従ヒタル履行」がなされなかったことの立証責任があるとされる。しかし、専門家のサービス提供債務の内容が先に見たような性質のものであり、とくに大幅な裁量権が委ねられているとき、債権者たる依頼者に、当該時点、当該局面において専門家がいかなる行為債務を負っていたか、その履行内容がいかに不完全であったかを、具体的に証明することを求めることは、不可能なことを強いるものといえよう。現に、医療過誤訴訟における裁判実務においては、医師がいかなる治療行為を行ったかを陳述させ、故意過失、違法性の有無を判定しているといわれている。債務の内容に関する証明責任の分配基準に関しては、不法行為責任か契約責任かで一律にこれを決すべきではなく、契約責任においては、当該契約上の債務の種類・内容たとえば付随義務か保護義務か、あるいは履行義務の場合には、与える債務か為す債務か、または結果債務か手段債務かなどに従ってきめ細かに判断さるべきものではあるまいか。そして、専門家の責任の場合には、とくに裁量権の帰属主体に立証責任を課すことが考えられて良いと思われる。近時、証明責任の分配については、訴訟法学のなかで大変進んだ議論が展開されているところであるが、実体法上の債務内容にしたがって分配の基準を考えてみることも一つの基準とされて良いのではあるまいか。もっとも、この私見に対しては、情報量の格差を問題として決めればよく裁量権の帰属主体という基準をとくに持ち出す必要はないとの批判、いやそれもひとつの説明にはなるとの意見がある（前掲法時の座談会における森島見解及び小林見解など、四八頁以下参照）。

5　ちなみに、不法行為責任構成による医療過誤訴訟において、医療水準につき、専門医、一般医、病院の規模等で格差を認め、過失判断に際してこれらの点が考慮されているが、契約責任構成の視点から見るときは、この問題は債務内容及びその不本旨履行の有無の問題として把握さるべき問題だといえる。そして、右のような実務の処理は、不法行為責任構成の名において、実質的には契約責任構成的判断が為されており、その結論を不法行為の成立要件に置き換えて法的構成している、ないしは説明しているものと見ることも出来る。なお、近時、行為債務においては、債務の不本旨履行と帰責性とは表裏一体の関係にあり、判例における帰責性の判断は故意過失というより違法性の判断とほぼ等しくなっていること、このことと関連して故意過失と違法性とを対置して二元的に把握することは疑問であるとの有力な主張がある。この事実も、視点を変えてみると、実務が契約責任構成上の判断問題を不法行為責任構成の名において行っていることの反射的効果に他ならないともいえよう。契約責任構成をとるときは、まず依頼者に契約の存在及び抽象的な債務内容と損害の発生とを主張・立証させ、次いで具体的な債務内容及びその本旨履行があったことについては原則として専門家の方に証明を求め、依頼者の側でその不本旨履行についての反証を挙げ得たときは、免責要件たる帰責事由について専門家にさらに証明を求めるといった形でいわば段階的に裁判は積み上げられていくのであろうから（もっともこれは論理的な整理に過ぎず、実際にはいわば同時進行的に、あるいは相関的・総合的にこれらの作業が行われるのであろうが）、債務不履行と帰責性の二元構成は十分合理的な構成といえ、必ずしも両者を一元化する必要はあるまい。

なお、為す債務、とりわけ履行義務者の裁量権の幅が大きい場合には、契約責任構成をとるといっても具体的な債務内容ははっきりせず、不法行為責任構成をとっても専門家が具体的にどのような注意義務を負っているかを知ることは困難なので同じことであり、とくに契約責任構成がベターということはなかろうとの批判がある。また、実務では請求権競合なので、通常両方が主張されており、債務不履行だけだといったところであまり意味を持たない、せいぜいどちらの方が説得力のある、あるいはきめ細かい説明ができるかというレベルの問題だとの意見もある。確かにこれらの意見は正鵠を得ているが、専門家と依頼者との間には、契約関係が前提として存在しているという厳然たる事実がある以上これを無視することは出来ず、不法行為責任として法律構成するにしても、結局は、その高度注意義務内容の判断に当たっては当該契約関係の性質・内容（つまり債務内容、あるいは債務の不履行と帰責事由の総合判断）から判断することになるとだけ、ここではいっておこう。また、実際問題としても、例えば、虫歯の治療、盲腸の手術の失敗例とか、控訴を依頼された弁護士が控訴期間を徒過したために責任を問われるといった、比較的、定型的に事務処理内容が確定している受任行為事例では、その債務内容は、アマである依頼者には不明確でも、専門家同士の間では明確なことも多いであろう。両構成それぞれの特色を踏まえた要件論、効果論の検討が有用といえよう。

四　専門家の契約責任の効果論

1　不法行為責任と契約責任における効果の差異については、請求権競合との関係で議論のあるところであるが、ここでは、とくに問題となる点に絞って、述べてみたい。損害賠償請求権を第一次的保護手段とする不法行為責任制度に対し、履行請求権を第一次的保護手段とするわが民法の契約責任制度の下においては、専門家のサービス提供契約において、債務の本旨に従った履行が為されなかった場合には、追完請求権の行使が認められること（ちなみに、この場合は債務者の帰責事由の有無は問題とならない。不完全な履行では債務は消滅しないからである）、いうまでもあるまい。裁判上、追完請求権の行使が為され、間接強制まで命じられることはまず稀であろうが、例えば、建築家の設計ミスにより完成建物に瑕疵が生じた場合など、任意の追完に応じない建築家に対しては、ごく例外的にではあるが、裁判上の追完請求権の行使、間接強制も考えられなくはあるまい。建築家の著作者人格権との関係で、第三者による代替的修補や設計変更が困難な場合などにその必要があるからである。

2　受任事務や請け負った仕事の追完は、裁判外では、日常的に行われているところであり、追完請求権の法的認容は、同時履行の抗弁権の行使その他で、事実上のものにとどまらず、法的にも意義がある。さらには、債務者たる専門家にとっても一種の「追完権」が認められることは、依頼者側から即時の損害賠償請求権や契約解除権の行使が為されることを防げることとなり、その保護ともなろう。この「追完権」の認容は、近時、瑕疵担保責任の領域で議論されている問題である（私見の詳細は、「専門家の民事責任の法的構成と証明」前掲専門家の民事責任所収一〇一頁以下参照）。

3　契約責任においても、効果論上、損害賠償が一番重要であることはいうまでもない。専門家の提供するサービスの欠陥から生ずる損害は、人的損害、物的損害を問わず巨額となることが多い。依頼者は専門家に多額の報酬を支払うので、過誤があった場合の責任が大きいことはやむを得ないとしても、報酬に比べ損害額が極めて大きい場合も多く（とくにエコノミック・ロスの場合）、損害保険によるカバー、免責特約、責任制限特約の有効性等の問題が検討さるべきである。しかし、これらの点の検討は、損害賠償に関する他の問題点も含めて、本書（川井・塩崎編・新裁判実務大系『専門家責任訴訟法』）各論の解説に委ねる（その他、前掲書『専門家の責任』、『専門家の民事責任』など参照）。

4　なお、損害賠償の請求に関して、若干の補足をしておくと、弁護士の控訴期間の徒過例などの場合において、因果関係や損害の証明の困難性があることから、これに対する方策として、忠実義務違反の場合には、因果関係や損害の証明度の軽減を考えてみるとか、慰謝料を利用する方法を考えるとか、かかる事例では、「民事裁判を受ける機会利益の喪失」による財産的損害の賠償を認める新たな法理論構成の可能性を検討すべし、といった提言が為されている（前掲別冊NBL二八号能見論文九頁、小林秀之論文八四頁）。また、損害賠償額の算定時期につき、不法行為責任では不法行為のときが基準時とされるが、契約責任の場合、追完の可能な不本旨履行の場合は、履行請求権の行使を第一次的保護手段と見る以上、債務不履行のときではなく、追完請求権行使のとき、あるいは賠償請求権への転化のときが基準時となり、賠償額の算定時期が変わってくることとなる（損害軽減義務の問題とも関連する）。

Ⅲ　弁護士の専門家責任

（二〇〇〇年執筆・二〇〇五年公刊）

はじめに

1　本稿は、弁護士の専門家責任を対象とするものであるが、はじめに専門家の責任一般を総論的に検討し、次いで弁護士の責任の各論的検討に移りたい。

ところで、専門家の法的責任が問われる場合、医師、弁護士、建築家などの専門家と、そのサービスの提供を受ける依頼者との間には通常一定の契約関係が存在するから、第三者に対する責任は別として、第一次的には依頼者から専門家に対する契約責任の追及が問題となるはずである。しかし、これまでの日本の判決例では、専門家の不法行為責任が追及されることが多く、この点は、諸外国でもそのようである（諸外国の問題状況については、後掲・川井健編『専門家の責任』ならびに専門家責任研究会編『専門家の民事責任』所収の諸学説参照）。その原因としては、いろいろのことが考えられるが、各国の契約責任制度と不法行為責任制度がもつ法技術的な諸制約に基づくことが最大の原因のように思われる。特に、無形の為す債務、そのうちでもとくに手段債務とされる為す債務の不履行に関する契約責任制度の法技術的な遅れ、不完全さが、各国共通の原因のように思われる。そこで、本稿では、まず、近時の契約責任論あるいは債務構造論の新たな展開を踏まえ、この視点から、専門家の民事責任一般について、不法行為責任構成に対する契約責任構成の特色、有用性について、総論的に検討し、ついで弁護士の専門家責任について各論的に研究することとした次第である(1)。

2　本稿のテーマについての検討に入る前提として、若干の問題点を指摘しておきたい。周知のように、契約責任の基本構造として、コモンロー体系が、損害賠償請求権を第一次的保護手段とする損害担保の契約責任システムとなっているのに対して、わが民法は、大陸法体系を継受し、履行請求権の第一次的認容を媒介とする結果実現保証の契約責任システムをとっている。この両者のいずれがよりすぐれたシステムといえるかは、議論の別れるところであり、更なる検討を必要とする問題でもあるが、近時の国際統一売買法立法化の動向が示すところでは、後者の方向性が有力であることが注目される。さらにまた、わが民法の下で、不法行為責任システムが権利侵害（ないし違法性）と故意過失（一般的・客観的注意義務違反）を成立要件とし、損害賠償請求権を第一次的保護手段としているのに対して、契約責任システムは、債務の不本旨履行と帰責事由の存在を成立要件として損害賠償請求権を認容しているが、それはいわば第二次的な保護手段であって、履行請求権が第一次的であり、その行使には帰責事由は不要である。本稿の課題の検討にあたっては、わが民法の、この契約責任体系の基本構造の特色を十分に認識しておくことが必要である。(2)

つぎに、「与える債務」を中心に構築された現行契約責任システムは、履行内容が不完全あるいはそれに欠陥があった場合の救済措置としてとくに瑕疵担保責任制度を用意しているものの、専門家の契約責任の考察上必要不可欠といえる「為す債務」についての「履行内容の不完全履行」については、仕事の結果が有形であることの多い請負契約において、短期の期間制限を伴う瑕疵修補請求権を含む瑕疵担保責任制度を用意しているにとまり、無形のサービスの提供義務については、委任における善管注意義務（その違反の法的効果は損害賠償）の規定以外にめぼしい規定を設けておらず、この点に関する、これまでの学説の解釈論的努力も十分でなかったように思われる。すなわち、この点は、民法四一五条の一般規定により、対処しうるはずであるのに、委任契約の不完全履行の法的保護につき、追完請求権についてふれられることはこれまであまりなかったようである。ちなみに、委任は、無償を原則とするので、有償契約に特有のものと考えられた瑕疵担保責任の規定が設けられることがなかったのであろうが、他方において、不特定物の遺贈義務者の担保責任として、民法は、遺贈義務者に追完義務を課していることから見て（九九八条）問題があり、学説もこの規定との関係に付き、注意が行き届かなかったのではあるまいか。(3)

3　かくて、専門家の契約責任に関する総論的検討の課題は、第一に、専門家のサービス提供契約の特色の分析が、ついで、それを基礎として、要件論上は、専門家の債務内容の分析とその不本旨履行・帰責事由及び証明責任の検討が、最後に効果論上は、損害賠償請求をめぐる諸問題とならんで、これまであまり触れられることのなかった追完請求権認容の検討が必要となる。以下これらの諸点について検討しよう。

(1) 本稿のテーマにつき、これまですでに次のような論文を発表している。本稿はこれらを受けて更に一歩を進めたものである。下森定「日本法における『専門家の契約責任』」川井健編『専門家の責任』九頁以下（日本評論社、一九九三年）、「専門家の民事責任の法的構成と証明」専門家責任研究会編『専門家の民事責任』一〇一頁以下（別冊NBL二八号、一九九四年）、「専門家の民事責任の法的構成と証明」私法五七号三五頁以下、この他に座談会記事として「『専門家の責任』法理の課題」法律時報一九九五年二月号三〇頁以下がある。

(2) 近時の債務構造論の新たな展開については、多数の文献があるが、とりあえず潮見佳男『契約責任の体系』（有斐閣、二〇〇〇年）を挙げておこう。筆者のものとしては「瑕疵担保責任論の新たな展開とその検討」山畠・五十嵐・藪古稀記念論集『民法学と比較法学の諸相Ⅲ』一八七頁以下（信山社、一九九八年）およびそこで引用した拙稿参照。

(3) 下森定「瑕疵担保責任に関する一つの覚書――いわゆる『特定物ドグマ』と民法起草者の見解」内山・黒木・石川古稀記念論集『続現代民法学の基本問題』一九五頁以下（第一法規、一九九三年）その他でこの点を指摘した。

第一章　専門家責任の総論的考察　（二〇〇五年）

一　専門家のサービス提供契約の特色

1　「専門家の責任」で問題となっている、「専門家」とは何かについては、議論のあるところであるが、要するに、一般の人が持っていない情報や技術さらには判断能力を持っている人が、それらを持たない人から依頼されて、その人に代わってその業務の執行につき判断したり、執行したり、あるいはその人の財産や生命・身体の管理・維持に介入する関係がある場合における、依頼を受けた人の法的責任が問題とされていることは、間違いの無いところであろう。かかる意味において、「専門家の責任」は、依頼者のベスト・インタレストを実現するという期待に反した責任ということとなろう(4)。そしてその責任の法的根拠を契約責任に求める場合には、専門家と依頼者との間の契約の種類・法的性質が問題となる。

ところで、専門家と依頼者との間に締結される契約は、為す債務であるのが通常であり、それはサービス提供契約である。その法的性質は、専門家の種類、専門性の程度などのいかんにより雇用、請負、委任あるいはそれらの混合契約などいろいろのタイプのものがあるが、医師、弁護士、建築家などの高度専門家の場合には、委任ないし準委任と見られるタイプの契約が通常であろう。かかるタイプの契約の特色として、これまでの学説によって挙げられているところを整理してみるとほぼ次のように整理できる(5)。

2　第一に、契約当事者の原則的非対等性があげられる。つまり委任者たる依頼者は一般に当該委任事項については知識の十分でないアマであり、受任者はプロである。専門家は、長期間にわたる特殊の教育または訓練によって高度な知識・技術を習得しており、さらに、国家による免許資格制の採用によって、この資格を有する者は、その専門領域に関する仕事について一定基準を満たす能力を有することが公的に保証されている。しかも、資格登録制による無資格者の参入排除あるいは職能団体による自立的・自治的規制の仕組みなどによって、社会一般から高度の信頼さらには尊敬を受けている存在である。依頼者はかかる公的資格への信頼、社会一般における当該専門家集団への信用を背景として契約関係に入っていくのである。そしてこのことから、依頼者と専門家との契約関係は、第一次的には、免許資格制に裏打ちされた当該専門家集団に対する客観的信頼関係、そして、第二次的には当該受任者に対する具体的信頼関係という二重の信頼関係に基づく高度の信頼関係を基盤として成立する契約だという特色を指摘できよう。

3　このことはまた必然的に、専門家のサービス提供債務の第三の特色として、大幅な裁量的判断が受任者たる専門家に委ねられているという事実の背景を明確にしてくれる。かつまたこのこととの関係で高度専門家の場合には、サービス給付の非代替性、創造性の程度が高まってくる。第四に、医師、弁護士、建築家といった古典的、高度プロフェッションの債務あるいは職務の特色として、利他性、公共性があげられる。医師は他人の生命・健康の保持という人類共通の利益に奉仕するものであり、弁護士は社会秩序の維持・社会正義の実現に奉仕するものであり、一般の建築士と異なる、より高度の専門家と見られる建築家は、都市ないし地域環境の整備・充実、文化的な公共空間の創造といった職務をも果たすものである。これらの専門家は、依頼者との間の契約上の債務の履行を通じて、あるいはそれらを媒介として同時にかかる公共的義務をも履行することになるのであるから、専門家個人の私的利益の追求には禁欲的であるべきだという高度の倫理性が要求され、さらに依頼者の私的利益を優先的に図るといっても、常にかかる公共的利益との調和を考慮しつつその債務を履行すべき義務を負うものといえよう。

二　専門家の契約責任の要件論

かかる専門家のサービス提供契約の特色を前提として、次にその契約責任の要件論、効果論上の問題点を整理し、検討してみよう。

1　専門家の債務不履行類型と責任の根拠について、近時、次のような有力な見解が主張されている(6)。すなわち、専門家の債務不履行を高度注意義務違反型と、忠実義務違反型との二つの類型に分け、前者は、専門家として要求される基準以下の行為があったことが責任の根拠となるという。これは客観的基準による責任であり、一定以上の能力・技能があることへの信頼を基礎とする一種の保証責任という。後者は、依頼者から信頼されて裁量権の行使を委ねられた専門家が、依頼者の利益という観点から見て適切でない行為をした場合の責任である。忠実義務に関しては、判例・通説は、善管注意義務と基本的に同じであり、その内容を敷衍したものに過ぎないと見ているが、この説は、両者は区別さるべきだと主張する。すなわち、忠実義務違反型の内容をまず、(a)利益相反型、(b)不誠実型、(c)情報開示・説明義務違反の3つに分けて整理する。そして、(a)専門家は、信任を受けている依頼者の利益をもっぱら図るべきであり、これに反する行為は、利益相反行為として忠実義務違反となり、債務不履行責任を負う。もっとも、依頼者が十分な説明を受けたうえで専門家の当該行為に同意を与えた場合には（インフォームド・コンセント）、忠実義務違反とならない。(b)利益相反的な関係がなくとも、依頼者の信頼を裏切るような行為があれば、忠実義務違反となる。i)専門家の適切な行為に対する依頼者の信頼・期待を裏切る行為、ii)複数の治療方法、法的解決（和解等）がある場合に、その選択が専門家に委ねられたところ、依頼者の意図にそった適切な裁量権の行使が行われなかった場合（依頼者の自己決定権の侵害）などがそうである。(c)右の(a)(b)が専門家の裁量権を前提として、その不適切行使の責任を問うものであるのに対し、裁量的判断の適否そのもののレベルではなく、裁量性の範囲を制限する義務を設定したうえで、その義務違反を問うのが、情報開示・説明義務違反による債務不履行責任である。これは専門的な高度の技能・能力の違反を問うものではないから、高度注意義務違反型とは異なるものであり、忠実義務違反型に属するものと言う。

2　この説に対しては、これに基本的に賛意を示しつつも、高度注意義務につき、これが専門家に特有の注意義務といえるかにつき疑問を呈し、また、忠実義務につき、それに不誠実型まで含むことに反対して、それは高度注意義務違反として処理すれば良く、忠実義務は高度注意義務違反では処理できない利益相反的な行為についてのみ問題とすれば足りるとの批判がある。(7) また、後者の点は、本来の給付義務の不完全履行として処理すれば足りるとの、後述する私見に賛成するものがある。(8) さらには、専門家の事務処理遂行過程においては、とくにいわゆる行為債務・手段債務的なものについては善管注意義務と忠実義務とを区別することは困難であり、高度注意義務違反型と忠実義務違反型とを分けること自体にそれほどの意義がないどころか、こうした義務二分論は、委任事務処理契約における規範

獲得面での相互作用に目を伏せてしまうことになりかねないとの批判もある。(9)

3　この問題につき、私は次のように考えている。まず、専門家の債務不履行責任が問題となる場合、通常は依頼者と当該専門家との間に一定の契約があるのだから、当該専門家が依頼者に対し、具体的にいかなる債務を負うかは、基本的にはこの契約の解釈によること、いうまでもあるまい。なお、契約の解釈という作業によっては認め得ない債務であるが、法律の規定あるいは信義則を媒介とした債務が認められるべき場合のあることは、安全配慮義務法理の展開を中心に近時の判例、学説の等しく認めるところである。これを付随的注意義務、保護義務として整理するか、規範的解釈による債務というかは、議論の分かれるところであるが、これは用語の使い方の問題でさほど重要な問題ではあるまい。専門家のサービス提供契約においても当然かかる義務は認められるところであり、その注意義務の程度は、免許資格制に裏打ちされた専門家集団に対する第一次的信頼関係に基礎を置く、専門的知識、技能に応じた高度の注意義務といえよう。

問題は契約上の本来的給付義務である。一般論としていうと、上記の第一次的抽象的信頼関係を背景に、サービス提供契約を締結することによって、依頼者との間に特別の社会的契約的接触関係に入った専門家は、この第二次的具体的信頼関係を基盤として、当該契約関係に入った事情、契約内容、契約関係存続中の諸事情さらには契約関係終了後も一定期間にわたって、当該契約関係の特殊の事情を踏まえ、契約の解釈から導き出されるところの具体的債務を、依頼者の信頼にこたえて、その利益の実現を自己や第三者の利益の実現に優先して、誠実かつ忠実に善良なる管理者の注意義務を尽くして履行すべき義務を負うものといえよう。その際、専門家の職務の公共性のゆえに、依頼者の利益と公共の利益とが矛盾対立する場合には、その調和に意を尽くすべき義務があるといえよう。例えば、依頼者から脱税の相談を受けた弁護士や税理士の場合などがそうである。依頼者に事態を良く説明してこれを説得する義務（説明・助言義務の一態様）があるものといえよう。このことは、後に依頼者が脱税といった公益違反の責任を問われることから彼を守るという意味において、依頼者の利益にもなり、忠実義務を果たしたことになる（本旨履行）といえよう。

契約解釈による債務内容確定の上で注意すべきことは、前述したように、専門家には当該契約に基づき、大幅な裁量権が委ねられているという事実である。与える債務や結果債務といわれる為す債務の場合には、契約成立の時点で債務内容が具体的に確定し、あるいは確定し得べき基準が合意に基づいて明確に決まっているのに対し、専門家のサービス提供契約においては、その債務の裁量性のゆえに、契約成立の時点における債務内容は抽象的であって具体的に確定しておらず、確定し得べき基準も明確でないことが多い。しかも、専門家のサービス提供契約は一回的給付で終わることは少なく、継続的あるいは回帰的給付によるべき場合が多い。この場合、専門家は、前述のごとく依頼者の信頼に応じ、その利益の実現を優先的な判断基準とし、他方、公共的利益との調整にも意を用いつつ、給付すべき履行内容を具体的に決定し、高度の注意義務を尽くしてその債務を誠実かつ忠実に履行すべきものである。能見説にいう忠実義務は本来の給付債務の履行義務に主として関わるものと私見は考える。

ところで、専門家の裁量権に対しては、近時、依頼者の自己決定権の尊重とインフォームド・コンセントの理論が強く主張されている。専門家に対する大幅な裁量権委譲の見返りとして、裁量権行使の際における、情報開示・提供義務、説明義務の負担という手続的保証は、契約当事者間の非対等性から生ずる恐れのある諸問題を可及的に回避するための妥当な手段と言える。かかる負担は、裁量権の不当行使に対するチェックとして依頼者の利益になると同時に、他面において手続きを踏んだ専門家は、その法的責任を全部あるいは一部免れ得るという点で、専門家の活動の自由を保障するものであり、その公益的職務の遂行に安心して専念しうることにもなるという意義を持つ。

4　専門家のサービス提供契約が以上のようなものとすると、証明責任にも当然その影響が及ぶものと考えられる。契約責任を問う場合、債権者は「債務ノ本旨ニ従ヒタル履行」がなされなかったことの立証責任があるとされる。しかし、専門家のサービス提供債務の内容が先に見たような性質のものであり、とくに大幅な裁量権が委ねられているとき、債権者たる依頼者に、当該時点、当該局面において専門家がいかなる行為債務を負っていたか、その履行内容がいかに不完全であったかを、具体的に証明することを求めることは、不可能なことを強いるものといえよう。現に、医療過誤訴訟における裁判実務においては、医師がいかなる治療行為を行ったかを陳述させ、故意過失、違法性の有無を判定しているといわれている。債務の内容に関する証明責任の分配基準に関しては、不法行為責任か契約責任かで一律にこれを決すべきではなく、契約責任においては、当該契約上の債務の種類・内容たとえば付随義務か保護義務か、あるいは履行義務の場合には、与える債務か為す債務か、または結果債務か手段債務かなどに従ってきめ細かに判断さるべきものではあるまいか。そして、専門家の責任の場合には、とくに裁量権の帰属主体に立証責任を課すことが考えられて良いと思われる。近時、証明責任の分配については、訴訟法学のなかで大変進んだ議論が展開されているところであるが、実体法上の債務内容にしたがって分配の基準を考えてみることも一つの基準とされてよいのではあるまいか。もっとも、この私見に対しては、情報量の格差を問題として決めればよく裁量権の帰属主体という基準をとくに持ち出す必要はないとの批判、いやそれもひとつの説明にはなるとの意見がある[10]。

5　ちなみに、不法行為責任構成による医療過誤訴訟において、医療水準につき、専門医、一般医、病院の規模等で格差を認め、過失判断に際してこれらの点が考慮されているが、契約責任構成の視点から見るときは、この問題は債務内容及びその不本旨履行の有無の問題として把握さるべき問題だといえる。そして、右のような実務の処理は、不法行為責任構成の名において、実質的には契約責任構成的判断が為されており、その結論を不法行為の成立要件に置き換えて法的構成している、ないしは説明しているものと見ることも出来る。なお、近時、行為債務においては、債務の不本旨履行と帰責性とは表裏一体の関係にあり、判例における帰責性の判断は故意過失というより違法性の判断とほぼ等しくなっていること、このことと関連して故意過失と違法性とを対置して二元的に把握することは疑問であるとの有力な主張がある。この事実も、視点を変えてみると、実務が契約責任構成上の判断問題を不法行為責任構成の名において行っていることの反射的効果に他ならないともいえよう。契約責任構成をとるときは、まず依頼者に契約の存在及び抽象的な債務内容と損害の発生とを主張・立証させ、次いで具体的な債務内容及びその本旨履行があったことについては原則として専門家の方に証明を求め、依頼者の側でその不本旨履行についての反証を挙げえたときは、免責要件たる帰責事由について専門家にさらに証明を求めるといった形でいわば段階的に裁判は積み上げられていくのであろうから（もっともこれは論理的な整理に過ぎず、実際にはいわば同時進行的に、あるいは相関的・総合的にこれらの作業が行われるのであろうが）、債務不履行と帰責性の二元構成は十分合理的な構成といえ、必ずしも両者を一元化する必要はあるまい。

なお、為す債務、とりわけ履行義務者の裁量権の幅が大きい場合には、契約責任構成をとるといっても具体的な債務内容ははっきりせず、不法行為責任構成をとっても専門家が具体的にどのような注意義務を負っているかを知ることとは困難なので同じことであり、とくに契約責任構成がベターということはなかろうとの批判がある。また、実務では請求権競合なので、通常両方が主張されており、債務不履行だけだといったところであまり意味を持たない、せいぜいどちらの方が説得力のある、あるいはきめ細かい説明ができるかというレベルの問題だとの意見もある。確かにこれらの意見は正鵠を得ているが、専門家と依頼者との間には、契約関係が前提として存在しているという厳然たる事実がある以上これを無視することは出来ず、不法行為責任として法律構成するにしても、結局は、その高度注意義務内容の判断にあたっては当該契約関係の性質・内容（つまり債務内容、あるいは債務の不履行と帰責事由の総合判断）から判断することになるとだけ、ここではいっておこう。また、実際問題としても、例えば、虫歯の治療、盲腸の手術の失敗例とか、控訴を依頼された弁護士が控訴期間を徒過したために責任を問われるといった、比較的、定型的に事務処理内容が確定している受任行為事例では、その債務内容は、アマである依頼者には不明確でも、専門家同士の間では明確なことも多いであろう。両構成それぞれの特色を踏まえた要件論、効果論の検討が有用といえよう。

三　専門家の契約責任の効果論

1　不法行為責任と契約責任における効果の差異については、請求権競合との関係で議論のあるところであるが、ここでは、とくに問題となる点に絞って、述べてみたい。損害賠償請求権を第一次的保護手段とする不法行為責任制度に対し、履行請求権を第一次的保護手段とするわが民法の契約責任制度の下においては、専門家のサービス提供契約において、債務の本旨に従った履行が為されなかった場合には、追完請求権の行使が認められること、いうまでもあるまい。裁判上、追完請求権の行使が為され、間接強制まで命じられることはまず稀であろうが、例えば、建築家の設計ミスにより完成建物に瑕疵が生じた場合など、任意の追完に応じない建築家に対しては、ごく例外的にではあるが、裁判上の追完請求権の行使、間接強制も考えられなくはあるまい。建築家の著作者人格権との関係で、第三者による代替的修補や設計変更が困難な場合などにその必要があるからである。

2　受任事務や請け負った仕事の追完は、裁判外では、日常的に行われているところであり、追完請求権の法的認容は、同時履行の抗弁権の行使その他で、事実上のものにとどまらず、法的にも意義がある。さらには、債務者たる専門家にとっても一種の「追完権」が認められることは、依頼者側から即時の損害賠償請求権や契約解除権の行使が為されることを防げることとなり、その保護ともなろう。この「追完権」の認容は、近時、瑕疵担保責任の領域で議論されている問題である。(11)

3　契約責任においても、効果論上、損害賠償が一番重要であることはいうまでもない。専門家の提供するサービスの欠陥から生ずる損害は、人的損害、物的損害を問わず巨額となることが多い。依頼者は専門家に多額の報酬を支払うので、過誤があった場合の責任が大きいことはやむをえないとしても、報酬に比べ損害額が極めて大きい場合も多く（とくにエコノミック・ロスの場合）、損害保険によるカバー、免責特約、責任制限特約の有効性等の問題が検討さるべきである。(12)

4　なお、損害賠償の請求に関して、若干の補足をしておくと、弁護士の控訴期間の徒過例などの場合において、因果関係や損害の証明の困難性があることから、これに対する方策として、忠実義務違反の場合には、因果関係や損害の証明度の軽減を考えてみるとか、慰謝料を利用する方法を考えるとか、かかる事例では、「民事裁判を受ける機会利益の喪失」による財産的損害の賠償を認める新たな法理論構成の可能性を検討すべし、といった提言が為されている。(13)また、損害賠償額の算定時期につき、不法行為責任では不法行為のときが基準時とされるが、契約責任の場合、追完の可能な不本旨履行の場合は、履行請求権の行使を第一次的保護手段と見る以上、債務不履行のときではなく、追完請求権行使のとき、あるいは賠償請求権への転化のときが基準時となり、賠償額の算定時期が変わってくることとなる（損害軽減義務の問題とも関連する）。

（4）前掲注(1)座談会記事、法律時報六七巻二号三七頁（森島発言）。
（5）西島梅治「プロフェッショナル・ライアビリテイ・インシュアランスの基本問題」有泉亨編『現代損害賠償法講座(8)』一四一頁以下（日本評論社、一九七三年）、前掲注(1)川井健編『専門家の責任』、同専門家責任研究会編『専門家の民事責任』所収の諸学説参照）。
（6）能見善久「専門家の責任」、前掲注(1)『専門家の民事責任』別冊NBL二八号四頁以下。
（7）森島昭夫・前掲注(1)座談会発言、法律時報六七巻二号五一頁。
（8）浦川道太郎・同上座談会発言五二頁。
（9）潮見佳男・同上座談会発言五二頁。
（10）前掲法律時報の座談会における森島見解および小林見解など、四八頁以下参照。
（11）私見の詳細は、「専門家の民事責任の法的構成と証明」、前掲注(1)『専門家の民事責任』一〇一頁以下参照。

（12）前掲注（1）『専門家の責任』同『専門家の民事責任』の諸論稿で論じられているところ参照。
（13）前掲注（1）『専門家の民事責任』能見論文九頁、小林論文八四頁。

第二章　弁護士の専門家責任

一　弁護士の専門家責任訴訟の現状と展望

1　弁護士の専門家責任は、依頼者に対する責任と依頼者以外の第三者に対する責任との二つに大別できるが、目下のところ、弁護士の責任を問う訴訟は、欧米に比べて圧倒的に少なく、国内的に見ても、弁護過誤訴訟は、医療過誤訴訟に比べて非常に少ない。その理由は、①釈明権の行使等裁判所の後見的役割によって弁護士の訴訟活動の不手際がかなり補完されていること、②弁護士会の綱紀委員会、懲戒委員会等の自律的活動で、ある程度紛争が解決されていること、③弁護士の職務遂行の不手際を、裁判所や依頼者に責任転嫁し、素人である依頼者がこれに反論できないこと、④弁護士の職務遂行は無形なことが多く過誤が明確に現れることが少ないうえ、過誤を補完する機会が少なくないこと、等の指摘がある。[14]しかし、社会全体として消費者の権利意識が高まりつつある現状の下、専門家責任法理の発達とあいまち、今後の弁護過誤訴訟の増大は確実に予想される。[15]

2　他面において、二一世紀の社会は、ＩＴ革命の進展により、ハードよりソフトが重視され、法化社会の時代となることが予想される。かかる時代状況の下、今後の我が国の弁護士活動の領域は、司法改革、ロースクール構想の実現を背景に、飛躍的に拡大することが予想される。すなわち、伝統的な訴訟活動、裁判外の示談交渉、契約書の作成や法律相談に加えるに、弁護士業務の専門化も進み、契約書以外の各種書類の作成業務（遺言書、証券発行書類、官公庁への届出書類等）や総合的な会社業務のコンサルタント・指導（株主総会や取締役会の指導から日常業務の指導まで）、さらには国際的・渉外的活動にまで、その活動領域は拡大しつつある。弁護士の活動領域のこのような拡大は、すでに指摘されているように、弁護士の専門家責任法理にも影響を及ぼすこととなる[16]。すなわち弁護士と依頼者との間の契約関係や契約の法的性質、さらには依頼者の法的保護の内容や方法に従来とは異なった問題が登場することが予想されるのである。

二　弁護士の依頼者に対する民事責任

1　責任訴訟の類型　弁護士の民事責任が問われる事例の多くは、依頼者との間の契約関係上のトラブルであり、その訴訟は、現在のところ、債務不履行訴訟によるものが多数である。医療過誤訴訟の場合と異なり、契約当事者や契約内容が比較的明確であることがその原因であると思われる。

弁護士の依頼者に対する契約責任については、前述した専門家の契約責任に関する総論的考察で述べたところがそのままあてはまるが、以下では、弁護士固有の契約責任についていま少し掘り下げた考察をしておこう。弁護士と依頼者との間のサービス提供契約は、前述したように一般に委任ないし準委任と解されており、この点はあまり異論を見ない。しかし、弁護士業務の拡大は、この間のサービス提供契約の種類や内容に影響を及ぼし、今後、委任や準委任契約のほかに、請負や雇用さらにはこれらの混合契約と見るべき場合も多くなろう。そのいずれであるかによって、弁護士の契約責任の具体的内容も当然異なってくる。

2　民事責任の判断基準　これまで弁護士の民事責任の判断基準として、善管注意義務と誠実義務の区別の必要性の有無、あるいは高度注意義務と忠実義務の区別の有用性の有無等について学説上議論があった。しかしこういった分類ないし区別は、別の機会に、あるいは本稿でも先に述べたごとく、あまり有用とは思われない。前述したように、弁護士の債務不履行責任（契約責任）を問題とする場合にまずなさるべきことは、他の専門家責任の場合と同様、依頼者と弁護士との間のサービス提供契約の内容を、当事者意思の解釈や法の解釈の手法を駆使して明らかにし、当該事件で弁護士が具体的にいかなる債務を依頼者に対して負うものかを確定することである[17]。またその際、委任、請負、雇用のいずれの契約であるか、あるいは混合型の場合にはそのうちのどの要素が強いかによって、債務の内容したがってまた債務不履行特に不完全履行の内容、判断基準、依頼者の法的保護手段が異なってくることにも留意する必要がある（手段は結果債務、結果は手段債務といった議論に通ずる）。善管注意義務や誠実義務の問題は弁護士の帰責事由の有無の判断上問題となるに過ぎない。これまでの議論は、為す債務の不完全履行の研究が未発達の時代の産物であり、効果論として主として損害賠償請求を中心に考え、さらにそれらとの関係で不法行為責任的発想が強かった時代の産物といえよう。

近時の契約責任論の展開を踏まえて考察するときは、本来的契約責任、補充的契約責任の区別、あるいは本来的給付義務、付随的給付義務、付随的注意義務、保護義務といった、債務構造論的考察さらには債務不履行（違法性）と帰責性の二元的考察の方が、契約責任の要件論、効果論、証明責任問題等を考えるうえで有用と思われる（もっとも、かかる体系的考察方法については強い批判の有るところではあるが）。

なお前述したように、効果論としては損害賠償請求のほかに追完請求権の行使や追完権についても注意がむけらるべきであり、また即時無催告解除を原則とする委任の解除権（民六五一条）についても、再検討の余地があろう。信頼関係の重視、無償契約性の原則に基づくこの規定は、有償契約が原則となっている今日の専門家との契約の実情や、契約上の債務内容の如何によっては、専門家の追完権認容いかんの問題とも関連して要催告解除の余地も認めて良いようにも思えるからである。

3　従来の裁判例の動向　　弁護過誤訴訟に関する従来の裁判例の動向について、近時次のような指摘がある[18]。

まず、わが国の弁護過誤訴訟をめぐる裁判例は、目下のところ、医療過誤訴訟に比較すると、高度の注意義務違反が問題となるような本来的な専門家責任の裁判例は数が少なく、単純な不注意あるいは不誠実な対応といった一般人でも問題となるようなケースについて責任が肯定された場合がほとんどであるという。そして、裁判例をその数が多い事件類型で整理してみると、

①期日・期間懈怠型、②独断処理型、③説明不十分型の三類型に分類できるという。

期日・期間懈怠型とは、弁護士（あるいはその履行補助者）が上訴期間等の期日・期間をうっかり徒過したり、訴訟継続・保全処分申請を行わず、期間を徒過して依頼者に損害を与えたような場合である。多くは慰謝料の支払いを命ずるのみで事件が解決されており、損害発生との因果関係が明白な場合に財産損害の賠償まで認められているという。

独断処理型とは、弁護士が依頼者の意見や希望を無視して事件を処理した類型であり、国選弁護人が被告人の死刑判決は相当である旨の控訴趣意書を提出したとか、依頼者の意思を確認することなく控訴を取り下げたといった事例である。前述したように、弁護士には一般に大幅な裁量権が与えられているから、裁量権の範囲内かどうかの判定基準がこの類型では問題となる。

説明不十分型とは何かを特に説明する必要はあるまい。依頼者と弁護士との信頼関係からすれば、弁護士は依頼者に十分に説明し、その信頼にこたえる必要があることというまでもないが、一審から最高裁まで一度も依頼者から事情の聴取をせず依頼者への報告もしなかったという極端な例があるほか、弁護士の責任は否定されたものの、その説明の不十分さを理由として訴訟が提起されている例がいくつかあり、わが国の弁護士は依頼者に対して十分に説明・報告することを得手としていないのでは、との指摘が為されている。

4　裁判例のこのような分類視角のほかに、これまでの試みとして、義務内容の観点からの分類（例えば審判への機会・期待保護義務、依頼者の損害発生防止義務、助言義務、説明・報告義務など）、執務態度の観点からの分類（例えば、不誠実型、単純ミス型、技能不足型）、局面ないし事項の観点からの分類（例えば、訴訟、債権取立て・保全、その他）の

試みがあり[19]、さらには、アメリカの裁判例を分析するにあたっての分析視角として、①書類関係、②依頼人所有不動産の所有権検討の依頼、③法的手段準備の過失、④法律知識に関する問題、⑤訴訟追行、⑥上訴における過失、⑦代理権踰越、⑧金銭回収関係、⑨委託金の運用関係、⑩事務の終了といった分類の試みがある[20]。またドイツの裁判例の分析視角として弁護士契約から生じる職務義務を、①依頼者の指図の遵守義務、②事案解明義務、③権利関係調査義務、④助言・調査義務、⑤書類綴り作成・保管義務、⑥守秘義務といった分類もある[21]。

それぞれ特色のある分類方法であるが、今後の試み方としては、債務構造論の視角からの分類ないし分析の試みがあっても良かろう。債務不履行の種類・内容によって、要件・効果が異なるからである。例えば前述の三類型を債務構造論の視角から再整理してみると、期日・期間懈怠型は本来的給付義務の過失に基づく債務不履行であり、独断専行型は裁量権の不当行使による債務不履行（不完全履行）といえ、説明不十分型は付随的履行ないし注意義務、あるいは保護義務違反（もっとも、コンサルタント契約では本来的給付義務に入ることもある）と整理することも可能であり、効果論としては損害賠償や契約解除のほかに、追完可能な場合には追完請求権の行使も当然ありうるのでこの角度からの分類も考えられる。本稿では、こういった分析視角による裁判例の分析は後日に委ね、問題の提起に留める。

三　弁護士の第三者に対する民事責任

弁護士の第三者に対する民事責任が問題となった裁判例もかなりある。この場合は当然ながら弁護士の不法行為責任が問われることになるが、その類型としては、これまで名誉侵害型、不当訴訟型、その他の類型が見られる。後述するごとく、名誉侵害型や不当訴訟型の人的範囲は相手方ないし相手方弁護士であり、その他の類型もそれに準ずる人的範囲であることは、第三者に対する責任が基本的には一定の人的範囲に対するものと構成する方向を示唆するものと指摘されている[22]。

この点に関するわが国の裁判例の動向についてはすでにいくつかの研究があるので、それに譲り、ここでは、上記の三類型の内容について簡単に見ておくに留めたい。(23)

(1)　名誉侵害型

訴訟追行時の弁護士の訴訟活動が相手方ないし相手方の弁護士との関係で名誉侵害となるかが争われる類型である。責任肯定例もいくつかあるが、否定されたケースが多数のようである。訴訟における主張・立証行為は、その中に相手方やその代理人の名誉を毀損する行為があったとしても、弁護士の職務は本来依頼者の立場を積極的に代弁するものであるから、それが訴訟における正当な弁論活動と認められる限り、違法性を阻却されるものと解され、名誉侵害の成立は合理的関連を欠く訴訟行為や単なる誹謗・中傷の場合に例外的に認められるのである。

(2)　不当訴訟型

依頼者主張の権利等が事実的・法律的根拠を欠く上、弁護士がそのことを認識しあるいは認識可能性があったにもかかわらず、不当な訴訟の提起に応じた場合にやはり例外的に責任が肯定され得よう。

(3)　そ　の　他

遺言執行者に指定された弁護士が遺言が無効であった場合に、受遺者にその旨を告げず、そのため遺産に対する権利行使の機会を失わせた事例その他で弁護士の責任が認められている。なお、依頼者に対する誤った情報の提供で第三者が損害をこうむった場合に、第三者に対する情報提供者責任が問題となるケースも今後予想される。特に弁護士の活動領域の拡大化と共に、弁護士の依頼者に対する契約責任、第三者に対する不法行為責任の両面において今後問題となる局面が増大しよう。

(14)　小林秀之「弁護士の専門家責任」前掲注(1)『専門家の民事責任』七六頁、下森定「日本法における『専門家の契約責任』」前

掲注(1)『専門家の責任』四〇頁、加藤新太郎『弁護士役割論』五〇頁以下（弘文堂、一九九二年）他。
(15) 弁護士の民事責任については、これまでに引用した文献所収論文のほか、篠原弘志「不当訴訟」『注釈民法⒆』一五八頁以下（有斐閣、一九六五年）、斎藤秀夫＝桜田勝義「弁護士の職務執行に伴う私法上の責任 ── アメリカにおける malpractice の法理」『民事訴訟の法理』七三七頁（敬文堂、一九六五年）、鈴木重勝「弁護士の民事責任」篠原弘志編『取引と損害賠償』二四五頁（商事法務研究会、一九八九年）、長野益三「弁護過誤による弁護士の不法行為責任」山口和男編『裁判実務体系⒃不法行為訴訟法⑵』三五五頁（青林書院、一九八七年）などがある。
(16) 小林・前掲注(14)七七頁。
(17) 潮見佳男・前掲注(1)法律時報座談会発言五二頁。
(18) 小林・前掲注(14)七九頁以下。なお、弁護士の民事責任についての主要判例の近時の分析として、工藤祐厳『『専門家の責任』と主要判例の分析（上）』法律時報一九九五年二月号一八頁以下がある。
(19) 加藤・前掲注(14)七八頁、一二六頁。
(20) 手嶋豊「アメリカにおける弁護士の依頼人に対する民事責任の展開」判例タイムズ六一三号二六頁以下（一九八六年）。
(21) 前掲注(1)『専門家の民事責任』三七頁（浦川道太郎担当、比較法⑵ ── ドイツ）。
(22) 小林・前掲注(14)八四頁。
(23) 小林・前掲注(14)八二頁以下による。その他、工藤・前掲注(18)参照。

四　む す び

以上見てきたように市民一般の権利意識の向上とともに、今後わが国でも専門家の責任が厳しく問われ、それにつれて弁護士の専門家責任の問われる機会も拡大してくることが予想される。その際、紙数の都合上本稿で触れる余裕のなかった損害賠償額の算定問題、特約による責任制限問題、保険による履行確保問題等、他の専門家責任と同様な法的問題が生じ、また弁護士の責任特有の問題についての考察も必要となろう。これらの点についての研究は今後の研究に委ね、本稿は以上をもって一応の終わりとしたい。

（二〇〇〇年四月一〇日）

第三章　履行障害法の再構築と債権法改正

1　履行障害法再構築の課題と展望

（二〇〇七年）

一　はじめに、やや異例の論文構成をとっている本稿公表の経緯について述べておきたい。近時筆者は、年来の瑕疵担保責任制度の研究を中心とする履行（給付）障害法再構築の課題と展望について、二つのシンポジウムで報告およびコメント発言をし、さらにこの記録の活字による公表の機会を持った。第一は、北京の清華大学法学院主催により、二〇〇四年一二月二一日、二二日の二日間にわたって開催された中日韓契約法国際シンポジウムにおける「履行障害法体系における瑕疵担保責任制度の地位と立法論上の課題」についての報告、第二は、本二〇〇六年六月五日に、龍谷大学で行われた比較法学会のシンポジウム「瑕疵担保責任」におけるコメンテーターとしての発言である。前者の記録は、この後中国語に翻訳された論稿が、他の関連論稿と合わせて一書にまとめられ、『履行障碍法研究』と題する論文集として本年公刊された（中国、法律出版社　二〇〇六年三月）。その際、このシンポジウムの企画・実施の責任者であった清華大学法学院・韓世遠教授の求めにより、韓氏と私との共編として出版する形式をとることになり、序文「履行障害法の課題」についての執筆を求められ、これに応じた。

二　他方、本年六月に龍谷大学で行われた比較法学会のシンポジウム「瑕疵担保責任」における報告者グループからのコメンテーター依頼の趣旨は次のようなものであった。後述するように、私は、一九五六年（昭和三一年）に、ケメラーの異種物給付論に触発されて執筆した修士論文において、わが国の瑕疵担保責任制度は、沿革的に見て古典的な商品取引である不代替物の特定物売買を主たる対象として構築されているので、新しい商品取引形態である種類売買には不適合であり、これを拡張解釈して種類売買に適用しても実効性が薄いこと、その法的保護は、ドイツ法と異なり債務の不本旨履行について一般的規定を設けている日本民法の下では、不完全履行論の新たな展開（たとえば、信義則による権利行使の期間制限）のみで対処すべきだとの見解を主張して以来、今日まで一貫してこの立場をとってきた。修士論文執筆後、周知のように、一九五八年の私法学会における末川・柚木報告、一九五九年発表の五十嵐清教授の論文（「瑕疵担保と比較法」）、一九六二年の比較法学会における星野・北川報告等を契機として種類売買と瑕疵担保責任をめぐる大論争が巻き起こり、今日に至っている。そして今日では、いわゆる新説と称される契約責任説が大勢を占め、ドイツ債務法現代化法もまたこの立場をとるものと評価するのが現世代の研究者の多数を占めるものと思われる。このような実情のもと、先の二つの学会報告を聞いた旧世代生き残りの一員であり、さらにまた、今日まで頑迷なまでに一貫して法定責任説を主張している私に白羽の矢が立ち、近時の国際的動向についてどう考えるか、コメンテーターとして発言せよとの指名を受けた次第である。かかる経緯から、通常のコメンテーターよりやや長めの発言時間を与えられたのでコメント原稿を作成してシンポジウムに参加した（この記録は近く比較法学会誌で公表される予定である）。

三　これらの過程で、五〇年前に執筆して以来気にかかりつつも発表の機会を逸し、篋底深く止め置いた修士論文公表への思いが強まってきた。この論文は私のいわゆる処女論文であって、現時点で読み直してみると、若さにまかせた気負いの強い未熟かつ欠点多い論文である。もっとも、一九五六年当時の日本の学説状況のもとでは、当面の問題に関する限り一つの問題提起作であったと思われるし、さらに、この論文は、この後の瑕疵担保責任や契約責任再構成・給付障害法の再構築に関する私の一連の研究さらには民法解釈学研究の方法論上の原点をなすものであり、種類売買の法的保護あるいは契約責任の再構成・給付障害法の再構築に関する現在の私見を理解していただくために必要不可欠の論文である。その意味において、今日の時点での公表にも、学問的に一定の意義があるのではないかと考えた次第である。なお、五〇年前に執筆したこの論文は、旧漢字、旧送り仮名の時代の古い文体のものであるが、執筆当時の雰囲気を伝えるために、若干の字句の訂正に止め、ほぼ原型のまま公表することとし、別途、その後の一連の研究との関連について、若干のコメントを執筆することとした。

四　かかる経緯から、本稿は、第一章（本書第三章一）に前述『履行障害法研究』の「序文」を、第二章（本書第三章二）に中日韓契約法国際シンポジウム報告原稿「履行障害法体系における瑕疵担保責任制度の地位と立法論上の課題」を、第三章（本書第三章三）に二〇〇六年度比較法学会「瑕疵担保責任」シンポジウムにおけるコメント発言原稿を、第四章（本書第三章四）に未公表修士論文「種類売買の法的保護に関する一考察」公表にあたってのコメント原稿を若干の加筆・修正を加えた上収録し、最後に「むすび」（本書第三章むすび）において、本稿のテーマとも密接に関連する、二〇〇六年度日本私法学会「契約責任論の再構築」シンポジウムについて、私の問題意識からみた若干の感想を述べて、本稿を締めくくることとした。

一　履行障害法再構築の課題と展望

1　このたび、清華大学法学院の主催により、二〇〇四年一二月二一日、二二日の二日間にわたって開催された中日韓契約法国際シンポジウムの記録が、他の関連論稿とあわせて一書にまとめられ、『履行障碍法研究』と題する論文集として公刊されることとなった。主催者である法学院院長王晨光教授、同民法主任教授崔建遠教授、このシンポジウムの企画・実施の責任者であった韓世遠副教授（現教授）等を始めとする清華大学法学院の諸教授、さらにはこの企画に参画された王家福教授・韓雄吉教授を始めとする中日韓の諸教授・法曹関係者の方々に、心から敬意を表し、お喜びを申し上げたい。この書の刊行にあたって、序文の執筆を求められたことは、シンポジウムへの参加・報告の機会を与えられたことと合わせて、私にとってたいへんな光栄であり、かつ喜びである。

2　ところで、二一世紀初頭は、国際的大変革・嵐の時代といえよう。二〇世紀末から始まった激動のうねりは、今世紀に入り益々その速度を速め、グローバル化した国際社会は政治・経済・社会・文化のあらゆる面にわたって、連動して変革の嵐に巻き込まれている。法もまたその例外ではありえない。社会あるところ法あり。法は社会秩序の維持を目的とするがゆえに安定性を必要とする。しかし、他方において、法は、社会の変革・発展と共に変革し、発展しなければならず、静止することを許されない。安定と発展という、この二律背反をいかに調和させるかが、法および法律家に課された永遠の課題であるとは、かつて、アメリカ連邦最高裁判所判事にして、社会学的法律学者としても著名であったベンジャミン・カドーゾが、名著『法の発達』において述べた言葉である。

冷戦時代の終焉後、国際社会はグローバルな規模で市場取引経済社会に突入し、EUの市場統合に伴うヨーロッパ統一契約法立法への道が着々と切り開かれつつあることは周知のとおりである。発展途上国における市場取引経済の拡大・発展もまた目覚しい。これら諸国においても、市場取引の安定的発展を目指して、法制度とくに私法の整備が着実に進行中である。私法の整備・改正において中心的存在となるのが、契約法とくに履行障害法であることはいうまでもない。二〇〇一年のドイツ民法典改正がこの履行障害法の改正を中心に行われたことが問題の所在を象徴的に示してくれる。

3　一九世紀中頃にF・モムゼンによって完成されたドイツ民法の古典的契約責任体系は、契約で約定された「給付結果」が実現されないという給付あるいは履行障害を「債務不履行」とし、これに対する法的救済として、第一次的に「履行請求」、第二次的に「損害賠償」、あるいは「契約解除」による履行債務からの開放を認めた。その結果、「履行請求」を観念しえない原始的履行障害（つまり履行不能）は契約を無効にするという原始的不能のドグマが定立されて、履行障害は原始的不能と後発的不能に二分され、原始的履行障害は契約責任体系から外された。そして、後発的履行障害に限定された債務不履行・契約責任システムは時に関する履行遅滞と履行不能のパラレル構成として定着させられ、さらに契約責任に関する主観的要件は過失責任主義で統一された。他方において、過失責任主義で統一された契約責任体系の外側におかれ、これから峻別された重要な履行障害をめぐる紛争解決制度として、主観的要件としての過失を要求しない瑕疵担保責任と危険負担の両制度が設けられた。両者は共にすでにローマ法にその淵源を有する。このパンデクテン法学の支配的理論がドイツ民法に承継され、さらに判例・学説によって精緻化された。しかし、他方において、近代資本主義社会における生産技術の飛躍的発展に伴う工業化社会の出現は、交換対象たる商品の質的変化（工場大量生産による種類物・代替物商品の出現、近時はさらに金融資本主義の進展に伴う各種の金融派生商品の出現がそうである）をもたらし、さらに、分業化社会の進展、組織化社会、情報化社会の出現は、多様な契約類型を生みだし、とくに「為す債務」の社会的重要性が高まり、これらはいずれも契約の法的保護・履行障害法のあり方に大きな影響をあたえることになった。瑕疵担保責任の債務不履行責任化、契約締結上の過失理論・積極的債権侵害論・不完全履行論の新たな展開がその象徴である。また、資本制社会における人間関係が、圧倒的に契約債権関係となり、その上に全ての経済的社会的関係が構築されるようになった結果、契約債権関係のもつ社会的重要度が飛躍的に高まり、これを法的にも確実化し、保護しようとする傾向が生じてきた。かくて、個人の合意に基礎を置く本来の給付債務（厳密な意味での契約債務）と並んで、契約関係に付随する給付義務・注意義務が法定債務（責任）として明文の規定によって当事者に課され、あるいは信義則を媒介として解釈上認められるようになった。今日の契約責任における付随義務、保護義務論の輩出とその拡大化現象の意味するものは、契約債権関係における社会関係の要素の再認識とその実現化のあらわれといえよう。このような社会的あるいは法的現象を背景に、古典的履行障害法の基本的構造が今回のドイツ民法典の改正で大きく変革された。なお、この変革において、英米法の契約責任システムの法理が重大な影響をあたえたことも見逃せず、グローバル化した国際取引をめぐる紛争の法的解決を目指した国際統一売買法制定の動向が示唆的である。

冷戦終了後の社会主義諸国さらには発展途上国の国際市場取引への参加は、さらにこれらの諸国を含めた国際取引における契約責任法・履行障害法の構築あるいは再構築を必要とする。ドイツ民法の今回の改正は、その先端を進むものとして評価できる。しかし、その改正内容は必ずしも十分とは言えず、ドイツ新法をめぐっては、ドイツ国内においてもその正当性・妥当性をめぐって、今日白熱した論争が続けられているのが実状である。かかる国際的問題状況を踏まえて考察するとき、今回の中日韓の国際シンポジウムは、まさに時宜を得た企画であったといえよう。

4　社会秩序の維持を目的とする法は、それぞれの国家・民族・宗教・文化によって多様な個別的存在であると同時に、正義と衡平、自由と平等という人類共通の理念の追求・実現においては普遍的存在でもある。とくにグローバル化した商品取引社会における履行障害法は、普遍的体系構築になじむ領域であると同時に、これを無視した個別的国内法の立法・法改正は、好むと好まざるとにかかわらず、早晩変革を求められよう。歴史的、地理的、民族的、経済的、文化的に密接なかかわりをもつ、中日韓の三国がともに協力して、欧米先進諸国の法体系・法文化を範としつつ、アジアの歴史と伝統を踏まえつつも、それを一歩進める普遍的な履行障害法体系の理論構築や立法・法改正を成し遂げ、広く世界に情報発信したい。志は大きく、しかし活動は地道に、今後一層の努力と協力を積み重ねたいものである。今回の国際シンポジウムのほかにも、これまでにすでに多くの充実した国際的合同研究が中日韓の法学者・法曹実務家の間で多面的に展開されているところであるが、履行障害法に的を絞った研究協力は、私の知る限り、いまだ少ないのではあるまいか。本書の公刊をきっかけに、さらなる合同研究が積み重ねられ、その成果が立法や法改正に結実することを願って止まない。

二　履行障害法体系における瑕疵担保責任制度の地位と立法論上の課題

Ｉ　はじめに

1　報告者に与えられた課題は、日本法における瑕疵担保責任制度をめぐる問題状況を紹介し、今後の立法論的展望を述べることである。この課題につき、報告者は、まず現行日本民法典の履行障害法体系において瑕疵担保責任制度が占める体系的地位を紹介することからはじめ、判例学説によるその後の発展、さらにはドイツ債務法の改正をも踏まえて、将来の立法論的課題についての私見を述べることとする。

2　周知のように、契約によって発生した債権は、債務者その他の第三者（弁済者）の債務の履行行為＝給付行為の完了によって、その目的を達して消滅する。そして、そのことによって当事者間の債権関係も終了する。しかし、この給付行為に関連してさまざまな障害が発生し、債権内容の実現が阻まれ、債権関係をめぐってトラブルが発生することが多い。そこで民法典は、債権内容の実現を保障し、あるいはそこに生じた当事者間のトラブルをできるだけ公正、公平かつ合理的に解消するために、いろいろな紛争解決システムを用意している。このような履行（給付）障害の諸態様をめぐる紛争解決システムの中心に位置するものが、債務不履行制度（債務不履行責任）である。ドイツ法に代表されるヨーロッパ大陸法の民法システムを継承した現行日本民法典は、「給付結果」が実現されないという給付障害を「債務不履行」とし、これに対する法的救済として、第一次的に「履行請求」つまり債務内容の現実的履行を、そして原則としてその内容の強制的実現を保障し、第二次的に金銭による「損害賠償」を、さらに契約債権関係においては、契約関係の解消＝「契約の解除」による債務からの解放を認める。その結果、債務の履行が「不能」になったのか、「遅滞」しているにすぎないのかは、「履行請求」を認めるかどうか、また即時無催告の解除が許されるかどうかを判断する上で重要なメルクマールとなり、債務不履行制度は、「履行遅滞」と「履行不能」の二類型を基本類型として構築された。

この点、周知のように英米法の基礎をなすコモン・ローの下では、「給付約束」が実現されないことを「契約違反」と捉え、これに対する法的救済としては、債務の現実的履行の請求や、その強制が認められるのは例外とされ、原則的には「損害賠償」を認めることで紛争を解決するという基本的政策がとられている。そこで、「履行遅滞」か「履行不能」か、といった契約違反の発生原因による違反類型の区別を必要とせず、また瑕疵担保責任もここに取り込んで一元的な契約違反の法的救済システムを構築している。

3　これに対し、ドイツや日本の民法典の履行障害法は、前述の債務不履行制度を中心とし、この他に受領遅滞、瑕疵担保責任、危険負担などの諸制度を含む多元的な法的救済システムとして構築されている。そこで、瑕疵担保責任制度の将来展望の検討に当たっては、これらの諸制度との体系的関連性に留意しつつ問題を検討してゆくことが必要かつ有用である。かかる見地からまず、日本民法典の履行障害法の体系構造を簡単に紹介して、瑕疵担保責任制度の体系的地位を明らかにし、さらに判例学説によるその後の発展を説明しよう(1)。

Ⅱ　日本民法典の給付障害法の体系構造と瑕疵担保責任制度の体系上の地位

現行日本民法典のとる債務不履行およびその法的救済システムに関する前述のような基本的立法政策から、給付障害法の体系構造は、契約の成立時を基準時として後発的給付障害と原始的給付障害とに大きく二分され、各種の保護制度が多元的に構築されている。

A　古典的給付障害法の体系構造

1　後発的給付障害 —— 債務不履行と危険負担

まず、契約成立後の後発的な給付障害は、その障害事由の発生につき債務者に帰責事由がある場合とない場合とに区別され、ある場合は債務者の債務不履行責任の問題となり、履行が不能な場合は「履行不能」として、損害賠償

（塡補賠償）と即時の契約解除、履行がなお可能な場合は「履行遅滞」として、履行請求と遅延損害の賠償請求が、さらには契約の解除が一定の付加的要件（催告および催告期間の徒過）の下に認められる。つぎに、帰責事由がない場合でも、なお履行が可能である限りは、債務者は債務の拘束から解放されないから、債権者の履行請求に応じなければならないが、不能の場合は、債務者は債務から解放され（給付・調達義務の消滅いわゆる給付危険）、原則として損害賠償の責任を問われることもない。この場合、双務契約においては、債務者の有している反対債権の消滅の有無が問題となるが（いわゆる双務契約における債務の存続上の牽連関係）、これは危険負担（対価危険）の問題として、債務不履行とは別個のシステムで解決される仕組みとなっている（民五三四〜五三六条）。なお危険負担は一部的給付障害の場合にも問題となる（五三四条は目的物の滅失または毀損という）。

さらに、後発的給付障害事由としては、今日、これらの他に「不完全履行」が判例学説上認められている（ドイツ法では法文上の根拠を欠くが、日本法では四一五条にその根拠を求めることができる）。追完が可能な場合には履行遅滞に準じて追完履行と損害賠償の請求、さらには催告を要件として契約の解除が、それが不能な場合には履行不能に準じて契約の即時解除と損害賠償の請求が認められる。

2　原始的給付障害 —— 契約の不成立と瑕疵担保責任

給付をめぐる障害は、前述のような後発的障害に限らない。原始的に履行が不能な債務がその一例である。履行請求の認容とその強制的実現を第一次的救済手段とする債務不履行システムの下では、契約成立時に「履行請求」が考えられない債務（原始的不能）は成立の基盤を失い、それと共に、反対債権（代金債権）も成立の基盤を失うことと なって（双務契約における債務の成立上の牽連関係）、形式的には契約が締結されていても、その契約の効力は認められない。また、売買の目的物に契約締結時に買主の知らなかった欠陥があったり、土地の数量指示売買で数量が不足していたり、目的物の一部が滅失していたりするといった一部的な給付障害を規律する制度もある。売主の担保責任制度（瑕疵担保責任や、数量不足・物の一部滅失の場合における担保責任その他）がそれである。これらの原始的かつ一部的給付障害については、民法は契約の成立を有効と認めつつ、売買契約の有償性の見地から当事者間の公平を保つために、買主の売主に対する代金減額や損害賠償の請求を認め、障害（瑕疵）が重大でそれがあったのでは契約をした目的が達成できない場合に限って、契約の即時無催告解除による契約関係の消滅を認めることとしている。これらの責任は、法律によって売主に当然に課される責任であり、売主の帰責事由は成立要件として要求されていない。その意味で瑕疵担保責任制度は、古典的民法典体系の下では、帰責事由が成立要件とされかつ後発的給付障害に関わる責任である債務不履行（契約）責任とは異なった性質を持つ法定無過失責任制度として構築されていたものといえよう。そしてそれは、同じく帰責事由の有無を問わず、かつ後発的給付障害に関わる制度である危険負担制度と契約の締結時点を境として連結された制度として構築されているのである。ところが、今日では、瑕疵担保責任も債務不履行責任の一種と解すべきだと主張する契約責任説が有力となっている。しかし、後述するように、私は、立法論はともかく現行民法典の解釈論としては、従来の判例・通説のとる法定責任説が妥当と考えている。

3　後発的給付障害と瑕疵担保責任・不完全履行責任

なお、瑕疵担保責任は請負契約でも認められているが（民六三四条以下）、この場合の給付障害は後発的給付障害なので、原始的給付障害に関する特定物売買の瑕疵担保責任などとの法的性質の異同が問題となる。ドイツ民法にならい、日本民法典もこれを瑕疵担保責任と構成しているが、現時点の解釈としては契約責任（債務不履行責任）たる不完全履行とみるのが正当である。請負人は仕事の完成を請け負っているのだから、完成した仕事に欠陥があるときは不完全履行といえるからである。民法典起草当時、ドイツでも日本でも、起草者が今日使われている意味での「不完全履行」概念をいまだ知らなかったために、瑕疵担保責任制度として構築したに過ぎないのである。さらには売買契約においても、後発的給付障害である種類売買の不完全履行に、原始的給付障害である瑕疵担保責任規定の競合適用が認められるかどうかの問題が、その後問題となった。判例は瑕疵担保責任の法的性質を法定無過失責任と解しつつも、種類売買への競合適用を肯定している。しかし、従来の通説は、瑕疵担保責任の法的性質を法定無過失責任とし、種類売買（不特定物売買）における瑕疵ある物の給付は不完全履行であるから、債務不履行として買主の救済を図ればよく、瑕疵担保責任の競合適用を認める必要はないとして否定説をとる。しかし、近時、瑕疵担保責任の法的性質を契約責任とし、瑕疵あるものの給付は特定物・不特定物を問わず不完全履行であり、瑕疵担保責任は債務不履行の特則としての特別不完全履行であるから選択的競合適用の肯定は当然であると主張する契約責任説が台頭し、有力に支持されるにいたっている。私見は、競合適用否定説をとるが、この点は後述する。

4　無償契約と瑕疵担保責任・不完全履行責任

他方、無償契約においては、原始的給付障害の場合、有償契約におけるような法定無過失責任としての瑕疵担保責任は、瑕疵の存在につき悪意の贈与者を除き、原則として認められていない（民五五一条）。ちなみに、悪意の贈与者の責任に基づく受贈者の救済手段としては、特定物の贈与の場合、追完給付や解除はあまり実効性がなく、損害賠償が中心となろう。しかも無償契約のゆえに、この場合の受贈者の損害として考えられるのはいわゆる瑕疵結果損害が中心であろうから、この問題は瑕疵担保責任の問題というより積極的債権侵害の問題といえよう。そうなると悪意にかぎらず過失ある場合にも今日では保護義務違反として救済するのが適切といえよう。なお、種類物の贈与契約において瑕疵ある物が給付された場合（後発的給付障害）には、贈与者は瑕疵なき物の給付義務（追完あるいは代物給付義務）を負う（民九九八条二項参照。民法はここでもこれを瑕疵担保といっているが、その法的性質は不完全履行とみるべきである）。なおこの場合には、種類売買の場合と異なり、瑕疵担保の規定を競合適用するのは疑問である。無償契約であるし不完全履行による救済で十分だからである。このように、後発的給付障害である不完全履行においては、有償契約、無償契約のいずれであるかを問わず、債務者には追完義務がある。不完全な給付は債務の本旨にしたがった履行ではなく、それには弁済としての効果が認められないから、債務者はなお本来の履行・給付義務を免れえず、不完全な履行をなした債務者の帰責事由の有無を問わず当然に追完義務があるものといえよう（追完請求権は、損害賠償請求権や解除権と異なり債務不履行の効果として発生するものではなく、本来の履行請求権そのものあるいはその一部とみるべきである）。さらに、贈与者に過失がある場合には、損害賠償の責任を負い、その損害の範囲には前述したように瑕疵そのものの損害に加えて瑕疵結果損害も含まれることとなる。なお、不完全履行においては追完請求の期間制限が重要問題であり、近時はまた、委任等の役務提供契約における不完全履行をめぐって、重要かつ困難な問題が発生している。

B　契約責任の拡張現象

1　契約責任拡張の社会的経済的背景

現行日本民法典における古典的履行障害法の体系構造は以上に述べたとおりであるが、民法典制定後事態は大きく変わった。すなわち、近代資本主義社会における生産技術の飛躍的発展に伴う工業化社会の出現は、交換対象たる商品の質的変化（工場大量生産による種類物・代替物商品の出現、近時はさらに金融資本主義の進展に伴う各種の金融派生商品の出現がそうである）をもたらし、他方において、分業社会の進展、組織化社会、情報化社会の出現は、多様な契約類型を生みだし、とくに「なす債務」の社会的重要性が高まり、これらはいずれも契約の法的保護のあり方に大きな影響をあたえることになった。担保責任の債務不履行責任化、不完全履行論の新たな展開がその象徴である。また、資本制社会における人間関係が、圧倒的に契約債権関係となり、その上に全ての経済的社会的関係が構築されるようになった結果、債権関係のもつ社会的重要度が飛躍的に高まり、これを法的にも確実化し、保護しようとする傾向が生じてきた。かくて、個人の合意に基礎を置く本来の給付債務（厳密な意味での契約債務）とならんで、契約関係に付随する給付義務・注意義務が法定債務として明文の規定によって当事者に課され、あるいは信義則を媒介として解釈上認められるようになった。今日の契約責任における付随義務、保護義務論の輩出とその拡大化現象の意味するものは、債務関係における社会関係の要素の再認識とその実現化のあらわれといえよう。

2　契約責任拡張の具体的内容

(ア)　契約責任の拡張現象には、大別して二つの基本的方向性、つまり内部的拡張と外部的拡張現象とがみられる。前者は本来の給付義務・与える債務を中心に構築された遅滞・不能の債務不履行責任の古典的な二元構成から不完全履行を含めた三元構成への展開にみられる拡張現象であり、これは本来の契約責任の内部における拡張化現象といえよう。後者は、付随的注意義務・保護義務にかかわる、積極的債権侵害論、契約締結上の過失理論の登場とその新たな展開である。この領域は本来、不法行為責任の領域でカバーされていたものなので契約責任の不法行為責任領域への外部的拡張現象と呼んでおこう。

(イ)　契約責任の外部的拡張としては、まず、①契約責任の時間的拡張として、契約締結上の過失と契約の余後効理論を挙げることができる。ついで、②契約責任の質的拡張として積極的債権侵害と保護義務その他の付随義務論（安全配慮義務、説明義務、情報提供義務など）の展開がある。これらの責任は、本来的給付義務の対象である給付内容や給付結果の実現に関する債権者の法益侵害に関わるものでは必ずしもなく、それとは切り離された債権者の法益（債権者の生命・身体・財産に関わる法益）の保護を目的とするものといえよう。そして、その法益侵害に対する救済手段としては、原則として履行請求は考えられず、損害賠償が中心となる。このような法現象を契約責任の質的拡張（保護義務その他の付随的注意義務違反への契約責任の拡張）と我々は名づけている。

このような法益侵害に対する契約責任的救済理論は、その後ドイツでさらに拡張された。③契約責任の人的拡張といわれる「第三者のための保護効を伴う契約理論」がそれである。さらに、これらの①、②、③を統一的に把握しようとする統一的保護関係理論も今日主張されている。ここまで契約責任を拡張することが果たして妥当かどうか、その場合不法行為責任との関係は一体どうなるのかは議論のあるところであるが、特殊契約的社会的に密接な接触関係にある当事者間においては、不法行為責任における一般的注意義務よりは、より高度の注意義務が課されてしかるべきだとの基本的考え方がその基礎にあり、そのような法的保護に対する要請が今日社会的事実として存在していることは確かである。

(ウ)　契約責任の内部的拡張としては、遅滞、不能の二元構成から、履行内容の不完全履行を加えた三元構成への進展が注目されるべきである。前述したように、ドイツ民法典制定当時、起草者が今日いう意味での「不完全履行」概念を知らなかったために、本来後発的給付障害である種類売買における瑕疵ある物の給付の法的保護を、原始的給付障害を前提として構築されてきた特定物売買における瑕疵担保責任制度を拡張する方法により立法化したことから(ドイツ民法旧四八〇条)、ドイツ民法学の混乱が始まった。いわゆる異種物給付(Falschlieferung)における主観的瑕疵概念の採用をめぐる論争、危険負担と瑕疵担保責任との関係をめぐる論争がその典型例である。請負契約や賃貸借契約における瑕疵担保責任の法的性質論、さらには原始的給付障害に関わる不動産業者による新築分譲建物の売買契約における瑕疵修補請求権の有無をめぐる論争といった問題もそれに連なる(2)。

Ⅲ　給付障害法の再構築と瑕疵担保責任・契約責任の再構成への立法論上の課題

1　問題の提起

さて、問題がここまで拡大してくると、当然のことながら、古典的民事責任体系たる債務不履行責任と不法行為責任との二元構成の見直し、とくに債務不履行責任ないし契約責任体系の再構成が問題となり、さらに進んでは、瑕疵担保責任、危険負担、受領遅滞等をも含めた履行障害全体の法システムをいかに現代社会の要請に応じて再構築するか、つまり債権法の改正が重大な現代的課題となってくる。ドイツ新法はその一つの先駆的試みである。今回のシンポジウムはまさにこの問題を対象とするものであるが、報告者に与えられたテーマに限定して以下この点に関する私見を述べておきたい。

2　ドイツ新法における瑕疵担保責任制度の変容とその検討

ドイツ新法は瑕疵担保責任制度全体を原始的給付障害に関する担保責任をも含めて債務不履行責任制度の中に取り込んだ。本来債務不履行の一類型（不完全履行）として制度設計がされるべきであった瑕疵担保責任（種類物の売買や贈与、さらには請負契約における瑕疵担保責任など）の債務不履行責任化は当然の改正といえるが、問題は原始的給付障害に関わる不代替物の特定物売買や贈与契約、さらには数量指示売買の担保責任の債務不履行責任化である。これらの類型では、給付の目的物の性質上、代物あるいは数量不足の土地の追完給付は物理的に不可能であり、瑕疵の修補はそれがたとえ物理的に可能であったとしても、相手方に常にそれを期待するのが合理的か、疑問がないわけではない（とくに市民間取引の場合）。

両者のかかる差異は、法的保護の効果論上、完全な一体的処理を許さず、例外規定を設けざるをえない。追完請求の否定ないしは制限、即時無催告解除の例外的肯定、有償契約における帰責事由を要件としない代金減額請求権の許容（その実質は契約の一部解除である）などがその一例である。法典上、給付障害法の再構築により、独立した瑕疵担保責任制度をなくしても、効果論上その実質を残さざるをえないし、現にドイツ新法はこれを残しているのである。また原始的不能と後発的不能の区別をなくして、両者を一体化し、その結果、後発的給付障害として位置づけられていた「履行不能」類型を消滅させ、さらにその結果として、危険負担制度をも債務不履行制度に体系的に一体化しても、物理的・社会的実態として、履行不能現象がある限り、履行請求権の許容を第一次的保護手段として認める法的救済システムの下では、ここでも完全な一体化は困難であり、非合理的でもある。現にドイツ新法は、当初フーバーが提唱していた一体化構想を受け入れず、不能、遅滞、不完全履行（不本旨履行）、原始的給付障害に当たる瑕疵担保責任、さらには後発的給付障害に当たる危険負担について、効果論上、それぞれに対応した特有の規定を設けている事実を見逃すべきではない。フーバーもまた、その後、英米法的発想に基づく自分の構想は妥当でなかったと認めたと聞く。フーバーの提案が公表された当時、これを読んだ私は、履行請求権を第一次的保護手段とする法システムの下では、これらの完全な一体化は困難であり、また非合理的であるとの批判的見解を公表した。今回の改正では取り上げられなかった無償契約における給付障害の救済システムがどうなるかも残された課題である。これら一連の問題の体系的再整理が、今後のドイツ民法学の重要課題となろう(3)。

このように、EU指令との関係で改正を急がされたドイツ新法には、なお、いくつかの問題が残されており、ドイツ新法の考え方の受け入れにあたっては慎重な検討が必要である。これらの諸点については、今回のシンポジウムで他の報告者によって明らかにされるであろうから、本報告では一般的な問題点の指摘にとどめておきたい。しかし、この点はともかくとして、新世紀に向けて大胆な改正に踏み切ったドイツ新法が、われわれに対して立法論上重要かつ有用な示唆を与えてくれるものであることは疑いのない事実であり、報告者も高くこれを評価していることは、指摘しておかなければならない。

3　日本法における瑕疵担保責任をめぐる解釈論争に関する私見

つぎに、日本における瑕疵担保責任の解釈をめぐる法定責任説と契約責任説の論争について述べておこう。

(ア)　私は、不代替物の特定物売買における売主の義務は、原則として当該特定物の所有権や占有を買主に移転することをその内容としていると解するのが、現行日本民法典の論理解釈としては正当であると考えている。すなわち、追完給付義務を伴う瑕疵なき物の給付義務は、法文の規定（たとえば住宅の品質確保法九五条）や明示または黙示の特約なき限りは存しない。現行日本民法は、不代替物の特定物売買における買主の法的保護は瑕疵担保責任によるべきものとしているのであって、不完全履行責任は瑕疵結果損害（過失を要件とする保護義務違反）を除き問題とならない、というのが私見である。

これに対して、近時の有力説である契約責任説は、代金と対価的に釣り合う特定物を引き渡すことは法的に可能であり、あるべき性質を請け負う意思を特定物引渡債務者にも認めるべきだと批判する。この説の実質的な狙いは、いわゆる「特定物ドグマ」を否定することによって、瑕疵担保責任を特別不完全履行と法的構成し、種類売買への瑕疵担保責任規定の適用を可能とする法的根拠を与えることにあった。

(イ)　しかし、「この物」の性質が「契約内容となりうる」ということは、全ての場合に「契約内容となっている」ことを意味しない。ことは契約解釈の問題であり、瑕疵担保責任制度が本来予定していた不代替物の特定物売買の場合には、明示または黙示の特約あるいは信義則による介入のある場合は別として、原則として追完給付義務を伴う瑕疵なき物の給付義務は「契約内容となっていない」と解すべきである。前述した様に、有償契約たる売買契約における買主の保護は、解除権と損害賠償請求権の認容を効果とする法定無過失責任制度である瑕疵担保責任によってはかられうるし、民法起草者もまたそう考えていたのである。かつまた、法定責任説の考え方は、現代取引社会においても、その本来の適用対象に関する限り、合理性・妥当性を失ってはいない。そして、種類売買に関するドイツ民法旧四八〇条のような規定を有しない日本法のもとでは、契約責任説が狙いとするところの種類売買の場合や、「なす債務」の後発的給付障害の場合さらには特定物売買でも「特定物ドグマ」の発想が不当となってきた新しい取引契約(不動産業者による新築建物の分譲契約など)においては、「不完全履行論」とその展開(たとえば、信義則による権利行使の期間制限、限定的な追完請求権の許容など)による法的保護がより合理的である。契約責任説の主張する瑕疵担保責任の選択的あるいは競合的適用はメリットが少なく、かえってデメリットが大きい。たとえば、種類売買の不完全履行で即時無催告解除を許す結果の問題性(契約責任説は適用肯定説をとりながら、これを否定するが、その根拠の説明が苦しい)、時効期間の起算点が「瑕疵を知った時」からとされているため、適用してみても効果が薄く、選択的適用という以上あまり効果がない。信義則による期間制限で十分対処可能である。また瑕疵ある物の受領によって目的物が特定し、ただちに瑕疵担保責任に移行するのかどうか（時的区分説の問題性）、その後の追完請求権行使は許されないのか（その結果の不当性）、許すとするとその法的根拠や期間制限の問題はどうなるのか、また瑕疵ある物の受領による特定と危険負担との関係（この点がドイツ法では大変問題となった）などがその問題点として挙げられよう(4)。

(ウ)　以上要するに、私見の解釈論の基本的立場は、沿革的に見て債務不履行とは異質の制度であった瑕疵担保責任制度の拡張論でも廃止論でもなく、本来的適用領域への限定維持論である。そしてその他の新しい問題領域への対応は不完全履行制度の解釈（あるいは立法）による充実で対処すべしとする主張である。ただし、立法論となると問題は別であり、今回のドイツ新法の改正内容は、いくつかの問題があるにせよ、極めて示唆に富むものと考えている。

4　給付障害法の再構築と瑕疵担保責任・契約責任の再構成への立法論上の課題

最後に、以上の考察のまとめをしておこう。第一に、現代債権法学においては、契約上の債務の構造論として、①本来的給付義務、②付随的給付義務、③付随的注意義務、④保護義務、さらにその一環として、⑤雇用契約上の安全配慮義務あるいは説明義務、情報提供義務といった分類で、問題を整理しようとする有力な傾向がみられること。

第二に、債務不履行の体系として、履行請求権を第一次的保護手段とする、従来の遅滞・不能・不完全履行の三元体系の見直しと充実（とくに不完全履行論の新たな展開の重要性）に加えるに、損害賠償請求権を第一次保護手段とする付随的注意義務、保護義務違反の不履行類型を認めようとする四元体系の構築が形成されつつあること。

第三に、保護義務その他の義務違反類型は契約当事者の意思に基づかないいわば法定の契約責任といえるが、この類型の進展の結果、給付障害に関する既存の法定（契約）責任たる受領遅滞・瑕疵担保責任さらには危険負担をも含めての給付障害システムの再構築が視野の中に入ってきつつあること（ドイツ新債務法がその典型例）。

第四に、古典的契約責任体系に未知であった、契約責任の時的拡張と呼ばれる、契約締結上の過失や契約の余後効による賠償責任問題、契約責任の質的拡張と呼ばれる瑕疵結果損害にかかわる積極的債権侵害論、さらには契約責任の人的拡張と呼ばれる第三者のための保護効を伴う契約理論、といった契約責任類型はいずれも、本来的給付義務と必ずしも直結するものではなく、それとは無関係にでも成立しうるものであること、また、その責任の根拠は、前述したごとく当事者意思に基礎をおくものではなく、一定の政策的見地から法がとくに認めた（明文の規定を欠くときは、信義則を媒介とした）法定の責任であること（不法行為責任の根拠と同じ）、そしてその法的救済手段は損害賠償請求権の認容であること、といった点で共通性をもつといえる。そうだとすると履行請求権の認容を前提とする既存の債務不履行の三元体系とは別に、それらを一括した統一的な保護義務違反（これに付随的注意義務をも含める）という独自の不履行類型（四元体系）を構想することも可能といえよう（統一的保護関係理論の考え方）。

さらにこれらの諸問題を一元的に把握する体系を構築することの是非はともかくとして、判例・学説上、かかる義務違反に対して契約責任が認められるようになった今日では、契約責任がカバーする領域は、時間的・質的・人的に拡張されているので、本来の給付義務中心に把握されてきた契約の成立から終了までに限定されていた契約の拘束力の範囲を含め、契約の拘束力が及ぶ時間的・質的・人的範囲の確定についての見直しが必要となり、給付義務違反の場合と保護義務違反の場合とで契約ないし契約関係の効力を及ぼす範囲について異なった対応が必要となってきた。換言すると、拡張された契約責任の領域は、古典的には不法行為法の対象領域であったといえるので、不法行為制度との関係の整理が当然必要となる（これらの問題は不法行為法の再構築で処理する方法も考えうる）。請求権競合問題も含めて、今後の研究課題である。その際の重要なポイントは、一般的注意義務以上の高度の注意義務を課すことの法的根拠・時効問題・証明責任等の点である。

以上要するに、①債務構造論の検討、②債務不履行体系の再検討（とくに不完全履行論の新たな展開）、③給付障害法の再構築、④不法行為制度と契約責任制度との関連性の再検討、以上の四点が、債権ないし契約債権関係の法的保護に関する、現代債権法学の重要課題といえよう。そしてこの課題は、二一世紀における民法ないし債権法改正作業の中心課題の一つと位置づけることが可能である。

（1）日本民法の給付障害法の体系構造については、日本債権法の代表的体系書参照。本稿では、個々の文献をいちいち挙げることは省略する。

（2）「契約責任再構成の研究」に関する報告者の重要論稿として以下のものがある。「契約責任の再構成をめぐる覚書」ロースクール二七号（立花書房、一九八〇）四頁、「契約責任（債務不履行責任）の再構成」内山＝黒木＝石川還暦記念論文集『現代民法学の基本問題（中）』（第一法規、一九八三）一六三頁、「国の安全配慮義務」西村他編『国家補償法大系2』（日本評論社、一九八七）、下森編『安全配慮義務法理の形成と展開』（「編者はしがき」も参照）（日本評論社、一九八八）二三三頁、「日本における『専門家の契約責任』」川井健編『専門家の責任』（日本評論社、一九九三）九頁、「不完全履行論の新たな展開」『司法研修所』論集九〇号（司法研修所、一九九四）一頁、「専門家の民事責任の法的構成と証明」専門家責任研究会編『専門家の民事責任』別冊NBL二八号（一九九四）一〇一頁。

この問題に関する日本の文献については、北川善太郎『契約責任の研究』（有斐閣、一九六三）奥田昌道『請求権概念の生成と展開』（創文社、一九七九）などを始めとして多数の文献があるが、上記拙稿で引用した諸文献参照。また、近時の研究としては、後掲ドイツ新債務法に関する諸文献や論文が多数あるが、ここでは、その一つの代表作として、内田貴『契約の再生』（弘文堂、一九九〇）、同『契約の時代』（岩波書店、二〇〇〇）、大村敦志『典型契約と性質決定』（有斐閣、一九九七）、潮見佳男『契約法理の現代化』（有斐閣、二〇〇四）を挙げておく。

（3）ドイツ債務法改正の経過及びその内容については、法政大学現代法研究所叢書『西ドイツ債務法改正鑑定意見の研究』（下森他編著　第九号、日本評論社、一九八八）、同『ドイツ債務法改正委員会草案の研究』（下森・岡編　第一五号、法政大学出版局、一九九六）同『契約法における現代化の課題』（岡編　第二一号、法政大学出版局、二〇〇二）、半田吉信『ドイツ債務法現代化法概説』（信山社、二〇〇三）、潮見佳男前掲書及びそれらで引用されている諸文献参照。

なお、ヨーロッパ私法の近時の動向については、ハイン・ケッツ著、潮見佳男・中田邦博・松岡久和訳『ヨーロッパ契約法I』（法律文化社、一九九九）、川角由和・中田邦博・潮見佳男・松岡久和編、龍谷大学社会科学研究所叢書第五四号『ヨーロッパ私法の動向と課題』（日本評論社、二〇〇三）、ユルゲン・バセドウ編、半田吉信・滝沢昌彦・松尾弘・石崎泰雄・益井公司・福田清明訳『ヨーロッパ統一契約法への道』(法律文化社、二〇〇四)等参照。

(4)「瑕疵担保責任の研究」に関する報告者の重要論稿として次のものがある。「不特定物売買と瑕疵担保責任(一)」(未完)法学志林六六巻四号七七頁(一九六九)、「種類売買と瑕疵担保」、奥田他編『民法学(5)』八九頁(有斐閣、一九七六)、『建売住宅・マンションの売買における売主の瑕疵修補義務について』(日本住宅総合センター一九八四、本稿一四頁以下において、私は、西ドイツ債務法改正意見書におけるフーバーの給付障害法体系の一元化提言を批判した)、「建物(マンション)の欠陥(瑕疵)と修繕」遠藤浩・林良平・水本浩監修『現代契約法大系第四巻』四六〇頁(有斐閣、一九八五)、「瑕疵担保責任と不完全履行――売買・請負・賃貸借における瑕疵修補請求権を中心に」安達三季生監修『債権法重要論点研究』一三七頁(酒井書店、一九八八)、「不完全履行と瑕疵担保責任――不代替的特定物売買における瑕疵修補請求権を中心に」加藤一郎先生古稀記念『現代社会と民法学の動向(下巻)』三二七頁(有斐閣、一九九二)、「瑕疵担保責任に関する一つの覚書――いわゆる「特定物ドグマ」と民法起草者の見解」内山=黒木=石川教授古稀記念『続現代民法学の基本問題』一九五頁(第一法規、一九九三)、「瑕疵担保責任論の新たな展開とその検討」山畠・五十嵐・藪教授古稀記念『民法学と比較法学の諸相Ⅲ』一八七頁(信山社、一九九八)。

三　二〇〇六年度比較法学会シンポジウム「瑕疵担保責任」における問題の提起

1　グローバルな立法・学説の最新情報に接し、大変勉強になりました。

私は、一九五六年(昭和三一年)に、ケメラーの異種物給付論に触発されて執筆した修士論文(未公刊)におきまして、不代替物の特定物売買における瑕疵担保責任を主たる対象として構築されている日本民法の古典的な瑕疵担保責任制度は、新しい商品取引形態である種類売買には不適合であり、これを拡張解釈して種類売買に適用しても実効性が薄いこと、したがって、債務の不本旨履行についての一般的規定を設けている日本民法の下における種類売買の法的保護は、不完全履行論の新たな展開(たとえば、信義則による権利行使の期間制限)のみで対処すべきだとの解釈論を主張して以来今日まで一貫してこの立場をとっております。この立場から、コメンテーターとして、若干の感想を述べさせていただきます。

2　周知のように、ドイツ法は債務不履行責任につき遅滞・不能の厳格な二元構成をとっていた関係上、遅滞でも不能でもない、請負契約や種類売買の不完全給付の法的救済については、旧法の立法に際して、古典的瑕疵担保責任制度を拡張して、追完履行請求権を瑕疵担保責任の内容として認めたうえ、これを短期消滅時効にかけるという立法（旧四八〇条）をし、また、これにつられて瑕疵担保責任における瑕疵存在の基準時を契約締結時でなく、引渡時としたために、後発的給付障害である異種物給付や危険負担との重畳関係をめぐる難問が発生しました。その後のドイツ法学の混迷は、この立法に由来するというのが、修士論文で主張した私見の基本的発想です。その後、私は、一九八四年に発表した論文において、さらなるドイツ法学の批判的研究をもとに、事業者による新築建物の分譲契約や中古自動車などの特定物売買といった民法典が予定していなかった新しい商品取引契約においては、明示の特約があればもちろん、それがなくとも黙示の意思表示あるいは商慣習による意思解釈・信義則を根拠として、瑕疵修補求権による法的救済を図るべしという修正法定責任説を主張しました。私見はドイツ法学流の「特定物ドグマ」にとらわれた解釈論ではなく、商品取引の社会的実態やその歴史的発展過程に即して、契約の法的保護の実態とその法的構成につき比較法的考察を行い、現代社会における妥当な法的救済手段をさぐった法政策学的解釈論です。

これに対し、エルンスト・ラーベルの学説承継を下に、五十嵐・星野・北川教授によって展開された契約責任説は、野村報告で整理されたとおり、不代替物の特定物売買にも瑕疵なき物の給付義務を認め、瑕疵担保責任を特別不完全履行と構成して、種類売買に瑕疵担保責任規定の適用を許す法的根拠を与えられたものですが、この新説は、周知のように、この後の民法学界に大きな影響を与えました。これに対して、私は、法定責任説の考え方は、今日なお、不代替物の特定物売買に関する限り、原則として合理性・妥当性を失ってはいない、と考えています。しかし、この考え方はあくまでも現行法の解釈論であって、立法論となるとまた違ってきます。今回のドイツ新法のような制度構築も、種類売買による財貨の取引が中心となっている現代社会では一つの優れた立法技術であると評価します。

3　このような問題意識から、次に、ドイツ新法の基本構想を中心に、瑕疵担保責任制度の変容についての私の感想を述べたいと思います。岡報告で詳しく説明されたとおり、ドイツ新法は原始的給付障害と後発的給付障害の区別をなくし、瑕疵担保責任制度全体を債務不履行責任制度の中に取り込みました。この改正は、契約責任説の主張に沿う改正であったと評価するのが今日の大勢と思われます。そのような評価も可能と考えますが、私見の立場からしますと、別の見方も可能と思います。すなわち、ドイツ新法は、旧法の特定物売買の瑕疵担保責任規定とともに、種類売買の瑕疵担保責任を規定した四八〇条をも廃止し、種類売買の法的保護につき、瑕疵担保責任による法的救済を捨て、債務不履行責任的救済に一元化しています。この点に関する限り、この結論は、種類売買に瑕疵担保責任規定の適用は無用であり、不完全履行責任で一元的に救済せよと主張してきた法定責任説の主張と同様です。債務不履行の一類型として不完全履行類型を認めるという制度設計が本来なされるべきであった瑕疵担保責任つまり種類物の売買や贈与、さらには請負契約における瑕疵担保責任などの債務不履行責任化は当然の改正といえますが、問題は、原始的給付障害に関わる不代替物の特定物売買や贈与契約、さらには数量指示売買の担保責任までをも含めた契約責任化にあります。これらの類型では、給付の目的物の性質上、代物あるいは数量不足の土地の追完給付は物理的に不可能であり、瑕疵の修補はそれがたとえ物理的に可能であったとしても、相手方に常にそれを期待するのが合理的か、疑問がないわけではありません。例えば市民間の中古住宅や自動車の売買契約の場合がそうです。

特定物売買と種類売買のこのような実質的差異は、法的救済手段の構築上、完全な一体的処理を許さず、総論あるいは各論の何らかの場所で例外規定を設けざるをえません。追完請求の否定ないしは制限、即時無催告解除の例外的肯定、有償契約における帰責事由を要件としない代金減額請求権の許容（その実質は契約の一部解除ですが）などがその一例です。法典の文言上、給付障害法の再構築により、瑕疵担保責任制度やその名称をなくしても、実際の法的救済・効果論上その実質を残さざるをえませんし、現にドイツ新法がこれを残していることは岡報告で指摘されたとおりです。また原始的不能と後発的不能の区別をなくして特定物ドグマを放棄し、両者を一体化して「履行不能」類型を消滅させ、その結果として、危険負担制度をも給付障害法に体系的に一元化しても、物理的・社会的実態として、履行不能現象がある限り、なお、問題は残ります。給付義務の不履行につき損害賠償による一元的な法的保護のみを図るのであればともかく、そうでなく、履行請求権およびその強制的履行の許容を第一次的保護手段とし、これに解除や損害賠償を加える多元的法的救済システムをとるかぎり、給付障害法の完全な一元化は困難であり、非合理的でもあります。現にドイツ新法は、当初フーバーが提唱していた一元化構想を受け入れず、不能、遅滞、不完全履行(不本旨履行)、有償契約に特有な原始的給付障害である瑕疵担保責任、さらには後発的給付障害に当たる危険負担について、それぞれに対応した特有の規定(例えば、追完請求権の制限、解除権に対する追完請求権の優越性〔売主の追完権〕・代金減額権など)を残している事実を見逃すべきではありません。フーバーもまた、その後、一九九五年頃のドイツ法曹大会において英米法的発想に基づく自分の一元化構想は必ずしも妥当でなかったと認めたと聞きます(福田清明・中田邦博教授からの教示による)。なお、フーバーの鑑定意見が公表された二〇数年前、私は、給付義務の不履行につき履行請求権とその強制的実現を第一次的保護手段とする法システムの下では、給付障害法の完全な一元化・一体化は困難であり、また非合理的であるとの批判的見解を先に紹介しました一九八四年の論文で公表しています。今回の改正では取り上げられなかった無償契約における給付障害の救済システムがどうなるかも残された課題です。これら一連の問題の体系的再整理が、今後のドイツ民法学の重要課題となると思われます。

新法施行後にあらわれたドイツの判例・学説上、新法に対する理解の仕方・評価が大きく分かれていることは、岡報告で紹介された青野博之・田中宏治教授等の近時の研究で指摘されているところであり、フランスでも法定責任説的見解が近時有力となっていることは、野沢報告で明らかにされたとおりです。また、フランスの判例法は、種類売買に瑕疵担保責任の適用を認めていますが、「瑕疵」と「不適合」の区別をめぐり今日議論が紛糾しているとの指摘が野沢報告でありました。これは原始的給付障害に関する古典的瑕疵担保責任を後発的給付障害である種類売買の不完全履行にそのまま適用した結果に他ならず、ここでも、ドイツ法同様の混乱が生じているわけです。「瑕疵」と「不適合」の区別の困難さは、引渡時を瑕疵担保責任の適用ないし判断基準時とした結果です。つまり、「売買の目的物の隠れた瑕疵」とは、契約成立時に目的物が特定していることを前提とした概念であり、「引渡の目的物の瑕疵」とは、それを前提とせず、原始的給付障害に関する瑕疵と後発的給付障害に関する「瑕疵」ないし「不適合」の両者を含むために、帰責事由の有無とも関連して、瑕疵担保責任、危険負担、不履行責任の三者をめぐって問題が生じてくるわけです。契約締結時・目的物引渡時の二つの基準時を明確に分けて問題を整理し、法的救済手段の要件論・効果論をそれに応じて考えてゆけば、混乱を避けることができると考えます。立法にあたり、基準時に関するこの区別は必要と考えます。さらに、特定履行が例外とされた英米法や、近時の国際的立法動向でも履行請求権あるいは売主の追完権の許容傾向が認められることが本日の曽野・山下・能見・銭報告で指摘されました。この場合に給付義務の遅滞・不能・不完全履行さらには給付義務が債務の内容でない保護義務類型ごとにそれに応じた救済手段の要件論・効果論、さらには時効期間などを再構築することが各国の独自の法体系下において、今後必要となると予測されます。このようにドイツ新法にはいくつかの問題が残されており、今後の展開をも踏まえた慎重な批判的検討が必要です。しかし、この点はともかくとして、新世紀に向けて大胆な改正に踏み切ったドイツ新法が、立法論上重要かつ有用な示唆を与えてくれるものであることは疑いのない事実であり、高くこれを評価しています。最後に、旧世代からの一言、世界に向けて誇ることのできる新法案の成立を目指すという、今秋の私法学会における債権法改正問題シンポジウムおよび現役世代の活躍を大いに期待し、発言を終ります。

四　未公表修士論文「種類売買の法的保護に関する一考察」の意義とその後の研究の展開

未公表の拙稿「種類売買の法的保護に関する一考察」執筆の経緯および今回本稿の資料として公表するにいたった動機については本稿の「はしがき」で述べたとおりである。そこで本章において、この論文の概要と当時の時点におけるこの論文がもつ意義、さらにこの後の私の一連の研究との関連について若干の私見を述べておきたい。

Ⅰ　修士論文の概要

まず、本論文を東京大学大学院博士課程入試の審査資料として提出するに当たり別途添付した「論文要旨」に依拠しつつ、この論文の概要を紹介しておこう。

1　本論文の目的

本論文の目的は、種類売買において瑕疵ある物の給付を受けた買主に対し、ドイツおよびわが国の立法、判例および学説がどのような法的保護を与えてきたか、さらに現在与えているかを歴史的に跡付けその意義と問題点を明らかにし、このことを通じてわが民法五七〇条の適用範囲に関する解釈論に一定の寄与を為そうとするものであった。

種類売買において瑕疵ある物の給付を受けた買主の法的保護いかんの問題、換言すると種類売買にも瑕疵担保責任の規定の適用があるかの問題は、周知のように古くから争いのあるところであって、この論文執筆当時（一九五六年）において、判例と通説の立場は異なっていた。判例は五七〇条の適用を肯定し、通説は否定説をとっていた。通説の理由とするところは、種類売買における瑕疵ある物の給付はいまだ債務の本旨に従った履行といえず、したがって、特定物の原始的瑕疵を対象とする瑕疵担保責任の規定の適用はなく、その救済は債務不履行とくに不完全履行によるべきだというものであった。

この点ドイツ民法は、第四八〇条によってこの問題をほぼ解決していた。周知のようにこの規定は、ドイツ普通法時代のこの問題に関する著名な大論争を踏まえ、立法的解決を図って作られた規定である。ところで、民法五七〇条の適用をめぐるわが国の当時の学説論争においては、問題を立法的に解決したこのドイツ民法四八〇条がつねに引用され、あるいは解釈の支柱とされていたが、それが未解決であり、争われていたドイツ普通法時代の判例・学説にまで遡って検討したものはほとんど見あたらなかった。この点に着目した私は、ドイツ民法四八〇条のような規定を有さず、当面は解釈論による解決によらざるをえないわが民法の解釈にとってもっとも参考になるのは、問題が発生し、争われ、それが立法によって解決されるにいたるまでの過程の究明であるという問題意識の下に、ドイツ民法四八〇条の歴史的背景とその立法過程の研究を論文執筆の第一の課題として取り上げたのである。

第二の課題として、この論文で取り上げたテーマは、立法後に新たに生じた争点（あるいは立法の際に残された争点）の研究であった。そのテーマは、積極的債権侵害論と異種物給付論である。ただ、前者については、すでに当時の時点で判例・学説上ほとんど論じつくされていたので概説的論及に止め、異種物給付論に代表される「瑕疵概念拡張問題」に力を注いだ。

この二つの課題を果たした後に、第三の課題として、わが国のそれまでの論争を整理し、ドイツ法との比較で問題点の究明に取り組んだ。なお、この三課題究明の基礎的課題として、種類売買の法的保護を廻る法的技術変遷の問題点とその意義の解明にあたっては、かかる法的技術の進化を促した経済的・社会的背景、つまり種類売買という新しい商品取引形態の出現の意義とそれが及ぼした法的影響までの掘り下げた経済史的・法制史的研究の必要性・有用性についての問題意識を抱いていたが、経済史・経済学に関する能力的・時間的制約のゆえにこの点は棚上げし、簡単な問題点の指摘に止めることとした。

2　本論文の構成と内容の概略

前述のような問題意識の下に、この論文は、はしがき（本稿の目的）、「第一章　ドイツの理論、第二章　わが民法の理論、第三章　結論」という三章構成でまとめている。以下、その内容の概略を紹介しよう。

〔第一章〕ドイツの判例・学説の概要

i　序　説

(ア)　ドイツ普通法において種類売買における売主瑕疵担保責任制度の有効性が激しく争われた原因は、種類売買という契約現象がローマ法に未知であり、法源中に種類売買に瑕疵担保責任を認めた事例がなかったからに他ならない。種類売買という取引形態がドイツでいつ頃から行われ始めたものかは必ずしも明らかでない。しかし、それが商品交換社会において支配的な取引形態となり司法規制の重要な対象となり始めたのは、産業革命以後のことであったことは間違いないようである。産業革命の結果、機械制工場生産が発達し、商品の標準化・大量生産が可能となり、他方において交通・通信機関の発達、取引活動の活発化、取引市場の拡大などにより、それまでの支配的取引形態であった現物売買・特定物売買に代わって種類売買、見本売買、送付売買等が商品交換の支配的形態となった。かかる近代的商品交換契約の諸形態が、ローマ法を継受して近代法の形成途上にあったドイツ・パンデクテン法学者に種々の難問を提起したであろうことは推測に難くないが、種類売買における瑕疵担保責任の有効性に関する論争も、この一現象であったといえよう。

(イ)　かかる問題意識から、本章においては、まず、かかる種類売買という新たな社会現象がもたらした法現象（法的紛争）についてのドイツ普通法時代の判例を概観し、そこでは瑕疵ある物の給付を受けた種類物買主の法的保護をめぐって、具体的にどのような法的紛争が生じ、裁判所はこれに対してどのように対処したのか、その実務的意義如何を探り、ついでそれを理論的に根拠付けるために果たした学説の問題状況を概観して、種類売買という社会現象に対応して生れた法規範の実態と構造を明らかにし、さらにその後、それがドイツ民法典にどのようにして承継されていったのかの立法過程の検討を行なった。これが、前述した本論文の第一の課題である。ついで、第二の課題に取り組み、積極的債権侵害論について簡略に論及した後、瑕疵概念の拡張問題の検討に進んだ。ここでも、具体的な判例分析に基づいてその問題点を抽出し、これをめぐる学説の理論的な検討をおこなった。

(ウ)　なお、この二つの課題遂行の予備的段階として、ドイツ普通法時代以前の瑕疵担保責任制度の検討を行い、ローマ法およびゲルマン固有法における売主瑕疵担保責任制度について概略の考察をおこなった（ただし、この考察は既存の日本の研究に依拠するもので、本格的研究ではない）。

(a)　ローマの古典市民法においては単に一定の瑕疵の悪意の沈黙と保証した性質の欠如の場合にのみ買主に損害賠償請求権（三〇年の消滅時効にのみ服する買主訴権）を与えたにすぎなかったが、その後按察官告示が発せられ、市場における奴隷や家畜の売主に対して、特定の、売買当時売主に告げられず、かつ明白でない瑕疵について担保責任を課し、買主に解除あるいは代金減額訴権が与えられた。解除訴権は六ヶ月、代金減額訴権は一年をもって時効にかかるものであった。その後、按察官告示は奴隷や家畜の売買にとどまらず、あらゆる商品の売買に拡張された。これを承継したドイツ普通法時代における、瑕疵ある物の給付を受けた買主の法的保護の内容は結局次のようなものであった。買主は、売主の言明した属性の欠如および売主が故意に沈黙し、あるいはその不存在を明示に保証した瑕疵に基づいて、選択的に、買主訴権によって履行利益の損害賠償を、解除ないし減額訴権（按察官訴権）によって売買の解消あるいは代金の減額を請求することができ、その他の瑕疵に基づいては按察官訴権により解除または減額のみを請求することができたのである。

(b)　他方、ゲルマン固有法においては、「買主注意せよ」という古代法の原則が貫徹された点にその特色が見られる。ゲルマン法においても約定または前提とされた属性を備えた物の給付を請求する権利は買主に与えられていたので、買主はこのような属性を欠く物の受領を拒絶することは可能であったが、買主がひとたび目的物を実際に見たうえで、その引渡し（ゲベーレ）をえたときは、もはやその後に発見された瑕疵については売主の責任を問うことができないとされたのである。もっとも、ゲルマン法においても売主の悪意および主として家畜の重要な瑕疵＝主たる瑕疵についてはその例外とされていた。

このようなゲルマン法の瑕疵担保責任制度は、ローマ法継受後のドイツ普通法においても家畜の売買の領域においてはその名残をとどめ、やがてドイツ普通商法にその思想が受け継がれ、ドイツ商法を通じて日本商法にその影響を与えたのである。

ii　ドイツ普通法時代の判例と学説

(ア)　判例　普通法時代の判例上、種類売買における瑕疵担保責任が問題となり始めたのは、ほぼ一八三〇年代と思われるが、当初は種類売買という契約類型が既存の法制度上未知であったこともあり、判例の立場は、大別して瑕疵担保責任を肯定するものと、債務不履行責任で処理するものとに分かれていた。しかし、一八七〇年代になってはじめて統一された。まず、一八七一年一一月二七日ライヒ高等商事裁判所第二小法廷は、水道敷設用鑄鉄性鉄管の瑕疵を理由とする損害賠償請求事件において、按察官法の適用を特定物売買にのみ限定し、種類売買への適用を否定する旨の判決を下した。ところが、翌一八七二年三月八日、同裁判所第一小法廷は前年の判例が未出版であったためこれを知らず、按察官法の適用を肯定する判決を下した（これらの事件の事案の具体的内容、争点および判旨とその評価については論文参照）。そこで、この二つの異なった小法廷判決の統一を迫られた同裁判所は、シロップの契約所定の性質欠如を理由とする代金減額請求事件において大法廷を開き、学者の鑑定意見を求めた上、同年四月一六日、ゴールド・シュミットの鑑定意見を取り入れて、按察官法は種類売買にも原則として適用される旨の判決を下してこの問題の決着をつけた。この判決後、判例は一貫して大法廷判決の立場を踏襲した（その後の判例の動きは論文参照）。この修士論文においては、普通法時代の判例を法的保護手段の側面から分類して、解除訴権に関するもの、減額訴権に関するもの、損害賠償請求に関するもの、完全物請求に関するものの四類型に分け、各々の類型の代表的判例一、二を取り上げて、種類売買に瑕疵担保責任の規定の適用を認めることは、普通法時代においてどのような具体的・実際的意義を持っていたのかを明らかにした。

(イ)　学説　この問題に関する普通法時代の論争の初期においては、種類売買では瑕疵なき物を給付することを売主が黙示に保証しているとみなすべきであり、瑕疵ある物の給付は債務の不履行であるから、按察官訴権の適用は認められないとする学説が有力であった。しかしこの説によるときは、買主は瑕疵なき物の給付の請求か、履行に代わる損害賠償の請求をなしうるのみであった（この当時は債務不履行を理由とする解除は認められていなかった）。そこでこの説をとる学説には、按察官訴権を参照して、買主訴権の内容として減額あるいは解除を認めようとするものがあった）。また、これらの権利は一般の債権の消滅時効（三〇年）にかかるのみであった。そこで、その法的構成の明確性にもかかわらず、法的保護の具体的結果が取引の実状にそぐわず、実務的要望に応じえなかったので、判例の採用するところとならず、やがて少数説に陥ったのである。

代わって登場したのが一八七二年四月一六日のライヒ高等商事裁判所大法廷判決を契機として有力となった按察官訴権の適用肯定説である。この説は前述したゴールド・シュミットによって代表される見解であり、その論拠は、種類売買においては債務の履行つまり目的物が売主によって提供され、買主がそれを受領することを通じて、必然的にそれが特定物売買へと溶け込んでゆく（auflösen）ものであるから、この時を基準として按察官訴権が当然に適用されるというものであった。そこでこの説によるときは、買主は売主の悪意または保証された性質の欠如に基づく損害賠償請求権（買主訴権）の他に、物自体の瑕疵を理由とする解除訴権または減額訴権の行使が認められることになり、適用否定説よりもより手厚い法的保護を受けられることとなった。他方においてこれらの訴権は短期消滅時効に罹るので取引の迅速簡明な決済の尊重・法律関係の早期安定という実務的要望にも沿えるものであった（ただし、損害賠償請求権は買主訴権に基づくものなので通常の時効期間すなわち三〇年の消滅時効に服する)。

しかし、この説は、種類売買が（瑕疵ある物の給付であっても）履行によって特定物売買に溶け込んでゆく（移行する）という論理構成をしたために、買主が売主から履行として提供された目的物を受領した以上、売主の本来の履行請求権は消滅し、その結果買主は、特定物売買の場合と異なってそれが可能であるにもかかわらず、もはや瑕疵なき物の給付を請求しえないという不合理な結果をもたらすことになった。現に、その後瑕疵ある目的物の受領後に買主が瑕疵なき物の給付を請求した訴訟がおこり、大審院は、瑕疵が重大である場合には、これを異種物の給付とみなすという論理構成をすることによって買主の保護を図るという便法を用いた。しかし、取引実務上は、重大でない瑕疵の場合でも、瑕疵なき物の給付を命ずることが妥当であるにもかかわらず、その請求を認めることができないという結末が残り、結局一八九六年の民法典の制定において、立法による解決がはかられたのである。

iii　一八九六年制定のドイツ民法典の内容とその後の問題

(ア)　ドイツ民法典の立法にあたり、立法者は、普通法時代のこのような論争の成果を踏まえて、種類売買にも瑕疵担保の規定の適用があることを前提とする立場を採用すると同時に、他方において、種類売買についての特則を設け（四八〇条）、この場合には解除または減額に代えて、瑕疵担保責任の内容として瑕疵なき物の給付を求める権利を選択的に与え、これらの請求権の全てを（保証した性質の欠如に基づく損害賠償請求権も含めて）、売主悪意の場合を除いて短期の消滅時効にかかることとし、取引の迅速簡明な決済をはかるという目的を果たしたのである（四七七条、四八〇条）。なお、種類売買に瑕疵担保の規定の適用を認めることが原則とされたため、瑕疵の判断基準時・瑕疵担保責任の適用基準時は、契約締結時ではなく、特定物売買・種類売買を区別することなく危険移転時とされた（四五九条）。そのため、普通法と異なり、特定物売買において売買契約締結時と危険移転時（通常は目的物の引渡時、しかし不動産の場合には、引渡前に登記が為された時は登記の時、四四六条）との間に発生した瑕疵についても、売主は、その瑕疵が買主の責めに帰すべき事由によって生じたものでない限り（三二四条一項一文）、瑕疵担保責任を負うこととなった。そしてこれとは逆に、売買契約締結当時に存在した瑕疵が危険移転時に消滅しているときは責任が消滅することになる。その結果として瑕疵担保請求権とこれに対応する抗弁権は原則として危険移転後でなければ行使できないこととなった。そこで後に、この間に生じた瑕疵につき、瑕疵担保と危険負担との競合問題が生ずるとともに、その瑕疵が修補不可能のものであっても、危険移転（とくに物の引渡）前には行使できないという不都合が生ずることが問題となった。

(イ)　このような問題などのほかに、立法後に生じた問題として大きな問題は、前述した積極的債権侵害の問題と瑕疵概念の拡張問題である。前者については現在周知の問題であるし、この修士論文でも簡略にすませたので、ここでの紹介は略し、ケメラーの異種物給付論を引用して異種物給付に代表される瑕疵概念拡張問題について論じた修士論文の内容をごく簡単に紹介しておこう。

瑕疵ある物の給付（Schlechtlieferung すなわち質的瑕疵＝Qualitätsmängel ある物の給付）と種類の異なる物の給付（種類的瑕疵＝Artmängel ある物の給付、Falschlieferung＝誤った給付あるいは aliud-lieferung＝異種物給付と呼ばれる）との区別は、実際取引においては非常に困難である。にもかかわらず、そのいずれと解するかで、民法典制定後のドイツ法上（とくに四八〇条の適用上）でも、買主の受ける法的保護が異なったものとなり（前者なら瑕疵担保責任、後者なら債務不履行責任）、不公平あるいは不当な結果をもたらすことがある（例えば時効期間）ので、学説判例上再び論争が起こり、瑕疵概念拡張説が有力となってきたのである。この問題に私が興味をもたされたのはケメラーの「異種物給付論」によってであった。一九五二年（昭和二七年）に発表されたこの論文は二〇頁の小論文であるが、この論文でケメラーはそれまでの判例学説を検討した上、瑕疵概念の拡張を進めてきた学説・判例の流れを踏まえて、契約違反の物が給付された場合には全てそれを瑕疵あるものとみなすという主観的瑕疵概念説を理論的に精緻化し、この方向性を決定づけたのである。この論文に触発された私は、修士論文において、ドイツの学説・判例を①普通法時代、②ドイツ商法典、③一九一四年一二月一八日の大審院判例による問題の新たな展開、④その後の判例・有力学説の四段階にわけて史的変遷の過程を分析して、問題点を整理検討した上、日本法への示唆を考察した。ちなみに、瑕疵概念拡張ないし具体的瑕疵概念に関するドイツ法に示唆を与えたものは、スカンジナビヤ売買法下における学説であり、また、ケメラーによると、この問題はごくまれにではあるが特定物売買においてもおこりうるという。さらに、ケメラーは、この論文の最後に、一九五一年一一月、ハーグにおいて審理された国際商品取引統一規制法草案(Entwurf eines einheitliches Gesetzes über den internationalen Warenkauf) においても、瑕疵通知義務に関してのみならず、買主の法的保護の面においても、Falschlieferung と Schlechtlieferung の同一的取扱いをすることが意図されており、その手段をとらない場合には、債務不履行と瑕疵担保責任とをパラレルに規制して、少なくとも契約違反のあらゆる場合の根本的・単一的取扱いをすることが考えられているという重要な指摘を行っている。当時これを読んだ私は、日本の不完全履行論（とくに勝本説、それを受けて一歩を進めた末弘説）との比較で、まさに種類売買に関する限りでは（つまり特定物売買における瑕疵担保責任の債務不履行責任化はともかくとして）、日本の不完全履行論と同一方向性に向かっているとの感想を抱かされたのである。その後、ラーベルの機能的比較方法を紹介した一九五九年の五十嵐清教授の画期的論文「瑕疵担保と比較法」で、この問題が紹介され、これを契機にいわゆる契約責任説が有力説となっていったのである。

〔第二章〕　わが民法の判例・学説の概要

(ア)　この論文執筆当時、判例ならびに一部の有力な学説はドイツ民法四八〇条にならって種類売買にも民法五七〇条の適用があるとの立場をとっていた。ところで、ドイツでは、種類売買に瑕疵担保責任を認める第一義的な理由は、先にみたように短期の期間制限の点を除けば、過失を要件とせず、即時の解除・減額請求が認められることで、買主の法的保護をより厚くするという点にあったといえるが、規定の技術的構成を異にする日本法の下においては、五七〇条の適用を認め、その手段を選択することは短期の期間制限による売主の負担軽減のほか、買主にとっては追完請求権の行使ができなくなる可能性がでてくる不都合さらには即時無催告解除が許されることの結果売主にとっても不完全履行の追完機会が奪われるという不都合をもたらすものであった。取引の敏速な決済を通じて法律関係の早期安定を図るということそれ自体は実務上重要な意義を有するものではあるけれども、規定の不備な（つまり瑕疵担保責任の内容として追完請求権を認める規定を欠く）わが民法の場合には、ドイツ普通法時代における肯定説同様に、目的物の受領後は買主の本来の履行請求権行使が制約され、それを認めようとすると受領後の追完権の選択行使根拠づけの困難性、さらには、除斥期間の起算点がドイツ法のように引渡時でなく、瑕疵の知の時であるので、瑕疵検査・通知義務を課していない民事取引の場合には法律関係の早期安定という所期の目的も必ずしも達成しえないという不都合が生ずることを明らかにして、ドイツ法の無批判的承継の持つ危険性を指摘したのである。

(イ)　ついで、当時の通説つまり種類売買における瑕疵ある物の給付は債務の本旨に従った履行とはいえず、債務の不履行であるから、特定物の原始的瑕疵に関する瑕疵担保責任の適用はないという通説の検討に取り組んだ。そしてこの説は、ドイツ普通法時代における初期の通説と類似しているが、後者が瑕疵ある物の給付つまり不完全な履行（Schlechterfüllung）を全くの不履行（Nichterfüllung）と把握したのに対し、勝本正晃・末弘厳太郎教授によって展開されたわが国の不完全履行論は、瑕疵ある物の給付・不完全な履行もある程度の履行であり、全く給付がない場合と同一に取り扱うべきではない、とするものであること、すなわち、法文上遅滞・不能の厳格な二元構成をとるドイツ法に対し、わが民法四一五条は「債務ノ本旨ニ従ヒタル履行ヲ為サザルトキ」という文言になっているので、その解釈として、この文言には「遅滞」の他に「不完全な履行」も含まれるものと解釈し、「不完全履行」という日本独自の新しいカテゴリー（スタウブの積極的債権侵害論を契機として提唱されたドイツ法の不完全履行概念とは異なる内容の概念）

を作り出すことでこの問題の処理にあたった点で両者は大いに異なることを指摘した。また、買主は、完全物給付請求権や追完請求権はもちろん、事情によっては契約の解除や損害の賠償をも請求しうるのであるが、取引の通念に照らし、信義誠実の原則に基づいて買主のこのような権利は一定の制約に服するものとこの説は説いたが、そこでこの通説が考えていた制約は、完全物給付請求権や追完請求権のみであったように思われ、したがって、とくに取引の敏速簡明な決済が尊重される商事売買の場合には、画一的な除斥期間ないし消滅時効の定められている瑕疵担保の規定の適用に比べ、劣ることは認めざるをえないこと、しかし日本民法の解釈論としてはやむをえないところであり、立法的解決に委ねる他あるまいと指摘した。なお、この説によるときは、ドイツ法と異なり、瑕疵概念拡張の必要はないことになる、というのは、異種物の給付もそれが当該債務の履行としてなされた限り債務の本旨に従った履行でなく不完全履行だからである、と指摘した。

〔第三章〕結　論

以上が、本論文第一章、第二章の要旨であるが、第三章の結論においては、まず、上記のような種類売買における瑕疵ある物の給付を受けた買主の法的保護に関する日独の法技術の変遷を総括し、最後にこのような変遷を促した種類売買という近代的な商品交換様式の特質と、その法的保護の諸形態ないしその変遷との関連性について問題提起的論及を行った。ただ、この点は単なる問題点の指摘にとどめた簡単な論述であり、他日の研究への一観点を示したものに過ぎないので、この要旨での紹介は避け、本論文に譲る。

Ⅱ　本論文の意義とその後の研究の展開

1　本論文の意義

最後に、この修士論文が執筆当時の時点でもっていたと思われる理論的意義について要約しておくと、現時点で、私自身としては、次のように考える。

第一に、当面の問題につき、ドイツ民法四八〇条のような明文の規定を有さず、解釈論による解決によらざるをえないわが民法の解釈論上もっとも参考になるのは、問題が発生し、争われ、それが立法によって解決されるにいたるまでの過程の究明であるという問題意識の下に、それまであまり研究されていなかったドイツ民法四八〇条の史的背景とその立法過程の研究を第一の課題として取り上げた発想の特色を挙げることができよう。

第二に、この見地からのドイツ普通法時代の判例・学説の分析にあたり、制度や概念の抽象的・体系的・理論的分析あるいは法的性質論の検討に基づく演繹的手法中心の方法論から出発せず、新しい商品取引時代の発展を背景に、どのような事実関係の下で、どのような紛争が具体的に発生し、その紛争に対し裁判所はどのような救済をどのような要件の下で与えたのか、その際、裁判所が判断基準とした既存の法的技術はどのようなものであり、その法技術は、当面の新しい問題の妥当な解決のためにどのような難点を有し、それを回避するために判例さらには学説はどのような新しい制度・概念あるいは法的構成を創造していったのかを歴史的・客観的に分析し、その上で機能的・政策的に有用な法的構成を模索した方法論的特色を挙げることができよう。具体的には、追完請求権、損害賠償請求権、解除権、代金減額請求権という救済手段毎に、判例の史的・類型的分析を試み、その救済手段の有用性や要件論を検討したことを挙げておこう。

なお、ここで特記しておきたいのは、ゴールドシュミットに代表される普通法時代の肯定説が有していた難点の指摘である。この説は、種類売買が引渡しによって特定物売買に移行するという論理構成をその根拠とした結果、引渡しにより履行請求権あるいは追完請求権が消滅するという不合理な結果をもたらすことになり、それを救済するために重大な瑕疵の場合に限って異種物給付構成によって買主の保護を図ったこと、しかし、瑕疵修補請求や、期間制限の点で問題が残り、結局一八九六年の民法典によって、次（第三）に述べるように、瑕疵担保責任制度の拡張という形で問題の解決を図ったが、これがその後のこの問題に関するドイツ法学混迷の原因となった、との指摘である。近時のわが国の「時的区分説」のもつ欠陥はすでにこの時代に明らかになっていたのである（この点に関しては後掲拙稿・山畠・五十嵐・藪教授古稀記念Ⅲ「瑕疵担保責任論の新たな展開とその検討」参照）。

第三に、四八〇条の立法後に大きな問題となった異種物給付論をケメラー論文に基づいてわが国に初めて詳しく紹介し、その上でこのような問題が発生した原因の究明を試み、その原因は前述したように四八〇条の立法の不備にあることを明らかにした点を挙げることができよう。つまり、ドイツ法は債務不履行責任につき遅滞・不能の厳格な二元構成をとっていた関係上、遅滞でも不能でもない、請負契約や種類売買の不完全給付の法的救済については、立法に際して、古典的瑕疵担保責任制度を拡張して、追完履行請求権を瑕疵担保責任の内容として認めたうえ、これを短期消滅時効にかけるという立法（旧四八〇条）をし、また、これにつられて瑕疵担保責任における瑕疵存在の基準時を契約締結時でなく、引渡時としたために、後発的給付障害である積極的債権侵害、異種物給付や危険負担との重畳関係をめぐる難問が発生したのである。その後のドイツ法学の混迷は、この立法に由来するというのが、修士論文で主張した私見の基本的発想であった。

第四に、この研究に基づいて当時の日本法の判例・学説の分析に取り組み、ドイツ法と異なり法文上遅滞・不能の厳格な二元構成をとっていないわが民法四一五条のもとでは、「遅滞」の他に「不完全な履行」もここに含まれると解釈でき、とくに、勝本正晃・末弘厳太郎両教授によって展開されたわが国の「不完全履行論」は、瑕疵ある物の給付・不完全な履行にもある程度の履行価値を認め、全くの不履行とは一線を画した日本独自の新しい不完全履行概念を創造したものであって、当時としては画期的な理論であったことを指摘したこと、そしてこの説によるときは、異種物の給付もそれが当該債務の履行としてなされた限り債務の本旨に従った履行でなく不完全履行だから瑕疵概念拡張の必要はない、と指摘したことが挙げられよう。

2　その後の研究の展開

この修士論文執筆後の私のこのテーマに関連する研究の展開を簡単に紹介しておこう。

⑴　一九五六年（昭和三一年）に執筆した修士論文後、一九五八年の私法学会における末川・柚木報告、一九五九年発表の五十嵐清教授の論文（「瑕疵担保と比較法」）、一九六二年の比較法学会における星野・北川報告等に接した私は、新説である契約責任説や北川善太郎教授による雄大な契約責任研究に多くの教示を受けつつも、修士論文でまとめた私見の見地から、ドイツ法の混迷を必ずしも意識していないこれらの論争にある種のもどかしさを覚え、修士論文公表の機会をうかがっていた。しかし、東大大学院博士課程時代（この時代法政大法学部の助手を兼ねていた）、新たな研究テーマとして債権者取消権の研究に取り組み、その論文執筆に追われたこと、またこの助手論文で、一九六〇年に法政大学法学部の専任講師（翌年助教授）に就任後、猛烈な私立大学のマスプロ化・マンモス化進行の時代下での講義の負担、さらには一九六二年から始まり一九七八年頃までの約一六年間続いた法政大学の学生紛争により、既存の研究論文に手を入れ、大論文をまとめるための落ち着いた研究環境が失われてしまった。ただ、大学紛争の中間時点である一九六九年に若干の余裕ができたので、法学志林に「不特定物売買と瑕疵担保責任（1）」（未完）（六六巻四号七七頁）を発表することができた。

この論文で私は、川島先生の『科学としての法律学』の影響の下に「経験科学的」判例研究方法論に基づく判例分析を試み、種類売買の法的保護について、それまでの判例を事実と結論との対応関係に即して、総合的・類型的に分析してみた結果、大局的にみると、判例は適用肯定説をとった大正一四年のタービン・ポンプ売買事件判決（大判大正一四・三・一三民集四巻二一七頁）から、当時の通説である適用否定説に若干の歩み寄りを見せた昭和三六年の放送機械売買事件（最判昭和三六・一二・一五民集一五巻一一号二八五二頁、目的物の引渡後、債務不履行に基づく解除を認めた）に至るまで、ほぼ一貫した処理の仕方をしていることを明らかにした。ただ、判例がその処理をなす上で使用した道具つまり法的構成は、この問題に関する民法解釈学の発展に影響されて変化をみせ、そのことが実際の法的処理にも若干のひずみを与えていることや、弁論主義の下、当事者の主張・法的構成（瑕疵担保構成か、債務不履行構成か）に対応しつつも、法的構成や主張の仕方がそのいずれであるかにかかわらず、形式論理で割り切らず、利益衡量に基づき、保護すべき事件は保護し、そうでない事件では保護しないという点では一貫して妥当な結論をとっていることを、学説の発展史と絡ませて分析して明らかにした。また、この論文において、私は、成文法主義に立つ国での判例法の研究は、不文法主義の場合と異なり、判決の法的構成にも一定の解釈先例的意義を認めるべきだとの問題提起、さらには商事判例の中に重要判例が含まれていることを発見し、これらの判例に言及していなかったそれまでの判例研究に一石を投じた。ただこの論文も残念ながら再発した大学紛争のあおりをうけて未完に終った。

(2)　この七年後の一九七六年に発表した「種類売買と瑕疵担保」（奥田他編『民法学（5）』八九頁）は、学生向きの解説論稿であるが、以上の修士論文と志林論文を要約してまとめたものであり、新説である契約責任説批判を展開し、私見の全容を明らかにした点で、私にとっては重要論文である。またこの論稿で損害賠償の範囲についての小論を書き、瑕疵自体の損害と瑕疵結果損害とを分け、前者は無過失責任としての代金減額的損害賠償、後者は過失を要件とする債務不履行による損害賠償と見るべしと主張した。いわゆる損害二分説である。この考え方は、私見以前に、その内容をやや異にするが基本的発想を同じくする勝本説・北川説があり、その後、同趣旨の加藤（雅信）説が現れた。

なお、この年、ジュリスト六二七号に「マンション売買と瑕疵担保責任」の論稿を発表し、業者による新築分譲マンションや建売住宅においては、特定物の不代替物売買でも、売主に明示・黙示の特約あるいは商慣習に基づく瑕疵修保義務を認めるべきだと主張し、修正法定責任説を展開した。さらに、一九八〇年には「契約責任の再構成をめぐる覚書」（Law School 二七号・立花書房）を発表している。この論稿は、瑕疵担保責任に関するこれまでの研究に加え、当時私の指導していた博士課程の院生で現法政大学教授の宮本健蔵君の研究テーマであったカナリスの「統一的保護関係理論」の研究を踏まえた論稿である。

(3)　一九八一年、学生部長の激職から解放された私は、その慰労として、大学から第二回目のドイツ留学の機会を半年間与えられた。この機会に、私は、第一回法政大学院生海外研究生に選ばれた宮本君を伴ってドイツに行き、「契約責任の再構成」を研究テーマとして、フライブルグ大学でアレンスおよびシュレヒトリーム教授、フランクフルト大学でギレス教授のお世話になった。この研究交流は、我々二人にとって大きな学問的刺激と成果をもたらした。まず、私は、バウムゲルテル教授から求められていた日本法における瑕疵担保責任についてのドイツ語論文を書き上げた（この論稿は一九八五年に刊行された。"Der Gewährleistungsanspruch bei Sachmängeln im Geschäft mit Eigentumswohnungen" Herausgabe von G. Baumgärtel. "Japanisches Recht Grundproblem des Privatrechts" がそれである）。この論文で私は、日本の瑕疵担保責任と不完全履行論について紹介するとともに、マンション売買における売主の瑕疵修補義務について日独法の比較考察を試み、日本法と同様に特定物売買における瑕疵修補義務を認めていないドイツ法の下で、新築あるいは新築さるべき家屋や区分所有建物（Eigentumswohnung）の売買において、給付された物に瑕疵があった場合の売主の瑕疵修補請求につき、特約のない限り（普通取引約款によって瑕疵修補が約定されているのが普通であるが）、ドイツの判例・通説はかかる契約を請負契約とみて、瑕疵修補を認めていること（青田売りの場合のみならず、建築完成後の売買にも）、しかし、少数説として売買契約とみた上で、解釈によりこの請求権を認めるペータースの説（基本的発想はわが国の契約責任説と同じであるが、この当時わが国の契約責任説はこの問題について突き詰めた検討をしていなかった。これをしたのが、私の前掲ジュリスト論文である）があることを取り上げ、ドイツの判例・通説の請負契約説を批判した上、特定物売買としながら解釈により瑕疵修補請求を認めるペータースの説に親近感を覚えつつもなお問題のあることを先に発表したジュリスト論文の立場から批判した。

このほかの大きな成果として、シュレヒトリーム教授から、ドイツ民法改正の動きが始まり、債権法改正の鑑定意見書が刊行されることとなったという情報を教えられ、その資料を与えられたことがある。早速、当時フライブルグ大学に留学していた東大の能見教授、成蹊大学の飯島教授と宮本・下森の四人で研究会をもち、その概略をジュリスト誌上で発表した（「西ドイツにおける債権法改正の動向」ジュリスト七七一号、七七二号）。

(4)　帰国後、この留学中の研究を下に、先のジュリスト論文の立場を一歩進めた論稿を発表した。これが一九八四年の『建売住宅・マンションの売買における売主の瑕疵修補義務について』（日本住宅総合センター刊）である。この論稿において前述の瑕疵修補に関するドイツの判例・学説に対する批判を発表するとともに、西ドイツ債務法改正意見書におけるフーバーの給付障害法体系の一元化提言を批判した（なお、フーバーの鑑定意見批判は前年一九八三年公表の「契約責任（債務不履行責任）の再構成」内山＝黒木＝石川還暦記念『現代民法学の基本問題（中）』第一法規刊でも論及している）。そのほか、この時期に発表した論稿として「建物（マンション）の欠陥（瑕疵）と修繕」遠藤浩・林良平・水本浩監修『現代契約法大系第四巻』四六〇頁（有斐閣、一九八五）、「瑕疵担保責任と不完全履行 ― 売買・請負・賃貸借における瑕疵修補請求権を中心に」安達三季生監修『債権法重要論点研究』一二七頁（酒井書店、一九八八）等がある。また、一九八六年には、建売住宅の欠陥について、私見をほぼ採用したと思える下級審判決に接した（神戸地裁昭和六一年九月三日判決、判時一二三八号一一八頁）。

(5)　一九九〇年代に入り、私は瑕疵担保責任と不完全履行の関係についてさらに一歩を進めた四つの研究論文を発表している。①「不完全履行と瑕疵担保責任 ― 不代替的特定物売買における瑕疵修補請求権を中心に」加藤一郎先生古稀記念『現代社会と民法学の動向（下巻）』三二七頁（有斐閣、一九九二）、②「瑕疵担保責任に関する一つの覚書 ― いわゆる「特定物ドグマ」と民法起草者の見解」内山＝黒木＝石川教授古稀記念『続現代民法学の基本問題』一九五頁（第一法規、一九九三）、③「不完全履行論の新たな展開」『司法研修所』論集九〇号（一九九四年）、④「瑕疵担保責任論の新たな展開とその検討」山畠・五十嵐・藪教授古稀記念『民法学と比較法学の諸相Ⅲ』一八七頁（信山社、一九九八）がそれである。

①論文は、前掲神戸地裁判決を素材として、この判決と私見（修正法定責任説）との関係、不代替的特定物売買における瑕疵修補請求権について、法定責任説の立場からの根拠付けを試みた私見に対する諸批判への応接、これらを通じての、それまでの研究の一応の総括を試みたものである。

②論文は、いわゆる「特定物ドグマ」に関する民法起草者の見解を論じたものである。周知のように、法定責任説に対する批判として主張された星野説、つまり、「特定物ドグマ」は非常識な見解であり、この発想は大正時代にドイツ民法学の影響の下に学説継受されたものであって日本民法典特有のものではなく、また起草者にもかかる考え方はなかったとし、旧民法以来のフランス法の伝統をも踏まえ、起草者の意思にもかなった解釈をすべきだとの主張が、学説の大方の支持を集め、契約責任説有力化の一原因となっていた。この当時、私は、日本の学説史とくに起草者意思については十分に研究していなかったので、北川・星野両教授の整理に一応従っていたが、その後、不特定物の遺贈義務者の担保責任（九九八条）と消費貸借における貸主の担保責任（五九〇条）に関する起草者の見解を調べる過程で、民法典起草者はすでに特定物ドグマ的発想を持っていたと考えるべきだとの見解を抱かされるに至り、その一端を前掲①の加藤古稀記念論文論文で公表した。これを受けて、この点を詳しく論じたのが②論文である。その結論として、瑕疵担保責任の法定責任性は確かにドイツ理論の産物であり、日本民法典の起草者にはかかる理論的精緻さはみられず、そもそも担保責任、担保の義務、債務不履行、瑕疵担保責任、追奪担保責任、権利供与義務等の相互の法的性質の差異についての十分な理論的整理はできていなかったこと、またその効果論として解除や損害賠償の他に代物請求権や瑕疵修補請求権まで含めて考えていたのがどうかも正確には語られておらず、このことが起草者意思の理解の仕方につき困難と混乱をもたらす原因となっていることを指摘した。そのうえで、民法典の起草者、少なくとも梅博士には、明確に「特定物ドグマ」と今日契約責任説から批判されている考え方があったこと、そして、瑕疵担

保責任の法的性質と債務不履行責任のそれとの異同についての精密な理論的認識はなかったけれども、少なくとも、瑕疵担保責任を一般の債務不履行責任とは区別して考える発想（後の法定責任説）の下地はあったといえそうだと結論付けた。また、客観的認識の問題として、日本民法典の客観的体系的構造がこのよう状況の下で構築されているといえるとしても、かかる構造を持つ法システムが今日的視点から見て問題があることの批判は排斥されるものではなく、一定の政策判断に基づく契約責任説の主張は、十分に尊重されるべきものであること、しかしそれはそれとして、つまるところは、法政策的見地さらには法技術的見地からみて、今日の時点で、どのような紛争解決システムを構築することが解釈論上あるいは立法論上、より効果的あるいは合理的かの判断問題であり、わが国の場合は不完全履行論の新たな展開で十分対処しうるし、そのほうがむしろドイツ法より優れたシステムだと論じたのである。

③論文「不完全履行論の新たな展開」（司法研修所論集九〇号、一九九四年）は、前述の「西ドイツ債務法改正鑑定意見書の公表（一九八二年）後に連邦司法省によって設置された（一九八四年設置）債務法改正委員会によってまとめられた「債務法改正委員会草案」（一九九二年公表）の内容（とくに一般給付障害法に関するフーバー意見と改正案との差異、売買・請負における瑕疵担保責任、時効に関する改正案の内容）を紹介し、これとの対比においてわが国における不完全履行論の新たな展開についての私見を述べた「司法研修所」における講演記録である。

④論文の五十嵐古稀記念論文は、この三つの論文を踏まえて、五十嵐・星野・北川世代以下の若手世代によって展開された瑕疵担保責任論の新たな動向についての批判的研究である。すなわち、(a)　加藤(雅)説（危険負担的代金減額請求権説）。この説は、法定責任説、契約責任説の双方を批判し、瑕疵担保責任の法的性質を有償契約における対価性の確保という意味で危険負担類似の制度と説明し、その特則性を無過失責任に求め、損害賠償の範囲を「危険負担的代金減額請求権」とするものである。この説は損害賠償に関し、瑕疵担保と債務不履行の二分説を唱えた点で「第三の波」と呼ばれたが、二分説は勝本説に発し、加藤説の独創ではなく、また、種類売買にも瑕疵担保の規定の適用

を認めることの結果、瑕疵存在の基準時を引渡時とする点で、瑕疵担保と危険負担との競合問題からくる難問を抱えていること、さらに両者の関係については突き詰めた検討がなされていない等の問題点があることを指摘した。(b)森田(宏)説（時的区分説）。この説は、契約責任説に立った上で、目的物の引渡・受領時を基準時としてそれ以前は債務不履行、以後は瑕疵担保（特別不完全履行）規定の振り分け適用と構成し、他方において瑕疵修補請求権につき、これを履行請求権に含めつつ「現実賠償」請求権と把握し、また「過失」概念につき、結果債務においては「債務不履行＝帰責事由（あり）」と説明することで、瑕疵担保責任における追完請求権規定の欠如や無過失責任性を強調する法定責任説からの理論的批判をかわす新説である。また効果論として、即時無催告解除や金銭による損害賠償を一定の基準により制限するとともに、現実賠償としての瑕疵修補請求権を一年の期間制限に服させることで妥当な結論を導き、実務的要請にも応じようとするものである。この説は受領時を基準時とする振り分け適用により従来の契約責任説の難点を巧妙に克服しているが、ドイツ普通法時代の瑕疵担保規定の種類売買への適用肯定説が陥ったと同じ欠陥を持つものである。すなわち、履行（引渡・受領）前には瑕疵担保責任や債務不履行責任の追及・権利行使ができないことの欠陥、その間における目的物の滅失・毀損について対価危険との関係が問題となること、期間制限の始期いかん等の問題、さらには、目的物の受領後にも履行忍容の意思表示の錯誤を根拠として弁済の有効性を否定し、債務不履行責任のさらなる追及を許すことの問題性を指摘した。他方効果論において即時無催告解除や金銭による損害賠償を一定の基準により制限する結論は、種類売買の場合は不完全履行として処理する法定責任説の結論とほぼ同じであり、適用肯定説をとる意味がなくなるといえようとも批判した。これらの批判に対する本格的な反論は私の知る限り今日までない。(c)北居説（修正時的区分説）。この森田説の難点を克服しようとする北居説は、受領時でなく、「特定の合意時」を基準時としてそれ以降を瑕疵担保の問題とする。この北居説は、特定の合意後は特定物ドグマを認める点で法定責任説の流れに位置づけることも可能であるが、この説もまた、不特定物売買に瑕疵担保責任規定の適用を認めることのメリットは少なく、かえってデメリットが大きいという従来からの私見による批判に十分な応接をしていない。このほか藤田寿夫教授や辻伸行教授の説についても批判的考察を行ったがここでの紹介は省略する。さらに、この論文において、私は、先のフーバー鑑定意見と対比しつつ、ドイツ債務法改正委員会草案について若干の感想を述べておいた。

周知のように、二〇〇〇年（平成一二年）四月一日より施行された「住宅の品質確保の促進等に関する法律」第九五条は、新築住宅の売買契約につき、引渡しの時から一〇年間、一定の範囲での、売主の瑕疵修補義務を認めた。この立法は契約責任説の影響を受けたものとの評価もあり、それを否定するつもりはないが、私の先に掲げた一九七六年のジュリスト論文に始まる年来の主張の影響もあるのではないかと考える。この意味において、この法律の制定は、私にとって年来の研究の嬉しい成果であった。

(6)　契約責任の再構成・保護義務論の展開　瑕疵担保責任に関する以上のような研究の展開と並行して、その後履行障害法の研究に新たな研究テーマが加わった。これが契約責任の再構成、不完全履行論の新たな展開、さらには安全配慮義務を始めとする保護義務論の研究である。この契機となったのが、先に述べた宮本健蔵（現法政大学）教授の大学院博士課程における保護義務論研究の指導である。これらの研究について本稿で一々論及することは避け、以下にその重要論稿を掲げるに止める。

この領域に関する私の重要論稿としては、一九八〇年の「契約責任の再構成をめぐる覚書」（ロースクール二七号、立花書房）を皮切りとして、「契約責任（債務不履行責任）の再構成」（内山＝黒木＝石川還暦記念『現代民法学の基本問題（中）』第一法規一九八三年）、「国の安全配慮義務」（西村他編『国家補償法大系2』日本評論社、一九八七年）、下森編『安全配慮義務法理の形成と展開』（「編者はしがき」も参照。日本評論社、一九八八年）、「日本における『専門家の契約責任』」（川井健編『専門家の責任』日本評論社一九九三年）、「不完全履行論の新たな展開」（司法研修所論集九〇号、一九九四年)、「専門家の民事責任の法的構成と証明」(専門家責任研究会編『専門家の民事責任』別冊NBL二八号、一九九四年)、「保証・物上保証契約の締結と銀行の情報提供義務」(みんけん四八八・四八九号、法務総合研究所紀要『民事研修』一九九七年)、「弁護士の専門家責任」(加藤雅信他編『二一世紀の日韓民事法学』——高翔龍先生日韓法学交流記念、信山社、二〇〇五年)等がある。

(7)　ドイツ民法研究会・ドイツ債権法改正問題・日本法における改正問題の研究

この間の研究あるいは研究会活動として最後に述べておきたいことは、ドイツ債権法改正問題さらにはそれに基づく日本法の履行障害法再構築の研究である。一九八三年三月、前述した第二回ドイツ留学から帰国した私は、当時法政大学の同僚教授であった岡孝現学習院大学教授を事務局担当責任者として、法政大学現代法研究所のプロジェクトチームを立ち上げ、若手ドイツ民法研究者に呼びかけて『ドイツ民法研究会』を結成して、ここに改正鑑定意見書の本格的研究が開始された。研究会の狙いは、ドイツ債務法改正動向の研究を通じて、日本の債権法改正の方向性を模索することにあった。この研究会の創設、今日に続くその後の研究会活動において常に中心的役割を果したのは岡教授であり、岡教授の精力的な活躍・地道な研究会運営なくしては、今日までの二〇年以上の長きにわたる研究会活動は成り立たなかったであろうことをここに明記して心から感謝の意を表する。この成果が『西ドイツ債務法改正鑑定意見の研究』(下森他編著　法政大学現代法研究所叢書9　日本評論社、一九八八年)である。さらに、その後『ドイツ債務法改正委員会草案の研究』(下森・岡編　法政大学現代法研究所叢書15　法政大学出版局、一九九六年)、『契約法における現代化の課題』(岡孝編、法政大学現代法研究所叢書21　法政大学出版局、二〇〇二年、ドイツ債務法現代化法の紹介)が相次いでその成果として刊行された。後書が二〇〇〇年三月に法政大学を定年退職した私の古稀記念論集として贈られ、シュレヒトリーム教授から序文を寄せていただいたのは、大変名誉であり、嬉しい出来事であった。この間のシュレヒトリーム教授を始めとするアレンス、フォン・クラウスハール、ギレス等の多くのドイツの学者との交流、さらにはドイツ民法研究会に集った多くの若手研究者との交流は、ここに一人一人のお名前を挙げるにはあまりにも多すぎる、忘れがたい思い出である。それにしてもこれら諸教授の民法学界における今日の大活躍に接するにつけ、時の流れを感じさせられるこの頃ではある。この間の経緯については、「『ドイツ債務法現代化法』をめぐる若干の所感」と題した簡単なエッセーを発表している（私法判例リマークス二六号　日本評論社、二〇〇三年）。

前述したように、これらの研究会活動の最終的狙いは、日本債務法改正の問題点整理さらには具体案の提示であったが、ドイツやヨーロッパ法、国際売買法のその後のめまぐるしい展開の研究と紹介に追われ、ドイツ民法研究会では、日本法の検討には今日まだ至っていない。私個人もまた、上記の諸論文や研究会で折に触れて問題点の指摘や発言をしてきたけれども、体系的整理に基づく具体的改正提案は行っていない。この間、一九九八年、日本私法学会において、能見教授を中心とする研究グループによる「民法一〇〇年と債権法改正の課題と方向」シンポジウムがもたれ、能見教授から「履行障害」についての具体的立法案が提示されて、注目を浴びた。一九八一年、フライブルグ大学で西ドイツ債務法改正鑑定意見書の研究をともにした能見教授の立法提案を感慨深く聞いた私は、報告後の質疑において、能見提案の債務不履行に代わる履行障害法再構築の方向性、一元的な義務違反要件の定立、それと分離しての損害賠償についての帰責性要件の付加、さらに瑕疵担保責任における時的区分説に対する批判などについてまず原則的賛意を表したうえ、三つの質問を行った。すなわち、第一に、契約違反の救済に関する三つの手段である、（強制的）履行請求権、損害賠償、解除の相互関係ないし序列、第二に、瑕疵担保責任と債務不履行との統合問題、第三に、瑕疵修補請求権の位置づけについてである。第一点の質問の要点は、三種の救済手段について選択的行使を認めることの問題性（私見は現実的履行強制の第一次性認容）、第二点については瑕疵担保責任の債務不履行への統合による一元化の抱える問題性（私見は、実質的二元性の維持）、第三点は、瑕疵修補請求権を本来の履行請求権とは異なった補完的請求権と構成することから生ずる問題の複雑化に伴う混乱の指摘（私見は本来の履行請求権そのものと構成）

である。これらの点は、前述した私見の年来の主張に基づく問題の提起であった（「私法」六一号九二頁以下参照）。

このシンポジウムにつづいて私の出席した履行障害法に関するシンポジウムが、二〇〇四年一二月の清華大学主催中日韓契約法国際シンポジウム「履行障害法の課題」、二〇〇六年六月の比較法学会「瑕疵担保責任」シンポジウム、同じく同年一〇月の日本私法学会「契約責任論の再構築」シンポジウムの三シンポジウムである。清華大学・国際シンポジウムで報告した「履行障害法体系における瑕疵担保責任制度の地位と立法論上の課題」は、これまでの研究のある意味での体系的・要約的な集大成であるが、全てを新たに書き起こしたものではなく、ここ十数年来、法政大学や成蹊大学法科大学院における債権法講義の講義資料として少しずつ手入れして配布してきた未発表の原稿に基づく報告原稿である。以上が修士論文執筆後のこの研究領域に関する研究の要約である。

最後に、本稿の総括をし、私法学会「契約責任論の再構築」シンポジウムについて、若干の所感を述べて本稿を閉じよう。

むすび――本稿の総括と履行障害法再構築に関する現時の所感

（二〇〇六年度私法学会シンポジウム「契約責任論の再構築」を踏まえて）

一　本稿および法解釈学方法論に関する私見の基本的立場の総括

巷間、瑕疵担保責任に関する下森説は、古典的ないし伝統的「法定無過失責任説」に立脚し、「特定物ドグマ」を大前提として演繹的に結論を導出するドイツ流の概念法学的解釈論であると受け止められているように思われる（もっとも、山本敬三『民法講義iv―1　契約』二六五頁注3は私見の特色を正確につかんでいる）。しかし、修士論文に始まる私の研究の展開に関する本稿のこれまでの叙述で、必ずしもそうではないと理解していただけたと考えるが、念のため、私の解釈学方法論に関する基本的立場をもう一度総括しておこう。

(1)　前述したように、修士論文の執筆目的は、種類売買において瑕疵ある物の給付を受けた買主に対し、ドイツおよびわが国の立法、判例および学説がどのような法的保護を与えてきたか、さらに現在与えているかを歴史的に跡付けその意義と問題点を明らかにし、このことを通じてわが民法五七〇条の適用範囲あるいは不完全履行論に関する解釈論に一定の寄与を為そうとするものであった。

この目的意識の下に、ドイツ民法四八〇条のような規定を有さず、当面は解釈論による解決によらざるをえないわが民法の解釈にとってもっとも参考になるのは、問題が発生し、争われ、それが立法によって解決されるにいたるまでの過程の究明であるという問題意識の下に、ドイツ民法四八〇条の歴史的背景とその立法過程の研究を論文執筆の第一の課題として取り上げ、ついで、立法後に新たに生じた争点（あるいは立法の際に残された争点）の研究に取り組み、異種物給付論に代表される「瑕疵概念拡張問題」を研究した。

(2)　この研究にあたり、具体的には、種類売買という新たな社会現象がもたらした法現象（法的紛争）についてのドイツ普通法時代の判例を概観し、そこでは瑕疵ある物の給付を受けた種類物買主の法的保護をめぐって、具体的にどのような法的紛争が生じ、裁判所はこれに対してどのように対処したのか、その実務的意義いかんを探り、ついでそれを理論的に根拠付けるために果たした学説の問題状況を概観して、種類売買という社会現象に対応して生まれ、発展した法規範の実態と構造を明らかにし、さらにその後、それがドイツ民法典にどのようにして承継されていったのかの立法過程の検討を行った。つづいて、立法後に発生した瑕疵概念拡張問題に取り組み、なぜのような問題が発生したのかを具体的な判例分析に基づいて分析して問題点を明らかにし、判例・学説による解決の努力、その法的構成の展開過程を整理し、ドイツ民法典及びドイツ民法学の批判的研究に基づく問題点の指摘を試みた。すなわち、ドイツ法は債務不履行責任につき遅滞・不能の厳格な二元構成をとっていた関係上、遅滞でも不能でもない、請負契約や種類売買の不完全給付の法的救済については、旧法の立法に際して、古典的瑕疵担保責任制度を拡張して、追完履行請求権を瑕疵担保責任の内容として認めたうえ、これを短期消滅時効にかけるという立法（旧四八〇条）をし、また、これにつられて瑕疵担保責任における瑕疵存在の基準時を契約締結時でなく、引渡時としたために、後発的給付障害である異種物給付や危険負担との重畳関係をめぐる難問が発生したこと、また、追完請求権を瑕疵担保責任の内容として位置づけたために、本来の契約上の債務・履行請求権との関係や競合適用をめぐり再び論争が起こったこと、その後のドイツ法学の混迷はこの立法に由来することを指摘した。

(3)　そのうえで、日本法の解釈論につき、わが国の瑕疵担保責任制度は、その構造上、沿革的に見て古典的な商品取引である不代替物の特定物売買を主たる対象として構築されているので、新しい商品取引形態である種類売買には不適合であり、これを拡張解釈して種類売買に適用しても実効性が薄いこと、その法的保護は、ドイツ法と異なり債務の不本旨履行について一般的規定を設けている日本民法の下では、勝本・末弘教授によって展開されたわが国独自の不完全履行論（不完全な履行にある程度の履行価値を認める不完全履行論）の新たな展開のみで対処するのが合理的かつ妥当であると主張した。

(4)　その後の瑕疵担保責任に関する研究、さらには保護義務論の研究、契約責任の再構成・履行障害法の再構築に関する研究と提言は、この論文を出発点として、基本的には全て上記のような方法論的立場に基づいて展開したものである。換言すると、私の研究は、判例にあらわれた具体的紛争の類型的な整理・分析に基づく判例法の総合的・史的分析から始め、判例が具体的解決に当たって用いた法技術・法的構成の整理と分析、学説との関係、それらを下にした、その法的構成の背後にある結論導出の真の判断基準（利益考量の判断基準）の模索とそれをうまく説明できる新たな法技術や理論・新たな法的構成の提案を心がけてきたつもりである。また、契約責任の再構成にあたり、契約（それに基づく債権・債務）とその背後にある契約関係を一体として把握することの重要性、さらには直接の契約がなくとも、特殊＝契約的・社会的接触関係が認められるときは、そこに契約関係の「場」を認めて契約的責任（法定の契約責任）を認めるべきであるとの主張を展開してきた（場の理論）。この考え方は複合契約論につながる（総合企画請負方式に基づくサブリース契約論などもここに入る）。要するに、「身分から契約へ、契約から制度へ」という制度論的発想が私見の基本的発想である。なお、この責任は、合意に拘束力の根拠を置くものではなく、一定の政策的判断に基づく法的責任であるが、それは契約的・社会的接触関係の場の存在を前提とするものなので「法定の契約責任」と名づけたのである。さらにいえば、瑕疵担保責任や危険負担もここに入れてよく、この責任が政策判断に基づく法定の責任である以上、無過失責任である場合もあり、過失責任にとどめる場合もあるのであり、それは救済が求められている紛争類型毎に政策決定される問題だと考えるものである。合意があればもちろん私的自治あるいは契約自由の原則により契約責任を負うのが原則であり、かかる合意が認められない場合に合意の存在を擬制してこの責任を根拠付けるのも一つの法的技術といえ、しばしば法解釈あるいは契約解釈の名における「意味の持ち込み」が裁判上行なわれていることは、かつて穂積忠夫論文で明確に指摘されたところである。しかし、当事者意思にこだわる必要は必ずしもないものと考える。

このような私の法解釈学方法論は、契約ないし契約関係の法的保護について、史的・機能的・類型的かつ体系的な分析に基づく解釈論であり、本人としては、ドイツ流といわれる現行法典の観念論的あるいはドグマチックな形式論理による文言解釈に基づく演繹的な結論導出を特色とする概念法学ではないつもりである（なお、ドイツ民法学にそのような傾向があるとしても、つねにそうだとはいえない。例えば債権者取消権に関するパウルスの責任説もその一例と解されているようであるがそれは誤解である。とくに英米法の影響を受けた近時のドイツ民法学では帰納的・利益衡量的解釈論が強い。また、一九八一年に公刊された“Johannes Köndgen の“Selbstbindung ohne Vertrag zur Haftung aus geschäftsbezogenem Handeln”は注目すべき文献である）。しかし、私見がそのような伝統的ドイツ流の法解釈学として受け止められていたとすれば、それは私の説明不足であり、責任の一端が私にあることを否定するつもりはない。私のこのような方法論のバックには、旧制高校・大学教養部時代に学んだ、ヘーゲルの弁証法、史的唯物論、マックスウェーバーの社会科学方法論、さらには大学院の指導教授川島武宜先生の『科学としての法律学』等の影響がある。

ただ、留意しておきたいことは、日本の法体系が大陸法を継受した成文法体系である点である。成文の法典を法源とする以上、その体系的構造、法概念、法制度の法的性質、判決の法的構成などの正確かつ厳密な教義学的研究の有用性・必要性はいうまでもあるまい。成文法主義に立つ国での判例法の研究は、不文法主義の場合と異なり、判決の法的構成にも一定の解釈先例的意義を認めるべきだとの問題提起は私の年来の主張でもある。他方、成文の法典が増えてきた英米法のもとでも、法の解釈に関する作業においては同様であろう。また立法論上、新しい法的紛争に対応するため新しい法制度を制定し、既存の法制度を改正することが必要とはいえ、制定にあたり、既存の法体系や法概念との整合性に十分な注意を払うことの必要性・重要性についても、とくに述べるまでもないことである。これを無視した立法案・改正案は、とくに市民社会の取引紛争を対象とする基本法典である民法の場合、甚大な影響・被害を国民生活に与えることになることへの慎重な配慮が必要である。このような配慮を欠いた改正案は、立法府の受け入れるところとならないであろうし、性急な改正が仮になされたとしても、その反動が厳しいこととなろう。ドイツ新債務法にその懸念がないわけではない。この観点から、履行障害法の再構築の大局的視点を定める必要があると私は考える。

二　私法学会シンポジウム「契約責任論の再構築」に対する若干の所感

(1)　二〇〇六年度私法学会シンポジウム「契約責任論の再構築」に、私は多大の興味と期待を持って出席した。シンポジウム研究グループ総括責任者である潮見佳男教授の契約責任論に関する近時の目覚しい諸業績、現代民法学界を代表する錚々たる中堅・若手報告者の顔ぶれ、さらには、本年六月に開催された同じく潮見教授を総括責任者とする比較法学会ミニシンポジウム「ヨーロッパ契約法原則」の斬新かつ興味深い諸報告がその背景にあった。

今年度の私法学会シンポジウムにおいて、潮見グループが、①一九九八年の能見善久教授を総括責任者とする「債権法改正の課題と方向 ― 民法一〇〇周年を契機として」シンポジウムにおける具体的立法提案（別冊NBL五一号所収）、②一九九〇年代半ば以降のわが国の契約責任に関する研究の新しく目覚しいといわれる展開、③あるいは内田貴教授を中心とする民法改正委員会グループの討議（ジュリスト一三〇七号、一三〇八号所収座談会、二〇〇五年）、④さらにはドイツ新法の評価やヨーロッパ契約法その他の諸外国の比較法的研究（その一つの大きな成果としての前述の比較法学会シンポジウム）を踏まえ、⑤潮見教授が二〇〇一年に「ドイツ債務法の現代化と日本債権法学の課題」で提示された立法化の方向性（初出、民商法雑誌一二四巻三号、四＝五号、後『契約法理の現代化』〔有斐閣二〇〇四年〕三三九頁以下に所収）をさらにどのように発展・展開され、債権法改正の具体的全体像あるいは基本構想を提示されるかを期待したからである。

しかし今回のシンポジウムは、「契約」という観点に基礎をおいた最近の契約責任論を踏まえたうえ、そのような問題を考えることの意義や限界、そしてこれらの研究が「契約責任法理の現代化」に向けて取り組んでいる現状の整理とその研究がもつ意義と未解決の問題点の分析と整理に限定され、将来の債権法改正の準備作業の枠内にとどめられた。潮見教授の言葉を借りれば、「今回のシンポジウム報告では、報告者グループとして、現代の契約責任論の『あるべき枠組み（パラダイム）』を共同提案することまでは企図していない」、むしろ、このシンポジウムを通じて「各々の参加者が契約責任論の現状を認識できること、そして、『二〇〇六年版の契約責任論』というMAP（地図）の上でみずからのおかれた位置と進路を確認できることを、達成目標としている」という。具体的構想の提示は、教授の参加しておられる「債権法現代化研究会」の成果として近い将来公表されるのであろうが、現時点での潮見グループの具体的基本構想の公表を期待していた私には残念であった。

(2)　しかし、それはそれとして、個々のシンポジウム報告は現代契約責任の重要問題につき、きわめて正確にして明確な研究状況の整理分析、未解決の問題点の摘出・指摘がなされ、大変有益であった。その意味においては、「参加者が契約責任論の現状を認識でき」、「みずからのおかれた位置と進路を確認できる」ようにするという当面の目標は達成されたと評価できよう。学会当日、個々の個別報告について質問したい点や述べたい感想も多々あったが、時間の制約上一点のみの質問に絞り、潮見教授宛に次の質問書を提出した。すなわち、「契約責任論あるいは履行障害法の再構築の全体構想について報告者グループではどのような討議がなされたのかについてお話していただきたいと思います。本日の報告の範囲からは外れますが、本日の個別報告はそれぞれ相互に関連する面がありますので、つねに給付障害法の全体的構造をどう構築するかを考えながら議論する必要があり、当然そのような議論があったと思われますので、あえて質問させていただきます」との質問である。

(ア)　この質問の趣旨を当日の報告との関連においてもう少し詳しく述べてみよう。もはや古典的と評価される日本民法典における原始的及び後発的給付障害の区別、瑕疵担保責任と危険負担との体系的位置づけ、債務不履行の二元あるいは三元構成、その後の契約責任の拡張現象、不完全履行論の新たな展開を踏まえて、ヨーロッパ契約法やドイツ新法をどのように評価し、それとの対比において、履行障害に関する日本民法典・債権法改正の全体構想をどのような方向性の下で検討すべきか。これらの概念・制度は相互に密接な関連をもって体系構築されているので、再構築を試みるという場合、つねに総合的、相関的な全体展望を踏まえつつ、個別的救済手段や体系の再構築を試みることが必要である。また、再構築にあたり、レメディー・アプローチ、コーズ・アプローチ、プロセス・アプローチといったいろいろのアプローチのあることが述べられたが、大陸法を承継した現行民法典の古典的体系（パンデクテン体系）構造はそれらの総合的検討の上に成立しているものと私は考えているので、その中の一アプローチに偏った検討は妥当でないように思われる。

ところで、今回の報告は「契約責任論の再構築」と題されているところから明らかなように、「契約」という観点に基礎をおいた契約責任の再構築を中心として討議をなし、それに基づいて報告するものという。山本報告の指摘するところによると、この一〇数年間に展開されてきた契約責任論の特徴は、契約責任を「契約にもとづく責任」ととらえる方向性にたって、ある責任を認める場合に、それを契約にもとづく責任として正当化し、その責任の要件及び内容も契約にもとづくものとして再構成する点にあるという。このことを前提として山本報告は、そのことの意味を問い、それを契約の拘束力――「契約は守られなければならない」――の意味と射程という視角から明らかにして、契約責任に関する中心的な効果である履行請求、損害賠償責任、解除がそれぞれ契約の拘束力から導かれるものかどうかに焦点をあててこれまでの議論を分析し、それによって確認されたこれまでの伝統的理論と対比しながら、新たな責任論の特徴とその基礎にある考え方を浮き彫りにし、最後に契約責任を「契約にもとづく責任」としてとらえる場合に必然的にでてくる契約内容確定問題を取り上げ、考えられうる方向の見取り図と今後の課題を示すことを報告の課題として掲げた。

この結論として山本報告は、伝統的理論は、一般的に当事者の自律的な合意の確定と他律的な規範による補充という二つの作業による二元論に立つとし、この二元論を更に、①伝統的な「厳格な合意観」と②近時の「柔軟な合意観」の二類型に分けて整理した。その上で、この二元論に対して山本報告は、③「融合論」を主張する。すなわち、「制度的行為」概念を用いて、契約とその契約を支え、その前提となっている「契約制度」との関係において、契約締結行為を観察するとき、契約を締結するということは、契約制度を構成する「それ自体としては他律的規範である諸ルール」によって内容を規制された行為を行うことを意味するから、当事者の自律的合意の確定と他律的規範による補充の一体的・融合的適用となると主張する。もっとも、この場合でも、結局は他律規範の適用を認めるのであるから結果的に二元論と異ならないともいえそうだが、当事者がこのような「制度的行為」をすることを自律的に決定したのであるから、「他律規範」が自律的に「契約内容」を構成する、つまり「他律規範」の適用も契約の拘束力にもとづく効果であり、契約とは別の根拠に基づく「法定効果」ではないという。その上でさらに、そうはいっても実際には個々の当事者が契約により実際に行なった決定が原則的には尊重されるべきであり、その決定に欠缺がある場合にも、当事者が契約により実際に行った決定から「一定の指針を引き出せるなら」それにしたがってその欠缺を補充すべきである、これは法による補充というよりも、「個別的な契約の趣旨にしたがって契約を補充的に解釈すると」いう意味においてこれを「補充的契約解釈」と名づける。そしてこのことは、契約制度のもとで可能な限り当事者の自律を尊重するために不可欠だという。

もっとも、山本報告では、一定の指針すら引き出せない場合にはどうするかには触れていない。この場合には法による補充を認めるのであろうか。それとも当事者意思を擬制して「補充的解釈」の名のもとに「他律規範」を「契約内容」に取り組む操作を行うのであろうか。そうだとすると、「伝統的」という名のもとに「もはや古く、現代では通用しない議論」という価値評価を滲ませた「伝統的な法あるいは契約の解釈論」と実質的作業のうえではさほどの差異はなく、新しい言葉で表現の仕方を変えたに過ぎない議論であって、観念的な言葉遊びに過ぎないといわれる可能性もないではあるまい。

(イ)　もっとも、このような問題提起を行った山本報告の実質的・理論的な狙いは、例えば瑕疵担保責任の法的性質論をめぐる「法定責任説」と「契約責任説」との対立の理論的克服にあり、単なる言葉遊びでないことは明白である。

山本報告は、契約責任の中心的効果である履行請求権、損害賠償責任、解除は契約の拘束力から直接導かれるものか、それともそれを前提としつつもそれ以外の法定の根拠（例えば過失責任原則）に基づくものかどうかの問題提起を行なっている。そして、伝統的理論は契約責任の問題を債権・債務の問題としてとらえているところに特色があり、契約の拘束力を「契約によって債権・債務が発生する」ことを意味するものと捉えつつ、履行請求権、損害賠償責任、解除等の救済手段は、その債権や債務の効果として契約の拘束力と切り離してそれ以外の法定の根拠により認められるものと理解しているという。

これに対して、新たな契約責任論では、①契約責任の問題を債権・債務の発生原因である契約に接合して構成し、②損害賠償責任と③解除も契約の拘束力から導かれるとする有力な主張があり、また、④履行請求については、これを単純に債権の本体的効果とみず、他の救済手段と並立するものとみる考え方が有力となっている、と説く。その上で、具体的に①契約構成の意味（債権・債務構成との違い）、②損害賠償責任、③契約解除、④履行請求権の各救済手段毎に伝統理論との差異を検証して問題点を明確にしている。山本分類による「法定効果一元論」にたつ私にとり、この分析・整理は極めて明確であり、近時の現役世代の有力な考え方が良く分って、たいへん参考になった。

(ウ)　今回の各報告は、かかる近時の契約責任論を共通の前提認識としたグループ討議に基づく、研究報告と思われる。ここで、これらの個々の報告で述べられた問題についてその内容を詳細に検討して私見を述べることは控え、将来の課題としておくが、最後に、気のついたいくつかの問題につき、問題点の指摘をしておきたい。

第一に、危険負担と解除の関係について具体的事例を挙げて問題の所在を示した松岡報告を除き、全体としてやや抽象的・観念的・ドグマチックな議論が多かったかなの印象を受けた。時間の制約上やむをえないともいえるが（各報告とも与えられた報告時間内で手際よくまとめられたのは見事であった）、星野英一教授の学会当日の印象発言、「伝統的ドグマが新しいドグマに置き換えられたのみで、ドグマという点、またその中身は伝統的理論とさほどの差異はないのではないか」の趣旨と思われる所感表明に、私もまた同感であった。

第二に、「契約責任論の再構築」が中心となった研究報告のせいか、債権法の改正という視角からの印象としては、これらの報告からの立法論の行き着くところは「契約法」の新たな立法論の提起かなと思わせられるふしがあり、そうなると、契約以外の原因に基づく債権あるいは法的保護手段についてはいかなる立法をするのか、債権総論あるいはは民法総則不要論にまで行き着くパンデクテン体系廃止論に至るのかの思いまでさせられた点である。これらの構想は、学者の理論的研究としては興味深く魅力的ではあるが、民法典制定以来一〇〇年を超え、国民生活に深く根付いている基本立法の根本的改正は、社会的現実性に欠けることとなろう。この点も星野教授の所感に同感である。

第三に、これらの全体的印象はしばらくおき、近時の契約責任論からの個別的問題提起には教えられることが多かったことは否定できない事実である。ただ、今回のドイツ債務法の改正がそうであったように、パンデクテン体系を維持したままでの債権法の改正という視点から見るときは、個別救済手段の要件や内容の検討にあたり、先に提示した問題の提起、すなわち、「日本民法典における原始的及び後発的給付障害の区別、瑕疵担保責任と危険負担との体系的位置づけ、債務不履行の二元あるいは三元構成、その後の契約責任の拡張現象、不完全履行論の新たな展開を踏まえて、ヨーロッパ契約法やドイツ新法をどのように評価し、それとの対比において、履行障害に関する日本民法典・債権法改正の全体構想をどのような方向性の下で検討すべきか」の問題意識の必要性を強く感ずるのである。もちろんこのような問題意識が報告グループの共通意識としてあったことは、近時の契約責任理論整理の中身から伺われるが、報告の中で全体構想についての共通する具体的な構想案あるいは討議内容の開示がないように感じられたので、学会当日の私の質問となったのである。この点をもう少し具体的に指摘しておくとこうである。

(a)　まず、履行請求権についてみよう。窪田充見報告によると、伝統的理論と近時の理論の重要な差異は、第一に履行請求権の構造理解にあるという。伝統的理論によると契約から発生した債権・債務の効力として履行請求権が位置づけられ、それが救済手段として機能するものとされているのに対し、近時の理論ではそれは、「債権と切り離された救済手段」として履行請求権を観念することにあるという。

そして第二に、伝統的理論である「債権モデル」に対して、「契約モデル」に基づく近時の理論・諸学説は、第一の出発点では共通しているが、肝心な契約や契約利益の把握の仕方につき意見が統一されていない、例えば一般的履行請求権と完全履行請求権との区別、かかる区別の是非、完全履行請求権を現実賠償という形で位置づける見解、その法的根拠を契約の拘束力に求めるのかそれともそれは一般的履行請求権とは性質が異なるものと理解するのか、そうなるとそれは「契約モデル」の限界となるのか、それとも「契約モデル」の意味内容自体の変更を必要とすることになるのか等の問題が発生し、ここまで来ると、ことは履行請求権の問題に止まらず、「契約モデル」が機能する全体領域を視野に入れて整合的な理論構築をする必要があるという、近時の契約責任論がかかえる問題点の指摘がなされた。

私見は、契約に基礎をおく実体的履行請求権を前提とし、救済手段としての履行請求権については山本整理にいう「法定効果一元論」に立つもので、能見提案にいう「(強制的)履行請求権」と同様に考えるものである。また、能見説と異なり、一般的(強制的)履行請求権と完全履行請求権あるいは補完履行請求権との区別を認めない。この区別から生ずる法的混乱はドイツ法の批判的考察で指摘したところである。また、「債権と切り離された救済手段」として履行請求権を位置づける発想は、債権・債務概念の放棄に連なる問題を含み、多くの混乱が生ずる危険性があることは先に指摘したところである。そこまでの危険を冒してまでこのような理論に基づく立法をする必要性・有用性があるのか疑問である。また、第一次的救済手段としての(強制的)履行請求権認容の有用性は今日の商品交換取引社会においてもなお失われていないと考えている。このことは不代替物の特定物売買においてはもちろんのこと、「なす債務」や「代替物の種類売買さらには特定物売買」においてもそうであること、近時の国際売買法やドイツ新法の示すところである。近い将来、英米法においてもまたそうなるのではあるまいか。

(b)　債務不履行における帰責事由についての小粥太郎報告、損害賠償責任の効果に関する潮見報告もそれぞれに興味深い報告であった。ただ両報告を聞いて感じた点は、債権法改正にあたり保護義務論の位置づけをどうするかの問題である。契約責任の拡張現象を踏まえて、これを契約責任として認める以上、要件論・効果論さらには時効との関係の具体的詰めが必要となるはずである。とくに、契約＝合意の拘束力に基礎をおく本来的給付義務、一般的履行請求権との差異が問題となり、帰責事由の内容、損害賠償の範囲、時効期間について同一的処理の可能性あるいは妥当性如何が重要問題として登場する。また、遅滞、不完全履行、履行不能の三元的債務不履行類型の位置づけ、あるいは原始的履行障害と後発的履行障害の区別の廃止問題、これと関連しての瑕疵担保責任と危険負担との関連付けなど、給付障害法の全体的構想に関する検討を抜きにしては、これらの問題は語れないはずである。この点は履行請求権や解除の救済手段についても同様である。危険負担と解除の関係について見事に分析した松岡久和報告においても、私が聞きたかった重要論点は、瑕疵担保責任との関係に関する立法構想であった。

以上の所感が、学会当日の私の質問の背後にあった。報告者それぞれにこれらの点にある程度論及はされていたが、全体構想を語ることなき報告に不安を覚えたのが偽らざる感想である。後日発表されるであろう債権法改正の具体的提案でこれらの問題につき教示を受けたいものである。

三　履行障害法再構築に関する私見の基本構想覚書

むすびの最後に、現時点における履行障害法再構築に関する私見の基本構想を述べておこう。批判のみで自説を展開しないのでは、いささか無責任のそしりを免れないからである。とはいえ、残念ながら私に具体的な改正案があるわけではなく、一人で考えるにはあまりにも重い課題である。ただ、本稿第二章で展開した基本的考え方をやや補充し、これを覚書風にまとめて当面の責めを果たそう。

⑴　まず、基本的には債権法の改正は現時点の社会的需要に応ずる改正の範囲にとどめたい。先人の叡智の結晶であり、立法以来国民生活の基本法典として深く浸透しているパンデクテン体系に基づく民法典の基本構造をくつがえすような改正は慎むべきであり、社会的現実性・具体的妥当性に欠けると考える。

⑵　債権総論中に置かれるべき債務の不本旨履行＝債務不履行を上位概念とする債務不履行体系の基本構造は、現代社会においてもっとも問題の多い不完全履行を中心に遅滞、不能、保護義務についての特別規定を整備する四元構成が望ましい。

⑶　債務不履行の内容・類型ごとに、その法的救済手段は異なるから、その類型ごとにそれに適切な救済手段、具体的には（強制的）履行請求権、損害賠償請求権、契約の解除を選んで割り付けたい。もっとも解除規定は、契約総論中に債権総論との関係に留意しつつ配置するのが、現行法との連続性の点で妥当であろう。

⑷　履行請求権を第一次的救済手段とする伝統的システムは維持すべきである。損害賠償請求権を第一次的救済手段とする英米法的システムに変更する必要性・妥当性は認められない。前述したようにこの点は、近時の国際売買法やドイツ新法の示すところであり、近い将来、英米法においてもまたそうなる可能性が強く、現にその動きが始まっていることは比較法学会における曽野・山下報告で紹介されたところである。

⑸　救済手段の要件論も、救済手段の類型ごとに異なる。（強制的）履行請求権の成立には帰責事由の存在は不要である。当事者の意思解釈・契約内容の解釈に基づいて内容が確定された当該契約上の債務に基づく本来的履行請求権の法的根拠は「合意」そのものと見ればよく、その内容実現につき当事者間でさらに「保証」の合意までがあったと構成する必要はあるまい。当事者意思が不明確な場合に「黙示の保証」・「保証の擬制」による意味の持ち込み操作が行われる（一種の法定契約責任）のは良くみられる法現象ではあるが、自力救済を禁止し、その代わりに国家が公権力に基づき、裁判制度、執行制度を媒介として、当事者の合意内容の実現を、債務者の人格尊重に対する一定の政策的配慮に基づく制限を加えつつ、保証し、協力するシステムとしてこれらの法的救済手段が制度的に用意されているのであるから、これらの救済手段の根拠をさらに当事者の合意＝契約に結び付けて説明する必要はあるまい。これらの救済手段は、近代市民社会の根本原則である「私的自治」の象徴的表象である「契約および契約関係」という社

会的制度を法的に維持するための保障制度であり、表現にやや問題はあるが、「法定の契約（関係）責任」制度と見ることが素直であろう。

そうだとすると、給付義務あるいは保護義務違反という債務不履行の事実あるいは行為があった場合に、債権者に生じた損害の救済手段である「債務者の損害賠償責任」を過失責任とするか無過失責任とするかは国家の政策判断問題であるといえよう。「自由と平等」の社会理念を高く掲げ、それを法的に保障するために制定された近代市民法の大原則「所有権絶対の原則」、「契約自由の原則」、「自己責任の原則」、これをさらに補強するための「過失責任の原則」を原則的に維持しつつ、現代社会においてとくに債権者保護の要請が強まった新紛争類型（消費者保護・安全配慮義務など）につき、特別の規定を設けて無過失責任を課せばよかろう。既存の民法あるいは特別法上すでにいくつかの「無過失責任制度」が存在しているが、その賦課根拠は、債務者あるいは被害者のとくに強い救済必要性（不法行為の諸事例）、社会的弱者保護（労働者保護ほか）、当該債権の特殊性への政策的考慮（金銭債権の事例）、有償契約における対価的均等性維持の公平原則（代金減額的損害賠償）など、政策目的により様々である。債務不履行の存在＝帰責事由の存在＝損害賠償責任の賦課（＝結果としての無過失責任の賦課）として一元化することは疑問である（ちなみに、前述したように、不特定物の遺贈・贈与における瑕疵ある物の給付は債務不履行として贈与者に過失がなくとも瑕疵なき物の給付請求が認められるが、損害賠償の請求は贈与者に悪意なき限り許されないことをどう考えるか）。また、瑕疵担保責任を債務不履行責任と構成し、追完履行請求に代わる損害賠償請求を選択的に認めると帰責事由要件をどう考えるかの問題が生ずる。その一つの解決策は、瑕疵なき物の給付につき「保証」があったと構成（擬制）し、結果として無過失の損害賠償責任を課すことも考えうるが（いわゆる Garantie Haftung の内容については慎重な検討が必要である）、履行に代わる損害賠償についてはともかく、瑕疵結果損害についてまで含めることには疑問がある。ドイツ新法二七六条は、責任の加重または軽減について契約内容上不明な場合には過失責任の原則をとることを明言し、損害賠償責任につき過失責任原則を維持した。私見はこれに賛成である。

解除については、帰責事由は不要であり、不履行類型に応じて（遅滞、追完可能な不完全履行など）一定の付加的要件（期間を定めた催告など）を課すことにより、解除権の行使を認めるのが妥当である。履行あるいは追完が不可能な場合に即時無催告解除が許されるべきことはいうまでもない。

(6)　前述したように、保護義務その他の義務違反類型は契約当事者の意思に基づかない、いわば法定の契約責任制度と私は考えるが、この類型の進展の結果、給付障害に関する既存の法定（契約）責任たる受領遅滞、瑕疵担保責任さらには危険負担をも含めての給付障害システムの再構築が大問題である（ドイツ新債務法がその典型例）。履行障害発生の時期が、契約締結以前か、以後か、履行完了後かにより、救済方法、その成立要件もまた異なってくるので、この時間的区分に基づく履行障害法構築への配慮はやはり必要と考える。具体的には、瑕疵担保責任（原始的給付障害）と危険負担（後発的給付障害）との関係をどう処理するか、契約の予後効問題をどう扱うかの問題がさしあたり考えられる。ドイツ新法のように、瑕疵担保責任を債務不履行に取り込んで一元化しても、不代替物の特定物売買につき、売買契約などにおいて特別規定を設けざるをえず、危険負担規定も結局は残さざるを得なかった点、新法制定後もなお激しい新法批判や論争が続けられている点（今年度の私法学会における田中宏治大阪大学教授の「ドイツ新債務法における特定物売買の今日的課題」報告内容がその一事例として挙げられよう）に十分な配慮が必要である。ドイツ法の無批判的承継は危険である。

(7)　このことと密接に関連し、重複するが、古典的契約責任体系に未知であった、契約責任の時的拡張と呼ばれる、契約締結上の過失や契約の余後効による賠償責任問題、契約責任の質的拡張と呼ばれる瑕疵結果損害にかかわる積極的債権侵害論、さらには契約責任の人的拡張と呼ばれる第三者のための保護効を伴う契約理論、といった契約責任類型はいずれも、本来的給付義務と必ずしも直結するものではなく、それとは無関係にでも成立しうるものであること、また、その責任の根拠は、前述したごとく当事者意思に基礎をおくものではなく、一定の政策的見地から法がとくに認めた（明文の規定を欠くときは、信義則を媒介とした）法定の責任であること（不法行為責任の根拠と同じ）、そしてその法的救済手段は原則として損害賠償請求権の認容であること、といった点で共通性をもつといえる。そうだとすると履行請求権の認容を前提とする既存の債務不履行の三元体系とは別に、それらを一括した統一的な保護義務違反（これに付随的注意義務をも含める）という独自の不履行類型（四元体系）を構想することも可能といえよう（統一的保護関係理論の考え方）。

さらに、これらの諸問題を一元的に把握する体系を構築することの是非はともかくとして、判例・学説上、かかる義務違反に対して契約責任が認められるようになった今日では、契約責任がカバーする領域は、時間的・質的・人的に拡張されているので、本来の給付義務中心に把握されてきた契約の成立から終了までに限定されていた契約の拘束力の範囲を含め、契約の拘束力が及ぶ時間的・質的・人的範囲の確定についての見直しが必要となり、給付義務違反の場合と保護義務違反の場合とで契約ないし契約関係の効力を及ぼす範囲について異なった対応が必要となってきた。換言すると、拡張された契約責任の領域は、古典的には不法行為法の対象領域であったといえるので、不法行為制度との関係の整理が当然必要となる（これらの問題は不法行為法の再構築で処理する方法も考えうる）。請求権競合問題も含めて、今後の研究課題である。その際の重要なポイントは、一般的注意義務以上の高度の注意義務を課すことの法的根拠・時効問題・証明責任等の点である。

(8)　以上要するに、①債務構造論の検討、②債務不履行体系の再検討（とくに不完全履行論の新たな展開）、③給付障害法の再構築、④不法行為制度と契約責任制度との関連性の再検討、以上の四点が、債権ないし契約債権関係の法的保護に関する、現代債権法学の重要課題といえよう。そしてこの課題は、二一世紀における民法ないし債権法改正作業の中心課題の一つと位置づけることが可能である。

これらの諸問題のさらなる研究は将来の残された課題として、本稿は以上の問題提起で一応終わる。残された時間は少ないが、残りの人生を一書生として体力の続く限り歩みたい。

なお、近時、桐蔭横浜大学小川浩三教授よりいただいたヴェスターマン教授の講演記録「ヨーロッパのコンテクストから見たドイツ売買法の発展――パンデクテン法学から債権法改革まで――」は、ざっと拝見した限りきわめて示唆に富むものであるが、未公刊のものであり、近く手を入れて公刊される予定とのことなので、本稿ではこれについての本格的取組みをしていない。この論稿への対応は後日の課題とすることをここに記しておく。

2　履行(給付)障害法の立法構想に関する基本的提言

（二〇〇八年）

筆者は、近時、「履行障害法再構築の課題と展望」と題する論文を公表し、履行障害法の再構築に関する基本構想についての覚書を執筆した（成蹊法学六四号〔二〇〇七年〕一頁以下）。本稿は、この覚書を要約し、若干の加筆をしたものである。私見の詳細および参考文献についてはこの論文を参照していただきたい（紙数の都合上、本稿では注を省略した）。

一　基本構想

周知のように、英米法では「給付約束」が実現されないことを「契約違反」ととらえ、これに対する法的救済としては、債務の現実的履行の請求や、その強制が認められるのは例外とされ、原則的には「損害賠償」を認めることで救済するという政策がとられている。そこで、「履行遅滞」か「履行不能」か、といった契約違反の発生原因による違反類型の区別を必要とせず、瑕疵担保責任も「黙示の保証」構成を使ってここに取り込み、一元的な契約違反の法的救済システムを構築している。これに対し、ドイツ旧法や日本民法典の履行障害法体系は、債務不履行責任制度を中心とし、このほかに受領遅滞、瑕疵担保責任、危険負担などの諸制度を含む多元的な法的救済システムとして構築されている。しかし、ドイツ新法は履行障害法体系の内容にかなりの変更を加えた（ドイツ新法の紹介文献については下森・前掲成蹊六四号二三頁注2、3参照）。これらを受けて、わが民法の改正はいかになされるべきか。ドイツ新法の制定過程や立法後の問題状況をふまえ、次のように考える。

まず、基本的には、履行障害法の改正は現時点の社会的需要に応ずる改正の範囲にとどめたい。先人の叡智の結晶であり、立法以来国民生活の基本法典として深く浸透しているパンデクテン体系に基づく民法典の基本構造をくつがえすような改正は慎むべきであり、社会的現実性・具体的妥当性に欠けると考える。

二　債務不履行体系の基本構造

現行パンデクテン体系を維持することとした場合、債権法総則中に置かれるべき債務の不本旨履行＝債務不履行を上位概念とする債務不履行体系の基本構造は、現代社会においてもっとも問題の多い不完全履行に関する規定の整備を中心に、遅滞、不能、保護義務についての特別規定を整備する四元構成が望ましい。

三　債務不履行の救済手段

履行請求権を第一次的救済手段とする伝統的システムは維持すべきである。損害賠償請求権を第一次的救済手段とする英米法的システムに変更する必要性・妥当性は認められない。この点は、近時の国際売買法やドイツ新法の示すところである。

四　債務不履行の救済手段とその成立要件

(1)　債務不履行の内容・類型ごとに、その法的救済手段が異なるから、その類型ごとにそれに適切な救済手段、具体的には（強制的）履行請求権（追完請求権についての特別規定を含む）、損害賠償請求権、契約の解除を選んで割り付けたい。解除規定は、契約総論中に債権総論との関係に留意しつつ配置するのが、現行法との連続性の点で妥当であろう。

(2)　救済手段の要件も、救済手段の類型に応じた規定を設けるべきである。強制履行の請求には、帰責事由の存在は不要である。当事者の意思解釈・契約内容の解釈に基づいて内容が確定された当該契約上の債務に基づく本来的履行請求権の法的根拠は「合意」そのものとみればよく、その内容実現につき当事者間でさらに「保証」の合意までがあったと構成する必要はない。当事者意思が不明確な場合に「黙示の保証」・「保証の擬制」による意味の持ち込み操作が行われる（一種の法定契約責任）のはよくみられる法現象ではあるが、自力救済を禁止し、その代わりに国家が公権力に基づき、裁判制度、執行制度を媒介として、当事者の合意内容の実現を、債務者の人格尊重に配慮しつつ保証し、協力するシステムとしてこれらの法的救済手段を制度的に用意しているのであるから、その根拠を当事者の合意＝契約に結び付ける必要はない。これらの救済手段は、近代市民法の根本原則である「私的自治」の象徴的表象である「契約」ないし「契約関係」という社会的制度を法的に維持する保障制度であり、「法定の契約（関係）責任」制度とみることが素直であろう。

(3)　給付義務あるいは保護義務違反という債務不履行があった場合に、債権者に生じた損害の救済手段である「損害賠償責任」を過失責任とするか無過失責任とするかは国家の政策判断問題である。「自由と平等」の社会理念を高く掲げ、それを法的に保障するために制定された近代市民法の大原則「所有権絶対の原則」、「契約自由の原則」、「自己責任の原則」、これをさらに補強するための「過失責任の原則」を原則的に維持しつつ、現代社会において特に債権者保護の要請が強まった新紛争類型（消費者保護・安全配慮義務など）につき、特別の規定を設けて無過失責任を課せばよかろう。既存の民法あるいは特別法上すでにいくつかの「無過失責任制度」が存在しているが、その賦課根拠は、債務者あるいは被害者の特に強い救済必要性（不法行為の諸事例）、社会的弱者保護（労働者保護ほか）、当該債権の特殊性への政策的考慮（金銭債権の事例）、有償契約における対価的均衡性維持の公平原則（代金減額的損害賠償）など、政策目的によりさまざまである。債務不履行の存在＝帰責事由の存在＝損害賠償責任の賦課（＝結果としての無過失責任の賦課）として一元化することは疑問である（たとえば、現行民法は不特定物の遺贈・贈与における瑕疵ある物の給付は債務不履行として贈与者に過失がなくとも瑕疵なき物の給付請求を認めるが、損害賠償の請求は贈与者に悪意なき限り許していない。このことを一元化説はどう考えるのであろうか）。また、瑕疵担保責任（特に不動産や美術品・中古動産等の不代替物の特定物売買における瑕疵担保責任まで）を債務不履行責任と構成し、追完履行請求に代わる損害賠償請求を選択的に認めると帰責事由要件をどう考えるかの問題が生ずる。その一つの解決策は、瑕疵なき物の給付につき「保証」があったと構成（擬制）し、結果として無過失の損害賠償責任を課すことも考えうるが（ちなみに、いわゆるGarantie Haftungの内容については慎重な検討が必要である）、履行に代わる損害賠償についてはともかく、瑕疵結果損害についてまで含めることには疑問がある。ドイツ新法二七六条は、責任の加重または軽減について契約内容上不明な場合には過失責任の原則をとることを明言し、損害賠償責任につき過失責任原則を維持した。私見はこれに賛成である。

(4)　解除については、帰責事由は不要であり、不履行類型に応じて（遅滞、追完可能な不完全履行など）一定の付加的要件（期間を定めた催告など）を課すことにより、解除権の行使を認めるのが妥当である。履行あるいは追完が不可能な場合に即時無催告解除が許されるべきことはいうまでもない。

(5)　後述する保護義務その他の義務違反類型（これも債務不履行の一類型）は契約当事者の意思に基づかない、いわば法定の契約責任制度と私は考えるが、この類型の進展の結果、給付障害に関する既存の法定（契約）責任たる受領遅滞、瑕疵担保責任さらには危険負担をも含めての給付障害システムの再構築が大問題である（ドイツ新債務法がその典型例）。履行（給付）障害発生の時期が、契約締結以前か、以後か、履行完了後かにより、救済方法、その成立要件もまた異なってくるので、この時間的区分に基づく履行障害法体系の構築への配慮はやはり必要と考える。具体的には、瑕疵担保責任（原始的給付障害）と危険負担（後発的給付障害）との関係をどう処理するか、契約の余後効問題をどう扱うか等の問題がさしあたり考えられる。ドイツ新法のように、瑕疵担保責任を債務不履行に取り込んで一元化しても、不代替物の特定物売買につき、有償契約である売買契約などにおいて特別規定（たとえば、損害賠償請求権のほかに、過失を要件としない代金減額権の規定）を設けざるをえず、さらには危険負担の規定も結局は残さざるをえなかった点（危険負担と解除や瑕疵担保責任との関係の整備につき慎重な配慮が必要）、新法制定後もなお激しい新法批判や論争が続けられている点に十分な配慮が必要である（二〇〇六年の私法学会における田中宏治教授の報告「ドイツ新債務法における特定物売買の今日的課題」がその一事例）。

(6)　このことと密接に関連し、重複するが、古典的契約責任体系に未知であった、契約責任の時的拡張と呼ばれる、契約締結上の過失や契約の余後効による賠償責任問題、契約責任の質的拡張と呼ばれる瑕疵結果損害にかかわる積極的債権侵害論、さらには契約責任の人的拡張と呼ばれる第三者のための保護効を伴う契約理論、といった契約責任類型はいずれも、本来的給付義務と必ずしも直結するものではなく、それとは無関係にでも成立しうるものであること、また、その責任の根拠は、当事者意思に基礎をおくものではなく、一定の政策的見地から法が特に認めた（明文の規定を欠くときは、信義則を媒介とした）法定の責任であること（不法行為責任の根拠と同じ）、そしてその法的救済手段は原則として損害賠償請求権の認容であること、といった点で共通性をもつ。そうだとすると履行請求権の認容を前提とする既存の債務不履行の三元体系とは別に、それらを一括した統一的な保護義務違反（これに付随的注意義務をも含める）という独自の不履行類型（四元体系）を構想することも可能といえよう（統一的保護関係理論の考え方）。その際、損害の種類・性質に応じた賠償範囲の決定についてのより明確な判断基準の構築が必要である。

これらの諸問題を一元的に把握する体系を構築することの是非はともかくとして、判例・学説上、かかる義務違反に対して契約責任が認められるようになった今日では、契約責任がカバーする領域は、時間的・質的・人的に拡張されているので、給付義務中心に把握されてきた契約の成立から終了までに限定されていた契約の拘束力の範囲を含め、契約の拘束力が及ぶ時間的・質的・人的範囲の確定についての再検討が必要となり、給付義務違反の場合と保護義務違反の場合とで法的効力を及ぼす範囲について異なった対応が必要となってきた。拡張された契約責任の領域は、古典的には不法行為法の対象領域であったので、請求権競合問題も含めて、不法行為制度との関係の整理が必要となる（これらの問題は不法行為法の再構築で処理する方法も考えうる）。その際のポイントは、債務者に一般的注意義務以上の高度の注意義務を課すことの法的根拠・時効問題・証明責任等である。

五　その他の「法定契約責任」の体系的位置づけと改正の基本方針

債務不履行以外の履行（給付）障害事由である受領遅滞、瑕疵担保責任、危険負担等の「法定契約責任」についても、原則として現行法の体系を維持しつつ、この中で各制度のもつ現行法上の不備を是正することが妥当と考える。たとえば、受領遅滞と弁済提供の効果との関係、新築分譲住宅売主の瑕疵担保責任の特則（瑕疵修補義務等）、瑕疵担保責任に基づく損害賠償の範囲の明確化（信頼利益賠償論の見直し）、請負の瑕疵担保責任の法的性質（不完全履行の請負における特則の明確化）、危険負担債権者主義の見直し等がそうである。

初出一覧

（カッコ内の数字は後掲研究業績一覧の公表順数字、原題参照）

第一章　瑕疵担保責任・不完全履行の諸問題

1　種類売買の法的保護に関する一考察
（（2）一九五六年執筆・修士論文、成蹊法学六四号）二〇〇七年

2　種類売買と瑕疵担保責任 ― 大正一四年判決の再検討と昭和三六年判決への架橋 ―
（（5）一九六六年東大民事法懇談会報告論稿・本書初公表）二〇一五年

3　不特定物売買と瑕疵担保責任（一）― 大正一四年判決の再検討と昭和三六年判決への架橋 ―
（（9）志林六六巻四号）一九六九年

4　不特定物売買と瑕疵担保責任（二）― 大正一四年判決の再検討と昭和三六年判決への架橋 ―
（一九七〇年執筆・補正二〇一四年）
（（76）志林登載予定のまま未公表・未完成・補正の上本書初公表）二〇一五年

5　種類売買と瑕疵担保
（（12）有斐閣『民法学（5）（契約の重要問題）』）一九七六年

6　マンション売買と瑕疵担保責任
（（13）ジュリスト六二七号）一九七六年

7　建売住宅・マンションの売買における売主の瑕疵修補義務について
（（32）日本住宅総合センター）一九八四年

8　Der Gewährleistungsanspruch bei Sachmängeln im Geschäft mit Eigentumswohnungen
（（38）Herausgabe von.G.Baumgärtel“ Japanisches Recht ”）一九八五年

9　建物（マンション）の欠陥（瑕疵）と修繕

10 瑕疵担保責任と不完全履行 ― 売買・請負・賃貸借における瑕疵修補請求権を中心に （(39) 遠藤他編『現代契約法体系』第四巻、有斐閣） 一九八五年

11 不完全履行と瑕疵担保責任 ― 不代替的特定物売買における瑕疵修補請求権を中心に （(46) 安達三季生監修『債権法重要論点研究』酒井書店） 一九八八年

12 瑕疵担保責任に関する一つの覚え書き ― いわゆる「特定物ドグマ」と民法起草者の見解 （(48) 加藤一郎古稀記念『現代社会と民法学の動向（下）』有斐閣） 一九九二年

13 瑕疵担保責任論の新たな展開とその検討 （(52) 内山他古稀記念『続民法学の基本問題』第一法規） 一九九三年 （(63) 五十嵐他古稀記念『民法学と比較法学の諸相Ⅲ』信山社） 一九九八年

判例研究

① 瑕疵担保責任 ― 売買の目的土地の大部分が都市計画街路の境域内に存するために売買の目的物に隠れた瑕疵があるとされた事例（最判昭和四一年四月一四日民集二〇巻四号六四九頁） （(7) 法協八四巻三号） 一九六七年

② マンションの売主はその分譲に際し、買主に隣地の利用計画について調査告知をする義務を信義則上負担しているか（東京地判昭和四九年一月二九日判タ三〇七号一四六頁） （(10) 判タ三一一号） 一九七四年

③ 登記簿面積と実測面積のくいちがい（大判昭和五年七月三〇日法律新聞三一六七号九頁） （(6) 別冊ジュリ一〇号『不動産取引判例百選』） 一九六六年

④ 土地の数量指示売買（最判昭和四三年八月二〇日民集二二巻八号一六九二頁）（(14) 別冊ジュリ一〇号『不動産取引判例百選（増補版）』）一九七七年
⑤ 数量指示売買と履行利益の賠償の許否（最判昭和五七年一月二一日民集三六巻一号七一頁）（(31) ジュリ七九二号『昭和五七年度重要判例解説』）一九八三年
⑥ 機械の改造を目的とする請負契約における瑕疵修補請求権の除斥期間の始期ほか（東京地判平成二年二月六日判時一三六七号三八頁）（(49) 私法判例リマークス一九九二(上)、〔平成三年度判例評論〕別冊法時四号）一九九二年
⑦ 請負人の瑕疵担保責任と不完全履行他（東京地判平成四年一二月二一日判時一四八五号四一頁）（(58) 私法判例リマークス一九九五(上)〔平成六年度判例評論〕別冊法時一〇号）一九九五年
⑧ 売主の瑕疵担保責任の期間の法的性質と買主の権利保存の方法（最判平成四年一〇月二〇日民集四六巻七号一一二九頁）（(56)『判例セレクト'93』法教一六二号別冊二六頁）一九九四年

事例研究

① 不完全履行・瑕疵担保責任・危険負担をめぐる事例研究（辰巳法律研究所二〇〇七・二・一一、日曜答練問題）二〇〇七年
② 錯誤・瑕疵担保責任・危険負担・不完全履行をめぐる事例研究（辰巳法律研究所二〇一〇・六・二六、論文公開模試問題）二〇一〇年
③ 新築分譲マンションの売主たる不動産業者・販売受託会社および転売者の瑕疵担保責任に関する事例研究（辰巳法律研究所二〇〇八・六・二八、論文公開模試問題）二〇〇八年

④　建築請負契約の目的建物を譲り受けた買主に対する請負人の瑕疵担保責任と不法行為責任に関する事例研究　（辰巳法律研究所二〇〇八・六・二八、日曜答練問題）二〇〇八年

第二章　契約責任の拡張と再構成

第一節　総　論

1　契約責任の再構成をめぐる覚書　（17）ロースクール二三号、立花書房）一九八〇年

2　契約責任（債務不履行責任）の再構成　（23）内山他還暦記念『現代民法学の基本問題（中）』第一法規）一九八三年

3　不完全履行論の新たな展開　（53）司法研修所論集九〇号）一九九四年

第二節　各　論

1　積極的債権侵害と不完全履行

Ⅰ　積極的債権侵害・不完全履行の概念　（20）法セミ三三四号『債権法論点ノート』日本評論社）一九八二年

Ⅱ　瑕疵担保責任と損害賠償の範囲　（26）法セミ三三七号『債権法論点ノート』）一九八三年

2　受領遅滞・受領不能

Ⅰ　受領遅滞の法的性質　（34）法セミ三五三号『債権法論点ノート』）一九八四年

Ⅱ　雇用契約における受領不能と危険負担　（35）法セミ三五五号『債権法論点ノート』）一九八四年

Ⅲ　バックペイと別途収入の控除　（最判昭和三七年七月二〇日民集一六巻八号一六五六頁）（3）志林六〇巻三・四合併号『債権法論点ノート』）一九六三年

3　契約締結上の過失理論の新展開　（（36）法セミ三六〇号『債権法論点ノート』）一九八四年

4　保証・物上保証契約の締結と銀行の情報提供義務
（（61・62）法務総合研究所「みんけん」平成一〇年一二月号、同一一年一月号）一九九七年・一九九八年

事例研究

動機の錯誤に基づく連帯保証契約の効力、保証・物上保証契約の締結と銀行の情報提供義務
（辰巳法律研究所二〇〇七・六・二七　論文公開模試問題）二〇〇七年

5　安全配慮義務

Ⅰ　国の安全配慮義務　（（42）西村他編『国家補償法体系2』日本評論社、その後、
下森編著『安全配慮義務法理の形成と展開』に所収）一九八七年

Ⅱ　労働契約上の安全配慮義務の法的性質　（（28）法セミ三三九号『債権法論点ノート』）一九八三年

Ⅲ　交通事故と安全配慮義務　（（40）『交通法研究』一五号、有斐閣）一九八六年

Ⅳ　安全配慮義務と失火責任法 ―― ビル貸主・場屋主人の安全配慮義務と失火責任法 ――
（（27）法セミ三三八号『債権法論点ノート』）一九八三年

判例研究

①　殉職自衛官遺族の国に対する損害賠償請求と消滅時効 ―― 国の安全配慮義務違反を理由とする
賠償肯定判決（最判昭和五〇年二月二五日民集二九巻二号一四三頁）をめぐって
（（11）法学セミナー二四一号）一九七五年

② 自衛隊員の運転による同乗者の死亡と国の安全配慮義務（最判昭和五八年五月二七日民集三七巻四号四七七頁）（(37)ジュリ臨増八一五号『昭和五八年度重要判例解説』）一九八四年

③ ヘリコプターの性能保持・機体整備に対する安全配慮義務（最判昭和五六年二月一六日民集三五巻一号五六頁）（(44) 別冊ジュリ九四号『新交通事故判例百選』）一九八七年

④ 元請企業につき下請企業の労働者に対する安全配慮義務が認められた事例（最判平成三年四月一一日判時一三九一号三頁、判タ七五九号九五頁）（(50)『判例セレクト'91』法教一三八号別冊）一九九二年

事例研究

① 家主の安全配慮義務と失火責任法（(21) 別冊法セミ五七号『司法試験シリーズ2　民法(新版)』〔同一九九四年第三版〕、『債権法論点ノート』）一九八三年

② 元請負人の下請負人およびその従業員に対する安全配慮義務の存否（辰巳法律研究所二〇一二・二・一一、日曜答練問題）二〇一二年

6　専門家の契約責任

Ⅰ　日本法における「専門家の契約責任」（(51) 川井健退官記念『専門家の責任』日本評論社）一九九三年

Ⅱ　専門家の契約責任（(67) 川井健・塩崎勤編・新裁判実務大系8『専門家責任訴訟』青林書院）二〇〇四年

Ⅲ　弁護士の専門家責任
（(68)『二一世紀の日韓民事法学——高翔龍先生日韓法学交流記念——』信山社）二〇〇五年

第三章　履行(給付)障害法の再構築と債権法改正
1　履行(給付)障害法再構築の課題と展望
（(72)成蹊法学六四号）二〇〇七年
2　履行(給付)障害法の立法構想に関する基本的提言
（(73)法時臨増『民法改正を考える』）二〇〇八年

著作集第2巻『履行障害法再構築の研究』業績一覧

（＊ゴシック体の数字論稿は著作集に全部または一部を登載したものである）

一九五六（昭和三一）年

1 「種類売買の法的保護に関する一考察」（法政大学大学院修士論文）

一九五七（昭和三二）年

2 「種類売買の法的保護に関する一考察」（修士論文）（右1論文の補訂原稿。東大大学院博士課程入試に提出、二〇〇七年公表〔成蹊法学六四号七五頁〕）

一九六三（昭和三八）年

3 「使用者の責めに帰すべき事由（不当労働行為）により解雇された労働者に対する賃金の遡及支払いの際、その労働者が解雇期間中に他で働いて得た所得を控除することの可否及び限度」志林六〇巻三・四合併号一六二頁

4 「バック・ペイの際、被解雇労働者が他で働いて得た収入の控除について」労旬五三七号二七頁

一九六六（昭和四一）年

5 「種類売買と瑕疵担保責任――大正一四年判決の再検討と昭和三六年判決への架橋――」（一九六六年東大民事法懇談会報告論稿・二〇一五年公表〔本書〕）

6 「登記簿面積と実測面積のくいちがい」（大判昭和五年七月三〇日法律新聞三一六七号九頁）（別冊ジュリ一〇号『不動産取引判例百選』一一〇頁）

一九六七（昭和四二）年

7 「瑕疵担保責任――売買の目的土地の大部分が都市計画街路の境域内に存するために売買の目的物に隠れた瑕疵があるとされた事例」（最判昭和四一年四月一四日民集二〇巻四号六四九頁、法協八四巻三号四二三頁）

一九六九（昭和四四）年

8 「受領遅滞」遠藤浩他編『民法（4）債権総論』（有斐閣）

9 「不特定物売買と瑕疵担保責任（一）――大正一四年判決の再検討と昭和三六年判決への架橋――」志林六六巻四号七七頁

一九七四（昭和四九）年

10 「マンションの売主はその分譲に際し、買主に隣地の利用計画について調査告知をする義務を信義則上負担しているか（東京地判昭和四九年一月二九日判タ三〇七号一四六頁）」判タ三一一号八六頁

一九七五（昭和五〇）年

11 「殉職自衛官遺族の国に対する損害賠償請求と消滅時効――国の安全配慮義務違反を理由とする賠償請求肯定判決（最判昭和五〇年二月二五日）をめぐって」法セミ二四一号一二頁

一九七六（昭和五一）年

12 「種類売買と瑕疵担保――売買の目的物（不特定物）に欠陥があるとき、買主を保護するにはいかなる法理が妥当か」奥田昌道他編『民法学（5）』（有斐閣）八九頁

13 「マンション売買と瑕疵担保責任」ジュリ六二七号五六頁

一九七七（昭和五二）年

14 「土地の数量指示売買（最判昭和四三年八月二〇日民集二二巻八号一六九二頁）」別冊ジュリ一〇号『不動産取引判例百選（増補版）』一一〇頁

一九七八（昭和五三）年

15 「不完全な分譲マンション」玉田弘毅編『マンションの法律（上）』（一粒社）

一九八〇（昭和五五）年

16 「マンションの売買と瑕疵担保責任」別冊法セミ四四号下森定・半田正夫編『司法試験シリーズ2　民法』二五六頁

17 「契約責任の再構成をめぐる覚書」Law School 二七号四頁（立花書房）

一九八一（昭和五六）年

18 「受領遅滞」遠藤浩他編『新版　民法（4）　債権総論』（有斐閣）

一九八二（昭和五七）年

19 「民事責任とくに契約責任体系の変貌と再構成——総論的問題提起」（セミナー主要論点シリーズ民法〔民法〕連載）法セミ三三三号一二四頁（本連載は『債権法論点ノート』〔日本評論社〕一九九〇年に所収）

20 「積極的債権侵害・不完全履行の概念」（セミナー主要論点シリーズ民法）法セミ三三四号一一〇頁

一九八三（昭和五八）年

21 「債務不履行——安全配慮義務と失火責任法」「売買——マンションの売買と瑕疵担保責任」別冊法セミ五七号『司法試験シリーズ2　民法（新版）』（日本評論社・半田正夫教授と共編著）

22 「瑕疵ある不動産」『判例不動産法』（大成出版社・安西勉弁護士と共同執筆）

23 「契約責任（債務不履行責任）の再構成」内山＝黒木＝石川還暦記念『現代民法学の基本問題（中）』（第一法規）

24 「種類売買と瑕疵担保責任」（セミナー主要論点シリーズ民法〔民法〕）法セミ三三五号一二六頁

25 「特定物売買と不完全履行——新築マンションにおける瑕疵修補請求権——」（セミナー主要論点シリーズ民法〔民法〕）法セミ三三六号一一〇頁

26　「瑕疵担保責任と損害賠償の範囲」（セミナー主要論点シリーズ民法〔民法〕）法セミ三三七号一二六頁
27　「ビル貸主・場屋主人の安全配慮義務と失火責任法」（セミナー主要論点シリーズ民法〔民法〕）法セミ三三八号一二六頁
28　「労働契約上の安全配慮義務の法的性質」（セミナー主要論点シリーズ民法〔民法〕）法セミ三三九号一一四頁
29　「安全配慮義務をめぐる解釈論上の諸問題（セミナー主要論点シリーズ民法〔民法〕）法セミ三四一号一一四頁
30　「請負の瑕疵担保責任の法的性質」（セミナー主要論点シリーズ民法〔民法〕）法セミ三四六号一三二頁
31　「数量指示売買と履行利益の賠償の許否（最判昭和五七年一月二一日民集三六巻一号七一頁）ジュリ七九二号『昭和五七年度重要判例解説』

一九八四（昭和五九）年

32　『建売住宅・マンションの売買における売主の瑕疵修補義務について』（(財)日本住宅総合センター）
33　「瑕疵担保責任」玉田弘毅編『マンションの法律〈上〉』（一粒社　改訂版）
34　「受領遅滞の法的性質」（セミナー主要論点シリーズ民法〔民法〕）法セミ三五二号一〇四頁
35　「雇用契約における受領不能と危険負担」（セミナー主要論点シリーズ民法〔民法〕）法セミ三五五号九八頁
36　「契約締結上の過失理論の新展開」（セミナー主要論点シリーズ民法〔民法〕）法セミ三六〇号八二頁
37　「自衛隊員の運転による同乗者の死亡と国の安全配慮義務（最判昭和五八年五月二七日民集三七巻四号四七七頁）」ジュリ臨増八一五号『昭和五八年度重要判例解説』七九頁

一九八五（昭和六〇）年

38　「Der Gewährleistungsanspruchbei Sachmängeln im Geschäft mit Eigentumswohnungen」（Herausgabe von G.Baumgärtel. "Japanisches Recht"）

39　「建物（マンション）の欠陥〈瑕疵〉と修繕」遠藤浩・林良平・水本浩監修『現代契約法体系第4巻』（有斐閣）

一九八六（昭和六一）年

40　「交通事故と安全配慮義務」『交通法研究』（有斐閣）一五号六〇頁

一九八七（昭和六二）年

41　「受領遅滞」遠藤浩他編『民法（4）債権総論〔第3版〕』（有斐閣）

42　「国の安全配慮義務」西村他編『国家補償法体系2』（日本評論社）

43　「詐欺・強迫と瑕疵担保責任」（演習民法1）法教七六号一〇九頁

44　「ヘリコプターの性能保持・機体整備に対する安全配慮義務（最判昭和五六年二月一六日民集三五巻一号五六頁）」別冊ジュリ九四号『新交通事故判例百選』六八頁

一九八八（昭和六三）年

45　『安全配慮義務法理の形成と展開』（下森編著）（日本評論社）

46　「瑕疵担保責任と不完全履行――売買・請負・賃貸借における瑕疵修補請求権を中心に――」安達三季生監修『債権法重要論点研究』（酒井書店）

一九九〇（平成二）年

47　『債権法論点ノート』（日本評論社）

一九九二（平成四）年

48　「不完全履行と瑕疵担保責任――不代替的特定物売買における瑕疵修補請求権を中心に――」加藤一郎古稀記念論集『現代社会と民法学の動向下巻』（有斐閣）三二七頁

49　「機械の改造を目的とする請負契約における瑕疵修補請求権の除斥期間の始期他」『私法判例リマークス一九九二

（上）〔平成三年度判例評論〕』別冊法時四号五四頁

50 「元請企業につき下請け企業の労働者に対する安全配慮義務が認められた事例」『判例セレクト'91』法教一三八号別冊二五頁

一九九三（平成五）年

51 「日本法における『専門家の契約責任』」『専門家責任』（日本評論社）九頁

52 「瑕疵担保責任に関する一つの覚書──いわゆる『特定物ドグマ』と民法起草者の見解」内山・黒木・石川古稀記念論集『続現代民法学の基本問題』（第一法規）一九五頁

一九九四（平成六）年

53 「不完全履行論の新たな展開」司法研修所『司法研修所論集』九〇号一頁

54 「専門家の民事責任の法的構成と証明（上）、（下）」NBL五四六号二七頁、五四七号三五頁

55 「専門家の民事責任の法的構成と証明」専門家責任研究会編『専門家の民事責任』別冊NBL二八号一〇一頁（前記論稿の合併本）

56 「売主の瑕疵担保責任の期間の法的性質と買主の権利保存の方法」『判例セレクト'93』法教一六二号別冊二六頁

一九九五（平成七）年

57 「専門家の民事責任の法的構成と証明」（シンポジウム「専門家の民事責任」）私法五七号三五頁

58 「請負人の瑕疵担保責任と不完全履行他」『私法判例リマークス（10）』一九九五上〔平成六年度判例評論〕別冊法時一〇号四四頁

59 「『専門家の責任』法理の課題　座談会」（特集「専門家の責任」法理の課題と展望）法時六七巻二号三〇頁

一九九七（平成九）年

60 「受領遅滞」遠藤浩他編『民法（4）債権総論〔第四版〕』（有斐閣）

一九九八（平成一〇）年

61 「保証・物上保証契約の締結と銀行の情報提供義務（上）」みんけん一二月号一二頁（法務総合研究所『民法研修』）

62 「保証・物上保証契約の締結と銀行の情報提供義務（下）」みんけん一月号一三頁（法務総合研究所『民法研修』）

63 「瑕疵担保責任論の新たな展開とその検討」山畠・五十嵐・藪古稀記念『民法学と比較法学の諸相Ⅲ』（信山社）一八七頁

一九九九（平成一一年）年

64 「瑕疵担保責任論の新たな展開とその検討」明治学院大学法律科学研究所年報一五号一六九頁

二〇〇〇（平成一二）年

65 「優良マンションの建造に関する若干の民法学的考察」（シンポジウム「優良マンションの評価基準」基調報告）日本マンション学会報告要旨集

二〇〇二（平成一四年）年

66 「受領遅滞」『民法（4）債権総論』（第四版増補補訂版）八九頁（有斐閣）

二〇〇四（平成一六）年

67 「専門家の契約責任」川井健・塩崎勤編　新裁判実務大系8『専門家責任訴訟』（青林書院）

二〇〇五（平成一七）年

68 「弁護士の専門家責任」『二一世紀の日韓民事法学――高翔龍先生日韓法学交流記念――』（信山社）

二〇〇六（平成一八）年

69 『履行障害法の研究――中日韓国際シンポジウム――』（法律出版社・中国）

70 「瑕疵担保責任の履行障害法体系における地位及び立法論上の課題」『履行障害法の研究――中日韓国際シンポジウム――』（法律出版社・中国）

71 比較法学会シンポジウム「瑕疵担保責任」コメンテーター報告（比較法雑誌（成蹊法学六四号二四頁以下に所収、二〇〇七年）

二〇〇七（平成一九）年

72 「履行障害法再構築の課題と展望」成蹊法学六四号一頁（同上添付資料　未公表修士論文「種類売買の法的保護に関する一考察」成蹊法学六四号七五頁）

二〇〇八（平成二〇）年

73 「履行（給付）障害法の立法構想に関する基本的提言」法時臨時増刊『民法改正を考える』一九二頁

二〇〇九（平成二一）年

74 国際商事仲裁法廷仲裁判断意見「ダイハツディーゼル対スカッドサービシース他2社損害賠償請求仲裁事件」（未公表）

75 意見書「A社（国内企業）対B社（国外企業）瑕疵ある部品を供給した自動車部品供給者の賠償責任の範囲をめぐる国際紛争事件」（A社依頼・未公表）

二〇一五（平成二七）年

76 『履行障害法再構築の研究』（信山社）

事項索引

さ行

た行

な行

は行

ま行

や行

ら行

〈著者紹介〉

下森　定（しもり・さだむ）

1930年　島根県鹿足郡日原町（現津和野町）にて出生
1954年　広島大学政経学部卒業
1956年　法政大学大学院修士課程卒業
1960年　東京大学大学院博士課程単位取得満期退学
1969年　法政大学教授
2001年　尚美学園大学教授
2004年　成蹊大学法科大学院教授
　　　　法政大学名誉教授　尚美学園大学名誉教授

〔主要著作〕
『注釈民法（10）』（〔共著〕債権者代位権・債権者取消権担当　有斐閣 1987）、『西ドイツ債務法改正鑑定意見の研究』（法政大学現代法研究所叢書 9〔共編〕日本評論社 1988）、『安全配慮義務法理の形成と展開』（〔編著〕日本評論社 1988）、『債権法論点ノート』（日本評論社 1990）、『有料老人ホーム契約』（〔編著〕有斐閣 1995）、『ドイツ債務法改正委員会草案の研究』（法政大学現代法研究所叢書 15（〔共編〕法政大学出版局 1996）、『新版注釈民法(3)』（〔共著〕96条担当、有斐閣 2003）、『履行障害法の研究』（〔共編著〕中国・法律出版社 2006）、『法学教育とともに』（信山社 2010）、『債権者取消権の判例総合解説』（信山社 2010）、『新版注釈民法(10) II』（〔共著〕債権者代位権・債権者取消権担当　有斐閣 2011）、『詐害行為取消権の研究』下森定著作集 I（信山社 2014）

履行障害法再構築の研究
── 下森定著作集 II ──

2015(平成27)年12月10日　第1版第1刷発行
6722-8:P964 ¥18000E-012-035-010

著　者　下　森　　定
発行者　今井 貴 稲葉文子
発行所　株式会社 信 山 社
〒113-0033 東京都文京区本郷6-2-9-102
Tel 03-3818-1019　Fax 03-3818-0344
info@shinzansha.co.jp
笠間才木支店　〒309-1600 茨城県笠間市笠間515-3
笠間来栖支店　〒309-1625 茨城県笠間市来栖2345-1
Tel 0296-71-0215 Fax 0296-72-5410
出版契約 2015-6722-01011 Printed in Japan

印刷・製本／亜細亜印刷・渋谷文泉閣
ISBN978-4-7972-6722-8 C3332 分類324.600-b012債権法
6722-01011:012-035-010

◆ 下森 定 著 ◆

下森 定 著作集Ⅰ **詐害行為取消権の研究**

序　章　パウルスの責任説
第一章　債権者取消権制度の法的構造と機能
第二章　債権者取消権制度による法的保護の手段
　　　―債権者取消権の法的性質とその内容
第三章　債権者取消権の成立要件
第四章　債権者取消権の行使と効果
第五章　債権者取消権制度をめぐる近時の動向
第六章　詐害行為取消権に関する近時の学説展開と債権法改正

補論Ⅰ「民法（債権関係）の改正に関する中間的な論点整理」における詐害行為取消権に関する意見書
補論Ⅱ　詐害行為取消権改正の基本方針から見た債権法改正作業の問題点
補論Ⅲ「民法（債権関係）の改正に関する中間試案」における詐害行為取消権に関する意見書（下森定・神尾明彦共同執筆）

債権者取消権の判例総合解説

法学教育とともに

下森 定 編集代表

現代民事法学の構想 内山尚三先生追悼

信山社